KB051979

위대한
한국상인

-7000년 한상(韓商)의 뿌리를 찾아서-

위대한
한국상인

공창석 지음

7000년 한상(韓商)의 뿌리를 찾아서

박영사

머리말 ————————————————————

우리나라는 1980년대 초 '88서울올림픽'을 유치하고 정부에서 친절·청결 운동을 대대적으로 펼친 적이 있다. 필자는 당시 경남도청에 근무했는데, 서비스업 종업원들을 교육한답시고 직접 마이크를 잡고 친절과 청결에 대해 강연을 하고 돌아다녔다. 돌이켜 보면 참으로 낯부끄러운 일이다.

어느 날 강연 도중에 '과연 공무원인 내가 상공인에게 친절교육을 할 자격이 있는가?' 하는 생각이 스쳐 지나갔다. 그리고 이것은 '사농공상의 입장에서 친절교육을 받아야 할 사(士)가 도리어 상(商)에게 친절을 가르치는 아이러니한 일이 아닌가?' 하는 작은 의문이 생겼고, 이어서 당시의 현실은 우리 조상들이 상을 억압하고 천시함으로서 상업문화가 성숙하지 못한 탓에 야기된 것이라고 스스로 결론을 내려 버렸다.

그 와중에서 사마천의 『사기』를 읽으며 고대 중국의 상인을 많이 만났고, 우리의 『삼국사기』와 『삼국유사』 등에 상인이 거의 등장하지 않음을 발견하게 되었다. 그러나 이 역시 조상들이 상을 천시하여 상인을 기록하지 않은 탓으로 가볍게 돌리고 말았다.

그로부터 근 20여년이 흐른 2000년대 초에 필자는 『고려사』를 구해 읽었다. 필자는 아연 깜짝 놀랐고, 곧 『고려사』에 깊이 빠져 들었다. 『고려사』에 등장하는 수많은 상인, 화려한 상업문화 그리고 대외교역에 얽힌 도전과 성취의 이야기는 역사의 문외한인 필자에게 우리 조상들이 상을 결코 천시하지 않았다는 확신을 심어 주었고, 또 역사 속의 상인을 알아야 한다는 마음을 다잡아 주었다. 이후 필자는 상상의 나래를 펴며 고대 상인을 찾아 나섰고, 그리하여 연타발, 김태렴, 장보고 등을 찾아서 2006년 『한국상인』이란 책으로 엮어냈다.

이러한 필자의 넋두리 같은 사연은 『한국상인』을 출간하고 나서 수없이 받은 질문에 대한 답이다. 지금까지 필자는 역사학도가 아닌 경제학을 전공한 공직자인 당신이 어찌 상인의 역사에 관한 책을 집필하느냐는 질문을 받으면, 장황하게 설명하기도 멋쩍고 해서 대충 '인연 따라 살다보니 그렇게 됐다'라고 얼버무려 왔다. 하지만 이번에 『위대한 한국상인』을 출간하면서 이 책이 앞서 펴낸 『한국상인』의 완결편이라는 생각이 들었고, 또다시 같은 맥락의 질문을 받을 것이 예상되어 미리 책머리에 답을 쓴 것이다.

이 책에서 한국상인의 태동은 지금으로부터 7000년 전에 꽃피웠던 홍산문화와 요하문명에서 시작한다. 7000년 전 위대한 문명을 일으킨 우리 선조 동이족, 문명을 일으켰다는 것은 그 자체로 재화의 수요와 공급이 이뤄졌다는 것을 의미한다. 문명을 구성하고 유지하는 수많은 재화들을 몇몇 뛰어난 부족들이 모두 다 만들 수 없는 일이므로, 인류문명에는 교역과 교류에 얽힌 상인의 땀과 혼이 배어있다고 보아야 한다. 따라서 지구상에서 가장 이른 시기에 찬란한 홍산문화가 이루어지면서 우리 선조들의 유전자 속에 유구한 한국상인의 상혼이 뿌리를 내렸을 것이다.

우리 민족 DNA속에 깊이 자리 잡은 상혼은 온갖 역사의 풍파에도 지워지지 않고 그 명맥을 이어나갔다. 중국 대륙으로부터의 거센 도전에 직면하면서도 되레 선조들은 실익을 얻어 나갔다. 동이문명을 지켜주며 2000년이 넘게 지탱한 고조선이 무너졌지만, 그 자리에 들어선 열국들은 움츠러들기는커녕 생존을 위해 오히려 더 멀리 더 넓게 역동적으로 저마다의 길을 찾아 나섰다. 그 선봉에 상인들이 앞장서 있었다.

우리 선조 한국상인은 동아시아 대륙과 해양을 휘어잡는 능동의 삶을 살아왔고 한반도에 터를 잡고서도 한반도를 천하의 중심으로 인식하는 가운데에서 교역의 판을 짜려고 노력했다. 그리고 한국상인의 상혼과 상인정신은 특유의 생명력으로 민족의 동력이 되어 살아 움직였다. 이 책에는 우리 민족의 영광을 이끌어 온 위대한 한국상인의 발자취와 더불어 상혼과 상인정신이 고스란히 담겨 있다.

이 책은 1부 고대 상인, 2부 고려시대 상인으로 구성되어 있다. 고대는 선사시대 홍산문화에서부터 시작하여 고조선시대, 열국시대, 삼국시대, 통일신라시대, 해상무역시대, 호족의 시대로 이어가면서 상인의 면모를 캐고 상혼의 맥을 찾는 데 서술의 역점을 두었다. 안타깝게도 우리 고대사와 관련된 문헌이 턱없이 부족하고 출토 유물도 많이 모자라는 실정이다. 따라서 필자는 문헌의 행간에서 또는 유물의 틈새를 통해 가려져 있는 상인의 실체와 숨결을 발견하려 했고, 이것을 정직하게 기록하려 했다. 따라서 그동안 부지불식간에 마음에 배어있던 우리 민족이 대단한 민족이란 생각을 버렸다. 관념에 사로 잡혀서 미리 결론을 내려놓고 답을 구하지 않았다는 말이다. 물론 중국 문물이 늘 선진이라는 관념, 정치적인 구도를 먼저 보는 습관도 모두 버렸다. 우리 선조 상인의 실제 모습과 당시 상황을 최대한 합리적으로 재현하려 애를 썼다.

　2부 고려시대 상인에 대해서는 『한국상인』과 마찬가지로 구체적인 인물로서의 상인에 초점을 두기보다 우리 역사상 최고의 상업국가인 고려왕국을 이끌어 간 상인과 상업의 면모를 총체적으로 조명하려 했다. 따라서 고려의 상업환경, 대외교역, 상인의 지위, 사원경제 등을 다각적인 시각과 관점으로 살펴봄으로서 고려상인의 상혼과 상인정신을 자연스럽게 일깨우고 이해할 수 있도록 노력했다. 특히 고려의 멸망과 조선의 개창에 대해 최영을 중심으로 하는 상업우호세력과 이성계를 중심으로 하는 상업천시세력 간의 투쟁이라는 새로운 관점으로 서술해 보았다. 필자는 이 관점의 서술이 500년 조선왕국의 철저한 억상과 상인 천시 그리고 조선의 척박한 상업풍토를 이겨내고 꽃핀 개성상인의 참모습을 올바르게 이해하는 데 큰 도움을 줄 수 있다고 믿는다.

　책을 쓰면서 예상하지 못한 글이 두 꼭지 생겨 이를 버릴까 하다가 부록으로 실었다. 하나는 '동이족과 오랑캐'에 관한 것으로 특히 오랑캐고원에 근거한 오랑캐의 서술은 순전히 필자의 상상에서 나온 짜깁기 가설임을 밝혀 둔다. 다만 상상의 가설 수준임에도 불구하고 책에 싣는 것은 이후 이에 대한 규명이 이루어지기를 기대하는 희망이 있기 때문이다. 다음 하나는 서안평에 관한 것으로 내용과 분량이 분문에 싣기가 거북하여 부록으로 돌렸다.

　필자는 여전히 오늘날 우리나라가 무역대국으로 성장한 바탕에는 고대로부터 이어온 우리 고유의 상혼과 상인정신이 깔려있다고 생각한다. 그리고 현대의 인류문명은 자본주의 시장경제를 중심으로 하는 상업문화가 주류이고, 일류상업문화를 창도하는 나라와 민족이 세계문명을 이끌어 간다고 믿는다. 그러므로 우리나라가 무역대국의 토대를 더욱 굳건히 다지고 세계문명의 한 몫을 차지하기 위해서는 무엇보다도 우리 고유의 상혼과 상업문화에 대한 깊은 성찰이 필요하다. 아울러 우리의 수천 년 역사에서 위대한 상인을 찾아내고, 그들의 원대한 식견과 빛나는 업적을 되새기며, 한국인의 가슴 속 깊이 뿌리내리게 하는 각별한 노력이 요구된다.

이 책은 아직도 많이 모자란다. 그것은 필자의 우둔함과 연구 부족 때문임을 솔직히 말씀드린다. 그러나 이 책이 상(商)의 눈으로 우리 역사와 경제를 보는 작은 시금석이 될 수 있고, 또 이 책을 통해 우리 민족의 위대한 상인과 상혼뿐 아니라 역사상의 빛나는 상업문화를 접할 수 있을 것이라는 소박한 기대가 있다. 그러므로 이 책이 현대를 사는 우리 한국인에게 그리고 상인을 연구하는 분에게 단 한 줄이라도 참고가 될 수 있다면 한없이 기쁘겠다.

이 책은 필자가 글을 쓴 것이 아니라, 마치 콜럼버스가 해양 탐험으로 신대륙을 발견했듯이 역사의 뒤안길에 가려져 있던 상인의 자취를 찾아냈을 따름이라고 감히 말할 수 있다. 따라서 이 책은 당연히 많은 분들의 도움 덕분으로 집필되었고 출간되었다. 먼저 이만열 전국사편찬위원장님께서 필자를 연구자로서 대하며 따뜻한 정을 담아 독려하고 격려해 주신 데 대해 감사드린다. 다음 평소 학문의 자세를 바로잡아 주고 지도와 편달을 아끼지 않으신 창원대 구산우 교수님과 서울디지털대학교 이화승 교수님께 진심으로 감사의 말씀을 올린다.

책 발간에 있어 각종 자료와 논문 발췌 그리고 지도 작성 등에 정영구 씨, 임종금 씨, 김보미 씨가 성심껏 도와주었다. 이 분들께 고마운 마음을 전한다. 끝으로 이 책을 출판하도록 허락해 주신 박영사 안종만 회장님과 조성호 이사님께 감사드리고, 배근하님과 홍실비아님을 비롯한 편집부 여러분의 노고에 감사드린다.

2014년 12월 서울에서

공 창 석

차 례 ━━━━━━━━━━━━━━━━━━━━━━━━━━━

제 3 장　고려 상업제도와 상업문화

제 6 장 조선 건국과 개성상인

부 록

표 차 례

부록

제**1**부

고대 상인

1

상인의 출현과 상혼의 태동

I. 상인의 출현

상인은 이 세상에 언제 처음 생겨났을까? 언제부터 상인의 역사가 시작되었을까? 상거래는 태초에 인류의 생성과 함께 시작되었다는 주장도 있다.[1] 그렇다면 한국 상인의 원류는 언제 어떻게 형성되었을까? 한국 상인의 원조는 누구일까? 오늘날 역사를 꽤 많이 알고 있다고 은근히 뽐내는 사람들도 이런 질문 앞에서는 말문이 막히곤 한다.

우리 민족의 선조들은 까마득한 선사시대부터 한반도와 만주 그리고 중국 대륙에서 무리지어 살았다. 그러므로 상인의 역사는 선조들이 이들 지역에서 터를 잡고 산 선사시대에 이미 시작되었다고 할 수 있다.[2]

---

1) 한스외르크 바우어 · 베른트 할리어(Hans-Jörg Bauer · Bernd Hallier) 저, 이영희 역, 『상거래의 역사』, 삼진기획, 2003, p.18. 인류 역사에서 최초의 상거래는 기독교 성서에 기록된 이브가 선악과나무의 과일을 따서 아담에게 특별한 선물로서 건네주었을 때 시작된 것으로 본다.

2) 한반도에서 발견된 가장 오래된 구석기 유적은 공주 석장리(石壯里) 집터, 단양 금굴, 평양 상원(祥原) 검은모루 동굴 등으로 70만~60만 년 전 사이에 해당된다. 20만 년 전의 구석기 유적도 있다. 충북 제원의 점말 용굴(30만 년 전), 청원 두루봉 동굴(20만 년

선사시대 무리사회 사람들은 사냥해서 잡은 고기, 채집한 과일과 곡식 등을 공동으로 소유하다가 점차 개인이 소유하기 시작했다. 친근한 사람끼리는 선물을 주고받기도 하고, 필요에 따라 고기와 곡식을 바꾸거나, 과일을 장신구나 털옷과 교환했다. 이러한 교환 행위는 작게는 마을 안에서 이웃들 간에, 넓게는 인근 마을들 간에 자연스럽게 일어났고, 이를 통해 필요한 물품을 얻었다.[3] 무엇이든지 필요한 소비를 채우고 남은 잉여생산물을 가진 사람은 기회만 주어지면 그것을 자신이 가지지 못한 다른 물건과 바꾸고 싶어 했다. 또 물건을 거래하고 교환하면서 값을 따지고 셈을 매기는 일은 미묘한 긴장을 유발하고 재미를 주는 흥밋거리였다.

무리사회에서 사람들은 마을과 마을끼리 특산물을 선물로 주고받으며 거래를 트고, 때로는 여러 마을 사람들이 일정한 장소에 모여 재화를 교환했다. 마을에서는 용기 있고 영리하며 셈에 밝고 말솜씨 있는 사람들이 이 일을 담당했는데, 이들이 아마도 최초의 상인일 것이다. 그들은 무엇보다 거래하는 일을 재미있어 했고, 마을에 꼭 필요한 물건을 구하려 인근 마을은 물론이고, 풍토가 다르고 색다른 사람들이 사는 머나먼 지역까지 위험을 무릅쓰고 진출해 거래의 길을 터나갔다.

상인들은 곡식·의복·그릇·소금 등의 생활용품과 구슬·조개껍질·보석 따위 장신구를 가지고, 혼자든 여럿이든 거래를 트며 마을과 마을을 연결 지어 나갔다. 그들은 산과 계곡을 넘고 강과 바다를 건너 교역의 길을 열어 나갔다. 원거리 교역은 매우 위험하고 힘든 여행을 수반하지만, 상인들은 민첩함과 영리함 그리고 모험심과 용기로써 이를 극복해 나갔다. 때로는 정글 같은 험난한 곳, 아무도 가보지 못한 미지의 세계에서 교역로를 개척하는 모험을 즐겼고, 그 결과는 상인들에게 큰 이익을 남겨 주었다. 그리하여 각종 재화를 유통시키는 교역로가 개척되고 무역이 이루어졌으며, 상인들은 세월이 흐를수록 경험이

전) 등으로 곧선사람(直立人, Homo erectus)들이 남긴 것이다.(고준환, 『하나 되는 한국사』, 범우사, 1992, pp.22~26.) 사람들이 한 곳에 정착하여 농사짓고 가축을 기르며 생활한 시기는 약 1만 년 전인 신석기 시대부터이다. 한반도에서 출토된 1만 년 전의 인골에서 이미 한국인의 특징이 나타나고 있다고 한다.

3) 김신, 「고대무역구조에 관한 연구」, 『경영사학』 13호, 한국경영사학회, 1996, pp.15~17. 교환이 곧 거래는 아니고, 교환은 상인의 출현 이전부터 존재한 원시적인 현상이라 본다. 그러나 교환 역시 가치를 비교하고 셈을 따지기는 거래와 마찬가지이다.

켜켜이 쌓이고 점점 진화하여 훨씬 더 다양하고 많은 재화를 싣고 원거리 무역에 나서는 전문 상인으로 발전해 나갔다.[4]

무리사회가 촌락을 이루고 부족사회로 발전하자, 부족의 우두머리 부족장(部族長)이 상인의 역할을 담당했다. 그는 자기 부족의 잉여생산물과 특산물을 가지고 이웃 부족과 거래를 터 부족생활에 꼭 필요한 물건과 바꾸었다.[5] 이웃 부족과의 성공적인 거래는 부족의 경제생활을 윤택하게 하고 부족장의 위신과 권위를 공고히 세워주기 때문에 대단히 중요한 일이었다. 그러므로 부족장은 신경을 써서 머리가 잘 돌아가고 이치에 밝으며, 재치 있고 셈을 잘하는 영민한 사람들을 뽑아 그들에게 거래를 맡겼다. 아마도 그들은 부족을 대표하는 외교관이자 최초의 어용상인이었을 것이다.

부족사회에서 상인은 사회발전에 대단히 유용한 존재였다. 상인들은 교역을 통해 촌락과 촌락, 부족과 부족 간에 재화와 정보를 교류시키고 소통을 넓힘으로서 평화의 증진에 기여했다. 그러나 이익을 쟁취하기 위한 과도한 경쟁은 갈등과 다툼의 구실이 되어 전쟁을 유발하기도 했다.

선사시대 상인들은 한반도와 중국 대륙 그리고 바다 건너 일본을 넘나들었다. 새로운 교역의 길을 개척하고 정보를 주고받으며 교역의 범위를 넓혀 나갔다. 원거리를 오가며 교역한 상인들의 흔적은 오늘날 고고학자들의 노력으로 속속 밝혀지고 있다.

선사시대 한반도에서 원거리 교역이 이루어진 명백한 증거물이 있다. 그것은 선사시대에 세계적으로 널리 사용된 흑요석(obsidian, 黑曜石) 석기(石器)이다. 흑요석은 화산활동이 일어나는 곳에서 산출되는데, 광택이 나고 결정구조가 매우 날카로운 자연유리이다. 그래서 사람들은 흑요석 원석을 쪼개고 다듬어 주먹 칼·긁개·새기개 등으로 사용했다. 한반도에서 흑요석 석기가 출토된 곳은 구석기 유적지인 충청남도 공주 석장리(石壯里), 함경북도 웅기 굴포리(屈浦里), 강원도 양구 상무룡리(上舞龍里) 등과 신석기 유적지인 강원도 양양 오산리(鰲山里), 부산 동삼동(東三洞) 등이다. 그런데 이들 유적지와 그 인근에서는 흑요석

---

4) 필립D. 커틴, 김병순 옮김, 『세계 무역의 역사』, 도서출판 모티브북, 2007, p.43.

5) 이종욱, 『한국초기국가발전론』, 새문사, 1999, p.93. 이종욱은 촌장(추장)이 나타난 이유 중의 하나를 교역에서 찾고, 촌장들이 교역을 주관한 것으로 본다.

흑요석 원석과 떼어낸 석기(석장리 선사유적지),
○안은 오산리 선사박물관 소장 흑요석 석기

원석이 산출되지 않는다. 그렇다면 흑요석은 어떤 경로를 통해 유입되었을까?

이들 지역에서 출토된 흑요석을 분석한 결과, 석장리 구석기 유적지와 오산리 신석기 유적지에서 발굴된 흑요석의 산지는 백두산으로 밝혀졌고, 부산 동삼동에서 발굴된 흑요석은 일본 이키(壹岐)섬으로 밝혀졌다. 이는 당시 이들 지역 간에 흑요석이 교역된 사실을 분명하게 드러낸다고 하겠다. 다시 말하면 구석기시대에 이미 한반도를 포함하여 백두산 일대와 일본 규슈(九州)를 아우르는 광범위한 영역에 흑요석을 매개로 한 교역권(交易圈)이 형성되고 가동되었던 것이다.[6]

선사시대 교역의 또 다른 유력한 증거로 고인돌, 빗살무늬토기 그리고 오늘날 한국인의 주식인 쌀을 들 수 있다. 고인돌과 빗살무늬토기는 한반도·만주·중국 동부 연안 지역에 고루 분포하고 있는 우리 민족의 대표적 유물이다. 그러나 그것은 민족 세력권 내의 교역을 말해 줄 뿐이다. 이에 비해 쌀은 세력권 밖과의 본격적인 교역을 보여준다.

벼의 원산지는 인도의 동부지방으로 알려져 있다.[7] 벼의 재배법이 중국 남부지방에 들어간 시기를 대개 기원전 2150~2000년으로 추정한다.[8] 그렇다면 언제부터 한반도에 벼가 재배되기 시작했을까? 최근에 김포·일산·고양 등지의 한강 유역과 강화도에서 중국 남부의 장강(長江) 유역이 본산지인 장립미(長쏲米)가 잇달아 발견되었다. 이를 방사선 탄소측정법으로 측정한 결과 기원전 2000년의 것으로 밝혀졌다.[9] 여기서 주목할 사실은 기원전 2000년이면 인도에

6) 최광식·박경철·이진한·이철성·송규진·윤재운, 『한국무역의 역사』, 청아출판사, 2010, pp.41~44.

7) 김정배, 『한국고대사와 고고학』, 신서원, 2000, pp.48~51.

8) 페르낭 브로델(Fernand Braudel) 저, 주경철 역, 『물질문명과 자본주의』I-1, 까치, 2002, pp.195~196.

9) 윤명철, 『한민족의 해양활동과 동아지중해』, 학연문화사, 2002, p.24. 벼농사의 한반도

서 중국 남부지역으로 벼가 전파된 시기와 엇비슷하고, 우리나라에서는 고조선(古朝鮮) 초기에 해당한다는 점이다. 그러므로 고조선 초기에 이미 한반도와 중국 남부지방 사이에 사람이 왕래하고 재화가 유통하는 교역로가 뚫려 있었던 것이다.[10)]

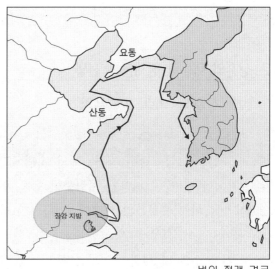

벼의 전래 경로

바다를 이용한 해양교역은 일정한 항로를 왕래하는 선박에 의한 교역을 의미한다. 한반도와 중국 사이의 황해는 지금은 손바닥만 한 내해로 여기지만 선사시대에는 망망대해로 인식되었다. 그렇다면 선사시대에 한반도와 중국대륙 간의 항해가 가능했을까? 선사시대 선박의 항해속도는 대략 시속 3노트로 추정되고, 안전항해의 항로범위는 해안선으로부터 가시거리 내인 30해리로 본다. 그리고 항로는 요동반도와 산동반도를 잇는 항로가 먼저 이용되었는데, 그 시기는 무려 기원전 4000년까지 올라간다. 그리고 한반도에서 요동반도를 경유하여 산동반도에 이르는 항해는 기원전 2000년 전후의 시기에 시작된 것으로 추정한다.[11)]

이와 같이 초기 고조선시기에는 한반도와 요동 그리고 중국대륙을 잇는 육로와 해로가 모두 열려 있었다. 하지만 벼의 경우는 벼의 재배분포를 보아 볍씨와 그 재배법이 육로보다는 연안항로를 이용한 교역을 통해 장강지방에서 한

기원설이 있다. 1998년 충북 청원군 옥산면 오창과학단지 구석기 유적 A지구 토탄층에서 발굴된 볍씨가 방사선 탄소연대 측정결과 기원전 약 17,000년~13,000년경의 것으로 확인됐다. 이는 세계 벼농사 한반도 기원설로 2000년 10월 필리핀 마닐라 국제 미작 연구소가 주최한 국제학술대회에 보고되었다. (동아일보, 2000년 8월 3일자 21면. 고준한, 『하나 되는 한국사』, 한국교육진흥재단, 2002, p.30)

10) 윤명철, 「황해의 지중해적 성격연구 1」, 『한중문화교류와 남방항로』, 국학자료원, 1997.

11) 정진술, 『한국해양사』, 경인문화사, 2009, pp.63~67. 기원전 4000년은 대문구문화(大汶口文化), 기원전 2000년은 용산문화(龍山文化) 시기이다.

반도에 전해졌을 것으로 보인다.

2. 상혼의 태동과 경제블록 전쟁

가. 상혼의 요람 홍산문화

인류의 경제생활은 빙하기(氷河期)가 끝나는 1만여 년 전부터 획기적으로 변한다. 인류사회는 단순 자연경제의 수렵채집사회에서 점차 유목과 농경사회로 진전되어 갔다. 그러다가 사람들이 돌을 연마해서 석기(石器)를 만들고, 또 토기를 만들어 사용하기 시작했다. 이를 오늘날 신석기혁명이라 부른다.

동아시아의 신석기혁명 역시 유목과 농경이 병행하는 방향으로 발전되었다. 하지만 수천 년 세월이 지나는 동안 유목이 앞서 발달해 나갔고, 농경과 목축은 자연에 의존하며 서서히 뒤따랐다. 하지만 여러 종족의 경제생활은 그들이 처한 환경과 종족의 특성 탓으로 인해 격차가 점차 벌어졌다. 그중에서도 가장 앞선 종족은 동이족이었다. 우리 민족의 원류인 동이족은 일찍 유목과 농경이 가능한 땅을 선점해 나가면서 경제력을 축적하고 문명의 싹을 키워 나갔다.

동이족은 몽고 초원부터 요동과 산동반도를 거쳐 장강에 이르기까지 유목을 근간으로 삶을 영위하는 한편, 농경하는 법도 터득하게 되었다. 처음에는 자연에 순응하고 따르는 영농으로서 이곳저곳 경작이 가능한 땅을 골라 듬성듬성 씨를 뿌리고 때가 되면 수확하는 광역재배(extensive cultivation) 방식이었다. 만주 평원을 둘러싼 구릉지와 산동반도의 고지대가 기후조건이 알맞아 밭농사가 가능했고, 가장 많이 재배하는 작물은 기장이었다. 벼농사는 아직 보급되지 않았다. 그러므로 벼농사가 도입되는 기원전 2000년경까지 기장이 동아시아의 주식이었다. 이 시기까지 중원지역은 황하가 범람하는 저지대의 습지여서 농사와 목축이 불가한 불모지였다. 또 장강 이남은 호수와 늪이 산재한 정글지대로 사람들이 거의 살지 않았다.[12)]

동아시아 문명의 싹을 틔운 것은 동이족이었다. 그 문명의 결정체가 기원전 5000년의 홍산문화(紅山文化)이다. 기원전 5000년이면 기존의 이집트문명·메소포타미아문명·인더스문명·황하문명 등 세계 4대문명보다 2000년가량 앞

---

12) 이삼성, 『동아시아의 전쟁과 평화』, 한길사, 2009, pp.28∼29.

서는 것으로, 인류 역사의 서술을 바꿀만한 엄청난 사실이 된다. 홍산문화는 기존의 고대문명과는 아예 차원이 다른 새로운 문명이다. 홍산문화라는 말은 1935년 중국 내몽고 자치구 적봉시(赤峰市)에 소재한 붉은 홍산(紅山) 뒤쪽에서 기원전 5000년경의 유물과 유적이 무더기로 발굴된 데서 유래한다.[13] 이후 중국정부는 홍산을 중심으로 발해만과 요하 유역을 본격적으로 발굴조사하기 시작했다. 그리고 이 지역에서 밝혀진 고대문화를 통칭하여 '요하문명(遼河文明)'이라 명명하고 중국문명의 새로운 기원으로 삼았다.[14]

현재까지 발견된 요하문명의 유적들 가운데 가장 빠른 것은 소하서문화(小河西文化)로 무려 기원전 7000년까지 올라간다. 따라서 동이족의 문명은 기원전 7000년 소하서문화로부터 시작된 것으로 추정 가능하다.[15] 하지만 요하문명의 핵심은 어디까지나 홍산문화이다. 그리고 홍산문화의 핵심 요체는 발해만 연안 대릉하 유역의 우하량(牛河梁)에서 출토된 유물과 유적에 있다고 할 수 있다.

우하량 유적지의 대표적인 출토물은 기원전 3500년으로 추정되는 여신상, 신전, 성곽, 적석총 따위이다. 특히 1984년 흙으로 빚은 여신상(女神像)이 모습을 드러낸 것은 고고학자들조차 전혀 예상하지 못한 대사건이었다.

우하량 유적지는 인류역사에서 고대국가의 탄생을 시사하는 특별한 의미를 갖는다. 신전, 여신상, 적석총은 당시 종교의 신앙체계가 견고히 성립한 것을 입증하고, 대규모 성곽은 강력한 정치경제적 지배세력의 존재를 상징한다. 다시

흙으로 빚은 여신상

---

13) 우실하, 『요하 문명론』, 소나무, 2007, p.167. 윤달이 1955년에 출판한 『중국 신석기시대』에 수록된 「적봉 홍산후의 신석기시대 유적에 대하여」라는 글에서 홍산문화가 정식 명명되었다고 한다.

14) 중국은 2006년 6월에 처음 요령성박물관에서 '요하문명전'을 열었다.

15) 기원전 7000년경 소하서문화로부터 시작된 동이족의 문명은 점차 발전하여 기원전 3000년경에 부족연합체 정치세력을 형성하게 된다. 재야사학계에서는 이를 '배달국'이라고 부른다. 홍산문화와 요하문명은 배달국과 동이족의 유산인 것이다.

말하면 우하량 유적지는 종교와 정치의 결합 등 초기 고대국가의 면모를 거의 완벽히 갖추고 있는 것이다. 우하량 유적지가 고대국가의 모습으로 투영되자, 중국정부는 깜짝 놀랐다. 왜냐하면 홍산과 우하량 지역이 한국인의 선조인 예맥족(濊貊族)의 생활영역일 뿐 아니라, 유물과 유적의 대다수가 한민족 고유의 양식을 띠고 있기 때문이다. 예를 들어 둥근 옥 귀걸이는 한반도에서 출토되는 것과 같고, 치(雉)가 있는 성곽과 적석총은 고구려 양식의 판박이다.

한편 홍산문화 말기인 기원전 3500년경에 고대국가가 존재했다면, 또 그 주체 세력이 동이족인 예맥족이라면,[16] 동아시아 역사는 뿌리부터 달라진다. 유사 이래 수천 년간 중국은 줄곧 만리장성 이북의 동이족은 애초부터 문명이 없었고, 중국의 영향을 받아 비로소 미개에서 깨어났다고 주장해 왔다. 안타깝게도 동이족의 후예들은 이를 반박할 만한 기록이나 물증이 없어 씁쓸하지만 그 주장을 받아들일 수밖에 없었다. 한마디로 수천 년간이나 중국에 기죽고 살아온 것이다. 그러나 이제는 다르다. 홍산문화 우하량 유적지의 고대국가는 여러 증거물로 보아 고조선 이전의 배달국일 가능성이 크다. 또 이로 인해 지금까지 허구의 신화로 백안시되어온 고조선, 배달국 등 우리의 고대사가 실존의 근거를 찾게 되었다. 따라서 홍산문화의 출현은 동아시아 문명의 주인공이 우리 선조 예맥족으로 바뀌는 실로 경천동지할 대사건인 것이다.

홍산문화는 상인과 상혼(商魂)의 요람이기도 하다. 상인과 상업의 역사는 홍산문화에서 크게 도약한다. 고대국가가 홍산문화에서 최초로 그 모습을 드러낸다는 것은 홍산문화 시기에 이르러 상업문화가 고대국가를 탄생시킬 만큼 성숙되었음을 입증한다고 할 수 있다. 고대국가의 원천과 시발점은 수도인 도읍이다. 도읍은 그 자체의 동력으로 각지로부터 상인을 불러 모으고 키우며, 상인은 도읍에 활력을 북돋우고 소통을 일으키며 구석구석을 뒷바라지 한다. 이러한 순환 마당에서 상업문화가 잉태하고 상혼이 움트며 뿌리를 내린다.

홍산문화 시기에 최초로 고대국가가 출현하고 그 중심 도읍이 성곽과 각종 편이시설을 갖추었다는 것은, 그때 이미 도시상업이 성숙하고 전문상인이 활동했다는 것을 의미한다. 그러기에 홍산문화는 인류역사에서 상업문화가 최초로 창달되고 꽃핀 상혼의 태생지이고, 한국 상혼의 요람이라 할 수 있다. 따라서

---

16) 우실하, 앞의 책, p.298.

한국의 상혼은 홍산문화에서 태동하여 그 맥을 잇고 있고, 한국상인의 유전자는 홍산문화에 뿌리하고 있다고 할 수 있다. 혹자는 논리 비약이라고 지적할 수도 있지만, 그러한 지적을 따돌리기에 충분한 근거가 있다.

홍산문화의 발달한 상업은 홍산옥을 통해, 전문상인의 존재는 고대 도시의 유적을 통해 확인 가능하다. 홍산문화는 '옥의 문화'라고도 불린다. 당시는 장식물은 물론이고 일반 생활용구까지 옥으로 만들어 쓸 정도로 옥을 많이 사용했다.[17] 그래서 신석기시대와 청동기시대 사이에 '옥기시대'를 따로 설정하자는 설득력 있는 견해도 대두한다. 그런데 흥미로운 점은 홍산문화가 옥으로 도배칠갑 한다고 할 만큼 옥을 많이 사용했지만, 막상 홍산에서는 옥이 전혀 산출되지 않는다는 것이다. 그러면 어디선가 옥을 가져와야 하는데, 그곳이 어디인가? 최근 연구결과 홍산옥의 원석은 홍산으로부터 약 450km 떨어진, 압록강과 가까운 요령성 수암현에서 채취되는 수암옥(岫岩玉)으로 밝혀졌다.[18] 따라서 홍산옥은 양 지역 사이에 옥을 거래하는 상거래 망이 짜여 가동되고 있었던 것을 반영한다고 할 수 있다. 당시 홍산지역과 수암지역은 옥을 매개로 탄탄히 연결되어 있었고, 양 지역을 상인들이 누비고 다녔던 것이다.

인류문명은 상인과 불가분의 관계에 있고 상인은 문명의 선두에서 그 본분을 다한다. 그리고 문명의 수준은 도시의 탄생과 발전, 그리고 상업의 성쇠 여부에 따라 가름된다고 볼 수 있다. 인류역사에서 도시의 생성과 지속적인 발전은 상인의 존재와 그 역할에 달려 있다고 해도 과언이 아니다. 왜냐하면 도시 생활용품의 수요와 공급은 궁극적으로 상인의 손에 달려 있기 때문이다.

따라서 한국인의 선조 예맥족이 세운 홍산문화의 우하량 유적지가 인류 최초의 고대국가 체제를 갖춘 도읍이라면, 그곳은 세계 최초의 전업 상인의 태생지라고 보아도 무리가 아니다. 또한 그곳은 한국상인의 시발점이고, 한국상혼의 요람으로 자리매김할 수 있다. 다시 말하면 한국인의 선조 예맥족이 세계 최고(最古)의 홍산문화를 꽃피우는 가운데 한국 상혼의 원류가 태동되었고, 그곳에서 생겨난 전업 상인들로부터 한국상인의 원형이 생성되고 다듬질되었다고 할 수 있다. 그러기에 한국 상혼은 세계에서 가장 오래된 도시와 그 문화에 뿌

---

17) 신용하, 『고조선 국가 형성의 사회사』, 지식산업사, 2010, pp.96~103.
18) 우실하, 앞의 책, p.109~118. p.299.

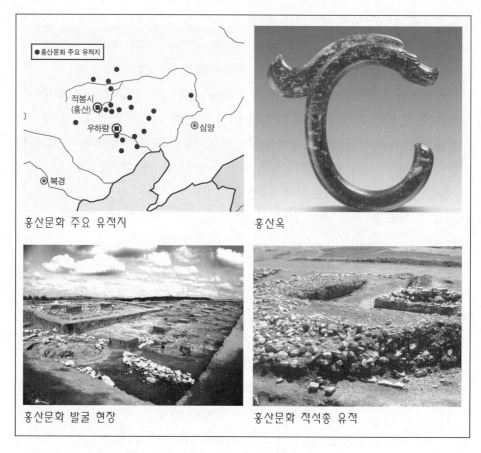

홍산문화 주요 유적지	홍산옥
홍산문화 발굴 현장	홍산문화 적석총 유적

리를 둔 최고(最古)의 상혼이라고 말할 수 있다.

나. 동아시아 최초의 경제블록 전쟁

원시사회에서는 한 집단이 다른 집단에게 일방적으로 요구를 강요하는 폭력행위는 없었다.[19] 인구에 비해 땅은 넓고 짐승과 과일 따위의 먹을거리가 풍부해 서로 다툴 일이 적었으며, 또 한 집단이 다른 집단을 폭력으로 강압하거나 일방적으로 지배할 수 있을 만큼의 축적된 능력과 힘이 부족했기 때문이다. 물론 인류의 공동체 생활에서 약탈과 폭력은 다반사로 존재했겠지만, 마을 단위로 집단을 조직하고 인력을 동원하여 다른 마을을 폭력으로 정복하고 영속적으로 지배하는 것은 훨씬 후대에 인류문명이 발달하면서 생겨난 사회현상이었

19) 한국역사연구회, 『한국역사 속의 전쟁』, 청년사, 1997, pp.24~26.

다. 또 촌락 간, 부족 간의 싸움은 쌍방 호혜의 거래를 넘어 한 집단이 다른 집단에게 식량·자원·노동력 따위를 대가없이 바치라고 강요하는 노골적인 의도의 표출이었다.

인류사회의 발달에 따라 촌락 간, 부족 간 싸움은 점차 부족연합의 결전을 거쳐 국가단위의 전쟁으로 발전해 나갔다. 한편 이것은 경제세력권 또는 경제블록 간의 싸움과 전쟁이기도 했다. 그러면 동아시아 최초의 경제세력권 또

치우천왕(붉은 악마 공식문양)

는 경제블록 간의 전쟁은 언제, 어디서, 어떻게 일어났을까? 문헌상으로는 『사기(史記)』〈오제본기(五帝本紀)〉에 기원전 27세기의 일로 기록된 치우천황(蚩尤天皇)과 황제 헌원(軒轅)의 전쟁이 동아시아 최초일 것 같다. 『환단고기(桓檀古記)』〈태백일사(太白逸史)〉에도 '치우-헌원'의 전쟁이 자세히 수록돼 있다. 그러면 치우와 헌원은 누구이고, 그들이 싸운 이유는 무엇일까?

먼저 치우천황이 활약한 시기는 홍산문화 말기라고 할 수 있는 기원전 27세기이고, 그는 배달국의 임금으로서 동이족의 대추장이었다.[20] 그리고 인류역사에서 처음으로 본격적인 전쟁무기를 개발한 인물로, 오늘날까지 한국·중국·일본 등지에서 '전쟁의 신'으로 불리고 있다. 고전 영화나 TV 사극에 등장하는 병장기의 대부분, 이를테면 큰칼·큰활·방패·갑옷·장창·전차·투석기 따위는 치우천황이 최초로 제작하여 헌원과의 전쟁에 직접 사용했다.[21]

치우천황은 심벌 문양이 재미있다. 전쟁의 신답게 무시무시한 도깨비 모습을 하고 있다. 한국 축구응원단 '붉은 악마'의 도깨비 문양이 그것이다. '붉은 악마'는 1999년 3월 29일 잠실의 올림픽 주경기장에서 '한국-브라질' 축구경기

---

20)　『환단고기(桓檀古記)』〈태백일사(太白逸史)〉 치우천왕은 배달국의 14대 자오지(慈烏支) 천황이다. 42세에 황위에 올라 109년간 재위했고 151세에 죽었다. 『환단고기』는 평안북도 선천출신의 계연수(桂延壽)가 1911년에 편찬하고, 제자 이유립(李裕岦)에 의해 1978년 책으로 발간되었다. 현재 『환단고기』는 학계에서 위서(僞書)로 평가받고 있다. 하지만 모든 역사서가 편찬자의 성향과 시대적 요구, 편찬시의 문물수준과 환경 등에 의해 얼마간의 오류가 항상 있게 마련이므로 『환단고기』도 이 점을 고려하여 연구하고 참고할 수는 있다고 본다.

21)　『환단고기(桓檀古記)』〈태백일사(太白逸史)〉.

가 열렸을 때 치우문양을 공식문양으로 채택하고 도깨비 깃발을 처음 내걸었다. 이는 기원전 27세기에 동아시아를 호령한 치우천황이 한국인의 조상으로 되살아난 일대 사건이라고 할 수 있다.[22] 한국인은 치우천황에 대해 무섭다기보다 '붉은 악마' 처럼 왠지 모를 친근감과 경외심을 가진다. 하지만 중국인은 치우천황을 굉장히 무서워한다. 전쟁의 신으로 숭배하면서도, 한편으로 증오하고 두려워하는 것이다.

다음은 헌원(軒轅)이다. 헌원은 중국인이 가장 숭배하는 자로 최초로 황제 자리에 오른 인물이다. 중국인은 그가 중국문명을 창시했으며, 또 치우와 천하통일 전쟁을 벌여 그를 죽이고 황제에 등극했다고 철석같이 믿는다.[23] 하지만 치우에 대해서는 도무지 이해가 안 가는 이율배반의 태도를 보여 왔다. 헌원이 최후의 승리를 거두고 황제까지 됐는데, 왜 패배하여 죽임을 당한 치우를 미워하고 무서워하며 적개심을 품을까? 혹시 그들의 주장과 달리 치우가 사실상 승리했기 때문에 그랬던 것은 아닐까?[24]

그러나 오늘날의 중국인은 치우를 또 다른 자기 조상으로 받아들이고 최상의 존경을 표하고 있다. 그토록 증오하던 태도를 확 바꾸고 헌원과 동격의 조상으로 숭상하며 사당에 모시고 있는 것이다. 탁록에 중화삼조당(中華三祖堂)이란 사당이 있는데, 헌원 곁에 똑같은 크기로 치우의 상을 조성했다.[25] 왜 그랬을까?

중국은 홍산문화가 출현하자 발 빠르게 홍산문화를 자기네 고대문화로 편입하고 치우를 자기네 조상으로 둔갑시켰다. 또 치우상을 조성한 이유는 한국에서 치우를 조상으로 찾는 열풍이 일어남을 감지하고 서둘러 치우를 자기네

---

22) 1675년 북애자(北崖子)가 지은 『규원사화(揆園史話)』에는 치우천왕이 한민족의 조상이라고 명시되어 있다.

23) 『사기(史記)』 〈오제본기(五帝本紀)〉에는 헌원은 소전(少典)의 아들로 성은 공손(公孫)으로 기록돼 있다. 헌원(軒轅) 수레와 수레끌채라는 뜻으로 그가 수레를 발명했다는 의미로 이름 지어진 것으로 본다.

24) 치우천왕에 대한 중국 측 기록과 한국 측 기록이 정반대로 다르다. 서로 이겼다고 주장한다. 중국 측 『사기(史記)』 〈오제본기(五帝本紀)〉에는 헌원(軒轅)이 염제(炎帝)와 연합하여 치우천왕을 타도했다고 기록되어 있다. 한국 측 『환단고기(桓檀古記)』 〈태백일사(太白逸史)〉에는 치우가 황제(黃帝) 헌원(軒轅)과 10년 동안 73번 싸워서 모두 이겼으며 그를 사로잡아 신하로 삼았다고 기록돼 있다.

25) 우실하, 『동북공정 너머 요하 문명론』, 소나무, 2007, pp.54~67.

조상으로 자리 매겨 한국인도 중국의 일부라는 이미지를 고착화하려는 의도가 숨어 있다. 바야흐로 민족의 역사전쟁, 뿌리전쟁을 먼저 시도하고 주도해 나가려는 것이다. 이것이 바로 동북공정의 시발이요, 핵심이다.

치우와 헌원이 사생결단의 혈전을 벌인 곳은 탁록(涿鹿)이다. 『산해경』에는 기주(冀州)라고 기록되어 있다. 기주는 지금의 북경이고, 탁록은 북경에서 서북쪽으로 약 120km 떨어진 곳이다. 기주든 탁록이든간에 그들이 북경 주변에서 맞붙은 것은 틀림없다. 그들은 왜 철천지원수로 싸웠을까?

『사기』는 헌원이 치우가 구려족(九黎族)[26]의 우두머리로서 공물을 바치지 않았기 때문이라 기술하고 있다. 반면 『환단고기』는 헌원이 배달국의 삼신일체(三神一體) 신앙을 추종하지 않으므로 치우가 이를 응징하려 나섰고, 마침내 헌원을 사로잡아 신하로 삼았다고 기술한다. 단연 종교적인 이유가 먼저이다.[27] 물론 신하로 삼았다는 말에는 공물을 받았다는 뜻이 당연히 내포되어 있다 할 것이다. 결국 둘 다 중원의 기름진 땅을 서로 차지하려고, 나아가 상대방을 신하로 복종시켜 공물을 받으려 싸운 것이다. 그렇다고 치더라도 기원전 2700년대는 땅은 넓디넓고 인구는 희소한 시기였다. 그러한 환경에서 종족이 다른 부족연합 간에 어떻게 사상초유의 대규모 전쟁이 발발했을까?

결론을 먼저 밝히면, 이 싸움은 동아시아 역사상 최초로 그리고 대규모로 서로 다른 종족이 편을 갈라 자웅을 다툰 전쟁이다. 당시 치우는 동이족의 나라 '배달국'의 천황이었고, 헌원은 중국 화하족(華夏族)의 최고 추장이었다. 그러므로 치우-헌원의 전쟁은 동이족과 화하족, 즉 동이족 경제블록과 화하족 경제블록 간에 생사를 건 전쟁이 된다. 전쟁은 헌원이 먼저 도발하고 치우가 응징하였는데, 이는 동아시아의 경제발전으로 인해 촉발될 수밖에 없었던 필연의 결과라 할 수 있다.

선사시대부터 동아시아의 패자는 동이족이었다. 본래 동이족의 삶의 바탕

---

26) 구려족은 동이 9개 부족을 지칭한다. 『후한서(後漢書)』 동이전(東夷傳)에 구이의 구체적 명칭으로 견이(畎夷)·우이(于夷)·방이(方夷)·황이(黃夷)·백이(白夷)·적이(赤夷)·현이(玄夷)·풍이(風夷)·양이(陽夷)가 나온다.

27) 『규원사화(揆園史話)』에는 중원 진출로 기록돼 있다(垂涎而轉進). 우리 민족의 선조들이 중원의 기름진 땅을 탐내어서 북경지역과 그 서남쪽 지역으로 진출해 나갔다는 것이다. 중원을 개척하는 과정에서 헌원 세력과 맞닥뜨려 전쟁을 벌인 것이다.

은 유목이었지만, 치우천황 시기에 이르면 유목에 경작을 병행하는 혼합농경이 보편화되는 단계에 이른다. 또 완전한 정착농경도 널리 착근되어 가고 있었다. 정착농경은 동이족이 청동기 농기구를 개발하고 치수와 농사기술을 발전시킨 결과였다. 농경의 발달로 인해 동이족은 불가피하게 큰 변화를 맞이한다. 그것은 동이족의 영역이 몽고 초원의 순수 유목지역과 요동부터 장강에 이르는 혼합농경 지역으로 크게 분화되어 간 것이다.

하지만 당시까지 동이족의 경제는 유목이 근간이었으므로 인구가 밀집한 도시는 드물었다. 각 부족은 초원을 따라 움직였고, 물이 있는 곳을 근거지로 하여 연결했으며, 매년 5월과 10월 두 차례 천황이 있는 수도에 부족장들이 모여 하늘에 제사지내고, 나라의 대소사를 의논했다. 그러니까 치우천황의 부족 연맹은 정치적이기보다는 종교적 연맹의 성격이 컸다. 신앙이 동이족을 잇는 끈이었고, 신앙의 중심은 삼신(三神) 숭배였다. 물론 외적의 발호 등 비상시에는 동이족의 대추장인 천황의 명령에 따라 전 부족이 삽시간에 집결하고 똘똘 뭉쳐 대처했으며, 유목이었으므로 속도가 대단히 빨랐다.

화하족의 삶은 주로 농경에 의존하고 있었다. 본래 화하족은 화산족(華山族)이라고도 부르는 중국 한족의 조상들이다.[28] 중국 사학계에는 화하족이 신석기시대에 바빌로니아에서 왔다는 학설도 있다. 이를 '중국민족 서래설(西來說)'이라 한다.[29] 이 설에 따르면 화하족이 유프라테스·티그리스강 유역의 바빌로니아에서 파키스탄을 통과해, 중국대륙 서쪽 섬서성(陝西省) 지방으로 이주하여 정착하고, 점차 토착민을 흡수하여 세력을 키웠으며, 헌원 시대에 이르러 중원으로 본격 진출했다고 본다. 또 화하족은 어떤 특정한 혈연 핏줄에 따라 생겨난 명칭이 아니고, 화(華)는 '화산(華山)'이라는 산 이름에서, 하(夏)는 '하수(夏水)'라는 강물 이름에서 따왔다고 한다.[30] 여기서 '화산(華山)'은 지금의 하남

---

28) 공봉진, 『고대 동아시아의 동이족 연구를 통한 지역연구의 새로운 틀 모색』, 부산외국어대학교 대학원, 석사학위논문, 1996, p.26.

29) 심백강, 『황하에서 한라까지』, 참좋은세상, 2007, pp.96~100. '중국민족 서래설(西來說)'설은 영국 런던대학교 교수였던 프랑스인 라쿠페리(Terrien de Lacouperie)가 1894년에 저술한 『중국고문명서원론(中國古文明西源論) Western Origin of the early Chinese civilization』에서 제기했다.

30) 공봉진, 앞의 논문, pp.35~38. 화하(華夏)란 명칭은 춘추시대에 처음 나타나는데, '화산(華山)'은 지금의 하남성(河南省) 내의 숭산(嵩山)으로 추정되고, '하수(夏水)'는 양자

성(河南省) 숭산(嵩山)으로, '하수(夏水)'는 장강 상류의 한수(漢水)로 추정한다. 따라서 화하족은 오늘날 소림사로 유명한 숭산과 장강 상류 일대에 살던 족속들을 통칭하는 것이 된다.[31)

그러므로 화하족은 중국 섬서성 땅에 정착할 때부터 유목과는 거리가 멀었다. 화하족 북쪽에는 유목민이 즐비했으며, 현재 중국의 동부 해안과 동북 지역에는 동이족이 그 세력을 잡고 있었다. 당시는 아직 농경보다 유목이 더 효율적이던 시대였다. 유목이 핵심 경제력이고 농경은 보조적 역할에 그쳤다. 화하족은 유목 생활을 하고 싶어도 말 타고 활 잘 쏘는 동이족의 위세에 밀려 일정 지역을 벗어날 수 없었고, 그래서 장강 상류 일대에서 밭농사와 목축에 매달리는 농경 생활을 꾸려 나갈 수밖에 없었다. 뿐만 아니라 세력이 약해 동이족의 간섭을 받으며 공물을 바쳐야 했다.

그러던 화하족에 일대 변혁이 일어났다. 동이족 출신 신농(神農)씨 덕분이었다. 신농씨는 화하족에게 치수와 농사기술을 가르쳐 주고, 약초를 만드는 방법과 상업하는 수단을 일깨워 주었다. 신농씨는 화하족의 구세주와 같은 존재였고, 마침내 화하족의 왕이 되었다.[32) 동이족의 발달한 영농법과 상술을 화하족에 전파한 공로로 신망을 얻고 왕위에 추대된 것이다.[33) 신농씨 덕분에 화산족의 땅이 농사에 알맞은 땅으로 바뀌어 갔다. 특히 황하 하류와 장강 중상류 지역의 평원은 농사짓기에 귀찮은 돌이 없고 원시림이 존재하지 않아 심층농경(intensive ageiculture)이 쉽사리 착근되고 비약적으로 발달해 나갔다. 이제 화산족은 풍족해졌고, 먹을거리의 풍요는 인구의 대폭 증가를 가져왔다. 또 풍요에 따른 인구 증가는 농사지을 더 넓은 땅을 필요로 했다. 기원전 27세기에 이르자 화하족은 동이족에 필적할 정도로 세력이 불어나 동이의 세력권을 노골적으

강 상류의 한수(漢水)로 추정된다. 그러므로 화하족은 지금의 숭산과 한수 일원에 살던 족속들을 통칭하는 명칭이 된다.
31) 안호상, 「동이족인 동아종족의 본고장과 고·백·신 3국의 중국통치 지역」, 『건국대학교논문집』 제8호, 건국대학교대학원, 1978, pp.5~6. 한족이 아직 중국 땅에 들어오기 전 신석기시대에 중국의 중부와 남부는 동이족의 갈래인 묘족(苗族)이 살았다. 안호상은 황제 헌원이 동이족 출신이라고 본다.
32) 『사기』 「삼황본기(三皇本紀)」. 신농씨는 사람의 몸에 소의 얼굴을 한 자로서 염제(炎帝)라고도 불렀다.
33) 왕효통(王孝通), 『中國商業史』, 北京 團結出版社, 2006, p.4.

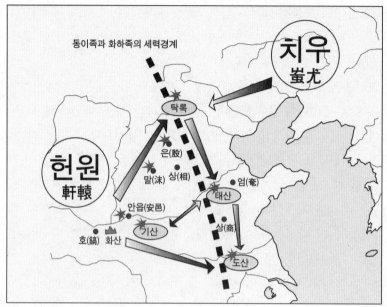

지우와 헌원의 전투도

로 침범하기 시작했다. 그 선두에 헌원이 섰다.

헌원이 동이족 세력권을 침범한 것은 농사지을 땅이 필요해서만은 아니었다. 헌원은 화하족의 오랜 숙원인 해양 진출을 이루고 싶었다. 본래 화하족은 바다를 몰랐고 바다를 이용한 해양교역도 몰랐다. 선사시대부터 요동반도에서 장강에 이르기까지 바다와 연안의 땅은 모조리 동이족이 차지하고 있었다. 때문에 화하족은 해산물과 바다 건너 이국의 특산물을 동이족을 통해서, 그나마 막대한 구입비를 지불하고서야 획득할 수 있었다.

선사시대부터 동이족 상인들이 천하를 주무르고 다녔고, 교역의 주도권은 늘 동이족에 있었다. 동이 상인들은 유목과 항해를 통한 거래에서 상술을 익혔고 교역 물정에 밝았다. 이에 비해 한 지역에서 정착생활을 하는 화하족은 물정이 어두웠다. 그러므로 동이 상인들은 내륙의 화하족과 교역하면서 막대한 이득을 챙겼고, 화하족은 교역에서 적지 않은 손해를 감수했을 것이다. 그러던 화하족이 신농씨로부터 상업과 거래의 이익에 대해 깨침을 얻자 내륙을 빠져나와 바다로 진출하기를 소망하게 되었다. 해양 산물을 직접 채취하여 얻고, 해양무역에 뛰어들고 싶은 욕망이 쌓여 갔기 때문이리라.

헌원은 동이의 울타리에서 벗어나 기름진 땅을 획득하고 산동반도 일원으로 진출하고자 화하족을 총결집시켰다.[34] 본래 산동반도 일원은 유목 동이족의 생활 무대였고, 기원전 10세기 상나라 때까지도 유목민의 영역이었다.[35] 그리고 산동반도는 교역의 요충지로서 선사시대에 이미 해상교역의 터미널로 작동하고 있었다.[36] 내륙의 산물과 장강 이남의 산물이 산동에 모여 뱃길로 요동반도에 운송되고, 북방의 특산물이 뱃길로 산동에 운송된 것이다.

한편 헌원의 군세가 너무나 막강하므로 치우천왕은 동이족 총동원령을 내리고, 직접 친정에 나서 병력을 조련하고 신무기를 만들어 헌원을 치고 그가 산동반도 해안 쪽으로 진출하는 것을 막아냈다.

종합하여 말하자면 치우와 헌원의 전쟁은 동이족의 지배를 받던 헌원의 화하족이 세력이 커지자 동이족의 지배를 벗어나려 도전했고, 치우가 동이족을 총동원하여 이를 저지한 사건이었다. 동이족 유목 블록과 화하족 농경 블록이 총력을 다 쏟은 결전이었던 것이다. 그것은 또 동아시아 최초로 최대 규모의 부족연합이 사활을 걸고 절박하게 싸운 전쟁이었다.

치우-헌원의 전쟁은 치우의 승리로 막을 내린다. 헌원은 비록 승리를 거두지 못했어도 화하족의 황제에 오르는 영광을 안는다. 그러나 숙원인 해양 진출의 꿈은 끝내 이루지 못한다. 화하족의 산동반도 진출은 이로부터 천수백 년을 더 기다려야 했다. 전쟁 이후 동이족과 화하족 간, 또 여타 부족들 간의 경계선이 점차 또렷이 구획되어 나갔다. 그러한 경계선은 서서히 고대국가 출현의 촉매로 작용하고, 국경선으로 전환되어 갔다.

---

34) 이때 비로소 화하족이 생성된다. 화하족은 화산족과 하족이 합해진 것이고, 치우천황과의 결전을 통해 결집하고 민족의식을 불러 일으킨 것으로 보인다.

35) 이삼성, 앞의 책, p.54. 상나라는 청동기문화와 농경문화를 발전시켰지만, 주인공인 상족(상족)은 본래 물과 풀을 찾아 끊임없이 이동하는 유목 동이족이었다.

36) 정진술, 『한국해양사』, 경인문화사, 2009, pp.65~67. 산동반도에서 요동반도로의 해상 이동이 대문구문화(大汶口文化) 시대인 기원전 4,000년 전후의 시기에 행하여졌고, 한반도 서해연안에서 요동반도를 경유하여 산동반도에 이르는 항해는 신석기 후기인 기원전 2,000년 전후의 용산문화(龍山文化) 시기로 본다. 孫光圻, 『中國古代航海史』, 北京:海洋出版社, 1989, p.70.

2

고조선시대 상인

I. 고조선의 인구

고조선의 인구는 얼마였을까? 최소 100만 명 이상, 아니 영토가 광범했으니 1000만 명은 거뜬히 넘지 않았을까? 금방 정답이 튀어나올 것 같은 기분이지만, 이리저리 궁리하며 짜 맞추다 보면 점차 미궁에 빠지고 해답은 모르쇠로 나온다.

인류역사에서 상업은 어느 때 어느 곳에서나 인구의 산물이다. 상인 역시 그렇다. 인구 규모에 의해 상업과 상인의 성쇠가 결정된다 해도 과언이 아니다. 나라 간, 지역 간의 교역도 인구의 많고 적음에 의해 양상이 달라진다. 인구와 상인의 상관관계는 고대나 지금이나 마찬가지로 인구가 상인의 바로미터인 것이다.

고조선의 인구는 얼마인가? 시중 서점에는 고조선 책자가 즐비하다. 그러나 인구에 신경을 쏟는 책자는 거의 없는 것 같다. 인구가 경제와 상업의 척도인데도 불구하고 대충 얼버무리거나 무시한다. 그래서 고조선의 상업과 상인에 대해 사람들은 엉뚱한 착오를 일으키게 된다. 현대의 인구 잣대로 판단하려는 것이다.

고조선의 인구 실상을 명확히 밝혀주는 유효한 자료는 지금까지 발견되지 않고 있다. 더군다나 고조선은 무려 2000년 이상 존속하였고, 영역 범위도 시대에 따라 오락가락하니, 정확한 인구 추계는 사실 불가능하다. 또 문헌 자료도 극히 부족하여 초·중기 고조선 인구는 참고할 만한 문헌 기록이 아예 없다. 출토 유물과 유적에 기대어 추정할 수 있을 뿐이다.

하지만 고조선 인구 추정에 참고할만한 기록이 전혀 없는 것은 아니다. 다만 기원전 2세기 말 이후의 것으로 이것이 현재 가장 오래된 기록이다. 다음은 고조선의 인구 추정에 참고 되는 문헌기록이다. 『한서(漢書)』, 『삼국지(三國志)』, 『삼국유사(三國遺事)』에서 뽑았다.

> ① 낙랑군(樂浪郡)은 호구가 62,821호이고, 인구는 406,748명(호당 6.5명)이다. 현토군(玄免郡)은 호구가 45,000호이고, 인구는 231,845명(호당 5.2명)이다. 요동군(遼東郡)은 호구가 56,000호이고, 인구는 272,529명(호당 4.9명)이다.(『한서(漢書)』〈지리지〉)
> ② 마한 50여국 중 대국은 1만여 가(家), 소국은 수천 가로 총 10만여 호이다. 진한(辰韓) 24국은 대국이 4-5천 가(家), 소국이 6-7백 가로 총 5만여 호이다.(『삼국지(三國志)』〈위서 동이열전〉)
> ③ 동옥저(東沃沮)는 인구가 5천 호이다.(『삼국지(三國志)』〈위서 동이열전〉)
> ④ 가락국(금관가야)은 100개 마을이 있고, 인구는 7만5,000천 명이다.(『삼국유사(三國遺事)』〈가락국기〉)

위 문헌 중 『한서(漢書)』가 가장 오래되었다. 『한서』에는 한사군의 일원인 낙랑군이 406,748명, 현토군이 231,845명 그리고 요동군의 인구가 272,529명으로 기록되어 있다. 3군의 총 인구는 911,122명으로 거의 100만에 가깝다.

한편 기원전 45년의 낙랑군 인구를 밝혀 주는 호구부(戶口簿) 목간이 출토되어 비상한 관심을 끌고 있다. 1990년대 초, 평양의 목곽묘(木槨墓, 귀틀무덤)에서 발굴된 「낙랑군초원4년현별호구부(樂浪郡初元四年縣別戶口簿)」라 이름 붙은 목간이다. 이에 의하면 낙랑군 전체 인구는 45,987호에 280,000이고, 호당 인구는 약 6.08명으로 나타났다.[1]

---

1) 윤용구, 「새로 발견된 낙랑목간－낙랑군 초원4년 현별호구부－」, 『한국고대사 연구』 46

앞서 기록과 목간 자료를 근거로 하여 기원전 1세기의 한사군과 요동 일대의 인구를 추산하면 100만 명이 넘는 것으로 보인다.[2] 그러나 이때는 고조선이 붕괴하고 한사군이 설치된 시기이다. 따라서 고조선 말기의 인구는 이들 지역 외의 인구를 추가해야 할 것이고, 그러면 100만 명은 확실히 넘는다고 볼 수 있다.

기원전 1세기 후기에 오면 멸망한 고조선 땅에 부여와 고구려가 건국된다. 부여와 고구려의 인구는 얼마쯤 되었을까? 『삼국지(三國志)』〈위서 동이열전〉을 근거로 추정하면 고구려 인구는 20만 명 이상, 부여 인구는 30만 명 내외로 볼 수 있다.[3]

이상의 인구 추정을 바탕으로 요동·만주·한반도를 포괄하는 고조선의 전체 인구를 추산하면, 고조선 말 기원전 2세기경의 인구는 200만~300만 명으로 추정할 수 있다. 하지만 고조선 초기와 청동기시대의 고조선의 인구는 위와 같은 방식으로 추산하기는 무리다. 오히려 출토 유적과 유물을 근거로 추정하는 게 오류의 폭을 줄일 수 있다.

고조선 초·중기는 농경과 목축이 상당한 수준까지 발달했지만, 아직 유목이 대세이고 유목민이 활개를 치던 시대다. 특히 만주는 몽고의 초원지대와 연결되고 유목이 우세하여 도시와 농경지역 외는 인구 밀도가 매우 낮았다. 어떤 지역은 사람이 아예 살지 않는 원시 황무지였다. 그렇다면 고조선 초·중기의 인구는 얼마가 적정할까? 인구 환경을 고려하면 조심스럽게 초기는 100만 미만, 중기는 100만~200만 내외로 추정할 수 있겠다. 그러므로 고조선의 상인은 100만~300만의 인구를 바탕으로 하여 장구하게 활동한 것이다.[4]

집, 고대사학회, 2007, pp.246~253. 윤용구, 「낙랑·대방지역 신발견 문자자료와 연구 동향」, 『한국고대사 연구』 57집, 2010, pp.53~55. 손영종, 「락랑군 남부지역(후의 대방군지역)의 위치 – '락랑군 초원4년 현별 호구다소ㅁㅁ' 통계자료를 중심으로-」, 『력사 과학』 198, pp.30~33. 고광의, 「낙랑군 초원 4년 호구부 재검토」, 『목간과 문자』 7호, 한국목간학회, 2011, pp.16~45.

2) 김재진, 『한국의 호구와 경제발전』, 박영사, 1967.

3) 葛劍雄, 『中國人口史』, 复旦大學出版社, 2002, pp.434~435. 중국의 인구는 진시황 시기 (기원전 220년대) 4,000만, 무제 원년(기원전 134년)에 3,600만, 서한 말(기원 2년)에 6,000만으로 추정한다. 서한 말 인구의 대폭 증가는 영토의 확장과 인구 증가의 결과다.

4) 김정배, 『고조선에 대한 새로운 해석』, 고려대학교 민족문화연구원, 2010. 고조선 영역을 조선현 정도로 좁게 보아 고조선 말기 기원전 108년 및 기원전 200년경의 인구를 최소 1만7387명, 최대 5만6297명으로 본다. 고조선은 부족 거수국들의 연맹이어서 전체

2. 8조금법(八條禁法)과 상인

고조선은 엄청나게 큰 나라였다. 초기 고조선의 세력권은 한반도를 비롯해 만주와 요동은 물론, 발해만과 산동반도를 거쳐 장강까지 이르렀다. 나라 안에는 크고 작은 40여 개의 거수국(渠帥國)이 있었다. 부여(扶餘)·추(追)·맥(貊)·예(濊)·고구려(高句麗)·고죽(孤竹)·옥저(沃沮) 따위가 그것이다. 거수국은 중국의 제후국(諸侯國)과 유사하게 일정 지역을 관할하고 자치권을 가졌는데, 그 우두머리를 거수(渠帥)라 불렀다. 그러므로 고조선은 40여 거수국(제후국)을 거느린 부족연맹국가였다.[5] 고조선은 어떻게 수많은 거수국을 연맹으로 묶어 통솔

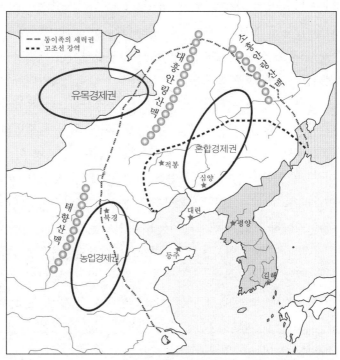

고조선시대 동북아시아 경제권 개요도

인구의 추정이 중요하다.

5) 『한단고기』〈단군세기〉에 거수국은 부여(夫餘), 고죽(孤竹), 고구려(高句麗), 예(濊), 맥(貊), 추(追), 기자국(箕子國), 진번(眞番), 낙랑(樂浪), 임둔(臨屯), 현도, 숙신(肅愼), 청구(靑丘), 양이(良夷), 양주(楊洲), 발(發), 유(兪), 옥저(沃沮), 진(辰), 비류(沸流), 행인(荇人), 개마(蓋馬), 구다(句茶), 조나(藻那), 주나(侏那), 한(韓, 三韓) 등이 기록되어 있다.

할 수 있었을까? 거수국들이 연맹에 동참한 진정한 요인은 무엇일까?

고대에 부족이 연맹을 이루는 요인은 대개 혈통과 신앙 따위의 정치와 종교적인 요인이 앞서지만, 밑바닥의 결정적인 요인은 경제에 달려 있다고 볼 수 있다. 연맹에 가담하느냐를 결정짓는 최종 잣대는 경제이고, 자기 부족에게 실질적인 경제적 이득이 있어야 연맹에 가담하는 법이다. 고조선은 경제의 연결고리로 거수국을 묶어 광범한 경제권역을 형성했다. 여기에는 고조선의 앞선 문물이 촉매로 작용하고, 우월한 국력이 뒷받침되었음은 물론이다. 고조선은 거수국 간의 교역을 조장하거나 조정해 나가면서 경제권역에 활력을 주고, 교역을 통한 중계무역의 이득을 취했다. 연맹에 참여한 거수국들도 교역이 증가되는 만큼 부가이득을 얻고 경제를 키웠다. 고조선 상인은 교역에 큰 역할을 담당하고, 고조선 경제를 더욱 윤택하게 하는 데 앞장섰다.

고조선 상인의 수준은 어땠을까? 인류사회는 채취와 수렵에서 유목으로 진전되고, 다음 목축과 농경으로 발전해 나갔다. 상인의 성장은 인류사회의 발전과 궤를 같이 하는데, 상인의 기능은 농경사회보다 유목사회에서 그 비중이 컸다. 유목생활은 초원과 물을 따라 이동해야 하기에 주변의 온갖 정보에 빨라야 했고, 부단한 이동생활을 하려면 다른 종족과 교류하며 물자를 교환하지 않으면 안 되었다. 그러므로 상업적 사고와 기질, 상술의 함양은 유목민에게는 자연스러운 것이다. 반면 정착사회의 농경민은 이동이 제한적이고 자급자족적 생활을 지향하기에 유목민보다 상업 마인드는 한참 더 떨어지게 마련이다.

우리 민족의 역사는 유목으로부터 시작되었다. 신석기시대 홍산문화(紅山文化) 시기까지도 유목의 비중이 절대적이었다. 그러다가 치우천황의 시대에 이르러서 농경과 목축이 자리를 잡아 혼합농경 단계에 진입했다고 볼 수 있다. 다음 고조선 초기에는 혼합농경이 대세가 되고 완전한 정착농경도 상당히 보급된 것으로 추정할 수 있다.

하지만 고조선 초기까지도 농경도구가 조잡하고 치수와 관개기술이 발달하지 않아 영농이 가능한 지역은 극히 제한되었고 광역재배의 수준에 머물렀다. 여전히 선호하는 생활방식은 유목이었다. 따라서 고조선 초기에 우리 조상의 상당수는 유목민으로서 상업에 밝았다고 하겠다. 이후 정착농경 단계에 진입한 뒤에도 유목민의 상업적인 성향과 기질은 여전히 유지되었고, 상인은 비교적 높은 사회적 위상을 견지해 나갔던 것이다.

인류 역사에서 전문 상인의 탄생 이야기는 흥미롭다. 고조선의 예를 보자. 고조선은 단군왕검(檀君王儉)이 세웠다. 단군은 하늘에 제사를 올리는 제사장(祭司長)을 뜻하고, 왕검은 정치권력의 우두머리인 임금을 뜻한다. 당시는 종교와 정치가 분리되지 않은 제정일치(祭政一致)여서 성직자인 제사장이 곧 정치의 최대 권력자로서 원수(元首)이고, 같은 신앙을 공유하는 곳곳의 지역이 곧 정치상의 속지(屬地)가 되었다.[6] 고조선은 매년 5월과 10월에 하늘에 제사를 올렸다.[7] 당시는 하늘에 바치는 제사가 나라의 최대 행사였다. 그리고 제사장을 도와 제사를 수발하는 사람도 성직자로 대우받으며 행세했다.

어떤 제사든 까다로운 의례가 수반된다. 좋은 날을 택하고, 제물을 조달하고, 제례복장을 만드는 등 빈틈없는 준비가 따라야 한다. 그 중에서도 특히 제물과 제복(祭服) 따위 제사에 소용되는 물품은 깨끗하고 신성한 상태로 적기에 차질 없이 공급되어야 탈이 없다. 따라서 제사 물품을 조달하는 자에게는 막강한 권력이 부여되었고, 그는 권력을 이용해 필요한 물품을 징발하거나 구매했다. 자기 나라에서 구할 수 없는 물품은 교역을 통해 구했다. 때문에 그는 누구보다 세상 물정에 밝고 상술이 뛰어났다. 그러므로 제사용품의 조달을 담당한 자를 최초의 어용상인(御用商人)이라고 할 수 있다.

제정일치 시대의 어용상인은 『주례(周禮)』를 통해서 확인된다. 『주례(周禮)』는 중국의 고대국가인 주나라(BC 1046~BC 771)의 관제(官制)와 의례(儀禮)를 기록한 책이다. 이 책에 나라의 제사에 쓰는 제물과 제복 따위 제사용품을 조달하는 자를 고(賈)라고 부르고, 고는 성직자 대우를 받는 것으로 기록되어 있다. 하지만 성직자로 대우받던 고는 제정일치시대를 지나 종교가 정치와 분리되면서 제사 의식이 축소되자, 점차 제사용품보다 정부의 관영물품을 구매하게 되었다. 관영물품의 구매를 담당한 자를 관상(官商)이라 하는데, 고가 관상(官商)으로 전화한 것이다.[8] 관상은 고와 마찬가지로 정부의 어용상인이다.[9]

6) 신채호·박기봉 옮김, 『조선 상고사』, 비봉출판사, 2006, p.104.
7) 강화도에 단군이 하늘에 제를 올렸다는 참성단(塹星壇)이 있다.
8) 김정희, 「당대 전기의 시제(市制)와 상인의 법적 지위」, 『위진수당사연구』 3호, 위진수당사학회, 1997, p.92.
9) 상인을 가리키는 용어로 고(賈)·고인(賈人)·상고(商賈)·상(商) 등이 사용되었다.

단군

한편 인구가 늘어나고 경제가 융성하자 여러 곳에서 도시가 생겨났다. 도시에는 도시민의 필요에 따라 상거래 장소로 시장이 형성되고, 민간 수요에 부응하는 민간상인이 나타났다. 이런 상황에서 관상의 일부가 민간상인으로 분화되어 갔다. 비로소 정치권력에서 벗어난 자유로운 상인이 등장한 것이다.

고조선의 상인과 상업을 알려주는 직접적인 문헌 자료는 아직 발견되지 않고 있다. 기원전 12세기경 고조선은 백성들이 지켜야할 기본규범으로 8가지 금지사항을 법제화 하고 있었다. 이를 8조금법(八條禁法)이라 한다. 8조금법은 『한서(漢書)』에 단지 3조문이 기록되어 있다. 이 3조문에 고조선의 상업의 실상과 상인의 모습이 밑그림처럼 담겨 있다. 다음은 『한서』에 기록된 3조문의 내용이다.

"(고조선에는) 백성들에게 금하는 8조법이 있었다. 그 내용은,
① 사람을 죽인 자는 즉시 사형에 처한다(相殺, 以當時償殺).
② 남에게 상처를 입힌 자는 곡물로써 보상한다(相傷, 以穀償).
③ 남의 물건을 도둑질한 자는 노비로 삼는다. 용서를 받고자 하는 자는 50만을 내야 한다(相盜 男沒入爲其家奴 女子爲婢 欲自贖者人五十萬) 하지만 비록 (돈을 내고)용서를 받아 풀려나도 풍속에 따라 따돌림을 당했다. 그래서 혼인을 하고자 해도 짝을 구할 수 없었다. 이러하니 백성들이 도둑질을 하지 않아 대문을 닫지 않고 살았다. 여자는 모두 정조를 지키고 신용이 있어 음란한 짓을 하지 않았다. (고조선에는) 농민은 대나무 그릇에 음식을 담아 먹고, 도시에서는 관리나 상인(賈人)을 본떠 잔과 그릇에 음식을 담아 먹었다."[10]

앞서 3개조는 살인죄, 상해죄, 절도죄에 관한 내용이다. 그러면 나머지 5개

10) 『한서(漢書)』 권28, 〈지리지〉 제8 하(下).

조는 무슨 내용일까? 당시의 시대상과 보편적인 사회윤리를 감안하면 반역죄, 간음죄, 신에 대한 모독죄[11] 등의 3개조가 언뜻 추측된다. 그러면 나머지 2개조는 무엇일까? 그것은 아마도 부정거래 죄나 도박죄 또는 사기죄일 수 있겠다.

8조금법이 시행된 기원전 12세기는 청동기문화가 꽃피던 시기다. 신석기시대의 초기 고조선과는 상업의 여건과 환경이 판이하게 다르다. 인구가 많이 늘었고 곳곳에 도시가 생겨났으며, 도시와 도시를 잇는 교통로가 거미줄처럼 뻗어 나갔다. 상업이 높은 수준으로 발달하고, 상인도 많아졌다.

8조금법 중에 상거래와 직접 관련되는 내용이 있어 주목된다. 그것은 ③조 '도둑질한 자는 노비로 삼되, 50만을 내야 용서받는다'이다. 도둑질을 엄하게 금지한 것은 사유재산이 보호받는다는 의미이고, 사유재산의 보호는 상업의 발달을 반영한다. 그리고 속죄의 값으로 50만을 내야 노비를 면한다는 것은 노비를 돈으로 거래한다는 뜻이다. 따라서 당시 돈 많은 부자는 노비를 소유하고 가축처럼 사고판 것이 분명하다. 또 노예를 사고판다면 시대상으로 보아 노예시장과 노예상인이 존재한 것으로 추측된다.

노비 가격 50만은 매우 많은 액수이다. 기원전 1200년대에 일상의 거래 액수가 10만 단위라니, 오늘날과 비교해도 결코 떨어지지 않는 고액의 수치가 아닌가? 한편 50만은 어떤 돈일까? 명확히 '50만'이라 했으니, 고조선의 화폐단위로 계산된 것만큼은 확실하다고 하겠다. 이 돈은 명도전이라는 유력한 견해가 있다. 명도전은 뒤에 자세히 살펴보기로 한다.

고조선의 화폐에 관한 문헌으로는 『해동역사(海東繹史)』와 『환단고기』가 가있다. 『환단고기』에는 기원전 2133년 오사구 단군(烏斯丘檀君)이 '둥근 구멍이 뚫린 패전을 주조했다(鑄圓孔貝錢)'는 기록이 있다.[12] 이 원공패전은 조개에 구멍을 뚫어 만든 돈이 아니라, 생김새가 조개 모양이고 가운데에 둥근 구멍이 나 있는 돈이라는 의미이나 아직 출토물이 없다. 다만 기원전 10세기경의 조개더미 유적인 함경북도 경흥군 웅기면의 '송평동 유적지'에서 중국 내지에서 화폐로 사용되었던 화패(貨貝)와 옥제 방제패(仿製貝)가 출토되어 한반도 동북지역

11) 유상종, "한민족의 뿌리 동이족 연구", 『유상종논문집』, 대구보건전문대학, 1991, p.543.
12) 『환단고기』〈단군세기〉 4세 단군 오사구. 중국에서는 상나라와 서주 시대에 패전을 사용했다.

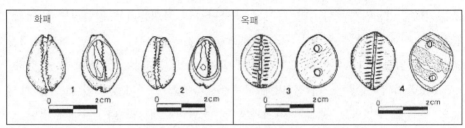

웅기 송평동 출토 화패와 옥패(박선미, 앞의 논문, 2005, p.102)

과 중국 내지의 교류와 교역을 시사하고 있다.[13)]

　　다음 『해동역사』에는 흥평왕(興平王)이 기원전 957년에 자모전(子母錢)이란 화폐를 주조했다는 기록이 있다.[14)] 그런데 자모전이 기원전 957년에 주조됐다면, 그 시기가 8조금법이 시행된 때보다 200년 후가 된다.[15)] 따라서 8조금법의 돈은 분명히 자모전이 아니다. 흥평왕의 자모전은 어떤 모양이었을까? 자모(子母)라 이름 지었으니, 액수가 적은 돈(子)과 큰 돈(母)이 따로 있다는 것인데, 안타깝지만 출토물이 없어 그 면모를 알 수가 없다. 이상의 8조금법의 '50만'과 자모전 기록을 통해 고조선은 청동기시대에 이미 시장을 통한 교환경제가 높은 수준에 도달해 있었고, 일상의 상거래에 주조 화폐를 널리 통용시켰다는 것을 알 수 있다.

　　인류역사에서 화폐는 상업의 얼굴이다. 상업의 발달은 화폐의 수요를 유발하고, 공권력은 늘어나는 수요를 충족시키기 위해 화폐를 만든다. 고조선은 청동기시대 들어 상업의 발달로 화폐 수요가 증대함에 따라 자모전을 만들어 통용시켰다. 그리고 기원전 4세기 들어 철기시대가 본격 전개되고 상업이 크게 발달하자, 새로운 금속화폐를 주조해 시중에 보급했다. 이 화폐가 일화전(一化錢)과 명화전(明化錢)이다. 일화전은 가운데 네모난 구멍이 뚫린 둥근 동전으로 직경이 1.8~2cm 정도이며 명화전은 일화전과 모양은 같으나 직경이 2.6cm로

---

13) 박선미, 「웅기 송평동 출토 패각 및 패각형 옥 검토－한반도 동북지역의 화패사용과 관련하여－」, 『한국고고학보』 56집, 한국고고학회, 2005, pp.94~97.

14) 『해동역사(海東繹史)』는 조선후기 실학자 한치윤(韓致奫, 1765~1814)이 단군조선으로부터 고려시대까지의 역사를 서술한 책이다.

15) 8조금법이 『한서(漢書)』〈지리지〉에서 낙랑조선으로 기술되어 있어, 기원전 12세기로 보지 않고 위만조선 또는 한사군의 낙랑일 가능성을 염두에 둘 수도 있다. 이 경우도 자모전과는 괴리된다.

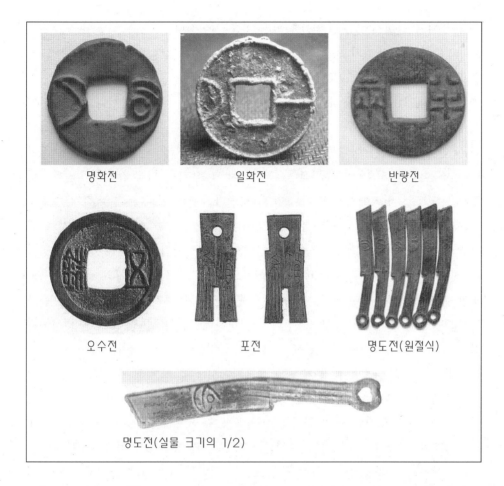

명화전   일화전   반량전

오수전   포전   명도전(원절식)

명도전(실물 크기의 1/2)

일화전보다 크다.[16] 이들 동전은 거의 대부분 고조선 영역에서만 출토되고 있
어 고조선의 고유화폐로 본다.[17] 그러나 이들 화폐로도 시중의 화폐수요를 채
우기에는 부족했다. 이에 고조선은 중국의 화폐를 수입해 유통시켰는데, 이 수
입 화폐가 반량전(半兩錢)·포전(布錢)·오수전(五銖錢) 따위이다.

　　최근 들어 명도전(明刀錢)이 학계에 뜨거운 논란을 불러일으키고 있다. 명
도전은 청동화폐로 거의 다 고조선 영역에서 출토된다. 명도전이라 이름 지어
진 것은 생김새가 칼 모양이고, 그 표면에 상형문자로 명(明)자와 비슷한 '🝆'

---

16) 홍희유, 『조선상업사』, 백산자료원, 1989, pp.198~199.
17) 박영초, 『조선인민경제사(원시-고대편)』, 사회과학출판사, 1988, pp.210~216. 박선미,
　　「고조선의 교역과 화폐사용에 관한 시론적 검토」, 『동북아 역사논총』 20호, 동북아역사
　　재단, 2008, p.146.

자가 새겨져 있어서 명도전(明刀錢)이라 이름 지어졌다.

명도전은 지금까지 중국 연(燕)나라에서 만든 화폐라고 믿어 왔다.[18] 그것은 일본 고고학자들이 1920년대에 요령성 부근에서 처음 명도전을 발굴한 이후 연나라 화폐로 규정했기 때문이다. 언짢은 것은 우리 국사교과서와 백과사전에서 아직까지도 명도전을 연나라 화폐로 명시하고 있다는 점이다. 하지만 명도전은 연나라 화폐가 아니고 고조선 화폐라는 주장이 점차 설득력을 얻어 가고 있다.[19] 이는 고고학 연구에 힘입은 것으로 그 요지는 다음과 같다. 첫째, 명도전은 고조선 영역에서는 많이 출토되나 연나라 지역에서는 매우 적게 출토된다는 주장이다. 둘째, 명도전에 새겨진 상형문자 '⑩'를 이제껏 明(명)자로 해독한 것은 문제가 있다는 주장이다. 중국학자들도 명확히 해독 못하는 실정이니 明(명)과 비슷하게 생겼다고 해서 한자로 보지 말고, 고조선의 고유 문자로 보아야 한다는 것이다. 셋째, 연나라는 기원전 323년부터 기원전 222년까지 불과 100년밖에 존속하지 않았고, 연나라와 수차례 전쟁을 벌인 고조선이 적국의 화폐를 일반의 통용화폐로 수입해 사용하지 않았을 것이라는 주장 등이 있다.[20]

명도전은 연나라의 본거지인 북경 근처에서 극히 소량만 출토되나, 고조선의 광범위한 영역에서 수백 수천 개씩 무더기로 출토된다. 이러한 명도전 출토 상황을 볼 때 명도전이 연의 화폐라는 일방적 주장은 재고되어야 한다.

2000년대 들어 8조금법의 속죄금 50만은 원절식 명도전이라는 견해가 제기되고 주목을 받고 있다. 원절식 명도전은 뒷면에 숫자가 1에서 5000까지 새겨져 있는데, 이를 화폐의 액면가로 본다는 것이다. 따라서 노비 1명을 속죄하려면 50만의 속죄금이 필요하므로 5000가액의 명도전 100매를 속죄금으로 주어야 한다. 즉 당시 노비 속죄금의 지불화폐는 원절식 명도전이라는 것이다.[21]

---

18) 김창석, 『삼국과 통일신라의 유통체계 연구』, 일조각, 2004, p.157.
19) 명도전이 고조선 화폐라는 설은 중국 길림대학교 장박천(張博泉) 교수의 논문 「명도폐 연구속설」의 발표 이후 본격화 되었다. 장박천, 「명도폐연구속설」, 『북방문물』 80집, 2004.
20) 박선미, "기원전 3~2세기 고조선 문화와 명도전 유적", 서울시립대 석사논문, 2000. 장박천(張博泉), "明刀幣研究續說"『北方文物(第4期)』, 2004. 성삼재, "명도전은 고조선 청동 화폐", 『교육마당21(8월호)』, 교육인적자원부, 2006.
21) 송강호, 『고조선의 화폐와 명도전의 비밀』, 지식과 교양, 2012, pp.190~192. 장박천, 「명도폐 연구 속설」, 『북방문물』 80집, 민족사론, 2004.

어떻든 명도전은 고조선의 화폐가 확실하다는 쪽으로 가닥이 잡혀가고 있다.

고조선의 화폐와 관련하여 생각을 달리해야 할 점이 있다. 지금까지 우리는 고대화폐에 대해 화폐의 경제적 특성을 전혀 무시하고 정치적 관점으로만 이해해 왔다. 그것은 화폐출토지역이 곧 정치영역을 의미한다는 식으로, 명도전이 출토되는 권역은 연나라 정치권역이라는 해석이다. 지금 중국 학계의 정설은 이 논리에 충실하여 명도전이 고조선 화폐임을 부정하고, 명도전이 출토되는 청천강까지 연의 영역이었다고 주장한다. 또 일화전·명화전 등도 고조선 화폐가 아니라는 입장에 서 있다.[22] 너무나 속 보이는 자국중심의 '중국우월주의' 태도이다.

본래 화폐는 특정 정치체가 주조하지만, 일단 유통되면 돌고 돌아 주인이 없게 되는 법이다. 화폐는 상거래와 교역 네트워크를 따라 빠르게 이동한다. 따라서 출토된 고대 화폐는 일단 상거래와 교역의 증거물로 삼는 게 합리적이다. 이는 교환의 매개수단인 화폐, 가치의 저장수단인 화폐의 특성을 충분히 살리는 추론이 된다. 특히 고조선 화폐처럼 분란이 많은 사례는 이 방식이 요긴할 것으로 보인다. 〈표 2-1〉에서 보듯이 고조선 지역에서 대량 출토되는 화폐는 고조선 상업문화의 반영으로 보고, 일단 주조처가 의심스런 화폐는 고조선 화폐로 인정하는 가운데 반대의 증거를 찾는 게 필요하다.

고조선 세력권에서 화폐경제 시스템이 작동되었다는 것은 고조선이 그만큼 사유재산을 보호하고 상인들의 자유로운 활동을 보장한 고대왕국이라는 것을 증명한다. 화폐의 가치가 한순간에 곤두박질치거나, 생산을 하거나 돈을 벌어도 바로 도적이나 외부세력에게 빼앗긴다면 누가 화폐를 사용하려 하겠는가? 고조선은 경제가 발전하고 상업이 번성한 안정된 사회를 유지하고 있었다.

화폐는 시장경제의 상징이고 시장의 수요에 따라 생겨난다. 고조선의 자모전·일화전·명도전 등의 화폐는 당시 시장을 통한 높은 교환경제의 수준을 반영한다.[23] 그러면 자모전·일화전·명도전 따위의 돈을 가지고 거래를 트고 교역을 개척한 상인, 빼어난 상술로 부를 이룬 상인은 누구인가? 또 상인들이 추구한 상혼과 정신은 무엇인가? 안타깝게도 우리는 고조선 상인에 관하여 이들

22) 박선미, 앞의 논문, 2008, pp.148~149.
23) 조병찬, 『한국시장경제사』, 동국대학교 출판부, 1993, pp.29~31.

표 2-1 | 고조선 지역의 출토 화폐

구분	포전	명도전	일화전	반량전	오수전
내몽고자치주 동남부지역	400	218	2,327	2,518	50
대릉하 유역	85	684	287	26	68
요하유역~천산산맥 서북부	6,615	2,601	13,106	138	18
요동반도	123	857	2,440	57	9
압록강~한반도 서북부	322	21,730	758	23	1
합계	7,545	26,090	18,918	2,762	146

자료: 박선미, 『고조선과 동북아의 고대 화폐』, 학연문화사, 2009, p.162.

의 땀과 지혜, 눈부신 여행담, 빛나는 부의 성취에 얽힌 흥미진진한 이야기를 접할 수 없다. 그들에 대한 설화나 기록이 전해오지 않기 때문이다.

우리 민족의 고대 기록, 곧 역사서가 없었던 것은 아니다. 다만 유실되어 전해져 오지 않았을 뿐이다. 『삼국사기(三國史記)』에는 고구려가 건국 초기에 『유기(留記)』100권을 편찬했고, 서기 600년(영양왕 11년)에 『신집(新集)』5권으로 개수되었다고 기록되어 있다.[24] 또 백제는 근초고왕(近肖古王, 346~375) 때 박사 고흥(高興)이 『서기(書記)』를 편찬하고, 신라는 진흥왕(眞興王) 5년(545)에 거칠부(居柒夫)가 『국사(國史)』를 편찬했다고 한다. 『유기』의 편찬 시기는 기원전 1세기 내지 기원후 1~2세기경으로 추정하므로, 중국에 비해 결코 늦지 않다. 한편 이들 역사서는 우리 조상이 자신을 중심으로 하여 기술했을 것이므로, 조상들이 이룬 찬란한 역사는 물론 천하를 주유하며 상업을 일으키고 부를 일구어 낸 상인들의 위대한 성취와 발자취가 분명히 담겨 있었을 것이다.

다음은 고조선의 상인이다. 8조금법의 끝에, '농민은 평소 대나무 그릇에 음식을 담아 먹고, 도시에서는 관리나 상인[賈人]을 본떠 잔과 그릇에 음식을 담아 먹는다(都邑頗放效吏及內郡賈人, 往往以杯器食)'라는 구절이 있다. 비록 특정한 상인을 지목하는 것은 아니지만 분명히 일반 상인을 지칭하고 있다.[25] 이

---

24) 『삼국사기』 권20, 고구려 본기8, 영양왕 11년 1월조.

25) '8조금법'은 한국상인에 관한 가장 오래된 최고(最古)의 문헌기록이라고 하겠다.

기록에 따르면 상인이 음식을 먹을 때 항상 값비싼 청동기 잔과 도기 그릇을 사용했다. 반면 농민은 평소 대나무 그릇에 음식을 담아 먹고, 다만 도시에서는 상인을 본떠 청동기와 도기를 사용했다. 따라서 이것은 당시까지 농촌에서는 청동기와 도기가 널리 사용되지 않았다는 사실을 반영한다. 아마도 청동기와 도기는 매우 비쌌기 때문에 잔치를 벌이거나 장례를 치를 때처럼 특별한 경우에만 사용한 것으로 짐작된다. 하지만 도시는 농촌과 달랐다. 도시에서는 일반 평민도 도기나 청동기를 일상생활에 사용했다. 도시는 경제가 잘 돌아갔고 도시민의 생활 형편이 농촌보다 훨씬 나았던 것이다.

여기서 굉장히 중요한 대목은 '도시에서는 관리나 상인을 본떴다'는 것이다. 당시 상인은 최소한 본떠 따르는 존재였다. 인류역사에서 최근세에 이르기까지 최고의 신분은 관리였다. 고대로 올라가면 갈수록 관리의 위세는 더욱 강하다. 그런데 청동기시대의 고조선에서 상인은 관리와 마찬가지로 우러러 본떠 따르는 대상이었다. 도시 서민들이 상인의 생활을 모방하고 따랐다. 이와 같이 기원전 1200년대 고조선의 상인은 부유했고, 관리에 버금가는 사치를 향유했으며, 사람들이 본떠 따를만한 품격을 갖추었다. 오늘날과 견주어도 상인의 위상이 참으로 높지 않은가?

마지막으로 생각할 점은 8조금법의 상인이 민간상인인가의 여부이다. 상업이 발전하지 못한 고대에 상인으로 행세하는 자는 거의 어용상인이었다. 또 어용상인은 관리와 마찬가지의 처우를 받았으며 마땅한 벼슬이나 직위가 부여되었다. 그리고 특정 어용상인을 호칭할 때는 이름 앞에 벼슬 명칭을 붙여 부르는

고조선 민무늬 토기

게 통례였다.

이렇게 보면 8조금법에서 언급한 상인은 당연히 민간상인으로 보인다. 왜냐하면 문맥상 그 의미가 도시에 사는 상인 전체를 포괄하는 것으로 여겨지기 때문이다. 따라서 고조선은 민간상인이 자유로이 활동할 만큼 상업과 대외교역이 발전했고, 부유한 상인은 도시에서 관리에 버금가는 사치생활을 누렸다고 하겠다. 고조선에는 천하를 주유하며 장사를 하는 대상인이 상당수 존재했고, 또 상인의 사회적 위상이 관리에 못지않게 높았으며, 그들은 도시에서 품격 있는 문화생활을 영위했던 것이다.

3. 임금 한후(韓侯), 해외시장을 개척하다

고조선 상인에 대한 문헌기록은 아직 알려진 게 없다. 그러나 기록이 없다고 해서 고조선 상인을 상상하지 못할 바는 아니다. 『한서(漢書)』의 '8조금법(八條禁法)'에 나오는 상인 기사를 통해, 또 화폐·토기·무기 따위 출토된 유물을 통해 얼마든지 추정할 수 있다.

고조선의 국내시장은 대단히 넓고 탄탄했다. 추(追)·맥(貊)·예(濊)·고구려(高句麗)·고죽(孤竹)·옥저(沃沮)·부여(扶餘) 등 40여 거수국 간에 활발한 교역이 전개되었다. 당연히 상인의 왕래에 별다른 제약이 없어 상인은 천하를 주유하며 장사를 벌일 수 있었다. 고대의 출토유물 중 상인의 활약을 보여주는 구체적인 자료는 단연 화폐이다. 명도전은 고조선 화폐로 요동반도를 비롯해 대동강 상류의 광범위한 지역에서 수백 개 또는 수천 개씩 무더기로 출토되고 있다. 이 출토 화폐에 상인의 숨결과 자취가 묻어 있다.

다음은 문헌기록을 보자. 고조선에 관한 가장 오래된 문헌은 사마천(司馬遷)이 저술한 『사기(史記)』이다. 『사기』〈조선열전〉에는 고조선이 한나라의 침략을 받아 멸망당하는 내용이 집중적으로 기록되어 있다. 한나라의 고조선 침략은 기원전 109년, 사마천의 나이 30대 무렵에 일어났다. 그래서 사마천은 이 침략전쟁에 종군했거나 또는 전쟁이 끝난 뒤 전쟁터를 답사해 보았을 수도 있다. 하지만 『사기』에도 고조선의 상인에 관한 기록은 없다.[26]

26) 『사기』 이후 고조선을 다룬 역사서는 반고(班固)의 『한서(漢書)』, 진수(陳壽)의 『삼국지

그밖에도 고조선 상인의 체취가 담겨 있고 상인들의 활약을 추정할 수 있게 하는 문헌기록은 상당하다. 이를테면 『관자(管子)』, 『시경(詩經)』, 『잠부론(潛夫論)』, 『후한서(後漢書)』, 『삼국지(三國志)』 등에 고조선의 교역에 관한 자료가 실려 있고, 이를 통해 상인의 면모를 유추할 수 있다.

『관자』는 춘추시대(春秋時代, BC. 770~476)의 역사를 기록한 책으로 전국시대(BC. 403~221)에 저술됐다.[27] 이 책에 기록된 고조선 상인의 면모는 다음 세 가지로 요약할 수 있다. 첫째, 당시 사람들은 고조선을 '발조선(發朝鮮)'이라 불렀다.[28] 둘째, 고조선은 제(齊)나라에 문피(文皮, 표범가죽)와 가죽옷 탈복(脫服)을 수출했다. 셋째, 고조선은 구운 소금을 가지고 연(燕)나라와 교역했다. 춘추시대는 기원전 7~5세기이다. 이때 고조선(발조선)은 문피, 가죽옷, 소금의 명산지였고 중원 대륙의 여러 나라와 무역을 했던 것이다.[29] 이것은 결국 고조선 상인이 북경 지역의 연나라와 산동 지역의 제나라 등 여러 나라에 진출하여 교역한 사실을 반영한 기록이라 하겠다.

다음 『후한서(後漢書)』〈동이전(東夷傳)〉과 『삼국지(三國志)』〈위서동이전(魏書 東夷傳)〉이다. 이 책에는 부여·읍루·고구려·옥저·예·한(韓) 등의 기록이 있고, 특별히 동예(東濊)와 옥저(沃沮)가 중국 한(漢)나라에 표범가죽·반어피(班魚皮, 바다표범 가죽)·과하마(果下馬, 조랑말의 일종)·단궁(檀弓) 등을 수출했다고 기록되어 있다. 당시 동예와 옥저는 고조선 영역이었으므로, 고조선 상인들이 동예와 옥저에서 이 물품을 구입하여 중국에 내다 팔았던 것이다.

이상의 자료에서 보듯이 고조선은 대외교역을 능동적으로 전개했다. 이러한 능동적인 자세는 홍산문화 시대에 천하의 교역을 주무른 선조 예맥(濊貊) 상

『삼국지(三國志)』, 장손무기(長孫無忌)의 『수서(隋書)』, 이연수(李延壽)의 『북사(北史)』가 있지만, 이에도 상인에 관한 기록은 없다.

27) 『관자(管子)』는 춘추시대 제(齊)나라의 관중(管仲: ?~BC645)이 지은 것이라 하나, 그 내용으로 보아 관중의 업적을 중심으로 하여 후대의 사람들이 썼고, 전국시대에서 한대(漢代)에 걸쳐서 성립된 것으로 본다. 『관자(管子)』 권23 규도(揆度) 제78조와 권24 경중갑편(輕重甲篇) 제80조에 고조선의 문피(文皮)와 가죽옷 탈복(脫服) 및 구운 소금에 관한 기록이 있다.

28) 고대 중국에서 고조선을 '발조선(發朝鮮)', '발숙신(發肅愼)'이라 불렀다. 발은 '밝'의 뜻이고 본디 광명·태양신의 대명사로 쓰여졌다. '밝'은 한자로 '白·伯·朴·百·發·赤·撥·渤·明·貊' 등으로 쓴다. 우리 조상은 '밝족'으로 불리기도 한다.

29) 홍희유, 앞의 책, p.17.

과하마

무용총 벽화 단궁

인들로부터 이어져온 상혼으로 추정할 수도 있겠다. 중국은 고조선의 가장 큰 수출시장이었다. 고조선은 대대로 중국 대륙에 수출시장을 개척하고 중원의 나라들과 교역하기에 바빴다.

우리 고대 역사에서 수출시장을 개척하러 중국에 간 고조선의 임금이 있다. 한편의 드라마 같은 이 이야기는 『시경(詩經)』 〈한혁편(韓奕篇)〉에 실려 있다. 때는 기원전 8세기, 고조선의 거수국인 고한국(古韓國)이 지금의 북경에 근거지를 두고 중국 동북 지역을 지배하고 있었다.[30] 당시 고한국의 임금은 한후(韓侯)였고, 서주(西周)의 선왕(宣王)이 그를 국빈으로 초청했다. 먼저 〈한혁편〉에 실린 기사를 보자.

> "한후가 서주(西周) 왕실의 초청으로 수도 서안(西安)을 방문하자, 서주 왕이 한후를 국빈으로 환대하고, 자기 질녀를 처로 삼도록 주었다. 또 책봉조공 관계를 맺으며 한후가 추(鄒)와 맥(貊) 지방을 다스리는데 합의해 주었다."[31]

고한국의 임금 한후가 서주의 수도 서안을 국빈 방문한 내용이다. 우선 한혁(韓奕)의 글자 뜻을 보면, '한(韓)'은 나라 이름이고, '혁(奕)'은 크다는 '대(大)'

---

30) 심백강, 『황하에서 한라까지』, 참좋은세상, 2007, p.175. 동한시대 왕부(王符)가 지은 『잠부론(潛夫論)』에서는 한후가 기자조선과 위만조선 동쪽에 있는 나라를 통치했다고 기록되어 있다. 이에 한후를 고조선의 단군으로 보는 견해도 있다.

31) 『시경(詩經)』 〈한혁편(韓奕篇)〉. 한혁편은 모두 6장이고, 매 장마다 12글귀로 되어 있다.

의 의미다. 따라서 한혁은 큰 나라 '대한(大韓)'으로 고대의 '한국(韓國)'이 된다. 오늘날 이 고대 한국을 현재의 한국과 구별하기 위해 '고한국(古韓國)'이라고 부른다. 그러므로 한후는 '고한국'의 임금, 즉 한왕(韓王)이다. 다음은 한후다. 한후를 글자 풀이하면 한(韓)나라의 제후(諸侯)라는 뜻이다. 그러나 이는 중국이 그들을 높이고 미화하는 입장에서 한왕을 서주의 왕보다 낮추어서 제후라고 기록한 것일 뿐이다.

그러면 서주는 어떤 나라인가? 서주는 기원전 11세기에 동이족의 상(商)나라를 멸망시키고 세운 고대국가이다. 주나라는 처음에 수도를 서안(西安)에 두었다가 기원전 770년에 융적(戎狄)의 침입을 받아 동쪽의 낙양(洛陽)으로 옮겼다. 그래서 처음의 주를 서주, 낙양 천도 후의 주를 동주(東周)라 부른다. 한편 추(鄒)와 맥(貊)은 어디일까? 추는 지금의 산동반도이고, 맥은 산동반도 위쪽 동북아 일원이다.

한왕은 왜 서주에 갔을까? 우선 서주 방문으로 산동 일원의 막대한 땅을 독차지하게 되었으니 이는 당연히 정치적 방문이 된다. 더군다나 주왕의 질녀를 처로 얻는 정략결혼까지 했으니 말이다. 그러나 이 역사적인 사건을 정치의 시각으로만 보아서는 부족하다. 밑바닥의 경제적 요인을 빼 놓아서는 안 된다. 보통의 일반 상식으로 생각해 보자. 고한국의 도읍지 북경과 서안은 1000km 이상 떨어져 있어 한번 왕래에 수개월이 소요된다. 수개월 동안 왕좌를 비우고 타국을 방문한다는 게 쉬운 일인가?

고대 동아시아 역사상 한 나라의 왕이 수개월 동안 자리를 비우고 타국을 방문한 예는 거의 찾아볼 수 없다. 말이 쉽지 실로 거행하기 지난한 일이다. 국왕이 수개월 동안 자리를 비워도 괜찮을 만큼 국내 정치가 확고히 안정되어 있어야 함은 물론이고, 그만한 모험과 노력에 상응할 만한 이득이 따라야 시도해 볼 수 있는 것이다. 이렇게 볼 때 그 사유로 정략결혼은 무게감이 떨어지고 합당치 않다. 또 산동 일원의 지배권을 확약받는다는 것도 그 땅을 이미 한후가 차지하여 다스리고 있기 때문에 결정적이지 않다. 그렇다면 무엇이 한후로 하여금 서주로 가게 했을까?

오늘날에도 한 국가의 수반이 다른 국가를 방문하려면, 그에 따르는 실익이 확실히 보장되어야 가능한 법이다. 국가 간의 실익은 경제 이익으로 귀착되는 게 다반사다. 그래서 외교사절단을 꾸릴 때 영향력 있는 기업인과 무역상을 포함한다. 따라서 한후의 서주 방문은 서남쪽 대륙으로 진출하려는 상인들을 돕고, 양국 사이에 교역의 물꼬를 트려는 의도일 수 있다. 한후의 방문 길에는 상당수 유력한 상인들이 동행했을 것이 틀림없다.

한편 이러한 추론을 가능하게 하는 상당한 근거가 〈한혁편〉에 있어 흥미롭다. 먼저 조공책봉의 문제다. 지금까지 학자들조차도 .대게 조공책봉이란 용어에 사로잡혀 한후가 선왕을 알현하고 공물을 바친 것으로 보았다. 단순히 고한국을 서주의 제후국으로 취급한 것이다. 하지만 이는 당시 정치상황으로 보아 사리에 어긋나고 중국인이 스스로를 높이는 왜곡된 기사일 뿐이다. 당시 서주는 맥 빠진 호랑이 신세로 쇠약한 나라였다. 국력이 막강한 나라의 왕이 쇠약한 나라의 왕에게 가서 알현하고 조공을 바친다는 것은 현실적이지 않다. 이것은 〈한혁편〉 제2장의 기록, 즉 서주의 선왕이 한혁에게 '서주에 와서 선왕을 알현하지 않는 인근 나라를 바로 잡아 달라'고 부탁하는 것을 봐도 이해가 된다. 이는 힘이 빠진 서주의 선왕이 한후에 전적으로 의지하는 모습이다. 또 〈한혁편〉 제6장의 '(고한국이) 북쪽 여러 나라를 흡수해서 패권국가가 되었다(奄受北國 因以其伯)'라는 기록도 이를 뒷받침하고 있다. 고한국은 그때 이미 서주보다 힘이 센 나라였다.

한후의 서주 방문이 교역을 위해서라는 근거는 〈한혁편〉 제5장, 제6장에서 찾을 수 있어 재미있다. 제5장은 고한국을 살기 좋고 물산이 매우 풍부한 곳으로 치켜세우며 소개하고 있다. 풍부한 물산은 높은 수출 잠재력과 분출하는 수출 욕구를 암시하는 것이다. 또 제6장은 고한국의 도성이 거대하다고 찬탄하는 내용을 담고 있다(溥彼韓城). 고대의 거대한 도성은 발달한 상업과 상인의 존재를 투영한다. 그러니까 도성에 대한 찬탄은 고한국의 상업발전을 높이 인정하는 의미의 표현인 것이다.

『시경』〈한혁편〉은 단편적 글귀에 천착하여 이해해서는 안 되고, 종합적인 시각에서 추론할 필요가 있다. 그러므로 이 기록은 당시 고한국이 동북아의 강국이었음을 밝히고, 강력한 국력을 바탕으로 고한국의 한왕이 서주의 선왕에게 추와 맥 지방의 국경분쟁을 해결하라고 촉구하면서, 꼬였던 양국의 교역문제를 원활히 타결해 나간 사실을 반영하고 있다고 하겠다.

이상의 추론을 종합하여 결론지으면 한후는 기원전 8세기에 우리 역사상 최초로 외국을 국빈방문하여 수출시장을 개척한 왕이 된다. 한후는 교역을 알고, 수출길을 타개할 줄 알고, 이를 손수 개척해 나간 위대한 임금이었다.

3

열국시대 상인

I. 한민족 열국시대가 열리다

고조선은 기원전 108년에 붕괴한다. 고조선의 붕괴, 얼핏 상상해 보라! 신석기시대에 건국되어 청동기시대를 거쳐 철기시대에 이르기까지 2000년 넘게 이어 온 대국의 멸망이었으니, 실로 엄청난 혼란과 변화가 뒤엉켜 일어나지 않았겠는가? 고조선이 붕괴하자, 이후 고조선 땅에서 크고 작은 수많은 나라가 명멸(明滅)했다. 그러다가 600여 년이 지난 서기 494년에 고구려 · 백제 · 신라 · 가야의 네 나라가 정립된다. 고조선 붕괴 이후 이 네 나라가 정립하기까지 600여 년의 시기를 '열국시대(列國時代)' 라고 부른다.[1]

고조선 멸망 후 고조선 땅은 크게 두 개의 영역으로 나뉘었다. 하나는 한(漢)이 점령하여 통치하는 지역이고, 다른 하나는 한에 점령당하지 않은 지역이다. 한은 점령지에 이른바 한사군(漢四郡)을 설치하고 통치했다. 낙랑군 · 임둔군 · 진번군 · 현토군이 그것이다. 그러나 한나라는 점령하지 못한 여타 지역의

---

[1] 장도무(張道斌), 「朝鮮歷史講義」, 『朝鮮歷史講壇』 제1권, 조선역사강단사, 1929, pp.9~17. 윤내현, 『한국열국사연구』, 지식산업사, 1998.

고조선의 거수국(渠帥國)까지 집어삼키려고 침략을 꾀했다. 거수국들은 우왕좌왕 극심한 혼란을 수습하면서 맹렬히 저항하고 때로는 연합전선을 펴서 한의 침공을 결사 저지했다. 그러나 혼란은 그리 오래가지 않았다. 거수국들은 제각기 살길을 도모하며 힘을 키웠고, 점차 독자성과 정체성을 확립하면서 어엿한 독립국가로 발전해 나갔다.[2]

그리하여 만주와 한반도 북부에 부여·동예·옥저·고구려가 건국되었다. 한반도 중남부에 위치한 마한·진한·변한의 삼한은 마한 54개국, 진한 12개국, 변한 12개국 등 78개 소국들이 와해되고 백제·신라·가야로 변천해 나갔다. 고조선 붕괴 이후 고조선 옛 땅에 출현한 큰 나라들을 합하면 대충 10여 개 나라를 꼽을 수 있다. 이 10여 개 나라도 살아남기 위한 패권전쟁을 일삼았고, 끝내 고구려·백제·신라·가야의 4국만이 살아남는다.

열국시대를 이해하기 쉽게, 민족사의 의미를 담아서 노래한 시가 있어 새삼 주목된다. 고려 후기 1287년에 이승휴(李承休)가 지은 『제왕운기(帝王韻紀)』에 실려 있다.

> "뭉치거나 나눠지고 흥하거나 망하여서,
> 삼한(三韓)이 자연의 형세에 따라 이루어졌다.
> 삼한에는 여러 고을이 있었고,
> 산과 호수를 사이에 두고 자연스레 자리 잡았다.
> 이윽고 고을들은 스스로 국가라고 이름 짓고 다투었는데,
> 70개가 넘는 나라 이름을 어찌 다 밝혀 알 수 있으랴?
> 삼한에서 큰 나라를 꼽아보면,
> 부여(夫餘)와 비류(沸流)가 먼저 이름을 떨쳤고,
> 신라와 고구려가 일어섰으며, 남북 옥저(沃沮)와 예(濊)·맥(貊)이 따른다.
> 이들 나라의 임금에게 조상이 누구인가 물으면
> 자신의 혈통은 단군으로부터 이어져 왔다 한다."[3]

---

2) 오늘날의 통설은 고조선의 뒤를 이어 위만조선이 섰고 그 뒤를 이어 한사군, 열국시대가 차례로 전개된다고 본다. 그러나 『삼국유사』와 『잠부론』에 의하면 위만조선과 한사군은 고조선의 동쪽 요서지역에 있었고, 고조선은 요동과 한반도에 건재했다고 본다. 이 경우 고조선에서 바로 열국시대로 진행된다. 이 책에서는 통설을 따르되 위만조선과 한사군이 요서에 존재한 것으로 보았다.(윤내현, 「『삼국유사』와 『잠부론』의 고조선 인식」, 『단군학 연구』 22호, 단군학회, 2010, pp.297~311.)

3) 『제왕운기(帝王韻紀)』 권 하, 〈한사군급열국기(漢四郡及列國紀)〉.

열국시대는 나라들 간의 엉킴이 실로 복잡하기 짝이 없다. 때문에 나라 이름조차 외우기 어려울 정도로 뒤죽박죽 헷갈리기 일쑤이다. 그래서 나라 이름을 나열한 단편적인 정보를 찾아 따라가다 보면 숲을 보지 못하고 나무만 보는 꼴이 되어 쉽사리 싫증을 느끼게 된다. 그렇다고 어림잡아 은근슬쩍 대충 넘어가면 그야말로 무미건조하여 도무지 재미를 얻지 못한다.

열국시대는 역사 흐름을 관통하는 맥을 찾아 들어가면 의외로 흥미롭고 이해하기도 수월해진다. 열국시대 600여 년을 꿰뚫는 맥은 무엇인가? 그것은 다름 아닌 살아남기 경쟁 그 자체이다. 생존경쟁에서 뒤떨어진 나라는 힘세고 기회를 잘 포착하고 싸움에 능한 나라에 잡아먹힌다. 또 유의해야 할 점은 이 시대의 나라들 간에는 평등과 중립이 없다는 사실이다. 때로는 힘의 일시적 균형으로 인해 휴강상태의 중립이 유지될 수는 있다. 하지만 그 상황도 결국은 먹고 먹히는 투쟁과 전쟁의 와중일 뿐이다. 『삼국사기』를 읽어 보라. 전쟁이 없는 페이지가 이상하다 싶을 정도로 크고 작은 전쟁 기록이 수없이 많다. 그만큼 먹고 먹히는 숨 막히는 결전이 하루가 멀다 하고 벌어진 것이다. 그러므로 열국시대는 '전쟁의 시대'라고도 할 수 있다.

하지만 600여 년의 장구한 세월 동안 벌어진 무수한 전쟁에서 천하대세를 가르고 경제와 교역의 판을 다시 짜게 한, 그리하여 나라의 명운을 가른 전쟁은 그리 흔치 않았다. 그 중에서도 교역권의 판도를 뒤흔든 전쟁을 꼽아 보면 고구려가 요동 패권을 차지하기 위해 벌인 요동 전쟁, 한반도 남부의 해양교역권을 두고 벌이는 가야의 포상8국 전쟁, 서해의 패권을 두고 싸운 백제 근초고왕과 고구려 고국원왕의 전쟁 따위를 들 수 있다. 이들 전쟁은 오늘날 반면교사의 가르침을 던져 주고 있다.

2. 고조선과 한나라의 전쟁

가. 고조선의 부왕(否王), 진시황에 맞서다

고조선은 무역대국이었다. 특히 중계무역이 성행했고 활발했다. 만주와 한반도에 소재한 40여 거수국의 공물과 특산품을 모아 중원의 연(燕)·조(趙)·제(齊)나라 등에 수출하고, 이들로부터 수입한 각종 재화를 거수국에 분배해 주었다. 역내 거수국과 중원 여러 국가들 사이에서 무역을 중계한 것이다. 중계무역은 고조선의 재정수입에서 큰 몫을 차지했고, 거수국을 연맹으로 묶어 주는 효과적 수단으로 활용됐다. 고조선의 중계무역은 고조선 초기 이래 청동기시대까지는 매우 순탄하게 전개됐고, 고조선이 완전한 주도권을 쥐고 있었다. 하지만 철기시대가 도래하면서 사정이 달라졌다.

동아시아에 철기가 사용된 것은 기원전 8세기 무렵부터이고, 철기 사용은 국가 사회에 혁명적 변화를 초래했다. 철로 만든 낫·도끼·괭이·삽 따위 농기구는 농업생산을 획기적으로 증대시키고, 이로 인해 인구가 대폭 증가했다. 그뿐 아니라 칼·대패·톱·송곳 따위의 철기 도구는 다양한 수공업의 발달을 가져왔다. 수공업의 생산 증대는 지역 간·국가 간에 광범위한 교역수요를 일으키는 동시에 차별과 빈부 격차를 가져왔다. 그리하여 국가의 존망이 원천 자원의 존재, 기술자의 보유, 효율적인 경제관리 따위에 좌우되게끔 변해 갔다. 바야흐로 힘의 균형으로 유지되던 국제질서가 무너졌다. 그리고 뺏고 빼앗기는, 죽고 사는 약육강식의 경쟁시대가 펼쳐졌다. 이 시대는 대략 기원전 8세기부터 기원전 3세기까지 지속되었는데, 이를 춘추전국시대(春秋戰國時代)라 한다.

고조선도 이 같은 국제 환경의 변화에서 예외일 수는 없었다. 호시탐탐 노리던 중원 진출은 뒷전으로 밀리고, 오히려 세차게 밀려오는 중원의 도전을 막아내는 게 선결 문제가 되었다. 하지만 고조선은 야무지게 국력을 쌓아 기원전 4세기에는 인접국 연(燕)나라를 정벌하러 나설 정도로 막강해졌다. 당시 고조선의 위세에 눌린 중국인들은 고조선이 교만하다고 불평을 해댔다. 그러나 기원전 300년경 들어 이웃 연나라가 매우 강해지자 고조선은 누란의 위기에 봉착한다. 연나라 장수 진개(秦開)가 요동 2000여 리까지 쳐들어오자 고조선은 후퇴해 가까스로 위기를 면했다.[4] 물론 고조선은 곧 빼앗긴 영토를 수복하지만, 참패를 맛보는 바람에 나라의 위신은 떨어지고 국력은 위축되어 갔다.

춘추전국시대는 상인의 시대라 일컬을 만하다. 고대 역사상 이 시대만큼 상인이 돋보인 적이 없다고 해도 과언이 아니다. 천하의 여러 나라는 저마다

---

4) 『삼국지』 권30, 〈오한선비동이전〉 '한조'. 『삼국지』의 해설서인 〈위략〉에 진개의 고조선 침공이 실려 있으나, 『사기』 〈흉노열전〉, 『염철론』 등의 기록을 보면 진개는 고조선이 아니고 동호를 침공한 것으로 볼 수 있다.

부국강병책을 구사했고, 상인은 그 중심에 서 있었다. 각 나라는 부국의 꿈을 이루기 위해 상인을 환영하고 육성했다. 그리하여 천하를 주유하는 대상인이 나타나 여러 나라를 교역의 끈으로 묶고 연계시키며 무역을 일으켜 대단한 성취를 이루었다. 거만금을 가진 부호로 성장한 대상인은 제후와 같은 반열의 대접을 받았고, 진시황을 등극시킨 여불위(呂不韋) 같이 정치로 진출하여 역사에 회자되는 인물이 되었다.

춘추전국시대 대상인의 행적과 활약상은 사마천의 『사기(史記)』에 실려 있다. 『사기』〈화식열전(貨殖列傳)〉은 경제를 깊이 있게 다루고 수많은 상인의 행적을 기록하고 있어 오늘날 현대의 기준으로 평가해도 최고 수준의 경제 참고서라 할 수 있다. 『사기』〈화식열전〉의 경제 이야기 한 토막을 들어보자.

> "농부가 양식을 생산하고 산과 늪, 호수를 개발하는 사람이 천연자원을 이용하게 하며, 수공업자가 상품을 만들고 상인이 상품의 유통을 담당한다. 이러한 일들(농부·수공업자·상인의 분업)은 정부가 이래라 저래라 명령하고 일을 시켜 되는 것이 아니고, 사람들이 자신의 능력에 따라 최선을 다하여 원하는 것을 얻고자 하기 때문이다. 그러므로 값이 싸면 비싸지기를 기다리고 값이 비싸지면 싸지기를 기다리며, 싼 물건은 값을 더 많이 받을 수 있는 곳으로 이동하여 매매한다."[5]

이 말은 오늘날 경제학자가 자유경제 시장원리를 설명하는 것과 다름없지 않은가? 당시 전반적인 경제수준이 매우 높고 일반인의 경제행위와 사고력이 매우 합리적이었던 것이다. 또 〈화식열전〉은 인간의 사회관계가 부(富)의 많고 적음에 따라 좌우되니 많은 사람이 부와 이익을 좇는다 하고, 사람들의 이런 행동이 경제생활을 향상시킨다 했다. 그리고 저마다 독특한 특성을 갖춘 수많은 상인을 등장시켜 조명함으로써 다양한 상인의 세계를 선명하게 드러내고 있다.[6]

---

5) 『사기』〈화식열전〉.
6) 〈화식열전〉에 등장하는 수많은 상인 중에서 오늘날 귀감이 되는 상인으로는 토사구팽(兎死拘烹)으로 유명한 도주공(陶朱公) 범려(范蠡)와 공자의 제자인 자공(子貢)을 들 수 있다. 특히 자공은 조(曹)나라와 노(魯)나라 등을 오가면서 무역으로 수만금을 모았다. 자공이 여러 나라를 돌아다니며 교역할 때, 왕과 제후들이 뜰에 내려와 대등한 예우로서 그를 대했다. 혹자는 우리나라의 상업과 상인 천시가 공자의 유교(儒敎) 때문이라고 하지만 공자가 국제무역상인 제자 자공으로 인해 열국의 왕과 제후들로부터 존경을 받았던 사실을 곱씹어 볼 필요가 있다.

그러면 고조선의 상인은 어땠을까? 우선 『사기』에 서술된 법과 제도, 생산과 소비, 시장을 통한 경제의 흐름, 부의 축적과 분배 따위의 경제 양상이 고조선에서도 유사했을 것으로 추정된다. 고조선은 중국과 국경을 맞대고 있던 최대의 무역국이었으니까 말이다. 따라서 춘추전국시대 고조선 상인의 활약과 부의 성취는 중국 상인과 대동소이했다고 본다. 그러므로 크게 성공해 천하에 이름을 날린 상인이 있었을 가능성을 부인할 수는 없다. 다만 안타깝게도 기록이 전해지지 않을 뿐이다.[7]

한편 춘추전국시대는 기원전 3세기에 막바지로 치달았다. 진시황(秦始皇)이 천하통일 전쟁을 일으켜 무시무시한 전쟁의 회오리가 중원을 휩쓸어 몰아쳤다. 당시 고조선의 임금은 부왕(否王)이었다. 진시황은 중원의 여섯 나라, 한(韓)·위(魏)·초(楚)·연(燕)·조(趙)·제(齊)를 모조리 멸망시켰다. 부왕은 위세 당당한 여섯 나라가 하루아침에 멸망당하는 초유의 사태를 지켜봐야 했다. 그중 연(燕)·조(趙)·제(齊)나라는 고조선의 주요 교역국이었다. 오랜 교역 파트너인 연·조·제나라가 전란에 휩싸이고 끝내 망하자, 무역이 끊기고 경제가 휘청거렸다. 그뿐 아니라 진시황은 중원 통일의 여세를 몰아 고조선으로 침략의 마수를 들이댔다. 어찌할 것인가? 진시황이 쳐들어오면 어떻게 막아낼 것인가? 전전긍긍 부왕의 근심이 깊어갔다.

그런데 진시황의 침공에 앞선 골칫거리가 있었다. 환란을 피해 국경을 넘어오는 유민의 처리가 시급했다. 망한 연(燕)·조(趙)·제(齊)나라의 유민이 가장 많았다. 연과 조의 유민은 육로로, 제의 유민은 산동반도에서 요동을 잇는 해로로 피란 왔다. 피란 온 난민들은 고조선에 호의를 가진 사람들이어서 박정하게 내치기 어려웠다. 그렇다고 난민을 받아 안주시키는 것도 쉬운 일은 아니었다. 실제로 북방의 흉노나 몽고 쪽으로 피난가지 않고 고조선으로 오는 자는 고조선이 자기 수준에 맞고 정착해 살만하다는 믿음을 가졌다고 할 수 있다. 그뿐 아니라 고조선이 자신들의 신변을 보장해 줄만한 국력을 보유했다고 믿었을 것이다. 다시 말해 그들은 고조선의 실상을 잘 알고 고조선의 특산 무역품

---

7) 오늘날 고고·인류학 분야의 연구자들에 의해 고조선의 유물과 유적에 대한 조사와 발굴 따위가 이루어지고 있고, 고조선의 실체를 밝히는 연구 성과가 많이 나오고 있으므로, 멀지 않은 장래에 고조선 상인들의 활약을 밝혀주는 역사의 단서가 나올 것을 기대한다.

갈석산과 산해관의 위치

에 익숙하며 고조선의 풍류에 흥취를 느끼는 사람들이었다. 그래서 고조선을 망명지로 삼았고 고조선은 그들을 받아들였다.

부왕은 망명 유민을 수습하면서 고뇌한다. 진시황에 맞서 싸우느냐, 항복하느냐? 나라의 명운을 건 중차대한 선택의 기로였다. 드디어 부왕은 물러서지 않고 결연히 맞서 싸우기로 결심했다. 그래서 유민을 국경 지역의 공한지에 안착시켰다. 이것은 진시황이 싫어 피란해 온 자들을 최전방 전선에 배치하는 전략상의 포진이기도 했다.

기원전 215년, 부왕(否王)은 급보를 받았다. 진시황이 국경에 위치한 갈석산(碣石山)에 오른다는 첩보였다.[8] 침략을 위한 정탐인가? 그러나 진시황의 발걸음은 그곳까지였다. 갈석산 정상에 오른 진시황은 그곳에서 하늘에 제사를 올리고 자신의 치적을 기리는 기념비를 세운 뒤 돌아갔다. 고조선으로서는 천만다행이었다. 하지만 진시황은 회군하면서 갈석산 인근의 산해관을 기점으로 하여 만리장성을 쌓도록 조치했다.[9] 만리장성은 외침에 대비한 방어용 요새다.

8) 『사기』권110, 〈진시황본기〉, 진시황은 중원 6국을 멸망시키고 중국을 통일한 뒤 기원전 220년부터 215년까지 자신이 차지한 영토를 5차례 순시했다. 갈석산은 오늘날 중국 산해관이 있는 하북성 창리현(昌黎縣) 진황도시(秦皇島市) 서쪽에 있다. 진황도시란 진시황이 온 곳이라는 뜻에서 붙여진 이름이다. 갈석산은 해발 695m이고 진시황(秦始皇), 한무제(汉武帝), 당태종(唐太宗), 위무제(魏武帝) 등 9명의 제왕이 올라 하늘에 제사 올리고 발해만 바다를 바라보았다.

9) 오늘날 중국이 만리장성의 동쪽 기점을 황해도 수안까지 연결해 놓은 것에 대해 동북공정의 일환이라며 비난이 분분하다. 하지만 이는 한국 주류사학계가 빌미를 준 탓이 크다고 할 수 있다. 기존에는 낙랑군 수성현(遂城縣)을 황해도 북단의 수안(遂安)에 비정하고 갈석산을 황해도 수안군에 있는 요동산(遼東山)으로 추정했다. 이는 주로 『晉書』에 의거해서 조선총독부 산하 조선사편수회의 이바나 이와키치(稻葉岩吉)가 세운 학설인데, 이것을 이병도가 따랐고, 이병도가 만리장성의 기점을 수안군의 방원진 석성으로 비정하자, 그를 추종하는 후학들이 이를 무비판적으로 따랐기 때문이다. 갈석산과 만리장성의 기점은 『사기』 태강지리지〈太康地理志〉의 '낙랑군 수성현에는 갈석산이 있는데,

왜 진시황은 중원을 통일한 막강한 군대로 고조선을 쓸어 뭉개지 않고, 오히려 고조선 쪽의 침입을 방어하기 위한 장성을 쌓았을까?

진시황이 갈석산에 올라 한껏 위세를 과시한 뒤 슬그머니 퇴각한 이유는 의외로 단순하다. 고조선의 국력이 상당하고 부왕의 용의주도한 전쟁 준비가 만만치 않아 승리를 장담할 수 없었기 때문이다. 또 설사 승리한다 해도 큰 피해가 예상되는 상황이었다. 그것은 양국의 군사 시스템이 판이하게 달랐기 때문이다. 당시 진시황의 주력군은 최첨단 전차군단이고, 고조선의 주력군은 전차가 아닌 기병이었다.[10] 언뜻 생각하면 전차가 기병을 단숨에 깔아뭉갤 것 같지만 그렇지 않다. 고조선 기병은 유목민의 전통을 이어받은 일류의 기마술을 구비했고, 그 주력은 말을 타고 활을 쏘는 기마궁사(騎馬弓士)였다. 기동성과 스피드가 뛰어난 기마궁사에게 전차는 무용지물이다.[11] 특히 평원이 아닌 산악지대에서 전차는 거의 쓸모가 없다. 따라서 진시황은 기마궁사의 위력과 전차군단의 약점을 미리 간파하고 꼬리를 내린 것이다.[12] 만리장성의 동쪽 끝을 갈석산의 산해관에서 시작한 것은 고조선 기마군단의 침공을 막기 위함이었다.[13]

병마용의 마차

(만리)장성의 기점이다'라는 기록이 실제에 부합한다(이덕일, 『한국사 그들이 숨긴 진실』, 역사의 아침, 2009, pp.76~91).

10) 진사황의 전차군단은 1974년 중국 시안의 진시황릉 인근에서 우물을 파던 농부에 의해 땅 속에서 발견되어 그 실물이 입증됐다. 지금은 진시황 병마용갱(兵馬俑坑)으로 이름 지어져 세계의 관광객을 끌어 모으고 있다.

11) 임용한, 『한국 고대 전쟁사 1 · 전쟁의 파도-』, 혜안, 2011, pp.19~24

12) 김한규, 『천하국가 · 전통시대 동아시아 세계질서-』, 소나무, 2005, pp.226~229. 김한규는 만리장성은 장성 이남의 농경민과 이북의 유목민이 벌인 대결의 산물로 본다.

13) 『사기』 권110 〈진시황 본기〉 "진시황제(秦始皇帝) 26년에 천하를 나누어 36군을 만들었는데, 그 땅은 동으로 바다와 조선에 이르고, 서로는 임도(臨逃, 만리장성의 서쪽 끝)와 강중(羌中, 감숙성 티벳 접경지역)에, 남으로는 북향호(北嚮戶)에 이르렀으며, 북으로 황하(黃河)를 천연의 방어선으로 삼아 요새를 만들어 음산(陰山)을 따라 요동에 이르

진시황이 돌아가자 부왕은 노심초사하던 긴장이 풀리면서 걱정이 파도처럼 밀려왔다. 이제 초강국 통일중국과 국경을 맞대고 대결해야만 한다. 난국을 어찌 타개할 것인가? 뿐만 아니라 국력의 유지도 문제였다. 고조선 경제에 큰 보탬이 된 연(燕)·조(趙)·제(齊)나라와의 교역은 끊어졌다. 이들 국가가 멸망한 판에 무역경제의 복원은 불가능했다. 더욱 기막힌 사태는 진시황이 자신을 왕 중의 왕이라며 천자라 부르기를 요구하고 스스로 황제(皇帝)라 칭한 것이다. 그는 부왕에게 신하로서 굴종할 것을 고자세로 압박했다.

부왕은 일단 화평을 구하기로 하고 항복을 약속한다. 만리장성 축성을 지켜보며, 진시황의 군대가 언젠가는 장성을 넘어 침공해 올 것이라 여겼다. 그래서 스스로 몸을 굽히는 외교를 벌인 것이다. 하지만 항복한 이후 부왕은 진시황이 주재하는 조회에 한 번도 참석하지 않았다. 조회 참석을 여러 차례 독촉 받았지만 듣지 않았다. 진시황에게 신하로서 무릎 꿇고 절하는 굴욕은 피한 것이다.[14] 어떻든 이 같은 부왕의 외교술은 진시황의 침략을 피하고 독립을 지켜내 주었다.

부왕의 굴종은 오래 가지 않았다. 부왕의 입장에서는 다행스럽게도 진시황은 명이 길지 않았다. 진시황이 사망하자 중국은 혼란과 분열에 휩싸이고 진나라는 곧 망했다. 그러나 혼란과 분열도 잠시, 중국은 천하장사 항우(項羽)와 유방(劉邦)의 한판 싸움을 거쳐 유방(劉邦)의 한(漢)나라로 통일된다. 부왕과 그의 아들 준왕은 또 다시 들어선 막강한 통일중국 한나라와 맞서야 했다.

나. 위만의 쿠데타, 도망가는 준왕

기원전 194년, 고조선에 군사 쿠데타가 일어났다. 위만(衛滿)이 쿠데타를 일으켜 준왕(準王)을 내쫓고 새 임금이 되었다. 이때부터 고조선을 위만조선이라 부른다. 위만은 진짜 미스터리한 인물이다. 그는 중국인인가 조선인인가? 이에 대해 학자들은 양쪽으로 나뉘어 아직도 갑론을박하고 있다.

___

렸다." 사마천은 분명히 만리장성은 방어를 위한 것이라고 천명했다.

14) 『삼국지』〈동이전〉에 『위략(魏略)』의 다음 기사가 인용되어 있다. "진이 천하를 병합하고 몽념(蒙恬)에게 요동까지 장성을 쌓게 하니, 당시 조선왕 부(否)가 즉위하여 진나라가 침공해 올까 두려워하여 진나라에 략복속(略服屬)했다. 하지만 조회(朝會)는 하려 하지 않았다."

　준왕은 부왕의 뒤를 이어 왕위에 올랐다. 준왕은 새로 들어선 한나라가 진시황처럼 침공하지 않을까 노심초사했다. 그러던 기원전 206년, 위만이 한(漢)나라 군에 쫓겨 고조선 국경 패수(浿水)까지 추격당했고 궁지에 몰린 위만은 준왕에게 신하가 되겠다고 맹세하며 망명을 요청했다. 준왕은 위만의 맹세를 철석같이 믿고 망명을 허락했다. 그리고 준왕은 위만에게 100여 리 땅을 내 주고, 그가 무리 1000여 명과 함께 패수(浿水)를 건너와 살게 해 주었다. 그런 위만이 쿠데타를 일으켜 준왕을 내쫓은 것이다.

　본래 위만은 연(燕)나라 왕 노관(盧綰)의 부하였다. 그리고 노관은 한(漢)나라 황제 유방(劉邦)의 고향 친구이자 동지였다. 그러면 왜 위만은 도망치는 신세가 됐을까? 사건의 전말은 이렇다. 기원전 202년, 유방은 중국 통일에 공을 세운 부하들을 각 지방의 제후로 임명한다. 하지만 곧 '힘 있는 제후들이 반란을 일으키면 어떡하나?'라는 근심에 사로잡혀 개국공신 제후들을 축출하고 자기 혈족을 제후로 앉혀 강력한 중앙집권 통치체제를 구축했다. 그때 저 유명한 한신(韓信) 장군도 초(楚王)나라의 왕으로 봉해졌다가 참살 당한다. 그야말로 토사구팽(兎死狗烹)이다.

　그런데 문제가 발생했다. 연(燕)나라 왕으로 봉해진 노관(盧綰)이 왕 자리를 도로 내놓으라는 유방의 지시를 순순히 따르지 않았다. 노관은 유방과 한마을에서 같은 날에 태어난 절친한 친구이고, 전쟁터에서 생사고락을 같이 했다. 그래서 '유방이 나에게 이럴 수 있느냐?'라며 반발한 것이다. 결국 유방이 군사를 일으켜 노관을 공격했고, 싸움에 밀린 노관은 만리장성을 넘어 흉노로 도망갔다. 이때 노관의 부하들은 그를 따라가든지 살길을 찾아 뿔뿔이 흩어지든지 할 수밖에 없었다. 위만은 노관을 따라가지 않고 고조선의 준왕에게 망명을 구했다. 그리고 준왕은 위만을 흔쾌히 받아들이고 국경 수비를 맡겼다. 준왕은 위만으로부터 한나라의 정보를 얻고 한의 침공을 대비하는 데 도움이 된다고 생각했을까?

　사실 위만에 대한 의문점은 한두 가지가 아니다. 정체부터가 불명확하다. 위만이 노관의 부하였다는 것은 『삼국지』〈위략(魏略)〉에 기록되어 있다. 하지만 사마천의 『사기(史記)』에 의하면 위만은 노관과 전혀 무관한 인물이다. 『사기(史記)』는 '조선의 왕 만(滿)'이라고 했지 위만(衛滿)이라고 하지 않았다.[15] 위

---

15) 『사기(史記)』〈조선열전〉.

만(衛滿)은 '위가 성이고 만이 이름'인데, 이름만 기록한 것이다.

사마천은 위만보다 불과 수십 년 후에 살았던 사람이다. 사마천이 깜박 착
각하고 만(滿)이란 이름만 기록했을까? 사마천이 어떤 인물인가? 그가 허투루
서술할 가능성은 희박하다. 사실인즉 후대의 중국 역사가들이 중국 동북 지역
에 흔한 중국계 성씨인 위(衛)를 '조선의 왕 만(滿)'에 붙여 '조선의 왕 위만(衛
滿)'이라 한 것이다. 그러면 왜 그들은 위(衛)씨라고 단정하였을까? 그것은 사
마천이 '조선의 왕 만(滿)'을 '옛 연나라 사람(故燕人也)'으로 기록해 놓았기 때
문이다. 사마천이 연나라 사람이라고 했으니, 그 지역에 가장 흔한 위(衛)씨일
것으로 추정하고 성씨를 조작한 것이다.

여기서 유의할 점이 있다. 이것이 위만의 실체에 다가가는 가장 중요한 단
서일 수 있는데, 당시 고조선 사람들은 성을 사용하지 않았다는 사실이다. 단
군 임금도 성이 없고 이름만 있다.[16] 그러므로 '만'은 한자식 이름이 아니고
조선식 이름이다. 다만 후대에 이름을 한자식으로 표기할 때, 발음에 부합하는
한자 滿(만)을 차용하고, 그에다가 중국식 성으로 위(衛)씨를 갖다 붙인 것일 뿐
이다. 따라서 〈위략〉의 위만 표기는 오류이고, 결과적으로 〈위략〉의 오류는
'조선의 왕, 조선인 만(滿)'을 '조선의 왕, 중국인 위만(衛滿)'으로 조작한 것이
다.[17] 이것은 동북공정의 원조라 할 수 있겠다.

이런 연고로 최근 위만이 조선인일 확률이 높다는 주장이 신뢰를 얻어 가
고 있다. 그런데 사마천은 왜 위만을 '옛 연나라 사람(故燕人也)'이라고 했을
까? 연나라는 기원전 222년에 진시황(秦始皇)에게 멸망당했기 때문에 위만이 등
장한 시기는 연이 망하고 사라진 지 20여 년이 지난 때이다. 그래서 사마천이
'옛 연나라 사람(故燕人也)'이라고 한 것이다. 그런데 이보다 70여 년 앞선 기원
전 3세기 연의 소왕(昭王, BC 311~BC 279) 때 연의 장수 진개가 고조선을 침공
해 요동 2000여 리 땅을 빼앗은 적이 있다. 물론 고조선이 반격하여 국토를 수

---

16) 단군(檀君)의 어원은 Tengri(텡그리)이다. Tengr는 터어키어 몽고어 퉁구스어로 하늘 ·
  태양 · 정령 · 신의 뜻이다. 한자로는 Tengri를 표기할 수 없어 박달나무 단(檀)자에 임금
  군(君)자를 차용해 표기했다.

17) 최재인, 「현행 국사교과서 한사군 문제 재검토」, 『단군학연구』 제5호, 단군학회,
  pp.149~150. 필자도 위만조선이라 하지 않고, '만조선' 또는 '후조선'으로 부르는 게
  마땅하다고 본다. 그러나 이 책에서는 편이상 위만조선을 취했다.

복하지만, 그때 연나라에 포로로 잡혀간 사람들이 수없이 많았고, 위만은 그 후손일 가능성이 있다. 그것은 위만이 준왕에게 망명을 요청할 때 '(조선인처럼) 상투를 틀고 조선 옷을 입었으며(魋結蠻夷服), 중국어뿐 아니라 조선어에 능통했다'고 하는데, 이 대목에 조선의 후손이라고 믿을만한 구석이 생기는 것이다.

준왕이 위만에게 최전방 국경 수비를 맡긴 점도 의문투성이다. 한나라의 침략에 대비한 국경 수비는 국운을 좌우하는 중차대한 일이다. 따라서 위만에게는 준왕이 믿고 신뢰할 만한 구석이 있었다고 보는 것이 사리에 맞다.

그 다음 의문점은 쿠데타가 너무 손쉽게 성공했다는 것이다. 변방의 국경을 지키던 일개 망명객이 아무리 세력을 키웠다 하더라도 쿠데타를 일으키고 왕위를 탈취하는 것이 그리 쉬울까? 동서고금을 막론하고 쿠데타는 정부의 핵심 권력자나 국왕의 실세 측근이 쿠데타 세력과 내통하지 않으면 거의 불가능한 일이다. 또 쿠데타는 막대한 거사자금의 조달이 필수적이다. 그렇다면 준왕의 측근과 권력자가 위만을 몰래 돕고, 돈 많은 재력가가 쿠데타 자금을 대 주었다는 것이 된다. 만약 그렇다면 그들은 위만의 무엇에 매료되어 위만을 도왔을까? 의문점은 또 있다. 이 의문이 결정적일 수 있다. 위만은 쿠데타로 왕위를 빼앗은 뒤 나라 이름을 바꾸지 않았다. 고대에는 통상 왕권이 바뀌면 국호를 새로 짓는 법인데, 위만은 조선의 국호를 그대로 따르고 정부의 제도도 바꾸지 않았다. 위만은 자기가 시조가 되는 새로운 왕조를 세우지 않고 고조선을 계승한 것이다.

뿐만 아니라 준왕과 위만의 싸움이 참 싱겁다. 『사기』의 기록에는 위만이 한나라가 쳐들어온다는 거짓 보고를 준왕에게 올리고, 준왕을 호위한다는 명분을 내세워 왕검성으로 진군하여 준왕을 축출했다고 한다. 하지만 준왕이 어떤 왕인가? 진시황에게도 기죽지 않고 당당히 맞섰던 부왕의 아들이다. 그리고 준왕도 강력한 친위군이 있어 목숨을 걸고 싸울 수 있을 터인데, 변변히 싸워 보지도 않은 채 꽁무니를 뺐다.

도망가는 준왕의 마지막 모습이 너무나 드라마틱하다. 준왕은 상당수의 무리를 이끌고 마한으로 유유히 배를 타고 도망간다. 마한 땅에 도착한 그는 한왕(韓王)이 되어 천수를 누린다. 이것은 쿠데타군에 쫓기는 모양새가 아니다. 게다가 일찍 준비해 둔 것처럼 마한으로 가서 왕 노릇을 하다니!

따라서 준왕과 위만 간에 물밑 타협이 있거나 준왕과 마한 간에 밀약이 있어 준왕은 왕검성을 미련 없이 떠났고, 쿠데타군은 길목을 터 주었다고 추측할 수 있다. 그렇다면 위만은 조선 출신이라고 단언해도 좋은가? 아직은 족집게 정답이 없다. 다만 문헌 기록과 정황을 종합하여 추론하면 위만은 손쉬운 쿠데타로 왕권을 차지하고, 정권을 잡은 뒤에도 기존체제를 유지하며 손자 대까지 안정적으로 왕위를 세습했다. 이 같은 사실을 감안하면 그가 조선인의 후예임은 당연할 뿐더러 정통성 있는 단군왕족의 후손일 확률이 높다.

다. 위만조선 무역 강국으로 서다

위만의 쿠데타 성공에 대해 운이 좋아서 대박을 잡았다는 식의 평가가 있다. 그러나 이러한 평가는 적절하지 않을 수 있다. 오히려 위만의 쿠데타는 동아시아 국제정치의 큰 변화의 흐름에 따른 필연의 사건으로 보는 게 진실에 부합한다. 당시 동아시아는 대변화의 바람에 휩싸여 있었고, 고조선 사회에도 변화의 요구가 분출하고 있었다.

고조선에 영향을 끼친 동아시아 국제정치의 변화는 크게 세 가지였다. 첫째는 중원의 주인이 진시황의 진나라에서 유방의 한나라로 바뀐 것이다. 둘째는 만리장성 북쪽의 흉노(匈奴)의 변혁으로, 중원 통일에 자극받은 흉노가 역사상 처음으로 거대한 유목제국을 세웠다. 셋째는 장강 남쪽 월나라의 건국이다. 진(秦)나라에 억눌러 살던 월족(越族)이 떨쳐 일어나 기원전 203년 독립국가를 세운 것이다.[18] 그러므로 위만 정권의 탄생은 유방의 중원 통일, 흉노의 굴기, 월족의 건국으로부터 영향을 받은 결과로 이해할 수 있다. 특히 중원의 통일과 흉노제국의 건국은 고조선에 직접적인 위협이었다. 따라서 위만의 성공은 변화하는 국제정세에 대응하여 고조선을 지키고 혁신하려는 강한 의지와 용의주도한 책략으로 쟁취한 결실이었던 것이다.

이 점은 위만이 내건 쿠데타의 대의명분에서 명확해진다. 역사상 세계의 어떠한 쿠데타에도 그럴듯한 대의명분이 내걸리는 법이다. 그리고 성공한 쿠데타는 그 명분의 성취에 정권의 명운을 건다. 위만 정권의 명분은 무엇이었을까? 위만은 집권한 뒤 부국강병을 주창하고 잃어버린 영토의 수복을 강구했다.

---

18) 김한규, 『한중 관계사 Ⅰ』, 대우학술논저 422, 아르케, 1999, p.78

부국강병과 영토수복이 쿠데타의 명분과 구실이었고, 고조선 사회는 이를 수용했다. 그러기에 위만은 정치체제와 사회문화의 구조를 바꾸는 변혁을 초래하지 않고[19] 조선의 정체성을 유지하면서 국가부흥을 도모해 나갔다.[20]

그러나 위만 정권의 입장에서는 중국 쪽 상황이 불리하게 꼬였다. 한나라가 중국을 재통일했기 때문이다. 이로 인해 중원 진출은 사실상 불가능해졌고, 오히려 한의 침략을 대비해야 하는 상황이 되었다. 또 흉노의 강성도 큰 골칫거리로 대두했다. 위만은 중원 진출을 일단 접고 우선 요동과 만주를 손아귀에 넣기로 작정했다. 그러기 위해서는 독자노선을 강구하는 진번(眞番), 임둔(臨屯), 옥저(沃沮) 등을 복속시키는 것이 선결과제였다. 이들을 정복하는 지름길이 있는가?

위만은 한나라를 역이용하는 방안을 획책했다. 당시 한나라는 최강의 거대 제국이긴 하지만, 진시황의 진나라만큼은 강하지 않고 국방상의 약점이 많았다. 먼저 만리장성 북방 흉노(匈奴)의 침략 위협이 커졌다. 흉노가 강력한 유목국가를 세우고 남침을 노리자, 한나라는 흉노를 달래기 위해 공주와 미인을 보내고 매년 막대한 공물을 바쳤다.[21] 또 장강 이남도 문제였다. 월족(越族)이 일어나 나라를 세우고 도발을 감행했기 때문이다. 뿐만 아니라 시도 때도 없이 무수히 도발하는 변방 부족의 노략질을 효과적으로 제어하지 못했다.

이러한 국제정세를 간파한 위만은 한나라가 덥석 반길 만한 제안을 했다. '조선이 한나라의 신하국이 되어 변경을 안정시키겠다'라는 내용이었다. 위만의 제안은 중국이 전통적으로 사용해 온 이이제이(以夷制夷) 책략을 역이용하는 계책이었다. 이는 또한 두 강대국인 한과 흉노 가운데 한나라 편에 서겠다는 명확한 의사표시였다.[22] 한나라는 위만의 도전과 흉노와의 결탁이 우려되는 차에 위만이 흉노를 멀리하고 외신(外臣)이 되어 변방을 안정시켜 주겠다는 제안을 흔쾌히 받아들였다.

19) 김한규, 『한중 관계사 I』, 대우학술논저 422, 아르케, 1999, p.79
20) 서영수, 「"사기" 고조선 사료의 구성 분석과 신 해석(1)」, 『단군학연구』 18호, 단군학회, 2008, pp.57~83. 서영수의 지적처럼 이 책에서도 고조선 왕국과 위만조선을 구분하지 않고 편의적으로 사용하는 문제가 있다. 교역과 상인을 다루는 데는 큰 틀에서 별 문제가 없다고 보았다.
21) 『사기』〈흉노열전〉.
22) 이삼성, 『동아시아의 전쟁과 평화』, 한길사, 2009, pp.176~185.

양국은 서둘러 평화조약을 체결했다. 한나라 측은 요동군의 태수가 조약
체결 담당자로 나섰고 중앙조정이 곧 비준했다. 다음은 이 조약에 관한 『사기』
〈조선열전〉의 기록이다.

"천하가 갓 평정된 효혜고후시(孝惠高后時)에 요동태수가 만(滿)과 '(만이 한나라의) 외
신이 되어 요새 밖의 만이(蠻夷)를 지켜 (한의) 변경을 침탈하지 않게 하고, 여러 만이
의 군장들이 천자를 만나고자할 때 금지하지 않는다.' 라는 약속을 했다. 그리고 이를
천자께 보고하니, 천자가 허락했다. 이런 연유로 인해 만은 (한나라로부터) 병장기와
군수물자 등 재물을 얻어 이웃의 작은 도시들을 침강(侵降)했다. 그러니 진번(眞番), 임
둔(臨屯) 등이 복속해왔고, 사방이 수천 리에 달하게 되었다."[23]

이 조약의 핵심은 네 가지로 요약된다.[24] 첫째, 조선은 한의 외신(外臣)이
된다. 둘째, 조선은 만이(蠻夷)의 한나라 변경 침탈을 방지한다. 셋째, 조선은
만이의 군장들이 천자를 만나려 할 때 방해하지 않는다. 넷째, 조선은 한으로
부터 병위(兵威)와 재물을 공급 받는다.

첫째 조항의 외신(外臣)의 의미는 위만이 한나라 왕을 천자로 인정하고, 자
신은 신하국의 왕으로서 천자를 섬긴다는 조공책봉체계의 외교상 표현이다. 둘
째와 셋째 조항은 요동과 만주에 대한 조선의 지배권을 공식화하는 것이다. 그
리고 넷째 조항은 말 그대로 병장기와 군수물자 따위의 교역 개시, 즉 조선이
한나라의 금수품인 무기와 군사 장비를 수입할 수 있도록 허용한다는 뜻이다.
따라서 위만은 이 조약을 통해 한나라의 체면을 치켜세워 주는 대가로 요동과
만주의 지배권을 인정받고, 군수물자를 유·무상으로 지원받는 실익을 챙긴 것
이다.

조약에서 특히 주목되는 것은 조선의 요동 지배권을 인정한 둘째 항과 양
국 간의 교역을 공식화한 넷째 항이다. 이 조항으로 인해 조선은 진시황 이후
국제정세의 불안으로 중단된 중원 대륙과 요동 간의 교역을 다시 트고, 중계무
역권을 다시금 손아귀에 쥐고 흔들게 되었다.

이후 위만조선과 한나라의 교역이 활발히 전개됐다. 국경 지역에 관시(關

23) 『사기』〈조선열전〉.
24) 김한규, 『한중 관계사 Ⅰ』, 대우학술논저 422, 아르케, 1999, pp.81~82.

市)가 설치되고 그곳에서 수출입 거래가 이루어졌다. 조선의 수입품은 주로 철제 병기와 군사 장비, 그리고 농기구를 비롯한 암컷 가축 따위였다. 무기와 군사 장비는 진번·임둔·옥저 등을 정복하기 위한 것이고, 철제 농기구와 암컷 가축은 농업생산력을 끌어올리기 위한 것이었다.[25]

우수한 첨단 병장기를 갖추게 된 조선은 진번·임둔·옥저 등을 굴복시켜 사방 수천 리에 달하는 광대한 영토를 차지하게 되었다. 농업생산력도 철제 농기구의 대량 보급으로 크게 향상되었다. 조선이 강력한 군사력과 경제력을 보유한 부강한 나라로 급성장한 것은 위만이 시도한 이이제이(以夷制夷)를 역이용한 외교의 성공이고, 치밀한 국가경영의 빛나는 성과였다.

위만은 왕위를 아들에게 물려주고, 또 아들은 손자 우거(右渠)에게 왕위를 물려주었다. 위만으로부터 60여 년이 지난 우거왕 때의 고조선은 진시황과 한나라의 침략을 걱정하던 허약한 조선이 아니었다. 우거왕은 한나라와의 조공체제를 거부하고 정복국가를 추구하여 성공했다.[26] 국력은 막강해졌고 인구는 불어났다. 태평성대를 맞아 백성의 생활 형편이 몰라보게 나아지자 잘산다는 소문이 먼 나라까지 퍼져 한나라에서조차 수많은 사람들이 조선으로 넘어왔다. 어느덧 한나라가 급성장하는 조선을 의식하고 국방상의 위협을 느끼는 단계에까지 이르렀다. 격세지감(隔世之感)이란 이런 것을 두고 하는 말이었다. 급기야 한나라 군부가 '조선정벌론'을 거론하기 시작했다.

라. 조·한 전쟁과 고조선의 붕괴

한나라도 강해졌다. 흉노를 형님 대접하며 미인과 공물을 갖다 바치고 변방 곳곳에서 얻어터지던 한나라가 아니었다. 한나라가 절대 강국으로 성장한 결정적 계기는 무제(武帝, BC 156~BC 87)의 집권이었다. 무제는 야심과 영웅심을 가진 황제로 무려 54년간이나 장기 집권하며 부국강병에 온 힘을 쏟았다.

---

25) 수입품 중 암컷 가축은 당시 남월(南越)의 경우를 참고하여 추정한 것이다. 남월(南越)은 베트남 북부지역에 세워진 나라로 한과 조약을 맺고 관시(關市)를 개설하였는데, 한으로부터 병기와 철제 농기구, 암컷 가축을 대량 수입했다. 남월은 이들 수입을 이용해 국력을 배양하여 사방 만여 리에 달하는 광역국가로 성장했다. 고조선도 이와 대동소이한 결과를 얻은 것으로 추론 가능하다.

26) 이삼성, 앞의 책, p.180.

그는 비밀리에 20년 동안이나 흉노에 대적할 기마병을 양성했다. 집권 22년째인 기원전 119년, 흉노의 기마병과 맞붙어 이길 수 있다는 자신감이 서자 흉노를 침공하여 외몽고로 몰아냈다. 무제는 곧 이어 남쪽의 월나라로 진격했다. 기원전 111년 월나라를 정복하고 그 땅에 9개의 군현(郡縣)을 설치했다. 흉노와 월나라를 멸망시킨 한나라에게 남은 것은 조선뿐이었다. 무제는 침략의 마수를 노골적으로 드러냈다.

기원전 109년, 결국 조선과 한나라 간에 전쟁이 터졌다. 이 조·한 전쟁은 조선과 통일중국이 맞붙은 최초의 국제전이었다.[27] 한의 선제 침공으로 시작된 전쟁의 기승전결은 『사기』에 눈으로 본 듯 세세히 기록되어 있다. 『사기』를 저술한 사마천은 당시 30대 전후의 호기심 넘치는 젊은 장년이었으니 전쟁의 온갖 상황을 꿰뚫고 있었을 것이다.

하지만 『사기』의 기록을 곧이곧대로 믿으면 사마천의 교묘한 꼬임과 왜곡에 넘어가고 만다. 왜냐하면 사마천은 중국이 천하의 중심이라는 입장에서 중국에 유리한 방향으로 역사를 서술했기 때문이다. 한이 트집을 잡아 선제공격을 했음에도 불구하고 사마천은 조선이 빌미를 제공한 것으로 뒤집어씌운다. 다음은 전쟁의 빌미를 트집 잡는 『사기』의 기록이다.

> "(위만조선이) 아들에 전해지고, 손자인 우거(右渠)에 이르러서는 한나라에서 유인해 간 사람들이 더욱 많아졌다. 또한 일찍이 천자를 (한번도) 만나러 오지 않았으며, 진번 등 이웃 여러 나라가 천자를 만나려고 해도 이를 가로막아 소통하지 못하게 했다."[28]

한나라 사람들을 꼬드겨서 데려가고, 천자를 한 번도 알현하지 않고, 조선 이웃의 여러 나라가 천자(무제)를 알현하고 조공하려는 것을 우거왕이 중간에 가로막고 방해해서 한나라가 분노했다는 것이다. 그러나 이는 그동안 조선이 주도해 온 중계무역을 시기하고 중계무역의 이익을 탐내어 잡는 트집일 뿐이었다.

당시 무제(武帝)는 흉노를 외몽고로 몰아내고 남월을 침략해 멸망시킨 뒤라 자신감에 차 있었다. 조선쯤이야 하며 섭하(涉何)라는 자를 사신으로 조선의 수도 왕검성에 보냈다. 섭하가 휴대하고 간 공식 외교조서의 내용은 교역로의 통

---

27) 임용한, 『한국고대전쟁사 1-전쟁의 파도-』, 혜안, 2011. p.12.
28) 『사기』 〈조선열전〉.

제를 풀 것, 항복하고 외신(外臣)이 될 것, 우거왕이 직접 황제 무제를 알현하러 올 것 등 세 가지 요구였다. 이는 사실상 고조선의 자존심을 완전히 뭉개는 내용이었다.

우거왕은 섭하를 사신으로 맞이하되 섭하가 가지고 온 외교조서는 접수하지 않고 퇴짜를 놓았다. 한 무제의 공식 외교조서를 접수조차 않다니 왜 이렇게까지 강하게 나갔을까? 단순한 기세 싸움으로는 너무 강하다. 뭔가 믿는 구석이라도 있었던 것일까? 어쨌든 우거왕은 교역로의 개방 여부는 한나라가 간섭할 일이 아니고, 일방적인 항복 강요는 받아들일 수 없다는 강력한 의사 표시를 한 것이다. 그리고 호락호락 굴복하지 않을 것이며 전쟁도 불사한다는 통첩이었다.

따라서 섭하는 외교조서를 우거왕에게 전하지 못하고 빈손으로 왕검성을 떠나야 했다. 하지만 전혀 예상하지 못할 사건이 벌어졌다. 섭하 일행이 국경 패수(浿水)에 이르렀을 때 섭하는 부하를 시켜 자신을 전송하려온 조선의 비왕(裨王) 장(長)을 찔러 죽였다.[29] 그리고는 패수를 건너 귀환하여 무제에게 '조선의 장(長)을 죽였다'고 보고했다. 섭하는 왜 외교관을 살해하는 무도한 짓을 감행했을까? 이 사건은 우발적인 실수가 아니고 무제가 섭하를 사주했다고 볼 여지가 있다. 무제의 비밀 지령에 의해 섭하가 의도적으로 외교문제를 일으켰을 것이라는 말이다. 무제는 심각한 외교문제를 야기한 섭하를 질책하기는커녕 잘했다고 칭찬하고 그에게 요동의 동부도위(東部都尉) 벼슬까지 내렸다.

우거왕은 분노하고 복수를 다짐했다. 자신이 직접 보낸 최고위급의 접반사(接伴使)가 죽임을 당하다니, 또 무제가 살인자 섭하를 질책하기는커녕 칭찬하고 코앞의 요동 땅에 책임자로 임명하다니! 이후 섭하가 요동에 부임하자, 우거왕은 기다렸다는 듯이 군사를 보내 섭하를 죽였다. 무제가 요동의 책임자로 임명한 섭하를 공공연히 처단한 것이다.

이에 무제는 우거왕이 낚시 밥을 물었다며 내심 쾌재를 불렀다. 그리고 조선군이 국경을 넘어와 섭하를 죽인 사건을 문제 삼으며 조선 정벌을 선언했다.

---

29) '비왕'이라는 존재에 주목할 점이 있다. 비왕은 왕의 칭호를 받고 있지만, 우거왕의 신하로, 우거왕의 지시를 받고 있다. 곧 고조선의 우거왕은 왕 중의 왕, 대왕이나 황제와 동급이라는 뜻이 담겨 있다. 아마 임둔이나 진번 등을 정복하면서 대부족장에게 왕의 칭호를 주면서 민심을 수습한 것으로 보인다.

때는 기원전 109년 가을이다. 무제는 군대를 두 갈래 길로 보내 조선을 침공했다. 이른바 양동작전이다.

하나는 누선장군(樓船將軍) 양복(楊僕)의 5만 군사다. 이 군사는 남쪽 월나라 침략에 참가한 제(齊) 지방의 병사와 죄수 중에서 모집한 병사로 편성됐다. 누선은 2층 다락이 있는 대형전함인데, 양복의 군사는 산동반도에서 누선을 타고 발해만을 건너 지금의 요동반도 대련 쪽으로 상륙했다. 다음은 순체(荀彘)가 지휘하는 육군이다. 순체군은 북방 흉노 정벌에 참가한 병사를 주력으로 하고, 역시 죄수에서 뽑은 병사를 보탰다. 병력의 규모는 정확히 알 수 없는데, 『사기』에 순체는 원래 천자의 총애를 받는 시중(侍中)이었고, 군사 숫자가 많아 교만했다고 기록되어 있는 점을 고려하면 양복의 5만보다는 훨씬 많았을 것으로 추정된다.

우거왕은 자신만만했다. 앉아서 기다리지 않고, 정예군을 국경으로 급파해서 순체 군을 맞받아쳤다. 조선의 정예군은 강했고, 패수(浿水)와 험준한 지세를 이용하여 멋지게 승리했다. 패전한 순체는 도망치는 병사들을 처형하며 분전했으나, 전세를 돌이킬 수 없었다. 하지만 우거왕에게 심각한 문제가 발생했다. 누선을 타고 발해만을 건너오는 양복의 군사에 대해서는 정보가 깜깜이었던 것이다. 우거왕은 지금의 대련 지역에 상륙한 양복이 전열을 갖추고, 왕검성으로 진군할 즈음에야 비로소 이 사실을 보고받았다. 촌각을 다투는 급박한 상황이었다. 하지만 주력 정예군은 순체를 막으러 떠났고, 왕검성에 남은 병사는 얼마 되지 않았다. 뿐만 아니라 정예군을 왕검성으로 회군시키기에는 전략상으로도 쉬운 일이 아니었고 시일도 촉박했다. 어떻게 정예군을 회군시키고, 또 그때까지 버텨내나?

전전긍긍 하던 우거왕에게 기회가 왔다. 양복이 공격할 적

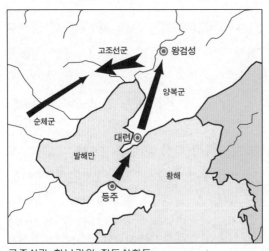

고조선과 한나라의 전투상황도

절한 때를 기다리지 않고 급히 일을 서두른 탓이다. 양복은 순체보다 먼저 우
거왕을 잡아 공을 세우고 싶은 욕심이 났다. 그래서 순체가 오기를 기다리지
않고, 조선의 정예 주력군이 순체와 대결하고 있는 틈을 타서 왕검성을 급습하
기로 작정하고, 우선 7천 병력을 뽑아 밤낮으로 행군하여 왕검성으로 포위했
다. 우거왕은 처음에 겁을 먹었으나, 왕복의 군사가 소수임을 탐지하자, 7천
명쯤이야 하고 왕검성을 나와 직접 양복을 공격했다. 양복은 패해 산으로 도망
가고, 군사는 흩어져 버렸다. 한편 순체는 조선군의 저항을 받아 패수를 넘어
오지 못했다. 순채와 양복의 양동작전이 실패한 것이다.

무제는 하루아침 해장거리로 여겼던 우거왕이 순채와 양복의 공격을 잘 막
아내고 왕검성을 굳게 지키자, 조선이 저토록 강하다니 하고 놀랐다. 그래서
무리한 정벌전쟁을 포기하고 화평 쪽으로 방향을 틀었다. 무제는 위산(衛山)이
란 자를 강화협상 사신으로 우거왕에게 보내고 항복하기를 권했다. 이에 우거
왕은 고민에 빠졌다. 항복하면 전쟁은 종결되지만, 우거왕은 무제의 외신(外臣)
이 되어야 하고, 교역로를 자유로이 터 주어야 할 판이다. 뿐만 아니라 매년
공물을 갖다 바쳐야 했다.

우거왕은 일단 화의 제의를 받아들이기로 하고, 화의의 뜻으로 말 5천 필
과 군량을 바치기로 했다. 화의 외교사절은 태자가 맡았다. 드디어 태자와 사
신 위산이 만나는 날이 왔고, 둘의 만남은 패수 근처 한나라 땅에서 갖기로 했
다. 태자는 무장한 병사 1만여 명과 말 5천 필을 이끌고 패수를 건너려 했다.
하지만 위산과 순체는 태자에게 병사들의 무장을 해제해 달라고 요청했다. 혹
시 탈이 날까봐 겁을 먹은 것이다. 그러나 태자의 입장은 달랐다. 만약 무장을
해제한다면 위산과 순체가 자기를 속이고 잡아 죽이지 않을까 의심했다. 섭하
가 비왕(裨王) 장(長)을 살해했듯이 말이다. 태자는 기분이 상해서 패수를 건너
지 않고 돌아가 버렸다. 위산이 이 사실을 무제에게 보고하자, 무제는 버럭 화
를 내고 위산을 주살해 죽여 버렸다. 그만큼 강화를 간절히 희망했던 것이다.

화의 협상은 깨졌고 전투는 다시 급박하게 전개됐다. 순체군이 패수를 건
너 왕검성으로 진군해 왔고, 왕검성은 순체와 양복에게 포위당했다. 고조선에
도 끝까지 싸우자는 주전파와 화의하자는 주화파로 나뉘어 국론이 분열되어 갔
다. 내분이 생긴 것이다. 그러다가 심각한 사건이 터졌다. 주화파의 중심인물

인 노인(路人), 한음(韓陰), 삼(參)과 장군 왕겹(王唊) 등이 한나라에 투항하기로 모의하고, 노인(路人)과 왕겹(王唊)이 성을 나와 투항해 버린 것이다. 물론 추격전이 벌어졌고 노인은 도중에 피살됐다.

기원전 108년 여름이다. 조선에 기막힌 일이 벌어졌다. 한나라에 투항한 삼이 자객을 보내 우거왕을 암살해 버린 것이다. 하지만 우거왕이 사망했음에도 불구하고 왕검성은 건재했다. 주전파를 이끄는 대신 성이(成已)가 혼란을 수습하고 항전을 계속 이끌어 간 것이다. 그러나 성이의 항전은 오래가지 못했다. 주화파가 백성들을 선동하여 성이를 축출시키고 죽였기 때문이다. 성이가 죽자, 왕검성은 곧 함락 당하고 만다. 이로서 전쟁이 끝나고 수천 년간 대대로 이어져온 고조선의 사직이 무너졌다.

조·한 전쟁은 한나라가 분명히 승리를 거두었고, 고조선은 멸망했다. 그러나 이 전쟁은 뒷마무리 처리가 이상하고 야릇하다. 한무제는 개선장군으로 의기양양하게 돌아온 순체와 양복을 가차 없이 처벌했다. 처벌 이유는 단지 병사들의 피해가 많았다는 것뿐이다.

순체는 큰 상을 받을 거라는 기대와 달리 처형당해 죽었다. 목 잘린 시체는 시장바닥에 내버려져 비웃음거리가 됐다. 양복은 주살은 면했으나 직위와 재산이 몰수되고 일반서민으로 추락하는 수모를 당했다. 이에 비해 무제는 투항한 삼(參), 왕겹(王唊), 한도(韓陶) 등을 제후로 봉하고 땅을 주었다.

무제는 왜 승리한 순체와 양복을 무자비하게 처벌했을까? 무슨 말 못할 곡절이 있는가? 그것은 아마도 승리하긴 했지만, 무제의 위신을 구긴 개운치 않은 승리였고, 왕검성의 함락에는 투항자의 활약이 컸으며, 또 고조선 땅을 다 집어먹지 못하고 겨우 한 귀퉁이만 차지한 불완전한 승리였기 때문인 것으로 보인다. 뿐만 아니라 고조선을 멸망시킨 것이 차라리 우거왕의 항복을 받고 고조선을 신하국으로 만들어서 해마다 공물을 받아 챙기기보다 밑지는 결과인 것에 대한 불만의 표출이었을 수도 있겠다.

고조선은 왕검성의 함락으로 붕괴되었다. 무제는 왕검성과 점령한 주변 지역에 한사군으로 불리는 낙랑·임둔·진번·현토 등의 4군을 설치하고 직접 지배에 나섰다.

3. 왕검성은 교역 요충지였다

한국 고대사의 가장 큰 논쟁거리 중 하나는 고조선의 수도 왕검성과 그 자리에 들어선 낙랑군의 위치 비정이라 하겠다.

왕검성은 진실로 어디에 있었을까? 오늘날 우리나라는 주류학계는 북한 평양에 왕검성이 있었다는 일제식민지 시절 조선총독부가 성립시킨 '낙랑군-평양설' [30]을 주장한다. 현재 국정교과서와 대부분의 한국사 개설서들도 이 학설을 따르고 있다. [31] 반면에 왕검성은 요양(遼陽) 지역에 있었다는 '왕검성-요양설'을 주장하는 비주류 학자들의 목소리도 만만치 않게 커지고 있다.

이러한 학계의 갑론을박은 문헌 자료와 출토 유물의 진위를 두고 벌이는 쟁론이 된다. 그런데 문헌 자료는 새로운 자료들이 계속 발견되고 있고, 출토 유물도 새로운 유물들이 지속적으로 발굴되고 있는 상황이다. 예를 들면 중국 요령성 금서시의 공사판 흙무더기에서 '왕검성·요양설'의 증거가 되는 '임둔태수장(臨屯太守章)'이 압인된 봉니가 발견되는가 하면, 평양의 귀틀무덤 고분에서 '낙랑군·평양설'에 힘을 보태는 낙랑호구부(樂浪戶口簿)가 출토되었다. 따라서 문헌과 유물에 의한 판단도 생각하기에 따라 선호가 갈릴 수밖에 없는 실정이다. 그러니 일반인들은 헷갈려 피곤할 뿐이고, 이 소모적인 논쟁이 발전적으로 종결되기를 바란다.

필자는 왕검성에 대해 새로운 추론을 생각하고 있다. 무슨 거창한 별난 것은 아니고, 경제와 교역의 관점에서 그간의 논쟁을 보완하자는 아주 소박한 출발이다. 오늘날처럼 발상을 달리하는 연구가 절실한 적은 없다고 해도 과언이 아니다. 그것은 『설문해자(說文解字)』가 갑골문자의 출현으로 절대권위가 퇴색되었고, '홍산문화'의 등장으로 그토록 빛나던 '황하문명'이 허무하게 깨지는 광경을 목도하고 있기 때문이다. 홍산문화는 불과 얼마 전까지만 해도 아무도 모르는 세계였다. 따라서 고대사의 기록을 거의 상실한 우리 민족의 경우 기존 자료에 얽매어 지내는 우물 안 개구리 꼴이어서는 진실과 동떨어질 수 있다.

30) 국성하, 「일제강점기 일본인의 낙랑군 인식과 평양부립박물관 설립」, 『고문화』 63집, 한국대학박물관협회, 2004, pp.110~115.
31) 최재인, 「현행 국사교과서 한사군 문제 재검토」, 『단군학연구』 제5호, 단군학회, pp.131~151.

그러기에 더 넓고 깊은 역사의 통찰이 필요하다고 하겠다.

　고대 동아시아의 주요 교역로는 대릉하에서 난하에 이르는 육상 루트와 요동반도와 산동반도를 오가는 발해만의 연안 해상루트였다.[32] 일부 한반도 연안을 따라 일본까지 가는 뱃길이 열려 있었으나 아직 활발하지 않았다. 이러한 상황에서 고조선은 건국 초기부터 육로와 해로의 교역 요충지를 장악하고 중계교역권을 틀어쥐고 있었다.[33] 춘추전국시대에는 중원의 주·연·제 나라 등과 길항(拮抗) 관계를 유지하며 국제교역을 이끌었다. 주요한 무역은 요동과 만주를 비롯한 스텝 초원지역의 산물과 중원 농경지역의 산물의 교환이었다. 장강 남쪽의 특산물도 많이 거래되었다.

　그런데 왕검성이 한반도의 평양에 위치한다고 보면, 당시 평양은 경제권역이 적을 뿐 아니라, 삼한과 일본을 잇는 육상 교역로의 요충지가 아니라는 문제가 생긴다. 따라서 중계무역의 이익을 놓고 한나라가 고조선에 교역로를 개방하라고 압력을 넣고 시비를 걸 실익이 거의 없다. 또 한나라가 수십만의 병력으로 피 흘리며 뺏으려할 만큼 매력 있는 곳이 아니다.

　이에 대해 왕검성이 평양에 위치하여 한반도로 치우쳐 있지만, 그 통치력이 요양 넘어서까지 미쳤다고 볼 수도 있다. 하지만 고조선은 수도로부터 수천 Km 떨어진 교역 요충지에 교역로를 통제하는 관문을 설치하고 직접 관장할 정도로 중앙집권화가 구축된 나라는 아니다. 따라서 왕검성은 위만의 손자 우거왕이 한나라로 통하는 교역로를 직접 가로 막았듯이[34] 고조선 중앙정부가 직할로 관장할 수 있는 범위 내여야 할 것이다. 아울러 중계무역을 좌우하는 교역 거점이어야 한다. 이렇게 살피면 결론적으로 왕검성은 북한의 평양이 아니고, 천혜의 교역 요충지인 대릉하의 요양 지역이나 또는 갈석산 인근 청려현 지역에 위치한 것이 이치에 부합한다.

　이러한 추론에 부응하는 문헌 자료가 있다. 요나라(907-1125) 219년의 역사

---

32) 윤명철, 「황해문화권의 형성과 해양활동에 관한 연구」, 『고대』 11집, 한국고대학회, 1998, pp.147~150.

33) 조법종, 「낙랑군의 성격문제 -낙랑군의 낙랑국 계승 문제를 중심으로-」, 『한국고대사연구』 32집, 한국고대사학회, 2003, pp.162~187. 낙랑을 중국 유이민 집단의 교역 거점세력으로 보며, 낙랑을 한사군 성립 이전부터 존재한 것으로 파악한다. 하지만 거점지역을 평양으로 보는 것은 마찬가지이다.

34) 『사기』 〈조선열전〉.

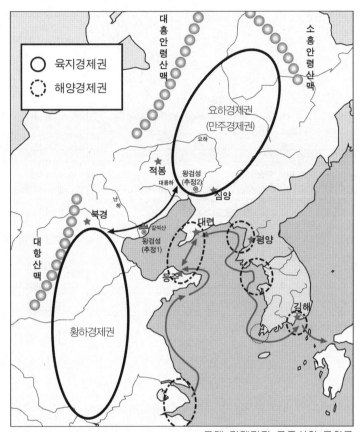

고대 경제권과 고조선의 교역로

를 편찬한 『요사(遼史)』다. 『요사』〈지리지〉 '동경도' 편은 '(요양은) 본래 (고) 조선의 땅이었다'로 시작한다. 요양이 고조선의 중심지였음을 입증하는 기술이 다. 하지만 현재 『요사』에 대해 중국역사학계는 오류가 있다며 부정한다. 한국 의 주류학계도 중국역사학계를 따르고 있다.[35] 그러나 『요사』 전체를 무시할 것만은 아니다.

　　요나라는 동경·서경·남경·중경·상경의 5경(五京)를 두었고, 동경의 위 치는 지금의 요령성 요양(遼陽)이다. 그리고 요양이란 이름은 요나라 시대 이후 지금까지 변하지 않았다. 오늘날 요동과 요서는 그 경계를 요하(遼河)를 기준을 삼아 그 동쪽을 요동, 서쪽을 요서로 부른다. 하지만 요하라는 강 이름은 요나

35) 『신동아』 56권2호, 통권641호, 동아일보사, 2013.2, pp.404~411.

항한(降漢) 제후 분봉지

라 이후 불리어진 이름이고, 그 이전에는 강 이름이 불분명하다. 따라서 고대의 요동·요서는 지금의 요동·요서와 다른 것이다.

고조선은 고려가 선조의 나라로 섬겼고, 요는 고려와 세 차례나 전쟁을 했다. 물론 요사는 원나라가 편찬한 사서이다. 하지만 원나라인들 고조선을 일부러 미화하리라고는 생각되지 않는다. 때문에 『요사』의 고조선에 관련한 기사는 어디까지나 객관적인 자료로 볼 수 있다. 더군다나 요의 수도 동경의 지명 내력을 기술한 지리지의 경우 오류가 있을 가능성은 희박하다. 그러므로 『요사』는 '왕검성·요양설'에 신빙성을 더한다고 하겠다.

왕검성 비정에서 빼놓을 수 없는 중요한 단서가 있다. 그것은 한무제(漢武帝)가 조·한 전쟁 중에 투항한 삼(參)·왕겹(王唊)·한도(韓陶)·장각(張胳)·최(最) 등 우두머리 5명을 제후로 봉했는데, 이들 항한(降漢) 제후국의 위치가 왕검성과 전혀 무관하지 않다고는 생각할 수 없다는 점이다. 『한서(漢書)』 공신표에 기술된 이들 제후국은 주로 산동과 태산 그리고 발해만 일대 지역에 위치해 있다.[36] 요동과 요서에는 한 곳도 없다. 왜 그럴까?

실제로 왕검성이 북한의 평양이라면, 한무제가 이들 항복한 제후를 일률적으로 평양과 수천 Km나 떨어지고 바다를 건너야 하는 산동과 발해만 쪽에 봉했을까? 요동과 요서는 아예 제쳐 두고 말이다. 우연이라면 기가 막힐 뿐이다.

---

36) 『한서(漢書)』〈景武昭宣元成功臣表〉. 최(最)는 주화파 노인의 아들이다. 대신 성기를 암살하는데 공을 세워 열양후(涅陽侯)에 봉해졌다. 그의 봉지는 산동 일원으로 파악되나 정확히는 모른다.

이에 대해 항한 제후들은 분봉 받은 지역에 위만조선 성립 전 또는 성립 때부터 연고가 있다고 보기도 한다.[37] 만약 연고가 있다면 이들 제후국은 왕검성과 더욱 가까운 곳에 위치해야 한다. 따라서 항한 제후국은 왕검성이 요하에 위치한 것을 반영한다고 할 수 있다.

다음은 왕검성과 관련한 『사기』와 『한서』, 그리고 『독사방여기요(讀史方輿紀要)』와 『사기정의(史記正義)』의 기록이다.

"요동에 험독현이 있고, 조선왕의 옛 도읍지다.(遼東有險瀆縣 朝鮮王舊都)"[38]
"요하 삼차하에 험독 옛 현의 경계가 있다.(遼河三岔河 在險瀆故縣界)"[39]
"패수는 요동 새외를 나와 서남쪽으로 낙랑현에 이르러 서쪽으로 흘러 바다로 들어간다.(浿水出遼東塞外, 西南至樂浪縣西入海)"[40]

이상의 기록은 왕검성이 요하의 삼차하(三岔河)에 위치한다는 것이다. 그러면 삼차하는 지금의 어디인가? 삼차하는 청나라의 요령성 지리지인 『성경통지(盛京通志)』에 지도가 실려 있다.[41] 지도에 의하면 삼차하는 요하(遼河)·혼하(渾河)·태자하(太子河)의 세 강이 만나는 곳, 즉 세 강이 교차하는 지역을 가리킨다.

한편 『사기정의(史記正義)』에는 왕검성(낙랑현)의 경계인 패수가 요동의 밖에서부터 흘려 들어와서 서남쪽에 이르려 왕검성에 닿고 서쪽에서 (동쪽)바다로 들어간다고 기술되어 있다. 이를 종합하여 오늘날의 지도에 대비해 보면 삼차하는 서남쪽으로 흘러 요하의 본류가 되고,

성경통지의 삼차하 지도

37) 조법종, 「위만조선의 대한 전쟁과 항한제후국의 성격」, 『선사와 고대』 14집, 한국고대학회, 2000, pp.175~179.
38) 『사기(史記)』 권115 〈조선열전〉, 『한서(漢書)』 〈지리지〉.
39) 『독사방여기요(讀史方輿紀要)』 청나라 초기의 지리지이다. 중국 한족의 춘추필법이 아닌 동이족의 입장에서 편찬된 것이어서 왜곡이 없는 지리서로 평가 받는다.
40) 『사기정의(史記正義)』, 당나라 사람 장수절(張守節)이 『사기』에 주석을 단 책이다.
41) 진몽뢰(陳夢雷), 『성경통지(盛京通志)』.

왕검성 위치 추정도

요하는 하구에 이르러 서쪽에서 동쪽으로 흐르며 바다에 들어가는 것이 확인된다. 따라서 험독은 요하의 동쪽 삼차하 일원을 일컬으며, 그 어딘가에 왕검성이 있었을 것으로 추정할 수 있다.[42]

이에 대해 신채호는 『조선사연구론』에서 '해성현이 고조선의 수도(옛 평양)이다'라고 하여 지금의 해성시(海城市)로 추정했다. 북한학자들은 지금의 개주시(蓋州市)를 험독이라 추정하며 이곳에 왕검성이 있었을 것으로 보고, 후에 대동강의 평양으로 천도한 것으로 본다.[43] 이에 대해 거꾸로 고조선은 대동강의 '아사달'에서 건국되었고, 후에 개주지역으로 천도한 것으로 보는 견해도 있다.[44] 따라서 여러 사료와 견해들을 종합하면 왕검성은 요양(遼陽) 지역 일원에 있었을 것으로 보인다.

예로부터 경제에는 거짓이 없다고 한다. 그리고 교역은 경제의 큰 흐름을 쫓아가기 마련이다. 고대 동아시아 경제상황과 교역루트의 형성과 발전을 고려하면 왕검성의 위치로서 대동강의 평양은 순리에 맞지 않는다. 왕검성은 대릉하의 요양에 비정하되, 그 영역이 갈석산의 창려현을 포괄한다고 추정함이 적절할 것이다.

---

42) 위만조선의 수도 왕검성의 위치를 지금의 환인 지역으로 보는 견해가 있다. 홀본(忽本) 지역(지금의 환인)을 고조선 후기부터 위만조선 시기까지 왕검성이 위치한 험독현(險瀆縣)으로 보고, 위만조선 멸망 이후 현토군(玄·郡)이 서쪽으로 이동되면서 험독현(險瀆縣)이 요서(遼西) 지역으로 이동된 것이라고 추정한다. 김남중, 「고조선의 도성: 왕검성의 위치에 대하여」, 『국사관논총(國史館論叢)』 제108집, 국사편찬위원회, 2006, pp.1~27.

43) 이덕일, 앞의 책, pp.67~84. 중국학자들은 험독의 위치를 요하 서쪽지역으로 추정하고 요령성 태안현 신개하구를 험독으로 비정한다. 이곳 벌판에 '손성자성(孫城子城)'이 있는데, 현지인은 '고구려성'이라 부른다.

44) 신용하, 앞의 책, pp.135~145.

4. 고구려 동북아 경제패권을 쥐다

가. 주몽 '다물'의 깃발을 세우다

오늘날 고구려의 존속 기간을 900년으로 보기도 하고, 700백년으로 보기도 한다.[45] 그러므로 고구려는 최소한 700년 동안 동북아를 호령하며 최강국으로 군림했다. 그 무엇이 고구려를 이토록 강한 나라로 만들었고, 그토록 오랫동안 영속케 했을까?

『삼국사기』〈고구려본기〉를 죽 읽어내려 가다보면, 고구려의 진면목을 보게 된다. 그것은 고구려가 정복으로부터 시작하고 정복을 통해 성장해 나가는 모습이다. 생각하면 북부여를 탈출한 주몽(朱蒙)이 기마전사를 이끌고 만주 중부 동가강(佟佳江) 유역의 토착세력을 평정한 뒤, 졸본(卒本)에 고구려를 세운 것이 첫 정복의 결실이다. 주몽의 대를 이은 유리왕과 그 이후의 태조왕·미천왕·광개토대왕·장수왕 등 역대 왕들은 정복활동을 동서남북으로 무수히 끈질기게 전개해 나간다.

고구려는 왜 정복을 국가의 비전으로 삼았을까? 이의 정답은 주몽이 최초로 정복한 비류국(沸流國)의 일화에 고스란히 담겨있다. 주몽은 나라를 세운 이듬해 6월 어느 날, 강물에 떠내려 오는 채소 잎을 발견하고 강 상류에 사람이 살고 있다고 생각하고 찾아 나섰다. 강 상류에 가니 비류국(沸流國)이란 작은 나라가 있고, 송양(松讓)이란 자가 임금 노릇을 하고 있었다. 송양을 만난 주몽이 활쏘기 재주를 과시하자, 송양은 도저히 이길 수 없음을 깨닫고 항복하고 만다. 그리고 비류국을 주몽에게 바쳤다. 다음은 송양이 주몽에게 나라를 바치는 『삼국사기』의 기록이다.

"여름 6월, 송양이 나라를 바치며 항복해 오므로 그 땅을 다물도(多勿都) 라고 하고 송

---

45) 김정배, 『한국고대사와 고고학』, 신서원, 2000년, pp.236~239. 손영종, 『고구려사의 제문제』, 사회과학원(신서원), 2000, pp.6~7. 손영종이 고구려 존속기간을 900년간으로 보는 것은 고구려가 고조선 후기 멸망 이전에 고조선의 거수국으로 존재했다고 본다. 그 이유로 ① 광개토대왕비에 그가 시조 동명성왕의 17세손이라고 적혀 있는데, 『삼국사기』에는 12세손으로 되어 있어 5세대의 왕이 누락된 것으로 나타나고, 또 〈신라본기〉 문무왕조에 고구려가 800년 되었다는 기사가 있으며, ② 『신당서』〈고구려 전〉에 고구려가 900년간 존속되었다는 기사가 있다는 것이다.

양을 그곳의 군주로 삼았다. 고구려 말에 옛 땅을 다시 얻는 것을 '다물'이라 하므로 그와 같이 이름 지은 것이다.(二年夏六月 松讓以國來降 地多勿都封松讓爲主 麗語謂復舊 土爲多勿 故以名焉)"[46]

그런데 이 기사를 읽으면 의아한 생각이 든다. 강물에 떠내려 오는 채소 잎으로 인해 우연히 정복한 비류국을 두고, 옛 땅을 찾았다며 '다물도(多勿都)' 라고 이름을 붙이는 게 앞뒤가 맞지 않는 것이다. '옛 땅'이라니, 겨우 건국한 지 2년 밖에 안 되는 걸음마 고구려가 '옛 땅' 구토(舊土)를 회복했다니 전혀 사리에 닿지 않는다.

그러면 이 미스터리 기사를 어떻게 해석해야 하나? 우선 주몽과 송양 사이 에 '다물'에 관한 밀담이 있었던 것으로 보인다. 왜냐하면 송양이 다물도의 군 주가 되기 때문이다. 따라서 그 밀담은 주몽이 고구려를 건국한 포부, 곧 고조 선의 영광을 구현하겠다는 웅대한 비전으로 송양을 설득했고, 송양이 이를 100% 수긍하고 협력하기로 한 것이 된다. 그러므로 주몽이 비류국을 '다물도' 로 이름 지은 것은 고조선의 영광을 되찾아 나섰다는 뜻을 천하에 공포하는 선 언이었다.[47] 젊고 패기만만한 주몽은 고조선 옛 영광을 구현하려는 의지의 상 징으로서 첫 정복지 비류국에 '다물'의 깃발을 세운 것이다.

초기 고구려의 정복활동을 살펴보자. 〈표 3-1〉은 시조 동명성왕부터 제15 대 미천왕 때까지, 고구려의 정복전쟁 중에서 자잘한 것은 제쳐두고 굵직한 것 만 『삼국사기』에서 발췌하여 정리한 것이다. 왜 미천왕 때까지냐 하면은 미천 왕 대에 비로소 요동에서 중국세력을 완전히 몰아내고 요동을 차지했기 때문이 다.[48]

〈표 3-1〉을 살펴보면 정복활동의 세 가지 큰 흐름을 발견하게 된다. 첫째

---

46) 『삼국사기』〈고구려본기〉 제1 시조 동명성왕 2년 6월, 비류국은 고조선의 거수국의 하 나로 여겨지고, 다물은 고조선의 고토를 수복하려는 고구려인의 간절한 소망을 가리키 는 용어이다.

47) 박선식, 『위풍당당 한국사』, 베이직북스, 2008, p.49.

48) 여호규, 「고구려 초기 대중전쟁의 전개과정과 그 성격」, 『동북아역사논총』 15호, pp.1~48. 최근 중국학자들은 동북공정의 입장에서 고구려사를 중국사로 끌어들이면서 '통일적 다민족국가론'을 편다. 이 경우 고구려-중국의 전쟁은 내전이 된다. 하지만 전쟁주체·병력규모·전쟁로 등을 검토하면 양자의 전쟁은 국가 간의 전쟁이 분명하다.

표 3-1 | 고구려 정복전쟁 개요

년도	정복전쟁 요지	비고
서기전 36년 (동명성왕 2년)	비류국 정복, 그곳을 "다물도"로 이름 지음	북쪽
서기전 32년 (동명성왕 6년)	행인국(荇人國,백두산 동남쪽) 정복, 그곳에 성읍을 둠	동쪽
서기전 28년 (동명성왕10년)	북옥저(지금의 함경북도 방면) 정복, 그곳에 성읍을 둠	동쪽
서기 14년(유리왕 33)	오이(烏伊),마리(麻離)가 군사 2만으로 서쪽 양맥을 쳐 멸망시키고, 현도군의 도읍인 고구려현을 침공	서쪽
서기 22년(대무신왕 5)	부여국 남쪽으로 종군하여 부여왕 대소를 죽임	북쪽
서기 26년(대무신왕 9)	개마국(백두산 이남, 압록강 상류) 정벌하고, 군현으로 삼음	남쪽
서기 37년(대무신왕 20)	최리의 낙랑국을 멸망시킴(서기 32년 왕15년에 최리의 항복을 받았는데, 저항하자 멸망시킴)	남쪽
서기 49년(모본왕 2)	북평·어양·태원을 공격. 요동태수의 화친제의를 수락함	서쪽
서기 105년(태조왕 53)	요동 6개 현을 공략했으나, 요동태수 경기(耿夔)가 군사를 보내 대항하여 고구려가 크게 패함	서쪽
서기 118년(태조왕 66)	한나라 현도군을 습격하여 화려성을 공략	서쪽
서기 121년(태조왕 69)	(봄) 현도군과 요동군을 공격하여 2,000여명을 살획. (여름 4월) 요대현(遼隊縣, 지금의 요녕성 해성시 서북쪽)을 공격하여 요동태수 채풍을 죽임. (12월) 마한(馬韓)·예맥(濊貊:小水貊) 1만여 기를 거느리고 현도성을 공격, (북)부여가 2만의 군사를 보내 배후를 공격함으로 패함	서쪽
서기 122년(태조왕 70)	마한(馬韓)·예맥(濊貊)과 더불어 요동을 침략하니, 부여 왕이 원병을 보내어 현도를 구함	서쪽
서기 146년(태조왕 94)	(가을 8월) 요동을 쳐서 대방령을 죽이고, 낙랑태수의 처자를 사로잡음	서쪽

년도	정복전쟁 요지	비고
서기 242년(동천왕 16)	서안평현을 습격하여 깨뜨림	서쪽
서기 311년(미천왕 12)	(가을 8월) 요동 서안평을 공격하여 차지함	서쪽
서기 313년(미천왕 14)	(10월) 낙랑군을 공격하여 남녀 2,000명을 사로잡음	서쪽
서기 314년(미천왕 15)	(9월) 대방군을 침략하여 차지함	서쪽
서기 315년(미천왕 16)	(2월) 현도성을 공격하여 부수고 차지함	서쪽

시조 주몽의 정복활동이다. 주몽은 고구려를 세우자마자 곧 비류국을 통합하고, 그 여세를 몰아 백두산 동남쪽 행인국(荇人國)을 병합한다. 그리고 동쪽으로 더 나아가 북옥저를 정복한다. 졸본의 산골에서 조그마한 나라로 출발한 고구려가 동쪽 바다까지 진출한 것이다. 주몽은 왜 동쪽으로 갔을까? 주몽이 북옥저를 정복한 것은 동쪽 배후를 안돈시킴과 동시에 국가 경영에 필요한 자원을 확보할 목적이었다. 북옥저의 복속으로 고구려는 소금과 수산물을 값싸게 항구적으로 획득하게 되었고, 말과 철 자원을 확보했다. 그리고 이들 자원으로 교역을 전개하여 국고수입을 올릴 수 있었다.[49]

둘째 대무신왕의 남쪽 경략이다. 대무신왕은 동부여를 침공해 대소왕(帶素王)을 피살함으로서 북쪽으로부터의 위협을 저지시켜 놓고 남쪽 정벌에 나섰다.[50] 서기

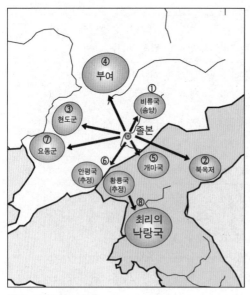

초기 고구려의 확장

---

49) 김태식, 『진단학보』 제101호, 진단학회, 2006, p.4.

50) 서기 14년 유리왕의 현도군 고구려현 침공은 고구려현의 고구려계 사람들의 신생국 고구려에로의 탈주를 유도하기 위한 것일 수 있다.

26년 10월에 백두산 남쪽의 개마국(蓋馬國)을 정벌하자, 12월에 겁을 먹은 구다국(句茶國) 왕이 내속해 왔다. 이후 대무신왕은 더 남진하여 압록강 하류에 위치한 황룡국(黃龍國)과 안평국(安平國)의 병합한다. 서기 32년에는 대동강까지 남하하여 최리(崔理)의 낙랑국을 멸망시킨다.[51] 최리의 낙랑국은 '호동왕자와 낙랑공주'의 사랑 이야기로 유명한 그 낙랑국이다.

다음 셋째는 모본왕(慕本王)으로부터 태조왕·동천왕·미천왕에 이르기까지 일관된 서쪽의 요동 경략이다. 고구려의 요동정벌은 미천왕(美川王) 때 서안평을 점령하고 낙랑을 멸망시켜 요동을 손아귀에 완전히 넣음으로서 일단락된다. 고구려의 요동 차지는 '다물'을 위한 고조선의 핵심 요충지를 수복한 것으로 볼 수 있다.

요동을 손에 넣은 고구려는 이후 육상 교역로와 해상 교역로의 패권을 장악하고 중계무역을 좌지우지할 수 있는 국면을 맞게 된다. 그리하여 강대국으로서 면모를 갖추고 광개토대왕과 장수왕의 전성기를 맞이한다.

나. 교역자원 '말·철·식량'의 확보

고구려는 인근 소국들을 회유하여 복속시키거나, 여의치 않을 경우 무력으로 정벌하여 영토를 확장해 나갔다. 정복활동이 아무렇게 마음 내키는 대로 추진된 것은 아니다. 초기 정복활동은 국력을 다지고 나라를 키우려는 것이지만, 이것은 교역을 위한 자원의 쟁취이기도 했다.

주몽 이래 대무신왕까지의 초기 정복활동을 개관해 보면 말, 철, 식량 자원을 확보하는 순서로 진전되었음을 알수 있다. 하나하나의 정복전쟁이 그냥 내키는 대로 행해진 것이 아니고, 이들자원 확보에 집중된 치밀하고 원대한 구도에 따랐다.

고구려 개마무사(철갑기병) 복원도

투구 / 철갑옷 / 안장 / 말 갑옷 / 장창 / 등자 / 금동못신 / 말 투구 / 편자

---

51) 『삼국사기』 권14 〈고구려본기〉 대무신왕 15년 조.

한편 말, 철, 식량 자원은 고구려의 정복 활동을 유지하기 위한 필수불가결한 군수물자였다. 고구려는 1만의 철기군을 자랑한다. 철기군 1만을 출정시키려면 말은 약 2~3만 필이 소요된다. 또 병사의 갑옷과 병장기는 물론이고 말에 입힐 철갑을 반드시 구비해야 하며, 군량과 말 사료도 적기에 충분히 공급되는 게 관건이다. 뿐만 아니라 철기군을 뒤받쳐 줄 2~3만의 보병과 보급병 등이 동원되어야 하므로, 이들을 무장시킬 병장비와 먹일 식량 역시 막대하다. 특히 식량의 안정적인 확보는 매우 긴요하다. 식량 부족은 당장 전쟁의 수행을 불가능하게 할 뿐 아니라, 사회의 불평불만을 야기함으로서 국가패망에까지 이를 수 있기 때문이다.

먼저 말이다. 말은 필수 군수용이면서 중요한 수출품이었다. 초기 고구려는 말에 쪼들리는 형편은 아니었다. 비교적 양호한 말 사육 여건을 갖추었기 때문이다. 당시 고구려 땅은 유목과 농경의 경계지대에 걸쳐 있었다. 따라서 말을 키우는 목축기반이 단단했다. 그러나 전쟁을 일삼는 고구려의 경우 말 생산은 수요에 모자랐고, 부족한 말은 말갈족 등으로부터 구입해 채웠다. 이때 말 값으로 주는 대가품은 주로 곡식과 철 그리고 정복지로부터 공납 받은 특산물 따위였다.

주몽이 북옥저를 처음 정복 타켓으로 삼은 것에 대해 지금까지는 동해의 수산물과 소금, 과하마, 맥피(바다표범 가죽) 따위를 쟁취하려는 목적이었다고 보았다. 물론 그렇긴 하지만, 진짜 숨은 의도는 북옥저에서 기르는 말과 뒤에 설명하는 철, 그리고 대외교역에 사용할 수산물을 얻으려는 것이었다.

다음은 철 자원의 확보이다. 철은 가장 중요한 교역 자원이었다. 또 시중에서 화폐와 다름없이 통용되었다. 우리나라의 철기문화는 고조선 후기에 이르러 본격 전개된다. 따라서 고구려 초기는 수준 높은 야철(冶鐵) 제련소가 만주와 한반도 곳곳에 입지하여 가동되고 있었다. 당시 철을 생산하는 나라는 철을 팔아 재정수입을 올렸다. 철을 생산하지 못하거나 생산량이 부족한 나라는 돈을 주고 구입했다.

고구려는 주몽의 정치세력이 연타발과 소서노의 상업세력과 연합하여 출범한 나라다. 그러기에 철은 두 세력의 공동이익에 가장 부합하는 재화였다. 주몽은 나라의 기틀이 다소 잡히자마자 인근 나라의 철 생산지를 뺏으려고 나섰다. 아마도 국정의 최우선 목표를 철 자원의 획득에 두었을지도 모른다. 그리고 이에는 연타발과 소서노의 상업정보와 지혜가 깊이 관여했을 개연성이 높다.

　주몽은 북옥저를 정벌하고 그 곳에 성읍(城邑)을 두었다. 당시 성읍을 둔 것은 직할통치를 한다는 뜻이다. 이 대목에서 작은 의문이 생긴다. 주몽이 비류국은 자치권을 주면서, 왜 북옥저는 직할통치를 하느냐. 그 이유는 철 때문이었다. 북옥저에는 고조선 때부터 가동되어 온 야철 제련소가 지금의 두만강 중하류 일원에 분포되어 있었다. 이 지역에서 출토된 철기를 분석한 결과, 탄소함유량이 높은 연철(錬鐵)이고 서기전 6-7세기경 시베리아로부터 유입된 것으로 밝혀졌다.[52] 현재 대표적인 야철 유적지는 함경북도 무산군 호곡동(虎谷洞) 유적지와 회령군 오동(五洞) 유적지로 기원전 4세기말에서 기원전 3세기 중엽의 것으로 추정한다.[53] 고구려는 북옥저로부터 징발한 야철소를 직접 경영하려고 직할 통치방식을 택한 것이다.

　고구려의 다음 노림은 개마국(蓋馬國)이었다. 서기 26년 대무신왕(大武神王)이 개마국(蓋馬國)을 전격적으로 쳐들어가서 왕을 죽이고 국모(國母)를 잡아가는 등 철저히 유린하고, 군현을 설치했다. 고구려가 개마국을 인정사정없이 짓밟고 깨부순 것은 북옥저처럼 철 때문이었다. 개마국의 철 제련시설은 지금의 북한 자강도 시중군 노남리(魯南里)와 증강군 토성리 등지에 산재되어 있었다. 1958년에 노남리 남파동(南坡洞)의 집터유적지에서 기원전 5-2세기경의 쇠도끼, 쇠 화살촉 따위의 철기유물과 함께 명도전, 오수전이 출토되어 눈길을 끌었다. 철기와 화폐의 동반 출토는 철이 귀중한 무역품이었음을 반영하는 증거라고 할 수 있다.[54]

　이와 같이 고구려는 건국 초에 재빨리 두만강 유역의 철 생산지를 손에 넣고, 뒤이어 압록강 연변의 철 생산지를 집어삼킨다.[55] 그것은 당시 산업의 최

52) 김용범, 「고구려의 성장과 철」, 『백산학보』 제1호, 백산학회, 1966, pp.63~66.
53) 유은식, 「두만강유역 초기철기문화의 변천과 연대」, 『한국상고사학보』 제64호, 한국상고사학회, 2009, pp.79~88.
54) 이남규, 「한반도 초기철기문화의 유입양상 : 낙랑설치 이전을 중심으로」, 『한국상고사학보』 제64호, 한국상고사학회, 2009, pp.32~47. 평안북도 위연군 용연동(龍淵洞) 세죽리(細竹里)에서 1927년 9월 도로공사 중에 철기 유물과 명도전이 함께 발견되었다.
55) 박선식, 『위풍 당당 한국사』, 베이직북스, 2008, p.49.

창원 성산패총 야철지

대 총아이며 교역 자원인 철을 안정적으로 확보하는 고도의 전략이었다. 그야말로 일거양득을 노린 것이었고, 이의 성공으로 고구려는 일찌감치 철강 강국으로 자리 잡았다.

마지막으로 식량 자원의 확보이다. 고구려는 건국 초기부터 줄곧 식량난에 시달렸다. 고구려의 식량 부족은 영농기술이 형편없이 낮아서 그런 것은 아니고, 어쩔 수 없는 불리한 자연조건 때문이었다. 초기 고구려는 차지한 영토가 작고 척박할 뿐 아니라, 기후가 농사짓기에 양호하지 않았다. 고구려의 농업기반은 밭농사였고, 재배하는 중심 곡물은 조(粟)였다. 벼농사는 3세기경에 들어서서 일부지방에서 재배했을 것으로 추정된다. 평양의 대성산성에 있는 고구려 창고유지에서는 조, 수수, 밀이 출토되고 벼는 나오지 않았다.[56]

따라서 고구려 백성들은 배고픔을 참아야 했다. 그렇지 않으면 정벌을 통해 식량을 약탈하든지, 교역으로 곡식을 사오든지, 농경지를 빼앗아 농사를 짓든지 하는 따위의 수단을 강구해야만 했다.

그래서 고구려인은 자연히 곡식을 아끼고 곡식을 낭비하지 않도록 애썼고 이로 인해 근검이 생활화 되었다. 『삼국지』〈동이전〉에는 고구려의 식량 부족과 절검하는 사회풍속이 기록되어 있고, 『구당서』에는 고구려의 농경법이 중국과 유사하다고 기록되어 있다.

"큰 산과 깊은 계곡이 많다. 들판과 못이 없고 좋은 밭도 없다. 그래서 비록 밭을 힘써 가꾸더라도 입과 배를 채우기에 부족하므로 그 풍속이 먹는 것을 절제한다.(多大山深谷 無原澤 無良田 睡力佃不足 以實口腹 其俗節食)"[57]

"밭에 곡식을 파종하고 누에를 기르는 것이 대체로 중국과 같다.(種田養蠶 略同中國)"[58]

---

56) 이현우, 「한국 고대의 밭농사」, 『진단학보』 84집, 진단학회, 1997, p.17.
57) 『삼국지』〈동이전 고구려 조〉.
58) 『구당서』, 권199, 〈동이〉 고구려 조.

먹을 식량이 부족한 고구려, 하지만 워낙 영농환경이 열악해서 자체 해결
은 거의 불가했다. 따라서 곡식을 아끼며 움츠려 살든지, 남의 땅을 정복하고
농사를 지어 수확을 얻든지, 양자 선택의 길밖에 달리 뾰족한 도리가 없었다.

고구려는 정복의 길을 택한다. 그리하여 따뜻한 남쪽 옥토를 보유한 황룡
국(黃龍國)과 안평국(安平國)의 병합에 나섰다. 황룡국은 고조선 멸망 이후 고조
선 유민들이 세운 나라이다. 그 영역은 지금의 평안북도 압록강 하류의 좌우와
중국 요령성 관전현(寬甸縣)의 일부를 포괄했다. 그러니까 황룡국은 압록강 좌
우의 비옥한 옥토를 보유하고, 또 압록강의 관문에서 교역로를 좌우할 수 있는
비교적 큰 나라였다. 다음 안평국은 황룡국의 서남방, 압록강 하구와 애하(靉
河) 하구가 만나는 곳에서 가까운 지역에 있었다. 애하 하구에 있는 애하첨성
(靉河尖城) 유적에서 출토된 '안평락미앙(安平樂未央)'이라 새긴 기와막새가 이를
입증하여 준다.[59]

고구려는 유리왕 때까지만 해도 황룡국과 친선관계를 유지하려고 애를 썼
다. 그것은 아마도 고구려가 황룡국의 양해를 얻어 압록강을 이용하고 있었기
때문일 것으로 보인다. 『삼국사기』〈고구려본기〉에는 황룡국에 대한 유리왕의
저자세 외교와 이로 인해 창에 찔려 자살하는 해명(解明) 태자의 애절한 이야기
가 실려 있다.[60] 다음은 해명 태자의 사연을 요약한 글이다.

"유리왕은 황룡국과 친선관계를 유지하려 애썼다. 유리왕이 수도를 국내성으로 옮기
고, 옛 수도 졸본성은 태자 해명(解明)이 지키도록 했다. 황룡국왕이 태자에게 강궁(强
弓)을 선물했다. 태자 해명은 선물을 가지고 온 사자 앞에서 활을 당겨 꺾어버리고,
'내 힘이 센 것이 아니라 활이 굳세지 못하다'라고 말했다. 이에 황룡국왕은 기분이 상
했다. 이 사실을 안 유리왕은 태자가 슬기롭지 못하고 이웃나라와 분쟁을 일으킬 짓을
했다고 꾸짖으며 칼을 내리고 자결할 것을 강요했다. 태자는 창을 땅에 꽂고 말을 달려
스스로 찔려 죽었다. 태자의 나이 불과 21세였다."

유리왕이 꽃다운 21세의 아들 태자를 자결토록 해야할 만큼 고구려는 황룡
국의 눈치를 봐야하는 약체였다. 하지만 그로부터 불과 15여년 후 대무신왕 때

59) 손영종, 『고구려사의 제문제』, 북한 사회과학원(신서원), 2000, pp.67~68.
60) 『삼국사기』〈고구려본기〉유리왕 27년 정월.

에 와서는 사정이 달라진다. 대무신왕은 서기 26년에 개마국을 병합하고, 뒤이어 32년에 대동강까지 진출하여 최리의 낙랑국을 정벌했다.

그런데 『삼국사기』에는 황룡국과 안평국의 존망에 관한 기록이 없다. 황룡국과 안평국은 싸워보지도 않고 고구려에 항복했을까? 어떻든 양국은 개마국이 멸망한 이후부터 낙랑국이 항복하기 이전 사이에 고구려에 병합된 것으로 추정된다. 고구려는 황룡국과 안평국을 병합함으로서 오늘날의 만주 남부지역과 평안북도 대부분의 지역을 영역으로 삼게 되었다.[61] 고구려는 이 양국의 병합으로 비로소 압록강 하구로 진출한다. 그리고 동아시아 교역로에 접속하고 본격적으로 교역 활동을 전개하게 된다.

다. 최리의 낙랑국 병합

대무신왕은 개마국을 병합하고 황룡국과 안평국까지 성큼 집어삼키고서는 최리(崔理)의 낙랑국에 눈독을 들인다. 최리의 낙랑국은 '호동왕자와 낙랑공주'의 애절한 사랑 이야기로 유명한 그 낙랑국이다. 그리고 대동강 유역의 비옥한 땅을 차지하고, 철 생산을 비롯한 수공업이 발달한 비교적 큰 나라였다.

최리의 낙랑국은 신채호의 저술에 의해 세상에 드러났다고 해도 과언이 아니다. 신채호는 1929년에 『조선사연구초』라는 책을 간행했다.[62] 이 책에 「평양패수고」라는 글이 있고, 그 내용은 '최리의 낙랑국'과 '한사군의 낙랑군'은 근본이 다르고 구별되어야 한다는 것이다. 이것은 종래와 다른 새로운 해석으로, 오늘날 평양에 토착 최씨(崔氏) 세력이 지배하는 낙랑국이 있었고, 한사군의 낙랑군은 평양이 아닌 요동(遼東)에 있었던 중국의 말단 행정기관이라는 것이다.

신채호의 글은 세간에 대단한 주목을 끌었다. 당시는 평양이 한사군의 낙랑군이라는 일제식민사학자의 학설이 정통설로 굳어질 무렵이었다. 신채호가 식민사학에 정면으로 돌직구를 던지며, 그 학설이 틀렸다고 지적한 것이다.[63]

---

61) 손영종, 앞의 책, p.68.

62) 이 책은 1925년 10월부터 1926년 3월 사이에 '동아일보'에 연재한 글을 모은 것이다.

63) 조법종, 「고조선과 고구려 초기의 대외 관계사 -요동지역 관계사를 중심으로-」, 『대외관계사 연구』 1집, 한민족대외 관계연구소, 2007, pp.27~35. 낙랑에 대한 이해를 세 가지로 나뉘어 설명한다. 첫째, 주로 일본학자들이 주장한 것으로 중국식민지 군현으로 본다. 둘째, 낙랑국을 낙랑군과 별개의 존재로 인정하는 것으로 신채호선생 이래 북한

그렇다면 최리의 낙랑
국은 도대체 어떤 나라인
가? 이 낙랑국은 고조선 멸
망 이후에 평양의 대동강
유역에 살든 최씨 토착세력
이 독립하여 나라를 세운
것이다.[64] 대동강 유역은
땅이 기름지고 기후가 좋아
일찍 경제와 문화가 발전했
다. 뿐만 아니라 제철제강
기술이 발전하어 우수한 철

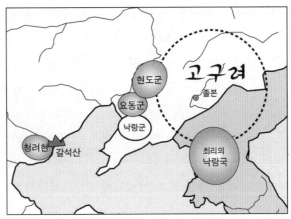

낙랑국과 낙랑군의 위치

제품을 생산해 중국에 수출하고 있었고, 비단직조기술과 종이제조기술도 발달
하여 질 좋은 비단과 종이를 생산하여 팔았다.[65]

한편 낙랑국의 최리왕은 북방의 새로운 강자인 고구려가 개마국을 정벌하
고 순식간에 인접한 황룡국과 안평국까지 집어삼키자, 심각한 위협을 느끼고
전전긍긍했다. 고구려는 기습공격을 노렸고, 최리는 중국과 손잡고 중국의 고
구려 견제를 통해 고구려의 침공을 방비하려 했다. 이러한 양국의 팽팽한 긴장
상황에서 생겨난 것이 '호동왕자와 낙랑공주'의 정략결혼이다.

그러나 평화는 오래가지 않았다. 서기 32년에 대무신왕이 낙랑을 기습하여
성 아래까지 쳐들어가서 최리왕의 항복을 받아냈다. 하지만 최리왕이 딴 마음을
먹고 독립하려 하자, 서기 37년에 대무신왕이 재차 침공하여 낙랑을 멸망시켰
다.[66] 그리하여 낙랑은 멸망당했다. 하지만 고구려는 전후처리가 고민이었다.

낙랑국을 어떤 방식으로 통치할 것인가? 개마국처럼 직할지로 병합하는 방
식과 구다국처럼 속국으로 존치시켜서 공물을 받는 방식이 있을 수 있다. 고구

학계의 태도이다. 셋째, 낙랑을 '낙랑의 세력'으로 포괄적으로 본다. 다만 조법종은 낙
랑국을 동해안의 옥저지역에 위치한 낙랑에 예속된 소국으로 본다. 이는 낙랑군의 영역
에 낙랑국이 따로 존재한 것을 인정하나, 국(나라)을 군(행정단위) 아래 두는 문제가 남
는다.

64) 손영종, 앞의 책, p.69, p.256.

65) 손영종, 앞의 책, p.75

66) 『삼국사기』 〈고구려본기〉 대무신왕 15년, 20년 조.

려는 후자의 방식을 선택했다. 워낙 토착세력이 단단하므로 우선 민심을 얻어 가면서 항구적인 복속과 병합을 꾀하려 했기 때문이다.[67] 또 고구려 통치를 기피한 낙랑인 5,000여명이 신라로 도망가는 사건이 발발하여[68] 민심을 얻는 수습책이 필요해진 상황이기도 했다. 고구려는 토호 지배층을 앞세워 '조선후국(朝鮮侯國)'이란 작은 나라를 세우고 그들이 경영토록 했다. 다만 공물 수납 등을 위해 정예군대를 주둔시키고 그 주변에 고구려 백성들을 이주시켜 나갔다.[69]

고구려는 황룡국과 안평국에 이어 낙랑까지 차지함으로서 오랜 숙원인 식량난을 원천적으로 푸는 길을 찾았다. 고구려는 낙랑을 용의주도하게 관리하고 가꾸어 나갔다. 중국에서 넘어오는 귀순자와 피난 유민들을 안치시키고 생업을 가꾸도록 했다. 이것은 낙랑 토착민과 중국 유민 그리고 고구려 이주민들이 어울려 융화하여 살아가도록 하는 계획적인 조치였다. 고구려는 이로부터 수백 년이 지난 서기 427년(장수왕 15)에 수도를 평양으로 옮긴다. 평양으로의 수도 천도는 고구려가 이곳을 장기적인 구상에서 계획적으로 발전시켜 나간 결과를 반영한다 하겠다.

라. 평양 낙랑경제와 교역

평양의 낙랑은 잘 살았고 풍요로웠다. 고구려는 37년에 대무신왕이 최리의 낙랑국을 멸망시킨 뒤 병합하지 않고, 토착세력을 앞세워 간접 통치했다. 자치권을 부여한 조선후국으로서의 존속을 허용한 것이다. 이후 비록 낙랑국은 역사 속에 사라졌지만, 낙랑이란 명칭은 이곳을 지칭하는 대명사로 명맥을 이어 갔다.

---

67) 손영종, 앞의 책, pp.73~77. 고구려가 이 방안을 택한 이유는 낙랑국의 일부세력이 남쪽으로 피신 가서 낙랑국을 다시 세우고 저항했기 때문에 민심을 얻으려 한 것으로 본다. 이 낙랑군은 오래지 않아 분열하여 대방국이 생겨났으나 이도 세력을 크게 떨치지 못하고 신라에 투항함으로서 결국 멸망한다.

68) 『삼국사기』 고구려본기 대무신왕 20년 조. 『삼국사기』 신라본기 유리이사금 14년 조.

69) 손영종, 앞의 책, pp.70~71. 손영종은 『후한서』와 『삼국지』〈고구려전〉에서 고구려 국경이 "남으로 조선, 예맥과 접했다"라고 기록되어 있으므로 '조선후국'을 설정했다. 만약 낙랑국이나 한사군의 낙랑군이 있었다면 "낙랑과 접했다"라고 기록했을 것이라는 그의 해석은 의미 있다.

　　이제 낙랑국의 토착민들은 나라 잃은 신세로 정치적 출세는 거의 불가능해졌다. 때문에 정치적 웅지보다는 경제적인 도약과 성취를 도모했다. 이러한 풍조는 고구려가 중국 귀화인과 포로를 이곳에 안치함으로 인해 더욱 농후해졌다.[70] 그리하여 평양의 낙랑은 일종의 경제특구 같은 독특한 방향으로 특화되어 갔고, 비약적인 경제발전을 이룩해 나갔다.

　　낙랑의 경제발전은 낙랑 토착민의 무덤을 통해 확인할 수 있다. 근래에 들어 북한에서 낙랑 토착민의 무덤을 많이 발굴했고, 놀라운 사실이 드러났다. 고급 칠기, 한나라 금장식품, 중국 강남산 목재, 동남아산 유리 따위의 고가품이 다수 출토된 것이다.[71] 무덤의 주인공은 중국 귀족 출신이거나 관리가 아니다. 분명히 순수 토착민이다. 그런데 어떻게 값비싼 재물을 무덤에 매장할 수 있었을까? 낙랑 경제가 토착민까지 풍요를 누릴 만큼 융성했던가? 아마도 무덤의 주인공은 상업을 통해서 부를 축적했을지도 모른다. 당시 낙랑의 경제환경을 보아 그럴 가능성은 충분하다.

　　오늘날 낙랑 경제에 대한 증거물은 지면을 꽉 채우고 남을 만큼 수두룩하고 학자들의 연구업적이 쌓여 있다. 거의 모든 기존의 연구가 낙랑은 경제 선진지이고, 교역 요충지였다는 점을 인정한다. 하지만 아쉬운 것은 천편일률적으로 '낙랑군—평양설'을 바탕으로 논리를 전개하고 있는 것이다. 그 요지는 낙랑은 중국 한나라의 식민지이고, '중국—낙랑—삼한' 간에 중계무역을 했으며, 이에 중국 민간상인이 교역을 주도하고 이득을 크게 챙겼다 본다. 그리고 낙랑은 중국의 식민지이므로 낙랑과 중국과의 무역거래는 국내 일반 상거래와 마찬가지로 상계의 방식에 따랐고, 낙랑과 삼한 토착사회와의 무역은 조공형식에 따른 무역과 국경 근처에 호시를 열어 무역하는 방식으로 운용했다고 본다.[72] 이것은 결론적으로 문화수준이 뒤떨어진 삼한이 선진 중국문물을 구하기 위해 낙랑에 조공하거나 호시에서 교역을 했다는 것이다.

---

70) 권오중, 「낙랑 왕조정권의 성립과 국제적 환경」, 『역사학보』 194집, 역사학회, 2007, pp.74~76. 권오중은 낙랑지역 거주 주민, 곧 토착인과 이주민의 융합으로 '낙랑인'이 형성되었다고 본다. 경제적인 면에서는 합당하게 보이나, 독자적인 정치세력화를 이루지 못한 점에서는 '낙랑인'의 형성까지는 아니라고 여겨진다.

71) 이송란, 「낙랑 貞栢洞 3호분과 37호분의 남방계 獅子形 垂飼과 商人의 활동」, 『한국미술사학연구』, 245호, 2005, pp.5~37.

72) 윤용구, 「삼한의 조공무역에 대한 일고찰」 『역사학보』 162호, 역사학회, 1996, p.11.

다음은 삼한이 낙랑에 조공했다는 주장의 근거 사료로 삼는 『삼국지』 〈한전〉에 실린 기사다.

"그곳의 풍속이 옷과 모자를 좋아해서 하호가 (낙랑)군에 이르러 조알할 때는 옷과 모자를 빌려 썼다. 스스로 인수와 옷·모자를 받은 자가 천여 명이나 되었다."
(其俗好衣幘 下戶詣郡朝謁 皆假衣幘 自服印綬衣幘千有餘人)[73]

삼한의 낙랑 조공을 주장하는 견해는 위의 '인수와 옷·모자를 받은 천여 명'을 삼한의 상인으로 본다. 그리고 이 기사는 중국물자에 대한 삼한 토착사회의 교역욕구를 반영한 것이라 한다.[74] 그렇지만 납득이 잘 가지 않는다. 우선 이 기사는 낙랑이 삼한보다 월등히 우월하고, 문화수준도 비교할 바 아닐 정도로 높다는 전제를 깔고 있다. 과연 삼한은 미개했는가? 그것은 우리 민족에 대한 폄하와 왜곡이 담겨 있는 중국의 고대 사서를 금과옥조처럼 껴안고 곧이곧대로 믿어서 그런 것은 아닐까?

이제 평양의 낙랑을 고구려와의 연관을 도외시하고 오로지 중국의 식민지로 한정짓는 것은 지양되어야 한다. 만약 중국의 식민지라는 입장을 고수하려면 최소한 다음의 질문에 답해야 할 것이다.

먼저 고구려와 낙랑 간의 미스터리이다. 미스터리라고 해서 이상야릇한 비밀스런 것이 아니다. 고구려와 낙랑 간에는 300여년이 넘는 긴 세월 동안 교역도 없었고, 전쟁도 없었다는 점이다. 양국의 교역과 투쟁에 관한 기록은 어떠한 사서에서도 아직 발견되지 않았다. 분명히 역사의 미스터리이다.

고구려 초기의 대외무역에 관한 기록은 이외로 많지 않다. 〈표 3-2〉는 『삼국사기』에서 주몽 이후 미천왕이 낙랑군을 병합할 때까지의 대외교역에 관한 기록을 발췌한 것이다. 고구려의 중국에 대한 최초의 조공은 37년 대무신왕이 한나라 광무제(光武帝)에게 조공한 것이고, 이후 대무신왕부터 동천왕까지 200년간에 총 7건 뿐이다. 30여 년에 겨우 한번 꼴이다. 그리고 동천왕부터 미

---

73) 『삼국지』 권 30 〈한전〉.
74) 이현우, 『한국 고대의 생산과 교역』, 일조각, 1998, p.268. 『한서(漢書)』 〈지리지〉의 "內郡賈人" 기사를 "(낙랑)군으로 상인이 들어온다."라고 해석하는데, 이는 '8조법금'에 따른 기사이므로 무리한 해석으로 보인다.

표 3-2　고구려 낙랑군 병합 때까지의 대중국 교역 내용

년도	요지	내용(문헌)
서기 32년 (대무신왕 15)	한(후한)에 조공	한(후한)에 조공하니 광무제(光武帝)가 왕호를 회복시킴.[75]
서기 49년 (모본왕 2년)	다시 한나라와 화친함	한의 북평, 어양, 상곡, 태원을 치니, 요동태수 채동이 은의와 신의로서 우리를 대하므로 다시 (한과)화친함.[76]
서기 109년 (태조왕 57년)	한에 대착식 하례 사신을 보냄	정월에 사신을 한에 보내어 안제(安帝)의 대착식(戴着式)을 하례함.[77]
서기 111년 (태조왕 59년)	한에 사신을 보내 방물을 전함	사신을 한나라에 보내 현도를 통해서 한나라와 조공무역 맺기를 구함.[78]
서기 124년 (태조왕 72년)	한나라에 조공함	10월에 사신을 한에 보내 조공함.[79]
서기 216년 (동천왕 8년)	위와 고구려가 화친 맺음	위(魏, 曹魏)에서 (고구려에) 사신을 보내어 화친을 맺음.[80]
서기 237년 (동천왕 11년)	위에 사신 보냄	위에 사신을 보내 연호 개칭을 하례(魏 明帝 景初 元年)[81]
서기 313년 (미천왕 14)	낙랑군을 병합	10월에 낙랑군을 침범하여 남녀 2,000명을 사로 잡음[82]

천왕까지 70년간은 아예 먹통이다. 그러니까 350여 년 기간 동안 총 7회의 조공 기록뿐인데, 이것도 구체적으로 특산물의 선물이 기록된 것은 대무신왕 1회와 태조왕 2회로 모두 3회 밖에 안 된다. 그 외 4회는 화친을 맺거나 하례 사신을 파견한 것이다. 물론 사절단에 어용상인이 따라 붙어 교역을 했을 것이다.

　고구려는 국부의 상당한 비중을 상업과 교역에 둔 나라다. 그러기에 건국

---

75) 『삼국사기』 권14 〈고구려본기〉 유리왕 15년 조. 『후한서』 〈동이전〉 고구려 조.
76) 『삼국사기』 권14 〈고구려본기〉 모본왕 2년 조. 『후한서』 〈동이전〉 고구려 조.
77) 『삼국사기』 권14 〈고구려본기〉 태조왕 57년 조. 『후한서』 〈안제기〉 춘정월 조.
78) 『삼국사기』 권13 〈고구려본기〉 태조대왕 59년 조. 『후한서』 권85 〈동이열전〉 고구려.
79) 『삼국사기』 권15 〈고구려본기〉 태조왕 72년 조.
80) 『삼국사기』 권17 〈고구려본기〉 동천왕 8년 조. 조조의 아들 조비가 헌제에게 선양을 받아 위나라 황제가 되었다.
81) 『삼국사기』 권17 〈고구려본기〉 동천왕 11년 조.
82) 『삼국사기』 권17 〈고구려본기〉 미천왕 14년 조.

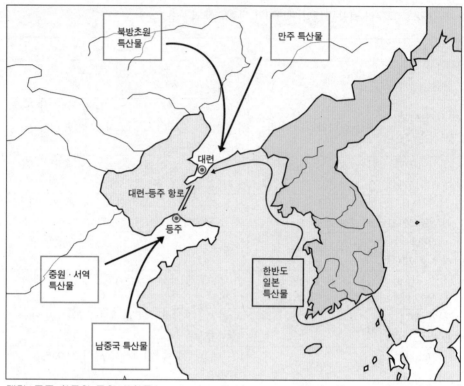

대련-등주 항로의 교역 상황도

이후 숱한 정복활동을 통해 교역자원을 획득함과 아울러 상권을 확장하고 개척했다. 고구려는 개방적이었고 결코 쇄국한 나라가 아니다.

　　고구려는 정복의 목표를 요동을 독차지하는 것으로 삼았다. 요동은 동아시아 경제와 교역의 핵심 요충지이다. 북방초원과 만주의 특산물이 요동으로 모이고, 요동반도의 끝 지금의 대련에서 배에 선적하여 산동반도의 등주로 운송되어 팔려 나갔다. 반대로 등주를 출항한 배는 대련에 귀착하여 짐을 풀었다. 한편 한반도와 일본으로 다니는 배들은 대련에서 하역을 하고 돌아가거나, 기회가 되면 직접 등주로 운항했다. 당시까지는 서해 횡단항로가 개발되지 않아 중국과 한반도를 왕래하는 모든 배들은 '대련-등주' 항로를 이용해야 했다. 따라서 중국을 요동반도에서 축출하고 대련을 손에 넣으면 서해 바다를 지배하게 되는 것이다.

　　하지만 서해 바다의 지배는 비록 요동반도를 장악한다 해도 한반도 북부

바다를 컨트롤 하지 못하면 도로아미타불이 된다. 따라서 서해 해상의 지배는 대동강과 압록강 하류의 바다 뱃길을 지배하고 요동반도의 대련을 수중에 넣어야 가능한 것이다. 그러므로 한반도 북부의 해상권이 서해 바다를 지배하는 관건이 된다.

이 점에서 고구려와 낙랑의 관계가 쟁점이 된다. 만약 평양의 낙랑이 중국 식민지이고 낙랑이 대동강 하류의 뱃길을 컨트롤하고 있다면, 고구려가 요동반도를 수중에 넣은들 서해 뱃길을 지배하기는 어렵다. 그래서 낙랑은 고구려에게 껄끄러운 존재가 된다. 이를 쉽게 이해할 수 있는 예가 있다. 그것은 철의 수출입이다.

고구려는 1만의 정예 철기군을 보유했다. 철기군은 병사의 갑옷과 병장기는 물론 말에 입힐 철갑옷을 반드시 구비해야 한다. 그만큼 철의 수요는 막대하다. 고구려는 철 수요를 어떻게 해결했는가? 고구려는 철을 옥저와 지금의 자강도(慈江道) 등지에서 생산했다.[83] 하지만 철이 부족한 경우 수입했다. 기원전후 최대의 철 수출국은 한반도 남단에 위치한 진한이다. 진한은 철을 한(韓)·예(濊)·왜(倭)에 수출하고 낙랑군·대방군에도 수출했다.[84] 그렇다면 진한의 철이 고구려에 수출되었을까? 그렇다 수출되었다. 본래 고구려의 바탕은 예맥(濊貊)족이다.[85] 원래 예족은 요동과 요서에 걸쳐 살았고 맥족은 그 서쪽에 살다가 고조선 말기에 합해진 것으로 본다.[86] 따라서 진한이 예에 수출한 철은, 뒤집으면 고구려가 철을 수입한 것으로 간주할 수 있다.

이에 또 다른 미스터리가 제기된다. 고구려의 철 수입에 있어 낙랑군·대방군과의 충돌 문제이다. 철의 유통은 당연히 선박을 이용했을 터이고, 선박은 고구려 배이거나 진한 배일 터인데, 뱃길에서 또는 진한의 항구에서 낙랑군·대방군의 선박과 충돌이 발생할 개연성이 높다. 당시에 서해 연안에는 여러 세력의 무역선이 오갔고, 고구려 무역선도 이들과 경합하며 운항하였을 터이다.

83) 북한 자강도(慈江道) 시중군 노담리와 증강군 토성리에서 기원전 1~2세기 것으로 추정되는 야철지 유적이 발견되었다.
84) 『삼국지』〈위서 동이전〉 변진(弁辰). 『후한서』〈동이열전〉 한(韓).
85) 조영광, 「초기 고구려 종족계통 고찰」, 『동북아역사논총』 27호, 동북아역사재단, 2010, pp.167~210.
86) 『한국고중세사사전』, 가람기획, 2007. 예맥족을 단일종족으로 보기도 한다.

과연 고구려와 낙랑 간에 바닷길의 평화가 유지되었을까?

　　고대의 국제질서는 철저히 약육강식의 원리에 따른다. 국력이 세면 다른 나라를 침략하여 잡아먹거나 공물을 받아 챙기고, 반면에 국력이 약하면 침공을 받아 멸망당하거나 공물을 바치는 신세로 전락한다. 하지만 낙랑은 그게 아니다. 존립한 수백 년 동안 남을 침공하지 않았고, 남의 침략도 당하지 않았다. 특히 고구려와의 관계를 심층 분석하면 흥미롭다. 고구려는 서기 37년 대무신왕이 최리의 낙랑국을 침공하여 멸망시킨 이래 서기 313년 미천왕이 낙랑을 최후로 멸망시킬 때까지 낙랑을 직접 침략한 적이 없다. 무려 276년의 긴 세월이다. 이 점은 낙랑도 마찬가지이다. 낙랑 역시 고구려를 선제공격하거나 침공한 적이 없다. 이 엄연한 사실이 의미하는 바는 무엇인가? 평양의 낙랑이 중국의 식민지 군현이라면, 고구려의 배후에 자리 잡고 있으면서 고구려와 중국이 맞대결을 벌일 때 미동도 않고 수수방관만 하고 있었을까? 막강한 경제력을 구비한 정치세력으로서 말이다.

　　고구려의 경우도 이해가 가지 않기는 마찬가지다. 고구려는 낙랑을 위협적인 배후세력으로 여기지 않은 것 같다. 만약 위협적인 배후라면, 국력을 총동원하여 중국과 요동의 패권을 다툴 때, 먼저 배후의 낙랑을 말끔히 평정하던지 아니면 위협이 되지 않을 만큼 짓밟아서 맥을 못 추게 하는 것이 전략의 수순이기 때문이다. 하지만 고구려는 대무신왕이 최리의 낙랑국을 멸망시킨 이래로 평양을 침략하지도, 또 다른 어떠한 수단으로도 괴롭히지 않았다. 왜 그랬을까? 다음 사례를 짚어보면 고구려의 행보와 평양의 낙랑을 더 잘 이해할 수 있다.

　　서기 47년(민중왕 4년)에 고구려가 발칵 뒤집히는 일대 사건이 벌어진다. 잠우부락(蠶友部落)의 우두머리인 대가 대승(戴升)이 1만여호를 이끌고 낙랑으로 가서 한나라에 귀부(歸付)한 것이다.[87] 1만여호면 1호당 5명을 쳐도 5만 명이 넘는다. 그런데 '낙랑-평양설'에 따르면 5만여 명의 대집단이 평양으로 갔다가 다시 한나라로 간 것이 된다. 육로로 걸어갔을까? 배를 타고 갔을까? 여기에 의문이 생김은 당연하다. 서기 47년이면 대무신왕이 낙랑국을 멸망시킨지 불과 10년 후이다. 멸망한 낙랑에 5만여 명이 귀순한다는 것이 이해가 안 간다. 그리고 만약 대동강의 평양에 갔다가 다시 북상하여 압록강을 건너 한나라로 갔

---

87) 『삼국사기』 〈고구려본기〉 민중왕(閔中王) 4년 10월조. 『후한서』 〈동이전〉 고구려 조.

다면 고구려의 정보망에 잡히고 추격군이 따랐을 것이 뻔하다. 그러므로 잠우 부락민 1만호는 평양의 낙랑이 아니라 요동의 낙랑군으로 간 것이다.

　　다음은 중국 민간상인에 관한 의문이다. 과연 당시에 다수의 중국 민간상 인이 중국본토와 평양을 무역선으로 자유롭게 왕래하며 그리고 삼한의 여러 소 국들과 거래를 하였을까? 주류학계에서는 당연히 그렇다는 주장이다. 하지만 그렇지 않다. 이유는 당시 중국은 상업을 억압하고 상인을 천시하는 정책을 펼 치고 있었기 때문이다.

　　중국은 한나라 이래로 이민족과의 교역을 조공무역체제로 수렴하기 위해 진력했고, 국경의 호시(互市)도 국가가 설치하고 지방관의 철저한 통제아래 운 용했다.[88] 이것은 무역의 이익을 정부와 왕실 또는 유력한 귀족이 독점하려는 목적에서 강구되었다. 뿐만 아니라 한나라는 상인의 활동을 최소화 하려는 정 책을 추진했다. 그리고 후한(後漢) 때에는 농민이 상업을 하지 못하게 했다.[89] 또 상업을 말업으로 비하하고 상인은 농사를 짓지 않고 이익을 취하는 자라며 멸시했다.[90] 상업세력을 정치의 대응 세력으로 간주하고 각종 규제를 가하며 억압한 것이다.

　　한나라는 상인의 이동을 철저히 통제했다. 관에서 내주는 통행증을 발급받 지 못하면 어느 곳에도 갈 수 없었다. 그러니까 시장에서 점포를 내어 장사하 는 상인 외에 먼 거리를 다니는 행상은 행선지에 따른 통행증을 일일이 발급받 았다. 통행증에는 행선지와 휴대한 상품과 수량 따위가 기재되고 관원이 확인 도장을 찍었다. 그러므로 유력한 배경이 없는 일반 상인은 통행증을 발급받기 가 쉽지 않았다. 대외무역 통제는 더 심했다. 외국과의 사적 교류는 금지되었 고, 대외무역은 공식사절단이나 관시(關市)를 통해 이루어졌다. 다만 외국 상인 의 경우 특별히 허가증을 내주어 내지 출입을 허용하기도 했다.[91]

---

88) 김정희, 「당대 전기의 시제(市制)와 상인의 법적 지위」, 『위진수당사 연구』 3호, 위진수 당사연구회, 1997, p.92.
　　『대당육전(大唐六典)』〈호시감(互市監)〉, "漢魏以降 祿邊郡國 皆有互市 與夷狄交易 致其 物産也 并郡縣主之".
89) 송진, 「한대 통행증 제도와 상인의 이동」 『동양학 연구』 제92집, 동양사학회, 2005, p.99.
90) 왕효통(王孝通), 『中國商業史』, 북경: 단결출판사, 2007, p.68.
91) 송진, 앞의 책, pp.102~107. 전한(前漢) 후기부터 지방 군현과 토호가 통행증 발급에

　　민간 무역상을 인정하기 어려운 또 다른 이유가 있다. 그것은 당시의 경제
여건에서는 원거리 민간무역상의 출현이 거의 불가능하다는 것이다. 해상무역
은 그 성립조건이 육상무역보다 무척 까다롭다. 우선 엄청난 자금이 필요하므
로 상업자본이 충분히 축적되어야 한다. 해상무역은 선박의 건조나 구입에서부
터 출발한다. 다음 배를 부릴 선원을 채용하고, 상품을 매집하고 운송 보관하
며, 선적과 하역을 위한 물류체계의 구비가 필요하다. 뿐만 아니라 해상무역은
투입비용에 비해 위험부담이 높아서 비용을 뽑아낼 수 있을 만큼의 물량이 존
재해야 하고, 또 지속적으로 공급되어야 가능한 법이다. 한편 사무역의 존재는
그것이 밀무역이 아니라면 사무역보다 큰 규모의 공무역이 존재했다고 보는 것
이 일반적이다. 따라서 낙랑의 무역량은 상당히 대규모여야 하는데, 낙랑경제
의 규모가 이를 충족시킬 만했다고 보기 어려운 것이다.

　　상인을 멸시하고 엄격히 통제하는 한나라에서 민간 무역상이 출현하여 중
국과 평양을 오가며 무역을 할 수 있겠는가?[92] 무역량도 그럴 만한 규모가 아
닌데 말이다. 따라서 한나라 때에 평양에 다수의 중국 민간상인이 배를 타고
와서 삼한 등지를 상대로 하여 교역을 전개했다는 견해는 실상에 부합하지 않
는 논리의 비약일 수 있다. 그보다는 중국의 어용상인과 고구려 관할에 있는
낙랑상인들이 왕래하고 거래했을 확률이 높다.

　　한편 다수의 중국 민간상인의 존재와 공공연한 활동은 낙랑을 상업도시로
전제해야 수긍된다. 전업 민간상인이 존재하려면 최소한 장사로 먹고 살 수 있
는 상업환경이 조성되어야 한다. 상당한 규모의 인구와 원활한 상행위를 영위
케 하는 도시상업기반의 형성이 필요하다. 그것은 도시의 상업행위를 보장하고
기능을 담보해주는 것으로 상업도시의 필요충분조건이라고 할 수 있다.

　　여기서는 논의의 단순화를 위해 상업도시의 필수요건으로 치안의 예를 들

　　개입되어 문란해진다.

92) 김용은, 『한 전기 국가재정과 재정론 연구: 삼홍양(BC. 152-BC. 80)의 재정정책을 중
　　심으로』, 경희대학교 박사학위논문, 2000, pp.13~40. 한은 상업을 억제했지만, 물품보
　　관·운반 등의 곤란으로 화폐이용도가 높아져서 화폐의 개인주조가 허락됨으로서 상인
　　은 신분적 통제에도 불구하고 부상이 등장한다고 본다. 그리고 낙랑의 중국화폐 출토는
　　중국상인의 진출로 본다. 하지만 내륙 거상 출현을 해운무역상의 출현으로 직접 연계하
　　기는 어렵다. 이송란, 앞의 논문, 2005, p.31.

고자 한다. 자고로 치안이 확보되지 않는 불안한 곳에 큰 상업도시가 생성되는 법이 없다. 상업은 돈과 직결되므로 호시탐탐 재화를 노리는 자가 있기 마련이고, 도시는 이를 막아내야 한다. 크게는 도시를 약탈하고 통째로 집어삼키려는 외적의 침공을 격퇴해야 하고, 작게는 밤낮을 가리지 않고 날뛰는 도둑 따위로부터의 보호가 절대적이다. 이를 위해 꼭 필요한 시설이 도시를 둘러싸서 보호하고 출입을 통제하는 성곽 또는 성책(城柵)이다. 상업이 성행하여 도시가 커질수록 성곽과 성책 역시 높아지고 커지는 게 세계적인 상례다. 따라서 낙랑이 상업도시라면 그에 상응한 규모의 성과 성곽이 설치되어야 마땅한 것이다. 하지만 현재 평양에는 대동강변의 작은 토성의 흔적이 있을 뿐,[93] 아직 상업도시에 걸맞는 큰 성의 자취는 찾아지지 않고 있다.

마. 상인의 원조 연타발

지난 2006년 MBC TV에 드라마 '주몽'이 방영되었다. 드라마 '주몽'은 가히 폭발적인 인기를 끌어 모았다. 당시 주몽(朱蒙)의 왕비인 소서노(召西奴)와 그녀의 아버지 연타발(延陀渤)이 인기에서 한몫했고, 이들은 국민들의 가슴에 역사의 새 인물로 각인되었다. 얼마나 인기가 높았던지 시중에 소서노와 연타발의 이름을 내건 장사 집이 수없이 생겨났었고, 지금도 그러하다.

『삼국사기』〈백제본기〉에 소서노와 연타발에 관한 기사가 실려 있다. 그 줄거리를 대강 요약하면 다음과 같다.

"백제의 시조 비류왕과 온조왕의 어머니는 소서노(召西奴)이고, 졸본 사람 연타발(延陀渤)의 딸이다. … 주몽(朱蒙)이 부여에서 남으로 내려와 졸본에 이르러 도읍을 세우고, 국호를 고구려라 하고 소서노를 왕비로 삼았다. … 그러나 주몽이 부여에 있을 때 예씨(禮氏)에게서 낳은 아들 유류(孺留)가 오자 왕위를 잇게 했다. 이에 비류가 온조에게 말하기를 '처음 대왕이 부여에서 도망하여 오자, 우리 어머니께서 가재(家財)를 주어 나라를 세우는 데 도와주었다. 그러나 대왕이 죽자 나라는 유류의 것이 되어 답답할 뿐이다. 차라리 어머니를 모시고 남쪽으로 가서 따로 나라를 세우는 것만 못하다' 하고 무리를 거느리고 패수(浿水)와 대수(帶水)를 건너 나라(백제)를 세웠다."[94]

---

93) 이덕일, 『한국사 그들이 숨긴 진실』, 역사의 아침, 2009, pp.33~36. 35쪽에 토성의 사진이 실려 있다.
94) 『삼국사기』 권23, 백제본기.

연타발의 딸 소서노는 굉장한 부자였다. 소서노는 주몽이 나라를 세울 때 가재(家財)를 털어 도왔고, 주몽은 나라를 세운 뒤 그녀를 왕비로 삼았다. 소서노가 처음 주몽을 만났을 때, 그녀는 아들이 둘이나 딸린 29세의 과부였고, 주몽은 불과 21세였다. 소서노가 연상의 여인이었다.[95] 소서노는 본래 북부여왕 해부루(解扶婁)의 서손(庶孫)인 우태(優台)와 혼인하여 아들 비류와 온조를 낳았다. 그러므로 그녀는 남편을 일찍 사별한 청상과부다.

주몽이 소서노가 아들이 둘이나 딸린 연상의 과부인데도 불구하고 아내로 맞이한 까닭은 그녀의 재산 때문만은 아닐 것이다. 아마도 서로 간에 연분이 있은 것은 틀림없고, 이를 눈치 챈 연타발이 치밀한 책략으로 주몽과 소서노의 혼인을 성사시켰을 것으로 보인다.

소서노는 그 많은 재산을 어떻게 모았을까? 우태의 유산이 많았을까? 아니면 아버지 연타발로부터 상속받은 것일까? 또 아니면 자신이 손수 번 것인가?

『삼국사기』에는 연타발의 이름만 보일 뿐 그 내력이 기록되어 있지 않다. 하지만 『환단고기(桓檀古記)』에 의하면 연타발은 상인이며 대부호였다.

> "연타발(延陀渤)은 졸본(卒本) 사람이다. 남북의 갈사(曷思)를 오가면서 재물을 모아 거만금의 부를 이루었다. 주몽(朱蒙)을 도와 나라의 기틀을 일으키고 도읍을 세우는데 공이 많았다. 후에 그는 사람들을 이끌고 구려하(九黎河: 지금의 요하나 혼하)로 옮겨가서 살면서 고기잡이와 소금 장사를 하여 얻은 이득으로 고주몽성재(高朱蒙聖宰)가 북옥저(北沃沮)를 칠 때에 양곡 1,000석을 바쳤다. 서울을 눌현(訥見: 지금의 상춘)으로 옮길 때는 유망민들을 불러서 위로했다. 왕사(王事)를 위해 부지런히 일하고 공을 세워 좌원(坐原: 연타발이 터전으로 삼고 있던 곳)에 봉하여졌고, 다물(多勿) 34년 병인년 (기원전 25년) 3월에 나이 80세로 죽었다"[96]

연타발에 관한 『삼국사기』의 기록에다가 『환단고기』의 기록을 참고하여 짜깁기해 보면, 연타발은 졸본의 토착 세력인 계루부(桂婁部)의 부족장이며 대부호 상인이었다. 남북 옥저(沃沮) 지역을 비롯한 여러 나라를 오가며 장사를 하여 재물을 모았다. 주몽이 따르는 식솔들을 이끌고 졸본으로 유랑해 왔을 때

95) 황원갑, 『한국사를 바꾼 여인들』, 책이 있는 마을, 2002, p.83.
96) 『환단고기』 〈고구려 본기〉.

연타발은 이미 수만금을 가진 부호였다.[97] 그러므로 주몽은 연타발의 명성과 재산에 마음이 끌렸고, 계루부 세력에 의지할 필요가 있어 연타발에게 의탁하고 도움을 청했을 가능성이 높다. 또 연타발은 주몽이 한 나라의 지도자로서 손색없는 인물이라고 판단하고 나라 세우는 데 도와주었다.[98] 그리고 딸 소서노를 주몽에게 시집보내 왕비 자리에 오르게 한 뒤, 깨끗이 은퇴했다.

연타발은 안목이 높고 비범한 대상인이었다. 주몽을 선택하고 고구려를 세우도록 지원한 것은 앞날을 내다본 사업가로서의 대단한 투자이다. 세상에서 나라를 세우는 사업만큼 큰 사업이 어디 있겠는가? 또 연타발은 상혼이 살아있는 진정한 상인이었다. 젊은 주몽에게 자신의 명운을 걸고 투자하여 성공했고, 권력의 정점에서 훌훌 털어버리고 은퇴했다. 그리고 다시 순수한 상인의 삶을 살았다. 이런 일은 아무나 할 수 있는 게 아니다.

연타발은 은퇴한 뒤가 멋있고 아름답다. 오늘날 우리에게 상인의 귀감을 보여준다. 연타발은 고구려 건국의 주역이지만, 권력 따위에 연연하지 않았다. 소서노가 왕비의 자리에 오르자, 곧 정치에서 은퇴했으며, 은퇴한 후에 상업에 종사하여 또다시 수만금을 모았다. 그리고 나라가 어려울 때 거금을 기부하고 유망민을 돌보는 사회봉사사업을 펼쳤다. 만년에 어렵게 모은 재산을 아낌없이 사회에 환원한 것이다.

따라서 연타발의 은퇴는 오늘날에도 시사하는 바가 예사롭지 않다. 은퇴 당시 연타발은 나이 67세를 넘긴 노인이었다.[99] 권력과 재력에 대한 노욕을 노골적으로 드러내고 편안함에 안주하며 위험과 모험을 극도로 회피할 나이다. 또 연타발은 왕의 장인이고 건국의 공로자로서 권력을 쥐고 자신의 사업을 부흥시키거나 독점 사업권을 따내 손쉽게 큰 이익을 남길 수 있는 위치에 있었다. 그러나 그는 고구려가 기틀을 잡자, 권력자로서 향유할 수 있는 막강한 기

---

97) 연타발은 졸본부여(卒本扶餘)의 왕으로 보기도 한다. 동부여를 탈출한 주몽이 압록강 지류인 졸본부여로 망명하여 졸본왕 연타발의 딸 과부 소서노와 혼인한 후 아들이 없던 졸본왕을 계승했다고 본다.(김성호, 『중국진출 백제인의 해상활동 천오백년』 1, 맑은소리, 1996, p.373)

98) 황원갑 앞의 책, pp.100~101.

99) 주몽 재위기간 BC 37년~BC 19년이다. 연타발은 다물(多勿) 34년 병인년(기원전 25년) 3월 나이 80세로 죽는데, 기원전 25년은 주몽 재위 13년이다. 그러므로 주몽 즉위 시에 연타발의 나이는 67세가 된다.

득권을 미련 없이 던져버리고 깨끗이 은퇴했다. 뿐만 아니라 고향 졸본을 떠나 고구려의 영향력이 아직 미치지 않는 멀리 구려하로 가서 고기잡이와 소금장사 따위의 새로운 사업을 일으키고 성공시켰다. 권력의 유혹을 스스로 물리치고 성패가 불확실한 사업을 개척하기 위해 미지의 세계로 나서는 일은 누구나 감행할 수 있는 결코 쉬운 일이 아니다. 상인으로서의 강한 자부심과 신념, 그리고 강인한 의지가 없이는 불가능한 일이다.

연타발은 상업을 천직으로 여겼고 죽을 때까지 상인의 길을 걸어간 진정한 상인이었다. 그는 오직 사업을 일구고 사업을 성취하는 데 몰두했다. 고구려 건국의 일등공신이지만, 결코 정치권력에 연연하여 집착하거나 향유하려 하지 않았다. 일생 동안 상인의 길에 천착하기를 희망했고 이에 전념하여 큰 성공을 이루었다. 또 고구려가 북옥저를 칠 때 양곡 1,000석을 기증했고, 불쌍한 유망민들을 모아서 돌보아 주었다. 언제나 어디서나 나라의 발전과 사회복지를 위해 앞장선 상인이었다.

이와 같이 연타발은 우리나라 상인의 원조(元祖)로 우러러 볼만한 지혜와 용기 그리고 덕을 함께 갖춘 문헌기록상 우리나라 최초의 위대한 상인이었다.

5. 삼한의 교역과 포상팔국 전쟁

가. 삼한의 교역과 상인

고조선 후기 한반도에는 한(韓)으로 통칭되는 마한(馬韓)·진한(辰韓)·변한(弁韓)의 삼한(三韓)이 병존하고 있었다.[100] 삼한의 성립 시기와 정치·사회·경제의 실상은 아직 명확히 밝혀지지 않고 있다. 삼한은 문헌과 고고학적 자료로 볼 때 기원전 3세기부터 기원후 3세기경까지 약 6세기 동안에 걸쳐 존재한 것으로 추정된다. 지금까지 대개 삼한을 중국보다 문화가 한참 뒤떨어진 사회로 평가해 왔으나, 그간 고고학 발굴 성과에 힘입어 이러한 인식은 많이 수정되고 있다. 그 예로서 한반도에서 많이 출토되는 세형동검(細形銅劍)을 든다. 세형동

---

100) 고대 한반도 중부 이남에 살던 종족을 '한(韓)'이라 불렀으며 이들이 세운 고대국가를 진국이라 했다. 진국은 마한 54대 소국, 변한과 진한 각 12개 소국으로 구성되었는바 진국을 흔히 삼한이라고 부른다.

검은 기원전 9~10세기에
해당하는 것으로 고도로 발
달한 청동기이다. 따라서
삼한은 이 시기에 청동기
문화를 꽃피웠고, 사회경제
수준은 이미 국가 단계에
진입한 것으로 볼 수 있다.

『삼국지』는 고조선의
준왕이 위만의 쿠데타로 인
해 정권을 빼앗기고 삼한지
역으로 도망간 것을 다음과
같이 기록하고 있다.

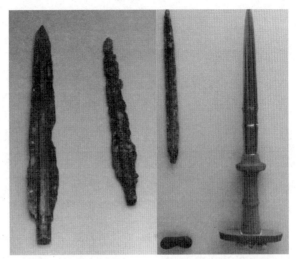

세형동검(한성백제박물관)

> "(조선의) 후(侯) 준(準)이 왕이라 일컫더니, 서한(西漢)의 연국(燕國)으로부터 망명 온
> 위만의 공격을 받아 정권을 빼앗기자 좌우 궁인을 거느리고 바다로 도망하여 한(韓) 땅
> 에 들어가 스스로 한왕(韓王)이라 칭했다. 그의 후손은 절멸(絶滅)되었으나, 지금도 한
> 인(韓人) 가운데는 아직 그의 제사를 받드는 사람이 있다."101)

위만에게 축출당한 준왕은 바다를 건너 곧장 마한으로 도망갔다. 이는 당
시 고조선과 마한은 정치적으로 긴밀히 연계되어 있었고, 준왕의 배가 항해한
뱃길은 교역로로 이용된 항로였음을 증명한다고 하겠다.102)

삼한은 마한 54개국, 진한 12국, 변한 12개국 등 총 78개국의 소국 연합체
였다.103) 소국들 간의 세력 차이가 크지 않고 정치적 계기도 적어서 일찍 통일
되지 못하고 오랫동안 느슨한 부족 연맹체를 이루어 살고 있었다.104) 삼한에
대해 기원전 108년까지 청동기를 생산하는 단계에 이르지 못한 도작(稻作) 농경
사회였는데, 준왕의 도래로 인해 비로소 청동기 문화에 진입했다는 견해가 있

101) 『삼국지』〈위서(魏書) 동이전〉 한.
102) 윤명철, 『고구려 해양사연구』, 사계절, 2003, p.34.
103) 『후한서(後漢書)』 권85, 동이열전, 한.
104) 문창노, 『삼한 시대의 읍락과 사회』, 신서원, 2000, pp.99~109.

다.[105]

하지만 『삼국지』〈마한전〉에는 기원전 214년 진시황(秦始皇)이 만리장성을 쌓았을 때, 힘든 노역을 피해 수많은 중국인들이 한반도로 망명해 오자, 마한이 이들을 받아들여 마한의 동쪽에서 살게 했다고 기록돼 있다. 이 기록은 당시 중국인들이 마한이 문명국이고 가서 살만한 나라로 믿고 있었음을 반영한다. 또 『삼국지』는 염사치(廉斯鑡)라는 사람이 나무를 벌채하다가 마한에 잡혀 노예 생활을 하는 한인(漢人) 노예 1,500명을 구출하는 이야기가 실려 있다.[106] 삼한은 중국인을 잡아 포로로 부릴 정도로 힘이 강했고, 중국의 사정에 밝았던 것이다.

삼한은 일찍이 상업을 발전시키고 문명을 이루었다. 비록 78개의 소국들로 나뉘어 있었지만, 소국들은 연맹체를 이루고 소국들의 국읍(國邑)을 물자의 집산·분배 네트워크로 엮은 나름대로의 물류유통체계를 정립하고 있었다.[107] 그리고 삼한은 시장에서 물건을 사고 팔 때 철(鐵)을 화폐로 사용했다. 이와 관련하여 『후한서』〈한전〉에는 '한(韓) 땅에서는 물건을 거래할 때 모두가 철을 돈으로 쓴다'[108]라는 기록이 있고, 『삼국지』〈동이전〉에는 '시장에서 매매할 때는 모두

철을 사용하는데, 중국에서 전(錢)을 쓰듯이 하고 있다'[109]라는 기록이 있다. 삼한을 철을 매개로 하는 화폐경제를 이루었던 것이다.

한편 삼한의 유적지에서는 철정(鐵鋌)이 쇠칼·쇠도끼·쇠낫 따위의 철제품 그리고 탄화된 볍씨와 질그릇 따위의 농업 및 각종 수공업품과 함께 출토되고 있다. 시

철정(국립김해박물관 소장)

---

105) 전영래, 「마한시대의 고고학과 문헌사학」, 『마한백제문화』 12호, 원광대학교 백제문화연구소, 1990, pp.49~63.
106) 『삼국지』〈마한전〉 배송지주(裵松之注).
107) 백남욱, 「『삼국지』한전의 「국」에 관한 문제」, 『백산학회』, 1981, pp.33~40.
108) 『후한서』 권85, 동이열전, 한.
109) 『삼국지』 권30, 위서, 동이전, 변진.

장에서 철을 화폐로 사용한 기록과
대량 출토되는 철정은 삼한의 교환
시장이 상당 수준으로 성숙되어 있
었고, 상인의 활동이 삼한 전 지역
을 연계하여 전개되고 있었던 사실
을 보여주고 있다.[110]

양동리 출토 청동제 솥

　삼한은 철을 주력 상품으로 하
여 중국·일본 등을 상대로 무역을
전개해 나갔다.[111] 중국의 한(漢)·
위(魏) 왕조에 소국의 우두머리인 신지(臣智)가 조공을 하고 관작(官爵)과 인수
(印綬)를 받는 형태로 이루어졌다.[112] 이 때 조공품과 답례품의 교환을 통해 교
역이 행하여졌고 상호 간에 이익을 얻을 수 있었다.

　삼한의 대외교역에 나선 상인들은 거의 어용상인이었다. 아직 민간상인이
대외교역에 전문으로 종사할 만큼 경제여건이 충분히 성숙되지 않았다. 상인들
이 중국으로부터 구매해온 물품은 비단·칠기·유리·옥·청동 따위와 칠기 제
품으로 사치품이었다. 이러한 사치물품은 삼한의 산업에 큰 자극을 주었다.[113]
또 상인들은 이들 물품을 일본에 중계무역으로 팔아넘겨 큰 차익을 남겼다.

　삼한에는 일찍부터 교역에 눈을 뜬 곳이 많았다. 그 대표적인 예가 김해의
가락국(駕洛國, 狗耶韓國)이다. 김해는 낙동강을 따라 상주와 진주 등 내륙 깊숙
이까지 들어갈 수 있었고, 바다를 통해 중국과 일본을 연결시켜 주는 국제무역
의 요충지였다. 당시 요동과 일본을 항해하는 배는 서해와 남해 연안을 따라
항해했고, 언제나 구야한국을 경유했다.[114]

　가락국은 김해 일원에서 생산되는 다량의 품질 좋은 철은 가지고 직접 무
역을 했고,[115] 또 중계무역으로 번영을 구가했다. 그것은 창원 다호리 1호분의

---

110) 홍희유, 앞의 책, pp.20~21.

111) 이현혜, 「한국 고대사회의 국가와 농민」, 『한국사시민강좌』 6권, 1990, p.21.

112) 이현혜, 『한국고대의 생산과 교역』, 일조각, 1992, p.265.

113) 윤용구, 「낙랑중기 군현 지배세력의 재편과 교역활동」, 『한국고대사연구회보』 31호,
　　 1992, 한국고대사연구회, p.28.

114) 『삼국지』 권30, 위서, 동이전, 왜.

115) 김태식, 『가야연맹사』, 일조각, 2000, pp.32~34.

| 표 3-3 | 남해안 지역 한대 화폐 출토 현황 |

유적	품목(수량)	출토상황	시기	동반유물
경남 마산시 외동 성산조개더미	오수전(1)	표토층 아래 조개 껍질층의 맨 아래층	BC 1세기	적갈색 연질토기, 회청색 경질토기 등
경남 창원시 다호리 널무덤	오수전(3)	널 밑구덩이의 부장품 상자	BC 1세기 후반	동검, 철검, 창, 도끼, 동경(銅鏡), 띠고리, 동탁(銅鐸), 붓 등
제주도 제주시 건입동 산지항	오수전(1), 화천 (11), 대천오십 (2), 화포(1)	암벽 폭파작업 중 우연히 발견	AD 1세기 후반	동경(銅鏡), 표금구(鏢金具) 등
전남 여천군 삼산면 서도리	오수전(980)	바다 모래 채취 중 수습. 주변에서 목선 부재 추정 나무편 발견	AD 1·2 세기(?)	
경남 김해시 봉황동 회현리 조개더미	화천(1)	지표하 45cm 조개껍질층	AD 1세기 후반	
전남 해남군 군곡리 조개더미	화천(1)	조개층의 최하층 에서 출토	AD 1세기 후반	

자료: 김창석, 「삼국 및 통일신라의 현물화폐 유통과 재정」, 『역사와 현실』 42호, 2001. p.42.

출토품과 김해 양동리 7호분의 유리 소옥, 양동리 32호분의 중국 청동제 솥 따위의 출토품을 통해 확인할 수 있다. 또 삼한과 한나라와의 교역은 출토된 중국 화폐를 통해 입증된다. 다음 〈표 3-3〉은 한반도 남해안 지역에 출토된 한대(漢代) 화폐를 정리한 것이다.

　　한대 화폐의 출토는 창원시 다호리 무덤이 유명하다. 이 무덤은 1988년 국립중앙박물관 조사단에 의하여 발굴되었고, 기원전 1세기 후반의 정치 지도자의 무덤으로 짐작된다. 총 14기의 무덤이 발굴되었는데, 1호 무덤에서 교역 관련 유물이 무더기로 쏟아져 나왔다. 기원전 118년 중국 한(漢)에서 주조된 오수

전(五銖錢)과[116) 현물화폐 철정(鐵鋌)을
비롯한 철 소재가 출토되었다. 그리
고 교역서류 작성에 사용한 것으로
보이는 붓과 화폐의 무게를 다는 저
울추 등이 나왔다. 또한 옻칠된 칼집
과 동검·철모 따위 철제 무기류 그
리고 각종 칠기제품과 청동제 물품도
다수 출토되었다.[117) 이러한 중국 화
폐와 붓 따위의 출토는 당시 무덤에
묻힌 사람이 대외교역에 직접 간여했
음을 입증해 주고, 삼한과 중국 사이
에 교역이 활발히 전개되었음을 반영
하고 있다.

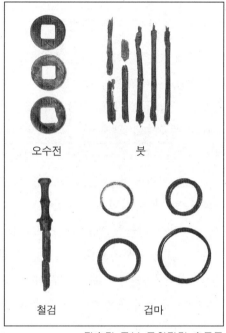

오수전   붓

철검   겁마

다호리 고분 교역관련 출토물

　한대(漢代) 화폐가 출토된 지역은
〈표 3-3〉에서 보듯이 대부분 해안가
에 있다. 이들 지역은 비중 있는 대외교역 장소라고 할 수 있는데, 이곳을 중
심으로 하여 내륙의 여러 소국들이 상거래 망으로 연결되었다. 그리고 상인들
은 물건의 운송·보관·매매 따위를 기록하기 위해 장부를 작성하였으며, 상거
래는 물물교환을 하거나 금·은·철정 따위 현물화폐 또는 오수전·화천(貨泉)
따위 주조화폐를 사용했다.

　삼한의 소국들은 서로 연합하는 한편, 교역의 이익을 더 많이 얻기 위해
치열하게 경쟁했다. 바로 그 중심에 상인이 있었다. 상인은 자기 나라를 위해
위험한 교역의 길을 마다하지 않았다. 그리고 소국의 백성들은 그런 상인에게
기대를 걸고 많이 의지했다.

---

116) 김안국 외, 『동아시아년표』, 청년사, 1992, p.21. 오수전은 기원전 118년 한무제 때에
　　처음 주조된 이래 왕망 통치 시기(기원 9년~기원 22년) 이후 계속 주조되어 유통된 한
　　나라 화폐이다. 김해 회현리 등에서 출토된 화천은 기원전 14년에 주조되었다.
117) 이건무, 「다호리 유적 출토 '붓'에 대하여」, 『고고학지』 4호, 한국고고미술연구소,
　　1992. pp.5~29.

나. 포상팔국의 위대한 도전

서기 209년 7월의 여름 어느 날, 김해 가락국(駕洛國)의 앞 바다에 수많은 군선(軍船)이 새까맣게 나타났다. 군선은 대열을 지어 함대의 진용을 갖추었고 색깔과 문양이 각기 다른 8개의 깃발이 나부끼고 있었다. 뿐만 아니라 군선의 장식과 병사들의 복장이 서로 달랐다. 이들은 포상팔국(浦上八國)의 연합 함대였고, 가락국을 기습 침공한 것이다.

당시 가락국의 왕은 김수로왕의 아들인 거등왕(居登王)이었다.[118] 거등왕은 바다를 꽉 매운 형형색색의 함대를 바라보며 깜짝 놀랐다. 저건 골포국 깃발이고, 또 저건 사물국 배이고 … 포구(浦口)를 소유한 남해 연안의 8개국이 쳐들어온 것이다. 거등왕으로서는 전혀 예상하지 못한 기막힌 사건이었다.

포상팔국 연합군은 거침없이 가락국을 짓밟고 6,000명을 포로로 잡았다. 거등왕은 황급히 도망쳤고, 왕자를 사로국(훗날 신라)에 보내 구원을 청했다. 사로국왕 내해이사금(奈解尼師今)은 거등왕의 요청을 외면하지 않고 구원군을 파병해 주었다. 『삼국사기』에는 당시의 상황이 비교적 상세하게 기술되어 있다.

"포상팔국이 가라(加羅)를 침입하자 가라왕자가 와서 구원을 요청하였다. 왕이 태자 우로(于老)와 이벌찬 이음에게 6부의 군사를 거느리고 가서 구해주라고 명했다. (사로국군은) 팔국의 장군을 공격해 죽이고 포로로 잡혔던 6천 명을 빼앗아 돌려주었다."[119]

가야연맹의 맹주로 군림해 오던 가락국은 포상팔국 연합군에 속절없이 패배했다. 잡혀간 사람만 6000명에 달했다. 가락국의 초기 인구는 2~3만 명으로 추정되므로,[120] 6,000명이 포로로 잡혔다는 것은 엄청나게 대패한 것을 의미한다.

사로국은 태자 석우로(昔于老)가 직접 6부의 병사를 이끌고 가서 지원하도록 했다. 사로국은 6부족으로 이뤄진 나라다. 따라서 6부의 병사를 동원했다는

---

118) 『삼국유사』 〈가락국기〉 권2, 기이2. 거등왕은 수로왕의 아들이고 199년 3월에 즉위하여 39년간 재위했다. 태자는 마품(麻品)이다. 신라에 보낸 왕자가 마품인지는 불명확하다. 가락국은 구야국 또는 금관가야로도 불린다.

119) 『삼국사기』 〈신라본기〉 내해이사금 14년 7월조.

120) 남재우, 「포상팔국의 전쟁과 그 성격」, 『가야문화』, 가야문화연구원, 1997, p.21.

것은 국가의 최정예 병력을 투입했다는 것이다. 포상팔국 연합군과 사로-가락국의 연합군이 대전을 벌였다. 아마 이 전쟁은 당시까지 한반도 남부 연안지역에서 일어난 역사상 가장 큰 전쟁이었을 것이다. 싸움은 신라군이 승리했고, 신라군은 포로 6,000명을 빼앗아 가락국에 되돌려 주었다. 이후 3년 뒤 가락국은 왕자를 신라에 볼모로 보내는데,[121] 아마도 신라가 파병의 조건으로 왕자의 인질을 요구했었고, 가락국이 이를 이행한 것으로 보인다.[122]

포상팔국은 구체적으로 어떤 나라인가? 현재 문헌 등으로 확인되는 포상팔국은 다음의 5국뿐이고, 3국은 아직 밝혀지지 않고 있다.[123]

- 골포국(骨浦國, 경남 창원시 성산구, 마산합포구 일대)
- 칠포국(漆浦國, 경남 함안군 칠원면 일대)
- 사물국(史勿國, 경남 사천시 일대)
- 고사포국(古史浦國, 경남 고성군 일대)
- 보라국(保羅國, 전남 나주시 일대)[124]

포상팔국은 나주의 보라국을 빼고는 가락국의 인근에 위치한 고만고만한 가야연맹의 소국들이다. 그러니까 포상팔국 전쟁은 지금의 창원·칠원·고성·사천·나주 등의 지역에 입지한 8개 소국들이 '반 가락국 동맹'을 맺고 가락국을 친 것이다.

포상팔국은 최후의 승리를 목전에 두고 사로국의 방해로 실패하자, 기수를 돌려 안라국(安羅國, 지금의 함안)을 기습한다. 이것이 2차 전쟁이다. 하지만 안라국도 사로국에 구원을 청하고, 사로국 내해왕이 석날음(昔捺音)을 보내 포상팔국의 연합군을 패퇴시킨다.[125] 포상팔국은 눈앞에 둔 승리를 사로국의 참전

---

121) 『삼국사기』〈신라본기〉 내해이사금 17년 3월조.
122) 권주현, 「금관가야의 성립과 발전」, 『계명사학』 4, 1993.
123) 태경희, 「3세기 가야교역체계의 변화와 포상팔국 전쟁」, 한국교원대 석사학위논문, 2007, p.9.
124) 보라국은 영산강 세력권인 지금의 나주지방으로 비정된다. 보라국이 포상팔국에 참가한 것은 남해교역에 이해관계가 상당하기 때문으로 추정한다. 포상팔국에 참가하지 않았다는 반대 의견도 있다.
125) 『삼국사기』 권48 열전, 물계자전.

포상팔국 전쟁도

으로 인하여 두 번이나 놓쳐버렸다.

그로부터 3년 후 서기 212년, 그러니까 가락국이 왕자를 사로국에 인질로 보낸 해이다. 포상팔국 가운데 골포국, 고사포국, 칠포국이 연합하여 사로국의 갈화성(竭火城, 현재 울산 부근)을 공격한다.[126) 포상팔국 가운데 3개국만이 참가한 이유는 알 수 없다. 동맹이 약화됐거나 3개국만 갈화성까지 군대를 보내고 다른 5개국은 보급을 맡았을 수도 있고, 형편이 안 되는 나라가 빠졌을 수도 있다. 아무튼 갈화성은 사로국의 수도 서라벌(경주)의 턱 밑이다. 사로국은 내해왕이 직접 군대를 이끌고 반격에 나섰다. 결국 3국 연합군은 다시금 패배하고 물러났다.[127)

그러면 왜 이들 8개 나라가 연합하여 가락국을 쳤을까? 포상팔국이 타도 가락국의 기치아래 연합한 이유는 그리 간단치 않다. 다만 가야의 맹주로 군림한 김수로왕이 서거하자, 기회를 엿보다가 이때에 이르러 뭉쳐서 가락국에 반발한 것은 확실해 보인다.

기원전후 변한의 12개 소국들은 가락국을 맹주로 하는 가야연맹으로 발전한다. 가락국이 헤게모니를 잡고 뜰 수 있었던 것은 낙동강을 낀 지리적 유리함이 있었고, 최고의 무역품인 철의 교역체제를 구축해 나갔기 때문이었다. 가

---

126) 『삼국사기』 권 48 「열전 물계자전」.
127) 『삼국유사』 권5 물계자전.

락국은 낙동강 수로를 이용하여 중국산 무기류, 생활 기호품, 위세장식품 따위를 경상도 내륙에 공급했다. 또 바다 건너 일본에 팔아서 막대한 중계무역의 차익을 얻었다.[128]

하지만 가야연맹에는 미묘한 틈이 있었다. 이는 구조적인 것으로 낙동강 수계를 끼고 있는 세력과 남해 연안을 근거지로 하는 세력들 간의 이해 차이에 기인한 것이다. 낙동강 수계의 가야 소국들은 교역을 가락국에 필히 의존해야 하는 반면에 남해 연안 소국들은 교역을 위해 가락국에 의존할 필요가 적고 경우에 따라서는 경쟁관계에 놓이기도 하는 것이다. 그러므로 가락국이 일찍 맹주 자리를 차지한 것은 이 두 갈래 가야 소국들의 이해를 적절히 조정하고 이용할 수 있었기 때문이었다고 할 수 있다.

그러나 3세기 초에 이르자 사정이 달라졌다. 인구가 많이 불어나고 철 생산량이 늘어남으로서 연안항로의 무역량이 대폭 증가되었다. 특히 중국의 철 수출특수가 일어났다. 중국은 184년에 장각(張角)이 일으킨 황건적의 난으로 인해 제철업이 거의 붕괴되었고, 또 뒤이은 조조·유비·손권의 각축으로 인해 철 수요가 천정부지로 치솟아 외국으로부터 철을 많이 수입했다. 가야로서는 그야말로 철 수출특수를 만난 것이다.

하지만 교역물량과 그 이득의 배분구조는 여전히 가락국에 유리하게 전개됐다. 그러니 해안 소국들의 가락국에 대한 불만이 증폭되고 또 시기심이 커졌다.[129] 가락국이 비록 낙동강 물류의 시발지이고 일본과 가깝지만, 교역의 이득을 독차지해서야 되겠는가 하는 쪽으로 해안 소국들의 생각이 점차 바뀌어 갔다. 우리도 양질의 철을 생산하고 우수한 선박을 소유하고 있으며, 중국은 자기들이 더 가까우므로 가락국보다 유리하다는 자각이 들기 시작했다. 또 일본과의 교역에서도 가락국의 규제와 간섭이 싫어졌고, 선박 건조나 항해술에서도 자신감이 생겼다. 결론적으로 포상팔국은 가락국으로부터 교역의 주도권을 쟁취하고,[130] 포상팔국 중심의 새로운 교역체제를 세우려는 목표로 연합하여 가락국에 도전한 것이다.

128) 김태식, 『미완의 문명 7백년 가야사』, 푸른역사, 2002, pp.89~92.
129) 김태식, 「한국 고대제국의 대외교역-가야를 중심으로-」, 『진단학보』 101호, 진단학회, 2006, pp.21~23.
130) 태경희, 앞의 논문, p.28.

가야시대 배모양 토기(보물 제555호)

한편 포상팔국의 전쟁은 가락국과 중국, 일본을 잇는 교역에 대해서 기존과 다른 새로운 해석을 제시해 준다. 대외교역의 방식과 민간상인의 존재에 대해서다. 지금까지 학계는 동아시아 해양무역은 중국이 주도하고 한반도가 수동적으로 받아들였다고 설명한다.[131] 중국 본토의 상인이 중국 무역선에 중국 무역품을 싣거나 낙랑 무역품을 선적해서 남해 연안으로 항해하여 장사판을 벌리고, 또 가락국을 거쳐 일본으로 진출했다고 보는 게 일반적이다.[132] 또 삼한의 대외교역은 3세기 전반까지만 해도 한반도와 요동을 못 벗어났다고 추정한다. 그 이유는 중국물자의 교역은 중국 무역상에 의해 쉽게 구매할 수 있기 때문에 중국 본토까지 갈 필요가 없었다는 것이다. 그리고 왜국과의 교역도 왜인들이 한반도로 오는 경우가 더 많았다고 본다. 결과적으로 삼한은 수동적이고 밖으로 진출하는 기회를 가지지 못했다는 것이다.[133] 어디까지나 삼한은 내방 상인을 맞아 거래할 뿐, 해외로는 진출하지 않았다는 주장이다.

또한 포상팔국의 전쟁에 대해서도 대동강의 낙랑·대방군의 몰락으로 서남해안 해상무역체계가 허물어지자, 가락국이 새로이 부상하는 신라를 축으로 하는 동해안 교역루에 편승하려 했고, 이에 포상팔국이 반발해서 일으킨 것으로 본다.[134] 이는 현재 한국학계 주류의 입장이나, 기본적으로 남해 연안 소국들의

131) 윤용구, 「삼한의 조공무역에 대한 일고찰-한대 낙랑군 교역형태와 관련하여-」, 『역사학보』 162호, 1996, pp.1~22.
132) 윤용구, 「낙랑중기 군현지배세력의 재편과 교역활동」, 『한국고대사연구회회보』, 1992, p.28. 이현혜, 『한국 고대의 생산과 교역』, 일조각, 1998, pp.276~278.
133) 이현혜, 앞의 책, p.286.
134) 강봉룡, 「고대 동아시아 연안항로와 영산강·낙동강 유역의 동향」, 『도서문화』 36집, 도서문화연구소, 2010, pp.10~25.
김태식, 「한국 고대 제국의 대외교역 ·가야를 중심으로-」, 『진단학보』 101호, 진단학회, 2006, pp.21~23.

뛰어난 해양능력과 전쟁을 불사하는 진취적이며 폭발적인 힘을 간과하고 있다.

과연 이러한 논리와 추정은 합당한가? 그렇지 않다. 중국 상인 그것도 민간상인이 교역의 주역이라는 주장에는 심각한 오류가 있다. 남해안 유적지에서 중국산 물품과 오수전 같은 중국 돈이 출토된다 해서 중국 민간상인이 교역을 전적으로 담당한 것으로 봐서는 진실과 멀어진다. 솔직히 말해서 중국 민간상인이라고 할 만한 똑부러지는 근거가 없지 않은가? 김해 가락국은 당시 국제무역을 중계하는 세계적인 도시국가였다. 세계의 각종 무역품과 이를 취급하는 상인들이 모여들었다. 김수로왕의 왕비 허황옥의 사례는 이런 정황에서 탄생할 수 있는 것이다. 하지만 이들의 대다수가 민간 무역상이라고는 볼 수 없고, 오히려 어용 무역상일 확률이 높다.

오늘날 김해 일원에서 중국산으로 추정되는 비단, 수정과 유리 장식품, 청동제 무구(武具)와 생활용품 등 다양한 유물이 출토되고 있다.[135] 그런데 이 출토물의 교역 담당자는 중국 상인이라기보다 가야의 토착 상인일 가능성이 높다. 기원 전후 중국은 앞에서 살펴본 것처럼 상업을 억압하고 해상교역을 강력히 통제했으며 상인의 통행을 엄격히 규제했다. 반면에 삼한과 가야는 대외교역을 통제하고 규제할 만한 정치집단이 아직 형성되지 않아서 해상교역의 자율성이 보장되고 있었다. 물론 자본축적의 문제가 있기는 하지만, 경제여건이 허락되는 소국들은 선박을 소유하고 대외교역에 나설 수 있었고 방해받지 않았다.

한편 당시는 어용상인의 시대다. 대외교역에 나서는 원거리 민간 무역상인의 출현은 수세기를 더 기다려야 한다. 그리고 위세장식품이나 금속제품은 정치지배자의 통제를 받는 수공업공방에서 제작하여 보급되었고, 시장에 의해 자유롭게 사고팔 수 있는 물품이 아니다. 또 원거리 대외교역은 정치권력이 선박을 건조하고, 교역을 수행하는 조직을 만들고, 교역물량의 조달 등을 뒷받침해 주어야 가능한 것이다. 따라서 당시 바다를 항해하는 원거리 대외교역에 민간상인이 주역이었다는 견해는 받아들이기 곤란한 것이다.

이와 관련하여 삼한이 낙랑에 조공하거나 호시무역에 적극 참여한 증거자료로 인용되는 『삼국지』〈한전〉의 다음 기사는 재해석되고 보완되어야 할 필요

---

135) 이현혜, 『한국 고대의 생산과 교역』, 일조각, 1998, pp.276~278. 최종규, 「삼한의 장신구」, 『素軒南都永博士古稀紀念歷史學論叢』, 2006, p.10.

가 있다.

> "그곳의 풍속이 옷과 모자를 좋아해서 하호가 (낙랑)군에 이르러 조알할 때는 옷과 모
> 자를 빌려 썼다. 스스로 인수와 옷·모자를 받은 자가 천여 명이나 되었다."
> (其俗好衣幘 下戶詣郡朝謁 皆假衣幘 自服印綬衣幘千有餘人)[136]

이에 대해 지금까지는 하호를 삼한의 상인으로 보고, 인수는 교역허가증
내지 호시 출입증 정도로 보며,[137] 낙랑의 호시에 천여 명의 삼한 상인이 참여
한 것으로 추정한다.[138] 하지만 삼한 상인으로 추정한다 하더라도 그것이 어용
상인인지 민간상인인지? 호시는 어디에 개설되었고, 상인의 참여 경로가 육로
인지 해로인지 따위에 대해서는 추가적인 설명이 없다. 그냥 두루뭉술한 추정
일 뿐이다.

당시 삼한은 마한 54개국, 진한 12개국, 변한 12개국으로서 총 74개 소국
으로 나뉘어져 있었다. 그리고 큰 나라는 1만여호, 적은 나라는 수백 호밖에
되지 않았다.[139] 따라서 상인 천여 명은 1국 당 평균 14명 꼴이다. 그러므로
이와 같은 소국단위에서 민간상인 천여 명이 호시에 참여했다는 것은 현실성이
거의 없는 추론이다. 또 낙랑의 위치가 요동이던 평양이던 간에 한반도 남단의
소국의 상인이 육로로 호시에 참가했다는 것도 각국을 통과해야 하는 등의 제
약이 많아 현실적이지 않다. 오히려 육로보다는 바닷길로 호시에 갔을 확률이
높다.

다음 '인수와 옷·모자'를 받은 자가 천여 명이라는 기술에 대한 기존의
해석은 재고되어야 한다. 지금은 그냥 다수라는 뜻의 1,000여 명으로 본다. 하
지만 '인수와 옷·모자'를 스스로 수여받은 자가 천여 명이라 하였으니, 이에
는 자발적이 아닌 다른 사유로 수여받은 자가 더 있고, 또 그 인원도 천여 명
이 넘는다는 의미가 내포되어 있다고 하겠다. 그러므로 당시 '인수와 옷·모
자'를 빌리거나 수여받아 낙랑을 방문하는 삼한 사람들은 수천 명 이상이었다

---

136) 『삼국지』 권 30 〈한전〉.
137) 윤용구, 앞의 논문, 1996, p.7.
138) 이현우, 『한국 고대의 생산과 교역』, 일조각, 1998, p.268.
139) 『삼국지』 권 30 〈한전〉.

고 할 수 있다. 물론 이들 모두를 호시에 가서 장사하는 상인이라고 볼 필요는 없을 것이다.

이에 대해서는 위만조선의 우거왕이 천자 알현의 길목을 차단했다는 『사기』 〈조선열전〉의 기사를 통해서도 확인 가능하다.

> "(위만의) 손자 우거(右渠) 때에 이르러 한나라의 망명자를 많이 유인해 갔을 뿐 아니라, (한에) 알현하지도 않았다. 또 진번(眞番) 주위의 여러 나라들이 (한의) 천자에게 상서하고 알현하고자 하였으나, (우거가)가로막아 통하지 못하게 했다." [140]

앞서 기사는 우거왕이 즉위하기 전에는 한반도의 여러 나라들이 육로나 연안 항로를 통해서 한나라와 교역을 별 장애를 받지 않고 전개한 사실을 반영하고 있다. 우거왕이 중계무역의 이득을 독차지하려는 심사로 교역로를 차단하기까지는 한반도의 상인과 무역선이 자유로이 중국 본토로 진출했던 것이다. [141] 다시 말하자면 중국 무역선이 한반도로 나아간 것이 아니고 한반도의 무역선이 중국 본토로 간 것이다. 따라서 삼한의 연안 소국들 역시 독자적으로 또는 연합하여 고조선과 중국 본토에까지 교역에 나섰던 것이 확실하다.

다음은 선박 건조와 항해술의 문제다. 고조선 말기까지 해양에 관한 문물은 한반도가 동아시아에서 최고였다. [142] 그것은 한반도 해안 일원에서 출토되는 각종 항해관련 유물로 입증된다. 삼한과 중국·일본과의 교역에 있어서 삼한과 중국과의 연장선상에서의 일본과의 교역을 추정할 경우 오류를 범할 수 있다. 한반도와 일본은 선사시대 이래 대한해협의 거센 조류와 파도를 이겨내며 교역을 해왔다. 고대에 우리의 선박과 항해술은 중국보다 월등했다. 이는 한중 해전에서 우리가 승리한 사례를 통해 확인 가능하다. 예를 들면 고구려는 수나라와의 해전에서 이겼고, 신라는 당나라와의 해전에서 승리했다. 따라서

---

140) 『사기』 권115 〈조선열전〉.

141) 윤명철, 「황해문화권의 형성과 해양활동에 대한 연구」, 『고대』 11집, 한국고대학회,1998, pp.147~159.

142) 중국의 해양능력과 관련하여 서복(徐福)의 예를 든다. 서복이 불로초를 구해오라는 진시황의 명을 받고 선단을 꾸려서 한반도와 일본까지 진출했다는 것이다.(윤명철, 앞의 논문, 1998, p.152.) 하지만 서복의 선단은 중국 연안의 동이족과 요동과 한반도 동이족의 연합 작품으로 보는 게 적합하다.

삼한 시기에는 중국의 배가 한반도와 일본에 장사하러 다닌 것이 아니라, 한반도의 배가 중국과 일본에 장사하러 다녔다. 당시 동아시아 원거리 해상무역의 주체는 어디까지나 한반도의 상인이었다.

이런 입장에서는 마한과 백제가 3-4세기에 해로를 통해 중국에 사신을 파견했다는 기록이 확실히 이해된다. 『삼국지』〈위서본기〉에는 261년 삼한이 위나라에 조공했고,[143] 『진서(晉書)』에는 277년부터 290년 사이에 마한이 진(서진)에 사신을 보내고, 마한과 진한이 진에 사신을 보낸 것으로 기록되어 있다.[144] 또 『진서(晉書)』에는 백제가 372년, 384년, 386년에 동진에 사신을 보낸 기록이 있다.[145] 이 기록들은 마한과 백제가 중국 본토에 직접 진출하여 원거리 국제교역을 본격 시도한 것을 증명하여 준다. 중국으로부터 수동적으로 받아들이기만 하던 마한이 어느 순간 갑자기 큰 선박을 보유하고 항해능력이 늘어서 중국으로 진출할 수는 없다. 본래 그만한 실력이 갖추어져 있었던 것이고, 때에 맞추어 발휘된 것일 뿐이다.

이제 포상팔국 전쟁의 결과를 살펴보자. 포상팔국의 6년여에 걸친 도전은 실패로 끝났다. 이 전쟁에서 이득을 가장 많이 챙긴 나라는 사로국이었다. 사로국은 가락국과 안라국에 영향력을 발휘하면서 남해안으로 세력을 넓히고, 왜국과의 교역에도 전면에 등장했다. 반면에 패배한 포상팔국은 혼란에 휩쓸리고 연합체는 해체되었다. 주도국인 골포국은 탁순국(卓淳國)으로 국명을 바꾸고 대가야 세력과 손을 잡았다. 칠포국은 자주성을 잃고 탁순국에 병합되고 말았다. 가락국은 포상팔국의 도전을 물리쳐서 외양상 위상이 높아진 것처럼 보이기도 하나,[146] 사로국을 끌어들임으로서 위신이 많이 훼손되었고 사로국에 볼모를 보내야하는 처지로 전락했다. 하지만 해상교역권이 붕괴될 정도는 아니었다.[147] 그러나 가락국의 가야연맹에 대한 영향력은 크게 떨어졌다.

포상팔국의 도전은 성공하지 못했다. 교역의 이득에 눈뜬 연안 소국들이 기존의 틀을 깨고 새로운 교역체제를 세우려고 분투했으나 중과부적이었다. 하

---

143) 『삼국지』〈위서본기〉진류왕(진류왕) 경원 2년조.
144) 『진서(晉書)』 97, 열전 67, 사이전(四夷傳).
145) 『진서(晉書)』 간문제기(簡文帝紀) 咸安 2년조. 호제본기(孝武帝紀) 太元 9년, 11년조.
146) 태경희, 앞의 논문, p.48.
147) 남재우, 위 논문, p.9.

지만 이 전쟁은 오늘날 우리에게 유의미한 시사점을 던져준다. 우선 가야연맹의 소국들이 연합하여 전쟁을 벌일 만큼 당시 대외교역의 경쟁이 과열된 사실을 확인시켜 준다. 또 한반도 토착 상인세력의 성장을 보여 준다. 만약 중국 상인의 왕래에 대한 불만이라면 포상팔국이 가락국을 칠 이유를 찾기 어렵다. 항로를 방해하고 적당히 괴롭히면서 적절한 통행료를 징수하면 그만이기 때문이다.

다음은 포상팔국이 연합함대를 조직하고 가락국 정벌에 나섰다는 점이다. 오늘날도 그러하지만 국가 간에 연합함대를 결성하고 전쟁을 일으킨다는 것은 예삿일이 아니다. 우수한 선박을 보유하고 뛰어난 항해술과 해상작전의 경험이 충분히 구비되어야 가능한 일이다. 그러므로 포상팔국 전쟁은 당시에 우리의 선박 건조기술과 항해술이 세계 최고 수준이라는 사실을 반영한다고 할 수 있다.

포상팔국의 연합 함대는 우리나라 역사상 최초의 연합 함대였다. 고대에 8개국이 연합하여 함대를 조직하고 전투까지 벌린 것은 세계에서 유래를 찾기 어려울 것이다. 오늘날 포상팔국의 함대와 그 도전은 우리의 빛나는 해양역사로 되새겨야 한다.

6. 근초고왕 해양제국 백제를 세우다

가. 근초고왕의 19년 미스터리 행적

오늘날 우리나라는 광대한 영토를 차지한 고구려와 동아시아 해양패권을 손에 쥐었던 백제를 자랑한다. 그리고 광대한 영토에 대해서는 곧바로 고구려 광개토대왕에게 필이 꽂힌다. 하지만 해양패권을 구축한 백제 임금에 대해서는 잘 알지 못한다. 그는 분명히 광개토대왕에 버금갈 만큼 추앙받아야 할 민족의 영웅인데 말이다. 백제 해양패권의 영웅은 과연 누구인가?

그는 백제 13대 임금 근초고왕(近肖古王)이다. 근초고왕은 서기 346년에 즉위하여 375년까지 약 30년간 백제를 다스렸다. 근초고왕의 행적은 한국의 사서뿐 아니라, 중국과 일본의 사서에도 실려 있어 삼국의 사서를 종합하여 살펴보아야 한다. 그러지 않으면 전체를 보지 못한다.

근초고왕의 업적을 간략히 간추려 보면 우선 영토를 사방으로 넓혔다. 그

리고 중국 요서에 식민지를 설치했으며, 일본을 후국으로 삼아 동아시아 해양
교역 네트워크를 구축했다. 또 박사 고흥으로 하여금 『서기(書記)』를 편찬하게
하고 일본에 박사 왕인(王仁)을 보내 선진문물을 전래했다. 그야말로 근초고왕
은 다방면에 걸쳐 빛나는 업적을 쌓아 백제의 위상을 일신하고 최전성기를 이
룬 불세출의 뛰어난 임금이다.

『삼국사기』의 근초고왕 기사는 "그는 체격이 크고 용모가 기이했으며, '원
대한 식견'을 가졌다."[148]라고 밝히면서 시작한다. 그러나 『삼국사기』는 근초
고왕에 관한 기록을 너무 많이 누락하여 커다란 의문을 일으키고 있다.

근초고왕의 기록은 즉위한 다음해 정월에 천지신명에게 제사를 올리는 기
록이 있고, 이후 19년간의 기록이 뚝 끊어지고 없다. 기록은 19년이 지난 366
년과 368년에 신라에 사신을 보내고 좋은 말 두필을 선물하는 것으로 이어진
다. 기록이 없는 19년은 재위 30년의 2/3에 해당하는 긴 세월이다. 왜 깡그리
누락되었을까?

근초고왕이 그냥 하루하루 땜질하듯이 허송세월하며 19년간을 보냈다고 쉽
게 단정해서는 안 된다. 그것은 '원대한 식견(遠識)'을 가졌다는 『삼국사기』의
기사와는 전혀 부합하지 않는다. 『삼국사기』는 고구려·백제·신라의 역대 왕
들에 대해 용모, 성품, 지식 따위를 기록하여 역대 왕들의 면모와 품격을 밝히
고 있다. 그런데 간혹 '지식을 구비'한 왕들을 찾을 수 있으나, '원대한 식견'
운운으로 극찬한 왕은 근초고왕이 유일하다. 이 사실은 매우 중요하고 의미심
장하다. 무려 재위 19년 동안이나 수록할만한 업적이 없을 정도로 빌빌거리는
왕을 '원대한 식견'을 가졌다고 추켜세울 수는 없는 것이다.

그렇다면 김부식(金富軾)은 왜 『삼국사기』를 편찬하면서 19년간의 행적을
누락해 놓고는 군이 '원대한 식견'을 가진 왕으로 평가해 놓았을까? 만약에 수
록할만한 뚜렷한 행적이 없다면 '원대한 식견'이란 수사는 삼가야 하는 게 도
리일 것이다. 아니면 '원대한 식견'을 가진 왕으로 부각시켜 놓고는 어쩔 수
없는 이유로 또는 고의적으로 깔아뭉개며 누락시켰다고 볼 수 있다. 그렇다.
김부식이 신라 중심으로 『삼국사기』를 편찬하면서 백제를 너무 띄우기에는 또
는 당시 중국의 상황에서 뭔가 껄끄러운 것이 있어서 의도적으로 뺐을 가능성

---

148) 『삼국사기』 〈백제본기〉 근초고왕 즉위년 조. '體貌奇偉, 有遠識.'

표 3-4 | 한·중·일 문헌에 보이는 근초고왕 기사

구분	문헌	년도	내용	비고
한국	『삼국사기』	347	○천지신명에 제사를 지냄.	
		366	○신라에 교빙(交聘) 사신을 보냄.	
		368	○신라에 좋은 말(良馬) 2필을 선물함.	
		369	○고구려군 2만 명이 치양에 와서 주둔. (백제) 태자가 치양을 격파하고, 고구려군 5천여 명을 죽임.	
	『삼국유사』	371	○왕이 정예군 3만 명을 거느리고 평양성을 공격. 고구려 고국원왕이 항전하다가 화살에 맞아 사망.	
		373	○도읍을 한산(漢山)으로 옮김.	
		375	○진(晉, 동진)에 사신을 보내 조공함.	
			○박사 고흥이 처음으로 『서기』를 저술함.	
			○11월에 왕이 서거함.	
		371	○근초고왕이 함안원년(371) 고구려의 남평양성을 빼앗고 도읍을 북한성(지금의 양주)으로 옮김」	
중국	『송서(宋書)』	350 (?)	○고구려가 요동을 정벌하자, 백제는 요서를 공격해 진평군 진평현을 설치함.[149]	
	『양서(梁書)』	?	○진나라 때 고구려가 요동을 공격하여 차지하자,[150] 백제가 요서, 진평 등 2군을 빼앗아 차지하고 백제군을 설치함.	
	『진서(晉書)』	372	○정월 신축일, 백제왕이 사신을 보내 공물을 바침. 6월, 사신을 보내 백제왕을 낙랑태수를 맡게 함.	
일본	『일본서기』	366	○왜와 통교를 시작함. 사신으로 온 이파이(爾波移)에게 오색채견(五色綵絹), 각궁전(角弓箭), 철정 40매 하사.	
		367	○신라가 왜로 가는 백제의 물건을 가로챔.	
		369	○남만(南蠻) 침미다례(忱彌多禮: 新彌國) 정벌에 왜가 조력함.	
			○다사성(多沙城)을 백제·왜의 중간역(驛)으로 삼음.	

149) 『송서』 권97, 〈백제열전〉 百濟國, 本與高驪俱在遼東之東千餘里, 其後高驪略有遼東, 百濟略有遼西。百濟所治, 謂之晉平郡晉平縣.

150) 『양서』 권54, 〈백제열전〉 其國本與句驪在遼東之東, 晉世句驪·略有遼東, 百濟亦據有遼西˙晉平二郡地矣, 自置百濟郡。

『고사기』	370	○7지도(七支刀)와 칠자경(七子鏡)을 제작하여 줌. 　백제가 곡나철산(谷那鐵山)을 개발함. ○근초고왕이 말 2필(암말 1, 수말 1)을 보냄. ○칼과 거울을 보냄.
	375 ?	○현자를 요청하자 화이길사(和邇吉師), 대장장이 탁 　소(卓素), 방직공 서소(西素)를 보냄. (화이길사가 　논어 10권 천자문 1권을 가지고 옴)

이 농후하다. 김부식이 근초고왕을 비중 있게 다룬 중국과 일본의 사서를 보지 않았다고 말할 수는 없기 때문이다.

나. 요서(遼西) 식민지 경영

근초고왕에 관한 한·중·일 사서의 기록을 비교하면 누락된 19년간의 행적과 '원대한 식견'의 실마리를 찾을 수 있다. 〈표 3-4〉는 근초고왕에 관한 한·중·일 사서의 기록을 발췌하여 정리한 것이다.

먼저 근초고왕이 천지신명에게 올린 제사가 예사롭지 않다. 동아시아 역사에서 국왕이 하늘에 올리는 제사가 사서에 수록된 사례는 흔치 않다. 그러므로 사서에 수록된 제사는 일반의 의례적인 제사가 아니고, 필시 무슨 곡절이 있거나 후대를 위해 기록해 두어야 할만한 각별한 사연이 있다고 보는 게 순리다. 그렇다면 원대한 식견을 가진 근초고왕이 무슨 곡절과 사연이 있기에 천지신명에게 제사를 올렸고, 김부식은 이를 특별한 의례로 보아 『삼국사기』에 분명히 기록해 둔 것이다.

이 제사의 곡절과 사연을 푸는 열쇠는 이외로 중국의 『송서』와 『양서』로부터 찾을 수 있다. 『송서』와 『양서』에는 백제가 요서와 진평 2군을 정벌하여 차지했다고 기록되어 있다.[151] 백제가 요서에 식민지를 설치한 것이다. 하지만 누가 언제 요서를 차지하고 언제까지 지배했는지는 언급이 없어 알 수가 없다. 누가 이 대담한 정벌을 언제 시도했을까?

---

151) 당나라의 재상(宰相) 두우(杜佑: 735~812)가 편찬한 『통전(通典)』에도 백제가 북평(北平, 지금의 북경)과 유성(柳城, 지금의 요령성 조양(朝陽)) 사이에 위치한 요서와 진평 2개 군을 경영했다고 기록되어 있다.

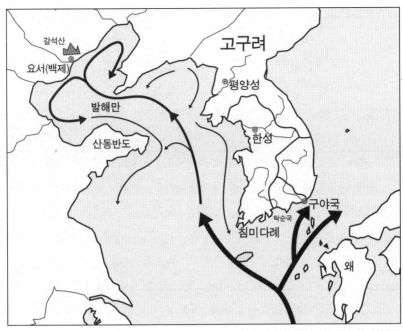

한반도와 발해만의 해류도

이에 앞서 먼저 요서 진평군의 지명을 고찰해보자. 진평군의 위치는 산해
관이 있는 진황도(秦皇島) 부근이다. 그곳은 옛 고조선의 근거지로서 토착 조선
인이 많이 살고 있었으며, 일찍 선사시대부터 갈석산을 끼고 육상교역로가 발
달한 지역이다. 그리고 서해에서 북상하는 해류가 이곳에서 좌우로 갈라지는
해상교통의 요충지이다. 따라서 요서 지역은 동아시아 교역의 패권을 쥐고 싶
은 백제로서는 군침 나는 곳이고, 또 빼앗아 차지하려고 마음만 먹으면 바다를
건너 공격하여 뺏기가 용이한 곳이다.

다음은 백제가 요서를 정벌한 시기의 문제이다. 이에 대해서는 『송서』와
『양서』에서 '고구려가 요동을 차지한 뒤'라고 분명히 적시하고 있다. 고구려의
요동정벌은 미천왕이 313년에 낙랑군을, 315년에 현도성은 함락시킴으로서 일
단락된다.[152] 그러면 이 때라고 보아야 하나? 아니다. 이 때라고 보기에는 다
소 애매하다. 왜냐하면 요동은 337년에 전연(前燕)을 건국한 모용황(慕容皝)으로
인해 전란에 빠지기 때문이다.

---

152) 『삼국사기』 〈고구려본기〉 미천왕 14년, 16년 조.

　　모용황은 중원을 집어삼키려는 큰 꿈을 가지고 있었다. 그래서 중원을 공략하기에 앞서 배후의 고구려를 제압하려고 342년에 친히 정병 4만 명을 이끌고 고구려를 침공하여 환도성(丸都城)을 공략하여 허물고 포로 5만 명을 사로잡아 갔다. 이때 모용황은 고구려의 신속을 바라며 미천왕의 무덤을 파헤치고 미천왕의 시체를 가지고 돌아갔다. 고구려로서는 치욕이었다. 하지만 어쩔 수 없어 이듬해 343년에 모용황에 칭신하고 미천왕의 시체를 돌려받았다. 그러므로 '고구려가 요동을 차지한 뒤'의 시기는 343년 이후라고 추정할 수 있다.

　　한편 4세기의 중국은 이른바 5호 16국 시대였고, 요서지역은 모용황이 세운 전연(前燕)에 속해 있었다. 전연은 고구려를 제압하여 배후를 안돈시키자, 350년 후조(後趙)의 북경을 함락하고 도읍을 용성(龍城)에서 북경으로 옮겼다. 뒤이어 351년에는 후조를 멸망시키고 후조의 도읍인 업(鄴, 지금의 하북성 임장현)으로 천도한다. 그리고 352년에 스스로 황제국임을 선포한다. 이와 같은 전연의 움직임을 백제의 요서공략과 연계지어 보면 전연이 도읍을 북경으로 옮긴 350년까지는 요서공략이 불가능한 것으로 보인다. 왜냐하면 전연의 수도 용성이 요서 일원에 속해있기 때문이다.

　　백제가 요서 진평군을 차지한 때는 아마도 전연이 본거지를 북경을 거쳐 화북의 업(鄴)으로 두 번이나 천도하는 시기 동안일 것으로 보인다. 당시 요서는 전연의 주력이 떠난 뒤여서 비어 있는 것과 다름없었고, 고구려는 패전의 상흔을 복구하기에 여념이 없었을 뿐 아니라, 아직 고국원왕의 생모가 전연에 볼모로 잡혀있는 처지여서 어쩌지를 못하는 상황에 있었다. 한편 전연은 중원을 공략하며 하루하루를 숨 가쁘게 치달아서 국지적인 일에 신경을 쓸 여력이 없었고, 또한 업에 천도한 뒤 스스로 칭제하고 천자국으로서의 체제를 정비하는 한편 총력을 기울여 산동지역 공략에 몰입하고 있었다. 전연은 356년에 산동지역을 평정한다. 따라서 전연이 산동을 차지한 356년 이후부터는 전연의 세력이 더욱 강해지고 체제가 안정되어서 사실상 요서공략은 어려워진다고 보아야 할 것이다.

　　결론적으로 백제가 요서 진평군을 차지한 시기는 근초고왕이 재위한 351년부터 356년 사이로 추정할 수 있다. 김부식이 역사에서 누락한 근초고왕의 연대기 중에 분명한 것은 이 시기 근초고왕은 중국 요서지역을 공략하고 성공시

컸다는 것이다. 어떻든 『송서』와 『양서』의 이 기록은 김부식에게 아마도 '불편한 진실'이었을 것이다.

그렇다면 전연은 백제가 요서를 차지한 데 대해 가만히 구경만 하였을까? 그렇지는 않고 백제가 잘 버티어 낸 것으로 보인다. 다만 요서 진평군이 중원과 요동을 잇는 주요 통로지만, 북경에서 요동으로 가는 직통 초원길이 따로 있기 때문에 전연으로서는 굳이 힘들여 빼앗을 필요가 적었다. 또 전연은 해상무역에 신경 쓸 처지가 아니어서 그 곳의 가치를 낮게 보았을 수 있다. 그리고 백제 또한 과도한 영토 욕심을 부리지 않고 해상무역에만 치중함으로서 전연이 즉각적이고 강력한 대응을 하지 않았을 수도 있다. 어떻던 백제 근초고왕이 요서 진평군을 공략하여 해양무역의 교두보를 구축하고 경영한 것은 확실하다.[153]

근초고왕의 360년대 이후의 행적을 살펴보자. 근초고왕의 행적은 『삼국사기』와 『일본서기』에서 '백제와 신라', '백제와 고구려', '백제와 왜(일본)'에 대한 기록을 〈표 3-4〉와 같이 도출하여 분석하면 종합적으로 조망할 수 있다.

먼저 〈표 3-4〉를 보면 근초고왕은 366년 신라에 사신을 보내 우호관계를 열고, 뒤이어 368년에 '좋은 말 2필'을 선물한다. 신라와의 교빙(交聘)은 이 정도 에서 끝이다. 하지만 왜 신라에 말을 선물했을까? 혹시 말 선물이 따로 암시하고 의미가 있지는 않을까? 다음 근초고왕은 왜국과의 통교를 위해 366년 탁순국(卓淳國)에게 다리를 놓아줄 것을 부탁한다. 그리고 탁순국의 도움을 받아 왜국과 공식 외교관계를 맺는다.[154]

367년에 백제·신라·왜국 사이에 흥미로운 외교사건이 발생했다. 웬 뚱딴지같은 사건으로서, 신라가 왜국에 보내는 백제 선물을 신라의 것과 바꿔치기 했다가 들통이 난 것이다.[155] 그 경위는 대략 이렇다. 근초고왕이 세 명의 사신 구저(久氐), 미주류(彌州流), 막고(莫古)를 왜국으로 파견했다. 사신들은 왜국에 줄 선물을 가지고 탁순국으로 떠났다. 이들은 일단 육로로 탁순국에 가고

---

153) 정진술, 『한국 해양사』, 경인문화사, 2009, pp.166~171. 일본 승려 엔닌의 『입당구법순례행기』로 장보고의 해상활동이 세상에 알려졌듯이, 사료 부족으로 백제의 요서경략을 부정함을 경계한다.

154) 『일본서기』 권9, 신공황후 46년 3월조.
　　김현구 외 공저, 『일본서기 한국관계 기사 연구(1)』, 일지사, 2002, pp.89~93.

155) 『일본서기』 권9, 신공황후 47년 조.

그곳에서 배를 타고 왜국으로 갈 계획이었다. 그러나 길을 잘못 들어 지금의 양산지역에서 신라에 붙잡히고 말았다. 이후 신라에 3개월간 붙잡혀 있다가 신라 사신과 함께 왜국에 갔다. 이때 신라 사신이 왜국에 보내는 백제 선물을 신라 선물과 바꿔치기 하여 왜국에 주었다가 들통이 나고 말았다. 당연히 말썽이 생겨 진위가 가려졌고 신라 사신은 망신을 당했다. 『일본서기』에는 백제 선물은 진귀한 명품이고 수량이 많은 데 비해 신라 것은 물품도 하찮고 수량도 적다고 기록되어 있다.[156)]

이 대목에서 의문이 생긴다. 백제가 신라에 준 말과 백제가 왜국에 보낸 진귀한 명품이 백제 토산물인가? 아니면 물 건너 중국에서 온 외래품인가? 하는 의문이다. 먼저 말은 근초고왕이 중국 요서에서 구해온 북방의 명마로서, 백제는 중국 요서를 정벌하여 식민지를 경영하고 있으며, 이런 북방의 명마를 요서에서 바로 구해온다고 은근히 뽐내면서 신라에 준 것으로 보인다. 그것은 백제가 왜국에도 말 2필을 선물한 것을 비춰 봐도 틀림없을 것 같다.[157)]

또 백제가 왜국에 보낸 진귀한 명품은 백제에서 생산되지 않고 대외교역으로 구할 수 있는 위세장식품을 비롯한 사치품일 것이다. 이 또한 백제가 요서에서 구해온 명품이었을 확률이 높다. 만약 백제 토산물이라면 대충 그 품목과 품질이 드러나 있을 터이므로, 신라가 들킬 위험을 무릅쓰고 바꿔치기를 감행하지는 않았을 것이다.

이상을 종합해보면 백제가 366년 이래 자신감을 가지고 신라와 일본에 교역을 매개로 한 외교공세를 펼친 것을 알 수 있다. 백제의 자신감은 근초고왕이 요서를 차지한 뒤, 요서로부터 중국의 명품을 직접 반입해 올 수 있었기 때문일 것이다. 하지만 이 장면에서 백제 사신의 행로를 주의 깊게 통찰할 필요가 있다. 그것은 백제의 사신들이 일단 탁순국으로 가고, 그곳에서 배를 타고 왜국으로 간다는 사실이다. 백제 사신들이 탁순국으로 갈 때 해로가 아닌 육로로 갔다. 이것은 당시까지 백제가 남해 연안을 장악하지 못해 백제의 배가 남해연안을 거쳐 왜국으로 직항할 수 없었다는 실상을 확인시켜 준다. 그러니까

---

156) 『일본서기』 권9, 신공황후 47년 조.
157) 『고사기』「응진천왕」 '백제의 조공' (太安萬呂 지음, 권오엽·권정 옮김, 『고사기』 중, 고즈윈, 2007, p.382)

당시에 백제와 왜국은 왕래가 자유롭지 않았다. 하지만 상호 왕래조차 자유롭지 않던 두 나라는 일단 통교하자마자 급속도로 가까워졌다. 또 백제가 남해연안을 정벌할 때에 왜국이 군사를 보내 지원할 정도로[158] 돈독한 협력관계가 이루어졌다.

백제와 왜국이 친밀하게 된 것은 근초고왕이 요서에서 가져온 진귀한 중국산 명품이 계기가 되었을 것으로 짐작된다. 백제가 요서의 식민지 경영을 왜국에 소개하고 그 증거로서 명품을 선물하며, 앞으로 백제의 대중국 교역에 왜국이 가담하기를 요구했고, 왜국이 이를 믿고 받아들인 것이다.[159] 그리하여 포상팔국의 전쟁 이후 신라가 주도해온 왜국과의 교역권이 백제로 넘어갔다. 그동안 가야에 영향력을 행사하면서 왜국과의 교역을 주도하던 신라는 근초고왕의 등장으로 인해 위축되어 갔고 외교적 고립이 심화되었다.[160]

근초고왕은 왜국과의 통교가 성사되자, 동남쪽으로 소백산맥을 넘어 낙동강 유역의 작은 소국들을 정벌해 나가면서 가야연맹에 대한 영향력을 크게 행사할 수 있게 되었다.[161] 또 남쪽으로 영산강 유역을 정벌하여 마한의 잔존세력을 멸망시키고 전남 해안지역을 전부 차지했다. 이로서 백제는 한강 유역에서부터 남해 연안까지 해양 지배권을 손에 넣었다. 일본과의 교역도 신라를 재치고 주도권을 쥐게 되었다.

한편 이때에 비로소 역사상 처음으로 '중국과 한반도', '한반도와 일본'을 잇는 동아시아 해양교역 네트워크가 온전한 모습으로 구축되었다고 할 수 있다. 이후 동아시아 해양교역은 백제가 실질적으로 주도해 나갔고, 이로부터 백제의 상인들은 야심차게 중국과 일본, 그리고 더 나아가 동남아시아와 인도까

---

158) 『일본서기』 권9 신공황후 49년 조.

159) 우재병, 「4-5세기 왜에서 가야·백제로의 교역루트와 고대항로」, 『호서고고학』 제6, 7집, 호서고고학회, 2002, pp.189~195. 왜측의 한반도 교역루트 다원화 노력의 결실로 설명한다. 하지만 당시 최고의 무역품은 철이었고, 철의 수출 입장에서 가야·백제의 일본 진출이 먼저라고 보아야 할 것이다.

160) 윤재운, 『한국 고대무역사 연구』, 경인문화사, 2006, p.40.

161) 이도학, 「백제의 교역망과 그 체계의 변천」, 『한국학보』 63집, 일지사, 1991, pp.83~87. 백제의 가야 정벌시 백제와 왜의 중계역할을 담당하고, 왜군을 인솔한 자는 목라근자(木羅斤資)다. 그는 왜에서는 백제장군으로, 백제에서는 왜국 출신으로 기록되어 있다.

지 활동무대를 넓혀갔다. 결과적으로 근초고왕의 '원대한 식견'이 발휘되어 동아시아의 해양교역 네트워크가 형성되고, 아울러 진취적이며 화려하고 개방적인 무역왕국 백제의 이미지가 완성되었다고 할 수 있다.

다. 해양제국 백제의 탄생

근초고왕 말기에 백제의 위상과 자긍심은 최고조에 달한다. 그것은 백제를 훨씬 능가하는 고구려와 싸워 승리한 것이 결정적인 계기가 되었다. 그 싸움은 고구려 고국원왕(故國原王)이 먼저 도발한 전쟁이다. 본래 백제와 고구려는 추모왕(鄒牟王) 주몽을 조상으로 함께 섬겼다. 하지만 수백 년의 세월이 지나 국경이 맞닿게 되자 독립국가로서 치열한 경쟁자가 되었다. 특히 황해도와 평안도 지역과 서해 해상에 대한 지배권을 두고 한 치의 양보 없는 대결국면을 이어가고 있었다.

고국원왕이 먼저 백제에 도발한 까닭은 무엇일까? 고국원왕은 342년 모용황(慕容皝)의 침략을 받아 패배하여 아버지 미천왕의 시신을 빼앗기는 치욕을 당한다. 절치부심 때를 기다리다가 모용황의 세력이 약화되자, 요동 쪽의 방비를 풀고, 마침 신흥강국으로 부상하는 백제를 억누르고 제압하기 위해 남진정책을 추진했다. 드디어 369년에 고국원왕이 직접 기병과 보병 2만 명을 거느리고 남하하여 치양(雉壤)에 주둔했다.[162] 백제의 도읍지 위례성을 치려면 지금의 하남 쪽으로 진군해야 하는데, 왜 완전히 다른 쪽인 치양인가? 치양은 지금의 황해도 배천군 지역으로 한강이 바다로 흘러들어가는 강화만에 접해있다. 그러니까 치양은 한강을 드나드는 배를 감시하고 통제할 수 있는, 백제의 목덜미에 해당하는 곳이다. 따라서 고구려가 노리는 목적은 뻔히 드러난다. 백제의 무역선의 통행을 훼방 놓고는 장차 서해 제해권을 차지하겠다는 의도였던 것이다.

근초고왕은 즉각 태자를 치양으로 급파했다. 태자는 고구려 군을 격파하고 5천여 명을 사살하는 전과를 올렸다. 그리고 대패한 고국원왕은 평양성으로 퇴각했다.[163] 고국원왕의 실력을 간파한 근초고왕은 이에 그치지 않고 평양성 공략에 나섰다. 그로부터 2년 뒤 371년이다. 근초고왕이 직접 정예군 3만 명을

---

162) 『삼국사기』 〈백제본기〉 근초고왕 24년 9월조.
163) 『삼국사기』 〈백제본기〉 근초고왕 24년 9월조.

거느리고 북상하여 평양성을 쳤
고, 고국원왕은 성을 지키며 항전
하다가 화살에 맞아 전사한다.

근초고왕 치양·평양성 전투상황도

고국원왕이 전사하자, 근초
고왕은 더 몰아붙이지 않고 물러
났다.[164] 왜 그랬을까? 적을 외통
수 궁지에 몰아넣고 최후의 일격
만 남은 상황에서의 퇴각은 아무
리 좋게 이해하려 해도 어색하다.
또 퇴각하는 근초고왕도 이해하기
가 쉽지 않다. 국력을 총동원한 3
만의 정예군을 투입한 전쟁에서
전세가 결정적으로 유리한 국면이
도래했는데도 불구하고, 아무런 소득 없이 돌아섰다. 지금까지 기존의 학계는
고구려군의 성문을 닫아건 필사항전과 백제군의 쌓인 피로 따위를 고려한 퇴각
으로 보고 있다. 하지만 전리품 하나 없는 맨손의 퇴각을 과연 군사들과 백성
들이 순순히 납득할 수 있을까? 따라서 퇴각에는 뭔가 숨겨진 진실이 있다고
봐야 한다.

근초고왕과 고국원왕의 전쟁을 땅따먹기라는 식으로 보면 안 된다. 영토
분쟁이라면 고국원왕을 죽인 차제에 무리수를 써서라도 평양성을 함락하고 대
동강 영역을 점령하는 게 순리일 것이다. 그러나 백제는 고구려를 막다른 궁지
에 몰아넣고도 마지막 급소를 치지 않고 자비를 베풀듯이 깨끗이 물러났다. 그
것은 백제가 고구려와의 영토분쟁은 가급적 피하고, 일정 범위를 넘지 않는 선
에서 자국의 영역을 유지한다는 기본 입장이 서 있는 것을 반영한다고 볼 수
있다. 그러므로 영토 문제가 전쟁의 원인이 아닌 것은 확실하다고 할 수 있다.

당시 백제-고구려의 전쟁은 서해 바다의 제해권을 건 싸움이었다. 도전은
고구려가 먼저 걸었다. 그 이유는 백제가 순식간에 요서를 점령하고 뒤이어 남
해연안 소국들을 병합할 뿐만 아니라, 왜국까지 휘하에 넣고 고구려 앞 바다를

164) 『삼국사기』 〈백제본기〉 근초고왕 26년 조.

몽촌토성과 풍납토성 복원 이미지(한성백제박물관)

제집 드나들 듯이 하며 무역을 전개하니, 뿔이 나서 이를 방해하려 한 것이다. 하지만 치양 전투에서 패하고, 평양성 전투에서 고국원왕까지 죽으니 완벽히 실패하고 만 것이다.

한편 근초고왕의 평양성 침공은 꼭 평양성을 탈취하려는 것이 아니고, 고구려로부터 서해 제해권을 확실히 담보 받으려 한 것이었다. 고국원왕이 전사하자 고구려는 더 이상 버티지 못하고 백제의 서해 제해권 요구를 수용한 것으로 보인다. 근초고왕은 전리품으로 서해 제해권을 획득한 데 비해 고국원왕은 우리 역사상 전쟁터에서 싸우다가 죽은 유일한 임금으로 이름을 남겼다.

평양성에서 승리한 371년은 근초고왕이 서해안 제해권을 사실상 장악한 해이다. 당시 5호 16국 시대에 중국 화북지역을 지배한 종족들은 전부 유목민족 출신으로 해양무역이나 해전에는 사실상 까막눈이었다. 고구려 또한 주력군이 궤멸한 상태에서 바닷길을 놓고 백제와 싸울 힘이 없었다. 백제의 서해 해상권 장악으로 백제의 상인과 무역선은 발해만과 산동반도를 비롯한 중국 동북해안으로 아무런 걱정 없이 다닐 수 있게 되었다.

근초고왕은 평양성에서 승리하고 돌아온 뒤, 곧 도읍을 한산(漢山)으로 옮겼다.[165] 이 천도와 한산의 위치에 대해 의견이 분분하다. 기존의 연구는 거의 모두 고구려의 침공 대비, 왕권 다툼의 종식, 또는 정치세력의 재편 따위의 정치적 시각에서 접근하고 있다.[166] 또는 도읍을 실제로 옮긴 것이 아니라 한산을 왕도로 확정한 것으로 보기도 한다.[167]

근초고왕의 천도가 왕권의 강화라는 정치적 목적과 무관할 수는 없다. 하지만 근초고왕의 천도는 더 폭넓은 시각, 즉 '원대한 식견'에 따른 준비된 천도라고 보는 게 필요하다. 우선 평양성에서 이기고 돌아오자마자 곧 바로 천도한다는 것은 이미 준비가 끝나 있는 상황을 반영한다고 볼 수 있다. 근초고왕은 언제부터인지는 알 수 없으나 미리 차근차근 천도를 준비해 왔고, 이때에 이르러 승전의 축하무드를 살리며 천도 행사를 거대하게 치른 것이다.

다음 한산으로 천도한 목적이다. 근초고왕의 천도를 고구려의 침공 대비, 왕위계승권의 확보 따위의 좁은 시야로 보면 근초고왕의 진면목을 놓친다. 근초고왕의 천도는 새로운 백제를 만방에 알리는 선포였고, 강력한 정복국가로서의 위상을 치켜세우는 한 차원 높은 천도로 평가되어야 한다. 백제는 강국에 걸 맞는 웅장한 도성을 가져야 했고, 중국·가야·일본 등의 사신들에게 도성의 위용을 과시할 필요가 있었다. 또 정복과 대외교역의 신장에 따른 도시경제 기반의 확충이 시급했고, 이에 수반되어 늘어나는 도성 인구를 수용하기 위해서도 새로운 도성이 필요했다고 볼 수 있다.

새 도성을 필요로 하는 또 하나의 요인이 있다. 그것은 백제가 건국 후 처음으로 국제화의 길을 개척함에 따른 수요이다. 백제의 요서경략과 가야·일본으로의 본격적인 진출은 그들 지역으로부터 유민이 흘러들어오고 색다른 문물도 유입되었다. 이에 국제화로 인한 수요를 해소할 도시공간이 필요해지자, 근초고왕은 새 도성을 통해 이를 발전적으로 수용한 것이다. 백제는 7세기 초에 국제화의 완성된 모습을 보인다. 이는 『북사(北史)』의 "백제에는 신라·고구

---

165) 『삼국사기』 〈백제본기〉 근초고왕 26년 조.
166) 김기섭, 「백제전기의 한성에 대한 재검토」, 『향토 서울』 55호, 서울시사편찬위원회, 1995, pp.24~28.
167) 전우식, 「백제 근초고왕대 '이도한산' 기사의 해석과 그 의미」, 『한국고대사연구』 40집, 2005, p.58, p.68.

백제가 세력권 내의
군주들에게 보낸 칠지도

려·왜국의 사람들을 비롯해 중국인들이 섞여 살았
다."[168]라는 기록이 뒷받침한다. 이런 측면에서 보
면 근초고왕은 한반도에 최초로 국제화의 서막을 연
왕으로 자리매김 해도 좋으리라.

그러면 한산의 위치는 어디일까? 현재 한강 유
역의 백제성 유지는 풍납토성(風納土城)과 몽촌토성
(夢村土城)이 남아 있다. 몽촌토성이 뒤에 만들어졌
다. 그러므로 근초고왕이 백제의 위상에 맞는 새로
운 왕성으로 몽촌토성을 축성하고 왕실과 지배층이
옮겨간 것이다.[169] 왕궁이 옮겨간 뒤의 풍납토성은
무역과 상업의 도시로 발전해 간 것으로 보인다.

근초고왕은 평양성에서 귀환한 뒤, 372년 정월에 중국 동진(東晉)에 사신을
보내 조공(朝貢)했다.[170] 일본에는 칠지도(七支刀)를 하사했다. 아마도 칠지도
하사는 일본의 승전 축하사절에 대한 답례였을 수도 있다.[171] 동진은 동년 6월
에 백제에 답례 사신을 보내 근초고왕을 진동장군령낙랑태수(鎭東將軍領樂浪太
守)로 책봉하는 격식을 차렸다.[172] 이 책봉 의례에서 낙랑태수라는 지칭이 엄청
난 의미를 담고 있다. 지금까지 학계는 '조공과 책봉'이란 용어에 천착하여 단
순히 정치적으로 백제가 동진에 사대의 예를 차린 것으로 치부하고, 낙랑태수
에는 별 의미를 두지 않고 있다. 하지만 그건 아니다. 낙랑태수에는 심대한 의
미가 담겨 있다.

낙랑태수 책봉 의미를 알기 위해서는 먼저 풀어야 할 문제가 있다. 백제
사신이 타고 간 배와 이용한 항로를 규명하는 것과 사신을 보낸 진짜 목적을

---

168) 『북사(北史)』 권94, 열전82, 백제. "其人雜有 新羅高麗倭等 亦有中國人".
169) 김기섭, 앞의 책, p.39.
170) 『삼국사기』〈백제본기〉근초고왕 27년 조.
171) 칠지도는 아름답고 멋있는 칼이다. 칼의 좌우로 각각 3개씩의 칼날이 가지 모양으로 뻗
　　어 있어 칠지도로 부른다. 전체 길이가 74.9cm이고 칼의 양면에 60여자의 글자가 새겨
　　져 있다. 그 내용은 백제가 제후국인 왜왕에게 주려고 만들었다는 것이다. 칠지도의 6
　　개 가지는 백제의 6개 제후국을 상징하는 것으로 추정된다. 왜, 가야, 탐라(제주도) 등
　　백제의 영역 내에 있는 나라들이다.
172) 『진서(晉書)』 권9 태종간문제기(太宗簡文帝紀) 함안(咸安) 2年條.

파악하는 문제이다. 우선 백제 사신은 백제선, 동진 사신은 동진의 배를 이용했을 것이다. 그러나 항로는 어떤가? 백제선은 정월에 출항하여 6월에 돌아왔다. 당시 동진의 수도는 건업(建業)으로 지금의 남경이었다. 그러므로 백제 사신은 지금의 서울에서 남경까지의 왕복에 6개월 밖에 걸리지 않은 것이다. 이 6개월은 연안 항로를 이용할 경우에는 불가능한 여정이다. 그러므로 당시에 한반도와 산동반도를 잇는 직항로가 개설되었고, 나아가 한반도와 남중국을 잇는 사단항로까지 개설되었을 수 있다고 추정 가능하다.

〈양직공도〉에 그려진 백제사신

　산동반도로 직항하는 서해횡단항로의 경우 서해 해로 약 1,100리, 등주에서 동진의 수도 건업(建業, 지금의 남경)까지 약 1,900리로서 총 약 3,000리이다. 서해를 배로 건너는데 약 10일, 육로는 하루 50여리를 걷는다고 보면 38일이 소요되어 총 약 48일이 걸린다. 왕복 약 96일의 여정이다. 따라서 백제의 한성에서 동진의 건업에 가는 여정은 쉼 없이 가도 100여 일이 걸린다. 그러므로 적당한 휴식과 건업에서의 공무상 체류를 감안하면 6개월은 적절한 시일인 것이다. 물론 남중국 사단항로라면 시일은 단축될 것이다. 따라서 언제부터인지는 모르나 이때에 한반도와 산동반도를 오가는 서해횡단항로는 이미 널리 이용되고 있었고, 나아가 남중국사단항로가 백제에 의해 개설되었을 것으로도 추측 가능하다.

　다음 백제가 동진에 사신을 보낸 목적이다. 이에는 통상적인 '조공과 책봉'이라는 등식으로는 설명이 궁색하다. 『삼국사기』에 조공(朝貢) 기록이 있다 해서 근초고왕이 동진에 굴신하고 공물을 갖다 바쳤다는 따위의 사대주의 관념으로 접근해서는 안 된다. 당시 중국은 5호16국 시대로서 절대강자가 없었다. 이익을 다투면 적이요, 상호 도움이 되면 친구였다. 백제가 흉노 등의 북방 호족(胡族)에 밀려 장강 아래로 도망한 처지의 동진에게 정치적으로 아부하고 크게 도움 받아야 할 일도 없다. 따라서 근초고왕이 사신을 보내 동진과의 관계 개선을 도모한 것은 동진이 전진(前秦)과 대치하는 상황에서 동진이 백제가 필

요하듯이 백제는 요서 식민지의 배후로서 동진이 유용하므로 이 국제정치상황
을 유리하게 타개해 가려는 외교적 목적이 컸던 것으로 보인다. 물론 남중국과
의 교역을 본격적으로 전개하려 한 것은 확실하다.

　백제 사신에 대한 동진의 책봉 답례가 예사롭지 않다. 마치 미리 짜놓은
듯이, 또 마침 기다렸다는 듯이 너무나 신속했다. 대국과 신하국 사이의 '조공
과 책봉'과는 완연히 다르고, 동진의 발 빠른 답례에 갑의 입장에 선 백제의
우월감이 느껴지는 분위기다.

　따라서 근초고왕이 평양성 전투에서 승리하자 곧 동진에 사신을 보낸 것은
백제의 위상을 과시하고 동진의 외교협력을 끌어내려는 목적이었다. 근초고왕
은 그동안 백제가 이룩한 업적, 즉 요서에 식민지를 설치한 것과 한반도 남해
연안을 병합하고 일본을 휘하에 넣은 사실 그리고 고구려와 싸워 고국원왕을
전사시키고 승리한 사실 등을 동진에 알린 것이다. 아울러 서해와 일본으로 가
는 바닷길을 완전히 제패한 것을 통보하고 백제의 제해권을 인정해 줄 것을 요
구한 것이다. 또 하나 백제가 경영하고 있는 요서 진평군 식민지를 추인하고
양국의 교역, 구체적으로는 요서 상품을 동진에서 수입해 주는 따위의 협력을
타진한 것이다.

　그러므로 낙랑태수라는 책봉 명칭은 동진이 백제가 옛 낙랑군의 역할을 하
고 있다는 점을 인정한다는 의미인 것이다. 그러니까 낙랑태수 책봉은 동진이
백제의 서해 제해권을 확인해 주는 것과 나아가 백제가 요서 식민지를 효과적
으로 지배하고 있었던 상황을 반영하고 있다고 하겠다.

　근초고왕은 한강 이남의 바다를 완전히 장악하고 서해를 백제의 '내해'로
만들었다. 뿐만 아니라 요서 식민지를 경영하여 북방 산물을 확보하고, 일본을
휘하에 끌어들여 교역권을 넓혔으며, 동진을 교역 파트너로 삼아 남중국과의
교역을 본격적으로 전개했다. 그리하여 역사상 최초로 한·중·일을 엮는 동아
시아 해양교역 네트워크를 구축했다. 백제 상인은 이제 한·중·일의 어디든지
진출해 나갈 수 있게 됐다.

　근초고왕이 탄생시킨 해양제국 백제, 그 거대한 해양경제권은 우리 민족사
에서 다시 보기 힘든 명장면이다. 백제 상인은 '해양제국 백제'의 주인으로서
당당한 자부심을 가지고 상혼을 키워 나가게 되었다. 그리고 해양백제의 자부

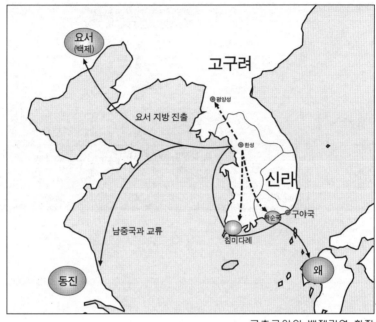

요서
(백제)

고구려

요서 지방 진출

◎평양성

◎한성

신라

◎구야국

남중국과 교류

탁순국

침미다례

왜

동진

근초고왕의 백제권역 확장

심과 백제상인의 상혼은 오늘날까지 한민족의 혼으로 전승되고 있다.

근초고왕의 위상은 천하에 드높이 올랐다. 그는 교역에서 얻은 이득을 문화와 문물의 발전에 쏟아 부었고, 눈부신 성과를 거두었다. 그리하여 백제는 동아시아의 신흥 강국으로 우뚝 섰다. 이 모든 것은 실로 근초고왕의 '원대한 식견'의 발현이며 청사에 길이 남는 근초고왕의 위대한 업적이다. 이제 우리는 근초고왕을 동아시아 해양을 제패한 '해양제국의 제왕(帝王)'이라고 불러야 한다.

CHAPTER

4

삼국시대 상인

I. 부국강병과 상업

부족국가가 고구려·백제·신라 등의 고대국가로 발전하는 것은, 선진 부족국가가 대내외의 환경변화를 수용하고 사회경제의 혁신을 야기하면서 더욱 성숙한 사회적 분업체계로 재편성해 가는 것을 뜻한다. 또한 이것은 왕족을 중심으로 하는 새로운 신분지배체제로 탈바꿈하는 것을 의미한다.[1]

따라서 각 부족과 수장들이 고대국가 건설에 동참하고 협력한다면 새로운 고대국가의 지배세력이 되거나 중앙귀족으로 변신할 수 있지만, 불복하고 대항하다가 패배하거나 정복당하면 포로로 잡혀 노예로 전락했다.

고구려·백제·신라의 삼국시대는 한마디로 정의하면 '전쟁의 시대'라고 말할 수 있다. 삼국은 주변의 소국들을 정복하고 병합하여 4~5세기가 되면 서

---

1) 우리나라 고대국가의 발전에 대해서 ①부족국가 → 부족연맹(고대국가) ②성읍국가 → 영역국가 ③성읍국가 → 연맹왕국 → 중앙집권적 귀족국가 ④군장사회 → 초기국가 → 고대국가 ⑤촌락(추장)사회 → 소국연맹 → 소국병합(왕국) 등 여러가지 정치발전단계설이 제시되고 있다. 하지만 아직 견해의 통일을 보지 못하고 있다.(이종욱, 『한국초기국가발전론』, 새문사, 1999, pp.7~9)

로 국경을 마주하게 되었다. 이때부터 삼국은 사활을 건 전쟁을 끊임없이 벌였
다. 전쟁은 예나 지금이나 국가의 자원을 총동원하는 총력전일 수밖에 없다.
그러므로 나라의 부를 증진시키고 강력한 군대를 양성하려는 부국강병이 언제
나 국가의 최우선 목표가 된다. 부국강병의 길에는 귀족·평민·천민이 따로
없고, 농부·장인(匠人)·상인을 가리지 않는다. 이를 위해 헌신·희생하는 자
는 응분의 보상을 받지만 대의를 거스른 자는 귀족이라도 하루아침에 지위를
잃고 몰락한다. 노비나 노예까지도 특별한 공을 세우면 남이 우러러 보는 지위
를 얻고 경제적 보상을 받을 수 있어, 국가를 위한 자발적인 헌신과 참여는 구
성원들이 추구해야 할 가치지표이자 사회적 명분이 된다.

고구려·백제·신라는 제각기 부국강병을 위해 산업진흥에 심혈을 기울였
다. 당시 산업의 근간(根幹)은 농업이었으므로 농업 생산력의 증대가 최우선 과
제였다. 그리고 농업의 발전은 곧 상업발전의 바탕이 되었다. 『삼국사기』에는
백제와 신라의 벼농사 장려시책이 구체적으로 기록되어 있어 귀감이 된다. 아
쉽게도 고구려의 예는 없는데, 아마도 벼농사의 보급이 늦었기 때문일 것이다.

백제는 일찍이 벼농사를 국가 정책으로 삼아 논을 만들고 제방을 축조하는
등 벼농사 발전에 많은 힘을 쏟았다.

> "온조왕(溫祚王) 14년(BC 5) 2월, 왕이 부락을 순시하고 백성들에게 농사를 장려했
> 다."[2]
> "다루왕(多婁王) 6년(33) 2월, 남쪽 주·군에 명령을 내려 처음으로 논(稻田)을 만들게
> 했다"[3]
> "구수왕(仇首王) 9년(222) 2월, 유사(有司, 담당관리)에게 명령을 내려 제방을 수리하
> 게 하고 3월에 농사를 권장했다"[4]

신라도 농사를 장려하였으며, 벼농사를 위해 큰 저수지를 만들고 제방을
쌓거나 수리하는 등 대규모 토목공사를 벌였다.

---

2) 『삼국사기』 권23, 백제본기 1, 온조왕 14년 2월 조.

3) 『삼국사기』 권23, 백제본기 1, 다루왕 6년 2월 조.

4) 『삼국사기』 권24, 백제본기 2, 구수왕 9년 2월 조.

"혁거세거서간(赫居世居西干) 17년(BC 41), 땅의 이점을 충분히 이용하여 농사와 누에치기를 하도록 권장했다."[5]

"흘해왕(訖解王) 21년(330), 처음으로 벽골지(碧骨池, 김제(金堤)에 있음)를 만들었는데 둑의 길이가 1,800 보였다"[6]

"눌지왕(訥祇王) 13년(440), 새로 시제(矢堤)를 신축했는데 둑의 길이가 2,170 보였다"[7]

"법흥왕(法興王) 18년(531) 3월, 유사(有司)에게 명령하여 제방을 수리하게 했다"[8]

김제 벽골지

농업기반을 확충하기 위한 개간사업과 저수지의 축조 및 수리사업 등에는 일반 백성들뿐 아니라 전쟁포로와 노예가 투입되었다. 또 전쟁물자를 생산하는 군수산업은 국가의 흥망을 좌우하는 중요 산업으로 육성되었고 노역이 강제되었다. 특히 철제 농기구와 군수품 제조를 뒷받침하는 철 생산은 매우 중요하여, 철의 제련과 원료의 채취, 연료용 땔감의 벌목은 물론 생산 공정상의 갖가지 잡일에도 노역 동원이 뒤따랐다.

『삼국지』「마한전」에는 국방과 지역의 안전을 위해 고통을 오히려 즐거움으로 받아들이며 성곽을 쌓는 마한 젊은이들의 모습이 생생하게 기록되어 있다.

"나라 안에 무슨 일이 일어나거나 관가(官家)에서 성곽을 쌓게 되면 용감하고 건장한 젊은이가 모두 나선다. (그들은) 등에 가죽을 뚫고 큰 밧줄로 그곳을 꿰매어 한 발쯤 되는 나무를 매달아 일을 하면서도 아프게 여기지 않고 온 종일 소리 지르며 일을 한다. (그들은) 그렇게 일하기를 원하며 또 이것을 강건한 것으로 여긴다."[9]

---

5) 『삼국사기』 권1, 신라본기 1, 혁거세거서간 17년 조.

6) 『삼국사기』 권2, 신라본기2, 흘해왕 21년 조. 벽골지에서 벽골(碧骨)은 '벼의 고향', 즉 '벼의 골'을 한자로 표기한 것이다. 백제 편에 실려야 할 것을 신라 편에 잘못 옮겨 놓은 것으로 보인다.

7) 『삼국사기』 권3, 신라본기 3, 눌지왕 13년 조. 시제(矢堤)의 위치는 아직 밝혀지지 않았다.

8) 『삼국사기』 권4, 신라본기 4, 법흥왕 18년 조.

9) 『삼국지』 권30, 위서 동이전, 마한.

앞서 기록에서 '등에 가죽을 뚫고 큰 밧줄로 그곳을 꿰매어 한 발쯤 되는 나무를 매달아 … 일을 한다'라는 기사는 마한 젊은이들이 등에 지게를 지고 성곽 쌓는 모습을 묘사한 것이다. 마한 젊은이들이 국가가 부과한 힘든 부역을 억지로 수행하는 맥 빠진 분위기가 아니라, 그들 스스로 국가가 필요로 하는 일을 자신의 일로 알고 즐겁게 참여하며 또한 그리함으로써 자부심을 느끼는 모습이 엿보인다.[10] 국방의 튼튼함이 자신을 보호하며 궁극적으로 국가의 발전이 자신의 행복을 보장한다는 인식이 사회 전반에 퍼져 있었던 것이다.

부강한 나라를 만들기 위해 농부는 열심히 농사를 짓고 장인은 생활을 윤택하게 하는 기술을 개발하고 제품을 만들어 내었다. 상인들은 온갖 상품을 유통시키고 다른 나라와의 교역에 나섰다. 중국 · 일본 등과의 교역은 생명을 담보로 해야 하는 험난한 여정이었지만 마다하지 않았고, 때로는 치열한 전쟁터를 누비며 적진을 염탐하는 임무까지 수행하기도 했다.

하지만 귀족이라고 해서 그저 호의호식을 즐겼던 것이 아니라, 전쟁이 터지면 장수로서 각종 전투에 나가 목숨을 내걸고 앞장서 싸워야 했다. 예를 들면 부여(扶餘)에서 부족의 우두머리인 가(家)는 평시에는 부족원을 지도하나 전쟁이 일어나면 스스로 선두에 서서 목숨을 걸고 싸웠다.

> "적이 침입해 오면 여러 가(家)들은 스스로 나가 싸우고, 하호(下戶)들은 양식을 져다가 음식을 만들어 주었다"[11]

---

10) 백남운은 이에 대해 나무 막대기를 강제로 꽂아 강압적으로 노역시킨 것으로 보고 '일하기를 원하고 또 이것을 강건한 자'로 규정하는 것은 피상적인 관찰에 불과하다고 했다. 그리고 당시 백성들은 지배층이 강요하는 대로 노동을 제공하였다며 "이러한 힘써 일하는 광경은 결코 만용의 표현이 아니라 '일하도록 권한 것' 즉 강제의 결과"라고 했다.(백남운 저, 윤한택 역, 『조선사회경제사』, 이성과 현실, 1989, p.125) 하지만 이 해석은 일반 백성과 노예를 구분하지 않았기 때문에 빚어진 해석상의 오류로 보인다. 고대에는 노예가 존재했고 대규모 공사에 투입됐다. 그리고 노예는 철저한 감시 아래 생명을 아랑곳하지 않는 가혹한 노동이 강제되었다. 반면에 백성들의 노역 동원은 달랐다. 백성은 국가의 근본이므로 노동력의 재생산과 보전을 위해 노동력의 원천이 파괴될 정도의 노역은 부과되지 않았다. 한편 백성들이 지배층과 목표를 공유했을 경우에는 자발적이며 희생적인 참여가 따랐다.

11) 『삼국지』 권30, 위서, 동이전, 부여.

고구려도 부족과 촌락의 우두머리를 가(家)라고 했다. 대가(大家)가 만여 명이나 되었고 전쟁에서 패배는 용납되지 않았다.

"수성전(守成戰)에서 적에 항복한 자, 패배한 자, 살인하거나 겁탈한 자는 목을 베었다."[12]

귀족이 전쟁터에서 귀족의 직분을 다하기 위해 목숨을 걸고 싸움에 임하는 예는 화랑 관창(官昌)을 통해서 명확히 확인할 수 있다. 서기 660년 신라가 당나라와 연합하여 백제를 침공했을 때, 관창의 아버지 장군 품일(品日)은 불과 16세의 관창에게 남보다 앞장서 싸워 공을 세우기를 권유했다. 이에 관창은 스스럼없이 적진으로 달려가 싸우다가 계백(階伯) 장군에게 잡혀 결국 죽고 말았다.[13] 귀족은 우대받고 특권을 향유하는 대신 전사(戰士)로서 그 의무를 다해야 했던 것이다.

또한 귀족은 자신이 소유한 토지·목장·노비 따위의 재산을 유지하고 늘리기 위해 밤낮으로 노력해야 했다. 우선 자신의 신변을 보호하고 재산을 지키기 위해 가신과 가병(家兵)을 양성하고 거느렸다. 또 가신과 노비들을 적재적소에 배치하여 농사관리, 말 사육, 생필품 조달 등이 최대의 효율을 올리며 처리될 수 있도록 면밀히 관리해야 했다. 기술을 보유한 자는 우대해서 질 좋은 제품을 만들게 하고, 계산이 빠르며 정직한 자에게 재물 관리를 맡겼으며, 상거래에 소질이 있는 자는 교역에 종사시켰다. 만약 재산관리에 차질이 생기면 부와 명예를 모두 잃고 몰락을 초래하게 되므로, 이러한 일들은 가장 중요한 과업이었다.

삼국시대에 상업노예가 상당수 존재했기 때문에 상업이 천시되었다는 견해가 있는데, 상업노예가 상업과 상인의 지위를 반영하는 것은 아니다.[14] 삼국시

---

12) 『구당서(舊唐書)』 권199 상, 고구려전. 이 기록은 수성전이므로 일반 백성들도 포함하는 규율이라고 보아야 할 것이다.

13) 『삼국사기』 권47, 열전7, 관창전.

14) 백남운은 고구려와 신라에서 귀족에게 예속된 상업 노예가 상당수 있었으므로 상업은 천시되었고 우리나라의 상업천시사상(商業賤視思想)은 신라 때부터 있었던 것으로 보고 있다.(백남운 저, 윤한택 역, 앞의 책, pp.135~317. 조병찬, 앞의 책, pp.36~37, p.44)

대는 상인이라고 무조건 천시당하는 사회가 아니었다. 행상(行商)이 되어 시골 구석을 떠돌거나 도시의 뒷골목에서 보잘 것 없는 장사를 한다고 해서 신분상으로 차별받거나 멸시당하지 않았다. 삼국시대에 신분을 차별하는 사농공상(士農工商)의 폐습이 살아있었다는 증거는 없다. "삼국사회에서 서인(庶人)이하의 비천 신분에 대한 차별을 정당화하는 법제는 아직 확인되고 있지 않다"[15]라는 말은 타당하다. 당시는 천민이라는 이유로 차별하기보다 그들에게 국가사회를 위해 일할 수 있는 기회가 부여되었던 시대였다.

고구려의 국가기반을 확고히 다진 15대 미천왕(美川王)은 왕위에 오르기 전 불우한 시절을 보낼 때 압록강에서 소금 장사를 한 적이 있다.

> "미천왕의 이름은 을불(乙弗, 혹은 우불(憂弗)이라 함)이며 서천왕의 아들인 고추가(古鄒加: 고구려 귀족 명칭) 돌고(咄固)의 아들이다. 돌고는 제14대 봉상왕(烽上王)의 동생인데 왕이 돌고가 다른 마음을 품은 줄 의심하여 그를 죽이니, 을불은 해를 입을까 두려워서 도망쳐 나왔다. 을불은 처음에 수실촌(水室村) 사람 음모(陰牟)의 집에 가서 고용살이를 했는데, 고용살이의 괴로움을 이기지 못하여 1년 만에 그 집을 버리고 나와 동촌(東村) 사람 재모(再牟)와 함께 (압록강을 오르내리며) 소금장사를 했다."[16]

때마침 봉상왕의 실정에 불만을 품은 국상(國相) 창조리(倉助利)가 쿠데타를 일으켜 봉상왕을 축출하고 을불을 왕으로 추대했다. 그가 미천왕이다. 이에 대해 미천왕은 압록강의 해상무역세력을 규합하고, 그 세력의 기반에서 즉위했으며, 중국과의 교역을 통해 그 세력을 유지했다고 보는 견해도 있다.[17] 이는 미천왕이 상인세력과 손잡았다는 것이다.

또 다른 좋은 예가 있다. 백제의 시조 온조는 대상인 연타발의 외손자였고, 선화(善花)공주와 서동요(薯童謠)로 유명한 30대 무왕(武王)은 왕위에 오르기 전에 마를 캐어다 시장에 내다판 전력이 있다. 신라의 석탈해왕(昔脫解王)은 야철(冶鐵)기술자 출신이다. 이처럼 삼국시대에는 자신이 처한 형편에 따라 농사를 짓거나 장사를 했고, 기술을 배워 수공업자가 되기도 했다. 그러나 그것이

---

15) 이영훈, 「'화랑세기'에서 노와 비」, 『역사학보』 176호, 역사학회, 2002, p.14.
16) 『삼국사기』 권17, 고구려본기5, 미천왕.
17) 정세영, 「고구려 미천왕대의 평양공략과 그 의미」, 국민대학교 대학원, 석사학위논문, 2006, p.40.

신분상의 흠이 되거나 신분 상승에 장애가 되지 않았다.

한편 부국강병은 왕권의 강화가 필연적으로 뒤따랐다. 왕권은 국가의 영토·인구 그리고 산업의 생산력에 의해 결정된다. 하지만 직접적으로는 왕의 친위부대와 상비군, 왕 직할지의 크기, 노예를 포함한 가신(家臣)의 규모와 상관관계가 높다. 지금도 그러하지만 고대의 정복전쟁은 승리한 측에 큰 보상을 안겨주며 가장 큰 몫은 왕에게 돌아간다. 정복지가 크면 클수록 왕권은 더욱 신장되었다. 그리하여 정복국가 고구려의 왕은 중국의 황제와 대등한 권위와 위상을 갖추었고, 백제왕과 신라왕도 경우에 따라 황제와 같은 위세를 견지했다.

왕권이 강화될수록 왕은 자신과 다른 귀족을 차별화하는 상징화를 추구한다. 웅장하고 화려한 궁궐, 좋은 말과 눈부신 수레, 황금 모자와 옷 그리고 금·은으로 세공한 각종 위세장식품 따위로 왕의 권위를 치장하는 것이다. 여기에는 우수한 장인(匠人)의 섬세한 기술이 필요하다. 왕은 자기 나라 장인의 기술이 뒤떨어지면 이웃 나라의 장인을 초빙하거나, 상인에게 필요한 물품을 구해오도록 요청했다. 한편 상업으로 큰돈을 번 부상(富商)들은 대외교역을 통해 왕실과 정부의 권위를 세워주고 귀족 층이 필요로 하는 물자를 조달해 줌으로써 사회적 지위를 보장받았다.

상인들은 산맥을 넘고 바다를 건너 중국·일본 등지로 갔고, 들어본 적도 없는 먼 남방이나 서역까지 가서 금은 세공품·보석·구슬 따위의 장식품, 향수·향신료·차 따위 기호품, 향기 나는 목재와 가구, 기이한 짐승과 새까지 구해서 바쳤다. 물론 이에는 상응한 보상이 수여되었다. 왕의 빛나는 권위와 영광의 상징 뒤에는 수많은 상인의 땀과 수고가 배어 있는 것이다.

고대국가의 왕권 강화는 상업의 발전과 궤를 같이 한다. 왕권강화를 위한 왕도(王都)와 왕궁의 확충, 새로운 교통로의 개설, 화폐와 도량형의 통일 따위가 상업의 터전을 활짝 열어주기 때문이다. 또 상업의 발전은 왕과 귀족들을 상업에 가까이 가게 했다. 이것은 상거래와 교역의 이익에 눈을 뜨는 것이고, 왕실과 정부의 곳간을 상업이익으로 채우게 됨을 의미한다. 이에 정부는 도시에 상설시장을 세우고 세금을 징수하며, 교통로를 새로 개설하거나 정비하고 곳곳의 길목에 관문을 설치하여 상인으로부터 통행세를 받았다.

신라는 480년 소지왕(炤知王) 12년에 처음으로 수도 경주에 상설시장을 개설했고,[18] 509년 지증왕(智證王) 10년 정월에 동시(東市)를 설치했다.[19] 소지왕이 처음으로 개설한 시장의 위치는 정확히 밝혀지지 않고 있지만, 지증왕이 설치한 시장을 동시라 하였으니 그 위치는 중앙 내지 다소 서쪽일 확률이 높다. 그리고 소지왕이 시장을 개설한 지 불과 19년 후에 지증왕이 다시 상설시장을 설치한 것은 당시 급속도로 발전하는 경주의 상업을 반영하는 증거라 하겠다.

신라는 시장을 관리·감독하기 위하여 시전(市典)이라는 관청을 별도로 두었다. 시전에는 감(監) 2인·대사(大舍) 2인·서생(書生) 2인·사(史) 4인 등 10명의 관리들이 봉직했고, 따로 다수의 관청노비가 배속되었다. 시전은 시장을 열고 닫고, 각종 세금을 징수했다. 또 부정 도량형 단속, 불량품 판매 단속, 도둑질 단속 등을 통해 범죄를 예방하고 질서를 유지해 나갔다. 뿐만 아니라 왕실과 정부에서 쓸 물품을 조달하고, 왕실과 정부의 잉여 물품을 매각 처리했다.[20]

한편 백제는 수도 고마성(固麻城, 일명 居拔城)에 관설 시장을 만들고 도시부(都市部)라는 시장 감독관청을 두었다. 도시부의 직무는 신라의 시전과 대동소이하다. 시장의 개폐(開閉)와 세금의 징수, 상거래 질서의 유지, 분쟁의 조정 및 불법 거래를 단속했으며 왕실에서 쓸 어용품(御用品)을 조달했다.[21] 그리고 지방에는 향시와 140개 이상의 성읍시가 존재했다.

고구려는 전하는 기록이 없어 시장상황을 알 수 없다. 고구려 전성기에 164개의 군현이 있었으므로 대체로 160개 정도의 성읍시·경시·가로시 등이 있었던 것으로 추측한다.[22]

삼국시대의 구체적인 시장 상황을 알려주는 문헌기록은 그리 많지 않다. 문헌기록이 풍부하지 못한 것은 지금까지 학자들조차 우리 조상들이 예부터 상업을 천시했기 때문이라고 보고 있다.[23] 그러나 사실은 상업을 매우 중시했으

---

18) 『삼국사기』 권3, 신라본기3.

19) 『삼국사기』 권4, 신라본기4.

20) 『삼국사기』 권38, 직관 상(上).

21) 조병찬, 『한국시장경제사』, 동국대학교 출판부, 1993. p.42. 김신, 「한국고대무역형태에 관한 연구」, 『사회과학논총』 7호, 경희대학교 사회과학대, 1989, pp.173~195.

22) 김신웅, 「韓國市場에 관한 硏究: 古代를 中心으로」, 『경제학논고』 5호, 1980, pp.124~128.

23) 김신웅, 앞의 논문, p.6.

나 기록이 유실되고 전해지지 않을 뿐일 것이다. 또 상업의 상황을 전해주는 문헌기록이 아주 없는 것도 아니다.

먼저 『삼국사기』에 실려 있는 평강공주와 바보 온달의 이야기를 보라. 평강공주가 바보 온달에게 시집간 뒤 금팔찌를 팔아서 주택과 토지·노비·말과 소·기물(器物) 따위를 사들이면서, 온달에게 말은 시장 상인이 파는 것을 사지 말고 나라에서 병들어 내다 파는 것을 사도록 당부했다.[24] 이 사례는 당시 평양성에 마소와 일반 생활도구들을 파는 전문시장과 전문상인들이 존재한 사실을 반영하고 있다.

다음 백제는 478년에 반역을 일으킨 연신(燕信)을 웅진의 시전거리에서 처형한 바 있다.[25] 웅진 도읍에 상설 시전거리가 설치되어 영업하고 있었던 것이다. 그리고 신라는 『신당서(新唐書)』에 "신라의 시전에서는 부녀자들이 물건을 사고판다."[26]라는 특이한 기록이 있다. 이 기록은 당시 신라 여성의 사회참여와 활발한 상업활동을 확인시켜 준다.

삼국시대에는 지방의 큰 도시에도 시전거리가 설치되어 있었다. 『동국여지승람』의 '(옛적에 남원)고을 안은 정전법에 따라 9개 지구로 도시가 구획되어 있었고 그곳에 방리와 시전이 배치되어 있었는데, 지금도 그 유지가 그대로 남아 있다'[27]라는 기록은 지방도시의 상설시전을 확인시켜 주고 있다. 즉 백제의 중요한 지방도시이자, 684년부터는 통일신라의 소경(小京)의 하나였던 남원은 삼국시대에 '밭 전(田)'자 형으로 시가지가 구획되었으며, 상설시전이 중심 시가지에 따로 건립되어 있었던 것이다.

삼국의 대립은 결과적으로 중국·일본 등과의 대외통상을 국가의 중요한 기능으로 부각되게 했다. 각 나라가 국경을 봉쇄하고 통행을 제한하여 대외교역은 철저한 통제 아래 행해졌다. 교역의 통제와 감시는 국방상의 안전을 그 이유로 내세우기는 했지만, 그 이면에는 교역의 이익을 독차지하려는 지배계층의 의도가 암암리에 숨어 있었다.

---

24) 『삼국사기』 권 45, 열전 5, 온달전.
25) 『삼국사기』 권 25, 백제 4, 삼근왕조.
26) 『신당서』 권 220, 동이열전 145, 신라전.
27) 『동국여지승람』 권 39, 남원고적조.

하지만 국경의 봉쇄와 통행 제한이 상인의 은밀한 왕래를 완전히 묶어 두지는 못했다. 상인은 생명을 담보로 하는 엄청난 위험에 당면하면서도 밀무역이 가져다주는 막대한 이익을 결코 포기하지 않았다. 이것은 비단 평시에만 국한되지 않았다. 때때로 삼국 간에 전쟁이 일어나면 상대방 나라의 풍물과 지세에 밝은 상인들이 강제로 동원되어, 염탐 또는 정찰의 임무를 띠고 군사상 필요한 정보와 물품을 구해 와야 했다. 그런 와중에도 밀무역은 끊이질 않았다. 전쟁 중의 밀무역은 위험 부담이 극심한 만큼 더 큰 이익이 따랐기 때문이었다.

2. 상인의 성장과 상업 환경

삼국시대에 이르러 국내 상업이 각국의 수도를 중심으로 크게 발전했고, 중국·일본 등과의 대외교역 역시 활발하게 전개되었다.[28] 그러나 상업과 대외교역의 발달된 모습을 설득력 있게 설명하기는 사료 따위가 턱없이 부족하고, 상업과 대외교역의 주인공인 상인에 대해서도 직접으로 근거할 밑천이 부족하기는 마찬가지이다.

우리나라의 상업은 삼국시대에 이르러 비로소 사회분업체계에서 분화되어 독자적인 영역을 구축해 나가기 시작했다. 고구려·백제·신라가 고대국가로 발전하면서 상업은 국가의 적극적인 지원과 보호를 받으며 성장했고, 상인은 국가를 위해 물화의 유통과 대외교역을 확장시켜 나갔다. 또한 당시 상업 노예가 상당수 존재하여, 이들이 시장 등지에서 상행위의 많은 부분을 담당했다. 그리고 이들을 조직하고 부리는 지배계급과 부호들에 의해 상업이 발전되어 나갔다.

삼국은 고대국가로 발전하는 과정에서 서로 영토가 마주치기 전까지는 각 부족 및 소국(小國) 간에 주도권을 다투는 치열한 내전을 겪었고,[29] 삼국이 정

---

28) 삼국시대라 하면 가야(伽倻)의 존재를 누락하므로 가야연맹제국(伽倻聯盟諸國)을 포함한 4국시대로 보자는 견해가 있다. 4국시대가 의미 있지만 본서에서는 서술의 편의상 삼국시대로 한다.(고준환, 앞의 책, pp.238~239. 김태식, 『가야연맹사』, 일조각, 2000, pp.310~320)

29) 이인철, 『신라 정치경제사 연구』, 일지사, 2003, pp.60~79. 『삼국사기』 초기 기록에는 신라가 정복한 소국들의 이름이 기록되어 있고(『삼국사기』 권1, 신라본기1, 파사니사

립한 뒤부터는 제각기 생산성 높고 효율적인 산업구조를 창출해 나가기 위해 끊임없이 경쟁했다. 국가경쟁력 향상을 위해 가장 시급한 일 중의 하나가 도로 망의 확충이었다. 삼국은 기존의 도로는 정비하거나 확장해 나갔고 수도를 중심으로 새 도로를 개설하는 데 국력을 쏟았다.

신라는 156년 아달라왕 3년에 경북도 영천 · 예천 · 문경을 지나 충청도 연풍 · 괴산으로 통하는 계립령(鷄立嶺)을 닦았고, 동왕 5년(158)에 험준한 죽령산 맥을 넘어 충청도 단양을 통하는 죽령(竹嶺) 길을 개통했다.[30] 계립령과 죽령의 개통은 육로를 이용한 원거리 상거래가 본격적으로 전개되고 해운에 치중한 교역체계가 육상교역으로 확장 · 개편되었다는 의미이기도 하다.[31] 또한 도로의 새로운 개통은 도로에 연관된 상업 세력권을 국가가 완전히 장악한 결과로 볼 수 있다.[32]

고구려는 일찍부터 북부의 요하 · 송화강과 압록강 · 청천강 · 대동강 등 큰 강에 수로를 개설하고 이들 지역을 상호 이어주는 육로를 부단히 개척해 나갔다. 그리고 산간지역의 모피 · 약재 · 목재, 평야지역의 곡물과 과일, 해안지역의 소금과 수산물 등이 원활히 유통될 수 있도록 힘썼다. 백제도 수도를 중심으로 큰 길을 내고, 금강 · 영산강 · 섬진강 등을 이용한 교통운수를 발전시켜 나갔다.

특히 413년 고구려 평양주(平壤州)에 큰 다리가 건설되었고,[33] 498년 백제 금강에 웅진교가 건설되었다.[34] 이는 그 밖의 다른 강에도 교량이 설치되어 육로와 수로가 밀접하게 연결되면서 교통운수가 발전해 나간 것을 보여주고 있다.

삼국은 교통로를 따라 군사 · 경제상 필요한 곳에 군대를 주둔시키고 백성들을 이주시켜 마을을 만들었다. 신설 도로는 새로운 상업 환경을 조성하고 시

금, 23년조, 25년조, 27년조, 29년조) 『삼국유사』에도 A.D.42년에 제3대 노례왕(弩禮王)이 이서국(伊西國, 지금의 청도)을 정벌하여 멸망시킨 기록이 있다.(『삼국유사』권1, 기이1, 제3대 노례왕(弩禮王))

30) 『삼국사기』권 8, 신라본기8, 아달라왕 3년, 5년조.
31) 주보돈, 『신라 지방통치체제의 정비과정과 촌락』, 신서원, 1998, pp.34~35.
32) 김태식, 「한국 고대제국의 대외교역-가야를 중심으로-」, 『진단학보』101호, 진단학회, 2006, p.11.
33) 『삼국유사』권1, 기이1, 실성왕조.
34) 『삼국사기』권26, 백제본기4, 동성왕 20년조.

간과 운송비를 절감시켜 주며, 행상(行商)과 여행자의 안전을 크게 높여 주었다. 비록 삼국 간 교역은 이전 시기에 비해 축소되었지만, 삼국이 국내 시장과 상업망을 수도를 중심으로 촘촘히 짜고 경쟁적으로 상업을 장려함으로써 상업의 규모가 날로 신장되어 나갔다.

가. 상인 윤청(潤淸)과 수공업

고대국가의 형성 과정에서 필연적으로 야기되는 전쟁은 군수산업을 크게 신장시켰고, 군수산업은 경제성장의 견인차 역할을 해냈다. 특히 군수산업의 근간인 철 제련업은 비약적으로 발전하여 새로운 산업동력으로 작동되었을 뿐 아니라 사회경제를 혁신시키는 핵심 축이 되었다.

가야시대 갑옷과 투구(좌)
말 얼굴 가리개(우)

철로 만든 무기는 전쟁의 승패를 좌우하는 결정적 요소이므로 좋은 철의 확보는 어느 국가에서나 최우선 과제로 추구되는 국방정책이었다. 갑옷, 방패, 활과 화살, 칼과 검, 긴 창과 짧은 창, 도끼, 쇠도리깨, 쇠갈쿠리 등 개인 무기뿐 아니라 포(砲, 돌멩이를 쏘아 보내는 무기), 노(弩, 여러 개의 큰 화살을 한꺼번에 쏘아 보내는 활), 형거(衡車, 성문 파괴용 수레), 운제(雲梯, 성 공격용 사다리) 등이 철제로 개량되었다. 기병들도 말 갑옷·말발굽·말안장과 발걸이 따위를 철제로 바꾸었다.

그리고 철제 농기구는 농업생산성을 크게 향상시켜 주었다.[35] 사회적 분업이 활발해지자, 각종 무기 및 농기구 등 생산품의 종류가 세분화되고 수공업자도 증가했다. 이제 철은 산업의 중심이 되었고, 철을 만드는 기술은 돈과 권력의 원천이 되었다.

고구려는 기원전에 이미 철 제련업과 금속 가공업이 매우 발달했다. 자강도 시중군 노담리와 증강군 토성리에서 발견된 기원전 1~2세기 것으로 추정되는 야철지 유적이 이를 증거하고 있다.

---

35) 김의만, 「신라 장인층의 형성과 그 신분」, 『신라문화제학술발표회논문집』 13호, 동국대학교 신라문화연구소, 1992, p.79.

신라 역시 철 생산기술이 뛰어났다. 1989년 경주 황성동(皇城洞)에서 3~4세기에 가동된 것으로 보이는 야철지가 발견되어 세간을 놀라게 했다. 황성동 야철지는 여러 단계의 철 제련공정을 살펴볼 수 있는 유적지로서, 당시 철 제련기술이 매우 우수한 수준이었음을 확인시켜 주고 있다. 황성동 야철지의 제련과정을 보면, 먼저 목탄을 태운 화력으로 철광석을 용해하여 철을 뽑아내는 제철로(製鐵爐), 제철로에서 생산된 철 덩어리를 녹여 탄소 함유량이 높은 선철을 분리해 내어 주조철부를 제작하는 용해로(鎔解爐), 탄소 함유량이 낮은 것을 녹여 단조용 철소재를 만드는 정련로(精鍊爐), 그리고 마지막으로 단조용 철소재로 단조 철기를 만드는 대장간인 단야로(鍛冶爐) 등 4단계의 공정을 거치게 되었다.[36]

황성동 야철지가 발견된 곳은 신라의 모태인 사로국(斯盧國)의 시대층이다. 따라서 사로국이 1~2세기경에 이미 높은 수준의 철 생산기술을 보유하고 있었을 것으로 짐작된다. 당시 사로국은 양질의 철을 생산함으로써 부족국가들과의 경쟁에서 승리하고 신라를 세우는 기틀을 마련할 수 있었던 것이다. 또한 이 야철지는 삼한에서 생산한 철을 화폐로 사용하고 외국에 수출했다는 『삼국지』의 기록을 뒷받침하고 있다.

> "나라에서 철을 생산하는데 한(韓)·예(濊)·왜(倭)에 공급되었다. 각 저자에서의 매매는 모두 철을 사용하는데, 중국에서 전(錢)을 사용하는 것과 같다. 또한 두군(郡, 낙랑군과 대방군)에도 공급한다"[37]
> "진한에서는 철이 나는데, 예(濊)·왜(倭)·마한(馬韓)이 모두 이로부터 철을 매입했다. 각각의 무역에는 모두 철로서 화폐를 삼았다"[38]

신라의 철 생산은 석탈해(昔脫解)의 대장장이 야장(冶匠)설화를 통해서 기원전에 철 생산이 보편화된 사실을 알 수 있다.[39]

> "어느 날 석탈해가 토함산에 올라가 집터를 찾아보니 호공(瓠公)의 집이 오래 살만하여

---

36) 권병탁, 「고대 철산업의 일 연구」, 『국사관논총』 42호, 1993, p.39.

37) 『삼국지』 권30, 위서, 동이전, 변진(弁辰).

38) 『후한서(後漢書)』 권85, 동이열전, 한(韓).

39) 박남수, 『신라수공업사』, 신서원, 1996, pp.262~264.

꾀를 내어 몰래 그 집 옆에다 숯 부스러기(礪炭)를 묻어두었다. 그 이튿날 아침 호공의 집 앞에 찾아가 따지기를 '이 집은 우리 조상이 살던 집이요' 했다. 호공은 그럴 리가 없다고 부인했다. 이리하여 다툼이 이어지자 관가에 가서 고발했다. 관원은 '무슨 근거로 네 집임을 증명하는가?' 라고 물었다. 석탈해는 '나는 원래 대장장이인데 얼마간 이웃 고을에 나가 있다 돌아와 보니 저 사람이 빼앗아 살고 있었다'고 말했다. 관원이 땅을 파헤쳐 확인해 보니 과연 숯 부스러기가 나와 석탈해는 소송에 이기고 호공의 집을 차지해 살게 되었다. 당시 남해왕은 탈해가 지략가임을 알고 왕의 맏 공주를 시집보냈다. 그리고 탈해를 대보(大輔)에 임명하여 군정(軍政)을 맡겼는데, 후에 남해왕의 태자인 유리왕의 뒤를 이어 왕위에 올랐다"[40]

석탈해의 후손으로 왕위에 오른 자는 9대 벌휴이사금(184~196)으로부터 16대 흘해이사금(310~356)까지 모두 8명이다. 이 시기는 중국과 예·왜·마한 등지에 철을 수출하던 시기로, 특히 중국은 3세기 초 황건적의 난(黃巾賊之亂)으로 인해 중국 야철업이 폐허가 되었기 때문에 많은 양의 철을 수입해 갔다.

당시의 시대 상황과 연계하여 석탈해 설화를 분석해 보면, 부와 권력의 상징인 철 생산을 주도한 석씨 일족이 그들 선조인 석탈해를 당시 사회적으로 큰 영향력을 가진 야장공으로 꾸민 것으로 볼 수 있다.[41] 한편 석탈해는 야철 기술을 지닌 장인으로 동해안을 따라 신라로 이주한 후 토착 세력인 호공과 각축전을 벌여 결국 그 영유권을 차지하는 것으로도 해석할 수 있다.[42] 어떤 관점이든 석탈해 설화는 제철기술을 가진 자가 정치지도자나 경제적 실력자가 된 것을 보여준다. 이와 관련하여 신라의 유학자이며 문장가인 강수(强首)가 대장장이의 딸과 결혼한 것도 당시 야장공들이 야장업을 통해 축적한 경제력을 바탕으로 하여 사회에 활발하게 진출한 현실을 입증하는 사례라 할 수 있다.[43]

하지만 보다 중요한 사실은 최고 권력자인 석탈해 왕과 그의 조상이 철을 만들고 가공하는 기술자였다는 점이다. 석탈해의 야장 설화는 신라가 기술자를

---

40) 『삼국유사』 권1, 기이1, 탈해왕전. 『삼국사기』 권1, 신라본기, 탈해이사금조. 인용문은 『삼국유사』와 『삼국사기』의 기록을 참조하여 정리하였다.

41) 박남수, 앞의 책, pp.263~264.

42) 김의만, 앞의 논문, p.180.

43) 홍희유, 앞의 책, pp.28~29. 강수는 문무왕 때 고구려·백제·당에 보내는 외교문서 작성을 책임 맡은 인물이다. 중원경(충주) 동쪽에 인접한 부곡의 야장공 딸과 사귀고 결혼했다.(『삼국사기』 46권, 열전 6, 강수)

국가건설과 경영의 주역으로 삼는 나라, 기술자가 기술자임을 자랑스러워하고 긍지를 갖는 나라임을 말해 주고, 기술자에 대한 사회적 평가가 매우 높은 사실을 증명해 준다.

또한 오늘날 백제의 철기유적에 비해 신라의 철기유적이 월등히 많이 발견되고 있다. 이것은 신라의 제철능력이 백제보다 앞선 것을 반영하는 것이다. 신라의 국가경쟁력의 중심 바탕에는 제철기술력이 있었다. 제철기술은 각종 수공업과 군수산업에 파급되고, 또 앞선 군수산업은 삼국통일의 원동력으로 작동되었을 것으로 보인다.[44]

한편 고구려는 금속가공기술이 매우 뛰어났다. 백남운은 '관서 지방의 연와총(煉瓦塚)에서 발굴된 동칼·동창은 고대 금속품 중 가장 뛰어난 것이며, 그것을 만든 기술이 자못 정교하고 아름답다. 또 거울·마구·구슬류·불상 그밖의 금속 공예술도 놀라운 경지에 이르렀다'[45]고 했다.

삼국은 직물수공업(織物手工業)이 매우 발달했다. 세금으로 베를 바쳤을 뿐 아니라 베가 교환시장에서 현물화폐로 사용됐기 때문이었다. 농가에서 가내 수공으로 베를 짜는 것은 곧 직접 돈을 만드는 것을 의미했고, 시장의 교환상품을 생산하는 것과 같았다. 평안남도 남포시 용강군에 있는 쌍영총(雙楹塚)에 그려진 길쌈하는 직녀도(織女圖)는 고구려 직물수공업의 발달을 입증한다. 또 무덤의 직녀도 벽화는 당시 직조가 사회적으로 비중이 매우 컸던 현실을 반영하고 있다고 할 수 있다.

신라의 직물수공업 발달은 시조 박혁거세 왕이 백성들에게 양잠을 장려한 것과[46] 한가위 날 신라 6부의 길쌈대회 풍습을 통해 짐작할 수 있다. 백제의 경우 백제의 본래 근거지인 마한은 양잠과 방직에서 오랜 기술력을 보유하고 있었고 일반인들이 비단(錦)으로 만든 옷을 입을 정도로 직물기술이 발달했다. 또 중국의 직조기술을 수입하여 더 발전시켜서 백제 초기부터 견직물 생산기술이 뛰어났다.[47] 고도로 발달한 백제의 직조기술은 일본에 전해져 일본 직조기

---

44) 이선복, 「신라의 삼국토일 뒤에는 앞선 군수산업이 있었다」, 『월간 사회평론 길』, 96호, 1996, pp.152~157. 이선복, 『이선복 교수의 고고학 이야기』, 가서원, 1997.

45) 백남운 저, 윤한택 역, 앞의 책, p.193.

46) 『삼국사기』 권1, 신라본기 1, 혁거세거서간 17년 조.

47) 김병미, 「백제옷의 직물과 문양」, 『백제문화』 38집, 공주대 백제문화연구소, 2008,

술의 원류가 되었다. 백제의 직물수공업
에 대해 『삼국지』에는 다음과 같이 기록
되어 있다.

쌍영총 직물 벽화

> "벼를 재배하고 누에를 쳐서 비단을 만들어
> 입을 줄 안다. 금과 은 그리고 비단이나 수
> 놓은 비단도 귀하게 여기지 않았다."[48]

　　삼국시대 기술력을 총체적으로 파악
하려면 당시에 건립된 대규모 사찰을 분석하는 것이 효과적이고 적절한 것으로
보인다. 최대 사찰은 국력을 총동원하여 지어졌고, 당시의 건축·공예 등 각종
문화기술이 최고로 발휘되었기 때문이다. 삼국은 자기 나라 기술이 부족하면 신
라가 백제의 건축가 아비지를 초청하여 황룡사(黃龍寺)를 건립한 것처럼 체면 불
구하고 다른 나라 기술자를 초빙했다. 그만큼 기술력 제고에 힘을 쏟은 것이다.
　　삼국 최대의 사찰은 단연 백제의 미륵사(彌勒寺)를 꼽는다. 미륵사는 백제
무왕(武王, 600~641)에 의해 건립되었고, 현재 전북 익산의 유적 복원이 진행되
고 있는데, 동양 최대 규모라 한다. 1991년에 대대적인 발굴조사가 있었다. 그
때 기와·불상·토기 따위와 함께 양질의 유리가 출토되어 주목을 끌었다. 이
유리를 납 동위원소분석법으로 알아본 결과 원료가 한반도에서 채취된 것으로
모래와 납을 주성분으로 한 우수한 납유리였다.[49] 따라서 백제는 동양 최대의
사찰을 만들 정도로 탄탄한 국력과 우수한 문화기술력을 보유했고, 자체의 원
료로 양질의 유리를 제조할 만큼 수공업 기술이 높았던 것이다.
　　상인과 장인(匠人)은 불가분의 관계에 있다.[50] 장인은 원료의 채취와 구입,

---

pp.23~26.

48) 『삼국지』 권30, 위서, 동이전, 한.

49) 최주 외, 「한국 고대 유리의 국내 제조에 대하여-특히 미륵사지 출토 유리를 중심으
　　로」, 『선사와 고대』, 한국고대학회, 1991.

50) 장인(匠人)에 대해서는 전통적으로 궁궐·성곽·사찰 등을 만드는 목공(木工)을 장인으
　　로, 대대로 기술을 이어가는 수공업 기술자를 공인(工人)으로, 여러 종류의 기술자를
　　백공(百工)으로 불렀다.(『주례(周禮)』 권39, 동관고공기(冬官考工記)6) 신라는 황룡사 종
　　을 만든 주조 기술자를 장인으로 일컫는 등 중국과 다르다.(박남수, 앞의 책, p.143)

익산 미륵사탑

제조품의 판매에 따른 모든 일들을 가능하면 자신이 직접 처리하려 한다. 그러나 다량의 제품을 다뤄야 하고 상거래에 서투른데다 가격 변동 등의 시장 정보에 밝지 못한 탓에 어쩔 수 없이 상인의 도움을 받는다. 장인의 사업이 커지면 커질수록 더욱 그렇다. 상인의 입장에서는 장인에게 원료와 중간 소재를 조달해 주거나 완성품을 처분해 주는 대가로 이득을 올릴 수 있어, 장인은 돈을 벌게 해 주는 고마운 존재이다. 따라서 상인은 장인에게 선도 자금을 대 주거나 외상으로 원료를 구해 주기도 한다.

인류역사에서 상인이면서 손재주가 있는 자들이 기술을 배워 장인으로 전업하기도 했겠지만, 오히려 장인이 수공업을 일으켜 돈을 벌자 돈을 더 벌기 위해 상인으로 전업하는 경우가 더 많았을 것으로 추측된다. 『일본삼대실록(日本三代實錄)』에는 기와 만드는 신라 장인이 무역상으로 전업한 사례가 실려 있다.

> "신라의 흉칙한 도적이 공물로 바치는 공면(貢綿)을 약탈했는데, 윤청(潤淸) 등이 혐의를 받았다. … 윤청 등은 오랫동안 교관(交關)에 종사하여 이 땅에 살고 있으므로 물색(物色)을 잘 살필 수가 있고, 우리의 방비가 없음을 알기 때문에 돌아가도록 한다면 적에게 약점을 보이는 것이 될 것이다."[51]
> "신라인 20명을 보내어 여러 나라에 배치했다. … 신라인 윤청 등은 공면을 약취한 혐의를 받았다. … 윤청·장언·진평 등은 기와를 만드는 재주가 뛰어나므로 육오국(陸奧國) 수리부(修理府)에서 기와를 만들도록 하고 기와를 굽는 자로 하여금 배우도록 했다"[52]

아마도 윤청은 본래 기와 굽는 장인이었으나 전업하여 무역업에 뛰어들었을 것이다. 윤청의 예와 같이 상인이 장인으로, 장인이 상인으로 자유롭게 전

---

51) 『일본삼대실록』 권 17, 정관(貞觀)12년 2월 20일.
52) 『일본삼대실록』 권 18, 정관(貞觀)12년 9월 15일. 박남수, 앞의 책, p.302에서 재인용.

업한다는 것은 당시 상인과 상인의 위상이 비슷한 실상을 반영한다고 본다.

나. 신라 골품제와 상인

삼국시대에 상인이 멸시받는 천민으로 취급되지 않았음은 분명히 짐작할
수 있으나, 사회적 위상과 지위가 어떠했는지는 명확히 알 수가 없다. 삼국은
모두 국가 태동기부터 이미 사유재산을 보호하는 정책을 취했고 백성들의 상행
위와 자유로운 거래를 인정하여 관영 상인과 민간 상인이 존재했을 터이지만,
아직은 그들의 이름이나 행적이 구체적으로 밝혀지지 않고 있다.

그런데 골품제(骨品制)라는 엄격한 신분제를 유지한 신라에서 상인은 어떠
했을까? 신라상인의 사회적 지위는 윤청(潤淸)의 예를 통해 추정 가능하다. 장
인에서 무역상으로 전업한 윤청의 예에 비추어 두 계층의 신분상 위상이 비슷
하다고 보면, 상인의 사회적 위상은 장인과 유사하거나 그보다 상위로 볼 수
있다.

고대국가는 부족 연맹체인 소국(小國)들의 작고 단순한 지배체제가 크고 복
잡한 구조의 중앙집권적 관료지배체제로 재편된 것이다. 크고 작은 부족장과 세
력들은 중앙의 귀족이나 관료로 흡수되든가, 지방의 성주(城主)나 촌주(村主) 따
위의 신분과 지위를 부여받고 새로운 신분체제에서 맡은 역할을 수행해 나갔다.

신라의 골품제 역시 고대의 지배체제 발전에 따른 산물임이 분명하다. 하
지만 골품제의 기원, 구조와 운영 등 그 실체에 대해서는 아직 학계에서도 견
해의 일치를 보지 못하고 있다. 그러므로 골품제에서 상인의 신분상 지위에 대
해 만족할 만한 해석을 얻기는 어렵다.

골품제는 520년 법흥왕이 율령을 제정함으로써 확립되고, 진덕여왕(眞德女
王, 647~654) 대에 완비되었다고 본다.[53] 그것은 국가 형성기인 사로 6촌 시기
부터 있어 온 계급 구성에다가 왕실 지배세력이 된 박·석·김(朴, 昔, 金) 씨족
을 중심으로 하여 틀을 잡은 신분체제이다. 골품제는 8단계의 계급으로 나뉘었
다. 우선 왕족으로 성골(聖骨)과 진골(眞骨)의 두 계급이 있고, 그 아래로 귀족
계급인 6두품과 5두품 그리고 4두품에서 1두품까지 6단계의 계급이 있었다. "6
두품은 왕족 밑의 가장 신분이 높은 귀족 계급이기 때문에 '득난(得難)'이라는

---

53) 전덕재, 『신라왕경의 역사』, 새문사, 2009, pp.107~108.

별명"[54]으로 불리기도 했다. 4두품은 평민과 큰 차이가 없으나 관료로 진출할 수 있었고, 3두품·2두품·1두품은 평민 계층을 구별한 것으로 여겨지나 구체적인 내용은 아직 밝혀지지 않고 있다. 따라서 신라 골품제의 8단계 신분체계는 성골과 진골, 6~4두품의 귀족과 관리, 3~1두품의 평민·노비 등 4계층으로 대별할 수 있다.

신라에서 평민과 노비는 전체 인구의 80~90%였고, 그 중 노비는 10% 미만이어서 일반 백성의 대다수가 평민이었다.[55] 평민은 대부분 농사를 지어 생계를 유지했는데, 상인·장인·역인·군인·관청의 심부름꾼 등으로 생업을 꾸려가는 자도 많았다.[56] 물론 진골에서 6두품으로, 두품 신분에서 평민으로 신분이 떨어질 수 있었고 평민에서 두품으로의 신분 상승도 이루어질 수 있었다.

골품제는 신라 전 지역을 망라한 신분체제가 아니었다. 신라는 수도 서라벌의 왕경인(王京人)과 지방민을 달리 취급했다. 따라서 성골·진골 그리고 6개의 두품(頭品) 신분은 서라벌의 왕경인(王京人)에게 해당되었고, 지방민은 진촌주(眞村主), 차촌주(次村主) 등의 지방 신분제가 별도로 구비되어 있었다.[57]

신라의 관료조직은 다음 〈표 4-1〉과 같이 17단계의 관계(官階)로 구성되었다. 왕족은 최고 관등인 이벌찬(伊伐飡)까지 제한 없이 승진할 수 있었지만, 왕족이 아닌 6두품 이하는 승진을 엄격히 제한해서 6두품은 제6관등인 아찬(阿飡)까지, 5두품은 제10관등인 대나마(大奈麻), 4두품은 제12관등인 대사(大舍)까지만 승진이 가능했다. 관등의 신분구별은 옷의 색깔에 의해서도 구별되게끔 했고 사는 집의 크기·생활 용기·말의 장식 등에 이르기까지 세세하게 차등을 두어 구별토록 했다.[58]

신라는 일찍부터 수공업을 중히 여겨 장인들을 우대했다. 주변의 소국들을 정벌 또는 병합할 때 그곳에 산재한 수공업 생산기반과 장인들을 중앙으로 옮

---

54) 한우근, 앞의 책, p.61.

55) 이종욱, 앞의 책, p.333.

56) 이종욱, 앞의 책, p.314.

57) 이종욱, 『신라골품제 연구』, 일조각, 1999, pp.12~50.

58) 고구려는 제일 높은 대대로(大對盧)에서부터 제일 낮은 선인(先人)까지 14단계가 있었고 백제는 제일 높은 좌평(佐平)에서부터 제일 낮은 극우(剋虞)까지 16단계의 관등체제가 있었으나 장인의 신분과 관련해서는 아직 자세히 알 수 없다.(한우근, 앞의 책, pp.55 ~59)

표 4-1	신라의 관계명과 복색	

관계(官階)	관계명(官階名)	복색(服色)
1	이 벌 찬(伊 伐 湌)	
2	이 찬(伊 湌)	
3	잡 찬(迊 湌)	자의
4	파 진 찬(波 珍 湌)	(紫衣)
5	대 아 찬(大 阿 湌)	
6	아 찬(阿 湌)	
7	일 길 찬(一 吉 湌)	비의
8	사 찬(沙 湌)	(緋衣)
9	급 벌 찬(級 伐 湌)	
10	대 나 마(大 奈 麻)	청의
11	나 마(奈 麻)	(靑衣)
12	대 사(大 舍)	
13	사 지(舍 知)	
14	길 사(吉 士)	황의
15	대 오(大 烏)	(黃衣)
16	소 오(小 烏)	
17	조 위(造 位)	

겼다. 불가피하여 지방에 그대로 둘 경우는 직할 관리했다. 이 과정에서 장인들은 골품제와 17관등의 관료체계에 편입되었다.

신라 장인의 사회적 지위에 대해서 학자들 간의 견해가 서로 약간씩 다르다. 대체적으로는 6~5두품이나 5~4두품으로 높게 보고 있다. 그리고 장인들의 사회적 지위는 삼국통일 이전까지는 대체로 상승하다가 통일 이후 신라 말기에 이르면 그 지위가 다소 낮아진다고 보고 있다.[59] 하지만 중대 이후 상업의 지

---

59) 이기백, 「신라 경덕왕대 화엄경 사경 관여자에 대한 고찰」, 『역사학보』 83호, 1979, pp.134~139에서 왕경에 있는 장인을 6~5두품으로 지방 거주 장인은 4두품인 차촌주(次村主)로 본다.
　　이종욱, 「남산 신성비를 통하여 본 신라의 지방통치체제」, 『역사학보』 64호, 1974, pp.54~56에서 장인을 4~5두품으로 보되 시대가 내려올수록 사회적 지위가 낮아진다고

속적인 확장은 장인들의 자산 축적을 가능하게 했다. 또 대외교역의 활성화에 따라 무역에 종사하는 장인이 등장하는 등 장인들의 실질적인 사회적 지위가 향상된 것으로 볼 수 있다.[60]

신라의 장인은 기술이 우수한 자는 6~5두품에, 기술이 뛰어나지 못하거나 지방에 거주하는 자는 4두품에 속했다. 그러므로 장인은 일반 백성, 즉 농민보다 우월한 신분으로 대접받았다. 관등을 가진 장인은 문관 및 무관 관리들과 비교해 차별 없이 6두품의 최고 관직까지 승진할 수 있었다. 따라서 관등을 가진 장인뿐 아니라 평민이나 노예 신분의 장인이라도 기술이 우수한 자는 특별히 우대받았을 것이고 사회적 대우 역시 높았을 것이다.

신라 사회의 신분제도를 옳게 이해하기 위해서는 골품제에 대한 올바른 인식이 선행되어야 한다. 특히 사농공상(士農工商)의 유교적 차별 관념의 시각으로 골품제를 바라보는 태도는 지양되어야 한다. 골품제는 사농공상과 전혀 다른 별도의 신분체제로 인도의 카스트(caste) 제도와 유사하여 태어나면서부터 자신의 신분이 결정되고, 사람들이 스스로 태생적인 신분의 한계를 자각하고 그에 순응케 하는 제도이다.[61] 골품제는 같은 골품 내에서 상인·관리·농부·장인 사이에 신분차별은 없고 서로 평등하다는 기본 인식이 바탕에 깔려 있다. 신라 사회에서 상인과 장인은 종사하는 직업 때문에 자신들의 골품에 따른 신분상의 지위가 손상당하거나 차별받지 않았다.[62]

신라 장인의 사회적 지위는 그들이 만든 제작품에 실명을 남긴 것을 보면 가늠할 수 있다. 신라 장인들은 자신이 만든 제작품에 관등과 이름을 또렷이 남겼다. 1994년 1월 6일에 발견된 '남산신성 제10비'에는 내정(內丁), 영리지(另利支) 등 장인의 이름이 새겨져 있다. 또 『삼국유사』에는 황룡사의 종을 이상택(里上宅)의 장인 종(下典)이, 분황사의 약사여래본존상은 본피부(本彼部)의 장인 강고내말(强古乃末)이 주조했다고 기록되어 있다.

본다.

60) 박남수, 앞의 책, pp.311~312.

61) 골품제를 인도의 카스트 제도와 같이 특수한 혈연적 계급체적 신분제로 보는 견해도 있으나 골품제는 혈연적·지연적 성격을 함께 내포하고 있어 단순 비교하기는 적절하지 않다.(이종욱, 앞의책, pp.9~11)

62) 홍희유, 앞의 책, pp.27~29.

백제도 신라와 마찬가지로 장인을 우대했다. 1971년에 발견된 무령왕릉에서 출토된 왕비의 은제팔찌는 그 안쪽에 다리(多利)라는 제작자의 이름이 또렷이 새겨져 있다. 이 팔찌는 왕비가 죽기 6년 전 520년에 만들어진 것으로 당시 고급기술자는 왕비의 팔찌에 자신의 이름을 새길 만큼 사회적 위상이 대단했음을 확인시켜 주고 있다.[63]

오늘날 우리가 쉽게 접하는 대표적인 전통 문화유산 가운데 상당수는 삼국시대와 통일신라시대에 만들어졌다. 그런데 신라는 삼국 중 제일 늦게 고대국가로 발전했고, 통일 이전까지는 고구려와 백제의 건축 기술이 신라보다 훨씬 앞서 있었다.

광개토대왕릉비를 비롯해 석재를 피라미드식으로 쌓아 올린 거대한 장군총(將軍塚), 평양 부근에 있는 쌍영총(雙楹塚)의 섬세하고 화려한 인물 벽화, 통구 지역에 있는 무용총(舞踊塚) 등에서 보이는 현란한 사신도(四神圖) 복식 등을 통해 고구려인의 웅장한 기백을 느낄 수 있다. 백제 역시 공주 무령왕릉의 벽돌과 벽화, 부여 정림사지(定林寺址)의 탑, 익산의 미륵사탑, 미륵반가상(彌勒半跏像) 등을 통해 화려하며 우아한 기풍을 느낄 수 있다.

신라는 643년에 국력을 총동원하여 황룡사 9층탑을 만들면서 기술이 모자라자 백제의 공장(工匠: 건축기술자) 아비지(阿非知)를 특별히 초빙했다. 이는 당시 백제의 건축술이 신라보다 우수했던 사실을 보여주고 있다.

다리(多利) 작명 은제 팔찌, 지름 14cm(국립공주박물관 소장)

---

63) 권오영, 『무령왕릉』, 돌베개, 2005, pp.162~163.

"선덕여왕 12년 계묘년(643) 16일에 자장 법사는 당 황제가 내려준 불경·불상·가사·폐백을 갖고 돌아와 왕에게 탑을 세울 것을 권했다. 왕이 여러 신하들과 의논하자 신하들이 말하기를 '백제에 부탁해 공장(工匠)을 데려와야 가능합니다.'라고 했다. 선덕왕은 보물과 비단을 가지고 백제로 가서 공장을 청하게 했다. 아비지(阿非知)라는 공장이 명을 받고 와서 재목과 돌을 다듬고, 이간(伊干) 용춘(龍春, 혹은 용수(龍樹)라고 한다)이 수하 공장 200명을 거느리고 일을 주관했다. … 『찰주기(刹柱記)』에 이렇게 말했다. '철반(鐵盤) 이상의 높이는 42척, 그 이하는 183척이다'"[64]

천년 고도 경주에는 천마총(天馬冢), 태종무열왕릉 등 수많은 고분이 있다. 그리고 그곳에서 출토된 금관·금옥띠·금은세공품·유리제품·섬유 따위는 정교한 기술을 자랑하며 감탄을 자아내게 한다. 또 불국사·석굴암·첨성대·안압지·포석정 등은 신라의 번영을 말해주며, 해인사·통도사·화엄사·송광사·법주사·쌍계사 등 수많은 고찰과 다보탑·석가탑·에밀레종(성덕대왕신종) 등 세계 최고수준의 예술도 신라의 뛰어난 문화기술력을 확인시켜 준다. 이러한 거대한 사찰, 아름다운 탑과 종, 그리고 금은 세공품과 유리제품 등 찬란한 예술품은 정교한 솜씨를 가진 뛰어난 장인들이 혼신의 힘을 기울인 명품들이다.

신라의 장인은 6두품의 높은 지위에까지 오를 수 있었고, 기술이 뛰어난 자는 존경받으며 자부심과 긍지 속에 살아갈 수 있었다. 신라는 재능 있고 기술이 뛰어난 장인을 명장(名匠)으로 받들고 그 존재 가치를 인정해주는 사회였다. 신라의 찬란한 문화 명품들은 이러한 환경에서 창출되었다. 『삼국유사』와 「단속사신행선사비(斷俗寺神行禪師碑)」는 이름난 명장(名匠)을 정중히 사례하며 초빙하는 이야기가 실려 있다.

"서울에서 동북쪽으로 20리쯤 떨어진 암곡촌(暗谷村) 북쪽에 무장사(鍪藏寺)가 있으니 … 그윽한 골짜기는 마치 산을 깎아 놓은 듯 가파르며 신령스러운 곳이다. 소성대왕(昭成大王; 799~800)의 왕비 계화왕후(桂花王后)는 대왕이 먼저 사망하자 눈물을 흘리며 매우 슬퍼하면서 왕을 기리며 명복을 빌기로 하고 … 여섯 가지의 화려한 옷과 창고

---

64) 『삼국유사』권3, 탑상4. 황룡사 9층탑은 64개의 기둥에 한 변의 길이가 22.2m인 정사각형이고, 높이 80여 미터에 달한다. 이 탑은 고려시대까지 존속되었다. 고려시대에는 탑을 보수하는 등 매우 귀중한 보물로 아꼈으나, 몽고가 침공하여(1238년) 불살랐다. 현재 9층탑의 디지털 복원모형은 김동현(金東賢)의 복원안을 따르고 있다.(신형식 외, 『신라인의 실크로드』, 백산자료원, 2002, pp.263~267.)

에 저축해 둔 재산을 다 내어 이름난 명장(名匠)을 불러 아미타불상 하나와 신중(神衆)을 만들게 하여 봉안했다"[65]

"… 이름난 명장을 초빙하여 신령스런 영정을 그리고 부도를 만들어 사리를 모시고 … 충직한 관리에게 명하고 깨끗한 스님에게 권해서 장차 이러한 유한한 재물을 가지고 저 무궁한 복을 지으려 한다. 이에 이름난 산에서 돌을 캐오고 깊은 계곡에서 나무를 베어와 비석을 새기고 절을 지었다. … 원화 8년(813) 계사 9월경술 초9일 무오에 세우다"[66]

이름난 장인은 특별한 부름을 받거나 초빙을 받았으며, 박사로 호칭되고 높은 대우를 받았다. 궁중수공업 및 관영수공업에 종사하는 장인들에게 6~4두품에 해당하는 관등을 주고 박사(博士) 칭호를 부여했다. 중국식 박사제도가 언제 신라에 도입되었는지는 분명하지 않지만, 『삼국사기』 직관지에는 국학(國學)·누각전(漏刻典)·의학·율령전 등의 관사(官司)에서 박사를 직원으로 두었다고 한다. 신라는 관등을 가진 기술관들을 천문박사·율령박사·국학박사·장인박사 등으로 불렀다.

백제의 박사제도는 근초고왕이

성덕대왕 신종

---

65) 『삼국유사』 권3, 탑상4, 무장사 미타전(彌陁殿). 무장사는 경주시 암곡동에 소재하는데 삼층석탑만 남아 있다.

66) 「단속사(斷俗寺)신행 선사비」, 『조선금석총람』(상), pp.115~116.
단속사는 경남 산청군 단성면에 있는 절로서 『삼국사기』에는 748년(경덕왕7)에 이준(李俊)이 개창했다는 설과 763년(경덕왕22)에 신충(信忠)이 창건했다는 설이 있다. 1568년 유생(儒生)들에 의해 절이 파괴되고 정유재란때 불타 소실됐다. 보물 72호, 보물 73호인 석탑 2개가 있다.

도입한 것으로 추정된다. 이 제도는 중앙집권체제 확립과 유교정치이념의 도입
에 따른 결과로 의미가 있다.[67] 왕인 박사가 일본에 『논어』와 『천자문』을 전해
주고 왜국 태자의 스승이 된 일도 이와 같은 맥락에서 이해할 수 있다.

신라의 6~5두품 장인은 관등과 함께 박사 칭호를 붙여 주었다. 예를 들어
「성덕대왕신종명(聖德大王神鐘銘)」에는 '주종대박사 대나마 박종일(鑄鐘大博士 大
奈麻 朴從鎰)', '차박사 나마 박빈내, 박한미(次博士 奈麻 朴賓奈, 朴韓味)'라고 장
인의 이름과 대박사·차박사라는 칭호를 새겼다. 대나마는 제 10관등, 나마는
제 11관등이고 대나마는 5두품이 올라갈 수 있는 최고 관등이므로 아마도 이들
은 6~5두품 출신일 것이다.[68]

신라 하대에 이르면 관등 없는 일반 장인과 승려 장인(僧匠)도 박사로 불리
게 된다. 이는 장인에 대한 사회적 인식이 향상되고 있음을 의미한다.[69]

삼국시대는 기술을 제대로 갖춘 사람이 장인으로 성공하여 이름을 떨칠 수
있는 사회였다. 조선시대에 천인으로 멸시받던 장인이 신라에서는 평민보다 우
월하거나 비슷한 지위에 있으면서 능력을 마음껏 발휘할 수 있었고 그에 합당
한 대우를 받았다.[70] 골품제의 신분 차별이 엄연한 신라에서 찬란한 문화가 창
달된 것은 장인을 우대하였기 때문이라고 할 수 있다.

신라의 수공업은 중대까지 국왕 직속의 궁중수공업(宮中手工業), 정부 소관
의 관영수공업(官營手工業), 귀족들의 사영수공업(私營手工業)으로 구분되었다.
장인들은 대부분 이에 각각 속해 있었다. 물론 지방에는 민간수공업자가 상당
수 존재했는데, 이들도 중앙의 수취체제에 매여 있었기 때문에 자유로울 수는
없었다. 그러다가 중·하대로 내려오면서 당나라로부터 고급사치품 수입이 늘
어나자, 궁중수공업은 존재가치를 잃고 관영수공업으로 통합되었고 사영수공업
은 민간수공업(民間手工業)으로 전환되어 갔다. 관영수공업도 외국 제품의 수입

---

67) 양기석, 「백제 박사제도의 운용과 변천」, 『백제문화』 49집, 공주대 백제문화연구소,
    2013, pp.133~135.
68) 이기백, 「신라 경덕왕대 화엄경 사경 관여자에 대한 고찰」, 『역사학보』 83호, 1979,
    p.136에서 5두품으로 추측하고 있다.
69) 박남수, 앞의 책, p.311.
70) 신라시대에 지방의 자연촌에 거주하면서 생활 필수품을 만들어 생계를 유지한 일반 기
    술자들은 평민으로 본다.(이종욱, 앞의 책, pp.315~316)

이 늘어나자 점차 퇴조했고 이에 예속되어 있던 장인들은 민간수공업자로 전업
했다. 이 현상은 장인에 대한 국가의 관리체제가 약화된 것을 의미하지만, 반
면에 상업 환경과 상인의 활동이 더 자유스러워졌음을 의미하기도 한다.

　　민간수공업자로 성장한 장인들은 실력과 노력 여하에 따라 부를 축적할 수
있었고 상인으로 전업할 수도 있었다. 그리고 상업화한 자영수공업자와 더불어
상거래를 전업으로 하는 민간 상인들이 사회계층을 형성하며 결집되어 갔고,
성공한 상인들이 축적된 자본을 바탕으로 해외무역을 주도해 나가기 시작했다.
이들은 수공업을 진흥시키고 우수한 기술자와 후계 상인들을 양성하면서 이 땅
에 상인의 시대를 열어 갔다.

다. 상인 부도(夫道)의 발탁

　　1988년 창원시 동읍(東邑) 다호리(茶戶里) 1호분에서 출토된 철정(鐵鋌)·오
수전(五銖錢)·붓 등은 기원전 1세기에 중국의 한(漢)나라와 실제로 교역한 사실
을 말해준다.

　　다호리 1호분이 조성된 시기는 아직 종이가 널리 사용되기 전이므로, 상인
들은 죽간(竹簡)·목간(木簡) 또는 천(명주)에 붉은 돌가루나 검은 돌가루를 반죽
한 것을 붓에 묻혀 거래내역을 적었을 것이다. 이때 사용한 글자는 한(漢)나라
와의 교역이므로 한자(漢字)였을 확률이 높다.

　　한자는 한사군(漢四郡) 설치 이후 우리나라에 본격 유입되기 시작하여 국
호·왕명·관명·인명·지명 등의 고유명사 표기가 고유어로부터 한자어로 점
차 바뀌어 갔다고 본다. 그렇다면 역사를 더 거슬러 올라가서 청동기시대 또는
그 이전 초기 고조선의 상인들은 어떤 기호나 문자로 교역문서를 작성했을까?
이 시기에 교역에 사용한 기호나 문자는 아직 밝혀지지 않고 있다. 어떻든 상
인들은 상형문자·갑골문자·가림토[71] 글자 따위의 그 어떤 기호나 문자를 사

---

71) 가림토는 고조선 3세 단군(檀君) 가륵(嘉勒) 2년(BC. 2181)에 을보륵(乙普勒)이 만든 것
　　으로 『환단고기』에 기록되어 있다. 필자는 가림토의 존재 여부에 대해서는 갑골문이 발
　　견되고, 홍산문화 시기의 문자의 출현도 있으니 완전 무시하기보다는 관심을 갖는 연구
　　가 필요하다고 본다.(『한글정보』, 1993년 6월호, 월간 한글정보사, p.79. 권재선, 「가
　　림토에 대한 고찰」, 『한글/문학한글/교육한글/한힌샘 주시경선생』 230호, 1994, pp.171
　　～193)

용하여 상품명 · 가격 · 수량 등을 적은 교역문서를 작성했을 것이다.

한자의 보급에는 상인이 큰 역할을 담당했을 확률이 높다. 상인은 시대의 환경변화에 매우 민감하며 유행에 즉각적이고 신속히 반응하면서 독특한 새 유행을 창출할 줄 안다. 상인은 환경변화와 유행을 감지하는 본능적인 감각을 소지하며, 이에 적응하는 탁월한 능력을 가지고 있다. 따라서 인류 역사상 어떤 지역에서 다른 지역으로 문물이 전래될 때 대개 상인이 최선두 자리하고 있고, 국가 간 교류도 상인의 상거래 교류가 먼저 그리고 빈번하게 이루어져 왔다. 그러므로 한자 역시 상거래에 부수된 문물 교류에 의해 보급되었다고 할 수 있는 것이다.

한자의 보급은 삼국 가운데 고구려가 가장 빨랐다.[72] 고구려는 372년(소수림왕 2)에 태학(太學)을 세워 유교 경전인 『오경(五經)』, 『사기』 · 『한서』 등의 역사책, 『문선(文選)』 같은 문학서를 가르쳤다. 지방에는 경당(扃堂)을 세워 결혼 전의 미성년자를 모아 밤낮으로 독서하게 하고 활쏘기를 익히도록 했다.[73] 고급 경서류는 물론 역학 · 산학(算學) · 점성학 · 의술 · 음악 · 법률 · 병법 등에 관한 실용 서적도 많이 읽도록 했다. 경당에서는 평민뿐 아니라 천민도 가르쳤다.[74] 이를 미루어 볼 때 고구려 상인의 지식수준은 상당했을 것으로 추측된다.

한편 삼국시대에는 상인이 중앙 관리로 대거 진출한 것으로 보인다. 국가의 재정규모가 확대되고 왕과 귀족들의 재산이 증대되자 실력을 갖춘 상인들이 필요해진 것이다. 『삼국사기』에는 상인출신 부도(夫道)가 고위관리로 발탁된 이야기가 수록되어 있다.

> "한기부(韓祇部) 사람 부도(夫道)가 집이 가난하지만 부정한 짓을 하지 않고 글씨(書)와 수학(算)을 잘하여 이름이 난지라 왕이 불러 아찬(阿湌)을 삼고 물장고(物藏庫) 사무를 맡겼다"[75]

---

72) 오늘날 일반적으로 사용하는 한자는 해서(楷書)이다. 이는 기원전 1세기경 한(漢) 중기에 만들어졌고 수(隋) · 당(唐)시대에 서체가 완전히 자리 잡게 되었다.(허지웅 저, 홍희 역, 『중국고대사회』, 동문사, 2003, pp.17~23) 따라서 고구려에 보급된 서체는 오늘날의 해서와 유사했을 것이다.

73) 이기백, 『한국사신론』, 일조각, 1999, p.89.

74) 백남운 저, 윤한택 역, 앞의 책, p.204.

75) 『삼국사기』 권2, 신라본기2, 첨해 이사금조.

부도는 한기부(韓祇部) 사람으로 글씨를 잘 쓰고 수학실력이 뛰어날 뿐 아니라 청렴했다. 이에 249년에 첨해왕(沾海王)이 정부의 회계책임자로 기용했다. 부도가 부여받은 아찬 벼슬은 6두품이 승진할 수 있는 최고 직위이다. 아마도 부도는 우리나라 문헌상 최초로 재정부서 고위 관리로 발탁된 상인 출신 인물일 것이다.

부도가 속한 한기부는 신라 초기에 정부를 구성한 6부 중의 하나였다.[76] 『삼국유사』에 의하면 그 위치는 금산가리촌(金山加利村)으로 지금의 경주 북쪽에 있는 소금강산 일대와 토함산 서쪽 감포읍을 비롯한 동해안을 포괄한다.[77] 한기부는 동해안에 위치한 신라의 해상 상업세력이었다.[78] 부도가 해상 상업세력의 근거지 한기부에서 이름났다는 것은 바로 물품 구매 등 회계처리에 뛰어난 유능한 상업 종사자로 널리 알려졌다는 것을 뜻한다. 따라서 부도는 상술을 폭넓게 익힌 우수한 상인출신이었고, 비록 집이 가난하지만 부정하지 않고 청렴했으므로 정부의 재산관리 최고책임자로 출세할 수 있었다.

상인계층의 지식 습득은 신라 화랑도(花郎徒)를 통해서도 살펴볼 수 있다. 화랑도는 풍월도·국선도·원화도·풍류도라고 하는데, 그 이름이 풍기는 것처럼 노래 부르고 풍류를 즐기며 산천을 유람이나 하는 집단이 아니다.[79]

화랑도는 낭도(郎徒)·낭두(郎頭)·화랑(花郎)의 순서로 서열을 가진 엄격한

---

76) 전덕재, 「이사금시기 신라의 성장과 6부」, 『신라문화』 21호, 동국대 신라문화연구소, 2003, pp.69~200. 전덕재, 『신라육부 체제연구』, 일조각, 1996. 신라초기 사로국의 6씨족을 이룬 6부는 급량(及梁), 사량(沙梁), 본피(本彼), 모량(牟梁), 한지(漢祇), 습비(習比)였다. 시조 박혁거세는 사량부 출신이다. 모량부에는 역(驛)과 음식을 파는 숙박시설이 있었다.

77) 『삼국유사』 권1, 기이1, 신라시조 박혁거세. 금산가리촌(한기부)의 위치에 대해서는 학계에서도 아직 일치된 견해가 없다.(박홍국, 정상수, 김지훈, 「사로 6촌에 대한 시론」, 『신라문화』 21호, 동국대 신라문화연구소, 2003, pp.117~139)

78) 백승충, 「변한의 성립과 발전」, 『삼한의 사회와 문화』, 신서원, 한국고대사연구회편, 1997, p.164. 전덕재, 앞의 논문, pp.180~181. 신라 파사이사금(婆娑尼師今) 23년(100)에 금관가야국 수로왕(首露王)이 소송사건 자문을 위해 경주에 초빙되었다. 귀국 환송연에서 한기부의 접대가 소홀하다며 돌아가는 길에 한기부 우두머리 보제(保齊)를 죽였다. 이는 해상 상업세력 간의 다툼으로 볼 수 있다.(『삼국사기』 권1, 신라본기 1, 파사이금조)

79) 이기동, 『신라골품제 사회와 화랑도』, 일조각, 1997, pp.341~354. 화랑도의 금강산 유람을 주술적(呪術的) 수업과 함께 전사(戰士) 훈련도 겸한 것으로 본다.

조직이다. 우두머리인 화랑은 진골 출신만이 될 수 있었다. 일반 백성은 나이 13~14세에 낭도가 되어 30세가 되면 일정한 절차를 거쳐 실력을 인정받아 낭두로 올라갔다. 그리고 60세까지 낭두로 생활했다. 낭두가 되지 못한 낭도는 농업 · 수공업 · 상업에 종사하거나 병사로서 병부에 종사했다.[80] 따라서 상인도 60세까지 화랑의 낭두나 낭도로 화랑의 직분을 수행했던 것이다.

화랑 · 낭두 · 낭도는 화랑의 자질을 갖추기 위해 기본교육으로 다섯 가지 윤리인 5상(五常)과[81] 여섯 가지의 학예인 예(禮) · 악(樂) · 사(射: 활쏘기) · 어(御: 말타기) · 서(書) · 수(數: 수학) 등 6예(六藝)를 배웠다.[82] 그러므로 화랑도에 입문한 진골 귀족 출신 화랑뿐 아니라 상인 출신 낭도도 청소년기부터 정규과목으로 글쓰기와 수학을 배워야만 했다.

고구려의 경당과 신라의 화랑도 교육의 예를 통해 삼국시대 상인은 일반 사회교육에 의해서도 상당한 수준의 지식과 품위를 갖출 수 있었다는 것을 알 수 있다.

라. 상인과 고구려 · 백제 · 신라의 언어

삼국시대 고구려 · 백제 · 신라의 상인은 거래할 때 말이 통했을까? 말이 달라 통역을 두어야 할 정도로 의사소통에 장애가 있었을까? 아니면 그들만의 특별한 소통수단을 가지고 있었을까? 이에 대해 별개의 언어로 보는 견해와 같은 언어로 보는 견해가 있다.[83] 그런데 다음을 유의하면 완전 별개로 보는 것은 무리가 있다.

고조선이 멸망하자 그 유민들이 삼한 각처로 내려와 흩어져 살았다. 백제를 세운 지배층은 고구려 유민이었다. 또 『삼국사기』에 의하면 신라 초기 사로(斯盧) 6촌은 고조선의 유민이 세웠다고 한다.[84] 따라서 신라의 모태인 사로국

---

80) 이영훈, 「'화랑세기'에서의 노와 비」, 『역사학보』 176호, 역사학회, 2002, p.7.

81) 인(仁), 의(義), 지(智), 예(禮), 신(信)을 말한다.

82) 『삼국유사』 권3, 탑상4, 미륵선화 미시랑과 진자사전. 6예는 고대 주(周)시대부터 내려온 전통 교육과목이다.

83) 이근수, 「고구려어와 신라어는 다른 언어인가」, 『한글/문학한글』 184호, 한글학회, 1982, pp.39~51.

84) 『삼국사기』 권1, 신라본기1, 시조 박혁거세.

의 지배층은 고조선 계통이라고 할 수 있다.[85]
이와 같이 고조선과 삼한의 뒤를 잇는 고구
려·백제·신라의 지배층은 공통적인 언어기반
을 가지고 있어 서로 간의 의사소통에 크게 지
장이 없었을 것이다.

고구려 광개토대왕의 비문에는 동부여·백
제·신라·비려(碑麗)·왜(倭)·후연(後燕)·숙신
(肅愼) 등 7개국을 정벌한 전투 기사가 기록되
어 있다. 광개토대왕은 전쟁에 승리하고 나서
동부여·백제·신라에게는 따뜻하게 은덕을 베
풀지만 기타 나라는 가차 없이 처벌하고 냉담
하게 대했다. 이것은 백제와 신라에 대해 동족
또는 동류의식을 갖고 있었음을 의미한다고 하
겠다. 완전한 '우리'라는 동족 의식까지는 아

광개토대왕비

니더라도 적어도 언어가 통하고 음식, 의복 등 생활문화가 같다는데서 오는 동
류의식을 공유했던 것이다.[86]

이와 관련해서는 중국 사서의 기록이 뒷받침이 된다. 신라는 "풍속·의
복·형정(刑政)은 대략 고구려·백제와 같다."[87]라고 하고, 백제는 "음식과 의
복은 대략 고구려와 같고"[88] "언어와 복장은 고구려와 거의 같다."[89]라는 것이
다. 삼국은 언어의 공유가 바탕에 깔린 일종의 문화공동체로 기록되어 있는 것
이다.[90]

『삼국사기』의 거칠부(居柒夫) 이야기와 『삼국유사』의 선화공주(善花公主) 이
야기를 통해 삼국이 별다른 언어 장애 없이 서로 왕래한 사실을 확인할 수 있

---

85) 이인철, 『신라 정치경제사 연구』, 일지사, 2003, pp.46~59.

86) 임기환, 「고구려·백제·신라의 동류의식과 문화 차이」, 『역사비평』 46호, 역사문제연
구소, 1999, pp.228~240.

87) 『수서』 권81, 신라조. 『구당서』 권199, 신라조.

88) 『북사』 권94, 백제조.

89) 『남사』 권79, 백제조.

90) 이도학, 「삼국의 문화와 문물교류 과정」, 『신라문화』 24집, 동국대신라문화연구소,
2004, pp.3~4

다. 먼저 거칠부(居柒夫) 이야기다. 거칠부는 성은 김(金)씨이며 신라 내물왕(奈勿麻立干, 356~400)의 5대 손으로 귀족 집안에서 태어났다. 다음은 거칠부가 어릴 적에 혼자 고구려에 다녀온 이야기 요지이다.

> "거칠부는 원대한 뜻을 품고 머리를 깎고 중이 되었다. 사방을 다니며 구경하다가 고구려를 알아보려고 고구려에 들어갔는데 법사 혜량(惠亮)이 불경을 강설(講說)한다는 말을 듣고 그곳으로 가서 불경 강의를 들었다. 하루는 혜량이 거칠부에게 '사미(沙彌)는 어디서 왔는가?' 하고 묻자 거칠부는 '저는 신라 사람입니다'라고 대답했다. … (혜량은) '그대가 잡힐까 염려하여 비밀히 알려주는 바이니 빨리 돌아가라'고 말했다. … 진흥왕 12년(551)에 신라가 고구려를 공격했을 때 거칠부는 장군이 되어 죽령 이북의 10개 군을 점령했다. 이 때 혜량법사가 사람들을 이끌고 나왔다. 거칠부가 무릎 꿇고 절하면서 '저가 옛날 공부할 때 법사(法師)의 은혜를 입었는데 지금 생각지도 못한 곳에서 만나니 어떻게 은혜를 갚을지 모르겠습니다.'라고 말하니, 혜량 법사는 '지금 우리나라의 정사가 어지러워 멸망할 날이 얼마 남지 아니하니 그대가 있는 곳으로 데려가기 바란다.'고 했다. 거칠부가 혜량 법사와 함께 돌아와 왕을 뵈니, 왕은 혜량 법사를 승통(僧統: 승려의 최고직)으로 삼고 처음으로 백좌강회(百座講會)와 팔관의 법을 설했다"[91]

이처럼 거칠부가 혜량법사의 강의를 듣고 일상 대화를 할 수 있었던 것과 혜량법사가 신라에서 백좌강회와 팔관의 법을 강설한 것은 고구려와 신라가 의사소통에 별 어려움이 없었다는 것을 뜻한다.

다음 『삼국유사』에는 백제 무왕(武王)과 신라 진평왕(眞平王)의 셋째 딸 선화공주(善花公主)의 사랑 이야기가 실려 있다.

> "제30대 무왕(武王)의 이름은 장(璋)이다. 그의 어머니가 홀로 서울 남쪽 못가(南池)에 집을 짓고 살면서 못 속의 용과 관계를 맺어 장을 낳았다. 어릴 때의 이름은 서동(薯童, 마동)이다. 항상 서예(薯蕷: 마)를 캐다 팔아서 살았으므로 사람들이 그의 이름으로 삼았다. 신라 진평왕(眞平王)의 셋째 공주 선화(善花)가 매우 아름답다는 말을 듣고는 머리를 깎고 신라의 서울로 갔다. 동네 아이들에게 마를 나누어 주고 아이들과 친하게 지내면서, 다음과 같은 노래를 지어 아이들을 꾀어 부르게 했다.
>
> '선화공주님은
> 남몰래 짝지어 두고

---

91) 『삼국사기』 권44, 열전4, 거칠부전.

서동방(薯童房)을
밤에 몰래 안고 간다네'

동요가 서울에 가득 퍼져 궁궐에까지 알려지자 공주는 먼 곳으로 유배를 가야 했다. 공주가 떠날 때 왕후는 순금 한 말을 여비로 주었다. 공주가 유배지로 가는 길에 서동이 나와 절을 하며 모시고 가겠다고 했다. 공주는 비록 그가 어디서 온 사람인지는 몰랐지만 우연한 만남을 기뻐하며 그를 믿고 따라가 몰래 정을 통했다. 그런 후에야 서동의 이름을 알고 동요의 징험을 믿게 되었다. 그리고 함께 백제로 갔다."[92]

서동의 예에서 보이듯 일반 백성은 살아가기 위해 고구려·백제·신라를 필요에 따라 국경을 넘나들며 왕래했다. 이 때 언어는 큰 장애가 되지 않았다.

삼국 간에는 지역마다 방언의 특색이 있었지만, 기본적으로 같은 언어를 사용했다. 그러므로 상인들이 교역하는 데 언어로 인한 의사소통의 애로는 없었다. 각국이 분쟁으로 국경 경비를 강화하고 교역을 강력히 통제할 때에도 상인들은 언어상의 장애가 크지 않아 필요하다면 언제든지 국경을 넘어가 손쉽게 밀무역(密貿易)을 성공시켰다. 아마도 상인들은 자신들만의 비밀스런 거래망을 만들고 은어(隱語)로 긴밀히 연락하면서 정부의 감시를 따돌리고 상거래를 지속해 나갔을 것이다.

---

92) 『삼국유사』 권2, 무왕조.

5

통일신라시대 상인

I. 신라의 번영

가. 평화와 상업

신라의 삼국통일로 한반도는 평화의 시대가 열렸다. 고구려·백제·신라 사이에 무려 700여 년 동안 끊임없이 이어진 전쟁이 종식되고 새로운 세상을 창도하는 평화의 물꼬가 트였다. 신라의 통일은 '영토의 축소와 외세 이용'이 라는 지적을 피할 수는 없지만, 처음으로 우리 민족을 '하나의 주권 밑에 동일 한 영토와 국민으로 일원화'한 획기적인 일이었다.[1]

통일은 쓰라린 경험과 혹독한 시련의 대가를 톡톡히 치른 끝에 이루어졌 다. 660년 백제가 망하자 당나라는 의자왕(義慈王)과 태자, 대신 등 88명과 백 성 1만 2,807명을 포로로 압송해 갔다.[2] 그리고 668년 고구려가 멸망하자 보장 왕(寶藏王)과 다수의 귀족을 포로로 잡아갔다. 또 669년 4월에 고구려인 3만

---

1) 신형식, 「7세기 동아시아 정세와 신라통일의 의미」, 『신라문화』 24권, 동국대 신라문화
   연구소, 2004, p.242
2) 『삼국사기』 권28, 백제본기6, 의자왕 20년 5월조.

8,300호 약 19만 1,500명을 중국의 강남(江南)·회남(淮南)·산서(山西)·경서(京西) 지역에 강제로 이주시켰다.[3]

고구려·백제가 멸망했다고 하여 신라가 희구(希求)한 궁극적인 평화는 곧바로 오지 않았다. 당은 멸망한 고구려·백제의 영토를 몽땅 접수하고 직접 통치하려 들었다. 그래서 당은 신라가 고구려 정벌에 공이 없다며 트집을 잡고, 망한 백제와 고구려 땅을 나누어 주기는커녕 신라까지 집어삼킬 기세로 강압했다. 반면 신라는 당에게 대동강 이남의 땅을 내놓으라고 요구했다. 대동강 이남의 신라 병합은 양국이 군사동맹을 맺는 약속사항이었다.[4] 하지만 당이 끝내 요구를 묵살하고 신라를 얕보자, 신라는 670년 당군을 대동강 이북으로 몰아내기 위한 전쟁에 돌입했다.[5] 이것이 나당전쟁(羅唐戰爭)이다.

신라는 수세에 몰려 어쩔 수 없이 전쟁을 벌인 것이 아니라 2년간 철저히 준비를 한 끝에 선제공격을 감행했다.[6] 그리고 7년간의 혈전을 치루고 드디어 676년 당군을 대동강 이북으로 완전히 몰아냈다.

신라의 승리로 대동강 이남이 사실상 신라 영토로 굳어졌지만, 당이 이를 공식 인정한 것은 60여 년이 지난 735년(성덕왕 34)이었다.[7] 그것은 발해가 건국해 당과 대립하는 불가피한 사정 때문이었다. 당은 발해의 침공으로 위기에 봉착하자 신라에 공조체제와 군사협력을 요청했고, 신라는 출병하여 당을 도왔다. 이로써 신라·당의 국교가 정상화되었다.[8] 당은 신라의 출병 협력에 대한 보답으로, 또 국교정상화의 성의 표시로 대동강 이남을 신라 영토로 공인한 것이다.[9] 그러니까 당이 신라에 아무런 조건 없이 선심을 쓴 것은 아니다.

---

3) 『삼국사기』 권22, 고구려본기10, 보장왕 27년 12월조. 38,300호는 호당 5인으로 치면 191,500명이다. 『삼국사기』 신라본기 문무왕 8년 9월 21일조에는 20여만 인으로 기록되어 있다. 『자치통감』 권201 총장2년 4월조에는 고구려 호구 38,200호라고 기록됐다. 『구당서』 권5 고종본기 총장원년(668) 9월조에는 고구려 호구 28,200호·수레 1,080승·소 3,300두·말 2,900필·낙타 80두를 압송했다고 기록돼 있다.

4) 『삼국사기』 권7, 신라본기7, 문무왕 11년 7월 26일 조.

5) 『삼국사기』 권6, 신라본기6, 문무왕 10년 조.

6) 이상훈, 「나당전쟁의 군사적 원인과 신라의 전쟁준비」, 『역사와 경제』 79집, 2011, pp.28~29.

7) 『삼국사기』 권8, 신라본기, 성덕왕조.

8) 김종복, 「발해 초기의 대외관계」 『한국고대사 연구』 9집, 신서원, 1996, pp.330~340.

9) 733년 나당연합군과 발해의 전쟁에서 발해가 승리했다. 이로 인하여 발해는 고구려의

상인들에게 삼국통일은 기회였다. 전쟁 특수는 사라졌지만 전후 복구 사업이 광범위하게 전개되고 유통 영역이 대폭 확장되었다. 상인들은 예나 지금이나 전쟁의 종식과 평화의 도래를 반긴다. 상인은 전쟁이 군수산업을 일으켜 돈벌 기회를 제공하는 탓에 전쟁을 결코 마다하지 않지만, 전쟁은 교역을 중단시키고 산업 기반마저 파괴하기 때문에 전쟁의 지속은 회피한다. 반면에 평화는 상인의 안전을 보장해 주고 장사할 거리를 확충해 주므로 상인은 궁극적으로 평화의 지속을 희망한다.

전쟁의 승리로 획득하는 영토는 상인의 입장에서 보면 상권의 직접적인 확장과 같다. 신라 상인은 전쟁으로 피폐해진 거래 지점들을 신속히 복구시키며 새로운 거래망을 개척해 나갔다. 패전국 고구려와 백제 지역의 거래망도 꼼꼼히 연결시켜 나갔다. 새로운 상권을 두고 상인들 간의 경쟁이 날로 치열해져 갔지만, 통일된 시장 영역이 워낙 넓어서 날이 갈수록 경쟁보다는 오히려 협력이 중요시되었다.

통일 이후 신라 · 고구려 · 백제상인의 융합을 도모하는 과정에서 상인의 윤리와 의무는 더욱 강조되었다. 상품의 매집 · 보관 · 운송과 매매 대금의 지불 등도 시장이 커진 만큼이나 복잡해졌다. 삼국의 통합으로 시장의 규모가 확대된 만큼 이익도 커졌다. 상인들은 풍요로워졌고 축적된 이익은 상업 세력의 힘이 되고 유능한 상인을 키우는 밑거름이 되었다. 이리하여 신라 상인은 중국과 일본 등지로 거침없이 진출했고, 동아시아 바다를 석권하는 대상인의 출현을 가져왔다.

삼국통일은 수공업에도 급격한 변화를 야기했다. 산업 체제가 근본적으로 개혁 되었다. 군수품을 만들던 수공업은 통일왕국의 정부 용품과 궁중 및 귀족들의 사치품을 생산하는 체제로 전환되었다. 무기 생산을 위주로 한 제철 · 제련 산업은 철제 농기구를 제작하는 쪽으로 생산 체제를 바꾸었다.[10] 이는 '병기(兵器)를 녹여 농기구를 만들었다'[11]라는 문무왕(文武王)의 유언을 통해서도

옛 영토를 거의 차지하게 되었다. 반면 신라는 대동강 이남은 공식 차지했으나, 이북으로의 진출은 저지당했다.

10) 이인철, 「6~7세기 무기 · 무장과 군사조직의 편제」, 『한국고대사논총』 7호, 1995, p.54.

11) 『삼국사기』 권7, 신라본기7, 문무왕 21년 7월조.

확인된다.

또 왕실과 국가가 주체가 되어 운영되던 수공업 체제는 왕실과 국가의 관영수공업, 귀족의 사영수공업, 사찰의 사원수공업, 독립 장인의 민간수공업으로 다원화 되었다.[12] 이 과정에서 고구려와 백제의 수공업자와 장인들은 관영수공업에 편입되어 귀족 및 사원에 종사하거나 민간수공업자가 되어 호미·괭이·낫·도끼 따위 농업용구와 그릇·유기·솥 따위 생활용품을 만들었다. 통일 후 철제 농기구의 대량 공급은 687년(신문왕 7)에 농민이 소유한 토지도 휴한농법으로 경작할 수 있게 하는 등 농업생산력의 증대로 이어졌다. 또한 이로인해 사적소유권이 신장되어 갔다.[13]

평화는 백성이 여가를 보다 많이 향유하도록 해 주었다. 국가는 늘어난 여가를 이용하여 농경지를 개간하고 관개시설을 확충해 나갔으며,[14] 백성은 마

표 5-1   관영수공업 기관과 주요 생산품

기관	생산품	기관	생산품
조하방(朝霞房)	고급견직물 제조	궤책(机柵)	책상 제조
금전(錦典)	고급비단 제조	마전(磨典)	나무그릇(목기) 제조
기전(綺典)	무늬있는 고급비단 제조	양전(揚典)	유기 및 죽세공품 제조
마전(麻典)	삼베와 모시 제조	와기전(瓦器典)	도기 및 기와 제조
석전(席典)	돗자리 제조	남하소궁(南下所宮)	금은 세공품 제조
모전(毛典)	모포·모직물 제조	침방(針房)	의복과 자수 제조
피전(皮典)	가죽 제조	급장전(給帳典)	천막 제조
피타전(皮打典)	북 제조	칠전(漆典)	칠기 제조
추전(鞦典)	마구용 가죽 제조	철유전(鐵鍮典)	병기와 놋그릇 제조
혁답전(革畓典)	가죽신 제조	선부(船府)	선박 제조
화전(靴典)	가죽장화 제조	채전(彩典)	염색 및 회화

자료: 김옥근, 『한국 경제사의 이해』, 신지서원, 1998, p.64.

12) 김권일, 「제철로의 유형분석 시론」, 『경주사학』 31집, 경주사학회, 2010, pp.72~74.
13) 이인철, 「신라통일기 사적토지 소유관계의 전개」, 『역사학보』 165호, 역사학회, 2000, pp.10~11. 이인철, 『신라 정치경제사 연구』, 일지사, 2003, pp.300~301.
14) 노용필, 「통일신라의 논농사」, 『진단학보』, 진단학회, 2009, p.88.

포·모시·명주(絹布) 등의 생산에 힘써 가내수공업의 발전을 가져왔다. 그리고 생산된 수공업 제품들은 지방 시장(鄕市)을 거쳐 다른 지방으로 유통되면서 지방 상업의 성장을 가져왔다.[15]

수공업 분야의 변화 중 특히 주목되는 것은 삼국 간 기술의 융합이다. 이로써 통일신라의 기술 수준은 한 차원 높이 뛰어올라 대외경쟁력 있는 우수한 수출품을 만들 수 있었다. 신라 수출품의 대부분은 〈표 5-1〉의 관영수공업 기관에서 생산했다. 이곳에서 생산된 물품들은 중국·일본 등지에 수출되고 잉여품은 국내시장에 판매되었다.

나. 경주의 발전과 상업문화

통일 후 신라의 수도 왕경(王京, 지금의 경주)은 정치, 경제, 국방의 중심지로 인구가 집중되면서 상업도시(商業都市)의 면모를 갖추게 되었다.[16] 689년 신문왕(神文王)은 넓어진 국토에 비해 수도가 한쪽으로 치우쳐 있다는 이유로 달구벌(지금의 대구)로 천도하려다가 진골 귀족들의 반대로 포기했다.[17]

경주는 계획도시였다. 도시계획은 중국 문물을 적극적으로 수용한 선덕왕(善德王) 때 도입되어 통일 후 문무왕(文武王) 때 본격적으로 추진되었다.[18] 그러나 경주의 실질적인 성장은 법흥왕(法興王, 514~540) 시기에 시작된 흥륜사(興輪寺, 544)와 황룡사(皇龍寺, 553) 등 대규모 사찰의 건립과 궤를 같이 한다.[19] 사찰의 건립은 그 주변에 민가를 모여들게 함으로써 도시가 확대되고 정비되는 효과를 가져왔다.

선덕왕 때에 이르러 도시의 외연적 확대가 거듭되자 당의 장안성(長安城)을 모방한 도시계획과 개발이 본격적으로 착수되었다.[20] 문무왕은 통일 후 왕경으

---

15) 김세기, 「신라왕경의 생산유적과 생산체계의 변화」, 『신라문화제학술발표논문집』 27집, 경주시, 2006, pp.58~62.
16) 박방룡, 「신라왕경과 유통」 『신라문화제학술발표논문집』 27집, 경주시, 2006, p.66.
17) 『삼국사기』 신라본기 신문왕 9년 조.
18) 오영훈, 「신라 왕경에 관한 고찰」, 『경주사학』 11호, 경주사학회, 1992, pp.38~39.
19) 신창수, 「중고기 왕경의 사찰과 도시계획」, 『신라문화제학술발표회논문집』 16호, 동국대 신라문화연구소, 1995, pp.119~139.
20) 이기석, 「한국 고대 도시의 방리제(조방제)와 도시구조에 관한 소고」, 『한국도시지리학회지』 2호, 한국도시지리학회, 1999, p.7. 장안성이 완성된 582~654년 시기를 고려하면 신라의 방리제 도시계획은 후한(後漢)시대의 방리제가 먼저 도입되고 난 후에 당의

로 몰려드는 백제·고구려 유민을 효과적으로 수용하고 통일 왕국에 걸맞도록 왕도를 쇄신하기 위해 신도시계획을 추진했다. 『삼국사기』에는 679년(문무왕 19)에 궁궐을 장엄하고 화려하게 중수하고 태자궁을 새로 건립하는 기공식이 기록되어 있다. 그리고 이 해에 남산성(南山城)을 증축했다.[21] 이런 역사(役事)는 도시의 외연확장에 따른 대응 조치로 보인다.[22]

통일기 경주의 규모와 면모는 정확히 알 수 없다. 다만 1976년부터 1983년까지 8년에 걸친 황룡사지 발굴조사,[23] 안압지 발굴, 월성(月城) 주변의 시굴조사에서 드러난 일반 민가의 건물터, 집수 및 배수시설, 도로와 측구, 담장의 기초 석열 등을 통해 그 면모를 살펴볼 수 있다. 지금까지 경주에서는 신라 때 조성한 도로가 모두 20군데 발굴되었는데, 그 가운데 가장 넓은 것은 남북 방향으로 폭 23m에 이르렀다. 이 도로에는 폭 15cm의 마차바퀴 자국이 여러 갈래 남아 있고, 도로 양편에 나란히 설치된 석축의 배수시설이 확인되었다.[24] 그리고 황룡사지 남쪽에 있는 동서 방향의 도로는 폭이 16m, 도로에 접속된 골목길의 폭은 5.5m인 것으로 밝혀졌다.

경주의 도시계획 규모에 대해서는 여러 가지 견해가 있으나 대체로 당척(1척=29.4cm)을 기준으로 하여 남북 5,400m, 동서 5,300m에 전체 면적 31.3km²로 본다.[25] 경주는 당의 장안성을 모방하여 시가지를 바둑판처럼 구획하고, 구획된 공간을 방(坊)으로 관리했다. 경주의 방은 총 1,360개였고,[26] 방의 크기는 약간의 차이가 있으나 대체로 비슷했다. 황룡사지 동쪽에서 확인된 방은 가로 167.5m, 세로 172.5m이다. 1개의 방에는 30여 채의 가옥이 존재했고, 각 가옥

장안성의 것이 영향을 미쳤다고 본다.

21) 『삼국사기』 권7, 신라본기7, 문무왕조.

22) 김재홍, 「신라왕경의 개발과정과 발전단계」, 『한국사학보』 52호, 2013, pp.217~218.

23) 문화재관리국 문화재연구소, 『황룡사 발굴조사보고서』 I, 1984.

24) 이기석, 앞의 논문, p.14.

25) 경주의 도시계획에 대하여 주척(周尺, 1척=19.91cm)으로 계산하여 남북 3,840m, 동서 3,670m에 남북 중앙대로 폭을 120m로 보는 견해도 있다.(윤무병, 김정기, 「역사도시 경주의 보존에 대한 조사」, 『문화재의 과학적 보존에 대한 연구』 I, 과학기술회, 1972, pp.130~131.) 광로 120m는 최근 발굴조사로 부정되고 있다.(국립경주문화재연구소, 『경주 인왕동 555-566번지 유적 발굴조사보고서, 2003)

26) 전덕재, 「신라왕경의 공간구성과 그 변천에 관한 연구」, 『역사와 현실』 57호, 한국역사연구회, 2005, p.196.

신라왕경도와 황룡사 9층목탑(경주시)

은 도로로 향한 독립된 문을 만들어 출입했다.[27]

통일신라의 전성기는 9세기 후반 헌강왕(憲康王) 대로 본다.[28] 다음은 『삼국유사』와 『삼국사기』에 기록된 신라 전성기 경주의 모습이다.

"전성기에 서울은 17만 8,936호(戶)였고, 1,360방(坊)·55리(里)·35개의 금입택(金入宅)이 있었다."[29]

"봄에는 동야택(東野宅), 여름에는 곡량택(谷良宅), 가을에는 구지택(仇知宅), 겨울에는 가이택(加伊宅) 등으로 옮겨 다니며 여유로운 생활을 즐겼다. 제49대 헌강대왕(憲康大王) 시대에는 성안에 초가집이 한 채도 없고 집의 처마와 담이 서로 닿아 있었다. 노랫소리와 피리 부는 소리가 길에 가득하였으며, 밤낮으로 끊이질 않았다."[30]

"서울(王都)은 길이가 3,075보(步), 넓이는 3,018보이며 35리 6부가 있었다."[31]

"헌강왕(憲康王) 6년(881), 9월 9일에 왕이 좌우 근신들과 더불어 월상루에 올라 사면을 바라보니, 민가(民家)들이 즐비하게 늘어섰고, 노래와 악기 소리가 끊임없이 들렸다. 왕이 시중(侍中) 민공(敏恭)에게 '내 들으니 지금 민간에서는 집을 기와로 덮고 짚으로 잇지 아니하며, 밥 지을 때 숯을 쓰고 나무를 때지 않는다 하니 사실이냐?'고 물었다. 민공이 '신(臣)도 또한 그와 같이 들었습니다.'라고 대답했다."[32]

27) 전덕재, 「신라 리방제의 시행과 그 성격」, 『신라문화제학술논문집』 26집, 경주사학회, 2005, pp.104~108.
28) 전덕재, 앞의 논문, 한국역사연구회, 2005.
29) 『삼국유사』 권1, 진한(辰韓)조.
30) 『삼국유사』 권1, 사절유택(四節遊宅).
31) 『삼국사기』 권34, 지리지, 신라.
32) 『삼국사기』 권11, 신라본기11, 헌강왕조.

경주는 대단히 화려하고 눈부신 도시였다. 높이 80m가 넘는 황룡사 9층탑이 도시의 랜드 마크로 웅장하게 솟아 있고, 반월성의 궁궐과 도시 곳곳에 세워진 90여 개의 대사찰, 그리고 금빛으로 치장한 35개 귀족의 대저택이 바둑판같이 잘 짜인 도로에 가로벽을 형성하면서 찬란함과 위용을 자랑했다. 도로에는 바삐 오가는 마차가 즐비하고 잘 차려입은 사람들로 붐볐으며, 시전거리는 연일 성황을 이루었다. 뿐만 아니라 집이 그을려 더러워질까봐 취사와 난방을 숯으로만 했다. 9세기 당시 세계 어느 곳에 이렇게 깨끗하고 아름다운 도시가 있었던가?

전성기 경주의 인구는 『삼국유사』의 17만 8,639호라는 기록을 토대로 하고 호당 인구를 4~5명으로 보아 총 60-90만으로 추산하는 견해가 있다.[33] 그런가 하면 1인을 1호로 잘못 기재한 것으로 보고 17만여 명으로 추정하기도 한다.[34] 이에는 또 단순히 문헌에만 의존하지 않고 왕경의 공간적 범위와 발굴조사를 통해 드러난 도로와 도로 폭, 방의 크기와 가호의 평균면적 등을 변수로 추산해 17여만 명이 타당하다는 결론을 내기도 한다.[35]

전성기 신라 전체의 인구는 300~350만 수준으로 추정할 수 있다.[36] 그렇다면 경주 인구를 60만 명으로 보는 것은 다소 많은 듯하다. 하지만 고대에는 인구를 대개 호 단위로 표시했고, 인구통계 조사능력이 한 자리 숫자까지 잡아낼 정도가 아니었음을 고려할 때 17만 명이라는 추론도 의문의 여지는 있다. 앞으로 경주의 주택·도로·쓰레기 처리·물 공급·위생 등 도시의 생활상황과 경제현황이 규명되면, 인구가 정확하게 밝혀지고 왕경의 모습이 올바르게 드러날 수 있을 것이다.

---

33) 이기봉, 『고대도시 경주의 탄생』, 푸른역사, 1997, pp.23~70.

34) 오영훈, 앞의 논문, p.32. 이종욱, 앞의 책, pp.362~363. 고구려와 백제의 수도 인구에 대하여 『삼국유사』에 기록된 고구려 전성기의 인구 21만 508호, 백제 전성기의 인구 15만 2,300호를 수도의 호구수로 보기도 한다. 이는 『동사보유(東史補遺)』에 고구려 멸망시 69만 6천 호, 백제 멸망시 67만 호라는 기록에 근거하여 수도 인구로 추정하는 것이다.(홍희유, 앞의 책, pp.31~33)

35) 강봉원, 「신라 왕경의 인구수에 관한 역사 및 고고학적 고찰」, 『대구사학』 90집, 대구사학회, 2008, pp.17~35.

36) 삼국시대 한반도의 총인구를 약 300만으로 보는 견해가 있다(박규상, 『인구문제와 인구정책』, 한얼문고, 1997, p.212. 정순웅, 『한국 인구 문제의 대책』, 문왕출판사, 1976, p.55) 필자는 통일신라시대 전성기 인구를 300만 내지 350만으로 추정한다.

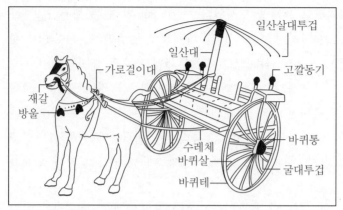

광주(光州) 신창동 발굴 마차 복원도(국립광주박물관)

한편 최소 17만 명을 헤아리는 경주의 상업을 생각할 수 있다. 오늘날도 인구 17만의 도시는 중견 도시이다. 상·하수도와 주거, 쓰레기 처리 등의 기본 생활 수요를 해결하고 도로·치수·소방 등 도시기반을 관리하는 데 다양한 문제가 발생한다. 그리고 이를 위해 상업과 서비스업이 발달한다.

　　17만 인구 중 상업과 서비스업에 종사하는 인구는 얼마나 되었을까? 이에는 11세기 중국 송나라 수도 개봉(開封)이 참고가 된다. 당시 개봉은 인구 100만에 달하였는데, 그중 상업 및 서비스업에 종사하는 인구를 총인구의 2분의 1, 순수 상공업에 종사하는 인구를 총인구의 10분의 1로 추정한다.[37] 이 추정치를 경주 인구 17만에 적용하면, 경주의 상업과 서비스업에 종사하는 인구는 8만 5천 명이고, 순수 상공업에 종사하는 인구는 1만 7천 명이 된다. 또 인구 수를 60만으로 보면, 상업과 서비스업의 종사 인구가 30만, 순수 상공업의 종사 인구는 6만이 된다. 이 정도 규모의 상공업 인구는 도시상업문화를 충분히 창달할 수 있는 인구라 할 수 있다. 비록 상인세력이 정치권력으로부터 강력한 규제를 받는다고 하더라도 상업 자체의 발전 동력에 의해 지속적인 성장이 이루어지고, 풍요로운 도시상업문화를 맛보는 가운데 대상인이 출현하고 활약할 수 있는 것이다. 그리고 경주의 격조 높은 도시상업문화는 신라상인의 상혼을 한바탕 꽃피우고 상인정신을 다듬질해 나갔다고 하겠다.

　　신라의 지방 상업은 주·군·현(州·郡·縣)의 성읍과 5소경(五小京)이라 부르는 지금의 김해·충주·원주·청주·남원 등 다섯 도시를 거점으로 하여 전개됐다. 통일 후 신라는 지방 통치를 위하여 주·군·현(州·郡·縣) 제도를 확

---

37) 동양사학회편, 『역사와 도시』, 서울대학교 출판부, 2000, p.88.

립하고 현령까지 중앙관리를 임명하여 내려 보냈다. 하지만 수도가 한쪽에 치우친 점은 지울 수 없는 약점이었다. 대구 천도가 불발되자 이를 보완하기 위해 전체 영토의 권역을 고려하여 직할도시 5개를 설치했다. 이것이 5소경이고, 고구려·백제의 귀족과 유민을 강제로 이곳에 이주시켰다. 또 이곳의 지배 관리를 위해 신라의 중앙 귀족들도 옮겨가서 거주하도록 조치했다.[38] 이후 5소경은 고구려·백제 유민과 신라 귀족이 정착하면서 지방상업의 거점 도시로 발전해 나갔다.

2. 사치산업과 상인

가. 세계 최고를 꿈꾼 신라인

통일신라의 번영과 발전은 백제와 고구려의 영토를 병합하고 그 유민을 포용한 결과였다. 그러나 영토가 넓어지고 인구가 증가한다고 해서 사회가 발전하고 문화가 성숙하는 것은 아니다. 영토와 인구는 사회발전과 문화창달의 필요조건은 될지언정 충분조건은 아닌 것이다.

통일신라가 찬란한 문화를 꽃피울 수 있었던 가장 중요한 요인으로 선진국 당(唐)으로부터 학문·종교·기술 등 우수한 문물을 적극적으로 받아들여 수용한 사실을 거론한다. 하지만 과연 언제든지 선진 문물만 끌어들이면 선진에 도달할 수 있는 것인가?

신라는 초기에 고구려·백제가 중국으로 가는 길을 막아서 외국 문물의 유입이 늦었고, 자체의 발전 동력도 시원찮아서 후진국 신세로 지냈다. 신라의 국제화와 개방화는 불교로부터 왔다. 527년 법흥왕(法興王) 때 이차돈(異次頓)의 순교로 불교가 공인되자 개방화의 물꼬가 열렸다. 고구려보다 무려 155년이나 늦은 공인이나,[39] 신라에게는 도약의 디딤돌이었다. 다음 신라의 본격적인 국제화와 개방화는 진흥왕(眞興王)이 한강 유역을 차지하고 서해의 바닷길을 열면

---

38) 하일식, 「신라 왕경인의 지방이주와 편적지」, 『신라문화』 38집, 동국대 신라문화연구소, 2011, pp.204~210.
39) 고구려는 일찍이 372년 소수림왕(小獸林王) 때 불교를 받아들이고, 몇 차례에 걸쳐 승려들이 신라에 불교를 전하려 했으나 실패했다.

서 시작됐다. 그로부터 외교통상의 새 길이 개척되고, 통일 전후로 당나라 문물이 봇물 터지듯 넘쳐들어 왔다.

신라는 당나라 문화의 수입과 모방을 대단히 파격적이고 과단성 있게 추진했다. 우선 복제(服制)의 모방을 보자. 648년 당나라에 가서 당과 군사동맹을 맺은 김춘추(金春秋, 태종무열왕)는 당 태종(唐太宗)에게 관복(官服)을 당의 방식을 채용하겠다고 청하고 허락을 받았다. 그리고 귀국길에 당의 관복을 가져와 649년(진덕왕 3년) 정월부터 관리들이 입도록 했다.[40] 이 관리의 복제는 대체로 신라 하대까지 수백 년간 지속되었다.[41] 또 신라는 관복을 도입한 15년 뒤 664년(문무왕 4)에 여인의 복장까지 당의 복식으로 바꿨다.[42]

삼국 가운데 신라만 의복을 중국식으로 바꾸었으니 주체성이 부족하다는 비판이 따를 만하다. 그런 관점에서 판단한다면 김춘추의 행위는 당의 환심을 사고 비위를 거스르지 않음으로써 군사동맹을 성사시키려는 교활한 외교술책일 수 있다. 하지만 이런 시각은 김춘추라는 인물의 성향과 변혁 중이던 신라의 실정을 깊이 헤아리지 못한 소치일 수도 있다.

김춘추는 외국 문물을 직접 몸으로 체험한, 국제적 안목을 갖춘 외교가였다. 고구려·백제·당·일본 등 주변국에 위험을 무릅쓰고 직접 가서 외교교섭을 하며 실무체험까지 한 매우 실용적이며 합리적인 인물이다. 그는 외교를 위해 세계를 다녀 보면서 작고 힘이 약한 신라가 가야할 길은 선진국 당의 문물을 도입하는 데 있다고 믿었다.[43] 그러면 왜 하필이면 복제개혁(服制改革)을 선두에 세웠을까 하는 의문이 따를 수 있다. 그것은 전적으로 김춘추의 탁월한 정치 감각과 미래를 읽는 혜안에서 나온 조치였다. 김춘추는 신라 사회를 근본적으로 변혁하기 위해서는 사람들이 가장 집착하는 습성 중 하나인 의복부터 바꿔야 한다고 생각했다. 이 개혁의 동력을 토대로 김춘추는 삼국통일의 위업

---

40) 『삼국사기』 권5, 신라본기5, 진덕왕 조.

41) 박남수, 「신라의 의생활과 직물생산」, 『한국고대사 연구』 64집, 한국고대사학회, 2011, pp.439~440.

42) 『삼국사기』 권33, 잡지2, 색복(色服).

43) 김덕원, 「신라 진덕왕대 김춘추의 대당외교와 관제개혁」, 『신라문화』 29집, 동국대 신라문화연구소, pp.70~87. 김춘추의 복제정비는 관제개혁의 일환이다. 당시 관제는 유교를 바탕으로 하고 있어 행정 이념의 전환(불교 → 유교)이라 할 수 있다.

에 다가갈 수 있었다.[44)]

『삼국사기』의 편찬자 김부
식(金富軾)은 송나라 사신 유규
(劉逵)와 오식(吳栻)이 고려에 와
서 연회에 참석했을 때를 술회
하고 있다. 그들은 고려 남자의
의관은 송과 다름이 없으나 부
인의 예복은 옛 당나라의 의복
이라며 놀라워했다. 김부식은

신라 토용에 보이는 당나라풍 복식(경주국립박물관)

이 모습을 보고 고려의 복제는 김춘추의 당나라 복식 도입 이후 그 전통을 유
지하는 것이라고 기술했다.[45)] 또 사신들이 연회장에서 여악공(女樂工)의 넓은
소매와 큰 치마를 보고 고대 은나라와 주나라의 복색이라며 감탄한 내용도 기
록했다.[46)] 김부식이 『삼국사기』를 편찬한 때가 1145년(고려 인종(仁宗) 23)이다.
신라가 국운을 다한 지 200년이 지났음에도 불구하고 부인의 의복은 신라 때의
당나라 복식이었고, 여악공의 복색은 무려 수천 년 전 은·주의 것이었다. 이
러한 사실은 우리 조상들의 옷 입는 관습과 풍습의 변화가 그만큼 느리다는 사
실을 새삼 확인케 한다.

이후 우리나라는 고려시대에 송(宋)나라 복제를 채택했고 원 간섭기에는 몽
고풍의 복식으로 바꾸었다. 그러다가 조선왕조에 이르러 명(明)나라 복제를 따
랐다.

17세기 초, 명이 망하고 청(淸)이 들어서자 중국은 명나라 복제를 폐기하고
청나라 복제로 새로 바꾸었지만, 조선 왕조는 20세기 초 망할 때까지 줄기차게
명나라 복제를 고집했다. 여기에는 '명은 중화, 청은 오랑캐'라는 사대의 명분
론 아래 조선이 소중화(小中華)로서 명을 대신해 중화를 지킨다는 의도가 있었
다고 한다. 하지만 이는 기득권에 얽매인 지배 계층이 명분에 집착하고 새로운
변화와 개혁에 둔감했기 때문이다. 농경사회에서 사회문화의 변화는 "모든 사

---

44) 한준수, 「신라 진덕왕대 당제의 수용과 체제정비」, 『한국학논총』 34집, 2010. pp.347~
348.
45) 박남수, 앞의 논문, 2011. p.440.
46) 『삼국사기』 권33, 잡지, 색복(色服).

장안성 도시 구역도

중현문			
현무문
대명궁
함원전
건복문 단봉문	통내원	▲ 아방

금 원 / 함광전

	광화문	경림문	방림문	언문문	서내원	홍인문	
개원문	수진방	안정방	수덕방	액정궁	대극궁	동궁	광대방 아신방 / 장락방 / 16궁(염복궁)
	보녕방	휴상방	보흥방				영창방 대정방 / 대녕방 / 흥녕방
금광문	의녕방	금성방	반정방	순의문	황 성	경풍문	영웅방 광화방 / 영가방
	거덕방	풍천방	포정반	화복문 주작문 안상문			승인방 승업방 / 흥경문
	군현방 서	연수방	태평방 광록방	흥도방	무본방	평강방 동 / 도정방
	회덕방 시	광덕방	통의방 직업방	개화방	승의방	선양방 시 / 상락방
연평문	승화방 회원방	연강방	흥화방 풍락방	안인방	장흥방	천인방 안음방 / 정곡방
	풍읍방 장수방	승현방	숭덕방 안업방	광복안	연락방	영령방 선평방 / 신창방
	대현방 가회방	연복방	회정방 숭업방	정선방	정안방	영승방 창평방 / 숭도방
	영호방 영평방	영안방	선의방 영원방	난몽방	안선방	소국방 수행방 / 입정방
	상안방 통궤방	돈의방	풍안방 도덕방	개명방	대업방	진창방 수정방 / 돈화방
	화평방 예전방	대통방	창명방 광행방	보령방	창락방	통선방 청룡방
	영양방 예전방	대안방	안락방 연조방	안의방	안덕방	통제방 곡지방

안화문   명덕문   계하문   곡강

회에 영향을 미칠 정도로 커다란 정치적 충격이 있어야만 생기는 것이 일반적인 법칙"[47]이라 한다. 그러나 조선은 청에 패배하여 그에 종속되고, 근대화의 거센 물결에 휩쓸리면서도 멸망한 명의 복제에 집착했다. 그리고 서양복제의 수용을 거부했다. 결국은 스스로 근대화의 복제개혁을 도모하지 못하고, 일본의 식민 통치하에서 서양복제를 강요당했다.

하지만 신라는 어떤 대내외적인 정치적 충격 없이 내부적인 결단에 의해서 복제개혁을 단행했다. 신라의 복제개혁 성공은 고구려와 백제를 능가하는 강한 나라를 만들겠다는 신라인의 군은 신념과 변화를 두려워하지 않는 진취성 등이 복합적으로 작용한 결과라고 평가할 수 있다.

통일신라는 당을 모델로 하여 신속하게 정부조직을 바꾸었다. 경주는 장안성(長安城)을 본떠 도시계획을 수립하고 대대적으로 도시개발사업을 추진했다. 명분과 허례는 설 자리를 잃고, 진취적이고 실리적인 기풍이 사회분위기를 주도했다. 백성의 마음 깊은 곳에 선진으로 치닫는 새로운 의식이 자리 잡았다. 당으로부터 유입된 학문과 종교, 행·재정 제도 그리고 수공업 기술 등 선진문

---
47) 페르낭 브로델 저, 주경철 역, 앞의 책, p.442.

물이 신라인을 자극했다. 또 신라상인들은 명실 공히 세계 제국인 당을 통해 국제시장으로 진출했다. 서역으로 가는 실크로드(Silk Road), 인도와 중앙아시아로 가는 남방 해상실크로드를 따라 대외교역을 열어 나갔다.

신라는 단순히 정치사회와 실물경제 따위에 얼마간 도움을 주는 선진문물의 유입에 그치지 않고 세계 최고를 지향하는 의식개혁을 시도했다. 궁극적으로 신라인은 최선진국 당을 따라잡을 뿐 아니라 당을 능가해 보자는 사회적 합의를 이루어냈다. 신라인들은 최고를 꿈꾸었고 그 실현을 위해 정열을 불살랐다. 이것이 신라를 번영케 하고 찬란한 문화를 꽃피운 힘의 원천이었다.

나. 사치와 상인의 성장

통일신라는 최고의 번영을 구가했다. 세계제국인 당나라에 버금가는 선진국이었다. 그 번영의 근원은 무엇인가? 일반적으로 관영수공업(官營手工業)의 발달과 대외교역의 활성화 따위를 꼽는데, 이는 당연한 귀결의 지적일 뿐이다. 왜 수공업이 지속 발전했는지, 왜 대외교역이 발달했는지에 대한 대답은 미흡하다. 오늘날 한국인의 자랑인 장보고(張保皐) 등 신라상인이 동아시아 교역의 주역이 된 핵심 요인도 아직 명료하게 규명되지 않고 있다. 이제 모호한 추측, 그저 대충 '8세기 전반부터 신라에서는 교역에 종사하는 상인층이 배출되었고, 그들의 활동이 대단했다'[48]라는 정도의 설명은 지양되고 보완되어야 한다.

장보고 시기 해상 상인의 출현에 대한 논거도 모호하기는 마찬가지이다. 신라 하대(下代)에 중앙귀족의 권력투쟁으로 국가의 구심력이 급속히 상실되자 지방 귀족과 농민들이 반란을 일으켰고, 이로 말미암아 바다사람들(海民)에 대한 통제가 느슨해지자 이들이 자율적으로 교역활동을 시작했다고 보는 게 대세다. 당시의 해상 상인이 정치사회의 여건변화에 따라 자연스럽게 발생한 것으로 추측하는 것이다.[49] 하지만 대외교역은 선박의 보유와 선원의 고용, 화물의 매집 · 운송 · 보관에 막대한 자본이 소요된다. 그런데 해민의 통제가 느슨해짐에 따라 자율적으로 교역활동이 시작되었다면, 해민들이 본래부터 대단한 재력가임을 전제하는 셈인데 과연 그러할까? 또 국가가 해상 통제만 거둬들이면 대

---

48) 이성시 저, 김창석 역, 앞의 책, p.190.
49) 이성시 저, 김창석 역, 앞의 책, pp.190~191.

뜸 대외교역이 활성화된다고 믿어도 좋은가?

통일신라의 수공업은 사치산업(奢侈産業)과 긴밀하게 연계되어 있었다. 그리고 사치산업의 성장은 대외무역의 발전으로 이어졌다. 물론 수공업과 대외교역에는 정치·경제·사회의 여건변화와 국제경제의 상황변화에 따른 영향이 복합적으로 작용한 것은 의심의 여지가 없지만, 그 발전의 밑바탕 동력은 사치수요의 도도한 흐름이라고 할 수 있다. "봉건 귀족의 사치스런 생활은 국내 상업과 대외무역의 발달을 촉진시켰다"[50]는 말은 적절한 지적이라 하겠다. 하지만 통일신라의 사치는 일부 귀족에게만 해당하지 않았고, 평민이나 천민도 사치의 대열에 들어 이를 맛볼 수 있었다.

백제·고구려 멸망 후 그 국부(國富)는 신라에 귀속되어 왕실과 귀족들에게 집중 분배되었으며, 신라 관리들은 고구려·백제 지역의 주·군·현에 책임자로 임명되었다. 또 무기를 녹여 만든 철제 농기구가 대량 보급되고 군수용 말과 소가 농사에 투입됨에 따라 농업생산력이 급속히 신장되어 갔다.

통일 이후 근검 내핍을 강조하는 전시용 구호가 슬그머니 자취를 감추었다. 귀족들과 고위 관리들은 승리자로서 그리고 정복자로서 과시하고픈 욕망에 빠져들었다. 갑옷을 화려한 연회복으로 바꿔 입고, 중무장한 전차를 금은 장식이 번쩍이는 마차로 꾸미는 등 생활의 세밀한 곳까지 치장을 바꾸었다. 평화와 함께 역사상 처음으로 맛보는 대량 사치가 시작된 것이다. 일반 백성들도 호주머니에 여유가 생겨 전시 중에 생산되던 질박한 물품을 외면했다. 농업생산성의 증가는 고구려·백제 유민까지도 사치 대열에 동참하도록 했다.

의복·건축·수레 따위 당나라 사치 문물은 신라인의 사치 성향을 부추기는 또 다른 요인이었다. 대도시 경주에는 왕실과 귀족·승려·관리·의사·수공업자·상인·화가·건축가·조각가·예술가·예능인 등 수많은 사람들이 살았다. 그리고 이들의 소비는 신변 경호인·하인·거리청소원·마부 등 생계를 위해 일하는 단순 노동자를 불러 모았다. 도시의 소비 증대는 인구의 도시 집중과 도시의 성장을 가져왔고, 이는 다시금 사치소비수요(奢侈消費需要)를 일으키는 순환작용을 유발했다.

수공업의 발전과 관련해 삼국통일을 전후한 신라제품의 차이를 일목요연하

---

50) 김옥근, 『한국경제사의 이해』, 신지서원, 1998, p.91.

게 비교해 볼 수 있는 자료는 없다. 하지만 통일 전에 신라가 조공무역(朝貢貿易)으로 당에 보낸 물품은 대부분 1차상품인 토산물인 데 비해 통일 후에는 최고급 견직물 조하주(朝霞紬)·어아주(魚牙紬)가 주요 품목으로 포함되었다.[51] 조하주·어하주는 고구려가 중국에 수출하던 특산 직물이었으므로,[52] 통일 후 고구려와 신라의 직물기술이 결합되어 더 우수한 제품이 생산된 것으로 보인다.

신라의 사치소비 추세를 살피기 위해 홍덕왕(재위 826~836)과 헌강왕(재위 875~886) 시기를 비교해 보자. 홍덕왕은 장보고(張保皐)를 청해진 대사로 삼은 왕으로 잘 알려져 있다. 하지만 강력한 사치금지령(奢侈禁止令)을 내린 왕으로 유명하다. 이 사치금지령은 우리 문헌상 가장 엄하고 세세한 사항까지 규정한 금령으로 평가 받는다. 다음 헌강왕은 '경주의 민가가 모두 기와집이고, 숯으로 밥을 지으며, 노래와 악기소리가 끊임없이 들린다'라고 한, 신라 최고의 번영을 구가한 왕이다.

먼저 834년 홍덕왕이 내린 사치금지령은 다음과 같다.

"사람은 위아래가 있고 지위는 높고 낮음이 있어서, 이름이 다르고 의복도 역시 같지 않다. 풍속이 차츰 경박해져 백성은 앞 다투어 사치·호화를 일삼고 외래품인 진기한 물건만을 숭상하며 도리어 토산물을 싫어한다. 예절이 분별을 벗어남으로써 상실되고 풍속이 파괴되는 지경에 이르렀다. 이에 옛 법을 따라 명령을 내리니, 만일 고의로 범하는 자가 있을 경우에는 국법으로 엄히 다스리겠다."[53]

그러면서 진골 남녀와 4~6두품 남녀에 대해 의복·수레·가옥 등 일상생활에서 사용을 금지하는 재료와 물품을 세세한 것까지 열거하고 있다. 그 금지의 내용을 통해 당시의 호화사치를 상상할 수 있는데, 너무나 세세하기 때문에 과연 지켜졌을까 하는 의문이 앞선다. 다음은 『삼국사기』에 기록된 대표적인 외래품 금지규정이다.

"목수건(襆)을 털로 짤 때 공작 꼬리, 비취모(翡翠毛, 캄보디아 등 남방에서 사는 비취새의 털)의 사용을 금지한다.

51) 강만길, 『한국 상업의 역사』, 세종대왕기념사업회, 2000, p.154.
52) 문화공보부 문화재관리국, 『천마총 발굴조사보고서』, 1974, p.241.
53) 『삼국사기』 권33, 잡지2, 색복(色服).

머리 빗(梳)과 모자 등에 슬슬전(瑟瑟細, 러시아 타시캔트(Tashkent)산 푸른색 보석,
에메랄드(emerald)로 추측한다)과 대모(玳瑁, 보르네오·필리핀군도·자바 등지에서 잡
히는 큰 거북 껍질)의 사용을 금지한다.

수레나 말안장에 자단(紫檀, 자바와 수마트라에서 나는 향기 나는 목재), 침향(沈香,
캄파와 수마트라에서 나는 향기 나는 목재)를 쓰지 못하고 수레에 대모를 붙여 장식하
지 못한다.

수레 등에 사용하는 담요나 깔개로 구수탑등(毹毾㲪㲪, 페르시아 양탄자)과 중국 담요
를 금하며 집 짓는데 중국 기와(唐瓦)를 금하고 침향이나 대모도 장식하지 못 한다."[54]

비취모·대모·자단·침향은 캄보디아·보르네오·필리핀·자바·수마트라
등 남방 지역 산물이고, 슬슬전·구수탑 등은 타시켄트와 이란 산물이다. 이들
산물은 신라상인이 직접 수입하거나, 중국과 이슬람 상인의 중계무역을 통해
수입되었을 것이다.

기존 학계의 연구는 흥덕왕의 사치금령이 사치를 금하기 위한 풍속규정이
라는 점에는 대체로 동의한다. 그러나 법령이 반포된 배경과 목적에 대해서는
왕권 강화와 골품신분제의 확립이라는 정치적 측면으로 접근한다.[55] 그리고 과
소비와 외국 문물의 성행으로 인한 폐해를 바로잡으려는 데 목적이 있다고 본
다. 또한 신라사회가 호화사치로 말미암아 경주가 '병든 도시'가 되고 궁극적

슬슬전(호암 미술관 소장)과 로마양식 유리그릇

---

54) 이병도 역주, 『삼국사기』, 을유문화사, 2002, pp.191~199 참조.
55) 전미희, 「신라하대 골품제의 운영과 변화」, 『신라문화』 26집, 동국대신라문화연구소,
   2005, p.5. 이기동, 『신라사회사연구』, 일조각, 1997.

으로 망국의 길로 갔다는 식의 첨언을 반드시 덧붙인다.[56]

우리는 정치적 관점의 분석에 그치지 말고 금지법령의 실체를 찾는 지혜를 발휘해야 한다. 그것은 아주 간단하고 명료한 작업이다. 당시의 사회상과 금지품에 초점을 맞추어 생산과 유통 따위를 규명하면 된다.

첫째, 왕권과 정치권력의 알력은 차치하고 나라 전체로 귀족은 물론 일반 백성까지도 상당한 여유를 갖고 화려하게 잘살았다는 것이다.[57] 이렇게 의복·가옥·수레·마차 따위와 몸치장의 세세한 장식까지 규제한 것은 의식주 생활의 다양성과 풍요를 반증하는 것이다.

둘째, 금지품이 국산품이든 수입품이든 둘 다 의미가 있다. 이 같은 명품과 귀한 회귀품은 하루아침의 공덕으로 얻어지지 않는 법이다. 따라서 흥덕왕이 금지한 국산 명품은 오랜 연마를 통해 발전한 신라수공업의 결실로, 그리고 외래 회귀품은 대외교역의 축적된 힘의 결실이라고 보아야 한다.

신라의 수공업기술을 얕잡아 보면 안 된다. 신라는 석탈해의 예에서 보듯이 기술을 중시한 나라다. 통일 전 신라의 우수한 장식물 제조기술을 적나라하게 보여주는 예가 있다. 바로 경주시 황남동에 소재한 천마총(天馬塚)의 출토물이다. 천마총은 5~6세기경 만들어진 무덤으로, 1973년 발굴조사 때 하늘을 나는 천마를 그려넣은 말다래(障泥)와 함께 금관·금제 허리띠·목걸이·유리잔 등 호화찬란한 유물들이 쏟아져 나왔다. 특히 주목을 끈 것은 말안장에 까는 깔개, 말 양쪽에 늘어뜨리는 다래, 말의 등덮개에 사용한 직물이다. 이 직물은 실의 굵기와 밀도(평균 0.163mm, 157.5/inch)가 조선시대의 명주(紬)보다 훨씬 가늘고 치밀하여 조선의 비단(絹)과 유사한 수준이다. 즉 사람의 의복이 아닌 말 장식에 사용된 직물의 섬세함이 고려시대의 평직물과 조선시대의 명주보다 우수한 것으로 평가된다.[58] 따라서 천마총보다 3~4세기 뒤인 흥덕왕 때는 직물기술이 더욱 발달해 있었을 것이 틀림없다.

56) 이우성, 「삼국유사소재 처용설화의 일분석」, 『김재원박사회갑논총』, 을유문화사, 1969, p.34.
57) 강옥엽, 「8-9세기 신라사회의 일반민의 동향」, 『이화사학연구』 30집, 이화사학연구소, 2003, pp.109~115.
58) 권영숙, 조현혹 등, 「신라시대 천마총 출토 직물의 유행과 특성」, 『복식』 50권 17호, 한국복식학회, 2000, pp.134~135.

그러면 헌강왕 때의 번영을 살펴보자. 번영을 이룬 요인에 대한 추론은 현실성의 뒷받침이 중요하다. 그냥 막연히 신라의 '사치스러운 생활풍조는 당이나 서역과의 문물교류 속에 사회적으로 부도덕하고 음란한 풍속의 유행을 초래하게 되었다'[59]라는 식의 인식은 당시의 성숙한 신라문화의 모습을 왜곡할 우려가 있다. 경주를 가득 채운 기와집은 하루 이틀에 지어질 수 없다. 이것은 수십 년, 수백 년 동안 백성들이 가꾸어온 걸작품이다. 또 연료를 숯으로만 쓰는 것은 도시경제가 그만큼 활발하게 잘 돌아간다는 증거이다.

따라서 흥덕왕의 사치금령과 헌강왕 대의 번영은 유기적으로 연계된 통일신라의 내재적 발전의 양태로 보는 게 적합하다. 그리고 흥덕왕의 사치는 통일이후 신라경제의 지속적인 성장으로 이룩한 풍요이고, 헌강왕 시절의 번창한경주는 흥덕왕 시기의 광범위한 사치수요가 도시발전의 디딤돌이 되어서 명품도시가 만들어진 것이라고 결론지을 수 있다.

사치의 사회경제적 파급효과는 '사치는 비록 악이며 죄이지만 산업을 촉진시키기 때문에 전체에게는 이익을 가져다준다'[60]라는 지적에 잘 드러난다. 도시의 사치소비수요는 상업 발전과 비례하는 상관관계가 있다. 도시가 성장할수록 사치소비수요는 늘어나고, 그만큼 상공업의 발전을 가져온다. 즉 개인의 입장에서 낭비는 악이지만 상업의 입장에서는 그렇지 않다. 모두가 사치하면 자본의 재생산과 자본 축적은 어찌하나 하는 우려는 기우에 불과하다. 도시의 사치문화에는 언제나 확실하게 자본을 축적하는 검소한 사람들이 일정한 몫을 차지하고 있다. 이것은 인간에게는 미래의 사치를 위해 오늘을 준비하는 기본 심성이 있기 때문이다.

사치는 소득재분배를 일으켜 도시를 키워 나갔다. 그것은 사치하는 사람들의 재산을 감소시키는 일면이 있지만, 사치품을 생산하는 사람과 서비스를 제공하는 사람들에게 일자리를 제공해 주었다. 그리고 좋은 제품을 선호하는 사치 성향은 생산 노동자의 능력 발휘를 유도하고 노동의 질을 제고하여 궁극적

---

59) 강옥엽, 위의 논문, 2003, p.102.

60) 베르너 좀바르트(Werner Sombart) 저, 이상률 역, 『사치와 자본주의』, 문예출판사, 1997, p.195. 개인에게 있어서도 사치를 나쁘게만 볼 것은 아니다. 왜냐하면 사치는 빈둥거리기만 하는 게으름을 방지하기 때문이다. 사치하지 않고 사치를 멀리하면 할수록 사람들은 게을러질 수 있다.

으로 산업기술의 발전을 촉진해 나갔다.

다. 정창원의 신라 보물

신라는 수공업이 매우 발달했다. 품질 좋은 명품을 만들어 중국·일본 등
지에 수출했다. 신라가 수출한 명품은 일본 정창원(正倉院)[61]에 소장된 실물을
통해 확인된다. 정창원은 일본이 자랑하는 보물창고로 나라현(奈良縣)에 있는
동대사(東大寺)에 있다.

1933년 정창원에서 놀라운 일이 발생했다. 신라의 행정문서 2건이 발견된
것이다. 첫째는 7~8세기 서원경(西原京, 현 청주) 내 4개 촌락의 면적·호구·
인구수 따위를 상세히 기록한 2장의 문서로 「신라촌락문서(新羅村落文書)」 또는
「신라장적(新羅帳籍)」이라 한다. 이는 정창원에 소장된 『화엄경론』의 경질(經帙,
덮개) 중 훼손된 것을 수리하다가, 경질 내부의 휴지에서 우연히 발견되었다.[62]

「신라촌락문서」는 통일신라의 행정력과 경제력을 알려주는 국보급 자료이
다. 이 촌락문서가 작성될 당시 촌락 조사는 3년마다 실시했는데, 촌락의 면
적·호구·인구와 논밭의 면적 그리고 뽕나무·잣나무·호두나무의 본수까지
자세히 기록되어 있다. 뿐만 아니라 호구와 소·말의 증감도 기록되어 있다.
「신라촌락문서」의 치밀하고 자세한 기록은 신라의 행정력이 농촌까지 완벽하게
미치고 있었고,[63] 농촌경제가 계획적으로 관리되었음을 증거하고 있다.

---

61) 정창원은 일본이 세계 제일의 보물창고라고 자랑하는 곳으로 창건 연대는 일본 쇼무왕
(聖武王)대인 729~749년인 것으로 추정된다. 756년 쇼무왕이 죽자, 그의 명목을 빌기
위해 왕의 유품 600여종을 49재에 맞춰 헌납했다.(이나다 나쯔코(稲田奈津子), 『목간과
문자』 5호, 한국목간학회, 2010, pp.131~133). 현재 약 9천여점의 유물이 소장되어 있
는데, 전체적으로 당나라 물품이 많고, 신라 물품은 가위·사리기(舍利器)·먹·종 등
이 다수 있다. 이들 물품은 752년 신라의 왕자 김태렴이 이끈 통상사절단이 가져간 것
으로 보는 견해가 유력하다. (최재석, 「일본 동대사 '헌물장'을 통해 본 정창원 물품의
제작국」, 『한국학보』 75호, 1994).

62) 화엄론 경전의 덮개에서 발견된 「신라촌락문서」는 신라 관청에서 용도 폐기된 후 사원
등에 폐지로 불하되어 『화엄론경』의 덮개를 만들 때 재료로 재활용 되었고, 『화엄론경』
이 일본에 보내졌다가 1300여년이 지나서 세상에 알려진 것이다.(이성시 저, 김창석 역,
앞의 책, p.35). 발견된 뒤 사진을 찍고 다시 봉합하여 지금은 그 원본을 볼 수가 없다.

63) 백영미, 「신라통일기 호구와 호등에 대하여」, 『한국고대서 연구』 40집, 서경문화사,
2005, pp.193~199.

다음은 「좌파리가반부속문서(佐波理加盤部屬文書)」이다. 이 문서는 1976년에 공개되었다. 가반이란 같은 모양의 치수가 다른 여러 개의 그릇을 크기에 따라 포개어 넣고 뚜껑을 덮은 것을 말한다. 겉보기에는 그릇이 한 개이지만 뚜껑을 열면 여러 개의 그릇이 차곡차곡 들어있는 것이다.

「좌파리가반부속문서」는 1976년에 공개되었다. 정창원에는 86세트 436개의 가반이 있는데, 그 가운데 4중 가반의 네 번째 그릇 속에 문서가 부착되어 있었다. 이 문서도 관청에서 나온 폐지를 포장지 등으로 이용한 것이었다. 좌파리가반은 신라 좌파리 지역에서 생산된 특산품으로 추측된다.[64] 이 문서에는 축산물과 쌀·콩 따위의 공물(貢物)이 촌락별, 날짜순으로 기재되어 있다. 뒤편에는 세 사람의 관리 이름과 이들에게 곡물을 지급한 사실이 적혀 있다. 따라서 이 문서는 지방에서 받은 공물 내역과 공물을 관료에게 녹봉으로 지급한 사실을 기록해 둔 녹봉문서(祿俸文書)로 본다.

정창원에 소장된 신라제품 중에서 가장 많은 것은 무엇일까? 첫째가 거울이고, 그 다음이 소방(蘇芳)이란 붉은 색의 염료이다. 그런데 재미있는 사실은 정창원의 거울 중에서 단 하나만 철로 만든 것이고, 그 외는 모두 백동(白銅)으로 만든 백동거울이라는 점이다. 당시까지 일본은 백동거울을 생산하지 못했다.[65] 따라서 그 백동거울은 신라 왕자 김태렴이 이끄는 통상사절단이 동대사에 기증한 것이거나, 일본이 사절단으로부터 "여러 생활용품, 특히 화로, 향

로, 각종 식기, 소반, 수저, 물병, 촛대 등 수많은 동 또는 백동제 불교용 물품과 함께 신라의 거울을 구입"[66]하여 동대사에 보관했을 확률이 높다.

그 다음으로는 붉은 색의 염료 소방을 꼽을 수 있다. 소방은 타

정창원 전경

64) 이성시 저, 김창석 역, 앞의 책, pp.36~37.
65) 최재석, 「일본 정창현 동경과 그 제작국에 대하여」, 『민족문화연구』 27호, 1994, p.910.
66) 윤재운, 『9세기 전반 신라의 사무역에 관한 일고찰』, 고려대학교 석사학위논문, 1995, p.57.

이·미얀마 등 남방의 특산물로 신라와 당에서는 원료가 생산되지 않는다. 당시 신라는 정부에 소방전(蘇芳典)이란 전담 기관을 두고, 원료를 수입가공하여 완제품을 만들고, 이를 일본에 수출했다. 오늘날로 치면 소방을 수입가공·수출하기 위한 특별공공기관을 설치하고 운영한 것이다. 아마도 신라 정부는 소방의 가공수출을 통해 막대한 재정수입을 올렸을 것이다.

정창원 소장품 가운데 또한 신라 먹(墨)이 유명하다. 정창원에 현재 보관중인 신라 먹은 총 15자루다. 이 중에 '신라양가상묵(新羅楊家上墨)'과 '신라무가상묵(新羅武家上墨)'이란 이름이 명확히 찍힌 먹이 있다. 길이가 16cm이고 배 모양을 한 원통의 먹이다. 여기서 '양가(楊家)'와 '무가(武家)'는 무슨 뜻일까? 글자로는 '양씨 집안', '무씨 집안'이란 의미로 먹을 만든 특정한 가문(家門)을 나타낸다. 따라서 이 글자는 먹 제조회사의 명칭이며 또한 엄연한 상표이기도 하다. 그러므로 신라에는 수출용 명품 먹을 전문으로 생산하는 기업이 다수 존재했고, 이들의 고유상호가 국제시장에서 통용될 정도로 명성을 얻고 있었다고 하겠다. 이것은 당시 신라사회가 특정한 상호를 사용하여 기업경영을 할 수 있을 정도로 상업의 자유가 보장되었고, 영업에 따른 사적 자본축적이 가능했다는 것을 반증하고 있다.

또 정창원의 신라 제품으로 모전(毛氈)과 거기에 물품 꼬리표로 꿰매어 붙여진 포기(布記)가 주목받고 있다.[67] 모전이란 양털을 압축해서 만든 펠트(felt)의 깔개로 크기는 대개 길이 1.2m, 폭 1m 남짓했다. 당시 주로 법회, 강연장 등의 방석이나 마차, 수레의 좌석 깔개 등으로 사용했다. 이 방석 깔개는 다양한 색상으로 물들이고 무늬를 수놓았다. 적색·갈색·백색 등 단색의 모전을 색전(色氈)이라 하고 꽃과 나뭇잎 등 무늬를 넣은 모전을 화전(花氈)이라 한다.

정창원에는 이러한 모전이 50여 점 있다. 그 중 색전 1매와 화전 1매에 먹으로 쓴 물품 꼬리표인 포기(布記)가 부착되어 있다. 이 모전은 당연히 중국이나 서역 제품으로 여겨져 왔다. 모전류는 대체로 만리장성 밖에서 만들어졌고, 수·당(隋唐)시대 서역으로부터 수입되어 중국에서 유행했기 때문이다. 하지만 문제는 물품 꼬리표의 한자가 중국식으로는 전혀 해석되지 않고 신라 식으로

---

67) 이성시 저, 김창석 역, 앞의 책, p.38. 모전에 관한 구체적 분석 자료는 이 책에서 인용한 것임을 밝혀둔다.

정창원 보물(수저, 가반, 신라먹, 촌락문서)

해석해야만 풀이된다는 것이다. 두 개의 꼬리표를 신라 식으로 해석하면 다음과 같다.

"자초랑택(紫草娘宅)이 (대가로) 자색의 색전을 1장, 염물(念物, 희망하는 물건)은 사(糸)나 (혹은) 면(綿)을 얻도록"

"(김)행권한사(行卷韓舍)가 대가로 화전을 1장, 염물(念物, 희망하는 물건)은 면(錦)을 얻도록"

자초랑택은 진골 귀족의 저택을 의미하고, 한사(韓舍)는 신라 17관등 중 제 12관등인 대사(大舍)의 다른 이름이다. 따라서 꼬리포가 달린 모전의 주인은 신라 귀족이나 고위 관리가 확실하다. 그렇지만 이 모전이 과연 신라에서 생산되었는지는 의문이다. 어떤 제품의 생산은 제조 능력보다 그 제품의 수요가 좌우한다. 그것도 제조비용을 충당하고 이윤을 남길 만한 수요가 있어야 하고, 그에 미치지 못하면 그 제품은 외국에서 수입하여 쓰는 편이 경제적이다.

그렇다면 신라의 모전 수요가 어느 정도였는지 알아보자. 앞에서 살펴본 흥덕왕의 사치금지령 중에서 모전과 관련 있는 것이 있다.

"(진 골) 바닥깔개는 능(綾), 견(絹) 이하를 쓴다.
(6두품) 바닥깔개는 시(絁), 견(絹) 이하를 쓴다.
(5두품) 바닥깔개는 전(氈) 또는 포(布)를 쓴다."[68]

5두품이 사용하는 수레의 바닥깔개는 전(氈, 모직담요)이나 포(布)를 쓰도록 했다. 6두품 이상의 비단 제품에 비해 계급이 낮은 5두품은 모직담요를 사용토록 지정된 것이다. 이것은 신라에서는 모전이 고급 사치품이 아니라는 의미이고, 어지간한 신분 계층의 일상품이라는 점을 알려 준다.

또 6두품 이하는 무늬 있고 조밀하게 짠 페르시아 양탄자를 사용하지 못하게 하고, 4두품과 일반백성들은 당나라에서 수입한 담요(大唐毬)를 사용하지 못하도록 규정하고 있다. 그런데 굳이 당나라 담요라고 특정하여 지칭한 것은, 그 이면에 신라가 국산 모직담요를 생산했고 일반백성들에게 이의 사용을 적극 권장한 실정이 반영되어 있다고 하겠다.

신라 모직물이 우수하여 당나라에서 좋은 평판을 받았다는 증거가 있다. 『삼국유사(三國遺事)』에 나오는 「만불산(万佛山)」의 양모로 만든 융단깔개이다. 「만불산」은 신라 35대 경덕왕(景德王, 742~765)이 당 대종(唐代宗)에게 선물한 공예품 가산(假山)으로 높이가 1장(3m)쯤 된다. 이 작품은 오색 융단깔개 위에 침단목(沈檀木)을 두고 명주(明珠)·미옥(美玉) 따위로 장식했다. 「만불산」이라는 이름은 기암괴석과 동굴로 된 구역마다 암자·전각·누각 등이 알맞게 세워지고, 좁쌀이나 콩 반쪽만한 크기의 불상 만개가 곳곳에 안치되었기 때문이다. 또 1,000여 명의 승려 인형이 있어 바람이 불면 종이 울리고 승려들이 염불하는 듯 보였다. 대종은 이를 보고 '하늘이 만든 것이지 인간이 만든 것이 아니다'라며 신라의 기술력에 크게 감탄했다.[69]

---

68) 『삼국사기』 권33, 거기(車騎)조.
69) 『삼국유사』 권3, 탑상(塔像)4, 만불산. 경덕왕의 「만불산」 선물에 대해 단순히 대종의 환심을 얻으려는 외교 의례로만 단정해서는 안 된다. 이에는 신라의 기술력과 신라 제품의 우수성을 한껏 과시하려는 의도가 내재되어 있었다.

이 「만불산」의 융단깔개는 신라가 당에 조공품으로 선물하거나 수출했다. 소악(蘇鶚)의 『두양잡편(杜陽雜編)』에 이에 관한 기사가 실려 있다.

> "때때로 신라에서 구유(氍毹, 융단깔개)를 바쳤다. 교묘하고 아름답게 만들어서 또한 당대의 최고였다. 사방 한 치가 되는 칸마다 춤추고 노래하며 악기를 연주하는 모습, 여러 나라의 산천의 모습이 들어 있고 홀연히 미풍이 불어오면 벌과 나비가 움직이고 제비와 참새가 날아와 춤춘다. 이를 굽어보면 실제와 흡사하여 진위를 구별할 수 없다."[70]

『두양잡편』의 구유는 그 문양의 아름다움이 눈에 선할 정도다. 또 너무나 사실적이고 세밀하며 색상이 화려하여 명품임을 직감케 한다. 이와 같이 신라는 최고급품인 구유부터 하품 담요까지 다양한 양모 제품을 만들어 국내에 유통시켰을 뿐 아니라 해외에 수출했다.

그렇다면 당시 신라는 모직물을 짤 원료인 양털을 얻기 위해 양(羊)을 사육했을까? 아니면 양털을 따로 수입했을까? 자료는 없지만 양을 사육했을 확률이 높다. 『고려사』에 이의 단서가 될 만한 기록이 있다. 1169년(의종 23) 7월에 금나라가 사신을 고려에 파견하여 양 2천 마리를 선사했다는 기록이다. 이 기록은 고려에서 양고기를 즐겨 먹고 양을 사육한 현실을 반영할 뿐 아니라, 이보다 약 400년 전인 신라 때는 인구가 적어서 양 사육에 알맞은 목야지가 다수 존재했을 것으로 짐작하게 한다.[71]

이상에서 살펴본 정창원 소장 유물들과 고분 및 유적지에서 출토되는 금·은 세공품, 옥·유리 제품 등을 통해 신라는 다양한 고급 사치품과 품질 좋은 일상용품을 수출용으로 생산하고 국내에도 판매한 것을 알 수 있다.

통일신라는 상공업 선진국이었다. 높은 수준의 상공업 발달은 소비수요가 존재하고 사적 이익이 획득되는 생산체제가 가동되었음을 뜻한다. 신라는 더 질 높은 명품을 선호하는 사치소비 성향이 높았고, 생산과 거래를 통해 얻어진 사적 이익이 지속적으로 사치소비를 이끌었으며, 이것이 또 상공업 발달의 동력이 되었다.

---

70) 이성시 저, 김창석 역, 앞의 책, p.81에서 인용.
71) 박남수, 「9세기 신라의 대외 교역물품과 그 성격」, 『사학연구』 94호, 2009, p.22.

3. 조공무역과 상인

조공(朝貢)은 본래 기원전 11세기 이래 주(周)나라에서 도입된 정치제도다. 주나라는 건국 후 광대한 영역을 효율적으로 통치하기 위해, 또 지방의 반란을 차단할 목적으로 왕실의 인척을 지방의 봉건제후로 책봉하고 세습하게 했다. 그리고 제후가 신하의 예로서 지방의 토산물을 공물로 바치도록 해 제후들을 통제해 나갔다. 이것을 통상 조공책봉제도라고 한다.

이 제도는 통일중국의 진(秦)·한(漢)나라 시기에 크게 바뀐다. 이 때부터 지방 제후는 중앙에서 임명하는 직속 신하가 된다. 오랜 기간 존속한 조공제도가 그 의미를 상실하자, 중국은 변방국과 봉건적 정치질서를 구축할 목적으로 이를 운용하려 했다.[72] 주나라의 조공책봉제도를 중국과 변방국에 적용하는 것이었다. 하지만 조공책봉은 실질적으로는 정치적 목적보다 무역 목적으로 중시됐다.[73] 조공에는 항상 양국의 선물 수수가 따랐기 때문이다. 변방의 왕이 신하의 예로서 방물(方物과 답례품 토산물 및 수공업품)을 선물로 바치면 황제가 답례품을 주었다. 이것은 최고위 신분의 선물과 답례품이라 대체로 진귀한 특산물이나 최고급 사치품이었다. 따라서 조공은 황제와 변방 왕의 권위를 안팎으로 높여주는 중요한 정치 행사인 동시에, 서로 필요한 물품을 교환하는 최고급 무역이라 할 수 있다.[74]

조공무역은 생각만큼 쉽게 이뤄지지 않는다. 조공 길의 험난함 때문이다. 조공가는 사신은 목숨을 걸고 사행 길에 오른다. 육로는 그나마 형편이 조금 났지만, 해로는 항상 선박의 침몰이 따랐다. 백제와 신라는 중국으로 가는 육로를 고구려가 막고 있어 오직 해로만 이용할 수 있었다. 그러기에 항로의 개척이 필요했다. 이에는 백제가 신라보다 빨랐다.

서해 항로는 고대로부터 이용해온 해안을 따라 운항하는 연안항로와 바다

---

72) 이춘식, 「한대의 기미정책과 사대조공」, 『사학지』 4호, 단국대학교 사학회, 1970, p.66.
73) 이헌창, 「한국 전근대 무역의 유형과 그 변동에 관한 연구」, 『경제사학』 36호, 경제사학회, 2004, pp.104~106.
74) 이헌창, 「한국 전근대 무역의 유형과 그 변동에 관한 연구」, 『경제사학』 36집, 2004, pp.103~111.

를 가로질러 가는 횡단항로가 있다. 서해를 가로지르는 항로는 서해중부 횡단 항로(西海中部 橫斷航路)와 서해남부 사단항로(西海南部 斜斷航路)가 있다. 따로 서해남부 횡단항로가 있는데, 이는 나주에서 흑산도를 거쳐 중국 회하강(淮河 江) 하구에 닿는 항로로 10세기 초 고려시대에 개발되었다.[75]

연안항로는 수천 년 전부터 운항되어온 것이어서 항해에는 별 문제가 없 다. 하지만 시일이 많이 소요되고, 적대국의 바다를 지날 때 결정적인 방해를 받을 위험을 안고 있다. 때문에 수많은 시행착오 아래 횡단항로가 개설되었다. 횡단항로는 목적지 해안의 지형지물뿐 아니라, 목적지로 직항하는 해로에 대한 기후·조류·암초 따위 지식과 경험이 충분하지 않으면 불가능한 것이다.[76]

먼저 서해중부 횡단항로는 옹진군 덕적도(德積島)에서 서해를 횡단하여 산 동반도 동래(東萊)에 닿는 항로이다. 이 항로가 언제부터 개설되어 이용되었는 지는 아직 모른다. 추측컨대 372년 정월 근초고왕이 동진에 사신을 보낼 때 이 항로를 이용했을 것으로 짐작된다. 따라서 372년 이전에 개설되었을 것이다. 이 항로에 관한 가장 빠른 문헌은 『위서(魏書)』다. 『위서(魏書)』에는 475년에 북 위가 사신 소안(邵安)을 백제 문주왕(文周王)에게 보냈고, 소안은 산동반도 동래 (東萊)에서 바다를 건너 덕적도 부근에 도착한 뒤, 서해 연안을 따라 남하하여 웅진에 입성했다고 기록돼 있다.[77] 이 항로는 660년 소정방이 백제를 공격할 때도 이용됐다. 당시 소정방은 덕적도에 주둔했었다.

다음 서해남부 사단항로는 영산강 회진에서 출발하여 흑산도를 거치고, 서 해를 비스듬히 건너 절강성 명주에 닿는다. 이 항로 역시 언제 개설되었는지 분명하지 않다. 대체로 최소한 6세기 후반 이전으로 본다.[78] 그렇게 보는 문헌 근거로는 최치원(崔致遠)이 당에 올리는 문서가 있다. 그는 "백제가 전성할 때 에는 강병이 100만으로, 남쪽으로는 오월(吳越)을 침범하고, 북쪽으로는 유연(幽 燕)·제(齊)·노(魯)를 어지럽혔다."[79]라고 기술한 바 있다. 또 『구당서(舊唐書)』 에는 백제의 광역이 "서쪽으로는 바다 건너 월주(越州)에, 남쪽으로는 바다 건

75) 『고려사』 권9, 문종세가 27년 8월 정해. 『송사』 권487, 고려열전.
76) 정진술, 『한국해양사』, 경인문화사, 2009, p.69.
77) 『위서(魏書)』 권 100, 열전88, 백제.
78) 박남수, 『한국 고대의 동아시아 교역사』, 주류성, 2011, pp.82~85.
79) 『삼국사기』 권46, 열전6, 최치원전.

너 왜국에, 북쪽으로는 고(구)려에 이른다."[80]라고 기술되어 있다.

『삼국사기』에는 서해남부 사단항로를 암시하는 기사가 실려 있다. 587년 진평왕(眞平王) 시절에 대세(大世)와 구칠(仇漆)이 오월에서 스승을 찾으려고 남해에서 배를 타고 떠난 기사가 있다.[81] 또 백제 승려 발정(發正)이 오월로부터 귀국한 이야기도 있다. 발정은 502~519년경에 양나라에 들어가서 30여 년 불교를 공부하다가 월주에서 귀국했다.[82] 승려 발정이 양에 입국했다가 귀국하는 6세기 초에 백제와 월주 사이에 민간이 이용할 수 있는 직항로가 있었다는 사실을 짐작할 수 있다. 그리고 6세기 말에 신라인 대세(大世)와 구칠(仇漆)도 이 직항로를 운항하는 배를 타고 오월에 간 것이다.

신라의 대표적 국제 항구는 당은포(唐恩浦, 화성군 당항진)이다. 그 다음으로는 울산만과 김해·양산 사이의 낙동강변으로 추정되는 황산진(黃山津)이 유명했다. 삼국통일 후에는 지금의 나주군 문평면에 위치한 회진(會津)이 주요 항구가 됐다.

경주에서 당의 장안성으로 가는 길은 ① 경주-당은포를 잇는 북로, ② 경주-회진을 잇는 남로, ③ 경주-울산을 잇는 동남로 등 세 가지 노선이 있었다. 주 노선은 경주-당은포였다. 다만 울산 코스는 대한해협을 통해 북상하는 흑조(黑潮, Kuroshio) 해류를 거슬러 가는 위험이 있어 당으로 갈 때에는 거의 이용하지 않고 주로 일본에 가는 교역로로 이용하였다. 신라는 당에 보내는 사신을 180여 회 정도 파견했다.[83] 이들은 외교적인 축하인사나 조공(朝貢)을 위해 당의 수도 장안을 다녀왔다. 이 때 상인이 동반하여 무역이 이루어졌다. 당시 조공은 고도의 정치적 행위였지만, 그 내용은 문화교류와 교역을 포괄하는 복합적 외교행사였던 것이다.[84]

---

80) 『구당서(舊唐書)』 권199, 동이열전 149, 백제.

81) 『삼국사기』 권4, 신라본기4, 진평왕 9년 7월 조.

82) 백제문화개발연구원 편, 「관세음응험기」, 『백제사료집』, 1985, p.367.

83) 권덕영, 「비운의 신라 견당사들」, 『신라문화제학술발표회논문집』 15호, 동국대학교 신라문화연구소, 1994, p.229.

84) 유재택, 「전통적 조공관계와 한·중 관계의 이해」, 『동서사학』 12호, 한국동서사학회, 1995, p.130.
   권덕영, 「고대 동아시아의 황해와 황해무역-8, 9세기 신라를 중심으로: 고대 동아시아의 황해와 황해무역」, 『사학연구』 89집, 2008, pp.23~24.

삼국시대 대중국 외교는 고구려가 가장 왕성했고, 그 다음이 백제이며, 신라는 당대에 들어 비로소 활발해졌다. 동진시대 이후 당대에 이르는 시기까지 중국 역대 왕조에 따라 삼국의 중국 사행(使行)을 시대별로 나누어 정리하면 〈표 5-2〉와 같다.

고구려는 중국 대륙의 모든 나라들과 광범위한 외교관계를 유지했다. 일찍이 124년 10월에 한나라에 사신을 파견하여 교역을 했다.[85] 양대(梁代) 54년 동안은 거의 매년 사신을 보냈다. 전쟁을 치르고 적대적인 관계에 있던 수에도 14회, 당에도 17회의 사신을 파견했다. 사신의 왕래에서 교역이 이루어졌다. '맥궁(貊弓)'이라 일컫는 활은 유력한 대중국 수출품이었고,[86] 금·은 장식 제품과 철 제품 그리고 모피와 고급견직물 조하주·어하주도 대량 수출되었다.[87]

백제는 5세기 때 송(宋)과 활발하게 교류했다. 중국·일본 등과의 해외교역에 국력을 기울여 해양국가의 위상을 견지해 나갔다. 고급 비단·과하마가 유망 수출품이었고, 특히 명광개(明光鎧)라는 백제 갑옷이 인기를 끌었다. 갑옷과 함께 각종 무기와 군사 장비들도 많이 수출했다.[88] 고급 비단은 백제의 뛰어난 직조기술을 갑옷과 무기 수출은 우수한 금속가공기술을 반증해 준다.[89]

신라는 외교에서 꼴찌였다. 그것도 한참이나 늦어 6세기 초에 이르러 비로소 양나라에 사절을 보낸다. 7세기 초 당과 통교한 뒤부터 외교의 맛을 보았다고 할 수 있다. 당에 외교사절로 보내는 견당사(遣唐使)를 통한 무역이 어느 정도였는지는 잘 알 수 없다. 물론 견당사에는 공식사절단의 조공무역뿐 아니라 사절단을 따라가는 수행원과 인부 그리고 상인들이 경비조로 또는 돈을 벌기 위해 행한 민간 사무역도 상당했을 것이다. 그러나 『삼국사기』 등 문헌기록은 대부분 '조공했다', '방물을 보냈다', '말을 보냈다', '미녀를 바쳤다' 따위이고 물품 내역과 그 수량을 자세히 기록한 예는 많지 않다. 723년(성덕왕 22) 4월 성덕왕(聖德王)은 과하마(果下馬) 1필과 우황(牛黃)·인삼, 여자 장식용 두발, 조하

---

85) 『삼국사기』 권15, 고구려본기3, 태조왕 72년 10월조.
86) 『위서』 권100, 열전88, 고구려조.
87) 박선미, 「고구려유적 출토화폐 검토」, 『고구려발해연구』 47집, 2013, pp.127~129.
88) 『당서』 권220, 열전145, 동이전, 백제조.
89) 박윤선, 「백제와 송·제·양 교섭기사에 대한 고찰」, 『역사문화연구』 31집, 2008, pp.3~32.

표 5-2 삼국의 중국 사행(使行) 빈도[90]

시대 　　출발국	고구려		백제		신라	
동진시대 (東晋時代) (317~420)	후조(後趙) 진(晋) 전연(前燕) 전진(前秦) 후연(後燕) 북연(北燕) 남연(南燕)	2 3 4 2 1 2 1	진(晋)(372이후)	6-1	전진(前秦)(377이후)	2
송대(宋代) (420~478)	송(宋) 북위(北魏)	22 25	송 북위	13-1 1		
남제대(男齋代) (479~501)	남제(南齋) 북위(北魏)	3-1 32	남제	3-1		
양대(梁代) (502~556)	양(梁) 북위(北魏) 동위(東魏) 북제(北齋)	11 22 16 3	양	5	양 북위	1 1
진대(陳代) (557~580)	진(陳) 북제(北齋) 북주(北周)	5 3 1	진 북제 북주	2 3 2	진 북제	6 2
수대(隋代) (581~618)	수(隋) 진(陳)	14 1	수 진	9 2	수	7
당대(唐代) (618~907)		17		14		19
계(計)		190-1		59-3		38

주: -(마이너스)기호 다음의 숫자는 출발은 했으나 도착하지 못하거나 거부당한 사행의 수를
표시한다.

---

90) 전해종, 『한중관계사 연구』, 일조각, 1970, p.38.

주·어아주, 누응령(鏤鷹鈴), 해표 가죽(海豹皮) 그리고 금·은 등을 당 현종(唐玄宗)에게 선물하면서 특별히 다음의 서신을 동봉했다.

> "… 신라는 바다 멀리 변방의 땅으로서 천주(泉州)상인과 남만인이 가지는 보물과 재화도 없어 감히 토산물을 보내는데 부끄러움을 느낀다."[91]

이에 당나라 현종(玄宗)은 답례로 금포(金袍, 비단으로 만든 옷)와 금 허리띠 그리고 채견(綵絹)·소견(素絹) 등 비단 2,000필을 보내면서 역시 답서를 동봉했다.

> "… 동봉한 겸손의 편지가 오히려 감사하고 보내온 물품도 바다를 건너 멀리서 온 것으로 깨끗하고 아름다우며, 보내는 이의 정을 느끼게 한다."[92]

성덕왕은 다시 730년(성덕왕 29년) 2월 왕족 김지만(金志滿)을 사신으로 보내면서 작은 말 5필, 개 1마리, 금 200냥, 여자 장식용 두발 80냥, 해표가죽 10장을 보냈다. 이에 또 현종은 이듬해 2월 신라에서 보낸 조공에 관한 내용이 당의 공식 국가 기록에 오르게 되었다는 사실을 알리며, 다음의 서신과 함께 능채(綾綵) 500필과 백(帛) 2,500필을 보냈다.

> "… 나는 매양 일찍 일어나서 (그대를) 생각하고 새벽부터 옷을 입고 현인을 기다린다. 그대를 만나면 마음속 깊은 말을 다할 듯하여, 만나서 소회(所懷)를 나눌까 하였더니, 지금 사신이 와서 그대가 병으로 고생하고 있음을 알게 됐다. 오래 격조함을 생각하니 근심이 더할 뿐이다. 날씨가 따뜻해지고 있으니 (그대의) 병환도 곧 나아지리라 …"[93]

현종은 이에 그치지 않고 733년 성덕왕에게 선물을 보냈다. 흰 앵무새 암수 각 한 마리와 자라수포(紫羅繡袍)·금은세기물(金銀細器物) 그리고 서문금(瑞紋錦)·오색나채(五色羅綵)를 합하여 500단이다. 733년은 발해가 산동반도 등주를 침공한 해이다. 위기에 처한 당이 신라의 원병을 요청할 목적으로 먼저 선물을

---

91) 『삼국사기』 권8, 신라본기8. 성덕왕 22년 4월조.
92) 『삼국사기』 권8, 신라본기8, 성덕왕 23년 2월조.
93) 『삼국사기』 권8, 신라본기8, 성덕왕 30년 2월조.

보낸 것으로 보인다. 성덕왕도 동년 12월 김지렴(金志廉)을 당에 보내 답례 인사를 표했다.

성덕왕은 734년에도 작은 말 2필과 개 3마리, 금 500냥과 은 20냥, 포(布) 60필, 우황 20냥과 인삼 200근, 여자 장식용 두발 200냥 그리고 해포가죽 60장 따위를 당에 보냈다.[94]

신라와 당의 조공무역에서 최대 규모는 어느 정도였을까? 아마도 723년·730년·733년·734년의 것이었으리라. 성덕왕과 당 현종의 특별한 서신이 있고, 서신에서 양쪽 모두가 상대방을 존중하고 성의를 다하여 선물을 보냈음을 밝히고 있으며, 자세한 물품 기록이 이를 증명한다. 뿐만 아니라 730년 신라의 조공 내용을 당의 공식 국가기록에 올렸음이 또한 그 증거가 된다. 당시는 발해가 강성하여 대조영의 뒤를 이은 아들 무왕(武王)이 당을 공격했고, 신라도 이에 위협을 느끼는 상황이었다. 따라서 양국은 군사동맹을 맺고 우호를 돈독히 할 필요성이 있었다.

발해가 733년에 바다를 건너 산동반도의 등주(登州)를 공격하자, 당은 신라에 원병을 청했고, 신라는 이에 응하여 발해의 남쪽 변경을 공격했다. 신라의 공격은 때마침 약 3m나 쌓이는 폭설이 내린데다 산길이 험해 실제로 전투를 하지 못하고 되돌아 왔다. 당은 신라가 발해의 배후를 공격한 것에 대해 고마워했다. 그리고 감사의 표시로, 735년 대동강 이남의 땅이 신라에 속한다는 것을 문서로 공인했다.[95]

이상에서 살펴본 조공무역의 규모를 부피나 무게를 대략적으로 추산해보면 대단한 것이 아님을 알 수 있다. 다른 평시의 조공무역 규모는 이보다 더 적었을 것이다. 왜 조공품의 규모가 상상하는 것보다 적었을까?[96]

조공무역의 양이 많지 않은 것은 무엇보다 물품의 운송이 어려웠기 때문일 것이다. 경주에서 장안까지의 사행 길은 실로 멀고 험한 노정이다. 사신과 수

---

94) 『삼국사기』권8, 신라본기8, 성덕왕 33년 4월조.
95) 『삼국사기』권8, 신라본기8, 성덕왕 34년 2월조.
96) 신라가 당에 보낸 개 4마리가 궁금하다. 분명히 토종개를 선물했을 터인데, 삽살개나 진돗개 또는 풍산개일까? 당에 공식 선물로 보낸 개이므로 예사로운 개는 아닐 것이고 730년에 1마리를 보냈더니 평이 좋아 734년에 3마리를 더 보낸 것 같다. 물론 이 개는 신라 왕실과 귀족들도 키웠을 것이다.

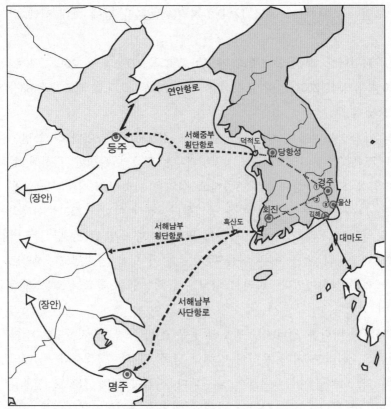

신라 견당사 노선도(육로와 해로)

행원은 목숨을 담보해야만 했고 조공품의 운송은 그것이 귀중품이었기에 더욱 까다롭고 어려운 일이었다.

　　신라 견당사가 주로 이용한 노선은 바닷길이 비교적 안전한 북로였다. 북로는 경주-선산-상주-함창-계립령-충주-당은포 … 서해(북부) … 등주-래주-청주-운주-변주-낙양-장안에 이르는 코스이다. 그 거리는 경주에서 당은포까지가 370km, 등주에서 장안까지가 1,600km로 육로가 총 약 1,970km이다. 서해 해로를 600km로 잡으면 전체 거리는 약 2,570km가 된다. 당척(唐尺)으로 계산하면 육로 3,700리, 해로 1,100리로 총 약 4,800리의 여정이다.

　　그렇다면 육로 3,700리, 해로 1,100리는 얼마나 걸렸을까? 육로는 하루 50리 정도 걷는다고 보면 75일, 해로는 배가 하루에 11여리를 항해한다고 보면 10일, 따라서 최소한 총 85일이 소요된다. 그러므로 경주를 떠나 장안에 다녀

오는 왕복 여정은 170여 일로 약 6개월이 걸렸다.[97]

그러나 만약 폭풍우를 만나 배와 수레가 고장나거나 일행 중 위급한 환자가 생기는 등 불가피하게 지체되는 일도 허다했을 것이므로 실제 소요되는 시일은 6개월을 초과했다. 또 당에서 체류하는 기간을 더하면 거의 1년여의 시일이 소요되었다. 남로를 택하면 육로는 다소 단축되나 바닷길이 더 험한 탓에 여행의 위험도가 높고 오히려 북로보다 시일이 더 많이 걸릴 수도 있어 북로를 더 선호했다.

사행 길은 험한 바다를 건널 뿐 아니라 기후와 풍토, 음식이 다른 이국으로 가는 여행이어서 사람들이 지치고 병들어 죽는 일이 다반사였다. 735년 2월에 부사(副使) 김영(金榮)이 당에서 죽었고, 736년 11월에는 성덕왕의 사촌 동생 대아찬 김상(金相)이 당으로 가는 도중에 죽었다.[98]

신라상인은 장안에서 어떤 물품을 주로 구입했을까? 우선 부피가 작게 나가는 것으로 서역에서 실크로드를 통해 들어온 값비싼 보석류와 향료·양모 제품 등을 구입했을 것이다. 또 당에서 유행하는 문집·불경 따위의 서적류와 문방구·장식물·의류·화장품 따위의 생활용품도 구입했을 것으로 보인다. 신라에서 인기가 높은 남방의 사치성 물품은 산동이나 초주 등지에서 값싸게 수입할 수 있으므로 이곳 장안에서 구입할 필요가 적었다. 그러므로 공식 조공무역 외에 동행한 상인과 수행원들의 물품구매도 여행 여건과 시장상황 등을 고려하면 그 내용이 무척 제한적이고 한계가 따랐을 것이다.

4. 화폐와 상업

가. 무문전과 현물화폐

1958년 집안(통구)에 소재한 고구려 돌무덤에서 고조선 화폐인 일화전(一化錢)과 명화전(明化錢)이 중국 한나라 화폐와 함께 출토되었다. 이는 고조선에서 사용된 일화전·명화전이 고구려에 그대로 계승되어 유통된 것으로 추측한다.[99] 고조선 화폐에 대해서는 『해동역사』에 홍평왕 원년(BC 957)에 철전인 자

---

97) 권덕영, 앞의 논문, pp.233~236.

98) 『삼국사기』 권8, 신라본기, 성덕왕 34년 2월, 35년 11월조.

99) 홍희유, 앞의 책, pp.46~47. 일화전과 명화전은 중국 화폐와 달리 동전에 테두리가 있

모전(子母錢)이 주조되었다는 기록이 있으나 아직 유물 출토가 없다.[100] 고조선 이후 고구려·백제·신라 그리고 통일신라까지 화폐 주조에 관한 문헌기록이 없다. 그렇다면 고조선이 망한 뒤 수백 년간, 막강한 고구려와 통일신라 시기에도 우리 조상은 주조 화폐와 담쌓고 지냈단 말인가? 문헌과 출토유물에 비추어서는 사실이라고 할 수밖에 없다. 다만 『삼국지』에 철정전(鐵鋌錢)이 널리 유통된 기록이 있고, 『천지(泉志)』와 『해동역사』에 신라와 동옥저의 무문전(無文錢)에 관한 기록이 있다. 무문전의 출토유물이 전혀 없는 것은 아니다. 다소 시기가 늦은 고려시대 무문 철전으로, 1910년대 초 개성 인근의 고려 고분에서 건원중보(乾元重寶)와[101] 함께 출토되었다.

> "나라에서 철이 생산된다. … 시장에서 매매할 때는 모두 철을 사용하는데, 마치 중국에서 전(錢)을 쓰는 것과 같다."[102]

> "동옥저(東沃沮)의 전은 무문(無文)이다. 신라의 전은 무문이다."[103]

철정(鐵鋌)은 얇은 금괴와 유사한 모양이다. 크기는 길이 15~50cm(무게 0.7~2.5kg) 정도이고, 가운데가 타원형으로 굽어 있어 휴대하기에 편리하다.[104] 철정은 삼한의 최고 수출품이었다. 낙랑·왜·마한 등지에 대량 수출되었고, 삼한 시장에서는 돈으로도 사용됐다.

『천지』는 1149년에 송나라 사람 홍준(洪遵)이 펴낸 책이다. 전(錢)을 전문으로 다룬 책으로는 현존하는 서책 중에서 가장 오래된 책이다.[105] 『천지』는 모두 15권인데, 12권에 동옥저와 신라의 무문전에 대한 설명과 실물 그림이 있

지 않고 네모진 구멍에도 테두리가 없는 등 그 형태와 주조 수법이 고유한 특징을 가졌다. 자강도 자성군 서해리 무덤에서는 무려 650개의 일화전이 출토되었다.
100) 『해동역사』는 실학자 한치윤(韓致奫, 1765~1814)이 저술했다.
101) 『고려사』 권3, 세가, 성종 15년 4월 신미.
102) 『삼국지』 권35, 위서, 동이전, 변진조.
103) 『천지(泉志)』 12권, 신라전. 옥저와 신라 무문전이 『천지』에 실린 것은 이들 동전이 무역을 통해 중국에 흘러 들어갔고 화폐 연구가에 의해 공인되었을 가능성이 높다.
104) 한영달, 『한국의 고전』, 선, 2002, p.19. 한 곳에서 1천여 개가 출토된 적이 있다.
105) 김창석, 「삼국 및 통일신라의 현물화폐 유통과 재정」, 『역사와 현실』 42호, 한국역사연구회, 2001, p.22.

다. 무문전은 모양이 원형 동전이고 가운데 중앙에 네모진 구멍이 나 있다. 다만 앞뒤 어디에도 글자가 찍혀 있지 않다. 『해동역사』에는 신라와 옥저에서 '금은 무문전'을 사용했다고 기록되어 있다.[106] 따라서 무문전을 자모전과 연계하여 보면 금 무문전, 은 무문

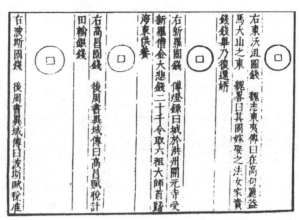

『천지』의 동옥저와 신라 화폐 관련 기록[107]

전, 철 무문전 등 3종과 이를 각각 큰 것과 작은 것으로 구분하면 총 6종의 무문전이 존재한 것이 된다. 만약 동 무문전이 있었다면 총 8종으로 늘어난다.

무문전은 여러 가지 유용성을 지닌다. 우선 누구나 능력이 있으면 만들 수 있고, 성분과 무게가 보장되면 언제 어디서든지 통용된다는 점이다. 그러므로 무문전은 일종의 칭량화폐이다. 또 필요에 따라 녹여서 다른 용도로 사용할 수 있으니 편이성이 높다. 따라서 철정도 칭량화폐로 무문전과 유사하다. 이렇게 보면 일종의 무문전인 철정과 신라의 무문전이 자연스럽게 연결될 수 있다.

우리 역사에서 고대 화폐에 관한 이야기는 다양하고, 그를 통해 화폐 생활을 알 수 있다. 먼저 고구려의 '서옥제(壻屋制)'이다. '서옥제'는 신부집 본채 뒤에 서옥이라는 작은 집을 지어놓고, 신랑이 해질 무렵에 와서 신부와 자게 해 달라고 청하면 신부의 부모가 마지못한 듯이 이를 허락한다. 이 때 신랑은 돈(錢)과 폐백을 서옥 옆에 쌓아두어 신부의 부모가 가지도록 했고, 아들을 낳아 크면 비로소 신부를 데리고 자기 집으로 돌아갔다. 다음 동옥저의 '민며느리제'는 신랑집에서 신부가 될 여자를 10살 이전에 데려와 키운 후 성인이 되면 신부집에 일단 돌려보낸 뒤, 신랑이 신부를 다시 데려오고 싶으면 신부 집에 돈(錢)을 지불하는 것이다. 둘 다 매매혼의 일종인데, 분명히 '돈(錢)과 폐

---

106) 『조선 화폐 연혁』, 동아일보사, 1939.
107) 김창석, 삼국과 통일신라의유통체계 연구, p.169

백'으로서 따로 돈을 지불하는 것이다. 그렇다면 이 돈은 무슨 돈일까? 금·은 덩어리나 철정·무문전 따위일 수 있다.

삼국시대에는 세금을 징수할 때 화폐가 아닌 곡식과 포목 등 현물로 받았고 재정지출도 화폐로 지불하지 않고 현물로 지급했다. 따라서 화폐 사용은 제한적일 수밖에 없었다. 『북사(北史)』는 백제가 조세를 곡식과 베 따위 현물로 징수했다고 기록하고 있다.

"세금은 포목(布)·비단(絹)·실(絲)·삼(麻)·쌀 등으로 내었는데, 풍년과 흉년에 따라 차등을 두어 받았다"[108]

백제의 화폐주조는 그 실상이 아직 밝혀지지 않고 있다. 하지만 1971년에 발굴 조사한 무령왕(武寧王, 501~523년)의 무덤에서 돈 1만문(萬文)으로 지신(地神)에게 무덤자리 땅을 구매하는 매지권(買地卷)이 발견되어 비상한 관심을 끌었다. 그 매지권 위에는 오수전(五銖錢) 한 꾸러미가 놓여 있었다.[109] 또 무령왕릉에는 돈 무늬의 벽돌이 많이 사용되었는데, 그 옆의 송산리(宋山里) 6호 무덤도 마찬가지다. 따라서 무령왕릉을 통해 백제인이 돈을 매우 중히 여겼으며, 당시 상당 수준으로 발달한 화폐경제의 상황을 짐작할 수 있다.[110] 통일신라도 상거래에 현물화폐를 주로 사용했다. 헌안왕(憲安王) 4년(860)에 김언경(金彦卿)은 보림사(寶林寺)의 비로자나불상을 조성하기 위해 자신의 재산을 털어 철 2,500근을 매입했고, 왕은 큰 부잣집에 금 160푼과 조(租) 2천 곡을 내어 불상 건립을 돕도록 지시했다.[111] 철·금·곡식 따위가 화폐로 유통된 것이다. 『삼국유사』에도 베(布)가 화폐로 통용된 기록이 있다. 685년에 신문왕(神文王)이 세운 망덕사(望德寺)라는 사찰의 승려 선율(善律)에 관한 이야기다.

"망덕사의 승려 선율(善律)이 돈(錢)을 시주받아 『6백반야경(六百般若經)』을 만들려하다가 완성되기 전에 갑자기 저승사자에게 잡혀 염라대왕에게 갔다. 염라대왕은 선율을

---

108) 『북사』 권94, 열전82, 백제전.

109) 문화공보부, 무령왕릉발굴조사 보고서, 1973. 12. 20, pp.46~61.

110) 조병찬, 앞의 책, pp.42~43.

111) 김영(金穎) 찬, 「장흥 보림사 보조선사 창성탑비문」, 『조선금석총람』 상, 조선총독부, 1919. 박남수, 앞의 책, p.63.

문초한 뒤 반야경 만드는 일을 끝마치라며 선율을 다시 인간 세상으로 돌려보냈다. 선율은 저승에서 돌아오는 길에 한 여인을 만났다. 그 여인은 자기가 세상에 있을 때 참기름(胡麻油)과 베(布)를 이불 사이에 감추어 두었으니 기름은 등불을 켜고 베는 팔아서 불경 베끼는 비용으로 쓰라고 했다. 선율이 무덤에서 살아나 그 여인이 집에 가보니 죽은 지 15년이 지났는데도 그 여인이 말한 곳에 참기름과 베가 있었다.”[112]

이상에서 살펴본 바처럼 우리나라는 고조선 이래 주조화폐, 현물화폐, 칭량화폐를 널리 사용해 왔다. 하지만 지금까지 실물이 출토된 고대 화폐는 철정과 무문전 그리고 초기 고구려 영역의 유적[113]에서 출토된 명도전·일화전·명화전뿐이다. 그러나 이것은 모두 고조선 화폐다. 고구려, 백제, 신라는 화폐를 주조한 문헌기록도 없고 출토된 실물도 없다. 안타깝고 아쉽지만 사실이다. 특히 강성한 고구려, 선진문화를 구가한 통일신라까지도 화폐를 만들지 않았다는 것은 아귀가 안 맞는다는 느낌을 지울 수 없다. 따라서 우리의 고대 화폐는 그 연유와 실체를 밝히는 전문가의 심도 깊은 연구가 필요하다.

나. 국정화폐와 상공업

일반적으로 화폐의 주조는 상품경제의 발전에 따른 자연스런 경제현상으로 간주된다. 자급자족하는 자연경제의 비중이 줄어들고 상공업이 발달하는 과정에서 교환·지급 수단으로서 화폐를 주조할 필요성이 증대하는데, 이에 국가는 상공업을 증진하는 정책수단으로 국정화폐를 주조한다. 이처럼 화폐주조와 상공업 발전은 밀접한 관련이 있다.

그러나 고대에는 상공업 발전에 따라 화폐가 주조된다는 일반론적인 설명이 적절하지 않을 수 있다. 고대국가가 화폐를 주조하는 목적에는 상공업의 발전을 뒷받침하려는 경제정책의 목적 외에 왕권강화와 국가통합 등 정치적 의도에서 추진되는 일이 많기 때문이다. 진시황(秦始皇)이 중원의 6개 나라를 정벌하여 중국을 통일한 뒤 가장 의욕적으로 강력히 추진한 정책은 화폐와 도량형의 통일이었다. 화폐 통일은 전국시대(戰國時代)에 각국 각처에서 주조해 남발

---

112) 『삼국유사』 권5, 감통7, 선율환생.
113) 박선미, 「고구려 유적 출토 화폐 검토」, 『고구려발해연구』 47집, 고구려발해학회, 2013, p.107.

하던 화폐를 하나로 통일함으로써 통일 중국의 경제적 통합을 도모하고 수취체제를 국가 중심으로 재편성하기 위한 것이었다.[114] 즉 진시황의 화폐 주조는 군비 염출과 물가 조절 등 재정상의 목적은 물론 통일 중국을 효율적으로 지배하려는 통치수단이었던 것이다. 이와 같이 화폐개혁의 단행은 강력한 왕권이 바탕이 되어야 가능한 것이다. 따라서 정복 왕조 또는 신왕조 초기 왕권이 매우 강력한 시기에 화폐를 주조하고 강제통용을 시도하는 것이다.

화폐의 주조는 국가가 세금 수단 외에 재화를 수취할 수 있는 수단이기도 하므로, 재정은 궁핍한데 돈 드는 곳이 많은 신왕조 초기에 그 필요성은 더욱 증대한다. 고대국가의 화폐주조는 강력한 왕권을 지속적으로 뒷받침하기 위해 재정 운용과 경제 활동 등을 재편성하려는 개혁조치로 시행된다.[115] 하지만 이것은 무엇보다도 이를 관철시킬 수 있을 만한 힘이 있어야 성공할 수 있다. 물론 화폐가 통용될 수 있을 정도로 상공업이 발전되고 전체 경제력이 화폐수요를 유발할 수 있을 정도의 상당한 규모에 도달해 있어야만 지속적인 유통이 가능할 것이다. 그렇지 못하면 주조된 화폐는 국가의 공권력에 의해 일시적으로 유통되기는 하나 얼마가지 않아 통용가치를 잃고 국가경제는 큰 혼란으로 빠지게 된다.

삼국시대 이전 고조선과 삼한은 부족국가 연맹체로서 각 부족마다 자급자족의 자연경제 체제였다. 부족 내에서 생산되지 않는 청동·철·소금 등을 얻기 위한 대외교역에는 철정·금·은 따위의 침량화폐를 지불했고, 부족 내의 상거래에서는 화폐보다 물물교환의 비중이 높았다. 또한 당시 인구는 마한이 10만여 호, 진한과 변한이 45만여 호 정도여서 화폐를 주조할 중심 세력도 없고, 화폐유통을 받쳐줄 만큼 상공업의 역량이 충분히 성숙되지도 않았다. 즉 철정·무문전 등 현물의 칭량화폐가 자유롭게 만들어져 통용될 수밖에 없는 사회경제 상황이었다.

---

114) 이성규, 「전국시대 화폐정책의 이론과 실제」, 『진단학보』 55호, 진단학회, 1983, pp.75~85.
115) 채웅석, 「고려전기 화폐유통의 기반」, 『한국문화』 9호, 서울대학교 한국문화연구소, 1988, pp.79~123. '교환경제의 매개물인 화폐에 대한 지배권을 국가권력이 장악하기 위해서 금속화폐 내지 명목화폐를 발행하여 법화(法貨)로 유통시키거나 물품화폐를 법화화(法貨化) 할 수 있다'고 본다.

그러나 고조선은 삼한과 달리 인구가 많고 부강했으며, 중국과 국경을 맞대고 있어 중국의 영향을 받아 화폐를 주조하는 한편 중국 화폐도 대량 유입해 통용시켰다. 고조선의 강역인 요동반도, 청천강 하류, 대동강 상류 지역에서 일화전과 명화전이 출토되고, 연나라 화폐인 명도전(明刀錢)이 대량 출토되고 있는 사실은 이를 뒷받침해준다.

어쨌든 우리 선조는 고조선이 멸망한 후 고구려·백제 그리고 통일신라에 이르기까지 국정화폐를 만들지 않았다. 우리 문헌기록상 최초의 화폐가 996년에 고려 성종(成宗)이 주조한 건원중보(乾元重寶) 철전이니,[116] 대충 잡아도 천수백 년 넘게 만들지 않은 것이다. 왜 그럴까? 도무지 이해가 안가는 우리 고대 국가의 화폐역사를 어떻게 받아들이고, 해석해야 할까? 우리는 화폐 후진국이었던가?

현재 국내에 제시된 대표적인 견해는 두 가지이다. 하나는 조공무역이 화폐주조를 억제했다는 것이고, 다른 하나는 교환경제가 발달하지 않아 화폐주조가 안됐다는 것이다.

먼저 조공무역의 탓이라는 견해를 보자. 조공무역은 공물과 회사품의 교환이 현물가치에 기초하여 이루어졌고, 조공무역이라는 시스템 안에서는 거래를 위한 흥정이나 화폐를 필요로 하지 않으므로, 화폐발행이 억제되었다는 것이다.[117] 하지만 이는 조공책봉의 경제적인 면을 너무 과신한다는 지적을 받는다. 우선 고대의 조공무역은 앞에서 살펴본 것처럼 물품 구성이 제한적이고 무역량도 적다. 또 자주 있지도.않고 수년 또는 수십 년 동안 단절되는 경우가 허다하다. 따라서 조공무역이 화폐주조를 좌우했다는 설명은 외양으로도 모순을 가진다.

다음은 교환경제의 발달이 늦어 그렇다는 견해를 살펴보자. 이는 고구려·백제·신라에 국정 주조화폐가 없었던 주된 이유는 유통경제가 아직 성숙하지 않았던 데 있다는 것이다. 유통경제가 발전하면 사용가치가 낮고 교환가치만을 갖는 주조화폐가 편리하기 때문에 활발하게 유통되는데, '국정 주조화폐가 유통되지 않았다는 것은 그만큼 교환경제의 발달 정도가 미약하던 실정을 반영한

---

116) 『고려사』 권3, 세가, 성종 15년 4월 신미.
117) 박선미, 앞의 논문, 2013, pp.127~129.

다.'[118]라고 피력한다. 그러나 화폐주조와 교환경제의 상관관계에만 초점을 맞추다보면 풀리지 않는 문제가 많다. 삼국통일 후 나당전쟁에서 승리하고 당을 대동강 이북으로 축출한 신라통일기나 장보고가 해상무역을 제패하고 상공업이 융성했던 시대조차 교환경제가 열악한 수준에 머물러 있었다고 하는 자기모순에 봉착하게 되는 것이다. 그러니 만약 단순히 국정 주조화폐의 유무에 따라 경제발전의 정도를 가늠한다면, 8~9세기의 통일신라가 기원전 2세기의 진(秦)나라보다도 경제의 질적 수준이 훨씬 뒤떨어진다는 모순이 야기된다.

국정화폐의 주조는 통치체제의 특성에 의해 영향을 받는다는 점을 유의해야 한다. 유통경제의 발전은 상공업의 분화 정도를 의미하므로, 삼국과 통일신라는 통일된 중국에 비해 경제규모는 작지만 사회적 분업체계에서 상공업의 발달은 질적으로 중국에 뒤떨어지지 않았다. 따라서 당시 국정화폐를 주조하지 못한 주 요인은 정치적 문제일 확률이 높다.[119]

삼국은 고대국가로 발전하면서 왕권강화책을 부단히 강구하였지만, 왕을 중심으로 한 지배층의 권력구조를 살펴보면 왕에 귀속된 권력은 미약했다. 국정이 신라의 화백회의 같은 귀족 연합체를 통해 이루어졌고, 국가의 재정보다 왕실이나 귀족들이 차지하는 재정이 더 컸다. 왕권을 강화하고 정부의 주전권을 행사하는 화폐주조에 귀족들은 반대했고, 이 반대를 물리치고 화폐주조를

---

118) 김창석, 앞의 논문, p.27.

119) 국가의 세금이 조·용·조(租庸調)의 현물수납이므로 화폐주조의 필요성이 적었다는 견해도 있는데, 이는 당시의 현상을 있는 그대로 평면적으로 해석했기 때문이다. 현물수취가 왕권의 약화에 기인하는 점을 간과해서는 안 된다. 조·용·조(租庸調)는 중국의 위진시대(魏晉時代) 이래 널리 시행되어 오다가 수(隨), 당(唐) 때에 완성된 조세체계이다. 우리나라는 율령제도가 도입된 삼국시대부터 시행된 것이 틀림없겠으나, 자세한 기록이 전해지지 않아 그 내용을 알 수 없다. 고려와 조선시대의 세제는 조·용·조에 그 기반을 두었다. 조(租)는 토지에 부과하여 곡물을 징수하는 것으로 세(稅)·조세(租稅)·공(貢) 등으로 불렸고, 용(庸)은 사람에게 부과하여 노력 동원 또는 그 대신 물품을 대납 받는 것으로 역(役)·잡역(雜役)·요역(徭役)·부(賦)·공부(貢賦), 포(布) 등으로 불렸다. 그리고 조(調)는 호(戶)에 부과하여 토산물을 받았는데, 공(貢)·공부(貢賦) 등으로 불리어졌으며 서로 혼용되는 경우도 있었다. 여기서 조(租)는 토지에 부과하므로 세율이 일정하였으나 용(庸)과 조(調)는 실무관리의 재량권이 많이 작용할 수 있어서 착취와 부패의 근원이 되었다. 따라서 조·용·조를 화폐로 받거나 쌀로 통일하여 받으면 그만큼 부패가 줄어들고 국가재정은 충실해지는 것이다. 우리나라는 1608년(선조 41년)에 대동법 실시로 토산물을 바쳤던 조(調)를 쌀로써 납부케 했다.

관철시키기에는 왕과 정부의 힘이 부족했다.

신라도 통일 후 왕권이 크게 강화되었지만, 진골귀족 중심의 정치 행태를 탈피하지는 못했다. 진골귀족은 진골제일주의를 지향하며 권력의 중심에 있었고, 실질적인 세력이 왕을 능가할 정도로 막강했다.[120]

『삼국사기』에 의하면 669년 문무왕(文武王)이 삼국통일에 공이 있는 자에게 말을 키우는 목마장 174개소를 나누어 주었다. 아마도 백제 멸망 후 전리품으로 획득한 목마장으로 여겨진다. 정부에 22개(12.6%), 왕실 소유로 10개(5.7%), 김유신 · 김인문 등 진골귀족과 고급관리 36명에게 68개(39%), 기타 귀족 등 관리들에게 74개(42.5%)가 돌아갔다.[121] 이 논공행상을 통해 신라는 국왕과 정부보다는 진골귀족과 고위관리들에 의해 국가가 운영되고 있었음을 알 수 있다.

고대국가의 화폐주조는 세금수납제도와 밀접한 관계를 가진다. 지금까지 학계에서는 이 점을 전혀 도외시했는데, 우리나라에서 국정화폐의 주조가 늦어진 핵심 요인은 바로 이 세금제도라 해도 과언이 아닐 것이다. 국가가 강력한 권력을 보유하고 주전권을 행사하려면 세금수납체제를 국가중심의 화폐수납체제로 전환하고 이를 엄격하게 이행해야 한다. 그런 의미에서 고구려 · 백제 · 신라는 전반적으로 강력한 전제왕권이 확립된 것으로 간주하기에는 부족하다. 이것은 녹봉제(祿俸制)와 녹읍제(祿邑制)의 차이에서 잘 드러난다. 고구려 · 백제 · 신라는 국가가 직접 세금을 징수하고 그 세금으로 귀족과 관리에게 봉급을 주는 녹봉제(祿俸制)를 거의 실시하지 않았다. 그 대신 귀족과 관리에게 토지를 식읍으로 주는 녹읍제(祿邑制)를 줄곧 유지했다. 귀족과 관리는 녹읍을 받음으로써 자신이 관할하는 토지와 백성을 소유하게 되고, 그곳에서 자신의 녹봉만큼 직접 세금을 수취해서 사용했다. 그러므로 귀족과 관리는 정부가 녹읍제를 녹봉제로 바꾸어 자신의 세금 수취권을 빼앗아 가는 것을 원치 않았고, 녹봉제를 위한 화폐개혁도 바라지 않았다.

통일신라시대에도 사정은 별반 다르지 않았다. 신라는 통일 후 국가체제를 안정시키고 고구려 · 백제 지역까지 통치해야 하는 필요성 등으로 인해 왕권이 신장되고 강화되었다. 이에 신문왕은 689년에 녹읍제를 폐지하고 녹봉제를 실

---

120) 이인철, 『신라 정치경제사 연구』, 일지사, 2003, pp.189~194.
121) 『삼국사기』 권6, 신라본기6, 문무왕 9년 조.

시하는 개혁을 과감히 단행했다.

> "신문왕 9년 봄 정월에 교서를 내려 내외관의 녹읍을 폐지하고 해마다 등급을 매겨 조 (租)를 주는 것을 계속 시행토록 했다."[122]

그러나 신문왕의 녹봉제는 미완성이었다. 녹봉제는 궁극적으로 화폐를 발행하여 세금을 화폐로 받고, 봉급을 화폐로 주어야 제대로 굴러간다. 하지만 신문왕의 녹봉제는 진골귀족들의 줄기찬 반대에 부딪혀 68년 뒤 폐지된다. 757년 경덕왕(景德王)이 관리에게 지급하는 월봉(月俸)을 없애고 다시 녹읍을 주는 것으로 후퇴하고 만 것이다.[123]

통일신라에 이르기까지 국정화폐가 주조되지 않은 까닭은 결코 상공업이 발달하지 않은 탓이라든가 조공무역의 탓이라고 쉽게 단정해서는 안 된다. 삼국과 통일신라는 고대국가의 면모를 확실히 갖추었고 상공업도 발달했다. 그러나 녹읍제라는 세금수납체제를 고집하는 특수성으로 인해 독자적인 화폐주조가 이루어지지 않았던 것이다. 삼국시대나 통일신라시대에 국정화폐가 주조되고 통용되었더라면 상업이 더욱 발전하고 더불어 상인계층이 일찍 부각되었을 것으로 예단할 수 있다.

하지만 비록 국정화폐가 주조되지 않았다 해도 칭량화폐인 금·은·철정전·무문전 등이 자유롭게 주조되고 통용되었을 뿐 아니라, 중국 화폐가 유입되어 통용됨으로서 상인의 활동이 위축되지는 않았다.[124] 녹읍제는 상인에게 많이 불리했지만 상인들은 차츰차츰 실력을 쌓아 나갔고, 끝내 탄탄해진 통일

---

122) 『삼국사기』 권8, 신라본기8, 신문왕조.
123) 경덕왕 16년 녹읍제 부활을 경덕왕 18년에 중앙관제를 당(唐)의 방식으로 개정한 예를 들어 국가 권력의 강화 즉, 전제왕권의 율령제적 제도정비로 보기도 한다.(조이옥, 「통일신라 경덕왕대 전제왕권과 녹읍에 대한 해석」, 『동양고전연구』 1호, 1993, pp. 87~93). 이에 대해 경덕왕의 녹읍제는 그 이전의 녹읍제와 다른 보수체계이며 율령제적 토지지배의 일환으로 실시된 조치라고 보기도 한다(이인철, 앞의 책, pp.257~258). 하지만 이는 수조권을 정부가 양보한 수취체제의 후퇴로 보아야 할 것이다.
124) 삼국시대와 통일신라시대에 중국으로부터 많은 양의 화폐를 수입하여 유통시켰다. 경주 근처의 고분에서 출토된 당 현종(玄宗)시대의 화폐였던 오수전과 개원전(開元錢: 開元通寶) 그리고 백제 무령왕릉에서 출토된 오수전이 이를 증거하고 있다.(조병찬, 앞의 책, p.41)

경제를 바탕으로 장보고처럼 국제무역에 뛰어들어 큰 성공을 이루었다.

5. 상인의 노래 정읍사

우리나라에는 예로부터 전해오는 아름다운 상인의 노래가 있다. 백제에서
유행하여 그로부터 천년이나 지난 조선시대까지 궁중과 민간에서 실제로 애창
되었던 정읍사(井邑詞)가 바로 그것이다. 가사 원문을 현대어로 고쳐 쓰면 〈표
5-3〉과 같다.

정읍사는 백제의 가요 중에서 현존하는 유일한 노래이다. 1493년(성종 23)
에 만든 노래책 악학궤범(樂學軌範) 5권에 한글로 수록되어 있다. 세종대왕의
훈민정음이 1446년에 제정되었으므로, 정읍사의 원문은 훈민정음의 한글로 썼
다. 따라서 정읍사는 한글로 쓴 가장 오래된 노래이다.[125]

표 5-3 정읍사 원문 및 현대어역[126]

원문	현대어역
둘하 노피곰 도드샤 어긔야 머리곰 비취오시라 어긔야 어강됴리 아으 다롱디리	달하 높이곰 돋으사 어기야 멀리곰 비취시구려 어기야 어강됴리 아으 다롱디리
져재 녀러신고요 어긔야 즌딕룰 드딕욜세라 어긔야 어강됴리	저자에 가셨는가요 어기야 진데를 디디올세라 어기야 어강됴리
어느이 다 노코시라 어긔야 내 가논딕 졈그룰세라 어긔야 어강됴리 아으 다롱디리	어느이 다 놓으시구려 어기야 내 가는데 저물을세라 어기야 어강됴리 아으 다롱디리

---

125) 박진태, 「정읍사의 확산과 지역 축제로의 회귀」, 『고전문학과 교육』 10집, 한국고전문
학교육학회, 2005, p.213.

126) 현대어역은 김완진, 「정읍사의 해석에 대하여」, 『국어학』 31권, 국어학회, 1998,
pp.3~5에서 인용.

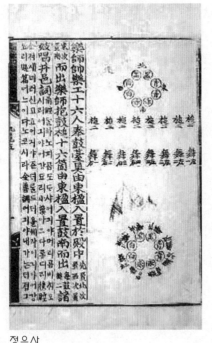

정읍사

정읍사는 정읍현(井邑縣)에 사는 행상(行商)의 아내가 장사하러 나간 남편이 오래도록 돌아오지 않자, 해질 무렵 뒷산에 올라 남편을 기다리며 부른 노래다. 날이 저물어 가는데 저자거리 사람들이 남편을 붙잡아 두지 않기를 소원하며, 혹시 돌아오는 길에 진흙벌이나 젖은 곳을 밟아 미끄러져 다칠까 염려하며 남편을 기다리는 애절한 심정이 담겨 있다.

『삼국사기』「악지(樂志)」에는 『통전(通典)』의 내용을 인용하여 백제의 무용수들이 이 노래를 부를 때 붉은 자줏빛 바지 저고리에 가죽 구두를 신고, 빛나는 장보관(章甫冠, 선비들이 쓰던 관)을 쓰고 춤을 추었다고 하나 그 춤은 전해지지 않는다.

정읍사의 주인공은 이곳저곳을 떠돌아다니며 장사하는 행상이다. 행상은 나그네 장사꾼이라는 뜻으로 여상(旅商)이라고도 한다. 일반적으로는 가까운 이웃 마을을 돌아다니는 영세한 보따리 장사꾼을 지칭하지 않고, 지방의 5일장 등 먼 거리를 순회하며 장사하는 상인을 일컫는다.

조선시대에는 상인을 좌고(坐賈)와 행상, 두 가지로 크게 나누어 구별했다. 좌고는 시전(市廛)에서 점포를 가지고 앉아서 손님을 맞으며 장사하는 사람을 말한다. 최소한 점포를 가질 수 있을 정도의 재력을 갖춘 상인이다. 행상은 지방을 순회하며 장사하는 사람으로 보부상(褓負商)이라고도 했다. 보부상은 보상(褓商: 봇짐장수)과 부상(負商: 등짐장수)으로 나뉜다. 보상은 의류·옷감·화장품·머리빗·수저 등 귀중품 따위와 일용생활품을 보자기에 싸서 머리에 이거나 들고 이집 저집을 찾아다니며 장사를 했고, 부상은 소금·도자기·그릇·철기·솥·건어물 등 부피가 크고 무거운 것을 지게로 짊어지고 마을을 돌아다니며 장사를 했다.

보부상들은 신변 안전과 영업권 확보 등을 위해 지역이나 전국 단위로 조

직을 결성하고 상거래에서 스스로 지
켜야 할 규율을 정하고 있었다. 보부
상은 신의(信義)를 목숨처럼 지키며
약속을 어기는 일이 없었고, 나라에
대한 충절과 애국심도 강했다. 상거
래에서는 폭리를 취하거나 사기를 치
지 않고 정직하게 상도(商道)를 지켰
다.[127] 그것은 조선 유교의 '인의예지
신' 덕목을 상인 정신으로 체화하는
유상(儒商)의 실천이었다고 할 수 있
다. 보부상단의 내부 규율은 매우 엄
격히 준수되었으며 그들의 단결력은
대단했다.[128]

보부상

　행상(行商) 또는 상인(商人)은 우리말로는 장사꾼 또는 장사치이다. 그러면
한자의 商(상) 자는 무슨 의미일까? 商(상)이란 글자에 대해서는 이 글자가 생긴
유래를 통한 접근이 의미가 있을 것이다.

　갑골문에서 상(商)자는 건축물의 형상(形象)을 나타낸다. 상(商)자 위의 '立'
자는 건물을 뜻하고, 상(商)자 아래의 'ㅁ'는 건물에서 물건을 저장하는 지하실
을 표시한다. 한편 중국 역사에서 상(商)은 상나라 수도의 명칭이다. 따라서
"갑골문에는 몇 차례 상(商)이란 자가 나오는데, 행정 중심지에는 모두 토템을
세워놓고 숭배하는 건축물이 있었으며, 상나라 사람들은 이 건축물로 자기들
왕조의 이름을 붙이지 않았나 생각된다."[129]라고 할 수도 있다.

　하지만 보통 중국인이 생각하는 바는 조금 다르다. 기원전 1100년 상(商)나

---

127) 김성수, 『한국의 시장 상업사』, (주)신세계백화점 출판부, 1992, pp.15~16.
128) 보부상은 조선왕조 초기부터 정부의 보호를 받았다. 조선 말 1898년 참정대신 조병식
　　(趙秉植)이 독립협회에 대항하기 위해 설립한 황국중앙총상회(皇國中央總商會, 뒤에 황
　　국협회로 이름이 바뀜)에 주력 요원으로 편성되어 정치적으로 이용당하기도 했다. 예를
　　들면 독립협회가 1898년 11월 종로 광장에서 만민공동회를 개최했을 때, 수천 명의 보
　　부상들이 몽둥이를 들고 습격하여 난장판으로 만들었다.(변인석, 『한국전통경영사연
　　구』, 보경문화사, 1992, pp.311~313) 상인이 정치판에 이용당한 불행한 사례이다.
129) 허진웅 저, 홍희 역, 『중국고대사회』, 동문선, 2003, p.440.

라가 주(周)나라에게 멸망했을 때, 주나라는 상나라 사람들이 소유한 토지를 빼앗고 그들에게 먹고 살아갈 토지를 주지 않았다. 그래서 상나라 사람들은 살기 위해 장사 길에 나섰고 이에 상인이란 말이 생겨났다는 것이다. 농토를 가지지 못한 상나라 유민들이 주나라 노예로 전락하지 않고 살아가려면 먼 곳으로 행상을 다니면서 살아갈 수밖에 없었다. 그러므로 주나라 초기에 형성된 상(商), 상인(商人)이란 말에는 나라를 망친 못난이, 가난한 유랑민 따위 비하의 의미가 담겨 있었다. 이로 말미암아 중국의 상인은 태생이 천한 신분이라는 인식을 가지게 되는 측면이 있다.

그러나 중국에서 상인 신분의 법적 지위가 처음부터 낮게 취급되지는 않았다. 유교 경전 중 관제(官制)와 의례(儀禮)의 전통 규범인 『주례(周禮)』에 제사에 쓰는 제물과 제복(祭服) 등을 조달해주는 사람인 고(賈)가 있다. 이들은 성직자로 대우 받았으니, 결코 후대의 상인처럼 천시되거나 멸시받는 존재가 아니었다. 다시 제정일치시대를 지나 고대국가로 발전하면서 제사 의식이 축소되자 고(賈)는 제사용 물품 조달자가 아닌 관영물품 구매를 담당하는 관상(官商)이 되었다.[130] 그리고 도시에 전문 상거래 장소인 시(市)가 설치되면서 관상체제가 해체되자 관상은 일반 상인으로 분화되어 갔다. 그때부터 국가권력은 상인을 통제하고 벼슬길로 진출하지 못하게 하는 등 차별을 가하기 시작했다.

중국에서는 선진시대(先秦時代) 이래 상인을 가리키는 용어로 상(商)·고(賈)·고인(賈人)·상고(商賈) 등이 사용되었는데, 신분을 가리킬 때에는 사농공상(士農工商)이란 말처럼 상(商)자가 사용되는 경우가 많았다. 그러다가 통일중국인 진(秦)·한(漢)시대를 거쳐 수(隋)·당(唐)시대에 상인을 차별화하는 과정에서 상(商)자로 굳어진 것이다.

춘추전국시대에는 각국이 경쟁적으로 부국강병책을 쓰면서 『사기』의 화식열전에서 보듯이 상인이 대접받는 상인의 시대가 열렸다. 그러나 중국을 통일한 진(秦)대에 오면 사정은 달라진다. 당시의 지배 계층은 상업발전이 인간의 욕망을 자극하고 사회기반을 흔들어 통치권을 위협할 수 있다며 상업과 상인의 활동을 법률로 제한했다. 이에 앞장 서서 구체적인 법안을 제정하고 집행한 자

---

130) 김정희, 「당대 전기의 시제(市制)와 상인의 법적 지위」, 『위진수당사연구』 3호, 위진수당사학회, 1997, p.92.

가 법가(法家)의 상앙(商鞅)이다.[131] 이 정책의 기조는 한나라로 이어져 진·한 이래 중국 통치자들의 국정기조로 자리 잡았다. 그리고 결국은 상업을 경시하는 '억상(抑商)', 심지어 '천상(賤商)'의 사회분위기가 뿌리내리게 되었다.[132]

한(漢)나라 시대에 오면 상인은 철저히 억압당하고 통제 받는 존재로 전락한다. 다음 수(隋)나라를 거쳐 당나라에 와서는 상인이 양인으로서 사농공상의 사민(四民)의 범주에 들어간다. 그러나 실제로는 일반 서민이 백색 옷을 입는데 비해 상인은 흑색 옷을 입어야 하는 등 일반 서민보다 사회적 지위가 낮다.[133]

국가의 권력이 강력하고 전쟁이 없는 태평한 시대가 되면 국왕, 귀족, 고위관리들은 부를 소유한 상인을 차별하고 그들을 권력과 격리시켜 권력의 시녀 노릇을 하도록 갖가지 규제와 제한을 가한다. 예를 들면 한(漢) 나라는 사치금지법을 내려 상인들이 비단옷을 못 입게 하고 마차를 타지 못하도록 했다. 동서고금을 막론하고 국가에서 내린 사치금지법의 대부분은 상인을 주요 티켓으로 삼았다. 이는 "신흥 졸부들이 자신들을 모방하는 것을 보고 사회 상층이 분노를 일으킨 결과"[134]이기도 한 것이다. 하지만 국가의 통제권이 약화되면 상인의 힘이 크게 발휘되었다. "재력은 신과 통할 수 있고 상인의 생활은 항상 다른 직업보다 부유하였으므로"[135] 수천 년 중국 역사에 있어서 상인은 결코 천시당하고 멸시당하는 존재가 아니었다. 상업이 발달한 산서(山西) 지방의 상인들은 '재주가 가장 뛰어난 자식은 장사를 하게 하고, 그 다음은 서리가 되도록 하고, 중간 이하의 자식에게나 과거를 보게 했다'[136]고 할 정도로 자부심을 가지고 있었다. 중국에서 상인은 국가사회의 주역이었고 중국 발전에 기여한 당당한 주체였다고 하겠다.

다음으로 순수 우리말인 '장사'에 대해 살펴보자. 국어사전에서 '장사'는

---

131) 『사기』 〈상앙열전〉.
132) 이화승, 「중국 전통상인의 정체성 연구-타인의 시각에서 주인공으로-」, 『중국학보』 62집, 2010, pp.310~311.
133) 김정희, 앞의 논문, p.91.
134) 페르낭브로델 저, 주경철 역, 앞의 책, 2002, p.440.
135) 허진웅 저, 홍희 역, 앞의 책, p.446.
136) 박병석, 『중국상인문화』, 교문사, 2001, p.58.

'이익을 위해 물건을 사서 파는 일'로 정의하고 있다.[137] 그러므로 '장사'라는 말에는 '사고', '판다'라는 두 가지 의미가 있다. 먼저 '장'은 매매를 위한 '일정한 장소를 가리키는 뜻'도 가지고 '계속적인 매매행위'라는 뜻도 가진다.[138] '장사'를 직업으로 분화된 매매행위로 보면 '장'은 '이익을 위해 계속성을 가지고 물건을 매매'하는 뜻으로 볼 수 있다.

그러면 '장사'의 '사'는 무엇을 뜻하는 것일까? 파는 것일까? 사는 것일까? 한자말인 매매(賣買)는 읽을 때 분명히 '賣-판다', '買-산다'로 읽지만 실제 우리나라 사람들이 거래할 때에는 賣를 산다고 하고 買를 판다고 하는 경우가 많다. 예를 들면 시골 농민들이 시장에 쌀을 팔러가면서 '돈 사러간다' 또는 '쌀 사러간다'라고 말하기도 한다. 또 쌀가게에서 쌀을 구입하면서 '쌀을 판다'라고도 한다. 이 말에는 '화폐를 산다', '화폐를 판다'라는 말이 숨어 있다.

이렇게 반대로 표현하는 언어 습성은 옛날에 곡물을 화폐로 사용한 관습이 남아 있기 때문이라고 짐작된다. 어떻든 '이익을 위한다'는 것은 이익을 위해 사고파는 행위를 계속하는 것을 의미하므로, '장사'라는 말은 '직업적인 매매를 의미하는 것'이라고 정의할 수 있다.[139]

정읍사에는 고대 우리나라 상업의 실마리가 담겨 있다. 먼저 정읍사의 배경을 간략히 살펴보자. "『악학궤범』을 비롯해 『고려사』 악지 등에서는 노래 이름을 단순히 '정읍(井邑)'이라고 하고 있으나 그후 '사(詞)'자를 붙여 정읍사라 불러오고 있다."[140]

왜 하필 정읍(井邑)이라고 했을까? 정읍은 삼한시대에는 마한 54개국 중 '초산도비리국(楚山塗卑離國)'이 있던 곳이다. 백제 때 고부군 시산현과 인의현으로 나뉘었다가 통일신라 757년(경덕왕 16)에 정읍으로 개칭했다. 따라서 정읍사는 경덕왕 이전 구백제의 노래일 확률이 높다.

옛날 무리사회 시대에 상거래는 무리가 이동하면서 우연한 기회에 부정기적으로 이루어지거나 일정한 시기에 특정한 지점에서 무리가 모여 거래했다. 특히 유목민이 모이는 특정한 지점은 대개 우물이 있는 곳이었다.

---

137) 『엣센스 국어사전』, 민중서관, 1979.
138) 백남운 저, 윤한택 역, 앞의 책, p.249.
139) 백남운 저, 윤한택 역, 앞의 책, p.250.
140) 김완진, 앞의 논문, p.1.

무리사회가 부족국가로 발전하면서 각 부족은 그들의 거점 주거지에 성(城)을 세우고 읍(邑)을 만들었다. 성에 공식적인 시장이 만들어지기 전까지는 성문 근처, 신을 모신 신전 주변, 궁궐 옆, 큰 우물 옆 등의 적당한 곳에서 사람들이 모여 각종 일상용품들을 거래했다. 그중에서도 우물은 사람들이 물을 떠가고 세척하는 장소여서 사람들이 항상 부딪히는 곳이었으므로 시장이 성립되기에 좋은 지점이 되었다. 여러 지방의 우물(井)이 시장으로 발전되자 시정(市井)이란 이름이 생기게 되었다.[141] 그러므로 정(井)이란 한자에는 상거래를 하는 우물가 장소라는 의미가 내재되어 있다.

우리말의 '저자'는 시장에서 물건을 파는 가게의 뜻과 물건을 사고파는 장(場)의 뜻을 모두 가진다. 그러므로 저자는 시(市)라는 의미이고 상설시로 해석되니, 시정(市井) 또는 시장(市場)이란 말과 뜻이 같다.[142] 따라서 시(市)는 시장의 의미를 가지므로 단군신화에서 환웅(桓雄)이 태백산 신단수(神壇樹) 아래 내려와 그곳을 신시(神市)라 했다는 것은 신단수 밑에 제사지내는 제단을 설치하면서 시장도 열었다는 뜻으로 볼 수 있다.[143] 즉 제단을 설치하고 하늘에 제사지낼 때 제단 부근에 운집한 사람들이 물물 교환하도록 시장을 개설했던 것이다.[144]

정읍사가 만들어진 시기를 백제 고중기로 추정하고 삼한시대부터 불리던 노래가 이때 비로소 정형화된 것으로 본다면, 정읍(井邑)은 옛날 성읍도시의 시장 음악이라고 볼 수 있다. 삼한의 '초산도 비리국'은 마한의 교역 중심지로 그 성읍은 큰 시장이 정기적으로 개설되는 곳이다. 따라서 정기시장이 서면 성읍의 주인인 군읍장(君邑長)이 시장거리에 거둥했다. 바로 이때 쓰이던 장단과 리듬이 정읍사의 원형일 수 있다는 가설이 성립할 수 있다.

'초산도비리국' 성읍의 시정(市井)터에서 상인들이 즐겨 부르던 노래, 시장이 서면 부족장이 이를 둘러볼 때 행진곡으로 연주되었던 악곡 등이 전래되어 오다가 지명과 고유명사들이 한자 표기로 바뀌는 과정에서 정읍이란 이름을 얻

---

141) 허진웅 저, 홍희 역, 앞의 책, p.438.

142) 백남운 저, 윤한택 역, 앞의 책, p.248.

143) 『삼국유사』 권1, 고조선 단군 고기조.

144) 강영경, 「한국 고대의 시(市)와 정(井)에 대한 연구-시장의 기능과 관련하여」, 『원우논 총』 2호, 숙명여자대학교원우회, 1984, p.94. 김성수, 앞의 책, pp.24~25.

었으리라는 추측이 가능해진다.[145] 만약 이 가설이 일리 있는 추정으로 성립된다면, 우리는 정읍이란 유구한 상인음악을 갖게 되어 역사가 한층 더 풍부해지고 민족의 경험과 역량이 두터워질 것이다.

　우리는 정읍사를 통해 정읍의 저자를 돌아다니며 장사하는 백제 장사꾼을 만날 수 있다. 그는 귀가를 기다리는 사랑하는 아내가 있고, 술 한 잔 더 마시고 가라며 붙잡는 저잣거리의 친구들도 있다. 달이 솟아오르는 저녁 무렵, 아내에게 돌아가는 길목에서 정읍의 노래를 흥얼거리는 주인공 상인의 모습을 생생히 그려보는 것은 흥미로운 일이 아닐 수 없다.

---

145) 정읍사의 제4행 '져재 녀러신고요'는 실제는 '全져재 녀러신고요'로 앞에 한자인 '전(全)'자가 붙어 있다. 이 전(全)자에 대해 전주(全州)로 보고 전주 저자에 다녀오는 의미라는 설과 전(全)을 훈독하여 '온'으로 보고 온 저자를 다니는 의미라는 설 등이 있지만, 근원을 밝히는 가설에는 영향을 미치지 않는다고 본다.

CHAPTER

6

해상무역시대 상인

I. 일본시장 개척자 - 김태렴

가. 시장 개척단 700명

752년 윤 3월 22일, 신라 왕자 한아찬(韓阿飡) 김태렴(金泰廉)이 사신 김훤(金暄)과 김필언(金弼言) 등 700여 명을 대동하여 7척의 배를 타고, 일본 규슈(九州)의 쯔쿠시(筑紫)에 도착했다. 일본 대재부(大宰府)는 이 사실을 일본 조정에 보고했고, 조정은 동월 28일에 역대 일본왕의 사당에 신라 왕자가 도착한 사실을 알렸다.[1] 신라 왕자가 700여 명의 사절단을 이끌고 온 것은 역대 왕의 사당에 알려야 할 정도로 일본에게는 중대한 사건이었다.

외교사절단 700명은 외교 역사상 유래가 없을 정도로 엄청난 대규모이다. 후대의 고려와 조선도 엄두를 낼 수 없을 만큼 놀라운 인원이다.[2] 김태렴은 왜

---

1) 『속일본기(續日本記)』 권18, 천평(天平) 승보(勝寶) 4년 윤 3월조.
2) 고려시대 1284년(충렬왕 10) 4월에 충렬왕이 제국대장공주와 세자를 데리고 원에 갈 때 1,200여 명이 수행했고, 1296년(충렬왕 22) 9월에 왕이 제국대장공주와 갈 때 833명이 수행한 적이 있다. 하지만 이는 왕의 행차에 따른 수행원이지 외교사절은 아니다.

700명이나 되는 사절단을 이끌고 일본에 갔을까?

　　김태렴 사절단의 일본 행적을 간략히 살펴보자. 쯔쿠시(筑紫)에 도착한 김태렴은 먼저 370명을 거느리고 일본의 왕도 평성경(平城京)으로 가서 6월 14일 일본 국왕을 알현하고, 17일 정부에서 베푸는 연회에 참석했으며, 22일 일본 최대의 사찰 동대사(東大寺)에 가서 예불을 드렸다. 그리고 다음달 7월 24일 난파진(難波津)을 거쳐 귀국했다.

　　김태렴이 일본을 방문한 이유에 대해서는 다양한 주장이 제기된다. 일본 우위에 비중을 두는 일본 측 주장과 신라 우위에 비중을 두는 한국 측 주장으로 갈린다.[3] 구체적으로는 일본에 조공하러 갔다는 조공설을 비롯하여 발해 견제설, 동대사 대불개안 축하설, 사찰 참배설, 무역 촉진설 등 다양하다.[4]

　　먼저 일본 역사책 『속일본기(續日本紀)』의 기록에 근거하는 조공설을 살펴보자.[5] 그 기록의 내용은 김태렴이 일본 국왕을 접견할 때 서로 나눈 대화이다. 김태렴은 일본 국왕에게 '신라는 예로부터 일본을 받들어 왔습니다. 삼가 조공을 바칩니다'라고 말했고, 왕은 '조공을 바치는 그 정성이 가상하다'라고 응답했다.[6] 한편 조공하러 간 것은 신라의 국력이 일본에 뒤떨어져서가 아니라는 견해도 있다. 신라는 북쪽의 발해에 신경을 써야 했기 때문에 배후의 안정을 도모하고자 실리 노선을 택했고, 일본의 강력한 조공 요구에 응하여 왕자 김태렴을 파견했다는 것이다.[7] 이 견해도 정치적 측면에서 사절단을 해석하는 입장이다.

　　다음으로 교역에 비중을 두는 견해들을 보자. 이는 민간 사무역(私貿易)을 인정하는 견해와 인정하지 않는 견해로 나뉜다. 민간 사무역을 인정하지 않는 견해는 "교역은 결코 자유로운 거래가 아니었고 정치적으로 철저하게 관리"[8]된

---

3) 강은영, 「8세기 중후반 일본의 내정(內政)과 대신라관계(對新羅關係)의 추이 –752년 김태렴(金泰廉) 사행단(使行團)의 내일(來日) 성격검토를 중심으로–」, 『日本歷史硏究』 31집, 2010, pp.54~55.

4) 구난희, 「8세기 중엽 발해, 신라, 일본의 관계」, 『한일관계사연구』 10호, 한일관계사학회, 1999, p.23.

5) 『속일본기(續日本記)』 권18, 천평(天平) 승보(勝寶) 4년 6월 을축 조.

6) 이성시 저, 김창석 역, 앞의 책, p.97.

7) 최재석, 「통일신라의 일본정치지도」, 『한국학보』 71호, 1994, pp.215~216.

8) 이성시 저, 김창석 역, 앞의 책, p.136.

것으로 일본 국왕의 위신을 세워 주려는 의도적인 정치적 연출로 본다. 김태렴 사절단의 교역 목적을 인정하되, 교역은 일본의 주도면밀한 계획에 따라 국왕 이 참석한 공식연회 석상에서 신라사절단과 일본 관리들이 물물교환을 했다는 것이다.

교역에 대해서 '매신라물해(買新羅物解)'에 큰 의미를 부여하는 견해도 있다.[9] '매신라물해'는 5품 이상의 일본 관리들이 김태렴이 가져온 물품을 구입 하려는 신청서다. 일본의 5품 이상 관리들이 구입을 신청한 물품이 연회 석상 에서 배당·분배되었다며 '매신라물해를 근거로 할 때 신라상인이 주체가 되어 일본 귀족과 자유롭게 교역했다고는 전혀 생각할 수 없다'[10]라는 것이다.

김태렴 사절단의 목적을 무역에 두는 견해도 관점에 따라 두 가지로 나뉜 다.[11] 그 하나는 신라가 일본에 번국인 것처럼 저자세를 취하면서까지 대규모 사절단을 보낸 것은 정치적으로 타협하더라도 경제적 측면을 우선하려는 의도 때문이라고 보는 견해이다. 신라가 일본이 요구하는 조공형식에 따라 외교사절 을 파견한 것은 신라의 높은 수공업기술을 내세워 형식적인 면에서는 타협하면 서도 수공업 제품의 수출을 도모하는 경제적 실리를 추구했다는 것이다. 또 하 나는 정치적 의미를 크게 문제 삼지 않고 사절단의 규모로 볼 때 무역진흥의 일환으로 볼 수밖에 없다는 견해이다. 신라는 자국에서 생산하는 수공업품이 늘어나자, 일본 시장을 주목하여 거국적 차원에서 대일 수출을 도모하고자 경 제사절단을 파견했다는 것이다.

이 때 김태렴은 평경성 입성을 위해 일본 조정의 환심을 사는 방편으로 조 공과 불교행사 참례를 표면에 내세웠다고 본다.[12] 한편 일본은 신라 해역을 통 과해야만 하는 일본 견당사(遣唐使)의 보호를 신라에 의뢰할 필요가 있고, 신라 문화는 물론 신라를 통해 당 문화를 받아들이려는 의도에서 신라가 요구하는 대규모 사절단을 받아들일 수밖에 없었다는 것이다.

---

9) 「매신라물해」는 김태렴 일행이 평성경에 도착해서 일본 국왕에게 인사를 올린 다음날인 6월 15일부터 7월 8일까지 5위(位) 이상의 귀족이 담당관사에 제출한 신라물품 구입신 청서인데 현재 30여점 이상이 확인되고 있다.

10) 이성시 저, 김창석 역, 앞의 책, p.118.

11) 이성시 저, 김창석 역, 앞의 책, pp.118~119.

12) 이병로·김용일, 「752년 신라사 김태렴의 방일 목적에 관한 연구」, 『일본어문학』 34집. 2006, pp.532~536.

또 김태렴의 교역은 순수 불교문화의 교류에 부수한 교역이라는 견해도 있다. 당시 신라는 경덕왕이 불교를 숭상하여 불국사와 석굴암을 조성하고 황룡사종을 주조하는 등 불교문화가 만개하고 있었다. 그때 화엄종 계통의 신라 불교를 받아들인 일본이 동대사를 조성하면서 신라에 불교용품 지원을 희망했고, 신라가 이를 들어주는 가운데 김태렴의 무역이 부수적으로 이루어졌다는 추론이다. [13]

이상의 견해들은 저마다 얼마씩은 합당한 구석이 있는 것으로 보인다. 그러나 그로부터 10여 년이 지난 760년대 이후 중국의 국제무역시장에 본격적으로 등장하는 신라상인의 존재는 간과하고 있는 듯하다. 김태렴 사절단을 통상 사절단으로 여기는 견해도 이를 사무역으로 보지 않고 불과 10여 년 뒤 눈부시게 성장하는 신라 사무역과는 전혀 관계가 없다고 보는 것이다. [14] 하지만 사무역과의 연관을 도외시하면 진골귀족의 사영수공업을 비롯한 발전하는 신라 상공업의 진면목을 놓치게 된다. 김태렴은 신라 상공업의 발전을 토대로 일본수출을 개척해 나갔고, 나아가 장보고 시대를 여는 초석을 놓았다고 할 수 있다. [15]

나. 신라를 둘러싼 당·발해·일본의 정세

김태렴 사절단에 대해 서로 다른 견해가 존재하는 이유는 간단하다. 이는 당시 신라가 불안을 느낄 정도로 국제정세가 신라에 위협적이었는가, 일본의 눈치를 살펴야 할 정도로 신라의 국력이 취약했는가 하는 문제와 관계가 있다.

698년 발해가 건국되자 냉랭했던 당과 신라의 관계는 다시 긴밀해졌다. 이때 당에서는 측천무후(則天武后, 689~702)가 집권하고 있었다. 측천무후는 692년 신라 효소왕(孝昭王)의 즉위식에 축하 사신을 보냈고, 효소왕이 죽었을 때는 2일 동안 애도기간을 두어 조회를 열지 않으면서 별도로 조문사절까지 파견했다. [16]

---

13) 김지근, 「경덕왕대의 대일외교: 752년 교역의 성격을 중심으로」, 『신라문화』 30집, 2007, pp.132~136.

14) 이성시 저, 김창석 역, 앞의 책, p.190.

15) 박남수, 「통일신라의 대일교역과 애장왕대 '교빙결호'」, 『사학연구』 88집, 2007, pp.432~446.

16) 『삼국사기』 권8, 신라본기8, 효소왕, 성덕왕.

발해로 인해 신라가 불안했다는 견해는 다음과 같다. 발해 건국 이후 신라와 발해가 대립 국면에 들어갔고, 발해는 727년에 일본에 사신을 파견해 제휴를 모색하면서 일본이 배후에서 신라를 견제하도록 부추겼다는 것이다. 그리고 안록산(安祿山)의 난(755~763) 이후 발해가 신라를 침략하기 위해 일본과 군사동맹을 맺자, 신라는 발해의 침공을 우려하지 않을 수 없어 일본에 대한 저자세 외교를 감수했다는 것이다. 그러나 이는 발해가 신라에 실제로 위협적인 존재여서 신라가 발해를 두려워하고 있었음을 입증해야 하는 문제를 안고 있다.

발해가 국력이 신장되어 신라에 위협적인 존재로 부상했지만 실제 위협을 느낄 상황은 아니었다. 신라와 발해는 당의 견제와 당이 취한 기미정책(羈縻政策) 등으로 인해 돈독하지는 않더라도 서로 간에 군사적 충돌은 거의 없었다. 신라가 국경지대인 하슬라(何瑟羅, 지금의 강릉)에 성을 쌓고 대비는 했을지언정 작은 국지전도 없는 평온한 관계를 유지해 나갔다.

발해는 일찍이 요동을 차지하려고 남진을 추진했다. 그러나 신라와 실질적으로 국경을 접하게 되는 시기는 760년대 이후였다.[17] 따라서 752년을 전후한 시기에 신라가 발해의 위협이 두려워서 일본에 비위를 맞추려 했다는 추론은 무리가 있다. 설사 발해가 두렵다면 신라는 일본의 비위를 맞추기보다 먼저 발해와 대화 채널을 여는 게 이치에 맞다.

신라가 발해의 위협을 실제로 인식하기 시작한 때는 794년 발해가 수도를 상경용천부(上京龍泉府)에서 동경용원부(東京龍原府)로 옮겼을 때라고 할 수 있다.

당시 신라는 발해를 의식하여 782년에 선덕왕이 한산주(漢山州, 지금의 경기도 광주)에 순행하고 사람들을 패강진(浿江鎭)으로 이주시켜 장차 발해와의 무력 대결에 대비했다.[18] 또 신라는 발해의 의도를 파악하고 아울러 친선을 구하기 위해 790년과 812년 두 차례에 걸쳐 발해에 사신을 파견했다.[19] 이와 같은 상황을 미루어 보면, 752년경에는 발해가 신라에 위협적이지 않았음이 분명히 드

---

17) 구난희, 앞의 논문, pp.16~21.

18) 한규철, 「신라와 발해의 교섭과 대립」, 『신라문화제학술발표회논문집』 15호, 1994, pp.305~349.

19) 『삼국사기』 신라본기에 의하면 신라는 발해에 790년(원성왕 6년)과 812년(헌덕왕 4년) 두 차례만 사신을 보냈다.

발해 영역도

러난다. 뿐만 아니라 신라와 당의 긴밀한 국방상의 협조를 보아서도 신라가 발해에게 꼬리를 내릴 이유가 없고, 더군다나 배후의 일본에게 당에 보내는 조공사절보다 몇 배나 더 큰 조공사절을 파견했다는 것은 사리에 맞지 않다.

다음으로 신라와 일본의 관계를 살펴보자. 먼저 사신교류이다. 702년(성덕왕 2)에 203명이나 되는 상당히 큰 규모의 일본 사절단이 신라에 내조했다.[20] 702년부터 726년 동안은 신라와 일본의 사신 교류는 각각 8회이다. 이것은 24년 동안 양측 합쳐서 16회, 1년에 1.5회 꼴로 빈번한 편이었다. 이후 727년부터 김태렴이 일본에 가기 전 752년까지 25년간은 『속일본기』에 신라가 일본에 5회, 일본이 신라에 4회 사신을 파견한 것으로 기록되어 있다. 양측 합쳐서 약 3년에 1회로 적지 않는 사신교류였다. 하지만 『삼국사기』에는 이 기간 중에 일본에 사신을 파견한 기록이 없다. 다만 743년(경덕왕 원년) 10월에 신라가 일본 사신의 내조를 거부했다는 기록이 있을 뿐이다.[21]

결과적으로 752년 김태렴 사절단의 일본 내항에 대해 일본 측의 기록은 있지만, 신라 측의 기록이 없는 것이다. 700여 명의 대규모 사절단에 대한 신라 측의 기록 누락은 그 지위와 성격에 큰 의문이 생기지 않을 수 없다.

---

20) 『삼국사기』 권8, 신라본기8, 성덕왕 2년조.

21) 『삼국사기』 권9, 신라본기9, 경덕왕 원년 10월조. 신라가 일본 사신을 받아들이지 않은 이유는 명확히 알 수 없다. 하지만 『속일본기』에 동년 2월에 신라 사신 김흠영(金欽英) 등 187명이 대재부(大宰府)에 도착했을 때, 일본이 궁궐이 완성되지 않았다는 등의 핑계를 대며 평성경으로 들이지 않고 대재부에서 환대하고 돌려보낸 것으로 기록되어 있다. 아마도 이에 대한 대응조치였을 것으로 보인다.

이외에도 신라는 722년(성덕왕 21)에 모벌군성(毛伐郡城, 달성군 외동면)을 쌓아 일본의 침입을 방비하도록 조치했고,[22] 731년에는 일본 병선 300척이 바다를 건너 침입해 오자, 이를 깨끗이 쳐부수고 대승을 거두었다.[23] 또 742년(경덕왕 원년) 10월에 일본 사신의 내조 요청을 거절했고,[24] 753년에도 일본 사신의 태도가 오만 무례하다며 경덕왕이 알현을 허락하지 않고 돌려보냈다.[25] 신라가 일본에 조공을 갖다 바쳐야 하는 처지라면, 과연 상국(上國)인 일본 사신의 입국을 거부하고, 경덕왕이 알현 요청을 거절할 수 있을까? 그리고 만약 752년의 김태렴 사절단을 조공사절단으로 본다면, 신라가 그 이듬해에 내조한 일본 사신(752년의 답례 사신일 것이다)을 받아들이지 않았다는 것은 납득이 안 가는 처사다. 따라서 김태렴 사절단을 조공사절단으로 볼 수 없는 것이다.

신라는 일본의 침입에 미리 대비했고(722년), 침입해 온 일본국 병선 300척을 깨끗이 물리쳤으며(731년), 742년과 753년에는 일본 사신의 알현조차 허락하지 않았다는 점에서 적어도 신라가 일본의 조공국이 아닌 것은 명백해진다.

한편 7~8세기 일본 지배층은 일본이 천하의 중심국이라고 믿었다. 그래서 당(唐)은 이웃나라(隣國), 신라와 발해는 한수 아래의 제번(諸蕃), 그때까지 정벌하지 못한 일본 열도 내의 종족들은 오랑캐(夷狄·夷人)로 보았다. 우물 안 개구리식의 대외의식을 가지고 있었던 것이다.

이것은 바다로 둘러싸인 일본이 자신을 중심국으로 도식화할 때 어쩔 수 없이 생기는 대외구도라고 하겠다. 하지만 일본은 자기식의 이 억지 구도를 법

[22] 『삼국사기』 권8, 신라본기8, 성덕왕 21년 10월조.
[23] 『삼국사기』 권8, 신라본기8, 성덕왕 30년 4월조.
[24] 『삼국사기』 권9, 신라본기9, 경덕왕 원년 10월조.
[25] 『삼국사기』 권9, 신라본기9, 경덕왕 12년 8월조. 753년에 일본 사신 소야전수(小野田守)가 경덕왕을 알현하지 못하고 돌아간 것을 수치스럽게 여겨 발해와 연합하여 신라를 공격할 계획을 세웠다는 견해가 있다. 이 계획은 762년을 실행 연도로 하고 수백 척의 배를 건조했는데, 안사의 난 이후 국제정세의 변화 등으로 인해 무산되었다고 본다.(한규철, 「신라와 발해의 교섭과 대립」, 『신라문화제학술발표회논문집』 15호, 1994, pp.305~349) 이 견해의 경우에도 752년에는 외교 불안이 거의 없었음을 알 수 있다. 또 일본이 신라를 공격하지 못한 이유는 국제정세에 있기보다는 일본의 국력 약화에 이유가 있는 것이고, 실제로 일본의 신라 공격준비가 있었다면 이는 국내 정치용에 지나지 않는다고 보아야 할 것이다.(미야케 히데토시 저, 하우봉 역, 『역사적으로 본 일본인의 한국관』, 풀빛, 1994, pp.25~27)

체계로 수용하면서 신라를 하위의 번국에 두었다. 세월이 지나고 법체계가 굳어지면서 이 구도는 일본 지배층의 내면에 의식화되어 갔다. 이 자기모순적인 대외구도는 오늘날도 잠재적으로든 현실적으로든 일본 지배층의 의식 중앙에 자리하고 있다.

그러나 신라가 일본을 상국(上國)으로 대접한 적은 없다. 또 일본이 신라를 번국으로 취급하는 것을 인정하지도 않았다. 당시 신라가 일본을 어떻게 취급했는지는 신라 측이나 일본 측 사료에도 거의 언급이 없어 정확한 내용을 알기는 어렵지만, 간접적인 사료에 의해 그 실상을 유추할 수 있다.[26]

신라는 신라를 천하의 중심국으로 인식했다. 당은 상국으로, 발해와 일본은 번국으로 취급했다. 최치원이 당에 있을 때 유명한 '사불허북국거상표(謝不許北國居上表)'라는 글을 지었다. 이는 발해(北國)를 신라의 윗자리에 두는 것은 불가하다는 주장으로, 발해의 시조 대조영(大祚榮)도 처음에 신라의 신번(臣蕃)으로서 신라 5위의 관등인 대아찬(大阿餐)에 제수되었다고 기술했다.[27] 최치원의 이 주장은 발해를 번국으로 인식하는 신라의 발해관을 반영하고 있다.

8~9세기에는 신라가 일본을 번국으로 취급한 예가 있다. 734년에 일본에 외교사절로 파견된 김상정(金相貞)이 신라가 중심국이며 종주국이라는 표시로 신라의 국호를 '왕성국(王城國)'으로 호칭한 것이다. 또 836년 신라가 일본 사신 기노미쓰(紀三津)를 추방하면서 일본에 준 문서에 신라가 대국(大國)임을 자처하고 이를 명백히 밝혔다.[28] 이들 사례는 당시 신라가 일본을 번국으로 취급한 것을 확실히 반증하고 있다.

다. 김태렴 통상사절단의 준비와 여정

김태렴 사절단의 방일은 일본의 요구를 신라가 들어준 것일까? 이에 대해 긍정하는 견해는 다음과 같다.

『속일본기』에 의하면 "신라의 사절 파견 3개월 전 1월 25일에 야마구치 히토마루(山口人麻呂)가 견신라사(遣新羅使)로 임명되는데, 시기적으로 보아도 신라

---

26) 이병로, 「일본 지배층의 대 신라관 정책변화의 고찰 – 주로 9세기를 중심으로」, 『대구사학』 51호, 대구사학회, 1996, pp.149~157.

27) 『동문선(東文選)』 33권, 사불허북국거상표.

28) 『속일본후기』 승하 3년(836) 12월 3일조.

의 사신 파견을 요청하기 위해 이 때 일본에서 먼저 신라에 사절을 파견했을 가능성이 있다. 이러한 일본의 요구에 응해서 '왕자'를 비롯한 700명으로 구성된 사절단의 파견이 실현되었던 것이다."[29]라고 한다.

신라가 일본의 요청을 받자 3개월 만에 준비를 끝내고 700명의 사절을 보냈다는 것이다. 하지만 불과 3개월 밖에 안 되는 짧은 시일에 사상 최대 규모의 700백 명 사절단을 파견할 수 있을까? 우선 파견 여부를 심사숙고해야 할 것 아닌가? 사신으로 보낼 인원의 선정과 차출, 가져갈 물품의 선택과 조달·운송·포장, 뿐만 아니라 선박의 용선과 선적 따위는 아무렇게 준비되는 것이 아니고 상당한 시일이 걸리는 법이다. 또 울산항에서 쓰쿠시(筑紫)까지의 항해도 파도와 바람을 살피는 등 고려할 사항이 만만치 않다. 그러므로 이 모든 준비를 3개월 내에 완료하고 쓰쿠시에 귀착한다는 것은 현실적으로 가능하지 않다고 보인다. 더군다나 김태렴이 가져간 수많은 물품과 물량만 보아도 이는 단시일 내에 조달할 수 없는 것임을 알 수 있다.

김태렴 사절단은 매우 치밀하면서도 실효성 있게 계획되었다. 사전 계획의 철저함은 사절단 700명 중 370명만 서둘러 일본 수도 평성경(平城京)으로 가고, 330명은 쓰쿠시에 잔류한다는 점에서부터 드러난다. 평성경에 갈 사람들이 미리 예정되어 있었고, 각각 임무가 부여되었던 것이다. 쓰쿠시에 잔류한 330명은 어떤 임무를 띠고 남았을까? 당시 신라 사절은 일본 규슈에 도착한 뒤 다시 배를 타고 세토내해(瀨戶內海)를 지나 오사카 부근의 난파진(難波津) 항구에 상륙한다. 그리고 그곳에 소재한 숙소 난파관(難波館)에서 유숙하다가 외교 일정에 맞춰 평성경으로 들어가는 것이 관례였다. 귀국할 때는 이와 반대되는 코스를 밟았다. 그렇다면 쓰쿠시에 잔류한 330명은 뒤이어 난파진에 와서 난파관에서 소일했을 수도 있다. 아니면 규슈의 쓰쿠시(筑紫)에 계속 남아 있어야 한다. 쓰쿠시에 잔류한 330명에 대한 의문점은 잠시 접어두고 다음 의문점으로 넘어가 보자.

쓰쿠시에서 난파진으로 가는 세토내해는 호수같이 잔잔한 바다로 태풍이 부는 시기를 제외하면 항해에 어려움이 거의 없는 곳이다. 윤 3월 22일에 도착한 사절단 소식을 일본 정부가 동월 28일에 역대 왕의 사당에 알린 것으로 보

---

29) 이성시 저, 김창석 역, 앞의 책, pp.97~98.

아 서두르면 6일 이상 걸리지 않는 여정이다. 그런데 김태렴 일행은 쓰쿠시에 도착한지 80여일이 지난 6월 14일에야 평성경에서 일본 국왕을 만났다. 이에 대해 사실은 김태렴이 당시 일본의 최대 행사인 4월 9일 동대사의 대불 개안식에 일본 국왕과 함께 참석했을 것이라는 견해도 있다.[30)]

　　다음은 매신라물해에 관한 의문이다. 일본 정부는 6월 14일 김태렴이 일본 국왕을 만난 바로 다음 날인 6월 15일부터 26일까지 8일간 매신라물해를 받았다.[31)] 일본에서 사절단 파견을 요청했다면 사전에 이들을 맞이할 만반의 준비가 완료되어 있었을 터인데, 도착한 지 80여 일이나 지난 시점에서 물품구입신청을 받는 것은 앞뒤가 맞지 않는다.[32)] 이와 같이 김태렴의 일정과 일본의 대응을 대비해 보면 정치적 사절로 보기에는 의례가 너무 허술하다. 의례가 느슨하고 융통성 있는 통상사절단이 분명하다. 다만 일본 정부가 김태렴을 정치적으로 이용할 목적으로 그들이 평성경에 머무는 동안 공식 외교사절단으로 국빈대우를 한 것이다. 그러므로 『속일본기』에 기록된 일본 국왕과 김태렴의 조공 운운하는 대화도 선물수수에 따른 의례적인 인사말을 편찬자가 윤색한 것으로 보아야 할 것이다.

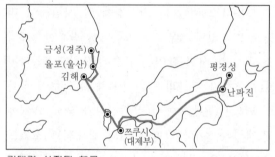

김태렴 사절단 행로

김태렴 사절단은 신라의 상업세력과 일본의 상업세력이 사전에 연대하여 계획한 통상사절단일 가능성이 크다. 그리고 일본 정부의 상당한 실력자도 이 계획에 가담했고 이들에게는 일정분의 지분과

---

30) 최재석, 앞의 논문, pp.214~223. 최재석은 동대사 대불은 신라의 기술지원을 받았고 개안 공양은 신라의 허락이 필요하므로 신라 사신을 초청했다고 보고, 4월 9일 개안식에 참석한 것을 일인 학자들이 6월 22일에 간 것으로 왜곡했다고 한다.

31) 윤재운, 「9세기전반 신라의 사무역에 관한 일고찰」, 『사총』 45집, 고대사학회, 1996, p.55.

32) 강은영, 앞의 논문, 2010, p.77. 강은영은 김태렴이 대제부에 도착하자, 가져온 물품의 종류·수량·가격 등에 대한 정보가 일본조정에 전해졌고, 이에 일본조정에서 준비했다고 본다. 이 경우 대제부 도착과 매신라물해 간에는 소요된 시일이 너무 길어 현실적이지 못하다.

사례가 약속되었을 것이다. 김태렴은 일본 왕실과 정부에 막대한 액수의 선물을 약속하고 이를 이행한 것으로 여겨진다. 역대 일본 왕의 사당에 사절단의 내왕을 알린 것은 사당관리소에 특별한 선물이 송부될 예정임을 미리 통지한 것으로 볼 수 있다. 아마도 동대사에는 특별 시주(施主)를 했고, 이 시주품은 동대사의 부속 창고인 정창원에 보관되었을 것이다.

700명의 사절단 중 330명이 쯔쿠시에 잔류한 것은 대재부 관할인 규슈 지역을 대상으로 교역을 전개하려던 것으로 보인다. 당시 대재부에는 이미 신라 상인의 교두보가 마련되어 있었고, 신라 통상사절단을 맞아 특별히 대대적인 교역활동을 벌인 것이다.

『속일본기』에 의하면 신라의 일본 사신단 규모가 734년까지는 대체로 10~40명 규모였는데, 738년에 147명, 742년에는 187명으로 대폭 증가했다.[33] 그러나 738년 이후 그들은 평성경에는 가지 못하고 대재부에서 환대만 받고 돌아갔다. 그런데 738년과 742년의 신라 사신단도 김태렴처럼 신라 측의 기록에는 나타나지 않는다. 왜 그럴까? 아마도 신라의 입장에서 보면 역사에 기록할 만한 가치가 없거나 공식사절단이 아니기 때문일 것이다.

신라 정부는 김태렴 사절단을 후원하되 책임 소재를 밝혀야 하는 국제분쟁이 야기될 때에는 관여하지 않는다는 방침을 세우고 있었던 것 같다. 따라서 753년 경덕왕이 일본 사신의 오만불손함을 트집 잡아 알현을 허용하지 않은 것은 표면상 이유일 뿐이고, 실상은 김태렴 사절단과 관련된 분쟁을 따지려는 알현 요청이었기에 의도적으로 회피한 것일 수 있다.

그렇다면 당시 신라의 민간 상인들은 김태렴 일행처럼 대규모 상단(商團)을 꾸려 일본으로 무역하러 다녔을까? 그렇다. 일본은 물론이고 중국으로까지 장사하러 다녔다. 이는 『삼국유사』에 기록된 장춘(長春)의 사례가 증명한다.

장춘은 우금리(禺金里) 마을에 사는 가난한 여자 보개(寶開)의 아들이다. 어느 날 장춘은 바다의 장사꾼들을 따라가서 오랫동안 소식이 없었다. 보개는 걱정이 되어 민장사(敏藏寺)의 관음보살에게 7일 동안 기도를 드렸더니, 장춘이 갑자기 돌아왔다. 장춘은 바다 한가운데서 폭풍을 만나 배가 부서지는 바람에 오(吳)나라에 표류했다. 어쩔 수 없이 그곳에서 살고 있었는데, 이상한 스님의

---

33) 714년 20여 명, 719년 40명, 723년 15명, 732년 40명 등이다.

도움을 받아 돌아왔다고 했다.[34]

　　장춘이 표류한 곳은 남중국 절강성 오나라이고, 장춘이 신라에 돌아온 때
는 김태렴이 일본에 가기 7년 전인 745년 4월 8일이었다. 장춘이 장사꾼을 따
라간 일화는 당시 신라의 민간 상인들이 해외무역을 활발히 전개했으며, 상선
을 타고 남중국의 오나라로 장사하려 다닌 사실을 말해주고 있다.

라. 일본 고위관리가 구입한 신라 물품

　　김태렴 사절단이 통상사절단인 것을 확인하는 길이 있다. 매신라물해의 물
품 목록을 따져보는 방법이다. 매신라물해의 물품은 그 종류가 122여종으로 일
일이 나열하기가 귀찮을 정도로 다양하다. 122여종의 온갖 잡화물은 일상생활
용품으로서 특별한 사치성 조공품은 아닌 것으로 보인다. 그리고 매신라물해로
실제 매매된 물품의 수는 200점 가량 된다고 한다.[35]

　　김태렴이 일본에 가지고 간 향료·약재·안료·염료 따위와 수공업 제품의
내용을 살펴보자. 그야말로 수집할 수 있는 것은 다 챙긴 것처럼 수두룩하다.
향로의 경우 사향(麝香)·침향(沈香)·훈륙향(薰陸香)·청목향(靑木香)·정향(丁
香)·곽향(藿香)·영륙향(零陸香)·감송향(甘松香)과 용뇌향(龍腦香, 남중국·동남아
시아·인도·아라비아산)이 있고, 훈의향(薰衣香)·훈향(薰香)·잡향(雜香) 따위 배
합 향료도 있다.[36] 약재는 토산물인 인삼·감초·수황(手黃)·원지(遠志)뿐 아니
라, 외국산물인 가리륵(呵梨勒, 남중국·인도차이나산)·육종용(宍縱容, 서북중국
산)·육계(肉桂)·필발(畢拔, 페르시아산)·지초(芝消, 서북 중국산) 따위가 있다.
다음 안료(顔料)의 경우는 동황(同黃)·연자(烟子, 인도차이나·인도산)·주사(朱
沙)·김청(金靑)·백청(白靑)·호분(胡粉, 중국산) 등이 있다. 또 소방(蘇芳)·자근
(紫根) 따위 염료(染料)도 있다.

　　수공업제품의 경우도 기물(器物)이 엄청나게 다양하다. 거울·가위·소반·

---

34) 『삼국유사』 권3, 탑상4, 민장사.

35) 윤선태, 「752년 신라의 대일교역과 '바이시라기모쯔게(매신라물해)'」, 『역사와 현실』 24
　　집, 역사비평사, 1997, p.42.

36) 박남수, 「752년 金泰廉의 對日交易과 「買新羅物解」의 香藥」, 『韓國古代史硏究』 55집,
　　2009, pp.349~369. 박남수, 「9세기 신라의 대외 교역물품과 그 성격」, 『사학연구』 94
　　집, 2009.

젓가락·금근(金筋, 도금한 젓가락)과 마구(馬具)·화전(花氈)·비전(緋氈)·구지(口脂)·비단 등이 있다. 뿐만 아니라 목환자(木槵子)·송자(松子, 잣)·꿀 따위의 농산물도 있다.[37)

이들 물품은 대부분 신라의 토산품이다. 특히 사향·침향·육계는 신라가 아랍·이슬람 제국에 수출한 주요 품목이다. 신라가 이들 품목을 많이 생산하여 세계 각국에 수출하였던 것이다.[38) 다음 외국산은 산지가 중국·인도·인도차이나·아라비아·페르시아 등인데, 신라에서 원료를 수입하여 가공한 제품이거나 완제품의 중계무역일 것이다.

700명이 7척의 배로 싣고 온 물품은 당시로는 어마어마한 물량이었고 일본의 고급품 소비수요는 이를 단시일 내에 처분할 만큼 크지 않았다. 2개월 동안의 매각에도 불구하고 가져간 물품은 많이 남았고, 그 처분이 어려운 상황에 처해 있었다. 따라서 김태렴은 6월 14일 일본 국왕을 접견할 때, 매각하지 못한 물품 목록을 제출하며 특별히 처분을 부탁했고, 국왕은 이를 거절하지 못한 것 같다. 이에 대해 국왕은 접견 다음 날인 6월 15일부터 귀족과 고위관리들에게 물품의 구매를 신청하도록 협조했던 것이다.

김태렴 사절단은 6월 22일 동대사 참례를 끝으로 사실상 공식 일정을 모두 마쳤다. 그럼에도 불구하고 7월 8일자 매신라물해가 발견되었다. 따라서 김태렴은 6월 22일 공식 일정이 끝난 뒤에도 물품 처분을 위해 7월 중순 무렵까지 평성경에 체류했을 것으로 보인다.

매신라물해(출처: 한겨레 신문)

---

37) 무하마드 깐수, 『신라·서역 교류사』, 단국대 출판부, 1994, pp.232~235.

38) 이희수, 「고대 페르시아 서사시 쿠쉬나메(Kush-nameh)의 발굴과 신라 관련 내용」, 『한국이슬람학회논총』 20집 3호, 2010.
김창석, 「8~10세기 이슬람 제종족의 신라 來往과 그 배경」, 『한국고대사연구』 44집, 2006.

한편 6월 22일 동대사 참례 때, 대재부에 남아 있던 330명이 동참했을 가능성이 있다. 대재부에 잔류했던 330명이 6월 초까지 일정을 끝마치고 6월 중순경 평성경으로 가서 김태렴 일행과 합류하여 동대사를 참례하고 함께 귀국했을 개연성이 있는 것이다.

일본은 왜 신라 사절단의 평경성 방문을 금지했을까? 그것은 신라를 번국(蕃國)이라 지칭해 온 일본 지배층이 신라상인의 세련되고 활기찬 행동과 일본 백성의 곤궁한 모습이 대비되어 신라번국관(新羅蕃國觀)의 허구가 드러나는 것을 두려워했기 때문이다.[39] 또 신라상인들에 의해 유입되는 외래문물의 충격, 물품구매에 따른 귀족들의 불만, 왕실과 동대사의 막대한 선물 수수에 따른 시비 등 후유증도 만만치 않았기 때문일 것이다. 김태렴 사절단은 일본 대재부와의 교역에 착실히 실적을 쌓은 신라상인들이 무역상단을 만들어서 일본의 수도 평성경으로 진출한 것이다. 김태렴(金泰廉), 그는 진골귀족으로 700명의 통상사절단을 이끌고 일본 수출시장을 개척한 우두머리 상인이다. 그리고 우리나라 상인의 역사를 반석 위에 올린 독보적인 인물이다.

2. 신라선과 백제선

가. 한국 배의 기원과 발전

김태렴 통상사절단 700명은 7척의 배를 타고 갔다. 배 1척에 100명씩 승선한 셈이다. 그러면 이 배는 신라 기술로 건조한 신라 배일까? 당이나 일본의 배를 신라상인이 구입하거나 빌린 것일까?

고대사의 여타 분야에서처럼 우리나라 배에 대해서도 그 실상을 파악하기에는 문헌자료가 부족하다. 하지만 2000년대에 들어서 눈에 번쩍 띌 만한 선박 유물이 발견되고 있어 비상한 관심을 끌고 있다.

현재 출토 유물로서 시대가 가장 앞서는 것은 약 8000년 전으로 추정되는 신석기시대 소나무 통나무선이다. 2005년 9월에 경남 창령군 부곡면 비봉리의 선사유적지에서 출토되었고, 선체 길이 4m 이상으로 추정한다.[40] 다음 오래된

---

39) 권덕영, 『재당신라인 사회연구』, 일조각, 2005, pp.233~235.
40) 문화일보 2005. 9. 5. 2면, 김해박물관 자료.

것은 신라시대 배로서 경주 안압지에서 출토된 통나무선이다. 선체 길이
5.9m, 최대 넓이 1.5m로 놀잇배 또는 청소배로 추정된다. 그러니까 신라 이전
의 선박 유물, 또 대외교역에 나선 백제선과 신라선은 아직 유물이 출토되지
않고 있다.

고려시대 배는 2000년대 들어 중대형 선박 유물이 발견되고 있어 고무적이
다. 먼저 11세기경의 소형 화물선이 완도에서 발굴되었다. 이 배는 최대 길이
9m, 최대 넓이 3.5m, 적화중량 약 10톤으로 추정된다.[41] 다음 전남 신안군 안
좌면 금산리 갓섬 등대 앞 갯벌에서 조운선이나 군용선으로 추정되는 중형 선
박 유물이 발견되었다. 이 배는 길이 14.5m, 너비 6.1m, 깊이 0.9m로 내부에
상감청자 따위가 실려 있었다. 또 2005년 7월에 중국 산동반도 최북단 봉래수
성(蓬萊水城)의 해안 갯벌에서 고려 한선(韓船)의 잔해가 발견되었다.[42] 갯벌에
남아 있는 길이가 17.1m나 되는 대형선인데, 처음 발견 당시에 중국 배로 보았
으나 선재가 소나무여서 한선으로 판명되었다. 이 한선은 고려 선박이 중국으
로 항해한 것을 입증하고 있어 소중하다.

지금까지 우리나라에서 발굴된 가장 큰 선박은 길이가 35m, 너비가 11m로
추정되는 '신안선'이다. '신안선' 이름은 신안 앞바다에서 발굴되어 붙인 것이
고, 목포시 국립해양박물관에 복원 전시되어 있다. 수중 발굴 당시 이 배에는

신안선상상복원도(국립해양유물전시관)

신안해저출토 무역도자기(국립해양유물전시관)

41) 김재근, 『우리 배의 역사』, 1989, p.73. 국립해양유물전시관 학예연구실, 『물, 바다,
   사람, 배, 꿈, 삶, 그 자국』, 국립해양유물전시관도록, 1998, p.29.
42) 문화일보, 2006년 8월 28일.

고려청자를 비롯한 고려의 공예품들과 중국·일본산의 다양한 물건들이 실려 있
렀다. 그래서 고려, 중국 원나라, 일본 사이를 오가던 상선으로 추정한다.

인류가 언제부터 배를 만들어 사용했을까? 선박의 기원에 관해서는 대체로
두 가지 학설이 있다. 대나무 뗏목으로부터 발달했다는 죽벌설(竹筏說)과 통나
무 속을 파내서 배를 만들기 시작했다는 독목주설(獨木舟說)이 그것이다.[43]

선사시대 우리나라 배는 어땠을까? 창령군 비봉리에서 출토된 신석기시대
의 배는 소나무 속을 파낸 통나무배이다. 아마도 강을 건너거나 고기잡이에 사
용되었을 게다. 통나무배는 이후 목재를 짜 맞추어 건조하는 구조선(構造船)으
로 발전한다.[44] 우리나라 구조선의 예는 울산 태화강변의 반구대(盤龜臺, 국보
285호) 암각화에 새겨있는 고래잡이배가 있다. 반구대 암각화는 신석기시대 말
기부터 청동기시대까지 긴 세월에 걸쳐 새긴 것으로 추정한다.[45] 암각화에는
고래 63마리와 고래 잡는 포경선 7척이
있다. 20여 명의 어부를 태운 대형선과
돛이 있는 큰 선박도 있다. 2척의 배가
협력하여 거대한 고래를 공격하는 그림
은 세계 최고(最古)의 '선단식' 고래잡
이로 평가 받는다.[46]

한편 배에 관한 문헌 기록의 예로
는 기원전 194년 위만의 쿠데타로 인해
축출된 고조선의 준왕이 마한으로 도망
가면서 타고 간 배를 들 수 있다. 이
배는 당시 상당히 큰 선박이 고조선과

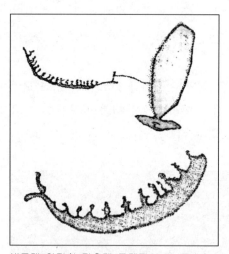

반구대 암각화 가운데 고래잡이 배 모습

43) 김재근, 「한국, 중국, 일본 고대의 선박과 항해술」, 『진단학보』 68호, 진단학회, 1989,
    p.190.
44) 우리나라 배의 선형 발전을 보면 뗏목 배와 통나무배로부터 차츰 발달한 구조선(構造
    船)으로 본다. 이은철, 「우리 배를 쫓아 나선 고독한 항로의 길」, 『지방행정』47권, 531
    호, 1998, p.92. 이원식, 『한국의 배』, 대원사, 2003, p.10.
45) 황수영·문명대, 『반구대』, 동국대학교출판부, 1984, p.245.
46) 최근식, 「백제의 조선·항해 기술」, 「백제논총」 9집, 백제문화개발연구원, 2010,
    pp.173~204. 최근식, 「장보고시대의 항로와 선박」, 전남대학교 세계한상문화연구단 국
    내학술회의 자료, 2012, pp.25~26.

마한 간에 운항하고 있었음을 반영하고 있다 하겠다. 또 삼한에서 철을 생산하여 중국과 왜(倭) 등지에 수출했다는 기록도 삼한이 무거운 철을 싣고 바다를 안전하게 항해할 수 있는 우수한 선박을 보유했고 아울러 조선술과 항해술이 뛰어났음을 증명해 준다.

다음 삼국시대에 우리나라 배는 동아시아 최강이었다. 특히 신라 군선이 막강했다. 신라 군선의 위력은 나당전쟁의 해전을 통해 확실히 입증된다. 신라 군선은 당나라 군선보다 성능이 우수했다. 다음은 『삼국사기』의 나당해전에 관한 기록이다.

"660년(태종무열왕 7년) 6월 18일, 김유신 등과 군사를 거느리고 남천정(南川停, 지금의 이천)에 이르렀고 21일에 태자 법민(法敏)으로 하여금 병선 100척을 이끌고 덕물도(德物島, 지금의 덕적도)에서 당의 소정방(蘇定方)을 맞게 했다."[47]

"671년(문무왕 11년) 10월 6일, 당의 운송선(運送船) 70여척을 습격하여 100여명을 사로잡았다. 물에 빠져 죽은 자는 이루 셀 수 없었다."[48]

"673년(문무왕 13년) 9월, 대아찬 철천(徹川)등을 시켜 병선 100척을 거느리고 서해를 지키게 했다."[49]

"675년(문무왕 15년) 9월, 장군 문훈(文訓)이 1,400명의 목을 베고 병선 40척을 빼앗았다."[50]

"676년(문무왕 16년) 11월, 사찬(沙湌) 시득(施得)이 수군을 이끌고 소부리주(所夫里州, 부여)와 기벌포(伎伐浦, 장항)에서 설인귀와 싸워 패했는데, 다시 진격하여 22회의 전투에서 싸워 이기고 4,000여명의 목을 잘랐다."[51]

나당전쟁에서 신라 수군은 당 수군을 연이어 격파하고 서해의 제해권을 장악했다. 수군이 해전에서 이기려면 우수한 선박의 보유가 절대적이다. 따라서 신라의 군선 건조기술은 당시 세계 최고였다고 할 수 있다. 그리고 이 조선술

---

47) 『삼국사기』 권5, 신라본기5, 태종무열왕 7년 6월조.
48) 『삼국사기』 권7, 신라본기7, 문무왕 11년 10월조.
49) 『삼국사기』 권7, 신라본기7, 문무왕 13년 9월조.
50) 『삼국사기』 권7, 신라본기7, 문무왕 15년 9월조.
51) 『삼국사기』 권7, 신라본기7, 문무왕 16년 11월조.

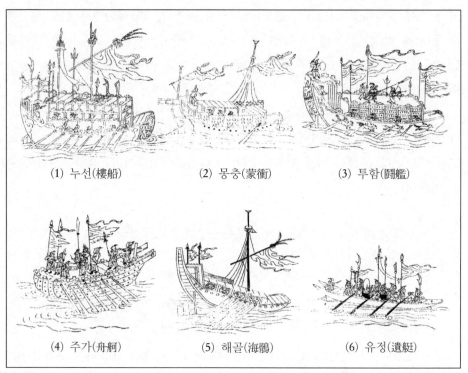

(1) 누선(樓船) (2) 몽충(蒙衝) (3) 투함(鬪艦)

(4) 주가(舟舸) (5) 해골(海鶻) (6) 유정(遺艇)

무경절요 군선

이 민간의 조선능력을 배양하고, 나아가 신라상인이 대외교역에 주도적으로 나
서는 장보고 시대를 맞이하는 기반이 된 것으로 보인다.

　　우리나라에서 발간한 전문 군선 책이 있다. 『무경절요(武經節要)』라는 책으
로 조선시대에 발간되었다.[52] 이 책에는 누선(樓船)·투함(鬪艦)·해골(海鶻, 송
골매처럼 생긴 군선)·몽충(蒙衝)·주가(周舸)·유정(游艇) 따위 6종의 군선이 그림
과 함께 해설되어 있다. 누선은 대형 수송선으로 배 위에 3층의 누(樓)를 세우
고 꼭대기에 깃발을 꽂았다. 활과 노를 쏘는 창이 있고 밖은 가죽으로 씌워 적
의 불 공격을 막았다. 크기는 배위에서 수레를 끌고 말을 뛰게 할 정도라고 한
다. 몽충은 물소 가죽을 뒤덮은 장갑형의 구축함에 해당하고, 투함은 배 옆에
방어벽을 설치한 전투함이며, 주가는 기습작전을 감행하는 공격선이다. 해골은
배의 양측에 부판(浮板)을 설치하여 큰 파도에도 전복되지 않고 견딜 수 있고,

52) 이 책은 송나라 인종(仁宗) 4년(1044)에 증공량(曾公亮)이 서술한 『무경총요(武節總要)』
　　에 있는 내용을 그대로 전재한 것이다.

유정은 순시 · 정보선이다.[53]

어떻든 신라 군선은 고려가 몽고와 전쟁할 때는 강화도를 지켜낸 군선으로 발전해 나갔고, 고려 말 왜구와 해전을 치를 때는 군선에 대포를 장착하는 개량을 보았다.[54] 이와 같이 우리나라 군선은 장구한 세월동안 발전과 침체의 순환을 겪으며 임진왜란(壬辰倭亂) 때 이순신의 거북선으로 발전해 나간 것이다.

동아시아의 조선술과 항해술은 9세기까지는 신라가 최고였고 당나라가 다음, 일본이 최하위였다고 할 수 있다. 일본의 왜(倭)는[55] 일찍이 자주 신라와 가야에 침입해 왔기 때문에 조선술과 항해술이 뛰어났다고 볼 수도 있으나, 이는 계절풍과 해류를 이용한 항해였고 배도 작았다.

일본의 해외 진출은 매우 늦다. 그 가장 큰 이유는 조선술이 낮았기 때문일 수 있다. 일본은 630년부터 838년까지 200년 동안 당나라에 사신 보내는 견당사(遣唐使)를 불과 17차례 파견할 정도였다. 그것도 선박은 일본 스스로 만들지 못하고 백제 사람들이 건조해 주었다. 『일본서기』에는 650년 백제의 조선공이 안예국(安藝國, 지금의 일본 히로시마현)에 가서 백제선 두 척을 건조해 주었다는 기록이 있다. 653년 일본의 견당선(遣唐船) 2척이 당으로 갔는데, 아마도 이 배는 백제 조선공이 안예국에서 만든 백제선일 것이다. 견당사는 초기에 배 2척에 240~250명, 말기에는 배 4척에 550~650명으로 구성되었으므로, 배 1척에 122~160명 정도가 승선했다.

『일본서기』에 의하면 안예국에서는 662년에 배 2척을 또 건조했고, 746~778년에 5회에 걸쳐 선박을 건조한 것으로 나타난다. 이로 미루어보면 그곳에 백제의 조선공들이 집단으로 거주하고 있었던 것으로 추측된다.[56] 761년에 건조된 배는 길이가 8장(약 24m)이다. 일본 견당선은 탑승 인원과 화물 등을 참작해 볼 때 100~150톤 정도의 적화 중량이 필요하므로, 이보다 다소 큰 선

---

53) 김성호, 『중국진출 백제인의 해상활동 천오백년』 2, 맑은 소리, 1996, pp.29~30.

54) 곽유석, 『고려선의 구조와 조선기술』, 민속원, 2012, pp.32~36.

55) 일본이 '일본(日本)'이란 국호를 대외적으로 처음 사용한 것은 702년 견당사가 당에 갔을 때이다. 701년 대보율령(大寶律令)을 제정하고 당에 견당사를 보내면서 일본이라 칭했다. 그 이전에는 '왜'로 통칭되었다. (아사오 나오히로 저, 이계황 · 서각수 등 역, 『새로 쓰는 일본사』, 창작과 비평사, 2000, p.85)

56) 최근식, 「9세기 '신라선'과 그 구조」, 『한국사학보』 11호, 고려사학회, 2001, pp.18~19.

박일 것으로 추측할 수 있다.[57]

백제가 멸망하기 전까지 일본은 백제의 도움을 얻어 선박을 건조하고 백제
의 연안을 이용하여 중국을 왕래할 수 있었으나, 신라가 삼국을 통일한 뒤에는
"전적으로 신라에 의지하여 중국에 내왕"[58]할 수밖에 없었다. 한편 당나라 배
가 처음으로 일본에 포착한 것은 819년이다.[59] 따라서 그 이전에 일본과 중국
사이를 내왕한 배는 모두 백제선이거나 신라선이라고 할 수 있다.

일본은 신라의 간섭을 피하기 위해 규슈(九州)에서 출발하여 제주도 남단
을 거쳐 곧바로 중국의 소주(蘇州) 및 양주(楊州)에 직항하는 동중국해 사단항
로(東中國海 斜斷航路)를 개척하려 했으나 9세기까지는 실패한 것으로 보인다.
일본 구법승 엔닌(圓仁, 794~864)의 『입당구법순례행기(入唐求法巡禮行記)』에 의
하면 839년에 일본 조공사가 귀국하기 위해 초주의 재당신라인에게 배를 구해
줄 것을 요청했는데, 재당신라인들은 단시일 내에 9척의 배와 60명의 신라인
뱃사공을 주선해 주었다.[60] 이때까지도 당에 가는 일본 사신은 신라선을 이용
한 것이다.

한편 당나라의 조선술과 항해술은 7세기에 들어서서 획기적으로 발달해 나
갔다. 이것은 수(隋)나라 때 605년부터 610년 사이에 개통된 대운하가 촉매 역
할을 했다. 대운하는 남중국의 항주만에서 북쪽 황하 하구의 천진을 잇는 것으
로 2,700km에 달한다. 이 운하의 개통으로 양자강 하류에서 생산되는 풍부한
농산물과 남방의 수입품들이 소비지인 장안과 낙양 등 대도시로 직송될 수 있
었다.[61] 운하의 개통은 해양과 내륙을 잇는 경제의 대동맥을 만들었고, 동시에
조선업과 해운업의 비약적인 발전을 가져왔다.

또한 당나라는 육상 실크로드에 이어 해상 실크로드를 개척함으로서 해운
발달을 가져왔다. 이는 당이 적극 추진한 대외개방정책의 결과이기도 하다. 육
상 실크로드는 장안(長安)에서 서역을 넘어 아라비아로 가는 교역 길이었고, 해
상 실크로드는 강남의 명주(明州)와 천주(泉州), 회남의 초주(楚州)와 양주(揚州)

57) 최근식, 앞의 논문, p.25.
58) 최재석, 「7세기 중국파견 일본사신, 학문승과 신라」, 『한국학보』 94호, 1996, p.11.
59) 이원식, 앞의 책, p.116.
60) 『입당구법순례행기』 권1, 개성(開成) 4년 3월 22일조.
61) 이춘식, 『중국사서설』, 교보문고, 2000, pp.207~209.

등에서 남하하여 인도, 아라비아의 바그다드 그리고 아프리카 지역을 잇는 바닷길이었다. 이리하여 장강 남쪽에서는 당의 상선이 광주(廣州)에서 직접 페르시아의 아바단, 아라비아의 수하르, 두바이와 홍해 입구의 아든까지 항해해 나갔다.[62]

장강 북쪽은 산동반도의 등주에서 신라의 당은포와 회진·울산으로 연결되고 일본 규슈지역의 당진(唐津)까지 항해했다.[63] 하지만 당선이 본격적으로 신라와 일본에 항해하는 것은 장보고 이후에 전개되는 상황이다.

나. 흰 돛을 단 신라선

삼국시대에 중국이나 일본으로 가는 외교사절이 탄 배는 군선(軍船)이 아니고 상선(商船)이었다. 김춘추가 당에 갔다가 돌아올 때 고구려 순시선에 붙잡혔는데 그 배도 상선이었을 것이다. 만약 신라 군선이었다면 당으로부터 입항 승인이 나지 않았을 것이다. 또 고구려 수군이 배를 송두리째 나포하거나 격침시켰을 것이고, 김춘추가 탄 작은 배가 도망가 빠져나갈 수 있는 기회가 없었을 확률이 높다.

통일신라는 백제와 고구려의 조선술을 신라의 조선술에 융합하여 성능이 더 우수한 선박을 만들었다. 백제의 조선공이 일본에 큰 배를 만들어 준 사실과 신라의 건축술 등을 고려할 때, 당시 신라가 큰 선박을 건조할 수 있는 기술과 능력을 보유한 것은 부인할 수 없다. 다만 신라선(新羅船)의 고유 모델에 관해 견해가 엇갈리고 있다. 하나는 당나라 선박을 모방한 것일 뿐이라는 것이고, 다른 하나는 신라가 독자 기술로 만든 고유의 특성을 가진 선박이라는 견해다.

신라선은 장보고로 대표되는 신라의 해상활동 세력들이 축적된 자본으로 성능이 우수한 배를 건조한 것으로 보인다.[64] 장보고의 무역선에 대해 '당시 신라 고유의 배가 대외무역 활동에 문제없이 사용될 수 있을 만큼 발달되어 있

---

62) 김문경·김성훈·김호경 편, 『장보고』, 이진출판사, 1996, p.237.
63) 정수일, 「해상 실크로드를 통한 한,중 해상 교류 ; 동북아 해로고(東北亞 海路考) −나당해로와 여송해로를 중심으로−」, 『문명교류연구』 2집, 2011.
64) 최근식, 『신라해양사연구』, 고려대학교 출판부, 2005, p.116.

었다고는 생각할 수 없다'[65]라며 신라의 조선능력을 높게 평가하지 않기도 한다. 신라선의 존재를 부인하는 이 견해는 백제가 일본에 백제선(百濟船)을 만들어 준 것도 백제가 처음에는 중국의 배를 모방하여 만들다가 점차로 독자적인 배를 개발한 것으로 본다.

하지만 이제 '백제선', '신라선'의 고유 모델을 인정하지 않는 견해는 지양되어야 한다. 그것은 포상팔국의 전쟁, 고구려·수나라 해전, 나당해전 등의 문헌 기록도 그러하거니와 고대 한선(韓船)의 유물이 계속 발굴되고 있기 때문이다. 따라서 '삼국시대에는 '고구려선', '백제선'이라는 선형이 있었고 통일신라 하대에는 이와 융합하여 발전된 '신라선'이라는 선형이 존재한 것으로 보아야 한다.'[66] 막연하게 백제가 만든 배, 신라상인이 타고 다닌 배가 아닌 선박의 겉모습에서부터 중국 배와 엄연히 구별되는 '신라선'이 연근해 바다를 누비고 다닌 것이다.

신라선을 인정하지 않는 견해는 우리나라 고대 선박은 배 밑 구조가 편편한 평저구조선(平底構造船)이라고 한다.[67] 산동반도에서 서해횡단항로를 이용하여 신라와 일본을 내왕한 장보고 무역선은 평저구조선으로 파도와 물길이 험한 중국 남방에서 운항된 배 밑이 뾰족한 첨저선(尖底船)은 아니라는 것이다.[68]

과연 첨저형 신라선은 존재하지 않았을까? 또 장보고 선단은 모두 평저선이었을까? 장보고 선단의 활동 무대는 산동반도로 국한되지 않았다. 840년 2월 장보고 휘하의 대당매물사 최훈(崔暈) 압아(押衙)의 선박이 양주로부터 유산포(乳山浦)에 입항하고 있다. 이것은 장보고 무역선이 이미 중국 남방의 양주까지 운항하고 있었다는 증거이다. 당시 장보고 선단은 항해할 때 북극성을 관찰하거나 지남철을 이용했다.[69] 그리고 장보고 선단은 양주·천주·광주를 무대로

---

65) 김재근, 『한국의 배』, 서울대학교 출판부, 1994, p.54. 김재근, 「장보고 시대의 무역선과 그 항로」, 『장보고 신연구』, 완도문화원, 1985, p.148.

66) 최근식, 앞의 논문, p.12.

67) 이원식, 앞의 논문, p.94.

68) 밑이 편편한 대형 선박은 선체가 기울어졌을 때 복원력이 약해 쉽게 침몰하기 때문에 파도가 험한 원양 항해에는 부적합하다. 배 밑이 뾰족하면 무게 중심이 밑에 위치하므로 복원력이 높아 쉽게 침몰하지 않는다. 배의 건조기술에도 밑이 편편한 배보다 뾰족한 배가 고도의 기술을 필요로 한다.

69) 최근식, 「9세기 장보고 무역선의 '指南器' 사용 가능성에 대하여」, 『국제고려학회 서울

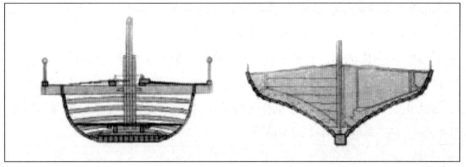

평저선과 첨저선

하여 원거리 무역을 전개했고,[70] 이에 투입된 선박은 신라의 첨저형 선박일 수 있는 것이다.

『속일본후기(續日本後紀)』에는 신라선이 첨저형임을 암시하는 기록이 있다. 그것은 신라선이 풍파에 매우 강하고 높은 파도를 능히 헤치며 운항한다는 다음의 기록이다.

"839년 (일본정부는) 대재부에 명령하여 신라선을 만들어서 능히 풍파를 견딜 수 있게 하였다."[71]

"839년 4월 24일, 본국(일본) 조공사(朝貢使)가 신라선 5척을 타고 내주(萊州) 여 산 가에 밀려서 닿았다. 나머지 4척은 간 곳을 알 수가 없다."[72]

"839년 8월 기사일, 초주의 신라선 9척을 고용하여 타고 신라의 남쪽을 따라서 본국으로 돌아왔다."[73]

"840년 (대재부에서) 대마도의 관리가 말하기를 '먼 바다의 일은 바람과 파도가 위험하고 연중 바치는 조물(調物)과 네 번 올리는 공문은 자주 표류하거나 바다에 빠진다.'고 합니다. 신라선은 능히 파도를 헤치고 갈수 있다고 하니, 바라건대 신라선 6척 중에서 1척을 나누어 주십시오라고 말했다."[74]

지회 논문집』 2집, 2000.
70) 최근식, 앞의 논문, pp.13~14.
71) 『속일본후기』 권8, 승화(承和) 6년 7월조.
72) 『입당구법순례행기』 권2, 개성(開成) 4년 4월 24일조.
73) 『속일본후기』 권8, 승화 6년 8월 기사.
74) 『속일본후기』 권8, 승화 7년 9월조.

　이와 같이 9세기에 일본은 중국식과 다른 신라 고유의 배를 명백하게 구별하고 있었다. 여기서 중요한 것은 일본이 '당-일본'의 항로에 당나라 선박을 제쳐두고 굳이 신라선을 선택했다는 사실이다. 만약 당나라 선박이 신라선보다 성능이 우수하다면 일본인들이 목숨이 걸린 항해에 신라선을 용선할 이유가 없지 않은가? 따라서 당시 신라선은 동아시아 최고의 선박, 나아가 세계 최고급 선박이라 해도 과언이 아닐 것이다.[75]

　일본 구법승 엔닌(圓仁)은 자신이 탄 신라선이 난파되어 파도에 씻기고 기울어지는 것을 직접 경험하고 『입당구법순례행기』에 분명하게 기록해 두었다. 다음은 엔닌의 기록인데, 분명히 난파 신라선이 첨저선임을 보여 준다.

> "838년 6월 28일, 선박이 갑자기 바다 속 모래톱으로 올라갔다. 문득 놀라서 돛을 내렸으나, 키(손잡이)의 귀퉁이 부분이 두 번 부러졌다. 동서 파도가 번갈아 부딪쳐 배를 경사지게 했다. 선박은 곧 파도에 따라 떠서 움직이는데, 동쪽 파도가 오면 배는 서쪽으로 기울고 서쪽 파도가 오면 동쪽으로 기울어 배 위를 씻는 물결이 셀 수가 없었다."[76]

> "838년 7월 2일, 선박이 뻘에 가라앉아 있어서 나아가지도 물러서지도 않았다. 이에 조수가 강하고 빠르게 배 곁의 진흙을 파서 터뜨리자 진흙이 곧 거꾸로 용솟음쳐 선박이 마침내 기울어지고 뒤집혀 거의 침몰하여 묻힐 것 같았다. 오래지 않아서 배는 다시 왼쪽으로 넘어가니 사람들은 따라서 오른쪽으로 옮겼다. 넘어가는 것에 따라서 장소를 옮기기를 몇 번에 이르렀다."[77]

　이렇게 선박이 모래톱에 얹혀졌을 때, 파도에 따라 동서로 기울어지다가 결국 배가 뻘에 박혀 빠져나오지 못하고, 마침내 뒤집힐 지경에 이른 것은 배 밑이 평평하지 않고 뾰족한 첨저선이기 때문인 것이다.

　또 엔닌은 839년 5월 25일 오후 4시경, 신라선 1척을 가까이에서 목도하고 그 정황을 비교적 자세히 기록해 두었다. 이 기록을 통해 신라선은 주로 흰 돛을 달고 다닌 것으로 추정 가능하고, 흰 돛의 신라선은 멀리에서도 그 모습을 식별할 수 있을 정도로 고유의 특색이 있었다는 것을 알 수 있다.

---

75) 최근식, 앞의 책, 2005, pp.116~117.
76) 『입당구법순례행기』 권1, 승화(承和) 5년 6월 28일조.
77) 『입당구법순례행기』 권1, 승화 5년 7월 2일조.

"839년 5월 25일, 오후 4시경 신라선 1척이 흰 돛을 달고 바다 입구로부터 건너가
더니 오래지 않아 돛을 돌려서 돌아왔다. 저녁 무렵 (물결의) 흐름에 따라 유산박(乳山
泊)을 향하여 갔다. 여러 사람들이 모두 의심하여 이것은 조공사가 노산(盧山)으로부터
온 것이 아닐까 하면서 거룻배를 달려 보내어 묻고자 하였으나, 그 신라선은 빠르게 달
려갔다. 밤이 되었으므로 이 거룻배는 소식을 얻지 못하고 돌아왔다."[78]

신라는 뛰어난 직조기술로 돛을 만드는 베(범포, 帆布)를 생산했다. 신라에
서 생산한 돛베는 질이 좋아서 명성이 높았고 이슬람제국에까지 수출되었다.
당시 이슬람제국에 수출한 신라의 수공업제품은 비단·검(劍)·말안장·도자
기·돛베 등이 있었는데, 그 가운데 돛베는 명품으로 인기가 매우 높았다.[79]
이와 같이 선박의 중요 의장품인 돛베를 수출 명품으로 만드는 배경에 신라의
우수한 선체 건조기술이 자리하고 있다고 유추할 수 있다.

한편 흰 돛을 단 신라선을 기록한 엔닌 역시 중국에 와서 중국선(中國船)과
신라선을 구별할 수 있는 식견을 갖추었을 것이므로, 836년 엔닌이 승선했던
난파당한 신라선이나 839년 엔닌이 목격한 신라선은 외양부터 중국선과 다른
고유의 선형을 갖추고 있었음이 틀림없다.

삼국시대 고구려·백제·신라의 배는 황해를 건너 중국의 북부지역을 비롯
해 남방지역까지 마음대로 드나들었다. 그 배는 사신과 조공품, 상인과 무역품
을 싣고 중국 강남의 대양까지 항해할 수 있을 만큼 컸고, 선원들의 항해술은
이미 조류와 계절풍을 임의로 이용할 수 있었다.

한편 '백제선'은 평저선이다. 백제가 처한 연안바다의 환경은 밑이 편편한
배가 유리했다. 서해안은 조수간만의 차가 심할 뿐 아니라 갯벌이 유난히 발달
해 있어 호안 축조기술이 발달하지 않은 시대에는 연안 항구도 다소간 갯벌을
유의하지 않을 수 없는 실정이다. 따라서 배 밑이 평평해야 썰물 때 갯벌에 기
대어 있거나 얹혀 있다가 만조가 되면 다시 뜰 수 있는 것이다. 또 그 당시의

78) 『입당구법순례행기』 권2, 개성 4년 5월 25일조.
79) 이희수, 『한·이슬람 교류사』, 문덕사, 1991, p.66. 이븐 후르다드비의 『제(諸)도로 및
제(諸)왕국 총람』은 신라가 이슬람제국에 수출한 11개 교역품 목록을 기록하고 있다.
이 중 실체가 밝혀진 것은 비단·검(劍)·사향(麝香)·노회(蘆薈, 알로에)·말안장·담
비모피·도기(陶器)·범포(帆布)·육계(肉桂) 등 9개이다. 신라가 돛을 만드는 베(범포)
를 이슬람에 수출한 것이다.

항해 범위와 노선은 평저선으로 충분히 다닐 수 있는 상황이므로 굳이 첨저선을 만들 필요가 적었다. 그러므로 650년 백제가 일본에게 만들어준 배와 752년 김태렴 사절단이 타고 간 배는 모두 평저선일 것으로 보인다.[80]

하지만 9세기 장보고 시대에 들어서서는 항해 범위가 중국 남부지역까지 넓어졌고, 중국 선박과 경쟁해야 하기 때문에 보다 빠르고 안전한 배가 절실히 요청되었다. 처음에는 원양 항해를 위해 중국선을 구입하거나 용선했을 수도 있었을 터이지만 결국은 중국선의 장점을 접목시켜 새로운 유행의 첨저형 신라선을 건조한 것으로 보인다.[81] 따라서 장보고 선단은 평저선과 첨저선을 적당히 병용해서 구성되었을 것이다.

신라선의 크기는 평저선은 백제가 만들어 준 일본의 견당선과 비슷하나 그보다 다소 컸을 수 있고, 첨저선은 중국의 남방항로를 운항한 원양선보다 작고 일본 견당선보다 크나, 속도는 이들보다 빨랐을 것으로 추측된다.[82] 또한 당시는 고려 문종(文宗, 1046~83)이 송상(宋商)이 타고 다닌 상선과 대등한 대형 선박을 건조하려다가 거란과의 외교상의 이유로 포기한[83] 바와 같은 외교상의 문제도 없었다. 따라서 신라의 첨저선 건조는 자연스런 일로 보인다.

결론적으로 752년 김태렴 사절단이 타고 간 배는 평저선으로 백제와 신라의 기술이 융합된 독특한 모델의 신라선이었고, 배의 크기는 백제 조선공들이 일본에 만들어준 견당선의 크기와 비슷하거나 그보다 약간 컸을 것이다. 신라 상인들이 대형 선박을 소유한 시점이 언제인지를 알 수는 없지만, 이때에 이르

---

80) 이원식 · 허일, 「4세기-7세기 백제사신선의 선형 연구」, 『대한조선학회지』 41집, 2004.

81) 장보고 시대의 첨저형 신라선 또는 당선(唐船)은 모두 재당신라인들이 만든 것이라는 견해가 있다. 통일신라는 쇄국주의 해안 봉쇄국가로서 대형선박을 만들지 않았고 당시의 신라 해상무역은 재당신라인이 행한 것으로 본다.(김성호, 앞의 책, pp.44~45) 하지만 통일신라가 쇄국했다고만 볼 수 없는 것이고, 또 신라의 선박 건조기술을 형편없이 낮추어 볼 이유도 없다.

82) 엔닌의 일기에 의하면 847년 9월 2일 오후에 산동반도를 출발한 신라선은 다음날 새벽에 한반도 서해안에 이르렀고, 9월 10일에는 일본 북규슈에 도착하였다.(『입당구법순례행기』 권4, 회창(會昌)7년 9월 2일조). 동력선이 아닌 범선임을 고려할 때, 오늘날의 기준으로 봐도 대단히 빠른 속력이다.

83) 『고려사』 권8, 세가, 문종 12년 8월 을사. 문종이 탐라와 영암에서 목재를 조달하여 큰 배를 만들어 송나라에 외교사절을 보내려 하였으나 내사문하성(內史門下省)에서 거란과의 외교 마찰을 우려하며 반대하여 추진하지 못했다.

러서는 선단을 구성하여 해외로 나갈
수 있는 능력을 이미 갖추었다고 볼
수 있다.

이후 신라는 장보고가 등장하는
시기에 이르러 해양상업시대를 열고
대형 첨저선까지 건조했다. 그러나 장
보고가 사망한 뒤 해양세력이 쇠퇴함
으로서 대형 선박의 수요가 줄어들 수
밖에 없었고, 이에 선박 역시 연안해
에 유리한 평저선만 건조되었다고 할

판옥선 복원사진(한국해양대학교박물관)

수 있다. 이 평저선은 고려시대 때 조운선으로 개량 발전되고 한국의 전통배로
자리를 굳혔다. 1592년 임진왜란 때 이순신 장군이 만든 거북선과 판옥 군선도
평저선 구조였다.

한편 고대에 대외교역에 나선 상인들은 거의 정부의 어용상인(御用商人)이
거나 귀족들의 가신상인(家臣商人)이었다. 정부의 해상통제 등이 느슨한 시기에
민간 밀무역이 성행하기도 하지만, 민간 밀무역이 대외교역의 주류는 아니다.
특히 중국이 한대(漢代) 이후에는 조공무역을 고수함으로서 중국과의 민간무역
은 극히 억제될 수밖에 없었다.

따라서 신라의 민간상인이 무역선을 소유하고 독자적으로 당나라와 일본을
왕래하며 무역을 행하였다는 것은 중대한 역사적 의미를 가진다. 대형 선박을
건조하거나 구입하고, 뱃사람을 고용하고 잡역 일꾼을 부리기 위해서는 막대한
자금이 필요하다. 뿐만 아니라 상품의 매집, 수송과 보관 등에 투입되는 비용
을 충당할 수 있는 자본축적이 선행되어야 비로소 대외교역에 나설 수 있다.

대외교역에 나서는 무역선의 건조와 항해는 해운업의 존재를 반영한다고
할 수 있다. 선박을 만들기 위한 벌목과 재목의 운반, 건조와 수리, 선원의 고
용 등은 아무렇게 이루어지는 게 아니다. 또 대외교역은 수공업 무역품의 가공
과 제조를 위한 수공업의 성장을 가져온다. 그리고 무역품의 매집과 운송, 보
관과 포장, 선적과 하역 등에 따른 물류산업을 육성시켜 준다. 이렇게 민간 사
무역의 성장은 무역경제의 선순환을 통해 국민경제를 일으키고 상업의 발달을

야기하는 것이다.

한편 신라의 민간상인이 대외무역을 주도하는 외양상의 발전과 함께 내면에 함축되는 상인의식의 성숙을 간과해서는 안 된다. 해외로 진출하는 진취적인 사고, 모험심과 개척정신, 자본을 축적하는 검약 그리고 투입과 산출을 따지는 효율성뿐만 아니라, 이익과 손실을 저울질하는 협상, 상담을 성공시키는 지혜와 세련됨, 국제적인 안목과 지식, 철저한 계획과 민첩한 실천, 인내와 근면 그리고 정직과 신용 등의 상혼(商魂)과 상인정신(商人精神)이 체화되고 의식화하는 측면을 가볍게 여겨서는 안 된다.

3. 무역왕국 55년 – 이정기

가. 한민족의 중국 진출

우리나라 한(韓)민족이 중국으로 대거 진출한 때는 언제일까? 고대에 한반도에서 중국으로의 대규모 이주는 밝혀진바 없다. 하지만 중국에서 한반도로의 대규모 이주는 문헌기록으로도 여러 사례가 있다. 대표적으로는 진시황 때에 만리장성 축성의 강제노역을 피해 한반도로 도망쳐온 사람들이다. 이 피난유민들로부터 중국의 문물과 정황이 한반도에 소개되고 전파되었을 것이다.

한편 중국 남방의 절강성 지역이 살기 좋다는 정보를 믿고, 비류백제인(沸流百濟人)들이 전한(前漢, BC.202~AD.8) 말기에 절강성의 주산군도(舟山群島)로 과감히 진출해 나갔다는 견해가 있다.[84] 기원전후에 한반도와 남중국은 바다가 가로막혀서 왕래조차 꿈꿀 수 없는 지경이었다. 또 주산군도 해역은 고기도 살지 못할 것 같은 짙은 황토색의 그야말로 황해바다이다. 그래서 과연 그 쪽으로 항로를 개척하여 진출했을까 하는 의구심이 들지만, 비류백제인이 운항했던 노형해선(櫓型海船)이 1세기경부터 중국 해안에 등장하는 점에 비추어서 참고할 의의는 있어 보인다.

한반도와 절강성 지방은 사연이 깊다. 백제시대 서해사단항로가 열린 이래로 남중국은 한반도 최대의 무역 대상지였다. 문헌상으로는 주산군도에 재미있

---

84) 김성호, 앞의 책 2, pp.62~65. 김성호는 주산군도의 백제계 해상세력은 당나라 시대에 이르러 제당 신라상인의 주축으로 활약한 것으로 추측한다.

신라초(보타도 남단)

는 설화가 얽혀 있다. 주산군도는 300여 개의 유인도 섬으로 구성되어 있고, 남단에 보타도(普陀島)가 있다. 또 그 끝말에 작은 섬 신라초(新羅礁)가 있다. 섬 이라기보다는 암초에 가깝고 현재는 등대가 세워져 있다.

보타도는 오늘날 중국의 불교성지로 알려져 있고 해수관음상으로 유명하다. 불교성지로 이름을 얻은 것은 그곳에 있는 사찰 보타원(普陀院)에 봉안된 관세음보살상이 바탕이 되었다. 이 관음상은 신라시대 이래 안전항해를 기원하는 주불로 숭상 받았다. 그리고 신라초의 명칭은 신라상선이 그 암초에서 좌초하는 사고가 많았기 때문에 붙여진 것이다. 보타원은 관음상이 봉안된 이후 안전항해에 영험이 있다고 소문이 났다. 그래서 고려를 국빈 방문한 송나라 사신 서긍(徐兢) 일행도 고려로 출항하기 전 밤중에 안전항해를 빌며 관음상에 예를 올렸다. 서긍은 『선화봉사고려도경』에 다음의 기록을 남겼다.

"보타도 산기슭에 보타원이 있고 그곳에는 영력이 있는 관음상이 있다. 옛날 신라상인이 오대산(五臺山)에 가서 그 곳 불상을 자기 나라로 싣고 돌아가려고 하자, 바다에 암초가 나타나 배가 달라붙고 전진하지 않았다. 이에 관음상을 암초 위에 놓아두니 보타원의 승려 종악(宗岳)이 관음상을 보타원에 가져가 봉안했다. 그 뒤부터 선박의 안전항해가 가능해졌고, 선원들이 항해의 안전을 빌면 감응했다."[85]

보타도의 관음상은 고려 말에 나옹화상(儒翁和尙, 1320~76)이 순례한 바 있고, 그보다 앞서 1319년에 고려 26대 충선왕이 권한공(權漢功)과 이제현(李齊賢) 등을 대동하고 유람하며 다녀간 적도 있다.[86]

신라인의 본격적인 중국 진출은 진흥왕(眞興王, 540~576)이 한강 유역을 점령함으로써 시작되었다. 551년 신라와 백제는 연합하여 고구려의 남·북 한성(漢城)을 쳐서 이를 빼앗고 한강 북쪽은 신라가, 남쪽은 백제가 차지했다. 이때 고구려는 왕위계승을 둘러싼 내란으로 인해 신라·백제의 연합군을 막아내지 못했다.

진흥왕은 한강 북쪽을 차지한 것에 만족하지 않았다. 2년 뒤 553년, 백제가 차지한 한강 남쪽까지 빼앗아 점령해 버렸다. 백제는 약속을 어긴 신라에 보복하기 위해 성왕(成王)이 직접 출전하여 관산성(管山城, 지금의 옥천)에서 신라군을 공격했으나 성왕이 전사함으로써 실패하고 말았다. 백제군은 퇴각하고 한강유역은 신라의 차지가 되었다. 신라는 이곳에 강력한 군단을 배치하고 중국으로 가는 해로를 개척해 나갔다.[87]

신라의 한강지역 교두보는 당항성(黨項城, 지금의 남양)이었다. 고구려는 한강지역을 되찾으려 애썼지만 성공하지 못했다. 평강 공주와 바보 온달(溫達)로 유명한 온달장군이 신라를 공격하다가 아차산 전투에서 전사한 것도 신라를 한강에서 몰아내기 위해서였다. 또 해군과 순라선을 동원하여 해상통로를 봉쇄하려 시도했지만, 이 역시 신라인의 공식 또는 비밀 항해를 효과적으로 제어할

---

85) 『선화봉사고려도경』 권34, 해도1, 매잠(梅岑)조.

86) 『고려사절요』 권24, 충숙왕 6년 3월조. 『고려사』 권34, 충선왕 5년 3월조.

87) 이 시기에 중국은 위진남북조(魏晉南北朝)로 분열되어 있었다. 중국의 분열은 220년 후한(後漢)이 멸망함으로써 시작되었다. 조조(曹操, 165~220)의 위(魏), 유비(劉備, 161~223)의 촉(蜀), 손권(孫權, 182~252)의 오(吳) 등 세 나라가 약 60여 년간 대립했다. 그러나 통일되지 못하고 오히려 여러 소국들로 분열하여 약 370여 년간 지속되다가 581년 수(隋)의 건국으로 통일되었다. 이후 수(隋)는 고구려 정벌에 실패함으로써 38년 만에 망하고 618년 이연(李淵, 566~626)이 당(唐)을 세움으로써 중국은 다시 통일되었다. 따라서 당 건국시에 신라는 이미 한강지역을 65년간이나 차지하고 있었고, 중국과의 교류 경험을 축적하고 있었다.

수 없었다.

『삼국사기』에 당에 가서 출세해 보려는 포부를 품고, 한강지역에서 밀항한 설계두(薛罽頭)에 관한 기록이 있다.

"설계두는 신라 관리의 자손이다. 일찍이 친구 네 사람과 함께 모여 술을 마시며 각기 그 뜻을 말했다. 계두가 말하기를 '(우리) 신라에서는 사람을 쓰는데 (먼저) 골품(骨品)을 따지므로, 정말 그 족속(族屬)이 아니면 비록 큰 재주와 뛰어난 공이 있더라도 크게 될 수 없다. 내가 원컨대 멀리 중화국(中華國)에 가서 불출(不出)의 지략을 발휘하고 비상(非常)한 공을 세워 영화로운 길을 열고, 고관복(高官服)에 검패(劍佩)를 갖추고, 천자(天子) 곁에 출입하였으면 좋겠다'고 했다. 당고조(唐高組) 4년(621년)에 비밀히 해선을 타고 당에 들어갔다."[88]

설계두는 당태종(唐太宗)이 고구려를 친정(親征)할 때 주필산(駐蹕山: 皇帝가 머물렀다는 山) 아래에서 고구려 군과 용감하게 싸우다가 죽는다. 이를 지켜본 당태종이 설계두의 시신에 황제의 옷을 벗어 덮어주며 울고, 예를 다하여 장사 지내 주었다.

설계두는 혼자 밀항한 것이 아니고 그를 따르는 사람들과 함께 밀항했다. 당은 세계 제국이라 일컬을 수 있을 만큼 강대한 영토를 차지했고, 정치·경제·문화 등 다방면에서 크게 발전하고 있었다. 특히 대외관계에 있어서 주변국 사람들을 차별하지 않는 개방성과 국제성을 가졌고, 그들을 끌어들이고 포용할 수 있는 문명의 우수성과 보편성을 갖추었다.[89] 그러기에 설계두는 입신출세를 목적으로 당에 밀항한 것이다.

당의 수도 장안은 외국인 집단거류지라고 할 정도로 외국인이 몰려들었다. 외국인도 원한다면 누구나 군인과 관리가 될 수 있었고, 장사를 해서 돈을 벌 수도 있었다. 당나라는 특히 외국인 유학을 장려했다. 외국인 유학생 수가 8천여 명에 달했는데, 책값은 본국에서 가져와야 하되 의복과 식량 따위 주거비와 생활비는 모두 당 정부에서 무료로 지원해주었다.

신라는 640년에 처음 유학생을 당에 파견한 이래 지속적으로 유학생을 보

---

88) 『삼국사기』 권47, 열전7, 설계두전.
89) 박한제, 앞의 논문, p.54.

내어 "장안에 머물렀던 유학생 가운데에는 신라 출신이 가장 많았다"[90]고 한다. 장보고가 한참 활약하던 837년 3월에 당나라 국자감(國子監)에서 공부하고 있던 신라 유학생 수는 무려 216명에 달했다.[91] 따라서 신라인의 당 진출은 유학생 같은 공식 케이스가 아닌, 설계두처럼 당에 가서 한몫 잡아 보려는 밀항 케이스가 더 많았고 다반사였다고 추측된다.

신라 유학생들은 당의 과거시험(빈공과)에 합격하고 관리로 진출했다. 과거시험에 실패하더라도 시험을 핑계로 장기체류하며 그곳에서 일자리를 얻어 생활한 자들도 많았다. 최치원의 경우처럼 과거에 합격하고 관리가 된 뒤 귀국한 유학생들은 오히려 흔치 않았다고 할 수 있다. 견당유학생은 선덕왕(宣德王) 때에 처음 시작되었고, 초기에는 왕족이나 진골귀족 출신이었으나, 유학생이 집중된 후대에는 6두품 출신이 대세였다.[92] 신라 정부는 840년(문성왕 2)에 수학연한을 넘긴 학생 105명을 강제로 귀국시켰다.[93] 이 강제 귀국 조치는 당시 신라 유학생들이 귀국을 꺼리고[94] 당에 체류하기를 바라던 세태를 반영하고 있다고 하겠다.

백제·고구려가 멸망한 뒤, 백제·고구려인들이 대거 중국으로 끌려갔다. 660년 백제를 멸망시킨 당은 의자왕과 태자 융(隆), 왕자 효인(孝仁)과 장수 58명 등을 장안으로 압송했고, 백제 유민 12,807명을 포로로 끌고 가서 강소성 서주(徐州)와 산동성 연주(兗州, 곡부(曲阜))로 강제 이주시켰다.[95] 이후 3차례에 걸쳐 백제 유민이 당으로 끌려가는데, 그 인원수와 안치된 장소는 알 수 없다.[96] 당은 공주에 설치한 웅진 도독부(熊津都督府)가 671년 신라 문무왕의 공격으로 폐망되자 676년 웅진도독부를 중국내 건안고성(建安故城)에 세우면서 서주와 연주의 백제유민을 모두 건안고성으로 옮겼다.[97] 건안고성의 위치는 요동반

---

90) 박한제, 앞의 논문, p.71.

91) 『당회요(唐會要)』 권36, 부학독서조(附學讀書條).

92) 윤완, 「통일신라시대 견당유학생 연구」, 『교육학 연구』 42집, 2004, p.90.

93) 『삼국사기』 권11, 신라본기 11, 문성왕 2년 조.

94) 조범환, 「신라 하대 견당국학유학생의 파견과 그 역사적 의미」, 『서강인문논총』 25집, 2009, pp.256~259.

95) 『삼국사기』, 권28, 백제본기, 의자왕 20년 조. 『삼국사기』 열전 김유신 조에는 왕과 신료 93인 병졸 20,000, 도합 20,093인으로 기록되어 있다.

96) 이영관, 「백제 유민들의 당 이주와 활동」, 『한국사연구』 158집, 2010, pp.233~237.

97) 『자치통감』 권202, 〈당기〉 고종 의봉 원년(676) 2월 갑술.

도의 건안으로 추정[98]하기도 하나 복건성 건안고성으로 추정하는 견해가 유력하다.[99] 한 맺힌 백제 유민을 고구려 유민이 득실거리고 백제 땅과 가까운 요동반도보다는 백제 땅과 더 멀리 떨어진 복건성으로 이주시켰을 확률이 높기 때문이다. 그런데 이곳에 이주된 백제 유민은 당의 호적에 편제되어 점차 동화되어 갔을 터이지만,[100] 이정기 왕국에 적극 동참하고, 장보고 시대에 이르러 재당신라인의 일원으로 전화되었을 것으로 보인다.

668년 고구려를 멸망시킨 당은 보장왕을 비롯하여 왕자와 대신 등 20여만 명을 포로로 잡아 갔다.[101] 『구당서』에 의하면 고구려 유민은 네 집단으로 나뉘어, 세 집단은 당나라 서북 국경지대인 감숙성과 사천성 변경의 산남(山南)·병주(并州)·양주(凉州) 서쪽의 공한지에 안치되었고 나머지 한 집단은 강회(江淮) 이남으로 옮겨졌다.[102] 고구려 유민을 서북 국경지대의 오지에 이주시킨 것은 용맹한 고구려인들로 하여금 북방민족 및 티베트의 토번족(吐蕃族)을 막아 보려는 조치였다.[103] 따라서 고구려 2세 고선지(高仙芝)가 747년 역사상 최초로 1만 병력을 이끌고 실크로드와 파미르고원을 넘어 서역을 개척한 일은 결코 우연이 아닌 고구려 유민들의 피맺힌 절규의 결과라고 할 수 있다.

한편 강회 남쪽에 이주된 고구려 유민은 고구려 유민 출신 이정기(李正己)가 산동·강회(江淮) 지역을 통치할 당시 이정기의 주축 세력으로 유입되고 장보고 시대에 이르러 재당신라인으로 활약한 것으로 볼 수 있다. 또한 복건성 건안고성에 이주한 백제 유민과 강회 이남 고구려 유민들은 세월이 지나면서 그들의 2세, 3세들은 당의 일반 백성으로 동화되었겠지만, 경우에 따라서는 멸망해 없어진 백제인·고구려인이 아니라 당과 외교를 트고 있는 신라인의 후예로 행세했을 것으로 추측 가능하다.

신라인의 중국진출은 통일전쟁이 끝난 뒤에도 곧바로 이루어지지 않았다. 신라가 한반도에서 당을 축출하기 위해 당과 전쟁을 치렀기 때문이다. 당이 신

---

98) 이영관, 앞의 논문, 2010, pp.238~244.
99) 김성호, 앞의 책, pp.339~348.
100) 이영관, 앞의 논문, 2010, p.264.
101) 『삼국사기』 권7, 신라본기7, 문무왕 8년 9월조.
102) 『구당서』 권5, 고종 본기(5), 총장 2년(669) 5월 경자 조.
103) 김성호, 앞의 책, pp.349~353.

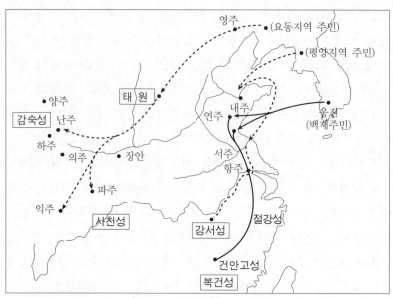

고구려 · 백제 유민의 이동경로와 정착지역(김성호, 1996, pp.347~352)

라와 군사동맹을 맺고 백제와 고구려 정벌에 나선 의도는 신라가 생각하는 것
과 달랐다. 신라는 삼국 간의 소모전을 종식시키고 최소한 평양 이남의 땅을
영토로 차지하려는 목적임에 반해, 당은 수(隋) 이후로 숙적인 고구려의 타도가
주목적이었고, 고구려와 백제의 영토를 모두 차지하려는 속셈이 있었다. [104)

　당은 백제를 멸망시킨 다음 고구려 정벌을 준비하는 한편 백제 영토를 직
접 통치하려고 획책했다. 당 태종은 648년(진덕왕 2, 정관 22) 김춘추가 군사동
맹 협의를 위해 당에 갔을 때, 백제 · 고구려를 정벌하면 평양 이남의 고구려
땅과 백제 영토를 모두 신라에게 주겠다고 약속했다. [105) 그러나 당은 약속을
어기고 백제 땅에 당의 행정기구인 웅진도독부를 설치했다. 그리고 포로로 끌
고 갔던 백제 태자 부여융(扶餘隆)을 데리고 와서 도독으로 임명하고, 665년에
문무왕에게 부여륭과 화친을 맺도록 강요했다. 뿐만 아니라 신라 · 백제 · 탐
라 · 왜 등의 네 나라 사신을 중국 태산(泰山)으로 데리고 가서 그 곳에서 화친
을 맹세하도록 획책했다. [106)

---

104) 변인석, 「당에서 바라본 신라의 삼국통일」, 『사학연구』 50호, 한국사학회, 1995, pp.41~61.
105) 『삼국사기』 권7, 신라본기7, 문무왕 11년조.
106) 최재석, 「신라 문무왕대의 대당, 대일 정책」, 『한국학보』 2호, 일지사, 1999, p.185~

문무왕은 무릎을 꿇리고 항복을 받았던 부여융과 대등한 위치에서 화친을 약속하는 일은 도저히 받아들일 수 없는 모욕적인 일이었지만, 고구려 정벌을 위해서 참아야 했다. 결국 668년(문무왕 8) 신라와 당 연합군이 고구려를 멸망시키자, 당은 고구려 땅에 안동도호부(安東都護府)와 9개의 총독부를 두고 직접 통치하려 했다. 신라에게 백제 땅을 돌려주라고 강요하면서 고구려 정벌전쟁에 공이 없다는 등 트집을 잡았다.

신라는 점령한 백제 땅을 돌려주라는 당의 요구를 거부하고 당군을 축출하는 전쟁을 시작했다. 이것이 나당전쟁이다. 신라의 선제공격으로 시작한 나당전쟁은 9년 동안 치열하게 전개되었다. 나당전쟁의 마지막 2년간은 국운을 건 총력전이었다. 675년에는 당장 이근행(李謹行)의 20만 대군을 매초성(買肖城, 양주)에서 격퇴하고 전마(戰馬) 30,380필을 획득하는 등 18차례나 전투를 거듭했다. 676년 한 해 동안 22차례나 격전을 벌여 당군을 대동강 이북으로 축출하자 큰 피해를 입은 당이 전쟁을 포기하고 퇴각했다. 마침내 신라가 승리한 것이다. 676년 나당전쟁은 종료되었지만 외교관계는 단절되고 말았다. 이후 외교단절은 성덕왕 2년(703년)까지 35년간이나 지속되었다.[107]

신라인들의 본격적인 당 진출은 703년 국교가 재개된 이후부터이다. 국교가 다시 열리자 외교사절을 필두로 하여 승려·유학생·무역업자·기술자·여행객들이 봇물이 터지듯 당으로 몰려갔다. 신라인들에게 당으로 가는 뱃길은 위험이 따르기는 하지만 결코 어려운 일은 아니었고 신라 선박의 성능과 선원들의 항해술은 우수했다.

나. 이정기 무역왕국과 재당신라인

오늘날 '이정기 왕국'이란 말이 시중에 회자되고 있다. '이정기 왕국'은 고구려인의 후예라는 점에서 남북한 학자들의 주목을 받아왔고,[108] 현대에 와서 일반인들에게까지 장보고 또는 신라상인과의 관계 등 다양한 관점에서 재조명되고 있다. 한편 '이정기 왕국'이란 명칭은 이정기 세력이 무역을 개방하고 해

186.
107) 최재석, 앞의 논문, p.211.
108) 김문경, 『청해진의 장보고와 동아세아』, 향토문화진흥원, 1998, pp.28~40.

상 무역의 시대를 열어나갔다는 의의에서 '이정기 무역왕국'이라고 명정함이 이정기 세력의 정체성에 합당한 것으로 보인다.

이정기(李正己)는 요서 영주(營州) 출신이다. 영주(營州)는 고구려 유민이 많이 살고 있었다. 발해(渤海)의 시조 대조영(大祚榮)도 영주에서 동지를 규합한 뒤 당을 탈출하여 698년 나라를 건국했다.

당나라는 안록산(安祿山)이 일으킨 반란(755~763)으로 뒤숭숭해졌다. 반면에 재당신라인 사회는 많은 변화를 직면하게 되었다. 그 중심에 이정기가 있었다. 이정기(李正己)는 안록산 반란군 토벌을 명분삼아 고구려 유민을 주축으로 하여 군사 2만 명을 모았다. 그리고 761년 산동반도로 건너가서 관군과 협력하여 안록산 반란군을 물리쳤다. 이 공로로 이정기는 765년 당 조정으로부터 산동지역을 다스리는 평로치청절도사(平盧淄靑節度使)로 임명되었고, 그 일족들이 819년까지 55년간 산동지역을 지배했다.[109]

이정기는 처음 산동지역 10개 주를 통치했다. 그러다가 남쪽 강회(江淮)지역의 곡창지대와 대운하의 요충지인 서주를 점령하여 15개 주의 영역을 지배하고, 상비 군사 10만을 보유하는 강력한 세력으로 성장했다. 이로부터 당 조정과 자주권을 두고 대립해 나갔다. 이는 비록 독립왕국으로 호칭은 하지 않았다 하더라도 통치권을 세습하고, 군사·민정·재정 등의 권한을 독자로 행사하여 독립왕국이라 일컬을 만했다. 실제로 이정기의 대를 이은 이납(李納)은 스스로 제왕(齊王)으로 즉위하고 독립국을 지향하기도 했다.[110]

이정기는 재정확보를 위해 독자적으로 "발해와는 북부 항로를 이용, 수천 필이 오가는 상당한 규모의 말 교역을 하면서 부를 축적"[111]하는 등 대외무역을 개방하고 장려했다. 특히 이정기의 손자 이사고(李師古)는 대외교역을 크게 장려했다.[112] 본래 당의 대외무역정책은 조공무역만 인정하고 민간에 의한 사

---

109) 761년 말경 이정기(원명은 이회옥(懷玉))는 내외종간인 후희일(候希逸)을 군장으로 내세웠다. 762년 후희일이 평로치청절도사에 임명되었는데, 765년 이정기가 후희일을 몰아내고 자립하니 당조정에서 '정기'란 이름을 내리고 평로치청절도사 및 해운압신라발해 양번사(海運押新羅渤海兩蕃使)로 임명했다.(『신당서』권213, 열전138. 『구당서』권124, 열전74, 이정기전)
110) 『구당서』권12, 덕종본기상, 건중 3년 11월 조. 『자치통감』권227, 건중 3년 12월 조.
111) 윤명철, 앞의 책, p.237.
112) 정병준, 「이정기 일가의 번진과 발해국」, 『중국사 연구』50집, 2007, p.149.

무역은 금지했으나, 이때에 이르
러 이정기 지배권 내의 산동반도와
양자강 유역에 사무역이 본격적으
로 등장하고 번성하기 시작했다.

신라 해상상인의 화려한 등장
은 이정기가 산동지역을 지배한
시기부터라고 할 수 있다. 이정기
가 조공무역만을 인정하는 당 조
정의 대외정책을 무시하고 자기
관할지역 내에 무역개방정책을 취

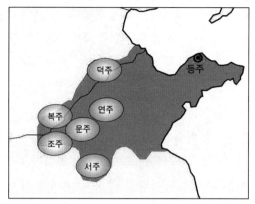

이정기 무역왕국 영역

함으로서 신라상인이 중국진출의 호기를 맞게 된 것이다. 신라는 새롭게 등장
한 이정기 세력권으로의 무역과 이에 따른 신라상인의 진출을 실리를 앞세워
묵인해 주었다. 신라상인은 이제 공공연히 중국과의 무역에 나섰으며, 신라·
당·일본을 잇는 교역체계를 개척하고 주도해 나갔다.

이정기는 781년 8월에 사망했다. 이후 아들 이납(李納)이 뒤를 이었고,[113]
792년 이납이 병사하자 다시 그의 아들 이사고가 뒤를 이었으며, 806년에는 그
의 동생 이사도(李師道)가 집권했다. 이사도의 당에 대한 투쟁은 대단했다. 당
의 수도 장안에 자객을 보내 강경파 재상 무원형(武元衡)을 암살하는 등 조금도
굴복하지 않았다. 당 조정은 이사도 군을 격파하고 이정기 왕국을 무너뜨리기
위해 총력을 기울였다. 당은 신라에 양주절도사 조공(趙恭)을 사신으로 보내어
'이정기 왕국'을 치기 위한 파병을 요청했다. 신라는 819년(헌덕왕 11)에 김웅원
(金雄元) 장군이 군사 3만을 거느리고 가서 당을 도왔다.[114]

장보고는 '이정기 왕국'을 토벌하는 과정에서 등장한다. 당나라 관군에서
이사도군 공격에 최선봉으로 이름을 떨친 부대가 서주절도사(徐州節度使) 소속 8
천명의 무령군(武寧軍)이다. 이 무령군 부대에 장보고와 정년이 병졸로서 고용
되어 있었고 이사도군 토벌 전투에서 공을 세워 둘 다 무령군소장(武寧軍小將)이

---

113) 이때, 이씨 일족 간에 분쟁이 일어나서 이사도가 서주는 이유(李洧)에게, 덕주는 이사
　　진(李士眞)에게, 태주는 이장경(李長卿)에게 각각 책임을 맡기지만 뒤에 이들은 당에 귀
　　순하고 이사도 공격에 앞장섰다.

114) 『삼국사기』 권10, 신라본기10, 헌덕왕 11년조.

라는 높은 직위에까지 승진했다.[115] 이는 결과적으로 중국 땅에 고구려 유민이
세운 왕국을 진압하는데 중국에 진출한 신라인들이 앞장선 꼴이 되었다.

'이정기 왕국'은 819년 2월 이사도군이 패배함으로서 55년간의 막을 내렸다.
'이정기 왕국'이 무려 4대에 걸쳐 세습한 것은, 당의 역사에 있어서 전무후무
한 사건이다. 게다가 이정기의 4대는 자기 영역내의 백성들로부터 징수한 세금
을 당에 바치지 않았다. 사실 완전한 독립국가나 다름없는 것이다.[116] 그러기
에 '이정기 왕국'이 망하고 그 영역이 다시 당의 지배로 되돌아가자 그곳의 문
화습속이 당과 상당히 달라져 있었다.[117] 그것은 이정기 일족이 지배했던 55년
동안 중국과 다른 고구려 풍의 문화습속을 가꾸었기 때문이었다. 또 그것은 강
회지역과 절강성 등지에 안치된 고구려·백제 유민의 후예들이 이정기의 세력
과 결합하여 이루어진 결과의 반영일 수도 있다.

아직까지 산동반도 일원의 고구려·백제 유민의 후예들과 그곳에 진출한
신라인과의 관계를 시사해주는 어떠한 자료도 발견되지 않고 있다.[118] 그러나
산동반도를 중심으로 신라상인의 활동이 활발히 전개되면서 당시에 대거 진출
한 신라인이 이들과 융합되어 갔을 것으로 추측된다. 또 이정기 왕국이 몰락하
자, 장보고를 새로운 구심점으로 삼아 이들은 당과 외교관계를 유지하고 있는
신라인으로 행세하며 처신했을 수도 있다고 추측된다.

한민족의 중국 진출과 재당신라인 사회의 존재와 관련하여 주산군도 남단
보타도의 신라초로부터 절강성 일대에 산재한 신라 명칭의 지명을 주시해야 한
다. 오늘날에도 신라오산(新羅奧山)·신라산(新羅山)·신라서(新羅嶼, 신라 상선의
정박지)·신라부산(新羅浮山)·신라왕묘(新羅王廟) 등의 지명은 엄연히 살아있
다.[119] 한편 이 지역에는 고려 명칭의 지명도 다수 있다.[120] 안타깝지만 아직

---

115) 김덕수, 「장보고의 해상무역에 관한 일고찰」, 『한국해운학회지』 7호, 한국해운물류학
　　회, 1998, pp.63~91.
116) 지배선, 「고구려인 이정기의 발자취」, 『동방학지』 109호, 연세대국학연구원, 2000,
　　p.115.
117) 김문경·김성훈·김정호 편, 앞의 책, p.97.
118) 김문경·김성훈·김정호 편, 앞의 책, p.98.
119) 박현규, 「중국 복건 남부 신라 명칭 고찰」, 『신라문화』 28집, 동국대신라문화연구소,
　　2006, pp.167~188.
120) 차광호, 「고려와 중국 남동해안지역과의 해상교류를 통해 본 11세기 황해 해로 변경」,

신라 명칭의 지명이 생성된 연유와 유래는 명쾌히 밝혀지지 않고 오리무중이다. 다만 신라 명칭의 지명은 신라방이 존재하던 시기에 이름이 지어졌을 것으로 짐작할 뿐이다.

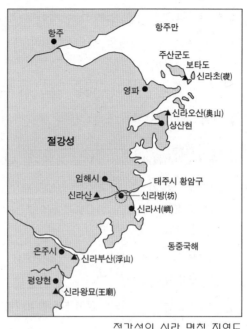

절강성의 신라 명칭 지역도

'이정기 왕국'의 몰락 이후 중심을 잃고 우왕좌왕하는 이정기의 잔여세력과 유민의 상당수를 장보고가 규합했다. 장보고는 821년 감군정책에 따라 퇴역한 뒤 퇴역 군인들과 재당신라인들을 무역운송업을 중심으로 결집시켜 나갔다. 다음 사업이 번창하고 어느 정도 자신이 서자 신라에 청해진을 개설하려고 흥덕왕을 만났다. 장보고는 흥덕왕에게 당시 사회문제로 대두된 노예매매를 표면상 이유로 내세워 청해진 설치를 설득했다.

8세기 초 당나라 해적에 의한 신라인 노예매매가 극성이었다고 한다. 그러나 그것은 기근과 흉년이 극심한 특정 시기에 나타난 현상일 뿐이라고 할 수 있다. 또 당 해적의 존재는 신라해적을 오도한 것으로 볼 수 있다.

예컨대 821년(헌덕왕 13)에 당 조정은 평로군절도사 설평(薛苹)의 건의에 따라 당 해적이 신라인을 납치해 와서 매매하는 행위를 일절 금지하도록 명령했다.[121] 당시 신라는 기근이 들어 백성들이 심하게 굶주렸고, 819년에는 각 지방에서 기근과 굶주림으로 인해 도적들이 창궐했다. 따라서 신라 조정이 이들의 토벌에 치중하느라 서남해의 해안경비가 소홀하여 인신매매하는 당 해적이 기승을 부릴 수 있었다는 얘기다. 그러나 생각을 조금만 돌려보자. 당은 쇄국

『문명교류연구』 2호, 한국문명교류연구소, 2011, pp.107~134.

121) 『당회요(唐會要)』 권86에는 장경 원년(821) 3월 및 장경 3년(823) 정월에 해적들의 신라인 매매를 금지하는 명령이 내려지고, 선편이 있으면 신라인 노예를 본국으로 돌려보내도록 하라는 기록이 있다.

정책으로 대외교역을 엄격히 통제한 나라이다. 일반인의 해외도항이 금지된 당나라에서 갑자기 외국의 연안을 누비고 다니는 해적세력의 등장은 추론의 비약일 수 있는 것이다.

우선 기근과 흉년에 따른 신라 백성들의 굶주리는 상황을 살펴보자. 다음은 816년부터 821년까지 6년간의 기근과 흉년에 대한 『삼국사기』의 기록이다.

"816년(헌덕왕 8년), 흉년과 기근으로 당의 절동(浙東: 절강동쪽)에 건너가 먹을 것을 구하는 자가 170여명이었다."

"817년(헌덕왕 9년), 10월에 굶어죽는 사람이 많으니, 왕이 주군에 명하여 창고의 곡식을 내어 구제토록 했다."

"819년(헌덕왕 11년), 3월에 초적(草賊, 작은 도둑떼)이 곳곳에서 일어나므로 주군(州郡)에 명하여 잡게 했다."

"821년(헌덕왕 13년), 봄에 백성들이 기근으로 인하여 자손을 팔아 생활하는 자가 있었다."[122]

이와 같이 무려 6년 동안 신라는 흉년과 기근이 들었고, 배고픈 사람들이 자식을 팔아넘길 정도였다. 그러므로 해적들이 강제로 신라인을 납치하여 당에 가서 노예로 파는 것이 아니라, 신라인 스스로 고용인이 되거나 노비로 팔려갔을 것으로 보인다.

816년 굶주린 170명의 절강으로의 도항도 두 가지 측면에서 재고해 볼 점이 있다. 하나는 굶주린 배를 채우기 위해 험난한 바다를 건너 절강으로 갈 때에는 적어도 그곳에 가면 얻어먹을 수 있다는 확신이 서 있었기 때문일 것이다. 당시 재당신라인 사회의 존재가 신라에 널리 알려졌고 누구나 한번쯤 가보고 싶은 동경의 대상이었을 수도 있다는 점이다. 다른 하나는 170명이 타고 간 선박의 문제다. 당장 굶주리는 사람들이 배를 무슨 돈으로 용선했고 배 삯은 어찌 조달했을까이다. 그러므로 이 170명은 스스로 고용되어 갔을 확률이 높은 것이다.

따라서 신라 연안에서 무역을 빙자하여 약탈을 일삼고 사람들을 붙잡아가

---

122) 『삼국사기』 권10, 신라본기10, 헌덕왕 8년, 9년, 11년, 13년조.

노비로 팔아먹는 해적은 물론 전혀 존재하지 않았다고 부인할 수는 없지만,[123] 당시 신라인 노예매매가 사회문제로 대두된 까닭은 수년간 노역으로 팔려간 자의 수가 많았고, 그들이 가혹하게 혹사당함으로써 야기되었다고 볼 수 있는 것이다. 또 인신매매무역이 사회문제로 대두될 정도로 심각했고, 상인들도 한몫 잡기 위해 경쟁적으로 물의를 일으키면서까지 이에 매달렸기 때문일 수 있다. 이러한 인신매매무역은 당 상인뿐만 아니라 신라상인도 분명히 관련되어 있었을 것이다.

그리고 당 해적의 실체는 서남해 연안의 군소 신라무역상이거나 재당신라인일 가능성이 높다.[124] 왜냐하면 당시는 신라·일본·당을 잇는 국제교역이 신라상인의 몫이었다. 그것은 중국이 874년 왕선지(王仙芝)의 난, 875년 황소(黃巢)의 난이 일어나기 전까지는 전통적인 조공무역을 계속 유지했고, 중국인이 해외진출과 교역을 금지함에 따른 반사적 이익이기도 했다.[125]

신라는 819년 이사도 정벌에 군사 3만을 보내 지원했고, 826년에 발해의 침공을 대비하여 백성 1만 명을 동원해 패강(浿江, 지금의 예성강) 지역에 300리 장성(長城)을 쌓을 만큼 국력이 약하지 않았다. 공공연히 날뛰는 해적을 아예 방관할 정도로 국력이 쇠약했던 것은 아니다. 또 장보고가 청해진에 자리를 잡자 인신매매무역이 근절되고 해적이 자취를 감추었다고 했을 뿐, 장보고 군이 해적을 쳐부수고 붙잡았다는 기록은 전혀 없다는 점을 미루어 보아도, 사람을 강제로 잡아가서 파는 해적설은 진실과 거리가 있는 과장된 것으로 보인다.

장보고가 주장한 해적의 소탕은 흥덕왕으로부터 청해진 설치허가를 얻기 위해 표면에 내세운 것일 뿐, 그 주목적은 군소 해상세력을 장악하여 질서를 바로 잡고 신라·당·일본 간의 국제무역을 독점하는 일이었다. 장보고는 국제무역상으로서의 지혜와 원대한 포부를 가지고 해상왕국 건립을 치밀하게 계획하고 구체적으로 추진하여 마침내 해상왕국 청해진 설치에 성공한 것이다.

---

4. 해양상업제국의 무역왕 – 장보고

가. 장보고와 엔닌

미국 하버드대학의 역사학자 라이샤워(Edwin O. Reischauer) 교수는 1955년에 쓴 『엔닌(圓仁)의 중국 당나라 여행기』에서 청해진의 장보고(張保皐, ?~846)를 '해양상업제국의 무역왕(The Trade Price of the Marinetime Commercial Empire)'이라고 불렀다.[126] 또 이 책 가운데 「중국의 신라인」편에서 한국에 대해 다음과 같이 기술하고 있다.

> "신라는 지리적으로나 언어적으로 그리고 문화적으로도 오늘날과 같은 의미의 국가였다. 사실 신라보다도 가장 오랫동안 언어, 민족, 국경 면에서 긴 연속선을 갖고 있던 또 하나의 동시대 국가는 중국뿐이다. 분명히 유럽의 여러 국가들은 신라가 형성되고 나서 상당히 지난 후에야 겨우 현재의 경계선과 거의 유사한 모습을 나타내게 되었다."[127]

라이샤워 교수는 이 글을 통해 신라인을 한국인의 원류로 보고 동아시아 해상권을 제패한 신라인들의 지혜와 투지, 조직력과 추진력 등에 찬사를 보냈다. 그리고 9세기에 장보고가 동아시아의 해양 번영을 꽃피웠던 것처럼 한국인의 미래가 희망에 차있음을 예지했다.

고대 한국인 중에서 평민출신으로 "(한·중·일) 동양 삼국의 정사(正史)에 두루 기록된 국제적 인물은 장보고 대사 말고는 전무후무하다."[128]고 할 수 있다. 장보고를 기록한 역사서는 우리의 『삼국사기』와 『삼국유사』, 중국의 『신당서(新唐書)』, 일본의 『일본후기』와 『속일본기(續日本記)』·『속일본후기』 등이 있다. 그리고 당에 가서 불법을 공부한 일본 승려 엔닌(圓仁, 794~864)이 쓴 『입당구법순례행기』를 통해 장보고의 활약상을 알 수 있다.[129]

---

126) Edwin O. Reischauer, Ennin's Travels in Tang China, (New York) The Ronald Press Co, 1955, p.287.

127) E.O.라이샤워 저, 조성을 역, 『중국 중세사회로의 여행』, 한울, 1991, pp.268~269.

128) 김문경·김성훈·김정호 편, 앞의 책, p.19.

129) 엔닌(圓仁)은 838년 7월에 입당하여 847년에 일본으로 귀국했다. 처음 당에 도착하면서부터 신라인의 도움을 받은 엔닌은 신라인들과 만난 사실을 낱낱이 기록했다. 엔닌의 이 기록을 통해 재당신라인의 삶을 살펴볼 수 있음은 참으로 다행한 일이다. 오늘날 재

『삼국사기』와 『삼국유사』의 장보고 기록은 『신당서』에서 발췌해서 간략히 기록한 것이다. 하지만 정작 이들 사서에는 장보고의 출신 내력과 청해진 설치에 관한 기록뿐이다. 동아시아 해양을 누비며 번영을 구가했던 8~9세기 신라 상인과 재당신라인에 관해서는 단 한 줄의 기록도 없다.[130]

장보고

장보고는 중국에서도 존경받는 걸출한 인물이며 위대한 영웅이었다. 장보고와 같은 시대를 산 당나라의 유명한 시인 두목(杜牧, 803~852)은 장보고를 현인이라고 격찬하고, 그의 『번천문집(樊川文集)』에 장보고와 정년(鄭年)전을 기술했다. 이것은 『삼국사기』에 그대로 전재 되었다.

"장보고(張保皐)와 정년(鄭年)은 모두 신라(新羅) 사람이나 그들의 고향과 부모와 조상은 알 수 없다. … 두 사람이 모두 당(唐)에 가서 무령군소장(武寧軍小將)이 되어 말을 타고 창(槍)을 쓰는데, 대적할 자가 없었다. 후에 보고(保皐)가 귀국하여 흥덕왕(興德王)을 뵙고 말하기를, '중국의 어디를 가보나, 우리 사람들을 노비로 삼고 있습니다. 청해(清海)에 진영을 설치하여 해적(海賊)들이 사람들을 잡아 서쪽으로 가지 못하게 하여야 합니다' 라고 하였다. 청해(清海)는 신라 해로의 요지로 지금의 완도(莞島)이다. 흥덕왕이 보고에게 (군사) 만명을 주고 그의 청대로 하니, 그 후로 해상에서 신라인을 파는 자가 없었다. … (정년이) 그곳을 떠나 장보고에게 갔다. 보고(保皐)는 연을 극진히 대접하여

당신라인의 생활과 무역에 관한 이야기와 연구물은 대부분 엔닌의 『입당구법순례행기』에 근거한다. 엔닌의 일기는 총 4편으로 그 내용은 1일 1건의 간결한 메모식 일기 595건(월 평균 5.2회)을 838년 6월 13일부터 847년 12월 14일까지 9년 6개월간의 일정에 따라 묶은 것이다. 장보고를 비롯한 적산법화원과 신라방, 그리고 동아시아 바다를 제패하고 있었던 재당신라인의 존재와 빛나는 해상활동은 엔닌의 일기가 없었다면 영원히 베일에 가려졌을 것이 분명하다.

130) 신형식, 「신라의 대외관계」, 『신라사』, 이화여자대학교 출판부, 1985, p.202, 삼국통일 이후 신라와 당나라가 내왕한 횟수는 7세기 7회, 8세기 83회, 9세기 45회, 10세기 5회로 파악되지만 모두 외교적인 조공무역뿐이고 민간 사무역에 관한 직접적인 기록은 없다.

연회를 베푸는데, 술자리가 끝나기 전에 민애왕(閔哀王)이 시해(弑害)되고 나라가 어지럽다는 소식이 들려왔다. 보고가 군사 5,000명을 나누어 연(年)에게 주며 연의 손을 잡고 눈물을 흘리며, '그대가 아니면 화난(禍難)을 평정할 수 없다'고 했다. 연이 국도(國都)에 들어가 배반한 자를 베고 우징(祐徵)을 신무왕(神武王)으로 옹립했다. 신무왕은 보고를 불러 재상을 삼고 연으로 대신 청해를 지키게 했다."[131]

장보고가 당에서 돌아와 청해진(清海鎭)을 설치한 시기는 828년 흥덕왕 3년 4월이다. 당시 장보고가 흥덕왕을 알현하도록 주선하고 도와준 사람은 시중(侍中) 김우징(金祐徵)인 것으로 보인다. 장보고는 당에 가서 성공했다 하더라도 일개 지방민에 불과하다. 더군다나 골품제의 신분사회에서 장보고가 국왕을 만나 중차대한 국정을 건의하고 청해진을 설치하는 것은 극히 특이한 일이다. 따라서 장보고의 국왕 알현은 그 이전에 이미 장보고의 배후세력이 형성되어 국왕을 만날 수 있도록 주선한 것이고, 또 청해진을 관할하는 지방관은 물론 중앙귀족과 고위관리들에게 장보고의 이름이 널리 알려져 있었음을 반영하는 것이다.[132]

김우징은 희강왕(僖康王) 2년(837년) 5월에 상대등 김명(金明)과의 권력 투쟁에서 패배하고 실각했다. 그는 처자를 이끌고 청해진으로 도망갔고, 장보고는 이들을 청해진에서 살도록 도와 주었다. 그 다음해 838년 김명이 희강왕을 자살케 하고 스스로 민애왕(閔哀王)으로 즉위하자, 김우징이 쿠데타를 일으켜 민애왕을 축출하려고 했다. 이에 장보고는 군사 5,000명을 정년에게 주어 김우징의 쿠데타를 도왔고, 쿠데타에 성공한 김우징이 신무왕(神武王)으로 즉위했다. 이와 같이 장보고와 김우징은 매우 돈독한 사이였고 쿠데타 동지였다. 그러므로 장보고가 동아시아 무역을 독점하려는 원대한 계획을 가지고 귀국할 때부터 김우징과 긴밀히 논의했다고 할 수 있다.

장보고가 청해진을 설치함에 따라 장보고의 해상무역이 시작되고 당에 신라방(新羅坊)이 만들어지는 것은 아니다. 장보고는 당에서 활약할 때부터 이미 해운업을 중심으로 하여 재당신라인을 결속시켰다. 그리고 그 결집된 힘을 바

131) 『삼국사기』 44권, 열전4, 장보고·정년전.
132) 신성재, 「9세기 전반 신라의 정치사회와 장보고」, 『장보고와 미래대화』, 해군사관학교 해양연구소, 2002, p.297.
김호범, 「신라 흥덕왕대의 청해진 설치 배경」, 『역사학연구』 29집, 호남사학회, 2007. pp.57~86.

장도 청해진 유적지(청해진 본영이 있었던 완도 장좌리 장도, 가운데 작은 섬)

탕으로 하여 신라에 귀국했다.

　　장보고가 무역업에 뛰어든 동기와 시기는 명확하지 않다. 다만 당 정부가
장보고를 퇴역시킨 것을 시발점으로 볼 수 있겠다. 당나라는 이정기 세력의 토
벌이 종료되자, 821년부터 토벌에 투입한 병사들을 매년 8%씩 줄여나가는 감
군정책을 취했다. 장보고는 감군이 시작된 821년 퇴역한다. 따라서 장보고의
무역업은 신라출신 퇴역 군인들을 규합하고, 당시 신라방이 소재한 양주(楊
州)·항주(杭州)·초주(楚州) 등지의 재당신라상인을 결집하여 거대한 무역회사
를 출범시킨 것으로 추측된다. 장보고가 흥덕왕을 알현한 828년은 그가 퇴역한
지 7년째 되는 해이다. 그러므로 장보고는 이미 사업 기반을 확고히 구축했고,
막강한 경제력과 정보력을 바탕으로 하여 흥덕왕에게 상당한 정치자금을 헌납
하며 청해진 설치를 허락 받은 것으로 보인다.[133]

　　그렇다면 장보고는 처음부터 동아시아 무역을 장악하는 장대한 구상을 했
을까? 그렇다. 장보고는 무역업을 시작할 때부터 신라·당·일본을 묶는 '환중
국해 무역권'[134]을 경영할 계획을 분명히 가지고 있었다. 그것은 824년 일본
대재부를 방문한 사실을 통해서도 명백히 확인된다.[135] 장보고는 824년에 일본

---

133) 신성재, 앞의 글, pp.292~294. 장보고는 820년대 초반에 귀국하여 활동한 것으로 추정
　　한다.
134) 이병로, 「일본측 사료로 본 10세기의 한일관계」, 『대구사학』 57호, 대구사학회, 1999,
　　p.40. 이병로는 장보고의 신라·당·일본 무역권을 '환중국해 무역권'이라고 정의한다.
135) 『입당구법순례행기』 권4, 회창 5년 9월 22일조. 824년 일본에 갔던 장대사(張大使)를 장

을 방문하여 대일 교역에 관한 일본 대재부의 양해를 구하는 한편, 재일신라인
들의 동참을 유도해 냈다. 그리고 당으로 돌아가는 길에 일본어에 능한 환속승
려 이신혜(李信惠)를 일어 통역관으로 삼기 위해 데려갔다. 장보고가 일본을 방
문한 824년은 흥덕왕에게 청해진 설치를 건의하기 4년 전이다. 그러니까 장보
고가 흥덕왕을 만난 때는 이미 장보고의 무역선이 일본에 취항하고 있었던 것
이다.

장보고는 일본과의 교섭을 성공시켰다. 이로부터 장보고는 장보고의 이름
으로 무역선을 운항할 수 있었다. 이것은 840년 장보고가 신라 정부와 별개의
독자적인 명칭으로 사신을 보내고 교역을 청했을 때, 일본 정부가 장보고는 신
라국 신하로 경외지교(境外之交: 외교권)가 없다며 외교권은 부인하면서도, 교역
은 특별히 허락하는 것으로 입증된다.[136] 또 쯔쿠시(筑前) 태수가 장보고에게
보낸 엔닌(圓仁)을 부탁하는 편지를 통해 확인할 수 있다.

장보고가 김우징의 쿠데타를 도와 승리한 사실은 신속히 재당신라인 사회
로 전해졌다. 엔닌은 839년 4월 20일 아침에 산동반도의 신라인 촌락 유산포(乳
山浦)에서 작은 배를 타고 온 신라인으로부터 김우징이 장보고의 도움을 받아
신무왕으로 즉위했다는 소식을 들었다.[137] 당시 엔닌 일행은 당 정부의 체류허
가를 얻지 못해 일본으로 되돌아가야 하는 어려운 상황에 처해 있었다. 엔닌은
당에 도착한 이후 신라인 복장을 하고 신라인처럼 행세하며 입당허가가 나기를
기다렸으나, 끝내 허가가 나지 않자 귀국을 요청하려고 유산포에 갔던 것이다.

엔닌은 장보고가 승리한 소식을 듣고 귀국하지 않고 체류하기로 작정했다.
장보고의 승리를 확인하자, 앞으로 장보고의 도움을 받으면 입당허가가 나지
않더라도 충분히 활동할 수 있으리라고 판단했으리라.

하지만 엔닌은 일본을 출발할 때 쯔쿠시(筑前) 태수(太守)가 장보고에게 보
내는 편지를 잃어버리고 말았다. 쯔쿠시 태수가 장보고에게 엔닌의 당나라 체
류와 활동을 부탁하는 편지였다. 때문에 엔닌은 840년 2월 17일, 적산(赤山) 법
화원(法華院)에서 두 통의 서신을 썼다. 하나는 장보고에게 보내는 편지였고,

보고로 보지 않고 구당신라소압아(句當新羅所押衙) 장영(張詠)으로 보는 견해도 있다.
(권덕영, 『재당신라인 사회』, 일조각, 2005. pp.122~123)

136) 『속일본후기』 승하 7년 12월 27일조.
137) 『입당구법순례행기』 권1, 개성 4년(839) 4월 20일조.

나머지 하나는 대당매물사(大唐賣物使)의 책
임자인 청해진 병마사 최훈십이랑(崔暈十二
郞)에게 보내는 것이었다. 먼저 장보고에게
보내는 서신으로 내용은 다음과 같다.

엔닌 동상

"생년(生年)이후 아직 삼가 만나 뵙지는 못했
습니다만, 오래 전부터 고명을 듣고 공경하고
사모하는 마음을 가지고 있습니다. … 저는
고향 일본을 떠나올 때 쯔쿠시(筑前)의 태수
로부터 서신을 받아 대사께 헌상하고자 했습
니다. 하온데 배가 여물에 부딪쳐 침몰하자
화물은 표실되고 서신도 파도 따라 흘러가고
말았습니다. 비통하고 원망스러운 마음 날로
더할 뿐입니다. 엎드려 바라옵건대 의심하여
책망하지 않으시길 바랍니다. … 삼가 서면으로 문안드립니다."[138]

다음은 최훈십이랑에게 보내는 서신 내용이다.

"(전략) 불법을 구한 후에 적산에 되돌아와 청해진을 경유하여 본국(일본)으로 가려고
합니다. 엎드려 바라건대 장보고 대사께 가시면 상세한 사정을 말씀드려 주십시오. 저
의 귀국을 계산하니 명년 가을일 것입니다. 혹 그쪽의 선박과 사람의 왕래가 있으면 고
명을 내려 특히 보살펴 주실 것을 청합니다. … 삼가 편지로 말씀드립니다."[139]

엔닌의 서신은 당시 일본과 당나라의 항해에는 신라 선박과 신라 선원의
도움이 절대적이었음을 확인해 주고 있고, 또 실제 선박의 운항은 청해진의 허
락이 있어야만 가능하다는 것도 알려 준다.
　장보고의 해운업 조직이 얼마나 탄탄한지를 밝혀 주는 예가 있다. 839년
일본은 초주에서 제17차 견당사의 귀국 선편을 준비했다. 일본에서 타고 온 배
가 당에 도착할 즈음에 난파되어 운항할 수 없었기 때문에 따로 귀국을 위한
선박을 마련해야 했던 것이다. 이 일은 일본 견당사의 신라인 통역으로 일하던

138) 『입당구법순례행기』 권2, 개성 5년(840) 2월 17일조.
139) 『입당구법순례행기』 권2, 개성 5년(840) 2월 17일조.

김정남(金正南)이 맡았다. 하지만 김정남은 스스로 준비하려다가 잘 안되자, 장
보고의 부하인 유신언(劉愼言)을 찾아가서 부탁을 했다. 유신언은 곧 바로 신라
선 9척과 신라인 선원 60명을 준비해 주었다.[140] 장보고 해운집단은 단숨에 선
박 9척과 선원 60명을 동원할 정도로 항해업자들의 네트워크가 잘 정비되어 있
었고 실제로 막강했던 것이다.[141]

　　장보고가 청해진에서 활약하던 828년부터 염장(閻長)에게 피살되기까지의
기간 동안 장보고는 재당신라인 사회와 일본의 재일신라인 사회를 신라와 긴밀
히 연계시켜 나갔다. 재당신라인들은 산동반도의 등주(登州)와 그 연해안과 회
수(淮水)를 비롯한 중국 대운하 주변 그리고 양자강 하류 등지에서 집단으로 모
여 마을을 이루고 살았다. 신라인들이 많이 거주한 초주(楚州)와 연수향(連水鄕)
등에는 자치기구인 신라방(新羅坊)이 설치되어 있었다.

　　신라방은 당나라의 특별한 지방정책의 산물이다. 당은 대외개방정책을 펴
는 한편 해외에서 몰려오는 외국인들을 일정 거류지에 살게 하고, 대신 상당한
자치권을 부여했다. 이 외국인 거류지를 외국인 구역이라는 뜻으로 번방(蕃坊)
이라고 불렸다. 당시에 장강 남쪽의 강동지역에는 이슬람 상인들의 번방이 많
았고 장강과 산동반도 사이 초주와 연수향 같은 도시에 신라방이 많이 존재했
다. 신라방은 치외법권이 인정되는 신라인 자치구역으로서 당나라 법률을 적용
받지 않고 신라인의 자치법과 관습에 의거한 특별행정구역이었다.[142]

　　신라방의 자치사무를 보는 행정기관은 구당신라소(句唐新羅所)이다. 구당신
라소의 책임자를 '총관(總官)'이라 불렸고, 그 아래 행정관리로서 '전지관(專知
官)'과 통역을 담당하는 '역어(譯語)'가 있었다. 839년 엔닌(圓仁)이 초주에 갔을
때, 초주 신라방 총간은 설전(薛詮)이고 역어는 유신언(劉愼言)이었다.

　　엔닌이 적산법화원에 체류한 것은 다소 우연이었다. 엔닌은 애초에 불교성
지 천태산을 순례하려고 허가를 신청했으나 당으로부터 허가가 나지 않았다.
그러던 중에 당에 발각되어 견당선으로 이송되자, 구법순례를 체념하고 귀국
길에 올랐다. 하지만 일본으로 떠난 견당선이 역풍을 만나 839년 6월 7일 적산

140) 『입당구법순례행기』 권1, 개성4년(839) 3월17일, 3월24일 조.
141) 이병로, 앞의 논문, 2009, pp.503~504.
142) 박한제, 「당대 장안의 공간구조와 번인생활」, 『동아시아 역사의 환류』, 지식산업사, 2000, pp.73~74.

포에 표착하고 말았
다.[143] 그러자 엔닌은 적
산법화원에서 주지 법청
(法淸)스님과 재당신라인
의 보호를 받으며 다음해
봄까지 머물게 되었
다.[144] 이때에 장보고에
게 편지를 쓴 것이다.

적산 법화원

　산동반도에 있는 적
산법화원은 장보고의 중
국 내 거점이다.[145] 법화원은 연간 곡식 500섬을 수확하는 장전(莊田)을 소유한
큰 사찰이다. 구당신라소가 경영을 맡았고, 평소에 승려 26명(비구 24, 비구니
2)과 늙은 여자보살 3명이 살았다. 엔닌이 법화원에 거주할 때 마침 법회가 열
렸다. 법회는 839년 11월 6일부터 다음해 1월 15일까지 70일간 열렸는데, 매일
40여 명 안팎의 남녀노소 신도들이 참여했다. 마지막 이틀간은 첫날에 250명,
둘째 날에 200명의 신도들이 대거 참석했다. 법회 의식은 신라 말로 하고 신라
풍속에 따라 진행 되었다.

　엔닌은 여행 중에 만난 재당신라인을 일기에 자세히 기록했다. 이들 재당
신라인을 통해 당시의 면모와 생활상을 짐작할 수 있다. 엔닌의 일기에 등장하
는 재당신라인을 지역별로 분류하면 〈표 6-1〉과 같고, 직능별로 분류하면 〈표
6-2〉과 같다.[146]

　재당신라인의 중심 근거지는 어디였을까? 아마도 엔닌이 신라인을 가장 많
이 만난 초주·명주·등주였을 것으로 보인다. 초주는 중국의 대운하가 시작되

---

143)『입당구법순례행기』권2, 개성 4년(839) 6월 7일조.

144) 이유진, 「엔닌의 입당구법과 재당신라인사회의 정보력」, 『동국사학』 46집, 동국사학회,
　　 2009, p.98.

145) 적산법화원은 지금의 산동성 영성시 석도진 차서촌의 산골짜기에 있다. 적산이라고 부
　　 른 것은 층암절벽으로 치솟아 있는 바위가 담홍색을 띠었기 때문이다. 햇빛이 밝게 비
　　 칠 때면 더욱 붉은 빛을 뿌린다.

146) 분류표는 이유진(李侑珍)이 분류한 것을 참조하여 표로 만들었다.(이유진, 「9세기 재당
　　 신라인의 활동에 대하여」, 『중국사연구』 13호, 중국사학회, 2001, pp.119~124)

표 6-1 | 엔닌 여행기의 지역별 재당신라인 내역

지 역	재당신라인
양주(陽州)	왕청, 왕종
초주(楚州)	유신언, 이명재, 설전, 고산, 염방금, 이국우, 왕가창, 장종신, 장영의 모(母)
해주(海州)	왕량
밀주(密州)	진충
등주(登州)	왕훈, 임대사, 장영, 최운십이랑, 법공, 성주화상 량현(諒賢), 상숙(常菽), 영현
소주(蘇州)	김자백, 김진, 흠량휘
명주(明州)	장지신(張支信), 이린덕사랑, 신어정, 춘대랑, 도중이랑
장안(長安)	이원좌(李元佐)

는 교통요충지이고, 명주는 남해제국을 잇는 국제무역항이며, 등주는 신라와 일본을 연결하는 국제무역항이다.

재당신라인은 다양한 직종을 가지고 살았다. 〈표 6-2〉를 보면 무역 종사자가 다수를 차지하고 있다. 여기에다가 선원과 조선기술자까지 합하면 무역업이 압도적이다. 그 외에 관리도 다수 있고 승려가 예상외로 많다. 승려는 신라에서 온 구법승이 많았을 수 있다. 엔닌의 일기에는 농업·축산업·수산업에 종사하거나 수공업을 영위한 사람들이 많이 등장하지 않는다. 그러나 이것은 엔닌이 그들을 못 만난 것이 아니라, 보고 만난 사람들이 무수히 많았으나 평범한 만남이어서 기록되지 않았기 때문일 것이다.

따라서 재당신라인은 신라방에서 다양한 직종에 종사하며 서로 어울려 살았다고 하겠다. 그리고 신라방을 연계하는 독자적인 연결망을 갖고 서신을 주고받으며 정보를 공유하고, 산동반도 연해안과 내륙 운하를 중심으로 하여 국제무역업·운송업·조선업·조선수리업·선원용역업 등 각종 사업을 활발히 전개해 나갔다. 또 베트남과 인도 등 남방 상인들과 아랍의 이슬람 상인들과도 거래를 하고 이익을 얻었다. 재당신라인은 무역에 종사하는 자들을 대외와 대내로 분야를 나누어 전문화한 것으로 보인다. 주로 일본과의 교역에 종사한 사

표 6-2 | 엔닌 여행기의 직능별 재당신라인 내역

직능	재당신라인
무역인	왕청, 도십이량(陶十二郞), 고산, 최운십이랑, 염방경, 왕종, 이국우, 정객, 진충, 김자백, 흠량휘, 김진, 왕가창, 왕헌, 이인덕, 장지신(張支信), 이린덕사랑, 신어정, 춘대랑, 도중이랑
통역(역어)	김정남, 박정장, 도현(道玄), 이신혜(환속승)
관료	이원좌, 유신언, 설전, 장영, 장종언(장영의 동생), 이명재, 임대사(법화원 관리인), 법청(법화원 주지)
촌노(촌장)	왕랑, 왕훈
승려	법공, 성주화랑 양현, 상숙, 영현, 사준(師俊), 천복사 승려 10명, 법화원 승려 26명
선원 및 조선공	선원 60여 명, 조선공 36명
일반인	법화원 신도 250여 명, 낭자 30여 명 등

람은 왕청·김자백·흠량휘·김진·이인덕 등이고, 내륙 운송과 연락을 담당한 사람은 도십이량·고산·염방금·이국우·왕종·정객·진충·왕가창 등으로 짐작된다. 이들은 재당신라인 사회를 무역업을 중심으로 하여 유기적으로 연결했다. 이와 같이 재당신라인은 국제무역과 국내의 운송·판매 등을 연계하면서 기능별로 분업화하여 활동한 것이다.

엔닌이 당에서 만난 최고위 신라 출신은 종 3품 검교국자제주(檢校國子祭酒) 이원좌(李元佐)다. 이원좌는 당시 환관 최고실력자 구사양(仇士良)이 지휘하는 황제 호위부대의 부대장(押衙)이었다.[147] 신라 무인(武人)으로 장보고처럼 당나라에 가서 출세했거나 또는 신라인 2세일 수도 있다.[148] 따라서 당시 이원좌는 재당신라인의 중심인물이며 재당 신라상인의 든든한 정치적 배경이었을 것이다. 그리고 아마도 초주의 신라인이 엔닌에게 이원좌를 소개해주었을 것으로 보인다.

---

147) 신형식 외, 『신라인의 실크로드』, 백산자료원, 2002, pp.142~148.
148) 최근식, 『신라해양사연구』, 고려대학교출판부, 2005, pp.241~242.

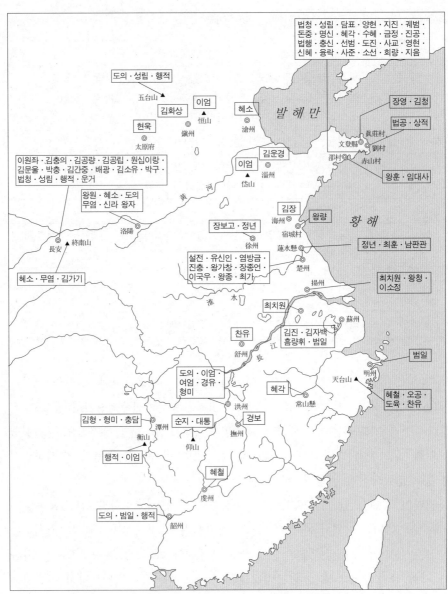

법청 · 성림 · 담표 · 양현 · 지진 · 궤범 ·
돈중 · 명신 · 혜각 · 수혜 · 금정 · 진공 ·
법행 · 충신 · 선범 · 도진 · 사교 · 영현 ·
신혜 · 융락 · 사준 · 소선 · 회랑 · 지음

도의 · 성림 · 행적
五台山
김화상
이엄
혜소
발해만
恒山
현욱
鎭州
太原府
滄州
장영 · 김청
법공 · 상적
眞莊村
文登縣
劉村
이원좌 · 김충의 · 김공량 · 김공립 · 원십이랑
김문울 · 박충 · 김간중 · 배광 · 김소유 · 박구
법청 · 성림 · 행적 · 운거
김운경
淄州
왕원 · 혜소 · 도의
무염 · 신라 왕자
이엄
泗州
黃 河
邵村
赤山村
왕훈 · 임대사
洛陽
김장
海州
왕랑
宿城村
황 해
長安 終南山
장보고 · 정년
徐州
蓮水縣
정년 · 최훈 · 남판관
혜소 · 무염 · 김가기
설전 · 유신인 · 염방금
진충 · 왕가창 · 장종언
이국우 · 왕종 · 최가
楚州
揚州
최치원 · 왕청
이소정
淮 水
최치원
蘇州
도의 · 이엄 ·
여엄 · 경유 ·
형미
김진 · 김자백
흠량휘 · 범일
舒州
범일
明州
天台山
혜각
常山縣
혜철 · 오공
도육 · 찬유
찬유
김형 · 형미 · 충담
순지 · 대통
경보
洪州
潭州
仰山
撫州
행적 · 이엄
衡山
혜철
虔州
도의 · 범일 · 행적
韶州

9세기 재당 신라인 거주 현황(권덕영, 『재당 신라인사회연구』, 일조각, 2005, p.145.)

엔닌은 840년 8월에 장안에 갔었다. 그러나 때마침 불어 닥친 회창폐불(會
昌廢佛, 841~846)의 법난(法難)을 맞아 845년 5월까지 약 4년 8개월간을 머리를
기른 환속 상태로 억류되어 있어야 했다. 이때 이원좌는 불교신도로서 엔닌과

친밀하게 지내면서 말벗이 되어 주고 2년간 음식과 담요를 제공해 주었다.[149] 엔닌의 『순례행기』에 장안에 소재한 그의 저택이 기록되어 있다. 이원좌는 엔닌의 귀국을 도와주고, 그가 장안을 떠날 때 헤어짐이 아쉬워서 조카와 함께 하루길을 동행하여 숙소에서 같이 자며 전송했다. 그만큼 서로 정이 깊이 들었던 것이다.

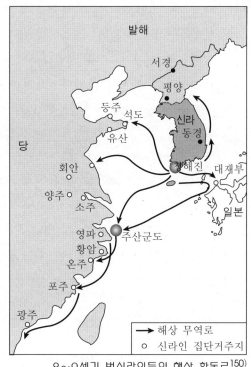

엔닌은 장보고가 세운 적산법화원에 두 번에 걸쳐 2년 2개월 남짓 체류했다. 그 때 장보고의 교관선(交關船, 무역선) 2척을 이끌고 적산포로 온 최훈십이랑을 직접 만났고 발해 교관선이 왔다는 소식도

8~9세기 범신라인들의 해상 활동로[150]

들었다.[151] 당시 적산포는 장보고 집단의 당나라 본거지였고, 신라·일본·발해의 무역선이 드나드는 국제 무역항이었다.

나. 장보고의 죽음과 상인의 한

장보고는 퇴장이 쓸쓸하다. 846년 봄, 청해진에서 자객 염장(閻長)의 칼에 피살된다. 우리나라 해양역사에 불멸의 업적을 세운 장보고는 자객의 칼에 찔려 죽었다. 영웅의 최후치고는 어이없는 결말이다.

장보고의 죽음에는 풀리지 않는 의혹이 있다. 그것은 그의 사망에 대한

---

149) 『입당구법순례행기』 권4, 회창 5년 14일조.

150) 윤명철, 『바닷길은 문화의 고속도로였다』, 사계절, 2000, p.249.

151) 엔닌이 만난 신라인 중 이린덕사랑(李隣德四郎), 도중이랑(陶中二郎), 최운십이랑 등은 중국식 이름에 '사랑' 또는 '이랑'과 같은 일본풍의 인칭어미가 붙어 있다. 따라서 이들은 중국에 진출한 재일 일본인이거나 친일계 신라인이었을 것으로 여겨진다.(김성호, 앞의 책, p.46.)

『삼국사기』와 『속일본후기』의 사망 기록이 서로 다른 점에서부터 그렇다. 장보고의 사망을 『삼국사기』에는 846년 봄에, 『속일본후기』에는 841년 11월로 기록되어 있어, 5년이라는 시차가 있다.[152] 이에 대해서는 한국 학계에서도 아직 통일된 견해가 모아지지 않았다. 각자 저마다의 연구방향에 따라 『삼국사기』 기록을 차용하기도 하고, 『속일본후기』의 기록을 인용하기도 하는 실정이다.[153]

『삼국사기』의 장보고 사망요지는 이렇다. 839년에 즉위한 문성왕은 장보고를 진해장군(鎭海將軍)으로 삼고 장군복을 하사했다. 또 841년 7월에 아내 박씨를 왕비로 책봉하고 842년 3월에 이찬(伊湌) 위흔(魏昕), 즉 김양(金陽)의 딸을 비(妃)로 삼았다. 그로부터 3년이 지난 845년에 문성왕이 장보고의 딸을 둘째 비(次妃)로 삼으려 했으나 조정 신하들이 반대함으로써 무산되었는데, 이에 장보고가 불만을 품고 반기를 들어 조정에서 염장을 시켜 장보고를 암살했다는 것이다.[154]

---

152) 『속일본후기』는 『일본후기』의 속편으로 876년에 후지하라(藤原良房) 등이 833년부터 850년까지의 18년간의 사적을 기록한 것으로 총 20권이다. 장보고 사망에 관한 요지는 다음과 같다. ① 840년 12월, 진해장군 궁복이 사신을 보내어 토산물을 바쳤다. 이에 대해 국가가 아닌 개인이 외국과 교섭을 가지는 것은 불가하다.(『속일본후기』권9, 승화 7년 12월조) 회역사(廻易使)들이 가져온 당국화물(唐國貨物)은 민간에 적당한 가격으로 매매해도 된다고 지시하였다.(『속일본후기』권10, 승화8년 2월조) ② 841년 11월, 장보고가 암살당해 사망하였다. 장보고의 부장인 이창진(李昌珍) 등이 반란을 일으키려 했으나, 염장에 의해 진압되었다.(『속일본후기』권11, 승화 9년 정월조) ③ 842년 정월, 장보고가 암살당했다는 소식을 듣고 지난해 회역사(廻易使) 이충(李忠)등이 가져온 당국 화물을 압수했다. 이에 대해 중앙에서는 대재부(大宰府) 관리를 질책하고 화물을 되돌려 주었다. 그런데 장보고를 암살한 염장의 부하 이소정(李少貞) 등이 박다(博多)에 와서 대재부에 지난해 회역사 이충, 양원(楊円) 등이 가지고 온 화물을 돌려줄 것을 요청했다.(『속일본후기』권11, 승화 9년 정월조)

153) 에드윈 라이샤워는 장보고의 사망은 '분명히 840년 봄에서 845년 여름사이의 어느 시기에 일어났던 것임에 틀림없다.'라며 한국 측 기록과 일본 측 기록을 동시에 소개했다.(에드윈 라이샤워, 「당나라 시대의 한국인(하)」, 『해양한국(월간해양한국)』 206호, 한국해양문제연구소, 1990, p.59) 장보고가 841년 11월에 사망했다는 설은 주로 일본인 학자에 의해 제시되어 왔는데 국내에서도 이 견해가 일반적으로 받아들여지고 있다고 한다.(권덕영, 앞의 책, p.247. 정청주, 「장보고 관련 사료 검토」, 『장보고 해양경영사 연구』, 이진, 1993, p.403)

154) 최인호(崔仁浩)의 인기 소설 『해신(海神) 장보고』는 장보고의 사망은 841년, 사망에 이르는 스토리는 『삼국사기』의 기록을 취하고 있다.(최인호, 『해신장보고』, 도서출판 열림원, 2003, p.158)

그런데 장보고 사망년도를 841년으로 보면 적어도 840년 전에 장보고가 자신의 딸이 비로 받아들여지지 않자 원망하여 반기를 들었고, 김양이 염장을 자객으로 보내 841년에 장보고를 암살하여 제거한 뒤, 842년에 자신의 딸을 차비로 들인 것이 된다. 이것은 장보고 살해를 차비 자리를 건 장보고와 김양의 암투의 결과로 여기게끔 한다.[155]

이에 대한 『삼국유사』의 기록이 흥미롭다. 『삼국사기』는 문성왕 7년(845)에 장보고의 딸을 차비(次妃)로 맞는다는 것인데, 반면에 『삼국유사』는 문성왕의 아버지 신무왕(神武王)이 왕비로 맞는 것으로 기록되어 있다. 아버지와 아들 자리가 바뀐 것이다.

『삼국유사』에 의하면 장보고 딸을 왕비로 삼는 것은 김우징이 청해진에 몸을 의탁할 당시 '나에게는 이 세상에 같이 살 수 없는 원수가 있소, 그대가 나를 위해 그를 제거해 주면, 왕위를 차지한 후 그대의 딸을 맞이하여 왕비로 삼겠소'[156]라며 장보고에게 먼저 스스로 제의한 약속이었다.

따라서 김우징이 거사에 성공하여 신무왕이 되자 장보고는 약속이행을 촉구했고 왕권강화와 유지에 그의 힘이 절대적으로 필요했던 신무왕 역시 약속을 지키려 했다. 김우징이 즉위 후 곧 장보고를 감의군사(感義軍使)로 삼고 2천호의 식실봉(食實封)을 내린 조치는 공로에 대한 보답이기도 하지만, 그를 중앙의 재상 반열로 승격시켜 왕비로 맞는 일에 걸림돌이 될 수 있는 신분상의 논란을 미연에 막아보려는 의도가 내재했다고 볼 수 있다. 물론 문성왕이 즉위하자마자 장보고를 진해장군(鎭海將軍)으로 삼고 장복(章服)을 내려준 것도 같은 맥락의 조치였다. 당시 장군 직함은 진골귀족만이 독점하고 있었고 장복은 의례 때 장군이 입는 옷이었으므로, 장복의 하사는 장군복장을 허락하는 조치로서 장보고를 진골귀족과 동격으로 대우한 것이다.[157]

---

155) 김양이 납비(納妃) 문제로 장보고를 죽이고 자기 딸을 비로 삼게 했다는 주장이 있다.(윤재운, 「9세기 전반 신라의 사무역에 관한 일고찰」, 『사총』 45호, 고려대사학회, 1996, pp.44~45).

156) 『삼국유사』 권2, 신무대왕, 궁파, 염장조, 김우징이 말한 원수는 그의 아버지 균정(均貞)과 왕위 쟁탈전을 벌이고 왕위를 차지한 제륭(悌隆) 희강왕(僖康王)과 그 뒤를 이은 김명(金明), 즉 민애왕(閔哀王)이다.

157) 신성재, 「9세기 전반 신라의 정치 사회와 장보고」, 『장보고와 미래 대화』, 해군사관학교 해군해양연구소, 2002, p.317.

김우징은 837년 8월에 청해진으로 갔고, 7개월 후 838년 2월에 장보고의 군사 5,000명을 기반으로 하여 거사를 도모했다. 그러므로 7개월 동안 김우징 일족과 장보고 가족은 청해진의 울타리 안에서 함께 살았다. 당시 장보고는 40 대 중반으로 과년한 딸을 두었고 문성왕 역시 젊어 이들이 서로 연정을 느끼고 연애를 했을 수도 있다. 그렇다면 김우징과 장보고는 정치적 동지로서의 결의 와 함께 딸의 장래를 걱정하며 문성왕과 짝을 맺어주자는 약속을 했을 수도 있 는 것이다.

장보고는 과연 반란을 일으켰을까? 『삼국사기』에는 딸의 왕비 간택이 좌절 되자 이를 원망하며 반란을 일으킨 것으로 되어 있다. 그러나 『삼국유사』는 '난을 도모하고자(欲謀亂)'했다며 난을 일으킬 의사가 있었던 것만을 기술하고 있다. 따라서 김양(金陽)을 중심으로 하는 반대 세력들이 신분상의 이유를 내세 워 왕비 간택을 좌절시킨 데 대해 장보고가 모종의 대응책을 강구했을 가능성 은 있지만, 그가 실제 반란을 모의하거나 결행했을 것으로 단정하는 것은 성급 한 해석이다.[158]

이에는 장보고가 모반했다고 본기에 명확히 기록한 『삼국사기』도 장보고를 반역자로 취급하지 않고 열전(列傳)에 수록한 점이 주목된다. 의롭고 용맹스런 인물로 높게 평가하고 반역자라는 부정적인 인물로 묘사하지 않은 것이다.[159] 또 『삼국유사』는 장보고가 군사 행동을 취하지 않았다는 사실과 신라 왕실이 약속을 파기했기 때문에 문제가 발생했다는 점을 부각시킴으로써 장보고를 호 의적으로 평가하고 있다.[160]

장보고의 죽음에 대한 평가는 조선시대에 와서도 호의적이었다. 조선 초 기 1402년 권근(權近)이 편찬한 『동국사략(東國史略)』에서 '왕이 장보고를 죽였 다(王殺保皐)'라고 기술하여 장보고의 모반죄를 덜어주고, 오히려 혼약을 파기 한 신라 왕실의 잘못을 지적했다. 또 1484년 서거정(徐居正)이 편찬한 『동국통 감(東國通鑑)』은 장보고가 딸을 맞아들이지 않는 왕을 원망한 것은 그럴만한 연

---

158) 강봉룡, 「장보고 암살과 서남해지역 해양세력의 동향」, 『장보고연구논총』 3, 해군사관 학교 해군해양연구소, 2004, pp.158~159.
159) 『삼국사기』 권 44, 열전 4, 장보고 전.
160) 고경석, 「장보고 대사에 대한 인식의 변화」, 『장보고와 미래 대화』 해군사관학교 해군 해양연구소, 2003, pp.166~172.

유가 있다고 보고, 증거도 없이 장보고를 모반죄로 얽어매어 암살했다고 함으로써, 오히려 명분과 의리를 모두 저버린 신라 왕실의 부도덕성을 비판하고 있다.[161]

장보고 딸의 왕비 간택을 저지시킨 반대 세력의 중심인물은 김양(金陽)이다. 김양은 838년 김우징이 쿠데타를 일으켰을 때 평동장군(平東將軍)이란 명호로 참전하여 공을 세웠다. 하지만 김양은 장보고를 정치적 경쟁자로 여겼다. 김양이 청해진을 관할하는 무주(武州) 도독(都督)을 지낸 바 있고 염장이 무주출신이라는 사실을 연관 지어서 보면, 김양이 염장을 사주하여 장보고를 제거했을 개연성이 매우 높다. 독자적인 막강한 힘을 가진 장보고와 왕실의 결속으로 왕권이 강화되는 것을 싫어하고, 청해진을 탐하는 세력들의 중심에 김양이 서서 장보고를 암살하고 청해진을 수중에 넣은 것이다.

장보고 암살과 신라 골품제를 직접 연관 지으면 유효한 시사점을 얻을 수 있다. 일찍부터 당나라에 가서 성공한 장보고는 골품제의 폐단과 그 개혁의 필요성을 절감하고 있었다. 골품제의 신라는 이제 한계에 다다랐고 그것을 개혁하지 않는 한 끝내 무역경쟁력을 상실할 뿐만 아니라 청해진 경영을 영속시키기 어렵다고 보았다. 장보고는 귀국하여 청해진을 개설하고 기반을 잡자 마침내 골품제 개혁을 기도했다.[162] 자신의 딸을 후궁으로 들여보내려는 장보고의 뜻과 고집은 딸의 장래를 위한 배려 또는 한낱 정치적 야심이라기보다 신라사회의 개혁을 위한 발판을 마련하려는 의도가 깔려 있었다.

장보고(張保皐)는 골품제 개혁의 물꼬를 트고 싶었고, 이것이 딸의 왕비 간택을 포기하지 않고 중앙 귀족들과 맞섰던 진정한 이유였다. 김우징(신무왕), 그의 아들(문성왕), 장보고가 청해진에서 함께 동고동락할 때 장보고는 당나라의 개방과 번영에 대해 설명하고, 아울러 신라사회를 옥죄는 골품제의 폐단을 들어 이를 개혁해 나갈 것을 설득했고, 그들은 수긍했을 가능성이 높다.

그러나 신라 진골귀족들은 장보고와 왕실의 결합을 저지하기 위해 뭉쳤고 그의 제거를 위해 정파를 초월하여 결속했다. 골품제를 기반으로 하는 지배질서를 수호할 목적으로 김양 역시 이런 분위기에서 자유롭지 못해 가담하고 앞

161) 고경석, 앞의 글, pp.173~179.
162) 이기동, 「장보고와 그의 해상왕국」, 『장보고의 신연구』, 완도문화원, 1985, p.92.

장 섰다.[163] 드디어 '귀족층의 대리인인 염장'[164]을 이용해 장보고를 제거한 뒤, 신라 정부는 신흥세력으로 등장한 해상상업세력을 골품제를 위협하는 원흉으로 지목하고 가혹하게 탄압해 나갔다.

한편 장보고의 몰락을 초래한 원인을 다른 이유에서 찾기도 한다. 장보고의 성공을 시기한 군소 해상세력들의 불만과 반발이라는 것이다. 이들은 청해진 설치로 말미암아 종전에 자신들이 누리던 해상무역의 이익 기반을 대부분 잃게 되었기 때문에, 특히 노예무역으로 막대한 이익을 챙겨왔던 해상세력가들이 입은 타격이 심대하여, 이들은 신라 정부에 노예무역의 재개와 청해진의 무역독점을 시정해 달라고 요구했을 가능성이 크다고 보는 것이다.[165] 신흥 장보고 세력에 대한 기존 해상세력들의 시기와 반발은 분명히 존재했을 것이다. 하지만 장보고가 단순히 중계무역만 한 것이 아니고, 도자기 제조기술을 도입하여 가공무역을 추진했던 점, 또 신라인이 신라인을 외국에 파는 노예무역이 신라 정부의 허가에 의해 행해졌다고 볼 수 없다는 점, 그리고 장보고 사망 후에 노예무역 문제가 다시 제기되지 않았던 사실을 유의해야 할 필요가 있다.

장보고 사망원인의 열쇠는 의외의 곳에 숨겨져 있다. 청해진 사람들의 벽골군(碧骨郡) 이주다. 신라 정부는 851년(문성왕 13) 2월 청해진 사람들을 벽골군으로 이주시키고 청해진을 완전히 폐쇄했다.[166] 따라서 장보고 사망을 841년으로 보면 벽골군 이주까지는 10년, 846년으로 보면 벽골군 이주까지 5년간 청해진은 장보고 사후에도 유지되었다. 장보고 사후에 청해진은 염장이 관할했으므로 염장이 5년 또는 10년간 청해진을 경영한 것이 된다.[167] 10년이란 기간은 장보고가 청해진을 경영했던 기간(841년 사망시 13년)과 거의 비슷한 세월이다. 특히 염장이 장보고를 죽인 다음 크고 작은 반발과 저항을 극복하며 실질적으로 10년간 청해진을 이끌어갔다면, 그는 단순한 암살자가 아니라 장보고의 성

---

163) 이종욱, 『신라골품제 연구』, 일조각, 1999, pp.289~357.

164) 이병로, 「일본측 사료로 본 10세기의 한일관계」, 『대구사학』 57호, 대구사학회, 1999, pp.35~59.

165) 윤재운, 앞의 논문, p.46.

166) 『삼국사기』 권11, 신라본기11, 문성왕 13년 2월조.

167) 김덕수, 「장보고 해상무역에 관한 일고찰」, 『한국해운학회지』 7호, 한국해운물류학회, 1998, pp.63~91.

공을 시기하고 청해진 경영의 패권을 노린 야심가였다고 할 수 있다.[168]

만약 염장이 841년부터 10년간 청해진을 잘 경영하고 성과를 올렸다면 재당신라인 사회에서 장보고만큼이나 유명세를 탔을 것이다. 물론 엔닌도 그 소문을 듣고 그의 『입당구법순례행기』에 한번쯤이라도 언급할법한데 기록이 없다.[169] 한편 염장의 청해진 경영은 바로 신라 정부의 청해진 경영과 같은 의미로 볼 수 있다. 왕비 간택 문제를 트집 잡아 신라 정부가 장보고를 암살하고 청해진을 빼앗아 염장에게 맡겼으나, 대외무역에 대한 식견과 경륜이 부족한 염장이 청해진 경영에 수완을 발휘하지 못하고 도리어 청해진 세력의 반발을 야기하자, 신라 정부는 청해진을 폐쇄한 것이다.[170]

그렇다면 장보고가 청해진에 요새를 세우고 근거지를 조성할 때 들어간 막대한 자금이 문제된다. 청해진에 요새 건설, 1만의 병력 모병,[171] 선단의 조성과 운영, 수출상품의 생산기반조성 등에 필요한 초기 소요자금은 장보고가 당

---

168) 한때 장보고의 부하였던 이소정(李小貞)이 염장의 편에 서서 활약하였고 장보고의 부장 이창진(李昌珍) 등이 반란을 일으켰으나, 염장에 의해 진압된 것은 장보고 사후 청해진을 염장이 경영하였던 것으로 여기게 한다.

169) 845년 6월 27일 엔닌의 일기에는 등주 적산원에서 귀국선을 수소문하였으나 장보고계 사람인 장영(張詠) 등에게서 선편을 구하지 못하였다고 했다. 또 845년 7월 일기에는 청해진 병마사 최훈십이랑(崔暈十二郞)이 '국난(國難)'을 당해 연수의 신라방에서 생활하고 있다고 적었다.(『입당구법순례행기』 권4, 회창 5년 6월 27일조, 7월 9일조.) 유의할 점은 분명히 '국난'이라고 적시하면서도 장보고의 사망에 대해서는 전혀 언급이 없다는 사실이다. 엔닌은 마음 속 깊이 장보고를 존경하였으므로 만약 이 때에 사망한 사실을 알았다면 단순히 국난이라 하는 대신 직접 장보고의 사망을 적시하고 애도를 표했겠지만 '국난'이라고 할 때까지는 장보고의 사망은 확인되지 않고 살아있었다고 볼 수 있다. 장보고 사후 5년의 세월이면 장보고의 이름도 때가 묻고 최훈십이랑은 이미 장보고의 일이 아닌 재당신라인 사회의 다른 일에 종사하고 있었을 개연성이 상당하므로, 엔닌이 이때에 굳이 '국난'이라고 기록할 필요가 있었겠느냐는 것이다.

170) 청해진 혁파와 주민의 벽골지 이주 조치에 대해 장보고 세력을 뿌리 뽑기 위한 것이 아니라 염장 세력을 제거하기 위한 조치로 봄이 옳다는 견해가 있다. 841년에 장보고가 사망한 뒤 염장이 이를 경영했는데, 왕실을 위협할 정도의 신흥세력으로 성장했다고 본다.(최근영, 『통일신라시대의 지방세력연구』, 신서원, 1999, pp.144~145)

171) 신라정부가 장보고에게 정규군 1만을 떼어 준다는 것은 의심스럽다. 장보고는 수군(水軍)이 필요한데 신라 정부는 이 정도의 수군을 보유하고 있지도 않았다(김덕수, 앞의 논문, 1998, p.70). 따라서 병력 1만을 주었다는 『삼국사기』의 기록은 장보고에게 사병(私兵) 또는 민군(民軍)을 조직할 권한을 준 것이다. 그리고 838년 김우징이 쿠데타를 일으킬 때 병력 5천명을 지원한 것으로 보아 자체적으로 실제 군사 1만 명 정도를 조련한 것으로 추측된다.

에서 신라로 올 때 가지고 왔고, 무역으로 획득한 이익금은 상비군 유지와 청해진의 운영에 모두 사용되었을 것이다.

장보고의 청해진 운영과 관련하여 도자기가 주목된다. 장보고는 도자기를 청해진의 독자적인 수출상품으로 삼고, 그 생산에 투자하여 이를 성공시켰다. 해남(海南)과 강진(康鎭)에 도자기 생산단지를 조성하고 그동안 당에서 수입해 왔던 월주요(越州窯) 도자기와 거의 흡사한 도자기를 대량 생산하고 이를 수출하여 돈을 번 것이다. 이것은 실로 획기적인 일이었다.

장보고의 청해진 도자기와 고려청자는 연관이 있다. 고려청자가 언제쯤 만들어졌느냐를 두고 학계에서는 9세기 전반 또는 9세기 말 발생설, 9세기 말에서 10세기 초 발생설, 10세기 후반 또는 11세기 초 발생설 등 여러 가지 견해가 제시되었다.[172] 그러다가 일본의 대재부 박다진(博多津)이 있던 십량천(十郎川) 유적지에서 강진 대구(大口) 청자유물이 발굴되고, 1983년에 해남 화원면과 산이면에서 대규모 청자도요지가 확인됨으로써 청해진 개설과 동시에 시작된 것으로 보는 설이 지지를 얻고 있다.[173]

전라남도 강진군 대구면 용운리 지역의 청자 가마터는 장보고의 청해진과 20km 거리로서 해로로 2시간 내의 거리에 위치하고,[174] 당시는 두 지역 모두 양무군(陽武郡)에 속해 있었다. 고려청자 대구요(大口窯)는 출토품 중 형태적으로는 중국 월주요(越州窯) 청자와 구별할 수 없는 것도 있고, 해무리굽 청자 파편은 월주에서 출토되는 해무리굽과 매우 유사하다. 그리고 유약의 성분분석 결과 강진 대구요 청자의 유약은 월주요 청자의 유약과 성분이 너무나 유사한 특징이 있다는 사실이 밝혀졌다.[175]

당시 중국 도자기는 세계 최고의 무역품이었다. 특히 중국 해양 실크로드의 중심 항구인 명주(明州, 현재 영파(寧波))와 아주 가까운 곳에 있는 월주요에

---

172) 최건, 「고려청자의 발생 문제 – 고려청자 어떻게 만들어졌나」, 『미술사』 창간호, 1995, pp.284~293.

173) 강봉룡, 「해남 화원·산이면 청자요군의 계통과 조성 주체세력」, 『전남사학』 19호, 전남사학회, 2002, pp.549~567. 화원면 요지 66기, 산이면 요지 106기 등 총 172기의 청자 요지가 발견되었다. 화원면 청자 요지는 10세기가 넘어서면서 폐기되었고 강진요는 고려시대에 한국 청자를 대표하는 요지가 되었다.

174) 최근영, 『통일신라시대의 지방세력 연구』, 신서원, 1999, pp.135~136.

175) 김문경, 김성훈, 김정호 편, 앞의 책, pp.323~327.

해무리굽 청자   강진 도요지 유적

서 생산한 청자도자기는 멀리 아프리카의 이집트까지 수출되었다.[176] 그런데 월주요와 강진요에서 출토된 도자기가 놀라울 정도로 서로 일치한다. 이것은 장보고가 청해진을 개설할 때, 당시 세계 최고의 인기 무역품인 월주요 도자기와 유사한 도자기를 자체 생산하여 수출하기 위해 일종의 특화 도자기요를 강진군 대구면 용운리에 조성한 것으로 볼 수 있다. 이를테면 장보고는 중국의 '명주와 월주요' 같은 구도로 신라의 '청해진과 강진요'를 구상한 것이다.

　이에는 그렇게 유추할만한 근거가 있다. 극심한 기근의 굶주림을 피해 중국 오월지방으로 건너 간 신라인들은 무슨 일을 하며 살아갔을까? 당시 당나라는 외국인에게는 농사지을 토지를 분배해 주지 않았다. 그들은 당에 귀하하지 않으면, 귀하를 잘 받아주지 않았을 터이지만, 토지를 가질 수 없으므로 노동력을 파는 수밖에 별 도리가 없는 처지였다. 따라서 결국은 적지 않는 신라인들이 월주에 산재한 도자기요에 취업했을 것으로 보인다.[177] 그러므로 장보고가 월주요의 신라인 도공을 귀국시켜 강진요를 조성한 것으로 추정함은 무리가 아니다. 결론적으로 강진요의 도자기 생산과 수출에서 장보고의 국제적 안목과 청해진 설치계획의 원대함과 치밀함을 확인할 수 있다.[178]

---

176) 최재수, 앞의 논문, pp.149~150.

177) 이희관, 「고려청자 출현의 수수께끼」, 『동국사학』 35집, 2013, pp.43~45.

178) 김상기, 「고대의 무역형태와 나말의 해상발전에 관하야(1) −청해진대사 장보고를 주로 하야−」, 『진단학보』 2호, 진단학회, 1935, pp.106~108. 김상기 이후 지금까지 장보고의 청해진 설치에 대해 해상교통로의 유리점으로만 설명되어 왔다. 앞으로 청해진 설치는 도자기 생산 등 복합적인 이유인 것으로 바뀌어야 한다.

해남 화원·산이면 및 강진 대구면 등에 있는 신라 요지는 청해진의 몰락으로 일시에 후원자와 수출 길을 잃고 폐기되었다. 남은 도공들은 소규모 요로 생계를 이어 가다가, 고려 왕조가 들어선 뒤 지방 호족들의 적극적인 후원을 받아 재기했다. 그리고 중국 월주요의 기술을 받아들이는 한편, 독자적인 제품을 창출하려는 각고의 노력 끝에 투명한 비색상감기법의 고려청자를 탄생시켰다.[179]

장보고 사망 이후에도 재당신라인에 의한 신라·당·일본 간의 해상무역은 상당 기간 동안 쇠퇴하지 않았다. 이러한 사실은 엔닌(圓仁)이 일본으로 귀국하기 위해 847년 6월에 초주(楚州)에서 신라의 왕창선(王昌船)에 승선하여 등주로 출항한 바 있고, 동년 7월에 등주에서 엔닌과 제자 성해(性海)와 정웅만(丁雄滿) 등 44인이 신라의 김진선(金珍船)에 승선하여 일본으로 출항하는 것에서 확인된다.[180]

장보고의 죽음은 신라상인에게는 치명적인 파멸의 선고였다. 재당신라인과 재일신라인에게도 커다란 충격을 주었다. 그동안 든든한 정치적 배경이었고 신라·당·일본을 잇는 삼각 무역망의 중추기지였던 청해진의 몰락은 신라상인의 희망을 꺾는 일이었다. 한편 청해진을 중심으로 한 해상무역체제가 장보고 사망으로 붕괴되자, 신라상인들은 앞날을 도모해야 했다. 재당 신라상인과 재일본 신라상인도 그들 나름대로의 독자적인 길을 모색하여 재당 신라상인은 중국 상인으로, 재일본 신라상인은 일본 상인으로 모습을 바꾸었다. 이때 장보고를 따랐던 신라상인의 상당수가 중국과 일본으로 떠나갔다.

장보고 사망으로 신라상인의 화려한 전성기는 막을 내린다. 이후 약 30년 간은 재당 신라상인이 주축이 되는 상황에서 해상무역의 주역은 860년대에 들어서서 당 상인으로 바뀌어 갔다. 그리고 870년대부터 당 상인이 주역으로 본격 등장한다.[181] 그리하여 해상무역권이 한국을 떠나 서서히 중국인의 수중으로 옮겨 갔고, 몇 세기 뒤에는 일본의 무역상과 왜구가 이를 장악했다.[182]

851년 신라 정부는 청해진 사람들을 김제의 벽골지로 강제 이주시켰다. 이

---

179) 최건, 「한국 청자연구의 새로운 동향」, 『미술사연구』 16호, 미술사연구회, 2002, pp.177~199.
180) 김문경·김성훈·김정호 편, 앞의 책, p.263.
181) 이병로, 「9세기 재당신라상인과 당상인에 관한 연구」, 『일본어문학』 45집, 일본어문학회, 2006, pp.518~519.
182) 에드윈 라이샤워, 앞의 논문, p.60.

는 돛과 키를 잡고 아무리 위험한 미지의 세계라도 교역의 이익이 있다면 가기를 마다하지 않는, 바다를 주름잡던 상인들을 호미와 괭이를 든 농부로 탈바꿈시켜 버리는 무도한 짓이었다.

바다를 지배하고 해외로 진출하려는 신라상인의 의지와 기세는 신라 정부의 가혹한 탄압으로 꺾여 버렸다. 해외로 진출해 나가던 진취적 기상의 신라상인은 골품제의 모순을 결국 깨뜨리지 못하고 밤하늘의 유성처럼 역사 속으로 사라져 갔다.

5. 발해 국제무역상 – 이연호, 이광현

가. 8-9세기 한·중·일의 교역

8-9세기 동아시아의 찬란한 해상무역은 이정기(李正己)로부터 시작한다고 할 수 있다. 그러나 이정기가 애초부터 무역을 이해하고 이를 육성해 나간 것은 아니다.

이정기는 우여곡절 끝에 765년 평로치청절도사(平盧淄靑節度使)에 오르고, 그 아들과 손자가 절도사의 자리를 이어 받아, 819년 멸망할 때까지 약 55년간 그 일족이 산동 일대를 다스렸다. 이정기는 절도사가 된 뒤, 처음에는 당 조정에 열렬히 충성하여 당의 최고위 직위까지 승진하고 황실 호적에 자기 이름을 올리는 영예를 받기도 했다. 그러나 점차 세력이 커지고 자신이 붙자 당 조정에 슬슬 불복하고 명령을 따르지 않았다.

이정기가 당 조정에 반기를 든 가장 큰 이유는 두 가지다. 하나는 자신의 절도사 자리를 아들에게 대를 이어 물려주겠다는 것에 당 조정이 반대해서이고, 다른 하나는 대외무역에 대한 의견 차이였다. 당시 이정기의 직책은 평로치청절도사이며 해운압신라발해양번사(海運押新羅渤海兩蕃使)이다. 절도사는 일반 민정과 군정 등을 책임지는 직위이고, 신라발해양번사는 신라와 발해에 대한 외교와 무역을 전담하는 책임자다.

그러니까 당시 신라·발해의 사신과 사절단이 배를 타고 산동반도 등주에 도착하면 이정기 측에서 사신단의 규모와 조공품목 따위를 당 조정에 보고하고, 조정의 조치 지침을 하달 받아서 처리했다. 이때 신라·발해 사절단의 일부는 당 수도 장안으로 가고, 일부는 그들이 돌아올 때까지 등주에서 기다리며 가지고 온 물건을 교역했다.[183] 당시 발해 견당사의 인원은 최소 11명에서 최고 120명 정도로 다양했는데, 100여 명 사절단에서 장안에 가는 인원은 대략 30여 명 내외였다.[184] 아마도 신라의 경우도 이와 비슷했을 것으로 짐작된다.

이정기는 본래 무인(武人)이어서 교역을 몰랐다. 따라서 신라·발해 사절단의 뒤처리를 하면서 비로소 교역의 이득에 눈을 뜨고, 그 이득을 독차지할 생각이 들었고, 또 이를 위해 당 조정의 조공무역 정책을 어기며 독자적으로 무역개방 노선을 취해 나간 것으로 보인다. 하지만 무역을 개방한 시기가 언제부터인가는 분명하지 않고, 778년 언저리였을 것으로 추측된다. 그것은 〈표 6-3〉에서 보듯이 778년부터 신라의 조공 횟수가 매년 1회에서 5.2년에 1회로 대폭 감소하고, 발해 역시 매년 2회에서 2.2년에 1회로 감소하기 때문이다.[185]

778년 이후 신라·발해의 조공 횟수가 대폭 감소한 이유는 무역을 개방한 이정기의 반당(反唐) 행위와 상관관계가 깊다. 그것은 이정기가 무역개방 정책

표 6-3 765~841년간 신라·발해의 당나라 조공 내역

연도	기간	신라 조공 횟수	발해 조공 횟수	주요 사건
765~777	13년	13회(1년 1회)	23회(1년 2회)	이정기 절도사가 됨(765)
778~819	42년	8회(5.2년 1회)	19회(2.2년 1회)	이정기 측 반당활동(778)
820~828	9년	2회(4.5년 1회)	5회(1.8년 1회)	이정기 측 멸망(819) 청해진 설치(828)
829~841	13년	5회(2.6년 1회)	6회(2.1년 1회)	당성진 설치(829)
841 이후		신라의 당나라 조공 단절		장보고 사망(841)

주: 김호범, 앞의 논문, 2007, p.74 참고 재작성.

---

183) 정병준, 「이정기 일가의 번진과 발해국」, 『중국사 연구』 50집, 중국사학회, 2007, pp.151~152.
184) 권덕영, 『고대 한중외교사: 견당사연구』, 일조각, 1997, pp.173~175.
185) 김호범, 「신라흥덕왕대의 청해진 설치배경」, 『역사학 연구』 29집, 호남사학회, 2007, p.74.

을 취함으로써 신라·발해가 조공무역으로 획득할 수 있는 특정 물품을 굳이
조공사절단이 장안(長安)까지 가지 않고, 이정기의 번진(藩鎭)에서 손쉽게 구할
수 있게 되었기 때문으로 보인다. 이는 대외교역을 엄격히 규제하고 조공무역
만 고수한 당의 방침을 이정기 측에서 깔아뭉개어 버린 결과이기도 하다.

이정기 측과 신라는 사이가 썩 좋지 않았다. 이들 간의 껄끄러운 사이는
당이 이사도(李師道) 토벌을 위해 신라에 파병을 요청했을 때, 신라가 이를 받
아들이는 것으로도 판명된다.[186] 하지만 이정기 측과 발해는 사이좋은 찰떡궁
합이었다. 왜 신라와는 사이가 나빴고, 발해와는 궁합이 맞았을까?

신라의 경우 전통적으로 당을 지지했을 뿐 아니라, 발해의 견제로 인해 당
항진에서 등주로 향하는 견당선의 뱃길이 순탄하지 않았고, 서로 간에 필수불
가결한 절실한 무역품이 적었기 때문이기도 했을 것으로 보인다.[187] 그리하여
신라는 산동의 등주를 회피하고 회진(會津)과 절강을 바로 잇는 서해남부사단항
로를 많이 이용했다.[188]

이정기와 발해는 돈독한 관계를 유지했다. 이정기는 발해의 말이 필요했
다. 이정기는 10만의 상비군을 유지했으므로 자체적으로 소용되는 말의 수요도
엄청나지만, 발해에서 수입한 말을 다른 번진에 팔아 수입을 올렸다. 『구당서
(舊唐書)』에는 이정기가 '매년 끊이질 않고 발해의 명마를 거래했다'[189]라고 기
록되어 있다. 이정기는 발해 명마의 중계무역으로 수입을 올렸고, 발해는 이정
기로부터 발해가 꼭 필요한 남방물품을 안정적으로 공급받았다. 이것은 당시
산동반도의 등주가 동아시아의 중심 무역항이었고, 등주에 무역선을 가장 많이
보낸 나라가 발해였던 사실로도 확인된다.[190]

이정기의 번진은 무역왕국이라 일컬을만 했다. 동 시대 사람인 이상은(李商
隱, 813~858)이 지은 『번남문집(樊南文集)』이란 책에 이 시기의 상황이 다음과
같이 기술되어 있다.

---

186) 『삼국사기』 권10, 신라본기, 헌덕왕 11년 조.
187) 정병준, 앞의 논문, 2004, p.154.
188) 김호범, 「신라흥덕왕대의 청해진 설치배경」, 『역사학 연구』 29집, p.75.
189) 『구당서(舊唐書)』 권124, 이정기 전. "貨市渤海名馬 歲歲不絕".
190) 윤재운, 「장보고시대 동북아시아 해양네트워크」, 『장보고 연구논총』, 해군사관학교 해
    양연구소, pp.309~310.

"(이납의 아들) 이사도(李師道)가 여러 지역의 토화(土貨)를 탐내어 상인들을 보호하도록 영을 내렸다. 운(鄆, 운주)은 회해(淮海)와 가까워서 천하진보(天下珍寶)가 출입하여 하루도 끊이질 않았다."[191]

이 기사는 이사도의 무역개방의 상황을 명확히 보여준다. 하지만 상인의 보호와 무역개방은 이사도의 독창적인 아이디어이기보다 이정기가 취한 개방정책을 이사도가 이어나갔을 것이다.[192]

그러면 당 조정이 대외교역을 규제한 물품은 구체적으로 어떤 것이었을까? 이에는 『책부원구(冊府元龜)』에 수록된 제번(諸蕃) 간에 호시를 금지한 품목이 참고가 된다. 당은 국내 번진 간에도 교역금지품을 두고 규제했다. 금지품은 금(錦) · 계(罽, 물고기그물) · 능(綾) · 라(羅) · 수(繡) · 직성(織成) · 세유(細油)와 사(絲) · 포(布) · 리우미(氂牛尾) 그리고 진주 · 은 · 동 · 청 · 노비 등이다.[193] 각 번진은 이들 품목의 교역이 꼭 필요할 경우 중앙의 허가를 받았다. 이것은 번진을 통제하기 위한 일종의 교역장벽이었다. 이와 더불어 당은 외국과의 무역을 번진이든 개인이든 일체 금지했다. 다만 중앙의 조공무역만을 허용했고, 이 또한 품목과 절차 따위의 세세한 사항까지 허가를 받도록 했다. 이것을 이정기가 깨뜨려버리고, 자기 번진에서는 어떤 상인이든지 자유롭게 교역할 수 있도록 조치한 것이다. 따라서 당시 이정기의 무역개방은 무역의 장벽과 규제를 철폐한 가히 무역혁명이라 할 만하다.

이정기의 무역개방으로 인해 동아시아 민간무역이 역사상 처음으로 꽃을 피우기 시작했다. 민간 사무역은 신라상인과 재당 신라상인이 앞서서 이끌었고, 발해상인도 한몫 거들었다. 또 당 상인과 일본 상인이 뒤를 따랐다. 당의 조공무역 체제에서 꿈도 꿀 수 없었던 민간무역의 장르가 새롭게 생겨났고, 그동안 단속의 눈을 피해 숨바꼭질 하던 밀무역이 활개를 치고 일어났다.

이정기 무역왕국이 몰락한 뒤에도 동아시아의 해상무역은 위축되지 않았다. 오히려 장보고 시대를 맞으며 해상무역을 더욱 활성화 되어 갔다. 또 장보

191) 『번남문집(樊南文集)』 권8, 제노이생(齊魯二生). 운주(鄆州)는 이정기 번진의 수도이고, 회해는 운하가 있는 양주와 그 일대를 이른다.

192) 정병준, 「이정기 일가의 교역활동과 장보고」, 『동국사학』 40집, 동국사학회, 2004, pp.536~543.

193) 『책부원구(冊府元龜)』 외신부, 호시, 개성(開成)원년 6월조.

고의 등장으로 인해 신라가 주역으로 확실히 떠올랐다.

신라상인은 앞서 752년의 김태렴 사절단의 경우를 보듯이 이미 8세기 중엽에 일본무역시장을 독차지 하고 있었다. 김태렴 이후 신라는 779년의 견일본사(遣日本使)를 마지막으로 일본에 공식사절을 파견하지 않았다. 그 가장 큰 이유는 일본과의 교역은 민간 교역루트가 일정 부분 확보되어 있어, 굳이 공식사절을 파견하여 외교적 마찰을 일으키기까지 하면서 교역할 필요성이 없었기 때문으로 짐작된다.[194) 이러한 신라상인의 해양활동은 이정기 시대에 들어와서 중국 연안으로 활동범위를 넓혔고, 언필칭 서해 노예무역이라 일컫는 무역을 전개했으며, 또 이정기 시대에 들어 본격적으로 형성되기 시작한 재당신라인 사회의 조성과 재당 신라상인의 등장에 일조하게 되었다고 할 수 있다. 다만 장보고가 신라상인과 재당 신라상인을 유기적으로 연계하는 아이디어를 내고 이를 성공시킨 것이다.

이정기와 장보고 대에 신라상인에 못지않게 활약한 상인이 있다. 그것은 발해상인이다. 발해는 무역 강국이었고 동아시아 무역의 주역이었다. 이정기 측은 신라는 차갑게 대했고 발해는 따뜻이 우대했다. 신라와 마찬가지로 중국에 재당발해인 사회가 조성되어 있었고, 발해상인들은 중국 곳곳을 사업차 누비고 다녔다.

발해상인은 장보고의 무역상단에 깊이 관여되어 있었다. 우선 〈표 6-4〉을 보면 828-840년의 13년 동안에 발해는 일본에 사신을 한 번도 파견하지 않았다. 이 시기는 장보고가 청해진을 운영한 시기이다. 발해는 왜 사신을 보내지 않았고, 일본은 왜 요구하지 않았을까? 본래 발해의 일본 사신파견은 2년에 1회였고, 799년 이래 6년에 1회였었다. 그런데 823년에 일본이 12년에 1회로 대폭 축소하자고 발해에 요청한 바 있다. 하지만 〈표 6-4〉에서 보듯이 발해는 823년 이후에도 2년에 1회씩 사신을 보냈다.

일본이 발해에 사신의 파견 횟수를 줄여달라고 요구한 것은 발해와의 외교가 일본 국익에 도움이 되지 않는다는 판단에 기인한다는 견해가 있다.[195) 하

---

194) 이병로, 「8세기 일본의 외교와 교역 - 라일관계를 중심으로 -」, 『일본역사연구』 4집, 일본역사연구회, 1996, pp.5~30.
195) 박진숙, 「발해 선왕대의 대일본 외교」, 『한국고대사 연구』 14집, 1998, p.417.

| 표 6-4 | | 청해진 설치 전후 발해의 대일본 사신 파견 횟수 | |

연도	기간	발해 사신파견 횟수	주요 사건
809~823	15년	7회(2.1년 1회)	일본에서 횟수 조정요청(823)
824~827	4년	2회(2년 1회)	
828~840	13년	없음	청해진 설치(828)
841 이후		842년, 848년 조공 이후 12년 1회	장보고 사망(841)

주: 김호범, 앞의 논문, 2007, p.76 참고 재작성.

지만 그럴 개연성이 다분하나, 그보다는 공무역이 아닌 민간무역에 의해 발해의 무역수요를 해소할 수 있었기 때문일 확률이 높다. 더군다나 민간 사무역이 활발한 장보고 시기에 발해의 공식사절단에 의한 공무역보다 절차와 의례가 까다롭지 않은 민간무역으로 발해의 특산물을 편하게 구할 수 있었다는 얘기다. 이에 대한 당시 상황은 엔닌의 일기를 통해 짐작할 수 있다. 엔닌의 일기에는 발해 교관선(交關船)이 수차례 등장한다. 839년 8월 13일의 일기에는 발해 교관선이 장보고 선단의 9척의 선박과 어울려 청산포(靑山浦)에 정박해 있었다고 적혀있다.[196] 발해는 중국에는 수시로 교관선을 보내면서, 또 장보고 선단과 어울리면서도, 일본에는 교관선을 보내지 않은 것이다.

그렇다면 일본은 발해 교관선의 입국을 거절해 놓고, 어떻게 북방의 발해 특산물을 구했을까? 신라상인이나 재당 신라상인을 통해서일까? 그럴 수도 있겠지만, 1차적으로는 발해 민간상인으로부터 공급받았을 것으로 추측된다.

나. 발해의 무역 상단

우리는 8-9세기 동아시아 해상무역을 주름잡았던 역사를 자랑한다. 그러나 누가 해상무역의 주인공인지 잘 모른다. 장보고와 청해진을 들먹이며 이러쿵저러쿵 아는 척 할뿐이다. 오늘날 해양의 시대, 국제무역의 시대에 그래서는 부족하다. 이제 동아시아 해상무역을 일궈낸 인물들, 국제무역상을 찾아 가까

---

196) 『입당구법순례행기』 권2, 개성 4년 8월 13일 조.

이 해야 한다.

역사의 아이러니는 장보고에게도 적용된다. 그것은 장보고가 사망하자, 이름 있는 굵직굵직한 인물들이 등장하기 때문이다. 아마도 장보고 생전에는 장보고 선단의 이름으로 행세했기 때문에 그 이름이 드러나지 않았을 것으로 짐작된다. 이들 무역상은 일본의 사료와 엔닌의 일기 등을 통해 세상에 드러났다.

먼저 자기 선박을 소유한 무역상이다. 〈표 6-5〉는 일본을 내항한 무역상 중에서 선박을 소유한 자를 정리한 것으로 총 10명이다.[197] 일본에 가장 많이 내항한 자는 5회의 이연호(李延孝)이다. 다음 장우신(張友信)은 3회, 이인덕(李隣德)은 2회 내항했다. 표에서 장지신(張支信)과 장우신(張友信)은 동일 인물이다.[198] 왕초(王超)와 김문습(金文習)·임중원(任仲元)은 일본에서 당으로 가는 기록이나, 배를 소유한 인물로 보았다.

지금도 그러하지만, 고대에 상인이 무역선을 소유한다는 것은 일반인들이 엄두를 낼 수 없는 대단한 일이다. 또 무역선의 경우 건조 비용은 차치하고 선원의 고용, 승객 모집과 화물의 매집, 항해 필수품의 조달 따위의 일들이 차질 없이 준비되어야 할 뿐만 아니라, 출항허가와 입항허가에 따른 까다로운 법적 절차도 어김없이 밟아야 한다. 따라서 막강한 해운조직의 협력이나 정치 실력자의 조력이 수반되어야 비로소 국제무역이 가능한 법이다. 그러므로 이들 무역선은 장보고 같은 해운조직에 소속되

발해 영광탑(중국 길림성 장백현 소재)

197) 이병로, 「9세기 재당신라상인과 당상인에 관한 연구」, 『일본어문학』 45집, 일본어문학회, 2009, pp.502-509. 〈표 1〉, 〈표 2〉를 참조하여 재작성 했다.
198) 이병로, 앞의 논문, 2009, p512. 지신(支信)과 우신(友信)은 글자가 비슷하며, 글자의 뜻도 통하기 때문에 동일 인물이고, 우신이 더 정확하다고 본다.

어 있을 수도 있고, 공동소유일 수도 있다. 또한 〈표 6-5〉의 10명 중에서는 배를 소유한 것처럼 보여도 실제 소유주가 아니고 단순히 고용된 선장일 수도 있다. 물론 배를 여러 척 소유한 해운업자 선주도 있었을 것이다.

이연호는 발해 출신의 국제무역상이다. 이연호의 이름이 역사에 처음 등장한 것은 852년으로 장보고가 사망한 뒤 10여 년 후가 된다. 일본 『지증대사전(智證大師傳)』에는 852년 윤 8월에 '당상인 흠량휘(欽良暉)와 이연호의 교관선이 일본에 왔다'라고 기록되어 있다. 또 877년 6월 1일에 '이연호는 엔사이(円載)와 지소(智聰) 등을 배에 태우고 일본으로 가다가 난파당해 익사했다'라고 기록되어 있다. 그러니까 이연호는 약 25년간 당과 일본을 왕래한 대표적인 일본통 무역상이었다. 하지만 안타깝게도 일본으로 항해하는 도중에 난파당해 바다에 빠져 죽었다.

이연호를 재당 신라상인으로 보는 견해도 있다. 그것은 이연호가 주로 재당 신라상인 흠량휘와 왕초(王超) 등과 어울려 활동하고 있고, 일본 사료에 당상인으로 기록되어 있어 재당 신라상인일 가능성이 크다고 보는 것이다.[199]

그러나 일본 유학승 엔친(円珍)이 858년 2월에 국청사를 통해 태주에 공험(公驗)을 요청한 「걸태주공험청장(乞台州公驗請狀)」이란 문서에서 이연호를 발해 상인이라고 분명히 밝혔다.[200] 다음은 엔친이 작성한 「걸태주공험청장」의 이연호에 관한 기사의 요지이다.

> "(엔친은) 드디어 월주상인 담경전(澹景全)·유사헌(劉仕獻)과 발해의 상주(商州) 이연효, 이영각(李英覺) 등을 만났다. (그들은) 지난 대중 10(856)년에 일본에서 돌아왔는데, 전 사십천문(錢四十千文)을 시주하기를 원해서 (그것으로) 주방 3칸을 만들어 후에 오는 승려를 위한 장소로 준비했다."[201]

엔친은 당시 당에 유학 중인 일본인 승려였다. 엔친의 문첩에 따르면 엔친을 입당시킨 자는 이연호이고, 이연호는 2번 이상 엔친을 배에 태우고 일본을

---

199) 이병로, 앞의 논문, 2009, pp.515~516.
200) 권덕영, 『재당신라인사회 연구』, 일조각, 2005, p.192.
201) 엔진의 「걸태주공험장(乞台州公驗狀)」. 이병로, 앞의 논문, 2009, p.514. 山崎覺士, 「未完の海上國家-吳越國の試み」, 『古代文化』 54-2, 2002, p.22. 재인용 참조.

표 6-5 | 일본 내항, 선박소유 신라 · 발해 상인 내역

상인명 (도항 횟수)	일시 (인원)	내 용	출전
이연호 (5회)	852.윤 8 858.6.8(11명) 862.7.23(43명) 865.7(63명) 877.6.1	이연호 · 흠양휘의 교관선이 일본에 옴. 이연호의 배로 円珍등이 도착함. 이연호 등이 대제부에 도착함 이연호가 宗叡등과 대제부 도착함 이연호가 円載등과 내항중 조난 사망	智證大師傳 智證大師傳 日本三代實錄 日本三代實錄 智證大師傳
장우신 (장지신) (3회)	842.7.8(47명) 847.6.8(47명) 863.4	장우신이 인호 등을 태우고 도착함 장우신이 惠萼 · 惠運 · 春太朗등과 도착함 장우신이 惠萼을 싣고 일본에 옴	續日本後紀 續日本紀, 行記 頭陀親王入唐記
이인덕 (2회)	842.5.25 846.1.9	이인덕이 惠萼을 태우고 도착함 이인덕이 일본인 객을 데리고 입당함	行記 行記
흠양휘 (2회)	847.9.18 852.윤 8	김진 · 김자백 · 흠양휘 등이 당상인 江長 등과 함께 円仁등을 태우고 귀국 이연호 · 흠양휘의 교관선이 일본에 옴	續日本後紀, 行記 智證大師傳
김진, 김자백 흠양휘 (1회)	847.9.18	김진 · 김자백 · 흠양휘 등이 당상인 江長 등과 함께 円仁등을 태우고 귀국	續日本後紀, 行記
장공청 (1회)	843.9.26	장공청 등의 배로 仁好 · 順昌 2명이 귀국함	續日本後紀, 行記
왕초 (1회)	853.7.16	왕초 등의 귀국선으로 당 유학승인 円珍 등이 입당함.	智證大師傳高僧 傳要文抄
김문습, 임중원 장지신 (1회)	862.9.3(60명)	김문습 · 임중원, 장지신의 배로 입당함	頭陀親王入唐記

왕래했다. 또 엔친은 위의 기사처럼 이연호에게 거금을 시주받아 승려를 위한 숙소를 만들기도 했다. 따라서 엔친이 이연호의 출신 국적을 착각하고 그의 문첩에 발해로 기록했을 수는 없는 것이다.

이연호는 일본 정부에서 만든 관찬 사료인 『일본삼대실록(日本三代實錄)』에 어엿이 실려 있다. 당시에 수많은 무역상들이 일본을 왕래했지만, 일본의 관찬 사료에 이름을 올린 상인은 매우 드물다. 반면에 이연호는 2회나 실려 있다. 다음은 『일본삼대실록』의 이연호 기록이다.

"(862년 7월 23) 대당 상인 이연효 등 43인이 왔다. 대재부에 명령을 내려 머물게 하고 (숙식을) 공급했다."[202]

"(865년 7월 27일) 대제부가 보고하기를 대당 상인 이연호 등 63명이 배 1척에 승선하여 해안에 도착했다. 명령을 내려 홍로관에 머물게 하고 (숙식을) 공급했다."[203]

대재부(大宰府)는 지금의 일본 후쿠오카에 설치된 중앙 직할관청으로 외교와 무역을 전반적으로 관장했다. 862년에 대재부에 머무르고 접대를 받았다는 것은 아마도 865년 7월의 기록처럼 홍로관(鴻臚館)에서 유숙한 것으로 보인다. 홍로관은 대제부가 운영하는 외교사절 숙소였다.

이연호의 865년 7월의 일본 내항에는 배 1척에 63명이 승선했다. 승선인원 63명은 문헌 기록상 최고로 많은 인원이다. 그들은 누구일까? 선박은 승선인원으로 보아 대형 무역선이었을 것이 분명하고, 승선인원의 상당수는 상인일 확률이 높지만, 승려·유학생·여행객 등도 있었을 것이다. 그리고 상인은 발해 출신 상인이 주축이었을 수도 있다.

일본은 이연호가 발해상인임에도 '대당 상인'이라고 칭하고 있다. 왜 그랬을까? 이것은 일본 지배층이 당나라와 일본을 왕래하는 신라상인 또는 재당 신라상인을 통 털어서 당상인으로 인식하는 사회상황의 반영일 수 있다.[204] 하지만 이에는 어떤 색다른 내용이 숨어있는 것으로 보인다. 그것은 이연호가 발해상인이기 때문이다. 당시는 일본이 신라와 당나라에 사신을 보내지 않던 시기다. 공식사절단을 주고받는 나라는 오직 발해뿐이었다. 그러므로 이연호는 비

---

202) 『일본삼대실록』 권6, 정관 4년 7월 23일 조.
203) 『일본삼대실록』 권6, 정관 7년 7월 27일 조.
204) 권덕영, 「9세기일본을 왕래한 이중국적 신라인」, 『한국사 연구』, 한국사연구회, 2003, pp.107~110.

록 당나라 상인의 자격으로 일본에 내항했지만, 실은 발해상인이기 때문에 일본이 다른 상인과는 달리 발해 사신에 준하는 특별한 외교적 대우를 하고 대제부에서 숙식을 제공해 주었다고 볼 수 있는 것이다. 따라서 대제부에서 이연호를 우대한 것에 대해 일본 정부의 의도된 정치적 '쇼'라고 보기도 한다.[205]

이연호에 대한 일본 정부의 호감과 각별한 대우에 대해서 또 다른 유효한 추정이 있다. 그것은 이연호가 취급한 무역품과 발해 정보력의 문제로서, 그는 발해 상인이어서 일본이 필요로 하는 발해 특산물을 전문으로 취급했고, 일본 정부에 발해의 정보를 제공하는 역할을 했다고 보는 것이다. 이연호 역시 이 점을 살려서 일본 무역에 뛰어들었고, 이를 십분 발휘했다. 그러나 일본 정부가 발해와의 외교상의 껄끄러운 문제의 발생을 미연에 방지하고, 이연호의 활동을 보호해 주려는 의도에서 발해 출신임을 밝히지 않고 '대당 상인'이라고 초를 친 것이다.

이연호는 사실상 '발해-당'의 무역과 '당-일본'의 무역을 동시에 진행하고 있었고, 일본에 대해서는 발해의 명마 같은 북방 특산물을 전문으로 공급해 주는 무역루트를 개설한 것으로 보인다. 그리고 그는 이러한 기능과 역할을 통해 일본 정부와 고위층의 신뢰를 획득한 것 같다. 앞의 「걸태주공험청장」의 856년 기록으로, 엔친이 일본 유학승의 숙소 건립을 위해 이연호의 기부금을 흔쾌히 받고, 그에게 숙소를 짓도록 맡긴 것은 그에 대한 일본 고위층의 신뢰의 예가 된다.

엔친의 유학승 숙소 건립 기록을 다시 살펴보자. 이 기록은 숙소 건립에 기부한 인물의 호칭을 서로 달리하고 있어 대단히 의미 깊다. 먼저 담경전과 유사헌은 월주에 있는 '당나라 상인'이라고 명시했다. 그리고 이어서 이연효와 이영각은 '발해국 상주(商主)'라고 분명히 밝혔다. 이연호를 상인이 아닌 상주라 한 것이다. 상주는 말 그대로 상인단체 또는 무역회사의 주인이라는 뜻이다. 따라서 이 기록은 이연호를 일반 상인보다는 단계가 높은 상인으로 특별히 존중하여 호칭한 것이 확실하다.

다음 중요한 사실은 유학승 숙소 건축에 이들 네 상인이 '연대 기부'를 한

---

205) 馬一虹, 「九世紀渤海與日本關係-東亞貿易圈中的渤海對日貿易」, 『日本硏究論文』, 天津人民出版社, 2001, pp.4~5

다는 점이다. 이는 네 상인의 사이가 보통의 관계가 아니라는 것을 뜻한다. 아마 요즘으로 치면 상인조합이나 무역 컨소시엄을 결성한 사이이고, 이연호가 대표라는 것을 명시하는 내용으로도 볼 수 있다. 또 이것은 당시에 국적이 다른 상인들이 조합이나 투자 컨소시엄을 결성하는 다국적 영업활동이 이뤄지고 있음을 반영한다고도 하겠다. 그러므로 이연호는 평범한 무역상이 아니라 특정한 상업집단 또는 무역집단 전체의 리더라고 해도 전혀 무리가 없다. 결론적으로 이연호는 오늘날로 치면 한·중·일 모두에 법인을 두고 있는 다국적기업 혹은 다국적 무역상단의 최고경영자(CEO)라고 할 수 있다.

국제무역상단의 대표로서의 이연호의 존재는 유학승 숙소건축 기부에 배행한 이영각을 통해서 확인 가능하다. 이영각은 일본의 『원성사문서(園城寺文書)』에 그가 중국 남부도시 광주(廣州)에서 활동한 기록이 있다.[206] 당시 광주는 동남아시아를 중심으로 하는 남양무역의 시작점이자, 싱가폴·자카르타·자바섬 등과 연결된 남중국의 중심 무역항이었다. 『신당서』〈지리지〉에는 광주에서 시작하는 남양항로가 동남아를 거쳐 이란을 지나 동아프리카 해안까지 이어진다고 기록되어 있다.

이영각이 남방의 광주에서 활동했다는 기록은 그가 어떤 형태건간에 동남아시아 상권과 관련을 맺고 무역을 전개했다는 의미를 담고 있다. 그리고 이영각의 남방무역은 곧 이연호의 무역업이 남방 광주까지 뻗어나가서 북방과 남방 그리고 일본을 잇는 국제무역 네트워크를 구축하고 이를 가동시켰다고 결론지어 말할 수 있다.

한편 이연호와 대비되는 또 하나의 걸출한 발해 상인이 있다. 상인이기 보다 오히려 도교 수련자로 유명한 이광현(李光玄, ?~?)이다. 이광현은 1990년대 이후 세상에 알려진 발해상인이다. 우선 이광현의 일대기를 간략히 살펴보자.

이광현은 9세기 말에 발해의 부유한 상인 가문에서 태어났다. 20대 초반부터 고향 사람들을 따라 배를 타고 중국으로 가서 청주, 회수, 절강 지방을 다니며 무역에 종사했다. 그러다 24세 때 귀향하는 배 안에서 100세가 넘은 도인에게서 도교의 비법을 전수받는다. 이후 이광현은 상업을 접고, '운도(雲島)'라는 섬에 들어가서 10년간 머무르며 비법을 수련했다. 그 결과 기력이 백배에

---

206) 山崎覺士, 「未完の海上國家−吳越國の試み」, 『古代文化』 54-2, 2002, p.22.

달하고 모습이 보통사람들과는 달라져
서 주위 사람들이 그를 '해객(海客)'이
라고 불렸다. 이른바 도를 틔운 것이
다. 이광현은 운도에서 나온 뒤 중국의
명산을 돌아다니며 구도를 했고, 도교
수련서 4편을 저술했다. 이광현의 저술
중 대표작은 『금액환단백문결(金液還丹
百問訣)』이다. 『해객론(海客論)』과 『금액
환단내편(金液還丹內篇)』은 이를 요약한
책이다. 또 이름난 책으로 『태상일월혼
원경(太上日月混元經)』이 있다. 이들 모
두 귀중한 도교 경전이 되었고, 지금도

이광현이 쓴 금액환단백문결

수많은 도교 수련자들이 이 책에 의해 수련을 하고 있다.

이광현은 부유한 상인의 아들로 태어나 젊었을 때부터 상인의 길을 걸었
다. 그는 고향 사람들을 따라 중국으로 가서 청주, 회수, 절강 지방을 돌아다
니며 장사를 했다. 이광현을 데리고 간 고향 사람들은 전문 무역상이었을 것이
다. 그리고 그의 고향은 무역업에 종사하는 상인이 다수 살았던 상업에 우호적
인 마을이었던 것 같다.

이광현의 사례는 발해에 이광현의 집안처럼 대대로 상업에 종사하는 순수
한 상인가문이 존재한 것을 말해 준다. 또 발해가 상업을 중시했고 상업이 번
성한 나라였다는 것을 반증한다. 발해가 상업을 중시하고 권장한 증거 사례는
또 있다. 『책부원구(冊府元龜)』에는 당에 사신으로 온 발해왕자가 시장에서 친
히 교역을 했다고 기록되어 있다.[207] 상업을 가업으로 잇는 상인가문이 다수
존재하는 마을, 상업을 중시하고 육성하는 나라 발해, 이광현과 이연호는 이러
한 환경에서 태어나고 자라서 상업에 종사했다. 그리고 당나라에 진출하여 이
광현은 도교의 큰 인물이 되었고, 이연호는 국제무역상의 '상주'로서 입지를
세웠다.

동아시아는 장보고 이후 그야말로 '자유무역의 시대'라고 일컬을만하게 해

---

207) 『책부원구(冊府元龜)』 권971, 외신부, 조공4, 개성원년(836) 12월 조.

상무역이 발전해 나갔다. 그 중심에 신라상인, 재당 신라상인, 발해상인이 존
재했다. 그들은 유기적인 연계를 맺고 진정한 상인으로서의 상혼을 키우며 상
인의 세상을 열어 나갔다.

　　이후 10세기 들어 당이 망하고, 신라가 망하고, 발해가 망하는 대격변이
일어나서 국제무역체계가 몽땅 허물어지지만, 8-9세기 동아시아 자유무역의
환경에서 상인의 세상을 맛본 상인들의 상혼과 그 정신은 그 무엇도 가로막을
수 없었고, 스스로 망가지지도 않았다. 그리고 연연히 이어져서 11세기 고려와
송나라의 시대에 와서 다시금 국제무역을 활짝 열어 나갔다.

6. 호족의 시대 상인

가. 나말여초 호족의 등장

　　신라상인의 최전성기는 장보고가 활약하던 820년대에서 840년대 중반까지
약 20년간이었다. 하지만 장보고가 죽고 청해진이 폐쇄됨으로서 신라의 해상상
업세력은 거의 와해되다시피 했다. 그로부터 약 30년간 신라상인은 재당 신라
상인으로 행세하면서 명맥을 이어가다가 결국은 신라라는 꼬리표가 떨어지고
당나라 상인으로 전화되어 갔다.[208]

　　신라 말기인 9세기 말에서 10세기 초에 이르면 한반도의 해상에 큰 변화가
도래한다. 서남해 연안 곳곳에서 해상무역을 경영하여 부를 축적하고 군사력을
키운 해상세력가들이 동시다발적으로 출현한 것이다. 대표적으로 송악의 왕건
(王建), 백주의 유상희(劉相晞), 정주의 유천궁(柳天弓), 나주의 오다련(吳多憐),
영암의 최지몽(崔知夢), 혜성의 복지겸(卜智謙), 강주의 왕봉규(王逢規), 순천의
박영규(朴英規) 등이 그들이다. 이들은 9세기 말의 어지러운 국내외 정세에서
자구책으로 교역을 모색했다. 그러나 그들이 전개한 교역은 때로는 해적질도
마다하지 않는 일종의 무장상인단(武裝商人團)이었다. 그들은 합법과 불법을 가
리지 않는 무역으로 부를 축적하고 힘을 길러 해상호족으로 성장한 것이다.[209]

　　우리나라 고대에서 가장 역동적이고 자유분방한 시기를 들라면 나말여초

---

208) 이병로, 앞의 논문, 2006, p.518.
209) 권덕영, 앞의 책, 2003, pp.300~301.

(羅末麗初)가 아닐까? 신라가 망하고 고려가 들어서는 나말여초는 그 어느 시기
보다도 사람 개개인의 능력과 실력이 중시된 시대였다. 신라 천 년동안 신분의
질곡이었던 골품제가 무너지고, 정치·경제·군사·종교 등의 어떠한 분야에서
나 이제 실질적인 능력을 가진 자와 힘을 갖춘 지방이 주체로 떠올랐다. 관리
와 귀족 그리고 군인·촌주·농부·기술자·상인·종교인 등 누구를 막론하고
실력을 가진 자가 시대의 주역이 되었다. 신라는 지방에 기반을 둔 실력자의
주도 아래 지방단위로 분화되어 나갔고, 이들은 당해 지역을 독립적으로 지배
하는 호족으로 변신하여 사회를 이끌어갔다.[210]

나말여초의 호족은 대체로 군이나 현 정도의 지역을 정치적·군사적·경제
적으로 지배했다. 따라서 나말여초에 지방 호족이 본격적으로 형성되지만, 호
족을 지역 단위의 토착 세력으로 볼 경우 호족의 생성은 고대 부족사회에서 비
롯되었다고 할 수 있다. 고대국가가 형성되면서 부족사회 지배층은 중앙으로
진출하여 귀족이 되거나 지방에 머물러 촌주(村主)가 되었다.

신라 말기에 유력 한 촌주가 주변의 군소 촌주들을 지배하면서 호족으로까
지 성장하여 중앙에까지 영향을 미치기 시작한 시기는 대체로 진성여왕(眞聖女
王)대부터이다.[211] 889년(진성여왕 3)에 전국의 주·군에 세금 납부를 독촉하자,
지방민들이 반발하고 도적이 벌떼와 같이 일어났다. 특히 원종(元宗)과 애노(哀
奴) 등은 사벌주(沙伐州, 지금의 상주)에서 반란을 일으켰다. 다음은 이에 관한
『삼국사기』의 기록 요지이다.

"여러 주·군에서 공부(貢賦)를 보내오지 않아, 나라의 국고가 텅 비고 재정이 궁핍하
게 되어서 왕이 공부의 납부를 독촉했다. 이로 말미암아 도적들이 곳곳에서 벌떼처럼
일어났다. 이때 원종과 애노 등이 사벌주를 근거로 하여 반란을 일으켰다. 왕이 내마
(柰麻) 영기(令奇)에게 명하여 이들을 붙잡게 했다. 영기가 적의 보루(堡壘)를 멀리서 바

---

210) 신라 말 고려 초의 지방 세력을 '호족(豪族)'이라고 지칭한 것은 1930년대부터이며
1960년대 이기백의 『한국사신론』(일조각, 1967) 이래로 한국사 개설서에서 통설화 되었
다. 최근에 '호족' 지칭에 대한 비판적 대안으로 토호(土豪)·호부층(豪富層)·향호(鄕
豪)·지방세력 등의 용어를 사용하기도 한다.(김상돈, 「신라말 구가야권의 김해 호족세
력」, 『진단학보』 82호, 진단학회, 1996, p.53)

211) 김창겸, 「후삼국 통일기 태조 왕건의 패서호족과 발해유민에 대한 정책연구」, 『성대사
림』 4호, 수선사학회, 1987, p.46.

라보고는 두려워서 싸우려 나아가지 못했다. 그러나 촌주(村主) 우련(祐連)은 힘껏 싸우다가 전사했다. 왕은 명을 내려 영기를 죽이고, 나이 10여세 된 우련의 아들로 촌주를 잇게 했다"[212]

신라 중앙에 대한 지방의 반란은 889년을 그 기점으로 본다.[213] 지방 호족으로서 사료에 나오는 '장군' 또는 '성주(城主)'라는 칭호도 이때 이후부터 등장한다.[214] 지방의 반란세력 중 두드러진 세력으로는 사벌주의 원종과 애노, 죽주(竹州)의 기훤(箕萱), 북원(北原)의 양길(梁吉), 완산주(完山州)의 견훤(甄萱), 철원(鐵圓)의 궁예(弓裔) 등이 있었다.[215] 물론 이들 큰 호족 아래로는 중·소 호족이 연결되어 제각기 실력을 쌓아가며 생존과 도약의 길을 닦아 갔다.

나말여초 호족들의 출신성분은 첫째, 신라의 권력투쟁에서 몰락하여 지방으로 낙향한 진골 귀족계의 호족(대표 인물 궁예) 또는 지방관이나 군인으로서 봉직하면서 세력을 키워 독자 영역을 만든 진골 6두품 및 군인출신 호족(대표 인물 견훤)이 있다. 이들은 신라계 호족이라 할 수 있다. 둘째, 신라의 중심지 경주에서 멀리 떨어진 백제·고구려 지역의 호족들로서 지방 토착씨족이거나 해상세력(대표 인물 왕건)들이다. 이들 중에는 농민·수공업자·상인도 있고 상인과 밀접한 관계에 있는 자들도 있었는데, 이들은 신라 골품제에서의 전통이나 위계질서에 구애받지 않는 평민 또는 천민출신이었다. 이들은 지역사회에서 순전히 자신의 노력에 의해서 세력의 토대를 쌓아 경제적·군사적 힘을 축적하고 뛰어난 능력을 발휘하여 민심을 모았다.

호족은 신라에서 고려로 넘어가는 대전환기에 사회의 주체적인 발전인자였다. 호족을 둘러싼 정치·경제·사회·문화적 측면과 사상기반에 주목하면서 호족의 성립 과정·존재 형태·변천 과정 등 여러 방면에서 연구가 진행되어

---

212) 『삼국사기』 권11, 신라본기11, 진성여왕 3년조.

213) 신호철, 「후삼국시대 호족과 국왕」, 『진단학보』 89호, 진단학회, 2000, p.9.
  중앙 정부에 대한 지방민의 반발은 822년 김헌창의 난 이후 본격적으로 나타나지만, 이들의 반란은 신라 왕실 내의 정쟁이고 중앙과 지방의 대립으로 파악하지 않는다.

214) 장군의 칭호는 궁예(弓裔)가 894년(진성여왕 8)에 처음 불렸고, 성주(城主)의 칭호는 899년(효공왕 3년)에 처음 등장한다.(『삼국사기』 권11, 신라본기11, 진성왕조. 『삼국사기』 권12, 신라본기12, 효공왕조)

215) 권진철, 「후삼국 성립의 요인과 요건」, 『강원사학』 4호, 강원대 사학회, 1995, p.122.

많은 성과를 거두고 있다.[216] 호족에 대한 올바른 이해는 "나말여초가 고려사
회 내지는 중세사회 내에서의 변동기, 고대에서의 중세로의 이행기"[217]로 보고
있듯이 시대의 전환을 이해하는 지름길이다.

호족은 신라 말 진성여왕(眞聖女王, 887~897)때부터 고려왕조가 기반을 확
고히 다진 성종 때까지 약 100년간 지방의 실질적인 지배자였다. 오늘날 이
100년의 시기를 '호족의 시대'라고 일컫는다.[218]

나. 신라 해적의 일본 침공

'호족의 시대'에 상인들의 활동이 궁금하다. 호족의 경제적 기반은 농업을
기초로 하고 상업과 수공업에 두고 있었다. 특히 왕건의 고려가 그러하였는데,
견훤이 왕건에게 밀리고 결국 패배한 가장 큰 원인은 견훤이 해상 상업세력의
지지를 얻지 못했기 때문이라고 할 수 있다.[219] 견훤은 자신의 코앞에 있는 나
주의 해상 상업세력을 장악하지 못했다.

신라를 중심으로 하는 신라·당·일본을 연계한 해상무역은 장보고가 사망

---

216) 호족에 대한 연구는 해방 후 식민사학의 문제점인 한국사회의 정체성론과 타율성론을
   극복하는 시각아래 내재적 발전론과 주체성론을 들추어내는 입장에서 주목을 받았
   다.(나말여초연구반, 「나말여초의 연구동향」, 『역사와 현실』 5호, 한국역사연구회,
   1991, pp.302~303) 호족에 관한 연구 중 호족의 경제기반 및 경제활동에 관한 연구는
   매우 미흡하다. 지금까지의 연구는 경제적 기반으로서 토지의 지배 및 수취권의 보유,
   역분전 및 전시과 체제의 성립 그리고 일부 해상무역의 존재 확인 등에 그치고 있는 실
   정이다.(노명호, 「나말여초 호족 세력의 경제적 기반과 전시과 체제의 성립」, 『진단학
   보』 74권, 진단학회, 1992, pp.1~49. 남재우, 「나말여초 호족의 경제적 기반」, 『경남
   사학』 4권, 경남사학회, 1987, pp.43~82) 필자는 경제가 역사발전의 내재적 요인으로
   서 큰 몫을 차지하듯이 '호족의 경제'에 관하여 보다 깊은 연구가 필요하다고 본다.
217) 나말여초연구반, 앞의 논문, p.301.
218) 정청주, 「신라말, 고려초 지배세력의 사회적 성격」, 『전남사학』 9호, 전남사학회,
   1995, p.122.
219) 견훤은 아자개(阿慈介)라는 농부의 네 아들 중 장남으로 태어났다. 견훤은 신라군에 지
   원 입대하여 비장(裨將)이 된 후 세력을 모아 후백제를 건국했다.(『삼국유사』 권2, 견훤
   전) 왕건은 해상 호족인 작제건(作帝建)의 손자이다. 『고려사』에는 작제건이 상선을 타
   고 서해를 항해하던 중 서해 용왕을 만나 용왕의 딸과 혼인하고 돌아왔다는 설화가 실
   려 있다.(『고려사』 권1, 고려세계조) 이는 작제건이 해상무역을 통하여 상당한 부를 획
   득했다는 것을 의미한다.(박한설, 「왕건 세계의 무역활동에 대하여 - 그들의 출신 규명
   을 중심으로」, 『사총』 10호, 1965)

한 뒤 851년 청해진이 폐쇄되기까지는 친장보고 세력과 반장보고 세력이 알력을 간직한 채 그런대로 운영되었다. 그것은 엔닌이 9년간의 당나라 체류를 끝내고 847년 7월 일본으로 귀국할 때 유신언(劉慎言)과 장영(張泳)의 도움을 받아 신라상인 김진(金珍)의 선박을 이용한 것과 853년 엔닌의 제자 엔친(円珍)이 당으로 갈 때 신라 무역상 흠당휘·왕초(王超)의 선편을 이용한 것을 통해 확인할 수 있다. 또한 당나라는 875년 황소(黃巢)의 난 이후에야 대외교역을 위한 중국인의 출국을 허용하였으므로, 청해진 폐쇄 후 황소의 난까지 약 24년간은 신라상인과 재당 신라상인이 해상무역의 주도 세력이 될 수밖에 없는 상황이었다.

　　한편 재일 신라인사회도 장보고 사망 후 상당 기간 건재했다. 그리고 바다는 신라인이 장악하고 있었다. 이와 관련하여 『일본삼대실록』과 『일본기략』 등에 신라의 상선과 신라 해적에 관한 재미있는 일화가 기록되어 있다.[220] 다음은 그 기록의 요지이다.

"835년(흥덕 10, 승화 2) 3월 14일, 대재부에서 일지도(壹岐島)는 멀리 바다 가운데 있으며 지세가 좁고 인구가 적어서 유지하기가 어렵다. 신라상인이 그 지방의 방위사정을 엿보는 것이 끊이질 않으나, 감시인을 두지 않아서 비상대책을 세울 수 없었다." (『속일본후기』)

"842년(문성 4: 승화 9) 8월 15일, 신라는 항상 야심을 품고 물건을 포장하지 않은 채 주었으며 무역을 빙자하여 국정을 염탐했다."(『속일본후기』)

"866년(경문 6: 정관 8) 11월 17일, 신라 적병이 언제나 틈을 엿보고 있다. … 장차 내습하는 적을 막을 수 있는 것은 오직 천지신명의 도움을 받는 것뿐이다."(『일본삼대실록』)

"869년(경덕 9: 정관 11) 6월 15일, 지난 달 22일 밤에 신라 해적이 두 척의 배를 타고 박다진(博多津)에 와서 풍전국(豊前國)의 연공(年貢)인 견(絹)과 면(綿)을 탈취해갔다. 추격했으나 잡지 못했다."(『일본삼대실록』)

"869년(상동) 7월 15일, 제국(諸國)의 조공사리(貢調使吏)가 일시에 출발해야 한다. (중략). 풍전국(豊前國)이 홀로 먼저 출발하여 (중략) 신라의 도둑들이 틈을 타서 경탈하니 오직 관물(官物)의 망실에만 있는 것이 아니고 겸하여 국위의 손상과 오욕을 가져왔

220) 김문경·김성훈·김정호 편, 앞의 책, pp.350~360에 수록된 내용을 정리하였다.

다."(『일본삼대실록』)

"870년(경문 10: 정관 12) 2월 12일, 대마도 하현군인(下縣郡人)의 한 사람이 새 를 잡으려 신라 국경으로 향하다가 신라국에 잡혀 투옥되었다. 그는 신라국에서 재목을 운반하는 것을 보았다. 신라인이 큰 배를 만들어 북치고 호각 불며 정병을 훈련하는데, 그 대마도 사람이 신라 경비에게 물으니 대마도 정벌을 위해서라고 했다."(『일본기략』)

"870년(상동) 2월 12일, 신라 상선이 때때로 내도한다. 그들이 물건 거래를 핑계로 들어와서 침범하고 횡폭한 짓을 한다고 하더라도 대비책이 없으면, 곡간의 문단속을 허술하게 하는 것과 같은 꼴이 되지 않을까 두렵다."(『일본삼대실록』)

"870년(상동) 2월 15일, 신라 적선 2척이 축전국(筑前國) 황진(荒津)에 내도하여 풍전국의 공물선에 실린 견·면(絹·綿)을 약탈해 갔다."(『일본삼대실록』)

"870년(상동) 2월 20일, 종래부터 대재부 관내에 거주하는 (신라)사람이 많다. 이들은 대개 표면적으로는 귀화한 듯하지만, 마음속으로는 역모를 품고 만일 내침하는 신라인이 있으면 반드시 내응했다."(『일본삼대실록』)

"870년(상동) 8월 28일, 대마도수(大馬島守)가 말하기를 가까운 신라인들이 경탈을 자행하나 이미 군대가 없으니 활(弩機)이 무슨 소용이 있으리오. 단절된 고도에서 누가 경호하리오 했다. 그리고 신라구적(新羅寇賊)이 전투 연습을 한다함으로 만일 미리 대비치 않으면 침략을 방어하기 어렵다며 활 잘 쏘는 사람을 두기를 청했다. 대재부(大宰府)에 명령하여 활 쏘는 사람을 뽑아서 두게 하였고, 이것을 항례로 하게 되었다."(『일본삼대실록』)

835년은 장보고가 한창 활약할 시기이다. 장보고의 무역상단은 지역 방위를 염탐하는 등 군사적 기능도 갖추고 있었던 것을 알 수 있고, 신라상인의 우월적 지위를 확인할 수 있다. 신라상인 중에는 정예군인 출신도 상당수 포함되어 있었던 것이다. 860년대 이후 신라상인들이 일본에다가 상거래를 강압하기도 했고, 신라 해적들이 일본의 관물까지 탈취하는 등 약탈 행위가 부쩍 늘어났다. 이는 장보고 사망 이래 신라 정부의 해상통제력이 사실상 거의 상실되다시피 할 정도로 취약해진 것을 의미한다. 또 장보고 휘하에 있던 해상세력들이 다시 독자적으로 활동하기 시작하여, 일부는 해적이 되고 또 다른 일부는 해상호족으로 성장해 나가는 것을 보여준다.[221]

---

221) 권덕영, 앞의 책, p.298

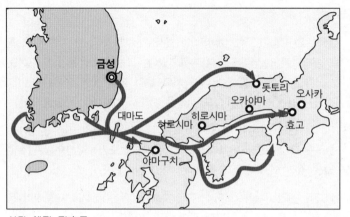

신라 해적 진출로

일본 정부는 860년대 들어 신라 해상세력과 일본의 지방 해상세력 간의 교섭을 의심하고 신라상인과 재일 신라인들을 탄압하기 시작했다.[222] 그리고 일본은 이들 양 측의 연대를 완전히 끊어 놓으려는 정책을 일관되게 폈다. 때문에 일본으로 내항하는 무역선의 신라상인들은 자신을 '당 상인(唐 商人)'이라고 출신 신분을 속여야 했다. 따라서 당시 일본에 온 당 상인들은 실제로는 거의 대부분 신라 상인 또는 재당 신라상인이었던 것이다. 그러므로 860년대와 870년대에 일본 해역에 등장하는 신라상인과 신라 해적은 거의 대부분 신라 서남해에 근거지를 둔 해상 상업세력이었다고 할 수 있다. 하지만 이후 9세기 후반부터 당 정부가 중국인의 해외 출국을 허용하자, 재당 신라상인은 떳떳이 당 상인으로 행세했다.

890년대에 들어와서는 해적의 구성원에 당인 또는 일본인이 가담하는 등 국제적인 인적 교류가 있었다. 890년대 해적은 세력 규모가 매우 커졌다. 침공 지역도 일본 구주뿐 아니라 야마구치현·오카야마현·히로시마현·돗토리현·효고현·교토부 등 본토까지 북상함으로써 일본 지배층에 상당한 위협을 주었다.

신라 해적의 규모는 어느 정도였을까? 문헌기록으로는 894년 9월 5일경 대마도를 습격한 45척이 가장 크다. 배 1척당 25명이 탑승했다고 보면 1,125명에 달하는 해적단이다. 이 해적단은 9월 17일 일본의 정규군과 격돌하여 302명이 죽고, 11척의 배와 각종 무기를 빼앗기고, 10월 6일경 퇴각했다.[223] 약 1개월

---

222) 이병로, 「일본측 사료로 본 10세기 한일관계」, 『대구사학』 57호, 대구사학회, 1999, p.7.
223) 『부상략기(扶桑略記)』 권22, 관평 6년 9월 5일조. 일본 정규군의 인솔자는 文室善友이다.

동안 대마도에 상륙하여 웅거한 것이다. 이 때 일본군에 현춘(賢春)이라는 해적이 사로잡혔다. 현춘은 자기가 속한 해적단은 선박 100여척에 승선인원이 2,500명이라고 했다. 그리고 장군이 3명 있는데 1명은 당나라 사람이라고 진술했다. 현춘이 말한 당나라 출신 장군은 신라 해적의 규모가 확대되면서 재당신라인 또는 당인이 가담했던 것으로 추측된다. 현춘의 해적단이 대마도 습격한 것은 9세기 최대의 해적 사건이고, 현춘의 해적단은 당시 최대 규모의 해적단이라고 할 수 있다.[224)]

한편 대마도를 습격한 해적단이 100척의 배와 2,500명의 인원을 보유했다면 이 규모는 고려 초기의 전체 수군과 맞먹을 정도이다.[225)] 또 그 조직이 군대조직과 유사하다면 단순한 해적이라기보다 서남해 연안에 기반을 둔 해상 호족이 보낸 군사였을 확률이 높고, 일본 정규군을 피하지 않고 맞받아 1개월 동안 전투를 벌인 것은 대마도를 완전히 차지하거나 또는 일정한 근거지를 확보하려는 의도가 있었다고 볼 수 있다.

신라 해적은 10세기에 들어서서 점차 수그러들었다. 그것은 9세기 말부터 우후죽순처럼 일어난 호족들의 각축전의 영향일 수 있다. 사실상 해적과 해상 호족을 구별하는 경계는 명확하지 않다. 따라서 호족의 각축전에서 해상 호족은 민심을 끌어들이며 자신의 정치적 입지를 강화하기 위해 해적 성향을 포기해야 했고, 자기 관할하의 지역에 있어 백성들의 안위를 돌보아야 했다. 이에 따라 오히려 인근 해역의 해적을 토벌하거나 회유하여 휘하에 편입시켜 나간 것으로 보인다. 그리하여 신라 해적들은 10세기 초반에 이르러 스스로 해상 호족으로 성장하거나 이들에게 토벌되고 흡수되었다.

다. 호족의 대외교역

신라 말의 혼란은 후삼국시대가 열리면서 어느 정도 수습되어 간다. 이제 각지의 호족들은 신라에 그대로 남느냐, 견훤의 후백제 편이 되느냐, 왕건의 고려를 선택하느냐를 결정하여 어느 한 곳에 귀부(歸附)해야 했다. 그리하여 호

---

224) 권덕영, 「신라하대 서·남해의 해적과 호족」, 『한국고대사 연구』 41집, 2006, pp.308~309.

225) 권덕영, 앞의 논문, 2006, p.325.

족의 경쟁은 삼국 간의 치열한 내전으로 치달아올랐고, 그것은 통일전쟁의 모습으로 발전되었다.

903년 3월 왕건이 궁예 밑에 있을 때이다. 왕건은 수군을 이끌고 가서 금성군(錦城郡)을 공격하여 함락시키고 금성을 나주(羅州)로 이름을 고쳤다.[226] 이로서 왕건은 서남해안의 해상세력을 장악할 수 있는 교두보를 마련하고 이들 지역의 호족세력과 연계를 맺어 나갔다.[227] 당시 나주 공략을 도운 해상 호족은 오다련의 오씨가(吳氏家)였고 왕건은 오씨가와 혼인을 맺었다. 이때 왕건의 처가 된 오씨가의 여인이 후일 왕건의 둘째 왕후로써 제2대왕 혜종을 낳은 장화왕후(莊和王后)이다.[228]

왕건과 견훤이 자웅을 다툴 때 다수의 해상 호족들이 나주 오씨가처럼 왕건 편에 섰다. 이것은 왕건의 할아버지 작제건(作帝建)이 서해를 주름잡던 유명한 무역상이었고 해상 호족이어서 해상 호족들과 군소 해상세력들의 호응도가 높았기 때문으로 추측된다.

견훤 편에 선 해상 호족도 다수 존재했다. 대표적으로는 영산강 하구 압해도(壓海島)에 근거를 둔 능창(能昌)이다. 능창은 장보고 사후 서남해 지역의 해양 세력을 결집한 인물로 견훤 편에 선 해상 호족이었다.[229] 910년 경 왕건이 목포(木浦)에서 견훤의 정예 수군을 격파하고 나주에 주둔하려고 했을 때, 능창이 왕건을 얕보고 해치려고 덤볐다. 하지만 도리어 왕건에게 잡혀 죽임을 당했다.[230] 왕창의 죽음으로 견훤의 해상력은 크게 한풀 꺾였다.

신라말 한반도에 불어닥친 호족 간의 치열한 전쟁은 군수 산업을 다시 생동시키기 시작했다. 우수하고 강력한 무기의 생산과 군마·의복·식량·소금

---

226) 『고려사』 태조세가, 천복 3년.
227) 채수환, 「왕건의 고려건국 과정에 있어서 호족세력」, 『백산학보』 82호, 백산학회, 2008, pp.116~118.
228) 신호철, 「고려건국기 서남해 지방세력의 동향」, 『역사와 담론』 58집, 호남사학회, 2011, pp.10~11. 오씨가 낳은 아들 승건(承乾)이 왕건의 대를 이어 제2대 혜종에 즉위한다.
229) 강봉룡, 「장보고 암살과 서남해지역 해양 세력의 동향」, 『장보고 연구논총』, 해군사관학교 해양연구소, 2004, pp.168~175. 능창이 왕건에 맞서 싸운 것을 두고 친견훤 해양세력으로 보는 견해가 있다.(권덕영, 「신라 하대 서남해 해적과 장보고의 해상 활동」, 『대외문물교류연구』 창간호, (재)장보고기념사업회, 2002, p.26)
230) 『고려사』 권, 세가1, 태조.

등 군수 물자의 확보는 호족이 무엇보다 중요시해야 하는 최대의 과제였다.

신라 말 호족의 치열한 싸움은 군수산업을 다시 생동시키기 시작했다. 성능 좋은 무기와 군마·의복·식량·소금 등 군수물자의 확보는 호족에게 무엇보다 중요한 최대의 과제였다. 아울러 후삼국이 정립은 상권의 변화를 가져왔다. 경주(慶州)를 중심으로 한 신라의 상권은 후백제의 무진주와 고려의 개경(開京)으로 급속히 재편되어 갔다. 수공업자와 기술자 그리고 상인은 연고 있는 호족 또는 자신을 초청하는 호족을 찾아가거나, 스스로 판단하여 무진주와 개경으로 거처를 옮겼다.

한편 후백제와 고려는 대외교역에 경쟁적으로 나섰다. 대내외적인 권위 획득, 군수품의 조달 그리고 교역의 이익을 얻기 위한 불가피한 경쟁이었다. 당시는 중국 대륙도 당이 멸망(907년)하고 5대 10국으로 분열되어 있었다. 이들 각국들도 후백제와 고려와의 교류와 교역을 희망했다.

중국 5대 10국의 창업자 중에서 고려 태조 왕건(王建)과 똑같은 이름을 가진 자가 있어 흥미롭다. 촉(蜀)나라의 왕건이다. 그는 주전충이 당을 무너뜨리자, 촉의 성도(成都)에서 스스로 황제라고 칭제(稱帝)했다. 지혜가 많았으며 선비를 잘 대접하고 출판사업도 장려했다.[231] 고려의 왕건은 촉의 왕건보다 나이가 30살 아래였다. 918년 6월 고려 왕건은 42세의 나이로 왕위에 오르는데 공교롭게도 동년 동월에 촉의 왕건은 72세의 나이로 죽었다. 이 시기 중국에는 승려와 학자들 그리고 상인의 왕래가 빈번했으므로 중국의 정세가 한반도에 자세히 전해지는 상황이었다. 따라서 고려의 왕건은 촉의 왕건을 인지하고 있었고, 촉의 왕건을 어느 정도 틀림없이 의식했을 것이다.[232] 어떻든 같은 해 같은 달에 중국 촉의 왕건은 죽고, 고려의 왕건은 왕위에 올랐으니 역사의 우연치고는 별난 우연이라고 할만하다.

---

231) 『신오대사』 권63, 전촉세가3, 왕건(王建).

232) 이상옥, 「5대 10국 시대와 후삼국과의 관계」, 『중국학보』 2호, 한국중국학회, 1964, pp.35~36. 이상옥은 한국역사 변천과 중국역사 변천이 항상 같은 법칙으로 변해가는 것이라고 보고, '왕건은 아무래도 촉의 왕건을 사모한 듯하다', '이름이나 그 행동까지 동일한 점은 어느 모로 보아도 저쪽을 모방한 듯하다' 라고 한다. 한국이 중국의 영향을 받는 것은 사실이지만 '항상 같은 법칙으로 변화해 가는 것'으로 보는 점은 무리인 것 같고, 왕건이 촉의 왕건을 '사모 또는 모방' 한 듯하다는 표현은 우연을 강조하려는 확대 해석이라고 보인다.

5대 10국 중 후삼국의 주요 무역 상대국은 남중국 연안의 오(吳), 남당(南唐), 오월(吳越), 민(閩), 남한(南漢) 등 5왕국이다.[233] 오(吳)와 남당(南唐)은 산동의 남부에서 양자강 입구까지를 포함하는 해안을, 오월(吳越)은 양자강 입구에서 복건(福建)의 경계까지의 해안을 각각 차지하고 지배했다. 민(閩)은 940년 남당과 오월에 의해 멸망하기까지 복건의 모든 해안을 차지했고 남한(南漢)은 광주(廣州)를 중심으로 하여 남부 해안을 지배했다. 이들 왕국 중 오월·민·남한은 재정 수입의 대부분을 무역에 의존하는 이례적인 무역 국가였다.

대외무역의 교역망이 붕괴되고 분열되었을 때, 끊어진 연결선을 다시 이으려는 상인들의 움직임은 자연스런 일이고, 서로 연계가 두터웠을수록 연결하려는 욕구는 크다. 한반도와 중국 간에도 정치적 혼란을 극복하면서 교역을 연결하려는 상인들의 희망은 양쪽에 관련된 나라들의 희망이기도 했다. 후백제와 고려는 오월·민·남당 등 중국 동남연안의 왕국들과 외교적으로 좋은 관계를 맺으려 했고, 이들 왕국들도 우호관계를 맺고 교역을 확대하기 위해 노력했다.

견훤과 왕건이 동시에 유대를 맺은 대표적인 왕국은 오월국이었다. 하지만 오월국은 견훤과 더 가까이 지냈다.[234] 견훤은 900년(효공왕 4)에 오월왕 전류(錢鏐)에게 조공사절을 보냈고 912년에는 사신을 보내 말을 선물했다. 또 927년에는 고려 왕건과의 전쟁을 중재해 달라고 요청했다.[235] 이 요청을 받은 전류는 동년 11월에 사신 반상서(班尚書)를 후백제에 파견하여 견훤과 왕건의 화해를 주선했다.[236] 한반도의 분쟁을 원하지 않아 평화를 중재하려는 오월왕의 노력은 성공하지 못했다. 하지만 왕건이 반상서가 가져온 오월왕의 편지에 경의를 표하고 경청하는 태도를 보였는데, 이는 오월과의 외교관계를 중시하고 지속적인 교역을 희망했기 때문이었다.

---

233) 박승범, 「9~10世紀 東아시아 地域의 交易: 新羅末,高麗初 韓半島를 中心으로」, 『중국사연구』 29집, 2004, pp.107~144.

234) 이상옥, 앞의 논문, p.36.

235) 오월왕의 화해 중재 요청은 고려가 세력 만회를 위해 오월에 외교적 공세를 펼치고 요청한 결과로 보기도 한다.(이병로, 「일본측 사료로 본 10세기 한일관계」, 『대구사학』 57호, 대구사학회, 1999, p.17)

236) 『고려사』 권1, 태조 11년조. 견훤은 반상서가 가져온 오월왕의 편지를 복사하고 자신의 편지를 동봉하여 왕건에게 보냈고 왕건은 회답 편지를 보냈으나, 이로서 휴전하지는 않았다.

오월국은 당시 일반 백성들에게 그 존재가 잘 알려져 있었고 백성들이 친근하게 여겼던 것 같다. 신라 말기에 내란을 피해 중국으로 피난간 자가 많았는데 오월국으로 가장 많이 간 것으로 보인다. 예를 들면 영주(瀛州) 상질현(尚質縣) 사람 정유(鄭儒)는 신라 말기에 오월국으로 피난 갔다가 고려 광종 때 귀국했다. 광종은 그가 중국말을 잘하므로 중국 사신을 접대하는 임무를 맡겼고, 그의 아들 정연우(鄭延祐)는 행정사무를 잘 처리하여 호부상서가 되었다.[237]

왕건은 해상 호족의 후예답게 중국과의 외교와 교역을 활발하게 전개했다. 외교는 주로 후당(後唐)과 그 뒤를 이어 일어난 후진(後晉)과 교류하면서 그로부터 책봉을 받고 그들의 연호를 썼다. 후주(後周)에는 동(銅)을 수출하고 비단을 수입했다.[238] 고려와 민왕국의 유대는 지속되어 고려는 민왕국이 후원하는 사찰 금신파한사(金身罷漢寺)에 3개의 청동불상과 목탑을 기증하기도 했다.

한반도의 해상 상업세력과 관련하여 중국 역사서인 『신오대사(新五代史)』, 『자치통감(資治通鑑)』, 『10국 춘추(十國春秋)』 등에 매우 흥미로운 사실이 수록되어 있다. 고려가 한반도를 통일한 936년 후부터 940년대 초반 경에 신라를 대표한다는 사절이 보검과 공물을 가지고 복건의 민(閩)왕국에 온 것이다. 신라는 935년에 이미 소멸했으므로 민 정부는 그들을 어떻게 대우할지 몰라 우왕좌왕했다. 어떻든 이들은 당시 국가권력과는 다른 별도의 호족세력이 공식적이건 또는 비밀리의 접촉이건 간에 사절단이라는 이름으로 무역을 상당한 규모로 전개하고 있었음을 반증하여 준다.[239]

신라 명칭을 사용하지 않은 무역사절단의 예가 있다. 강주(康州, 지금의 진주) 지역의 호족인 왕봉규(王逢規)다. 왕봉규는 924년(경명왕 8)과 927년(경애왕 4)에 신라와 관계없이 독자 이름으로 후당(後唐)에 조공사절을 보냈다.[240] 이 때 왕봉규는 신라의 관직명을 쓰지 않고, 천주절도사(泉州節度使) 또는 권지강주사

---

237) 『고려사』 권94, 열전7, 황보유의(皇甫俞儀)전.
238) 『고려사』 권2, 세가, 광종 9년조, 10년조.
239) 김문경·김성훈·김정호 편, 앞의 책, 1996, pp.280~281.
240) 『삼국사기』 권12, 신라본기12, 경명왕 8년조, 경애왕 4년조. 왕봉규는 지금의 의령을 근거지로 하여 진주 권역을 지배한 호족으로 해상 활동은 섬진강의 하동항을 이용했다.(이현모, 「나말여초 진주지역의 호족과 그 동향」, 『역사교육논집』 30권, 역사교육학회, 2003, pp.136~140)

(權知康州使)라는 중국의 관직명을 사용했다. 이는 장보고가 대사라는 직함을 갖고 해상교역을 주도한 것과 비교될 수 있다. 또 이것은 왕봉규가 신라 정부의 간섭을 받지 않을 정도로 세력이 커진 사실을 말해 준다.[241]

신라 말기 '호족의 시대'에는 골품제의 신분사회가 무너지고 상인·농민·장인·하급 군인도 특정지역을 장악하고 호령하는 호족이 될 수 있었다. 또 초기 고려는 각 지역에서 독자적인 행·재정 능력을 갖춘 호족들의 세력이 막강하여 중앙집권적인 강력한 통치체제를 구축하지 못했다.[242] 따라서 초기 고려를 호족연합정권이라고도 한다. 호족은 자신의 지배영역을 효율적으로 통솔하기 위해 중소 호족을 정치·군사적으로 통할하는 관반체제(官班體制)라는 독자적인 정치·행정 체계로 정비해 나갔고[243] 관직 담당자는 꼭 신분에 얽매이지 않았으며 능력 위주로 선발하여 채워 나갔다. 그러므로 당시는 평범한 지방민인 농민과 상인도 실력을 쌓아 중앙 관리나 지방 관리로 진출할 수 있었다.

호족들은 서로 생사를 건 경쟁을 하여야 했다. 자칫 한순간의 실수와 상황판단의 잘못은 돌이킬 수 없는 몰락을 초래할 뿐이었다. 따라서 스스로 근면하고 검약을 실천하며 지역민 보호에 진력하여 민심을 잡고 백성들을 끌어 모아야 했다.[244] 백성들과 군사들이 필요로 하는 물자의 조달은 최우선 과제였고, 또한 호족들이 입증해보여야 하는 실력 그 자체였다.

호족의 시대에 호족들은 상업을 통해 경제력을 신장시키고, 재정을 확충해 나가려 노력했다. 호족들은 식량·소금·철·동 따위 군수물자와 생활필수품은 말할 것도 없고, 지배자로서의 권위를 치장하기 위한 사치품과 위세장식품을 구하기 위해 상인의 조력을 받았다. 그러므로 상업은 존중되었고 호족들은 상인을 끼고 돌며 보호했다. 때로는 부족한 물자를 확보하기 위해 호족들 스스로 상인의 역할을 맡기도 했다.

---

241) 박승범, 「9~10세기 동아시아 지역의 교역」, 『중국사 연구』 29집, 2004, pp.124~125.

242) 고려 건국 후 성종 때까지의 고려 왕조를 호족연합정권으로 보는 견해가 있다.(하현강, 「고려 왕조의 성립과 호족연합 정권」, 『한국사』 4권, 국사편찬위원회, 1974). 하지만 '연합정권'이라는 정치체제는 근대 이후에나 설정할 수 있는 개념일 것이다.

243) 구산우, 「신라말 향촌사회의 변동과 새로운 계층구조의 형성」, 『한국중세사회의 제문제』, 2001, pp.443~445.

244) 노명호, 앞의 논문, pp.6~7.

제2부

고려시대 상인

1

고려상인과 상업환경

한반도와 중국은 10세기 초 거의 비슷한 시기에 통일국가체제가 무너졌다. 신라는 견훤(甄萱)이 900년에 후백제를, 궁예(弓裔)가 901년에 후고구려를 건국하여 이른바 후삼국으로 분열했다.[1] 중국은 당(唐)이 주전충(朱全忠)에 의해 멸망(907년) 당하고, 극심한 혼란을 거치며 5대 10국(五代十國)으로 재편되어 나갔다.[2]

혼란과 분열을 먼저 종식시킨 것은 고려(高麗)였다. 왕건(王建)은 918년에 궁예를 축출하고 고려를 세운 뒤 신라를 935년에 병합했으며, 그 이듬해에 후백제를 멸망시키고 한반도를 통일했다. 이후 고려는 이성계(李成桂)에게 1392년 멸망 당하기까지 474년간 존속했다. 고려가 존속한 474년 동안 중국 대륙은 5대 10국에 이어 요(거란)·북송·금·남송·원·명 등의 여러 왕조가 명멸했다.

이와 같이 중국은 한족·거란족·여진족·몽고족 등 여러 종족에 의해 왕

---

1) 『삼국사기』 권50, 열전10, 궁예·견훤전.

2) 당은 276년간 존속했다. 주전충이 세운 나라가 後梁(907-923)이다. 5代는 後梁(907-923)·後唐(923-936)·後晉(936-946)·後漢(946-951)·後周(951-960)이고, 10國은 前蜀·後蜀·荊南·楚·吳·南唐·吳越·閩·南漢·北漢이다.(백양(柏楊), 『中國歷史年表』下, 臺北:星光出版社, 1981, p.836)

조의 흥망이 있었는 데 비해 고려는 멸망당하지 않고 오랫동안 자존을 지켜나 갔다. 그러기에 중세 동아시아 역사는 고려가 그 중심국이었다고 말할 수 있다.

태조 왕건은 고려를 세우며 황제국을 표방하고 스스로 천자(天子)로서의 품 격을 지켜나가려 애썼다. 고려상인은 황제국 고려의 중추 동량이었다. 그리고 황제국 상인으로서 자긍심을 갖고 앞장서 고려를 부강한 나라로 만들어 나갔 다. 그런 와중에 자연히 상업은 발전하고, 고려상인은 세계를 무대로 하여 상 혼을 함양하고 기개를 펼쳐 보일 수 있었다.

『고려사』에는 상업을 보호하고 육성시킨 국왕과 고위관리의 기록이 즐비하 다. 또한 후량·후당·후진·후한·후주 등과 송·거란(요)·여진(금)·몽고· 일본·철리국·유구·명 등의 13개국에 사신을 보내 교역한 사실도 풍부히 담 겨있다.[3] 뿐만 아니라 한 시대를 풍미하며 국내외로 활약한 뛰어난 상인들의 이야기가 다양하게 실려 있다.

고려는 상업을 장려하고 상인을 우대한 나라다. 그리고 세계에 뽐낼만한 고려청자, 금속활자 등의 세계일류 상업문화를 일구어 냈다. 그러므로 고려는 오늘날 상업문화시대를 사는 우리에게 귀감이 되는 자랑스러운 나라다.

I. 고려 인구 350만~550만

고려는 훌륭하고 위대한 나라다. 중국 한족(漢族)이 세운 거대한 나라 송 (宋)을 굴복시킨 정복국가 요(遼)와 당당히 맞서 싸워 승리했고 세계를 정복한 칭기즈칸(成吉思汗)의 몽고(蒙古)와도 40여 년 동안이나 항전을 지속했다.[4]

우리는 고려를 이토록 강인한 나라로 만들고 당당하게 지탱해 준 국력의 기반에 대해 알아볼 필요가 있다. 당시는 농업이 국가경제의 중심이었고 영토 에 비해 인구가 희소했던 까닭에 무엇보다도 인구가 국력에 직결되는 주요한 요소였다. 그렇다면 고려의 인구는 과연 얼마쯤이었을까?

---

3) 나민수, 「고려의 대외 교역에 대하여」, 『연세경제 연구』, 8권 1호, 2001, p.2. 이 외에 홍료국·대식국·동진국·모라국·붕라국 등에서 고려에 사자를 보냈으나, 고려는 이들 나라에 사자를 보내지 않았다.

4) (『고려사』권104, 열전17, 김방경전) 1231년 몽고 침략으로부터 1259년 항복하기까지는 28년, 삼별초의 옥쇄까지는 42년간이다.

　　중세 이전까지의 우리나라 인구상황은 이를 알려주는 기록이 많지 않다. 따라서 중국의 기록을 가지고 추정해 볼 수 있을 따름이다. 고대 우리나라 인구에 대한 가장 오래된 기록은 한사군(漢四郡)의 호구를 기록한 『한서(漢書)』인데, 기원 전후 한사군의 인구를 100만 이상으로 기록하고 있다.[5] 한편 1990년대 초, 평양 정백동 364호 고분에서 기원전 45년의 낙랑군 인구를 기록한 목간이 출토되어 인구 추정에 근거가 된다. 이에 의하면 낙랑군 인구는 45,987호에 280,000명이다.[6] 따라서 한사군을 포함한 고조선의 전체 인구는 100만 이상을 훨씬 웃도는 것으로 추정할 수 있다. 그리고 진한·변한·마한 등 삼한의 인구는 고조선과 비교하여 그보다 적거나 비슷하다고 보아 대략 100만 내외로 추정 가능할 것이다.

　　삼국시대 한반도의 총인구를 약 300만으로 추산하는 견해가 유력하지만[7] 백제의 인구를 「평백제탑비(平百濟塔碑)」에 근거하여 백제 멸망 당시 24만호 620만으로 추정하기도 한다.[8] 『삼국사기』의 고구려 멸망시 69만 6천호, 백제 멸망시 67만호의 기록과[9] 『삼국유사』의 고구려 전성기에 210,508호, 백제 전성기에 152,300호, 신라 전성기에 수도 서라벌에 178,936호라는 기록과[10] 대비해서 생각해

정림사지 5층석탑(당나라 장수 소정방이 '대당평백제국비명'을 새겼다)

---

5) 김재진, 『한국의 호구와 경제발전』, 박영사, 1967.

6) 윤용구, 「새로 발견된 낙랑목간 – 낙랑군 초원4년 현별호구부 –」, 『한국고대사 연구』 46집, 고대사학회, 2007, pp.246-253.

7) 박규상, 『인구문제와 인구정책』, 한얼문고, 1997, p.212. 정순웅, 『한국 인구문제의 대책』, 문왕출판사, 1976, p.55.

8) 「평백제탑(平百濟塔)」, "凡置五都督部 三十七州 二百五十縣 戶二十四萬 口六百二十萬".

9) 『삼국사기』 권22, 고구려본기 10, 보장왕 하. 『삼국사기』 권28, 백제본기 6, 의자왕. 『삼국사기』 권37, 잡지 6, 지리 4 백제.

10) 『삼국유사』 권1, 기이, 고구려. 『삼국사기』 권1, 기이, 변한백제. 『삼국사기』 권1, 기이, 진한.

볼 수도 있겠다.[11] 하지만 이 인구 수치가 일반 양인(良人) 이상인지 또는 천민과
노비까지를 포함한 것인지에 대한 구별이 없고, 당시 인구 여건에 비추어 과장된
측면이 있어 이 수치들을 채택하기는 어려울 것 같다.[12]

고려의 인구를 정확히 밝혀주는 우리나라 문헌 기록은 아직 드러나지 않고
있다. 다만 『송사(宋史)』에 고려 인구가 210만으로 기록되어 있는바,[13] 이는 송
과 고려 간에 외교가 단절된 1130년대의 인구라는 견해가 있다.[14] 한편 조선초
의 인구와 고려말의 인구가 거의 엇비슷할 것으로 볼 수 있다. 세종(世宗)과 성
종(成宗, 1457~1494)대에 관료로 종사했던 양성지(梁誠之)는 그가 쓴 『눌제집(訥
齋集)』에 당시의 인구를 400만으로 기록했다.[15] 이에 대해 인구추계에서 누락되
었을 것으로 보이는 어린이 비율을 30%(133만명)로 적용하여 조선 초의 총인구
를 533-570만으로 추정하기도 한다.[16]

오늘날 현대적 인구추계방식을 적용해서 조선 개국년도인 1392년의 인구를
750만명으로 보는 견해가 있고[17] 조선 건국시 인구를 554만으로, 1440년(세종
22년)의 인구를 672만 4천명으로 추정하기도 한다.[18] 또 조선 개국초의 인구를
550만으로 추정하거나 1392년의 인구를 559만 9천명, 세조 7년의 인구를 756만
4천명으로 추산하기도 한다.[19] 이와 같이 학계에서도 여말선초(麗末鮮初)의 인

---

11) 조상현, 「삼국유사의 삼국전성시기 호구 기사검토」, 『한국고대사연구』 56집, 2009,
    pp.399-435.
    조상현, 「고구려의 인구에 대한 시론」, 『역사학연구』 28, 2006. p.1-24. 7세기 전쟁기
    사를 중심으로 하여 고구려 인구를 최소 200만-300만 정도로 추산한다. 중국 측 고구려
    인구 기록은 『구당서』에 69만 7천호, 『신당서』에 69만호로 거의 비슷하다.(『구당서』 권
    199상, 열전149상, 고려. 『신당서』 권220, 열전145, 고려)
12) 이영구, 이호철, 「조선시대의 인구추계(1)」, 『경영사학』 2호, 한국경영사학회, 1987, p.188.
    24만호에 620만은 호당 25.8명으로 비현실적이라는 비판이 있고, 호당 5명으로 쳐서 120만
    으로 보자는 견해도 있다.
13) 『송사』 권487, 열전246, 고려전.
14) 이태진, 「고려후기의 인구증가 요인 생성과 향약의술 발달」, 『한국사론』 19호, 서울대
    학교 인문대학 국사학과, 1988, p.259.
15) 양성지, 『눌제집』 권4, 주의(奏議), 병사 6책.
16) 김순자, 「고려시대의 전쟁, 전염병과 인구」, 『이화사학연구』 34집, 2007, p.76.
17) 이영구, 이호철, 1987, p.197.
18) 권태진, 신용화, 「조선왕조시대 인구추정에 관한 일시론」, 『동아문화』 14호, 서울대 동
    아문화연구소, 1977, p.307 부록.
19) 이태진, 앞의 논문, p.260.

구에 대해 무려 200만의 편차가 날 정도로 견해 차이가 있는 실정이다.

『송사』의 고려 인구 210만은 설사 1130년대의 인구로 추정하더라도 지나치게 낮게 잡은 것으로 여겨진다. 왜냐하면 1130년은 고려가 후삼국을 통일한 938년으로부터 약 200년이 지난 시점이므로 이 수치를 따르려면 고려 초의 인구를 200만 이하로 낮게 봐야 하기 때문이다.

한편 1231년 칭기즈칸의 침공 당시 고려 인구를 294만으로 추산하기도 한다.[20] 하지만 전쟁 후의 고려는 전체 인구가 대폭 줄어들 수밖에 없었다. 40여 년간의 전쟁에서 인명 손실이 컸고, 전쟁 후 포로로 끌려간 자가 무려 206,800여 명이었으니,[21] 전쟁 중 목숨을 잃었거나 기아에 굶주려 사망한 경우까지 감안하면 총인구의 감소는 실로 막대했을 것이다.

그리고 원 간섭기(元 干涉期)와 고려 말에 인구가 다른 시기에 비해 특별히 증가되었을 것으로 볼 근거도 없다. 따라서 고려 말 홍건적과 왜구의 침입 등 잦은 전란으로 인해 인구감소가 불가피했던 점을 감안해서 볼 때, 여말선초의 인구를 500만 이상으로 추정할 경우, 1130년대 또는 고려초 인구를 210만보다 훨씬 많게 추정해야 하는 것이다.[22]

오늘날과 같은 정밀한 방식으로 인구통계조사(人口統計調査)를 하지 못했던 근대 이전의 인구기록은 신뢰도의 한계가 있지만, 당시 인구 수치가 행정의 중요한 기본자료였던 만큼 어느 정도 신빙성은 있을 것이다. 하지만 근대 이전은 인구조사의 목적에 따라 실제 조사하는 과정에서 이를 담당하는 지방관들이 손쉽게 인구수를 늘리거나 줄일 수 있었음을 참작해야 한다. 즉 질병·기근 등에 대한 피해 조사일 경우 지방의 조사관들은 중앙지원을 더 받기 위해 구호해야 할 인구수를 부풀려 보고했고, 반면에 군역·부역·조세 등의 부과 근거로 삼기 위한 조사일 경우 백성들의 부담을 줄여 주기 위해 가능한 한 인구수를 줄

---

20) 김순자, 앞의 논문, 2007, p.77.

21) 『고려사』 권24, 세가, 고종 41년 12월 갑오.

22) 중국 측의 인구변동 추이를 대략적으로 살펴보면 중국 본토(역대 중국 왕조의 영토가 일정하지 않았기 때문에 대만·길림·절령·신강·서장 등 변방을 제외한 영토) 인구는 606년 수(隋) 5천 3백만, 755년 당(唐) 5천 2백만, 1014년 송(宋) 5천 5백만, 1193년의 송과 금 1억 2천 3백만, 1290년 원(元) 8천 6백만, 1393년 명(明) 6천 1백만, 1751년 청(淸) 2억 6백만으로 추계하고 있다.(박상태, 「중국의 인구─역사적 변천과 추계」, 『동아연구』 1호, 서강대학교 동아연구소, 1982, pp.22~24)

여 보고했을 것이 확실하다.

고려는 후삼국을 통일한 후 국가 운영의 기본 틀을 잡기 위해 각 지역의 인구와 자원을 면밀하게 조사했다. 그러나 당시 모든 지방에 중앙 조사관을 직접 파견하여 조사하지 못하고 각 지방의 호족(豪族)들을 통해 조사가 이루어졌다. 이 때 호족들은 군역과 조세 등의 부담을 염두에 두고 타 지방의 조사 내용을 염탐하는 등 서로 눈치를 보면서 중앙에 가급적 인구수를 낮추어 보고했을 확률이 높다. 따라서 『송사』에 기록된 인구 210만은 고려 초기의 인구로 보되, 실제 인구보다 훨씬 적게 추산된 인구 수치일 것이다. 물론 210만의 인구가 양인(良人)인가 또는 노비까지 포함하느냐의 쟁점은 여전히 남는데, 노비를 포함하지 않은 인구수로 보는 것이 적절할 것이다.

고려 인구는 군인수를 따져봄으로써 추산해 볼 수 있다. 군대의 유지는 백성들의 군역 동원과 군비조달의 문제와 결부되므로 부풀리거나 과장해서 기록할 이유가 없다. 그래서 인구추계 자료로 사용하면 유용하다.

고려의 군사조직은 수도방위와 궁성의 수비 및 치안을 담당하는 중앙의 경군(京軍)과 지방의 방위와 치안을 맡는 주·현군(州·縣軍)으로 편성되었다. 중앙의 경군은 성종 14년(955년)에 국왕의 친위군인 2군(응양군, 용호군)과 수도방위군인 6위로 편성되었다. 그 군력은 2군 약 1만명, 6위군 3만 5천명 등 총 4만 5천명이었다. 이들은 상비군으로서 군인전(軍人田)이 지급되었고 1군인전 당 2인의 양호(養戶)를 두어 경작하게 했다. 따라서 경군 1인당 가족을 5인으로 보면 전체 4만 5천명의 가족수는 약 22만 5천명이다. 다음 군인전을 경작하는 양호의 호당 가족을 5인으로 가정하면 양호의 가족은 총 45만이 된다. 그러므로 경군과 관련한 총 인구는 대략 67만 5천명으로 추산된다.

지방군은 정종(定宗) 2년(947)에 조직된 광군(光軍)으로 뒤에 주·현군으로 개편되었다. 주·현군에서 북방의 양계(兩界)에 배치된 군사는 상비군과 같았고, 일반 지역은 보승(保勝)·정용(精勇)·일품군(一品軍)으로 구성되었다. 보승군과 정용군은 지역 방위와 치안을 맡았고 일품군은 단순한 노역 부대였다.

최초의 광군은 거란의 침입에 대비하여 정종 2년(947)에 조직한 30만명이다. 거란과의 전쟁은 3차에 걸쳐 벌어졌다. 1차 침입(993년)은 소손녕(蕭遜寧)이 이끌고 온 80만 대군이다. 고려는 광군 30만을 동원하여 맞섰다. 하지만 서희

(徐熙)의 외교 활약으로 사실상 전투를 하지
않고 거란군이 물러갔다.[23]

2차 침입은 1010년(현종 원년) 11월에
거란 임금 성종(聖宗)이 직접 40만 대군을
이끌고 내침했다.[24] 고려는 30만 광군으로
맞섰으나 개경이 함락 당하고 왕이 나주로
피신하는 등 초전에 크게 패했다. 그러나
고려가 끈질기게 응전하면서 한편으로 화의
를 청하자, 고려군의 공격에 시달린 거란이
이를 받아들이고 1011년 2월에 퇴각했다.
고려는 퇴각하는 거란군을 공격하여 타격을
입혔다.

강감찬

3차 침입은 1018년(현종 9) 12월에 있었다.[25] 소배압(蕭排押)이 10만 대군으
로 쳐들어오자 강감찬(姜邯贊)이 20만 대군으로 맞서 싸워 귀주에서 대승했다.
이로서 양국 간의 전쟁이 종식되었고, 결과적으로 고려가 최후의 승리를 거두
었다.

세 차례에 걸친 양국 간의 전쟁에서 1차·2차 침입 때 고려는 각각 30만
광군으로 맞섰고 3차 침입 때에는 20만 광군으로 응전했다. 따라서 고려의 최
대 군사 동원력은 30만으로 볼 수 있다.[26] 또 30만 광군은 전국에서 3호당 1인
씩 징집하고 호당 가족을 5인으로 가정하면 징집 대상 총 인구는 450만으로 추

---

23) 『고려사』 권94, 열전7, 서희전.

24) 『고려사』 권4, 세가, 현종 원년 11월 신묘.

25) 『고려사』 권4, 세가, 현종 9년 12월 신해.

26) 고려의 30만 광군이 다소 부풀려진 것으로 의심할 수도 있겠지만, 고려와 후백제의 마
   지막 전투를 살펴보면 30만은 고려가 국력을 총동원한 군력임을 짐작할 수 있다. 양 국
   의 최후의 결전은 936년(태조 19년) 9월에 경북 선산 일원에서 벌어졌다. 고려의 총 군
   세는 고려군 8만명에 여진 기병 9,500명을 합하여 총 89,500명이었다.(『고려사』 권2, 세
   가, 태조 19년조) 후백제의 군세 역시 고려에 못지 않았을 것이므로 최후의 결전에 동
   원된 양측의 총 군세는 16만명을 상회했을 것이다. 이 군사는 양측의 호족들이 자신의
   군사를 최대한으로 동원해 참전했다고 볼 수 없을 것이므로, 고려 초 거란의 침입시는
   이보다 더 많은 군사를 동원할 수 있었을 것으로 추정가능하다.(김광수, 「고려 건국기
   의 패서 호족과 대여진관계」, 『사총』 21호, 1977, p.146)

산된다. 다음 광군 30만을 모두 주·현군으로 보고 주·현군 1인당 가족수를 5인
으로 가정하면 총 가족수는 대략 150만을 상회하게 된다. 따라서 앞에서 추정
한 경군과 양호의 가족수 67만 5천명을 이에 합하면, 즉 고려의 경군과 주·현
군을 근거로 추정한 총인구수는 217만 5천명에 달한다. 광군과 중앙군을 통한
인구 추계는 비록 흠이 있고 완전하지는 않지만, 이에 의하면 고려 초기의 인
구는 220만은 확실히 넘어서고 450만까지 추산 가능하다. 그 평균치는 345만이
된다.

　　인구 200만 정도에서 30만 정병을 징발했다는 것은 무리가 있고 수긍하기
어렵다. 이렇다면 고려 초기의 인구를 350만 내외로, 고려말의 인구를 550만
내외로 추정하는 것은 무리가 없을 듯하다. 그리고 통일신라시대의 인구는 고
려 초로부터 역산하여 300만 내지 400만 정도로 조심스레 추정해 볼 수 있다.

　　고려 인구 350만 내지 550만은 결코 적은 인구가 아니다. 인구는 생산자인
동시에 소비자로 경제의 관건(關鍵)이며 상업의 성쇠를 결정짓는 요소이다. 고
려의 상업은 350만 내지 550만의 인구 토대 위에 세워졌다. 이 고려의 인구는
오늘날 현대 국가와 견주어도 결코 적은 인구가 아니다. 인접한 거대 중국으로
인해 상대적으로 작아 보여서 그렇지 고려는 상당히 큰 나라였다. 고려는 상업
의 성장 잠재력이 크고 상인들이 자신의 역량과 재간을 마음껏 발휘할 수 있을
정도의 인구 여건과 경제기반을 갖춘 나라였다.

2. 국제상업도시 개경의 성장과 발전

가. 자유도시 패션도시 개경

　　태조 왕건은 즉위한 이듬해(919년) 철원에서 개경(開京, 지금의 개성)으로 천
도했다.[27] 신라시대 말단 변두리 시골 송악(松嶽)은 이제 명실공히 한나라의 수
도로서 정치·군사·경제·문화의 중심지로 바뀌었다.

　　왕건은 천도한 이후 개경에 큰 궁궐을 짓는 등 왕도로서의 위엄을 갖추는
일을 서두르지 않았다. 궁궐과 관청의 건립은 가급적 뒤로 미루거나 최소한의

---

27) 고려수도 개경은 개성(開城)·황도(皇都)·왕경(王京)·송도(松都)·송경(松京)·송악(松
　　岳) 등 여러 이름으로 불리어진다. 이 책에서는 개경으로 통일했다.

수준에 그쳤고, 시전과 사찰 등 주민생활과 밀접한 시설을 설치하는 것에 신경을 썼다. 또 왕도의 미래 발전을 내다보는 장대한 구상 아래 도시공간을 구획하고, 도로·주택 등 도시기반시설들을 조성해 나갔다. 특히 궁궐보다 시전 건물을 특별히 먼저 건립하는 조치는 아무나 흉내 낼 수 없는 대범한 결단이었다. 이것은 상업의 속성을 이해하는 왕건의 특별함이라고 평가할 만하다.

개경은 궁성(宮城)을 중심으로 하여 황성(皇城)과 나성(羅城) 등 세 겹의 성으로 구축되었다. 외각의 나성은 계획만 세워져 있었고 실제 축성은 미루고 있었는데, 거란이 침입해 왔을 때 그 필요성을 절감하고, 1009년(현종 즉위년)에 축성을 시작하여 1029년(현종 20)에 완성했다. 무려 21년 간이나 걸린 대역사였다. 궁성과 황성, 황성과 나성 사이의 공간이 백성들의 생활 영역이었다. 나성을 경계로 하여 개경은 도성 안·밖이 확연히 구분되었고, 나성의 20개 출입문을 통해 출입자 통제가 가능하게 되어 도시의 치안질서가 잡혀졌다. 나성의 축조로 개경은 태조 왕건이 도읍을 정한 이후 110년 만에 비로소 왕도(王都)로서의 위상과 풍모를 완전히 갖추었다.[28]

개경은 우리가 상상하는 것보다 한 차원 높은 도시였다. 지금의 서울, 그러니까 평소 눈에 익은 경복궁과 남대문·동대문·서대문 등의 두 겹의 성곽으로 둘러싸인 조선왕조의 수도 한성(漢城)과 비교하여 상상해서는 어림없다. 개경의 도시 위용을 실감나게 전해주는 기록이 있다. 1123년(인종 원년)에 송나라 국신사(國信使)로 개경에 다녀간 서긍(徐兢, 1091~1153)은 자신이 저술한 『선화봉사고려도경(宣和奉使高麗圖經)』(이하 『고려도경』)에 '개경은 성곽들이 우뚝하고, 성문들이 화려하며 웅장하여 실로 쉽사리 업신여길 수 없다.'[29]라고 기술했다. 서긍이 개경을 다녀간 때는 나성이 완성된 뒤 약 100년이 지난 시기이다. 그리고 서긍은 당시 인구 100만을 자랑하는 송나라 수도 개봉(開封)에서 왔다. 그런 서긍이 첫 눈에 위압감을 느낄 정도로 개경은 대단했던 것이다.

---

28) 홍영의, 「고려시기 개경의 궁궐 조영과 운영」, 『한국중세사연구』 28, 한국중세사학회, 2010, p.303. 한국역사연구회, 『고려의 황도 개경』, 창작과 비평사, 2003, pp.27~40.

29) 『선화봉사고려도경』 권3, 성읍, 국성(國城)조. 서긍은 산수화와 인물화에 뛰어난 화가였다. 『고려도경』은 서긍이 고려에 다녀간 후 1년 만에 만들어 송의 휘종(徽宗)에게 바친 견문 보고서이다. 문자와 그림으로 만들어진 책 중에서 그림책은 전해지지 않고 글자로 쓰인 책만 전사되어 지금까지 전해지고 있다.

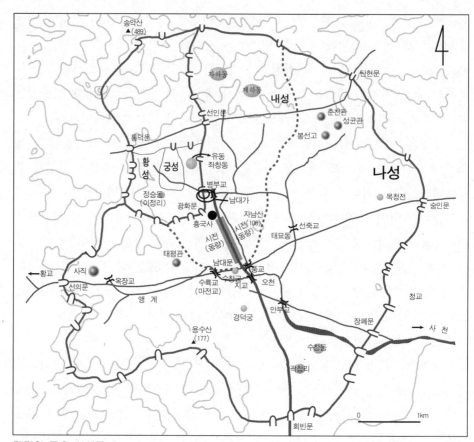

개경의 주요 시설도

최근 『고려사(高麗史)』, 『고려사절요(高麗史節要)』 등의 역사서와 『고려도경』, 『동국이상국집(東國李相國集)』 등을 비롯한 각종 문집과 자료를 바탕으로 하여 개경의 영역과 도시시설의 복원이 시도되고 있다.[30] 아울러 "개경의 지명·구

---

30) 고려 수도 개경에 대한 연구는 상당히 축적되어 있다.

전종철, 「고려의 수도 개성성에 대한 연구(1)(2)」, 『역사과학』 2·3호, 1980, pp.18~29.

고유섭, 『송도의 고적』, 열화당, 1997.

서성호, 「고려시기 개경의 시장과 주거」, 『역사와 현실』 38호, 2000년 겨울호, 한국 역사연구소, pp.92~123.

이이화, 「고려시대의 개경」, 『역사비평』 봄호, 역사문제연구소, 2001, pp.183~195.

정은정, 「고려전기 개경의 도시기능과 그 변화」, 『한국중세사연구』 11호, 한국중세사학회, 2001, pp.31~65.

김창현, 「고려개경의 나성문과 황성문」, 『역사학보』 173호, 역사학회, 2002,

역·시설·영역·풍속
자료를 바탕으로 행정
체계, 경제(수취)구조,
도시구조와 시설, 문
화 등을 조망하여 역
사 도시로서의 구조와
기능을 종합적으로 규
명"[31]하는 등의 많은
성과를 얻고 있다.

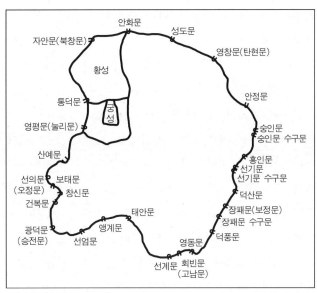

나성의 성문

　　개경은 북위 37도
선상으로 한반도의 중
심에 위치한다. 북쪽
에　국사봉(國師峯,
760m)과　송악산(松嶽
山, 580m) 등 높은 산이 있으나 대체로 낮은 산에 둘러싸인 구릉지로 분지이다.
남서쪽 12km 지점에 예성강 하구가 있고, 이 곳에 국제 무역항인 벽란도(碧瀾
島)가 있다. 남쪽으로 내려가면 임진강(臨津江) 하류에 닿게 되고 곧바로 한강과
서해 바다로 연결된다.

　　개경을 둘러싼 궁성·황성·나성의 크기는 궁성이 둘레 약 2km, 넓이 약
7만 6천평이고 황성이 둘레 약 4.7km 넓이 약 37만 8천평이다. 제일 바깥쪽
나성은 높이 약 9.5m에 밑바닥 폭이 약 4.2m인 성곽으로 둘러싸였는데, 그 둘
레가 약 23km로 전체 넓이는 7백 47만 1천평에 달한다. 백성들은 대부분 황성
과 나성 안에서 살았다. 물론 나성 밖에도 자연 마을이 산재해 있었고 교통로
를 따라 요지마다 숙박 시설과 주점이 있었다.

　　개경의 인구는 대략 나성이 축조된 이후 50만으로 잡는 것이 통설이다.[32]

　　　pp.29~62.
　　　정은정, 「고려시대 개경의 도시변화와 경기제의 추이」, 부산대학교 박사학위, 2009.
　　　박종진, 「고려시기 개경사 연구동향 2」, 『역사와 현실』 75, 한국역사연구소, 2010.
　31) 장지연, 「고려시기 개경의 구조와 기능」, 『역사와 현실』 38호, 한국역사연구회, 2000, p.1.
　32) 이이화, 앞의 논문, p.191. 정은정도 50만명 정도로 추산했다.(정은정, 앞의 논문, p.54)

개경은 전성기에 인구 50만에 달하는 '자유도시'였고, '상업도시'였다. 중세도
시로서 50만 인구를 포용한 도시는 중국 외에는 세계에서 찾아보기 어렵다. 당
시 개경은 중국의 일류 도시에 뒤지지 않는 세계 최고급의 도시였다.

개경은 신라의 수도 경주와는 태생부터 다른 도시이다. 경주는 소국인 사
로국(斯盧國)에서 시작하여 오랜 세월을 거치면서 도시 골격이 갖추어졌다. 그
리고 삼국통일 후 중국의 장안성을 모델로 하여 도시계획을 하고 새롭게 신도
시를 건설하며 비약적인 발전을 보였다.[33] 하지만 개경은 신라시대에는 최말단
변경으로 중앙 권력의 힘이 거의 미치지 않아서 백성들이 반사적인 자유를 누
리던 지역이다. 따라서 왕건의 개경 천도는 변경이 중심 도시로 부상하는 그야
말로 천지개벽과 같은 엄청난 변화였다.

고려는 신라와 발해를 포용하는 토대 위에 섰다. 발해(渤海)는 927년 거란
에게 멸망당하고, 신라는 935년 경순왕이 고려에 투항함으로써 역사의 뒤안길
로 사라졌다. 신라가 발해와의 교류를 회피한 반면에 고려는 발해를 동족으로
포용한 최초의 통일국가였다고 할 수 있다.[34] 발해와 신라는 친밀하게 가까이
지낼 수 있었지만 끝내 서로 경계하면서 거리를 좁히지 못했다. 그런 두 나라
의 유민들이 고려를 통해 합쳐진 것이다. 이는 우리 배달 한민족(韓民族)의 진
정한 통합으로 신라의 삼국통일과 비교되는 매우 중요한 의미를 가진다고 하겠

표 1-1　개경의 성곽체제

궁성(宮城)	둘레 2,170m, 동서 373m, 남북 725m, 마름모, 넓이 25만m²(약 76천평)	
황성(皇城)	둘레 4,700m, 동서 1,125m, 남북 1,150m, 사각형, 넓이 125만m²(약 378천평)	
나성(羅城)	높이 27尺척(약 9.5m), 성폭 12척(약 4.2m)	1009~1029년
	둘레 23km, 동서 5,200m, 남북 6,000m, 넓이 2,470만m²(약 7,471천평)	

자료: 정은정, 앞의 논문, p.42 표를 참고하여 재작성함.

---

33) 오영훈, 「신라 왕경에 대한 고찰」, 『경주 사학』 11호, 경주사학회, 1992, pp.1~39.
34) 이이화, 앞의 논문, p.183.

다.[35] 신라와 발해의 융합은 새로운 신도시 개경에서 일어났고, 이것이 개경을 자유도시로 성장시키는 중요한 단초(斷礎)가 되었다.

다음은 발해세자 대광현(大光懸)의 고려 귀화와 신라왕 김부(金傅)의 개경 입조에 관한 『고려사』의 기록이다.

> "934년(태조 17년) 7월, 발해국 세자 대광현(大光顯)이 백성 수만 명을 데리고 와서 귀화하였다. 그에게 왕계(王繼)라는 성명을 주고 왕실 족보에 등록했다. 그의 관료들에게는 작위를 주고 군사들에게는 토지와 주택을 각각 차등 있게 주었다."[36]

> "935년(태조 18년) 11월 갑오일, 신라왕 김부(金傅)가 고려로 들어오기를 청하고 백관을 거느리고 왕도를 출발했는데, 백성들이 다 그를 따라 나섰다. 이 때 향나무로 꾸민 수레와 구슬로 장식한 말이 30리에 뻗쳐 길을 메웠고 구경꾼들이 담벽처럼 늘어섰다. … 계묘일에 개경에 들어왔다.[37] 태조가 교외로 나가 위장병을 갖추고 맞이했다. … 신라왕의 시종자들은 전부 등록하여 토지와 녹봉을 넉넉히 주었고, 신라국은 폐지하여 경주로 고치고 그 지역은 김부의 식읍으로 삼았다."[38]

발해의 세자 대광현(大光顯)을 비롯한 수만 명의 유민과 그리고 신라왕 김부(金傅)와 그를 따르는 수만 명의 경주인들이 약 1년여 시차를 두고 개경으로 들어와 정착했다. 이것은 그 동안 신분상의 질곡이었던 골품제가 완전히 철폐되었음을 의미한다. 또 이것은 개경이 지난 왕조의 출신 성분으로 인해 차별받는 일이 없는 보다 자유롭고 꿈과 희망이 있는 기회의 도시가 되었음을 뜻한다. 태조는 개경을 위엄 있는 왕도(王都)로 발전시키려 힘썼다. 고려초 호족의

---

35) 김용선, 「통일신라와 고려의 민족통합 정책 비교」, 『민족통합연구소 1주년 기념 세미나』, 단행권, 한림대학교 민족통합연구소, 1999, p.7~23.
　　김갑동, 「고려의 건국 및 후삼국통일의 민족사적 의미」, 『한국사연구』 143, 한국사연구회, 2008, pp.111~143.

36) 『고려사』 권2, 세가, 태조 17년 7월조. 필자의 『고려사』 번역문은 사회과학원 고전연구실에서 1997년에 발간한 『북역고려사』를 주로 참고하였음을 밝혀둔다.

37) 신라왕 김부가 수레를 타고 경주를 떠난 날이 11월 갑오일이고 개경에 도착한 날이 동월 계묘일이므로 꼭 10일이 소요되었다. 경주에서 개성까지의 거리를 약 500km~600km로 보면 말이 끄는 수레를 이용하지 않고 도보로 10일 내에 도착하기는 매우 어려운 거리이다. 더군다나 신라왕의 행차이므로 여행의 안전을 위해 적절한 휴식 등이 취해졌을 것임을 생각해 보면 더욱 그러하다. 따라서 당시에 경주와 개경 간의 도로는 수레가 다닐 정도로 잘 닦여져 있었을 것으로 보인다.

38) 『고려사』 권2, 세가, 태조 18년 11월조.

시대에 왕건도 엄밀한 의미에서 호족의 대표일 뿐이어서 모든 호족을 누르고 군림할 수 있는 상징성과 경제력을 갖춘 왕도 건설이 시급했다. 개경과 그 주변의 개발은 왕의 직할지를 확충하는 의미가 있었다. 따라서 태조는 신도시 개경 건설과 주변 개발을 위해 개경에의 인구 유입을 개방하고 신라인·후백제인·발해인·여진인·말갈인·중국인·일본인 등 누구든지 받아들였다.

고려 정부는 왕도 개경으로 향하여 밀려오는 이주민·귀화인·유랑민의 유입을 크게 제한하지 않았다. 비록 국가적으로는 본관제(本貫制)[39]를 실시하여 백성들의 거주 이전에 일정 부분 제한을 두었지만 개경과 그 주변 지역으로의 유입은 묵인했다.[40] 이는 왕건의 고향이며 정치 경제의 근거지인 개경의 경제력을 국가의 중심 경제력이 되도록 성장시키는 길이 바로 왕권을 강화하고 호족들의 세력을 제압하는 최선이 길이었기 때문이다. 개경은 신라인과 발해인이 고려인으로 융합된 기반 위에 중국인·거란인·여진인·흑수말갈인·회회인·일본인 등이 함께 어울려 사는 신흥 국제자유도시로 성장해 나갔다.

우리나라 문헌 기록상 고대 이후 왕조시대에까지 가장 인구가 많았던 도시는 통일신라의 수도 경주이다. 경주의 인구는 전성기 때에 17만 8,936호에 달하였으니 호당 4인을 가정해도 60만이 넘는다.[41] 다음으로 큰 도시는 고려의 수

---

39) 본관(本貫)은 본(本) 또는 관향(貫鄕)이라고도 한다. 고려 초기에는 대부분의 백성들이 이름만 있고 성이 없었으므로 자신의 신분 표시로서 본관을 사용했다. 한편 이것은 백성들의 거주지이전을 통제하는 수단으로 활용되었다. 본관을 벗어나는 거주이전은 허가를 받아야 했고 허가가 없으면 유망민으로 간주되어 자신의 본관 지역으로 되돌려졌다. 이에 따라 고려 초기에는 정상적인 이주가 제한되고 어려웠다고 보는 견해가 있다.(박은경,「고려전기 이주 연구」,『역사학보』128호, 역사학회, 1990, pp.1~31). 필자는 983년 성종이 12목을 설치하고 지방관을 파견하기 전인 '호족의 시대'에는 백성들의 자유로운 이주는 상당히 제약을 받았을 것으로 본다. 이주 허가를 내주는 호족들이 자신이 다스리는 지역의 인구가 줄어드는 것을 바라지 않아 이주 문제를 매우 까다롭게 다루고 이주 허가를 극히 제한했을 것이기 때문이다. 따라서 성종의 지방관 임명은 인구 이동에 관한 권한을 중앙이 장악한 것으로도 볼 수 있다. 또 개경의 인구는 이 무렵을 기점으로 크게 증가했을 확률이 높다.

40) 강은경,「고려시대 본관에서의 정주와 타향으로의 이동」,『사학연구』81, 한국사학회, 2006, pp.157~197.

41)『삼국유사』권1, 진한(辰韓)조. 경주 인구 17만 8,639호에 대해 1인 1호를 잘못 기재한 것으로 보고 17만여 명으로 보는 견해가 있다.(오영훈,「신라 왕경에 관한 고찰」,『경주사학』11호, 경주사학회, 1992, p.32).

도 개경이다. 개경은 한창 번창할 때에 10만 호에 달하였으니 인구는 40만 내지 50만으로 볼 수 있다. 조선 수도 한성(漢城)의 인구는 세종 8년(1426)에 16,921호, 103,328명(호당6.1명)으로 겨우 10만을 넘었을 뿐이었다. 한성의 인구는 18세기 영·정조시대(英·正祖時代)에 이르러서야 20만을 돌파했다.[42]

우리나라는 신라에서 고려로 그리고 조선으로 왕조가 바뀔 때마다 국토 면적이 늘어났고 총인구도 신라 300만에서 고려 500만, 조선 1,000만으로 증가했는데, 수도의 인구는 오히려 크게 줄어든 것이다.[43]

개경 인구에 대해 생각보다 훨씬 적었다는 견해도 있다. 이 견해는 『고려사』에는 몽고가 침입해 올 때 개경 인구가 10만호에 달한다고 기록되어 있지만,[44] 이 10만호는 천도의 어려움을 강조하려는 의도에서 나온 것으로 과장된 수치라고 본다. 이것은 고려시대 수도권 인구가 2만호 즉 9만명을 넘지 않았다는 것이다.[45] 즉 조선왕조 세종대(世宗代)의 수도권 지역(한성과 그 주변 10리 이내 일원)의 호수가 2만호 정도였으므로 고려시대 역시 이와 비슷했을 것이라는 생각이다. 이에 대해 개경은 조선의 한성과는 달리 경기지역까지 포함하는 넓은 지역이므로 경기지역 전체 호수를 일컬어 10만호로 보아야 한다는 주장도 있다.[46]

---

42) 1753년(영조 29년)에 전국 인구 약 7,298천명, 한성 인구 174,203명(34,953호)으로 보고, 1786년(정조 10년)에 한성 인구 199,227명(42,786호)로 보기도 한다.(한우근, 『한국통사』, 을유문화사, 2001, p.230). 한성의 실제 인구수는 1669년 22만명, 1720년대에 25만명, 1770년대에 30만명을 돌파하고, 1820년대에 35만명에 달하는 것으로 추정한다(고동환, 「조선후기 서울의 인구 추세와 도시문제 발생」, 『역사와 현실』 28호, 1998).

43) 국가의 심장이고 상징이며 민족의 역사 그 자체라고까지 할 수 있는 수도 서울의 인구가 왜 이렇게 줄어들었을까? 조선의 영·정조시대에 해당하는 시기의 중국 청(淸)에는 인구 100만 이상의 도시가 5개나 있었다. 일본의 경우도 에도(江戸)가 인구 100만을 돌파했고 오사카·교토 등도 30만 이상의 상업도시였다.(동양사학회편, 『역사와 도시』, 서울대학교출판부, 2000, pp. 118~119). 이웃나라 중국과 일본은 근대로 진전하면서 총인구의 증가와 함께 수도는 물론이고 지방에도 여러 곳에 대도시가 성장하여 도시상업문화(都市商業文化)를 발전시켰다. 하지만 조선왕조는 상업을 천시한 결과 상업도시를 육성하지 못했고, 그로 인해 도시상업문화의 발달도 많이 지체될 수밖에 없었다.

44) 『고려사』 권102, 열전15, 유승단(兪升旦)전. 『고려사절요』 권16, 고종 19년조.

45) 정경현, 「고려전기 이군육위제(二軍六衛制)연구」, 서울대박사학위논문, 1992, pp.11~ 12.

46) 홍승기, 「고려 초기 경군의 이원적 구성론에 대하여」, 『한국사학논총(상)』, 이기백 선생 고희기념, 일조각, 1997, p.533.

몽고가 침략해 올 당시 개경의 인구가 10만호였다는 기록과 관련하여 이규보(李奎報)의 『동국이상국집』에 실린 〈천개동기(天開洞記)〉는 중요한 시사점을 보여 준다. 이규보는 성동(城東)에서 성남(城南) 안신리(安申里)의 색동 마을로 이사해서 20년을 살았는데, 마을이 차츰 번창하자 이를 반기면서 색동(塞洞)이라는 마을 이름을 마을이 새로 열린다는 뜻의 천개동(天開洞)으로 바꾼 과정을 자세히 기록했다. 다음은 고려의 대문호 이규보의 생생한 글이다.

천개동기(天開洞記)

태화(泰和) 2년 임술(1202년)에 나는 성동(城東)의 옛집을 떠나 성남(城南)의 안신리(安申里)로 이사하였다. 찬샘(冷泉)이 마을(洞)의 왼쪽에 있는 바위틈에서 졸졸 흘러나오고 마을은 깊숙하고 지세는 아늑하여 산촌(山村)이나 야촌(野村)과 같으며, 맑고 깨끗한 것이 마음에 든다. 나는 여기에 사는 것을 매우 즐거워하나 다만 마을의 이름이 색동(塞洞)이어서 나도 그 이름을 좋아하지는 않았다.

그 뒤 몇 해 지나서 수재(秀才) 백정규(白廷珪)라는 사람이 이웃에 이사왔다. 그의 아버지인 우승선 한림학사(右承宣 翰林學士) 모씨(某氏)도 간혹 와서 같이 있었다. 그가 가끔 나에게 말하기를,

"마을 이름이 매우 좋지 못한데 자네는 왜 고치지 않는가?"

하므로 내가 대답하기를,

"이미 그렇게 부른 지가 오래이므로 이 마을만이 아니고 온 나라 안이 다 그렇게 부르니, 내가 비록 새 이름을 지은들, 어찌 집집마다 찾아다니며 설명하여 모두 고친대로 부르게 할 수 있겠는가? 더구나 나 같은 한미한 사람이 명명한 것을 누가 따르겠는가?"하고, 고치지 않은 채 지금에 이르렀다.

그러나 내가 이 마을에 자리잡고 산 지 이제 벌써 20여 년이 되었다. 처음 이사온 뒤 몇 해도 안 되어서 한림(翰林) 벼슬에 제배되고, 빠르게 승진되어 영화스런 요직을 고루 거쳐서 이제 이미 4품(品)의 지위에 올랐다. 백군(白君)도 또한 마찬가지로 여기에 살면서부터 처음으로 벼슬하게 되었는데, 여러 번 승진하여 시어사(侍御史)에 이르렀다. 그 뒤로부터 좋은 관직과 풍족한 봉록을 가진 사람들이 몰려와 살게 되어 추기(騶騎)의 오고감이 빈번하였으니, 나는 하늘이 장차 이 마을을 크게 개발할 것이라고 여긴다.

마을의 장래가 장차 열리려 하니, 나는 그 이름을 새로 지어서 하늘의 뜻에 보답하지 않을 수 없어 천개동(天開洞)이라 명명하기로 하였다.

지금은 사람들에게 내가 지은 마을 이름을 부르게 할 수도 있지 않겠는가? 사람들은 비록 부르지 않더라도 하늘이 만약 이름 지은 뜻을 안다면 마을의 운이 열릴 것은 의심하지 않는다. 더구나 처음의 이름인 색동도 사람들은 그대로 불렀는데, 이 같은 이름이

끝내 쓰이지 않겠는가?

정우(貞祐) 11년 계미(1223년)에 적는다.[47]

이 글은 개경의 외각 마을이 새로운 주거단지로 발전되는 과정을 묘사하고 있다. 이렇듯 개경은 1231년 몽고의 침입어 있기 전까지는 도시가 외연적 성장을 계속하고 있었다.

개경은 당시 인구 100만이 넘는 세계 최대 도시 송나라 수도 개봉(開封)에서 온 서긍(徐兢) 조차 위압감을 느낄 정도라고 토로했다. 또 전성기에 개경은 선의문(宣義門)에서 항구도시 예성강 벽란도까지 집들이 거의 이어져 있었으며,[48] 몽고 침입 당시 개경 거리는 단청(丹靑)으로 채색한 집들이 연접되어 있고 사람들이 안락한 생활을 하고 있었다.[49]

개경의 인구 추정에서 고려 정부가 몽고 침입시 백성들에게 섬으로 이주하거나 산성으로 들어가 몽고군에 항전할 것을 명령했는데, 경기지역은 대부분이 산성으로 들어가야 할 지역이었으므로 경기지역을 제외하는 편이 합리적이라고 여겨진다. 그러므로 개경 인구 10만호는 개경의 나성내 인구 또는 나성 주변 10리 내의 인구라고 보는 것이 적정할 것이다.

조선의 한성이 고려의 개경보다 인구가 적고 활력이 떨어지는 이유로서 사원경제(寺院經濟)가 인구에 미치는 영향을 고려할 필요가 있다. 사찰(寺刹)은 승려와 노비 등 수많은 사람들을 거느렸고 각종 불교 행사를 통해 도시상업을 진흥시켰으므로 도시 인구와 사원은 상관관계가 매우 높다. 조선은 불교를 배척함으로써 한성 내에 사찰 건립을 극히 제한적으로 허용하여 사원경제가 활성화되지 못했다. 따라서 사원경제가 융성했던 경주·개경과 그렇지 않은 한성은 도시여건에서 근본적인 차이가 있게 된다.

개경과 한성의 도시 비교에 있어 두 도시의 특성 차이를 간과하고 단순히 일반적인 지리적 여건에 비추어 평면적으로 비교해서는 의미를 부여하기 힘들다. 개경은 상업도시로서 도시집적도가 한성과 달랐다. 한성은 영·정조 시대가

---

47) 『동국이상국집』 권24, 「천개동기」. 『국역 동국이상국집』 권3, 민족문화추진회, pp.281~282에서 요약 인용.

48) 박용운, 『고려시대 개경 연구』, 일지사, 1996, p.158.

49) 『고려사』 권102, 열전15, 유승단전.

되어서야 비로소 개방적인 상업도시로 진입하고 도시발전에 따르는 도시문제를 겪게 된다. 따라서 조선 초기 세종대의 한성은 상업이 억제된 행정도시이므로 상업도시 개경과 단순 비교해서는 유의미한 결과를 얻을 수 없다. 하지만 결과적으로 조선은 끝내 발달한 상업도시를 가지지 못했고, 도시상업 문화의 성숙을 보지 못했다.[50]

나. 개경의 성장과 사유재산제

거대 상업도시 개경을 탄생시킨 또 하나의 큰 원동력은 사유재산제(私有財産制)에 있었다. 고려가 도시민의 사유재산을 인정하고 그 보호를 정책 기조로 삼았기 때문에 인구가 자연히 개경으로 집중될 수 있었다.[51] 물론 정치행정도시로서의 기본적인 인구증가 요인은 항상 존재했다. 또 개경 주변의 구릉지와 강·하천 유역의 개간 등에 유민을 투입하고, 그로 인한 농업생산력의 증대에 따른 인구의 집중 현상도 컸을 것이다.[52]

도시의 성장이 경제발전에 따른 결과라기보다는 도시의 성장과 경제발전은 함께 맞물려 환류되며 서로 영향을 주고받는다고 할 수 있다. 도시는 최대 소비처이고 도시민은 소비자인 동시에 생산 노동자이기 때문이다. 또 상업의 발전은 사유재산의 제도적인 보호가 선행되어야 이뤄질 수 있으므로 도시경제는 사유재산제의 바탕 아래에서 궁극적인 발전을 기할 수 있음에 유의해야 한다. 개경 발전의 근본 밑바탕에는 사유재산제가 자리하고 있는 것이다.

우리나라는 고조선과 삼한시대에도 사유재산이 널리 인정되었다. 오늘날은

---

50) 오늘날 현대 문화는 도시상업문화를 의미한다고 할 수 있다. 도시는 문화의 겉모습이고 문화는 도시의 내면이라고 하겠다. 그만큼 도시가 문화에 끼치는 영향은 지대하다. 그리고 문화의 발전은 도시의 상업화로 이어지고 도시상업의 성장은 문화의 성숙을 동반한다. 우리는 신라 경주와 고려 개경의 상업도시로서의 위상을 자랑한다. 하지만 조선은 1791년(정조15년)에 결행된 신해통공(辛亥通共)의 혁명적인 조치가 있기까지 상업을 엄격히 통제하여 서울 한성의 발전을 억눌렀다. 도시상업문화의 측면에서는 아쉬운 역사다. 그러나 오늘날 서울은 1,000만을 넘는 세계 유수의 도시로 발전했고, 전국의 도시화가 이미 90%를 넘어섰다. 이제 한국의 미래는 도시에 있고 한국인이 세계 일류의 도시상업문화를 창달하느냐에 달려 있다고 해도 과언이 아니다.

51) 강은경, 「고려시대 본관에서의 정주와 타향으로의 이동」, 『사학연구』 81, 한국사학회, 2006, pp.157~195.

52) 정은정, 앞의 논문, pp.54~55.

희소성과 환가가치가 높은 대지와 주택의 사적소유가 중요시되고 있지만, 산업사회 이전까지는 생산의 원천인 농지의 사적소유를 중요시했다. 농지의 사적소유는 삼국통일 이후에 더욱 확대되었다. 신라 통일기에 이르러 휴한 농법(休閑農法)이 보급되고 왕실·귀족·사원 등 지배층뿐 아니라, 소농층에 이르기까지 토지의 사적소유관계가 널리 성립되었다.[53]

고려시대에 와서 사유재산제는 더욱 강화되었다. 개경의 도시상업은 사유재산제의 바탕 위에 민간생산력의 증대에 따른 구매력의 신장을 기반으로 하여 성장했다. 이를 시사해 주는 구체적인 사례를 『고려사』의 기록을 통해 살펴보기로 하자.

"918년(태조 원년) 8월, … 기근과 역질이 극심하여 길에서 굶어 죽는 자가 허다했고 곡식 값이 폭등하므로 백성들이 자기 몸을 팔아 노비로 된 자가 많았다. 이에 자기 몸을 팔아 노비로 된 1천여 명을 조사하여 국고에 있는 포백(布帛)으로 그들의 몸값을 물어 주고 본가로 돌려보냈다."[54]

"968년(광종 19년), 왕이 아첨하는 말을 듣고 사람을 많이 죽였으므로 양심의 가책을 받았다. 죄를 덜기 위해 재회(齋會)를 널리 열게 되니 무리배들이 배부르게 먹을 것을 생각하고 가짜 중이 되어 모여들었다. 서울과 지방의 길거리에서 떡·쌀·시탄 등을 나누어주는 것도 수없이 많았다. 방생소(放生所)를 많이 설치했으며 동물을 도살하는 것을 금지하고 왕궁에서 쓰는 고기도 시장에서 구입했다."[55]

백성들은 처지가 곤궁하면 자신의 몸을 팔아 노비가 되었다. 그러나 막상 사람을 노비로 구입하여 부려먹는 자는 처벌을 받지 않고 오히려 소유권을 인정받았다. 정부도 노비를 풀어주기 위해서는 소유주에게 대가를 지불해야만 했다.

광종(光宗)은 궁궐에서 쓸 고기는 모두 시장에서 구입하라고 지시했다. 이는 궁궐의 막대한 고기 수요를 충족시킬 수 있을 정도로 개경의 시장경제가 활성화되어 있었음을 반영한다. 물론 궁궐에서 쓸 고기를 시장에서 구입한 까닭은 광종이 동물의 도살을 금기시한 것에서 비롯되었지만, 근본적으로 개경 시

---

53) 이인철, 「신라통일기 사적토지 소유관계의 전개」, 『역사학보』 165호, 역사학회, 2000, p.34.
54) 『고려사』 권1, 세가, 태조 원년 8월 신해.
55) 『고려사』 권2, 세가, 광종 19년조.

장에 대한 신뢰가 있었기 때문인 것이다.

고려의 국가기반을 확고히 다진 성종(成宗)에게 최승로(崔承老)가 정치교훈으로 삼을 28개조의 시무책(時務策)을 올렸다. 시무책에 사유재산제도와 상업의 발달을 시사하는 세 가지 조문이 있다. 다음은 시무책의 3개 조문이다.[56]

"아홉째, 신라 때는 공경(公卿)·백관(百官)·서민(庶民)들의 의복과 신발·버선 등의 품질과 색깔이 달랐습니다. 공경과 백관은 조회 때에만 공란(公襴)을 입고 평상시에는 편복을 입었습니다. 백성들은 귀천을 구별하기 위해 무늬 있는 옷을 입지 못하게 했습니다. 우리나라는 태조 이래 귀천을 불문하고 임의로 자유로이 입게 했으므로 벼슬이 높아도 집이 가난하면 공란을 입을 수 없고, 관직이 없더라도 집이 부유하면 능라금수(綾羅錦繡)를 입습니다. 무늬 있는 화려한 옷들은 모두 국산품이 아닌데 많은 사람들이 입습니다. 외국사신이 오면 창피하므로 백관들에게 명령하여 조회 때에는 모두 공란을 입고 가죽신·비단신을 신게 하십시오. 그리고 서민들은 무늬 있는 비단을 못 입게 하고 다만 명주만을 입도록 하기 바랍니다."

"열여섯째, 세상의 풍속이 덕을 쌓는다는 명목으로 각자의 소원에 따라 사찰을 건축하고 있는데 그 수가 대단히 많습니다. 또 서울과 지방의 중들이 자기의 주택을 건축하고자 경쟁적으로 공사를 진행하고 있습니다. 그런데 중들이 주·군의 고관들에게 백성들의 징용을 부탁하여 이들을 주택 공사에 사역하므로 백성들의 고통이 극심합니다. 이를 엄금하여 주십시오."

"열일곱째, 예기(禮記)에 이르기를 '천자의 마루 높이는 9척(尺)이요. 제후의 마루 높이는 7척이다'라고 하였듯이 주택에는 원래 일정한 제도가 있습니다. 그런데 그 지위가 높고 낮은 차별이 없이 그저 재력만 있으면 모두 주택 짓기부터 먼저하고 있습니다. 이런 까닭에 여러 주·군·현과 정(亭)·역(驛)·진(津)에서 토호들이 큰 주택 짓기 내기를 하다가 그 제도를 넘고 있습니다. 이것은 다만 한 집의 재력을 탕진할 뿐만 아니라 실로 백성을 괴롭게 하는 것으로써 그 폐해가 아주 많습니다. 바라건대 신분의 높고 낮은 정도에 따라 가옥 제도를 책정하고 서울과 지방에서 모두 준수할 것을 명령하십시오. 이미 만들어진 건물로서 제도에 초과되는 집들도 역시 철거할 것을 명령하여 장래를 경계하도록 하여야 하겠습니다."

최승로의 시무책을 통해 완전히 고려 사회의 핵심 가치기준이 사유재산제를 근간으로 한 부(富)임을 확인할 수 있다. 고려사회에서는 고위관리일지라도 부자가 아니면 행세하는데 지장을 받았다. 비록 지위가 미천하더라도 누구든지

56) 『고려사』 권93, 열전16, 최승로전.

재력이 있으면 좋은 옷을 입고 큰 저택에서 살 수 있었다. 경제력이 허락되면 승려들마저 개인 사찰과 주택을 각자의 소원에 따라 건립했다. 이는 서울인 개경뿐만 아니라 지방에서도 마찬가지였다.

성종이 최승로의 건의에 대해 어떻게 조치했는지는 알 수가 없다. 하지만 최승로가 원했던 신분에 따라 복색을 구별하고 주택 소유를 제한하는 명령과 조치는 당시에 이루어지지 않았다. 사유재산제에 입각한 사회질서의 큰 흐름을 명령 하나로 바꿀 수는 없는 실정이었고, 민심에 거슬리는 명령을 내리고 이를 강력히 시행하기에는 왕권이 역부족이었기 때문이다. 또 고려의 고려다운 점과 개경의 활력이 사유재산제와 도시상업으로부터 형성되는 부(富)를 바탕으로 하는 사회의 역동성에 있었으므로, 비록 성종이 유학을 신봉하고 내심 봉건지배체제를 엄격히 강제하고 싶었더라도 이를 어찌할 수 없었던 것이다.

태조 왕건은 귀천을 불문하고 임의로 자유로이 좋은 옷을 입을 수 있도록 복색의 자유를 대폭 허용했다. 따라서 누구나 황제와 왕을 상징하는 용 또는 봉황의 문양을 화려하게 수놓은 비단옷을 마음대로 입고 다녔다.[57] 이는 당시로서는 동서양을 막론하고 상상하기 어려운 일이었다. 하층의 노비가 신라 때에 고위관리가 입던 자주색 비단옷을 입고 다녀도 문제가 없었다. 승려들도 세속과 다름없이 색깔 있는 사치스러운 옷을 입고 다녔다. 그래서 1012년(현종 3)에 사치풍조를 다스린다며 시중에서 비단 부채를 팔지 못하도록 금하고, 승려의 복식을 따로 새로이 정하기도 했다.[58]

오늘날 왕건의 복색 자유는 대단한 의미를 가진다. 우리나라 역사상 고려초처럼 백성들이 복색의 자유를 향유한 적이 없다. 중세에 있어서 복색의 자유는 외양상 신분의 차별이 없음을 뜻한다. 또 이것은 외양상 신분의 구별이 부의 소유에 따르고 있음을 의미한다. 값비싼 옷은 그만큼 부가 많이 소요되기 마련이다. 따라서 왕건의 조치는 가히 복제 혁명이라고 할 수 있다. 한편 복색의 자유가 개경을 활기찬 도시로 만들고 상공업을 성장케 하는 밑거름으로 작용했다. 그리고 복색의 자유가 개경을 세계 최고의 패션 도시로 만들었다.[59]

57)『고려사』권85, 지39, 형법2, 금령, 현종 3년조.
58)『고려사』권85, 지39, 형법2, 금령, 현종 16년 9월조.
59) 공창석,『대상인의 시대』, 박영사, 2010, pp.127~128.

하지만 최승로의 시무책 9조에서 보듯이 서민의 복색을 제한하려는 지배층의 시도는 끊임없이 계속되어 결국 신분에 따라 복색을 제한하는 복제규정이 제정되었으나 잘 지켜지지 않았다. 또 사치풍조 퇴치를 빙자한 복색규제와 단속이 지속적으로 가해졌지만, 돈 있는 백성들이 좋은 옷을 입고 나다니는 사회현상은 고려가 멸망할 때까지 유지되었다.[60]

복제와 관련한 흥미로운 일화가 있다. 1178년(명종 8) 정중부(鄭仲夫)가 퇴직해 있을 때이다. 정중부의 노비가 당시 입지 못하도록 금지된 자주색 나삼(羅衫, 비단 적삼)을 입고 나돌아다니자 풍속을 감찰하는 대리(臺吏)가 그를 체포하여 옷을 벗기려고 심문을 했다. 소식을 들은 정중부는 법을 어긴 노비를 두둔하고 오히려 심문하던 대간들을 죽이려고 했다.[61] 당시 정중부의 노비가 고관들이나 입을 수 있는 자주색 비단옷을 버젓이 입고 돌아다닌 것을 미루어 보아, 의복에 관한 금지규정이 현실적으로 통제력이 발휘되지 못했고 잘 지켜지지 않았던 것을 알 수 있다.

고려는 국왕도 궁핍하면 민간 부자에게 돈을 빌렸다. 그러니까 부를 축적한 부호가 돈을 빌려달라는 국왕의 부탁을 받고 돈을 빌려줄까 말까 하며 왕과 거래할 수 있는 나라였다. 이와 관련한 『고려사』의 기록으로는 대표적으로 공민왕의 사례가 있다. 고려 말 1353년 8월, 공민왕은 재정이 어려워지자 민간 부호들로부터 돈을 빌렸다.[62] 당시 공민왕이 얼마만큼의 돈을 꾸었는지는 모른다. 하지만 왕에게 돈을 빌려준 자들이 민간 부호라 하였으니 상인이었을 것으로 보인다

『고려사』에는 홍원현(洪原縣)에 사는 일반 백성이 우연히 땅을 파다가 황금 1백냥을 횡재(橫財)하는 이야기도 실려 있다.

"1082년(문종 36년) 4월, 나주목(羅州牧) 관하의 홍원현(洪原縣)에 사는 백성이 땅을 파다가 황금 1백냥과 백은 1백 50냥을 얻어 왕에게 바쳤다. 왕이 이는 하늘이 준 것이라고 하면서 본인에게 돌려주었다."[63]

---

60) 『고려사』 권85, 지39, 형법2, 금령, 현종 18년 8월조.
61) 『고려사』 권128, 열전41, 정중부전.
62) 『고려사』 권38, 세가, 공민왕 2년 8월 을사. 전수병, 「고려조의 상업발전요인에 관한 연구」, 『논문집』 4집, 대전대학교, 1985, pp.1~24.
63) 『고려사』 권9, 세가, 문종 36년 4월 기묘.

황금 100냥과 은 150냥은 오늘날 시중가(市中價)로 치면 얼마나 될까? 아마 수억원은 거뜬히 넘는 거액일 것이다. 홍원현에 사는 그 백성은 이 돈으로 무엇을 하였을까? 나주목 읍내에 집을 한 채 사고 나머지는 농지를 구입했을까? 친지들에게 조금 나누어 주었을까? 과년한 딸이 있어 혼수 비용으로 썼을까? 고려는 이와 같이 누구나 부자가 될 수 있었고, 부자가 되는 길도 다양했으며, 부자가 되면 살기 좋은 그런 사회였다.

고려는 수도 개경을 중심으로 하는 황해도 지역과 한강 유역을 의욕적으로 개발해 갔으며 그로 인한 농업생산력의 증대는 상업수요의 증가를 가져왔다.[64] 새로운 농지를 개발하기 위해서는 농업인구의 증가와 더불어 이를 뒷받침 할 수공업 기술자와 상인들의 유입이 필요했다.

고려는 상인과 수공업자들을 우대했다. 개경의 도시건설과 주변 지역의 개발을 위해서는 상인과 수공업자들의 헌신적인 참여가 절대적으로 필요한 만큼, 상인들과 수공업자들이 그들의 역량을 최고조로 발휘할 수 있도록 환경을 만들어 주었다. 이로써 개경과 그 주변 지역은 자생력을 갖춘 고려의 중추 경제권역으로 등장했고 전국의 경제활동을 주도해 나갔다.[65] 개경은 사유재산제를 토대로 하여 상업도시로 빠르게 성장해 나갔고, 개경 상업은 피드백(Feed back)의 순환 고리로서 도시 형성의 기본 토대였기도 하는 한편, 개경이 상업도시로서 굴러가고 성장하는 원천이 되었다.

예나 지금이나 상인은 도시의 얼굴이다. 상인이 없는 도시는 도시문화를 꽃피울 수 없다. 상인이 없거나 상인이 별 볼일 없는 존재로 취급당하는 도시는 인위적으로 만들어질 수는 있겠으나 자체의 성장 동력을 창출하지 못하고 결국은 몰락하고 만다. 상인은 시장경제원리에 따라 이윤을 찾아 스스로 움직이는 특이한 존재이다.

고려시대 상인들은 정부의 개경발전정책을 지지하고 협력하는 것이 자신을 성장시킬 수 있는 지름길임을 믿고 적극 협력하고 기여했다. 개경 건설에 자발적으로 참여하고 열정적으로 일했다. 개경 시장을 활성화시켜 나갔으며 개경에

---

64) 박종기, 「고려시대의 민의 존재형태와 사회의식의 성장」, 『역사비평』, 가을호, 역사문제연구소, 1992, p.84.

65) 정은정, 앞의 논문, p.38.

정착하는 유민과 이주민들에게 각종 생활물품을 값싸고 원활하게 공급해 주기 위해 노력했다. 그리하여 개경을 중심으로 하는 근기(近畿)일대를 자생력을 갖춘 국제적인 경제권역으로 만들어 나갔다.

다. 왕건의 사원 건립과 개경 발전

개경의 도시발전과 관련하여 사원(寺院)의 기능과 역할을 간과할 수 없다. 태조 왕건은 개경에 도읍을 정하면서 궁궐을 웅장하게 만들기보다는 먼저 사원 건립에 국력을 쏟아 부었다.

태조 왕건은 즉위 다음해(919년) 3월부터 개경에 법왕사(法王寺), 자운사(慈雲寺), 왕륜사(王輪寺) 등 10개의 큰 절을 거의 동시에 건립해 나갔다.[66] 재위 26년 동안 개경에만 26개의 큰 절을 지었으니 결과적으로 개경에 매년 한 번 꼴로 불사(佛事)를 일으켜 큰 사찰을 창건한 셈이 된다. 전국적으로는 고려시대에 지은 절의 3분의 2 정도가 태조 때에 창건되었다. 태조는 불교를 국교로 정하고 그야말로 이 땅에 불국토를 이루려 한 것이다.

고려시대 개경 성내에 사원이 얼마나 많이 소재하고 있었는지는 아직 정확히 밝혀지지 않고 있다. 조선 중기의 기록에 따르면 성내에 유명한 절이 300여 곳이 있었다고 하니, 개경이 번창했을 당시에는 이보다 더 많은 사원이 존재했을 것이다.[67]

왕건은 풍수지리설의 비보사상(裨補思想)에 입각하여 곳곳의 길지에 터를 잡고 절을 세웠다. 개경에 창건한 사원은 왕실의 소원을 비는 원당(願堂)인 동시에 궁궐을 방어하기 위한 정치·군사적 의미도 가지고 있었다.[68] 고려 초기에 창건한 이들 사원은 대부분 궁궐 주변에 위치했고 당시 수원승도(隨院僧徒)를[69] 거느리고 있어 강력한 군사적 역량을 보유한 것이 된다.

---

66) 『고려사』 권1, 세가, 태조 2년 3월조.
67) 박종진, 「고려시기 개경 절의 위치와 기능」, 『역사와 현실』 38호, 한국사연구회, 2000, pp.66~93.
68) 박윤진, 「고려시대 개경 일대 사원의 군사적, 정치적 성격」, 『한국사학보』 3·4호, 고려사학회, 1998.
69) 『고려사』 권81, 지35, 병1. 수원승도는 평시에는 수공업·농업·건축 및 토목공사 등 사찰에 필요한 일반 역무에 종사하나 일단 비상시가 되면 승군으로 편성하여 전쟁에 투입되었다. 고려시대의 큰 사원은 호국 불교로서의 군사적 역량을 갖추고 있었다.

왕건의 사원 건립에 대해 왕건이 수도 개경의 권위를 장엄하게 세우기 위해 사원을 먼저 건립하기 시작했다고 하기도 한다.[70] 물론 그러한 의도가 전혀 없지는 않았겠지만, 수도로서의 권위를 돋보이게 하고 왕실의 위상을 높이기 위해서는 왕궁을 웅장하게 짓는 일이 보다 효과적이므로 순서상 사원을 건축하기보다는 궁궐의 건립이 우선이었을 것이다. 고려는 960년 광종(光宗 11) 때에 이르러 개경의 호칭을 중국과 동일하게 황도(皇都)로 부르도록 하고, 그 이듬해 961년부터 963년 6월까지 궁궐을 황도에 걸맞게 대대적으로 건립한 사실을 유념할 필요가 있다.[71]

태조 왕건이 개국 초기에 궁궐을 장엄하게 짓기에 앞서 국력을 쏟아 대규모 사원을 창건한 가장 중요한 이유는, 불교를 지지하는 자신의 확고한 의지를 가시화함으로써 민심을 사로잡고, 아울러 사원 주변을 부흥시키려는 의도가 있었다. 왕건은 전국 각처에서 이주해 온 신라인·후백제인·발해인·여진인 등 출신이 다른 사람들이 사원을 중심으로 하여 서로 융화하고 고려 백성으로 거듭나서 개경에 정착하여 살기를 희망했다. 아울러 불교의 위력을 빌어 삼한을 통일하고 궁극적으로 중국에 맞설 수 있는 큰 나라를 만들고 싶은 간절함을 가슴에 품고 있었다.

현화사 7층탑

왕건이 궁예의 신하로 봉직하던 시절, 반란죄로 몰려 궁예에게 심문을 받았을 때 그를 구해준 바 있는 최응(崔凝)에게 '신라는 9층탑을 만들고 통일의 위업을 이룩했다. 이제 개경에 7층탑을 만들고 서경(西京, 지금의 평양)에 9층탑을 건립하여 삼한을 통일하려 한다'라며 삼한통일의 발원문을 짓게 한 바 있다.[72] 이와 같이 후백제와 전쟁을 치루는 도중임에도

---

70) 한기문, 『고려사원의 구조와 기능』, 민족사, 1998.

　　정은정, 「고려전기 개경의 도시기능과 그 변화」, 『한국중세사연구』 11호, 한국중세사학회, 2001.

71) 『고려사』 권2, 세가, 광종 11년, 12년, 14년조.

72) 『고려사』 권92, 열전5, 최응전.

| 표 1-2 | 개경의 사원(태조 10찰) |

절 이 름	창건연대	위치
1. 법왕사(法王寺)	919(태조 2)	황성 안(북부)
2. 자운사(慈雲寺)	919(태조 2)	황성 안(북부)
3. 왕륜사(王輪寺)	919(태조 2)	황성 밖(북부)
4. 내제석원(內帝釋院)	919(태조 2)	황성 안(대궐내)
5. 사나사(舍那寺)	919(태조 2)	황성 안(북부)
6. 보제사(普濟寺)	919(태조 2)	황성 밖
7. 신흥사(新興寺)	919(태조 2)	황성 안
8. 문수사(文殊寺)	919(태조 2)	황성 안
9. 원통사(圓通寺)	919(태조 2)	황성 안
10. 지장사(地藏寺)	919(태조 2)	황성 안

자료: 한국역사연구회, 『고려의 황도개경』, 창작과비평사, 2003, p.85.

불구하고 막대한 국력을 기울여 사원을 건립한 것은 민심을 얻고 사람들을 개경으로 모여 살게 하려는 염원과 함께 삼한통일의 발원까지 아우른 원대한 의지의 발로였다.[73]

물론 사원의 구체적인 위치나 규모를 결정할 때 정치·군사적 기능, 도시의 장래 발전과 경제적 효과, 개경 중심으로의 불교계 재편 등 여러 요소들이 복합적으로 고려되었을 것임은 의문의 여지가 없다. 개경의 사원은 종교적 기능 외에 정치·군사·사회·문화 등 도시발전에 따른 다양한 기능과 역할을 수행하도록 계획되었던 것이다.[74]

사원의 건립은 궁성 주변에서부터 시작되어 점차 외곽으로 퍼져 갔다. 특히 나성이 완성된 이후에는 대부분 나성 외각에 건립되었다. 이들 사원은 국방

73) 조현길, 「고려초기에 있어서 불교의 정치적 기능」, 『대한정치학회보』 15집, 3호, 대한정치학회, 2008, pp.21~41.
74) 박종진, 앞의 논문, p.68. 신만식, 「고려시기 개경 도성의 범위와 이용」, 「한국중세사연구」 28집, 2010.

과 교통의 요지로 기능할 뿐 아니라 자연스럽게 사원 주변이 개발되면서 주거 지역이 형성되는 결과를 가져왔다.[75]

개경에 건립된 사원은 도시의 생활거점이 되었고 인구증가를 유발하여 개경의 소비수요를 촉진시켰다. 예를 들어 문종(文宗)의 원당인 흥왕사(興王寺)는 고려 전기 화엄종단(華嚴宗團)의 중심 사원이었는데, 상주하는 승려가 1,000여 명이었고 집의 규모가 2,800간이나 되었다.[76] 이 정도 규모의 사원이 10개만 있어도 1만 명의 승려, 즉 1만 이상의 인구가 확보되는 셈이다. 사원의 창건 그 자체가 개경을 키우는 또 하나의 원동력이었다.

3. 개경의 십자가 중앙 시장

가. 십자가 시전거리와 광화문

왕건은 918년 6월 을묘일에 홍유·배현경·신숭겸·복지겸 등과 함께 쿠데타를 일으켜 궁예를 축출하고 다음날 포정전(布政殿)에서 왕위에 올랐다. 국호를 고려라 하고 연호를 천수(天授)로 정했다.[77]

왕건은 919년 정월 도읍을 철원에서 자신의 고향이며 정치적 기반인 개경으로 천도했다. 천도한 뒤 왕건이 개경 개발을 위해 가장 먼저 착수한 일은 시전(市廛, 시장)을 세우고 이를 중심으로 하여 도시체제를 정비한 것이라고 할 수 있다.

"919년(태조 2년) 봄 정월, 송악 남쪽에 수도를 정하여 궁궐을 건축하고 3성(省), 6상서관(尚書官), 9시(寺)를 설치하였으며, 시전(市廛)을 세우고 방리(坊里)를 구분하여 5부(部)를 나누고 6위(衛)를 두었다."[78]

궁궐의 건축과 성(省)·상서(尚書) 따위 중앙행정기관의 조직, 도시행정구역인 5부 방리의 설정 그리고 수도 방위를 위한 6위(衛)의 군부대 설치 등은 국가

---

75) 한국역사연구회, 『고려의 황도 개경』, 창작과 비평사, 2003, pp.87~88.
76) 한기문, 「고려시대 사원내의 관리조직과 소속승의 구성」, 『한국중세사연구』 2호, 한국중세사학회, 1995, p.206.
77) 『고려사』 권1, 세가, 태조 원년 6월 병진.
78) 『고려사』 권1, 세가, 태조 2년 정월조.

경영과 수도 안보를 위한 기본과업이다. 다만 왕건의 특이한 점은 시전 건립을 국가 중추기관의 조성과 거의 동시에 진행하고 있는 점이다. 따라서 왕건이 개경의 도시 발전을 위해 제일 먼저 단행한 가시적인 사업은 시전 건립이었던 것이다.

왕건이 무엇보다도 우선해서 시전을 조기에 건립한 일은 대단히 높이 평가받아야 한다. 하지만 이에 대해 '시전 설치는 왕건 자신이 해상무역을 통하여 부를 취득하여 왕위에 오른 만큼 교역의 중요성을 이미 체득하고 있었기 때문에 가능했다'[79]라고 하는 견해가 있는가 하면, '신라시대의 시전과 후삼국시대의 발전했던 상업에서 영향을 받은 것 때문으로 생각한다'[80]라는 견해도 있다. 그러나 이는 왕건이 상업과 교역을 이해한다는 점을 단순히 강조하는 것에 불과하다. 왕건의 경우는 상업의 이해에서 한걸음 더 나가야 한다. 달리 말하면 왕건의 시전 건립은 단순한 상업의 이해에서 추진된 것이 아니라, 시전을 중심으로 개경의 발전을 도모하려는 고도의 전문적인 도시계획의 안목에서 출발한다는 점이다.[81] 그러므로 시전 건립은 평면적인 상업 중시보다 차원이 높은, 시전을 중심으로 하는 도시개발을 통해 개경을 굴지의 상업도시로 육성하려는 왕건의 정책의지였다고 할 수 있다.

왕건은 개경에 시전을 세우면서 방리(坊里)를 구분하고 5부(部)로 나누었다. 이것은 도시행정구역인 방리를 시장을 중심으로 하여 편재하였음을 뜻한다. 이런 일들은 그냥 마구잡이로 아무렇게나 할 수 있는 일이 아니다. 전문가들이 심도 있는 계획을 세우고 논의를 충분히 한 연후에 착수해야 하는 일이다. 따라서 시전 건립과 방리 설정 등이 매우 신속하게 이루어진 것을 보면 왕건의 쿠데타는 사전에 치밀하게 계획되었음을 짐작하게 한다. 물론 왕건이 궁예 휘하에 있으면서 발어참성(勃禦塹城)을 축성했을 때 구상해 둔 밑그림이 크게 참고가 되었을 것으로 예상 할 수 있다.[82]

79) 이정신, 「고려시대의 상업 – 상인의 존재 형태를 중심으로 –」, 『국사관논총』 59집, 국사편찬위원회, 1994, p.108.

80) 전수병, 「고려조의 상업발전요인에 관한 연구」, 『대전대학 논문집』 4집, 대전대학교, 1985, p.2.

81) 우성훈, 「고려시대 개경시장의 도시사적 위치에 관한 연구」, 『대한건축학회 논문집』 26집, No.5, 건축학회, 2010, pp.179~186.

82) 정학수, 「고려시기 행정구획과 리의 양상」, 『한국중세사연구』 28, 2010, pp.342~346.

도시와 시장은 동전의 앞뒤 면과 같이 불가분의 관계이다. 시장이 없는 도시는 존재할 수 없을 만큼 도시와 시장은 하나이며, 시장은 도시의 중심이고 핵심이며 상징이다. 따라서 개경에 무엇보다도 먼저 시장을 건설한 왕건과 그의 참모들은 도시와 시장의 메커니즘을 잘 이해했던 것이다.[83] 또 시장 건립을 우선한 것은 당시 상업을 중시한 국가 정책을 반영한 증거라고 할 수 있다.

개경의 도시행정체계는 성종(成宗) 6년(987)에 한 차례 개편된 뒤 현종(顯宗) 15년(1024)에 5부 35방 344리로 확정되었다.[84] 5부는 개경의 중심을 중부로 하고 도성을 동서남북으로 크게 나누어 중부·동부·서부·남부·북부 등 다섯 구역으로 편제한 것이다. 특히 중부는 8개의 방과 75개의 리를 가졌는데, 시전·사원·별궁·객사·관청 등 여러 공공시설이 밀집되어 있어서 도성내에서 가장 번화한 곳이었다.[85]

개경의 도시 모델은 경주였고, 경주는 당나라 수도 장안성을 모델로 했다. 장안성은 시전이 있는 방(坊)을 일반 주거지와 따로 구분하여 방책으로 둘러쌓았다. 그리고 그 안에서 상인들이 영업을 하게하고, 일반인들의 출입시간과 영업시간을 엄격히 통제했다.[86] 그러나 경주는 방리체제의 도시계획을 하되, 주거와 출입을 통제한 장안성의 시전관리 방식을 채택하지 않았다. 개경 시전 역시 주거와 출입, 영업에 따른 통제와 규제는 크지 않았고 자유로웠다.

시전 상인의 주거와 관련하여 '방(坊)은 상인의 주거지역으로 그리고 리(里)는 주민의 주거지역으로 정했다'[87]라며 상인의 주거가 제한된 것으로 보기도 한다. 하지만 고려는 건국 초기에 후백제와 피나는 전쟁을 치르는 상황이어서 상인의 거주를 일정 구역에 한정지을 수 있도록 중앙 행정력을 강력히 쏟지 못했다. 또 그럴 만한 사회환경도 아니기 때문에 상인들은 시전 주변이나 시전

---

83) 백남운은 교환시장을 특설한 것은 시민의 증가와 농민의 도시 유입을 도모하여 국도의 면모를 형성시키기 위한 효과적인 현실 정책이라고 보았다.(백남운 저, 하일식 역, 『조선봉건사회경제사(상)』 2, 이론과 실천, 1993, p.325)

84) 부·방·리는 알기 쉽게 말하면 오늘날 도시행정체계인 구·동·통으로 이해하면 된다.

85) 홍영의, 「고려전기 개경의 오부방리 구획과 영역」, 『역사와 현실』 38호, 한국역사연구회, 2000, p.49.

86) 『장안지(長安誌)』 권7, 唐 皇城.

87) 백남운 저, 하일식 역, 앞의 책, p.325. 조병찬, 『한국시장 경제사』, 동국대학교 출판부, 1993, p.45.

에 가까운 방리에 자신의 거처를 자유롭게 정해 살았다. 인종 22년(1144) 11월 병인일에 시전에 불이 나서 민가 수십호가 연소되었는데, 이것은 시전과 민가 건물이 연접되어 있었던 사실을 반증해준다. 이들 민가 건물에는 아마도 상인 들이 많이 살고 있었을 것이다.[88]

개경의 시가지 중심 간선도로는 십자가(十字街) 도로였다. 십자가는 황성의 동쪽문인 광화문(廣化門, 현재의 개성 남대문)과 연결되고 주변에 관청 건물이 배 치되어 있었다. 시전 점포는 남쪽으로 뻗은 십자가 간선도로변에 건축되었다. 십자가의 도로 폭과 구조는 아직 구체적으로 밝혀지지 않고 있지만, 경주의 대 로보다 폭이 넓었을 것으로 추측된다. 경주는 장안성의 도시계획 기법인 정전 법(井田法)을 도입하여 현대 도시와 같은 바둑판의 격자형 도로망을 구축했다. 그러나 개경은 평지인 경주와 달리 구릉지여서 십자가를 중심으로 하여 각각 외각으로 뻗어나간 도로망은 완전한 격자형 구조(格子型 構造)를 갖추지 못하고 자연 지세를 따라 만들어졌다.[89]

개경의 중앙 시전은 황성의 동쪽문인 광화문과 연결된 십자가 대로 좌우에 위치했다.[90] 따라서 시전 거리에서 서북쪽을 쳐다보면 웅장하고 화려한 광화문 의 옆모습이 엇비스듬히 바라다 보였다.

1123년 인종(仁宗)의 즉위 축하사절로 개경에 온 송나라 국신사(國信使) 서 긍(徐兢)은 『고려도경』에서 '광화문은 왕부(王府)의 동쪽 문이다. 세 개의 문을 갖추었고 모양과 제도는 선의문과 같은데, 옹성(甕城, 큰 성문 밖의 작은 성)은

88) 『고려사』 권53, 지7, 오행2, 화(火), 인종 22년 11월조.
89) 신라·고려·조선의 수도를 비교해 보면 가장 후대인 조선왕조의 수도 한성이 경주와 개성보다 규모가 적다. 신라의 경주는 장안성을 모델로 하면서 장안성에 못지않는 황도 (皇都)로서의 격을 갖추려고 의도했다. 고려는 개경 나성의 둘레가 60리로 송나라 수도 개봉의 나성둘레 50리보다 컸으며, 개경을 황도(皇都)로 표명했다. 하지만 조선은 한성의 도시 격을 황도보다 한 단계 낮은 제후국 수준에 맞추어 계획했다. 당시 한성을 개경처 럼 크게 키우자는 주장이 거론되었으나 받아들여지지 않았고, 집권사대부들이 한성의 규 모를 제후국 수준으로 축소한 것이다(장지연, 「개경과 한양의 도성 구성 비교」, 『서울학 연구』 15호, 서울시립대 서울학연구소, 2000, pp.55~97). 결과적으로 조선은 스스로 도 시의 격을 제후국 수준으로 한 단계 낮추고 도시규모를 축소해 버림으로써 도시의 발전 잠재력뿐만 아니라 기백과 기상까지도 떨어뜨렸다고 할 수 있다.
90) 서성호, 「고려시기 개경의 시장과 주거」, 『역사와 현실』 38호, 한국역사연구회, 2000, p.94.

없고 문체나게 꾸민 공력은 더
했다'라고 했다. 그리고 '선의
문(宣義門)은 왕성의 서쪽 문으
로 정문(正門)은 이중으로 되어
있고 그 위에 누관이 있으며
한 가운데 중문은 왕과 중국
사신이 출입할 때만 연다. 왕
성의 문으로는 오직 선의문이
가장 크고 화려하다'라고 했
다.[91] 광화문은 옹성만 없을
뿐 선의문과 크기는 거의 같고
세 개의 문이 있었는데 외부
치장은 선의문보다 더 찬란했

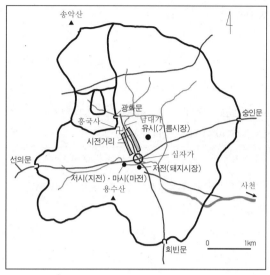

개경 시전의 분포

다. 당시 광화문에는 다음 글귀의 춘첩자(春帖字)를 걸어 놓았다.

눈 자취 아직도 삼운궁 돌계단에 있는데,	雪痕尙在三雲陛
햇살이 비로소 오봉루에 오르네.	日脚初升五鳳樓
제후들 잔 올려 축수하니,	百辟稱觴千萬壽
곤룡포 자락에 서광이 어렸도다.[92]	袞龍衣上瑞光浮

춘첩자가 내걸린 광화문 앞거리는 매우 넓었고 때때로 공식 행사를 거행하
는 광장의 역할도 했다. 18대왕 의종(毅宗) 24년(1170) 정월, 의종이 영통사(靈通
寺)에 가서 화엄회(華嚴會)를 열고 이틀 동안 지내다가 궁궐로 돌아가는 길이었
다. 광화문 대로에서 왕을 영접하는 특별 행사가 개최되었다. 행사장 분위기를
살리기 위해 광화문 좌우 행랑(行廊)에 색깔 좋은 장막을 쳤다. 그 비용은 왕의

---

91) 『선화봉사고려도경』 권4, 문궐(門闕), 광화문, 선의문조.
　　궁성의 남쪽 문은 승평문(昇平門)이다. 승평문·신봉문(神鳳門)·창합문(閶闔門)을 차례
　　로 지나면 궁전 중에서 제일 화려하고 큰 회경전(會慶殿)에 다다른다. 이들 문 중에서
　　신봉문이 가장 컸고 웅대했다.
92) 『선화봉사고려도경』 권4, 문궐, 광화문조. 『국역 고려도경』, 민족문화추진위원회,
　　1978, p.54에서 인용. 춘첩자는 입춘 날 대궐안 기둥에다 붙이는 주련(柱聯)이다.

종친들이 부담했다.

관현방(管絃房)과 대악서(大樂署)에서 임시 행사무대로 채붕(綵棚)을 세웠다. 채붕은 금·은·주옥(珠玉)과 화려하게 수놓은 비단 그리고 라기(羅綺)·산호(珊瑚)·대모(玳瑁, 바다거북껍질) 등으로 사치스럽게 꾸몄다. 채붕 무대에서는 코미디·만담·노래·춤 등과 각종 오락놀이가 공연되었다. 국자감(國子監)의 학생들까지 나와서 노래를 불렀다.

의종은 놀이와 음악을 구경하다가 밤 3경(更)이 되어서야 대궐로 돌아갔다.[93] 한밤중까지 계속된 공연은 왕과 종친, 귀족과 관리 등 특정인들만 보고 즐겼던 것은 아니고, 일반 백성들도 무대 가까이는 아닐지라도 일정거리를 두고 또는 도로변의 건물 누각 등에서 자유로이 구경했다. 그리고 당시 십자가 시전 상인들은 광화문 거리에서 행사나 공연이 열릴 적에 단골 구경꾼이었고, 아마도 모여든 인파를 겨냥하여 먹을거리 등을 파는 임시 풍물시장도 잽싸게 열었을 것이다.

개경에는 중앙시장인 십자대로의 시전 외에도 도시민이 편리하게 이용할 수 있는 시전이 여러 곳에 산재해 있었다. 개경의 서대문 격인 선의문(宣義門)에서 동대문 격인 숭인문(崇仁門)으로 뻗은 대로변 가까운 곳에는 종이를 판매하는 지전(紙廛)이 있었다. 그 옆 하천변에는 말을 파는 마전(馬廛)이 있었으며, 십자가 남쪽 편에 돼지를 파는 저전(猪廛)이 있었다. 십자가 가까이 남대가 동쪽에 위치한 자남산(子南山)이라는 자그마한 산 기슭의 유암(乳岩)이라는 바위 주변에 기름을 파는 유시(油市)가 있었다.[94]

또 도시 곳곳에 소규모 상점거리와 시장이 소재했으며 심지어 왕실에서 왕궁의 동편 행랑에 점포를 차리기도 했다.[95] 특히 곡물을 파는 가게는 장소의 제한을 받지 않고 어느 곳에서나 낼 수 있었다. 일상생활용품과 채소 따위 부식물을 파는 영세한 골목 시장인 여항소시(閭巷小市)도 별 제한 없이 열 수 있었다.[96]

---

93) 『고려사』 권19, 세가, 의종 24년 정월 신사.
94) 한국역사연구회 편, 『고려의 황도 개경』, 창작과 비평, 2002, p.174.
95) 『고려사』 권133, 열전46, 신우 3년 5월 경인.
96) 『고려사』를 보면 날이 가물어 기우제를 지낼 때면 시장을 옮기는 기록이 자주 나온다. 이는 골목 시장인 여항소시를 다른 쪽 골목으로 옮기는 것이다. 가뭄이 들면 시장을 옮

나. 큰 기둥 1,008개의 시전 장랑(長廊)

십자가 시전거리는 1208년(희종 4) 7월에 대대적인 재건 공사를 함으로써 그 면모를 일신한다. 왕건이 처음 시전을 건립한 이후 290년이 지난 때이다. 다음은 시전 재건 공사에 관한 『고려사』의 기록이다.

"가을 7월 정미일에 대시장(大市場)을 개영(改營)하기 시작했다. 광화문(廣化門)으로부터 십자거리까지 좌우에 1,008개의 기둥(楹)을 세워 장랑을 만들었다. 또 광화문 안에 73개의 기둥을 세워 대창(大倉)·남랑(南廊)·영휴문(迎休門) 등을 지었다. 서울 안 5부(部)의 방리의 양반들이 집집마다 쌀과 겉곡을 거두며 품삯을 받고 역사에 나갔는 바, 양반의 방리에 부역을 부과하는 것이 이 때부터 시작되었다."[97]

본래 시전의 위치는 십자가에서 광화문으로 뻗은 남대가(南大街)의 좌우 도로변이었고 그 범위는 십자가에서 흥국사까지였는데, 이 때에 이르러 상업이 번창함으로써 시전 구역을 광화문까지 확장한 것으로 보인다. 광화문 안쪽 지역에 73개의 기둥을 세워 큰 창고건물 등을 신축한 것에서도 시전의 확장은 분명히 확인된다. 하지만 1,008개 기둥으로 만든 장랑이 확장 구역에 한정된 것인가 아니면 전체 구역을 대상으로 한 것이냐에 대해서는 아직 통일된 견해가 없다.[98] 그런데 통상적으로 건물의 규모를 지칭하는 간(間)이라고 하지 않고 '기둥을 세웠다'라고 한 것은, 장랑을 특별히 큰 기둥으로 건축하여 외관상 크고 웅장하다는 사실을 강조하려는 의도로 짐작된다.

1,008개의 큰 기둥으로 세운 장랑의 전체 길이와 폭은 과연 어느 정도였을까? 도로를 따라 좌우에 세워진 시전 장랑은 연접된 긴 건물일 것이고, 그 길이는 내부의 폭을 어느 정도로 하느냐에 따라, 예컨대 장랑의 가로 폭이 기둥 두 개의 1간 폭이냐 또는 세 개의 2간 폭이냐에 따라서 달라질 것이다.

기는 관습은 고구려·백제·신라에서 공통적으로 행하던 관습으로 조선시대에도 계승되었다.
97) 『고려사』 권21, 세가, 희종 4년 7월조.
98) 서성호는 확장 구역으로 보고 있다(서성호, 「한국중세의 도시와 사회」, 『동양 도시사속의 서울』, 서울시정개발연구원, 1994). 필자는 대시장의 개영(改營), 광화문과 십자거리 등의 기록에 근거하여 도로변의 기존 행랑을 포함한 확장이라고 본다.

강세황 '송도전경'(국립중앙박물관 소장)

그러므로 장랑의 가로 폭을 기둥 2개의 1간으로 가정하면, 양측 장랑의 가로 기둥은 합쳐서 4개가 되고, 좌우 도로변에 세워진 기둥은 모두 252개(1,008÷4=252)가 되며, 한쪽 도로변의 기둥은 126개가 된다. 그리고 기둥과 기둥 사이의 간격을 2.5m로 치면 한쪽 도로변 장랑의 전체 길이는 315m(126×2.5=315)가 된다. 다음 장랑의 가로 폭을 기둥 3개의 2간으로 넓게 가정하면 위와 같은 방법으로 계산하여, 양측 장랑의 가로 기둥은 합쳐서 6개가 되고, 좌우 도로변의 기둥은 모두 168개(1,008÷6=168)이며, 한쪽 도로변 기둥은 84개가 된다. 그리고 기둥 사이 1간 폭이 2.5m이면 길이는 210m가 된다. 여기서 특별히 큰 기둥의 장랑임을 감안하여 1간의 폭을 3m로 치면 장랑의 한쪽 길이는 378m 내지 252m로 늘어난다.

따라서 십자가 시전거리의 장랑 길이는 장랑의 구조 여하와 기둥 사이 폭을 어느 정도로 가정하느냐에 따라 달라지는 것이다. 하지만 개경의 중앙 시전인 십자가 시전거리 장랑의 구체적인 모습은 알 길이 없다. 다만 18세기 조선의 대표 화가로 손 꼽히는 강세황(姜世晃, 1713~1791)이 그린 '송도 전경'에 그려진 장랑은 가로가 기둥 2개의 1간 양식이다. 따라서 시전거리의 장랑이 '송도 전경'의 장랑과 비슷하다고 보면 장랑의 길이는 378m 내지 315m로 추정된다.[99]

개경의 시가(市街) 장랑은 원 간섭기에 들어와서 한차례 더 건립되었다. 충렬왕(忠烈王) 33년(1307) 6월에 시가 양쪽에 장랑 200간을 짓자는 충선왕(忠宣王)의 건의에 따라 시작되었고 1308년 8월 을미일에 준공했다.[100] 이 장랑은 위치

---

99) 이 추정방식은 광화문에서 십자거리까지의 도로 길이가 정확히 밝혀지면 역으로 장랑의 규모와 형태를 규명하는 데 응용 가능할 것이다.

100) 『고려사』 권33, 세가, 충렬왕 33년 6월 병오, 『고려사』 권33, 세가, 충렬왕 34년 8월 을미.

한 곳이 어디인지 명확하지 않다. 십자가 시전거리 양편에 추가로 200간의 장랑을 건설했다는 견해[101]가 있으나, 십자가 시전거리일 것으로 여겨지는 표현이 기록에 나타나지 않고, 장랑 200간이면 1간의 폭을 2.5m로 쳐도 한 편의 장랑길이가 250m인데, 십자가 시전거리는 장랑을 200간이나 추가로 설치할 만큼 거리가 길지 않다.

이 200간 시전 행랑은 단순히 200간으로 기록되어 있는 점으로 미루어보아, 십자가 시전거리의 큰 기둥으로 세운 장랑보다는 격이 낮은 장랑이 다른 시가지 도로변에 건립된 것으로 추측된다. 어떻든 이 장랑 200간은 한편의 길이가 최소 200m가 넘는 상당히 큰 규모인데, 고려 정부가 시가의 시전을 확장하고 그로부터 수입을 올리려는 조치로서 당시 발전하는 개경 상업을 반영하고 있다고 하겠다.

고려 시대의 마지막 시전 건설은 충선왕때로부터 70여년 뒤인 우왕 3년(1377)에 있었다. 우왕의 시전 건립 기록은 간단히 '새로이 시전 동랑을 신축했다'[102]라고 하여 그 규모를 자세히 파악할 수 없다. 이렇게 보면 결과적으로 고려는 희종 이후 시전을 100년에서 70년 사이의 주기로 증축했다. 이는 인구의 증가와 상업의 발전으로 인해 시전 증축의 필요성이 생겼기 때문으로 추정할 수 있다.[103]

십자가 시전대로와 장랑 모습을 현실감 있게 상상할 수 있는 좋은 사례가 있다. 바로 최충헌·최충수 형제가 이른 새벽녘에 벌인 시가전(市街戰)이다.

1198년 최충헌·최충수 형제는 쿠데타를 일으켜 이의민 일당을 축출한 뒤, 명종(明宗)을 폐위시키고 20대 신종(神宗)을 옹립했다. 이들 형제가 정권을 완전히 장악하고 좌지우지하게 되자, 동생 최충수가 뒷날을 대비한다며 자기 딸을 태자에게 정략적으로 시집보내려 획책했다. 하지만 최충헌은 이는 과도한 욕심이고 세상의 비난이 두렵다며 반대했다. 최충수는 어머니의 만류도 듣지 않고 형과 나는 다르다며 끝내 이를 강행하려 함으로써 결국 형제간에 생사를 건 싸움이 붙었다. 최충헌은 박진재·김약진·노석숭으로부터 지지를 약속받고 밤 3

101) 원유한, 「고려시대의 화폐사: 화폐유통시도기의 전반」, 『실학사상연구』 30집, 무악실학회, 2006, p.10.
102) 『고려사』 권133, 열전46, 신우 3년 조.
103) 전수병, 앞의 논문, pp.4~5.

경에 1천여 명의 병력을 광화문에 주둔시켜 최충수가 광화문을 통해 궁성으로 가는 길을 막았다. 최충수는 동틀 무렵 1천명의 병력으로 전열을 갖추고 '있는 힘을 다하여 전투하라!'며 진격을 명령했다. 이른 아침에 십자가 대로의 저자거리에서 시가전이 벌어졌다.

> "최충헌은 광화문(廣化門)을 나와서 저자거리를 향해서 내려오고 최충수는 광화문을 향해서 올라 가다가 흥국사 남쪽에서 마주쳐서 교전했다. 박진재(朴晋材)·김약진(金躍珍)·노석숭(魯碩崇)은 각각 그 도당을 인솔하여 진고개(泥峴)·모래재(沙峴)·고달고개(高達坂)를 넘어서 서로 호응하면서 전후로 협공했고 최충헌은 어고(御庫)에서 대각노(大角弩)를 꺼내 가지고 와서 마구 쏘아 화살이 비 오듯 내렸다. 그래서 최충수의 일당은 랑하 문짝을 뜯어서 방패삼아 막았으나 견디지 못하고 드디어 궤주했다." [104)

이상에서 십자가 대로는 수천 명이 시가전을 벌일 만큼 도로 폭이 넓었고 흥국사 주변 도로가 시전거리였음을 확인할 수 있다. 또 최충수 일당이 '랑하 문짝을 뜯어서 방패삼아 막았다(取步廊扉板字爲楯禦)'하므로 장랑에는 판자 문짝이 달려 있었던 것을 알 수 있다. 시전거리 장랑은 상품을 진열하고 판매하는 장소 겸 출입문으로 이용되었고 그 뒤편에 상점의 본 건물 또는 부속 건물이 연접되어 있었던 것이다. [105)

십자가 시전거리의 도로 폭을 가늠해 볼 수 있는 재미있는 일화가 또 있다. 1386년 4월 을사일 날이 저물어 갈 무렵 비가 축축이 내리는 가운데, 시전거리의 길 한복판에 젊고 건장한 22세의 우왕(禑王)이 시종 5명을 거느리고 말을 타고 나타나서 말 달리기 시합을 했다. [106) 또 우왕은 동년 5월 계해일 단오날에 일반 시가 사람들과 어울려 시전거리에서 격구(擊毬)를 했다. [107) 그리고 시전거리에서는 단오 축제기간 동안 각종 놀이가 거행되었다. 1379년 5월 단오날 어린 우왕은 시전거리의 축제를 보고 싶어 시가의 다락에 올라가 격구·화

---

104) 『고려사』 권129, 열전42, 최충헌전.
105) 1157년(의종 10년) 6월 무자일에 큰 비가 내려 시전 건물과 행랑이 무너져서 깔려 죽은 자가 많았다. 이 기록은 행랑과 시전 건물이 연접하여 건립되어 있었음을 확인시켜 준다.(『고려사』 권53, 지제7, 오행1, 의종 10년 6월조)
106) 『고려사』 권136, 열전49, 신우 12년 4월 을사.
107) 『고려사』 권134, 열전47, 신우 5년 5월조.

포(火砲) 따위 잡희(雜戲)를 구경하였다.[108] 시전거리는 이와 같이 말을 타고 격구를 하거나 말 여섯 필이 나란히 역주(力走)하고도 남을 정도로 폭이 넓었다.

우왕이 시종들과 도심의 시전거리에서 일반 백성들의 시선을 받으며 말달리기 시합을 하고 시전 상인들과 어울려 격구를 하는 광경은 얼마나 신선하고 흥미진진한가. 놀라운 구경거리에 사람들이 손뼉을 치고 소리 높여 응원도 했을 것이니, 십자가 시전 대로에서 말 달리기 시합을 하고 땀 흘리며 격구하는 우왕의 모습에서 고려다움과 고려의 기상을 찾는다고 해도 지나친 표현은 아닐 것이다.

다. 화려하고 아름다운 시전거리

개경에는 시전거리의 장랑 말고도 광화문에서 관청이 있는 곳으로 가는 거리에 장랑이 또 있었다. 『고려도경』은 광화문에서 관청 소재지와 객관(客館)으로 가는 도로의 가로변 모습을 다음과 같이 기록하고 있다.

> "왕성(王城)에는 본래 방시(坊市)가 없고, 광화문(廣化門)에서 관부(官府) 및 객관(客館)에 이르기까지, 모두 긴 장랑을 만들어 백성들의 주거를 가렸다. 때로 장랑 사이에다 그 방(坊)의 문을 표시하기를, '영통(永通)'·'광덕(廣德)'·'흥선(興善)'·'통상(通商)'·'존신(存信)'·'자양(資養)'·'효의(孝義)'·'행손(行遜)'이라 했는데, 그 안에는 실제로 가구(街衢, 네거리)나 시정(市井, 시장)은 없고, 절벽에 초목만 무성하며, 황폐한 빈터로 정리되지 않은 땅이 있기까지 하니, 밖에서 보기만 좋게 한 것 뿐이다."[109]

본래 방시(坊市)가 없다는 것은 중국 장안성의 방시와 같은 특정한 시장구역이 개경에 존재하지 않는다는 것을 뜻한다. 그런데 광화문에서 관부에 이르기까지 연결된 긴 행랑 사이에 방문의 표시라며 열거해 놓은 '영통', '광덕', '흥선' 등 8개의 명칭은 과연 무엇을 뜻하는 것일까? 이에 대해 이들 명칭을 점포의 상호(商號)로 보고 그 이름이 고결하고 품격이 상당하므로 이를 미루어봐서 고려상인들의 높은 상혼(商魂)을 짐작할 수 있다는 견해가 있다.[110] 또는 이들 명칭은 상호 명칭이 아니고 5부 방리의 방명, 관청으로 들어가는 문, 또

---

108) 『고려사』 권134, 열전47, 신우 5년 5월조.
109) 『선화봉사고려도경』 권3, 성읍, 방시(坊市).
110) 강만길, 『한국 상업의 역사』, 세종대왕기념사업회, 2000, p.42.

서긍의 고려 방문 항로

는 8개의 상업지구를 표시하는 현판이라는 등의 견해도 제시되고 있다.[111]

서긍(徐兢)이 기록한 길은 시전이 있는 남쪽 십자가대로가 아닌 관부와 객관으로 가는 광화문에서 동쪽으로 뻗은 도로이다. 따라서 이 거리의 긴 장랑은 시전거리의 장랑이 아닌 것은 분명하다. 또 '장랑이 백성들의 주거를 가렸다'라고 한 것은 장랑 뒤편에 본 건물이 있고, 도로 쪽 장랑 앞면에 상품이나 기물이 진열되어 있지 않으며, 다만 판자로 만든 문짝 또는 가리개가 달려 있는 것을 뜻한다. 그렇다면 이들 장랑의 문 명칭은 시전 점포의 상호가 아닌 것은 분명하다 하겠다.[112]

다음 이 명칭을 방리의 문이라고 보는 견해도 고려시대 방리의 문인 여문(閭門)은 1179년(명종 9)에 이의민(李義旼)이 자기가 사는 집을 경비하기 위해 집으로 통하는 골목 밖에 따로 대문을 세운 것이 시초이므로 합당하지 않다고 하겠다.[113]

서긍은 긴 행랑 사이에 있는 문을 쳐다보고 중국식 방(坊)을 머릿속에 연상

111) 홍희유, 앞의 책, p.70. 서성호, 앞의 논문, 2000, pp.94~103.

112) 서성호, 앞의 논문, 1994, pp.193~207. 서성호는 서긍의 방 명칭을 유교식으로 아름답게 꾸민 아화(雅化)한 별칭으로 본다. 그리고 행랑이 도시의 추한 면을 가렸다는 부분도 인정한다.

113) 1179년(명종 9년)에 경대승(慶大昇)이 정중부(鄭仲夫)를 처단하고 정권을 잡았다. 이에 신변의 위협을 느낀 이의민이 자신의 집에 사병을 두고 경비하도록 했는데, 이 때 자기 집 문전의 골목길 어귀에 따로 대문을 세우고 경비했다. 이를 여문(閭門)이라 했고 개경의 방리마다 이를 모방하여 여문을 세웠다.(『고려사』 권128, 열전41, 이의민전) 따라서 여문을 세우기 전에 방리의 문은 따로 없었다고 보아야 할 것이다.

하여 중국식 방(坊)의 문으로 착각했을 가능성이 높다. 본래 방시가 없다고 전재해 놓고서 방문 안에 네거리와 시정(市井)이 없고 초목만 무성하며 황폐하다고 꼬집었는데, 이는 상호 모순된 착오나 착각에 의한 표현임을 분명히 보여주는 것이다.

주거를 가린 장랑이라는 묘사는 본 건물에 부속된 건축물이라는 의미를 뜻하는, 필요에 따라 열고 닫을 수 있는 문짝 또는 가리개가 부착되어 있는 도로변에 연이은 보조 건물의 광경을 연상시켜 준다. 그리고 서긍이 목격한 장랑의 문은, 문을 통해 잡초더미와 넓은 빈터 등 내부가 훤히 보일 정도로 상당히 큰 문으로, 장랑 뒷편 본 건물의 출입문일 것으로 추측된다. 또 '영통', '광덕', '통상', '행손' 따위 문의 명칭은 이들 명칭이 풍기는 이미지를 연관 지어 보면 다점(茶店), 주점(酒店)이거나 숙박업소 또는 식음료를 파는 휴식소 따위의 업소 상호일 가능성이 높다.[114]

개경 시가지에는 서긍이 『고려도경』에 열거한 8개의 명칭과 유사한 상호 명칭을 가진 문이 많이 있었다. 서긍이 고려에 오기 140년 전인 983년 10월, 성종(成宗)이 개경 시내에 주점(酒店) 6개를 설치했다. 그 주점의 상호 명칭이 '성례(成禮)', '낙빈(樂賓)', '연령(延齡)', '영액(靈液)', '옥장(玉漿)', '희빈(喜賓)' 등이다.[115] 이는 서긍이 본 '영통(永通)', '광덕(廣德)', '흥선(興善)', '통상(通商)', '자양(資養)', '효의(孝義)', '행손(行遜)' 등과 비슷하여 이들 명칭을 서로 섞어 놓으면 따로 가려낼 수 없을 정도이다. 더구나 광화문(光化門)에서 객관으로 가는 거리는 관부(官府)와 가까우니 관부에서 손님 대접하기도 좋고 관원들이 회식하기도 적합해 보인다. 물론 관부거리에 있는 행랑의 문은 관청으로 통하는 대문으로 보아야 할 것이다.[116]

그렇다면 십자가 시전거리에 있는 개별 점포의 상호는 어떻게 표시했을까? 지금까지 학계에서는 개경 시전의 명칭, 즉 시명(市名)은 판매 물종(販賣 物種)에 따라 붙여졌으며 각 점포 나름대로의 고유한 상호는 없었다고 보는 견해가 유

---

114) 전완길은 다점으로 보는 듯하다.(전완길, 「고려시대의 다문화론」, 『민족문화연구』 20호, 고려대학교 민족문화연구소, 1987, p.188)

115) 『고려사』 권3, 세가, 성종 2년 10월 기해.

116) 장지연, 앞의 논문, p.77.

력하다. 이것은 시전이 본래 정치지배체제제와의 관계 속에 설치된 것이어서 공적인 성격이 매우 강한 만큼, 점포 경영의 사적(私的) 측면이 강조된 고유 상호의 필요성이 적었다고 보는 것이다.[117] 이는 조선 태조 이성계(李成桂)가 수도를 한양으로 옮기기 8개월 전에 경시서(京市署)에서 올린 다음의 건의를 주목하고 있다.

> "경시서에서 청하기를 판(板)에 각 시명(市名)을 쓰고 판매하는 물품을 그 아래에 그려 넣어서 각소(各所)에 걸어 두도록 함으로써 서로 섞이지 않도록 하자고 했다."[118]

경시서가 시명(市名)을 쓴 판을 걸어 두도록 하자고 건의한 것은 개별 점포를 표시하는 상호 간판이 설치되어 있지 않았기 때문이라고 본다. 이와 관련하여 조선 세종 때 조선 통신사로 일본에 다녀온 박서생(朴瑞生)의 견문 보고가 인용되기도 한다.[119] 박서생은 일본의 시장거리에 소재한 상점들은 상호 간판을 달아 무슨 물건을 파는지 잘 알 수 있고,[120] 상점 내부도 판자로 만든 진열층에 상품을 진열함으로서 깨끗하고 보기 좋다며 제도로 도입할 것을 건의했다.[121] 이 견문 보고는 당시 조선의 시전 상점은 대부분 진열대를 잘 갖추지 않았고 자리를 깐 바닥 등에 어육(魚肉) 등의 물건을 늘어놓고 있다고 지적하며, 운종가(雲從街) 좌우의 행랑(行廊)에서부터 동쪽 누문(樓門)에 이르기까지, 그리고 종루(鍾樓) 남쪽에서부터 광통교(廣通橋)에 이르기까지 물건을 진열해 놓을 층루를 만들어, 어느 간(間)은 무슨 물건을 둔 곳이라고 죽 편액(扁額)을 달아서 쉽게 알아 볼 수 있도록 하자고 건의했다.[122]

그러나 경시서의 건의에 대해 개별 점포를 구분할 만한 상호 표시물이 아예 없어서 개별 점포마다 상호 간판을 따로 만들자는 뜻으로 간단히 해석해서

---

117) 서성호, 앞의 논문, 2000, p.102.
118) 『태조실록』 권5, 태조 3년 1월 무오(戊午).
119) 김동철, 「고려말의 유통구조와 상인」, 『부대사학』 9호, 부산대학교 사학회, 1985, p.231.
120) 고대 일본의 헤이죠오쿄오(平城京) 및 헤이안쿄오(平安京)의 동시와 서시에 있는 개별 점포는 간판을 세우도록 법으로 규정되어 있었다.(서성호, 앞의 논문, 2000, p.100)
121) 『세종실록』 권46, 세종 11년 12월 을해.
122) 우성훈, 「고려시대 개경시장의 도시사적 위치에 관한 연구」, 『대한건축학회 논문집』 26집, 대한건축학회, 2010, pp.179~186.

는 안될 것이다. 경시서의 건의는 개별 점포의 상호를 지칭하는 것이 아니라, 의류·그릇·고기·과일 등 판매 물종에 따른 물종별 시명을 그림까지 그려 근사하게 따로 만들어 붙이자는 간판 관리를 물종별로 개선하자는 건의로 보는 것이 타당하다.

이와 관련하여 1410년(태종 10년) 사헌부(司憲府)에서 시전 건립의 필요성을 주장하며 태종에게 올린 다음의 건의가 있다.

"상공인들에게 시전이 없으면 영업을 전문으로 할 수 없으므로 옛 서울(개경)에는 베·비단·가죽 제품·그릇·의관·의복·신발·말 굴레와 말 채찍 등을 각각 파는 점포로 이루어진 큰 시전들이 있었다. 심지어 소와 말을 사고파는데도 일정한 장소가 있었고, 그 밖에 미곡 같은 것들도 팔고 사는 곳이 따로 있었다."[123]

이 건의문은 고려말 개경에 시전들이 업종별로 구분되어 존재하고 있었다는 것을 밝혀주고 있다. 개경 시전은 모시와 베를 파는 저포전과 포전(布廛), 비단을 파는 명주전 또는 단전(丹廛), 가죽제품을 파는 피혁전(皮革廛), 의복을 파는 의전(衣廛), 가죽신과 짚신·삼신 등 신발을 파는 혜전 또는 승혜전(繩鞋廛), 고려자기를 파는 자기전(瓷器廛), 유기그릇을 파는 유기전(鍮器廛), 옹기그릇을 파는 옹기전(甕器廛) 등 업종별로 구분되어 있었다. 그리고 각종 모자와 갓·관을 파는 갓전과 관전(冠廛), 말 채찍과 말 굴레 등을 파는 마구전(馬具廛), 곡식을 파는 곡물전(穀物廛) 등이 시전 장의 일정 구역을 업종별로 차지하고 제각기 영업을 했다. 또 종이·돗자리·수산물·육고기 등을 파는 시전도 일정한 장소에 따로 설치되어 있었다.

시전은 국가에서 건립하고 상인들에게 임대한 공공시설이라고는 하나 임대 상인(賃貸商人)들의 장사는 사적인 영역이므로 각자의 경쟁력이 관건이다. 그러므로 거대한 시장, 십자가 시전거리의 수많은 점포는 소비자의 편이와 홍보를 겨냥하여 점포마다 나름대로 각기 특성을 나타내는 자신만의 고유 명칭과 표시물을 가졌을 개연성이 높다. 물론 전문 물종별 표시도 어떤 형태이던 간에 존재했을 것이다. 개별 점포의 명칭과 표시는 문짝이나 기둥에 해 놓을 수 있고 색깔 있는 베로 만든 깃발에 표시를 하여 세워 놓았을 수도 있다. 또는 베에

123) 『태종실록』 권19, 태종 10년 정월 을미.

글자를 써서 처마에 걸어 늘어뜨리거나, 글자와 그림을 판자에 장식하여 점포 앞에 걸어 놓았을 수도 있고 혹은 각종 장식을 한 연등(燃燈)에 글자와 그림을 그려 넣었을 수도 있다.

서긍은 『고려도경』에 당시 개경 시내에 누각(樓閣) 건물이 많아 놀랍다고 기록했다. 궁궐과 사찰뿐 아니라 일반 부자집도 누각을 세워두고 있어 선의문을 통해 시내로 들어서면 도로변을 따라 수십 집 가량에 누각이 하나씩 세워져 있다고 했다. 또 궁궐의 동쪽 거리에도 화려하게 꾸민 누각이 있었고, 특히 시전거리 흥국사 근처에 있는 마주보는 두 누각은 왼쪽은 박제(博濟), 오른쪽은 익평(益平)인데 발과 장막이 화려하게 꾸며져 있다고 감탄했다.[124] 이것은 몽고가 침략해 올 당시 개경 거리는 단청을 화려하게 채색한 집들이 연접되어 있었다는 『고려사』의 기록과 일치하게 한다.[125] 뿐만 아니라 십자가 시전거리에 놓인 다리는 아름다운 장식을 한 누교(樓橋)였다.[126] 이렇게 화려한 누각, 거리에 연접해 있는 빛나는 단청으로 채색한 건물, 아름다운 누교 등은 십자가 시전거리의 상점 건물과 장랑의 점포들도 단청으로 꾸며졌거나 잘 치장되어 있었을 것으로 확실히 믿게끔 한다. 또 '성례', '낙빈', '영통', '통상' 따위와 유사한 상호 명칭이 십자가 시전거리에 전혀 존재하지 않았다고 단정할 수는 없는 일이다. 따라서 규격이 통일되지 않았을 뿐이지 상호를 나타내는 표시물 자체가 존재하지 않은 것은 아니라고 할 것이다. 한편 '성례', '낙빈', '영통', '통상' 등의 8개의 명칭은 각각 고유의 상품을 파는 전문화된 8개 상업지구로 통하는 장랑의 문에 걸린 간판 명칭으로 볼 수도 있다.[127]

그러나 서긍이 본 8개의 명칭은 시전거리에 곳곳에 내걸린 '고객 서비스 홍보 구호'일 수 있다. 다시 말하면 '영통(永通)은 전통 계승', '통상(通商)은 광역 유통', '존신(尊信)은 신용', '행손(行遜)은 친절', '효의(孝義)는 고객 존중' 따위를 홍보하는 문구로 시전 곳곳에 걸려 있는 것을 서긍이 방문의 표시로 보았을 수 있다는 것이다. 이것은 지금까지와는 해석의 발상과 출발이 다르지만, 이 견해가 진실에 더욱 가까울 수 있다. 이 경우 서긍이 본 명칭은 당시 시전

---

124) 『고려도경』 권3, 누관.
125) 『고려사』 권102, 열전 15, 유승단전
126) 『고려사』 권53, 지7, 오행1, 명종 9년 6월 병신.
127) 원유한, 앞의 논문, 2006, p.10.

상인의 고객 서비스 구호로서 시전상인의 상혼과 상인정신을 나타내는 용어가 된다. 이와 같이 개경 십자가 시전거리는 아름다운 누각과 누교, 큰 기둥의 장랑, 시전에 걸린 문구 등으로 보아 다양한 상호 간판을 비롯해 갖가지 장식이 화려하게 펼쳐져 있는 번화가였다.

한국은 조선시기에 이르러 중국과 일본에 비해 상호 간판과 상품 진열 등 시전의 점포관리 수준이 뒤떨어졌다. 한국이 뒤쳐진데 대해 지금까지의 다수 견해는 시전 점포는 '공적인 성격이 강한 만큼, 점포 경영의 사적(私的) 측면이 강조된 고유 상호의 필요성이 적었을 것이다'라고 보거나,[128] 고려 말과 조선 초까지도 상업이 발달하지 못하고 유통 구조가 성숙되지 않았기 때문이라고 본다.[129]

간판의 존재 여부가 상업의 발달과 상당한 상관관계가 분명히 있을 것이지만 전적으로 그에 좌우되는 종속 변수로 취급할 수는 없다. 상호 간판과 상업발달을 한 묶음으로 연관 지으면 적절한 해답은 끝내 찾을 수 없고, 이에는 정치권력의 성향과 경제정책적인 측면이 더 큰 변수로 작용한다는 사실을 놓쳐서는 안 된다.

왕조 시대의 시전은 정부에서 만들어 상인에게 제공하는 공적 시설이었다. 때문에 간판을 달거나 달지 않거나 하는 일은 정부의 정책 비전과 의지에 달려 있는 일이고 입주한 상인의 자유의사에 맡겨진 것은 아니었다. 간판이 필요하다고 여기면 정부에서 직접 달든지 상인에게 달도록 조치하면 될 일이어서 상업이 발전하지 않더라도 간판은 얼마든지 달 수 있고, 큰 돈이 드는 일도 아니다. 중국을 다녀온 수많은 관리들이 중국의 간판 있는 상점거리를 인지하고 있었을 것임에도 일본 상점의 장점을 도입하자는 통신사 박서생의 건의를 정부는 받아들이지 않았다.[130] 따라서 상인의 잘못이거나 유통경제가 발달하지 않아서 그렇다는 식으로 치부하고 얼버무려서는 교훈을 얻지 못한다.

시전 관리의 1차적인 책임은 전적으로 정부에게 있다. 상호 간판의 정비 조치는 깨끗하고 편리하며 질서 있는 시전을 만들겠다는 정부의 정책의지에 달려 있기 때문이다. 왕조시대의 우리나라 정부는 경제권력이 취약했으며 '백성

---

128) 서성호, 앞의 논문, 2000, p.102.
129) 김동철, 앞의 논문, pp.229~232.
130) 『세종실록』 권46, 세종 11년 12월 을해.

들이 소박한 것을 좋아한다'라는 미명 아래 추진력도 흐지부지될 때가 많았고, 오늘날까지 회자(膾炙)되는 중국의 '상앙의 변법(變法)', '왕안석의 신법(新法)' 같은 강력한 경제규제정책을 시행해 본 역사적 경험이 거의 없다. 새로운 경제 문물을 창출하고 쇄신시켜 나가려는 정책의지가 부족했던 것이다.

그러므로 시전의 편이성과 그 성쇠 여부에 대한 평가는 시전 상인에 1차적 인 책임이 있는 것이 아니고, 당해 왕조가 펼친 상업정책과 시전관리시책에 의 해 좌우되는 것임을 이해해야 한다.

4. 상인이 존경받는 고려사회

가. 고려상인의 사회적 신분

지구상에 존재하는 모든 민족과 국가는 훌륭하고 뛰어난 조상들을 갖고 있 고 신화와 설화 또는 민화와 야담 등을 통해 오늘날까지 회자되고 있다. 이들 선조들이 인류에 남긴 업적과 발자취는 실로 다양하고 위대하지만, 후세에 기 록된 역사는 정치가·학자·승려 등 지배계층의 사람들만 드러내 조명하고 있 고, 상인은 겨우 쓰고 남은 여백의 말미를 채우거나 아예 뒷전으로 밀려나 있 다. 특히 동서양을 막론하고 상인들은 그들이 인류 역사에 기여한 몫에 비해서 항상 정당한 평가를 받지 못했다.

상인들이 이룩한 국가와 사회를 위한 업적(교역로를 개척하거나 새로운 상품 을 유통시키는 것 등)은 시나브로 남몰래 행해졌고, 그 성과는 물자의 원활한 유 통과 풍부한 공급을 통해 모든 사람들에게 혜택을 주었다. 하지만 정치가·군 인·학자 그리고 역사가까지도 상인의 공로를 인정하는 데는 대단히 인색했다. 이에 대해 "오늘날 뉴스도 다를 바가 없다. 전쟁과 전투, 재앙, 군인과 정치가 의 업적은 보도되고 있지만 평화를 사랑하고 또 필요로 하는 상인은 바로 예나 지금이나 역사에 기록되어 있지 않는다."[131]라는 말은 새겨들을 만하다.

우리나라도 『삼국사기』, 『삼국유사』, 『고려사』, 『조선왕조실록』 등의 역사 서에 등장하는 인물은 헤아릴 수 없을 만큼 많지만, 상인은 그 예가 매우 드물

---

131) 한스외르크 바우어·베른트 할리어(Hans-Jörg Bauer·Bernd Hallier) 저, 이영희 역, 『상거래의 역사』, 삼진기획, 2003, p.57.

다. 역사의 현장에 등장하는 극히 소수의 상인들조차 존경의 대상이기 보다 간신 또는 협잡꾼이거나 매점매석·시세조작·사기(詐欺) 따위로 물의를 일으킨 자들이 대부분이다. 상인들을 천시하고 하찮게 보는 풍조는 오늘날에도 별반 다름이 없다. 1990년대 말에 발간된 『한국역사인물사전』은 기원전부터 현대까지 한국의 역사에 등장하는 총 2,929명의 인물이 수록되어 있다. 그러나 고대부터 조선시대까지 수록된 상인은 통일신라의 장보고 1명과 조선 후기의 박순례·정수강·김재순·임상옥 등 단지 10명뿐이다.[132)]

고려상인에 관한 직접적이고 자세한 기록을 찾아 보기는 쉽지 않다. 『고려사』 「열전」 50권에 수록된 인물은 전(傳)을 세운 770명과 부기 238명으로 총 1,008명이다. 비록 「열전」의 인물 수록이 과거 합격자를 위주로 한 편향적이라는 지적을 받고 있지만,[133)] 뛰어난 활약을 보인 상인 출신들이 상당수 등재되어 있음은 주목할 만하다. 상인출신 후비 은천옹주 임씨(銀川翁主 林氏), 충숙왕

---

132) 신규호, 『한국역사 인물사전』, 석필, 1998. 고려와 조선 중기까지의 기간에는 수록된 상인이 한 명도 없다. 이 사전은 인물 수록 방침으로서 '기존 인물 사전에서 소홀하게 다루었던 기능인·여성·천민·노비까지 폭넓게 등장시켜 한국사 인물 바탕을 넓혔다'는 점을 밝히고 있지만, 상인은 한 명도 수록하지 않았다. 이를 통해 한국사회에 상인에 대한 왜곡된 시각이 여전히 잔존하고 있음을 알 수 있다. 『한국역사 인물사전』에 수록된 조선시대 상인 10여 명도 대부분 매점매석, 시세조작 등을 행한 부도덕한 상인들이다.
　① 박순태(朴順泰, ~1670~), 경기도 부평 한강변의 객주.
　② 김세만(金世萬, ~1720~), 경기도 서강에 사는 양곡 상인, 흉년이 든 때 쌀 100석을 내놓고 절충장군 벼슬을 받음. 쌀을 매점매석하여 쌀값을 조정함으로서 비난을 삼.
　③ 정수강(鄭壽江, ~1740~), 영조 때 경강상인, 쌀에 물을 탔다가 발각되어 사형당함.
　④ 정대빈(鄭大彬, ~1810~), 서울 뚝섬 거주 상인, 무식하여 사금파리 어음을 사용.
　⑤ 손도강(孫道康, ~1820~), 원산에서 오는 생선을 매점매석한 죄로 처벌받음.
　⑥ 김재순(金在純, ~1833~), 경강상인, 쌀을 매점매석한 우두머리, 사형당함.
　⑦ 임상옥(林尙沃, 1779~1855), 돈을 잘 써 벼슬살이한 장사꾼, 이조판서 박종경을 배경으로 인삼 무역으로 큰 돈을 모음. 곽산군수, 구성부사를 지냄.
　⑧ 조일석(趙一錫, ~1850~), 개성거주 상인, 과일을 도매하여 시세조작, 고발당함.
　⑨ 임인손(林仁孫, ~1860~), 충청도 대흥출신, 홍주·보령·대흥 등지의 보부상 결성.
　⑩ 박광제(朴廣濟, ~1870~), 개성의 가난한 양반으로 어머니 봉양을 위해 행상을 함.
133) 변태섭, 『고려사의 연구』, 삼영사, 1982, p.55. 『고려사』 열전은 인물을 고루 선정하지 못했다는 지적을 받는다. 정부 관리를 수록한 제신전(諸臣傳)의 인물 518명 중 과거 급제자가 50%가 넘는 288명이나 된다. 고려 때는 음서(蔭敍)출신이 더 많았는데도 『고려사』에 입전된 사람은 33명뿐이다. 또한 예능과 기술을 가진 자는 화가 1명, 의사 2명, 풍수지리가 1명, 일관(日官) 1명 등 5명으로 인물 선택이 매우 편향되어 있다.

과 공민왕을 모셨고 재상까지 지낸 손기(孫琦), 한때 정권을 잡은 이의민(李義旼), 고려 말에 활약한 어용상인 김인용(金仁用) 등이 있다.[134] 또 농민출신으로 장사를 하여 성공한 백임지(白任至)와 같이 상인과 연관지을 수 있는 자도 여럿이 있다.

특히 『고려사』는 고려 왕실의 세계(世系)를 밝히는 책머리에서부터 태조 왕건의 할아버지 작제건(作帝建)이 상선을 타고 중국으로 가다가 서해 용왕을 만나 그의 딸과 혼인하여 왕건의 아버지를 낳았다고 기록하여 상인과 상선에 대한 경외감과 친밀감을 갖게 한다. 뿐만 아니라 왕건이 쿠데타를 일으키기 3개월 전인 918년 3월 중국 상인 왕창근(王昌瑾)이 시장에서 낯선 노인으로부터, 왕건이 왕으로 등극한다는 뜻을 의미하는 글자가 새겨진 옛 거울을 구입했고 이것이 쿠데타의 도화선이 되었다고 밝혔다. 이것은 고려 건국에 상인세력이 뿌리 깊게 연계되어 있었던 것을 암시하고 있다.[135] 또 본기(세가)편에 빈번히 등장하는 송나라 상인과 일본 상인들을 통해 고려상인에 관한 흔적을 찾을 수 있는 등 상인의 사회적 존재감을 확실히 느낄 수 있다.

그러나 『고려사』의 기록에 의하면 상업은 천사(賤事) 혹은 천기(賤技)라 하여 천시되었다. 상인은 고유한 자신의 업에 전념하되 벼슬길에 올라 사(士)와 더불어 동렬에 설 수 없는 계층으로 치부되었고, 이들이 혹 부를 축적하여 호사를 누릴 경우에는 매우 신분에 걸맞지 않는 행위로 비난받았다.[136] 이와 같이 상인을 저열한 신분으로 인식하는 『고려사』의 관점은 고려 전기뿐만 아니라 말기까지도 꾸준히 지속되었다.

고려시대 상인이 천시 받는 가장 큰 이유는 상인은 사환(仕宦)할 수 없었기 때문이라고 한다.[137] 상인과 그 자식은 과거 응시자격이 부여되지 않아 과거시험을 볼 수 없었고 벼슬도 할 수 없었기 때문에 천시 당했다는 것이다. 그

---

134) 이숙경, 「고려 충숙왕·충혜왕과 상인의 관계 진출」, 『한국인물연구』 4, 한국인물사연구소, 2005, pp.89~116.

135) 『고려사』 권1, 세가, 태조 즉위년 3월조.

136) 『고려사』는 김종서를 대표로 하여 정인지(鄭麟趾)·박팽년·신숙주·유성원 등 32명의 수사관(修史官)이 참여해서 편찬되었다. 이들 대부분 과거를 합격한 정통 유학자 출신으로 상업을 말업(末業)으로 비하하는 자들이어서 상인에 대해 우호적인 입장이 아니었다.

137) 김난옥, 「고려시대의 상인의 신분」, 『한국중세사연구』 5호, 한국중세사학회, 1998, p.48.

렇다면 과연 고려 480여 년 동안 상인은 벼슬길이 막혀 벼슬을 전혀 하지 못했을까?

신라 때 비교적 높은 신분을 유지했던 상공인(商工人)들의 사회적 위상이 고려 초기에 급격히 떨어져야할 특별한 이유는 발견되지 않고 있다. 신라는 골품제 사회여서 골품에 따른 신분상의 차별은 있을지언정 백성들을 사농공상(士農工商)으로 나누어 차별하지 않았다. 따라서 상공인은 일반 농민보다 뒤떨어지지 않는 위상에서 고려 건국에 참여할 수 있었다.

초기 고려 정부는 통일에 공을 세운 삼한공신(三韓功臣)과 그 자손들을 주축으로 하여 구성되었다. 삼한공신은 1등이 홍유·배현경·신숭겸·복지겸 등 4명이고, 2등은 견권(堅權)·능식(能寔)·권신(權愼)·염상(廉湘) 등 7명이며, 3등은 2,000여 명이었다.[138] 이들 삼한공신은 이른바 '호족의 시대'에 왕건을 도운 사람들로서 상공인 출신들도 많았다. 왕건을 비롯한 개국공신(開國功臣)들은 신라 말 대외교역을 통해 치부한 상인세력과 밀접하게 연결되어 있었다. 또 고려는 당시 중국 대륙과의 대외무역이 상당히 활발하였던 시기에 나라를 건국한 사정 등으로 인하여 건국 초기부터 적극적으로 상업을 장려해 나갔다.[139] 따라서 이들 상공인 출신 개국공신들은 건국 후에도 자신의 경제력을 유지하기 위해 상공업을 계속 경영해 나갔을 것이다.

고려 개국 후 150년이 지난 1073년(문종 27)에 인사담당 관리가 문종에게 상인의 관리 진출을 제한하는 법 규정이 잘 지켜지지 않는다며 불평하고, 이를 강력히 준수해 나갈 것을 건의 했다. 다음은 『고려사』에 실려 있는 건의 내용이다.

> "1073년(문종 27년) 정월, 해당 관리가 아뢰기를, 법전(令典)을 살펴보건대, '장인과 상인은 기술을 취급하는 관계상 그 직업을 전문할 것이요. 관원이 되어 선비의 류에 참여하지 못할 것이다'라고 했습니다. … 중략 … 이에 대하여 왕은 '청요직(淸要職, 직위는 낮으나 명예로운 벼슬과 중요 벼슬)과 이민직(理民職, 백성 다스리는 벼슬)을 제하고는 일률로 이전 제정한 것과 같이 하라'고 했다."[140]

---

138) 『고려사』 권1, 세가, 태조 원년 8월 신해.
139) 홍희유, 『조선상업사』, 백산자료원, p.67.
140) 『고려사』 권75, 선거3, 한직(限職) 문종 27년 정월조.

문종은 청요직과 이민직을 제외하고 이전에 제정한 법령대로 하도록 지시했다. 이것은 당시 상인의 관직 등용을 제한하는 법 규정이 제정되어 있었지만 잘 지켜지지 않았고, 상인들은 모든 분야의 주요 관직에 진출하고 있었던 사실을 입증해준다.

또 개국 후 220여 년이나 지난 1108년 2월, 예종(睿宗)은 삼한공신의 자손으로서 자기 사조(四祖)의 조상 중에 공·상·악(工·商·樂)에 종사했다 하여 벼슬 임명이 보류된 자는 결제를 받아 임명하라는 명령을 내렸다.[141] 그러나 이 조치는 오히려 "공·상·악에 종사하다가 고려 건국에 참여하여 삼한공신이 되었고, 그 후에도 계속하여 이에 종사함으로써 관직에 나아가지 못한 사실을 반영하는 것"[142]으로 볼 수 있다. 1140년 인종 때에 다음과 같이 상인의 벼슬길을 금하는 조치가 또 있었다.

"1140년(인종 18년) 6월, '장인·상인·음악인의 아들은 비록 공로가 있어도 물품으로 상을 주고 벼슬길은 금한다'라고 결정했다."[143]

고려시대 사농공상의 신분 구분과 사(士) 우위의 관념은 광종대에 과거제가 실시되고 성종이 유교적 지배체제를 확립해 가면서부터 형성되기 시작했다. 그리고 과거에 합격한 신라 육두품출신 유학자들을 중심으로 하여 중국을 모방한 유교식 정치질서인 양반사회를 구축하는 가운데 상공인에 대한 차별이 획책되었다.[144]

특히 성종대에 신라 육두품출신 유학자들의 대표인 최승로(崔承老)의 주도로 국가체제가 유교식으로 개편되고, 성종 12년 거란 침입시 과거 합격자인 서희(徐熙)가 공을 세우자 과거출신 관리들이 크게 부상하여 그들이 정치적 우위를 지속적으로 장악해 나갈 수 있도록 하는 제도적 장치를 마련했다. 중국의 유교식 통치제도를 본 따오면서 국정의 주요 관직과 운영시스템을 과거출신이 독점할 수 있도록 한 것이다. 이에 덧붙여 호족 출신들도 점차 과거를 통한 관

141) 『고려사』권12, 세가, 예종 3년 2월 신묘.
142) 박남수, 『신라수공업사』, 신서원, 1996, p.310.
143) 『고려사』권75, 선거3, 한직(限職), 인종 18년 6월조.
144) 오성, 「고려 광종대의 과거합격자」, 『고려광종연구』, 일조각, 1981, pp.32~38.

리 진출을 꾀함으로써 과거출신 유학자들의 정치세력화 층은 더욱 두터워졌다.[145] 과거출신 관리들은 과거시험을 주관한 고위관리와 연대하고, 과거합격 동기 또는 공부를 함께 한 동료 등이 뭉쳐 친목회를 조직하고 사학(私學)을 설립하는 등 결속력을 강화함으로써, 드디어 왕권을 견제할 수 있는 수준에까지 이르게 되었다.[146]

문종 27년 초, '상인에게 벼슬을 주지 말라'라는 인사담당 관리의 주장은 과거출신 관리들이 그들의 이익을 위해 상인출신의 등용을 반대하며 왕을 견제하려는 의도를 가지고 내건 요구였다. 왜냐하면 문종은 과거 합격자의 정치적 우위를 제도적으로 보장하려는 뜻으로 관제를 문신 위주로 정비하면서도 실제로는 과거시험을 보지 않고 등용된 무신들을 중용했고, 또 무신을 문신 자리에 거리낌 없이 임용했기 때문이었다.[147]

사농공상(土農工商)의 신분 관념은 중국에서 창출되고 발전되었다. 그러나 중국에서도 당나라 말기에 이르러 상인층의 사회적 역할이 증대하면서 사농공상의 차별이 희석되고 선비(土)중에서도 상업을 경영하는 자가 많았으며 상인도 과거에 응시하여 관리로 출세할 수 있었다.[148] 이후 5대 10국을 거쳐 송대(宋代)에 와서는 사농공상은 지배와 통제를 위한 신분체제라기보다 사회분업체제로 기능이 전환되었다. 중국은 사농공상의 차별이 완화되어 가는 시기에 고려는 오히려 차별의 예각을 세워 간 것이다.

고려시대 군대는 상인이 관리가 될 수 있는 또 다른 선택이었다. 상인 출신이 군에 투신하여 무신이 된 뒤 청요직과 이민직 등 각 분야의 문신으로 진출할 수 있는 길이 열려 있었다. 이러한 상황을 유의하면 과거를 거치지 않는 문신 등용을 과거출신들이 반대하는 이유를 쉽게 짐작할 수 있다.

상인의 관리 등용과 사회적 위상은 어느 시대에서나 정권을 장악한 신분 계층의 성향과 관련이 매우 깊다. 고려 정권은 전체적으로 볼 때 문신과 무신

---

145) 구산우, 「고려 성종대 정치세력의 성격과 동향」, 『한국중세사연구』 14호, 한국중세사학회, 2003, pp.104~142.
146) 김용택, 「고려 현종대 과거 출신 관리의 정치적 주도권 장악」, 『역사학보』, 역사학회, 2008, pp.231~248.
147) 김당택, 「고려 양반사회와 한국사의 시대구분」, 『역사학보』 166호, 역사학회, 2000, p.81.
148) 김정희, 「당대후기 상인의 성장에 관한 연구」, 고려대학교 박사학위논문, 1994, pp.239~247.

간의 대결이었다고 할 수 있다. 성종대에 이르러 과거 합격자를 중심으로 하는 문신들이 세력 구축에 어느 정도 성공하자[149] 자신감을 내보이며 음서(蔭敍) 및 호족 출신 문신들과 대립을 보이는 한편 무신과의 경쟁에서 우위를 확보하기 위해 획책해 갔다.[150]

성종 이후 문신과 무신의 대립은 날로 심각한 국면에 빠져들었다. 현종과 문종 때에는 문신이 우위에 섰다가 숙종 때에는 무신이 중용되었다. 의종은 초기에 시위 부대를 강화하는 등 무신들을 우대했으나 문신의 반발을 받은 뒤 문신 위주로 처신하다가 결국 정중부의 무신 쿠데타를 초래하고 말았다. 쿠데타를 성공시킨 무신들은 100여 년간 정권을 잡고 세상을 좌지우지했고 문신은 별볼일 없었다. 심지어 정중부의 쿠데타 이후 과거 응시자가 겨우 300여 명에 불과할 정도로 과거시험은 인기가 떨어졌다.[151] 1190년(명종 20) 이의민(李義旼)이 중서성(中書省)에 재상(宰相)으로 재직할 당시 중서성의 재상 자리는 무관출신들이 다수를 차지하고 있었다.[152] 비록 최충헌이 정권을 잡은 뒤 문신들을 감싸안으려고 문신을 우대한 바 있지만, 무신 우위의 기본 틀을 벗어나지 않았다.

원 간섭기에는 원이 무신들을 교묘히 이용하는 가운데 무신들의 활동이 더욱 두드러졌다. 환관(宦官)과 역관(譯官)을 비롯하여 응방(鷹坊)에 소속된 천계(賤系) 출신 인물들이 대거 무신의 이름으로 포장하여 관직에 나아갔다.[153] 물론 상인출신들도 이에 한몫 끼었다. 원 세력을 축출한 공민왕대에도 문신과 무신들의 대결은 여전했다. 처음 주도권은 무신들이 잡았다. 그들은 공민왕의 반원정책(反元政策) 추진에 공을 세웠을 뿐 아니라, 왜구(倭寇)를 퇴치하고 홍건적과 전쟁을 치르는 와중에서 정치적 영향력이 크게 신장되었다. 반면에 문신들은 명

---

149) 고려시대 전체 과거 횟수는 대략 253회였고 급제자 수는 6,522명을 헤아린다.(백남운 저, 하일식 역, 『조선봉건사회경제사(상)』, 이론과 실천, 1993, p.282)

150) 고려 정부는 문신인 동반과 무신인 서반을 합친 동·서 양반이 주축이 되고 그 중간에 남반이 있었다. 과거시험은 문신을 뽑는 데에만 그쳤고 무신을 뽑는 무과(武科)는 실시되지 않았다. 무과는 공민왕 원년(1353)에 이색이 건의하였으나 채택되지 않았다가 공양왕 2년(1371) 윤 4월에 도평의사사(都評議使司)의 건의에 따라 채택되었다.(『고려사』 권74, 선거2, 무과, 공민왕 원년, 공양왕 2년 윤 4월조)

151) 『고려사』 권19, 세가, 명종 5년 10월 병술.

152) 『고려사』 권128, 열전41, 이의민전.

153) 김당택, 앞의 논문, p.80.

나라의 등장에 때 맞추어 세력을 결집하면서 정권을 잡기 위해 노력했다. 결국 무신들에 대항한 문신들이 아이러니하게도 무신 이성계와 결탁함으로써 고려를 멸망으로 이끌었다.[154]

이와 같이 고려의 정권 성향을 추적해 보면 상인 또는 그 자손들은 능력이 있고 관리가 되고자 하는 마음만 있다면, 군인을 지망하는 등 여러 가지 방법을 통해서 관리 진출이 가능했던 것을 확인할 수 있다. 특히 무신집권기에는 더욱 그러한 경향이 현저했다.

한편 고려의 국립 교육기관인 국자학(國子學)·태학(太學)·사문학(四門學)의 입학 대상에서 상인은 공장·악인(樂人) 등 천사자(賤事者)와 함께 제외되었기 때문에 천시당했다는 견해가 있다. 이 견해는 이들 학교에 상인 자제가 입학하지 못한 이유가 상업은 천한 일이라는 의식이 사회 저변에 깔려 있었기 때문이라고 본다.[155] 상인은 "국자학·태학·사문학에 입학할 수 있는 자격도 없었다. 신분상 상당한 제약이 따르는 낮은 신분적 위치에 있는 사람이었다."[156]라는 것이다. 이에 따르면 상인 외에 일반 농민을 위시한 하급관리 자제들은 이를 교육기관에 입학할 수 있었던 것처럼 착각할 수 있게 하는데, 이는 사실과 다르다. 그들도 입학할 수 없는 것은 상인 자제와 마찬가지였고 신분이 높은 양반 자제도 모두 입학할 수 있는 것은 아니었다.

이들 국립 학교의 정원수는 각각 300명에 불과했고 전원 국비로 교육시켰다. 입학은 국자학은 2품, 태학은 4품, 사문학은 문무관 7품 이상의 자제들이어야만 가능했다. 그러므로 '공장·상인·악인 등 천한 일을 하는 자(工商樂名等賤事者)'의 입학을 제한하는 규정은 일종의 선언적 규정으로 이해해야 할 것이다. 아니면 고관과 공신의 자손이더라도 일단 공장·상인·악인의 일에 종사하게 되면 입학을 허락하지 않는다는 뜻으로 받아들일 수도 있다. 공장과 악공은 그 일에 전업시키기 위한 별도의 교육과정이 있었기 때문이다.[157] 따라서 국립

---

154) 김당택, 앞의 논문, p.85.
155) 김난옥, 앞의 논문, p.41.
156) 김동철, 「고려말의 유통구조와 상인」, 『부대사학』 9호, 부산대학교사학회, 1985, p.233.
157) 상인에 대한 국가 차원의 교육은 아직 밝혀지지 않고 있다. 필자는 상인은 재력이 있으므로 자체 교육에 맡겼고 시전 상인을 중심으로 상인교육시스템이 있었을 것으로 추측한다. 예를 들면 조선시대 개성상인들의 자제(子弟)를 교육훈련했던 차인제도(差人制度)

교육기관의 입학자격 여부를 가지고 상인의 신분을 재는 잣대로 삼는 것은 적
절하지 않다.

나. 상인의 출사(出仕), 장사하는 관리

고려 초기 관리의 선발은 두 가지 방식을 따랐다. 공로자 후손 및 재야 숨
은 인재의 추천 등용, 내시부(內侍府)가 속한 남반(南班)으로의 등용이다. 그러
다 광종 9년(958) 5월에 과거를 실시함으로써 인재추천 등용, 남반 등용, 과거
등용 등 크게 세 가지 방식으로 정해졌다. 그러나 지방 관리는 성종(成宗) 2년
(983)에 12목을 설치하고 지방관을 파견하기 전까지는 호족들이 스스로 맡거나
지역의 인재를 뽑아 기용했다. 과거에 의한 등용은 중앙정부의 관리채용에 한
정되었던 것이다.

성종은 과거제도를 확립하기 위하여 부단히 노력했으나, 그 틀을 완전히
정착시키지는 못했다. 이는 성종 8년(989) 4월에 내린 교서에서, "나는 학교를
확장하여 국가를 다스리려고 한다. … 학생들을 광범위하게 모집하고 이들에게
토지를 급여하여 공부할 수 있도록 하라. … 그러나 유감스럽게도 배우는 자는
소털 같이 많으나 성공하는 사람은 드물며, 공연히 국학에 이름을 걸어놓은 자
는 많으나 과거장에서 시험보는 사람은 드물다."[158]라고 했다. 또 성종 11년
(992) 12월의 교서에서는 "과거에 응시하는 자는 많으나 급제하는 자는 아직 적
다. 이것은 배울 만한 학교가 없고 공부가 미숙한 탓이다. 해당 관리들은 학교
를 광범위하게 건축하고 토지를 급여하며 학생들을 훈련시켜 훌륭한 인재가 되
도록 하라."[159]고 지시했다. 과거를 강조하는 성종의 교서를 통해 그 당시까지
과거제도가 뿌리를 내리지 못했고 관리등용도 과거 외의 방식에 의해 주로 이
루어졌음을 알 수 있다.

과거 응시 대상자에 대한 구체적인 제한 규정은 정종 11년(1044) 4월에 있

이다. 개성상인들은 가업을 이을 자제를 자신이 가르치지 않고 다른 상인의 집에 가서
차인으로 고용살이하며 경영수업을 받도록 했고 수년간의 차인 수습과정을 수료한 자제
에게 사업을 물려주었다.(조기준, 『한국기업가사연구』, 민중서관, 1971, p.212) 차인제
도는 고려시대에 존재한 이와 유사한 상인교육제도가 점차 발전한 형태의 것으로 볼 수
있다.

158) 『고려사』 권2, 세가, 성종 8년 4월 임술.
159) 『고려사』 권2, 세가, 성종 11년 12월 병인.

었다. 오역(五逆)·오천(五賤)·불충(不忠)·불효(不孝)한 자와 천민 부락인 향(鄕) 또는 부곡(部曲) 거주자와 악공·잡류(樂工·雜類)의 자손들에게는 과거 응시권이 부여되지 않았다.[160]

악공과 잡류는 국가에서 따로 관리했다. 악공은 아들이 여럿 있는 경우한 아들은 아버지의 직업을 계승하도록 하고, 나머지 아들은 주선(注膳)·막사(幕士)·구사(驅史)에 소속시켰다가 교위(校尉)에 전직시켜 요무교위(曜武校尉)에까지 급을 올려 주었다.[161] 그리고 잡류는 주선·막사·소유(所由)·문복(門僕)·전리(電吏)·장수(杖首) 등으로 비록 고조 이상이 삼한공신일지라도 정로남반(正路南班)에서 내전(內殿)의 숭반(崇班)에 승진시키는데 국한시켰다.[162] 하지만 문종 2년(1048) 10월, 의술은 광범위하게 학습시킬 필요가 있다고 하여 비록서인(庶人)이라 할지라도 악공잡류에 속하지 않는 자는 다 시험을 보게 했다.[163]

고려는 상인출신의 과거응시 금지를 법제로 명시하지 않았다. 따라서 상인 출신으로서 과거에 합격한 자가 있었는지는 아직 모르지만, 과거를 볼 수있는 부거권(赴擧權)이 법제상으로 금지된 것이 아니므로 법제상 또는 묵시적으로 허용되었을 가능성이 있다. 고려시대에 상인이 벼슬길에 나가지 못하고 과거를 볼 수 없었기 때문에 천시를 당했다거나, 상인은 천시 받는 존재이므로법제상으로 차별받고 벼슬길이 막혔다는 주장은 설득력이 떨어진다.

과거 응시자격에 상인을 제외한다는 법제 규정이 명백히 제정되지 않은 것은 출사(出仕) 방법을 원천적으로 봉쇄한 것이 아니라고도 해석 가능하다. 고려시대 과거 합격자는 6,522명이다. 하지만 그 출신 내력이 대부분 전해지지 않고있다. 『고려사』 열전에 수록된 과거 급제자 288명도 상당수가 '미천(微賤)한 가문 출신이다', '가계(家系)는 알 수 없다', '세계(世系)는 실전(失傳)되었다', '한미(寒微)한 가문 출신이다'라는 등으로 출신 내력을 밝히지 않고 있다. 과연 이들 중에 상인 출신이 전혀 없었다고 단언할 수 있을까?

당나라는 상인의 사환금지(仕宦 禁止)를 공식적으로 명문화한 법률 규정이있었다. 평소에 입는 옷도 일반 평민은 백색 옷을 입고 상인은 검은색 옷을 입

---

160) 『고려사』 권73, 선거1, 과목1, 정종 11년 4월조.
161) 『고려사』 권75, 선거3, 한직, 문종 7년 10월조.
162) 『고려사』 권75, 선거3, 한직, 숙종 원년 7월조.
163) 『고려사』 권73, 선거1, 과목1, 문종 2년 10월조.

도록 하는 등 상인을 혹독하게 차별했다. 그렇지만 상인이 과거를 봐서 관리가 된 예가 있었고, 당대 후기에 이르러서는 상인의 과거에 의한 벼슬길 진출이 하나의 경향으로 뚜렷이 나타났다고 한다.[164) 따라서 상인에 대한 과거 응시를 제한하는 금지규정이 없고, 상인의 복제에 차별을 두지 않은 고려에서는 오히려 당나라보다 과거를 통한 사환의 가능성이 높을 수 있다. 더군다나 고려와 가장 활발하게 교류한 송(宋)나라는 992년(태종 3년)에 상인의 과거응시를 공식적으로 허용하는 조칙을 반포했다.[165) 송의 문물을 존중하고 받아들이기를 소홀히 하지 않았던 고려이므로 이 또한 송의 영향을 전혀 받지 않았다고 단정할 수는 없을 것이다.

고려시대에 상인들이 높은 벼슬자리에 발탁된 예가 많이 있다. 1095년 10월, 헌종을 힘으로 몰아내고 왕위에 오른 숙종은 대대적인 논공행상을 하면서 상인을 고위직에 과감하게 발탁했다.

> "1095년(숙종 즉위년) 10월 경진일, 명령을 내려 조선공(朝鮮公) 도(燾)에게 식읍(食邑) 5천호 식실봉(食實封) 5백 호를 더 주고, 부여공(扶餘公) 수(燧)를 수태부(守太 傅)로, 진한후(辰韓侯) 유(愉)를 상서령(尙書令)으로 임명했으며, 이외에 품계의 순차를 뛰어 올려 벼슬을 갈아 준 자가 수백 명이요, 공인·상인·천인들까지도 발탁하여 높은 벼슬을 준 자가 있었으나, 해당 관리들은 감히 말을 하지 못했다."[166)

숙종이 즉위하자마자 곧바로 논공행상을 하며 상인, 공인, 천인들까지 높은 자리에 과감히 발탁한 것은 이 조치가 미리 치밀하게 계획되었던 일이었음을 짐작하게 한다. 이때 발탁되어 높은 벼슬을 받은 상인들은 누구였을까? 숙종은 아마도 상인들로부터 거사 자금을 지원받았기 때문에 헌종을 몰아내는 쿠데타에 성공한 후 관직으로서 이들에게 보답했을 것이다.

숙종은 강력한 왕권을 바탕으로 하여 화폐를 주조했다. 그리고 이를 유통시키기 위한 방책으로 지위고하를 막론하고 길거리 좌우에 각자 점포(店鋪)를 설치한 다음 주조 화폐를 사용하도록 지시했다.[167) 국왕이 고위관리들에게 길

---

164) 김정희, 앞의 논문, 1994, pp.224~227.
165) 김정희, 앞의 논문, 1994, p.3.
166) 『고려사』 권11, 세가, 숙종 즉위년 10월 경진.
167) 『고려사절요』 권6, 숙종 7년 12월조.

거리 상점을 경영하도록 특별지시를 내린 것이다. 모든 관리들로 하여금 상업을 겸업토록 한 숙종의 조치는 뒤집어 생각하면, 상인의 관리진출이 당연하고 자유스러웠던 당시의 사회현상을 반영한 것으로 볼 수 있다.

명종대에 이유의(李惟誼)는 낭중(郎中) 벼슬을 하면서 찻집(茶店)을 경영했다. 그는 딸 셋을 문종에게 시집보내어 왕비로 만든 이자연(李子淵)의 동생 이자상(李子祥)의 증손자로 명문출신이다.[168] 낭중은 정 5품관으로 결코 낮은 벼슬이 아니다. 고려의 최고급 명문출신이며 정 5품관의 명망있는 고위관리가 차를 파는 가게를 직접 운영한 것이다.[169] 이유의의 찻집은 매우 인기가 있고 유명세를 타서 명사들이 즐겨 찾았다. 풍류 시인 임춘(林椿)은 이 곳에서 낮잠을 즐기다가「다점주수(茶店晝睡)」라는 시를 지었다. 고려시대를 대표하는 일류 시인 임춘의 시는『동문선(東文選)』에 실려 있다.

다점주수(茶店晝睡)
– 찻집(茶店)에서 낮잠 자면서 –
임춘(林椿)
몸을 던져 평상에 누워 문득 이 몸 잊었더니,
한낮 베개 위에 바람 부니 잠이 절로 깨누나.
꿈속의 이 몸은 머물 곳이 없었어라,
건곤(乾坤)이란 도무지 이 한 장정(長亭)인 것을.
빈 다락에 꿈을 깨니 정히 넉점일세,
흐릿한 두 눈 먼 봉우리 보는구나.
누가 알리, 유인(幽人)의 한가한 멋을,
한 자리 봄 잠이 천종(千鍾)에 맞먹느니.[170]

고려시대에 돈으로 관직을 사고 출세한 대표적인 예로 송유인(宋有仁, ?~1179)을 들 수 있다.[171] 송유인은 그의 아버지가 인종 때에 나라를 위해 목

---

168)『고려사』권95, 열전8, 이자연전.
169) 전완길,「고려시대의 다문화론」,『민족문화연구』20호, 고려대학교 민족문화연구소, 1987, pp.197~199. 전완길은 이유의가 이 찻집을 소유한 것이 아니고 정부가 지은 점포를 임대해서 운영한 것으로 본다. 그러나 임대냐 개인 소유냐는 별 문제가 되지 않는다.
170)『동문선』권19, 칠언절구 다점주수.『국역 동문선』Ⅱ, 민족문화추진회, 1982, p.394. 천종은 가장 높은 관직에 있는 사람이 받는 녹(祿)을 말한다.
171)『고려사』권128, 열전41, 정중부부 송유인.

숨을 바친 공로로 산원(散員) 벼슬을 받았고,[172] 태자부에 근무하면서 태자의 신임을 얻어 장군으로 임명되었다.

송유인은 무역상 서덕언(徐德彦)이 죽자 과부가 된 그의 처와 결혼했다. 서덕언의 처는 신분은 천인이나 거만의 재산을 가진 부자였다. 그녀는 송유인과 혼인한 뒤 은 40근의 뇌물을 써서 그가 3품 벼슬을 받도록 해주었다. 당시 중견 관리들이 거주한 개경 시내의 주택 한 채가 은 10근 내외였으므로 집 4채 값의 뇌물을 쓴 것이다. 의종(毅宗) 말엽 정중부가 정권을 잡고 있을 때 송유인은 대장군이었다. 그러나 평소 문신들과 가까이 지낸 것이 빌미가 되어 신변의 위협을 느끼자, 그는 처를 섬으로 쫓아 보내고 정중부(鄭仲夫, 1106~1179)의 딸을 처로 맞아 정중부의 사위가 되었다. 정중부가 정권유지를 위해 송유인의 재산이 필요했기 때문에 딸을 주었는지도 모를 일이다. 이후 송유인은 왕도 제지할 수 없을 만큼 제 마음대로 권력을 휘두르다가 경대승(慶大升)이 쿠데타를 일으킬 때 살해당했다.

하지만 『고려사』 열전에는 송유인과 달리 돈으로 벼슬 사기를 거부한 권수평(權守平, ?~1250)의 사례도 수록되어 있다. 권수평이 종9품의 최하위 군관인 대정(隊正)으로 가난하게 살고 있을 때, 당시 권문자제(權門子弟)들의 선망의 대상이던 국왕근위대인 견룡(牽龍)이라는 벼슬에 뽑혔다. 그러나 집이 가난하여 출사 비용을 대지 못한다며 그 직책을 사양했다. 이에 친구들이 처를 버리고 부잣집에 새장가를 들어 출사 비용을 대라고 권하였으나, 권수평은 고생하며 20여년을 함께 살아온 조강지처를 버릴 수 없다고 말하고 견룡자리를 포기했다.[173]

고려시대 상인출신으로 가장 출세한 자는 한때 정권을 잡은 이의민(李義旼, ?~1196)이라고 할 수 있다. 이의민은 경주 사람으로 그의 아버지 이선(李善)은 소금과 체를 파는 장사꾼이고 어머니는 옥령사(玉靈寺)의 여종이었다.[174] 이의

---

172) 산원은 고려의 중앙군인 2군 6위(二軍 六衛)의 정 8품 무관직이다. 산원은 총 223명을 두었는데 이들은 200명 단위 부대의 지휘관인 낭장(郎將)과 부지휘관인 별장(別將)의 보좌관으로 보인다.

173) 『고려사』 권102, 열전15, 권수평전. 권수평은 그 후 벼슬이 조금씩 올라 말년에 추밀원 부사까지 지냈다.

174) 『고려사』 권128, 열전41, 이의민전. 이의민은 장성하니 키가 8척이나 되고 힘이 너무나

민은 손을 쓰는 전통무예 수박(手搏)을 아주 잘해 경군(京軍)에서 군졸로 근무하
다가 별장으로 승진했고, 정중부가 쿠데타를 일으킬 때 공을 크게 세웠다. 그
러나 1179년(명종 9) 경대승이 정중부를 죽이고 정권을 장악하자 신변의 위협을
느끼고 고향인 경주로 내려갔다. 경대승이 그를 불렀지만 경주에서 움직이지
않다가 1183년(명종 13) 경대승이 죽자, 다시 조정에 나가 정권을 장악했다. 이
의민의 경우처럼 고려시대는 시골 장사꾼의 아들이라는 출신 성분이 고위층으
로 출세하는데 하등의 장애가 되지 않았다. 또 정중부의 쿠데타 때에 벼락출세
한 생선 장사 이영진(李英搢)의 사례도 있다.[175] 이영진은 생선 장사를 하다가
라졸(邏卒, 순찰병)로 뽑혔는데, 정중부 쿠데타에서 생선 잡듯이 사람을 많이 죽
여 악명 높았지만, 그 공노로 대장군이 되었다.

  상인의 벼슬길 진출은 고려 말에 봇물처럼 터진다. 그것은 충렬왕 이후 빈
번히 시행된 납속보관제(納粟補官制) 때문이다. 납속보관제는 국가의 부족한 재
정을 해결하기 위해 곡식이나 은(銀)을 납부하는 사람에게 관직을 수여하는 제
도이다. 상인들은 납속보관제를 이용하여 대거 관직으로 나아갔다.

  "1275년(충렬왕 원년), 나라의 재정이 부족하므로 사람들로 하여금 은(銀)을 바치게
  하고 관직을 임명하되, 바친 은이 많고 적은 데 따라 관등의 차이를 두었다."[176]

  "1278년(충렬왕 3년) 2월, 공로가 없거나 또는 차례를 밟지 않고 벼슬 오르기를 요
  구 하는 사람으로 하여금 등급에 따라 은(銀)을 바치게 하고 벼슬을 주었다."[177]

  "1349년(충목왕 4년), 정동성도사(征東省都事) 악우(岳友)가 글을 올려 '곡식(栗)을 바
  치고 관리로 되는 법(入栗補官法)'을 시행하기를 청했다."[178]

  "1377년(우왕 2년), 서북지방(西北鄙 ─ 서북면, 지금의 평안도와 함경도)에서 곡식을
  받고 관리를 임명하고 이것으로써 군비에 충당하게 했다."[179]

세어 고을 사람들의 우환거리가 되었다. 안찰사 김자양(金子陽)이 이의민과 그의 형을
잡아 고문으로 죽이려 했으나, 이의민이 살아남자 김자양은 그를 남다르게 보고 개경으
로 보내 경군(京軍)에서 군졸로 근무하게 했다. 1196년(명종26) 최충원에게 축출당하고
살해되었다.

175) 『고려사』 권100, 열전10, 이영진전.
176) 『고려사』 권75, 선거3, 육작지제(鬻爵之制), 충렬왕 원년.
177) 『고려사』 권75, 선거3, 육작지제, 충렬왕 3년 2월조.
178) 『고려사』 권75, 선거3, 육작지제, 충목왕 4년.
179) 『고려사』 권75, 선거3, 육작지제, 신우 2년조.

다음은 상인의 관직 등용과 관련한 『고려사』의 기록으로 상인이 돈으로 첨
설직도 사고 재상의 추천을 받아 고을의 수령으로 나가는 다양한 사례를 볼 수
있다.

"1364년(공민왕 8년), 전이도(全以道)가 왕에게 '감무(監務)와 현령(縣令)에는 문관만
을 임명해야 합니다. 옛법에 감무와 현령은 다 과거에 급제한 선비를 등용하였는데, 근
래에는 오로지 각 기관의 서리(胥徒, 아전)를 등용하므로 탐오하고 인민을 침해하며,
또 그 관계(官階)가 다 7~8품으로서 관직이 낮고 인품이 미천하기 때문에 지방의 세
력 있는 자들이 업신여기고 비법적인 행동을 마음대로 하게 되어서 고을(鄕邑)들이 영
락해졌습니다'라고 청했다. 왕이 그의 말을 옳게 여겨 5~6품으로 안집(安集, 지방관
의 하나)을 삼고 옛 폐단을 없애 버리려고 했다. 그러나 안집은 왕이 비준하지 않고 모
두 당시 재상들이 천거하여 쓰는 직첩이 없는 직임이므로 장인·상인 등 천한 사람들
도 모두 안집이 될 수 있었다."[180]

"1384년(우왕 9년) 2월, 좌사의(左司議) 권근(權近)이 '지금은 첨설한 관직이 대단히
많아져서 그 수효가 셀 수 없게 되었고, 공이 있는 사람과 없는 사람이 혼동되어 요행
을 바라는 자가 날로 많아지고 있습니다. 그리하여 심지어는 장인·상인·하인들이 모
두 함부로 관직을 받으니 벼슬의 천하기가 흙과 같이 되었습니다. 이제부터 공로를 표
창하는 첨설관직은 선왕의 정원수를 준수하되 출전하여 공훈을 세운 사람을 제외하고
는 일체 이를 주지 말기를 바랍니다'라고 건의했다."[181]

"1389년(우왕 14년) 8월, 헌사(憲司)에서 '상인들이 제각기 권세 있는 집과 결탁하
여 천호 벼슬을 얻어가지고 백성들의 재물을 수탈하면서 못 하는 짓이 없습니다. 이제
부터는 각 도의 원수로 하여금 위신이 있고 인자하여 백성들이 이전부터 복종하고 믿
는 사람을 골라서 천호로 임명하도록 하고 자주 교체하지 말아야 할 것입니다'라고 건
의했다."[182]

"1391년(공양왕 2년) 12월, 도평의사사(都評議使司)가 아뢰기를 '선왕(先王)은 도목
정(都目政)을 설치하고 근무 년한의 차이로 직무에 오래된 정도를 가지고 등용했는데,
근래는 … 장인·상인·천인들까지도 제한 없이 도목(都目)에 올라 있습니다. 원컨대
옛 제도에 의하여 이조(吏曹)와 병조(兵曹)로 하여금 공로를 조사하여 관직을 주게 하고
유명무실한 자를 삭제하며 임무가 같으면서 벼슬 이름이 다른 것은 합치게 하기를 바
랍니다'라고 하니 왕이 이 제의를 따랐다."[183]

180) 『고려사』 권75, 선거3, 선용수령, 공민왕 8년.
181) 『고려사』 권75, 선거3, 첨설직, 신우 9년 2월조.
182) 『고려사』 권81, 지35, 병1, 병제, 신우 14년 8월조.
183) 『고려사』 권75, 선거3, 선법(選法), 공양왕 2년 12월조.

고려 말의 납속보관제와 관련해서는 최영(崔瑩)의 사례가 흥미롭다. 최영은 우왕 때에 어떤 사람이 최영에게 와서 관직 자리를 부탁하니, 최영은 그 사람에게 '너가 벼슬을 꼭 하기를 원한다면, 먼저 장인 기술과 장사를 배워서 돈을 벌어라'[184]라고 말했다. 최영의 이 말에 대해 쉽게 정권을 잡은 자와 뇌물을 쓰는 무리를 통틀어서 비난한 것이라고 본다. 최영이 관리의 선발과 임용의 난맥상을 풍자함과 동시에 천인으로 취급되는 상공인들의 관리 진출을 날카롭게 비판한 것으로 보는 것이다.[185] 하지만 이러한 시각은 그야말로 사농공상의 테두리를 벗어나지 못한 한쪽으로 치우친 편견일 수 있다. 고려사회는 단순히 사농공상의 틀로 재단해서는 안 된다. 고려는 사농공상의 사회가 아니었다. 따라서 최영의 말은 당시 시행한 납속보관제를 현실로서 불가피하게 인정하는 가운데, 만약 쉽게 관리가 되는 길을 찾으려면 공상을 배워 돈을 벌 것을 일깨우고 강조한 것으로 이해할 수 있는 것이다.

고려에서는 이처럼 상인이 벼슬을 할 수 있는 길은 여러 갈래로 열려 있었다. 성공한 상인은 돈이 많고 돈은 귀신도 부린다 했으니 상인출신 관리가 돈의 힘으로 군공을 세우고 도목(都目)에 올려 출세 길을 달릴 수도 있었다. 고려시대에 군인은 말과 칼·활·군복 등 군사장비를 스스로 조달해야 했으므로 부유한 상인출신 군인이 더 좋은 말과 우수한 병장기를 구비하므로써 공을 세울 가능성이 더 많은 것이다.[186] 또 상인은 돈으로 첨설직도 사고 재상의 추천을 받아 고을의 수령으로도 진출할 수 있었다.

고려의 국왕 중에서 상인 출신을 관리로 가장 많이 등용한 왕은 단연 충숙왕과 충혜왕일 게다. 충숙왕과 충혜왕 모두 원에서 성장하면서 상인들로부터 조력을 받아 재정 궁핍을 극복해 나갔고, 원과 고려를 오가며 왕위 보전을 위한 정치자금을 조달하고 왕실재정의 곤궁을 타개하려는 목적에서 상인을 가까이 중용했다.[187] 그리고 두 왕의 상인 출신 등용은 과감하고 파격적이었다.

---

184) 『고려사』 권113, 열전26, 최영전. "有人求官 瑩曰如學工商自可得官."
185) 전수병, 「고려조의 상어발전 요인에 관한 연구」, 『논문집』 4집, 대전대학교, 1985, p.10.
186) 1108년(예종3) 윤관(尹瓘)이 17만 대군으로 여진을 정벌할 때, 말을 가진 상인들을 별무반(別武班) 신기군(神騎軍)에 편입시킨 사례가 있다.(『고려사』 권96, 열전9, 윤관전)
187) 이숙경, 「충숙왕·충혜왕과 상인의 관계 진출」, 『한국인물사 연구』 4호, 한국인물사연구소, 2009, pp.89~114.

먼저 충숙왕의 예이다. 충숙왕 15년(1328) 8월, 왕은 예성강에 미행 나갔다
가 만난 어떤 상인의 아들 이노개(李奴介)를 정3품 고위직인 밀직부사로 발탁했
고[188] 상인 이인길(李仁吉)도 밀직부사로 임명했다.[189] 밀직부사는 왕명의 출납
과 군기 등을 맡는 실세 직위이다. 이노개와 이인길이 초임으로 밀직부사에 임
용되었는지 아니면 그 이전에 한미한 관직에 종사하다가 이때에 발탁되었는지
는 알 수가 없다. 어떻든 그들의 등용은 그들이 충숙왕에게 정치자금을 지원한
보답일 수도 있지만,[190] 상인출신을 파격적으로 중용한 것은 틀림없다.

다음 충혜왕은 대외무역에 종사하는 남궁신(南宮信)·임회(林檜)·윤장(尹莊)
등 상인들을 등용하고 높은 벼슬을 주었다.

충혜왕(忠惠王) 후 3년(1343) 3월, 남궁신(南宮信)은 충혜왕의 위탁을 받아
포목 2만필과 금은과 원나라 화폐 중통초(中統鈔) 따위를 가지고 유(幽)·연(燕)
지방에 가서 무역을 했다. 남궁신은 왕이 직접 그의 집을 방문하기도 한 대표
적인 어용상인으로 벽상 공신의 봉작까지 받았다.[191] 또 충혜왕이 내고(內庫)의
보물로 원나라에 가서 무역을 하도록 한 대호군(大護軍) 임회(林檜)와 호군 윤장
(尹莊) 등 부유한 상인 10여 명도 그들이 축적한 상업자금으로 벼슬도 사고 왕
실로부터 무역을 위탁받아 수행했다.[192] 또 다른 예로서 1344년 9월 병술일,
그 날 밤 충혜왕은 왕실 창고인 내탕(內帑)에서 보물을 꺼내어 상인들에게 맡기
며 원나라에 가서 판매하도록 지시하고 그들에게 장군 벼슬을 주었다.[193]

당시 국왕은 외국에 무역차 나가는 어용상인들에게 벼슬을 내려 공식 직함
을 갖도록 배려했고 상인들도 관직의 직함이 외국에서 활동하는데 도움이 되었
으므로 가급적 높은 벼슬을 얻기 위해 노력했다.

상인 출신이 최고위 관리가 된 사례로 정승의 반열까지 오른 손기(孫琦)를
빼놓을 수 없다.[194] 손기는 본래 상인이었으나 충숙왕의 시종이 되어 공을 크
게 세웠다. 특히 충숙왕이 모함을 당해 원으로 송환당했을 때 그는 신변의 위

---

188) 『고려사』 권35, 세가, 충숙왕 15년 8월 갑인.
189) 『고려사』 권124, 열전37, 폐행, 최안도부 이인길.
190) 이숙경, 앞의 논문, p.98.
191) 『고려사』 권36, 세가, 충혜왕 후 3년 3월 병신, 후 4년 6월 무오.
192) 『고려사』 권36, 세가, 충혜왕 후 4년, 3월 신미.
193) 『고려사』 권36, 세가, 충혜왕 후 4년 9월 병술.
194) 『고려사』 권124, 열전37, 폐행, 손기전.

협을 무릅쓰고 왕이 고려로 귀국하여 복위하도록 도왔다. 또 손기는 공민왕이 세자 시절에 원에서 숙위하고 있을 때 공민왕을 시종했다. 이런 일들은 손기가 상업으로 번 돈으로 충숙왕과 공민왕의 정치자금을 조달해 주었다고 할 수 있다. 손기는 훗날 공민왕이 즉위하자 평해부원군(平海府院君)으로 봉해졌고, 정승으로 봉직하다가 명예롭게 은퇴했다.

고려말 정국이 불안한 시기에 정부관리의 인사는 당파와 뇌물 그리고 인척 관계에 따라 처리되는 경향이 농후했다. 상인들 역시 연줄을 타거나 매관매직 등으로 높은 벼슬에까지 오를 수 있었다. 특히 이인임(李仁任)·지윤(池奫)·임견미(林堅味) 등이 집권한 시기에 인사 문란이 극심했다. 이에 상인들도 한 몫 끼워 시정(市井)에서 자란 지불배(池佛陪)는 대사헌(大司憲)으로, 변벌개(邊伐介)는 장령(掌令)으로까지 오를 수 있었다.[195]

이와 같이 고려시대 상인은 관리가 될 수 있는 여러가지 길을 갖고 있었고 관리로서 생활하는 동안 상인출신이라는 이유로 핍박받거나 차별을 받지 않았다. 오히려 상인출신 관리는 그들의 재력을 활용하여 남들보다 더 나은 관직 생활을 꾸려나갔을 가능성이 높았다. 고려는 신분사회이면서도 실력과 능력이 존중받는 사회였고 상인을 천시하는 사농공상이라는 신분 제약의 틀은 아직 그 뿌리를 완전히 내리지 않았다. 상인출신 왕비도 있었고 상인출신이 정권을 오로지 장악하기도 했다.

다. 무역하는 왕실, 생동하는 상업

고려는 귀족이라 해서 그들 모두가 부와 명예를 누릴 수 있는 사회가 아니었다. 숙종의 넷째 아들 왕보(王俌)의 손자 왕공(王珙)은 인종의 딸 영화궁주(永和宮主)에게 장가들어 소성후(邵城侯)의 작위를 받은 귀족이다.[196] 하지만 왕공은 탐욕이 심하여 물건을 사고서도 값을 치루지 않거나 강탈을 일삼아 백성들의 원성이 높았다.

어느 날 추밀부사(樞密副使) 조원정(曹元正)의 집 종(家奴)이 시장에 나가 꿩

---

195) 『고려사』 권126, 열전39, 이인임전.
196) 『고려사』 권90, 열전3, 종실1, 왕보전. 상인들을 정부 요직에 과감히 발탁했던 숙종은 아들이 7명 있었다. 첫째 아들은 왕위를 이은 예종이고 셋째 아들은 출가하여 중이 되었다.

두 마리를 팔고 있었는데, 왕공의 종이 꿩을 강탈해 갔다. 조원정은 이 소식을 듣고 관청에 가서 왕공의 종이 시장에서 '우리 집 종의 서대(犀帶, 물소뿔로 만든 허리띠) 두 개를 강탈하였으니 돌려달라'며 고발했다. 꿩을 값비싼 서대로 바꾸어 고발한 것이다. 이에 법관이 왕공의 종을 가두고 고문을 하니, 그 종은 고문을 이기지 못하고 서대를 빼앗았다고 거짓으로 자백했다. 고위관리인 조원정은 왕공이 괘씸하여 법관에게 이를 입증시키도록 압력을 넣었고, 압력을 받은 법관은 종을 고문해서 자백을 받아내었을 수도 있겠다. 어떻든 당시는 종이 도둑질을 하면 그 주인이 연좌(連坐)되어 처벌을 받는 시대였으므로, 궁지에 몰린 왕공은 조원정에게 서대 값으로 은 6근을 주고 죄를 모면했다. 사람들은 무고한 조원정을 비난하면서도 그보다는 왕공이 모욕당한 것을 더 기뻐했다.

추밀원(樞密院)은 왕명의 출납, 숙위(宿衛), 군기(軍機) 등을 관장하는 정부 핵심기관이고 추밀원부사는 정 3품의 고위관리였다.[197] 정 3품 조원정은 가계의 보탬을 위해 종에게 시장에 나가 장사를 하도록 했고 본인 또한 이를 전혀 부끄러워하거나 개의치 않았다. 오히려 떳떳한 일로 여기고 부당한 거래가 있었다며 관에 고발까지 했다. 조원정의 예를 통해 당시 고려 사회가 상업을 생업의 일로 여겼고 천한 일로 여기지 않았음을 알 수 있다.

조원정에게 호되게 당한 왕공은 48세에 등창이 나서 죽었다. 그의 첫째 아들 왕우(王祐)는 명종의 딸 수안궁주(壽安宮主)에게 장가들어 그럭저럭 잘 살았고, 둘째 아들 왕선(王璿)은 높은 벼슬과 작위를 받았지만 평소 물욕이 적고 불교를 독실히 믿으며 생업을 돌보지 않았다. 고종 3년(1216)에 왕선이 죽자 집이 가난하여 딸들은 시집도 못가고 장례조차 치를 수 없는 지경이어서 최충헌이 관비로 왕선의 장례를 치러주었다. 왕선의 사례는 아무리 신분이 높은 왕족이라고 해도 생업을 돌보지 않으면 부(富)를 잃고 딸도 시집보내지 못하는 당시의 세태를 분명히 보여주고 있다.

고려는 상업을 장려하여 정부가 자금을 직접 투자하여 주점과 음식점을 개설했다. 성종 2년(983년) 10월, 개경 시가지에 성례·낙빈·희빈·연령·영액·

---

197) 추밀원 부사를 추밀부사로 줄여 부르기도 한다. 추밀원은 원래 중추원으로 성종 10년에 설치하였고 현종 원년에 추밀원으로 개칭했다. 충렬왕 원년에 밀직사(密直司)로 이름이 바뀌었다. 추밀원 부사는 정 3품이고 2명이 재직했다.

옥장 등 주점 6개소를 열었다.[198] 숙종 7년(1102년) 12월, 주무(酒務)를 개경 좌우에 설치하고 시가지 도로 양쪽에 신분이 낮고 높음을 불문하고 각각 점포를 내게 했으며,[199] 숙종 9년(1104년) 7월에는 지방의 주·현(州·縣)이 술과 음식을 파는 주식점(酒食店)을 내어 백성들에게 팔도록 했다.[200]

개경과 지방 도시에 설치한 관영 주점과 주식점이 백성들에게 끼친 영향은 매우 컸다. 물론 이들 업소는 해당 관리의 감독 아래 어용상인이 경영하거나 임대를 주었겠지만, 이러한 상업장려책은 상인과 상업 그리고 부에 대한 백성들의 인식을 긍정적이고 호의적으로 전환시켜주는 중요한 계기로 작용했다. 뿐만 아니라 상인은 해볼 만한 떳떳한 직업이며 상업은 멸시받고 천시받는 것이 분명히 아니고, 부는 권력에 버금가는 가치로 백성들의 가슴에 깊이 새겨져 나가게 해 주었다.

고려시대 상업에 대한 사회 전반적인 인식은 몽고와의 전쟁 후, 원(元)의 내정간섭을 받는 시기에 커다란 변화를 겪게 된다. 고려가 원에 복속되고 내정간섭을 받는 동안 고려 경제는 불가피하게 원의 영향권에 편입되었다. 하지만 고려 경제가 원이 구축한 세계경제권에 접목됨으로써 적어도 의식면에서는 고려인의 경제관과 상업관이 국제 수준으로 개방화되고 선진화의 길을 걷게 되었다고 할 수 있다. 원과의 경제교류는 고려의 상업이 새롭게 발전할 수 있는 환경을 조성해 주었다.[201]

원 간섭기 동안 고려사회에 가장 큰 영향을 끼친 것 중의 하나를 들면 고려 왕실의 상업 활동이라고 할 수 있다. 왕실의 상업 활동은 몽고 전란으로 피폐해진 정부의 재정을 강화하고 왕실의 경제기반을 확보하려는 것이었지만 일반 백성들에게 끼친 영향은 지대했다.[202] 왕과 왕비가 직접 나서서 공공연히 상업을 독려하고 무역을 지휘하기도 했는데, 이들이 우두머리 장사꾼의 모습으

---

198) 『고려사』 권3, 세가, 성종 2년 10월 기해.
199) 『고려사』 권79, 지33, 식화2, 화폐, 숙종 7년 12월.
200) 『고려사』 권79, 지33, 식화2, 화폐, 숙종 9년 7월.
201) 김철웅, 「고려와 대식의 교역과 교류」, 『문화사학』 25호, 한국문화사학회, 2006, pp. 129~145.
202) 심의섭, 김중관, 「몽고 간섭기의 고려사회에 나타난 이슬람 경제사상」, 『경제학의 역사와 사상』 1권, 한국경제학사학회, 1998, pp.315~317.

로 비쳐지는 이런 일들은 고려인의 전통적인 가치체계를 송두리째 뒤흔들어 놓을 만한 일이었다. 그리고 이러한 사회분위기와 더불어 출세한 상인 출신들이 많이 생겨났다. 상업은 이제 어엿한 사회의 중심 동력으로 기능했고 상인은 선망의 대상이 되었다.

원 간섭기에는 몽고인과 회회인(回回人) 등 외국인들이 고려에 쏟아져 들어왔고 이들은 고려사회에 여러 가지 변화를 끼쳤다. 그 중 가장 큰 충격과 변화를 몰고 온 자로 충렬왕의 왕비 제국대장공주(齊國大長公主)를 들 수 있다. 공주는 재산 증식에 대단한 수완을 보여 고려의 특산물인 송자(松子, 잣)와 인삼을 중국 강남으로 수출하여 많은 이익을 남겼다. 수출품을 대기 위해 전국 각지에서 잣과 인삼을 매집했으며, 때로는 생산이 많지 않는 곳에서 강제로 매집하여 백성들의 원성을 사기도 했다.[203] 그러나 지속적인 수출은 생산장려로 이어져서 유휴노동력을 흡수하고 지역경제를 활성화시켰으며 고려 경제에 커다란 도움을 주었다.

그런데 제국대장공주의 잣과 인삼 따위 강매에 따른 백성의 불평과 원성을 크게 부각시켜 공주가 백성의 고혈을 쥐어짜냈다는 식으로 폄하할 것은 아니다. 이는 당시 몽고전란 후 취약한 정부재정과 피폐해진 민생경제를 살리기 위해 공주가 수출드라이브 정책을 강력히 밀어 붙였다고 긍정적으로 평가할 만하다. 원제국의 광범위한 수출시장과 쿠빌라이의 딸이라는 공주의 명성과 위세는 품질 좋은 물품만 있다면 매우 양호한 조건으로 용이하게 수출할 수 있었을 것이기 때문이다.

유목 민족인 몽고의 상업 관습에 익숙한 제국대장공주의[204] 직접적인 수출주도는 고려사회에 수출 분위기를 한층 고조시켰고 수출산업을 한 차원 높이는 계기를 조성해 주었다. 한편 공주를 도와 무역 일선에 나선 상인 중에는 이슬람 상인이 있어, 고려상인들은 이들을 통해 세계의 경제상황과 정보를 접하고 이슬람 상술도 배우며 익힐 수 있었다. 그리고 이러한 일들 역시 고려의 수출을 한 단계 끌어올리고 상품경제가 발전하는 밑거름이 되었다.

『고려사』는 제국대장공주의 상업 활동과 관련된 몇몇 재미있고 유용한 일

---

203) 『고려사』 권89, 열전2, 후비2, 제국대장공주전.
204) 백남운 저, 하일식 역, 앞의 책, p.373.

화를 전해주고 있다. 공주는 노비 300명의 혼인관계를 일일이 따져 소유주를 판별하고 왕실 노비를 되찾는가 하면, 어떤 여승의 여자 종이 매미 날개 같이 가늘고 꽃무늬를 수놓은 모시 제조기술을 가진 것을 알고 그 종을 양도받기도 했다.[205]

한편 제국대장공주는 충렬왕이 사냥에 열중하자 나라일을 걱정하며 사냥을 말렸고, 왕이 음악에 빠져 있을 때는 '음악으로써 국가를 다스렸다는 말은 듣지 못하였습니다'라고 충고하여 음악을 그만두게 하기도 했다. 또 충렬왕이 원나라에 다녀오는 도중에 왕을 맞이하는 지방관리들의 과도한 접대를 '왕의 환심을 사려는 진수성찬은 모두 백성들의 고혈이라며 중지' 하도록 하는 등 매우 절도 있는 모습을 보여 주었다.[206] 이러한 사례들을 종합해보면 공주는 매우 진취적이고 상업적 사고가 몸에 배인 사람으로 합리적이며 절제된 일상생활을 영위했다고 볼 수 있다. 어떻든 세계를 정복한 대제국 원(元)의 공주가 고려에 시집와서 본격적으로 전개한 무역은 상업에 대한 고려인의 사고를 우호적으로 바꾸어 놓았고 상업발전의 촉매가 되었다.

상업에 밝은 또 다른 왕비가 있었다. 충혜왕의 후비인 은천옹주(銀川翁主) 임(林)씨이다. 그녀는 상인 임신(林信)의 딸이며 단양대군(丹陽大君)의 여종(婢)이었다. 임씨는 오지그릇(沙器)을 파는 것을 생업으로 했기 때문에 사람들은 그녀를 '오지 옹주(翁主)'라고 불렀다. 충혜왕이 은천옹주를 위해 새로이 궁을 지었는데 일반 궁궐과 달리 창고가 1백간이나 되었다. 창고는 곡식과 비단으로 채웠고 행랑에는 여공을 두어 비단과 베를 짜도록 했다. 심지어 궁내에 곡식 찧는 방아와 맷돌까지 설치했다.[207] 그야말로 궁궐이 아니라 수공업 공장과 다름없는 광경이다. 이 수공업 공장 같은 신궁은 은천옹주를 위해 지었다지만 실은 충혜왕이 은천옹주를 빌미삼아 자신의 구상 아래 돈 되는 사업을 한번 해보려는 의도였을 확률이 높다.[208] 여하튼 '오지 옹주'라는 왕비의 애칭에 상업도시 개경의 숨결이 배어 있는 것 같다.

충혜왕은 열약(熱藥)을 즐겨 먹어 정력이 세었다. 오직 은천옹주만이 감당

205) 『고려사』 권89, 열전2, 후비2, 제국대장공주전.
206) 『고려사』 권89, 열전2, 후비2, 제국대장공주전.
207) 『고려사』 권89, 열전2, 후비2, 은천옹주임씨전.
208) 이숙경, 앞의 논문, p.107.

할 수 있어 더욱 왕의 총애를 받았다고 한다. 그래서 애정 또한 깊었던지 충혜왕이 원으로 소환되어 갈 때 호송원들에게 눈물로 사정하여 뚜꺼운 털옷이라도 챙겨준 자는 은천옹주뿐이었다. 이와 같이 고려는 상인의 딸이 왕비가 될 수 있었고 왕비가 되어서도 베를 짜고 곡식을 찧으며 장사를 하는 일이 가능한 사회였음을 직시할 필요가 있다.

상업으로 부를 축적한 상인 집안이 왕실과 혼인을 맺은 또 다른 예가 있다. 충혜왕의 후비 화비(和妃) 홍(洪)씨는 대부호 길창군(吉昌君) 권준(權準)의 외손녀였다. 권준은 보초 1,000정을 왕에게 바쳤다. 당시 고려에서 유통된 '지원보초(至元寶鈔)'와 '중통보초(中統寶鈔)'의 명목가치가 은 1~2관이었으므로, 권준은 외손녀를 후비로 들이며 무려 은 1,000~2,000관을 왕실의 재정자금으로 바친 셈이었다.[209]

고려 역대 왕 중에서 재산증식과 관리에 가장 많은 관심을 기울이고 정열을 쏟았던 왕은 28대 충혜왕(忠惠王, 1315~1344)일 것이다. 충혜왕은 충숙왕(忠肅王)의 장남으로 13살에 원에 가서 숙위하고, 1330년 2월에 15세의 나이로 왕위에 올랐다. 1332년 5월 초하루, 충혜왕은 사사로이 보흥고(寶興庫)를 설치했다.

원래 고려 정부의 창고는 곡식과 베 따위 현물 조세의 수납기관이었다.[210] 왕실의 창고 설치는 충렬왕 15년(1289)에 세워진 내방고(內房庫)가 최초였다.[211] 고려 왕실은 강화도 피난 시절을 끝내고 개경으로 돌아온 뒤 왕실의 경제기반을 강화하려 애썼지만 뜻대로 잘 되지 않았다. 원이 동녕부와 쌍성총관부를 세워 대동강 이북과 함경도 대부분을 직접 지배지로 편입함으로써 정부의 세입원 자체가 줄어들었을 뿐 아니라, 귀족 등 대토지 소유자의 토지겸병으로 인해 정부 수입이 크게 감소되어 재정이 날로 어려워져 갔다. 또 원나라의 각종 공물 요구는 국가재정을 더욱 고갈시켰다. 이러한 와중에서 왕실의 재정수입을 확보하기 위해서는 왕실 재정을 관리하는 별도의 왕실 전용창고를 만들수밖에 없었다.

충렬왕과 충선왕이 내방고를 설치하면서 추진한 왕실의 재정강화책의 중점

---

209) 『고려사』 권107, 열전20, 권단(權㫜)부 권준(權準).
210) 창고는 국가 재정을 담당하는 대창(大倉)·우창(右倉)·좌창(左倉)·대영(大盈) 등 정부 창고와 왕실 재정에 속하는 덕천(德泉)·보흥(寶興)·내방(內房)·덕령고(德寧庫) 등 왕실 창고가 있었다.(백남운 저, 하일식 역, 앞의 책, pp.144~150)
211) 심의섭, 김중관, 『앞의 논문』, p.316.

은 왕실 토지의 확보와 그로부터의 수입 증대에 두었다. 그러나 충혜왕의 보흥고는 토지에 얽매인 정책의 한계를 풀고 시장경제를 이용해 재정수입을 확보하려 했다. 왕실 자금을 투자재원으로 삼아 시장에 진출하고 무역을 하여 이익을 획득하려한 것이다.

> "1342년(충혜왕 후 3년) 2월, 왕이 의성고(義成庫)·덕천고(德泉庫)·보흥고(寶興庫)에서 포목 48,000필을 출고하여 시장에 점포를 차렸다."[212]

> "1342년(충혜왕 후 3년) 3월, 남궁신(南宮信)을 시켜 포목 2만필과 금은 및 초화(鈔)를 가지고 중국 유(幽)·연(燕) 지방에 가서 무역을 하게 했다."[213]

> "1343년(충혜왕 후 4년) 3월, 왕이 부자인 대호군(大護軍) 임회(林檜)와 전 호군(護軍) 윤장(尹莊) 등 10여 명을 불러다가 내고(內庫)의 보화를 주어 원에 가서 판매하게 했다."[214]

> "1343년(충혜왕 후 4년) 9월, 밤에 왕이 상인들에게 내탕(內帑)에 있는 보물을 맡겨 원에 가서 판매하게 했으며, 동시에 그들에게 장군 벼슬을 주었다."[215]

충혜왕은 포목을 투자하여 시장에 점포를 열었다. 뿐만 아니라 남궁신·임회·윤장 등의 상인들에게 원나라에 가서 무역을 하도록 지시했다. 충혜왕이 점포를 차린 시장은 아마도 십자가대로의 장랑 시전일 것이다. 왕의 직접 지시에 의해 왕실의 자금으로 시장에 점포를 내고, 무역을 하는 것은 우리 역사에서 유일한 사건이라고 할 수 있다. 당시 원에서 사온 수입물품은 이 왕실 점포에서 팔았으리라. 충혜왕은 오늘날로 치면 수출입 무역과 국내 판매를 겸하는 큰 종합상사를 차리고 경영한 것이라고 할 수 있다.

이에 대해 왕이 왕실 무역에 치중함으로써 결과적으로 정부재정을 더욱 어렵게 했다는 견해가 있을 수 있으나, 원 간섭기 관영무역은 빈번한 사행길을 통해 이미 활성화되어 있었다. 따라서 충혜왕의 상업 활동은 정부의 재정 악화

---

212) 『고려사』 권36, 세가, 충혜왕 후 3년 2월 무오. 의성고는 충선왕 때의 의성창이며 공민왕 4년에는 내방고로 개칭되었다. 덕천고는 충선왕 12년에 덕천창을 덕천고로 개칭한 것이다.

213) 『고려사』 권36, 세가, 충혜왕 후 3년 3월 병신.

214) 『고려사』 권36, 세가, 충혜왕 후 4년 3월 신미.

215) 『고려사』 권36, 세가, 충혜왕 후 4년 9월 병술.

로 인한 왕실의 궁핍을 스스로 타개하려는 적극적인 노력의 일환이라 하겠다.

고려 왕실은 점포 만들기를 좋아한 모양이다. 1377년 5월, 우왕은 왕궁의 동편 행랑에 새로 점포를 차렸다.[216] '새로 점포를 차렸다(新作市廛)'라는 것은 그 이전에 만든 점포가 이미 운영되고 있었음을 명백히 나타낸다. 왕궁 동편에 있는 행랑의 위치와 그 규모는 알 수가 없다. 그러나 시전거리가 있는 광화문 근처는 아닌 것 같다. 광화문 부근이면 그냥 막연히 왕궁의 동편 행랑이란 표현을 쓰지 않았을 것이기 때문이다. 또 기록 문맥상 행랑을 새로 건립한 것은 아니고 기존의 행랑을 점포로 개조한 것으로 추측된다. 왕궁의 동편 행랑 중 일부가 점포로 사용되고 있었는데, 수요가 증가하여 점포를 증설한 것이다. 이 곳에 소재한 점포는 왕궁과 가까운 관계로 시끌벅적하고 떠들썩한 업종보다는 찻집이나 옷가게, 서점과 문구점 등 조용하면서도 고급스런 업종이었을 가능성이 높다. 점포 경영은 역시 어용상인을 두고 직접 경영하거나 임대했을 것이다.

한편 『고려사』에는 국왕과 고위관리가 직접 밀무역에 가담하거나 불법 상행위를 기도한 사례도 기록되어 있다.

"1185년(명종 15년) 정월 신축일, 서북면 병마사 이지명(李知命)이 거란사(契丹絲) 500속(束)을 왕에게 바쳤다. 이것은 지명이 임지로 떠날 때에 왕이 그를 내전(內殿)으로 불러들여 친히 지시하시기를 '의주(義州)에서 금나라와 교역을 못하게 되어 있으나 용주(龍州) 창고에 있는 저포(紵布)로써 거란사를 교역하여 바치게 하라!'고 하였기 때문에 이렇게 바친 것이었다."[217]

"1291년(충렬왕 17년) 송분(宋玢)은 변방의 군사를 시켜 쌀을 운반하여 여진과 교역하다가 동계안집사(東界安集使)의 탄핵을 받고 면직되었다."[218]

명종(明宗)이 이지명(李知命)에게 거란사 교역을 지시한 것은, 정부 창고가 고갈되었기 때문인 것으로 추측된다. 그 이유는 명종 이전에 외국에서 받은 선물은 궁중 창고에 50%, 정부 창고에 50%씩 나누어 각종 경비에 충당토록 했는데, 명종이 즉위한 후부터 모두 궁중 창고에 넣어 왕실용으로 써버림으로써

---

216) 『고려사』 권133, 열전46, 신우 3년 5월 경인.
217) 『고려사』 권20, 세가, 명종 15년 정월 신축.
218) 『고려사』 권125, 열전38, 송분전.

자금이 딸린 것이다. 명종은 돈이 급하니까 스스로 법을 어기고 임지로 떠나는 서북면 병마사에게 밀무역을 지시한다.

고려의 대표적인 부자 관리로 유명한 사람은 송분(宋玢)이다. 충렬왕 때 경기현의 토지를 소유한 관리들 중에서 송분이 가장 많은 토지를 점유하고 있었다. 송분은 여진과 불법 교역을 하다가 발각되어 탄핵을 받고 면직된 바 있다. 고위관리이고 대지주이면서도 대외무역에 손을 대고 있었던 것이다. 송분은 자신의 정치기반을 강화하기 위하여 원 황제의 유모의 아들을 막내 사위로 삼기도 했다.[219] 풍부한 재력을 밑천으로 하여 국제적으로 활약한 것이다.

고려시대라고 해서 부자가 되려는 열망으로 가득찬 사람들의 불법적이며 비양심적인 행위는 예외일 수 없었다. 문종(文宗) 때 한순(韓順)이라는 자는 정부의 창고 곁에 살면서 창고의 곡식을 훔쳐 거만(鉅萬)의 재산을 축적하고 고관들과도 교제했다.[220] 문종 8년에는 연료를 공급하는 장작감(將作監) 상인이 시중의 숯 값을 올리기 위해 고의로 관가의 숯 창고에 불을 지른 사실이 발각되어 처벌받고 섬에 귀양갔다.[221]

시장 물가를 감독하고 거래질서를 단속하는 경시서(京市署)에서 물가의 기준을 정해주고 위반하는 자는 법에 따라 매질을 하거나 섬으로 귀양보내는 처벌을 가했지만 그 행위가 근절되지 않았다.[222] 우왕 때 물가가 폭등하자 최영은 시장에서 매매하는 일체의 물품은 경시서에서 가격을 사정하고 세금을 바친 후에 비로소 매매할 수 있게 했다. 그리고 세금을 바친 표식 없이 사고파는 자는 죽음을 내린다는 뜻으로 쇠갈고리를 시장에 내어 걸기까지 했다.[223]

경시서에서는 사사로이 저울이나 말(斗)을 만들어 시장거리에서 농간을 부리는 자에게는 피륙으로 환산하여 피륙 한 자에 곤장 60대를 때리고 한 필에는 70대, 네 필에 100대를 쳤다. 30필은 2천리 밖으로 귀양을 보냈다. 저울·말·자 따위 도량형(度量衡)을 속여 관청 물품을 불공평하게 출납하여 사복을 채운 자도 같은 벌을 주었다. 또 물건을 훔치거나 장물인 줄 알면서 고의로 거래한

---

219) 『고려사』 권125, 열전38, 송분전.
220) 『고려사』 권97, 열전10, 임개전.
221) 『고려사』 권85, 지39, 형법2, 금령, 문종 8년조.
222) 『고려사』 권85, 지39, 형법2, 금령, 원종 2년 5월조.
223) 『고려사』 권113, 열전26, 최영(崔瑩)전.

자와 부정한 거래를 한 사기꾼도 모두 처벌했다. 비법적인 부당한 방법으로 돈을 벌 수 없게 하려는 사회적 장치가 작동되고 있었던 것이다. 흥미 있는 것은 도박(賭博)으로, 돈이나 물품을 걸고 도박을 한 자는 곤장 100대를 쳤다. 장소 제공자와 사전 모의자, 호객 행위자도 곤장 100대를 쳤다. 다만 음식을 걸거나 활쏘기와 무예(武藝) 따위를 겨룰 때에는 돈과 물품을 걸었다고 해도 죄가 되지 않았다.[224)]

고려는 상업이 생동하는 나라였고 개경 시장은 역동적으로 움직이고 있었다. 고려인들은 무엇보다도 돈 버는 일을 중요시했다. 왕과 왕비가 직접 무역에 가담하여 이득을 챙기고 왕실 재정에 보태었다. 장사는 하찮은 일이 아니었고 돈 잘 버는 상인이 존경받는 사회였다. 특히 고려말 원 간섭기에 고려 경제가 세계경제에 접속되면서 이러한 경향은 더욱 두드러졌다.

상업의 발달은 상업자본가를 탄생시킨다. 원 간섭기에는 원의 수탈적인 재정 간섭, 귀족 및 관리와 사원의 토지겸병 등으로 인해 가난해진 왕실의 재정난을 타개하려고 왕과 왕비가 직접 상업 일선에 나서기도 했다. 하지만 왕실과 정부의 상업활동과 교역은 민간 상업을 강화시켜 주었고, 결과적으로 상인들이 상업이윤을 축적할 수 있도록 했다.

공민왕(恭愍王) 2년(1353) 8월, 재정이 바닥이 나 고갈되자 공민왕은 민간 부자(富民)에게서 돈을 빌려썼다.[225)] 이 때 공민왕에게 돈을 빌려준 부자는 누구였을까? 공민왕이 민간 부호들로부터 돈을 빌려 쓴 사실은 고려말에 상업자본을 축적한 대부호가 다수 존재했고, 민간의 대부금융(貸付金融)이 상당히 발달하였음을 입증시켜 주고 있다.

이와 같이 돈을 벌면 왕과도 거래하고 왕에게 돈을 빌려줄 수 있었던 고려는 상업이 살아있는 사회였다. 돈 벌기 위해 열심히 노력하고 돈 잘 버는 사람이 대우받는 사회였다.

---

224) 『고려사』 권85, 지39, 형법2, 금령.
225) 『고려사』 권38, 세가, 공민왕 2년 8월 경자.

I. 고려-거란(遼) 교역

가. 만부교(萬夫橋) 낙타 사건

고려 건국 초기에 이른바 '만부교 낙타 사건'이라 불리우는 외교분쟁 사건이 일어났다. 942년(태조 25) 10월 거란 사신 30명이 낙타(駱駝) 50마리를 끌고 와서 태조 왕건에게 바치자, 왕건은 '거란은 일찍이 발해와 동맹을 맺고 있다가 맹약을 위반하고 발해를 멸망시킨 무도한 나라다. 친선관계를 맺을 만하지 못하다'[1]라며 사신들을 모두 섬으로 귀양보냈다. 낙타는 개경 시내에 있는 만부교 다리 아래 매어두어 모두 굶겨 죽였다.

왕건은 전쟁을 불사할 듯한 도발적인 단교 조치에 이어 이듬해 4월 훈요10조(訓要十條)를 내리며 '우리는 강하고도 악한 나라(거란)가 인접국으로 있어 평화 시기에도 위험을 잊어서는 안된다. 병사들을 돌보고 부역을 면제하라. 매년 가을에 무예가 특출한 자들을 검열하여 적당히 벼슬을 높여 주라'[2]라고 특

---

1) 『고려사』 권2, 세가, 태조 25년 10월조.
2) 『고려사』 권2, 세가, 태조 26년 4월조.

별히 거란의 위험을 경계하고 대비할 것을 당부했다.

거란(契丹)은 당시 동아시아의 패자(覇者)였다. 고려가 비록 후삼국을 통일하여 국력이 커진 입장이나 거란은 매우 강력하여 만만히 보고 비위를 건드릴 처지가 아니었다. 그렇다면 왜 왕건은 이례적이고 충격적인 '만부교 낙타 사건'을 단행했을까? 거란 사절을 받아들이기 싫으면 국경 관문에서 입국을 거절하면 그만이지 수도 개경으로 불러들여 극단적인 단교 조치를 보란듯이 취한 것은 무슨 깊은 연유가 있는 것일까? 거란 사신을 개경까지 불러들인 것은 당시 『고려사』와 『요사(遼史)』에 그 기록이 누락된 모종의 교섭이 있었을 가능성을 암시하는 것은 아닐까?[3]

왕건의 거란 단교에 대해 여러 가지 견해가 제시되고 있는바, 아직 통일된 견해는 모아지지 않고 있다.[4] 우선 발해와 관련하여 발해 멸망 후 고려에 넘어온 수만 명의 발해 유민들을 선무하고 그들에게 고려의 확고한 북진 의지를 과시하기 위해서, 그리고 발해를 구실로 하여 고구려의 옛 강토를 되찾으려는 의도에서 단교했다고 본다.[5] 한편 후진(後晋)과 교류하고 그로부터 책봉을 받은 상황에서 후진을 편들고 거란을 멀리한 주체적인 외교노선을 확실히 한 것이라고 보기도 한다.[6] 또 거란이 후삼국 시절에 후백제와 가깝게 지내고 견훤과 통교한 것에 대한 보복조치라는 견해도 있다.[7]

이러한 견해들은 대개가 정치외교적인 시각에서 '고려-거란' 관계를 규정짓는 것으로 모두가 어느 정도씩은 깊은 상관성을 갖고 있다고 판단된다. 그러나 교역과 경제 측면의 실익을 따지는 설명 고리로서는 한계가 있다.

이에 대해서는 거란이 당시 외교 예물로 가장 선호되었던 말을 바치지 않고 낙타를 바쳤는가를 생각해 볼 필요가 있다. 낙타 예물에서 왕건의 단교 배경을 정확히 이해할 수 있는 실마리를 잡을 수 있기 때문이다. 거란은 왜 낙타

---

3) 이용범, 『한만교류사연구』, 동화출판사, 1989, p.232. 태조의 단교 교서에 수절교빙(遂絶交聘)이란 단어가 있어 양국 간에 낙타 단교와 관련하여 모종의 교섭이 있었음을 추측케 한다.

4) 서성호, 「고려 태조대 대거란 정책의 추이와 성격」, 『역사와 현실』 34호, 한국역사연구회, 1999, pp.16~19.

5) 이용범, 「고려와 거란과의 관계」, 『동양학』 7호, 1977, p.269.

6) 김재만, 「오대와 후삼국·고려의 관계사」, 『대동문화연구』 17호, 1983, p.191.

7) 한규철, 『발해의 대외 관계사』, 신서원, 1994, p.236.

를 50마리나 선물했을까?

거란은 4세기 이래 동몽골을 본거지로 하고 있던 몽골계 유목민족이다. 5세기 중엽부터 라오허강(요하, 遼河) 상류 시라무렌(Sira-Muren)강 유역에서 8개의 큰 부족을 중심으로 하여 부족연합체를 이루고 살았다. 부족연합체를 이끄는 추장은 8개 부족장이 모여 선출했고 임기는 3년이었다.[8]

907년 새 추장으로 야율아보기(耶律阿保機)가 뽑혔고, 그는 915년 추장 자리에서 물러났다. 그러나 야율아보기는 야심을 버리지 않았다. 916년 성대한 연회를 베푼다며 7부족장을 초대한 다음, 연회장에서 이들을 모두 죽이고 8부족을 통합하여 마침내 통일왕국을 세웠다. 국호를 거란(契丹)이라 하고 자신을 중국식 황제 칭호인 태조(太祖)로 부르도록 했다. 연호는 신책(神册)으로 정했고 수도는 임황(臨潢, 내몽고 파림좌기)에 두었다.[9]

거란은 907년 야율아보기 집권 이후 급속히 세력을 확대하면서 만주로 진출했다. 911년에는 해국(奚國)을 정벌하여 발해의 중원 연결로를 차단하고 발해를 압박해 나갔다.[10] 거란은 고려와의 관계 개선을 희망하고 922년(태조 5) 2월에 낙타와 모직물을 왕건에게 선물했다.[11] 이것은 거란이 발해 정벌에 앞서 고려의 양해와 협조를 구하려는 정지 작업의 하나일 것으로 추측된다.[12] 이 낙타는 아마도 2~3마리 관상용이었을 것이고, 선박에 실려 예성항(禮成港)으로 들어왔을 것이다. 당시 압록강변에는 여진 세력이 강력하여 왕래하기 어려웠고, 거란은 927년 후백제에 사신을 보내는 등 해상교통을 적극 이용하고 있었다.[13]

922년에 고려에 온 거란 사절은 외교적 목적으로 파견된 것이었고, 교역을 위해 파견된 것으로는 보기 어렵다. 고려는 내빙을 받기만 하고 답례를 보내지 않았지만, 이 사절을 통해 거란의 발해 침공을 전후하여 려·거란 양국 간에 어느 정도 접촉이 있었던 것으로 추측된다.[14] 한편 고려가 거란 사신을 받아들인

---

8) 백양(栢楊) 저, 김영수 역, 『맨 얼굴의 중국사』, 창해, 2005, p.323.

9) 송기호, 「발해 멸망기의 대외 관계-거란·후삼국과의 관계를 중심으로-」, 『한국사론』 17호, 서울대학교 국사학과, 1987, pp.72~73. 북방 유목민족이 어느 특정한 곳에 수도를 정하기는 이 때가 처음이다. 임황은 상경(上京)이라고도 불렸다.

10) 『거란국지』 권1, 태조 천현(天顯) 원년 1월조.

11) 『고려사』 권2, 세가, 태조 5년 2월조.

12) 서성호, 앞의 논문, p.24.

13) 『삼국사기』 권50, 열전10, 견훤전.

14) 이용범, 앞의 책, p.231.

것은 거란에 대해 우호정책을 견지하고 있었기 때문이라고 짐작된다. 즉 당시 고려는 발해에 대해 어느 정도 동족 의식을 가지고 있었으나, 대거란 정책에 직접적인 영향을 주지 못하고 거란의 발해 공격을 묵인하다시피 한 것으로 보인다.[15]

　　고려를 둘러싼 국제정세는 점차 일촉즉발의 급박한 상황으로 변화되어 나갔다. 고려와 후백제는 925년(태조 8) 10월에 조물성(曹物城) 전투를 치루면서 본격적으로 대립하고 내전으로 치달았다.[16] 거란과 발해도 발해가 924년 거란의 요주(遼州)를 공격함으로써 전쟁으로 돌입했다. 거란은 발해를 침공하기 전 배후의 토혼(吐渾)·당항(黨項)·조복(阻卜) 등을 평정한 뒤 야율아보기가 직접 발해를 침략하여 926년 1월 멸망시켰다.

　　고려는 거란-발해 간의 전황이 심각했던 925년과 926년에 연이어 두 차례나 거란에 사신을 파견했다.[17] 926년 사신의 거란 도착 시점은 발해 멸망 후 36일이 지난 뒤여서[18] 발해 멸망 이전에 고려를 떠난 사신이 그 때에 이르러서 상경(上京) 임황(臨潢)에 도착한 것으로 추측된다.

　　이 두 차례의 거란 사절도 교역과는 거리가 먼 순수 외교 목적이었을 것이다. 당시 고려는 후백제와 겨루는 어려운 시기여서 고려에 대한 거란의 태도를 염탐하고 확인할 필요가 있었다. 또 거란과 가까이 지내는 후백제를 의식해서 거란에 호의적인 신호를 보내는 의사 표명이 절실했을 수도 있다. 고려사절은 여러 가지 복합적인 임무를 가지고 거란에 간 것이다.

　　발해가 멸망당하자 고려와 거란은 인접국이 되어 외교관계를 맺고 교역을 할 수 있음에도 불구하고 양국은 10여 년 동안 소원하게 지냈다. 물론 고려가 후백제와 전쟁에 몰두해 있었고 거란 역시 내치에 치중하고 있었기 때문일 수 있다. 하지만 고려는 거란과 국경을 접하고 있는 중원의 후당(後唐)과는 사신을 교환하고 933년부터 후당의 연호를 사용했다.[19] 고려는 신흥 강국 거란을 멀리

---

15) 서성호, 앞의 논문, pp.24~25.

16) 『고려사』 권1, 세가, 태조 7년 7월, 8년 10월 을해.

17) 『요사』 권2, 태조 천찬(天贊) 4년 10월 신사.

18) 『요사』 권2, 태조 천현 원년 2월 정미.

19) 932년(태조 15) 11월에 왕중유(王仲儒)를 파견하여 토산물을 선사했다.(『고려사』 권2, 세가, 태조 15년 11월 기축) 또 후당은 933년 3월에 왕경(王瓊), 양소업(楊昭業) 등을

하고 전통적인 중원의 왕국들과 가까이 지낸 것이다.

양국의 소원한 냉각 관계를 풀려는 시도는 거란이 먼저 시작했다. 고려가 936년 9월 후삼국을 통일하자, 이듬해 937년 9월에 거란이 축하 사절을 보낸 것이다.[20] 이 거란 사절은 외양상 고려의 한반도 통일을 경축하는 모양새를 띠었으나 실제로는 당시 높아진 거란의 국제적 위상을 과시하면서 고려의 복속과 통교를 희망했을 것으로 짐작된다.

937년은 거란 태종 야율덕광(耶律德光)이 호시탐탐 노리던 중원의 기름진 땅 연운 16주(燕雲十六州)를 획득한 해이다.[21] 야율덕광이 석경당(石敬塘)을 도와 후당을 멸망시키고 후진(後晋)을 세워주었고, 후진의 황제로 즉위한 석경당(高祖)이 도와준 감사의 표시로 연운 16주를 거란에 떼어 준 것이다. 뿐만 아니라 석경당은 나이가 10살이나 아래인 야율덕광을 아버지라 부르며 신하로 자처했다.[22] 따라서 937년 고려에 온 거란 사신은 거란이 후당을 멸하고 후진을 세워 준 것을 고려에 과시하고 복속을 요구했을 것이다. 그러나 고려는 거란의 압력에 굴하지 않았다. 거란에는 답례조차 보내지 않으면서 오히려 937년 왕규(王規)와 형순(邢順)을 후진에 보내 건국을 축하해 주었다.[23] 그리고 938년 7월부터 후진의 연호를 사용하기 시작했다.[24]

거란은 939년 1월에 또 사절을 고려에 보냈다.[25] 이 사절 역시 고려와 후진의 밀착을 견제하고 거란 중심의 국제질서에 동참할 것을 촉구하면서 양국 간의 교역을 종용하려는 의도를 가졌을 것이다.

고려는 937년과 939년 두 차례나 거란 사절의 방문을 받고서도 답례 사절을 보내지 않았다. 오히려 거란의 비위를 그슬리며 거란의 꼭두각시 나라인 후진과의 교류에 힘을 쏟았다. 939년(태조 22) 9월에는 90여 명의 대규모 사절단

책봉사절로 보냈다.(『고려사』 권2, 세가, 태조 16년 3월 신사)

20) 『묘사』 권3, 태종 천현 12년 9월 신미.

21) 연운 16주에서 연은 유주(幽州, 북경), 운은 운주(雲州, 산동성 대동)을 가르킨다. 그 영역은 동서 약 600km, 남북 200km, 면적 12만km²에 이른다. 거란의 연운 16주 획득은 초원의 유목민족이 만리장성을 넘어 중원의 땅을 차지한 것이 된다.

22) 백양 저, 김영수 역, 앞의 책, pp.329~332.

23) 『고려사』 권2, 세가, 태조 20년 5월조.

24) 『고려사』 권2, 세가, 태조 21년 7월조.

25) 『요사』 권4, 태종 회동(會同) 2년 1월 을사.

을 후진에 파견했고,[26] 또 후진으로부터 책봉을 받았다.[27] 그리고 후진에 인질로 가있던 왕인적(王仁翟)을 940년에 돌려받았고[28] 941년에는 왕신일(王申一)을 보내 토산물을 선사했다.[29]

942년 낙타 50마리를 끌고 온 거란 사절은 후진 건국 후 거란이 고려에 파견한 세 번째의 사절이 된다. 거란은 왜 하필이면 당시 선호품인 말이나 양이 아니고 낙타를 보냈을까? 또 낙타에는 수많은 선물 꾸러미가 실려 있었을 확률이 높지 않을까?

942년 거란 사절의 의도는 2년 뒤 944년에 고려가 후진에 보낸 사신을 통해 분명히 알 수 있다. 태조 왕건은 단교 조치를 한지 불과 7개월이 지난 943년 5월 병오일에 사망했다. 왕위에 오른 지 26년, 나이는 67세였다. 태조의 뒤를 이은 태조의 맏아들 혜종(惠宗)은 944년 한현규(韓玄珪)와 김렴(金廉)을 후진에 보내 왕위 계승을 통고하고, 아울러 후진이 거란을 격파한데 대해 축하했다. 그런데 이 때 고려가 보낸 예물 목록을 살펴보면, 당시의 국제정세와 교역 상황을 의미 깊게 파악해 볼 수 있다.

예물은 갑옷과 투구 각 4벌, 활 4벌과 화살 400개, 검 16자루, 장도(長刀)와 비수(匕首) 각 20자루, 창 10자루, 큰 칼과 작은 칼 220자루 따위 병장기와 흰 모직 300필, 마포 400필, 가는 모시 100필 그리고 인삼 50근·향유 50근·잣 500근·머리털 20근 등이었다. 통상적인 수공업품과 토산물 외에 병장기가 대부분이어서 매우 이례적이고 특이하다.[30] 다만 후진의 승전 축하 선물로는 제격이라고 할 수 있겠다.

이 병장기 예물은 고려-후진-거란의 삼각관계를 여실히 반영해 주고, 고려와 후진 간의 군사적 동맹의 교감 분위기를 상징화하고 있다. 고려는 후진의 고조 석경당에게 거란과 결별하고 그에 대적할 것을 끊임없이 부추겼다. 고려가 배후에서 거란을 공격할 수 있다는 신호도 보냈다. 『자치통감(資治通鑑)』에

---

26) 『책부원구』 권972, 외신부 조공 5, 천복 4년 9월. 『오대회요(五代會要)』 천복 4년 9월 조에는 72인으로 기록되어 있다.

27) 『고려사』 권2, 세가, 태조 22년. 중국사서 『책부원구』, 『오대회요』 등은 941년으로 기록하고 있다. 중국 측 기록이 정확한 것으로 본다.(김재만, 앞의 논문, 1983, p.190)

28) 『고려사』 권2, 세가, 태조 23년 12월조.

29) 『고려사』 권2, 세가, 태조 24년조.

30) 『고려사』 권2, 세가, 혜종 2년조.

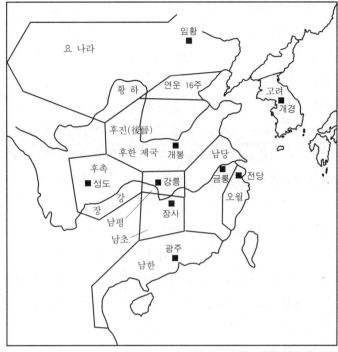

고려·후진·거란(요) 형세도

는 서역 승려 말라(襪羅)가 고려를 다녀와서 후진의 고종에게 왕건이 거란 협공을 제의한다는 것을 보고했다고 기록되어 있다.

> "후진 천복 연간(936~943)에 서역 승려 말라(襪羅)가 내조했는데, 고조(高祖)를 뵙고 고려로 가기를 청했다. 왕건이 그를 맞이하여 극진히 대했다. 당시는 거란이 발해 땅을 병탄한 지 여러 해가 지난 때였다. 왕건이 조용히 말라에게 말하기를, '발해는 본래 나의 친척의 나라이다. 그 왕이 거란에게 잡힌 바 되었으니, 내가 조정(朝廷)을 위하여 거란을 공격하고 발해의 오랜 원한을 풀고자 하니, 선생께서는 돌아가시어 천자에게 기일을 정하여 공격할 것을 말씀 드려 주십시요'라고 했다. 말라가 돌아가 모두 아뢰었으나, 고조는 대답하지 않았다."[31]

이 거란 협공 제의를 통해 고구려 고토를 회복하려는 왕건의 강렬한 의지

31) 『자치통감』 권285, 후진기(後晉紀) 제왕(齊王) 개운(開運) 2년 12월 무술. 말라는 938년 (태조 21년) 3월에 고려에 온 서천축국 승려 질리전일라(咥哩嚩日羅)로 추정된다.(『고려 사』 권2, 태조 21년 3월)

를 읽을 수 있다. 태조가 후진의 석경당이 거란의 야율덕광을 아버지라 부르고 군신 관계에 있는 허약한 처지임을 몰랐을 정도로 국제정세에 어두웠다고는 볼 수 없다. 그러므로 말라를 통한 대거란 협공 제의는 석당경을 부추기어 거란에 맞서게 함으로써 북방 진출의 계기를 만들어보려고 의도한 것이다. 그러나 이 거란 협공제의는 석경당의 생존시에는 뜻을 이루지 못하고 그가 942년 6월 사망하자, 뒤를 이어 즉위한 출제(出帝) 석중귀(石重貴)에게로 유효하게 계승되었다.

출제 석중귀는 거란에 눌려 기를 펴지 못한 석경당과는 달리 야율덕광에게 석경당이 그의 아들로 처신했으니 자신은 손자라고 자처하면서도 결코 신하로 불리길 거절했다. 또한 후진에 입국하여 장사하는 거란 상인을 찾아 전부 죽이라는 명령을 내리고 무역관계를 끊어 버렸다. 그리고 거란을 정벌하겠다며 큰 소리치고 전국에 동원령을 내렸다.[32]

그렇다면 왕건의 '만부교 낙타 사건'은 석경당이 사망한 지 4개월, 석중귀가 출제로 즉위한 지 3개월 정도 지난 시점이 된다. 출제가 이미 거란에 대해 칭신을 거부한 상황에서 거란 단교가 단행된 것이다. 따라서 왕건의 거란 단교는 후진(後晉)의 출제 석중귀가 거란에 맞서는 데 대한 강력한 호응 조치이고, 발해 멸망을 이유로 들어 여진과 거란이 차지한 발해 영토를 되찾기 위해 북진을 계속해 나가겠다는 단호한 선언적 조치로 볼 수 있다.[33]

그러므로 거란이 고려에 사신과 낙타를 보낸 것은 후진을 정벌하기에 앞서 후진과 가까이 지내는 배후의 고려를 견제하고 고려를 회유하려는 것이 분명하다고 하겠다. 하지만 낙타 예물에 대해서는 그 의미하는 바를 따져볼 필요가 있다. 낙타는 600kg이 넘는 짐을 싣고 먼 길을 다닐 수 있는 운송에 유용한 동물이지 육고기를 얻기 위해 키우지는 않는다. 낙타는 사막을 오가며 장사하는 대상(隊商)에 유용한 상업용 가축이다. 따라서 낙타 50마리와 사신 30명은, 사신 중에 낙타로 서역을 왕래하는 전문 상인이 포함되어 있었고, 고려-거란 간의 사이가 교역으로 이어지기를 강력히 희망하는 뜻이 담겨 있었음을 암시하고 있다. 거란은 고려와의 관계 개선이 이루어지면 고려가 거란을 통해 낙타를 이용하여 서역 등지와 교역할 수 있도록 협력하겠다는 제의를 했던 것이다.

---

32) 백양 저, 김영수 역, 앞의 책, p.339.
33) 서성호, 앞의 논문, 1999, pp.44~45.

이와 관련하여 원 간섭기(元 干涉期)에 개경 시중에서 낙타를 사고 팔았다는 『고려사』의 기록은 시사하는 바가 크다. 1309년(충혜왕 4) 9월 충혜왕이 최안의(崔安義)에게 시중에서 낙타 3마리를 사오도록 지시했다. 또 구입해온 낙타에다가 비단과 구슬로 장식하고 보초(寶鈔)를 실었다. 이는 당시 낙타를 이용한 북방교역이 실제 이루어지고 있었음을 반영한 것으로 볼 수 있다.[34] 그러므로 왕건의 낙타 단교조치는 거란의 조건이 좋은 교역제의를 묵살하고서라도 거란을 견제해 나가겠다는 확고한 의지를 대내외에 천명한 것이다.

나. 강동 6주(江東六州)와 각장(権場) 무역

고려가 꾀한 후진과의 거란 협공 전략은 구체적인 성과를 얻지 못했다. 거란에 대항해 기세 좋게 일어선 후진은 소리만 요란했지 빈 껍데기였다. 고려 역시 국력을 동원하여 압록강 유역에 살고 있는 여진족을 깨뜨리고 거란을 공격할 수 있을 처지가 아니었다. 당시 왕위를 이은 혜종(惠宗)은 왕권에 도전해 오는 여러 정치세력들을 견제하기에 급급한 형편이었다.[35]

후진은 거란 태종 야율덕광(耶律德光)이 대군을 이끌고 쳐들어가자 맥없이 무너졌다. 947년 후진 수도 개봉(開封)에 입성한 야율덕광은 국호를 대요국(大遼國)으로 바꾸고 자신이 중국의 황제를 겸한다고 선언했다.[36] 그러나 중국 한인(漢人)들을 직접 지배하는 것은 쉬운 일이 아니었다. 한인들이 들고 일어나 저항했고 야율덕광은 통치의 어려움을 느끼자 철군하고 말았다. 후진 땅을 포기한 것이다.

요(遼, 거란)가 물러가자 후진 땅에 후한(後漢)이 건국되었고, 또 뒤이어 후주(後周)가 세워졌다. 하지만 후주도 오래가지 못하고 조광윤(趙光胤)이 일으킨 쿠데타로 멸망했다. 조광윤은 960년 정월에 쿠데타를 일으켜 황제 자리를 탈취한 뒤, 국호를 송(宋)으로 바꾸었다. 그리고 후촉·남당·오월 등은 차례로 제

---

34) 『고려사』권36, 세가, 충혜왕 후 4년 9월 갑신. 원 간섭기 회회인의 고려 진출로 낙타를 이용한 북방교역이 이루어졌을 것이다.

35) 『고려사』권2, 세가, 혜종 2년조.

36) 백양 저, 김영수 역, 앞의 책, p.340. 거란(契丹) 명칭은 이 때로부터 요(遼)로 바뀐다. 본서에서는 서술의 편이상 가급적 947년 이전은 거란으로 그 이후는 요로 통칭해서 부르도록 한다.

압한 뒤, 979년 후한을 마지막으로 병합하여 중국 중원을 통일했다.

고려는 후주와 돈독한 관계를 유지하려 애썼고 사신 왕래도 잦았다. 956년
에 관리의 복제(服制)를 후주의 제도로 바꾸는 등 문물 도입에 힘썼다.[37) 사신
으로 온 쌍기(雙冀)로부터 과거제도의 도입을 건의받고는 그를 책임자로 임명하
고 958년에 최초로 과거시험을 실시하게 했다.[38) 교역도 활발하게 전개하여 동
(銅)·은·자수정 등을 대량 수출했고, 959년에는 진귀한 책을 특별히 선물하기
도 했다.[39)

고려는 후한이 건국되자 곧 후한의 연호를 사용했고,[40) 951년 후주가 후한
을 태원(太原)으로 쫓아 버리고 중원을 차지하자, 재빨리 후주의 연호를 사용하
며 지지를 보냈다.[41) 또 조광윤이 송을 세우자 후주의 연호를 버리고 송의 연
호를 사용했고, 즉각 사신을 파견하여 축하했다.[42) 그러나 막강한 무력을 자랑
하는 거란의 요와는 담을 쌓고 통교하지 않았다.

고려는 당시 최강국인 거란의 수교 요청을 단호히 거부한 반면 후진(後
晋)·후한(後漢)·후주(後周)·송(宋)과는 스스로 나서 통교하고 칭신하며 책봉까
지 받았다. 이들 나라들이 쿠데타로 전복되어 나라가 바뀌면 바뀌는 대로, 이
전 나라에 대한 애호 감정은 미련 없이 던져버리고, 최대한 신속하게 신생국과
외교관계를 맺어 나갔다. 고려는 왜 이러한 외교정책을 고수해 나갔을까?

그것은 이들 나라가 거란과 국경을 맞댄 배후국이었기 때문이라고 단순히
생각할 수 있겠지만, 실제로는 이들 나라가 공통적으로 산동반도(山東半島)를
차지하고 있었기 때문인 것으로 보인다. 산동반도는 고래로부터 한반도와 중국
대륙을 잇는 해양교통로이며 교역중심지로서 고려의 경제적 이익이 밀접하게
결부된 곳이었다. 따라서 고려는 후한이 후주에 밀려 내륙의 태원(太原)으로 쫓
겨나자, 후한과 연을 끊고 산동반도를 장악한 후주와 즉각 수교한 것과 같이
오로지 산동반도를 지배하는 나라와 책봉관계를 맺고 통교했다.

---

37) 『고려사』 권2, 세가, 광종 7년조.
38) 『고려사』 권2, 세가, 광종 9년 5월조.
39) 『고려사』 권2, 세가, 광종 9년, 광종 10년조.
40) 『고려사』 권2, 세가, 정종 3년조.
41) 『고려사』 권2, 세가, 광종 2년 12월조.
42) 『고려사』 권2, 세가, 광종 13년 겨울.

고려는 건국 초기에 거란과는 교역의 필요성을 크게 인정하지 않은 것 같다.[43] 아마도 거란의 특산품인 모피·말·모직물 따위 북방 물품은 여진(女眞)으로부터 구할 수 있었기 때문일 것이다. 하지만 거란의 입장은 달랐다. 금·은·동 제품과 곡물·인삼·모시 따위 고려 특산물은 지배계층의 애호품이었고 중요한 중계무역품이었다. 무역을 중시한 거란의 입장에서 고려와의 교역은 기본적인 생존 물품을 얻는 기회일 뿐만 아니라, 중계무역의 이익을 획득하는 길이었다.[44]

986년(성종 5) 정월, 요가 궐렬(厥烈)을 고려에 파견해 화친을 청했다.[45] 이 해에 요는 발해 유민이 압록강(鴨綠江) 중류 지역에 세운 정안국(定安國)을 멸망시켰다. 정안국은 여진인을 앞세워 송과 통교하면서 요에 대항했지만, 요의 공격을 막아내지 못했다. 요는 정안국 정벌에 앞서 983년 2월과 984년 8월, 두 차례에 걸쳐 압록강변의 여진을 대대적으로 토벌한 바 있다. 따라서 986년 요의 화친 요청은 그 동안 양국 간의 통행을 가로막고 방해해 왔던 여진 세력의 토벌과 정안국 정벌을 알리고, 이제 교통의 장애가 제거되었으니 통교하자는 제의였던 것이다. 하지만 고려는 이에 대해서도 화답하지 않고 오히려 국경 방비를 강화했다.

당시 고려는 압록강 유역의 여진 토벌에 나선 요를 예의 주시하고 있었다. 여진은 고려의 주요 교역 상대이면서 동시에 고려의 북진을 저지하는 최대의 장애 세력이었다. 때로는 조공하며 머리를 조아렸고 때로는 배반하기 일쑤였다. 고려는 압록강변의 서여진(西女眞)을 복속시켜 변방을 안정시키려 애썼고, 결코 거란에 넘겨주지 않으려고 노력했다. 요가 983년부터 본격적으로 여진을 토벌하자 고려 역시 이 기회를 적극 이용하려 했다. 984년 이겸의(李謙宜)가 압록강까지 진출하여 강안에 성을 쌓고 국경을 지키는 방어시설물인 관방(關防)을 설치하려 했으나, 여진에게 기습을 당해 이겸의는 납치되고 말았다. 고려는 군사 3분의 2을 잃고 부득이 되돌아와야만 했다.[46]

43) 한우근, 『한국통사』, 을유문화사, 1992, p.145.
44) 이미지, 「고려 선종대 각장 문제와 대요관계」, 『한국사학보』 14호, 고려사학회, 2003. p.97.
　　류채영, 「고려 선종대의 대외정책 연구」, 『한국문화연구』 22집, 2005, pp.257~294.
45) 『고려사』 권3, 세가, 성종 5년 정월조.
46) 『고려사』 권3, 세가, 성종 3년 5월조.

고려는 건국 이후 북진정책을 일관성 있게 추진했다. 서경을 개발하고 대동강을 넘어 청천강(淸川江) 유역까지 나아가 곳곳의 요지에 성을 쌓고 사람들을 이주시켜 내지화 했다. 그러다가 발해가 멸망당하고 요가 전면에 다가오자 방어 전략으로 돌아섰다. 일단 압록강변의 여진을 완충지대로 하여 거란과 직접적인 충돌을 피하려 했고 청천강을 방어선으로 삼아 거란의 침략을 대비하려 했다.[47] 하지만 요가 압록강변의 여진을 대대적으로 축출하자 고려는 가만히 있을 수 없어 이겸의를 보내 압록강까지의 영토 확보에 나선 것이다. 비록 여진의 완강한 저항으로 교두보 확보에 실패했지만, 압록강까지 영토화하려는 의지는 확고히 천명한 것이 되었다.

고려가 갈망한 압록강 유역의 영토 확보는 의외로 손쉽게 이루어졌다. 고려로서는 행운이었다. 그것은 고려가 요의 제1차 침입을 막아내면서 얻어진 수확인데, 결과적으로 고려의 빛나는 전리품이라고 할 수 있다.

당시 중국은 요와 송이 팽팽한 대결을 벌이고 있었다. 송은 979년 후한을 마지막으로 병합함으로써 이룩한 중원 통일의 여세를 몰아 요가 차지한 연운 16주를 탈환하려고 요를 공격했고, 요는 이에 맞서 대대적인 송 정벌을 획책했다. 따라서 993년(성종 12) 10월, 요의 제1차 침입은 요가 송을 침략하기 전에 고려를 완전히 제압하거나 또는 관계 개선을 도모하여 배후의 안전을 확보하려 한 것이다. 당시 서희(徐熙)는 소손녕(蕭遜寧)과 담판에 나서 요에 조공하는 조건으로 요가 983년과 984년에 여진을 몰아내고 차지하고 있던 압록강 동쪽 280리 땅을 고구려의 옛땅이라며 양도해 줄 것을 요구했고, 이를 관철시켰다.[48] 서희-소손녕 사이에 이루어진 강화조건을 보면 요는 압록강 동쪽에 대한 영토적 야심은 거의 없었고, 오직 고려와 수교함으로써 배후의 안정을 기하고 고려가 신하국의 위치에서 요의 체면을 세워주고 공물을 바치기를 희망했다고 할 수 있다.[49]

그러나 따지고 보면 서희의 승리는 왕건의 단호한 거란 단교조치 이후 반세기에 걸쳐 일관성 있게 추진한 북진개척정책의 성과이며 결실이라고 할 수

---

47) 서성호, 앞의 논문, pp.30~31.
48) 『고려사』 권94, 열전7, 서희전.
49) 이용범, 앞의 책, p.233.

있다. 이것을 단순히 려·요 수교와 강동(江東) 280리 땅을 맞바꾼 것으로 여겨
서는 안 된다.

결과적으로 942년 왕건의 단교조치 이후 양국은 994년까지 무려 52년간이
나 서로 적대하고 통교하지 않았다. 요는 친선관계를 맺길 강력히 희망했으나
고려가 이를 외면했다. 고려는 압록강까지 영토를 확보한 뒤에야 비로소 요와
수교를 튼 것이다.

요는 강동 280리를 양도해줌으로써 고려의 영토적 숙원을 들어주는 대신
교역의 주도권을 얻어냈다. 태조 왕건에게 낙타 50마리를 보내기까지 하며 희
망했던 양국간의 통상을 실로 50여년 만에 해결해낸 것이다.

요가 궁극적으로 추구한 양국 간의 교역은 각장무역(榷場貿易)이었다. 각장
은 중세 동아시아에서 나타난 전형적인 사무역으로서 국경지대에 설치된 무역
시장이다. 당 멸망 이후 5대 10국 시대를 거치면서 전통적인 조공무역체제가
와해되자, 각국은 상호 호혜의 입장에서 사무역과 자유무역을 진전시켜 나갔는
데, 이것이 각장무역으로 발전해 나갔다. 각장무역은 지역에 따라 대외무역의
형태를 달리하여 취급한 송대(宋代)에 성행했다.[50]

당시 각장은 양국 간의 국경 지대에 각각 세워졌고 각국은 자국에 세워진
각장을 관할하면서 관세 및 중계무역의 수입을 차지했다.[51] 따라서 각장은 비

---

50) 송은 요·금·서하와는 각장 무역을 고려와는 조공무역 방식을 취했다. 송과 이민족의
교역은 각장 또는 각장 무(교)역이라고 표현되었다. 각장이라는 표현은 1005년(송 진종
(眞宗) 경덕 2)에 처음 나타난다.(『송사』 권186, 식화지8 호시박법(互市舶法)) 각장은 호
시가 이루어지던 장소를 의미하고 이를 관리하는 관청은 각서(榷署)·각무(榷務)라고 지
칭한 것으로 본다. 또 각서·각무는 송의 전매업 담당기관 각화무(榷貨務)에서 파생된
것으로 본다.(이미지, 앞의 논문, pp.79~80)

51) 각장은 다음의 규칙을 준수해야 했다.(소문빈, 「중국의 전통적 상업경영술에 관한 연
구」, 경기대학교 박사학위논문, 1995, pp.137~138)
첫째, 양국 간의 무역은 각장(榷場)에서 거행하되 만약 이 규정을 위반하면 엄격한 제재
를 받는다.
둘째, 중앙정부에서 직접 파견된 관리(官吏)가 각장 업무를 담당하고 시장을 관리한다.
셋째, 각장의 교역 가격은 국가에서 관리·통제한다.
넷째, 상품을 관리·통제하되 금지된 물품은 매매 처분한다.
다섯째, 무역에 종사하는 사람은 정부 관리의 대표로서 민간 상인도 있다.
여섯째, 각장의 무역 방식은 요 상인이 송의 각장에서 교역하고 송 상인이 요의 각장에
서 교역한다.
일곱째, 각장의 무역은 아인(牙人, 중간상)이 소개인의 역할을 담당한다.

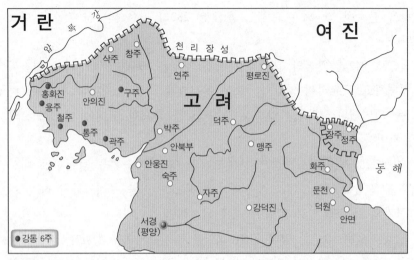

강동 6주와 천리장성

록 국가의 통제를 받으며 거래의 우선권을 관(官)이 가지고 거래 물품에 제한이 있었지만, 관의 허가만 받으면 누구라도 교역에 참여할 수 있는 자유무역시장이었다.

요는 1005년(목종 8) 압록강 남단 보주(保州, 의주)에 각장을 개설했다.[52] 이때는 요가 1004년 대대적으로 송 정벌에 나서 송을 굴복시키고, '전연의 맹약(澶淵之盟)'이란 화평조약을 맺은 직후였다. 요는 서희–소손령 간의 담판으로 배후의 고려를 묶어둔 뒤 총력을 쏟아 송을 공격하여 굴복시키고 나자, 곧 보주에 각장을 설치하고 본격적으로 교역에 나선 것이다.

그러나 각장 설치시기와 관련하여 서희–소손령의 강화 담판에 대해 달리 추측해 볼 수 있는 여지가 있다. 고려는 보주의 각장 개설에 대해 아무런 이의를 제기하지 않았다. 이는 서희–소손령의 강화 담판에서 고려가 강동 280리를 건네받는 조건으로 요의 보주 각장의 설치와 이를 통한 양국 간의 교역추진을 양해한 것으로 추측된다.

1005년은 서희–소손령의 담판 이후 12년이 지난 시기로, 고려는 강동 280리 땅에 흥화진(興化鎭, 의주 동쪽)·용주(龍州, 용천)·철주(鐵州, 철산)·통주(通

여덟째, 정부는 각장의 무역 상품을 검사할 수 있고, 아울러 물품 양에 비추어 조세를 부과 징수할 수 있다.

52) 『요사』권60, 식화지 하. 『요사』권38, 지리지. 보주는 고려 예종 때 의주로 개칭되었다.

州, 선천 서북쪽)·곽주(郭州, 곽산)·구주(龜洲, 구성) 등 여섯 곳에 성을 쌓고 백
성들을 이주시켜 농경지를 개간하는 등 6주를 이미 개척해 놓고 있었다.

고려는 강동 6주(江東六州)가 완성된 뒤에도 보주 각장에 대응하는 고려의
각장을 설치하지 않았다. 각장 경영에 따른 재정수입이 대단함에도 불구하고
이를 개설하지 않은 것은, 각장 무역에 생소했기 때문일 수도 있겠지만 새로
개척한 영토 내의 안전을 무엇보다도 중요시했기 때문일 것이다. 또 요의 보주
각장과 상응한 각장 설치가 자칫하면 양국 간의 영토 획정으로 이어질 수 있음
을 염려했고, 이를 원치 않았기 때문일 수도 있다.

고려는 요가 점유하고 있는 압록강 동쪽 땅을 요의 영토로 인정하지 않았
다. 문종 32년(1078)에 압록강 동쪽 땅을 내어줄 것을 요에 간청하는 표문이 이
를 증거해 주고 있다.[53] 박인량(朴寅亮)이 쓴 이 표문에서 고려는 '옛 변경을
돌려주시어 다시금 번병(藩屛)을 굳히시고, 먼 백성을 위로하여 황은(皇恩)에 젖
도록 하소서'[54]라고까지 극구 간청했지만, 요는 이에 동의하지 않았다.[55] 따라
서 고려가 각장 설치를 아예 회피한 것은 보주를 거란의 영토로 확실히 인정해
주는 결과로 이어짐을 경계한 것으로써, 여기에는 압록강 동남쪽 영역을 모두
영토로 편입하고자 하는 고려의 의지가 내재해 있었던 것이다.[56]

보주 각장은 1005년에 개설되어 약 5년간 운영되다가 1010년(현종 원년) 제
2차 침입 때 폐쇄되었다. 또 제2차 침입 후 1014년(현종 5) 보주와 정주(定州)에
다시 각장이 세워졌지만,[57] 이 역시 제3차 침입시 폐쇄된 것으로 보인다.[58]

처음 보주에 각장이 설치된 이후 무려 80여 년이 지난 1086년(선종 3) 5월
에, 고려는 한영(韓㮣)을 고주사(告奏使)로 요에 파견하여 요가 압록강 남단에 각
장을 설치하려는 계획을 세우고 있다며 항의하고, 이의 중지를 요구했다.[59] 따

---

53) 『동문선』 권39, 상대요황제고주표(上大遼皇帝告奏表).
54) 『요사』 권23, 동종 3 대강 4년 4월 신해.
55) 『요사』 권23, 동종 3 대강 4년 4월 신해.
56) 고려 관할 강동 6주와 요 관할 보주와의 국경도 명확히 획정되어 있지 않았다. 문종 29
    년(1075) 7월 요의 동경 병마도부서에서 압록강 동쪽의 국경을 획정하자는 공문을 보내
    오자 유홍(柳洪)을 보내 심의 획정하려 했으나 결정짓지 못했다.(『고려사』 권9, 세가,
    문종 29년 7월 계유)
57) 『요사』 권38, 지리지에 1014년(현종 5) 보주와 정주(定州)에 각장을 설치한 기록이 있다.
58) 이용범, 앞의 책, pp.241~242.
59) 『고려사』 권10, 세가, 선종 3년 5월 병자.

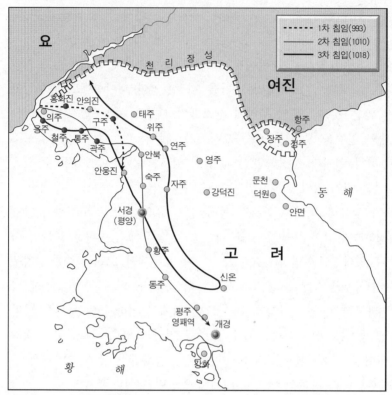

요의 1, 2, 3차 침입로

라서 각장은 최종적으로 제3차 침입 이후 폐쇄된 뒤 그 기능을 잃은 것이다.

요의 제2차 침입은 1010년(현종 원년) 11월에 있었다. 요의 성종(聖宗 982~1031)은 강조(康兆)가 정변을 일으켜 목종(穆宗)을 몰아내 죽이고 현종(顯宗) 을 즉위시켰다며, '신하 강조가 왕 목종을 죽인 죄를 묻는다'라는 구실로 40만 대군을 이끌고 침공했다. 그러나 황제 성종이 직접 참전했음에도 불구하고 고 려의 강력한 저항에 부딪혀 별 소득 없이 돌아가야만 했다.

이 당시 고려군의 진가가 유감없이 발휘된 곳이 강동 6주였다. 성종은 의 주의 교통로에 위치한 흥화진(興化鎭)을 친히 포위 공격했으나 양규(楊規)의 저항 으로 함락시키지 못하자, 이를 포위만 한 채 그냥 두고 주력군을 이끌고 개경 으로 남하했다. 강조는 통주성(通州城)에 주둔하여 수비에 치중하려던 전략을 버 리고 남하하는 요군과 당당히 맞부딪혀 일전을 겨루겠다며 성을 나와 싸우다가 잡혀 죽었다. 그러나 강조의 패배에도 불구하고 통주성은 함락되지 않았다. 오

히려 흥화진과 통주성의 병사들이 합세하여 요에 함락된 곽주성(郭州城)을 탈환
했다. 흥화진·통주·곽주의 세 성은 요 침공로에 큰 장벽을 형성하여 요군의
배후를 공략했고 요는 결국 퇴각하지 않을 수 없었다.[60] 강동 6주는 요의 제2
차 침입 때 흥화진·통주가 함락당하지 않음으로써 전략적 가치가 확실히 입증되
었다.

1018년(현종 9) 12월의 제3차 침입은 요가 강동 6주의 가치를 새삼 인식하
고, 이를 빼앗으려고 침공한 것이다.[61]

요는 1013년(현종 4) 7월에 야율행평(耶律行平)을 파견해 강동 6주를 돌려
달라고 요구했고[62] 1015년(현종 6년) 9월에도 이송무(李松茂)를 보내 다시 요청
했다.[63] 한편 요는 무력으로 이를 빼앗으려 1014년(현종 5) 10월에 통주를 공격
했다. 1015년(현종 6)에는 정월에 흥화진과 통주를 침략했고, 9월에도 통주와
영주를 공격했으나 이기지 못하고 돌아갔다.[64] 또 1016년(현종 7) 정월에 곽주
를 침공했는데, 이 때 고려군의 피해가 컸다.[65] 1017년(현종 8) 8월에도 흥화진
을 9일간이나 포위 공격했다.[66]

그러므로 1018년(현종 9) 소배압(蕭排押)이 10만 대군을 이끌고 쳐들어온 재
3차 침입은 따지고 보면, 제2차 침입 이후 강동 6주를 빼앗기 위해 거의 매년
산발적으로 침략해 오던 것을 한꺼번에 묶어 대규모 공세를 펼친 것이라고 할
수 있다. 그러나 소배압은 구주에서 강감찬(姜邯贊)에게 참패당하고 물러갔다.

고려는 송을 굴복시킨 당시 최대 강국 요의 세 번에 걸친 대규모 침략을
자체 역량으로 막아냄으로써 나라의 위상을 확고히 세웠다. 이후 고려는 비록
요에 대해 형식적으로는 신하국의 위치에 서지만, 실질적으로 대등한 자격을
유지하는 지위에서 통교했다. 송과도 마찬가지였다. 요·송의 사신이 와서 왕
을 대면할 때 신하국의 입장에서는 사신이 북면에 앉고 왕이 남면에 앉아야 하

---

60) 『고려사』 권94, 열전7, 양규전. 『요사』는 요의 패배 요인으로 지형 조건의 불리함과 연
    일 비가 온 것을 들고 있다.(『요사』권15, 성종본기, 통화 29년 정월 을해)
61) 『고려사』권4, 세가, 현종 9년 12월 무술.
62) 『고려사』권4, 세가, 현종 4년 7월 무신.
63) 『고려사』권4, 세가, 현종 6년 9월 갑인.
64) 『고려사』권4, 세가, 현종 6년 정월 계묘, 9월 기미.
65) 『고려사』권4, 세가, 현종 7년 정월 경술.
66) 『고려사』권4, 세가, 현종 8년 8월 계사.

거란 전쟁 후 확장된 고려 영토

나 고려왕은 서쪽에 앉았다. 이는 왕이 신하가 아닌 손님을 대접하는 형식의 외교 의전에 따른 것이 된다. 또 공물 조공에 있어서도 송이 매년 요에 은 10만 량·비단 20만필을 바쳐야 했는데, 고려는 공물을 바치지 않았다.

　　그러면 왜 요는 고려에 양도한 강동 6주를 꼭 다시 빼앗으려 했을까? 단순히 군사상·전략상의 필요 때문이었을까?

　　당시 보주 각장은 려·요 사이와 여진과의 직접 교역 또는 중계무역의 요충 시설이었지만, 고려의 협조가 없는 한 무용지물과 같을 수밖에 없었다. 고려가 상응하는 각장을 설치하지 않아 요 상인이 장사하러 고려 경내에 들어 갈 수 있는 길이 차단되었다. 또 요는 동여진(東女眞)과 직접 교역하고 싶었지만 강동 6주가 가로막고 있어 불가능했고, 고려 또한 동여진에 대한 중계무역의 이익을 놓치지 않으려 했다.[67] 결국 요의 강동 6주 반환 요구는 군사·전략상 이유뿐

---

67) 동여진은 고려와 요 사이의 전쟁에서 고려를 도왔다. 1030(현종 21) 4월 만투(曼鬪) 등 60여 명이 내조하여 전투선 64척·화살 11만 7,600개를 바치고 5월에도 소물개(蘇勿盖) 등이 와서 전투선 3척·말 9필·화살 58,600개 등을 바쳤다.(『고려사』 권5, 세가, 현종 21년 4월 무자, 5월 을묘)

아니라, 교역의 이익을 쟁취하려는 목적이 있었던 것이다. 이에 대해 고려는 강동 6주를 반환하라는 요의 요구를 여진에 대한 고려의 경제적인 기득권은 물론이고, 국방·외교·통상 요충지에 대한 침범 행위로 간주했다.[68]

1025년(현종 16) 윤 5월, 요는 야율골타(耶律骨打)를 보내 동북 여진을 토벌하려 하니 그 곳으로 가는 길을 빌려 달라고 요청해 왔다.[69] 즉 강동 6주를 거쳐 함흥지역으로 진출하여 동여진을 정벌하겠다는 제의였다. 고려는 이를 단호히 거절했다. 당시 동여진은 고려가 기미권(羈縻權)을 행사하는 고려 번국(藩國)의 처지에 있었다.[70] 따라서 고려는 동여진을 요에 넘겨주지 않기 위해 요의 동여진 진출을 끝까지 차단하려 한 것이다.

요는 각장 개설을 1080년대에 또다시 시도했지만, 결국 성공하지 못했다. 고려는 강온 양면작전을 구사하여 각장 설치를 끝내 저지했다.[71] 먼저 1088년(선종 5) 2월 중추원 부사 이안(李顔)을 구주에 파견하여 비밀리에 국경수비대책을 세우게 하는 한편, 동년 9월에 김선석(金先錫)을 요에 파견하여 각장 설치계획의 폐기를 공식 요청했다. 김선석은 2개월 뒤 "항의 서한을 여러 번 받았다. 아직 (각장을) 설치할 기일도 정하지 않았다. 심각한 의구심을 가지지 않기 바란다"[72]라는 요의 회답을 가지고 귀국했다.

이후 요는 각장 개설을 완전히 포기한 것으로 보인다. 요의 각장 개설 포기는 1101년(숙종 6) 8월 도병마사(都兵馬使)의 보고에 의해서 확인된다. 당시 도병마사는 요가 정주(靜州)와 의주(義州) 관내의 병영을 철수하라고 요구해 왔다며, 이전에 우리가 각장 설치의 철폐를 요구하여 동의를 얻은 바 있으니 그 청을 들어주자고 건의했으며, 이 건의는 채택되었다. 따라서 려·요 양국의 각장 설

---

68) 이용범, 앞의 책, p.241.

69) 『고려사』 권4, 세가, 현종 16년 윤 5월 갑자.

70) 고려가 여진을 세력권에 두고 관할하고자 한 것은 송의 여진 접근을 막으려한 사실에서도 확인된다. 북송 휘종(徽宗, 1100~1125)대에 송에 갔던 이자량(李資諒)이 귀국하려 할 때 휘종은 다음에 올 때 여진인들을 데려오라고 하자, '여진인은 욕심이 많고 추악하여 다루기 어려우므로 통교하지 않는 것이 좋다'라고 대답했다. 이러자 송의 신하가 고려가 교역의 이익을 빼앗길 것을 우려하여 고의로 방해한다며 직접 교섭할 것을 휘종에게 건의했다.(『고려사』 권95, 열전 8, 이자겸부 이자량)

71) 이미지, 앞의 논문, pp.91~95.

72) 『고려사』 권10, 세가, 선종 5년 11월 임신.

치 기간은 따져보면 결과적으로 양국 수교 200년간에 약 10여 년 정도에 불과
하다. 하지만 각장에 얽힌 역사의 의미와 자취는 대단히 깊다.

다. 사행무역과 수출입품

고려가 요의 각장 설치와 각장무역을 반대한 것은 요와의 교역 자체를 거
부하거나 회피하려고 한 것이 아니다. 각장 설치와 관련하여 고려가 우려한 것
은 국방상의 문제였다. 각장이 설치되면 이의 보호와 치안유지의 명목으로 군
대의 주둔이 필연적이므로 국경 가까이 요군의 진출을 꺼리는 고려로서는 국토
방위상 거부할 수밖에 없는 일이었다.[73]

또 각장 거부는 동여진에 대한 기미권을 장악하고 중계무역의 이익을 독점
하기 위한 방책이었다. 뿐만 아니라 각장은 양국 간에 교역의 주도권을 누가
쥐느냐의 첨예한 문제이기도 했다. 려·요 양측에 각장을 설치한다면 북방 물품
뿐 아니라, 서역의 중계물품까지 취급하는 요가 무역의 주도권을 쥘 확률이 높
은 것이다.[74] 따라서 외교사절에 따르는 전통적인 사행무역은 교역 주도권과
관련하여 신경 쓸 일도 거의 없을 뿐더러 교역 이익의 대부분이 상인들보다 정
부와 권세가에게 귀속되므로 사행무역을 환영하고 각장 설치를 갖가지 이유를
둘러대며 끝까지 반대했던 것이다.

고려는 각장무역을 극력 반대한 반면 사행무역은 적극 추진했다. 려·요가
994년(성종 13)에 수교한 이후 교류한 128년 동안 고려는 사신을 232회 거란에
파견했다. 1년에 2회 꼴인 셈이다. 요 역시 교류에 열성적이어서 고려보다 다
소 많은 239회나 사신을 보냈다.[75] 그런데 특이한 점은 고려사절 중에서 교역
에 중점을 둔 진방물(進方物) 사절이 55회로 평균 4회 중 1회는 그야말로 장사
하러 요에 갔다고 할 수 있다.

'만부교 낙타 사건' 이래 50여 년간의 단교를 푼 성종(成宗)은 거란과의 교
류에 힘을 쏟았다. 그것은 강동 280리를 양도받은 대가로서의 의례적인 교류가

---

73) 이것은 고려를 침입한 적이 없는 금과는 특별한 경우를 제외하고는 각장무역이 활발하
    게 이루어졌던 사실과 비교된다.(박한남, 『고려의 대금외교정책연구』, 성균관대 박사학
    위 논문, 1994, pp.184~185)
74) 『고려사』 권10, 세가, 선종 5년 9월조. 각장은 요가 이권을 독차지한다고 지적했다.
75) 이정희, 「고려 전기 대요무역」, 『지역과 역사』 4호, 부경역사연구소, 1997, p.20.

아니었다. 그 동안 막혔던 교역수요도 컸을 뿐더러 성종대는 최초로 철전(鐵錢)을 주조하고 개경에 주점을 설치하는 등 상업을 장려한 시기로 교역 욕구가 누적되어 가는 등 통상 여건도 좋았다. 또 송과의 단교로 인한 해외 교역의 출구를 요로 돌릴 수밖에 없는 현실이기도 했다. 토산물과 매를 공물로 선물했고 고위 관리를 요에 보내 청혼토록 하여 국제결혼을 성사시키기도 했다.[76] 뿐만 아니라 항구적인 교류를 위해 어린 학생 10명을 파견하여 거란어를 배우게 했다.[77]

고려 사절단의 사행무역은 사신과 어용상인들 뿐 아니라 수행 군인들에게까지 폭넓게 허용되었다. 소태보(邵台輔)가 선종(宣宗)에게 올린 북방 국경부대에서 근무하는 병사를 사신단 수행원으로 뽑아 교역할 수 있게 하자는 건의를 통해 이를 확인할 수 있다. 다음은 『고려사』에 실려 있는 소태보의 건의 내용이다.

> "북로(北路-북부 지방) 국경 지대 각 성(城)에서 근무하는 장병들의 대부분이 산(山) 이남 고을(州縣) 출신이고 그들에게 배정된 밭(丁田)이 먼 곳에 있어 살림살이가 모두 가난합니다. 그 장병들은 혹시 병란이 생길 때에는 모두 선봉으로 동원될 사람들입니다. 청컨대 앞으로 요 나라에 사신을 파견할 때에 사신들이 그 곳 병사들 중에서 건장한 사람을 선택하여 수행원으로 데리고 가게 하면, 국경 지대의 정세에 익숙하게 될 뿐만 아니라 물자를 교역하여 이득도 얻을 터이니 공사(公私)간에 모두 이익이 있을 것입니다."[78]

소태보가 올린 건의는 채택되어 시행을 보았다. 이와 같이 고려의 사행무역은 말단 수행원들까지 제각기 보따리나 봇짐 등에 물건을 휴대해 가지고 가서 장사를 할 수 있었다. 따라서 기록상으로 명확히 확인되지 않지만 사절단의 규모는 대단히 컸고, 특히 진방물(進方物)로 가는 사절단의 인원수는 다른 시기의 사절단보다 대규모였을 확률이 높다.

요 상인들도 사신을 따라 또는 독자적으로 대거 고려에 입국하여 교역했다. 당시 요 사신들의 개경 숙소는 남대가의 흥국사 남쪽에 있는 영은관(迎恩舘)과 인은관(仁恩舘)이었다.[79] 요의 일반 상인들은 이 곳이나 민간이 경영하는 객관

---

76) 『고려사』 권3, 세가, 성종 14년 2월, 9월조.
77) 『고려사』 권3, 세가, 성종 14년 9월 신유.
78) 『고려사』 권95, 열전 8, 소태보전.
79) 『선화봉사고려도경』 권27, 관사, 객사.

에서 유숙했을 것이다.

양국 간의 사행무역이 가장 활발했던 시기는 아마도 문종대(文宗代)라고 할 수 있다. 문종대는 30년간 외교가 단절되었던 송과 수교가 재개되었으므로 려·요 간의 교역이 축소될법한데 그렇지 않았다. 양국의 사신 교류는 고려측이 37회, 요측이 78회로 요가 압도적으로 많았다. 또 고려 사행 37회 가운데 교역을 위주로 한 진방물(進方物) 사행이 13회로 35%나 차지했다.

이렇듯 요의 사행이 증가하자, 요는 자국의 사행무역을 지원하기 위해 1062년(문종 16) 선의문(宣義門) 남쪽에 매매원(買賣院)을 설치하여 상인들의 숙소로 제공했다.[80] 이 매매원은 당시 거란 상인들의 왕래가 얼마나 빈번했는지를 증거해 주는데, 원(院)이라는 명칭에 주목하여 꼭 객관이라고만 볼 것은 아니고 그 명칭이 뜻하는 것처럼 교역품의 거래 장소로 이용된 것으로 보인다.[81]

요가 설치한 매매원은 1089년(선종 5) 9월 각장 설치 계획의 폐기를 요구하기 위해 김선석(金先錫)을 요에 파견할 때 동봉한 서신에서 시장의 기능을 가지고 있었음을 확인할 수 있다.

"임인년(1062)에 의주·선주(宣州) 남쪽에 매매원을 설치하려고 하였을 때 우리가 여러 차례에 걸쳐 문제를 제기하니까, 기존 시설을 보수하고 새로 설치하지는 않겠다고 했다. …… 아직까지 탐수암(探守庵)·성·다리 등 일체의 시설을 철폐하지 않고 있을 뿐만 아니라, 지금에 와서 새로운 시장(新市)을 설치하려 하는가? …… 이 좁은 지역에 각장을 설치하면 몸 둘 곳이 없게 되므로 여러 번 글월을 띄웠으나 당신의 동의를 얻지 못했다. …… 바라건대 당신의 지방 관원들이 …… 이권을 독차지하기 위한 시설을 새로 경영하지 못하게 함으로써 우리 백성들을 경동시키지 않는다면 영원히 당신의 호의를 잊지 않겠다"[82]

서신에서 새로운 시장(新市)은 각장을 뜻하므로 각장과 다른 전래의 시장이 존재하고 있었음을 알 수 있고, 또 매매원은 기존 시설을 보수한다고 하였으니 이미 시설이 설치되어 운용되고 있었던 것이 확실하다. 이러한 사실을 종합해 보면 당시 매매원은 시장과 인접해 있는 객관으로서 시장의 기능도 가졌던 것

80) 『증보문헌비고(增補文獻備考)』 권164, 시적고2 호시고려(市糴考二 互市高麗), 문종 16년조.
81) 이정희, 앞의 논문, p.23. 이정희는 객관으로 보고 있다.
82) 『고려사』 권10, 세가, 선종 5년 9월.

으로 보인다.

압록강변의 성읍 도시에 각장이 아닌 일반 시장이 존재하고 있었던 것은 12세기 초 김황원(金黃元)이 예종(睿宗)에게 올린 상소를 통해서도 확인된다.[83] 당시 여진족이 세운 금(金)의 군대가 요의 내원성(來遠城)과 포주성(抱州城)을 공격하자, 요군은 성을 굳게 지키면서 항복하지 않았다. 그러다가 식량이 떨어지자, 고려 백성들로부터 쌀을 비싸게 사들였는데, 고려의 국경 관원들이 전쟁에 개입하지 않으려는 입장에서 민간의 거래를 금지했다. 이 때 김황원은 민간의 거래를 풀어 두 성에 식량을 팔게 하고 또 교역도 하게 하자고 상소했으나 받아들여지지 않았다.

내원성과 포주성에서 이루어진 민간 상거래는 일종의 밀무역이었다. 국경 관원들이 처음에 내버려 두고 간섭하지 않았던 것은 평소에 국방과 치안상에 별 문제가 없을 경우 밀무역을 내버려 두고 관여하지 않았다는 사실을 암시해 주고 있다. 또 이것은 고려가 사절단 수행원들의 사사로운 교역 행위까지 허용하는 등 민간무역을 폭넓게 인정하고 있었던 당시의 교역 관행을 반영하고 있다고 할 수 있다.

려·요 양국은 오랜 기간 동안 단교하여 교류하지 않았고 각장을 개설한 기간도 매우 짧았다. 국교 정상화 이후는 사행무역과 밀무역이 함께 행하여졌다.[84] 양국은 사행무역을 활성화시켜 나갔지만, 북방 변경 지역의 교역수요를 모두 해결해 줄 수는 없었다. 특히 압록강 지역은 국경선도 완전히 확정되지 않은 상황이었고 국경을 넘나들며 목축을 하는 여진족도 섞여 살고 있었다. 밀무역이 성행할 조건이 충분했다. 따라서 당시 밀무역은 거란 및 여진 등 북방 유목민족과의 접경 지대에서 거의 관행화한 거래 수단이었다.[85] 오히려 밀무역이라기보다 정부가 공공연히 묵인한 가운데 행해지는 사무역이라고 할 수 있다.

11세기 전후 국제 교역로에 큰 변화가 일어났다. 당대(唐代)에 개척된 중앙아시아와의 교역로 '실크 로드(Silk Road)'는 당시 '실크 로드'의 교통 요충지를 차지한 서하(西夏)에 의해 차단당했다. 서하는 상인들로부터 수탈에 가까울 정

---

83) 『고려사』 권97, 열전 7, 김황원전. 김황원은 고문(古文) 연구에서 해동 제일이란 칭호를 받았다.

84) 조영록 외, 『중국과 동아시아 세계』, 국학자료원, 1997, pp.124~125.

85) 이정희, 앞의 논문, p.28.

도로 고율의 관세를 부과했다. 이렇게 되자 상인들은 새로운 교역로를 찾기 시
작했고, 고비사막을 넘어 위구르(Uighur)와 요를 잇는 북방의 초원로(草原路)를
개척했다. 이 북방 초원로를 따라 동서간에 교역이 이루어졌고 서역 제품이 유
입되었다. 요의 수도 임황에는 위구르 상인들이 집단적으로 거주하며 상점을
열고 장사를 했다.[86) 요는 고려와 송 등에 서역 제품을 중계무역함으로써 막대
한 이득을 챙겼다. 이 때 국제무역의 결재는 당시 이슬람 세계에서 은을 요구
하여 은으로 이루어졌다. 그리하여 새로운 북방 교역로는 '실버 로드(Silver
Road)', 즉 '은 길'로 불리어졌다. 고려는 양질의 은을 생산하여 요에 은을 수출
하고 동서 교역에 참여했다.[87)

　고려의 수출입품은 아직 일목요연하게 밝혀지지 않고 있다. 다만 예물이나
공물의 품목을 통해 파악해 볼 수 있을 따름이다. 지금까지 알려진 고려의 대
요 수출품은 금·은·동 제품, 견직물·삼베·모시 따위 직물류, 종이와 먹·
뇌원차(腦原茶)·초석(草席, 돗자리)·칠기 따위 수공업품, 인삼·곡물·매 등이
다. 수입품은 능라(稜羅, 비단)·단사(丹絲, 비단실)·모직 따위 직물류, 말·양
따위 가축류, 술(酒)·향료·보석 등 서역산 중계물품을 들 수 있다.[88)

　금·은·동은 고려의 대표적인 수출품이다. 고려는 수출 대상국에 따라 이
들 제품을 차별화하여 수출했다. 송에는 금 100냥, 은 1,000냥과 같이 가공하지
않은 금괴·은괴 형태의 수출이 많았던 반면, 거란·여진에는 금기(金器)·금
실·금병·은 주전자 따위 가공 제품을 수출했다. 가공된 금·은 제품의 수출
은 당시 고려의 금·은 가공기술이 요보다 섬세하고 뛰어났었음을 반증해주고
있다.[89)

　특히 고려의 동 세공 기술은 매우 훌륭하고 우수했다. 고려의 완상용 동기물
은 국제적으로 인기가 있었다. 예를 들면 반고려론자인 소식(蘇軾)도 고려 동기(銅

---

86) 이정희, 앞의 논문, p.23.
87) 북방 초원로 '실버 로드'를 통해 동방이 서양에 알려졌고, 유럽 사람들은 거란을 중국이
　라고 생각했다. 거란은 북아시아와 중앙아시아 민족으로부터 키타이(Kitai)라고 불리었
　는데(영어로 Cathay(중국)라 했다), 이것이 후에 차이나(China)로 와전되어서 중국을 지
　칭하게 되었다.
88) 이용범, 앞의 책, pp.248~260. 이정희, 앞의 논문, pp.29~45. 소문빈, 앞의 논문, p.138.
89) 박한남, 앞의 논문, p.171.

器)를 구해 구치석(仇治石)이라는 귀한 돌 위에 두고 감상하기를 즐겼다.[90]

고려는 견직물과 마포(麻布, 삼베)·저포(紵布, 모시) 따위 직물류를 대량 수출했다. 삼베는 통일신라시대에 촌락마다 1결의 마전(麻田)이 있을 정도로 전국적인 생산체제를 갖추고 있었고, 일상 거래에서 현물화폐로 널리 사용되었다. 모시 역시 전국적으로 생산되었고 국제적으로 인기 있는 고가 수출품이었다. 하지만 견직물의 경우 수출은 주로 자하금주(紫花錦紬)·백금주(白錦紬) 따위 중·저가품이었고 고급 견직물과 단사(丹絲, 거란사)는 수입했다.

요의 견직물 직조기술은 대릉하(大凌河) 지역에 이주한 한인(漢人) 기술자를 통해 발달하기 시작했다. 고려의 견직물 직조기술과 염색기술은 요에 비해 다소 뒤떨어져 있었다. 『고려도경』은 고려가 항복한 거란 포로로부터 이 기술을 전수받았다고 기술하고 있다.[91] 특히 단사로 불리는 원사(原絲)는 그 품질이 우수하여 국제적으로 수요가 컸다. 심지어 송 상인들이 고려에 간다며 공빙(公憑)을 받아 출항해서는 몰래 요에 들어가 단사를 밀무역하여 고려와 송에 밀매하는 것이 관행일 정도였다.[92]

고려 상인들은 단사를 대량 수입한 다음 이를 원료로 하여 각종 견직물을 직조하고, 또 염색 가공하여 국내 시장에 내다 팔거나 송·일본·여진 등에 수출했다.

지금까지 알려진 고려의 대요 수출품을 개관해 보면 고급 수공업품 외에 중·저가 견직물과 삼베·모시·돗자리·인삼·곡물 따위는 일반 농가 또는 가내 수공업장에서 생산된 것임을 알 수 있다. 즉 고려의 수출경제는 특정 생산단지나 지역에 의존하기보다 전국적으로 광범위한 생산기반을 바탕으로 하여 가동되었다. 이것은 대요 수출이 전국민의 참여 속에서 지속적으로 이루어졌고, 수출로 얻어진 이익이 백성들에게 환류되었던 것을 시사하고 있다.

---

90) 이정희, 앞의 논문, p.30.
91) 『선화봉사고려도경』 권19, 민서(民庶), 공기(工技).
92) 이정희, 앞의 논문, p.41.

2. 고려–송 교역

가. 동아시아 정세와 교역 환경

고려는 송·요·금과 교역을 통해서 대단히 깊고 복합적인 관계를 맺어 나
갔다. 그러나 당시의 동아시아 정세는 양국 간 또는 다자간에 교역이 평화롭게
진행될 수 있는 상황은 아니었다.

960년 송나라가 건국되자, 고려는 북쪽의 요(遼, 거란)를 견제할 목적으로
서둘러 송과 국교를 맺고 963년 12월에 송의 연호를 채택했다.[93] 한편 송은 중
국 중남부를 통일한 여세를 몰아 979년 북진하여 요를 멸망시키고 북중국까지
손에 넣으려 했으나 실패하고 말았다. 도리어 1004년 요가 송을 침략하여 송의
수도 개봉(開封) 부근 120km까지 진격해오자, 송은 화의를 청하고 '전연의 맹
약(澶淵之盟)'이란 화평조약을 맺었다.

이 조약의 골자는 양국이 송을 형, 요를 아우로 하는 형제의 관계를 맺되,
송이 매년 은(銀) 10만냥, 비단(絹) 20만필을 요에 주고 국경은 현 상태로 유지
하며 양국 간에 교역을 한다는 것이다. 송은 형님 대우를 받고 평화를 유지하
는 대신 매년 막대한 세폐(歲幣)를 요에 바쳐야 했다. 요가 실리를 택한 것이
다. 이 전연의 맹약은 매우 중요한 의의를 갖는데, 그것은 자유무역의 실현이
었다. 요는 중국이 전통적으로 행해 오던 조공무역을 인정하지 않고 자유무역
을 조약에 명문으로 규정했다. 이 조약에 의하여 송과 요는 국경 지역의 쌍방
여러 곳에 각장(榷場)을 개설했다.

송은 1044년에 서하(西夏)와도 '경력화약(慶歷和約)'이란 화평조약을 맺었다.
이 조약은 서하는 송에 신하의 예를 행하되, 송은 서하에 매년 비단(絹) 13만
필, 은 5만 냥, 차(茶) 2만 근을 주고 양국 간에 각장무역을 허용하는 내용을
담고 있다. 송은 신하국인 서하로부터 조공을 받는 것이 아니라 오히려 공물을
바쳐야 했다.

송은 광대한 영역을 차지하고 인구도 많았지만 군사적으로 강국이 아니었
다. 요·서하의 침입을 막고 평화를 얻기 위해 매년 막대한 재화를 지불해야
했다. 따라서 송은 항상 재정적자에 허덕였으며 재정수입을 확충하여 적자를

---

93) 『고려사』 권2, 세가, 광종 14년 12월조.

메우기 위해 상공업과 대외무역을 장려해 나갔다.

고려·요·송 사이에는 미묘한 삼각관계가 형성되었다. 고려는 985년(성종 4) 서로 연합하여 요를 정벌하자는 송의 제의, 986년 서로 잘 지내자는 요의 친선 제의에도 회답하지 않았다. 중립을 견지한 것이다. 하지만 이 삼각관계는 점차 경색되고 긴장과 불안이 고조되어 갔다. 송과 대치하고 있던 요는 993년 10월, 후방의 불안을 없애고자 소손녕(蕭遜寧)이 80만 대군을 이끌고 고려를 침공했다. 이 때 서희(徐熙)의 활약으로 요군은 퇴각하고, 이듬해 994년 고려와 요는 국교를 맺었다. 반면 고려와 송은 국교가 단절되었다.

11세기 후반 만주 북부의 완안부 여진(完顔部 女眞)이 부족들을 결합하고 급속히 성장함에 따라 국제 정세는 다시 격동했다. 드디어 1115년 추장 아골타(阿骨他)가 금(金)을 세우고 요를 공격하기 시작했다.

1117년 고려에 압록강을 차지하는 행운의 기회가 왔다. 요의 내원성자사(來遠城刺史) 상효손(尙孝孫) 등이 금군에 쫓겨 퇴각하면서 압록강 변의 내원성(來遠城)과 포주성(抱州城)을 고려에 넘겨준 것이다. 고려는 일단 두 성을 접수한 뒤 군기(軍器)·화폐·보물들을 거두어 들이고 포주(抱州)를 의주(義州)로 이름을 고쳤다.[94] 고려는 금이 요를 공격하는 상황에서 힘 안들이고 요로부터 두 성을 넘겨받아 압록강까지 국토를 확대하게 된 것을 하늘이 도운 일이라며 자축했다. 그리고 서둘러 압록강을 경계로 삼아 관방(關防)을 설치하고 방어 대책을 강구했다. 1117년 3월, 금(金)은 사신 아지(阿只)를 고려에 보내 두 나라가 형제의 나라로 화친하기를 청해왔다. 하지만 고려는 송·요·금의 분쟁에서 중립을 지키려는 의도로 이 제의를 받아들이지 않았다.

송은 금이 건국되자 금과 연합하여 숙적인 요를 제거하려 했고, 결국 1125년에 송·금 연합군은 요를 멸망시켰다. 그러나 2년 뒤 송은 금의 공격을 받아 수도 개봉(開封)이 함락되고 휘종(徽宗)·흠종(欽宗) 황제가 포로로 붙잡히는 치욕을 당했다. 이 때 송의 유민들은 흠종의 아우를 받들고 남쪽 임안(臨安)으로 도망가서 남송(南宋)을 건국했다.

이후 1142년 남송은 금과 화평조약을 체결했다. 그 내용은 남송이 금에 신하의 예를 올리고, 매년 비단(絹) 25만필을 공물로 바치며, 회수(淮水) 중류를

---

94) 『고려사』 권14, 세가, 예종 12년 3월 신묘.

양국의 경계로 하는 것 등이었다.[95] 이 조약은 남송이 신하국의 지위에서 금에 세폐(歲幣)를 매년 바치고 국경지역에 각장을 개설하는 것으로 '전연의 맹약'과 유사했다.

고려는 1125년 요가 멸망하자 1126년(인종 4) 4월에 금에게 신하의 예를 취하고 금의 사신을 요의 사신과 대등하게 예우했다.[96] 고려와 금 양국은 실리노선을 취하여 무력 충돌을 피해갔다. 금은 고려를 신하국으로 굴복시켜 체면을 세우는 한편 후방의 안전을 도모했고, 고려 역시 요·금의 전환기 혼란을 틈타 힘 안들이고 압록강까지 국토를 넓히는 실리를 챙겼다.

결국 10세기 말에서 12세기 초에 이르는 동아시아 정세는 고려에게 불리하게만 작용한 것은 아니었고 오히려 기회가 되었다. 특히 고려가 요의 침공을 잘 막아내어 정치외교적 발언권이 강화되고 위상이 올라갔다. 고려·송, 고려·요, 고려·금 사이에 형식상으로는 조공책봉 관계가 유지되었으나, 강제적인 세폐(歲幣)는 없었고 자유무역도 이루어졌다.

고려는 송·요 그리고 송·금의 틈새에서 국가의 자존을 세우고 교역을 통해 실리를 취해갔다. 그리고 국제정세를 유리하게 이용하여 국토를 넓히고 내부 상권을 확장시켰다. 발해·요·북송이 멸망할 때 고려에 넘어온 수많은 귀화민과 유민을 능동적으로 받아들여 경제를 진흥시켜 나갔다. 송상(宋商)의 무역도 별다른 제한 없이 허용했다. 송상이 활발하게 내왕한 시기는 고려가 자주성을 견지하고 진취적이며 실리를 중시하는 고려인들의 역량이 한껏 발휘된 시기였다고 할 수 있다. 송상의 고려에서의 왕성한 활동은 고려의 개방적인 성향과 자신감 그리고 충실한 경제력의 뒷받침에 의해 이루어졌다.

나. 송상의 고려 내항

송상(宋商)은 집단으로 고려에 와서 장기간 체류했다. 고려 여인과 결혼하여 가정을 꾸리고 현지 영업을 하는 송상도 많았다. 송상이 타고 다닌 무역선

---

95) 이 조약은 1165년 금이 송을 정벌하려다가 실패함으로써 개정된 바 있고, 또 1189년 송이 금을 정벌하려다 실패한 뒤 개정되었다. 송이 금에 바치는 세폐(歲幣)가 매년 금·견 각 30만냥이고 회수 이남의 땅을 금에 할양하는 것이었다. 이후 원(元)나라가 금을 멸망시킬 때까지 이 조약 체제는 지속되었다.

96) 『고려사』 권15, 세가, 인종 4년 4월 정미, 10월 무술.

은 당시 동아시아에서 가장 크고 우수한 선박이었다. 상인뿐만 아니라 양국의
관리·승려·유학생·여행객·귀화인 등 다양한 사람들이 이용했다. 송상의 왕
래를 통해 학문·종교·의술과 행·재정 제도 등 송의 선진문물이 고려에 유입
되었다. 또 송의 도시문화를 비롯한 대중문화도 고려에 전해졌다. 고려상인들
은 송상을 통해 세계의 교역 상황에 관한 지식과 정보를 얻고 보편적인 상업
윤리와 상술을 소개받거나 접할 수 있었다.

　고려와 송은 서해 바다를 사이에 두고 멀리 떨어져 있어 직접적인 충돌이
나 긴장 상황은 야기되지 않았다. 두 나라는 북쪽의 강력한 요·금을 견제해야
하는 공통의 목표를 위해 긴밀한 외교관계가 서로 필요했다. 하지만 요·금은
고려와 송이 가까워지는 것을 방해했고, 이로 인해 국교가 단절되기도 했다.
송상은 이러한 국제역학관계 속에서 고려와 송을 이어주는 중요한 연계 역할을
담당해 주었다.

　『고려사』에 등장하는 최초의 송상은 1012년(현종 3년) 10월 고려에 내항한
남초(南楚)사람 육세령(陸世寧)이다.[97] 육세령은 송상이라고 명시되지는 않았지
만 일행이 있었고 현종에게 토산물을 바쳤던 것을 봐서 송상임이 확실하다고
하겠다. 1012년은 고려에 외국인들이 많이 귀화해 온 해였다. 3월에 송의 왕복
(王福)·전화(錢華)·양태(楊太) 등이, 6월에 섭거전(葉居腆)·임덕(林德)·왕호(王
皓) 등이 귀화했다. 8월에는 일본인 반다(潘多) 등 35명이 귀화했다. 이들의 신
분과 직업은 기록이 없어 알 수가 없다. 하지만 관명(官名) 표시가 없어 관리는
아니되, 이름을 기재하고 있는 점으로 보아 하층민 역시 아닌 것이 분명하므
로, 그들 중 상당수는 상인일 확률이 높다.

　『고려사』에서 최초로 송상이라고 출신을 명확히 명시한 것은 1017년(현종
8) 7월 천주(泉州)에서 온 임인복(林仁福) 등 40명이다.[98] 마지막으로 고려에 온
송상은 마엽(馬曄)인데, 송이 멸망하기 1년 전인 1278년(충렬왕 4) 10월에 와서
토산물을 바치자, 충렬왕은 특별히 내정(內庭)에서 연회를 베풀어 주었다.[99] 그
러므로 『고려사』의 기록에 의하면 송상은 1012년 육세령이 처음 내왕한 이래

---

97) 『고려사』 권4, 세가, 현종 3년 10월 병오.
98) 『고려사』 권4, 세가, 현종 8년 7월 신축·임신, 10월 갑오.
99) 『고려사』 권28, 세가, 충렬왕 4년조.

1278년 마엽을 끝으로 266년 동안 왕래한 것이 된다.[100]

고려에 내왕한 송상은 대개 연 100명 미만이었다. 『고려사』에는 송상이 100명 이상 왔던 해가 9회로 기록되어 있다. 첫번째는 1019년으로 총 260명이 왔다. 7월에 천주 사람 진문궤(陳文軌) 등 100명, 복주(福州) 사람 우선(虞瑄) 등 100명, 10월에 양절(兩浙) 사람 망난(忘難) 등 60명이 내항한 것이다.[101] 이 해는 동년 2월에 강감찬이 소배압이 이끈 10만 거란 대군을 구주에서 대파하고 승리를 거두었는데, 아마도 송상들은 고려의 승리 소식을 듣고 왔을 것이다.

다음 1089년(선종 6)은 총 226명이 왔다. 양주(楊註) 등 40명, 서성(徐成) 등 59명, 양보(楊甫)와 양준(楊俊) 등 127명이다. 이 해에 북송시대 동안 송상이 가장 많이 왔는데, 동년 8월에 송은 명주에서 풍랑을 만나 좌초한 고려상인 이근보(李勤甫) 등 24명을 구해 송환시켜 주기도 했다.[102]

1148년(의종 2)은 총 344명이 왔다. 이 때부터 남송시대로 북송시대보다 상단의 규모가 년 300명 이상으로 대폭 커졌다.[103] 1년 동안 송상이 가장 많이 온 해는 1162년(의종 16년)이다. 2월에 후림(候林) 등 43명이 왔고 6월에 등성(鄧成) 등 47명, 서덕영(徐德榮) 등 89명, 오세전(吳世全) 등 142명이 왔다. 그리고 7월에 하부(河富) 등 43명이 내항하여 총 364명이 왔다.[104]

송상의 상단 중에서 인원수가 가장 많았던 상단은 1090년(선종 7) 서성(徐成)이 이끈 150명이고, 그 다음이 1038년(정종 4) 진량(陳亮)이 이끈 147명, 1162년(의종 16년) 오세전(吳世全)이 이끈 142명이다.

송상 중에는 고려에 단골로 오는 자가 다수 있었다. 4회 이상 내왕한 상인은 〈표 2-1〉에서 보듯이 곽만(郭滿)·임녕(林寧)·진성(陳誠)·서덕영(徐德榮) 등

---

100) 마엽은 원나라가 1276년에 남송 연해 지역을 점령하고 해외무역을 권장하였으므로, 실제로는 원 관할의 강남 상인이라고 보아야 할 것이다. 필자는 남송 멸망 시기 전에 내항한 송상의 기록이 없어 편이상 마엽을 송상으로 분류했다. 또 『고려사』는 1289년 원 간섭기에 내항한 강남상인 고개(顧愷), 육청(陸淸)도 송상으로 기록하고 있다.

101) 『고려사』 권4, 세가, 현종 10년 7월 기사.

102) 『고려사』 권10, 세가, 선종 6년 8월 경술. 이근보 등 24인은 고려인으로만 명시되어 신분이 불명확하나 명주에서 풍랑을 만나 좌초했고 명주가 고려 상선이 주로 이용한 무역항이므로 고려상인이라고 본다.

103) 『고려사』 권18, 세가, 의종 2년 8월, 12월조. 1149년(의종 3)에 327명이 왔고, 1151년에 339명이 왔다.

104) 『고려사』 권18, 세가, 의종 16년 2월, 6월, 7월조.

성 명	횟수	연도 및 상단 규모	비 고
이문통(李文通)	2	1026년(3명), 1027년(?)	
진량(陳諒)	2	1036년(67명), 1038년(147명)	
황조(黃助)	2	1504년(48명), 1060년(36명)	
황문경(黃文景)	3	1058년(?), 1059년(3명 억류), 1063년(?)	
임령(林寧)	4	1063년(?), 1064년(?), 1068년(?), 1075년(35명)	
서성(徐成)	2	1089년(59명), 1090년(150명)	
홍보(洪輔)	2	1096년(30명), 1098년(30명)	
진성(陳誠)	4	1147년(84명), 1148년(330명), 1149년(87명), 1151년(97명)	황붕과 1147년 동행
황붕(黃鵬)	2	1147년(84명), 1152년(19명)	
임대유(林大有)	2	1148년(330명), 1151명(99명)	진성과 1148년 동행
서덕영(徐德榮)	5	1149년(105명), 1151년(67명), 1162년(89명), 1163년(?), 1173년(?)	
곽만(郭滿)	5	1057년(33명), 1061년(?), 1063년(?), 1065년(?), 1077년(33명)	

표 2-1 | 고려에 2회 이상 내왕한 송상

자료: 『고려사』 「세가」편.

4명이다. 2회 이상 내왕한 송상은 진량(陳諒)·황조(黃助)·서성(徐成) 등 12명이
나 된다. 가장 자주 온 송상은 5회 내왕한 서덕영과 곽만이다. 이들 이름 있는
송상들은 상단의 우두머리 도강(都綱)들이고 일반 상인들 중에는 2회 이상 계
속 내왕한 자가 더 많았을 것이다.

　　여기서 송도강에 대해 알아볼 필요가 있다. 『고려사』에는 송나라 상인이
송상(宋商), 강수(綱首), 송도강(宋都綱)으로 기록되어 있어 읽다보면 헷갈리게
된다. 무슨 차이가 있을까? 우선 강수라는 이름은 송나라 시박사에서 외국에
다니는 무역상을 부르는 호칭이다. 따라서 송상과 강수는 동격의 송나라 상인

이 된다. 다음 송도강은 선주이며 운송업자로 본다.[105] 그러므로 고려에 온 송
도강은 일반 송상을 이끄는 우두머리 무역상이면서 선주로서의 운송업자였다고
할 수 있다.

그렇다면 고려에 온 송상의 전체 인원은 얼마쯤 될까? 지금까지 학계에서
는 대개 고려 현종 3년(1012)부터 충렬왕 4년(1278)까지 266년 동안 약 127회
5,000여 명이 내항한 것으로 추산하고 있다.[106]

그러나 실제는 이보다 훨씬 많은 6,000여 명이 훨씬 넘는 것으로 추정된다.
『고려사』의 기록을 살펴보면 인원수가 명시된 내항 사례의 1회 평균 인원이 약
48명인데, 내항 횟수가 127회이면 총 인원은 6,096명이 된다. 따라서 기록되지
않은 경우까지를 감안하면 6천명을 훨씬 상회하는 것으로 추산해도 무리가 없
을 것이다.

한편 『고려사』에 의해 고려에 내항한 송상인단의 사례를 142건으로 보고,
확인 가능한 수만 따져도 4,976명이며, 미상인 것까지 추산하면 7,200명이 넘는
방대한 숫자가 된다는 견해도 있다.[107] 따라서 고려와 송을 왕래한 송상의 전
체규모에 대해 엄밀한 통계를 잡을 수는 없고, 다만 『고려사』의 기록에 의할
경우 최소한 6,000명은 상회한다고 할 수 있겠다.

고려에 내항한 송상의 인원 추정에 도움이 되는 몇 가지 사례가 있다.
1055년(문종 9) 2월 한식(寒食)날에 고려 정부는 송상 섭덕총(葉德寵) 등 89명을
오빈관(娛賓館), 황증(黃蒸) 등 105명을 영빈관(迎賓館), 황조(黃助) 등 48명을 청
하관(淸河館)에서 그리고 탐라국 수령 고관(高灌) 등 150명을 조종관(朝宗館)에서
각각 음식을 대접했다.[108] 한식날 음식 대접을 받은 송상은 총 240명이다. 그
런데 송상 중에서 황조(黃助) 등 48명은 6개월 전 1054년(문종 8) 9월에 내항한
사실을 기록으로 확인할 수 있으나, 섭덕총과 황증 일행 192명은 1055년 한식

---

105) 김영제, 「고려사에 보이는 송상과 송도강 - 특히 송도강의 성격 해명을 중심으로」, 『전
    북사학』, 2011. p.336.
106) 학계에서 고려에 내항한 송상의 총인원 추정은 1937년에 김상기가 제시한 5,000여 명을
    적용하고 있는 것 같다.(김상기, 「려·송 무역고」, 『진단학보』 7호, 1937, pp.36~41)
107) 박옥걸, 「高麗來航 宋商人과 麗宋의 貿易政策」, 『大東文化研究』 32집, 1997, pp.36~42.
    박옥걸은 전체 상인단을 142개로 보고 1개 상인단의 규모를 35명 정도로 보고 산출했다.
108) 『고려사』 권7, 세가, 문종 9년 2월 무신.

날 이전에 내항한 기록이 없다. 다만 황증은 1056년(문종 10) 11월에 상인 29명을, 섭덕총은 1057년(문종 11) 8월에 상인 25명을 이끌고 내항한 것으로 기록되어 있어, 그들은 한식날 이후 송으로 돌아갔다가 다시 온 것으로 보인다. 따라서 섭덕총과 황증이 1055년 2월 이전에 내항한 사실이 『고려사』의 기록에서 누락되었음을 확인할 수 있다.

한편 대각국사 의천(義天)은 1084년(선종 2) 4월에 송상 임령(林寧)의 상선을 타고 송나라로 갔다.[109] 그러나 『고려사』에는 1075년 이래로 임령의 내항 기록이 없다. 그러므로 임령이 1075년에 4회째 내왕한 이래 10여 년 동안 계속 고려에 체류하고 있었거나, 아니면 그가 내항한 사실이 모두 기록되지 않고 누락된 것이다. 또 『대각국사문집(大覺國師文集)』에는 『고려사』에 보이지 않는 송상 도강(都綱)이 다수 등장한다. 홍보(洪保), 이원적(李元積) 도강과 서도강(徐都綱), 곽도강(郭都綱) 등인데,[110] 서도강은 서덕영을 지칭하고 곽도강은 곽만일 수도 있겠다.

송상의 규모 추정에 있어 중국 측의 자료로 송나라 신종(神宗) 대의 기록이 결정적인 참고가 된다. 『속자치통감장편(續資治通鑑長編)』에 수록된 요지는 다음과 같다.

> "고려를 왕래하는 상인으로 재본(財本)이 5천민(緡) 이상인 자를 뽑아서 명주(明州)에 그 성명을 기록하였다. 해마다 2척으로 교역하려 가되, 금지품목을 정해 지키고, 그 다음해 즉시 돌아오게 하였다. 허가 없이 배를 낸 자들은 도판법(盜販法)에 의거하게 하였다. 이에 앞서 사사로이 고려에 판매하지 못하게 했으나, 그 일을 막을 수 없었으므로 다시 이 법을 세웠다."[111]

이 기사는 명주에서 고려를 왕래하는 상인이 많아 이를 통제하기 어렵게 되자, 자본이 5천민 이상인 자는 관청에 등록하게 하고, 해마다 2척을 발하여 고려에 가서 교역하고 다음해에 즉시 돌아오게 하였다. 고려와 무역하도록 정식 허가를 내어 준 것이다. 이 무역선 2척은 송나라의 일방적인 결정이 아니고, 고려와 합의한 결과일 것으로 보아야 한다. 아니면 고려에서 더 많은 무역선의 내

---

109) 『고려사』 권10, 세가, 선종 2년 4월 경오.
110) 이진한, 「고려시대 송상무역의 재조명」, 『역사교육』 104집, 2007, pp.49~80.
111) 『속자치통감장편(續資治通鑑長編)』 권296, 신종 원 2년 춘정월 병자.

항을 원했으나 송이 2척으로 제한한 것으로도 볼 수는 있고, 반대로 송이 많이 보내려 했으나 고려가 반대하여 2척으로 제한한 것으로도 볼 수 있다.[112] 결과적으로 『속자치통감장편』의 매년 2척의 무역선 기사는 『고려사』의 송상 기록에 누락된 것이 더 많을 수 있다는 것을 알려준다.

이상의 사례는 송상의 내항을 『고려사』에 전하는 기록만을 토대로 하여 추산할 경우 오류를 범할 수 있음을 시사한다. 그리고 한식날 음식을 대접한 기록을 통해 송상은 평균 200명 이상이 고려에 체류하고 있었다고 추론할 수 있다.[113] 따라서 고려를 내왕한 송상의 규모에 대해서는 송상은 자료를 조사하면 할수록 더 많아지게 되므로 딱히 얼마라고 확실히 단정지어 말할 수는 없고, 대략 최소한 6,000명은 상회하고, 이에다가 사공과 잡역부 등을 합하면 고려에 내항한 송상 관련의 총 인원은 1만 명을 확실히 넘는다고 하겠다.

송상은 거의 대부분 7~8월의 서남 계절풍을 타고 왔고, 다음해 2~3월에 북풍을 이용하여 돌아갔다. 예외적으로 고려의 대축제인 팔관회에 참여하기 위하여 10월 또는 11월에 특별히 역풍을 무릅쓰고 내항하는 경우도 있었다. 팔관회에 송상이 처음 참여한 것은 1036년(정종 2)으로 송상과 동여진 및 탐라(耽羅)에서 각기 토산물을 바쳤다.[114] 이 송상은 아마도 동년 7월에 내항한 진량(陳諒)일 가능성이 높다.

송상이 7~8월에 와서 다음해 2~3월에 돌아간다면 그 사이 약 5~6개월 동안은 무엇을 하고 지냈을까? 또는 1년 이상 장기 체류하는 경우에는 어떠하였을까? 이들은 양국 간의 해상무역이 매년 상례화 되고 대규모로 행해지고 있는 상황에서 무역품의 판매와 매입에 종사하고 때로는 업무를 겸하여 여행도 했을 것이다.

1116년(예종 11) 4월 예종이 서경에 행차했다가 돌아오는 길에 절령역(岊嶺驛)에 이르렀을 때, 송상 도강(都綱) 양명(楊明)이 길에서 예종을 배알했다.[115]

112) 이진한, 앞의 논문, 2007, pp.61~79.
113) 당시 개경에는 화인(華人, 중국인) 수백명이 살고 있었다. 이들은 대부분 상선을 타고 와서 귀화한 사람들이다. 『송사(宋史)』「고려전」에는 그들은 거의 민인(閩人, 강남인)이라고 기록되어 있다.
114) 『고려사』 권6, 세가, 정종 2년 11월 기축.
115) 『고려사』 권13, 세가, 예종 11년 4월 정해.

양명이 언제 고려에 왔는지 또는 장기 체류 중인지의 여부는 기록이 없어 알
수 없다. 양명의 예를 통해 기록되지 않은 송상이 많았고 송상은 비교적 자유
롭게 국내 여행을 할 수 있도록 허용되었던 것을 알 수 있다.

　1113년(예종 8년) 2월, 왕궁의 남쪽과 북쪽에 화원(花園) 2개소가 설치되었
다. 이 때 화원에 심을 화초(花草)가 부족하여 내시들이 송상에게 거금을 주고
꽃을 사들였다.[116] 고려에 상주하며 꽃을 키우고 판매하는 송상이 있었던 것이
다. 1120년(예종 15년) 6월 송상 임청(林淸) 등이 왕에게 꽃나무를 바쳤는데,[117]
이 기록은 송상들이 고려에 장기간 거주하면서 꽃나무를 키우고 있었음을 확인
시켜 준다. 또 최이(崔怡) 집권 시절 물소 뿔을 사 가지고 온 송상들처럼 고려
여인과 결혼하여 가정을 꾸리고 생활한 자들도 있었다.[118] 이를 미루어 볼 때
송상들은 음식점 : 주점 · 다점 · 화원 등을 직접 경영하거나 이에 투자했을 것으
로 짐작된다.

　송상은 무역 외에도 외교문서를 전달하고 팔관회에 출연하는 등 외교사절
로서의 임무를 수행하기도 했다. 1120년(예종 15년) 7월 송나라가 사신으로 파
견하여 조서를 전달한 허립(許立)과 임대용(林大容)은 상인이었다. 이들은 사신
으로 내항하기 이전에 고려에 와서 시전 상인들과 함께 어울려 장사를 한 적이
있었다.[119] 또 다른 사례도 다수 있다. 1136년(인종 14년) 9월에 진서(陳舒)가 송
나라 공문을 가지고 왔고, 1138년(인종 16년) 3월에 오적(吳迪)이 명주에서 보낸
공문을 가지고 와서 송황제 휘종(徽宗)과 황후 정씨(鄭氏)가 금나라에서 사망한
사실을 알려주었다.[120] 또 1163년(의종 17년) 7월에 내항한 서덕영(徐德榮)은 송
황제의 비밀 지시를 받아 침향(沈香)을 담은 금은함(金銀函) 두 벌을 의종(毅宗)
에게 바쳤다.[121]

　『고려사』에 등장하는 서덕영은 고려상인을 대표하는 매우 중요한 인물이
다. 서덕영은 〈표 2-1〉에서 보듯이 1149년부터 1173년까지 24년 동안 고려에 5

116) 『고려사』 권13, 세가, 예종 8년 2월 경인.
117) 『고려사』 권13, 세가, 예종 15년 6월조 신묘.
118) 『고려사』 권129, 열전42, 최충헌, 최이전.
119) 『고려사』 권14, 세가, 예종 15년 7월, 임술.『동사강목』 제8상, 경자년 예종 15년 7월조.
120) 『고려사』 권16, 세가, 인종 14년 9월, 16년 3월 경자.
121) 『고려사』 권18, 세가, 의종 17년 7월 을사.

회 내항한 것으로 『고려사』에 기록되어 있다. 하지만 『송사(宋史)』는 서덕영을 1162년 3월 명주(明州)에 와서 본국 고려에서 송에 사신을 파견할 예정이라는 소식을 전한 고려상인의 우두머리 도강으로 명시하고 있다.[122] 따라서 『송사』 의 기록에 의하면 서덕영은 고려상인의 도강이 분명하고, 의종 16년(1162) 7월 에 서덕영이 송에서 내항했다는 『고려사』의 기록은 동년 3월에 송에 갔다가 송 상들과 함께 7월에 본국으로 귀국한 것을 잘못 기록한 것으로 보인다.[123] 또 1149년(인종 3)과 1151년(인종 5)에 고려에 내항한 서덕영도 두 번 모두 송상 도 강 구적(丘迪)과 함께 온 것으로 보아 고려상인들이 송상들과 함께 송 상선이나 고려 상선을 타고 어울려 다녔다고 볼 수 있다.

따라서 이 기록을 통해 생각할 것은 당시 려·송 교역을 종래처럼 꼭 송 상선과 송상들에 의해서 이루어졌다고 보아서는 안 된다는 것이다. 고려상인은 고려 상선이나 또는 송 상선을 이용하여 중국에 많이 진출한 것으로 보아야 한 다.[124] 그리고 서덕영의 사례는 『고려사』 편찬자들이 고려상인을 따로 구분하여 기록하지 않아 고려상인이 송상으로 잘못 기록한 기록상의 실수가 더러 있었던 것을 반증한다.[125]

한편 이와 관련하여 고려상인이 해외로 거의 나가지 않았다는 소극적인 평 가, 즉 성종대 이후 고려에서 해외로 나간 상인은 거의 보이지 않고, 예성항을 드나드는 배도 일정한 수였으므로 고려가 해외무역에 적극적이지 않았다는 식 의 견해는[126] 이제 지양되어야 한다. 고려는 동아시아 무역의 중심축이었고 고 려상인은 해외로 활발히 진출해 나갔다.

---

122) 『송사』 권487, 외국3, 고려조.
123) 홍희유, 『조선 상업사』, 백산자료원, 1989, p.123.
124) 김영제, 「「고려사」에 나타나는 송상과 송도강―特히 宋都綱의 性格 解明을 中心으로」, 『전북사학』 39호, 전북사학회, 2011, p.335.
125) 1173년(명종 3) 6월 송에서 고려에 파견한 것으로 기록된 서덕영은 송상 또는 도강이란 명칭이 없는 점으로 보아 무역업을 은퇴하고 송에 귀화 또는 현지에 영주하면서 고려와 송의 교역에 관여하고 있었을 것으로 추측된다.
126) 이진한, 「고려시대 송상 무역의 재조명」, 『역사교육』 제104집, 역사교육연구회, 2007, pp.49~50. 요 및 금과의 국경 무역에 대해서도 매우 소극적이었다고 본다. 하지만 필 자는 고려 초기 활발한 대외교역이 성종 이후 급격히 위축될 이유가 없고, 고려 한선의 출토와 중국 측의 고려선 기록이 발견되고 있어 고려의 대외무역을 적극적으로 평가하 는 것이 적합하다고 본다.

구분	선장(船長)	적재량	최대승선인원	톤수
대선	30장(약100m)	5000료(석)	500-600인	600톤
중선	10장(약30m)	1000-2000료(석)	200-300인	200톤 가량
소선	10장 이하	1000료(석) 이하	100여인	200톤 이하

표 2-2 송대 절강 · 절동 지방 해상 선박

자료: 김영제, 「려 · 송 교역의 항로와 선박」, 『역사학보』 204집, 역사학회, 2009, p.250.

송상들이 타고 다닌 상선은 크고 성능이 우수했다. 중국의 조선업은 수·당(隋·唐) 이래 발달하기 시작하여 송대에 이르러 해외 무역이 번창함으로써 획기적으로 발전했다.

송나라의 대외 무역선은 대선 · 중선 · 소선 등의 3종으로 구분되었다. 〈표 2-2〉에서 보듯이 대선(大船)은 길이가 약 100m로 600명의 인원과 5천석의 양곡을 실을 수 있었고, 중선(中船)은 길이가 약 30m로 2~3백 명의 인원과 2천석의 양곡을 실을 수 있었다.[127] 대선은 주로 아라비아 지방으로 취항했다. 고려에 내항한 상선은 대부분 중형선이었고 대형선은 특별한 경우에 내항했다.

다. 송의 무역진흥책과 시박사(市舶司)

송은 건국 이래 북서쪽의 요 · 서하와 분쟁이 끊이지 않아 국방비 지출이 매우 컸다. 요 · 서하의 침입을 막기 위해 서북 국경지대에 막대한 병력을 주둔시키고도 막상 전투에서는 수세에 몰려 결국 '전연의 맹약'과 '경력화약'을 맺고 요·서하에 매년 거액의 세폐(歲幣)를 지불해야만 했다. 따라서 송은 국방비와 세폐에 충당할 재원을 마련하기 위해 경제개혁의 필요성이 점증되었다.[128] 또 국방력의 약화로 인해 정부의 취약성이 노출되어 정치사회의 기강이 무너지고 부정부패와 비리가 만연해짐에 따라 개혁의 단행이 더욱 절실해져 갔다.

1068년 20세의 젊은 나이로 즉위한 신종(神宗)은 남쪽 출신 왕안석(王安石)을 재상으로 등용하고 개혁을 강력히 추진했다. 왕안석의 개혁은 국정 전반에

127) 이춘식, 『중국사서설』, 교보문고, 2000, p.273.
128) 이동윤, 「송대의 무역정책」, 『사학지』 16호, 단국사학회, 1982, p.498.

걸쳐 이루어졌다. 왕안석은 재정의 충실, 부국강병, 농민생활의 안정, 수공업 생산의 증가, 무역진흥, 도시 중소상인의 보호 등을 정책목표로 하여 새로운 법(新法)을 제정했다. 이를 왕안석의 변법개혁(變法改革)이라 한다. 송 정부는 이 때부터 왕안석을 중심으로 하여 개혁을 추진하려는 신법당(新法黨)과 이에 반대하는 구법당(舊法黨)으로 나뉘어 정쟁이 치열하게 벌어졌다.

왕안석의 개혁 중에서 부정부패의 근절과 무역진흥을 위한 정책은 매우 특기할 만하다. 먼저 왕안석은 관리의 부정부패를 방지하기 위하여 정부에서 채용한 모든 관리들의 봉록을 현금으로 지급하는 법령을 제정했다.[129] 당시 지방관리는 정규 봉급을 받지 못하여 수탈과 부정행위를 통해 생계를 유지하는 경우가 많았는데, 봉급을 현금으로 받도록 해 부정의 소지를 없앤 것이다. 명주·광주·항주 등 시박사에서 무역 업무에 종사하는 관리도 봉급을 현금으로 받았다.

왕안석은 정부 자금 1,000만 민전(緡錢)을 무역에 투자하는 등 무역진흥정책을 과감히 추진해 나갔다. 당시 1,000만 민전은 중앙정부 관리와 육군 봉급 년액을 합친 총액의 2배에 해당하는 엄청난 액수였다.[130] 그리고 무역을 장려하기 위해 관리가 무역에 공로를 세우면 급여를 많이 주고 승진시켰으며, 아울러 외국 상인을 특별히 보호하고 후대했다.[131] 이는 오늘날 현대 국가의 무역진흥 정책과 비교해도 전혀 손색이 없을 정도이다.

한편 왕안석은 송 초기부터 원칙으로 삼았던 동전(銅錢)의 해외반출(搬出) 금지령을 폐지하고,[132] 내국 상인뿐 아니라 외국 상인에게도 무역경영에 필요하다면 자유로이 동전을 해외에서 사용할 수 있게 했다. 일종의 자본 및 금융자유화 조치였다. 그 결과 아라비아 지역에까지 송 동전이 유통되었고 고려와 일본에도 대량 유입되었다. 일본은 송 동전을 일종의 상품으로 수입하여 일본 국내에

---

129) 이동윤, 앞의 논문, p.498. 송 정부는 1070년에 전국 지방관리에게 정상적으로 봉급을 지불하고 부정행위는 엄금한다고 선언했다. 명주·광주·항주 등 시박사에서 무역 업무에 종사하는 관리도 봉급을 받게 되었다. 우리나라는 고려는 물론 조선 말에 이르기까지 지방관리의 봉급을 지불하지 못했는데, 부패방지를 위해 지방관리까지 현금으로 월급을 지급했던 왕안석의 개혁은 시사하는 바가 매우 크다.

130) 이동윤, 앞의 논문, p.497. 강길중, 「송대 관세의 징수체계와 그 재정적 비중」, 『역사문화연구』 22집, 2005, pp.147~178.

131) 소문빈, 『중국의 전통적 상업경영술에 관한 연구』, 경기대학교 박사학위논문, 1995, p.135.

132) 『송사』 권180, 식화2, 전폐.

자국의 화폐로 유통시켰다. 현재 우리나라에서 고려 동전보다 송 동전이 더 많이 출토되고 있는데, 이는 송 동전이 대량 유입되어 유통된 것을 입증해 준다.[133)]

아라비아와의 무역은 당대(唐代)부터 고승의 인도 여행이 성행하면서 발달하여 왔다. 송대에는 초기부터 광주(黃州)·명주(明州)·항주(杭州)에 시박사(市舶司)를 설치하고 아라비아와의 해상무역을 장려함으로써 더욱 활발해졌다. 특히 아라비아가 12세기 초에 시작된 유럽의 십자군 원정(十字軍 遠征)에 대항하는 전비조달을 중국과의 무역에 크게 의존했기 때문에 아라비아 상인의 동방 진출이 대폭 증가했다. 결과적으로 세계정세가 중국 해상무역의 전성기를 만드는 기폭제로 작용한 것이다.

시박사에서 시박(市舶)은 장사하는 배를 말하고 시박사는 해상무역을 관할하던 관청을 뜻한다. 남송에서는 시박사가 천주(泉州)·온주(溫州)·명주(明州)·항주(杭州) 등에 추가되어 총 10곳의 항구에 개설되었다. 고려와 일본으로 가는 무역선은 명주시박사에서 허가를 받았다. 시박사는 관세의 징수, 무역품 판매 허가, 선박의 입출항 허가 따위의 사무를 처리했다.[134)]

송대(宋代) 상업의 근본적인 변화는 무엇보다도 도시상업의 발전에 기인한다고 할 수 있다. 송의 수도 개봉(開封)은 당의 수도 장안(長安)과는 달리 자유로운 개방 도시로 발전해 나갔다. 송 이전까지는 도시관리에 있어서 사람이 주거하는 곳과 물건을 사고파는 곳을 엄격하게 구분했지만 개봉에서는 주거 구역과 상업구역을 구분하는 제도를 없애 버렸다. 따라서 상인들은 일정한 상세를 납부하면 지역에 제한없이 상점을 열 수 있게 되었다.[135)] 상업구역에 주택을 지을 수 있고 주거구역에 상점을 열 수 있도록 한 조치는 결과적으로 가로를 따라 상점이 건립되도록 조장하여 도시에 상가거리가 형성되도록 했다. 그리고 특정한 시장구역의 철폐는 영업시간 제한 등 상거래에 관한 각종 규제를 완화하고 상인의 활동 범위를 대폭 확장시켜 주었다.[136)]

---

133) 정용범, 「고려시대 중국전 유통과 주전책-성종, 숙종 연간을 중심으로-」, 『지역과 역사』 4호, 1997, pp.103~112.

134) 이원근, 「중국 송대 해상무역관리기구로서의 시박사에 관한 연구」, 『해운물류연구』 44호, 2005, pp.171~175.

135) 박병석, 『중국상인문화』, 교문사, 2001, p.7.

136) 소문빈, 앞의 논문, pp.152~153.

또 송 정부는 지역 간의 물화 유통을 장려하고 상질서의 통일을 기하기 위한 목적으로 상업에 관련한 세금을 인하했다. 적은 물품의 거래에는 세금을 물리지 않고 세금을 물리더라도 정액세(定額稅)를 부과했다. 상인들은 이 조치를 환영했고 결과적으로 물가수준의 안정을 가져왔다.

송나라의 상업발전과 관련하여 사회의식의 변화와 혁신을 가져온 결정적인 전기(轉機)는 상인의 자손이 관리로 진출할 수 있게 된 것이다. 송 이전에는 상인의 자손은 원칙적으로 과거시험에 응시하여 고급관리가 될 수 없었다. 송 정부가 관리의 등용문을 개방한 것은 문민정치(文民政治)를 도입했기 때문이었다. 송 태조 조광윤(趙匡胤, 927~976)은 절도사(節度使) 출신으로 5대 10국 시대에 무인들의 횡포와 도발 그리고 이로 인해서 야기된 무정부 상태와 혼란을 직접 목격하였기 때문에 문민정치를 지향해 나갔다.[137] 그리고 정부에서 쓸 관료는 과거를 통해 충원했다. 중앙정부의 고위관리뿐 아니라 지방의 하급관리인 현의 주부(主簿)와 현위(縣尉) 등에 이르기까지 과거시험 합격자로 임용했다. 이를 위해서 과거응시자격을 크게 완화하여 일반인들도 독서 능력만 갖추고 있으면 과거를 거쳐 자신의 정치사회적 지위를 향상시킬 수 있게 했다.[138]

과거응시자격의 개방과 완화는 결과적으로 장기간 과거시험을 준비할 수 있는 부유한 농민이나 상인계층의 자제들에게 관리 진출의 기회로 작용했다.[139] 과거시험은 수험 준비, 책 구입 등 수년 간에 걸쳐 많은 비용이 들기 마련이므로 상인 집안은 이를 감당할 재력이 있었고, 또 관리가 되어서도 승진하기 위해 정부 및 고관에게 재물을 헌납하여야 하는 경우 부유한 상인이 보다 유리했다.

한편 봉급이 적은 하급관리는 봉급으로는 생활하기가 어려우므로 생활을 위해서 부업으로 상업을 영위할 수 있었다. 상인의 자손으로 관리가 된 자는

---

137) 이춘식, 앞의 책, pp.252~253.

138) 양종국, 「송대 독서인의 팽창과 사대부의 개념 변화에 대하여」, 『동양사학연구』 33호, 동양사학회, 1990, p.34.

139) 오늘날 공자(孔子, B.C. 552~479)의 유교 때문에 사농공상의 사민사상이 생겨났고 상인을 천시하여 과거시험도 못보게 했다는 등의 잘못된 상식은 이제 버려야 한다. 중국은 송나라 시대 때 이미 상인들에게 과거의 문을 개방했다. 반면에 우리나라는 956년(광종 7) 과거제를 실시한 이래 공식적으로 상인계층의 시험응시를 허용한 적이 없었다. 상인의 과거배제를 유교 때문이라고 치부할 것은 아니다.

관리가 된 뒤에도 계속 상업을 경영했고, 승진을 위해서 돈을 벌 필요가 있었으므로 더욱 상업경영에 힘을 쏟았다. 상인은 이미 신분상 천대받는 존재는 아니었고 상업은 출세하는 데 디딤돌 역할을 할 수 있는 유력한 직업이 되었다.

고려에 온 송상은 해상무역을 주도하는 중심 세력들 중의 하나였고, 상업환경을 쇄신하면서 상인의 사회적 진출을 이끌어가는 주도층이었다. 따라서 고려상인은 송상과의 접촉과 거래를 통해 송의 상업문물뿐 아니라 상인 출신의 과거응시와 관리진출 등 상인의 사회적 지위 향상에 관한 정보를 얻는 등 다방면으로 영향을 받았다.

라. 고려 · 송의 공무역과 사무역

고려는 송나라가 건축되자 신속하게 교역 상대를 송으로 바꾸었지만, 송과의 공무역(公貿易) 연계는 쉽지 않았다.

고려는 962년(광종 13) 이흥우(李興祐)를 송나라에 보내 토산물을 선사했다.[140] 송은 답례로 963년 12월 시찬(時贊)을 책명(冊命) 사절로 보냈으나 풍파를 만나 화물은 파도에 유실되고 90여 명이 바다에 빠져 죽었다.[141] 공무역은 이렇게 호된 신고식을 치르고도 오래 지속하지 못하고 단절되었다. 994년(성종 13) 거란의 침공을 받은 고려가 송에 군사 협력을 요청하자 송이 핑계를 대며 거절했기 때문이었다. 고려는 이를 괘씸하게 여기고 일방적으로 국교를 끊어버렸다. 국교를 연지 불과 32년만의 일이었다. 이후 1071년(문종 25)까지 75년 동안 양국 간에 외교가 단절되고 공무역 또한 중단되었다.

송상 육세령이 고려에 최초로 내항한 것은 1012년(현종 3)이다. 그러므로 국교가 단절된 994년부터 1012년까지의 16년 간은 기록상 교역한 사실이 없는 공백기이다. 또 송상은 1162년(의종 16)에 남송 이래 최대 규모인 364명이 대거 내항한 이후 내왕 기록이 거의 없다.[142] 그렇다면 려·송 간에 공식 사절이 끊긴 외교 공백기 동안 민간 사무역도 완전히 단절되었을까? 그리고 국교가 다시

---

140) 『고려사』 권2, 세가, 광종 13년조.

141) 『고려사』 권2, 세가, 광종 14년 12월조.

142) 『고려사』 권19, 세가, 명종 3년 6월 갑신. 1173년 서덕영(徐德英)이 내항한 이후부터 몽고의 고려 침공으로 사절을 상호 파견하기 어려웠다고 여겨지는 1231년(고종 18)까지 58년간은 사절을 파견할 수 있는 상황임에도 그에 관한 기록이 없다.

열렸을 때는 공무역만으로 수출입 수요를 충당할 수 있었을까?

려·송 간의 사절 파견은 962년부터 국교가 끊긴 994년까지 32년간은 고려 측 30회, 송측에서 10회 이루어졌다.[143] 1012년 국교가 재개된 뒤 1173년까지 152년 간은 고려측 42회, 송측 20회의 사절 파견이 있었다. 전체적으로 국교가 열린 182년간 고려측 60회, 송측 30회의 사절 파견이 이루어져 고려는 3년에 1 회, 송은 6년에 1회 사절을 파견한 셈이 된다.[144] 따라서 3~6년에 한번 꼴로 교류하는 외교사절을 통한 공무역은 한계가 있었다.

송이 중국을 통일하기 전 5대 10국시대는 자유무역시대였다. 송은 건국 후 자유무역의 기조 아래 무역진흥 정책을 꾸준히 추진했다. 반면 고려는 건국 초 기에 왕권의 취약으로 인해 효율적인 무역통제 시스템을 갖추지 못했다. 또 무 역 이익의 중앙집중화를 노렸으나 호족들의 독자적인 교역행위를 통제하고 규 제하기에는 역부족이었다.

광종(光宗)은 과거제도를 도입하고, 노비안검법(奴婢按檢法)을 시행하는 등 왕권을 강화하는 한편 호족들의 사무역을 억제하고 공무역을 신장시키려 노력 했다. 하지만 의도한 만큼 큰 성과를 얻지 못했다.[145] 공무역은 왕권이 확고해 지고 중앙집권체제가 틀을 잡은 성종대에 매우 활발해졌는데, 이 때에 이르러 호족들의 사무역이 공무역으로 전화되었을 것으로 추측된다. 이러한 사정은 최 승로(崔承老)가 성종에게 바친 시무책(時務策) 5조를 통해 확인할 수 있다.

> "다섯 째, 우리 태조는 큰 나라를 섬기는 일에 많은 관심을 보였습니다. 그러나 몇 해 에 한 번씩 사신을 보내서 예방할 뿐이었는데 지금은 비단 예방하는 사신뿐만 아니라, 또 무역을 위하여 보내는 사신들도 매우 많으니 중국에서 천하게 여기지 않을까 염려 됩니다. 또한 왕래하다가 파선되어 죽는 자도 많으니 청컨대 지금부터는 예방하는 사 신으로 하여금 무역을 겸행하게 하고 기타의 매매는 일체 금단(禁斷)하십시요."[146]

---

143) 박용운, 「고려·송 교빙의 목적과 사절에 대한 고찰(상)」, 『한국학보』 81호, pp.204~205. 박용운은 962~996년간은 제1기, 다음 북송시기를 제2기, 남송시기를 제3기로 나누어 계산했는데 필자는 제2기와 제3기를 편의상 묶었다.

144) 박용운, 앞의 논문, pp.115~132.

145) 이정신, 「고려시대의 상업」, 『국사관논총』 59집, 국사편찬위원회, 1994, p.110.

146) 『고려사』 권93, 열전6, 최승로전. 최승로가 성종에게 시무책을 올린 시기는 거란과는 국교가 없던 때이므로 그가 지목한 중국은 송을 지칭하는 것이다.

산동반도 봉래수성에서 발굴된 고려 무역선

최승로는 무역만을 목적으로 한 사신이 너무 많고 그에 따른 사무역이 성행하여 문제가 많다고 지적했다. 고려는 순수 무역목적의 통상사절단을 자주 파견했고 동행하는 상인들을 실질적으로 통제하지 않았다. 상인들도 사신의 눈치를 보지 않고 독자적으로 무역을 하고 있었다.[147]

외교사절을 수행한 사무역단 또는 무역목적의 사신단은 이른바 '귀족의 대리인인 상인단'으로 관리와 역관, 어용상인 그리고 수행원 등으로 구성되었다. 하지만, 상단이 타고다닌 무역선에는 민간 상인도 다수 끼여 있었다.[148] 특히 무역목적의 사신단은 해상호족의 그들 나름대로의 연고에 따른 사무역을 국가로 포섭하고 통합한 결과일 확률이 높다.

고려시대 대외교역의 양상을 두고 고려 전반기(10~12세기)는 공무역이 우세했고 후반기(13세기 이후 고려말)는 사무역이 우세한 것으로 구분하기도 한다.[149] 하지만 982년 최승로가 대외무역을 극력 반대한 것은 당시 성행했던 사무역의 실상을 반영한 것으로 볼 수 있다.

대외교역에 나선 고려상인의 활약상은 그에 관한 문헌기록이 매우 희소하여 그 전모를 알 수 없다. 그렇다고 고려상인과 고려 무역선에 대해 그 존재를 인식할 만한 직접적인 기록이 전혀 없는 것은 아니다. 1013년에 완성된 송나라 사료집 『책부원구(冊府元龜)』에는 고려 초기 934년 7월에 고려 상인 노흔(盧昕)

---

147) 이정신, 앞의 논문, pp.110~111.
148) 백남운 저, 하일식 역, 『조선봉건사회경제사』, 이론과 실천, 1993, p.355.
149) 홍희유, 앞의 책, p.105.

이 70여 명의 상단을 이끌고 후당의 등주에 진출하여 무역을 했고, 동년 10월에도 고려상인들이 천주에 진출하여 무역한 사실이 기록되어 있다. 또 『송사』는 전술한 바와 같이 서덕영(徐德榮)을 고려상인으로 분명히 적시하고 있고, 『고려사』에도 1079년 고려 상인 안광(安光)이 이끈 44명의 상단이 폭풍을 만나 일본에 표류한 사실이 기록되어 있다.

고려 무역선의 존재는 2005년 7월 산동반도 최북단 고대 항구였던 봉래수성(蓬萊水城) 해안 뻘층에서 발굴·인양된 평저형 고려 선박 2척이 확실히 증거해주고 있다. 이 선박은 14세기 중·후반 무렵에 침몰된 것으로 그 중 한 척은 현존 길이 17.1m, 선체 폭 6.2m이고 소나무로 건조되었다. 그리고 발굴 때 선창에서 고려청자 파편이 나왔다.[150]

한편 지금까지는 고려선의 존재에 대해서는 부정적인 견해가 우세한 형편이었다. 그것은 한반도의 목재가 무거워서 물에 잘 뜨지 않고 단단해서 건조하기도 힘이 든다는 이유이다. 물론 한반도의 목재가 중국 남방에서 나는 목재에 비해 썩 좋지 않은 것은 사실이다.[151] 그러나 한반도는 삼국시대 이전부터 한반도의 목재로 군선과 조운선을 건조해 운항해 왔고, 고려도 수용인원 70-80명, 적재용량 1,000-2,000석의 선박을 쉽게 건조하여 조운선으로 사용했다.[152]

황비창천(煌丕昌天)(공주박물관 소장)

따라서 934년 고려상인 노흔(盧昕)의 70여명 상단이 등주에 타고 간 배는 2,000석 규모의 고려선일 것으로 보인다.

고려선의 선단에 관한 중국 측의 또 다른 기록도 있다. 남송 강음군(江陰軍)에서 시박사 업무를 처리하는 조공(趙公)이란 사람이 업무를 사심 없이 처리하자, 처음에 한 척이 왔던 고려선박이 이듬해에 소문을 듣고 6-7척이나 왔다는 기록이다.[153] 그러기

150) 문화일보, 2006년 8월 28일, 지금까지 발굴된 우리나라 선박 중 최대 크기이다. 나머지 한 척은 훼손이 심해 배 밑바닥 길이 4.8m, 폭 1.96m만 남아 있다.
151) 김재근, 『한국선박사연구』, 서울대학교 출판부, 1984, p.132.
152) 김재근, 『속한국선박사연구』, 서울대학교 출판부, 1994, p.54.
153) 김영제, 「려송교역의 항로와 선박」, 『역사학보』 204집, 2009, p.259. 재인용.

왼쪽부터 고려산(山), 고려촌(村)-차광호 제공

에 '황비창천(煌丕昌天)'이라는 거친 바다를 항해하는 고려선이 주조된 동경(銅鏡)
이 만들어져 널리 사용된 것이다.

한편 『고려사』에는 10세기 초 왕건이 궁예 밑에 있을 때 견훤을 치기 위해 대
형 군선 10여척이 편성된 전함 100여 척을 건조하여 나주로 출정한 기록이 있다.

> "태조는 견훤의 서남해 지역을 경략하기 위해 전함 백여 척을 건조하였는데, 그 중 대
> 선 10여 척은 각각 사방이 16보다. 그 위에 누로(樓櫓)를 세웠고 말을 달릴만한 배를
> 건조하였고, 또한 군사 3,000명을 거느리고 나주로 향했다." [154]

왕건이 만든 이 대선은 길이가 16보로 96척(1보는 6척)에 달하고, 고려의 1
척은 32.21cm이므로 군선의 길이는 약 31m가 된다. [155] 그리고 갑판 위에 선실
과 지휘소로 사용하는 누(樓)를 세웠으므로 『무경절요(武經節要)』에 나오는 누선
(樓船)이라 부를 수 있겠다.

뿐만 아니라 고려는 1058년 국왕 문종이 탐라와 영암에서 목재를 장만하여
큰 배를 건조해서 무역에 나서자고 직접 제의한바 있다. [156] 문종이 대형 무역
선의 건조를 제의하고 나선 것은 선박 건조의 기술적인 문제는 전혀 없고, 배
후에 이를 지지하는 세력이 존재하는 것을 의미한다. 그러면 왜 신하들이 거란
을 핑계로 삼아 문종의 제의를 좌절시켰을까? 그 이유는 사무역이 성행한 고려

『혈재집(絜齋集)』 권17, 朝請大夫贈宣奉大夫趙公墓誌銘.
154) 『고려사』 권1, 세가 태조 조.
155) 곽유석, 『고려선의 구조와 조선기술』, 민속원, 2012, p.37.
156) 『고려사』 권8, 세가, 문종 12년 8월조.

에서 국가가 운영하는 국유 무역선의 등장을 싫어하는 신하들과 해상 세력의 반대가 강력했기 때문일 확률이 높다. 따라서 이것은 무역 이익을 놓고 임금 문종이 신하에게 판정패 했다고도 할 수 있다.

려·송 간의 교류는 북송(960~1126)전기에는 산동성 등주를 주로 이용했으나 1074년(문종 28) 이후 고려가 거란의 간섭을 피하기 위해 명주(明州, 오늘날 절강성 영파)를 이용할 것을 요청함으로써 명주를 주로 이용했다. 명주는 고려 사신단에 관한 업무를 전담하는 고려행아(高麗行衙)가 설치되고 사신의 접대 장소로 1078년에 항제정(航濟亭)이 건립되는 등 고려 무역선의 중심 항구였다.[157]

중국 현지 시장에서 현재 판매중인 고려채(菜)-차광호 제공

한편 명주를 둘러싼 절강성과 복건성 일대에는 고려촌, 고려사, 고려항, 고려두산(高麗頭山) 따위의 지명이 산재해 있다. 그리고 고려 임(林)씨라는 성씨와 고려채(高麗菜)라 불리는 채소 이름도 있다.[158] 이러한 사례는 고려와 송의 빈번한 왕래와 당시 재송 고려인이 신라방처럼 집단촌을 형성하며 살았던 사실을 반영한다 하겠다.

송의 주요 무역 대상국은 고려와 아라비아 그리고 자바·보르네오·베트남 등 남해제국이었다. 1162년 경 시박사의 관세수입 총액은 송 정부 전체 재정수입의 1/30에 해당하는 엄청난 규모였다.[159] 단일 국가로는 고려의 무역 비중이 가장 높았다고 할 수 있다. 남송 말기에 명주 시박사에서 입구세(入口稅)를 다른 외국 선박은 세율 1/15을 적용하여 징수했으나, 고려 선박은 특별히 1/19로 낮추어 징수했다. 이는 고려 선박의 왕래가 빈번하고 무역량이 많았기 때문에 특혜관세 조치를 취한 것으로 해석된다. 그리고 『송사』 「고려전」에 의하면 5,000면 이하의 소규모 화물은 불문에 부치고 검열을 하지 않고 통관시켰

---

157) 장동익, 「송대의 명주 지방지에 수록된 고려 관계 기사 연구」, 『역사교육논집』 22호, 역사교육학회, 1997, pp.2~5.

158) 차광호, 「고려와 중국 남동해안지역과의 해상교류를 통해 본 11세기 황해 해로 변경」, 『문명교류연구』 2호, 한국문명교류연구소, 2011, pp.113~120.

159) 이동윤, 앞의 논문, p.501.

고려 행아

는데, 이것은 당시 사무역과 밀무역이 매우 활발했던 사실을 입증시켜 주고 있
다. 또 송대에 편찬된 명주의 지방 역사서인 『건도사명도경(乾道四明圖經)』에는
고려상인의 교역품이 구체적으로 기록되어 있다.[160] 이들 교역품을 통해 고려는
민간 사무역이 매우 성행했고 고려 무역선이 연근해를 마음대로 누비고 다녔음
을 알 수 있다.

송은 관세 수입을 올리기 위해 해외무역에 대해 일정한 통제를 가했다. 송
상선이 외국으로 나갈 때 선박명·화물 내용·목적지 등을 시박사에 신고하도
록 하고 시박사에서는 공빙(公憑)이란 출항 허가서를 발급하여 합법적으로 나가
도록 했다.[161] 그러므로 『고려사』에 등장하는 송상들은 공빙을 휴대한 상인이
었다.

고려가 외국에 나가는 고려 상인에게 송처럼 공빙을 발급하여 주었는지 혹
은 명주 시박사에서 고려 상선의 공빙 소지 여부를 따졌는지는 알 수가 없다.
다만, 명주 시박사는 고려상인이 오면 입구세를 받고 전매 기관인 각무원(権貿
院)에서 먼저 전매를 한 후에 남은 물건은 일반 상인들과 교역하도록 조치했다.
난파선(難破船)이나 밀무역선(密貿易船)도 시박사는 수입 증대를 꾀하기 위해 각
무원을 통해서 전매하고 교역하도록 조치했을 것이다.[162]

---

160) 장동익, 앞의 논문, pp.6~21.
161) 김신, 「한국 무역체계의 시대적 고찰」, 『사회과학논총』 9호, 경희대학교 사회과학대학,
      1991, pp.80~81.
162) 김신, 앞의 논문, p.81.

『고려사』에는 중국에 표류했다가 되돌아 온 모두 12차례 140여 명의 표류 사례가 기록되어 있다. 중국의 『속자치통감장편(續自治通鑑長編)』, 『개경사명속지(開慶四明續志)』 등에도 고려인의 표류 사실이 다수 기록되어 있다. 이들 표류자들은 대부분 명주 부근에서 표류했고 명주를 통해서 귀국했다. 고려 선박이 명주 지방에서 자주 표류하자, 명주 시박사는 조난 당한 고려인을 특별히 우대해 주라는 송 정부의 지시를 받고 있었다.[163] 이는 명주에 고려인의 내왕이 많았고 려·송 간에 교역이 우호적이며 호혜적으로 이루어진 증거라고 할 수 있다. 한편 고려에 내항한 송상들도 폭풍을 만나 표류한 경우가 분명히 많이 있었겠지만, 이에 대한 구체적인 기록은 아직 밝혀지지 않고 있다.

고려는 부상(富商)뿐 아니라 권세 있는 자들과 토호들도 직접 사무역에 참여하거나 투자를 하는 등 적극 가담했다.[164] 다만 고려초에 비해 요·금 건국후 이들의 눈치를 살펴야 하는 국제정세와 송 정부의 적극적인 지원을 받는 송상과의 경쟁으로 인해 고려 민간 상인의 활동은 다소 위축되어 갔다.

마. 국제 무역항 벽란도

고려의 국제 무역항은 개경에서 30리 떨어져 있는 예성강 벽란도(碧瀾島)였다. 중국에서 사신이 오면 강 언덕에 있는 벽란정(碧瀾亭)에서 숙박했고 돌아갈

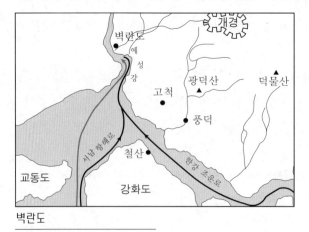
벽란도

때도 마찬가지였다. 벽란정은 좌우로 나뉘어져 있었다. 서쪽 벽란정은 외교 조서를 봉안하는 곳이고, 동쪽 벽란정에서 정사(正使)와 부사(副使)를 접대했다.[165] 수행원들 역시 동쪽 벽란정에 거처했는데, 많을 때는 수백 명을 헤아렸으므로 벽

---

163) 신채식, 「10~13세기 동아시아 문화교류」, 『중국과 동아시아 세계』, 국학자료원, 1997, pp.81~84.
164) 『고려사』 권118, 열전31, 조준전.
165) 『선화봉사고려도경』 권27, 관사, 벽란정.

란정은 그 규모가 상당했을 것으로 추측된다.

송 사신들의 접대는 예빈성(禮賓省)에서 담당했고 개경의 숙소는 순천관(順天館)이었다. 그런데 사신과 달리 일반 송상의 숙소는 어디였을까? 1055년(문종 9) 2월 한식날, 송상 240명의 음식 대접을 오빈관·영빈관·청하관에서 베풀었는데, 아마도 이 곳이 송상의 숙소겸 상관(商館)이였을 것이다. 송상들이 예성항에 도착했을 때 또는 출항 전에 벽란정을 이용했는지는 알 수가 없다. 송 정부의 공빙을 가져오거나 사신의 임무를 띤 송상들은 벽란정을 이용했을 것으로 짐작된다. 송의 공식사절단은 평균 6년에 1회 꼴로 왔으므로, 사절단의 방문이 없는 동안 벽란정을 계속 비워두지 않았을 것이기 때문이다. 일반 상인들은 민간 숙박업소에서 유숙했을 것이다.

예성항이 한창 번성할 당시 벽란도와 개경을 잇는 30리 도로 주변은 상업지대가 형성되어 있었다. 도로는 잘 닦여져 있었고 말 탄 상인들의 왕래와 물화를 나르는 수레들로 인해 거리는 항상 붐볐다. 또 도로는 민가가 처마를 맞대고 연결되어 있어 처마 밑을 따라 걸으면 비 한방울 맞지 않는다고 할 정도로 번창했다. 아마도 도로변의 민가는 대부분 상점·음식점·휴게소·숙박업소 등 상업시설이거나 일반 주택이었을 것이다. 이와 같은 벽란도-개경의 30리 상업거리는 당시 개경과 예성항에서 민간 상공업이 얼마나 활기차게 발전하고 있었는가를 명백히 보여 주고 있다.[166]

벽란도 예성항은 대단히 번화한 항구 도시였다. 대형 무역선을 비롯하여 크고 작은 전국의 상선들이 모여들고 흩어져 가는 선상(船商)의 중심지로서 여관·술집·음식점 등이 즐비했고 도시는 흥청거렸다. 『동국여지승람(東國輿地勝覽)』에는 수많은 상선들이 드나드는 예성강을 보고 어떤 시인이 읊은 시가 수록되어 있다.

"남쪽배, 북쪽배 멀리서
모여들어 교역하누나.

뱃사공들 등불 돋우고
북 울려 흥겨워하기에 알아보니

---

166) 홍희유, 앞의 책, pp.77~78.

동쪽, 남쪽 장사배더라."[167]

또 고려시대 대표적인 문장가 이규보(李奎報, 1168~1241)는 예성강의 누각 (樓閣)에서 수많은 배들이 꼬리를 물고 떠다니는 벽란도 예성항의 풍경을 다음 과 같이 읊었다.

예성강 누상(樓上)에서 조수(潮水)를 본다

조수는 밀려갔다 다시 밀려가고	潮來復潮去
오가는 뱃머리 서로 잇대었도다.	來船去舶首尾衛相運
아침에 이 누(예성강루) 밑을 떠나면	朝發此樓底
한낮이 못되어 남만에 이르도다.[168]	未午橾入南蠻天

예성항은 수많은 상인들과 여행객들의 애환이 얽히고 서려 있었다. 고려 중후기에 '예성강(禮成江)'이라는 노래가 유행했었다. 가사는 전하여지지 않고 노래가 만들어진 사연만 『고려사』에 기록되어 있다.

예성강(禮成江)

옛날에 하(賀)씨 성을 가진 중국 상인(唐商) 우두머리가 있었다. 그래서 하두강(賀頭鋼) 이라고 불렸는데 바둑을 잘 두었다. 일찍이 예성강에 이르렀을 때 한 아름다운 부인을 만났다. 그래서 바둑으로 도박을 걸고자 그 부인의 남편과 돈내기 바둑을 시작했다. 그런데 거짓으로 바둑을 지고 다시 두 곱을 걸었다. 그 남편은 (돈 욕심에) 입맛을 붙이고 자기 처를 걸었다. 하두강은 단번에 바둑을 이기고 그의 처를 배에 싣고 갔다. 그래서 그 남편이 후회하고 한탄하면서 이 노래를 지었다 한다.

세상에 전하기를 그 부인이 갈 때 옷매무새를 심히 견고하게 하였으므로 하두강이 그 부인의 (옷을 벗기고) 몸을 건드리려다가 뜻을 이루지 못하고 바다로 들어섰을 무렵에 뱃머리가 돌고 가지 않았다. 그래서 점을 치니 '정절 있는 부인이 신명을 감동시킨 탓이라. 그 부인을 돌려보내지 않으면 반드시 파선되리라'는 점사(占辭)가 나왔다. 뱃사람들이 두려워서 하두강에게 권고하여 부인을 돌려보냈다. 그래서 그 부인이 역시 노래를 지었는바 그것이 바로 후편이라고 한다.[169]

167) 『동국여지승람』 권4, 개성 산천조.
168) 『동국이상국집』 16권, 고율시. 『국역동국이상국집』 3권, p.38.
169) 『고려사』 권71, 지25, 악2, 속악, 예성강.

'예성강' 노래 사연에서 송상들과 예성항의 뱃사람들이 이 노래를 부르면서 술 마시고 흥을 돋우는 항구의 풍경이 떠오르는 듯하다.

예성항에 외국 상선이 입항했을 때 배를 정박하는 곳이 구체적으로 어디였는지는 아직 밝혀지지 않고 있다. 송 사신 서긍 일행은 대형 선박 신주(神舟) 2척, 중형 선박 객주(客舟) 6척 등 8척의 배에 200여 명이 타고 왔었다.[170] 이들 선박은 배밑이 뾰족한 첨저선이었을 것이므로 강 언덕을 이용한 별도의 부두시설에 정박했을 것으로 보인다.

반면 일반 조운선이나 소형 상선과 어선은 평저선이어서 조수를 이용하여 강 백사장에 배를 대었을 것이다. 이규보가 천우참군(千牛參軍)으로 재직할 때 조운선을 검사하면서 지은 '예성강에서'라는 시를 통해서 조운선이 예성강 백사장에 정박하고 있는 광경을 상상해 볼 수 있다.

예성강(禮成江)에서

죽림이 둘린 맑은 강에서 조선(漕船)을 조사하니	竹纏淸江課漕船
백사장 가에서 사공들 굽실거리네,	篙工羅拜白沙邊
수군들 뒤를 옹위(擁衛)하여 화각(畫角) 소리 요란하니	海軍擁後猶吹角
놀란 갈매기떼 가까이 오지 못하는구나.	鷗鷺驚飛不自前
해오라기 날 때 시 읊는 운치 상쾌하고	江鷺飛時吟正快
조수 들어오자 말소리도 웅장하구나.	海潮來語遼雄
우연히 강호의 풍경 그려내니	偶然傳寫江湖量
근래에 글짓는 공부 늘었는가봐.[171]	錯認年狀物工

송 사신이 탄 배가 벽란도에 도착하면 징을 울리고 북을 치며 환영식을 성대히 열었다.[172] 아라비아 등 기타 외국 상선들이 입·출항 할 때도 환영 행사와 환송 행사가 열렸을 것이다.

아라비아 상인들의 고려 내항은 11세기에 단 세 차례 『고려사』에 기록되어 있을 뿐이다. 1024년(현종 15) 9월에 열라자(悅羅慈) 등 대식국 상인 100명이 와

---

170) 최영호, 「고려시대 송나라해상무역 상인의 활동 시기와 양상」, 『인간과 문화연구』 16집, 동의대 인문사회연구소 2010, pp.231~260.

171) 『동국이상국집』 13권, 고율시. 『국역동국이상국집』 2권, pp.227~228.

172) 『선화봉사고려도경』 권27, 관사, 벽란정.

서 토산물을 바쳤고, 그 이듬해 1025년(현종 16) 9월에 만하(蠻夏)·선라자(詵羅慈) 등 100명이 와서 특산물을 바쳤다. 또 1040년(정종 6) 11월에 보나개(保那盖)가 와서 수은·용치(龍齒)·점성향·몰약·대소목(大蘇木) 따위를 바쳤다.

대식국(大食國)은 오늘날 이란(당시 페르시아 또는 사라센)으로 대식국 상인들은 송에 무역하러 내항했다가 고려까지 온 것이다. 고려와 대식국간의 직접적인 교역은 크게 전개되지 못하였지만, 송에서의 중계무역을 통해 고려 상품이 많이 수출되었다. 오늘날 우리나라를 지칭하는 코리아(korea) 명칭은 아라비아 상인들로 인해 고려가 세계에 알려지면서 불리어지게 되었다. 코리아는 결코 우연에 의해 얻어진 이름이 아니다. 세계로 뻗어나간 고려의 적극적인 해외 진출과 대외무역으로 인해 얻어진 결실이다.

고려인들은 외국 배를 친절히 맞이했고 외국인을 두려워하거나 어려워하지 않았다. 기회가 닿으면 무엇이든지 내놓고 그들과 거래하기를 좋아했다. 그것은 먼바다 가운데 외딴섬에 사는 사람들도 마찬가지였다. 다음은 『고려도경』에 실린 고려인들이 중국 선박에 샘물을 파는 이야기이다.

> "바닷물은 맛이 심히 짜고 써서 입에 댈 수 없다. 무릇 선박이 큰 바다를 건너가려고 하면 반드시 물독(水櫝)을 마련하여 샘물을 많이 비축해서 식음에 대비한다. …… 중국 사람들이 서쪽에서부터 큰 바다를 횡단하고 오느라 이미 여러 날이 되었으므로, 고려인은 중국인의 샘물이 반드시 다 없어졌으리라 짐작하고서, 큰 독에다 물을 싣고 배를 저어와서 맞이하는데, 각각 차와 쌀로 갚아 준다"[173]

고려인들은 중국 배가 나타나면 배를 저어가 반갑게 맞이하며 독에 실어온 샘물을 차와 쌀로 바꾸었다. 아마도 장기간 항해에 시달린 승객과 선원이 반길 수 있는 신선한 채소, 물고기, 과일 따위를 가져가 팔지 않았을까? 외국 배에 샘물을 팔아 이득을 얻으려는 진취적인 행동을 통해 상업을 가까이한 고려인의 모습을 엿볼 수 있음은 다행이다.[174]

---

173) 『선화봉사고려도경』 권33, 주즙(舟楫), 공수. 『국역 고려도경』, p.187.

174) 18세기 말 외국과의 통상을 역설한 실학자 초정(楚亭) 박제가(朴齊家, 1750~1805)는 『북학의(北學議)』에서 '조선 4백년 동안 외국의 배와는 한 척도 통상이 없었고, 무릇 아이들은 외국 사람만 보면 부끄러워하고 말을 머뭇거리며 울고 불고 하는데 본성은 아니다. 이상한 것을 처음보기 때문에 심히 괴이했을 뿐이다. 때문에 우리나라 사람은 쉽게

　　송 상선에 대한 예성항의 통관검사는 상당히 까다로웠다. 승객의 신원 확인은 물론 수출입 화물의 선적과 하역을 일일이 감시했고 법령을 위반할 경우 추궁하고 제제를 가했다. 12세기 초 최충헌이 정권을 잡고 있을 때, 감검어사 (監檢御使) 안완(安琓)이 송상의 화물을 과도하게 검사하여 물의가 일어나자, 최충헌이 그를 파면시켰다.

> "1205년(희종원년) 8월, 송나라 상선(商船)이 예성강(禮成江)을 출발하려 할 때에 감검어사(監檢御使) 안완(安琓)이 돌아다니면서 실어 내는 물품들을 감시하다가 금지령을 범한 송상 몇 명을 발견하여 매를 혹독하게 쳤다. 충헌이 이 말을 듣고 완을 파면시키는 동시에 어사를 옳게 뽑고 파견하지 못한 것을 논죄(論罪)하여 시어(侍御) 박득문(朴得文)을 파면시켰다."[175]

　　이처럼 송상들이 매입한 물품을 선박에 선적할 때 감검어사가 반출 검사를 했다. 이 때 반출금지물품이 있으면 압수하고 경우에 따라서는 신체의 제재도 가했다. 그런데 반출금지물품이 있었다면 반입금지물품 또한 존재했을 것이고 이 역시 검사 대상이었을 것이다.

　　최충헌이 안완과 박득문을 파면시킨 진정한 이유가 무엇일까? 이에 대해 무가정권(武家政權) 시대에 무신들이 상업에 참여하고 상인들과 결탁하여 밀무역을 벌인 것에 그 원인을 두기도 한다.[176] 상인들은 무신 권력자와 밀착해서 무역금지 품목인 신라능단(新羅綾緞) 등 사치품을 밀무역 했고, 최충헌 역시 밀무역하는 상인들을 보호해 주고 반대 급부를 받았는데, 안완이 이를 봐주지 않고 적발하여 매질까지 했기 때문에 파면시켰다는 것이다. 그러나 당시 정권을

두려움을 타고 의심이 많고 기풍이 흐리멍텅하며, 식견이 열리지 않음은 참으로 이 까닭이다' 라고 했다.(박제가, 『북학의』 외편, 통강남절강상박의(通江南浙江商舶議))

　　19세기 초 동인도 회사 직원 영국인 B.홀(Basil Hall)은 서해 5도 등을 측량하고 해도를 작성했다. 이 때 체험한 풍물을 기록한 『조선 서해 탐사기(Account of a Voyage of Discovery to the West Coast of Corea)』에서 그가 탄 범선 리라(Lyra)호가 서해 5도에 정박하니까, 섬사람들은 여자와 아이들은 숨겨 놓고 불안해하며 배가 떠나가기만을 바랐으며 물물교환도 필요 없고 외국의 진귀한 물건도 못 본체 했다고 한다.(B.홀(Hall) 저, 신복룡·정성자 역, 『조선서해탐사기』, 집문당, 1999, pp.15~18) 외국인을 대하는 섬사람들의 상반된 행동을 통해 쇄국으로 일관한 조선시대와 해양을 경영한 고려시대가 대비된다.

175) 『고려사』 권21, 세가, 희종 원년 8월조.

176) 김삼현, 「고려후기의 상업의 변화」, 『명지사론』 8호, 명지사학회, 1997, pp.167~169.

잡은 최충헌은 왕을 능가하는 최고 권력자였고 관영무역선(官營貿易船)을 운항하
게 하거나 금지품목 자체를 규정할 수 있는 정책결정자였으므로, 수출품 금지
령을 어긴 송상들과 뒷거래를 맺고 그들의 편을 들어 완안과 박득문을 파면까
지 시킨 것으로는 보기 어렵다. 또 예성항에서 해당 관리로부터 공식 물품검사
를 받는 송상을 밀무역 상인으로 의심할 하등의 이유도 없다.

안완은 감검어사이므로 입출항 물품의 감시와 검열은 그의 당연한 직무이
다. 결국 안완의 파면사유는 금지령을 위반한 송상에 대해 처벌규정을 따르지
않고 자의적으로 매질을 심하게 한 것이 주된 사유일 확률이 높다. 안완의 가
혹한 매질에 송상들이 집단적으로 들고 일어나 진정서를 제출하고 거세게 항의
하는 등 물의가 일어나자, 최충헌이 서둘러 문제를 일으킨 안완은 물론 감독
책임을 물어 박득문까지 파면시켜 사건을 무마한 것이다.

안완에 관한 『고려사』의 기록은 1162년(의종16) 이래 송상의 내왕 기록이
거의 없다가 43년의 세월이 지난 뒤에 나타난 것이다. 안완에게 매를 맞은 송
상들도 기록이 없어 언제 입국했는지 알 수 없다. 따라서 안완의 예는 송상은
기록에 누락되어 있을 뿐이지 지속적으로 고려에 내왕했던 사실을 분명히 확인
시켜 주고 있다. 또 상선의 출입통제와 수출입품의 검사를 통해 송의 명주 시
박사에서 징수한 입구세(入口稅)와 유사한 관세를 예성항에서 징수했을 것으로
추측 가능하게 한다.

송에서도 고려에 대한 수출금지 품목이 있었다. 예를 들면 『고려사』에 기록
된 물소 뿔이 그것이다.

"1229년(고종16년), 전에 나라에서 송(宋)나라 상인에게 포목을 주고 물소(水牛) 뿔을
사오게 했다. 그런데 그 상인이 채단(綵段)을 사 가지고 왔으므로 나라에서 왜 위약했
는가?라고 문책했다. 송나라 상인은 '우리나라에서는 너희 나라가 물소 뿔을 구해서
활을 만든다는 소문을 듣고 칙명으로 매매를 금해서 못사왔다'라고 했다. 최이가 송상
의 우두머리인 도강(都綱) 등의 처를 가두고 사 가져 온 채단을 가져다가 짤라서 도로
내 주었더니 그 후 송나라 상인이 물소 4마리를 바쳤으므로 최이는 인삼 50근과 포목
3백 필을 주었다."[177]

---

177) 『고려사』 권129, 열전42, 반역, 최충헌 전, 최이.

최이(崔怡)가 물소 뿔을 구하려 했던 1229년은 몽고군과 대치한 일촉즉발의 상황으로 장차 몽고군이 쳐들어 올 것에 대비해 전쟁준비에 힘을 쏟고 있을 때였다. 그래서 전쟁용 활 제작에 필수 재료인 물소 뿔이 다량 필요해서 송상에게 선금으로 포목을 주고 물소 뿔을 구해오게 했는데, 이를 이행하지 않은 것이다. 물소 뿔이 정말로 송의 금수품목(禁輸品目)이었을까? 아니면 송상들의 핑계에 불과했을까? 어떻든 당시 물소 뿔을 구하기 어려웠기 때문에 선금을 주었고, 송상도 고려에 가족이 살고 있는 자를 택했을 것이다.

바. 고려의 수출 경제와 수출입품

고려의 대송 수출품은 다음 〈표 2-3〉과 같다. 이는 『고려도경』과 1226년(보경2)에 편찬된 송나라 명주의 지방지(地方志) 『보경사명지(寶慶四明志)』 등에 수록된 품목을 모아 생산형태별로 분류해서 정리한 것이다.

『보경사명지』에는 당시 송이 외국으로부터 수입한 물품으로 고려 42품목, 일본 13품목, 해남과 점성(海南·占城) 78품목 기타 70품목 등 총 203개 품목이

표 2-3 고려의 수출품 내역

생산형태	품목수	품 목
원 산 물	4	금·은·동·유황(硫黃) 등
농 산 물	6	송자(松子, 잣)·송화(松花)·밤·대추·진자(榧子, 개암)·행인(杏仁, 살구) 등
약 제	17	인삼·사향·홍화(紅花)·복령(茯苓)·랍(蠟, 밀랍)·세신(細辛, 족두리풀 뿌리)·산수유·백부자(白附子)·무제(蕪荑)·감초·방풍(防風)·우슬(牛膝)·백출(白朮)·원지(遠志)·생강·향유(香油)·자채(紫菜, 올벼의 쌀) 등
수공업품	22	금은동기(金銀銅器)·금은장도(金銀粧刀)·주(紬, 명주)·능라(綾羅)·저포(苧布, 모시)·마포(麻布, 삼베)·피각(皮角, 가죽가방)·선자(扇子, 부채)·종이·붓·먹·자기·나전(螺鈿)·나두(螺頭)·석(蓆, 자리, 깔개)·합고(合藁, 화살)·호피(虎皮)·청서피(靑鼠皮)·도검(刀劍)·황칠(黃漆, 옻)·양모(羊毛, 그림) 등

수록되어 있다.[178] 고려의 품목수가 20.7%로 비중이 가장 높다. 『보경사명지』는 고려 42품목을 과실류 7종, 약재류 22종, 수공업품류 9종, 피륙류 5종, 문방구품류 4종, 모피류 3종, 기타 3종으로 분류해 놓았다.[179] 이와 같이 고려가 송의 중요한 교역 상대국이었기 때문에 명주 시박사는 고려 선박에 대해 특혜 관세를 부여했던 것이다.

고려의 수입품 내역은 구체적으로 밝혀주는 사료가 매우 부족한 실정이다. 『고려사』와 『고려도경』 등에 기재된 품목들을 모아 정리하면 25개 품목이 된다. 이것은 능견(綾絹, 얇은 비단)·금라(錦羅, 채색무늬 얇은 비단)·자기(磁器)·서적·약재·악기·향료·종이·붓·먹·사탕(砂糖)·금박(金箔)·차·밀·금·은·민전(緡錢, 꿰미에 꿴 돈)·소목(蘇木)·서각(犀角, 물소뿔)·상아·산호·꽃나무(花木)·앵무새·공작새 등이다.

하지만 이들 수입품은 송사신과 송상이 가져와 바친 조공 답례품과 선물 따위를 나열한 것일 뿐이다. 때문에 값비싼 사치품으로만 보여서인지 대개의 역사서 또는 연구물 등에서 고려의 수입품에 대해 '고려 귀족의 욕구를 만족시켜 주는 것'[180]에 불과하고, '귀족들의 사치스런 생활을 더욱 조장'하며, '귀족들의 부와 향락을 더해 준 폐단'[181]이 있다는 등 부정적인 평가를 하고 있다. 전체적으로 그 함의(含意)가 수입품이 사치품 일색이고 일반 서민과는 관련이 없으며 전혀 도움이 안 되는 듯이 기술하고 있는 것이다.

그러나 중세의 교역 여건이 고급품 위주일 수밖에 없겠지만, 이에는 시각을 달리해서 봐야 할 여지가 있다. 우선 약재(藥材)의 경우를 보더라도 11세기 송나라는 질병의 원인을 알기 위해 세부적인 임상실험을 하는 등 의술과 의학 수준이 세계 최고였다. 예를 들면 1056년에 56명의 반역자를 실험 대상으로 하여 배를 갈라 인체 해부를 하고 내장도(內臟圖)를 작성했고, 1,729종의 병상과 16,000여 종의 처방과 치료법이 수록된 『태평성혜방(太平聖惠方)』을 편찬했다.[182] 따라서 당시 고려는 송의 선진 의학과 의술을 도입하기 위해 노력하고

---

178) 장동익, 앞의 논문 pp.18~19.
179) 나민수, 「고려의 대외교역에 관하여」, 『연세경제연구』 8권 1호, 2001, p.27.
180) 이기백, 『한국사신론』, 일조각, 1999, p.180.
181) 한우근, 『한국통사』, 을유문화사, 2001, p.145.
182) 이춘식, 『중국사서설』, 교보문고, 2000, pp.288~289.

처방과 약재도 송의 것을 많이 따랐으므로 수입 약재의 품목과 수량이 매우 많았을 것으로 추측된다. 약재 수입을 귀족들만을 위한 것으로 한정지을 수는 없는 교역 상황이었다.

농산물인 밀 수입의 경우도 마찬가지이다. 밀은 송상의 선물 등에는 전혀 보이지 않고, 다만 『고려도경』에 '나라 안에 밀이 적어서 상인들이 경동도(京東道, 송대에 변경(汴京)에서부터 산동성·하남성까지의 전역을 가리킴)로부터 사오므로 면(麵) 값이 대단히 비싸서 큰 잔치가 아니면 쓰지 않는다'[183]라고 기술되어 있다. 밀은 고려상인들이 중국에서 수입했고 백성들이 혼례와 회갑 등 특별한 잔치 때에 밀을 사다가 국수를 만들어 먹었다. 밀 수입은 특정 일부 상류계층만을 위한 사치품과는 거리가 먼 것이었다.

고려의 수입품을 살필 때 고려해야 할 또 다른 중요한 요소는 물품을 선박으로 수송했다는 점이다. 만약 2,000석을 싣는 큰 배의 경우 운송비용 등을 감안하면 어느 정도의 화물을 실어야 적정 하느냐를 고려해 보아야 한다. 당시 무역선은 밀과 같은 특수한 품목을 취급하는 특화물 전용선도 경우에 따라 있을 수 있겠지만, 대개가 잡화물을 실은 종합 무역선이었으므로 수입품의 종류

대형선의 화물적제도(맨 아래에 무거운 쇳덩이, 동전, 돌 등을 싣고, 위에 가벼운 피륙제품을 실었다)

---

183) 『선화봉사고려도경』 권22, 잡속1, 향음(鄕飮).

와 물량은 생각하는 것보다 훨씬 다양하고 많았을 것이다. 따라서 지금까지 드러난 수입품의 내역만 가지고 귀족들의 사치와 향락을 부추기는 귀족들만을 위한 사치품일 뿐이었다고 부정적으로 평가한다면 결과적으로 교역의 의의와 효용을 크게 왜곡할 우려가 있다.

이 점은 고려의 수출품을 살펴보면 더욱 명백해진다. 지금까지 알려진 수출품은 〈표 2-3〉에서 보듯이 원산물 4개 품목, 농산물 6개 품목, 약재 17개 품목, 수공업품 22개 품목 등 총 49개 품목이다. 우선 1차 상품인 농산물과 약재를 보면 한국의 특산 작물은 거의 다 망라한 것 같다고 할 수 있을 정도이다. 수출하여 돈을 벌 수 있는 작물은 무엇이든지 하나라도 더 수출하려 했던 것을 알 수 있다.

농산물(약재도 농산물에 포함)의 수출은 여러 가지 사회경제적 의미를 함축하고 있다. 먼저 수출은 농산물의 품질개량을 유도하고 생산량 증가를 가져온다. 좋은 상품이 비싼 값을 받기 때문에 재배법을 개선하고 종자를 개량함으로써 우량 상품을 생산하려는 것은 너무나 당연한 일이다. 또 국내 수요에 더하여 수출수요의 충당은 초과생산(超過生産)을 뜻하는데, 이 측면 역시 매우 의미가 크다. 수출 농산물을 생산하기 위해서는 잉여노동력을 투입하거나 노동 강도를 높이는 길이 모색되는바, 이로 인해 산출된 초과생산물의 수출은 농민의 소득을 올려주게 된다.[184]

고려는 금·은·동·철 따위를 소재로 한 금속가공품을 많이 수출했다. 『고려도경』에 고려는 동이 많이 산출된다고 기록되어 있듯이 중국에서 '고려동(高麗銅)'은 최고품으로 인기를 끌었다. 또 금 가공품은 축재용 또는 대외교역에서 결재 수단으로 쓰였는데, 막대한 금 수요에 힘입어 금광이 개발되고 금 생산이 늘어났다.[185]

---

184) 농산물의 수출은 수출 농산물의 품질뿐 아니라 규격화·포장·운송 등에 세련된 조치가 뒤따라야 한다. 따라서 농산물 수출은 바로 수출 농민들을 비롯한 수출 종사자들의 의식을 국제화시키는 일과 다름없다. 이러한 긍정적인 효과가 있음에도 불구하고 귀족과 권세가들이 수출농업을 경영하면서 농민들을 무작정 착취했다는 식의 견해는 본질을 외면하고 호도하는 결과를 가져올 수 있다. 설령 대토지 소유자가 수출농업을 경영해 이익을 얻었다 하더라도 이익금을 그가 다 가질 수는 없는 일이다. 왜냐하면 지속적인 수출은 그러한 경영 방법으로서는 성공할 수 없기 때문이다.

185) 『고려사』권8, 세가, 문종 17년 정월 무신. 익령현(강원도 양양)과 서북면 성주(성천)의

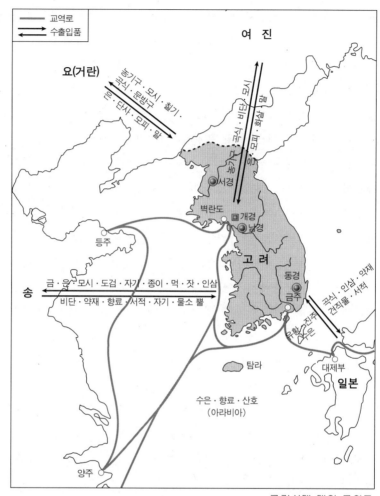

고려시대 대외 교역도

　　한편 〈표 2-3〉에서 수공업품을 살펴보면 우리나라 원료와 자재로 생산한
물품을 한 품목이라도 더 수출하려 애썼음을 쉽게 짐작할 수 있다. 수입 수공
업품과 비교해 보면 수입품 내역은 앞으로 더 규명되어야 하겠지만, 수입 초과
라고 말할 수 있을 정도는 아닌 것으로 보인다. 수입품과 수출품에 다 보이는
능견(綾絹)의 경우 고급 비단을 수입하고 중・저가 비단을 수출했다고 볼 수 있
다. 이들 수출 수공업품은 관방수공업 기관과 수공업품 생산단지인 각종 소(所)

───────────────

　　수전장(簣田場) 지방에서 산출되는 금을 새로이 공물대장에 등록했다. 이는 당해 지역에
　서 금광이 개발된 것을 반영한다.

에서 전문적으로 생산했고, 모시와 삼베 등은 가내수공업으로 생산했다.

고려의 수공업 수출품 중에는 세계 최고의 경쟁력을 가진 모시·자기·종이·먹 등의 품목이 다수 있었다. 특히 모시는 원료 자체도 좋았지만 직조기술이 뛰어나 송을 비롯한 요·금·일본 등 여러 나라에 수출되었다. 고려자기(高麗磁器)도 고려의 수출품 가운데서 큰 비중을 차지했다. 당시 송나라에서 고려의 비색청자를 천하의 최고 명물로 높이 평가했다.[186] 또 고려는 책과 함께 문방구류를 많이 수출했다. 특히 종이와 먹이 대량 수출되었다. 고려 종이는 매우 깨끗하고 희면서도 매끄럽고 질겨 중국에서 최상류품으로 유통되었고 붓과 먹도 소식(蘇軾)이 가장 애호할 정도로 품질이 뛰어났다.[187] 또 다른 유명한 수출품으로 돗자리가 있었다. 돗자리는 왕골 또는 등나무 껍질로 짰는데 꽃무늬를 화려하게 수놓은 왕골 돗자리와 왕골 방석이 호평을 받아 많이 수출되었다.[188]

고려의 수출품에서 유의해야 할 것은 중계무역품이다. 유황과 도검(刀劍)은 일본의 특산물이고, 호피와 청서피는 여진의 특산물로서 고려가 중계무역을 했던 것이다.

고려는 농산물과 공산품 수출국이었다. 수출로 국부를 증진시켜 나갔다. 수출이 고려를 윤택하게 만들었고 수도 개경이 국제적인 대도시로 성장하는 기반이 되었다. 고려상인들은 송나라와 그로부터 연계된 국제시장에서 남해제국 상인, 아라비아 상인들과 거래하면서 더 넓은 세계로 활동영역을 키워갔다. 그리하여 개경은 송의 대도시들과 겨루어도 전혀 손색없는 일류 국제상업도시로 성장할 수 있었다.

사. 해적 퇴치와 태안운하 굴착

고려인들은 송나라가 비록 바다 건너 멀리 떨어져 있지만, 가까운 이웃나라로 여겼고 큰 나라라고 어려워하거나 위축되지 않았다. 이는 선종(宣宗) 때 최사제(崔思濟, ?~1091)가[189] 배를 타고 송에 사신으로 갈 때 배 위에서 읊은 시를 통해 짐작할 수 있다.

---

186) 『해동역사』 권29, 기용, 거처구조.
187) 『해동역사』 권27, 물산지 지조·필조.
188) 홍희유, 앞의 책, pp.124~127.
189) 1054년(문종 8년) 문과에 급제, 선종 때의 문신으로 시문에 뛰어났다.

입송선상기경중제우(入宋船上寄京中諸友)
−송나라로 가는 배에 오르며 경중(京中)의 여러 벗에게−

하늘과 땅이 어찌 경계 있으리만
산과 물이 네 땅 내 땅이니 하네.

송(宋)나라 멀다고 말하지 마소
머리 돌리면 한 돛대 바람인 것을.[190]

고려는 연근해 바다를 장악한 해양 강국이었다. 적극적인 해양경영은 국방
상의 필요뿐 아니라 상업상의 필요에 의해서였다. 예나 지금이나 해상 무역의
진흥은 무역선의 안전이 필수조건이다. 항해의 안전보장이 각국의 무역선을 불
러들인다고 해도 과언이 아니다. 『고려도경』은 송 사신이 올 때 제일 먼저 맞
이하는 곳이 흑산도(黑山島)이고, 밤이 되어 흑산도 산마루에 봉화불을 올리면,
인근 섬으로 차례차례 연이어져 사신이 도착한 사실을 개경에 알린다고 기록하
고 있다.[191] 봉화불은 비단 사신의 내왕뿐 아니라 해상에서 위급한 일들이 생
겼을 때도 긴급히 연락하기 위해 피워 올렸다.

흑산도 다음의 귀착지는 군산도(群山島)이고 그 다음은 안흥정(安興亭)이다.[192]
고려는 사신이 처음 귀착했을 때 환영식을 베풀고 군선(軍船)으로 호위했다. 이
러한 조치가 사신에게만 한정된 것은 아니고 공빙을 가진 상인에게도 이와 유
사한 배려를 해 주었을 것이다.

고려가 해양 무역로의 안전에 특별히 관심을 쏟고 군선을 풀어 감시하며
지킨다 할지라도 바닷길이 늘 안전하지는 않았다. 해적(海賊) 때문이었다. 해적
은 무역선과 곡식을 실어 나르는 조운선(漕運船)을 주로 노렸다. 고려시대 해적
은 동해 쪽과 서남해 쪽에 집중적으로 나타났다. 동해 쪽의 해적은 대부분 동
여진 해적으로 11세기에 강원도 해안을 자주 침범해 왔으나 윤관(尹瓘)의 여진
정벌과 금나라 건국 이후부터 잠잠해졌다. 하지만 동여진 해적은 해양 상업로

190) 『동문선』 권19, 오언절구. 『국역동문선』 2권, p.348.
191) 『선화봉사고려도경』 권35, 해도2, 흑산.
192) 『고려사』는 문종 31년(1077) 8월에 중국 사절의 영접과 전송을 위해 안흥정을 정해현(貞
海縣, 지금의 서산군 해미면) 지구에 세웠다고 했다.(『고려사』 권9, 세가, 문종 31년 8
월 신묘) 『고려도경』은 안흥정은 마도(馬島)에 있고 마도는 말을 방목해 먹이는 곳이라
했다.(『고려도경』 권37, 해도4, 마도)

를 크게 위협하는 해적은 아니었다.

무역선을 노리는 서남해의 해적이 문제였다. 이에 관하여 『고려사』에 다음 의 기록들이 실려 있다.

"1093년(선종 10) 가을 7월 계미일, 서해도 안찰사(西海道按察使)가 아뢰기를 '안서 (安西) 도호부 관하에 있는 연평도(延平島) 순검군(巡檢軍)이 해선(海船) 한 척을 포착했 는데 거기에는 송나라 사람 12명과 왜인 19명이 타고 있었으며 활 · 화살 · 칼 · 갑 옷 · 투구 등과 수은 · 진주 · 유황 · 법라(法螺, 소라로 만든 나팔)가 적재되어 있었습니 다. 이는 필시 그 두 나라 해적들이 공모하여 우리나라의 변방을 침략하려는 것이 틀림 없었습니다. 그들이 가진 병기와 기타 물품들은 몰수하여 해당 관서에 넘기며 체포한 해적들은 영외(嶺外)로 유배하고 그 배를 잡은 순검 군인들에게는 상을 주시기 바랍니 다'라고 하니 왕이 이 제의를 좇았다."[193]

"1227년(고종14) 4월, 왜인이 금주(金州, 김해)를 침략하자 방호 별감 노단(盧旦)이 군사를 출동시켜 적의 배 두 척을 노획하고 적 30여 명을 죽였다."[194]

"1227년(고종14) 12월, 이 해에 박인(朴寅)을 예빙사로 일본에 파견했다. 이 때에 왜 적이 주 · 현들을 침략하므로 국가에서 이것을 걱정하여 박인에게 공문을 주어 보내여 대대로 우호관계를 가지고 있는 만큼 침략해서는 안된다고 타일렀더니 일본에서 침략을 일삼던 왜적을 찾아내여 죽였다. 이리하여 그들의 침략 행위가 좀 잠잠해졌다."[195]

"1251년(고종38) 정월 정묘일, 왕이 관반사(館伴使)를 시켜 몽고 사신을 위하여 연회 를 베풀게 했다. 몽고 사신이 '귀국은 이미 항복을 했고 육지로 나가려 하면서 왜 성을 쌓는가?'라고 묻자, 관반사가 '송나라 해적선이 왕래하므로 성을 쌓아 방비하자는 것이 요 다른 이유가 없다'고 대답했다."[196]

"1263년(원종4) 2월 계유일, 왜구가 금주(金州) 관내인 웅신현(熊神縣) 물도(勿島)에 침입하여 여러 고을의 공납물 수송선을 약탈하여 갔다."[197]

"1263년(원종4) 4월, 대관서승(大官署丞) 홍저(洪貯), 첨사부록사(詹事府錄事) 곽왕부 (郭王府) 등을 일본국에 보내어 해적을 금지할 것을 요구했다. 그 통첩 내용은 '두 나라 가 교통한 이래 매년 정상적인 헌납(進奉)은 한 번이고, 한 번에 배는 2척으로 결정했 다. 만일 그 밖의 배가 다른 일을 빙자하여 우리의 연해 지방의 촌락 · 동리들을 소란케

193) 『고려사』 권10, 세가, 선종 10년 7월 계미.
194) 『고려사』 권22, 세가, 고종 14년 4월 갑오.
195) 『고려사』 권22, 세가, 고종 14년 12월조.
196) 『고려사』 권24, 세가, 고종 38년 정월 정묘.
197) 『고려사』 권25, 세가, 원종 4년 2월 계유.

할 때에는 엄격히 처벌하며 금지하기로 약정했었다. 그런데 금년에 들어서서 2월 22일 귀국의 배 한 척이 이유 없이 우리 국경 내의 웅신현(熊神縣) 지경 물도(勿島)에 침입하여 그 섬에 정박하고 있던 우리나라의 공납물 수송선들에 실었던 제반 화물과 쌀 120석·명주 43필을 약탈하여 갔으며 또 연도(椽島)에 들어와서 주민들의 의복·식량 등 생활필수 물자들을 모조리 빼앗아 갔으니 이러한 일들은 원래 약정했던 상호 교통의 본의와 대단히 위반되는 것이다. 지금 홍저 등에게 통첩을 가지고 가게 하니 공식 통첩을 상세히 보는 동시에 사신들의 구두 전달을 잘 듣고 전기 약탈자들을 끝까지 추궁하여 찾아내고 모두 징벌하여 두 나라 간의 화친의 도리를 공고하게 할 것을 바란다'라고 했다."[198]

"1263년(원종4) 8월 초하루 무신일, 홍저·곽왕부 등이 일본으로부터 돌아와서 왕에게 보고하기를, '해적을 끝까지 추궁해 보니 그것은 대마도에 있는 왜놈들이었습니다. 그래서 그들에게서 쌀 20석·귀밀 30석·소가죽 70장을 징발해 가지고 왔습니다'라고 했다."[199]

"1266년(원종7) 8월 계해일, 장군 차송우(車松祐)가 송나라 해적선 한 척을 노획 하고 70여 명을 죽였으며 5명을 산채로 잡았다."[200]

"1341년(충혜왕 후2) 7월 병자일, 원나라 대도(大都)의 상인이 와서 말하기를 '30여 척의 배를 탄 해적들이 푸르고 누른 옷을 입고 패라를 불고 북을 치면서 바다를 횡행하며 사람을 죽이고 물건을 약탈한다'고 했다."[201]

"1350년(충정왕2) 2월, 왜구가 고성·죽말(竹抹)·거제 등지를 침범했다. 합포(合浦) 천호 최선(崔禪)과 도령(都領) 양관(梁琯) 등이 이를 격파하고 300여 명의 적을 죽였다. 왜구가 우리나라에 침입한 것이 이 때로부터 시작되었다."[202]

해적선은 때로 밀무역선과 구별하기가 쉽지 않다. 1093년에 포획한 해적선은 수은·진주·유황 등 일본 특산물을 싣고 있었다. 이것은 해적선이라기보다 오히려 고려·송·일본을 무대로 활동한 밀무역선일 가능성이 높다. 1266년에 포획한 송 해적선도 배 한 척에 75여 명이 타고 있는 것으로 보아 이 역시 밀무역선으로 보인다. 다만 포획 과정에서 저항이 격렬하여 70여 명을 처단한 것 같다. 또 1251년 강화도의 축성에 대해 몽고가 따지자 송 해적선을 대비한 조

198) 『고려사』 권25, 세가, 원종 4년 4월 갑인.
199) 『고려사』 권25, 세가, 원종 4년 8월 무신.
200) 『고려사』 권26, 세가, 원종 7년 8월 계해.
201) 『고려사』 권36, 세가, 충혜왕 후 2년 7월 병자.
202) 『고려사』 권37, 세가, 충정왕 2년 2월조.

치라고 변명했는데, 이는 아직 송이 건재하고 있었으므로 송을 핑계로 하여 몽고를 안심시키려고 한 말이라고 여겨진다.

일본 해적은 1227년(고종14)에 처음 나타났는데 크게 위협적인 것은 아니었다. 고려는 이 해적에 대해 즉각 일본측에 항의했고 일본은 자체적으로 고려를 침입한 왜인을 찾아내어 죽이기까지 했다. 그로부터 40여 년 후 1263년 2월, 왜구가 웅신현(熊神縣) 물도(勿島)를 침입하여 공납물 수송선을 약탈해 가자 고려는 동년 4월 홍저(洪貯)를 일본에 파견하여 일본 정부를 추궁하고 경고하는 통첩장을 보냈다. 또 홍저는 해적을 끝까지 추적하여 대마도의 왜인임을 밝혀내었으며 쌀·귀밀·소가죽 등을 징발해 가지고 돌아왔다.

이들 예에서 보듯이 고려는 연근해에서 특히 일본과 관련하여 해상 사건이 발생하면 문제 해결을 위한 강제력을 구비했을 정도로 강력한 힘을 가졌었다. 하지만 몽고에 항복한 뒤 원이 고려 수군의 무장을 해제함으로써 해군력이 극도로 약해졌다. 그리하여 왜구의 침입을 막아내지 못해 조운선을 약탈당하고 연안 고을이 짓밟히는 등 극심한 피해를 입게 되었다.

고려는 전국 13곳에 공물을 보관하는 조창(漕倉)을 두고 조운선으로 개경에 운송했다.[203] 조운선은 세금으로 거둔 곡식과 특산물을 개경으로 실어 나르는

조운선(국립해양박물관)

그야말로 생명선이었다. 우리나라는 산이 많고 도처에 물길이 깊고 센 강이 있어서 육로 수송은 조건이 좋지 않았다. 더군다나 도로를 낸다 해도 바위와 돌이 너무 많고 홍수가 나면 씻기고 허물어져 도로를 보수하고 유지하는데 비용이 많이 들었다. 그러므로 일찍부터 해상 운송이 발달했다.

조운선은 대개 2백석 내지 1천석을 실을 수 있는 평저선이었고 여러

---

203) 조창 13곳은 장연의 안란창·아산의 하양창·서산의 영풍창·임피의 진성창·부안의 안흥창·영광의 부용창·나주의 해릉창·영암의 장흥창·순천의 해릉창·사천의 통양창·마산의 석두창·원주의 흥원창·충주의 덕흥창 등이다.

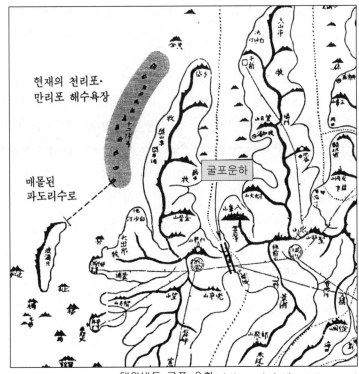

현재의 천리포·
만리포 해수욕장

굴포운하

매몰된
파도리수로

태안반도 굴포 운하(김성호, 앞의 책, 1996, p.411)

척의 배가 선단을 짜서 다녔다. 정부가 운영하는 관선 외에 민간 소유의 조운
선도 있었다. 민간 조운선의 운임비는 거리와 물길의 어려움에 따라 다르게 책
정했다. 가장 비싼 곳은 남해안 지역으로 쌀 5~6석 운반에 1석을 비용으로 받
았다. 가까운 곳은 쌀 20여 석에 운반비 1석 정도였다.

조운선의 운항에는 해적과 왜구의 위협뿐 아니라 서해 바다의 거센 조류로
인해 항상 위험이 뒤따랐다. 1134년에 조운선의 안전을 도모하기 위해 태안반
도(泰安半島)에 병사 수천 명을 동원하여 운하를 파려고 시도했다. 이 운하가 개
통되면 간만의 차가 심하고 물살이 거친 안흥정 수로를 피하고 뱃길을 단축할
수 있었다.

"1134년(인종12) 7월, 이 달에 내시(內侍) 정습명(鄭襲明)을 시켜 홍주(洪州) 소대현
(蘇大縣, 충남 서산 태안군)에 운하를 굴착하게 했다. 이에 앞서 안흥정(安興亭) 아래로
통하는 수로(水路)는 사방에서 모여드는 물살이 거셀 뿐만 아니라 험한 암석이 있어서
왕왕 배가 전복된다 하여 혹자가 건의하기를 소대현 경계에 걸쳐 운하를 파고 물을 끌

어 들이게 되면 뱃길이 가깝고 편리하다고 했다. 그리하여 정습명을 시켜 소대현의 인접 군에 있는 군졸 수천 명을 풀어서 운하를 파게 하였으나 결국 성공하지 못했다."[204]

태안반도 운하는 태안군 북부의 가로림만(加露林灣)에서 남쪽의 천수만(淺水灣, 현대농장)을 연결하는 이른바 굴포운하(掘浦運河)이다. 굴착거리가 4km이고 갯벌을 합쳐도 8km여서 굴착에 성공하면 안흥정은 물론 태안반도 400리 물길을 송두리째 생략하게 된다.[205] 이 운하 굴착은 1154년(의종 8) 6월에 다시 한 번 시도되었다. 하지만 이 때에도 커다란 암반 때문에 완공을 보지 못하고 중단되고 말았다. 그러나 이 역사적인 운하 굴착사업은 비록 결실을 거두지 못했지만, 고려인의 해양 개척정신을 새롭게 조명해 볼 수 있게 한다.

3. 고려-여진(금) 교역

가. 여진의 고려 내조(來朝)

여진(女眞)은 숙신(肅愼)·읍루(挹婁)·물길(勿吉)·말갈(靺鞨) 등으로 불리던 북방의 유목민족이다. 부족 또는 씨족 단위로 초원을 따라 움직이면서 소와 말을 방목하고 수렵을 하며 살았다.

삼국시대 때는 속말말갈(粟末靺鞨), 흑수말갈(黑水靺鞨) 등으로 불리며 고구려에 속해 있었고, 발해 건국시에는 말갈로 일컬어지면서 고구려 유민과 함께 발해의 주축 세력으로 등장했다. 거란에 의해 발해가 멸망한 뒤 말갈이란 호칭은 여진으로 바뀌었다. 여진이란 이름이 처음으로 쓰인 시기는 발해가 쇠락하고 거란이 강성해지던 903년경이라고 한다.[206] 여진은 다시 분화되어 백두산을 중심으로 하여 두만강, 송화강 그리고 함경도 일원의 유역에 분포한 종족을 동여진(東女眞) 또는 생여진(生女眞)이라 했다. 압록강 북쪽 지역에 살면서 거란의 지배 아래 있던 여진을 서여진(西女眞) 또는 숙여진(熟女眞)이라고 했다.

『고려사』에는 발해가 멸망한 이후부터 발해 유민들의 귀화와 귀순, 거란인과 여진인의 투항 사실이 비교적 자세히 기록되어 있다. 이를 정리하면 〈표 2-

---

204) 『고려사』 권16, 세가, 인종 12년 7월 을해.
205) 김성호, 『중국진출 백제인의 해상활동 천오백년』 2, 맑은소리, 1996. p.411.
206) 한규철, 「고려 내투, 내왕 여진인」, 『부산사학』 25·26호, 부산경남사학회, 1994, p.10.

| 표 2-4 | 고려 투항 발해 · 거란 · 여진인 비교 | | (단위: 명) |

왕(투항시기)	발 해	거 란	여 진
태조(921-938)	31,873		1,870(흑수 · 북번)
경종(979)	10,000		
현종(1016-31)	537(7회)	571(34회)	6,842(10회)
덕종(1031-33)	170	99	1,714
정종(1040)		120	14
문종(1047-81)	1(미상)	23	8,353
선종(1093)			3
숙종(1101-05)		1	1,760
예종(1107-17)	96	172	3,253
계	42,677	986	23,806

주: 한규철, 「고려 내투, 내왕 여진인」, 1994, p.9.

4)와 같다. 표를 살펴보면 고려 초에 발해인의 투항이 집중적으로 있었고, 현종 이후는 여진인의 투항이 부쩍 늘어났음을 알 수 있다.[207]

고려 초기에 귀순해 온 발해 유민은 4만명이 넘었다. 여진인 투항자는 11세기 초 현종대에 대거 늘어났고 거란인도 다수 귀화했다.[208] 이는 현종 10년(1019)에 소배압이 이끈 10만 거란군의 침공을 강감찬이 격퇴한 이후, 고려의 위상이 높아졌고 고려 · 송 · 거란 사이에 힘의 균형이 이루어짐으로써, 고려 주변의 여러 소국과 종족들의 내조(來朝)와 귀부(歸附)가 잇따라 일어난 것과 관계가 있다.[209] 고려는 투항해 온 여진인들을 각지에 정착하여 살게 했고, 이들 중에는 관리가 된 자들도 다수 있었다.[210]

---

207) 한규철은 발해의 명칭이 발해 멸망 후 189년이 지난 예종 12년까지 나타나는 점을 들어 투항한 거란인 · 여진인도 발해 유민으로 보고 있다.(한규철, 앞의 논문, p.10)

208) 1030년(현종21) 5월 을축일, 거란의 수군 지휘사 호기위(虎騎尉) 대도(大道) 이경(李 卿) 등 6명이 귀순하여 왔다. 이 때로부터 귀화하는 거란 및 발해 사람들이 매우 많았다.(『고려사』 권5, 세가, 현종 21년 5월 을축)

209) 추명엽, 「11세기 후반~12세기초 여진정벌 문제와 정국동향」, 『한국사론』 54호, 서울대학교 국사학과, 2001, p.75.

210) 『고려사』 권3, 세가, 성종 4년 9월조. 1018년부터 금이 건국된 1115년까지 사이에 여진

여진이 고려에 내조 또는 귀부한 가장 큰 이유는 경제적 이유 때문이었다. 여진은 교역을 원했고 고려는 그들이 바친 공물(貢物)보다 답례품을 더 후하게 주었다. 여진이 바친 공물은 말·철갑(鐵甲)·화살·초서피(貂鼠皮, 노랑가슴담비 가죽)·청서피(青鼠皮)·표피(豹皮)·낙타·황모(黃毛)·선박 등이었다. 고려는 은 폐(銀幣)·의대(衣帶)·포(布)·비단 등을 답례품으로 주었다.

여진 공물에 대한 답례는 관례에 따른 일정한 비율이 있었다.[211] 다음은 『고려사』의 여진 공물에 대한 답례 기록이다.

"948년(정종 3년) 가을 9월, 동여진의 대광 소무개(蘇無蓋) 등이 와서 말 7백 필과 토산물을 바쳤다. 왕이 천덕전(天德殿)에 나와서 말을 검열하고 3등으로 구분하여 말 값을 평정했다. 1등은 은 주전자 1개와 잡색 비단과 견직 각 1필이요, 2등은 은 바릿대 1개와 잡색 비단과 견직 각 1필이요, 3등은 잡색 비단과 견직 각 1필이었다."[212]

"1033년(덕종 2년) 정월, 철리국에서 사절을 파견하여 좋은 말과 초서피(貂鼠皮)를 바쳤다. 왕이 이를 기특하게 생각하여 그들에게 답례 물품을 매우 후하게 주었다."[213]

"1050년(문종 4년) 3월 병오일, 동여진의 녕새장군 염한(鹽漢) 등 12명과 유원장군 아가주(阿加主) 등 30명과 중윤 잉우헌(仍于憲) 등 4명과 장군 요라나(要羅那) 등 38명이 와서 좋은 말을 바쳤다. 그 중 회화장군 아가주 등 6명은 표서피(豹鼠皮)를 진상했다. 그들에게 물품을 차등 있게 주고 염한 등 15명은 일찍이 변경을 침범한 사실이 있었으므로 서울에 억류시켰다."[214]

"1106년(예종 원년) 정월 신해일, 동번(東蕃)의 공아(公牙) 등 10명이 내조했다. 왕이 선정전에서 그들을 불러 보고 음식과 전례에 의한 물품을 주었다."[215]

여진이 바친 공물은 특정한 객관(客館)에서 관리들의 입회하에 물물교환을 하거나 매각했다.[216] 948년 9월 소무개가 말 7백필을 바치자 정종(定宗)이 직접 말을 검열하기도 했다. 왕이 말을 검열하고 값을 매긴 것은 여진에서 들여온

부족의 추장들이 고려에 찾아온 횟수는 『고려사』에 나오는 것만 대략적으로 집계해도 230여 회나 된다.

211) 나민수, 「고려의 대외교역에 대하여」, 『연세경제연구』 8집, 2001, pp.35~42.
212) 『고려사』 권2, 세가, 정종 3년 9월조.
213) 『고려사』 권5, 세가, 덕종 2년, 정월 신미.
214) 『고려사』 권7, 세가, 문종 4년 3월 병오.
215) 『고려사』 권12, 세가, 예종 원년 정월 신해.
216) 백남운 저, 하일식 역, 『조선봉건사회 경제사』, 이론과 실천, 1993, p.365.

말이 군마(軍馬) 또는 역마(驛馬)로 쓰여서 매우 중요하게 취급했기 때문이었다.

공물에 대한 답례는 그때그때 임의로 결정한 것은 아니고 일정한 전례(前例)의 기준에 따랐지만, 상대방이 누구냐에 따라 차등을 두어 전례보다 적게 주기도 하고 후하게 주기도 했다. 1050년 좋은 말을 공물로 바쳤음에도 불구하고 염한(鹽漢) 등 15명을 지난 날 변경을 침범한 사실이 있었다며 억류시켰다. 이는 평소 고려에 협조를 잘 하느냐의 여부가 답례품 차등 지급의 중요한 기준이었음을 보여준다.

염한 등 15명은 개경에 소재한 광인관(廣仁舘)에 수용되었다. 이 곳에는 여진인 300명이 이미 억류되어 있었다.[217] 300명은 당시 인구 규모 등을 고려해 보면 결코 적은 인원이 아니다. 여진인들은 『고려사』에 기록된 것보다 훨씬 많이 몰려왔고 그들 중에 억류해야 할 자 역시 상당히 많았던 것이다.

고려는 외국 사신과 여행자들의 접대를 위해 객관을 운영했다. 송 사신은 순천관(順天舘), 요(거란) 사신은 남대가의 흥국사 남쪽에 있는 영은관(迎恩舘)과 인은관(仁恩舘), 금나라 사신은 장경궁 서쪽에 있는 영은관(靈隱舘)에서 유숙하도록 했다. 기타 중국 사신과 일반 여행자들을 접대하는 곳은 청주(淸州)·충주(忠州)·사점(四店)·이빈(利賓) 등 4곳인데 모두 남문 밖에 위치했다.[218]

여진 내왕자 또는 귀부자들을 유숙시키고 접대하기 위한 특정 관사가 따로 있었고 인원수가 많을 경우 아마도 임시 숙소가 마련되었을 것이다. 그러나 문종대에는 〈표 2-4〉에서 보듯이 내왕자가 너무 많아서 답례품 마련과 유숙자들의 접대로 인해 경비 부담도 만만치 않았던 모양이다. 여진인들이 곧 돌아가지 않고 개경에 오랫동안 머무르자, 드디어 문종은 내왕자들의 객관 체류기간을 15일로 제한하는 명령을 내렸다.

"1081년(문종35) 5월 기축일, 동여진의 추장 진순(陳順) 등 23명이 와서 말을 바쳤다. 이 날 '일체 내조한 번인들이 서울에 와서 체류하는 기간은 15일을 초과하지 못하게 하고, 15일이 되면 전부 사관에서 떠나게 하는 것을 규정으로 삼게 하라'고 했다."[219]

217) 『고려사』 권7, 세가, 문종 4년 3월 병오.
218) 『선화봉사고려도경』 권27, 관사, 객관.
219) 『고려사』 권9, 세가, 문종 35년 5월 기축.

　여진의 내조가 빈번한 만큼 이에 따른 공무역 외에 사신 수행원들과 여진 상인들에 의한 사무역과 밀무역이 성행했고, 이는 개경의 시장 경기를 진작시켜 주었다.

　변경 지역에서는 관의 눈을 피하거나 관의 공공연한 묵인 아래 일상생활 용품을 비롯한 각종 물품들이 공공연히 거래되었다. 특히 유목생활을 하는 여진인들은 국경 개념이 희박해서 고려의 변경을 자주 넘나들었기 때문에 밀무역은 비록 불법이지만, 변경 지역에서 거의 일상적으로 이루어졌다.

나. 윤관의 여진 정벌과 9성 축성

　고려의 대여진 정책의 정점은 1107년(예종 2) 12월에 시작된 윤관(尹瓘)의 여진 정벌과 9성 축성이다. 윤관의 여진 정벌은 고구려 멸망 이후 실로 439년 만에 고구려의 고토를 점령하고 성을 쌓아 영토로 편입한 것으로 우리나라 역사에 있어 대단히 중요한 의미를 가진다. 또 이 정벌은 그로부터 333년 후 1434년(세종 16)에 있었던 김종서(金宗瑞)의 6진 설치에 중요한 근거와 길잡이가 되었다.

　여진족은 발해가 멸망한 뒤 일단 요(거란)의 지배 아래 들어갔으나, 요의 통치권이 동북면 일대까지는 효과적으로 미치지 못했기 때문에 고려와 요로부터 이중 지배를 받는 처지였다. 그러므로 이쪽저쪽 눈치를 살피고 경제적 실리를 챙겼다. 여진족이 살던 지역은 이른바 힘의 공백지대였고 고려는 여진족을 회유하거나 제압하면서 북진정책을 전개하여 영토를 확장해 나가려 했다.[220]

　고려는 여진을 호칭할 때 황제국의 기조에서 여진을 번국으로 취급하여 동번(東蕃, 동여진)·서번(西蕃, 서여진)·북번(北蕃, 북쪽 내지에 살았던 여진) 등으로 구분하여 불렀다. 이 중 가장 많이 내조한 여진은 동번이었고, 다음이 서번이었다. 북번은 그리 많지 않았다. 그리고 역대의 중국 왕조가 우리나라에 취해 왔던 이른바 '기미정책(羈縻政策)'을 여진에게 적용하여 복속시켜 나갔다.[221]

---

220) 김구진, 「윤관 9성의 범위와 조선 6진의 개척─여진 세력 관계를 중심으로─」, 『사총』 21호, 역사학연구회, 1977, p.209.

221) 고려는 송·요와 대등한 관계를 유지하면서도 분쟁을 피하기 위해 때로는 신하국으로 자세를 낮추었지만, 내부적으로는 몽고에 항복하기까지 황제국으로서의 자리를 굳건히 했다. 이는 광종이 개경을 황도로 불렀고 문종이 일본에 보낸 국서에 성지(聖旨)라고

1019년(현종 10) 2월, 고려가 요(거란)의 침공을 격퇴하고 승리하자 철리국(鐵利國), 동흑수국(東黑水國), 흑수말갈 등이 고려를 섬기기 위해 내조해 왔다. 이들 국가는 동여진 및 서여진과 구별되는 더 먼 곳의 여진 종족들이다. 또 이들의 내조 빈도가 증가함에 따라 이들의 내조는 정기적인 조공의 성격을 가지게 되었다.[222] 고려도 철리국에 사신을 보

윤관이 축성한 9성의 위치

내어 내조에 대해 답례하기도 했다.[223] 고려는 여진을 번국으로 취급했기 때문에 여진 추장의 조공에 답례할 때, 그 의례를 정전(正殿)에서 하지 않고 선정전(宣政殿) 등 편전(便殿)에서 거행했다.[224] 송·요·금의 사신과 차별을 둔 것이다.

고려 황제국과 번국 여진의 외교질서는 탐라국의 예를 통해 짐작할 수 있다. 고려는 1105년(숙종 10년)에 탐라를 편입하고 군현을 설치했다. 그 이전까지는 조공을 받고 벼슬을 내리는 등 하나의 독립 번국으로 취급한 것이다.[225]

윤관이 여진을 정벌한 직접적인 계기는 1104년(숙종 9) 2월과 3월, 국경 근처 고려 관내에서 벌어진 여진과의 전투에서 고려군이 참패함으로써 촉발되었다. 1104년 정월에 동여진 1,753명이 고려에 귀순해 왔다.[226] 때마침 동여진의 추장 오아속(烏雅束)의 기병이 오아속과 사이가 좋지 않은 부내로(夫乃老)를 치면

표시했으며 팔관회를 황제 의례로 거행하는 것 등을 통해 확인된다.

222) 추명엽, 앞의 논문, pp.75~76.
223) 『고려사』 권4, 세가, 현종 10년 5월 임오.
224) 『고려사』 권12, 세가, 예종 원년 정월 신해.
225) 『고려사』 권7, 세가, 문종 7년 2월 정축. 탐라국으로부터 매년 귤 100포를 공물로 받았다.(『고려사』 권7, 세가, 문종 6년 4월 임신)
226) 『고려사』 권12, 세가, 숙종 9년 정월 신사.

서 정주성(定州城) 관문 밖까지 진출하여 주둔하고 있었다. 고려는 만일을 대비하여 임간(林幹)을 동북면 병마사로 삼아 정주성에 보냈다. 그러나 임간은 정세를 관망하며 성을 지키기 보다 여진군을 몰아내어 공을 세우려는 욕심으로, 서둘러 성 밖으로 나가 여진군과 싸우다가 패하고 말았다.[227] 패전 소식을 접한 조정에서는 다시 윤관을 보내지만, 윤관 역시 승리하지 못했다.[228]

임간과 윤관의 패전은 고려에게 치욕적인 사건이었다.[229] 특히 무력을 기반으로 하여 쿠데타로 집권한 숙종에게 패전은 정치적 위기를 의미하기도 했다. 고려 정부는 윤관의 패전 원인을 여진의 우수한 기병 때문으로 보고, 기병 중심의 별무반(別武班)을 창설하고, 거국적으로 여진정벌 준비를 했다. 별무반에는 말을 가진 상인들을 대거 편입시켰다. 윤관은 패전 4년 후 1107년(예종 3) 12월, 17만 대군을 동원하여 여진을 정벌하고 영주(英州)·웅주(雄州)·복주(福州)·길주(吉州)·함주(咸州)·공험진(公嶮鎭)·통태진(通泰鎭)·진양진(眞陽鎭)·숭녕진(崇寧鎭) 등에 9성을 쌓았다.[230] 그리고 이 곳에 둔전병으로 병민(兵民) 6,466호를 이주시키고, 농업 이민 69,000호를 이주시켰다.[231] 둔전병과 농민의 대규모 이주를 통해 윤관의 여진 정벌이 단순히 여진의 기세를 꺾고 항복을 받아내기 위한 것이 아니라, 두만강 유역 북쪽까지 고려의 영토로 영구히 편입하려는 원대한 뜻이 있었고[232] 전쟁 준비 또한 매우 치밀했던 것을 알 수 있다.

그러나 애써 쌓은 9성은 1109년(예종 4) 7월에 오아속이 이를 돌려주면 조공하겠다고 맹세하는 청원을 올리자 돌려주었다.[233] 당시 3품관 이상의 대신들이 회의를 개최하여 토의한 결과 돌려주자는 의견이 많았다. 점령한 지 불과 1

---

227) 『고려사』 권12, 세가, 숙종 9년 2월 임자.

228) 『고려사』 권12, 세가, 숙종 9년 3월 정축.

229) 임간과 윤관을 패전시킨 오아속은 동여진의 완안부 부족장 영가(盈歌)의 조카이다. 오아속과의 전투 3개월 전 1103년(숙종 8년) 11월 병신일에 영가(盈歌)는 고소니(古酒), 솔부(率夫), 아로(阿老) 등을 보내며 토산물을 바쳤다.(『고려사』 권12, 세가, 숙종 8년 11월 병신) 오아속의 동생 아골타(阿骨打)가 1115년(예종 10) 정월에 금(金)을 세웠다.(『고려사』 권14, 세가, 예종 10년 정월 경인)

230) 『고려사』 권12, 세가, 예종 3년 2월 갑오, 3월 경진. 진양진. 숭녕진 대신에 의주(宜州)·평융진(平戎鎭)을 꼽기도 한다.

231) 『고려사』 권96, 열전9, 윤관전.

232) 김구진, 앞의 논문, p.212.

233) 『고려사』 권13, 세가, 예종 4년 7월 병오.

년 5개월만에 고려군이 9성에서 철수함으로써, 영토를 키우고 국내 산업과 상공업을 크게 진작시킬 수 있는 기회를 포기한 셈이 되고 말았다.

다. 금(金)의 건국, 내공(來貢)에서 조공(朝貢)으로

여진은 9성을 돌려받은 이후 성장을 거듭하여 금(金)나라를 세웠다. 금이 엄청나게 강성해지자 고려는 불가피하게 금에 굴복할 수밖에 없었다. 이 전환기에 일어난 격동을 『고려사』의 기록을 통하여 살펴보자.

"1109년(예종 4년) 6월 경자일, 왕이 선정전 대문에 나가서 동번사절 뇨불(裏弗), 사현(史顯) 등 6명을 접견하고 그들의 온 이유를 물으니 뇨불 등이 아뢰기를 '지난 날 우리의 태사 영가(盈歌)는 우리 조상이 큰 나라(大邦-고려)에서 출생하였으니 의리상 자손의 대에 이르도록 거기에 종속되어야 한다고 말한 적이 있었습니다. 지금 태사 오아속(烏雅束)도 역시 큰 나라를 부모의 나라로 생각하고 있습니다. 갑신년(1104년), … 그 후 우리와의 우호관계를 수락하였으므로 우리는 그것을 믿고 조공을 계속하여 왔던 것입니다. 그런데 지난 해에는 뜻밖에 대규모의 병력을 우리 경내에 들어 보내 늙은이와 어린이를 죽이고 아홉 개 성을 설치함으로써 유리 분산된 백성들로 하여금 의지할 곳이 없게 하였습니다. 그러므로 태사가 저희를 시켜 옛 땅을 돌려 주실 것을 청하게 한 것이오니, 만일 아홉 개 성을 돌려 주어 백성들의 생활을 안착시킨다면, 우리들은 하늘을 두고 맹세하여 대대손손에 이르기까지 정성을 다하여 공물을 바치고, 감히 기와 조각 하나라도 국경에 던지지 않겠습니다.'"[234]

"1117년(예종 12년) 3월 계축일, 금나라 왕 아골타(阿骨打)가 아지(阿只) 등 5명을 시켜 편지를 보내 말하기를 '형뻘되는 대여진 금국 황제는 아우 고려국 왕에게 이 편지를 보낸다. 우리 할아버지 때부터 한 쪽 지방에 끼어 있으면서 거란을 대국이라 하고 고려를 부모의 나라라 하여 조심스럽게 섬겨 왔는데, 거란이 오만하게도 우리 국토를 유린하고 우리 인민을 노예로 생각하였으며 빈번히 까닭없는 군사 행동을 감행했다. 우리가 하는 수 없이 그를 항거하여 나섰더니 다행히 하늘의 도움을 받아 그들을 섬멸하게 되었다. 왕은 우리에게 화친을 허락하고 형제의 의를 맺어 영세 무궁한 우호관계를 가지기 바란다'라고 하면서 좋은 말 한 필을 보내었다."[235]

"1119년(예종 14년) 2월 정유일, 금나라에서 사신을 시켜 예빙하고 다음과 같은 편지를 보내 왔다. '고려 국왕에게 이 글을 보낸다. 내가 군사를 출동하여 요나라를 쳐서 하늘의 도움으로 적병을 여러 번 패배시켰으며 북쪽 상경(上京)으로부터 남쪽 바다에

---

234) 『고려사』 권13, 세가, 예종 4년 6월 경자.
235) 『고려사』 권14, 세가, 예종 12년 3월 계축.

이르기까지 모든 부족들을 전부 평정했다. 이제 이 사실을 알리는 동시에 말 한 필을 보내니 받도록 하라.'"[236]

여진이 금나라를 세우기 전에는 고려를 부모의 나라로 받들며 영원히 조공을 바치겠다고 맹세했다. 금나라를 세운 뒤에도 요와 전쟁 중에는 '형제의 의'를 맺자고 먼저 제의해 왔다. 그러나 요를 멸망시키고 세력이 강성해지자 '형제의 의'는 온데간데없고 힘을 과시하면서 신하로 복속하라며 노골적으로 협박했다. 이에 대해 고려는 심각한 고민에 빠질 수밖에 없었다. 1126년(인종 4) 3월 을미일, 이지미(李之美)를 시켜 금을 섬기는 문제에 대하여 태묘(太廟)에 고하고 시초(蓍草)를 뽑아 가부를 점치게 했다.

"저 여진(女眞)이 황제라 자칭하고 있는데, 그들이 남으로는 송을 침공하고 북으로는 요를 멸망시켜 인구가 많아진 데다가 강토도 넓어졌다. 우리나라는 저들과 인접되어 있는지라 사신을 보내어 강화를 하고 싶기도 하며, 혹은 군사를 훈련하여 방비 대책을 취하려고도 생각하며, 이를 판단하기 위하여 점을 치는 것이니, 신이여! 해결책을 명시하라!"[237]

요가 금에게 1125년에 멸망당하자 고려는 외교상의 타개책을 찾기 위해 서둘러야 했다. '신이여! 해결책을 명시하라!'고 점을 치는 글귀에서 절박한 고려의 처지와 고민을 읽을 수 있다. 점괘의 결과 때문인지는 알 수 없으나 고려는 동년 4월 금에 신하국의 예를 갖추기로 하고 사신을 보냈다. 이것은 국가의 위상과 체면이 깎이는 굴욕을 감수하고 평화를 선택한 것이지만, 조공을 받았던 여진에게 조공을 바쳐야 하는 처지로 굴러 떨어진 것을 의미한다.

려·금 간의 교역은 려·요와 마찬가지로 각장과 조공을 통한 교역이 100여 년 동안 지속되었다. 1126년부터 1210년에 이르는 84년간에 고려에서 금에 파견한 사신단은 202회로 연평균 약 2.4회였고 금이 고려에 파견한 사신단은 120회로 연평균 약 1.4회였다.[238] 하지만 금이 1234년 몽고에게 멸망당하기에 앞서

---

236) 『고려사』 권14, 세가, 예종 14년 2월 정유.
237) 『고려사』 권15, 세가, 인종 4년 3월 을미.
238) 금나라 사절단의 규모가 가장 컸던 때는 1199년(신종 2) 책봉 사절로 온 259명이다.(『고려사』 권21, 세가, 신종 2년 4월 을유)

1216년 요동 선무사(宣撫使) 포선만노(蒲宣萬奴)가 금에 반기를 들고 심양을 도읍
으로 하여 대진국(大眞國, 뒤에 동진국(東眞國)으로 개칭함)을 세웠기 때문에 금과
의 교역은 사실상 이 때부터 끊어졌다.[239]

려·금 간의 각장무역은 순조로웠고 대단히 성행했다. 고려도 려·요 시대
와는 달리 각장을 개설하고 운영했다. 금나라가 들어서면서 고려는 요나라가
차지하고 있던 내원성과 포주성을 손에 넣어 압록강 남쪽을 모두 확보함으로써
영토문제로 금과 다투거나 신경 쓰지 않아도 되었기 때문에 각장 경영에 적극
나선 것으로 보인다. 또 고려의 각장 설치는 압록강을 사이에 두고 국경관리를
효율적으로 손쉽게 할 수 있게 되어 각장 개설로 인한 국방상의 우려가 거의
해소되었기 때문이기도 했을 것이다.

그렇다면 당시 각장은 어떤 모습이었을까? 압록강변 고려의 각장 모습은 명
종(明宗, 1171~1197) 대에 활약한 김극기(金克己)의 시를 통해 연상해 볼 수 있다.

곽 장(榷場)

어젯밤에 거센 바람 땅을 찢더니,
오늘 아침에 아득한 눈이 하늘에 연해 내린다.
지게문 밖의 모진 추위로 몸에 병이 생겨,
창을 닫고 한종일 자는 척하네.
어떻게 사신(使臣)이 먼저 새벽에 올 줄 알았으랴,
군악 소리가 압록강 가를 뒤흔드는구나.
놀라 일어나 옷을 입고 허둥거리며,
자연(紫燕, 말의 이름)을 급히 불러 이내 채찍질 한다.
물결처럼 달려 비로소 침수관(枕水舘)에 이르러,
휘당(麾幢) 앞에 몸을 굽혀 절하고 머리를 조아리다.
....
문득 보니 전려(氈廬)가 들 저자(野市)에 있는데,
높은 깃발 펄럭이고 북소리 일어난다.
큰 상인의 돈피 갖옷은 손을 지질 것 같고,
거친 콧김은 곧 바로 오르며 구름과 연기를 이룬다.
한 푼을 서로 다투면서 재물을 거두고,

239) 박한남, 「12세기 여금무역에 대한 검토」, 『대동문화연구』 31, 성균관대 대동문화연구
소, 1996, pp.93~121.

수레에 실으니 바퀴 굴대가 부러져 어깨에 멘다.
촌뜨기는 얼굴이 추하고 입이 어눌(語訥)해,
달콤한 데에 속아 넘어가니 참으로 가련하다.
연민(燕珉)을 형박(刑璞)으로 속아 사나니,[240]
어느새 주머니의 삼만 량이 다 흩어졌다.
어진 이나 어리석은 이 모두 이익을 다투는데,
때로 나는 오똑히 앉아 멍청해지는구나.
....

되놈 아이(胡兒)가 왁자지껄 장막 밖을 지나는데,
몇 걸음 떨어져서 벌써 누린내 나는구나.[241]

김극기는 각장을 관리하는 일선 관서에 종사한 자신의 경험을 시로 표현한 것 같다.[242] 그는 자연(紫燕)이라고 불리는 말을 소유했으며, 군악 소리를 듣고 곧장 침수관(枕水舘)으로 말을 달려갔고, 장막 안에 있었던 것으로 보아 아마도 중견관리 이상이었을 것으로 보인다. 또 침수관은 각장을 관리하는 관서 건물이었고 당시 지휘관 깃발인 휘당(麾幢) 앞에서 김극기가 몸을 굽혀 절하였으니 책임 기관장이 침수관에 재직하고 있으므로 추측된다.

금나라 사신과 각장 상인들은 날이 밝은 낮에 도착할 계획이었으나 예정을 앞당겨 새벽에 도착한 것으로 보인다. 이는 압록강을 건너기가 얼어붙은 새벽이 보다 안전하고 편리했기 때문이었을 것이다.

각장이 세워진 곳은 침수관에서 멀리 떨어지지 않은 들판이었다. 즉 각장은 계획된 일정 시기에 상인단이 내왕하면 침수관 인근 특정구역에 가설시장으로 개설되었다. 당시 각장은 펄럭이는 높은 깃발과 북소리, 큰 상인과 촌뜨기, 어진이나 어리석은 이, 왁자지껄 떠드는 되놈아이 등의 표현을 미뤄보면 그 규모가 상당했고, 운집한 상인들도 대단히 많았던 것으로 보인다.

---

240) 송나라 어떤 사람이 옥(玉)이 아닌 연석(燕石)과 민(珉)을 형산(刑山)에서 나는 천하의 보물 박옥(璞玉)으로 속아서 매입하였다.

241) 『동문선』권6, 곽장(榷場).『국역동문선』I, pp.208~209. 시의 제목 곽장(榷場)의 곽(榷)은 탱자나무를 가르키는데, 각장(榷場)의 각(榷)도 탱자나무를 뜻하기도 한다. 따라서 탱자나무는 가시 있는 울타리로 사용되고, 탱자 울타리의 의미가 국경의 의미로 전용되어 국경지대의 호시(互市)를 지칭하는 각장(榷場)과도 통용되었을 것으로 본다.(이미지, 「고려 선종대 각장 문제와 대요관계」, 『한국사학보』14호, 고려사학회, 2003, p.81)

242) 이미지, 앞의 논문, p.8.

려·금 간의 조공무역은 공식적인 국신물(國贐物)보다 사신들이 휴대해 가는 물품이 오히려 많았을 정도였다. 심지어 사절들의 물품 휴대에 관한 제한이 아예 없었던 때도 있었다. 1183년(명종 13년) 8월 사절들이 휴대하는 물품의 한도를 정하자는 재추(宰樞)의 건의가 있었으나 사절단에 참가하는 장군들의 반대로 결국 무산되었다.[243] 이때는 무신들이 집권한 시기여서 조공무역을 통해 사익을 챙기려는 무신들을 제어할 수 없었던 것이다.

사신들의 휴대 물품량이 대폭 늘어난 사실은 수행원에 대한 뇌물 증여액의 증가를 통해서도 이를 확인할 수 있다. 의종(毅宗)초 금에 가는 사신은 수행하는 군인들로부터 한 사람당 은 1근의 뇌물을 받았는데,[244] 명종(明宗) 때에는 뇌물액이 은 몇 근으로 뛰어올랐다.[245] 뇌물액이 몇 배로 증액된 것은 관리들의 부패 정도가 심해진 탓도 있겠지만, 휴대 물품의 증가로 인해 수행원이 챙기는 수익이 크게 제고되었기 때문일 것이다.

려·금 간에도 국경지대에서 밀무역이 성행했다. 이 밀무역에는 최고 통치자인 왕과 고급관리도 예외일 수 없었다. 다음은 명종(明宗)이 거란사(契丹絲) 밀무역에 직접 관여하는 『고려사』의 기록이다.

"1185년(명종 15년) 정월 신축일, 서북면 병마사 이지명(李知命)이 거란사(契丹絲) 500속(束)을 왕에게 바쳤다. 이것은 지명이 임지로 떠날 때에 왕이 그를 내전(內殿)으로 불러 들여 친히 지시하기를 '의주(義州)에서 금나라와 교역을 못하게 되어 있으나 용주(龍州) 창고에 있는 저포(紵布)로써 거란사를 교역하여 바치게 하라'고 했기 때문에 바친 것이었다."[246]

명종은 의주는 금과 교역할 수 없는 곳인 줄 뻔히 알면서 서북면 병마사 이지명에게 거란사 교역을 지시했다. 이지명은 왕의 지시를 받고 이를 외부에 노출되지 않도록 하면서 어떻게 밀무역을 성공시켰을까? 이지명의 예를 통해 금이 각장 시설을 설치하여 운영하고 있었고, 당시 국경지역에서 밀무역이 공공연히 이루어진 것을 알 수 있다. 또 이 사례는 당시 이름있는 고위급 관리들

---

243) 『고려사』 권20, 세가, 명종 13년 8월 무신.
244) 『고려사』 권99, 열전12, 이공승(李公升)전.
245) 『고려사』 권128, 열전41, 정중부부 송유인.
246) 『고려사』 권20, 세가, 명종 15년 정월 신축.

도 밀무역에 손을 대고 있었던 실상을 반영한다고 할 수 있다.

국경지역의 밀무역은 금이 쇠퇴하고 포선만노가 대진국을 세울 즈음에 더욱 성행했다. 『고려사』의 기록을 통해 밀무역의 생생한 모습을 보자.

"1216년(고종 3년) 윤 7월, 이에 (포선만노가 대진국 건국) 앞서 금나라에서 두 번이나 공문을 보내어 양식을 청구한 적이 있었으나, 나라에서 국경 관리에게 명령하여 거절하고 접수하지 못하게 했다. 지난해부터 금나라 사람들이 병란으로 인해 곡식이 고갈되었으므로 저마다 앞을 다투어 보물을 가지고 와서 의주(義州)·정주(靜州) 관문 밖에서 미곡을 교역하여 갔다. 심지어 은(銀) 1정(錠)으로 쌀 4~5석을 바꾸었다. 그러므로 장사꾼들이 다투어 가면서 많은 이익을 얻기 위하여 나라에서 아무리 형벌을 엄격하게 하고 재물을 몰수하여도 탐오 행위가 끝이 없고 비밀 교역이 계속 되었다."[247]

이와 같이 분쟁과 혼란의 뒤편에는 큰 이익이 남는 상거래가 있게 마련이고, 상거래의 이익이 있는 곳에는 위험을 무릅쓰고 한 몫 잡아 보려는 상인들의 역동적인 활약이 한껏 펼쳐지는 법이다.

4. 고려–몽고(원) 교역

가. 려·몽 30년 전쟁

1216년경부터 거란군이 국경을 넘어 오기 시작하여 강동성(江東城, 평안남도)에 5만이 웅거했다. 거란군은 몽고의 합진(哈眞)이 이끄는 1만과 동진국의 자연(子淵)이 이끄는 2만군사로부터 공격을 받고 쫓기는 처지였다. 몽고군은 거란군을 치려고 강동성으로 진군하면서 고려에 군대를 파견해 같이 싸울 것과 식량 지원을 요청했다.

고려는 조충(趙沖)을 원수로, 김취려(金就礪)를 병마사로 임명하고 강동성으로 보냈다. 1219년 정월 초를 전후하여 강동성 부근에서 김취려와 합진이 처음 만났다. 합진은 김취려가 첫 눈에 너무나 마음에 들었던 모양인지 '내가 일찍이 여섯 나라를 정벌하면서 훌륭한 인물들을 많이 보았으나 형의 용모를 보니 어찌도 그리 기이한가'[248]라고 하면서 수염을 배 아래까지 내려 올 정도로 아름

247) 『고려사』 권22, 세가, 고종 3년 윤 7월 병술.
248) 김취려는 용모가 매우 수려했다. 키가 6척 5촌이나 되고 수염이 배 아래까지 내려 올

답게 기른 김취려를 형으로 대접했다.

며칠 뒤 조충이 합진을 방문하자, 김취려보다 조충의 나이가 위였으므로 합진은 조충도 형으로 불렀다. 그날 밤 몽고식으로 연회를 베풀고 술을 마셨다. 조충과 합진은 둘다 술고래여서 술마시기 내기를 했는데, 조충이 마지막 잔을 손님 대접한다며 양보함으로써 합진을 기쁘게 했다. 이렇게 려·몽 연합군은 결속을 다졌다.

1219년(고종 6) 정월 신사일, 고려·몽고·동진국 등 3개국 연합군이 강동성의 거란군을 공격하여 항복을 받았다.[249] 합진은 거란군을 소탕한 후 조충에게 칭기즈칸이 몽고와 고려가 형제국으로 맹약하라 했다며 형제국임을 맹약하는 국서를 요청했다. 당시 고려는 최충헌(崔忠獻)이 정권을 잡고 있었다. 고종(高宗)은 국서를 보내자고 했으나, 최충헌은 국서는 자신의 이름으로는 만들 수 없고 국왕인 고종의 이름으로 작성해야 하므로, 국서 교섭이 결과적으로 왕권을 강화시키는 빌미를 줄 여지가 있기 때문에 소극적이었다.[250] 어떻든 국서는 합진에게 보내졌고 합진은 조충과 김취려에게 '두 나라가 형제로 되어서 만대에 이르기까지 오늘의 맹약을 잊지말자'[251]라고 다짐하며 돌아갔다. 하지만 합진은 압록강을 건너기 전에 몽고인 41명을 의주에 남겨두면서 '너희들은 고려말을 배우면서 내가 돌아올 때까지 기다려라'[252]라고 했다. 몽고의 야심이 배어 있는 의미 깊은 조치였다.

13세기 초 동북아시아의 평화는 칭기즈칸(成吉思汗)이 몽고를 통일하고 금을 침략함으로써 깨어졌다. 몽고군은 1215년 금의 수도 연경(燕京, 북경)을 함락하고 황하 이북의 땅을 차지하여 북중국에 그 기반을 확실히 구축했다. 연경을 빼앗긴 금은 개봉으로 후퇴하여 겨우 명맥을 유지해 나갔다.

몽고와 금 사이에 전쟁이 벌어지자 요동과 만주지역에 힘의 공백이 생겨났다. 이 기회를 노려 거란족이 다시 요를 세우겠다며 꿈틀거렸고, 1216년에는

정도로 길어서 예복을 입을 때마다 여종 두 명이 수염을 좌우로 갈라 들게 한 후에 허리띠를 매었다.(『고려사』 권103, 열전16, 김취려전)

249) 『고려사』 권22, 세가, 고종 6년 정월 신사.
250) 정선용, 「조충의 대몽교섭과 그 정치적 의미-최충헌 정권과 국왕의 관계에 주목하여-」, 『진단학보』 93호, 진단학회, 2002, pp.111~144.
251) 『고려사』 권103, 열전16, 김취려전.
252) 『고려사』 권22, 세가, 고종 6년 2월 기미.

금의 요동선무사(遼東宣撫使) 포선만노(蒲宣萬奴)가 금과 결별하고 독립하여 동진국(東眞國)을 세웠다.[253] 고려의 북방, 요동과 만주는 힘의 각축장으로 변해 갔고 전운이 감돌았다. 1219년 강동성 전투는 몽고·동진국·고려가 연합하여 먼저 거란을 공동의 적으로 취급하고 괴멸시킨 것이다.

하지만 몽고의 야심은 곧 나타났다. 1221년(고종 8) 8월 몽고가 파견한 사신 저고여(著古與)가 강동성의 거란군 퇴치를 구실로 삼아 수달피 1만장, 가는 명주 3천필, 모시 2천 필, 솜 1만근, 붓 2백 자루, 종이 10만장 등을 공물로 요구했다. 저고여는 고려 정부가 개최한 환영 연회에도 참석하지 않는 등 대단히 고압적인 자세로 뻐기었다.[254] 고려는 몽고의 요구를 수용할 수 없어 핑계를 대고 사신들에게 예물을 안겨주는 등 성의를 표하며 얼버무리고 있던 중에 불행한 사건이 터졌다. 1225년(고종 12) 정월, 몽고 사신이 압록강을 건너 몽고로 돌아가는 와중에 도적에게 피살된 것이다.[255] 몽고가 고려를 의심했고 그로 인해 국교가 끊어졌다.

한편 1221년(고종 8) 10월, 정문거(鄭文擧) 등 송상 115명이 대거 고려에 내항했다.[256] 이들은 급박하게 돌아가는 동북아시아의 정세와 고려의 상황을 정탐하기 위해 남송에서 계획적으로 보낸 것으로 추측된다. 남송은 고려를 통해 북중국과 요동지역의 정세 변화에 대한 정보를 입수함과 동시에 고려의 입장과 노선에 대해 정확히 파악하고 싶었을 것이다.

100여 년간 고려·남송·금 등 3개국의 정립으로 평화를 구가했던 국제정세는 고려·남송·금·몽고·동진 등 5개국이 부딪치며 갈등하는 국면으로 바뀌었고 몽고가 새로운 실력자로 떠올랐다. 하지만 이 5국 체제는 오래가지 못했다. 몽고가 서역 정벌을 끝낸 후 그 여세를 몰아 금을 공격하자, 12세기 초 여진족이 금을 세우고 요를 공격할 때와 똑같은 상황이 벌어졌다. 100여 년 전 금이 송과 연합하여 요를 치면서 배후의 고려를 제어하려 했듯이, 몽고는 남송

---

253) 동진국의 처음 이름은 대진국이다. 처음에 심양·연길 지방을 지배했으나 몽고군에 밀려 두만강 유역으로 이동했는데 1233년 몽고군에 의해 멸망했다. 그러나 『고려사』에서는 1259년(고종45)까지 동진국 기사가 있다. 일부 잔존 세력이 있었던 모양이다.

254) 『고려사』권22, 세가, 고종 8년 8월 갑자.

255) 『고려사』권22, 세가, 고종 12년 정월 계미.

256) 『고려사』권22, 세가, 고종 8년 10월 갑인.

과 연합하여 금을 정벌하는 한편, 배후의 고려를 제압하려고 1231년(고종 18) 6월에 살례탑(撒禮塔)을 보내 침공했다.[257]

당시 고려는 최충헌의 아들 최우(崔瑀, 최이 崔怡)가 정권을 잡고 있었다. 고려는 구성(龜城), 안주(安州) 등지에서 몽고군을 격퇴하고 각처에서 저항을 벌였으나 몽고군이 개경을 포위하게 되자, 공물을 바치라는 몽고의 요구를 일단 받아들기로 하고 강화(講和)를 했다. 몽고군은 돌아가는 길에 동진국을 정벌하여 1233년에 멸망시켰다.[258]

몽고는 강화를 맺고 군대를 철수시킨 대가로 수달피 1만장, 말 2만마리, 비단 2만필, 1백만명 분의 의복 등 실로 엄청난 공물을 강요했다. 또 왕실과 귀족·고관의 아들 딸 1천명을 인질로 보내라고 요구했다.[259] 그리고 몽고인 감독관 다루가치(達魯花赤) 72명을 배치시켰다.

몽고로부터 막대한 공물 납부를 강요받은 고려는 국론이 갈리고 고민에 빠졌다. 그렇다고 무리한 요구를 모두 들어 줄 수는 없었다. 왕은 몽고와 협상하여 공물을 줄이는 타협을 바랬지만, 최우의 생각은 달랐다. 1232년(고종 19) 최우는 마침내 장기 항전을 결의하고 수도를 강화도로 옮겨버렸다.[260] 고려는 그 이후 6차례나 몽고의 침략을 받고 국토는 초토화 되어 갔다.

몽고의 쿠빌라이는 1234년에 금을 멸망시키고 남송을 압박해 갔다. 고려는 결국 혼자서 대제국 몽고와 맞서 싸워 30여 년 간 7차례나 대규모 침공을 받아 가며 전쟁을 꿋꿋이 치러 내었다. 그러나 1258년(고종 45)에 최씨 정권의 4대 집권자인 최의(崔竩)가 왕당파에 의해 피살되자, 1259년에 항복하고 말았다. 고려는 강화도를 버리고 나오라는 몽고의 압력을 10년 이상 버티다가 어쩔 수 없이 굴복하고, 결국 항복한 지 11년만인 1270년(원종 11)에 개경으로 수도를 옮겼다.[261]

---

257) 『고려사』 권23, 세가, 고종 18년 6월 임오.

258) 동진국은 고려와 교역하기를 희망했다. 동진국은 1224년(고종 11)에 '동진은 청주(靑州)에, 고려는 정주(定州)에 각각 각장(榷場)을 설치하여 종전과 같이 물품을 매매하자'라고 제의해 왔다.(『고려사』 권22, 세가, 고종 11년 정월 무신) 당시 각장이 개설되었는지는 기록이 없어 알 수 없다.

259) 『고려사』 권23, 세가, 고종 18년 12월 갑술.

260) 『고려사』 권23, 세가, 고종 19년 7월 을유.

261) 원종(元宗)이 강화도를 수비하던 3별초군(三別抄軍)에게 해산 명령을 내렸지만 삼별초는 반발했다. 승하후(承化候) 온(溫)을 새 왕으로 추대하고 근거지를 진도(珍島)로 옮겨 항

쿠빌라이는 1271년에 몽고의 국호를 원(元)으로 고쳤다. 원은 고려가 수도를 개경으로 옮기자 내정을 본격적으로 간섭하기 시작했다. 이 때부터 보통 '원 간섭기(元 干涉期)'라고 부른다.

원은 자비령 이북을 동녕부(東寧府, 1270~1290), 함경도 지역을 쌍성총관부(雙城總管府, 1258~1356), 제주도를 탐라총관부(耽羅總管府, 1273~1301)로 하여 직접 통치했다. 고려는 국토의 일부와 군사상 요충지를 사실상 빼앗겼다. 또 오랜 전쟁으로 수많은 사람들이 죽고 다쳤으며 1254년(고종 41)에는 무려 206,800명이 포로로 잡혀갔다.[262] 경주의 황룡사 9층탑과 부인사의 대장경 등 귀중한 문화재도 불타버리고 훼손되었다. 전 국토가 유린당하고 경제는 피폐해졌다.

몽고 전란기 동안 국내 상업은 크게 위축되었고 해외무역 또한 혼란에 빠져 쇠퇴했다. 하지만 전쟁 종료 후 개경으로 천도하기 전인 1260년(원종 원년) 10월, 송상 진문광(陳文廣) 등이 당시 실력자 김인준(金仁俊)을 길가에서 만나 대부시(大府寺)와 내시원(內侍院)의 수탈을 견딜 수 없다며, '값을 주지 않고 명주실·비단 등 6,000여 필을 빼앗아 갔습니다. 우리는 빈 주머니로 돌아가게 되었습니다'[263]라고 하소연했다. 진문광의 예를 통해 몽고 전란기에도 송상은 끊이질 않고 강화도에 내항한 것을 알 수 있다. 물론 전쟁 중 취약해진 해상 통제와 감시를 틈타 밀무역 역시 성행했을 것이다.

나. 원 간섭기의 려·몽 교역

원 간섭기의 고려는 전란으로 인해 국내 상업과 해외교역이 황폐화된 상황에서 모든 것을 다시금 시작해야 했다. 종래와는 판이하게 다른 환경과 여건에서, 전쟁의 잿더미를 딛고 상업과 교역의 기반을 새로이 일으켜 세워야 했다.

고려와 원 사이는 조공을 바치고 책봉을 받는 전통적인 외교관계가 아니고

전하다가 제주도로 쫓겨 갔으며, 1273년(원종 14) 4월에 크게 패하고 1,300여 명이 항복한 가운데, 70여 명이 마지막 지휘자인 김통정(金通精)과 함께 최후까지 싸우다 옥쇄했다.(『고려사』 권27, 세가, 원종 14년 4월 경술) 삼별초는 그야말로 40여 년간 몽고에 맞서 싸워온 고려 무사들의 처절한 마지막 투혼이었다.

262) 『고려사』 권24, 세가, 고종 41년 12월 갑오.

263) 『고려사』 권25, 세가, 원종 원년 10월 갑인. 김인준은 원종 즉위의 1등 공신으로 비록 실력자였지만 대부시와 내시원의 횡포를 금하게 할 수 없었다. 대부시는 궁중의 재화를 저장·공급하는 기관이다.

고려가 원에 복속된 종속관계였다. 고려는 정치적으로 황제국 또는 독립국의 지위에서 제후국으로 강등되었다. 왕의 명칭도 태조(太祖), 고종(高宗)처럼 조(祖)와 종(宗)을 붙이지 못하고 원에 충성한다는 뜻으로 첫머리에 충(忠)자를 붙여 충렬왕, 충혜왕 등으로 시호(諡號)를 받았다. 그 동안 왕과 태자를 부르던 칭호도 '폐하(陛下)'를 전하(殿下)'로 '태자(太子)'를 세자(世子)'로 낮추어 불러야 했다.

원 간섭기 초기 고려의 경제상황은 매우 어려웠다. 더군다나 원이 복속국에 강요한 6가지 부담(大事) 등 여러 가지 무리한 요구를 하여 어려움이 가중되었다.[264] 6가지 부담은 ① 왕의 친조(親朝), ② 귀족 및 고관 자제의 인질, ③ 호구의 편적(編籍), ④ 병력의 조달 및 군량의 보조, ⑤ 세금과 공물의 수송, ⑥ 감독관 다루가치(達魯花赤)의[265] 배치 등이었다.[266] 그러나 고려는 이들 대부분을 잘 지키지 않아 원으로부터 질책을 받기도 했다.[267]

원 간섭기 동안에 진행된 려·원 간의 공무역은 조공을 바치고 답례품을 받는 것이 아니라 의무적으로 일정량의 공물을 바치는 것에 다름 없었다. 국가 간의 정상적인 교역이라기보다 일방적인 공물 납부의 성격이 농후했다.[268]

하지만 민간 사무역은 국경을 넘나드는데 별다른 제한을 받지 않았던 덕분에 상당히 번성할 수 있었다. 고려말에 유통된 중국어 교습서 『노걸대(老乞大)』에는 고려에서 원의 국경을 넘어갈 때 문인(文引)이라는 증명서를 제시한다는 내용이 있다. 상인들에게 발급된 문인은 일종의 무역 허가서였다. 고려 정부는 문인의 발급을 통해서 재정 수입도 올리고, 상인들에게 일정한 통제를 가하려 하였지만, 매우 느슨하게 운용된 것으로 보인다.[269] 그러므로 상인들의 국경 통행이 비교적 자유로웠던 려·원 간의 무역은 국가 간의 국제교역이라기보다

264) 『고려사』 권24, 세가, 고종 40년 8월 무오.
265) 다루가치를 일반 행정감독관으로 가볍게 여기면 그 본질을 잘 이해하지 못한다. 다루가치는 대단히 고자세였고 힘은 강력했다. 고려왕과 대등한 위치에서 말하며 술잔도 서서 받았고, 술을 마시고 왕에게 절도 하지 않았다. 고려왕을 확실히 견제했던 것이다.(『고려사』 권28, 세가, 충렬왕 즉위년 8월 기사)
266) 박종진, 『고려시기 재정운영과 조세제도』, 서울대학교 출판부, 2000, p.206.
267) 장동익, 「원의 정치적 간섭과 고려정부의 대응」, 『역사교육논집』 17호, 역사교육학회, 1992, p.4.
268) 김위현, 「려원간의 물자교류고」, 『인문과학연구논총』 7, 1990, pp.36~40.
269) 위은숙, 「원 간섭기 대외무역-노걸대를 중심으로-」, 『지역과 역사』 4호, 부산경남역사연구소, 1997, p.92.

하나의 시장경제권 내의 국내 상거래와 유사했다고 할 수 있다.

충렬왕(忠烈王)은 원종의 장남이다. 1260년(원종 원년)에 태자로 책봉되었고 1271년에 인질로 원에 가서 원 세조(世祖) 쿠빌라이를 숙위했다. 그곳에서 1274년(원종 15) 5월에 쿠빌라이의 딸 제국대장공주와 결혼했다. 나이 27세였고, 그해 6월에 원종이 사망하자, 11월에 귀국하여 왕위에 올랐다.

충렬왕은 개경에 입성(入城)할 당시 몽고식으로 머리를 깎고 몽고 옷을 입고 있었다. 서울 근교 죽판궁(竹坂宮)에 이르렀을 때 '왕이 만일 되옷을 입고 입성한다면 나라 사람들이 놀라고 괴이하게 여길 것이다'[270]라며 신하들이 고려 예복으로 갈아입으라고 몇 차례 간청했으나 왕이 듣지 않았다.

충렬왕은 즉위한 뒤 거의 매년 원에 다녀왔다. 처음 원 수도 대도(大都, 북경)에 간 것은 충렬왕 4년(1278) 4월 초하루이다. 충렬왕, 왕비 제국대장공주, 세자가 함께 갔으니 말하자면 처음으로 처갓집에 간 셈이고 공주의 입장에서는 아들까지 데리고 가는 첫 친정 나들이였다. 가지고 간 국신물(國贐物)의 내역은 기록이 없어 구체적인 내용을 알 수 없지만, 역마 70필에 짐을 싣고 떠났으므로[271] 그 반쯤을 여행경비로 치면 반쯤은 국신물로 볼 수 있을 것이다. 충렬왕은 요양을 지나면서 윤수(尹秀)를 먼저 북경으로 보내 말을 사도록 지시했다.[272] 이것은 아마도 짐을 싣고 가는 말들이 피로해졌기 때문에 교대용 말을 구입하려한 것으로 추측된다. 당시 쿠빌라이는 사위 충렬왕에게 해동청 한쌍, 부마금인(駙馬金印), 말 안장을 선물했다.[273]

충렬왕이 원에 다니러 갈 때 수행원을 많이 데려갔다. 가장 많았던 때는 충렬왕 10년 4월로 무려 1,200명이나 되었다. 은 630근·모시 2,440필·저폐(楮

270) 『고려사』 권28, 세가, 충렬왕 즉위년 11월 정축. 원종 대에 몽고식으로 머리 모양과 옷을 바꾸자는 건의가 있었는데, 원종은 '나는 차마 조상 전래의 가풍을 바꾸지 못하겠으니 내가 죽은 후에 그대들이나 그렇게 하라'고 했다.(『고려사』 권28, 세가28, 충렬왕 즉위년 12월 정사). 충렬왕이 고려 예복으로 갈아입지 않은 것은 옆에 제국대장공주가 있었기 때문일 수도 있지만, 원의 힘을 빌리고 원나라 식으로 정치를 해 보겠다는 의지를 나타내 보인 것일 수도 있다. 충렬왕 4년(1278) 2월 전국에 원나라 옷과 모자를 쓰도록 했다.

271) 『고려사』 권28, 세가, 충렬왕 4년 3월 기해.
272) 『고려사』 권28, 세가, 충렬왕 4년 5월 신축.
273) 『고려사』 권28, 세가, 충렬왕 4년 8월 임인.

幣) 1,800정을 가지고 갔다.[274] 다음은 충렬왕 22년 9월로 신하 243명, 수행원 590명 등 833명이 따라 갔고 말 990필이 동원되었다.

고려의 공식 선물은 금병·금종·은거울·범가죽과 표범가죽 각각 13장, 수달피 76장, 흰모시 100필, 자라(紫羅) 10필 등이었다.[275] 또 원은 충렬왕에게 금 4정(錠), 금단 2필, 명주 2필을 선물했고 신하들에게 은 50정, 금단 18필, 수단 10필, 릉소단(綾素段) 578필, 명주 468필 등을 주었으며 부인과 환관들에게도 선물을 주었다.[276]

충렬왕이 원에 가서 체류하는 동안 쿠빌라이는 여러 차례 연회를 베풀어 주었다. 1296년 11월 임진일 연회 때는 연회에 쓰는 과자를 고려의 유밀과(油密果)만 사용하도록 했고, 고려 악관들이 음악을 연주했다.

원 간섭기에는 왕실 간의 국신물 교류 외에 정부 또는 민간의 필요에 의해서 교역이 대규모로 이루어졌다. 1271년(원종 12) 3월, 요동에 소재한 봉주(鳳州) 경락사(經絡司)에서 명주 12,350필을 가지고 둔전(屯田) 경작에 쓸 농우(農牛)를 구입했다. 한편 원의 최고 행정기관인 중서성(中書省)은 고려에 공문을 보내 '고려 사람들이 몽고에서 병기와 말을 무역하는 것을 금지한다'[277]고 통고했다.

경락사는 원이 일본 정벌을 준비하기 위해 요동에 설치한 기관이다. 당시 둔전 경작에 필요한 농우는 6,000두였는데, 이 중 3,000두를 고려에서 매입하려 한 것이다. 따라서 중서성이 고려인들의 병기와 말 무역을 금지한 것은 병기와 말에 관한 공무역을 촉진하기 위하여 사무역을 억제하려한 것으로 볼 수 있다. 하지만 중서성의 금지 공문은 민간 상인들에 의한 병기와 말 무역이 당시 상당한 규모로 이루어지고 있었던 현실을 반영해 주고 있고, 병기와 말 외의 물품에 대해서는 무역을 허용한다는 뜻을 나타내고 있다. 당시 민간 사무역은 개방되었고 별다른 제한 없이 행하여지고 있었는데, 이 때에 이르러 원이 공식적으로 병기와 말 교역에 대해 통제를 가한 것이다.

사신들의 왕래에 따른 밀무역 역시 여전히 상존했다. 고려 정부는 1263년(원종 4) 4월 예빈경(禮賓卿) 주영량(朱英亮)과 낭장 정경보(鄭卿甫)를 원에 파견했다. 당시는 아직 강화도 피난 시절이었고, 그들은 민호를 조사하여 등록하고 군인과 군량미를 징발하라는 원의 지시에 대해 특별히 유예해 줄 것을 요청하는 막중한 임무를 수행하러 갔다. 하지만 뇌물을 받고 상인 17명을 사절단에 대동하고 가서 장사를 하도록 편의를 봐 주었다. 이 사실이 들통 나서 주영량과 정경보는 벌금을 내고 귀양을 갔으며, 상인들은 은병 170개와 진사(眞絲) 700근을 몰수당했다.[278) 주영량과 정경보의 사례는 그들이 부패했다라기 보다 오히려 기회만 있으면 위험을 무릅쓰고 장삿길에 나서려는 고려상인들의 장사에의 열정과 집착을 실감하게 한다.

원은 고려에게 감당하기 힘든 경제적 부담을 끊임없이 강요했다. 삼별초 평정시와 일본 정벌시에 특히 심했다. 삼별초와 전투 중에는 몽고군 6,000명이 먹을 군량과 군마 18,000필에 먹일 곡물을 5개월 분 72,000석이나 대주어야 했다.[279) 뿐만 아니라 몽고군에게 딸려 있는 부속 요원들의 여비와 급료까지도 책임져야 했다.

일본 정벌로 인한 피해는 더욱 심각했다. 일본 정벌은 두 차례 감행되었다. 우선 정벌을 준비하는 둔전군 3,000여 명에게 농기구·식량·종자를 공급해 주어야 했다. 1274년(충렬왕 원년) 1차 원정시 고려는 35,000명의 공인(工人)을 동원하여 900여 척의 선박을 건조했고, 몽고군 2만명의 군량을 대 주었다. 1281년(충렬왕 7) 2차 원정시에 고려는 11만섬의 군량과 900척의 함선을 제공하고 정군 1만명, 기타 15,000명 등 25,000명의 병력을 동원해 참전해야 했다.[280) 이것은 장기간의 전쟁으로 피폐해진 고려의 경제사정으로는 감당하기 힘든 부담이었다. 또 원은 1차 원정시에 명주 33,154필을 가져와 군량미로 쌀을 사들였고, 2차 원정시에도 병력 10만여 명의 부족한 군량미를 화폐와 명주 등으로 구입했다.[281) 이 또한 고려의 물가를 왜곡시키고 경제난을 가중시켰다.

고려상인이 별다른 장애 없이 국경을 넘어 중국에 가서 장사를 하고, 원정부가 고려에서 직접 쌀을 구매한다는 것은 려·원의 경제권이 사실상 하나로 결합된 신호이고 증거라고 할 수 있다. 하지만 이것은 국가 간의 교역에서 국

---

278) 『고려사』 권25, 세가, 원종 4년 12월 임술.
279) 『고려사』 권27, 세가, 원종 12년 8월 정사.
280) 『고려사』 권29, 세가, 충렬왕 6년 11월 기유.
281) 『고려사』 권29, 세가, 충렬왕 6년 11월 경술.

가 독점권의 상실을 의미하기도 한다. 결과적으로 고려 왕실과 정부는 조공무
역의 이익을 독점적으로 향유하지 못하게 되어 재정 타격을 받았다. 전란으로
피폐해진 경제사정과 원의 수탈 등으로 인해 왕실재정은 형편이 매우 어려웠기
때문에 조공무역에 의한 교역 이익을 보다 많이 확보해야 할 처지였으나, 오히
려 교역 현실은 왕실과 정부가 교역 이익을 독차지 할 수 없게 된 것이다.

왕실재정의 궁핍은 무신정권(武臣政權) 때부터 시작되었고, 강화도 항쟁 시
기를 거쳐 원 간섭기 초기에는 거의 고갈된 상태였다.[282] 이와 같이 궁핍한 왕
실재정을 타개하고 다시 일으켜 세우기 위해 쿠빌라이의 딸 제국대왕공주는 친
히 무역에 나섰던 것으로 보인다.[283]

다. 원의 세계 경제권과 고려상인

고려와 원은 하나의 경제권으로 연결되었다. 이는 원이 구축한 세계 제국
의 경제권에 고려가 편입된 것을 의미한다. 원은 중국 전체를 하나의 경제권으
로 통합하고 그에 더하여 서역 등 정벌지를 포함하여 세계적인 통합경제권을
구축했다. 고려는 원이 이룩한 통합된 세계 경제권을 대상으로 하여 교역을 전
개하고 그 성과를 획득할 수 있었다.

원은 남송을 멸망시킨 뒤 강남의 물자를 북경까지 수송할 수 있는 새로운
운하를 건설하여 매년 900만석 이상의 양곡을 강남에서 북경으로 실어 날랐다.
이 운하는 풍부한 강남의 물자를 효율적으로 수취할 목적으로 건설했지만 결과
적으로 남북 경제권을 잇는 대동맥이 되었고, 경제 수준을 한 단계 끌어올리는
엄청난 파급효과를 가져왔다. 재원 고려인(在元 高麗人)들은 북경쪽 운하가 끝나
는 통주(通州)에 고려인 촌을 형성하고 살았다. 고려상인들과 재원 고려인들은
운하를 이용해 운송업, 창고 보관업, 선박 건조 및 수리업 등 각종 사업을 벌
리고 막대한 수입을 올릴 수 있었다.

282) 고종 42년(1255) 9월, 밖에서 반찬거리가 들어오지 않고 내장고에 있는 것이 다 떨어져
서 왕이 점심 반찬을 줄일 정도로 어려웠다.(『고려사』 권24, 세가, 고종 42년 9월 신해)
283) 공주는 특별히 교역술과 상술을 익혔을 것으로 짐작된다. 충렬왕이 공주와 함께 북경에
가 쿠빌라이를 처음 만났을 때 쿠빌라이는 사위 충렬왕에게 '임금이 약하고 신하가 강
하여 먹고 입는 것까지 모두 다 신하에게 청구하면 부끄러운 일이다'라는 내용의 충고
를 해 주었다.(『고려사』 권28, 세가, 충렬왕 4년 7월 갑신) 아마도 쿠빌라이는 딸에게
도 이 같은 충고를 해 주었을 것이다.

원은 제국의 경제권을 효율적으로 통합하기 위해 동전 본위의 화폐를 지폐
본위의 단일 통화로 바꾸고 이를 강제적으로 통용시켜 나갔다.[284] 쿠빌라이는
은(銀)과 태환(兌換)이 가능한 법정 지폐인 중통초(中統鈔)를 발행하고 원 제국의
전지역에 통용시켰다. 고려 역시 중통초를 국내에 유입하고 제한 없이 유통시
키므로써 원의 통화권으로 서서히 빨려 들어갔다.

고려가 원제국의 경제권에 실질적으로 결합된 사실은 중국 쪽에서도 널리
인식하고 있었다. 1358년(공민왕 7) 7월, 중국 강남의 강절만호(江浙萬戶) 정문빈
(丁文彬)은 공민왕에게 '저는 먼 바다 고을에 있으면서 당신의 나라를 흠모하고
있은지 오랩니다. … 지금 우리는 여전히 같은 문화와 제도 아래 살고 있으니
상인이 왕래하여 교역이 트이면, 이것 역시 백성을 돕는 일이 될 것입니다'[285]
라는 내용의 서신과 함께 토산물을 보냈다. 정문빈이 '같은 문화와 제도 아래
살고 있다'라고 한 표현은 고려가 같은 경제권역 내에 있다는 중국 내의 일반적
인 인식을 반영한다고 할 수 있다.

또 다른 예로서 쌀의 대규모 유통을 들 수 있다. 1289년(충렬왕 15) 2월, 원
은 요동에 기근이 들었다며 고려에 양곡 10만석을 지원해 줄 것을 요청했다.
고려는 귀족·관리·상인 및 일반 백성들에게까지 양곡을 거두어 요동에 보내
주었다.[286] 하지만 2년 뒤인 1291년과 1292년, 고려에 기근이 극심 하자 원은
중국 강남 지방의 쌀을 매년 10만석씩 총 20만석을 배로 실어 와서 굶주린 백
성들의 구제를 도왔다. 려·원 간의 쌀 원조는 강력하게 연계된 려·원 경제권
의 실상을 여실히 보여주는 증거라고 할 수 있다.

원이 강남 쌀 20만석을 원조해 준 것은 고려가 요동에 기근이 들었을 때
쌀 10만석을 원조해 준데 대한 답례와 정치적 배려로 가볍게 취급할 수도 있겠
으나, 이것은 고려인들에게 중국 대륙과의 거리를 크게 좁혀 준 큰 사건이었
다. 강남 양곡의 도입은 남부 중국의 풍부한 물자와 발달한 상업 환경이 고려
인들에게 흥미 있는 이야깃거리가 되었을 뿐 아니라, 고려인들의 의식을 중국
경제와 밀접하게 접목시켜 주는 계기가 되었다.

---

284) 이춘식, 『중국사서설』, 교보문고, 2000, pp.316~319.
285) 『고려사』 권39, 세가, 공민왕 7년 7월 갑진.
286) 『고려사』 권79, 지33, 과렴(科斂) 충렬왕 15년. 실제로는 64,000석을 보낸 것 같다.(『고
  려사』 권30, 세가, 충렬왕 15년 3월 신묘)

원은 대외무역을 중시하고 권장했다. 1274년 남송과 전쟁을 시작하여 1276
년에 남송의 수도와 연해지역을 점령하자, 그 즉시 해외 무역을 관리하는 시박
(市舶)기구를 새로 정비했다.[287] 따라서 남송이 망한 뒤에도 해상무역은 중단되
지 않았다. 고려도 정부 관리를 항주(抗州)에 파견하여 원의 지방 관원과 시박
세(市舶稅) 문제를 협의하게 했다.[288]

원의 시박사 정비는 해외무역을 통해 조세 수입을 올려 보려는 적극적인
조치였다. 원 정부는 처음에 사무역을 금지하고 관무역만 허용함으로써 해외무
역을 독점하려고 시도했다. 시박사로 하여금 선장과 선원을 모집하여 무역에 나
서도록 하고 그로 인한 이득의 70%는 정부가 차지하고 나머지 30%는 선장 및
선원들이 가지도록 했다. 그렇지만 시박사를 통한 관무역은 비능률과 부정부패
의 만연으로 오래가지 못했다. 이후 원의 해외무역정책은 사무역을 허용할 것
이냐를 두고 혼선을 거듭하다가 1322년경부터 원이 망할 때까지 민간 사무역을

표 2-5 **원의 해외무역정책 변화 내역**

연 대	정부에서 인정한 무역 형태
1277~1283	사 무 역
1284	관 무 역
1285~1302	사 · 관무역
1303~1307	해외무역 전면금지
1308~1310	사무역만 금지
1311~1313	해외무역 전면금지
1314~1319	관 무 역
1320~1321	해외무역 전면금지
1322~1368	사 무 역

자료: 김동원, 「신안 인양 유물을 중심으로 한 원대 해외무역에 관한 소고」, p.13.

---

[287] 진고화, 「원조와 고려의 해상교통」, 『진단학보』 71호, 진단학회, 1991, p.348.
[288] 진고화, 앞의 논문, p.348.

허용했다.[289] 〈표 2-5〉는 해외무역에 대한 원의 정책 변화를 보여주고 있다.

려·원 양국 간의 해상무역은 14세기 중반부터 커다란 변화를 맞이했다. 원이 쇠퇴하면서 중국 강남에 새로운 실력자들이 등장했고 그들이 해상무역을 주도해 갔기 때문이다. 1358년(공민왕 7)부터 장사성(張士誠)·방국진(方國珍)·정문빈(丁文彬)·왕성(王星) 등이 고려에 독자적으로 사신을 파견했다. 특히 장사성과 방국진이 가장 활발했다. 고려도 1360년 4월 장사성에게 김백환(金伯環)과 권중화(權仲和)를 사신으로 보내 답례를 표시했다.[290]

장사성은 본래 소금장사 출신이었다. 장강 삼각주 지역을 장악하고 1358년부터 1365년 사이의 8년간 총 17차례 고려에 사신을 파견했다. 1364년 7월에 스스로 오왕(吳王)이라고 칭했다.[291] 방국진은 태창항(太倉港, 지금의 강소성 태창)을 중심으로 활동하며 고려에 다섯 차례 사신을 파견했다. 장사성과 방국진 등이 고려에 헌납한 물품은 채단(綵段)·침향(沈香)·옥제품·수정(水精) 따위 강남 토산물인데, 실제로 교역한 물품은 송상의 무역품과 유사했을 것이다. 이들의 교역 활동은 주원장(朱元璋)이 1367년 장사성을 타도하고 1368년에 명나라를 건국함으로써 그 막을 내렸다.

고려상인이 중국 대륙으로 장사 다니는 모습은 『노걸대』를 통해 그 실상을 엿볼 수 있다. 『노걸대』는 『박통사(朴通事)』와 더불어 고려 말부터 조선시대에 걸쳐 중국어 학습교재로 사용된 책이다. 누가 만들었는지는 아직 밝혀지지 않고 있다. 『노걸대』는 실용회화서로서 중국에 장사하러간 고려상인이 중국 상인과 동행하면서 여행 일정과 매매와 흥정 그리고 계약·의학·숙박·음식·연회 등 장사하러 다닐 때 부딪치는 여러 사항에 대해 묻고 답하는 형식으로 짜여져 있다. 반면 『박통사』는 중국의 세시 풍속과 오락·관혼 상제·종교·승마 및 궁술 따위에 관해 묻고 답하는 고급 회화서이다.[292]

『노걸대』에 등장하는 고려상인은 4~5명이 한 무리를 이루는 소규모 상단

---

289) 김동원, 「신안 인양 유물을 중심으로 한 원대 해외 무역에 관한 소고」, 『대구사학』 34호, 대구사학회, 1988, p.13.

290) 『고려사』 권39, 세가, 공민왕 9년 4월 임신.

291) 『고려사』 권40, 세가, 공민왕 7년 7월 갑진. 장사성이 고려와 왕래한 항구는 경원(慶元, 지금의 절강성 영파)이다.

292) 위은숙, 앞의 논문, pp.53~94.

통주 운하

통주 대고력장촌(大高力莊村)
(본래 지명은 '대고려장촌'이었으나 려(麗)를
발음이 같은 력(力)으로 바꾸었음)

으로 모시 130필, 인삼 100근, 말 10여 필을 가지고 대개 정월달에 개경에서
출발하여 걸어서 요동을 거쳐 북경에 갔다. 당시 양국 간의 교역은 압록강을
건너가는 육로와 요양(遙陽)으로 가는 북쪽 해로가 교통로로 이용되었다. 고려
상인은 주로 육로를 선호했다. 북경에 도착하면 가지고 간 물건뿐만 아니라 말
까지도 모두 팔았다. 고려로 돌아올 때는 요동으로 오지 않고 걸어 산동성으로
가서 5월경에 산동성 고당(高唐), 고창 등지에 도착했다. 그 곳에서 견직물과
바늘·화장품·칼·가위·도량형기와 말장식·빗·구슬 갓끈·놀이 기구 따위
각종 잡화물을 구입한 후 직고(直沽)에서 배를 타고 돌아와 10월경에 개경에 도
착했다. 고려상인은 가지고 간 물건을 팔아 막대한 이윤을 얻었고, 또 매각 대
금을 밑천으로 하여 외국 상품을 수입함으로써 이윤을 챙겼다. 한차례 북경을
다녀오는 장사는 모든 경비를 제외하고도 순이익이 50% 이상 남았다.[293]

　　고려상인이 북경에 가거나 귀국 길에 꼭 들리는 곳이 통주이다. 통주는 북
경 동남쪽의 교통 요충지로 중국 대운하의 북쪽 끝에 있다. 당시 통주에 재원
고려인이 모여 사는 고려촌이 여러 곳 있었고, 고려촌은 북경을 드나드는 고려
사신, 상인, 여행객들로 북적대었다. 지금도 통주 주변에는 대고력장촌(大高力
莊村), 고려영(高麗營) 등 고려를 뜻하는 지명이 여러 곳 있고 고려사라는 절터
도 있다. 이 고려촌은 몽고가 포로로 끌고 간 고려 유민을 운하 개착과 하역

---

293) 홍희유, 『조선상업사』, 백산자료원, 1989, p.119. 고려상인들은 명주 1필을 사다가 2전
　　어치 붉은 염색을 들여서 베 2필에 팔았다. 그것은 은 1냥 2전에 해당되었다. 능단 2
　　냥 어치에 3전 어치 야청색물을 들여 베 6필에 팔았는데, 그것은 은 3냥 6전에 해당되
　　었다. 이로써 50% 이상의 수익을 얻었다.

인부로 부리기 위해 이곳에 안치함으로써 형성되었다. 물론 원 간섭기에 유입
된 수많은 고려인들이 재원고려인으로 합세하였을 것이다. 이들 고려촌의 재원
고려인들은 운송업, 창고 보관업, 선박 건조 및 수리업 등 주로 운하를 이용한
사업을 영위하며 살아갔다.

『노걸대』라는 실용 회화서가 만들어져 시중에 유통된 것은 중국으로 장사
하러 다닌 고려상인이 대단히 많았던 사실을 말해 주고 있다. 또 당시 대외무
역에 나선 고려상인은 문맹이 아니고 외국어 회화교습서를 가지고 스스로 외국
어를 학습할 정도로 상당한 실력을 갖춘 유식자였다는 사실을 확인시켜 준다.

라. 고려상인과 회회인의 알탈

원 간섭기 고려 경제와 고려사회의 개방화에는 회회인(回回人)의 역할이 매
우 컸다. 회회인은 투르크·위구르·나이반 등 서역계 사람들로서 색목인(色目
人)이라고도 불렸다. 피부색, 눈빛, 머리 색깔이 다르기 때문에 몽골인 및 중국
인과 구별하기 위해 색목인이라 부른 것이다. 『고려사』에서는 회회인과 색목인
을 구별하지 않고 혼용하고 있다.[294]

원은 정복한 영토가 넓고 인종도 다양하여 이를 효과적으로 통제하고 지배
하기 위해 민족별로 신분에 4단계의 차등을 두는 신분차별제도를 창안했다. 제
1계급은 당연히 몽고족으로 최상의 대우를 받았고 정부 요직을 독차지했다. 제
2계급은 색목인으로 '원의 중국 통치에 대한 협력자 내지는 보조자'로서 같은
지배계급으로 우대했고 특히 재정과 경제 분야를 담당하도록 했다.[295] 제 3 계급
은 한인(漢人)으로 북중국의 금나라 치하에서 거주했던 사람들로서 거란인·여진
인 등을 포함했다. 제 4 계급은 남인(南人)으로 남중국의 남송(南宋) 사람들이다.
남송이 항복하지 않고 끝까지 저항했다고 하여 최저 말단계급으로 취급하고 차
별했던 것이다. 고려는 북중국인, 거란인, 여진인과 같은 제 3 계급에 속했다.

원대(元代)에 중국으로 진출한 회회인은 약 100만 정도로 소수 민족이었다.

---

294) 심의섭, 김중관, 「몽고 간섭기의 고려사회에 나타난 이슬람 경제 사상」, 『경제학의 역사
와 사상』 1권, 한국경제사사학회, 1998, pp.309~310. 회회(回回, Hui-Hui)란 명칭은
위구르족에 대한 중국어의 음역으로 투르크계 위구르인을 지칭하는 회흘(回紇, Hui-
Ho) 또는 회골(回鶻, Hui-Hu)로부터 파생되었다는 학설이 보편적으로 인정되고 있다.
295) 이춘식, 앞의 책, p.321.

그러나 몽고인과 같이 특별 대우를 받는 지배계급으로서 정부 관리로 많이 등용
되었다. 조세 업무 등 재정담당 부서를 주로 맡았지만 몽고군에 편입되어 정복전
쟁에 참가하기도 했다. 또 몽고 황실과 귀족들의 영리 사업을 위탁받아 관리해
주었는데, 특히 금융과 해외무역에서 두각을 크게 나타냈다. 회회인들이 고려에
본격적으로 등장하는 시기는 1270년경부터이다. 아마도 집단으로 고려에 온 것은
일본 정벌시에 몽고군에 편성되어 왔고, 또 제국대장공주가 고려에 시집올 때 경
제 보좌역 등을 맡아 공주를 수행해 왔을 것으로 추측된다.

회회인들의 상당수는 고려에 귀화하고 고려 여자와 결혼했다. 예를 들면
충렬왕 때 고려에 귀화하여 1310년(충선왕 2) 평양 부윤(府尹) 겸 존무사(存撫使)
가 된 민보(閔甫),[296] 색목인 상인으로 본명이 당흑사(党黑廝)인데 돈으로 벼슬을
사서 군(君)으로까지 출세한 최노성(崔老星),[297] 제국대장공주를 수행해 왔다가
귀화하고 종 2품에 오른 덕수(德水) 장씨의 시조 장순룡(張舜龍) 등이 있다.[298]
회회인들은 개경 교외에 집단으로 거주했다. 그리고 그 곳에 예궁(禮弓)이라는
이슬람 사원을 건립하고 이슬람법과 관습에 따라 생활했다.[299] 귀화한 회회인
들은 고려사회에 잘 적응하고 동화되었던 것 같고 고려인도 이들을 인정하고
싫어하지 않은 것 같다. 이는 고려인이 북경에 갔을 때 회회인의 집에서 기숙
(寄宿)하는 것을 통해 짐작할 수 있다.[300]

회회인은 원이 고려에서 쫓겨 나갈 때 함께 물러가지 않고 상당수가 고려
에 잔류했다. 고려에 생활 터전을 잡고 완전히 정착해서 남은 것이다. 그들은
조선초에도 왕의 신년 하례식(賀禮式) 등 공식 행사에 초대되기도 했다.

회회인은 제2계급으로 고려 내에서 고려인보다 우대받았다. 고려는 회회
인에 대한 특별한 우대는 부당하다며 원 황제에게 고려인을 회회인과 동등하게
대우하여 줄 것을 요망하는 표(表)를 올리기도 했다.[301]

개경 시내에 점포를 내고 직접 장사를 한 회회인들도 다수 있었다. 고려

---

296) 『고려사』 권33, 세가, 충선왕 2년 10월 무진.
297) 『고려사』 권124, 열전37, 왕삼석(王三錫)전.
298) 『고려사』 권123, 열전26, 폐행, 장순룡전.
299) 심의섭, 김중관, 앞의 논문, p.305.
300) 『고려사』 권124, 열전37, 노영서(盧英瑞)전.
301) 『익제난고』 권8, 표, 걸비색목표(乞比色目表).

충렬왕 때 쌍화라는 만두과자를 파는 회회인과 고려 여인의 연애를 풍자한 '쌍화점(雙花店)'이란 가요가 유행했다. 이 노래를 통해 개경의 도시 생활상을 엿볼 수 있다. 다음은 『악장가사(樂章歌詞)』에 실려 있는 '쌍화점' 가사이다.

쌍화점(雙花店)

쌍화점에 쌍화 사라 가고신딘	(만두가게에 만두를 사러가니)
회회 아비 내 손모글 주여이다.	(회회 아비 내 손목을 쥐었어요)
이 말ᄉ미 이 점밧긔 나명들명	(이 소문이 가게 밖에 나며 들며 하면)
다로러 거디러	
죠고맛감 삿기 광대네 마리라 호리라	(조그마한 새끼 점원 네 말이라 하리라)
더러둥셩 다리러디러 다리러디러 다로러거디러 다로러	
긔 자리예 나도 자라 가리라	(그 자리에 나도 자러 가리라)
위 위 다로러 거디러 다로러	
긔 잔 ᄃᆡ ᄀᆞ티 덤ㅅ거츠니 업다[302]	(그 잔데 같이 답답한 곳 없다)

회회인은 고려 상업에 여러 가지 영향을 끼쳤다. 영향을 가장 많이 받은 분야는 금융업일 것이다. 회회인들은 알탈(ortag)이라는 상인조합을 만들어 금융업을 경영했다. 알탈은 왕실이나 정부로부터 자금을 대부받아서 높은 이율로 일반인에게 다시 대부해 주어 대부 수익금을 챙겼으며, 그 수익금 중 상당액을 왕실과 정부에 상납했다. 또 알탈 상인들은 세금 대납과 무역에 주력했는데, 원 왕실 및 귀족들은 재산 증식과 세금 관리에 알탈을 많이 이용했다.

회회인은 고려에서도 알탈과 같은 금융조직을 만들고 운영했을 것이다. 충혜왕(忠惠王)이 회회인에게 포(布)를 대부해 준 뒤 이자를 받고 송아지 고기를 매일 15근씩 받은 것은 회회인에게 알탈 금융업을 허용해 주고 이를 이용한 것으로 볼 수 있다.[303] 회회인들은 고려 왕실로부터 신임을 얻었고, 때로는 스스로 경비를 부담하여 왕을 위해 연회를 성대히 개최하기도 했다.[304]

고려는 후기에 이르러 상업이 더욱 크게 발달한다. 이에는 회회인이 기여

---

302) 최규성, 「고려속요를 통해 본 고려후기의 사회상−쌍화점에 대한 분석을 중심으로−」『사학연구』61호, 한국사학회, 2000, pp.115~147.
303) 『고려사』권36, 세가, 충혜왕 후 5년, 정월 무진.
304) 『고려사』권28, 세가, 충렬왕 5년 10월 경자.

한 몫이 상당하다고 할 수 있다. 그러나 학계는 아직 상업발달은 공물대납(貢物代納)을 하는 업자가 등장하고 민간 수공업이 성장한 때문으로 보며[305] 공물대납업자는 주로 경주인(京主人)이라고 본다. 그리고 공물대납업의 등장은 고려 내부에서 자생적으로 발생했고, 유통구조의 성숙과 대토지 소유자를 비롯한 민간 상인의 잉여축적 등이 그 주요 원인이었을 것으로 추측한다.[306] 말하자면 회회인의 역할을 도외시 하는 것이다.

고려말에 공물대납은 상업의 발달을 조장해 주었지만, 한편 심각한 사회문제가 되었다. 1296년(충렬왕 22) 5월에 홍자번(洪子藩)이 다음과 같이 공물대납의 문제를 제기하고, 이를 금지하자고 주장했다.

> "근래에 지방에서는 일이 복잡하여 공납을 제때에 바치지 못하고 있습니다. 여러 기관의 관리와 모리배들은 자기의 물건을 먼저 바친 후 증빙 문건을 받아 가지고 시골로 내려가 이보다 더 받기 때문에 백성들이 고통을 겪고 있습니다. 이것을 금지 해야겠습니다"[307]

홍자번은 공물대납이 근래에 생겨났다고 했다. 그러나 1296년은 일본 정벌을 중지한다고 결정한 1286년으로부터 불과 10여 년 밖에 경과되지 않은 시기여서 고려경제가 어려운 형편에 처해 있었다. 더군다나 1291년과 1292년에는 흉년이 들어 강남에서 20만석의 쌀을 원조받았을 때이므로 민간 생산의 잉여축적이 충분히 이루어졌다고 보기 곤란하다.

한편 홍자번이 문제삼은 공물대납은 왜구의 침입 등으로 납공의 시기를 놓치게 되자 상인들이 시전을 중심으로 공물을 대납한 것으로 보기도 한다.[308] 이 견해는 공물대납이 13세기에 들어서서 해상무역이 쇠퇴하고 국내 장시가 해안 중심에서 시전 중심으로 변화하는 과정 속에서 나타난, 즉 개경 시전 상업의 발달에 의해 생겨난 현상으로 본다. 다시 말하면 해상 운송을 이용한 조운이 왜구로 인해 어려워짐으로써 해상(海商)들이 시전을 중심으로 하여 공물을

---

305) 김동철, 「고려말의 유통 구조와 상인」, 『부대사학』 9호, 부산대학교 사학회, 1985, pp. 3~14.

306) 강진철, 「한국학 연구 반세기 중세사」, 『진단학보』 57호, 1984, p.42.

307) 『고려사』 권84, 지38, 형법1, 직제(職制).

308) 김삼현, 「고려후기 장시에 관한 연구」, 『명지사론』 4호, 명지대학교 사학회, 1992, pp.95~97.

원나라 화폐의 보초

대납한 후에 지방에서 그 대가를 받아 내었다는 것이다. 그러나 충렬왕대는 연근해 해상권을 고려와 원이 장악하고 있었고, 왜구에 의해 조운이 방해받던 시기가 아니었다. 그러므로 공물 대납제는 원이 고려의 재정을 지배한 데서 찾아야 한다.

원은 고려가 강화도에서 개경으로 환도한 뒤 재정 개혁을 강요하고 주도했다. 원은 1276년(충렬왕 2) 3월, 임유간(林惟幹)과 회회인 아실미리(阿室迷里)를 제주도에 보내 진주를 채취하게 하고,[309] 1277년 5월에 승려 육연(六然)을 강화도에 파견하여 유리(璃琉)기와를 구워내게 했으며,[310] 대대적으로 금·은 채굴에 나섰다.[311] 또 1286년 4월에 최초로 상인에게 세금을 부과했고, 1288년 3월에는 소금의 자유판매를 금지하고 나라에서 전매하도록 했다. 그리고 원나라 국정 화폐인 종이 돈 보초(寶鈔)를 들여와 널리 통용시켰다.

이러한 개혁 조치는 원나라의 주도로 이루어졌지만, 이를 실제적으로 계획하고 추진한 배후세력은 회회인이었다. 진주 채취와 금·은의 채굴에 드는 막대한 투자 자금은 회회인의 알탈에서 대부해 주었을 것이다. 공납대납도 재정개혁의 한 수단으로 회회인들의 뒷받침 아래 도입된 것으로 볼 수 있다.

당시 원의 입장에서 공물대납은 자연스럽고 당연한 일이다. 원이 지배하는 다른 지역에서 알탈을 통한 공물대납이 실시되고 있었으므로 회회인에게 고려에서 공물을 대납하도록 촉구했을 수 있다. 따라서 공물대납 제도는 회회인이 기획하고 추진한 시책일 수 있다. 알탈이 가장 중시하는 영업의 하나가 공물대납이었기 때문이다. 다만 공물대납의 실제 사무는 중앙과 지방의 연락사무를 위해 지방관청에서 중앙에 파견한 경주인을 활용한 것이다.

회회인은 공물대납 제도를 도입하면서 이를 추진할 중간 매개로 경주인을 택하고, 그들에게 공물대납에 필요한 자금을 대부해 주었다. 경주인은 대부받은 자금으로 공물을 대납한 다음, 대부자금의 이자와 자신의 수고비를 계산하여 지

---

309) 『고려사』 권28, 세가, 충렬왕 2년 3월 정유.
310) 『고려사』 권28, 세가, 충렬왕 3년 5월 임진.
311) 『고려사』 권32, 세가, 충렬왕 15년 7월 임오.

방에다가 그 대가를 청구했다. 이것은
결국 원은 계획한 공물을 모두 챙기지
만, 반면에 고려의 지방백성들은 공물
대납에 따른 고리대에 시달리게 되는
것이다.

　고려 후기 충선왕 때 시가에 장랑
을 건축한 일, 충혜왕이 시장에 점포를
차린 일과 내고의 자금을 무역에 이용
한 일 따위의 상업 활성화에 기여한 여
러 가지 시책에도 회회인들의 앞선 상
술과 금융기법이 응용되었을 것으로 추
측된다. 이로서 민간의 대부금융도 크

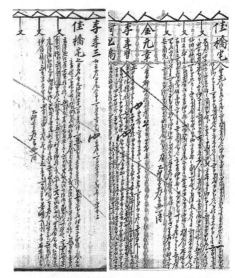

사개송도치부(외상장책과 타급장책 일부)

게 발달했다. 1353년(공민왕 2) 정부의
재정사정이 어려워지자 공민왕은 민간 부호로부터 돈을 빌려 썼다.[312] 이는 당시
상업자본을 축적한 대부호가 존재했고 민간의 대부금융이 이미 상당수준으로 발
달하였음을 반영하는데, 대부금융술은 회회인들이 운영한 알탈의 영향을 많이 받
았을 것이다.

　회회인의 꼼꼼한 일처리 태도와 신뢰성은 고려상인들에게 영향을 크게 끼쳤
다. 이들은 일처리가 매우 세심했고 엄격했기 때문에 함께 일하는 관계자들이 상
당히 두려워했다. 충렬왕이 매를 잡아 키우는 응방(鷹坊)에 이런 저런 말이 많고 운
영이 매끄럽지 못하자 회회인에게 맡겼더니 응방 관계자들 모두가 어려워하여 이
조치의 철회를 건의한 바 있다.[313] 회회인의 깔끔한 일 솜씨가 드러나는 장면이다.

　고려상인의 상업술과 관련하여 송도사개치부법(松都四介治簿法)을 예로 든
다. 송도사개치부법은 조선시대 개성상인이 널리 사용했고 1940년대까지 실제
사용해온 한국 고유의 복식부기법으로 현대의 복식부기와 비교하여도 전혀 손

---

312) 『고려사』 권38, 세가, 공민왕 2년 8월 을사.
313) 『고려사』 권29, 세가, 충렬왕 6년 3월조. 원 간섭기에 고려는 원에 금·은·곡물·모
　　시·삼베·견직물·인삼·해동청(海東靑, 매) 등을 갖다 바쳐야 했다. 특히 해동청은
　　요구하는 수량이 너무 많아서 고려는 궁궐과 전국 각지에 응방을 설립하여 매를 포획하
　　고 사육했다. 응방은 1275년(충렬왕 원년)에 처음 설치되었다.

색이 없을 정도로 우수하다.[314] 이 복식부기법의 기원과 생성 시기에 대해서는 고려시대 발생설, 조선시대 발생설, 북방전래설 등이 있다. 현재는 고려시대 발생설이 지배적이다.[315] 생성 당시의 역사기록이나 장부 등이 발견되지 않아 정확한 고증에 한계가 있지만, 개경 상업의 전성기 때 왕실·귀족·부상들의 경제 활동을 통하여 생성되었다는 것이 통론으로 받아들여지고 있다.[316] 하지만 송도사개치부법은 송나라와 무역이 왕성한 시기에 창안되어 운용되어 오다가 회회인의 알탈 금융술과 상술을 접한 고려상인이 고려의 실정에 맞게 부기법을 개량하여 완성한 결과물일 수 있다.

결론적으로 고려상인은 회회인으로부터 당시 세계 최고의 선진 금융술과 상술에 접목하는 기회를 얻었고, 세계경제에 대한 정보를 폭넓게 획득할 수 있었다. 회회인은 고려 후기 고려상인의 성장과 상업발달의 촉매 역할을 톡톡히 한 것이다.

---

314) 김갑종, 「한국적 송도사개치부법 생성에 관한 연구」, 『한국전통상학연구』 20집, 한국전통상학회, 2006, pp.96~110.

315) 권상수, 「한국 고유의 송도사개치부법에 관한 연구」, 『한국전통상학연구』 9권 6호, 한국전통상학회, 1992, pp.177~208. 김갑종, 앞의 논문, 2006, p.98. 송도사개치부법은 중세 상업도시 이탈리아에서 발생한 서양의 복식부기보다 100~200년 앞선 것으로 본다. 사개치부법에서 사개는 순수 우리말이다. 사개는 상자 같은 것의 네모퉁이를 들쑥날쑥하게 파서 꽉 물리게 맞춘 부분을 말한다. 따라서 사개치부는 주는 사람·받는 사람·주어지는 것·받아지는 것의 4가지가 꼭 들어맞는 장부 기록법을 뜻한다. 매일 거래 내용을 적는 일기와 거래 상대자별로 거래 사항을 모아두는 장책(帳冊)이 있고 기타 보조 장부가 있다(윤근호, 『한국회계사연구』, 한국연구원, 1984, pp.20~23).

316) 김영수, 「한국자본주의 가치관의 역사적 전통-조선시대 개성상인의 상업활동을 중심으로 한 고찰-」, 『동아연구』 43호, 서강대 동아연구소, 2002, pp.140~141. 현재 거의 완전한 형태로 전해지는 사개치부는 상업은행의 전신인 대한 천일은행의 초창기 거래 장부를 들 수 있다. 1899년 설립한 이 은행은 초기 대주주였던 개성상인의 영향으로 처음에 사개치부법을 사용해 장부를 작성하였으나 일본통감부의 압력을 받아 1906년부터 서양식 복식부기로 바꾸었다. 당시의 장부는 현재 상업은행 자료실에 보관되어 있다. 사개치부법은 1916년 현병주(玄丙周)가 저술한 『실용자수(自修) 사개송도치부법』이 1928년에 3판까지 발간되어 시중에 보급되고 교육되었다.(권상수, 앞의 논문, p.178)

5. 고려-일본 교역

가. 고려 초의 려·일 관계

고려 초기 려·일(麗日)간의 교역은 활발한 편이 아니었다. 일본은 9세기부터 대외교역에 폐쇄적인 입장을 취했고 고려도 일본보다는 송·요·금과의 교역에 관심을 더 많이 쏟았다. 특히 고려는 송의 문물을 동경하고 송과의 교역에 열중했고 섬나라 일본과의 통상을 중시하지 않았다.[317]

일본 측의 기록에 의하면 '920년(태조2, 연희(延喜)20) 고려는 일본에 사절을 파견하여 수교를 요청했고, 936년(태조19, 승평(承平)6)에는 고려의 왕후가 일본 장곡사(長谷寺)에 보물을 기증하였으며, 972년(광종23, 천록(天祿)3)에 일본 조정은 고려의 우호 자세에 대해 대재부로부터 보고를 받았다'[318]라고 한다. 이에 대한 고려 측의 기록이 없어 확인되지 않지만, 고려는 건국 초기에 개국 사실을 알리고 수교를 요청하는 우호사절을 일본에 보냈을 것이다.

『고려사』에서 일본에 관한 기록은 실로 얼마 되지 않는다. 그 최초의 기록은 999년과 1012년 있은 일본인의 귀화에 관한 것이고, 다음 1019년 4월에 고려 수군이 해적에 붙잡혀 포로가 된 일본인들을 구해 일본으로 돌려 보내준 내용이다.[319]

일본의 대신 후지사라노 사네스케(藤原實資)의 일기 『쇼유기(小右記)』는 1019년에 일본인을 납치한 이 해적은 여진족이고 대마도, 일기도(壹岐島)와 북규슈 지방을 습격하여 360명의 일본인을 살해하고 1,300명을 포로로 잡아갔다고 기록하고 있다. 당시 고려 수군이 여진 해적을 토벌하면서 여진 선박 8척을 나포하고 일본인 남여 259명을 구출하여 일본으로 돌려 보내주었다.[320] 하지만 이 일기에는 고려 수군을 신라 수군으로 잘못 기술하고 있다.[321] 당시 일본은 쇄국 정책(鎖國政策)으로 인해 대외 정보가 어두웠고 려·일 간의 교류도 활발하지 않

---

317) 백남운 저, 하일식 역, 『조선봉건사회경제사』, 이론과 실천, 1993, p.371.
318) 미야케 히데토시 저, 하우봉 역, 『역사적으로 본 일본인의 한국관』, 풀빛, 1994, p.29.
319) 999년 10월 일본인 도요미도(道要彌刀) 등 20호가 귀화해 오자 그들을 일반 백성으로 삼아 이천군(利川郡)에 거주시켰다.(『고려사』 권3, 세가, 목종 2년 10월조) 1012년 8월에 반다(潘多) 등 35명이 귀화했다.(『고려사』 권4, 세가, 현종 3년 8월 무술)
320) 『쇼유기(小右記)』, 寬仁 3年 4月 17日. 『고려사』 권4, 세가, 현종 10년 4월 병진.
321) 미야케 히데토시 저, 하우봉 역, 앞의 책, p.33.

아 고려가 후삼국을 통일한지 80여 년이 지났는데도 일본 대신이 아직 신라와 고려를 명확히 구분하지 못할 정도였던 것이다.

려·일 간에 정부 차원의 공식적인 교류는 거의 없었다. 그러나 지역 단위에서 해적 퇴치를 위한 협력과 표류자의 송환 등을 위한 접촉은 지속되었다. 1049년(문종 3) 11월 무오일, 대마도 관청에서 명임(明任) 등으로 하여금 폭풍으로 표류한 고려인 김효(金孝) 등 20명을 금주(金州, 지금의 김해)로 보내주었다. 이에 대해 고려 정부는 전례에 따라 그들에게 물품을 차등있게 주었다.[322] '전례에 따라 물품을 주었다'라는 것은 표류자의 송환 조치가 그전부터 관례적으로 이어져 왔음을 뜻한다.

려·일 간의 무역은 일본이 폐쇄적이며 수구적인 태도를 고수함으로써 관영무역보다 민간 상인의 몫이 보다 컸다. 일본 상인이 『고려사』에 처음 등장한 때는 1073년(문종 27) 7월이다. 일본의 어용상인 왕측(王則) 등 42명이 고려에 와서 나전(螺鈿)·안교(鞍橋)·도경(刀鏡)·화병·화살·수은·나갑(螺甲) 따위 물품을 바치려 했고, 일기도 구당관(句當官) 등정안국(藤井安國) 등 33명이 토산물을 바치기를 청하므로 고려 정부는 해로를 통해 개경에 들어올 수 있도록 허락했다.[323] 또 동년 11월에 열린 팔관회에 일본인이 출연하여 문종(文宗)에게 예물과 명마를 바쳤다.[324] 당시 일본은 팔관회 의례에서 제주도보다도 비중이 낮게 취급되었다. 팔관회의 출연 순서가 송·흑수·탐라·일본으로 일본이 탐라 뒤에 마지막인 것은 당시 일본이 제주도보다 중요시되지 않았던 사실을 반영해 주고 있다.

1074년 2월 일본의 선두(船頭) 중리(重利) 등 31명이 와서 토산물을 바쳤고,[325] 1075년에는 일본 상인이 세 차례에 걸쳐 89명이 왔다. 이즈음 일본 상인이 부쩍 자주 내항한 까닭은 고려가 일본 상인들에게 송상들과 마찬가지로 벽란도를 이용한 무역을 허가해 줌으로써 일본 어용상인들이 벽란도에 몰려 온 것으로 여겨진다.

한편 1079년(문종 33) 9월, 폭풍으로 일본에 표류당한 고려상인 안광(安光)

322) 『고려사』 권7, 세가, 문종 3년 11월 무오.
323) 『고려사』 권9, 세가, 문종 27년 7월 병오.
324) 『고려사』 권9, 세가, 문종 27년 11월 신해.
325) 『고려사』 권9, 세가, 문종 28년 2월 경오.

등 44명을 일본측이 송환해 주었다. 또한 동년 11월에는 일본 상인 등원(藤原)
등이 흥왕사에 법라(法螺) 30개와 해조(海藻) 300속을 시주하고 문종의 장수를
축원했다.[326] 이와 같이 문종대에 려·일 간의 교역은 비교적 활발했고 순탄
했다.

고려상인 안광은 주목해야 할 인물이다. 『고려사』에서 안광은 '상인'이라고
만 기록되어 있고 벼슬이 없는 것으로 보아 민간 상인일 것이다. 안광 일행은
송나라로 가는 도중이거나 돌아오는 길에 폭풍우에 표류 당한 것으로 보인다.
안광은 고려의 민간 상인이 큰 선박을 가지고 해양을 누비며 활발하게 무역을
전개한 사실을 명확히 보여 주고 있다.

나. 문종의 '성지(聖旨)'와 진봉선(進奉船)

1080년(문종 34) 려·일 간에 교역을 중단케 하는 외교 문제가 일어났다. 당
시 나이 62세의 문종은 풍비증(風痺症)으로 고생하고 있어 송과 일본에 의사와
약재를 보내줄 것을 요청했다. 송은 의사 마세안(馬世安)이 100여 가지의 약재
를 가지고 고려에 가도록 조치했고, 그는 1080년 7월 개경에 도착했다.[327] 일
본은 의사와 약재를 보내지 않았다.

일본에 대한 의사 파견 요청은 고려 측의 기록에는 없다. 일본 측의 기록
에 의하면 일본은 상인 왕측의 편에 의사와 약재를 보내 달라는 고려의 공문을
받았다. 일본은 대신들이 논의한 끝에 만일 가서 잘 치료하지 못하면 도리어
국가의 체면이 손상 된다하여 의사를 파견하지 않기로 결정했다.[328] 하지만 진
정한 이유는 고려가 보낸 공문에 중국 황제가 외교 문서에 사용하는 '성지(聖
旨)'라는 용어를 썼다는 점을 들어 예의가 아니라며 거부했던 것이다.[329] 일본
은 고려가 일본 위에 있고 일본을 번국으로 취급하는 표시로 '성지'라는 용어를
사용한데 대해 반감과 불만을 가지고 답장도 보내지 않았다. 고려는 일본이 의
사 파견을 협조해 주지 않자 괘씸하다며 얼마동안 착실히 실적을 쌓아오던 일

---

326) 『고려사』 권9, 세가, 문종 33년 9월조, 11월 기사.
327) 『고려사』 권9, 세가, 문종 34년 7월 정묘, 『宋史』 권487, 外國3 高麗 元風 2年.
328) 森克己, 「日·宋との 高麗 私獻貿易」, 『朝鮮學報』 14집, 1959, p.549. 일본에서는 丹
　　　液雅忠을 파견토록 일단 결정을 보았다.
329) 미야케 히데토시 저, 하우봉 역, 앞의 책, pp.29~30.

본 상인의 벽란도 입항을 금지했다. 이로서 려·일 양국의 교류와 교역은 중단되고 말았다. 이 이후로 『고려사』에 일본 상단(商團)에 관한 기사는 거의 보이지 않는다.[330]

문종의 '성지' 사건은 고려와 일본간의 관계를 분명히 알 수 있는 적절한 사례라고 할 수 있다. 고려는 일본을 번국으로 취급하여 외교 문서에 '성지'라는 용어를 사용했고 일본은 이를 수용하지 않고 침묵으로 일관했다. 또 고려 측은 '성지'를 보낸 사실조차 기록하지 않고 있는 데 비해 일본 측은 대신들의 논의와 대책까지 자세히 기록하고 있다. 따라서 과거 "동아시아의 전근대사에는 국가 간의 평등 인식은 거의 없었다"[331]라는 점을 유의하면 고려와 일본간의 알력을 이해하기 쉬울 것이다.

일본은 폐쇄적인 대외정책을 일관했다. 하지만 대외로 향한 문을 완전히 차단하지는 못하고, 고려에 매년 진봉선(進奉船)을 보냈다. 반면에 고려는 일본과의 교역을 허용하되 진봉선을 두 척으로 한정하는 등 그 한도를 정하고 엄격히 제한했다. 이는 1263년(원종 4) 2월, 왜구가 금주(金州) 관내 웅신현(熊神縣) 물도(勿島)에 침입하여 공납물을 약탈해간 사건에 대해 일본에 이를 따지며 추궁하는 것에서 확인된다.[332]

고려는 공물 약탈 사건이 발생한 이듬해 4월 홍저(洪貯)와 곽왕부(郭王府)를 일본에 보내 왜구의 물도 침입을 추궁하고 해적의 소탕을 강력히 요구했다. 다음은 『고려사』에 실린 홍저가 가지고 간 통첩(通牒) 내용이다.

"양국이 교류한 이래 정상적인 헌납(進奉)은 매년 한 번에 배는 2척으로 결정했다. 만일 그 밖의 배가 다른 일을 빙자하여 우리의 연해 지방 촌락과 동리들을 소란케 할 때에는 엄격히 처벌하며 금지하기로 약정했다. 그런데 금년 2월 22일에 귀국의 배 한 척이 이유 없이 우리의 웅신현(熊神縣) 물도(勿島)에 침입하여 그 섬에 정박하고 있던 공납물 수송선들을 습격하고 쌀 120석과 명주 43필을 약탈해 갔다. 또 연도(椽島)에 들어와서 주민들의 의복, 식량 등 생활필수물자들을 모조리 빼앗아 갔다. 이러한 사실

330) 문종이 '성지'를 보낸 11세기 무렵에 일본은 국제사회에서 고립되어 있었다. 일본은 894년에 견당사를 폐지한 이래 약 600년간 대외 폐쇄체제로 국가를 운영하였다.
331) 마리우스 B. 잰슨 저, 지명관 역, 『일본과 동아시아의 이웃 나라들』, 소화, 2002, p.51. 필자는 이 '성지(聖旨)' 사건으로부터 오늘날 한국인과 일본인 사이의 국민감정의 차이까지도 유추해 볼 수 있다고 생각한다.
332) 『고려사』 권25, 세가, 원종 4년 2월 계유.

들은 원래 약정했던 상호 교통의 본의에 위반되는 것이다. 지금 홍저를 파견하여 통첩을 가지고 가니 공식 통첩을 상세히 보는 동시에 사신들의 구두 전달을 잘 듣고, 약탈자들을 끝까지 추궁하여 찾아내어 모두 징벌하고 제어함으로써, 두 나라 간의 화친의 도리를 공고하게 할 것을 바란다"[333]

홍저는 1264년 8월에 귀국하여 '해적을 끝까지 추궁해보니 대마도의 왜놈들이었습니다. 그래서 그들에게서 쌀 20석·귀밀 30석·소가죽 70장을 징발해 가지고 왔습니다'[334]라고 왕에게 보고했다. 홍저의 기록을 통해 진봉선은 매년 2척으로 제한되었지만, 비공식적인 진봉선이 따로 존재한 것을 알 수 있다. 고려가 진봉선을 제한한 것은 일본과의 교역에 큰 비중을 두지 않았기 때문이고, 또 만일 이를 제한하지 않을 경우 진봉(進奉)을 핑계로 한 일본인들의 과도한 내왕이 문제가 될 수 있었기 때문일 것이다.

홍저는 일본에 통첩을 가지고 가서 범인을 색출하고 배상물까지 징발해 가지고 왔다. 남의 나라에 가서 범인을 끝까지 추적하여 찾아내고 배상물을 강제로 징발하는 것은 예사로운 일이 아니다. 적어도 상대국을 완전히 제압할 수 있는 강력한 힘이 있어야만 가능한 일이다. 따라서 홍저의 해적 추궁사례는 당시 연근해의 제해권과 교역의 주도권을 고려가 확실히 장악하고 있었음을 확인시켜 준다.

려·일 양국 간의 교류에서 일본이 고려에 진봉선을 띄워 보낸 시기가 언제부터인지는 알 수가 없다. 다만 1227년(고종 14) 5월, '일본국에서 편지를 보내 적선(賊船)이 변경을 침략한 죄과를 사죄하는 동시에 우호관계를 맺고 통상할 것을 청했다'[335]라는 『고려사』의 기록에 근거해 아마도 이 시기부터 일 것으로 추정된다. 다음 『고려사』에는 1243년(고종 30) 9월 금주(金州) 방어관(防御官)이 '일본국에서 토산물을 바치는 동시에 풍랑에 표류하여 갔던 우리나라 사람들을 돌려 보냈다'[336]라고 정부에 보고한 것이 기록되어 있다. 당시 양국은 우호관계가 유지되는 가운데 교역이 이루어지고 있었던 것이다.

1244년(고종 31) 2월 전제주부사(前濟州副使) 노효정(盧孝貞)과 판관(判官) 이

333) 『고려사』 권25, 세가, 원종 4년 4월 갑인.
334) 『고려사』 권25, 세가, 원종 4년 8월 무신.
335) 『고려사』 권22, 세가, 고종 14년 5월 경술.
336) 『고려사』 권23, 세가, 고종 30년 9월 임신.

각(李珏)이 제주도에 있을 때 '일본 상선이 폭풍우에 표류하여 파선하자 비단·
은·주옥 등을 탈취해 사복을 채웠다'하여 탄핵을 당했다. 노효정은 은 28근,
이각은 은 20근을 물어내고 섬으로 귀양을 갔다.[337] 그들이 배상한 은 48근은
아마도 일본 상인에게 돌려 주었을 것이다.

　　진봉선이 실어 나른 고려의 수입품은 수은·유황·진주·해조(海藻) 따위의
원료품, 경갑(鏡甲)·서안(書案, 책상)·향료·부채·화병 따위의 공예품, 도검
(刀劍)·갑옷·화살 따위의 무기류, 침향·물소뿔·단목(丹木) 따위의 남방산 물
품 등이 있었다. 고려의 수출품은 인삼·쌀·콩·홍화·마포(麻布)·대장경·서
적·약재·견직물 등이고 중국산 비단을 위시한 중계무역품도 있었다.

　　결론적으로 고려와 일본의 공무역은 활발하지 않았다. 이의 가장 큰 이유
는 고려 초기에 고려가 사신을 파견하여 공식적 외교관계를 가지려고 하였지
만, 일본 정부의 폐쇄적 성향과 고려의 침략에 대한 두려움으로 고려를 멀리하
여 양국의 관계가 원만히 이루어지지 못했기 때문이라 할 수 있다.[338] 첫 단추
가 잘못 끼인 것이다. 려·일 교역이 성행한 적이 전혀 없었던 것은 아니다.
문종(文宗, 1046~1083)대에는 '성지' 사건 이전까지 일본 상인의 내왕이 14회에
달한다. 이것은 『고려사』에 기록된 최고로 많은 내왕 횟수이다. 이 기간 중 송
상의 내항 43회에 비하면 횟수가 적지만, 일본 상인의 활발한 내왕은 고려가
'송-고려-일본'을 잇는 중계무역을 주도한 사실을 반영한다고 하겠다. 고려는
일본 진봉선의 왕래를 금주(金州)에 한정하고, 금주에는 일본 상인이 유숙하는
왜관을 설치했다. 고려는 송나라 상선은 개경 가까운 벽란도에 입항하게 했으
나, 일본의 진봉선과 상선은 이를 허가하지 않은 것이다. 이것은 일본이 큐슈
의 대제부를 교역 창구로 한 것에 상응하는 조치였고, 이로 인해 려·일 무역
은 금주를 중심으로 이루어졌다.[339]

　　고려 정부는 송나라와의 무역에 열중하는 반면에 일본과의 공무역은 흥미
를 크게 가지지 못하고, 진봉선도 2척으로 제한하는 등 소극적으로 대했다. 따
라서 려·일 교역은 자연히 민간 사무역이 담당하는 방향으로 흘러갈 수밖에

337) 『고려사』 권23, 세가, 고종 31년 2월 계유.
338) 이종봉, 「고려시대 대일 교류와 부산」, 『지역과 역사』, 제15호, 2004, pp.99~100.
339) 이종봉, 앞의 논문, pp.109~110.

없었다. 사무역은 고려의 민간 상인보다 일본의 어용상인과 일본 민간 상인이 더 열성적이었다고 할 수 있다. 이는 고려의 팔관회 의례에 일본 상인이 적극 참여한 사례를 통해 입증된다.

한편 려·일 사무역은 일본에서 출토되는 고려 동전이 그 양상을 반영하고 있다고 할 수 있다. 지금까지 출토된 고려 동전은 동국통보·동국중보·해동통보·해동중보·삼한통보·삼한중보 등의 6종류이고, 출토 지역은 북해도에서 남쪽의 구주까지 거의 일본 전역이다.[340) 려·일의 민간 사무역이 그만큼 다양하고 활발했던 것이다. 이러한 려·일 교역은 고려 말에 왜구가 본격적으로 등장하자, 단절되었다고 할 정도로 위축되고 말았다.

다. 고려 말 왜구의 침입

한국인들은 일본을 '왜(倭)'라고 부르며 오랑캐쯤으로 여기고 문화 후진국으로 취급하곤 한다. 이러한 성향은 특정한 어떤 사건으로부터 연유한 것은 아니고 과거에 한국이 일본에게 각종 선진문물을 전수해 주었다는 심리적 우월감이 세월이 흐르면서 누적되어 형성되었다. 1592년 임진왜란과 일제 36년 간의 식민지 지배를 거치면서도 일본을 얕잡아 보는 '전통적 일본관'은 오늘날에도 여전히 변하지 않고 있다.

일본인들 역시 일본이 한국보다 우월하다는 관념을 가지고 있다. 이 우월감은 너무나 뿌리가 깊고 철저하기 때문에 거의 신앙심이 되었을 지경이라고 할 수 있다. 일본인의 우월의식은 과거로부터 자연스럽게 쌓여져 형성된 것이 아니라 일본의 가장 오래된 역사서인 『일본서기(日本書紀)』에 기록된 고대의 특정한 사건에 기인한다. 사건의 주인공은 1세기경 일본의 신공황후(神功皇后)이다. 신공황후가 남장(男裝)을 하고 신의 가르침을 받아 배를 타고 신라를 치러 가니, 신라왕은 멀리서 침입해오는 신공왕후의 배를 보고 겁이 나서 싸우지도 않고 항복했고, 백제와 고구려도 신라가 항복했다는 소식을 듣고 일본을 이길 수 없다고 판단하여 스스로 항복하고 조공하기로 맹세했다는 것이다.[341)

---

340) 이정신, 「고려시대의 상업 – 상인의 존재형태를 중심으로 –」, 『국사관논총』 59집, 국사편찬위원회, 1994, p.159.
341) 『일본서기』 권9, 신공황후전.

신공황후가 1세기경 한반도의 삼국을 정복했다는 『일본서기』의 이야기는 고대부터 지금까지 일본에서 한국에 관한 일을 처리할 때 지속적으로 인용되고 행동과 사고의 준거틀로 작용해 왔다. 또한 한국은 일본에 조공하는 종속된 관계의 역사적 증거라며, 일본이 한국을 침략할 때마다 정당성의 근거로 삼았다. 신공황후의 이야기가 바로 '일본인의 한국관의 원점'[342]인 것이다.

그러나 신공황후가 신라를 침공했다는 『일본서기』의 기사는 거짓으로 꾸며낸 허구(虛構)로 밝혀졌고 일본 역사가들도 이를 인정한다. 그러나 유의하고 주목해야 할 것은 신공황후의 허구가 역사의 진실인냥 전승되었고, 시대를 경과하면서 일본 지배계급의 인식에 정착되었다는 사실이다.[343] 이러한 맥락에서 보면 752년 신라의 김태렴 통상사절단 700명에 대해 조공하려고 일본에 온 사신단이라고 주장하는 것 또한, 그 배경이 신공황후의 허황된 설화에 바탕하고 있음을 짐작할 수 있다.

『일본서기』는 내용의 진위 여부를 떠나 위서(僞書)로 보지 않는다 해도 편찬 시기가 신라가 한반도를 통일한 이후인 까닭에 신라를 의식할 수밖에 없었던 상황을 인정해야 할 것이다. 일본은 당시 막다른 골목집 같은 구석진 위치였고 출구는 신라쪽인 한반도 밖에 없었으니, 일본 지배층은 가만히 웅크리고 있거나 아니면 신라보다 일본이 낫다고 내세우는 길을 모색했을 것이 분명하다. 『일본서기』에 한반도 관계 기사가 거의 50%를 차지하고 있는 사실이 이를 확인시켜 준다.[344] 당시 문물이 뒤떨어진 일본으로서는 일본이 신라를 정벌하는 허구의 이야기를 만들어 일본 민중들에게 집요하게 각인시킴으로써 한반도로부터의 외풍을 막아내고 국론통일을 기하려 했던 것이다.[345]

---

342) 미야케 히데토시 저, 하우봉 역, 앞의 책, p.12.

343) 미야케 히데토시 저, 하우봉 역, 앞의 책, p.14.

344) 전용신 역, 『완역 일본서기』, 일지사, 2002, 해설vi.

345) 오늘날 『일본서기』의 허구성이 입증되었지만 신공왕후의 허황된 설화는 일본에 천황가(天皇家)가 존재하고, 천황가의 실체가 밝혀지지 않는 한 앞으로도 언제까지나 일본인의 의식 구조에 뿌리 박혀 있을 것이다. 왜냐하면 일본은 왕조의 바뀜이 없이 천황가가 고대로부터 지금까지 이어져 오고 있어 천황가를 숭상하며 미화하기 위해 꾸며낸 전설과 허구의 이야기들이 사실인양 일본인의 의식에 투영되고 있기 때문이다.
　천황가는 일본을 특징 짓는 불가사의한 일이라고 필자는 생각한다. 일본에 왜국(倭國)과 일본국(日本國)이라는 두 왕조가 있었다는 논의가 있지만 신화시대의 고대부터 천황가가 지속되어 온다는 사실은 경외(敬畏)로운 일이다.(이종항, 「구당서의 왜국전과 일

고려와 일본 간의 교역은 원나라가 일본 정벌을 시도함으로써 큰 변화를
맞게 된다. 려·원 연합군의 일본 정벌은 1274년(충렬왕 즉위년)과 1281년에 두
번 시도되었으나, 모두 실패했다.[346] 원의 일본 정벌에 대해 원의 세계 정복
차원에서 시작된 것으로 보지 않고 '고려가 왜구의 위협을 그(원)에게 호소한
것이 그 계기가 되었던 것이다'[347]라는 등 그 원인의 시발점을 고려에 두는 일
본 역사서도 있다. 그러나 이는 일본인들의 편협한 역사 의식의 한 단면을 보
여줄 뿐이다.[348] 원과의 오랜 전쟁으로 고려는 이미 피폐해져 있었고 일본 정
벌을 위한 병력 동원, 전함 건조, 군량미 조달 등에 시달린 고려의 형편을 전
혀 도외시했다는 지적을 받지 않을 수 없다.

일본 정벌의 실패는 결과적으로 고려의 국력 약화로 이어졌다. 또 원은 일
본 정벌을 중지한 이후 고려의 무장을 원치 않아 무장을 극히 억제했으며 심지
어 고려 수군은 무장을 아예 해제당하고 말았다.

원 간섭기에 한반도와 중국 연안의 제해권은 원이 장악했다. 그러나 14세
기에 들어서서 원의 국력이 쇠퇴해가자, 한반도 연근해에 힘의 공백이 생겨났
고 이틈을 타서 왜구가 등장했다.

고려는 왜구에 대해 초기에 효과적으로 대처하지 못했다. 이에는 내부적
요인으로서 다음 두 가지를 들 수 있다. 먼저 고려 수군의 취약성이다.[349] 원
은 1341년(충혜왕 후 2) 7월에 원 상인들이 서해에 해적 30여 척이 출몰한다고
하자, 그 때에서야 고려 수군에 해적에 대비한 군비를 갖추게 했다. 그 이전의

본전에 대하여」, 『한국학 논총』 3호, 국민대학교 한국학연구소, 1980, pp.5~23)

346) 원의 제 1 차 정벌은 1274년(충렬왕 즉위년) 10월 기사일에 있었다. 3만 3천명(고려군 8
    천명 포함)의 병력과 전함 900여 척으로 대마도와 일기도 등을 정벌하고 10월 8일에는
    하카타(博多)만내 깊이까지 쳐들어갔다. 그러나 밤에 불어온 대폭풍으로 인해 전함 200
    여 척이 침몰하자 려·원 연합군은 철수하고 말았다.
    　제 2 차 일본 정벌은 1281년(충렬왕 7) 5월에 있었다. 고려에서 출발한 4만명과 강남
    에서 출발한 10만명을 합쳐 총 14만명이었다. 이 정벌도 동년 7월 1일 하카타(博多)를
    공격하던 그 날밤 폭풍우가 또다시 크게 불어 4천여 척의 전함이 200여 척만 남고 침몰
    했다. 병력의 5분의 4가 물에 빠져 죽었다.

347) 이노우에 키요시 저, 차광수 역, 『일본의 역사(상)』, 대광서림, 1999, p.192.

348) 충렬왕 4년(1278) 7월 무술일에 충렬왕이 원세조에게 왜구 대비를 위해 합포 진수군을
    남겨주기를 청했다. 이 때 원 세조는 '당신이 자기 사람들로써 지키면 왜구는 두려워
    할 것이 없다'라고 말했다(『고려사』 권28, 세가, 충렬왕 4년 7월 무술)

349) 이창섭, 「고려전기 수군의 운영」, 『사총』 60집, 역사학 연구회, 2005, pp.5~30.

고려 수군은 무장이 되어 있지 않는 명맥만 유지한 존재였다. 따라서 왜구가 본격적으로 출몰한 1350년 당시 고려 수군은 아직 대규모 왜구에 대적할 만한 준비가 되어 있지 않았다.

다음은 왜구 퇴치에 임하는 백성들의 자세와 사회환경의 문제이다. 1351년 (충정왕 3년) 8월 병술일, 왜선 130여 척이 자연(紫燕)·삼목(三木) 등 두 섬에 침입하여 인가를 거의 다 불태우자, 충정왕(忠定王)이 만호(萬戶) 인당(印璫)과 전밀직(密直) 이권(李權)에게 왜구를 방비하고 바다로 나가 왜구를 잡으라고 명령했다. 그러나 이권은 왕에게 '저는 장수가 아닐 뿐더러 또 녹봉도 받지 않고 있는 터이기 때문에 명령을 거행하지 못 하겠습니다'[350]라고 하며 명령을 거부하고 가지 않았다.

왜구 방어에 나서라는 왕의 명령을 거역한 이권의 행동을 어떻게 이해하고 받아들여야 할까? 녹봉을 받지 않았다며 왕의 명령을 거역해도 용납되었던 사실은 원 간섭기에 왕의 권위가 추락되고 힘이 약화된 명백한 증거이며, 당시의 시대상과 관련하여 주목해야 할 사례라고 하겠다. 또 한편으로는 이권의 사례는 거란과 몽고가 침략해 올 때와는 다른, 왜구의 침입을 국가의 존망이 걸려 있는 사안으로 인식하고 있지 않던 사회분위기를 반영하고 있다 하겠다.

고려 정부의 왜구대책은 공민왕(恭民王) 대에 가서야 비로소 국가 차원에서 본격적으로 다루어지기 시작했다. 공민왕은 1352년(공민왕 원년) 2월, '적의 추포에 자진해서 응모한 자는 양반이면 3등급을 올려 벼슬을 주고 천민이면 돈을 주겠다'는 교서를 발표했다. 동년 윤 3월 갑술일에는 재상으로부터 아전에 이르기까지 각각 활 1개, 화살 50개, 칼 또는 창 1개씩을 준비토록 하고 검열했다.[351] 또 원에 왜구 퇴치에 사용할 병기를 요청하여 받았다.[352]

『고려사』는 1350년(충정왕 2) 2월 기사에서 '왜구가 우리나라에 침입한 것은 이 때부터 시작되었다'[353]라고 선언했다. 1350년은 경인년(庚寅年)이어서 이

---

350) 『고려사』 권37, 세가, 충정왕 3년 8월 계사.

351) 『고려사』 권38, 세가, 공민왕 원년 윤 3월 갑술.

352) 『고려사』 권38, 세가, 공민왕 원년 6월 기유.

353) 1350년은 원이 쇠망의 길로 접어든 시기라고 할 수 있다. 원은 왕위 계승을 둘러싼 후계자간의 무력 대결로 정국의 안정을 기하지 못했고 유교화된 관료들이 당파 싸움에 몰두함으로써 정부의 행정기능이 약화되었다.(이춘식, 앞의 책, pp.331~332)

해 이후 50여년 간 계속된 왜구를 경인왜구(庚寅倭寇)라고도 한다.[354]

그렇다면 과연 얼마만큼이나 왜구의 침입이 극심하였기에 '왜구가 이 때부터 시작되었다'라고까지 선언했는지, 1350년에 침입한 왜구의 실상을 『고려사』의 기록을 통해 알아보기로 하자.

> "2월, 왜구가 고성·죽말(竹抹)·거제 등지를 침범했다. 합포(合浦) 천호 최선(崔禪)과 도령(都領) 양관(梁琯) 등이 이를 격파하고 300여 명의 적을 죽였다. 왜구가 우리 나라에 침입한 것이 이 때로부터 시작되었다.
> 4월 무술일, 왜선 백여 척이 순천부(順天府)에 침입하여 남원·구례·영광·장흥 등지에 있는 운수선을 약탈했다.
> 5월 경진일, 왜선 66척이 순천부에 침입하였으므로 우리 군사가 추격하여 배 한 척을 노획하고 적병 13명을 죽였다.
> 6월 정유일, 왜선 20척이 합포에 침입하여 그 곳의 병영 및 고성·회원 등 여러 군을 불살랐다.
> 6월 신축일, 왜구가 장흥부 안양향(安壤鄕)에 침입했다.
> 11월 기사일, 왜구가 동래군을 침략했다."[355]

1350년 한 해 동안 왜구는 20여 척에서 많게는 100여 척에 달하는 선단을 이루어 6차례나 침입했다. 왜구가 타고 다닌 선박의 크기와 승선 인원에 대해서는 아직 밝혀지지 않고 있다. 『고려사』에서는 왜구가 탄 선박을 나포해 처형한 기록을 보면, 처형자가 가장 많은 경우는 32명이고,[356] 적게는 18명이다.[357] 따라서 1척당 평균 승선인원은 25명으로 추정할 수 있고, 또 25명이 승선했다고 보면 100여 척에 승선한 왜구는 2,500명에 달한다. 일본인 학자 중에는 왜구 선박의 1척당 승선 인원을 20인 내지 40인, 많을 경우에는 80인 정도로 추정해서 100여 척의 왜구는 2000여 명에서 8,000여 명에 달하는 대규모 집단으로 보기도 한다.[358]

354) 김성호, 『중국진출 백제인의 해상활동 천오백년』 2, 맑은소리, 1996, pp.216~217.
355) 『고려사』 권37, 세가, 충정왕 2년 2월·4월·5월·6월·11월조.
356) 『고려사』, 권116, 열전 29, 박위(朴葳)전. 박위는 창왕(昌王) 원년인 1388년에 전함 100척을 가지고 대마도를 공격하여 왜 선박 300척과 해안 건물을 불살랐다.
357) 『고려사』, 권137, 신우 14년 8월 무신. 거제도에 왜구가 침입했을 때 선박 1척을 나포하고 18명을 죽였는데, 편의상 이 18명을 승선 인원으로 보았다.
358) 이영, 「고려말기 왜구 구성원에 관한 고찰-'고려·일본인 연합'론 또는 '고려·조선인

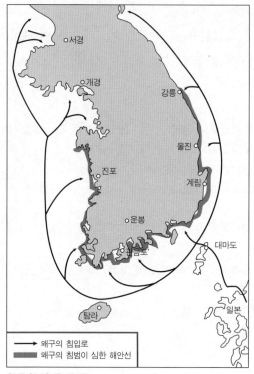

왜구의 침입로
왜구의 침범이 심한 해안선

왜구의 출몰 지도

왜구 집단을 2,500여 명으로 추산하더라도 이는 결코 적은 숫자가 아니다. 평시의 지방단위 방위체제로서는 도저히 방어할 수 없는 강력한 군사 집단이며 그야말로 지방을 무인지경으로 휩쓸고 다닐 만한 군력이다.

왜구의 선단이 가장 컸던 것은 1380년(우왕 6) 8월 진포(鎭浦)에 나타난 500여 척의 대선단이다. 병력수는 1척당 25명으로 추정해도 무려 12,500명에 달한다. 내륙 깊숙이 쳐들어온 왜구도 그 규모가 매우 커서 1383년 8월에 강원도 영월·정선 등지를 휩쓸고 다닌 왜구는 그 무리가 1,300여 명이나 되었다. 이와 같이 1,000명 내지 10,000명이 넘는 무장한 왜구는 단순히 연안 마을을 노략질하거나 공물선을 약탈하는 해적의 수준이 아니다.

왜구의 침입 횟수도 무척 많았다. 왜구는 1223년(고종 10)부터 고려가 멸망한 1392년(공양왕 4)까지 169년 동안 모두 529회나 침입하여 연 평균 3.1회를 기록했다.[359] 공민왕대에는 115회, 우왕(禑王)이 집권한 14년간에는 무려 378회로 연 평균 27회, 매달 2회 이상 침입했다.

라. 왜구 퇴치와 대마도 정벌

왜구(倭寇)라는 말은 일본을 지칭하는 왜(倭)와 떼를 지어 몰려다니면서 백

주체'론의 비판적 검토-」, 『한일관계사연구』 5호, 한일관계사학회, 1996, p.13. 전중건 부(田中健夫), 「왜구와 동아시아 통상권」, 『일본의 사회사』 1, 암파서점, 1987.

359) 박용운, 『고려시대사』하, 일지사, 1987, pp.618~629.

성을 해치고 약탈한다는 구(寇)가 합쳐진 것으로 한국과 중국에서 일본인들의 해적 행위를 일컬을 때 사용하는 용어이다. 그러나 일본에서는 이렇게 여기지 않고 국제 상인 내지 무장한 상인단(商人團)으로 북유럽의 바이킹쯤으로 보며 긍정적으로 평가한다.[360]

왜구에 관한 연구는 일본에서 먼저 시작되었다. 지금까지의 연구 성과도 일본 연구가들의 실적이 앞서 있다. 일본이 왜구에 대해 연구를 시작한 것은 명치유신(明治維新) 이후 제국주의 식민지경쟁에 편승하여 해외진출을 의도하는 대외정책의 일환이었다. 일본은 왜구를 '서구의 해적과 비교하여 빛나는 해외 발전사의 단서(端緒)'[361]로 꾸며 왜구를 한껏 추켜세우고 미화시켰다. 이웃나라를 침탈하고 괴롭힌 왜구에 대해 오히려 무한히 존경하고 긍지를 가지는 일본인의 시각은 최근의 일본 역사 책을 통해서도 확인된다.

"13세기 초부터 큐슈(九州)나 세토나이카이(瀨戸內海) 연안의 무사와 모험심이 강한 명주(名主)들은 동료·부하들을 이끌고 중국과 조선(고려)으로 가 평화적인 무역을 하는 한편으로, 기회가 닿으면 해적으로 돌변하여 연안 주민을 약탈했다. 그쪽에서는 이것을 왜구(倭寇)라고 하여 두려워했다. 왜구는 북유럽 바이킹과 영국 중세말의 해적 겸 무역선과 비슷한 것으로, 어느 면에서 보면 그것은 봉건(封建) 일본의 속박이 많은 좁은 세계의 모순 때문에 넘쳐흐른 일본인의 활력을 나타내는 것이라고도 할 수 있다."[362]

이 글에서는 왜구에 대한 어떤 부정적인 이미지도 없다. 오히려 평화적인 무역을 먼저 내세우고 북유럽의 바이킹과 비교하고 있다. 모험심이 강한 일본인들이 활력이 넘쳐나서 해외로 뻗어나간 결과라며 자랑거리로 삼고 있다. 일본인들에게 있어서 왜구는 "자유로운 무역상이기도 하고 해적이기도 한 왜구"[363]라는 인식은 매우 확고한 것임을 알 수 있다. 일본인들은 애초부터 왜구를 해적이거나 침탈자가 아니고 무장한 상인쯤으로 생각하는 것이다.[364]

360) 이영, 「고려말 왜구와 남조-경신년(1380)의 왜구를 중심으로」, 『한일관계사연구』, 2008, pp.41~86.
361) 김병화, 「이조 전기의 대일 무역 성격」, 『아세아연구』 11권 4호, 고려대학교 아세아연구소, 1968, p.3.
362) 이노우에 키요시 저, 차광수 역, 앞의 책, p.179.
363) 이노우에 키요시 저, 차광수 역, 앞의 책, p.252.
364) 역사적으로 초기 자본주의 단계에서 전쟁·상업 행위·해적은 명확히 구별이 되지 않고

왜구가 무장 상인단이라고 보는 견해는 1093년(선종 10) 7월 연평도 근해에서 고려 순검군에게 포획된 해선을 무장 상인의 사례로 든다.[365] 하지만 이 배는 일본산 화물이 실려 있었고 송나라 사람 12명과 왜인 19명이 다량의 무기를 보유하고 있으면서도 고려 순검군에 저항하지 않았다. 따라서 이러한 정황을 따져보면 고려 또는 일본이나 송으로 가는 밀무역선일 확률이 높다.[366]

한 해에 수십 차례, 수백 명 내지 수천 명이 떼를 지어 다니며 남의 나라 공물을 탈취하고 사람을 죽이며 마을을 약탈하는 무리를 상인이라고는 도저히 인정할 수 없다. 왜구는 1355년(공민왕 4) 4월 전라도 조운선 200여 척을 약탈했고,[367] 1360년 5월 강화도를 침입하여 300여 명을 죽이고 쌀 4만여 석을 약탈해 갔다.[368] 고려 정부는 공물의 약탈이 너무 심해 왜구의 눈을 피하고 속일 목적으로 중국 선박을 용선하기도 했고,[369] 심지어 해운을 포기하고 육로로 수송하기도 했다.[370] 또 왜구의 침입으로 수많은 사람들이 죽고 다쳤다. 1374년(공민왕 23) 4월에 침입한 350척의 왜구는 무려 5,000여 명을 피살했다.[371]

최근 일본 연구가들을 중심으로 왜구의 주체는 일본인이 아니라 고려인과 일본인이 연합한 것 또는 고려인이 주체라는 주장이 대두되었다. 그 주장은 왜구가 대규모 집단이었다는 점과 말을 많이 소유하고 있었다는 점을 들어 제주도 사람 또는 화척(禾尺)과 광대 놀이꾼 재인(才人) 등 천민들이 왜구에 많이 가

한 덩어리로 돌아간 적이 있었다. 교역을 위해 무력을 사용하여 항구를 개항시키거나 무력으로 위협하여 불평등한 무역을 강제하기도 했다.(김병화, 앞의 논문, p.5) 이 경우도 불평등하지만 물품의 반대 급부가 있다면 상업 행위로서의 성격은 일부 인정할 수도 있을 것이다. 반면에 재화의 교환이 없다면 이것은 일방적인 재화의 강제이전으로 상업행위라고 할 수 없다.

365)『고려사』권10, 세가, 선종 10년 7월 계미. 이 배에는 송나라 사람 12명과 왜인 19명이 타고 있었다. 활, 화살, 갑옷, 칼, 투구 등속과 수은, 진주, 유황, 법라(法螺, 소라로 만든 나팔) 등이 적재되어 있었다.

366) 김병화, 앞의 논문, pp.5~6.

367)『고려사』권38, 세가, 공민왕 4년 4월 신사.

368)『고려사』권39, 세가, 공민왕 9년 5월 병진.

369)『고려사』권39, 세가, 공민왕 7년 7월 임술.

370) 공민왕 대에는 수상 운수가 통하지 않아 일체 수송을 모두 육로로 한 적이 있다. 수송로의 멀고 가까움에 따라 원(院)과 관(館)을 설치하고 수송에 동원되는 민호들에게는 부역을 면제했다(『고려사』권39, 세가, 공민왕 5년 6월 을해.『고려사』권43, 세가, 공민왕 21년 2월 경진).

371)『고려사』권44, 세가, 공민왕 23년 4월 임자.

담했다고 한다.[372] 이들 천민들이 스스로 왜구 옷을 입고 왜구 행세를 하면서 약탈을 감행했다는 것이다.[373]

물론 왜구가 투항한 고려인과 포로에게 왜구 옷을 입히고 싸움터에 앞장세 워 이용했을 수도 있다. 또 고려사회에 불만을 가진 사람들이 스스로 왜구에 투항하여 길 안내 등을 자임하는 경우도 있었을 것이다. 한편 혼란기에 화척·재인 등 유랑 집단들이 왜구 행세를 하며 왜구처럼 약탈을 했던 사례도 실제로 있었다. 즉 1382년(우왕 9) 4월 화척들이 왜적을 가장하고 영해군(寧海郡)을 침범하여 관청과 민가를 방화하고 약탈했는데, 이들은 양수척(楊水尺)으로 관군에게 모두 붙잡혔다.[374]

그러나 천민들의 왜구 행세는 왜구들의 침입이 극심했던 우왕대에 일어난 일시적인 현상으로 여겨야 할 것이다. 공민왕대 초기 1356년(공민왕 5) 9월, 공민왕은 기철 일파를 축출하고 쌍성총관부를 함락시키는 등 북쪽의 정세가 급박하므로 제주도 사람과 화척·재인을 남김없이 다 동원하여 서북면의 수비에 충당했다.[375] 그러므로 이 시기에 화척·재인 등 천민의 왜구 행세 가능성은 거의 없었다.

한편 왜구의 피해가 극심해지자 고려 정부는 거제와 남해 등 연안의 섬들에 살고 있는 백성들을 내륙으로 이주시켜 섬을 비우는 공도정책(空島政策)을 실시했다. 이 때문에 거제와 남해 지역은 약 45년간 행정기관이 철수했는데, 이 기간 동안 귀화 왜인과 왜구들이 근거지로 삼고 들락날락 했다. 또 거제도는 그곳을 출입하는 왜인들이 영원히 화친하겠다고 하자, 고려는 그 말을 믿고 거주를 허가하기도 했다.[376] 이렇듯 고려측에서는 왜구와 연합 또는 주체가 될 만한

---

372) 이영, 앞의 논문, 1996, pp.7~45. 다나카 다케오(田中健夫), 「倭寇と東アジア通交圏」, 日本の社會史 一, 岩波書店, 1987.

373) 왜구 고려인 주체설의 사료상의 근거는 조선시대 세종 28년 10월에 판중추원사(判中樞院事) 이순몽(李順蒙)이 백성들의 유민을 방지하고 화척, 재인들을 분리 거주시키기 위해 호폐법을 실시하자는 상소를 했다. 그 상소 중에 '고려시대에 왜구 중에 왜인은 한 두 명에 불과하고 대부분 천민들이 작당하여 왜옷을 입고 왜구행세를 했었다는 것을 전해들었다'고 했다. 그러나 이것은 천민들의 작당 가능성을 과장하기 위한 표현일 뿐이다.(이영, 앞의 논문, 1996, pp.43~45)

374) 『고려사』 권134, 열전47, 신우 8년 4월조.

375) 『고려사』 권39, 세가, 공민왕 5년 9월 경진.

376) 『고려사』 권41, 세가, 공민왕 18년 11월 무오. 1369년(공민왕 18) 7월에 거제와 남해에

근거 세력이 존재할 상황이 아니었다.

따라서 선단 500척의 경신년 왜구를 비롯한 대규모 왜구의 주체는 일본 규
슈지역 해상세력의 연합 집단으로 보는 게 타당하다. 당시 일본은 본토와 규슈
간에 내전이 발발한 시기로 규슈세력이 군량미를 획득하기 위해 규슈의 거의
전 지역에서 배를 동원하고 정규 수군까지 가담시켜 고려를 침구한 것이다.[377]
물론 이에는 일부 고려인이 길 안내 따위로 가담했을 수는 있었을 것이다. 그
러나 이 정도를 두고 500척의 경신년 왜구에 대해 '왜구＝고려·일본인 연합'이
라고 말할 수는 없다.

최무선

왜구는 최무선(崔茂宣)이 화약을 만들고 대포
를 제작하여 사용함으로써 타격을 입고 위축되기
시작했다. 대포를 장착한 고려 전함이 진포와 남
해 해전에서 왜구 선박을 괴멸시키고 치명상을
입힌 것이 주효했다. 그리하여 1387년(우왕 13) 이
후부터는 왜구의 침입이 연 5회 이하로 급격히
줄어들었다. 하지만 왜구는 근절되지는 않았고
조선 초기에는 침입 횟수가 오히려 증가했다.

조선은 왜구 대책으로 부산포(釜山浦, 동래),
내이포(乃而浦, 진해 웅천), 염포(鹽浦, 울산) 등 삼
포(三浦)를 개항하여 교역을 원하는 자들에게 길
을 열어 주는 반면 1419년(세종 원년) 이종무(李從茂)로 하여금 대마도를 정벌케
했다. 회유와 정벌 등 왜구 퇴치대책을 적극 강구함으로써 왜구의 침탈은 세종
대에 와서 거의 근절되었다.[378]

삼포가 개항되자 왜구는 합법적인 상인으로 행세할 수 있게 되었다. 중국
연안에 가서 해적행위로 약탈해 온 물품들을 삼포로 통하거나 남해 연안에서
밀거래로 처분했다. 이 경우 왜구는 분명 해적이면서 상인이 되는 두 얼굴을

살고 있던 귀화한 왜인들이 배반하여 일본으로 돌아갔다.(『고려사』 권41, 세가, 공민왕
18년 7월 신축) 이들을 고려인이면서도 한편 왜인이었던 것으로 볼 수 있겠지만 이들이
왜구의 주체 세력이 아닌 것은 틀림없다 하겠다.

377) 이영, 앞의 논문, 2008, pp.41~86.
378) 김병화, 앞의 논문, p.8.

가진 해상세력의 성격을 가진다고 하겠다. 결국 고려와 조선시대의 왜구는 연장선상에 존재하지만 그 성격을 동일하게 볼 수 없다. 삼포 개항 이후의 왜구는 해적과 상업적 흥리왜인(興利倭人)으로 구분하기가 쉽지 않기 때문이다.

고려말에 창궐한 왜구는 원의 멸망으로 연근해 해상에 힘의 공백이 생기자 이를 틈타 치고 나온 대마도민을 비롯한 일본인들이 그 주체이다. 이 시기의 일본은 남북조의 내란기로서 정권은 남조의 길야(吉野)와 북조의 경도(京都)로 양분되어 있었고, 지방의 호족들도 분열되어 서로 치열하게 싸우고 있었다. 따라서 일본 정부의 구주(九州)지역에 대한 통제력을 기대할 수 없는 상황이었다. 이로 인해 구주지역 연안의 호족 세력과 대마도·일기도·송포도 등의 해상 세력이 결집할 수 있었고, 때마침 힘의 공백이 생긴 해상을 유린하며 고려와 중국 연안으로 진출하여 침탈을 감행했다.

하지만 당시 고려는 원 세력을 축출하고 자주적인 통치체제를 가다듬지 못한 가운데, 1359년과 1361년 두 차례에 걸친 홍건적(紅巾賊)의 대규모 침입을 받았다. 국력을 총동원하여 홍건적을 물리치고 방어하기에 여념이 없었다.[379] 또 고려 수군은 제대로 무장을 갖추지 못했고 훈련도 안된 약체였다. 결국 고려는 왜구의 침입과 세력 확장을 초기에 효과적으로 막아내고 물리치지 못해 큰 피해를 입게 되었던 것이다.[380]

---

379) 홍건적의 침입은 1359년(공민왕 8) 12월에 4만여 명, 1361년(공민왕 10) 10월에 10만여 명이 압록강을 넘어 침입해 왔다. 2차 침입 때는 홍건적이 서울을 함락시켰으며 공민왕은 개경을 버리고 이천·충주를 거쳐 안동 등지로 피난했다.(『고려사』 권39, 세가, 공민왕 8년 12월 정묘, 10년 10월 정유)

380) 오늘날에도 일본에서는 '왜구식으로 합시다'라는 말이 사용되고 있다. 왜구식이란 여차하면 어디든지 가서 한바탕 난동을 부리고 일본으로 돌아오면 된다는 것이다. 이들은 미국 하와이 진주만 습격과 제2차 세계대전인 태평양 전쟁을 대규모적인 왜구 전쟁이었다고 한다.(시바 료타로·도널드 킨 저, 이태옥·이영경 역, 『일본인과 일본문화』, 을유문화사, 1993, pp.103~106)

필자는 이러한 사고에는 '왜구의 주체는 일본인이다' 그리고 '왜구식 전쟁은 언제든지 일으킬 수 있다' 또는 '무역을 하다가 여차하면 언제든지 왜구로 돌변할 수 있다'라는 관념이 도사리고 있는 것 같다고 느낀다.

```
┌─────────────────────────────────────────┐
│ CHAPTER                                   │
│                                           │
│            3                              │
│                                           │
│    고려 상업제도와 상업문화                   │
└─────────────────────────────────────────┘
```

I. 고려의 조세와 상공인

가. 고려 초기 조세 체제

고려는 건국 초기 지방에 웅거한 호족들에게 재정권을 폭넓게 허용한 까닭에 중앙집권적인 통일된 조세징수체제(租稅徵收體制)를 갖추지 못했다. 반면 호족들의 조세에 관한 재량권이 널리 인정되었다.

태조 왕건은 940년 3월 주·부·군·현(州·府·郡·縣)들의 명칭을 전국적으로 새로이 개정하면서도, 호족들의 반대와 불협조로 인해 주·현 등에서 얼마만큼의 공부(貢賦)를 중앙에 납부해야 하느냐를 책정하지 못했다.[1] 다만 백성들로부터 거두어들일 수 있는 세금의 한도를 정했을 뿐이었다. 주·현 등이 중앙에 납부해야 할 공부의 액수는 광종대에 비로소 제정되었다.[2]

고려시대의 기본 세제는 조·용·조(租·庸·調) 삼세제(三稅制)였고, 이는 당(唐)의 3세제를 모방한 것이었다.[3] 그러나 당은 국가가 농민에게 토지를 나누

---

1) 『고려사』 권2, 세가, 태조 23년 3월조.
2) 『고려사』 권78, 지32, 식화1, 광종조.
3) 『삼봉집』 권13, 조선경국전 상, 부전(賦典), 부세(賦稅). 조·용·조는 중국의 수(隋),

어주고 그에 대한 반대급부로서 개별 농민마다 각각 조세를 부과징수했는데, 고려는 중앙정부가 농민을 구체적으로 파악하여 개별 농민에게 직접 부과징수하지 못하고 군·현 등을 단위로 하여 집단으로 수취했다.[4] 각종 세금의 수취는 1차로 군·현마다 중앙에 바쳐야 할 세액을 책정한 후, 이것을 다시 군·현이 개별 농민에게 각각 나누어 부과징수하는 간접수취의 이중구조였다.[5] 그런데 군·현이 실제 농민들에게 조세를 징수할 때는 중앙에 바칠 세금에다가 자신들이 사용할 경비를 덧붙여서 징수함으로써, 결과적으로 개별 농민들이 부담하는 세액은 군·현마다 제각기 차이가 날 수밖에 없었다.

고려 초기 호족들의 세력은 막강했다. 호족들은 전국의 요충지를 차지하고 독립적인 경제기반을 유지하고 있었다. 태조 왕건은 6명의 왕후와 23명의 부인을 두었다. 이는 총 29명의 호족들과 정략 결혼을 한 결과였다. 왕건과 혼인관계를 맺지 않은 호족들도 건재했다.

명주(溟洲)를 근거지로 한 왕순식(王順式)은 왕건과 혼인관계를 맺지 않았고 928년(태조 11)까지는 왕건에게 복종하지도 않았다. 928년부터 왕순식은 아들 장명(長命)으로 하여금 군사 600명을 인솔하고 개경으로 가서 왕건을 숙위토록 했고, 고려와 후백제간의 최후의 결전 때는 완전 무장한 기병 3,000명을 거느리고 참전했다.[6] 왕순식의 기병 3,000명은 순전히 그의 사병(私兵)이었다. 그런데 만약을 대비해서 자신이 보유한 모든 병력을 전투에 동원하지 않았을 것이므로 실제 왕순식의 세력 규모는 더 컸을 것이다.

고려는 호족들을 통제하기 위해 호족의 자제들을 일종의 인질로서 개경에 데려와 왕을 숙위토록 했다. 또 기인제도(其人制度)를 실시하고 사심관(事審官)을 두어 관리하도록 했다.[7] 그리고 호족의 동태를 파악하고 조세를 징수하기 위해

당(唐)시대에 완성된 조세체계이다. 우리나라의 경우 조(租)는 조세·세(稅)·공(貢) 등으로, 용은 역(役)·잡역(雜役)·요(徭)·요역(徭役)·부(賦)·공부(貢賦)·포(布) 등으로, 조(調)는 공(貢)·공부(貢賦) 등으로 불리었고 서로 혼용되기도 했다. 그리고 조(租)는 부과 대상이 토지 전결(田結)이어서 부과물이 일정하였으나, 용(庸)·조(調)는 실무 관청의 재량권이 많아 부패를 낳게 했다. 조선시대 1608년(선조 41년)부터 실시한 대동법(大同法)은 조(調)의 부과 대상을 전결로 바꾸어서 조세를 단일화한 제도이다.
4) 이혜옥, 「고려시대 용(役)제 연구」, 『이화사학연구』 15호, 이화사학연구소, 1984, p.18.
5) 이혜옥, 「고려시대 삼세제에 대한 일고찰」, 『이대사원』 18-19합집, 1982, p.24.
6) 『고려사』 권92, 열전5, 왕순식전.
7) 기인(其人)은 지방 호족 및 고을 아전의 년령 30세 이상 40세 미만의 자제들을 중앙관

감독관으로 금유(今有)와 조장(租藏)을 지방에 파견했다.[8]

금유는 호족들을 정치적으로 통제하고 일반행정을 독려하고 감독하는 기능을 수행했고, 조장은 세금의 부과징수와 보관·운송 등을 담당했다.[9] 그러나 조세액의 구체적인 결정은 조장이 독자적으로 내리지 못하고 당해 지방의 호족과 타협하여 책정했다. 조장은 개별 백성들에 대해 각각 세금을 매기지 못하고 군·현 또는 촌락에서 거두어야 할 전체적인 세액 규모만을 책정했다. 조장은 군·현이 백성들에게 거둘 수 있는 조세의 일정 한도를 정할 뿐이었고, 그 한도 내에서 많이 거두거나 적게 거두고는 당해 군·현을 관할하는 호족들이 자율적으로 판단해서 결정하도록 한 것이다.[10]

광종은 주·현 등이 중앙에 납부해야 할 공부를 중앙에서 책정토록 했다. 이것은 지방 호족의 재정권을 약화시키는 동시에 국고를 충실히 하고 왕권의 강화를 기하려 한 것이다.[11] 이로써 주·현 등에서 납부해야 할 공부가 일률적으로 책정되었으며 비로소 전국적으로 조세의 부과징수 기준이 통일되었고 수취제제가 일원화되었다.

나. 고려 상세와 상인 조직

상세(商稅)의 역사는 고대에까지 거슬러 올라가야 한다. 고대 및 중세 때에

서에 배속시켜 잡무를 담당하도록 한 제도로서 일종의 인질이다.(『고려사』권174, 지제 29, 선거3, 기인조) 처음에는 인질을 붙잡아 둠으로써 지방 호족을 통제하기 위한 방편으로 이용되었으나 호족들도 기인을 통해 중앙과 연결하여 기반을 다지는데 이용했다. 왕권이 강화되자 기인의 처우가 나빠지는 등 이에 따른 폐단이 많아 폐지하고자 했으나 조선왕조에 들어서서도 끝내 폐지하지 못했다. 정부의 입장에서 기인은 노동력의 무상 조달이기 때문에 쉽게 폐지하지 못한 것이다. 기인의 총수는 1422년(세종 4년)에 390명 이었다. 사심관(事審官)은 935년(태조 18)에 고려에 항복한 신라 경순왕을 경주의 사심관으로 삼은 것이 최초이다. 임무는 신분구별, 부역의 공정, 풍속의 교정 등 지방 감독과 민심을 안정시키는 역할을 했다. 고려 말에 폐지되었다.(한우조, 『기인제연구』, 일지사, 1992)

8) 『고려사』권77, 백관2, 외직. 금유와 조장은 983년(성종 2) 2월 12목이 설치되기 이전에 파견되었다.

9) 구산우, 「고려 성종대의 향촌 지배체제 강화와 그 정치적 갈등」, 『한국문화연구』6호, 부산대 한국문화연구소, 1993, pp.4~5. 조장도 실제로는 지방토착 세력 가운데 적임자를 선정하여 그 역할을 수행하게 하는 형태였다.

10) 『고려사』권78, 지32, 식화1, 태조조.

11) 김두진, 「고려 광종대의 전제왕권과 호족」, 『한국학보』15호, 일지사, 1979, p.66.

시행된 상세의 예로 시적조(市籍租)와 관진상세(關津商稅)를 들 수 있다. 시적조는 중국에서 진한(秦漢)시대 이래 시장에서 장사하는 상인을 시적(市籍) 명부에 이름을 올리도록 하고 이들에게 부과하는, 즉 시장에서 장사하는 상인을 대상으로 하는 세금이다. 관진상세는 행상(行商)에게 부과하는 세금이다. 행상들이 장사를 하러 오고 갈 때 통과하는 교통로의 길목에 있는 방관(防關)에서, 또는 강이나 바닷가의 나루터나 배를 대는 선창의 진두(津頭)에서 과세하는 세금을 말한다.[12] 일종의 상품 통과세라고 할 수 있다. 또 이들 상세 외에 시장에 물건이 반입될 때 과세하는 입시세(入市稅) 또는 시사세(市肆稅)가 있었다.

고려시대에 상업과 관련하여 시장의 관리, 시장가격의 결정, 상세의 부과 징수, 불법거래의 단속과 처벌 따위의 상업에 관한 전문 법령이 분명히 존재한 것으로 여겨지지만, 아직 발견되지 않고 있다. 관진상세도 마찬가지이다. 하지만 최근에 『고려사』와 『고려사절요』 등에 흩어져 수록되어 있는 각종 법령을 모아서 법제체계를 구성하고 복원하려는 고려시대 율령의 복원을 시도하는 책이 나와 참고가 된다.[13] 이와 관련하여 현재 상세에 관한 고려령으로 도량형, 물가, 호시, 금수품(禁輸品) 등에 관한 관시령(關市令)이 파악되고 있다.[14]

고려시대의 상세에 대해서 다소 구체적인 내용을 알려면 예종(睿宗) 원년 (1106년) 7월에 있었던 관진상세에 관한 논쟁을 살펴볼 필요가 있다.[15] 이 논쟁은 당시 극심한 가뭄대책을 논의하는 자리에서, 가뭄대책의 일환으로 화폐유통을 금지하며 관진상세를 없앨 것이냐를 두고 격론을 벌인 것이다. 먼저 화폐유통을 금지하자는 신하들이 예종에게 가뭄대책을 건의하면서, 가뭄은 시중에 부정부패가 만연하기 때문이라고 지적하고, 이는 '오랑캐 풍속을 쓰지 말라'라는 태조 왕건의 유훈(遺訓)을 어기고 중국의 화폐제도를 도입하여 시행하기 때문이라며, 시중의 화폐유통을 금지해야 비가 올 것이라고 주장했다.

이에 대해 예종은 '태조의 유훈은 화폐유통을 반대한 것이 아니다. 다만

---

12) 김정희, 「당대 후기 상인의 성장에 관한 연구」, 고려대학교 박사학위논문, 1994, p.85.

13) 영남대학교 민족문화연구소 편, 『고려시대 율령의 복원과 정리』, 경인문화사, 2010.

14) 위은숙, 「고려시대 관시령과 시고」, 『민족문화논총』, 영남대학교 민족문화연구소, 2010, pp.403~447.

15) 유원동, 「고대–고려시대의 시장 형성사」, 『도시문제』 2권, 8호, 대한지방공제회, 1967, p.32.

오늘날 혁파할 것은 화폐 자체가 아니라 화폐의 쓰임과 유통을 막는 관진상세뿐이다'라고 답했다.[16] 예종은 화폐통용을 폐지하자는 건의는 받아들일 수 없으나 관진상세는 개혁할 수 있다는 점을 분명히 한 것이다.

예종과 신하들의 논쟁을 두고 관진상세를 상업상은 물론 사회풍속으로 폐단이 있는 부정적인 세제로 보기도 하고[17] 예종이 관진상세를 없애려 한 것은 관진상세를 없애는 대신 직접적인 상업세로서의 상세를 징수하고자 하는 의도가 숨어 있는 것으로 보기도 한다.[18]

관진상세의 부과내역, 세액 결정, 징수액의 귀속 등에 관한 구체적인 내용은 아직 밝혀지지 않고 있다. 관진상세는 상품이 통과하는 물목을 지켜 과세하므로 징수하기가 매우 쉬운 세제이다. 고려 초기에는 각 지역의 호족들이 이를 관장하고 부과권을 행사했다. 왕권이 확립된 이후부터는 군·현에서 부과징수한 세금이 일단 중앙정부에 귀속시키되, 그 중 상당액은 이를 징수한 군·현의 몫으로 남겨 주었다.

관진상세는 결국 상품을 가지고 관진을 통과하는 행상에 대한 과세이다. 고려는 화폐경제가 발달하지 않은 상태에서 일반 상업세를 거두기 보다 부과징수가 용이한 행상들로부터 세금을 걷는 관진상세를 주시한 것으로 보인다. 이는 고려 정부의 행상보호정책(行商保護政策)을 통해 확인할 수 있다.

1014년 6월 현종(顯宗)은 행상이 객사할 경우에 대한 특별 교서를 내렸다. 그것은 객사한 행상의 성명과 본적을 알 수 없을 때는 용모와 특징을 기록해 두고 임시로 장사를 지내도록 하라는 내용이다.

> "1014(현종 5년) 6월 경신일, 다음과 같은 교서를 내렸다. '방수군(防戍軍)으로서 도중에 사망한 자는 관가에서 염구(殮具, 초상에 소요되는 물자)를 부담하고 그 유골을 함에 넣어 본집으로 보내도록 하라. 객사한 행상(行商)으로서 성명과 본적을 알 수 없는 자는 당해 관청에서 임시로 장사를 지내고 나이와 용모 특징을 기록하여 둠으로써 섞이지 않게 하되, 이렇게 하는 것을 영구한 규칙으로 삼으라!"[19]

---

16) 『고려사절요』 권7, 예종 원년 7월조.
17) 유원동, 앞의 논문, p.32.
18) 채웅석, 「고려전기 화폐유통의 기반」, 『한국문화』 9호, 서울대학교 한국문화연구소, 1988, p.100.
19) 『고려사』 권4, 세가, 현종 5년 6월 경신.

행상이 사망하면 현지에서 임시로 장사지내고 매장하되 용모와 특징을 기록해 두어 섞이지 않게 하라고 지시한 것은, 우선 일단 장례를 치루되 그 시신을 따로 관리함으로써 후에 연고자가 찾으러 왔을 때, 쉽게 찾을 수 있도록 대비하라는 것이다. 이 일은 매우 까다롭고 행정력과 재정력도 많이 소요된다. 그러면 왜 국가에서 행상들에게 복지후생 차원의 행정서비스를 적극적으로 제공하려 했을까?

고려 정부가 행상들에게 특별한 행정 서비스를 베푼 까닭은 행상들이 내는 관진상세가 정부의 중요한 세원이었고, 그 징수액이 상당했기 때문일 것이다. 당시 전국에 걸쳐 행상을 통한 유통 물동량이 대단히 많았고, 그로 인해 관진상세의 징수액도 막대하여, 행상의 보호가 물화 유통을 원활하게 하는 첩경이 될 뿐 아니라, 재정에 크게 도움이 되므로 특별히 행상을 보호한 것이다.

한편 현종이 내린 교서의 형식이 의미 있다. 이 교서는 신하들의 건의를 받고 내리는 통상적인 방식과 달리 일방적으로 지시하는 형식이다. 따라서 이 점을 미뤄 보면 교서를 내리게끔 작용한 배후가 분명히 있었을 것으로 보인다. 그 배후는 아마도 특정한 행상 조직 또는 상인 집단의 대표일 수도 있고, 행상의 여론을 전달할 수 있는 어용상인이거나 이들과 가까운 귀족 또는 고위관리일 수도 있다. 어떻든 행상을 옹호하는 강력한 세력이 엄연히 존재했고, 현종의 교서에 이들의 입김이 크게 작용되었을 개연성이 분명히 있는 것이다.

시전 상인에게 상세(商稅)가 부과되었는지는 아직까지 밝혀지지 않고 있다. 다만 임시 과세의 성격을 가진 과렴(科斂)이 시행된 기록이 있다. 1289년(충렬왕 15) 원이 요동(遼東) 지방에 흉년이 들었다며 양곡 10만석을 조달하여 요동으로 운반해 줄 것을 요구하자, 고려는 종실 및 귀족과 관리·평민·상인·노비에 이르기까지 〈표 3-1〉과 같이 9개 등급으로 나누고 곡식을 차등 있게 거두어 요동에 보냈다.[20]

〈표 3-1〉을 보면 부상대호(富商大戶)가 4등급으로 3석을, 부상중호(富商中戶)가 5등급으로 2석을, 부상소호(富商小戶)가 6등급으로 1석을 부과하고 있다. 특히 부상소호는 산관 5품과 참외부사보다 많이 부과되었고, 군관·백성들보다 무려 2~3배나 더 많이 부과되었다. 이것은 당시 상인들의 재력이 상당했던

---

20) 『고려사』 권79, 지33, 식화 2, 과렴.

표 3-1	1289년(충렬왕 15) 군량미 10만석 과렴 부과 내역	

부 과 대 상	쌀
제왕(諸王) 승지(承旨)이상	7석
치사재추(致仕宰樞) 3품 이상	5석
치사(致仕)3품, 현임(顯任) 4품	4석
산관재추(散官宰樞) 5품, 부상대호(富商大戸)	3석
산관(散官)3품, 시위장군(侍衛將軍) 6품, 부상중호	2석
산관 4품, 7·8품, 참상부사(參上副使)	1석
승록직사(僧錄職事), 부상소호(富商小戸)	
산관 5품, 9품, 참외부사(參外副使)	8두
권무(權務), 대정(隊正), 별사(別賜), 산직(散職)	7두
군관, 백성, 공사, 노비	3~5두

것을 증거하고 있다.

그러나 이에 대해 소상인은 영세하여 일반 농민층과 조금도 다를 바 없이 겨우 생계를 이어가는 처지임에도 농민층보다 지나치게 많이 거두고 있다며 상인을 차별하고 핍박한 조치로 보기도 한다.[21] 하지만 전국민을 대상으로 한 특별 과렴에서 상인이라고 터무니없이 차별하는 조치를 취하지 않았을 것이므로 부상(富商)들의 높은 등급은 당시 상인층의 두터운 경제력을 실상 그대로 반영한 것으로 봐야 할 것이다.

충렬왕 15년의 과렴은 제왕(諸王)에서부터 노비에 이르기까지 모든 사람들로부터 일정액을 거두어들인 일종의 인두세(人頭稅)라고 할 수 있다. 따라서 각 계층의 과렴 부과액은 과세형평을 기하고 조세저항을 줄이기 위해 보다 신중하고 면밀한 논의를 거쳐 결정되었을 것이다. 상인들 중 일반 백성보다 2~3배나 많이 부담하는 부상 소호는 상·중·하로 구분한 부상들 중 하층에 속한 부상으로 영세 상인이 아니었다. 영세 상인들은 아마도 일반 백성들과 동일하게 부과되었을 것이다.

한편 과렴은 "임시 과세였으나, 이를 보아서 이전부터 특정 상인에 대한

---

21) 이정신,「고려시대의 상업 −상인의 존재 형태를 중심으로−」,『국사관논총』59집, 국사편찬위원회, 1994, p.128.

과세가 실시되었음을 전혀 의심할 여지가 없다"[22)]라며 과렴 조치를 통해서 상세의 존재를 적극적으로 인정하기도 한다.

상세 부과에 관한 『고려사』의 첫 기록은 1286년(충렬왕 12) 4월 '원에서 사신을 파견하여 상인들에게 세전(稅錢)을 부과했다'[23)]이다. 원 간섭기에 원나라 재정관이 고려에 파견되어 세전을 부과한 것이다. 이 세전의 구체적 내용과 징수 세액은 알 수 없으나 과세대상은 나라 전체의 상인이었을 것으로 추측된다.

그런데 『고려사』에는 1286년(충렬왕 12)의 세전 부과로부터 100여 년이 지난 고려 말에 상인들이 세전을 내지 않는다는 상반된 기록이 있다.

"1381년(신우7년) 8월, 서울(개성)의 물가가 등귀했는데 장사하는 자들이 조그마한 이익을 가지고 서로 다투므로 최영(崔瑩)이 이를 미워하여 무릇 시장에 나오는 물건은 모두 경시서로 하여금 그 물건의 값을 평가하고 세를 바쳤다는 도장을 찍게 하고 난 뒤에 비로소 매매하게 했다. 도장을 찍지 않은 물건을 매매하는 자는 잔등의 힘줄을 갈구리로 꿰여서 죽이겠다고 했다. 그리하여 경시서에다가 큰 갈구리(大鈎)를 걸어 두고 지나는 사람들에게 보였더니 장사하는 자들이 벌벌 떨었다. 그러나 이 일은 마침내 실행되지 못했다."[24)]

"1391년(공양왕3년) 3월, 중랑장 방사량(房士良)이 왕에게 글을 올렸다. …… 우리나라의 법제를 보건대 농민들에게는 경지 면적을 조사하여 세(稅)를 부과하고 수공업자들은 국가를 위하여 노력을 담당하는데, 상인들로 말하면 노역의 부담이 없을 뿐만 아니라 세전(稅錢)도 내지 않습니다. 지금부터 상인들이 매매하는 사라(紗羅, 엷은 비단), 능단(綾緞, 무늬가 있는 엷은 비단), 소자(銷子, 생실 비단)와 무명베 등은 모두 관청의 도장을 찍게 하고, 그 중량과 길이에 따라 빠짐없이 세를 거두어들이도록 하며 몰래 매매하는 자는 모두 법을 위반한 죄를 씌워 처벌하여야 합니다."[25)]

최영은 개성의 물가가 치솟는데도 불구하고 상인들이 물건 값을 올림으로써 시장질서가 교란되자, 시장에 나온 물건에 일일이 값을 매기도록 하는 가격허가제의 비상조치를 취하고, 거래되는 모든 물건에 세금을 부과하도록 했다. 따라서 최영의 비상조치가 있기 전에는 시장에서 거래되는 주요 물건에만 세금

---

22) 백남운 저, 하일식 역, 『조선봉건사회경제사』, 이론과 실천, 1993, p.56.
23) 『고려사』 권30, 세가, 충렬왕 12년 4월 갑진.
24) 『고려사』 권79, 지32, 식화2, 화폐, 시고(市估), 신우조.
25) 『고려사』 권46, 세가, 공양왕 3년 3월.

이 부과되었을 확률이 높다. 그러나 최영은 당시 문하수시중(門下守侍中)이었으니 그의 조치는 바로 시행되었겠지만, 시장에 나오는 모든 세세한 물건까지 세전 납부의 확인 도장을 찍지는 못했고, 위반자를 갈구리로 꿰어 죽이는 일은 실제 일어나지 않았을 것이다.

최영의 비상조치가 있은 지 10년 후 1391년에 방사량(房士良)이 상인들이 세금을 내지 않는다고 시비를 걸었다. 그렇다면 1286년 원 간섭기에 부과된 상세는 최영의 비상조치가 있은 1381년 이전의 어느 시기에 폐지된 바 있는데, 물가가 등귀하고 시장질서가 문란해지자, 최영이 가격허가제와 특별세를 조치했을 수도 있다. 또 방사량이 우리의 법제를 거론하면서 상세가 없다고 했으니 원을 축출하고 자주성을 찾는 과정에서 원에 의해 시행된 상세를 폐지한 것으로도 추론 가능하다. 하지만 방사량의 주장은 상인들이 거래하는 물품에 유통거래세를 도입하자는 것으로 관진상세나 시적조 등의 상세를 부정하는 것은 아니다.

1286년 원나라에 의해 도입된 상세는 아마도 송대(宋代)의 상세일 확률이 높다. 중국의 상세는 당(唐) 중기까지는 시적(市籍)이 있는 자에게 시적조(市籍租)가 부과되다가 780년(건중 원년)에 이르러 상세가 창설되고 제도화되었다.[26] 그 내용은 점포를 소유하는 등 사는 곳이 일정한 상인에게는 빈부에 따라 차등 과세하고 이리저리 옮겨다니는 행상에게는 1/30세를 부과했다. 이후 상세 제도는 계속 발전하여 송대에는 상인이 운반하는 상품이 세장(稅場)을 통과할 때 부과되는 통과세인 과세(過稅, 세율 20/1000)와 행상이 상품을 다른 곳으로 운반하여 매각할 때 부과하는 교역세인 주세(住稅, 세율 30/1000)로 정착되었다.

송과 긴밀한 외교관계를 유지했고 중국의 정보에 밝았던 고려에서 송이 상세를 징수하여 국가재정에 충당하고 있는 줄을 몰랐을리 없다. 그리고 상인들이 상업으로 큰 돈을 벌고 있는 줄 알면서도 세금을 전혀 물리지 않는다는 것은 이치에 닿지 않는다.

또 상인이 천시당했기 때문에 세금을 내게 하지 않았다고 하기도 한다. 하지만 이는 천시자를 더 잘 살게 하는 결과를 낳게 하고 과세의 응능원칙을 도외시하는 모순을 내포하고 있다. 더군다나 고려는 상업장려정책을 강력히 추진

---

26) 김정희, 앞의 논문, pp.85~92.

한 나라이다.

숙종은 서경에 화천별감(貨泉別監)을 설치하고 상업을 장려했다. 다음은 그에 관한 『고려사』의 기록이다.

"1102년(숙종 7년) 9월, 왕이 명령을 내려 이르기를 '4민(四民, 사·농·공·상)은 각각 자기 직업에 전문으로 종사함으로써만이 참으로 국가의 근본이 되는 것이다. 그런데 지금 들으니 서경(평양)에서는 민간 풍습이 상업에 힘을 쓰지 않기 때문에 백성들이 이익을 얻어 내지 못한다고 한다. 유수관(留守官)은 화천별감(貨泉別監) 2명을 임명하도록 하여 날마다 시장과 상점들을 감독하게 하고 상인들로 하여금 모두 매매 교환을 장려하여 이익을 얻도록 할 것이다'라고 했다."[27)]

숙종은 관에서 적극적으로 상업을 장려해야 마땅하며 상업에 힘쓰고 진력하는 것이 사회의 풍습이 될 정도로 상업이 활발해져야 백성들이 이익을 얻는다고 했다. 상인의 전문성을 확실히 이해하고 상업의 육성을 통해 국가의 기반을 튼튼히 다지려 한 것이 분명하다.

상세의 부과는 상업의 발달 정도에 달렸다기 보다 국가의 재정정책 및 추진 의지와 관련이 깊다. 만약 어느 나라에 상세가 부과되지 않았다면 그것은 상업에 본질적인 이유가 있다고 지레 짐작하기 보다 국가가 상세를 부과하지 못할 만한 다른 이유가 존재하지는 않는지 먼저 생각해 보아야 한다. 원 간섭기에 원나라 사신이 와서 상세를 간단히 도입한 예를 통해 고려 정부가 필요성을 인정하고 정책의지만 있다면 언제든지 상세 부과가 가능했던 실정이었음을 이해해야 한다.

따라서 고려에서도 중국과 유사한 수준의 제도화된 상세가 운용되었을 것으로 보인다. 또 그에 못 미친다 할지라도 상인들에게 어떤 형태로든지 상세가 부과되었을 것이다. 관진상세가 광범위하게 부과징수되었을 수도 있고, 최영의 예처럼 물건값에 따라 세금을 매기거나 개별 점포에 세금 형태로 일정액의 공부 부담을 지웠을 수도 있다. 또는 일정 시기마다 상인들로부터 과렴을 해서 궁실이나 정부에 바쳤을 수도 있다. 담세력이 있는 부유한 상인을 두고 세금을 부과하지 않는 일은 결코 일어나지 않았을 것이다.

---

27) 『고려사』 권79, 지33, 식화2, 화폐, 시고(市估), 숙종조.

고려시대에 시전 상인들은 동업자 조직을 결성하고 있었다. 이에 대해 상인조합 또는 상인단체의 존재 여부에 대해 구체적인 자료가 없어 인정하기 곤란하다는 견해가 있고[28] 또 고려의 시전은 조선의 시전처럼 금난전권(禁亂廛權)이 없어 동업자 조직이 형성되지 않았다고 하기도 한다.[29] 이러한 견해는 금난전권을 가진 조선의 시전이 고려의 시전보다 발전된 단계로 보는 해석이라 하겠다.

그러나 조선의 금난전권은 자유로운 유통과 시장의 진입을 막는 독점보호장치이므로 시전의 발전된 형태로 보기 곤란하다. 또 민간 결사인 자율적인 동업자 조직과 정부의 재정권이 부여한 금난전권은 직접적인 상관관계가 거의 없다고 보아야 할 것이다.

1283년(충렬왕 9) 7월 감찰사에서 쌀 20석에 해당하는 은병(銀瓶)을 10석으로 하여 은병의 기준 값을 50%나 떨어뜨리자, 2개월 후 동년 9월에 시전 상인들이 집단 반발하고 매매를 중단함으로써 물의가 일어나 종전대로 환원한 바 있다.[30] 이는 시전 상인들의 여론과 행동을 조율하고 응집시킬 수 있는 강력한 상인조직의 존재를 밝혀주는 증거 사례라 하겠다. 감찰사의 은병 기준값 인하에 대해 불만을 가진 상인결사조직이 2개월 간 여론을 수렴하고 힘을 모아 집단 시위를 일으키자 정부가 물러서지 않을 수 없었던 것이다.

개경 시전의 상인조직에 관해서는 『고려도경』에 근거로 삼을만한 내용이 기록되어 있다. 서긍은 고려의 음악에 관해 기술하면서 여자 무용수 여기(女伎)에 대해 다음과 같이 비교적 자세하게 기술했다.

"지금 고려의 음악에는 2부(部)가 있다. 좌부는 당악(唐樂)이니 중국의 음악이요, 우부는 향악(鄕樂)이니 이(夷)의 음악이다. 중국 음악은 악기가 다 중국 제도 그대로인데, 다만 향악에는 고(鼓)·판(版)·생(笙)·우(竽)·필률(觱篥 피리.)·공후(箜篌)·오현금(五絃琴)·비파(琵琶)·쟁(箏)·적(笛)이 있어 그 형제(刑制)가 약간씩 다르다. …… (중략) …… 여기(女伎)로 말하면 그것을 '하악(下樂)이라고 하는데 도합 3등급이 있다. 대악

---

28) 강만길, 『한국 상업의 역사』, 세종대왕기념사업회, 2000, pp.41~42. 강만길은 고려는 상업이 발달하지 않았고 상인 동업자 조직에 대한 구체적 자료가 없기 때문에 그 존재를 인정하기 곤란하다고 본다.

29) 김동철, 「고려말의 유통구조와 상인」, 『부대사학』 9호, 부산대학교사학회, 1985, p.28.

30) 『고려사』 권79, 지33, 식화 2, 시고, 충렬왕조.

사(大樂司)는 2 백 60명으로 왕이 늘 사용하는 것이다. 다음 관현방(管絃坊)은 1 백 70 명이요, 그 다음 경시사(京市司)는 3 백여 명이다. 또 석지(柘枝)와 포구(抛毬)의 기예 (技藝)도 있다.' 그들의 백희(百戱)는 수백 명인데 듣기로는 다들 민첩하기가 대단하다고 한다."[31]

위의 기록에서 대악사(大樂司)는 음악 담당 기관인 대악서(大樂署)를, 경시 사는 시전 관리기관인 경시서(京市署)를 말한다.[32] 따라서 1123년(인종 원년) 당 시 대악서·관현방·경시서 등 정부 기관이 관리하는 개경의 여자 무용수는 총 730여 명에 달했다. 이 중 대악서 260명은 왕립 전속이고 관현방 170명은 정부 소속이다. 이들은 궁궐 또는 정부에서 개최하는 의례나 연회에 출연하여 공연 했다. 그런데 경시서의 300여 명 여자 가무단은 어떤 공연에 주로 출연했고, 그 운영 비용은 누가 부담했을까?

경시서 가무단 300여 명은 왕립 가무단 대악서와 정부 가무단 관현방보다 규모가 훨씬 크므로 운영경비가 많이 소요될 것이다. 따라서 만약 경시서 가무 단의 막대한 운영 경비를 정부가 모두 부담한다면 관현방에 소속시켜 관리하면 되지 굳이 말단 기관인 경시서에서 따로 관리하게 할 필요가 없는 일이다. 그러 므로 경시서 가무단은 시전 상인들이 운영 경비를 부담했고 '개성의 상공인들을 위한 춤과 노래 같은 공연 활동을 담당했으리라고 추정'[33]하는 것이 합당하다.

고려의 가장 큰 민중 축제의 하나로 오월 단오절이 있다. 단오절은 3일 간 공휴일이었고 개경 십자가 시전거리에서 대규모 축제행사가 벌어졌다. 이 때 경시서의 300여 명 여기(女伎)들은 시전거리의 특별 무대에서 각종 춤과 노래를 공연했다. 이 단오축제는 누가 주관했을까? 우왕(禑王)도 단오축제를 보기 위해 특별히 나들이했다는 사실은[34] 이 축제가 관에서 주최한 것이 아니고 시전 상 인조직이 주최한 것을 반영하고 있다. 당시 시전 상인들은 매우 강력한 상인조

---

31) 『선화봉사고려도경』 권40, 동문(同文), 악율(樂律), 『국역 고려도경』, p.227에서 인용. 석지(柘枝)는 대규모 가무희인 석기무의 약칭이고 포구는 포구악(抛毬樂)으로 공던지기 운동을 가무희화한 것이다. 백희는 줄타기, 땅재주 넘기 등 각종 곡예를 하는 광대놀이 이다.

32) 송방송, 「고려 당악의 음악 사학적 조명」, 『한국논총(상)』, 일조각, 1997, p.689.

33) 송방송, 앞의 논문, p.690.

34) 『고려사』 권134, 열전47, 신우 5년 5월조.

직을 결성하고 300여 명 규모에 달하는 경시서 가무단의 운영은 물론 단오절 시전거리 축제행사를 주관한 것이다.

개경의 시전 상인조직은 왕실과 정부의 잉여물 처분 또는 필수품 매집을 대행하고 경시서를 도와 시장의 질서유지와 위생관리를 위해서도 일정 역할을 수행했다. 물론 과렴을 할 때에는 여론을 수렴하는 등 상인들의 형편을 반영하고 그 부담을 줄이기 위해 앞장섰고, 생활이 어려운 빈민과 재난을 당한 이재민 등의 구휼에 나섰으며, 각종 사회봉사 활동도 적극 전개해 나간 것으로 보인다.

『고려사』에는 상인조직의 존재를 시사하는 또 다른 기록이 있다. 1277년(충렬왕 3) 승려 육연이 강화도에서 만든 유리기와의 품질과 색체가 '남상(南商)'들이 파는 것보다 우수했다.[35] 여기서 상인 집단을 의미하는 '남상'은[36] 남중국의 강남상인을 뜻하나 당시 이와 다른 상인 집단 또는 조직이 존재하고 있었던 현실을 반영한다고 할 수 있다. 또 정중부의 측근인 정존실(鄭存實)이 수공업자 언광(彦光)의 집을 구입하면서 물의를 일으켰을 때, 저자거리 언광 패거리의 강탈행위와 가구소(街衢所)가 40여 명의 이웃 사람을 심문한 것은 시전거리에 소재한 공상(工商)집단의 존재를 확실히 나타내 보여주고 있다.[37]

다. 수공업의 발달과 장인

고려시대는 수공업 기술자 장인(匠人)을 공장(工匠)이라고 불렀다. 정부는 공장안(工匠案)을 만들어 그들을 등록시키고 체계적으로 관리했다. 공장안은 일종의 장인 호적부와 같은 것으로 정부는 토목·건축 따위 시설 공사를 하거나 필요한 물품을 만들 때 공장안에 등록된 공장들을 동원하여 일을 시켰다.

고려의 수공업체계는 관청수공업·민간수공업·사원수공업으로 편성되었다. 관청수공업은 중앙과 지방으로 나뉘고 따로 소(所) 수공업이 운영되고 있었다. 〈표 3-2〉의 관청수공업 기관 중 장복서·봉거서·공조서·내부시·도교서·잡직서 등은 주로 궁궐에서 사용하는 물품을 만들었고, 나머지 기관들은

---

35) 『고려사』 권28, 세가, 충렬왕 3년 5월 임진. 남상은 중국 강남상인을 지칭한다고 본다.
36) 서성호, 「고려 무신 집권기 상공업의 전개」, 『국사관논총』 37집, 1992, p.100.
37) 『고려사』 권128, 열전41, 정중부부 정존실.

표 3-2	고려시대의 관청수공업 기관과 공장명	

관 청 명	하는 일	공장명(직위명)
선공시(繕工寺) (장작감(將作監))	정부의 건축 및 토목 공사 담당	석공 · 목공 · 토공
군기시(軍器寺) (군기감(軍器監))	무기제조	피갑장 · 모장 · 화장 · 백갑장 · 장도장 · 각궁장 · 칠장 · 연장 · 노통장 · 기화업 · 전장 · 전두장 · 피장
장복서(掌服署) (상의국(尙衣局))	왕족의 의복류를 제조, 조달	수장 · 복두장 · 화장 · 대장 · 비혜장 · 홀대장
공조서(供造署) (중상서(中尙署))	왕이 쓰는 기구 및 각종 장식품 제조	화업 · 소목장 · 위장 · 흥정장 · 주홍장 · 조각장 · 나전장 · 칠장 · 화장 · 지장 · 주렴장 · 죽저장 · 어개장 · 황단장 · 소장 · 마장
장야서(掌冶署)	철물과 금은 세공품 제조	은장 · 화장 · 백동장 · 적동장 · 경장 · 피대장 · 금박장 · 생철장
도교서(都校署)	잡세공품 제조	목업 · 석업 · 석장 · 조각장 · 장복장 · 나장
도염서(都染署)	염료를 제조하고 염색작업	염료장 · 염색장
잡직서(雜織署)	각종 직물의 제조	계장 · 수장
액정국(液庭局)	문방구와 열쇠 관리, 견직물 담당	금장 · 라장 · 능장
봉고서(奉車署) (상승국(尙乘局))	가마류 · 말 관장	대첨장 · 안비장 · 안욕장 · 안교장 · 마장 · 지마장
태복시(太僕寺) (사복시(司僕寺))	국왕이 타는 가마와 말관리	대첨장 · 안욕장 · 피장
내궁전고(內弓箭庫)	활 관장	각궁장 · 전장 · 전두장 · 궁대장
대악관현방 (大樂管絃房)	국왕의 전용음악기관	악공, 악사

자료: 김병숙, 「고려시대 노동시장 특성과 직업윤리」, 『직업교육연구』 21권 2호, 한국직업교육학회, 2002, p.66.

정부에서 필요로 하는 물품을 제작했다.

관청수공업 기관에는 지유(指諭)·행수(行首)·교위(校尉)·대장(大匠)·부장(副匠) 등 120여 명의 기술 감독자들이 있었다.[38] 이들은 일년에 300일 이상 관청에서 일하고 녹봉을 받았다.[39] 지방의 관청수공업 기관은 먼저 중앙에 바쳐야 할 공물을 제조한 다음, 지방 관청이 필요로 하는 물품을 만들었다.

민간 수공업은 가내수공업으로 포물·마포·저포·견포 따위 직물을 주로 생산했다. 생산품은 자신의 수요에 충당하거나 관청에 공물로 납부하고 잉여 생산품은 시장에 내다 팔았다. 한편 공장안에 등록된 공장 중 관청 수공업기관에서 일하지 않는 전업적인 민간 수공업자가 있었다. 이들은 자신의 생산품 중 일정량을 공물로 납부하거나 또는 토목·건축 공사장에 징발되어 기술 노동을 제공해야 했다. 하지만 이들은 비관속공장(非官屬工匠)이므로 관청에 소속된 공장과는 달리 급료와 토지 따위를 받지 못했기 때문에 생계를 꾸려가기 위해 주문생산에 응하거나 생산품을 시장에 내다 팔아야 했다.[40] 개경의 나성 축조에 8,450명의 공장과 정부(丁夫) 238,938명이 동원되었는데, 이들 공장은 대부분 강제 징발된 민간 수공업자였다.

고려시대에는 사원 수공업이 매우 발달했다. 사원은 승려·노비 등 기술자들이 만든 수공업품을 자체 소비하고 남는 것은 판매했다. 판매를 목적으로 하여 생산하는 경우도 많았다.[41] 사원에서 생산한 주요 수공업품은 직물·기와·소금·종이·먹 등이고 술을 양조해서 팔기도 했다.

금강산에 소재한 장안사(長安寺)가 개경 시전거리에 점포를 경영한 일,[42] 승려 육연(六然)이 강화도에 가서 황단(黃丹)을 많이 쓰는 새로운 제조기법으로 중국 강남 상인들이 파는 것보다 품질이 훌륭한 유리기와를 제조한 일,[43] 제국대장공주가 매미날개 같이 올이 가늘고 꽃무늬가 수놓인 모시를 만들 줄 아는 사찰의 여종(婢)을 양도받은 일[44] 등은 발달한 사원 수공업을 증거해 주는 사

38) 홍승기, 「고려시대의 공장」, 『진단학보』 40호, 진단학회, p.66.
39) 『고려사』 권80, 지34, 식화3, 녹봉. 제아문공장별사(諸衙門工匠別賜).
40) 홍승기, 앞의 논문, pp.68~69.
41) 이병희, 「고려후기 사원경제의 연구」, 서울대학교 박사학위논문, 1992, p.89.
42) 이곡(李穀), 「금강산 장안사 중흥비」, 『가정문집』 권6, 『고려명현집』 3, pp.44~45.
43) 『고려사』 권28, 세가, 충렬왕 3년 5월 임진.
44) 『고려사』 권89, 열전2, 후비2, 제국대장공주전.

례들이다.

고려는 왕실과 정부 수요품, 수출품을 대기 위해 소(所)라는 수공업 전문 생산체제를 운영하고 있었다. 소는 특정한 생산품 이를테면 금·은·동·철과 기와·종이·소금·도자기 등을 전문적으로 생산하는 곳이다. 실제로는 금소(金所)·은소(銀所)·동소·철소·지소(紙所)·묵소(墨所)·자기소(瓷器所) 등으로 생산물 이름 뒤에 소를 붙여 불렀다. 물고기를 길러 잡는 어량소(魚梁所)도 있었다.[45]

소는 신라시대에는 존재하지 않았고 고려시대에 들어와서 생겨났다고 한다. 소의 생성시기, 지배구조와 수취체계 그리고 소민(所民)의 신분과 소 운영에 대해서 많은 연구성과가 있으나 아직까지 통일된 견해는 없다.[46] 다만 소민(所民)의 신분에 대해서는 대개 천민 취급을 받았다고 보고 있다.[47]

소는 특정 제품을 관청수공업과 민간수공업과의 유기적인 연관아래 전문적으로 생산하는 특화된 생산단지이다.[48] 따라서 기술 개발과 축적이 지속될 수 있고 그 계승이 용이하므로, 잘만 조직하고 운용하면 효율성의 제고는 물론 높은 수준의 생산성 확보가 가능한 것이다. 그러므로 고려의 경제력과 생산력의 중요 기반이었던 각종 소(所)들의 존재 의의를 긍정적인 시각에서 접근할 필요가 있다. 소가 일률적으로 천민들을 집단 수용하여 수공업품을 강제생산하게 했던 곳으로만 보아서는 고려 상품경제의 실질적 토대인 소의 진면목을 놓칠 수 있다. 고려는 전국에 소(所)라는 수많은 특화품 생산단지를 구축하고 이를 가동시켰다. 소민의 실질적인 대우는 당해 소의 생산성 여하에 따라 차등을 두었을 가능성이 높다.

오늘날 고려시대 공장의 신분에 대해서 대개 천인은 아니고 양인(良人)이되 사회적으로 천시 당했다고 보고 있다.[49] 천시 당했다는 주장의 논거는 공장은 노예 출신이 대부분이고 비자유인이며,[50] 벼슬길에 나아가지 못했고 과거 응시권이 없었으며, 공물을 가혹하게 수취당하거나 토지를 지급받지 못했다는 등

---

45) 서성호, 「고려 수공업 소의 몇 가지 문제에 대한 검토」, 『한국사론』 41.42, 1999, pp.244~245.

46) 서명희, 「고려시대 '철소'에 관한 연구」, 『한국사연구』 69호, 한국사연구회, 1990, pp.2~15.

47) 서명희, 앞의 논문, pp.15~19.

48) 김현영, 「고려시기 소에 대한 재검토」, 『한국사론』 15, 1986, pp.108~109.

49) 김난옥, 「고려시대 공장의 신분」, 『사학연구』 58·59호, 한국사학회, 1999, pp.607~608.

50) 백남운 저, 하일식 역, 『조선봉건사회경제사(상)』 2, 이론과 실천, 1993, p.59.

상인의 천시 논거와 거의 유사하다. 따라서 공장의 신분에 대해서는 앞에서 상
인의 신분을 검토한 바와 마찬가지로 일률적으로 천시당한 것만은 아니고 기술
여하에 따라 차등 대우를 받았다고 보아야 할 것이다.

『고려사』에는 공장(工匠)이 관리가 되어 벼슬살이를 한 기록이 다수 있다.
말 안장을 만드는 공장 송유(宋由)는 삼한공신 소격달(蘇格達)의 현손(玄孫)이어
서 특별히 부역을 면제받고 벼슬살이를 허락받았다.[51] 또 말안장 제작기술이
뛰어나 충렬왕의 총애를 받은 김진(金璡)은 낭장(郞將) 벼슬을 했다.[52]

통일신라의 수공업 기술자 장인들은 6~5두품의 높은 신분 지위에 있었다.
고려가 건국되자마자 상위 신분계층에 속했던 장인들이 갑자기 신분이 단절적
으로 추락하여 천민 취급을 받게 되었다고 단정할 수 있을까? 더군다나 장인들
이 고려 건국에 저항하기보다 적극 협력했는데도 불구하고 건국 초기부터 이들
을 최말단 천민으로 취급하고 신분을 극단적으로 차별했다고는 볼 수 없을 것
이다.

고려시대에 기술이 정교하고 뛰어나 관에 귀속된 공장은 평상시에 흰 모시
도포(道袍)에 검은 건(巾)을 썼다. 국가에서 시키는 신역을 맡아 일을 할 때에는
자포(紫袍, 붉은 도포)를 입었다.[53] 평상시의 흰 모시 도포와 검은 건은 일반 백
성들과 구별되는 좋은 복식이고, 공사장에서 입는 붉은 도포도 노역에 동원된
일반 백성들과 구분하고 그들보다 우월한 지위를 나타내는 증표이다.

빼어난 기술을 가진 자가 일반 백성들에 비해 냉대받는다는 것은 통상의
상식일 수 없다. 상업이 왕성하고 대외교역이 활발한 시기에 우수한 수출상품
을 생산하는 제조기술자들은 일반 백성들에 비해 우대받았을 확률이 높다. 다
만 국가는 그들의 기술을 대대로 전수시키고 생산에만 전념하도록 특별관리를
함으로써, 직업의 선택과 생활의 자유를 일부 제약하는 규제를 가했다. 따라서
이러한 규제는 그들이 천민이기에 미워하고 못살게 굴며 핍박한 것으로 쉽게
단정해서는 안 되고, 사회적 필요에 의한 부득이한 일로 여겨야 할 것이다. 중
세 사회에서 직업선택과 신분상의 제약은 일정 부문 불가피한데, 그렇다고 이

---

51) 『고려사』 권8, 세가, 문종 25년 6월 경신.
52) 『고려사』 권28, 세가, 충렬왕 4년 10월 기묘.
53) 『선화봉사 고려도경』 권19, 민서(民庶), 공기(工技).

것이 곧 천민 취급의 단초일 수는 없다.

장인은 우수하고 훌륭한 상품의 생산을 요구하지 않는 곳에서는 그 진가를 발휘할 수 없고 사회적 대우 역시 떨어지게 됨은 분명하다. 달리 말하자면 고려청자가 생산되던 시대의 장인보다 고려청자가 소용없는 시대의 장인은 기술도 퇴락하고 사회적 평가도 추락한다. 상업과 무역이 살아 있는 시대에 장인의 사회적 가치가 분명히 올라가는 것이다.

고려 공장의 신분은 벼슬살이하는 지배계층 선비들과 비교할 것이 아니라 국가 구성원 전체를 두고 신분의 천시 여부를 판단해야 한다. 사(士)와 단순 비교해서 천시당했다고 말함은 사(士) 지배사회의 당연한 사실을 재삼 강조하는 것과 다를 바가 없다.

고대와 중세에 실제 생산을 담당하는 자들은 농민과 수공업 장인들이다. 고려시대에 농민들은 해마다 농사를 지을 수 있는 불역농법(不易農法)을 개발하여 농업생산성을 크게 증가시켰다. 아울러 장인들도 일반생활용품뿐 아니라 부가가치가 높은 고급품을 수출품 또는 기호품으로 생산해 냈다. 소득증대에 이어 유용하고 질 좋은 상품의 생산은 곧바로 상거래의 증대를 가져왔다. 수공업의 발전은 상업발전의 토대를 제공하고 상업의 발전은 수공업 발전과 궤를 함께 해 나갔다.

고려시대에 공장들에게 부과된 공장세(工匠稅)에 대해서는 『고려사』에 수록된 다음 사료들을 살펴볼 필요가 있다.

"1288년(충렬왕 14년) 10월, 양부(兩府)의 재추들이 제의하기를 '선대 임금들이 창고를 설치하고 저축을 하게 한 것은 그것으로써 국가경비를 충족시키며 또 흉년을 준비한 것입니다. 그런데 근년에 와서 여러 고을에서 재난을 겪고 보니 부세(賦稅)를 걷지 못한 것이 많아서 백관의 월급(月俸) 조차도 제대로 주지 못하는데 만일 국가에 예측하지 못했던 사변이 발생한다면 그 경비는 무엇으로써 지출하겠습니까? 마땅히 창고를 지키는 직원(員吏)을 두어서 양반들의 녹과전(祿科田)의 액수에 따라 가을이 되면 차등 있게 징수하여 두었다가 그러한 비용을 충족케 하도록 합시다'라고 하였더니 왕이 이 제의를 좇았다. 이로써 게시문을 붙이고 날짜를 정하여 쌀을 거두게 되었는데, 품계에 따라 차등이 있었으며 공장·상인·천인·종복에 이르기까지 모두 등급을 매겨서 받아들이었다."[54]

54) 『고려사』 권79, 지33, 식화2, 과렴, 충렬왕 14년조.

"민환(閔渙)은 악소(惡小, 불량배)를 각 도로 파견하여 산해세(山海稅, 산세·바닷세)를 징수하고 혹은 무당과 공장에게도 공포(貢布)를 징수하니 백성들의 고통이 심했다. 강윤충이 문민질고사(問民疾苦使)가 되어 이 악소들을 잡아서 순군(巡軍)에 가두고 왕께 아뢰니 왕은 노하여 민환을 내여 쫓았다. 그러나 다시 소환되어 총애를 받았다."[55]

"선왕이 공상세(工商稅)를 제정한 것은 말작(末作, 상공업을 말함)을 억제하여 본실(本實, 농업)에 돌아가게 하기 위한 것이었다. 우리나라에서는 이전에는 공(工)·상(商)에 관한 제도가 없어서 백성들 가운데서 게으르고 놀기 좋아하는 자들이 모두 공과 상에 종사하였으므로 농사를 짓는 백성이 날로 줄어들었으며, 말작이 발달하고 본실이 피폐했다. 이것은 염려하지 않을 수 없는 일이다. 그러므로 공과 상에 대한 과세법을 자세히 열거하여 이 편을 짓는다."[56]

충렬왕 14년에 있은 과렴은 재정확보를 위한 임시 조치인 셈인데, 만약 과렴이 매년 규칙적으로 시행되었다면 일종의 조세로 볼 수 있을 것이다. 그러나 이 과렴은 전국을 대상으로 하는 특별한 과렴이었고, 이와 같은 대규모의 과렴은 자주 되풀이되지 않았을 것이다.

다음 민환의 기사 역시 특정 지역과 시기에 있은 불법적인 강제징수이고 제도화된 세금으로는 볼 수 없다. 마지막 기사는 조선 건국의 주역이며 이론가인 정도전(鄭道傳)의 『삼봉집(三峰集)』에 실린 글인데, 공·상에 관한 제도가 없다고 함으로써 공장세와 상세 역시 모두 없었다는 쪽으로 추측케 한다. 그러나 정도전이 공·상에 관한 제도가 없다고 하는 의미는 공·상을 말업으로 명확히 규율해 주는 법정 제도가 없다는 뜻으로 헤아려야 할 것이다. 한편 공장세와 상세를 부과징수하여 수공업과 상업을 억제해야 한다는 정도전의 주장은 조선 건국 주역들의 상공업에 관한 편견을 명확히 드러내 보여주고 있다.

고려시대 공장들의 생활과 주거 상황은 어떠했을까? 수공업 생산단지인 소(所)에 속한 공장들은 소지역 내에 촌락을 이루고 살았다. 그러나 도시에 거주하는 공장들은 특정 지역으로 주거가 한정되지 않았고 수입도 상당하여 자기가 살고 싶은 곳에 능력에 따라 집을 짓고 살았다.[57] 개경에 거주하는 공장의 살

---

55) 『고려사』 권124, 열전37, 패행2, 민환전.

56) 『삼봉집』 권13, 「조선경국전(상)」, 부전(賦典), 공장세. 『국역 삼봉집』, p.258에서 인용.

57) 『국역 고려도경』, 민족문화추진회, p.11. 공장의 수입과 사회적 지위는 농민들이 따라가지 못했다.

림살이 형편을 짐작케 하는 재미있는 기록이 『고려사』에 실려 있다.

> "정존실(鄭存實)이 붉은 혁대(紅鞓) 제작공인 언광(彦光)의 집을 샀다. 값을 은 35근으로 정했는데 우선 23근만 주고 속여 말하기를 '네가 이사한 후에 청산해 주겠다'라고 했다. 언광은 '1~2근도 외상은 곤란한데 12근이나 되니 안 되겠다'라고 말하고 이사하지 않았다. 정존실이 노하여 가구소(街衢所)에[58] 무고(誣告)하여 말하기를 '우리 집 사람이 은 12근을 가지고 저자를 지날 때 언광이 패거리를 모아 작당하여 강탈했으니 치죄(治罪)하여 주시오'라고 했다. 가구사(街衢使)도 그것이 무고인 것은 알았으나 정존실의 포학을 두려워 하여 언광과 그의 처를 가두고 이웃 근거(隣里)사람 40여 명을 증인으로 끌어넣어 고문했다. 언광은 궁지에 빠져서 헤어 나올 길이 없었으므로 정존실에게 은 12근을 바치고 석방되었다."[59]

정존실은 정중부가 쿠데타를 일으킬 때 활약한 장군으로 욕심이 많고 뇌물을 좋아했다. 혁대 제작공 언광(彦光)이 포학한 정존실에게 집을 팔려다가 도리어 봉변을 당한 것이다.

그런데 은 35근의 값을 받은 언광의 집은 어느 정도의 가치를 가졌을까? 12세기 경 중견 관료들이 살 만한 정도의 개경 시내의 집 1채 값이 대체로 은 10근 안팎이었다.[60] 따라서 언광의 집은 무려 중견 관료들이 살 만한 집 3채 이상가는 고급 주택이었던 것이다. 그리고 당시 은 1근의 교환가치는 포(布) 100필 또는 쌀 16석 내지 30석에 해당하였으니[61] 언광의 집은 포 3,500필 또는 쌀 805석(16~30석의 평균인 24석으로 계산함)에 상당하는 고가였다.

한편 저자거리 언광 패거리의 집단 행위와 이웃 사람 40여 명이 가구소에서 심문당한 일 등은 공장들이 저자거리 주변에 거주 지역을 형성하고 있었음을 또렷이 보여준다.[62] 따라서 그의 집은 수공업 제품을 판매할 수 있는 점포

---

58) 고려시대 때 죄인을 잡아가두고 재판하여 처벌하는 곳이다. 1076년(문종30년)에 설치되었으며 가구옥(街衢獄)이라고도 불렸다.
59) 『고려사』권128, 열전41, 정중부부 정존실.
60) 『고려사』권99, 열전12, 현덕수전. 산원동정(散員同正) 노극청(盧克淸)의 아내가 도관낭중(都官郎中) 현덕수(玄德秀)에게 은 12근을 받고 집을 팔았는데, 노극청이 수년 전에 은 9근에 산 집을 특별한 이유 없이 더 많이 받고 팔 수 없다고 하며 차액을 돌려주자, 현덕수는 이를 사양한 끝에 받아서 절에 시주했다.
61) 백남운 저, 하일식 역, 앞의 책, p.338.
62) 서성호, 앞의 논문, pp.96~97.

가 달린 건물이었고, 시가(市街)의 목이 좋은 곳에 위치했을 것으로 보인다. 어떻든 언광의 예는 정중부의 쿠데타로 정권을 잡은 집권 무신들이 상업 이익을 취하려고 시전거리 공상(工商)의 집을 무리하게 매입하려 한 것이라고 할 수 있다. 이는 또 고려시대 수공업 공장들이 돈을 잘 벌어 수입이 많았고 좋은 집에서 여유 있는 생활을 누리고 있었던 사실을 반영해주고 있다.

2. 고려의 화폐와 상업

가. 화폐의 주조와 유통

996년 4월 신미일, 고려 6대왕 성종이 철전(鐵錢)을 만들었다.[63] 이 철전은 1910년 고려 고분에서 출토되어 그 실체가 드러났는데, 둥근 원형으로 앞면에 건원중보(乾元重寶) 뒷면에 동국(東國)이란 글자가 새겨져 있고 가운데에 네모난 구멍이 있다.[64] 우리나라는 성종 이전에 『해동역사』의 고조선 자모전 기록과 고조선 광역에서 출토된 명도전·일화전·명화전 그리고 신라와 옥저의 무문전에 관한 『천지』의 기록 등을 보아, 고대에 화폐가 주조되고 유통된 것은 확실하다.[65] 하지만 문헌기록과 출토유물에 의해 동시에 확인되는 화폐는 아직까지 건원중보가 우리나라 최초의 주조화폐이다.

성종이 철전을 만들었다고 해서 쇠로된 주화만을 만든 것은 아니고 구리로 주조한 동전(銅錢)도 함께 만들었다.[66] 당시에는 구리와 납도 쇠로 불렸기 때문에 동전이라고 따로 명시하지 않고 철전으로 통칭해도 무방하지만, 이 중 어느 것이 먼저 주조되었는지 또는 동시에 주조되었는지는 알 수가 없다. 이에 대해 당시 중국에서 철전 주조가 유행이었으니[67] 이를 따랐다고 볼 수도 있고, 고려

---

63) 『고려사』 권3, 세가, 성종 15년 4월 신미.

64) 주화의 둥근 원은 하늘(天)을 나타내며 네모난 구멍은 땅(地), 주화의 몸체는 사람(人)을 나타내는 것으로 3재 사상(三才思想)에 바탕을 두고 있다. 즉 주화는 소우주를 상징한다고 본다.(한영달, 『한국의 고전』, 선, 2002, p.29)

65) 김삼수, 「고려시대의 경제사상-화폐, 신용, 자본 및 이자·이윤 사상-」, 『논문집』 13, 숙명여자대학교, 1973, p.5.

66) 이홍두, 「고려전기의 화폐 주조와 유통정책」, 『역사와 실학』 28, 2005, pp.13~14.

67) 채웅석, 「고려전기 화폐 유통의 기반」, 『한국문화』 9호, 서울대학교 한국문화연구소, 1988, p.114.

는 품질이 좋은 동을 많이 확보해 대량 수출까지 했으므로 먼저 동전을 주조한
것으로 볼 수도 있다. 하지만 철전과 동전이 함께 출토되는 점을 보아 거의 동
시에 주조했을 확률이 높다.

성종은 처음으로 지방에 12목(牧)을 설치하고 지방관
을 파견하여 중앙집권화를 다졌다. 또 중앙행정기관의
설치, 군인 복색제도의 제정, 개경 5부의 방(坊)과 리(里)
의 획정 등 국가의 기틀을 바로 잡았다.

화폐 주조는 이러한 일련의 국가개혁에 있어서 또
하나의 중요한 업적이다. 성종은 정치제도의 개혁과 함
께 국가재정이 통일적으로 작용할 수 있도록 법정 금속

건원중보

화폐를 주조하여 통용시켰다. 물론 당시 거란의 침입을 막아내기 위해 6위(六
衛)를 설치하고 주현군 제도를 개편하는 등 국가방위체제를 확립하고 군사력을
강화하는데 소용되는 막대한 자금을 마련하기 위한 재정대책으로서 화폐 주조
가 이루어졌다고 볼 수도 있다.[68]

하지만 국정화폐의 주조는 단시일 내에 쉽게 이루어질 수 있는 일이 아니
다. 오늘날 현대 국가도 화폐개혁은 너무나 엄청난 일이어서 결행하기가 쉽지
않다. 화폐의 주조와 통용을 위해서는 환경 여건의 조성, 막대한 소요 재원의
확보, 국민 불편과 불만의 해결, 경제적 충격에 대한 적절한 해소책 강구 등 야
기될 수 있는 제반 문제에 대한 대비책이 완벽히 수립되어져야 한다. 만약 실패
하면 재원을 낭비하는 결과를 가져올 뿐 아니라, 정권을 내놓아야 할 정도로 심
각한 사회 혼란 사태가 야기될 수 있다. 화폐개혁은 그야말로 실로 국운을 거는
대개혁이므로 그만큼 정부 내의 통일된 논의와 일사불란한 정책 추진이 뒷받침
되어야 한다. 상당한 준비 기간을 거쳐야 함은 물론이다.

그러나 성종의 화폐정책은 고려사회에 그 뿌리를 단단히 내리지 못했다.
1002년(목종5) 시중(侍中) 한언공(韓彦恭)이 화폐 사용에 따른 폐단을 지적하는
상소를 올리자, 성종의 대를 이은 목종(穆宗)이 현물화폐의 통용을 널리 허용하
는 다음의 교서를 내림으로써 주조화폐 유통정책은 한 단계 후퇴하고 말았다.

---

68) 채웅석, 앞의 논문, 1988, pp.83~85.

"선조(성종을 가리킴)께서 옛 법제에 따라 조서를 내리여 청부(靑蚨, 돈)를 부어 만들게 했는데 수년 동안 만든 돈이 창고에 가득 찼고 쓰기에 편리했다. …… 내가 왕위를 계승하고 삼가 부왕이 남겨 준 뜻을 받들어 특히 화폐로 매매하는 밑천을 풍부하게 하고 이를 준엄히 행하기 위해 제도를 엄격히 세웠었다. 그런데 최근 시중(侍中) 한언공(韓彦恭)의 상소문을 보니 '사람들을 편안하게 하고 일에 유리하게 하려면 모름지기 옛 제도를 보존하여 항구적인 것으로 하여야 할 것인데 지금 전왕(前王)께서 쇠돈을 사용케 하던 일을 계승하시고 추포(麤布, 굵은 베)를 쓰는 것은 금지하여 백성들을 놀라게 하시니 이것은 나라에 이익을 주지 못하고 한갓 백성들의 원망만 불러 일으키게 하는 것입니다'라고 했다. 내가 이제 충고하는 구체적인 제의를 듣고 보니 …… 쇠돈 통용의 길을 중단하려 한다. 차(茶)·술·음식 등을 파는 상점들에서 매매(交易)하는 데는 이전과 같이 쇠돈을 쓰게 하고, 그 이외에 백성들이 자기네끼리 거래하는 데는 토산물을 쓰도록 할 것이다."[69]

목종의 교서를 통해 성종의 주조화폐 유통정책은 백성들의 사사로운 일상 매매에까지 동전을 사용하게 할 정도로 매우 강력하게 추진되었고, 목종도 이 정책을 5년간 고수했던 것을 알 수 있다.

목종은 한언공 등의 반대 세력에 밀려 차·술·음식 따위를 파는 상점에서 만은 동전을 계속 사용하도록 하는 선에서 타협하고 말았다.[70] 그러면 왜 목종은 주조화폐의 유통을 후퇴할 수밖에 없었을까? 우선 법정 주조화폐의 강제 통용은 왕권이 강력했음을 뜻하는데 목종은 성종만큼 왕권이 강력하지 않았기 때문이라고 할 수 있다. 이는 결과적으로 성종이 이룩하려고 한 재정경제권력의 중앙집권화를 목종이 지속적으로 추진해 나가지 못하고 기득권층의 압력을 받아 완화한 셈이 된다.[71]

법정 주조화폐의 통용이 성공하지 못한 요인으로 상업발달의 부진, 화폐경제의 미성숙, 재정권력의 취약 등 여러 가지를 들 수 있다. 하지만 무엇보다도 먼저 성종이 너무 일찍 사망한 때문이라고 생각할 수 있다. 성종은 철전을 주조한 뒤 불과 1년 6개월 후 997년 10월에 38세의 젊은 나이로 죽었다. 만약

---

69) 『고려사』 권79, 지33, 식화2, 화폐, 목종 5년 7월조.

70) 김병인, 김도영, 「고려전기 금속화폐와 점포」, 한국사학보 제39호, 고려사학회, 2010, p.43~76.

71) 김도연, 「고려시대 화폐 유통에 관한 일연구」, 『한국사학보』 10호, 고려사학회, 2001, p.15.

성종이 10년이나 20년 쯤 더 왕위에 있었다면 재정제도와 경제 운용의 틀을 당시 중국 수준으로까지 개혁하고 화폐유통을 확실히 정착시킬 수 있었을 것이다.[72)]

성종이 만든 우리나라 최초의 주조화폐 이름은 '동국(東國)'이다. 왜 '고려'라 하지 않고 '동국'이라고 했을까? 이에 대해 건원(乾元)은 중국 연호이고 '동국'은 해동(海東), 조선(朝鮮) 등과 같이 우리나라의 별호이므로, 그저 평범하게 우리나라를 따로 표시한 것으로 볼 수 있다.[73)] 그러나 '동국'이란 이름은 많은 고심 끝에 나온 특별한 명칭으로 보아야 한다. 당시 '고려'라는 국명을 명기할 수 있었겠지만, 이에는 송과 요보다 변방이고 작은 나라라는 의미가 있을 수 있으므로, 이를 피하고 이들 국가와 대등한 입장을 나타내려는 의도가 있었다. 다시 말하면 '동국'은 서쪽 나라 '송', 북쪽 나라 '요'에 대응한 동쪽 나라 '고려'란 뜻이다. 고려는 송과 요를 겉으로는 대국으로 떠받드는 척 했지만, 내심으로는 우월한 나라로 여기지 않았고 어디까지나 경쟁 상대국으로 보았다. 따라서 이들 두 나라를 의식하고 대등한 입장에서 독자적인 화폐를 주조해 유통시키려 한 것이다.

고려가 송·요 두 나라를 경쟁국으로 삼고 화폐를 주조했다는 사실은 1102년(숙종7) 12월, 숙종이 금속을 녹여서 주화를 만드는 고주법(鼓鑄法)을 제정할 때 내린 교서를 통해 분명히 확인할 수 있다. 숙종은 고주법을 제정하면서 '서북 두 나라(송·요)는 전화(錢貨) 만드는 법을 실행한 지 오래인데 우리나라는 아직 실행하지 않고 있다'[74)]라며 이들 나라에 뒤떨어질 수 없다는 경쟁의식을 확연히 드러내 보였다. 따라서 '동국'이란 명칭은 송·요에 대칭되는 이름이 분명하고 이에는 고려 경제를 송·요와 필적할 수 있는 수준으로 발전시켜보려는 성종의 강력한 정책의지가 담겨 있는 것이다.

숙종(肅宗)이 주전관(鑄錢官)을 설치하고 화폐를 만든 시기는 성종의 철전 주조로부터 101년이 지난 1097년 12월이다. 숙종의 화폐 주조 뒷 배경에는 대

---

72) 성종의 경제정책의 내용은 일목요연하게 잘 드러나 있지 않지만 주요한 경제개혁 사례로 개경의 방·리체제 구축, 관영주점 6개 개설, 의창과 상평창 설치, 철전 주조 등을 들 수 있다.

73) 한영달, 앞의 책, p.30.

74) 『고려사』 권79, 지33, 식화2, 화폐, 숙종 7년 12월조.

대각국사 의천

각국사(大覺國師) 의천(義天)의 강력한 건의와 지지가 있었다. 의천은 숙종에게 화폐 사용의 이점을 네 가지로 요약한 주전론을 바쳤다. 다음은 『대각국사 문집』에 실려 있는 주전론의 요지이다.

"대개 쌀을 화폐로서 사용한다면 멀고 가까운 곳에 교역할 때 운반하기가 대단히 곤란하다. 이제 수백리 먼 곳에 쌀을 운반하려면 말 한마리에 겨우 2섬을 실어 열흘이 걸리고 사람과 말의 비용으로 쌀의 절반은 써버리게 된다. …… 이제 주화(鑄貨)를 사용하면 사람이 지거나 말에 싣고 다니는 고통을 덜어줄 수 있을 것이다. 이것이 첫째 이익이다."

"대개 먹는 것이란 백성들이 하늘과 같이 삼고 있는 것이다. 고독한 자·과부·가난한 자들이 의존하고 있는 것은 오직 쌀뿐인데 지금 이를 가지고 화폐를 삼는다면 마음씨 좋지 못한 교활한 무리나 이익을 탐내는 간교한 무리들이 모래와 흙을 섞고 쭉정이와 나쁜 쌀을 넣을 것이다. …… 이는 엄한 형벌을 가한다 할지라도 금지시킬 수는 없을 것이다. 그러나 지금 주화를 사용한다면 간교한 무리들을 막고 곤궁한 사람들을 도울 수 있을 것이다. 이것이 둘째 이익이다."

"국가가 녹봉(祿俸)을 줄 때 쌀로써 주는바, 국가 창고의 쌀 비축은 겨우 1년 밖에 가지 못한다. 그런데 양반들은 녹(祿) 받기를 청구하나, 다른 고을의 쌀이 와야 하므로 운반하기가 괴로운 것이다. 혹은 바람이나 서리의 해를 받아 흉년이 들 때는 박봉의 관리들은 쌀을 받지 못해 여름철에 먹을 것이 떨어지는데, 이 때 권세 있는 호족들은 쌀을 방매하여 2배나 폭리를 얻는다. 이리하여 가난한 자는 더욱더 곤궁해지고 탐혹한 관리는 더욱 부유해진다. …… 주화유통법을 과감히 시행하여 녹봉의 반을 표준삼아 돈으로 지급하면 쌀 운반의 책임을 줄여 주며 흉년에 대비할 수 있고, 권세 있는 호족들을 억누를 수 있으며 청렴한 사람을 우대할 수 있다. 이것이 셋째 이익이다."

"국가의 비축이란 주옥(珠玉)·금은(金銀)·서상(犀象)·거북껍질(龜貝) 따위의 진귀한 보물을 제외하고는 오직 쌀과 베(布) 뿐이다. 그런데 베는 오래두면 상하고 쌀은 오래두면 썩는 손실이 있다. 뿐만 아니라 좀이 먹고 습기가 차며 비가 새고 화재가 일어난다. …… 지금 만일 주화를 사용한다면 저장하기에 견고할 뿐만 아니라 백성들에게 나누어주기에도 대단히 편리할 것이다. 이것이 넷째 이익이다."[75]

75) 『대각국사문집』 권12, 주전론. 의천의 이름은 후(煦), 자는 우세(祐世)이다. 고려 11대

의천은 금·은과 같은 귀금속으로 화폐를 만들면 그 화폐는 유통되지 못한 채 축재용으로 묻혀버림으로써, 화폐의 가치척도와 유통기능을 상실할 것으로 보고, 민간이 널리 소유하고 있는 동(銅)을 모아 동전을 주조하자고 주장했다. 의천의 주전론은 동전을 유통시켜 화폐유통 비용을 줄이고 토호나 악덕 상인들의 횡령과 속임을 방지하자는 등 유통경제를 국가 주도로 혁신하자는 뜻을 담고 있다.[76] 이와 같은 의천의 주전론은 당시 고려의 생산력 수준과 상품생산 및 유통경제의 발전 수준을 객관적으로 반영한 것으로 볼 수 있다.[77]

숙종의 주전정책에 대해 중앙관리들의 의견이 찬반 양론으로 나뉘었다. 대표적인 반대론자 참지정사(參知政事) 곽상(郭尙)은 금속화폐는 우리나라 풍습에 맞지 않는다며 반대했다. 이에 대해 평장사(平章事) 윤관(尹瓘)은 금속화폐의 주조를 적극 찬성하고 지지했다.[78]

고려시대 주전 논쟁과 관련하여 시인 임춘(林春)이 금속화폐가 광범위하게 유통됨에 따른 사회적 폐단을 신랄하게 지적할 의도로 동전을 의인화하여 만든 작품 공방전(孔方傳)이 있다. 공방은 동전 가운데 뚫린 네모난 구멍을 말한다. 임춘은 벼슬을 돈으로 사는 등의 사회적 폐단은 세상에 돈이 생겨나면서부터 발생하였다며 주전을 비판했다. 그리고 대인 관계에서 사람의 평가가 '어진가 어질지 못한가를 따지는 것이 아니라 재산을 많이 가졌느냐 못 가졌느냐를 따지면서, 비록 시정 잡배들이라도 재산이 많은 자는 모두 다 서로 사귀고 있는 바, 당시 그것을 시정교제라고 한다'[79]라고 지적했다. 이 공방전은 돈을 의인화 한 단순한 우화이지만 상품경제와 화폐 유통이 매우 활발했던 당시의 현실과 사회경제적 영향을 그대로 반영하고 있다고 할 수 있다.[80]

왕 문종(文宗, 1046~1083)의 넷째 아들이며 숙종의 바로 아래 친동생이다. 의천은 1085년(선종5년)에 송나라에 밀항하여 불도를 구한 뒤 1086년에 돌아와 천태종을 창시하는 등 불교 교화에 힘쓴 큰 승려인 반면, 고려 경제의 쇄신을 위해 국가에서 주전(鑄錢)할 것을 강력히 주장한 고려시대의 대표적인 주전론자였다. 하지만 의천은 1101년 10월에 입적함으로서 해동통보를 보지 못했다.

76) 이정신, 앞의 논문, p.130.
77) 홍희유, 『조선상업사』, 백산자료원, 1989, p.92.
78) 『고려사』 권97, 열전, 곽상전. 곽상은 자신의 주장이 받아들여지지 않자 사임했다.
79) 『동문선』 권100, 공방전.
80) 홍희유, 앞의 책, pp.96~102.

숙종은 해동원보(海東元寶), 해동통보(海東通寶), 삼한통보(三韓通寶), 삼한중보(三韓重寶) 등을 잇달아 주조했다. 한편 『송사(宋史)』〈고려전〉에는 이들 외에 해동중보(海東重寶), 동국통보(東國通寶), 동국중보(東國重寶) 등이 통용된 것으로 기록돼 있는데, 그 주조연대가 확실하지 않으나 숙종 때의 것으로 추정된다. 또 1101년에는 고액 화폐로서 은병(銀甁)을 최초로 만들어 고액화폐 은병과 보조화폐 동전의 화폐유통체계를 수립했다.

숙종은 1102년 서경에 화천별감 2명을 파견하여 상업을 진작시키는 한편 금속을 녹여 돈을 만드는 규정을 정한 고주법(鼓鑄法)을 제정하고 개경에 주점을 설치하는 등 강도 높은 화폐유통책을 본격적으로 추진했다. 그리고 이 해에 주전도감(鑄錢都監)에서 해동통보 15,000 꿰미를 주조하고 백성들이 화폐 사용의 편리성과 유익함을 옳게 이해하게 되었다며 그 사실을 태묘(太廟)에 고하도록 했다.[81]

"1102년(숙종7년) 12월, 왕이 명령하기를, '백성들을 부유하게 하고 나라에 이익을 가져 오게 하는데 있어서 전화(錢貨)보다 중요한 것은 없다. 서북 두 나라(송, 요)에서는 이를 실시한지가 이미 오래인데 우리나라에서만 아직 실행하지 않고 있다. 그러므로 이제 비로소 금속을 녹여서 돈을 만드는데 대한 법령(고주법)을 제정하게 되었다. 그 주조한 돈 1만 5천 꿰미를 재추(宰樞)와 문무양반과 군인들에게 나누어주어 돈 통용의 시초로 되게 하라. 돈에는 해동통보(海東通寶)라고 새겨 넣었다. 또 처음으로 전화를 통용한다는 것을 태묘(太廟)에 고하며 즉시 경성(京城, 개경)의 좌우에 주무(酒務)를 설치하고 또 거리의 양쪽에는 신분의 높고 낮음을 물론하고 각각 점포를 두어서 돈 사용의 이익을 크게 일으키도록 할 것이다'라고 했다."[82]

해동통보 15,000꿰미는 주화, 즉 동전으로 치면 얼마만큼이나 될까? 동전 1천개가 한 꿰미이므로 15,000꿰미는 동전 1천 500만개가 된다. 한번 주조한 것으로는 막대한 양이다. 재추(宰樞)와 문무 양반 및 군인들에게 나누어 준 것은 공짜로 준 것이 아니고, 의천이 주장했듯이 봉급 일부를 환산해서 지급했을 것이다.

숙종은 화폐유통을 장려하기 위해 개경에 주점을 설치하고 관리들에게 거

81) 『고려사절요』 권6, 숙종 7년 12월.
82) 『고려사』 권79, 지33, 식화2, 화폐, 숙종 7년 12월조. 동전 1꿰미는 1관(貫), 1관은 동전 1,000문(文)으로 본다. 1문은 동전 1개이다.

리 양쪽에 점포를 개설하라고 독려해 나갔지만, 지방에까지 의도한 만큼의 파급 효과를 얻지 못했다. 때문에 숙종 9년(1104) 7월, 주·현에서 쌀을 투자하여 주식점(酒食店)을 열게 하고[83] 백성들로 하여금 사고팔도록 하는 등 지방에까지 화폐유통을 적극적으로 확산시켜 나가려 했다.[84] 하지만 숙종 역시 화폐제도의 완전한 정착을 보지 못한 채 지방에 주식점을 개설토록 한 이듬해 10월에 병으로 세상을 떠났다. 나이는 52세였고 재위 기간은 10년이었다.

고려의 동전주조 역사는 숙종으로서 끝나고 이후 고려 말까지 동전은 다시 주조되지 않았다. 숙종의 뒤를 이어 즉위한 예종(睿宗)은 새로운 주전을 하지 못하고 기존의 주화를 계속 유통시킬 뿐이었다. 그러나 은병은 숙종 이후에도 계속 주조되고 활발하게 유통되었다. 『고려도경』에는 인종 원년인 1123년에도 주전감이 관부의 동남쪽에 존립되어 있는데, 이는 고려의 주전이 완전히 중단되지 않은 것을 입증한다.[85]

고려시대 은을 소재로 한 화폐는 정부에서 주조한 은병과 은전(銀錢) 등의 은화가 있었고, 칭량은화(稱量銀貨)인 은괴(銀塊)와 쇄은(碎銀) 등이 민간에서 사사로이 유통되었다. 은병은 1101년(숙종6)에 처음 주조된 이래 지속적으로 주조되고 유통되어 '고려 정부의 공인화폐'[86]가 되었다. 이 은병은 은 1근으로 고려의 지형을 본떠 만들고 위조 방지를 위해 표인을 했다. 민간에서는 이를 활구(闊口)라고 불렀다. 은병이 주조됨으로써 고려는 고액 화폐와 저액 화폐가 모두 만들어져서 비로소 화폐제도의 틀을 제대로 갖춘 셈이 되었다. 이렇게 살펴보면 고려는 숙종 이후 사실상 은 본위제가 유지된 것이다.

"1101년(숙종6) 6월, 지시하기를 …… 근래에 간특한 백성이 몰래 동을 섞어 주조하는데, 이제부터는 유통하는 은병에 모두 표인(標印)을 하여 쓰도록 하고 어기는 자는 중한 죄로 처단하라' 했다. 이때부터 은병을 화폐로 사용하였는데, 그 제도는 은 1근으로서 본국의 지형을 본떠서 만들었으며 속칭은 활구(闊口)라고 했다."[87]

---

83) 『고려사』 권79, 지33, 식화2, 화폐, 숙종 9년 7월조.
84) 김병인, 김도영, 「고려전기 금속화폐와 점포」, 『한국사학보』 39, 2010, pp.62~70.
85) 원유한, 「고려시대의 화폐사: 화폐유통시도기의 전반」, 『역사와 실학』 30집, 2006, p.28.
86) 김도연, 앞의 논문, p.23.
87) 『고려사절요』 권6, 숙종 6년 6월조.

속칭 활구(濶口)라고 부른 표인한 은병 1근은 15냥으로 은 12냥 반에 동 2 냥 반을 혼합했다. 동을 혼합한 것은 제조 비용을 충당하거나 정부 수입을 확보하기 위해서였다.

고려 정부는 은병을 제조한 후 물가기준을 쌀 및 추포(麤布)로 삼던 것에 은병을 추가했다. 은병 1개의 값을 개경에서는 쌀 15~16석, 지방에서는 18~19 석의 비율로 셈하되 경시서에서 그 해 농사의 풍흉을 살펴보아 그 값을 조정하도록 했다.[88] 이 은병 제도는 1331년(충혜왕 원년)에 소은병(小銀瓶)을 새로 만들고 구은병의 사용을 금지함으로써 바뀌었다. 소은병의 값은 오종포(五綜布) 15 필에 상당했다.[89]

소은병을 주조한 충혜왕 때는 이미 원나라의 보초(寶鈔)가 많이 들어왔고 그 대신 중국으로 은 유출이 심해져서 은값이 오르고 있었다. 은이 귀해지고 은값이 오르게 되자, 작은 은병을 주조하게 된 것이다.

『고려사』에는 은병이 고려사회의 주종 화폐로서 광범위하게 사용되었음을 확인시켜 주는 기록이 산재되어 있다. 이 기록은 또한 고려인들의 생활상을 엿볼 수 있는 재미도 안겨 준다. 다음은 은병에 관한 『고려사』와 『고려사 절요』의 기록이다.

"1109년(예종4) 2월 왕이 동계(東界) 진발장군(進發將軍) 왕유충(王維忠)을 접견하고 그가 거느린 장교 이상 인원들에게 술과 은병(銀瓶) 두 개를 주었다. 박회절(朴懷節)의 전사한 공로를 생각하여 그의 처자들에게 은병 두 개와 능라사견(綾羅紗絹) 15필을 주었다."[90]

"1131년(인종9) 8월 병자일, 일관(日官)이 아뢰기를 '근래에 무당이 성행하여 무명색한 제사가 날로 늘어만 가니 해당 관리에게 명령하여 모든 무당들을 멀리 내쫓게 하시기 바랍니다'라고 하니 왕이 그렇게 하라고 했다. 무당들은 겁이 나서 재물을 모으고 은병(銀瓶) 백여 개를 사다가 권력 있는 귀족에게 뇌물을 먹였다. 그 귀족이 아뢰기를 '귀신이란 형체가 없는지라 그 허실을 알지 못할 듯 하오니 무당을 일체 금지하는 것은 타당하지 않습니다'라고 하니 왕이 그렇게 여기어 금법을 늦추게 했다."[91]

---

88) 『고려사』 권79, 지33, 식화2, 화폐, 시고, 충렬왕 8년 6월조.
89) 『고려사』 권79, 지33, 식화2, 화폐, 충혜왕 원년 4월조.
90) 『고려사』 권13, 세가, 예종 4년 2월 을미.
91) 『고려사』 권16, 세가, 인종 9년 8월 병자.

"1200년(신종3) 4월, 진주에서 공사(公私) 노예들이 난리를 일으켰다. ······ 조금 후에 정방의(鄭方義)가 고을 안에 은병을 많이 거두어서 서울의 권귀(權貴)에게 뇌물을 주어 그 죄를 면하려 했다."[92]

"1216년(고종3), '최충헌이 가병(家兵)을 열병했는데 좌경리(左梗里)로부터 우경리(右梗里)에 이르는 어간에 몇 겹으로 대열을 편성했는바, 그 길이가 2~3리나 되었다. 그리고 창대에다가 은병을 3개, 혹은 4개씩 달아 매여 사람들에게 자랑삼아 보이면서 병정을 모집했다."[93]

이처럼 은병은 왕의 하사품으로 또는 일상생활에서 뇌물 수단으로도 널리 이용되었다. 1200년 진주 고을 정방의(鄭方義)의 예를 통해 지방에서도 은병이 광범위하게 유통된 사실을 알 수 있다. 최충헌은 가병(家兵)을 모집할 때 일인당 3~4개의 은병을 주었다. 당시 은병은 귀족과 부자들만의 전유물이 아니고 일반 백성들도 흔히 소유한 고액 화폐였다.

성종과 숙종은 동전의 유통을 활성화시킬 목적으로 개경과 주·현의 지방 성읍 도시에 주점을 열었다. 주점에서는 대금 지급에 동전만을 사용하도록 강제했다. 하지만 대규모 연회나 회식을 할 때 요금이 많이 나오면 은병으로 계산했을 것이다. 예를 들어 정중부 집권시에 대장군 장박인(張博仁)이 옥에 갇혔는데, '기두(旗頭) 80명이 술집에서 술마시며 장박인을 구출할 모의를 한다'라는 고발이 있어 조사해 보니 허위로 밝혀진 적이 있었다.[94] 대대장급 장교 80여 명이 비밀 술자리를 한 그 주점은 대단히 큰 규모의 민영 주점이고 술값이 꽤 많이 나왔을 것인데, 그 술값은 아마도 은병으로 치렀을 가능성이 높다.

은병 제도는 몽고 전란을 맞으면서 문란해지기 시작했다. 원의 태환 지폐인 보초(寶鈔)의 유입은 은의 유출을 가져왔다. 이로 인해 은이 귀해져 은값이 올랐고 위조 은병이 유통되었다.[95] 이에 고려 정부는 은병의 위조를 막기 위해 1287년(충렬왕13)에 쇄은(碎銀)을 화폐로 사용하도록 했다.[96] 또 충혜왕 원년(1331)에 소은병을 주조하고[97] 공민왕 5년(1356)에는 은병에 별도의 공인 표시를

92) 『고려사절요』 권14, 신종 3년 4월조.
93) 『고려사』 권129, 열전42, 최충헌전.
94) 『고려사』 권128, 열전41, 정중부전.
95) 김도연, 「원 간섭기 화폐유통과 보초」, 『한국사학보』 18호, 고려사학회, 2004, pp.44~48.
96) 『고려사』 권79, 지33, 식화2, 화폐, 충렬왕 13년 4월조.
97) 『고려사』 권79, 지33, 식화2, 화폐, 충혜왕 원년 4월조.

한 표은(標銀)을 만들어 유통시켰다.[98]

하지만 원이 패망하자, 고려의 화폐 시장은 거의 붕괴되다시피 했다. 원나라 세력이 쇠퇴해지면서 태환 지폐로서의 위력을 발휘하던 보초의 신용이 급락했고, 고려는 은의 유출에 따른 경제적 손해를 크게 입게 되었다. 결국 원이 멸망한 뒤 고려에는 쓸모없는 종이돈 보초만 남았다.

고려말 공양왕 3년(1391)에 자섬저화고(資贍楮貨庫)를 설치하고 원의 지원보초(至元寶鈔)를 모방하여 종이 돈을 만들려는 시도가 있었으나 실행되지는 못했

표 3-3 | 고려시대 화폐 변천 내역

화 폐 명	제작 연도	비 고
건원중보(乾元重寶)	성종 15년(996)	고려 최초의 관전(官錢)
무문전(無文錢)	성종 15년(996)	
동국중보(東國重寶)	목종 원년(998)	전포겸용(錢布兼用) 공인
동국통보(東國通寶)	목종 원년(998)	
해동원보(海東元寶)	숙종 2년(1097)	주전관(鑄錢官) 설치
은병(銀瓶)	숙종 6년(1101)	포화(布貨) 병용
해동통보(海東通寶)	숙종 7년(1102)	고주법 제정 해동통보 15,000관 주조, 유통
삼한통보(三韓通寶)	숙종 7년(1102)	
해동중보(海東重寶)	숙종 8년(1103)	
삼한중보(三韓重寶)	숙종 8년(1103)	
쇄은(碎銀)	충렬왕 13년(1287)	원의 보초(寶鈔) 유통
소은병(小銀瓶)	충혜왕 원년(1331)	은병 사용 금지
표은(標銀)	공민왕 5년(1356)	오승포(五升布) 병용
저화(楮貨)	공양왕 3년(1391)	자섬저화고 설치

자료: 이정수, 앞의 논문, p.131. (한자의 한글 전환 및 일부 자구 수정)

---

98) 『고려사』 권79, 지33, 식화2, 화폐, 공민왕 5년 9월조.

다.[99] 이상의 고려시대 화폐 변천 과정을 정리하면 〈표 3-3〉과 같다.

나. 고려의 동전 수입과 수출

지금까지 밝혀진 고려의 주전 기록은 996년부터 998년 사이 2년간 4종(무문전 1종 포함), 1097년부터 1103년 사이 6년간 6종(은병 1종 포함) 등 총 10종이다. 무문전과 은병을 제외하면 총 8종이 된다. 그리고 현재 출토된 고려 동전이 179개 종류로 분류되고 있는바,[100] 이는 179회 주전한 것을 의미한다. 하지만 1회 주전량이 얼마였는지 또는 전체 주전량이 어느 정도였는지는 아직 밝혀지지 않고 있다.[101]

고려 시대 화폐유통은 당시 중국에 비해 상당히 부진한 편이었다. 이에 대해 고려사회를 도시와 농촌, 귀족과 평민 등 이중 구조로 보고 도시는 화폐유통이 다소 활발했지만 농촌은 상업이 발달하지 않아서 화폐 사용이 미흡했다고 보기도 한다. 그 예로서 『고려도경』의 '대개 그 풍속에 점포는 없고 오직 한낮에 시장을 벌여, 남녀노소·관리·공기(工技)들이 각기 가진 것으로 교역하고 천화(泉貨, 돈)를 사용하는 법은 없다'[102]라는 기록, 『송사』에서 고려 사신 곽원(郭元, ?~1029)이 '한 낮에 시장을 열고 돈을 사용하지 않는다. 무역에도 쌀과 베를 먼저 사용한다'[103]라고 말했다는 기록, 『계림유사(鷄林類事)』의 '고려는 무역 등의 가치 결정에 쌀로서 기준을 삼고 양이 많을 때는 은병으로 셈한다'[104]라는 기록 등을 든다.

하지만 이는 기록에만 얽매여 고려의 상품경제와 화폐경제를 너무 얕잡아 보는 것 같다. 특히 농촌지역의 화폐유통 부진에 대한 기존의 설명은 실상에서

---

99) 『고려사』 권79, 지33, 식화2, 화폐, 공양왕 3년 3월조.

100) 한영달, 앞의 책, p.25.

101) 북송은 981년(태평원국 6년)부터 1119년(선화2년) 사이 139년간 총 3,151만관을 주전했다. 가장 많이 주전한 해는 1080년으로서 506만관을 주전했다.(김삼수, 앞의 논문, p.48. 북송 주전액 표 참조) 연평균 약 22만 8천 3백관을 주전한 것이다.

102) 『선화봉사고려도경』 권3, 성읍, 방시(坊市).

103) 『송사』 권487, 열전246, 외국3, 고려전.

104) 『계림유사』는 손목(孫穆)이 지은 통역집으로 고려시대 우리말 353단어를 한자로 적어놓은 책이다. 손목은 1103년(숙종 8년)에 송나라 사신 서장관(書狀官)으로 고려에 왔으므로 간행 연대를 이때쯤으로 추정한다. 우리말 연구에 귀중한 자료가 된다.

한참 어긋나 있다는 느낌마저 든다. 그러면 농촌지역의 화폐유통 부진에 대한 기존의 견해를 보자. 먼저 상품 및 화폐경제가 성숙하지 않았으며, 금속화폐의 주조량이 농촌에 침투할 만큼 충분하지 못한 것이 근본 원인이라고 보고 조세의 현물수취구조에서 화폐는 또 다른 농민 수탈적 성격을 가지므로 농민들이 화폐의 사용을 배척했다는 것이다.[105] 또 정부에서 주화를 강제적으로 통용시키려 했지만, 또 주화의 강제통용과 위조화폐의 사기적 수탈 등으로 인해 농민의 궁핍화가 가속화됨으로써 결과적으로 농민층이 주화 유통을 거부하게 된 것으로 보기도 한다.[106]

다음 철전의 실패 원인은 철의 생산량 증가로 실물 가치가 떨어졌기 때문이며, 동전의 실패 원인은 고려의 동 가격보다 중국 송나라의 동 가격이 비싸서 고려에서 동전을 만드는 것보다 송에 수출하는 것이 이익이 되므로 동전을 만들지 않았다는 견해도 있다.[107] 이외에도 고려의 주전 사업은 '호족의 시대'로부터 이어온 지방 할거주의적인 교역환경과 본관제(本貫制) 아래의 사회구조에서, 국가적 차원의 화폐유통책은 성공을 거두는데 한계가 있었던 것으로 보기도 한다.[108]

고려시대 주전정책의 실패와 한계에 대한 이들 견해들은 각각 그 나름대로 당위성을 가지고 있다. 그러나 우리나라의 화폐경제가 근세의 조선에 이르기까지 인근 나라에 비해 발달하지 못한 근원적인 의문은 여전히 남는다.[109]

고려시대에 정부가 주전을 하지 않았던 시기에는 송으로부터 동전을 많이

---

105) 김삼수, 앞의 논문, pp.10~12.
106) 최낙필, 「고려시대 상품·화폐 경제의 그 성격」, 『논문집』 16호, 전북대학교 산업경제연구소, 1986, pp.4~5.
107) 김도연, 「고려시대 은화 유통에 관한 일연구」, 『한국사학보』 10호, 고려사학회, 2001, pp.18~23.
108) 채웅석, 앞의 논문, p.87.
109) 우리나라는 19세기 말에 와서도 화폐유통이 부진하였고 물물교환이 주거래 수단이었다. 1894년에 한국을 방문한 영국 작가 '이사벨라 버드 비숍' 여사는 서울에서 50여 리 떨어진 농촌에서 농민들이 상거래 하는 모습을 '돈은 거의 유통되지 않으며, 물물교환으로 거래가 행해지거나, 혹은 농부들은 자기 노동으로 대가를 지불하기도 한다'라고 했다. '비숍' 여사에 의하면 19세기 말에도 서울 근교 농촌지역의 거래는 주로 물물교환에 의존했고 돈의 유통은 거의 없는 형편이다.(이사벨라 버드 비숍, 이인화 역, 『한국과 그 이웃 나라들』, 살림, 1994, p.101)

수입했다. 당시 송전(宋錢)은 동아시아와 인도, 중동제국 등지의 상가에서 유통
될 정도로 세계화폐로서의 기능을 가지고 있었다.[110] 고려 또한 송전이 다량
유입되어 광범위하게 유통되었던 것이다. 그러나 송 동전의 수입에 관한 고려
측의 구체적인 기록은 아직 찾아볼 수 없다. 그러나 『송사』는 1195~1200년간에
상인들에게 동전을 가지고 고려로 가지 못하게 금지한 이후 동전반출이 단절되
었다고 기록되어 있다.[111] 송 동전의 고려 반출이 실로 많았던 것이다. 따라서
송 동전의 대량 유입으로 고려 동전이 제구실을 못하게 되었고,[112] 동전 주조
의 필요성도 줄어들었을 것으로 보인다.

고려는 수입한 송전(宋錢)의 일부를 국내에 유통시키고 나머지는 일본에 수
출했다. 중계무역을 한 것이다.

일본은 왜 고려에서 동전을 수입했을까? 일본은 아스카시대인 708년에 화
동개진(和同開珍)이라는 금속화폐를 처음 주조했다. 그 뒤 나라(奈良)시대 760년
에 만년통보(萬年通寶), 헤이안(平安)시대 818년에 부수신보(富壽神寶), 958년에
근원대보(乾元大寶)를 주조했다.[113] 근원대보가 마지막이다. 일본의 다음 화폐
주조는 700년이 지난 1636년 에도(江戶)시대에 주조한 관영통보(寬永通寶)이
다.[114] 그러므로 일본은 무려 700년 동안 자국의 동전을 사용하지 않고 오로지
중국과 한국 등에서 수입한 외국 동전에 의존했다. 일본은 10세기부터 17세기
까지 본국의 화폐가 없는 수입 동전의 유통시대를 지낸 것이다.[115]

일본의 외국동전 수입은 신안 앞바다에서 인양된 신안해저유물선을 통해
확인할 수 있다. 1984년에 발굴된 신안해저유물선은 원나라에서 일본으로 가는

---

110) 이원근, 「중국 송대 해상무역관리기구로서의 시박사에 관한 연구」, 『해운물류연구』 44
　　호, 2005, p.174

111) 『송사』 권487, 고려전. 慶元間, 詔禁商人持銅錢入 高麗, 蓋絶之也.

112) 김성호, 『중국진출 백제인의 해상활동 천오백년』 2, 맑은 소리, 1996, pp.166~168.

113) 한영달, 앞의 책, p.23.

114) 우리나라 상평통보의 첫 주조 시기인 1633년과 거의 비슷한 시기이다. 우리나라는 조선
　　시대에 들어서서 1402년에 종이돈 저화 발행, 1423년에 조선통보(朝鮮通寶, 해서체),
　　1633년에 상평통보 주조 및 조선통보(팔분서체), 1678년에 상평통보, 1866년에 당백전
　　(當百錢), 1888년에 당오전(當五錢) 등을 주전했다. 당오전이 마지막 주전이다.(한영달,
　　앞의 책, p.23)

115) 이정신, 앞의 논문, pp.156~157.

무역선으로 밝혀졌다.[116) 이 침몰선의 주 화물은 원대(元代)의 청자이나 배 밑
바닥에는 총 중량 28톤의 동전이 실려 있었다. 그 동전은 총 66종 800만개 정
도에 이르며 대다수는 북송전(北宋錢)이다.[117) 일본은 한꺼번에 800만여 개의
동전을 원나라로부터 수입했던 것이다.

　일본은 중국 동전뿐 아니라 고려 동전도 대량 수입해서 통용했다. 일본에
서 출토된 고려 동전은 중국 동전보다는 양이 다소 적지만 북해도에서부터 남
쪽 규슈지역까지 거의 일본 전역에서 출토되고 있다. 일본 전역에서 고려 동전
이 유통된 것이다. 지금까지 일본에서 발굴된 고려 동전은 동국통보·동국중
보·해동통보·해동중보·삼한통보·삼한중보 등 6종류로 목종과 숙종 연간에
주조된 화폐를 거의 망라하고 있다.[118) 외국 화폐를 수입해 유통시킨 일본의
예를 통해 화폐유통은 정부가 화폐를 주조했느냐의 여부에 있기 보다 화폐를
필요로하는 경제환경이 더 중요한 요인임을 알 수 있다.

　고려는 주전한 동전을 일본에 수출하는 한편 중국 동전을 수입해서 유통시
켰다. 비록 중국에 비해 화폐경제가 다소 부진했으나, 고려는 철전, 은병 등
국정 화폐를 주조할 뿐만 아니라, 중국 동전을 대량 수입하여 유통시켜야 할
정도로 상업이 발달했다.

다. 지방 도시와 주조화폐 유통

　고려 수도 개경은 중국의 대도시와 견주어도 전혀 손색이 없는 대도시였다.
또 서경(西京, 평양), 남경(南京, 서울), 동경(東京, 경주) 등이 상업도시로 크게
성장했고 주·현 등의 행정 소재지도 상당한 규모의 도시로 발달해 있었다.

　이들 지방 도시는 성벽으로 둘러싸인 성곽도시 또는 성읍도시였다. 고려인
들은 성내에 살기를 좋아하여 이들 성읍 도시는 인구가 상당 수준으로 유지되
었고 성읍을 중심으로 상권이 형성되어 있었다. 성읍 도시에 있는 시장을 성읍
시(城邑市)라고 한다. 고려시대는 성읍시 외에 조선시대에 크게 성행한 지방 향

---

116) 최광남, 「신안 해저 유물선과 인양자료」, 『도서문화』 5호, 목포대학교 도서문화연구소,
　　　1987, pp.303~326.

117) 이정신, 앞의 논문, p.138.

118) 이정수, 「중세 일본에서의 고려동전의 유통 – 일본의 출토비축전을 중심으로」, 『한국중
　　　세사연구』 12, 한국중세사학회, 2002, pp.149~156.

시(鄕市)는 따로 없었다. 다만 교통 요충지와 역로(驛路)에 소재한 원(院) 등에 행상을 이용한 시장이 열릴 뿐이었다. 그러니까 성읍시를 중심으로 하여 사방에 행상망이 깔려 있었다. 사람들은 생산물을 성읍시에 가지고 가서 팔고 그곳에서 필요한 물품을 구매했다. 소규모 생활필수품은 행상을 통해 구입했다.

성읍시에는 시가지에 일반 점포뿐 아니라 술집·음식점·여관 등 도시상업 시설이 어울려 있었다. 큰 성읍에는 도로변에 가로시(街路市)가 건립되어 있었다. 이는 성읍시가 상설시장으로 발전하였음을 뜻한다. 따라서 숙종이 주·현에 주식점을 내도록 장려한 것은 주·현의 성읍에 가로시 등 상업 환경이 상당 수준으로 조성되어 있었던 현실을 반영하고 있다고 할 수 있다.

우리나라는 고려시대까지 행정 소재지인 주·현의 성읍이 지방의 중심이었다. 성 밖에는 성으로부터 멀리 나가면 나갈수록 인구밀도는 낮아졌고 주거 환경도 나빴다. 고려시대는 사람들이 성내에서 생활하기를 좋아했다. 또 지방의 호족 또는 토호들도 성에 웅거하여 성장했고 자신의 세력기반을 강화하기 위해 성을 키우고 유지하려 했다. 이것이 성읍의 발전을 가져왔다.

그러나 조선시대는 지방의 거주 환경이 크게 달라져 지방에 도시라고 부를 만한 변변한 도시가 없었다. 주·현의 관청이 소재한 성읍도 도시를 이루지 못하고 사람들이 많이 살지 않는 허울 좋은 성일뿐이었고 시장도 발달하지 않았다.

조선시대에 지방 성읍의 발전을 지체시킨 가장 큰 요인 중의 하나는 양반(兩班)에게 있다. 지방의 실력자가 된 조선의 양반은 고려의 지방 호족이나 토호들과는 달리 성안에 살기를 회피했다. 말하자면 산수 좋은 곳에 따로 집을 짓고 독살림 차리기를 좋아했다. 자식들을 낳으면 멀리 내보내지 않고 자신과 가까운 곳에 옹기종기 모여 살게 했다. 오늘날 우리나라 지방 전역에 널리 분포해 있는 동족 부락은 그렇게 해서 생긴 것이다. 성읍에 고을 사또가 거주한다 하더라도 지방의 실력자이며 최대 소비층인 양반들이 거주하지 않음으로써 성읍은 쇠락되어 질 수밖에 없었다.

조선의 양반들은 기존의 토호들과 차별성을 부각시키려고 성읍을 떠났을까? 조선 건국이념인 농본주의 실현에 매진하려한 것일까? 조선 양반들이 시골 벽지에 정착한 것은 농토의 개간, 농사기술의 향상 등 초기에 농업발전의 순기

능적인 효과를 거양하기도 했다. 그러나 결과적으로 지방 도시와 상공업의 쇠
락을 초래했다. 양반들의 주거 취향이 지방 도시의 발전과 상공업 발전의 기반
을 말살해버린 결과를 낳은 것이다.

　이것은 중국과 일본의 예와 비교해 보면 더욱 뚜렷이 드러난다. 중국의 사
대부층은 명대(明代)에서 청대(淸代)에 걸쳐 농촌에서 점차 성거(城居, 도시 거주)
로 바뀌었다. 일본도 지배계층인 무사들이 농촌 거주에서 봉건 영주가 사는 성
주변의 성하정(城下町)으로 거주처를 옮겨 도시를 이루었다.[119) 조선만 도시에
서 농촌으로 가는 반대의 길로 갔다. 조선의 재지(在地) 양반들의 농촌 거주는
중국과 일본에 비해 상공업 발전을 지체시키는 쪽으로 작용했을 뿐 아니라, 근
대화에 역기능적인 영향을 끼쳐 결국 조선을 농업에 얽매인 가난한 나라로 몰
락하게 했다.

　실학자 농암(聾菴) 유수원(柳壽垣)은 그가 쓴 『우서(迂書)』에서 당시 가장 번
성한 평양·전주·대구·함흥 같은 지방 도시에도 불법 점포인 난전(亂廛)과 가
가(假家)가 문제라며 허가받는 상설 점포를 만들고 상세를 받자고 주장했
다.[120) 18세기까지도 지방 상업은 시장 영업에 관한 변변한 법도 없었고 제멋
대로였던 것이다.

　한편 조선시대는 농업생산력의 증대로 거주 영역이 광범위하게 확대되면서
인구가 도시 등 일부 특정 지역에 몰리지 않고 시골 구석구석에 분산됨으로써
5일장인 정기시가[121) 발달하게 되었다며 상업발전에 있어 긍정적으로 평가하기
도 한다.[122) 물론 5일장이 당시 형편없이 몰락한 상업을 일깨우는 역할을 했지
만, 농업경제를 바탕으로 하는 5일장의 번성은 상공업 도시가 발전하지 못한데
서 오는 반사적인 영향을 반영하고 있다. 도시 상설시장의 성장과 연계되지 않
는 지방의 5일장만으로는 상업의 발달과 상업문화의 융성은 궁극적으로 기대할

---

119) 미야자와 히로시 저, 노영구 역, 『양반』, 강, 2001, p.46.

120) 유수원, 『우서』 권8, 논상판사리액세규칙(論商販事理額稅規則).

121) 5일장은 조선시대에 생겨난 지방 향시이다. 고려시대에는 5일장이 없었다. 기록상으로
　　는 1470년(성종 원년)에 전라도 지방에 극심한 흉년이 들었을 때 농민들이 돈을 마련하
　　기 위하여 소유하고 있던 물건들을 가지고 나와 서로 바꾸고 매매하는 장을 세우고 이
　　를 장문(場門)이라고 부른 것이 시초라 한다. 5일 간격으로 각 지역을 연결하여 장이
　　서는 5일장은 18세기 초 무렵에 전국적으로 정착되었다.

122) 정승모, 『시장으로 보는 우리 문화 이야기』, 웅진닷컴, 2000, p.53.

수 없는 것이다.[123]

라. 현물수납제와 노비제의 화폐 영향

우리나라의 화폐경제와 상업의 발달을 지체시킨 또 다른 중요한 요인으로 현물수납 재정제도와 노비제도를 들 수 있다.

우리나라는 17세기 초 대동법(大同法)이 실시되어서도 재정수입과 지출을 화폐가 아닌 현물로 했다. 국가 전체의 재화유통에 거의 절대적인 몫을 차지하는 정부의 재정수입과 지출이 화폐가 아닌 곡식과 베 따위 현물로 이루어진 것이다. 세금을 조·용·조에 따라 쌀·베 따위 현물로 받았고 관리들의 봉급 등 재정지출 역시 현물로 지급했다. 이러한 현물 녹봉제(祿俸制)와 조세의 현물수납제에 익숙해진 생산자와 소비자는 화폐 소유를 꺼렸고, 화폐 거래를 불편한 것으로 간주하게끔 되었다.[124]

현물녹봉제와 현물수납제는 이른바 수조권(收租權)의 문제로 귀결된다. 수조권은 곧 조세징수권이다. 국가가 개인에게 조세를 거둘 수 있는 권리를 부여한 것이다. 국가가 봉급을 주어야 할 관리에게 봉급을 주지 않고, 그 대신 어느 특정 농지로부터 세금을 거둘 수 있는 수조권을 주고, 당해 관리가 직접 봉급액만큼 곡물을 수취하게 하는 것이다.

고려의 전시과(田柴科)나 고려 말에 도입된 뒤 조선의 기본제도가 된 과전법(科田法)에 있어, 관리에게 과전을 나누어 준 것은 당해 토지의 소유권을 준 것이 아니라 조세를 거두는 수조권을 부여한 것이다. 이 때 수조권을 가진 자를 전주(田主), 그 토지의 소유자인 농민을 전객(田客)이라 한다. 따라서 관리의 입장에서 가장 좋은 길은 자기가 소유한 농지에 수조권을 받는 것이다. 자기 소유의 농지에 수조권을 받으면 그 농지는 아예 세금이 없는 면세지와 같아지기 때문이다. 만약 수조권을 가진 관리가 퇴직하면 그가 가졌던 특정 토지에 대한 수조권은 반납되었고, 이는 다른 관리에게 주어졌다.

---

123) 우리나라는 상공업 발전이 지체되어 1910년 한일합방 당시 농민이 전 인구의 85%나 되었고(고무로 나오키 저, 김영국 역, 『한국의 붕괴』, 삼성교육센터, 1990, p.153) 1950년 대까지도 인구의 7할 이상이 농촌에 거주하는 전통 농업사회를 유지했다.(안병직·이영훈 편저, 『맛질의 농민들-한국근세촌락생활사』, 일조각, 2001, p.1)

124) 김삼수, 앞의 논문, pp.11~12.

수조권에 있어 토지 소유자인 농민의 입장에서는 이왕 내어야 할 세금을 정부가 거두든 관리가 거두든 마찬가지로 여겨지겠지만, 문제가 없는 것은 아니다. 국가와 농민간의 지배관계가 수조권 소지자와 농민간의 지배관계로 변질될 뿐 아니라, 전국적인 통일을 기하지 못함으로써 곳곳에서 계량에 따른 시비가 항상 일어날 소지가 있기 때문이다.

수조권이 더욱 심각하게 봉건적 수탈을 띨 수밖에 없는 일은 정부의 각 관청도 독자적인 수조권을 갖고 제각기 자율적으로 조세를 거두어 비용에 충당한 것이다.[125] 정부가 직접 조세를 거두고 이를 나누어주는 관수관급제(官收官給制)는 고려시대에는 실시되지 않았다. 조선 건국 후 80여 년이 지난 1470년(성종 원년)에 비로소 시행되었다.

그리고 수입과 지출의 현물수납제도는 1606년(광해군 즉위년) 공물을 쌀로 통일한 대동법(大同法)을 경기도에 실시한 뒤 1677(숙종 3)년에 경상도까지 확대되었다. 대동법은 불가피한 경우 쌀 대신 돈으로 납부할 수 있었고, 이 돈을 대동전(大同錢)이라 했다.[126] 대동전에 의한 공물의 납부는 화폐의 수요를 늘려서 화폐경제가 발달하는 계기를 조성해 주었다.

이제 근세에 이르기까지 우리나라의 화폐경제의 발전이 인근 나라에 비해 뒤쳐진데 대해 '농업생산력의 발달이 미흡해서', '상업의 발달이 부진해서', '주화를 적게 발행해서'라는 따위의 설명은 어느 한 면만을 트집잡고 강조할 뿐임을 알아야 한다. 오히려 무엇보다도 재정제도의 발달이 뒤쳐진 사실에서 교훈과 시사점을 찾는 지혜가 필요하다.

노비(奴婢)는 보통 '종'이라 부르며 노(奴)는 남자종, 비(婢)는 계집종을 말한다. 학계에서는 노비제도가 화폐경제에 미치는 영향에 대해서 거의 고려하지 않고 있다. 그러나 우리나라의 경우 노비제도는 화폐경제와 상관 관계가 깊고, 그 발전을 지체시킨 중요한 요인 중의 하나였다.

---

125) 박종진, 「고려 전기 중앙관청의 재정구조와 그 운영」, 『한국사론』 23호, 서울대학교 국사학과, 1990, p.168.

126) 중국 송나라는 왕안석의 개혁조치에서 보듯이 이미 그 당시에 지방관리까지 돈으로 봉급을 지불했다. 각종 부역도 국가가 부역 담당자로부터 돈을 받고 그 부역자 대신 일반 사람을 고용해서 일삯을 주고 부역에 해당하는 일을 시켰다.(이춘식, 『중국사서설』, 교보문고, 2000, p.261)

노비제도가 화폐경제에 미치는 영향은 노비관계와 고용관계의 노동 사역(使役)의 비교를 통해 간단히 파악할 수 있다. 노비 주인이 노비를 부릴 때는 대가를 지불하지 않아도 되지만 고용인에게는 대가로 현물 또는 돈을 지불해야만 한다. 노비의 사역과 달리 고용인의 사역에는 화폐가 유통되므로 화폐경제를 진작시키는 효과가 있다. 따라서 어떤 사회에 노동의 대가 지불이 없는 노비 노동이 차지하는 비중이 크면 클수록 화폐경제의 영역은 그 만큼 축소된다.

노비제도의 또 다른 문제는 그것이 존속하는 한 노동시장의 발전은 한계에 봉착한다는 점이다. 노비주는 가능한 한 돈이 안 드는 노비를 부리려 하지 일삯을 주어야 하는 인부를 고용하지 않으려 하기 때문이다. 이와 같이 한 국가의 경제체제 내의 동일 구성원을 인위적으로 갈라서 그 일부를 노비로 삼아 노동력을 착취하고 지배하는 제도는 화폐경제의 발전에 결정적인 장애로 작용하며 경제구조의 왜곡을 초래한다.

우리나라 노비제도에 대해 실학자 성호(星湖) 이익(李瀷, 1601~1763)은 고조선의 8조 금법을 노비법의 시초로 보았다.[127] 노비는 발생 유형에 따라 포로노비·형벌노비·채무노비·매매노비·세습노비(世襲奴婢)로 분류한다. 그 중 세습노비는 삼국통일 후 전쟁 포로의 단절로 인해 같은 공동체의 내부 성원에 의한 노비충원구조가 형성됨에 따라 점차 고착되었다.[128] 그리고 세습노비의 법제화는 고려시대 정종(靖宗) 5년(1039)에 이루어졌다.[129]

노비는 그 소유 형태에 따라 국가에 속한 공노비(公奴婢)와 개인에 속하는 사노비(私奴婢)로 구분된다. 공노비는 관청에서 잡역을 하는 공역 노비와 국유지 및 공유지를 경작하는 외거노비 또는 농경노비로 나눌 수 있다. 이들은 결혼도 하고 독자적인 재산도 소유할 수 있으며 60세가 되면 노역이 면제되므로 사노비보다는 부담이 가벼운 편이었다.[130]

사노비는 소유주의 중요한 재산으로 취급되어 매매·증여·상속되었다. 결혼도 마음대로 못하고 주인의 허락을 받아야 했다. 성(姓)을 가지지 못했고 이

127) 이익 저, 정해역 편역, 『성호사설(정선)』, 현대실학사, 1998, p.32.
128) 고경석, 「삼국 및 통일 신라기의 노비에 대한 고찰」, 『한국사론』 28호, 서울대학교 국사학과, 1992, p.53.
129) 『고려사』 권85, 지39, 형법2, 노비조.
130) 『한국고중세사사전』, 가람기획, 1995, pp.214~215.

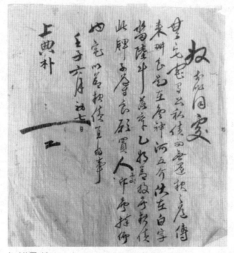

노비문서

름만 있었다. 이들 노비는 주인집 또는 주인집 근처에 사는 솔거노비(率居奴婢)와 외지에 멀리 떨어져 사는 외거노비(外居奴婢)로 구분된다. 외거노비는 주인과 떨어져서 따로 거주함으로써 생활이 비교적 자유스러운 대신 해마다 주인에게 몸값으로 쌀 또는 베를 바쳤다.

원 간섭기에 원이 고려의 노비제도를 폐지시키려 하여 일대 전환이 있을 뻔했다. 1299년(충렬왕 25) 10월, 고려에 온 정동행중서성(征東行中書省)

활리길사(闊里吉思)는 고려를 효과적으로 지배하기 위한 방책으로 두 가지 일을 꾀했다. 하나는 고려를 아예 없애 버리고 하나의 성(省)으로 만들어 원나라의 땅으로 영구히 편입시키려 한 것이고, 다른 하나는 고려의 노비제도를 폐지하여 권문세족으로부터 노비를 빼앗아 그들의 힘을 약화시키고, 그 노비는 양인으로 만들어 공물징수를 확대하려 한 것이다.[131] 고려의 완강한 반대와 저항에 의해 이 두 가지 모두 실행되지는 않았다.[132] 다음은 『고려사』에 실려있는 고려가 노비제도를 결코 폐지할 수 없다며 원나라에 보낸 공문이다.

---

131) 김현라, 「고려 후기 노비제의 변화 양상」, 『부대사학』 17집, 부산대사학회, 1993, p. 240. 김현라, 「고려후기 노비제의 변화양상」, 부산대학교 대학원, 1990, 석사학위논문.
132) 고려에 행성(行省)을 설치하지 않기로 한 것은 1312년(충선왕4)에 결정되었다. 그러므로 약 10년간 고려를 없애고 원에 편입시키느냐의 문제가 논란이 되었던 것이다(김혜원, 「원 간섭기 입성론과 그 서역」, 『14세기 고려의 정치와 사회』, 민음사, 1994). 1312년에 충선왕은 원의 수도 대도(大都, 북경)에 계속 머물고 있을 때인데 원 황제에게 고려가 원에 대대로 공로가 있었다는 점을 강력히 주장하므로써 행성 설치를 막았다.(『고려사』 권34, 세가, 충선왕 4년 6월) 고려를 원에 편입시키자는 시도는 1323년(충숙왕10)에도 제기되었다. 유청신(柳淸臣)과 오잠(吳潛)이 서면으로 원의 도성(都省)에 요청한 것이다. 그러나 이 건의를 받아들여지지 않았다(『고려사』 권34, 세가, 충선왕 4년 6월). 1330년(충혜왕 즉위년) 7월에 충혜왕은 원나라 태사(太師) 우승상 연첩목아(燕帖木兒)에게 공문을 보내 당시 장백상(張伯祥)으로 인해 제기된 행성 설치 논의를 중지하도록 요청했고 이를 계기로 하여 행성 설치 계획은 중지되었다.(『고려사』 권36, 세가, 충혜왕 즉위년 7월조).

"1300년(충렬왕 26) 10월, 활리길사가 우리나라의 노비법(奴婢法)을 변경하려고 하므로 왕이 황제에게 글을 보냈다. ··· 양·천을 구별하는 것을 신중히 하고 어렵게 생각하는 것은 바로 국가의 안녕과 위험에 관계되기 때문이다. 옛날에 나의 시조(고려 태조)가 후손들에게 훈계하기를 '무릇 이 천인의 무리(賤類)들은 그 종자가 따로 있으니 신중히 취급하되 천류들을 양민으로 만들지(從良) 말 것이다. 만약 양민으로 만들어 준다면 나중에는 반드시 벼슬살이를 하게 될 것이며 점차 요직(要職)을 요구하게 되어 국가를 어지럽게 할 음모를 꾸밀 것이니 사직(社稷)이 위태로울 것이다'라고 했다. 이로부터 우리나라의 법률에는 누구든지 8대의 호적에서 천류와 관계가 없어야만 벼슬을 할 수 있으며, 무릇 천류로서 아비나 어미나 어느 한 편이 천하면 곧 천인으로 되며, 설사 그 상전이 해방시켜 주어서 양민으로 되었다 하더라도 그의 자손들은 도로 천인으로 돌려 보내게 되는 법이며, ··· 이와 같은 제도는 그들을 끝까지 양민으로 만들지 않기 위한 것이다." [133]

노비제도를 존속시켜야 하는 가장 큰 이유가 노비는 애초부터 씨가 다르고 노비를 양민으로 만들어 주면 이들이 관리가 되어 국가를 어지럽게 해 혼란에 빠트린다는 것이다. 따지고 보면 기득권을 향유하는 현 지배계층을 옹호하고 그 기반을 공고히 하려는 목적만이 있을 뿐이다. 고려의 지배층은 몽고의 눈치를 보면서도 노비혁파에서는 똘똘 뭉쳐서 반대하고 물러서지 않았다.

다음은 고려 정부가 원 중서성에 보낸 공문으로 『고려사』에 실려있다.

"우리나라의 옛 법례에 의하면 예로부터 노비와 양민은 서로 구별되어 있어서 만약 어떤 양민이 노비에게 시집갔거나 장가들면 그들에게서 출생한 아이들은 모두다 노비로 삼는다. 또 만약 어떤 본주(本主)가 노비를 놓아주어서 양민으로 만들어 주었더라도 그에게서 출생한 아이들은 도로 천민으로 돌아가게 되어 있다. ······ (중략) ······ 만일 황제가 우리의 요청을 비준하지 않는다면 반드시 이전의 법례를 변경하여야 할 것이니, 그 때에는 그 전에 이미 혼인하여 아이들을 낳은 자는 그대로 살게 하고, 지금부터는 여러 노비들 간에 혼인하지 않고 양민을 맞아다가 부부로 되는 것이 분쟁의 근원을 없애게 될 것 같다. 그러나 이 일은 황제께 고하여야만 할 일이니 도성에서 상세히 토의 결정하여 명확한 내용을 공문으로 알려 줄 것을 바라는 바이다." [134]

그 공문 말미에 원에서 노비제도의 폐지를 강행한다면 '지금부터는 노비들 간에 혼인하지 않고 양민을 맞아다가 부부로 되는 것이 분쟁의 근원을 없애게

---

133) 『고려사』 권31, 세가, 충렬왕 26년 10월조.

134) 『고려사』 권31, 세가, 충렬왕 26년 11월조.

된다'는 등 제도를 개혁할 경우 참고해야 할 점을 언급하고 있는 것이 주목된다. 따라서 당시 원나라가 노비제도의 폐지를 강력하게 밀어 부쳤다면 고려의 노비제도는 중국과 유사한 형태로 개혁될 가능성이 있었다.

중국은 춘추전국시대를 거쳐 진·한(秦·漢)시대에 이르기까지 곳곳에 노예시장이 있어 사람들을 소나 말처럼 사고 팔았다.[135] 당나라 때까지는 노비가 가축과 같은 비인격적인 재산으로 간주되었고 천민으로 차별 당했다.

중국의 노비제도는 북송 3대 진종(眞宗, 997~1022)이 즉위한 이래 크게 변화하기 시작했다. 진종은 998년 노비를 재산으로 간주하지 못하도록 조치하고 노비 주인이 사적으로 노비에게 형벌을 내리지 못하게 금지했다.[136] 노비의 생명권과 인권을 보장해 주는 방향으로 개혁하여 비로소 노비도 한 인간으로서 보호받게 한 것이다. 또 송대에 이르러 세습노비가 사라지고 모두 고용노비로 바뀌는 큰 변혁이 있었다. 송나라는 법으로 사람을 고용하여 노비로 삼는 것은 그 기한을 10년으로 정했다. 따라서 노비는 돈을 받고 일시 고용노비가 되지만 계약 기간만 채우면 언제든지 다시 양민으로 복귀할 수 있었다.[137] 그러므로 송 이후 중국에서 노비는 사실상 고용인과 같았고 이를 예속민(隸屬民)이라 일컬었다. 노비는 예속민으로서 일상의 잡다한 일에 종사하고 그들의 몸값은 각각 달랐다. 때문에 아무리 지체 높은 사대부라 할지라도 돈이 없으면 능력 있고 일 잘하는 노비를 고용할 수 없었다.[138]

원나라는 송의 노비제도를 그대로 이어 받은 것은 아니지만 세습노비만큼은 존재하지 않는 것과 마찬가지였다. 원나라는 양인과 천인의 혼인을 법으로 금지했지만 사실상 허용했다. 단지 양인 여인이 노(奴)에게 시집가려면 관의 허락을 받되 노비가 되어야 한다는 전제가 따랐다. 그러나 그 자식이 꼭 노비가 되는 것은 아니고 혼인 형태에 따라 양인이 될 수 있었다. 노비의 자식을 양인으로 만들 수 있는 길은 얼마든지 열려 있었다.[139]

135) 백남운 저, 하일식 역, 『조선봉건사회경제사(상)』 2, 이론과 실천, 1993, p.196.
136) 이석현, 「송대 고용노비의 등장과 노비관의 변화」, 『동양사학연구』 63호, 동양사학회, 1998, pp.6~12.
137) 이석현, 앞의 논문, p.22.
138) 이석현, 「송대 예속민의 노동형태」, 『동양사학연구』 80호, 동양사학회, 2002, pp.40~47.
139) 『한국사20 – 고려후기의 사회와 대외관계』, 국사편찬위원회, 1994, pp.287~289.

활리길사가 시도한 고려의 노비제 개혁은 부모 중 한쪽이 양인이면 그 자식은 무조건 양인으로 하려는 것으로서 원의 법제보다는 확대된 것이고 그 내용은 중국 내의 현실과 거의 유사한 형태였다.

원 간섭기 동안 고려에서 천민 출신이 두각을 드러내고 고위직으로 출세한 예가 많았다. 이는 원나라의 영향이 컸다. 노비의 자식도 양인이 되어 출세할 수 있는 원 사회의 풍습이 고려에 영향을 끼쳤고, 또 세자 시절 원에 가서 숙위(宿衛)하면서 교육받고 자란 왕들이 노비 출신이나 천민들에게 보다 관대하여 이들을 중용했기 때문이었다. 예를 들면 공민왕 10년(1361) 5월에 도첨의사사(都僉議使司)가 흉년이 들어 굶어 죽는 자가 많다며, 왕에게 '노비를 가지고 기르지 못하는 자가 있으면 그 노비를 먹이는 자가 영원히 자기 노비로 삼게 하자'고 건의를 하자, 공민왕은 그것은 결국 백성을 영원히 노예로 삼는 것을 인정하는 것이 된다며 그 서류를 불태워 버렸다.[140] 원에 가서 오랫동안 숙위 생활을 한 공민왕은 세습노비제의 폐단과 불합리성을 분명히 인식하고 있었던 것이다.

따라서 활리길사가 노비제를 혁파하려 한 것은 그 배후에 노비출신 권력자와 원의 문물에 영향을 받은 고려 왕실의 지지가 뒷받침 되었다고 할 수 있다.[141]

고려의 지배계층은 송과 원에서 일어난 노비제도의 개혁과 변화를 외면했다. 조선의 양반들 역시 세습노비제를 혁파하지 못하고 집요하게 유지하려 했다. 송나라는 사대부들이 노비도 인간이라는 노비의 인성적(人性的) 측면을 인식하고 지적했는데[142] 고려와 조선의 사대부들은 노비의 인성에 대해 귀를 막고 눈을 감았다. 인간의 심성을 궁구하는 성리학(性理學)을 최고로 발전시켰다는 조선의 성리학 대가들조차 거의 대다수가 노비의 인성을 도외시했다. 그러기에 17세기 실학자 유형원(柳馨遠, 1622~1673)이 그가 쓴 『반계수록(磻溪隨錄)』에서 노비제도를 폐지하고 중국처럼 고공제도(雇工制度)로 개혁하자고 주장한 것이 돋보인다.

"중국에는 비록 노비가 있으나 모두 스스로 몸을 팔아서 고용된 자들이며, 세계(世系)

---

140) 『고려사』 권39, 세가, 공민왕 10년 5월 갑술.
141) 김현라, 앞의 논문, 1993, pp.240~242.
142) 이석현, 앞의 논문, 1998, p.22.

에 의하여, 즉 신분의 세습으로 노비가 되는 법이 없으니, 대개 남의 일꾼이 되는 자는 삯을 주고 부리는 노(奴)와 연한을 정하여 고공이 된 자들이라 한다."

"지금에는 사람들이 노비를 인도(人道)로써 대접하지 않는다. 우리나라 풍속은 노비를 대접함에 은의(恩義)가 없어서 굶주리고 추위에 떨고 곤궁하고 고통스러운 것이 그 분수로 되어 구휼하려고 하지 않을 뿐만 아니라, 오직 형법으로 다스리고 매질로써 몰아붙이며, 소나 말과 같이 죽이고 살리고 한다."

"지금은 노비의 노동 이외에 노력을 고용하는 풍속이 없으므로 이웃에 품팔이를 하고자 하는 사람이 있어도 서로 고용관계가 이루어지지 않고, 반드시 먼 지방에까지 가서 노비를 잡아오게 되며, 그들을 잡아오기 위하여 관청의 위엄을 빙자하거나 그 친족과 이웃 사람을 고문하기에 이르게 된다."[143]

하지만 우리나라 노비제도는 근세에 이르기까지 개혁되지 않았고, 1894년 (고종 31) 갑오개혁(甲午改革)에서 비로소 폐지되었다.[144] 갑오개혁 당시까지 사람이 사람을 소·돼지처럼 취급하며 합법적으로 사고팔았다.[145]

노비를 매매할 때 노비 가격은 얼마쯤 되었을까? 〈표 3-4〉를 살펴보면 15세 이상 60세 이하의 노비 가격이, 15세 이하 60세 이상의 노비 가격보다 배 이상 비싸다. 청장년 노비가 어린 노비 및 연로한 노비보다 배 이상 비싸게 거래되었다. 또 남자종보다 여자종이 더 비쌌다.

고려 성종 때보다 조선초에 노비 값이 3배 이상 올랐다. 하지만 조선초 노비의 실제 매매가격은 베 150필이고 말값은 500~400필이었다. 즉 사람 값이 말 값의 1/3 내지 1/4 밖에 안 되었고 말 한마리가 노비 3~4명과 맞먹었다. 이와 같이 사람 값이 말 값보다 너무나 싸기 때문에 실지 매매가격을 무시하고 법률로 노비 가격을 말 값과 비슷하게 500~400필로 올려 정했다.

---

143) 『반계수록』 권26, 속편(하), 노예. 강만길 역, 『한국실학사상』, 「반계수록」, 삼성출판사, 1991, pp.121~124.

144) 우리나라의 노비해방은 1801년(순조 원년) 66,067명의 공노비를 해방한 바 있다. 하지만 공노비를 모두 혁파하지는 못했고, 갑오경장(甲午更張) 때 공사노비를 모두 혁파한 사실을 유의해야 한다. 오늘날 한국인들은 스스로 명문 양반자손이라며 긍지를 가진다. 하지만 갑오경장 전 조상의 뿌리를 찾아 올라가면 상당수가 노비였던 천민 조상을 만난다는 사실을 깊이 인식해야 한다.

145) 우리나라의 노비제 폐지는 미국 A.링컨의 노예해방(1863년)보다도 그 시기가 늦다. 이와 같이 노비제의 오랜 존속이 여러 가지 사회병리현상을 일으키는 뿌리 깊은 근원이 아닌가를 생각해 봐야 할 것이다.

표 3-4	고려시대와 조선시대의 노비 가격 비교				

년대	노(남자종)		비(여자종)		자료출처
	나이	가격	나이	가격	
986(고려 성종 5년)	15이상 60이하 15이하 60이상	베100필 베 50필	15이상 50이하 15이하 50이상	베 120필 베 60필	『고려사』권85 형법지 노비
1398(조선 태조 7년)	(실지) (제정)* 15이상 40이하 14이하 41이상	닷새베 150필 닷새베 400필 닷새베 300필	 15이상 40이하 14이하 41이상	닷새베 150필 닷새베 400필 닷새베 300필	『태조실록』 권14, 7년 6월 임술
1461 (세조 7년)	16이상 50이하 15이하 51이상	종이돈 4,000장 종이돈 3,000장	16이상 50이하 15이하 51이상	종이돈 4,000장 종이돈 3,000장	『경국대전』 형전 사천

*노비의 실지 값이 닷새베 150필인데 말 값은 400~500필이어서 사람 값이 짐승 값보다 적다
고 하여, 당시 실지 매매가격을 무시하고 인위적으로 400~500필로 제정했다.
주) 로정한, 「고려 말 – 이조 초 노비 농민의 인신예속과 경제적 착취 정형에 대하여」, 『역
사과학』 제3호, 과학백과사전 종합출판사, 1990, p.42.

고려와 조선의 총인구 중 노비가 차지하는 비중이 어느 정도였을까? 1720
년경 경북 예천군 저곡면(渚谷面)의 양안(量案)에 의하면 전체 주민 889명 중 노
비인 천민이 346명(38.9%)로 주민의 4할 가까이가 노비였다.[146] 따라서 조선시
대 중·후기 총인구 중 노비의 비율을 약 40% 내외로 추측할 수 있다.

고려시대에 노비가 차지하는 인구 비중을 추론할 수 있는 유효한 자료는
아직 밝혀지지 않고 있다. 그러나 양반 노비제의 신분체제를 철저히 구축했던
조선시대보다는 그 비중이 낮았을 것으로 추측된다. 또 고려 전기보다는 후기
에 노비 값이 떨어진 것으로 보아 고려 후기로 갈수록 노비의 비중이 높아갔을
개연성이 있다.[147] 그렇다면 고려 중·후기 노비의 인구 비중은 대략 20% 내

146) 안병직·이영훈 편저, 앞의 책, pp.251~252. 양안(量案)은 조선시대에 조세를 부과할
목적으로 만든 토지 대장이다. 논밭의 소재·위치·등급·소유 등을 기재했다. 저곡면
의 주민 신분 구성은 양반 399명 64.2%, 양인 144명 16.2%, 노비 346명 38.9%로 양인
이 노비층보다 적다. 양반의 비중이 큰 것은 조선 후기 양반화로 인한 신분 변화의 한
단면을 보여주는 것으로 여겨진다.
147) 『고려사』 권85, 지39, 형법2, 공양왕 3년, 낭사(郎舍)가 올린 글에 '노비가 아무리 천

외 정도로 추정 가능할 것이다.

우리나라는 노비제와 관련한 역사를 깊이 성찰할 필요가 있다. 왜냐하면 고대에서 중세로 그리고 근대로 내려올수록 총 인구 중에 노비가 차지하는 비중이 커졌기 때문이다. 우리나라 노비는 삼국시대 말경에 전체인구의 4% 정도로 본다. 그리고 그 시점에서 시대가 고대로 올라갈수록 비중이 내려가고 시대가 내려올수록 비중이 높아지는 것으로 예상하기도 한다.[148] 8세기 통일신라의 농촌 실정을 밝혀주는 「신라촌락문서」에서 노비는 4개 촌락의 전체인구 462명 중에 25명으로 5.4%이다.[149] 그러니까 우리나라의 노비는 삼국시대 이전에 4% 이내에서 통일신라시대에 5% 내외로 다소 늘어났고, 고려시대에 20% 내외로 그리고 조선시대 말에는 40% 내외까지 증가했다. 중국과는 판이하게 다른, 유교문화를 들먹이기에 다소 낯간지러운 역사의 궤적인 것이다.

이와 같이 전 인구의 20%~40%가 정상적인 고용관계에 놓여 있지 않은 노비제 사회에서 화폐경제의 발전은 지장을 받을 수밖에 없다. 특히 노비 중 솔거노비의 비중이 어느 정도였는지 알 수 없지만, 솔거노비의 존재만큼은 화폐 경제와 상업의 발달이 지체되었다고 할 수 있다.

이제 우리나라에서 상업이 뒤쳐지고 화폐유통이 원활하지 못한 근본적인 원인 중의 하나가 노비제에 기인하고 있음을 간과하지 않아야 한다. 경제기반을 농업에 두고 세습노비제가 엄연히 존재하는 사회에서 화폐경제와 상업의 발달은 궁극적으로 한계에 봉착하게 마련인 것이다.[150]

하다 하여도 역시 사람인데 보통 재물과 같이 취급하여 공공연히 사고팔며 혹은 마소와 교환하는데, 말 한 필에 두세 명씩 주고도 오히려 말 값이 모자라니 이는 마소를 사람의 생명보다 중하게 여기는 것이 됩니다. …… 노비를 사고팔거나 절간에 바치는 폐단을 일체 금지시킵시다'라고 했다. 〈표 3-4〉와 비교하면 노비 값이 싸진 것을 확인할 수 있다.

148) 이인철, 「한국 고대사회에서 노비와 노비노동의 역할」, 『한국고대사연구』 29집, 한국고대사학회, 2003, p.185.

149) 이인철, 앞의 논문, 2003, pp.180~182.

150) 노비제도로 인해 야기되는 문제점을 잊어버리고 모르는 체 묻어 버려서는 안 된다. 오히려 끄집어내고 반추(反芻)하면서 미래의 지평을 열어가는 거울로 삼아야 한다. 양반 심리에 빠져 노동을 기피하거나 노비 근성에 젖어 고용주의 눈치를 살피고 적당히 앞가림만 하려는 노동의식, 노동 자체로부터 삶의 가치를 체득하기보다 양반인체 하며 힘든 일을 기피하는 사회 풍조 그리고 인성을 도외시 하는 비인격적인 노비제의 폐습 등은 깨끗이 불식되어져야 한다. 오늘날 한국 사회의 밑바탕에 '양반-노비제'의 잔영이 아직

3. 금속활자 발명과 상업문화

고려시대의 대표적인 상업 문화로 출판문화를 꼽을 수 있다. 출판문화의
발달은 각종 서적의 출간과 보급에 기울인 고려 정부의 각별한 노력에 힘입은
바 컸다. 그리고 불교경전과 유교 서적의 발간, 민간의 문집 발간 등 다양한
인쇄수요의 뒷받침이 있었다.

금속활자(金屬活字)가 발명되기 전에 서책의 발간은 필사(筆寫)와 목판인쇄
에 의존했다. 1234년(고종 21) 우리나라가 세계 최초로 금속활자를 발명한 것은
과히 인쇄 혁명이었다.[151] 금속활자의 발명에 대하여 대개 단순히 목판인쇄는
동일 인쇄물의 수요가 많은 곳에서는 극히 편리하나, 여러 종류의 책을 적은
부수씩 인쇄하는 데는 불편하기 때문에 효과적인 활판인쇄를 고안했다고 본다.
"고려에서는 소수의 귀족 학자들만이 서적을 필요로 하였고, 따라서 보통 적은
부수를 찍어내는 것이 상례였으므로, 자연히 활판 인쇄에 큰 관심을 가지고 이
를 발전시켜 나가게 되었다"[152]라는 것이다. 그러나 이러한 관점과 설명은 우
리나라보다도 출판 역사가 훨씬 앞서 있었고, 출판수요도 비교할 수 없을 정도
로 다양하고 많았던 중국에서 금속활자가 발명되지 않고, 우리나라에서 먼저
발명된 이유를 밝혀주기에는 미흡하다.

금속활자는 고려인의 상업적 지혜가 낳은 결실이라고 할 수 있다. 당시는
부수가 많은 책은 목판 인쇄로 찍었지만 부수가 적을 경우 목판인쇄는 비용이
많이 들어 거의 대부분 필사를 했다. 필사는 사람이 직접 베껴 써야 하므로 시
간과 비용이 많이 들고 책도 균질하지 않으며 내용이 변질되는 등 문제가 많았

짙게 드리워져 있음을 잊어버리거나 소홀히 여겨서는 안된다.

151) 금속활자로 찍은 가장 오래된 책은 1234년(고종 21)에 최윤의(崔允儀)가 편찬한 『상정고
금예문(詳定古今禮文)』이다. 상정고금예문은 이규보(李圭報, 1168~1241)가 저술한 『동
국이상국집(東國李相國集)』에 채록된 『신서상정예문(新序詳定禮文)』의 발문에 『고금상정
예문』 50부를 금속활자로 찍었음을 밝히고 있어 알려졌다. 이것은 1450년 금속활자를
발명한 독일의 구텐베르크(Gutenberg, Johannes. 1397~1468)보다 200여 년이 앞섰다.
현재 『상정고금예문』은 전해지지 않아 그 내용은 알 수 없다. 다음 금속활자로 만든 현
존하는 가장 오래된 책은 프랑스 파리국립도서관에 소장되어 있는 『직지심경(直指心經,
直指心體要節)』이다. 이 책은 쿠텐베르크보다 83년이 앞선 1377년(우왕 3년)에 제작되
었다.

152) 이기백, 『한국사신론』, 일조각, 1999, p.232.

다. 그러므로 적은 부수의 다양한 출간 수요를 해결하기 위해 비용이 적게 들면서 필요한 시기에 양질의 책을 발간할 수 있는 경제적인 방법의 모색은 자연스럽고 지혜로운 일이었다.

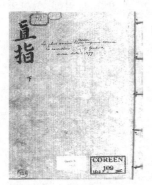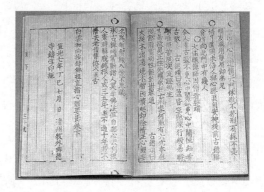

직지심경 표지와 직지영인본

금속활자는 대도시 개경의 출판수요를 바탕으로 하여 고려인의 상업적 사고와 상인정신이 융합된 발명품이다. 개경은 인구 50만명에 달하는 대규모 사원이 밀집한 대도시였고 관리와 승려, 학자와 학생, 상인과 수공업자 등이 운집하여 독특한 도시상업문화와 출판문화를 창도해 나갔다. 따라서 금속활자의 발명은 적은 비용으로 큰 효과를 얻으려는 도시 상업적 사고가 출판문화 쪽에 배어 들어가서 창출되어졌던 것이다. 다시 말하면 금속활자는 소수의 귀족 학자들의 문집발간 수요에 의해서라기보다 성숙한 도시상업문화와 관리·승려·학자·상인 등 광범위한 계층의 다양한 출판 수요를 바탕으로 하여 고려인 특유의 상업적 재치에 의해 발명될 수 있었던 것이다.

고려는 역사의 정통성을 세우고 백성들을 교화할 목적으로 각종 서적의 출판에 힘을 쏟았다. 고려 정부가 서적의 간행과 관리에 정성을 기울인 사례로 990년에 성종(成宗)이 내린 다음의 교서를 예로 들 수 있다.

"고려가 창건되었을 때는 바로 신라가 멸망한 뒤로서 옛 서적들은 전부 불에 타고 고귀한 문헌들은 진흙탕에 버려져 있었다. 이리하여 우리나라에서는 여러 대를 내려오면서 없어진 책들을 베껴 넣고 빠진 전고들을 보충하였다. 내가 왕위에 오른 뒤로부터 더욱 유학을 숭상하여 지난 날의 보수 사업을 계속하고 당대에 보충하던 일을 계승하여 왔으므로, 심은사(沈隱士)의 2만여 권은 인대(麟臺)에 필사되어 있고 장사공(張司空)의

30수레 서책은 호관(虎觀)에 보관되어 있다. 그리고 다시 4부 서적을 수집하여 양경 (兩京)의 장서를 풍부히 하려고 한다. 그리하여 학생들은 시장에 나가서 책을 살 필요가 없고 강단에서는 경서를 가지고 강의를 할 것이다. 해당 관리들에게 명하여 서경(西京)에 수서원(修書院)을 설치하여 여러 학생들로 하여금 역사 서적들을 발췌 필사하여 보관하도록 하라!"[153)

성종의 교서를 통해 고려시대 초기에 우리 역사서를 정비하려고 역대에 걸쳐 꾸준히 노력했고 상당한 성과를 거두고 있었던 사실을 알 수 있다. 또 당시 개경에 책을 파는 전문 서점이 있어 학생들이 널리 이용했고, 국가의 장서관에 없는 책들을 시중의 서점에서 쉽게 구할 수 있었다는 사실은 대단히 의미있게 되새겨 봐야 할 내용이다.

고려는 송나라로부터 서적을 많이 수입해 들여왔다. 사신으로 간 관리와 수행원뿐 아니라 승려·여행객·상인 등 누구나 송나라에 가면 책을 사오는 게 유행이었다. 물론 서적 수입은 당시 고려사회의 심도 있는 학문연구와 불경 간행 그리고 독서 열풍을 반영하고 있다 하겠다.[154)

고려인의 싹쓸이 도서 구매는 송에서도 사회문제화 되고 큰 화제 거리가 되었다.[155) 심지어 고려인의 싹쓸이 구매로 시중의 책값이 천정부지로 뛰어 오른다며 송나라 정부의 실력자가 이를 문제 삼아 고려와의 국교단절을 주장할 정도였다. 단교를 직접 주장한 대표적 인물은 송대(宋代) 최고의 시인이며 당송팔대가(唐宋八大家)의 한 사람인 소동파(蘇東坡), 즉 소식(蘇軾, 1037~1101)이었다.

1089년(송 철종(哲宗) 8) 소식은 고려와 외교관계를 끊자고 주장하는 상소를 철종에게 세 번이나 올렸다.[156) 그가 편 반고려론(反高麗論)은 첫째, 고려 사신의 접대와 답례품 장만에 드는 비용이 과다하다. 둘째, 요나라와 대치하는 상황에서 송의 기밀이 고려를 거쳐 요에 전해질 우려가 있다. 셋째, 고려인들이 중국에 와서 시중의 서적을 많이 구입해 감으로써 책값이 오르는 폐단이 심하

---

153) 『고려사』 권3, 세가, 성종 9년 12월조.
154) 이시찬, 「송원시기 고려의 서적 수입과 그 역사적 의미」, 『동방한문학』 39, 2009, p.326.
155) 『고려사』 권95, 열전 제8, 정문 조. "사신 가서 …… 남은 돈으로 모두 서적을 구입하여 귀국하니 송나라 사람들이 이를 많다고 했다."(奉使入宋 所賜金帛 分與從者 餘悉買書籍以歸 宋人多之).
156) 신채식, 「소식(동파)의 고려관」, 『중국학보』 27호, 한국중국학회, 1987, pp.29~33.

다 등이었다.[157)

소식의 반고려론은 북송 때 벌어진 신법당(新法堂)과 구법당(舊法堂)간의 극심한 정쟁의 산물이었다.[158) 소식은 왕안석의 신법당에 반대하여 지방관으로 좌천당했고 호북성(湖北省)으로 귀양까지 갔었다. 그 뒤 철종이 즉위하여 구법당이 정권을 잡자 예부상서 등 요직을 역임했다. 소식이 가담한 구법당은 신법당이 의욕적으로 펼친 대외무역 진흥정책을 폐지 또는 축소시키려고 획책했다. 따라서 송과 가장 긴밀한 교역 상대국인 고려와의 무역 단절을 주창하는 논거가 필요했는데, 소식의 반고려론 상소는 무역 단절의 필요성을 입증하고 뒷받침하기 위해 작성된 것이었다.[159) 어떠한 정치적 배경이 있든 간에 소식이 서적 구매를 트집잡고 시비한 것은 대문인답지 않는 처사라고 하겠다.

당시 고려가 외국에서 수입한 서적 중 비중이 가장 높은 것은 불경이었다. 고려 · 송 · 요는 불경을 잘 만들기 위해서 서로 치열하게 경쟁했다.[160) 문종의 아들 대각국사(大覺國師) 의천(義天)은 선종 2년(1085년) 4월에 송에 유학갔다가 돌아올 때 불경과 경서 1천권을 가지고 와서 나라에 바쳤다. 그리고 흥왕사(興王寺)에 교장도감(敎藏都監)을 설치하고 요와 송에서 각종 불경 4천권을 구입해서 간행했다.[161) 이와 같이 더 좋은 불경을 만들겠다는 노력이 결실을 맺어, 고려는 1251년에 요와 송의 불경 간행을 완전히 압도하는 해인사의 8만대장경판을 완성한 것이다.[162)

고려가 중국으로부터 서적을 일방적으로 구입한 것만은 아니다. 중국도 고려의 서적을 많이 구해 갔다.[163) 959년(광종 10) 가을, 고려는 사신을 후주(後周)

---

157) 김상기, 「송대에 있어서 고려본의 유통에 대하여」, 『아세아연구』 8권, 2호, 고려대학교 아세아연구소, 1965, p.273. 고려인의 송 서적 싹쓸이 구입과 관련하여 오늘날 한국인이 외국에서 서적을 싹쓸이 쇼핑했다는 말은 들어본 적이 없음을 상기하면, 고려인의 지적 탐구는 놀라운 일이라고 생각한다.

158) 신채식, 앞의 논문, p.32.

159) 신채식, 「10~13세기 동아시아의 문화교류-해로를 통한 려 · 송의 문물교역을 중심으로-」, 『중국과 동아시아 세계』, 국학자료원, 1997, pp.99~102.

160) 김영미, 「11세기 후반~12세기 초 고려 · 요 외교관계와 불경교류」, 『역사와 현실』 43호, 2002, pp.47~77.

161) 『고려사』 권90, 열전3, 종실, 대각국사전. 의천은 흥왕사의 초대 주지였다.

162) 이수광, 『중국을 뒤흔든 우리 선조 이야기』, 일송북, 2004, pp.59~75.

163) 박문열, 「고려시대 대외국 서적교류교섭에 관한 연구」, 『국제문화연구』 12권, 청주대

에 보내 별서효경(別序孝經) 1권, 월왕효경신의(越王孝經新義) 8권, 황령효경(皇靈孝經) 1권, 효경자웅도(孝經雌雄圖) 3권을 선사했다.[164] 이 책들은 이름에서 보듯이 부모에 대한 효도와 왕에 대한 충절을 담고 있었을 것이다.

선종 8년(1091, 송 철종 6년) 6월, 고려 사신 이자의(李資義)가 송에서 귀국하여 선종에게 송 철종(哲宗)이 고려가 보유하고 있는 좋은 서적을 구하려 한다는 뜻을 전했다.

> "송나라 임금이 우리나라에 좋은 판본의 서적이 많다는 말을 듣고 관반(館伴, 접대담당 관원)에게 지시하여 요구되는 서적 목록을 써 주면서, '비록 권수가 부족 되는 일이 있더라도 꼭 베껴서 보내라'고 하였습니다."[165]

철종이 구하려 한 서적은 역사·지리·의학·음학·문학 등 다양한 분야를 망라한 것으로 무려 128종 5,200권에 달한다. 그 중 책이름만 보아도 대강 내용을 짐작할 수 있는 10종을 간추려 보면 다음과 같다.[166]

- 동관한기(東觀漢記) 1백27권(후한 명제(明帝)때 편찬에 착수하여 동 영제(靈帝)때 완성하였다는 한나라 사기)
- 괄지지(括地志) 5백권(당나라 때 소덕언(蘇德言), 고윤(顧胤)등이 공저(共著)한 지리 서적)
- 원백창화시(元白唱和詩) 1권(당대 시인이었던 원진(元稹), 백거이(白居易)가 서로 화답한 시첩)
- 황제침경(黃帝鍼經) 9권(의서류)
- 제갈량집(諸葛亮集) 24권
- 고금악록(古今樂錄) 13권(남북조시대의 진(陳)나라 승려 지장(智匠)의 편저)
- 고려풍속기(高麗風俗起) 1권
- 고려지(高麗志) 7권
- 풍속통의(風俗通義) 30권
- 병서접요(兵書接要) 7권(중국 위무제(魏武帝)의 편저)

국제개발연구원, 1995, pp.119~138.
164) 『고려사』 권2, 세가, 광종 10년 가을.
165) 『고려사』 권10, 세가, 선종 8년 6월 병오.
166) 『북역 고려사』 제1책, pp.468~474에서 발췌함.

철종이 희망한 서적을 모두 보내주었는지는 알 수 없다. 려·송 간의 외교
관계상 아마도 부족하거나 여분이 없는 것은 필사본을 제작해서라도 요청한 바
대로 보내 주었을 것이다. 그런데 소식의 반고려론과 관련하여 반드시 짚고 넘
어가야 할 사실은 철종이 고려에 서적을 요청한 때가 1091년으로 소식이 반고
려론을 주창하기 2년 전의 일이란 점이다. 따라서 고려인의 서적 싹쓸이 구매
가 큰 문제라는 소식의 주장은 송이 고려 서적을 많이 수입한 사실을 외면한
반대를 위한 무리한 반대라는 것을 명백히 알 수 있다.

숙종 원년(1096년) 7월, 숙종은 친히 문덕전(文德殿)에 나가 역대로 비장(秘
藏)되어 내려오는 서적을 열람하고, 부수와 질이 완전한 것을 골라 문덕전·장
령전(長齡殿)·어서방(御書房)·비서각(秘書閣) 등 4곳에 보관토록 했다. 그리고
나머지는 대신, 사환(史翰), 내시 등과 문신들에게 차등 있게 나누어 주었다.[167]
숙종의 예를 보아 고려가 보물처럼 아끼며 보관해온 장서가 결손 없이 완전한
것으로 최소한 각각 4부 이상이었던 사실을 확인할 수 있다. 이렇듯 고려왕조
는 역대에 걸쳐 정성을 쏟아 장서를 관리했다.

고려의 출판문화는 매우 높은 수준에 도달해 있었고 고려 정부는 서적의
간행과 정비를 위해 노력을 많이 기울였다. 국가에서 서적을 간행할 때는 출판
기획과 판각업무를 중앙과 지방이 연계하여 추진하였다.[168] 또 출판인적 자원
과 시설이 최고 수준이었고, 목판의 필사와 판각을 새기는 각수의 기술도 최고
였다.

하지만 고려의 빼어난 출판물과 중국에서조차 구하려 했던 귀중한 서적들
은 유실되고 거의 전해지지 않고 있다. 1,307년(충렬왕 33)『고려왕조실록(高麗王
祖實錄)』185책이 원에 보내졌는데, 만약 이 실록이 어디선가 발견되어 오늘날
볼 수 있다면 고려의 역사를 다시 써야 할 것이다.[169] 또 신라·백제·고구려
왕조의 역사 기록들이 오늘날까지 전승되어 왔다면 우리나라는 분명히 더 훌륭

---

167)『고려사』권11, 세가, 숙종 원년 7월 경인.
168) 최연주, 「고려후기 경상도 지방의 서적 간행 체계와 운영형태」,『석당논총』45, 동아대
    석당학술원, 2009, pp.104~107.
169)『고려사』권32, 세가, 충렬왕 33년 11월 병술. 전왕(충선왕)의 명령으로 직사관(直史館)
    윤기(尹頎)로 하여금 고려실록 185책을 원나라에 보냈다. 당시 사람들이 '조종의 실록
    을 다른 나라로 반출하는 것은 부당한 일이다'라고 공론했다. 이 때 보낸 실록은 보관
    하고 있던 실록 몇 부 중 한 부였을 것이다.

한 모습으로 발전해 왔을 것이다.

4. 고려의 축제와 상업문화

축제(祝祭)는 상업의 발달과 관련이 깊고 상업문화에 큰 영향을 미친다. 축제는 소비수요를 특별히 불러일으키고 그로 말미암아 생산을 촉진시켜 준다. 축제는 그 동기와 목적을 초월해서 사람과 물자가 소용되는데, 이 때 상인은 거래를 통해 이를 해결해주고 이득을 얻는다. 따라서 축제가 크면 클수록 더 많은 사람이 동원되고 물자가 소비되므로 상인에게는 한몫 잡는 대목이 된다. 축제에 소용되는 먹을 것과 입을 것, 무대장치와 소품 등 갖가지 준비물은 주최 측에서 직접 조달하기 보다 상인에게 돈을 주고 준비시키는 경우가 많아, 축제의 규모가 크고 절차가 복잡할수록 상인들에게 돌아가는 이익이 많아진다.

축제는 사람들을 불러 모이게 하고 이들은 상인이 노리는 표적이 된다. 축제 행사에 동원된 참여자나 구경꾼이나, 모두 조금씩은 주머니의 돈 지갑을 열고 다니는 바람난 소비자로 변한다. 축제기간 동안 사람들은 어느 정도 들뜨고 이번 기회가 아니면 안 된다는 생각에 너도나도 반쯤은 소비의 바람에 물들게 된다. 그러므로 축제는 거대한 소비를 낳으며 경제를 한바탕 돌아가게 하는 것이다. 특히 정기적인 축제는 적정한 때에 맞춰 사람들의 신명을 발산시킴으로써 사회를 건강하게 만들뿐 아니라, 소비와 생산시스템을 지속적으로 작동시켜 경제발전에 기여한다. 그리고 축제 의례를 통한 품격과 세련됨의 추구는 사회성을 향상시키고 심미감을 일깨우는 동시에 생산과 유통의 질을 제고한다. 따라서 축제가 없다면 경제와 상업은 그만큼 위축되는 것이다.

축제의 전형적인 의미는 축하하여 제사를 드린다는 뜻이다. 즉 축제는 축(祝)과 제(祭)가 놀이와 함께 하는 포괄적인 문화현상이다.[170] 또 축제는 경축하여 벌이는 큰 잔치나 행사로서 향연(饗宴)·연회(宴會)·대동놀이 등 각종 집회나 대회 등을 일컫기도 한다.

우리 민족만큼 축제를 즐기는 민족도 드물다. 고대의 대표적인 축제로 추수를 감사하는 부여의 영고(迎鼓, 12월), 고구려의 동맹(東盟, 10월), 동예의 무

---

170) 이정택,「진정한 '우리축제'를 되살리자」,『인물과 사상』53호, 인물과 사상사, 2002, p.191.

천(舞天, 10월), 삼한의 시월제(十月祭, 10월) 등이 있었다. 또 삼한에는 씨를 뿌리고 나서 풍년을 기원하는 기풍제(祈豊祭, 5월)가 따로 열렸다.[171] 이들 축제는 신에게 제사지내는 제천(祭天) 의례로서 춤과 놀이 그리고 술이 있었고, 음주가무의 난장판 놀이를 통해 신과 인간이 하나가 되었다.

영고·동맹·무천 등 고대의 제천 의례는 신라시대에는 추석 때 지내는 가배(嘉俳)로,[172] 고려시대에는 연등회와 팔관회 등으로 그 흔적을 남기며 국가적인 축제로 계승되어 갔다.

고려는 축제의 나라였다. 태조 왕건이 나라를 세운 이래로 거의 매년 개최된 연등회(燃燈會)와 팔관회(八關會)가 대표적인 축제였다. 하지만 조선왕조에서는 유교 이념에 경색되어 축제의 놀이를 '놀이=나태', '놀이=게으름'으로 규정하므로써 축제는 위축될 수밖에 없었다. 국가 축제였던 연등회와 팔관회는 폐지되고 왕실 잔치인 진연(進宴)·진찬(進饌)·진작(進爵) 그리고 귀신을 좇는 나례(儺禮)의식 등에 그 형식만 남게 되었다. 그리고 향토 축제인 동제(洞祭)·별신제(別神祭)가 민중 축제로서 그 명맥을 겨우 유지하며 전승되었다.[173]

가. 연등회·팔관회와 상업

태조 왕건은 즉위한 지 불과 5개월 뒤 918년 11월에 팔관회를 성대히 거행

---

171) 이기백, 앞의 책, p.57.

172) 『삼국사기』 권1, 유리이사금 9년조. 오늘날 추석 한가위의 가위는 가배에서 전래된 것이다.

173) 이상일, 「축제문화의 정립과 그 복권」, 『전통문화와 서양문화(Ⅱ)-그 충격과 수용의 측면에서』, 성균관대학교 출판부, 1987, pp.198~208. 우리나라의 동제와 별신제 등 향토축제는 일제의 민족문화 말살책에 의해 미신 행위로 취급되고 탄압받아 그 명맥을 잃어갔다. 또한 일부 기독교 측에서 미신 추방이라는 미명아래 이에 가세함으로써 향토축제의 쇠락은 더욱 빨랐고 박정희 정권 시절 새마을 운동도 마을 축제를 약화시키는 쪽으로 작용했다.(이정택, 앞의 글, p.194) 동제와 별신굿 등 마을 축제는 이제 거의 사라졌다. 다만 세시행사(歲時行事)로서 영산의 쇠머리대기, 안동의 차전(車戰)놀이, 광산의 고싸움놀이 등 일부 민속놀이와 가족 단위의 축일(祝日)로 변화된 설날과 추석만 남은 셈이다.(최준식, 『한국인에게 문화는 있는가』, 사계절, 1999, pp.85~90). 지방자치시대를 맞아 향토축제라는 이름아래 전국적으로 연간 1,000개가 넘는 민속 축제들이 개최되고 있다. 앞으로 공동체 의식을 부활시키고 신명을 불러일으키는 진정한 축제문화의 발전이 필요하다.(고원규, 「전통축제에 대한 이론적 연구」, 『관광·레저연구』 7호, 관광레저학회, 1995, p.9. 장은영, 「고려 팔관회의 관광축제 특성」, 『관광학연구』 28-2, 한국관광학회, 2004, pp.233~251).

했다.[174] 그리고 재위 26년 동안 매년 개최했다. 또 후손들이 연등회와 팔관회를 계속 지켜나갈 것을 특별히 당부했다. 태조의 연등회와 팔관회에 대한 특별한 당부는 훈요 10조(訓要十條)에 담겨 있다.

> "짐이 지극히 바라는 바는 연등과 팔관에 있다. 연등은 부처를 섬기기 위한 것이고 팔관은 천령(天靈, 하느님) 및 5악(五岳)·명산(名山)·대천(大川)·용신(龍神)을 섬기기 위한 것이다. 후세의 간신이 이것을 없애거나 줄이자고 건의하는 자가 있으면 금지할 것이요, 나 또한 마땅히 처음 맹서한 마음으로 할 것이다. 오늘날 나라에 흉한 일이 끊이지 아니하나 임금과 신하는 마땅히 공경을 다하여 이를 행할 것이다."[175]

연등회와 팔관회는 이후 거의 매년 거행되다가 6대왕 성종이 즉위한 981년에 폐지되었다. 성종(成宗)은 팔관회를 폐지하고, 다만 법왕사(法王寺) 등에 가서 향불을 피운 뒤, 궁성의 구정(毬庭)으로 돌아와 문무관의 조하(朝賀)만 받았다.[176] 팔관회 폐지 이유는 무대장치와 춤과 놀이 등이 불경(不敬)할 뿐 아니라 번거롭고 요란스럽다는 것이었다. 특히 최승로(崔承老)는 팔관회 폐지를 주장하며 팔관회 준비 과정에서 강제 동원된 사람들의 노역이 과중하고, 여러 가지 가장(假裝) 꼭두각시 인형을 만드는 비용이 많이 들며, 중국 사신들도 좋아하지 않는다는 이유를 들었다.[177]

성종이 폐지한 연등회와 팔관회는 24년이 지난 1010년(현종 원년) 11월에 다시 복원되어 이후 고려가 멸망할 때까지 계속 열렸다.[178] 연등회는 불사(佛事)에 대한 잔치이고 팔관회는 토속신에 지내는 제사로 그 대상은 달랐지만 행사 내용은 유사했다. 등불을 밝히고 술, 떡, 과일을 마련하며 채붕(綵棚) 무대를 설치하여 음악과 가무백희(歌舞百戲)로 부처와 천지신명을 즐겁게 하려는 제전(祭典)이었다.[179]

---

174) 『고려사』 권1, 세가, 태조 원년 11월조.
175) 『고려사』 권2, 세가, 태조 26년 4월조, 『고려사』에는 태조 왕건이 연등회를 매년 개최했다는 구체적인 기록은 없지만 훈요 10조를 통해 즉위한 이래 연등회를 매년 개최한 것으로 추측된다.
176) 『고려사』 권3, 세가, 성종 즉위년 11월조.
177) 『고려사』 권93, 열전6, 최승로전. 시무(時務) 28조 중 13조에 실려 있다.
178) 『고려사』 권4, 세가, 현종원년, 11월 경인. 현종은 연등회와 팔관회를 다시 열게 했다. 당시 현종은 나이가 20세로 이 조치에는 현종의 의지가 크게 작용했을 것으로 여겨진다.
179) 이상일, 앞의 논문, p.206.

오늘날 연등회와 팔관회를 일반 백성들이 참여한 국가적인 축제로 인정하지 않고 왕·귀족·관료 등 지배계층의 단합을 도모하기 위한 단순한 연회로 보기도 한다. 하지만 국가적인 축제냐 아니냐의 여부는 상업과 관련하여 대단히 중요한 의미를 가진다. 국가적 축제일 경우 그로 인한 경제의 파급효과도 크고 상업문화의 형성에 지대한 영향을 미쳤을 것이지만, 지배계층의 의례적인 연회일 경우 상업문화에 미치는 의의는 극히 미미할 것이기 때문이다.[180]

연등회는 중국의 상원 연등회(上元 燃燈會)가 신라에 불교 행사로 전래되어 민간에서 시행되고 있다가 고려시대에 와서 국가적 행사로 법제화 되었다고 할 수 있다. 중국의 상원 연등회는 인도로부터 전래된 불교의 연등 공양의식이 중국의 세시 풍속으로 자리잡았는데, 정월 보름에 일년 농사의 시작을 알리는 개막 축제와 같은 것이었다. 상원 연등이 매년 상례화된 때는 당대(唐代)였고, 절기 풍속으로 행사 절차가 완성된 때는 송대(宋代)였다.[181]

송나라의 상원 연등회는 정월 보름을 전후하여 3일간 열렸다. 이 때 성문과 성안에는 등을 환하게 밝혔으며 통행금지가 해제되고 성문이 개방되었다. 그리고 이 기간 동안에 방시(坊市)가 열리고 임시 시장도 개설되었는데 상인들은 시장에 연등을 달고 갖가지 상품들과 진기한 물건들을 팔았다. 또 궁궐 앞 큰 길 가에서 가무백희(歌舞百戲)가 공연되면 운집한 사람들에게 잡화와 먹을거리를 팔았다.[182] 궁성에서는 궁궐 정문에 오색 비단으로 장식된 등불이 밝혀지고 임시로 가설된 무대에서 가무가 공연되었다. 왕은 신하들과 밤늦게까지 관등하면서 연회를 즐겼다.

---

180) 연등회에 관한 연구는 대부분 연등회가 국가 사회적으로 유능하게 기능했고 특히 호국 기능을 수행했다고 본다. (안지원, 「고려 연등회의 성립과 기원」, 『진단학보』 88호, 진단학회, 1999, pp.113~114). 한편 13세기 중엽 공민왕 때부터 열리기 시작한 4월 8일의 불탄일 연등회는 일반 백성들도 참여한 국가적 행사임을 인정하나, 태조 왕건의 유훈에 따라 1월~2월에 열리는 상원 연등회는 왕실 자체의 행사였다는 견해도 있다.(김종명, 「고려 연등회와 그 유산」, 『불교연구』 16호, 한국불교연구원, 1999, pp.45~95). 그 이유로 연등회는 3천여 명의 군사들이 왕을 호위할 정도로 삼엄한 경비망 속에서 진행된 연회였고, 왕의 봉은사 행차에는 850여 명이 호위하여 백성들의 접근을 막았다고 한다. 하지만 필자는 위장대는 단순한 호위가 아니라, 백성들에게 보이기 위한 성대한 잔치 의례로서의 의장대 행사로 보는 게 옳다고 생각한다.

181) 안지원, 앞의 논문, p.111.

182) 안지원, 앞의 논문, pp.102~104.

이렇듯 송나라의 상원 연등회는 상업문화가 녹아든 축제였다. 송나라의 상원 연등회 풍속은 사신과 상인, 유학승, 유학생 등에 의해 고려에 알려졌고, 특히 송 상인들에 의해 연등회에 따른 시장풍물과 시장경제의 효용 등이 구체적으로 전해졌을 것이다.

고려는 1010년(현종 원년) 정월, 상원 연등을 폐지하는 대신 2월 보름에 연등회를 부활토록 하고 이후 2월 보름 연등회를 상례화 하도록 했다.[183] 현종이 연등회를 2월로 바꿀 당시 우리나라는 왕궁과 수도 개경에서부터 향·읍에 이르기까지 정월 보름에 이틀 동안 연등하는 것이 풍속이었다.[184] 현종이 정월 보름의 상원 연등을 2월 보름으로 변경한 까닭은 무엇일까? 2월 보름이 석가의 열반일(涅槃日)이기 때문이라는 불교적 성격을 강조하는 견해가 있으나[185] 민간의 토속적인 절기풍속이 2월에 있고 농경이 사실상 이루어지는 달이 2월이므로 이를 포섭하려 한 것으로 보인다.[186]

고려시대 사람들은 밤에 등불을 밝히고 이를 감상하며 놀기를 매우 좋아했다. 문종 12년(1058) 2월 거란 사절로 온 왕종량(王宗亮)은 밤에 횃불을 켜놓은 금교역(金郊驛)에서 전송을 받았다. 그는 전송나온 동궁시독사(東宮侍讀事) 최상(崔尙)에게 밤에 하는 작별 행사가 부담스럽다면서 앞으로는 이른 아침에 떠나야겠다고 말했다. 그리고 자신이 그 동안 사신으로 세 차례 고려에 왔는데, 외국 사신 접대에 밤늦도록 술을 권한다는 전해들은 말과는 달리 접대 풍류와 예절이 중국과 똑같은 것에 탄복을 금할 수 없다고 토로했다. 다만 자신이 올 때마다 밤에 등불을 켜고 연회를 차려 손님을 접대하는 것이 중국과 다르다고 하면서 자기 나라에서는 손님을 접대할 때 아무리 어두워도 촛불 켜는 것이 금지되어 있다고 했다.[187] 밤에 등불을 켠 연회장에서 외국 사신을 접대하고, 작별하는 전송마저 횃불을 켜 놓고 하는 사례를 통해 연등을 즐기는 당시의 일상화된 풍속을 짐작할 수 있다.

183) 『고려사』 권4, 세가, 현종 원년 윤 2월 갑자.
184) 『고려사』 권69, 지23, 예11, 가례잡의, 상원 연등회의.
185) 안계현, 『한국불교사상사연구』, 동국대 출판부, 1983, p.238.
186) 안지원, 앞의 논문, pp.11~12.
187) 『고려사』 권8, 세가, 문종 12년 2월 무오. 최상은 문종에게 왕종량의 말을 전하면서 등불과 횃불은 백성의 고혈이고 지나치게 소비해서는 안 되므로 이제부터 연회는 낮에만 하고 전송 행사는 아침 조회 때를 이용하자고 건의했다. 문종은 이 건의를 받아 들였다.

1073년(문종27) 2월 연등회 때는 개경 시가에 이틀 밤 동안 용(龍)·봉(鳳) 따위의 모양을 한 교묘하며 사치스럽고 화려한 연등을 무려 3만개나 밝혔다. 궁성의 중광전(重光殿)과 각 정부기관에 채단으로 장식한 다락을 세워 등불로 산을 만들고 풍악을 울렸다. 문종은 첫날에는 봉은사에 가서 연등회를 열었고, 이튿날에는 궁궐의 정전에서 연등을 구경하며 밤늦게까지 연회를 즐겼다.[188]

일반 백성들도 연등회 기간 동안 음주가무를 즐겼다. 연등회 때의 음주 풍속은 홍덕위(洪德威)의 예를 통해 짐작할 수 있다. 1047년(문종 원년) 8월, 문종이 홍덕위를 감찰어사로 임명하자 어사대에서 이를 철회하고, 오히려 파면시킬 것을 건의했다. 그 이유는 홍덕위가 정종(靖宗)의 국복(國服)을 마치지 않은 연등날 저녁에 친구들과 함께 술을 마시고 풍악을 울리며 제 마음껏 놀고 신하의 도리를 전혀 생각하지 않았으니, 남의 허물을 지적하고 공직기강을 바로잡는 사헌부의 감찰어사 관직은 적임이 아니라는 것이었다. 연등회 날에 술 마시고 풍악을 울리며 논 것이 문제가 아니고, 정종의 국상 기간 중에 근신하지 않았다는 것이다. 문종은 결국 이 건의를 받아들이고 홍덕위를 파면시켰다.[189]

한편 17대왕 인종(仁宗) 원년(1123)에 고려에 다녀간 서긍(徐兢)은 '일반 사람들이 부처를 좋아하여 2월 보름에는 모든 불사(佛寺)에서 촛불을 켜는데 극히 화려하고 사치스럽다. 왕과 비빈들이 모두 함께 가서 구경한다. 도로가 사람들로 메워지고 혼잡하다'라고 『고려도경』에 기록했다.[190]

2월 연등회는 강화도에 천도해 있은 대몽항쟁기 동안에도 강화도에서 계속 개최되었다.[191] 다시 개경으로 환도한 뒤 의례규범을 완전히 갖춘 첫 연등회는 충렬왕 2년(1276) 2월에 열렸다. 충렬왕은 연등회 첫 날에 850명의 위장대(衛丈隊)의 호위를 받으며 봉은사로 갔다. 왕의 행차를 보려고 백성들이 거리에 쏟아져 나와 서로 축하하며 '어찌 오늘 태평성대의 옛 의례를 다시 볼 줄 알았으랴?'며 감격했다.[192] 왕의 봉은사 행차 그 자체가 성대한 의례로 백성들이 몰려

---

188) 『고려사』 권9, 세가, 문종 27년 2월 정유, 무술.
189) 『고려사』 권7, 세가, 문종 원년 8월 무신.
190) 『선화봉사 고려도경』 권17, 사우(祠宇).
191) 강화도 천도시절인 1245년(고종32)에 집권자 최이(崔怡, 최우)가 강화도에서 2월 연등회와 별도로 4월 8일 불탄일 연등회를 특별히 열었다.(『고려사』 권129, 열전42, 최충헌부 최이)
192) 『고려사』 권28, 세가, 충렬왕 2년 2월 기유.

나와 구경한 볼거리였다. 봉은사 행차의 위장(衛丈) 의례는 의종(毅宗) 때에 정해졌다. 100명의 취주 악단이 앞서고 위장대가 뒤따랐는데, 위장대의 복색·위장물·배열 등에 대한 세세한 규정을 보면, 이는 장엄하고 화려한 축하 퍼레이드임을 곧 알 수 있다.[193]

고려시대 연등회는 일반 백성들의 정서에 뿌리를 둔 국가적 의례이며 축제로 이틀 간의 축제 연휴동안 특별 시장이 열리고 공연과 오락 행사가 시가 곳곳에서 벌어졌다. 이러한 각종 축제행사는 소비와 생산을 촉진시키고 상업에 활력을 불어넣어 주었다.

팔관회(八關會)는 개경에서는 11월, 서경에서는 10월에 열렸다. 1개월의 시차를 두고 서경에서 먼저 개최된 것은 양 지역 간에 시절의 차이가 있었고 왕이 서경 팔관회에 행차하기 때문이었다.

팔관회의 성격에 대해 불교적이라는 견해, 토속 종교적이라는 견해, 불교와 토속 종교가 습합(褶合)된 혼합체라는 견해들이 제시되고 있다.[194] 이에 대해 태조가 훈요 10조에서 '연등은 부처를 섬기는 것이고 팔관은 하느님과 5악·명산·대천·용신을 섬기는 것이다'라고 명확히 규정한 것을 유의하면 팔관회는 우리나라 고유의 토속 신앙에 기반을 둔 축제임이 분명하다 하겠다. 다만 팔관회라는 명칭과 왕이 팔관회 첫날 법왕사 또는 흥국사에 가서 분향한 사실을 보아 고려 이전의 신라시대에는 불교적 요소가 혼합되었던 것으로 보인다. 신라시대에는 팔관회가 무속 신앙과 불교가 습합된 국가 제전이었는데,[195] 태조가 이를 분리하여 불교적인 의례는 봄의 농경제의와 결합시켜 연등회로 하고, 팔관회는 토착 무교적 의례의 축제행사로 한 것이다.[196]

193) 『고려사』 권72, 지26, 여복(輿服), 의위(儀衛).
194) 도광순, 「팔관회와 풍류도」, 『한국학보』 21호, 일지사, 1995, pp.139~140.
195) 박진태, 「팔관회, 가상회, 도이장가의 관련양상」, 『국어국문학』 128호, 국어국문학회, 2001, p.139. 신라시대 팔관회는 신라 제24대 진흥왕 12년(551)에 거칠부(居柒夫)를 따라 신라에 귀화한 고구려 승려 혜량법사(惠亮法師)가 창설한 것으로 전해진다.(『삼국사기』 권44, 열전4, 거칠부조). 팔관회는 팔관재(八關齋)라고도 하는데 이는 재가 신도들이 8가지 계율, ① 살생하지 말고 ② 도적질하지 말고 ③ 간음하지 말고 ④ 헛된 일하지 말고 ⑤ 음주하지 말고 ⑥ 넓고 높은 자리를 독차지하지 말고 ⑦ 사치하지 말고 ⑧ 때아닌 때에 먹지 않는다 등을 하루 밤낮 동안 지키는 금욕적인 의식이다.(유동식, 『한국무교의 역사와 구조』, 연세대학교 출판부, 1978, p.133)
196) 이은봉, 「고려시대 불교와 토착신앙의 접촉관계-연등회, 팔관회의 종교의례기능을 중

    팔관회의 상업문화적 기능 및 역할과 관련하여 중요한 것은 일반 백성들의 참여 여부이다. 가령 민중의 참여가 배제되었다면 팔관회는 왕과 관리 등 지배층을 단합시키고 왕의 권위를 세우기 위한 의도된 행사일 뿐 민중의 축제일 수 없다.[197] 그러나 팔관회의 의식이 극히 성대했고[198] 행사 경비 마련을 위해 11명의 관원을 두고 팔관보(八關寶)를 운영했으니,[199] 만약 백성들의 절대적인 지지와 참여가 없다면 수백 년 동안 팔관보를 통한 경비조달이 어려웠을 것이다.

    특히 상업과 관련하여 팔관회가 중시되는 이유는 팔관회의 공식 행사에 상인이 출연했기 때문이다. 근대 이전의 우리나라 역사에서 상인이 국가의 최고 의전 행사에 참여하여 중요한 역할을 한 예의 기록은 찾아보기 힘들다. 따라서 팔관회의 상인 참여는 상업문화의 측면에서 그 의의는 대단하다.

    팔관회는 11월 14일에는 소회(小會)를, 15일에는 본 행사인 대회(大會)를 열었다. 첫째날 소회는 왕이 3,276명의 대규모 의장대의 호위를 받으며 태조 왕건의 영정이 봉안된 봉은사로 행차했다. 이는 850명의 연등회 행차보다 규모가 훨씬 큰 굉장한 볼거리였다. 둘째 날 대회는 왕이 의봉루(儀鳳樓)에 오르면서 시작되었다. 왕이 의봉루에 올라 의자에 앉으면 태자 이하 신하들이 모두 일어나 왕에게 경축하고 축배를 올렸다. 뒤이어 송상과 여진·탐라·일본의 사신들이 예물을 진상하고 산호만세(山呼萬歲)를 부르며 축하를 바쳤다. 이 때 이들이 바친 예물과 여러 지방에서 진상한 공물을 실은 수레가 동편 인덕문(仁德門)으로 들어와 구정(毬庭) 마당을 지나서 서편 의창문(義昌門)으로 나갔다. 이후 왕과 신하들은 차를 마시며 식사를 하고 구정에 설치된 무대에서 연출되는 풍악

심으로-」,『종교연구』 6호, 한국종교학회, 1990, p.36.

197) 팔관회가 그 해 농사를 추수한 후 왕과 귀족들이 서로 어울려서 한바탕 놀고 많이 먹고 나누어 가짐으로 해서 지배층 내부의 긴장을 완화하고 불만을 해소시키는 행사이며 일반 민중들은 참여하지 않았다는 견해가 있다(김혜숙, 「고려팔관회의 내용과 기능」, 『역사민속학』 9호, 한국역사민속협회, 1999, p.52). 필자는 팔관회는 한국 고유신앙을 배경으로 한 민족적 대제전으로서 민중의 참여는 필연적이었고 민중이 함께 즐긴 축제로 보는 게 적합하다고 생각한다.

198)『선화봉사고려도경』 권17, 사우조.

199) 팔관보에는 4품 이상의 사(使) 1명, 부사로 5품 이상의 관원 2명, 판관(判官) 4명 등 총 11명의 관원을 두었다.(『고려사』 권77, 백관2, 제사도감(諸司都監), 팔관보조) 연등회에는 연등도감(燃燈都監)을 두어 행사를 준비했다.

을 감상했다.[200]

송상(宋商)이 예물바치는 예식은, 송상의 우두머리 강수(綱首)가 집례관의 인도를 받아 왕에게 예물을 올리고 두 번 절하며 산호만세를 불렀다. 예식이 끝나고 지정된 좌석으로 물러날 때,.또 두 번 절하고 산호만세를 불렀다. 여진·탐라·일본 사신들도 마찬가지였다.[201]

송상과 동·서 여진 및 일본·탐라국의 사신들이 왕에게 예물과 축하를 드리고 산호만세를 부르게 한 것은 팔관회의 의례격식을 황제의 의례격식으로 치루어 고려의 위상을 높이고, 이를 통해 백성들의 지지와 성원을 결집시키는 정치적 의의가 있었다.

한편 송상의 팔관회 출연은 상인에 대한 고려사회의 일반적인 인식 수준을 가늠하게 해주는 증거 사례라 할 수 있다. 송상은 준외교관 처우를 받았다고 해도 신분은 상인에 불과하다. 따라서 상인이 사농공상의 신분질서에 구속되어 천시되고 멸시받던 시대라면 아무리 송상이라 한들 상인에 대한 사회적 통념을 깨고 국가의 최고 의례에 참여할 수 있었을까? 상인이 국가의 최고 의례인 팔관회에 참가하여 산호만세를 부르며 의례를 행한다는 사실은 고려사회에서 최소한 상인에 대한 부정적인 인식은 공고하지 않았고, 오히려 사회적 위상이 상당했다는 것을 반영해 준다고 할 수 있다.

팔관회에 출연한 송상의 복색과 행동거지 그리고 산호만세를 부를 때의 서투른 고려 말과 몸짓 등은 재미있는 볼거리였고 관중들로부터 인기를 끌었던 모양이다. 때문에 당시 송상의 예물 바치는 형상을 흉내 내는 놀이가 유행했다. 의종 19년(1165) 4월, 좌우번(左右番) 내시(內侍)들이 왕에게 선물을 바쳤는데, 우번 내시들이 햇빛 가리개 일산(日傘)과 말을 선물로 바치면서 채붕(綵棚)을 세우고 송상들이 공납하는 형상을 꾸며 그 흉내를 내면서 바쳤다.[202] 즉 궁궐에서 관리들이 팔관회에 참석한 송상처럼 꾸미고 흉내를 내면서 놀 정도였으니 일반 백성들 사이에서도 송상처럼 꾸미고 흉내 내며 노는 놀이가 분명히 유행했을 것으로 추측된다.

---

200) 『고려사』 권69, 지23, 예11, 가례잡의, 중동 팔관회의.
201) 『고려사』 권69, 지23, 예11, 가례잡의, 중동 팔관회의.
202) 『고려사』 권18, 세가, 의종 19년 4월 갑신.

의봉루 앞 구정(毬庭)에는 중앙에 윤등(輪燈) 하나를 높이 달고 그 사방에 향등(香燈)을 달았다. 그리고 매우 호화롭고 화려하게 꾸민 채붕 2개를 각각 약 15m 높이로 설치했다.[203]

2개의 채붕 무대에 사선악부(四仙樂部)가 출연했고[204] 교방제자(敎坊弟子)들이 노래를 부르고 춤을 추었다. 그리고 공놀리기·장대타기·줄타기와 칼물기·불토하기·재주넘기 따위의 땅재주가 펼쳐졌고, 택견·수벽 등 기예와 탈춤·꼭두각시 따위의 가무백희가 벌어졌다. 또 뜰에는 김락(金樂)과 신숭겸(申崇謙) 등 개국공신들의 꼭두각시 인형과 용·봉·코끼리와 말·수레·배 등의 가장행렬이 등장했다.[205] 사선악부와 가장행렬은 구정 공연이 끝난 뒤 시가행진을 벌렸다.

팔관회가 열린 구정은 정전(正殿)인 회경전(會慶殿)의 정문 신봉문과 궁성의 정문 승평문(昇平門) 안에 있었다.[206] 그러니까 구정은 북쪽 신봉문과 남쪽 승평문·동쪽 인덕문과 서쪽 의창문 안에 있는 넓은 뜰이다. 이들 문 사이에는 성벽과 함께 행랑이 조성되어 있었다. 정종 6년(1040) 2월, 승평문의 행랑채 수백간에 화재가 일어나서 어사대 청사까지 불타버렸다.[207] 문종 13년(1059) 9월, 구정의 낭하(廊下)에서 개경의 평민 연로자와 병자·효자·의부(義夫)·절부(節婦) 등 1,280명에게 주연을 베풀었다.[208] 이를 보아 구정 둘레에 행랑이 건립되어 있었음을 알 수 있다.

---

203) 『고려사』 권69, 지23, 예11, 가례잡의, 중동팔관회의, 태조조.
204) 사선악부는 사선이 거느린 악대(樂隊)를 뜻한다. 사선(四仙)은 신라의 화랑 중 가장 문도를 많이 거느렸던 영랑(永郎)·술랑(述郎)·남랑(南郎)·안상(安祥)을 가리키는데, 양가의 자제 4명을 뽑아 선랑(仙郎)이라 하고 화랑으로 분장시켰으며 이들 선랑을 중심으로 악대를 이루게 했다.(박진태, 앞의 글, p.144). 이 때 선랑으로 뽑힌 자는 축하 표문을 지어 올렸다.(『동문선』 권31, 표전, 팔관회 선량 하표)
205) 김락·신숭겸은 왕건과 견훤이 싸운 팔공산 전투에서 전사한 개국 공신이다. 예종은 즉위 15년(1120) 10월에 서경에서 팔관회를 개최했는데 이 자리에서 김락·신숭겸의 꼭두각시 우상(偶像)을 보고 감개한 나머지 시를 지었다.(『고려사』 권14, 세가, 예종 15년 10월조). 사람의 마음을 사로 잡고 흔들 정도로 인형을 잘 만들었던 것이다.
206) 김창현, 「고려시대 궁성안 건물의 배치와 의미」, 『한국사연구』 117호, 한국사학회, 2002, pp.113~114. 신봉문에는 신봉루(神鳳樓)가 있었는데 신봉루는 인종 16년(1138)에 의봉루(義鳳樓)로 이름을 바꾸었다.
207) 『고려사』 권6, 세가, 정종 6년 2월 임자.
208) 『고려사』 권8, 세가, 문종 13년 8월 계유.

고려시대에는 대궐 뜰에서 남녀 노인, 의부 및 절부, 효자·홀아비·과부
와 고아·중환자 등을 위무하기 위해 왕이 친히 잔치를 자주 베풀었고,[209] 수
만 명의 승려들에게 음식 공양을 하기도 했다.[210] 이 때 대궐 뜰과 편전에서
음식 대접하는 광경을 일반 백성들이 구경하도록 했다. 구경꾼들 중에는 감격
하여 우는 자도 많았다.[211] 고려시대는 궁궐을 일반 백성들에게 자주 개방했던
것이다.

1313년(충숙왕 즉위년) 11월 팔관회 이튿날 고관대작들을 위한 큰 연회가 개
최되었다. 이 때 고관대작을 수행한 종들 간에 싸움이 크게 벌어졌고 서로 던
진 돌이 왕이 있는 누각에까지 날아들었다. 이것은 팔관회 연회가 삼엄한 호위
속에서 개최되지 않았음을 분명히 알게 해준다.[212] 따라서 구정에서 벌어진 팔
관회 공연은 백성들도 비록 공신의 자손, 전직 관료, 유공자 및 연로자 등으로
제한이 있었겠지만, 초청을 받아 구경했을 것으로 보인다.

성종(成宗)이 유학을 신봉하여 팔관회와 연등회의 부정적인 면을 강조하고
이를 폐지한 것에 대해 직접적인 불만은 곧장 나타나지 않았다. 하지만 993년
거란의 소손녕(蕭遜寧)이 80만 대군을 이끌고 쳐들어 왔을 때, 서경 이북의 땅
을 떼어주고 전쟁을 피하자는 주화론자들의 주장에 성종이 동조하자, 드디어
불만이 터져 나왔다. 대표적인 주전론자 서희(徐熙)는 '한번 싸워보고 화의해도
늦지 않다'라고 싸울 의지를 굽히지 않았고, 또 이지백(李知白)은 '국토를 경솔
히 거란에 할양하는 것보다는 차라리 선대로부터 내려오는 연등·팔관·선랑
(仙郞) 등 행사를 다시금 거행하고, 타국의 색다른 풍습을 본받지 말며 그리하
여 국가를 보전하고 태평을 이루는 것이 옳지 않느냐'[213]라는 상소를 올렸다.
나라가 위급할 때 터져 나온 이들의 주장은 연등회와 팔관회가 선대로부터 내
려오는 고유의 의례이며 당시 온 백성의 마음을 사로잡는 전통축제로 자리 매
김하고 있었던 정황을 확인시켜 주고 있다.

한편 인종 20년(1142) 2월 연등회 때, 인종의 생일을 축하하러온 금나라 사

---

209) 『고려사』 권12, 세가, 예종 원년 9월 경자.
210) 『고려사』 권12, 세가, 예종 원년 9월 계축. 승려 3만명에게 음식대접을 했다.
211) 『고려사』 권13, 세가, 예종 6년 3월 계미.
212) 『고려사』 권34, 세가, 충숙왕 즉위년 11월 경자.
213) 『고려사』 권94, 열전7, 서희전.

신이 연등회에 참석하여 음악을 감상하게 해달라고 관반(館伴, 사신을 접대하는 관리)을 통해 요청했다. 하지만 대간(臺諫)들이 반대하여 허락하지 않았다. 대간들은 한 걸음 더 나아가서 금 사신의 연등회 음악감상을 주청한 관반 김단(金端)을 단지 주청했다는 이유만으로 탄핵했다. 대간들은 왜 금 사신의 연등회 참관을 허용하지 않았을까?

당시 금은 요를 정벌하여 멸망시켰고 북송을 침략하여 양자강 남쪽까지 몰아내는 등 국력이 매우 강력했기 때문에 고려로서는 금 사신의 요청을 거절하기 어려운 상황이었다. 그럼에도 불구하고 그 요청을 단호히 거절하고 심지어 담당 관리마저 탄핵해 버린 이유는, 연등회의 의례가 태조 때부터 전통적으로 황제의 격식을 취하고 있기 때문에 금 사신에게 보여줄 수 없었고, 외국 사신에게 보여주자는 논의가 원천적으로 다시는 제기되지 않도록 차단하려는 것이었다. 이러한 사실은 충렬왕 27년(1301) 4월, 원나라 중서성에서 공문을 보내 1300년 11월 15일에 개최한 팔관회와 1301년 2월 15일에 개최한 연등회가 산호만세를 제창하는 등 황제의 의례와 똑같았다며 공식적으로 비난하는 것을 통해 확인할 수 있다.[214] 연등회와 팔관회는 전통적인 고유의 축제로서 행사의식은 산호만세를 부르는 등 황제의 의례로 행하였고, 이에 대해 고려의 지배층과 일반 백성들 모두 무한한 자긍심과 자부심을 가졌던 것이다.

연등회와 팔관회는 고려 문화의 정수(精髓)이며 고려를 고려답게 하고 백성들을 통합시키는 국가적 제전이며 축제였다. 백성 모두가 뿌듯한 긍지를 가지는 상징이었다. 백성들은 전폭적인 지지를 보냈고 경비조달을 위한 팔관보의 이식 행위를 기꺼이 받아들였으며 적극 참여했다. 고려상인들 역시 팔관보의 대부자금 상당액을 이용함으로써 기금 운영에 큰 몫을 담당했다. 또 상인들은 축제를 맞아 시장거리를 갖가지 장식으로 꾸미고 특별 세일에 나섰으며 임시 시장도 열었다.

나. 단오절 축제, 꽃꽂이와 고려청자

고려의 세시풍속 중 가장 민중적인 성대한 축제는 5월 단오(端午)였다. 단오절은 3일간 연휴이고 전국 곳곳에서 다양한 민속 축제 행사가 열렸다. 특히

---

214) 『고려사』 권32, 세가, 충렬왕 27년 4월 기축.

개경에서는 격구, 석전놀이, 추천희(鞦韆戱) 등이 성행했다. 다음은 이들 행사
와 관련한 『고려사』의 기록이다.

> "1216년(고종3) 5월, 단오에 최충헌이 백정동궁(栢井洞宮)에다 그네를 매고 3일간
> 추천희(鞦韆戱)를 여는데, 4품 이상의 문무관을 초청하여 연회를 베풀었다."[215]

> "1289년(충렬왕15) 5월, 왕과 공주가 양루(凉樓)에서 단오라 하여 연회를 배설하고
> 격구를 관람했다. 이 때는 모란꽃이 모두 떨어졌으므로 채랍(綵蠟)으로 꽃을 만들어서
> 가지마다 매어 달고 놀았다."[216]

> "1379년(우왕5) 5월, 우왕이 단오날 시가의 다락에 올라 격구(擊毬) · 화포(火砲) · 잡
> 희(雜戱)를 구경했다."[217]

> "1380년(우왕6) 5월, 우왕이 석전(石戰)을 보고자 하므로 지신사 이존성(李存性)이
> '이것은 임금의 구경할 것이 아니다'라고 간했다. …… 우리나라 풍속에 5월 5일 단오
> 절(端午節)에는 무뢰배가 떼를 지어 큰 거리에서 두 대(隊)로 나누어 편을 가르고 서로
> 조약돌과 깨어진 기와장을 던지며 공격하면서 혹 몽둥이까지도 사용하여 승부(勝負)를
> 가리는데, 이것을 석전이라 했다."[218]

단오날 민속놀이는 그네뛰기 · 석전 · 격구가 성행했고, 씨름 · 널뛰기 · 윷놀
이 · 농악 · 화초놀이 등도 크게 유행했다. 그네뛰기는 대표적인 여성 유희로 추
천희라고 한다.[219] 그네뛰기가 우리나라에서 언제부터 행해졌는지는 알 수 없
지만 곽원(郭元)이 1015년(현종6) 중국에 사신으로 갔을 때 '고려에서는 단오에
추천희를 한다'[220]라고 한 것을 보아 고려 전기에 이미 그네뛰기 대회가 곳곳
에서 열렸음을 확인할 수 있다.

그네뛰기는 높이 올라가는 것으로 승부를 결정한다. 그네 앞에 방울을 달
아 놓고 그네를 오르면서 발로 방울을 차서 울린다. 이규보(李奎報)는 단오절에
여자들의 그네뛰기가 나라 풍속이라며 다음의 시를 지었다.

---

215) 『고려사』 권129, 열전42, 최충헌전.
216) 『고려사』 권30, 세가, 충렬왕 15년 5월 계미.
217) 『고려사』 권134, 열전47, 신우 5년 5월조.
218) 『고려사』 권134, 열전47, 신우 6년 5월조.
219) 장정룡, 「고려시대의 연회 고찰」, 『역사민속학』 9호, 한국역사민속학회, 1999, p.21.
220) 『송사』 권487, 열전246, 외국3, 고려.

단오에 그네 뛰는 여자 놀이를 보다

밀 때는 선녀가 달나라로 가는 듯
돌아올 땐 선녀가 하늘에서 오는 듯
쳐다보니 뛰어오를 땐 땀방울 흘리더니
금방 펄렁이며 되돌아오는구나.
선녀가 하늘에서 내려온다 말을 마소
베짜는 북처럼 왔다갔다 하네
아마도 꾀꼬리가 좋은 나무 가리려고
날아왔다 날아갔다 하는 것인가.[221]

석전은 단오날 뿐만 아니라 정월 대보름날에도 벌어졌던 민속놀이이다. '편쌈', '편전(便戰)'이라고도 한다. 마을간 또는 지방간에 수백보 거리를 두고 서로 돌팔매질을 하여 싸우는 놀이로 어린이는 어린이들끼리, 어른들은 어른들끼리 편쌈을 벌렸다. 실제로 석전을 할 때에는 돌에 맞아 머리가 터져서 피를 흘리는 부상자가 속출했다. 석전은 전쟁에 대비한 전투 연습의 성격도 강했다. 고려시대에는 정규군 부대에 돌을 던져 싸우는 석투군이 있었다.

격구는 타구(打球)·봉구(棒球)·봉희(棒戲)라고 하는데 우리말로는 장치기·공치기·얼레공이라고 한다. 경기는 말을 타고 하는 것과 걸어서 하는 것 두 가지가 있다. 경기 방법은 격구장 중앙에 구문(毬門)을 하나 세우고 양쪽의 선수들이 서로 공을 뺏고 쳐서 구문을 많이 통과시키는 쪽이 이겼다.

우리나라에 언제부터 격구가 행해졌는지는 확실하지 않으나 당나라로부터 전래되어 삼국시대에 이미 성행했던 것으로 추측된다. 『고려사』에는 918년(태조 원년)에 이미 격구하는 구정(毬庭)이 등장하고 있다. 1116년(예종 11) 4월에는 대악서(大樂署)와 관현방(管絃坊)에서 의전행사로 여자들이 말을 타고 격구 놀이를 하기도 했다.[222] 당시 여자들도 말을 타고 격구를 하며 즐겼던 것이다.

고려는 왕도 격구를 즐겼다. 18대왕 의종(毅宗)이 가장 뛰어나게 잘했다. 의종은 즉위할 때 왕이 되면 격구를 마음대로 못하게 된다며 아쉬워 할 정도였

---

221) 이규보, 『동국이상국집』 후집 3권, 고율시, 단오견추천여희. 『국역동국이상국집』 5권, 민족문화추진회, pp.233~234.

222) 『고려사』 권14, 세가, 예종 11년 4월 신묘.

다.[223] 의종의 격구 실력은 그의 빼어난 기마술을 통해 입증된다. 의종이 개경 인근에 있는 달령(獺嶺)의 찻집으로 차 마시러 말을 달려갔을 때 너무 빨리 달려서 시종들이 모두 따라가지 못했다.[224]

『고려사』는 의종이 1147년(의종 원년) 10월 서루(西樓)에서 4일간 격구를 관람했고, 1149년 3월에 3일간, 동년 9월에 2일간 관람한 것을 특별히 기록하고 있다. 이를 통해 당시 서루에 있는 격구장에서 리그 또는 토너먼트 격구대회가 자주 개최된 것을 알 수 있다.

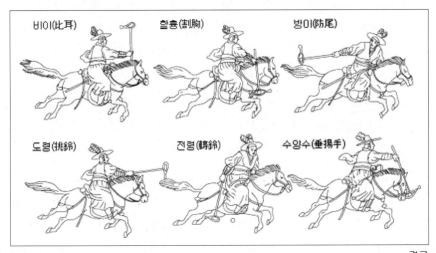

격구

고려시대는 단오절에 꽃 감상을 즐겼다. 최우는 단오절 추천회 행사장에 10여 종의 생화를 장식하여 참석자들을 황홀하게 만들기도 했다.[225] 충렬왕은 단오에 모란꽃이 시들어 떨어지자, 명주에 밀랍(蜜蠟)을 바른 채랍(綵蠟)으로 꽃을 만들어 가지마다 매어 놓고 감상했다.

충렬왕은 꽃 애호가였고 자주 꽃놀이회를 열었다. 충렬왕 21년(1295) 4월 향각(香閣)에서 꽃놀이회가 열렸다. 이 때 문만수(文萬壽)가 물을 끌어와 놀이장을 꾸미고 파란 빛의 밀랍을 바른 명주로 파초(芭蕉)를 만들어 놓았다. 왕은 그

---

223) 『고려사』권17, 세가, 의종 원년 5월 정해.
224) 『신증동국여지승람』권12, 장단도호부(長湍都護府) 산천 달령.
225) 『고려사』권129, 열전42, 최충헌부, 최이전

것을 보고 매우 기뻐하며 그에게 은 3근의 상금을 주었다.[226] 향각에 꽃놀이회가 열리면 주연이 함께 베풀어졌고, 이 때 참석자들은 꽃을 완상하는 시를 지어 서로 축하하고 흥취를 돋우었다. 아마도 오늘날의 꽃꽂이 놀이와 유사했던 모양이다.[227]

일반 연회에서도 화려한 꽃 장식이 유행했다. 1353년(공민왕2) 8월 원나라에서 만만태자(巒巒太子)를 보내어 기황후의 어머니 영안왕(榮安王) 대부인을 위해 연경궁(延慶宮)에서 연회를 열었다. 이 때 연회장을 장식할 꽃을 만드는데 든 베가 무려 5,140필이나 되었고, 다른 물건도 이와 상응하게 소비함으로써 시중의 물가가 폭등했다. 이에 정부는 기름·꿀·과실 등의 소비를 억제하라는 지시를 내려야만 했다.[228] 공민왕은 왕비 노국대장공주의 기일에 장식할 꽃을 만들게 했는데, 이 장식꽃 제작에 든 베도 5천여 필이나 되었다.[229]

고려시대는 연회나 의례 행사가 개최되는 장소에 항상 꽃 장식이 따랐다. 꽃이 없는 겨울철에는 색깔로 물들인 베로 갖가지 화려한 장식꽃을 만들어 분위기를 돋우었다. 이와 같이 막대한 경비를 들여 연회장을 꽃으로 장식하는 연회문화와 꽃놀이 등은 당시 상업문화의 면목을 반영하고 있다.

단오절 3일 연휴 동안 개경 시전거리에서 온갖 가무백희가 공연되었다. 시전거리에 세워진 임시 무대에서 경시서 소속 300명 가무단이 노래를 부르고 춤을 추며 흥을 돋우었다. 놀러 나온 사람들은 술집, 음식점, 찻집 등에서 먹고 마시며 흥을 함께 나누었다.

단오날 개경 시전거리 축제는 특별히 왕이 구경갔을 정도로 성대하고 화려했다. 이 축제는 시전 상인들이 경비를 대고 주관한 것으로 시전 상인들의 역량과 성숙한 도시상업문화를 입증해 주고 있다. 고려시대는 상인들이 주관하여 도시축제를 개최하였고, 축제는 도시민의 사랑을 받았다.

고려는 정부에서 주점을 만들고 이를 관리하는 주무(酒務)라는 관청까지 두었다. 관에서 운영하는 관영 주점이 있었으니 민영 주점은 더 많이 존재했을 것이다. 정중부 집권시절 '기두(旗頭) 80명이 술집에 모여서 (정중부에게 반대하

---

226) 『고려사』 권31, 세가, 충렬왕 21년 4월 갑오.
227) 『고려사』 권31, 세가, 충렬왕 22년 4월 경술.
228) 『고려사』 권38, 세가, 공민왕 2년 8월 을사.
229) 『고려사』 권42, 세가, 공민왕 19년 2월 계유.

다가) 옥에 갇힌 장박인(張搏仁)을 구출하기 위해 모의를 한다'라는 밀고가 있어 조사한 적이 있었다.[230] 그런데 기두들이 은밀한 모임을 정중부측의 감시가 예상되는 관영 주점에서는 열지 않았을 것이므로, 당시 개경에 고급 장교 80여 명이 모여 앉아 술을 마시며 비밀 회동을 할 정도로 큰 민영 주점이 다수 존재했던 것을 알 수 있다.

한편 화려한 도시축제의 뒤편에는 어두움 속에서 소비를 부채질하는 밤의 축제가 있게 마련이다. 그것은 생리·생존의 욕구를 분출하는 육체의 환락과 매음으로 개경 역시 도시의 필요악인 사창가가 있었다. 다음은 원 간섭기에 활동했던 가정(稼亭) 이곡(李穀)이 목격한 사창가의 모습으로 『동문선(東文選)』에 실려 있다.

> "일찍이 서울에 와서 골목길에 들어가 보면, 얼굴을 단장하고 매음(賣淫)을 하는 자가 그 고움의 정도에 따라 값을 올리고 내리는데, 버젓이 그런 짓을 하면서 조금도 부끄러워하지 않는다. 그것을 '계집 시장'이라 이르니 풍속이 아름답지 못한 것을 알겠다."[231]

개경 시내 어디쯤인지는 알 수 없지만, 어느 특정 골목길에 집단화된 사창가가 있었다. 주 고객은 아마도 시전의 점원, 하급 관리와 군인, 시골에서 상경한 여행객 그리고 외국인 등이었을 것이다.

개경의 향락 소비는 무당도 한 몫 했다. 무당의 굿은 볼거리와 먹을거리를 제공하는 작은 축제마당이라고 할 수 있다. 하지만 개경이 도시화되자 이제 무당의 굿은 시끄러운 도시의 소음으로 변해갔을 뿐 아니라, 굿판을 보려 구경나온 남녀들 간에 음란한 일들이 생겨남으로써 무당의 굿이 사회문제로 대두되었다.

1298년(충선왕 즉위년) 3월, 무당들의 음란하고 난잡한 행사가 날마다 더 심해 간다며 개경 성안에 있는 무당들을 성 밖으로 모두 몰아내었다.[232] 당시 이규보(李奎報)는 이웃집에 있는 늙은 무당이 쫓겨감을 기뻐하며 다음과 같은 글

---

230) 『고려사』 권128, 열전41, 정중부전.
231) 『동문선』 권96, 시사설(市肆說). 『국역동문선』 Ⅶ권, 민족문화추진회, p.466.
232) 『고려사』 권33, 세가, 충선왕 즉위년 3월 갑자.

을 『동국이상국집』에 남겼다.

> "내가 살고 있는 동쪽 이웃에 늙은 무당이 있어 날마다 많은 남녀들이 모이는데, 그 음
> 란한 노래와 괴상한 말들이 귀에 들린다. 매우 불쾌하긴 하나 몰아낼 만한 이유가 없던
> 차에, 마침 나라로부터 모든 무당들로 하여금 멀리 옮겨가 서울에 인접 못하게 하는 명
> 령이 내렸다. 나는 동쪽 이웃의 음란하고 요괴한 것들이 쓸어버린 듯 없어진 것을 기뻐
> 할 뿐 아니라, 또한 서울 안에 이런 무리들이 없어짐으로써 세상이 질박하고 백성들이
> 순진하여 장차 태고의 풍속이 회복될 것을 기대한다."[233]

고려시대 무당들은 영업이 잘되어 상당한 수입을 올리고 있었다. 고려 정
부는 무당들에게 세금으로 공포(貢布)를 징수했다.[234] 또 명나라에 보낼 마필을
조달할 때 무당들로부터 말을 거두기도 했다.[235]

고려는 축제의 나라였던 만큼 백성들은 꽃과 음악을 사랑하고 옷맵시 꾸미
기를 좋아했다. 또 진기한 완상품들을 구해 감상하기를 즐겼다. 최충헌 · 최충
수 형제가 정권을 잡은 뒤, 사치를 금지하고 풍속을 바로 잡자며 명종에게 올
린 건의문을 통해 그 실상을 짐작할 수 있다.

> "지금 조정의 신하들이 절약하는 검박한 기풍이 전혀 없으며 집이나 치장하고 옷 맵
> 시나 꾸미며, 완상품을 갖추고 진귀한 보물로 몸 장식을 하여 그것을 자랑하고 있으
> 니, 이렇게 풍속이 퇴폐해서는 멀지 않아서 좋은 풍속이란 찾아 볼 수 없게 될 것입
> 니다. 바라건대 폐하는 백관들에게 훈시를 내려 사치를 금하고 검소를 숭상하게 하십
> 시오."[236]

최충헌 형제의 건의는 집권 초에 사치금지를 내세우며 사회분위기를 일신
해 보려는 서정쇄신책의 일환이었다. 당시 완상품은 구체적으로 무엇이었을까?
금 · 은 제품일까? 유기(鍮器) 또는 자기(瓷器)일까? 아니면 골동품이거나 서화일

---

233) 이규보, 『동국이상국집』 권2, 고율시, 노무편(老巫篇). 『국역동국이상국집』, 민족문화
　　추진회, pp.96~97.
234) 『고려사절요』 권25, 충혜왕 4년 9월조.
235) 『고려사』 권79, 지33, 식화2, 과렴, 신우13년 2월조. 무당에 대한 세금 징수는 근세 조
　　선말기까지 이어졌다.
236) 『고려사』 권129, 열전42, 최충헌전.

까?[237]

　고려시대의 대표적 완상품은 청자였다. 특
히 비색(翡色) 상감청자(象嵌靑磁)는 고려가 독
자적으로 완성시킨 기법으로 만들었다. 선명한
색상을 띠는 상감문양의 경쾌하면서도 고급스
러운 청자의 품격은 동시대 세계 최고였다.[238]

　고려는 어떻게 해서 청자의 종주국 중국을
뛰어넘는 최고급 청자를 만들 수 있었을까? 신
라 말기 장보고 시대에 중국 월주요(越州窯)를
모델로 시작한 청자는 기술이 발달하기 시작한
고려초(11세기 초기~11세기 후기)에 강진 136개
소, 해남 102개소, 부안 43개소 등 전국적으로

청자 상감 운학문 매병

16개 지역에 316개소의 청자 요지가 영업을 하고 있었다. 다음 기술이 최고조
에 달했던 절정기(11세기 말기~12세기 중기)와 성행기(12세기 후기~13세기 말기)는
상감청자의 시대로서 300여 개 소의 요지들이 거의 사라지고, 최고급의 청자를
제작했던 강진요지 41개소와 부안요지 8개소만 남게 되었다.[239]

　강진·부안요지만 남게 된 이유는 다른 요지는 중국형 청자를 그대로 계속
모방한 데 비해 강진·부안요지는 고려식의 독특한 비색 상감청자를 개발했기
때문이었다.[240] 고려인의 취향에 맞는 경쟁력 있는 제품을 생산함으로써 살아남
았다고 할 수 있는데, 이는 당시 도자기 산업의 국내 시장경제 토대가 상당 수
준으로 구축되어 있었음을 확인시켜 준다.

---

237) 고려시대는 진귀한 완상품을 감상하기를 즐겨서 탈이라지만, 조선시대에 와서는 귀한
　　물건을 완상할 줄 몰라서 문제가 되었다. 실학자 박제가는 『북학의(北學議)』에서 우리
　　나라 사람들이 골동서화(骨董書畵)를 애호하지 않고 귀한 물건들을 민중 생활에 아무
　　소용이 없다는 구실을 붙이며 가치를 인정하지 않으려는 풍조를 지적하며 한탄했다. 그
　　리고 지나치게 사치를 배격하고 검소를 지향함으로서 결과적으로 우리나라 문화역량이
　　중국에 비해 많이 떨어지고 있다며 이를 개선하자고 강조했다.(박제가, 『북학의』 외편,
　　골동서화)
238) 최건, 「한국청자 연구의 새로운 동향」, 『미술사연구』 16호, 2002, 미술사연구회, p.188.
239) 최건, 「고려 요지의 계보와 전개」, 『미술사연구』 12호, 미술사연구회, 1998, pp.10~13.
240) 최건, 앞의 논문, 『미술사연구』 16호, p.187.

고려청자의 지속적인 생산은 이를 뒷받침하는 국내 수요층의 형성을 의미
한다. 고대와 중세의 경우 수공업 제품의 수요층을 구분할 경우 대개 사회적
신분에 따른다. 이는 사회적 신분이 수공업 제품의 계층성과 반드시 일치한다
고 할 수 없으나, 당시 엄격한 신분제 사회에서 사회적 신분과 경제문화의 계
층성은 서로 크게 어긋나지 않는다고 보기 때문이다.[241)]

고려의 지배계층은 소수의 왕실 및 문벌귀족과 중앙 및 지방의 현직 관리
3,000여 명, 실직의 직책을 받지 못하고 토지만 지급받는 산관직(散官職) 14,000
명과 지방 향리 등이 있었다.[242)] 지방 향리는 현종 9년(1018)의 규정에 의하면
전국 520개 군현의 경우 1백정(丁) 이하 31명, 1천정 이상 84명이었다. 양계(兩
界)의 주·진(州·鎭)의 현령관(縣令官) 등도 1백정 이하 29명, 1천정 이상 52명
이었다.[243)] 또 특수행정구역인 850여 개의 향·소·부곡에도 각 구역마다 향리
가 있었다. 그리고 각 지방 고을에는 향리와는 다른 민장(民長)으로서 촌장·촌
주·촌정(村正)으로 불리는 부유층이 존재했다.[244)] 따라서 고을의 민장 이상이
완상품을 수요한다고 가정하면 고려사회의 고급 완상품 수요층은 상당히 두터
웠던 것이다.[245)]

고려청자의 대규모 수요처로 또 사원이 있었다. 사원은 고급 완상용 청자
에서부터 청자 불기(佛器)와 연적(硯滴)·물병 등 생활 자기에 이르기까지 다양
한 청자를 구입해 사용했다. 익산 미륵사지 발굴조사에서 출토된 중국청자·고
려청자·조선백자 등은 사원의 청자 수요를 확실히 보여주고 있다.[246)] 전국의
수많은 사찰은 청자 산업의 중요한 큰 소비 기반이었다.

자기는 도기(陶器)에 비해 비싼 제품이어서 고려 전기에는 민장층 이상에서
주로 사용했던 것으로 추측된다. 그렇지만 고려 말에 이르러서는 사치풍조를

---

241) 서성호, 『고려전기 수공업연구』, 서울대학교 박사학위논문, 1997, p.84.

242) 『선화봉사고려도경』 권16, 관부, 창름.

243) 『고려사』 권75, 선거3, 향직, 현종 9년조.

244) 『선화봉사고려도경』 권19, 민서, 민장.

245) 서성호, 앞의 논문, pp.87~88.

246) 미륵사지에서는 9세기 당나라 월주요(越州窯) 해무리굽 청자완, 정요계(定窯系) 해무리
   굽 청자완 등이 출토되었고 송나라의 백자 접시들이 송 동전과 함께 출토되어 중국과의
   무역을 입증해 주고 있다.(국립부여문화재연구소, 『미륵사유적발굴조사보고서』 Ⅱ, 1996,
   pp.557~564)

익산 미륵사지 출토 청자·백자

지양하자며 유기(鍮器)보다 자기의 사용을 강조했다. 따라서 고려 중기 이후에
는 자기 생산이 크게 증가했고, 더불어 가격이 하락했던 것으로 짐작된다.[247)]
물론 청자의 공물 납부가 생산을 자극했고[248)] 또 수출이 평균생산비용을 줄여
주고 생산기반을 공고하게 함으로써 생산을 촉진시켜 주었다.[249)]

　수공업 제품의 수요와 관련하여 사회적 신분계층에 따른 추정 방법이 매우
유용하지만, 고려사회는 신분차별이 엄격하지 않았고 부를 가치 기준으로 하는
상업문화가 상당 수준으로 성숙해 있었음을 유의해야 한다. 비록 자료가 부족
하여 구체적으로 밝힐 수는 없으나 부유한 상인계층의 완상품 수요는 엄연히
존재했고, 비단옷을 입고 말을 타고 다닐 정도로 경제적 여유를 가진 천민들
역시 완상품 수요를 진작시켰을 것이다. 또 축제를 즐기고 완상물 감상을 좋아
하는 고려인들의 성숙한 정서와 도시상업문화가 청자와 같은 고급 수공업 제품
의 생산과 소비에 큰 영향을 끼쳤고 그 발전의 밑바탕이 되었다.

---

247) 『고려사』 권85, 지39, 형법2, 금령, 공양왕 3년 3월조.
248) 원나라 중서성에서 청자·항아리·접시·병을 요구했다.(『고려사』 권30, 충렬왕 15년 8
　　월 무오)
249) 한성욱, 「강진 청자의 생산과 유통」, 『문화사학』 34, 한국문화사학회, 2010, pp.105~
　　107.

4

고려 사원경제와 상업

I. 고려말 10만 승려와 8만 사원노비

사원(寺院)과 상업은 일반적으로 생각하는 것 보다 상관관계가 매우 높다. 특히 고려시대의 사원은 국가의 중요한 경제 주체로서 당당히 활약했고 그 성과 또한 대단했다. 고려는 국력을 기우려 대규모 사원을 새로이 창건하는 한편 고려 건국을 지지하고 협력한 기존 사원에도 토지와 노비를 지급하는 등 경제적 지원을 아끼지 않았다.

태조 왕건은 재위 26년 동안 개경에 26개의 대규모 사원을 창건하고 지방에도 고려시대에 건립된 절의 3분의 2정도를 건립했다. 그야말로 불교를 국교로 정하고 불국토를 이루려 한 것이다. 사원의 대다수는 국가를 보위한다는 비보사상(裨補思想)에 의거하여 전국의 요소에 비보사찰로 건립되거나 왕실의 번영을 비는 원당(願堂)으로 지어졌다.

사원은 수많은 승려와 노비를 거느리고 막대한 토지를 소유하면서도 세금은 면제되었다. 그러므로 사원이 소유한 토지의 확대는 국가의 재정수입의 감소를 초래하고, 승려의 증가는 곧 국가에 노역 의무를 지는 양인 백성들이 줄

어드는 문제를 유발했다.[1] 뿐만 아니라 사원의 건립은 토목·건축 공사에 징발
당해 노역을 착취당하는 백성들의 원성을 낳기도 했다. 왕건은 이러한 부작용
을 우려하여 훈요 10조에서 '모든 사원들은 도선(道詵)의 의견에 따라 창건했
다'[2]라며, 후세의 국왕·공후·왕비·대관들이 각기 원당이란 명칭으로 사원을
창건하지 말것을 당부했지만, 문종(文宗)이 2,800간이나 되는 흥왕사(興王寺)를
창건한 것처럼 사원의 신설은 멈추어지지 않았다.[3]

　개경에 세워진 큰 사원들은 개경의 인구 증가를 유발하고 나아가 상업발전
의 토대가 되었다. 그리고 교통 요지나 험지에 세워진 지방의 사원은 여행자와
상인들의 숙박소로 제공되었다.[4] 고려시대의 상당수 사원들은 '교통 및 군사적
요충지에 위치하면서 행려(行旅)에 대한 숙박시설의 제공과 교통로의 확보, 상
업 중심지로서의 역할을 수행'[5]한 것이다. 또 고려시대는 왕이 사원의 주지를
임명했다.[6] 이를 상업의 측면에서 의미를 새겨 보면 상업을 진흥시키고 상인을
보호하려는 고려 정부의 정책과 맥이 닿아 있다고 할 수 있다.

　사원 경제의 성장과 관련하여 특히 유의할 점은 선종(禪宗)의 부흥과 사원
운용 방식의 변화이다. 선종은 신라 말기에 당(唐)으로부터 유입되었다. 경주를
중심으로 하여 귀족층에 영합한 교종(敎宗)과는 달리 일반 민중들의 생활 속으
로 파고 들었다.[7] 선종의 상당수 승려들은 중국 유학을 다녀온 지식인 선사(禪
師)였고, 복잡한 경전 교리보다 직지본심(直指本心), 견성성불(見性成佛), 불입문
자(不立文字), 교외별전(敎外別傳)이라 하여 인간의 타고난 본성을 깨닫게 하는
선(禪)을 설파했다. 그리고 선사들은 스스로 무소유(無所有)를 실천함으로써 민
중의 지지를 받았다.

1) 이병희, 「고려후기 사원 경제의 연구」, 서울대학교 박사학위논문, 1992, p.124.
2) 『고려사』 권2, 세가, 태조 26년 4월조.
3) 문종은 2,800간이나 되는 고려 최대 규모의 흥왕사(興王寺)를 건립했다.(『고려사』 권7,
　세가, 문종 21년 정월 경신)
4) 김병인, 「고려시대 사원의 교통 기능」, 『전남사학』 13호, 전남사학회, 1999, pp.31~38.
5) 정동락, 「고려시대 대민통치의 측면에서 본 사원의 역할」, 『민족문화논총』 18·19호,
　1998, p.218.
6) 이병희, 「고려시기 주지제 운영과 사원경제」, 『역사연구』 90, 2008, pp.28~30.
7) 최병헌, 「신라하대 선종 9산파의 성립 - 최치원의 4산 비명을 중심으로 -」, 『한국 선문
　의 형성사적 연구』, 불교학회, 1986, p.33. 선종의 유입 시기를 도의(道義)가 귀국한
　821년(헌덕왕 13)으로 본다.

호족들은 다수 민중이 따르는 선종을 자신의 정신적·정치적 기반으로 삼기 위해 애썼고,[8] 선종 9산을 개창한 승려들 중에는 호족 출신도 있었다.[9] 따라서 호족들이 절대적으로 의존하고 있는 선종 9산의 주지를 왕이 임명한다는 것은 사원을 통해 호족들을 제어하려는 정치적 의도가 내재해 있는 것이다.

고려는 지방 호족들로 인해 중앙집권적 통치체제를 확고히 갖추지 못한 채 출범했고, 개국 65년이 지난 983년(성종 2)에야 비로소 12개 목(牧)에 지방관을 임명할 정도로 호족들의 세력이 막강했다. 그러므로 지방에 직접적인 영향력 행사에 애로를 겪을 수밖에 없었던 고려 초기에 사원의 주지 임명은 호족을 포섭하고 통제하는 유효한 수단으로 활용될 수 있었다.[10]

나말여초에 선종은 호족들의 지원을 받으면서 선종 사원의 대집단화의 방향으로 나아갔다. 당시 집단화한 선종 사원은 호족과 신도들로부터 기부받은 토지와 노비를 바탕으로 하여 승려들도 경작에 나서는 등 힘든 육체노동을 수행함으로써 자급자족하는 독립된 경영체를 이루었다.[11] 또 주로 도회지 내에 소재한 교종 사원과는 달리 산간지역에 위치한 선종 사원은 신도들의 기진물(寄進物)이 적어 살림이 어려웠다. 따라서 농업생산을 통해 수입을 얻으려고 유휴지를 개간하고 농법개량, 수리보 설치, 재방축조 등에 앞장섰다.[12] 이런 사업들은 결과적으로 농업의 발전을 가져와 지방민들로부터 크게 환영받았다. 또 사원의 집단화·자립화에 따른 사원 건축과 각종 불기(佛器)와 농기구 제작 등은 사원 수공업의 발전을 촉진시켰다.

고려시대 사원의 경제력이 어느 정도였는지는 구체적으로 알 수 없다. 원간섭기 이후 고려말에 토지의 탈점화 현상이 만연되는 추세에 따라 사원전(寺院田)도 크게 확대되었는데, 이 시기에 가장 비대했을 것으로 추측된다.

고려 말 신흥 사대부(新興士大夫)들이 사전개혁(私田改革)을 논의할 당시 사원전은 10만여 결로 전국 토지의 1/8에 해당하는 광대한 규모였다. 사원이 점

8) 채수환, 「신라말 고려초 선종과 호족의 결합」, 『역사와 사회』 1권 8호, 국제문화학회, 1992, p.139.
9) 이기백, 앞의 책, 1999, p.151.
10) 채수환, 앞의 논문, p.144.
11) 최병헌, 「나말여초 선종의 사회적 성격」, 『사학연구』 25호, 1975, pp.13~18.
12) 위은숙, 「나말여초 농업생산력 발전과 그 주도세력」, 『부대사학』 9호, 1985, pp.130~131.

유한 토지가 전국
적으로 이와 같이
엄청났기 때문에
이성계 일파가 척
불론을 강력히 주
창하며 사원 혁파
를 외쳤던 것이다.
그러나 이성계는
막상 조선왕조를
개창하면서도 불교
세력의 반발을 우

운문사

려해 사원의 토지를 빼앗지 못했다. 다만 위화도 회군(威化島 回軍) 후 왕실의
미곡을 관장하는 요물고(料物庫)에 속한 360개 장처(莊處)의 토지로서 사원에 시
납된 것은 모두 요물고로 환원토록 조치하는 정도에 그치고 말았다.[13]

사원이 소유한 토지와 노비를 강제로 몰수하고 빼앗는 조치는 조선이 건국된
후에야 이루어졌다. 이 역시 이성계 집권 때에는 논의만 있었을 뿐 실제로는 착
수하지 못했고,[14] 태종대와 세종대에 이르러서야 비로소 본격적으로 추진되었
다.[15]

조선초 승려가 너무 많아 백성 가운데 3/10에 달한다는 지적이 있고[16] 정
도전(鄭道傳)은 도망하여 승려가 된 자가 10만을 상회하는 것으로 보았다.[17] 또
사원 노비 중 혁파되어 정리된 노비만 8만에 이르렀다고 한다.[18] 노비 8만여
명은 결코 적은 인원이 아니다.

---

13) 『고려사』 권78, 지32, 식화지 1, 전제.

14) 김용태, 「조선전기 억불정책의 전개와 사원경제의 변화상」, 『조선시대사학보』 58집,
   2011, p.8.

15) 이병희, 앞의 논문, pp.162~168. 한우근, 「여말선초의 불교정책」, 『서울대 논문집(인
   문사회과학)』 6호, pp.18~30.

16) 『태조실록』 권7, 태조 4년 2월 계미.

17) 정도전, 『삼봉집』 권13, 조선경국전 상, 부전(賦典) 군자(軍資).

18) 성현(成俔), 『용재총화(溶齋總話)』 권8. 사원 노비는 조선 초기 태종때부터 차츰 축소되
   다가 세종 3년 8월에 완전히 없어진다.(『세종실록』 권13, 세종 3년 8월 을미)

조선초 사원 노비가 혁파될 당시 전국에 소재한 사원이 얼마였는지는 알수가 없다. 1530년(중종 25)에 편찬된 『신증동국여지승람(新增東國輿地勝覽)』에 1,700여 개의 사원이 수록되어 있는데, 이 사원들은 조선초 사원전과 사원 노비를 혁파할 때 남았던 절이다. 이 잔존 사원이 고려말 전국 사원의 1/3 정도였다고 가정하면, 고려말의 사원은 5,100여 개이고, 각 사원은 평균 16명의 노비를 보유한 것으로 추산할 수 있다. 만약 혁파된 사원이 1/2 정도라고 가정하면 3,400여 개 사원이 평균 약 25명의 노비를 보유한 셈이 된다. 물론 동화사(桐華寺)와 같이 천명이 넘는 노비를 가진 절도 다수 있었을 것이고[19] 불과 1~2명의 노비를 거느린 작은 절도 많았을 것이다.

이상과 같이 고려말의 전체 사원 경제는 10만명이 넘는 승려가 국토의 1/8을 점유하고 8만명 이상의 노비를 사역하는 엄청난 규모였다. 개별 사원의 경제력도 거대했다. 통도사의 경우 3,000여 명 규모의 수원승도가 있었고[20] 소유 토지가 주위 47,000여 보(56.4km²)에 이르렀다. 경북 청도에 소재한 운문사(雲門寺)는 최소 500결 이상의 농지와 500명 이상의 노비를 소유했다.[21]

2. 고려 불교의 상업관

가. 초기 불교의 주인공 상인

고려시대는 사원이 상업에 나섰고 승려들이 직접 장사를 하기도 했다. 금강산에 있는 장안사(長安寺)는 850결이나 되는 방대한 토지와 강원도 통주(통천) 임도현 등지에 소금 만드는 염분(鹽盆)을 소유하고 있었다. 또 개경 시전거리에 30간이나 되는 큰 점포를 가지고 영업을 했다.[22] 장안사뿐 아니라 다른 큰 사

---

19) 『고려사』 권91, 열전4, 종실2, 강양공자(江陽公滋)부 단양 부원대군 유(瑈) 전.

20) 한기문, 「고려시대 사원내의 관리 조직과 소속승의 구성」, 『한국중세사연구』 2호, 한국중세사학회, 1995, p.217.

21) 배상현, 「고려시대 운문사의 사원전 경영」, 『한국중세사연구』 2호, 한국중세사학회, 1997, pp.91~100. 고려시대 1보(步)는 주척 6자였고 주척 1자는 20cm이므로 주위 47,000보를 환산하면 약 56.4km²이다. 운문사는 태조 왕건이 보양(寶壤) 선사가 주석한 대작갑사(大鵲岬寺)에 운문선사(雲門禪寺)라는 사액(賜額)을 내리며 전지(田地) 500결을 지급한 것으로부터 유래한다.(『삼국유사』 권4, 의해(義解), 보양이목(寶壤梨木))

22) 『신증동국여지승람』 권47, 회양 불우 장안사조. 이곡(李穀), 「금강산 장안사 중흥비」,

원들도 수익을 얻기 위해 개
경과 지방의 성읍에 점포를
가지고 있었다. 이는 조선초
천태종(天台宗)이 한양에 큰
창고를 소유했고[23] 자은종(慈
恩宗)도 한양에 창고를 가지
고 있었던 사실을 통해 짐작
할 수 있다.[24]

미륵사지 출토 동전

　　사원은 농목축업의 경영,
수공업품의 생산과 판매, 염
분의 경영과 소금 판매 등 다양한 상업 활동을 전개했다. 또 공물대납 사업으
로 막대한 이익을 챙겼으며 고리대 금융업(高利貸 金融業)을 경영했고, 심지어
술을 양조하여 판매하기도 했다. 한편 사원은 대외무역을 활발히 전개해 나갔
다.[25] 사원은 주로 불경을 비롯한 각종 서적과 차 그리고 경전인쇄나 불당의
단청에 필요한 염료 따위를 수입하고[26] 종이·붓·먹 따위의 문방구를 수출한
것으로 보인다. 이를 위해 승려들은 팔관회에 참여하여 외국 상인과 교역하기
도 하고, 고려상인과 송상을 매개로 하거나 또는 자체적으로 직접 무역에 뛰어
들었다. 익산 미륵사지에서 다량 출토된 송전(宋錢)과 고려 동전은 당시 사원의
왕성한 상업 활동을 입증하고 있다.

　　사원의 경제활동과 상행위에 관련해서 사원이 불가(佛家)의 계율을 어기며 목
축업으로 돈을 벌고 술·파·마늘·소금 그리고 기름과 꿀 따위를 생산하여 판매
하는 행위는 종교적 차원에서 도저히 용납될 수 없다는 견해가 있다.[27] 사회 계
도에 앞장서야 할 사원이 부의 축적에 혈안이 되어 상행위를 자행하고, 힘없는

　　『가정문집(稼亭文集)』 권6. 『고려명현집』 3, pp.44~45.
23) 『세종실록』 권5, 세종 원년 8월 기묘.
24) 『세종실록』 권25, 세종 6년 8월 임신.
25) 정용범, 「고려시대 사원의 상업활동」, 『역사와 세계』 30집, 부산대 사학회, 2006,
　　pp.542~550.
26) 이이화, 『역사 속의 한국불교』, 역사비평사, 2002, p.155.
27) 이상선, 「고려사원의 상행위고(考)」, 『성신사학』 9호, 1991, 성신여자대학교 사학회, pp.
　　5~27.

양민을 대상으로 고리대를 놓아 착취하여 양민들의 생활고를 가중시킨 것은 잘못
이며, 결과적으로 국가재정의 손실을 초래하고 경제구조의 왜곡과 사회구조의 모
순을 야기함으로써 고려 왕조의 붕괴를 촉발시킨 요인이 되었다는 것이다.

　　그렇다면 사원의 경제활동과 상행위는 불교의 교리와 계율에서 도저히 허
용되지 않는가? 원래 불교는 사원의 상업이나 이식 행위(利殖 行爲)를 금지하거
나 배척하였을까?

　　석가(釋迦)가 활동하던 기원전 5~6세기경의 인도는 사회문화적으로 큰 변
혁기였고, 점차 도시가 성장해가던 시기였다. 석가 당시 갠지스강 유역에는 지
역의 중심이 되는 16개의 도시들이 있었고, 국왕들이 상인세력의 후원을 받아
이들 도시를 전제 군주적인 도시국가로 발전시켜 나가고 있었다.[28] 따라서 이
시기에 만들어진 석가의 교단은 도시의 신흥 자산가인 상인들의 후원을 받으면
서 성장했기 때문에 상업에 매우 호의적이었다.

　　석가가 해탈한 뒤 십여 일 후에 '다뿌사'와 '밧리가'라는 두 명의 상인이
석가에게 공양하고 귀의했다. 이는 불교가 상인계층의 지지를 얻어 출발한 것
을 암시하고 있다고 볼 수 있다. 그 후 석가는 부호 야사(Yaśas, 耶舍) 일족의 귀
의를 받았다. 그리고 고살라국의 자산가인 수닷타(Sudatta, 須達多)가 고살라국의
왕자 제타(Jeta)가 소유한 숲(祇陀林)을 사서, 그 곳에 기원정사(祇園精舍)를 건립
하여 교단에 기증하자, 이를 받았다. 이 때 수닷타는 석가를 위해 제타의 숲
한쪽을 황금으로 깔았다고 한다. 석가 교단의 후원자들이 상인계층의 사람들이
었다는 것은 밝혀진 사실이다. 이와 같이 초기 불교교단은 상인들과 극히 밀접
한 관계를 맺고 있었다.

　　석가의 죽음도 도시 상공업과 관련이 깊다. 80세의 석가에게 마지막 음식
을 공양한 빠와(Pava)시의 춘다(Cunda, 純陀)는 대장장이 도제(徒第)였다. 이는
상공업자를 유력한 후원자로 해서 생애를 종결 짓는 것을 의미하는바, 석가가
해탈 후 두 명의 상인으로부터 공양받은 것과 대비되는 결코 우연한 일이 아닐
것이다.[29]

---

28) 조수동, 「원시불교의 경제윤리」, 『철학연구』 54호, 새한철학회, 1995, pp.326~327.

29) 미야사까 유소(宮坂有膳) 저, 편집부 역, 『불교에서 본 경제사상』, 도서출판 여래, 1991,
　　pp.17~18.

한편 초기 불교의 전파는 상인의 조력이 결정적이었다고 할 수 있다. 석가는 상인의 교역로를 따라 전법의 길을 걸었다. 그리고 초기 불교의 전법은 도시 상인(商人, vessa) 그룹이 선도적 역할을 담당하였고, 불교가 교역로를 따라 전파되어 갔다.[30] 초기 경전에는 불법을 전도하는 상인의 활약과 그들이 개척하는 교역로가 기술되어 있다.[31]

불교 경전은 경제윤리와 상업윤리를 일반적으로 생각하는 것보다 훨씬 많이 담고 있다. 불교 교단은 사부대중(四部大衆), 즉 출가 수행자인 비구(比丘, bhikkhu, 남자 승), 비구니(比丘尼, bhikkhuni, 여자 승)와 출가 수행자를 경제적으로 후원하고 그들의 정신적 지도 아래 삶을 살아가는 재가신도인 우바새(優婆塞, upâsaka, 남자 신도), 우바이(優婆夷, upâsikâ, 여자 신도)로 구성된다.[32]

출가자에게는 계율의 엄수와 철저한 자기 수행이 요구되었다. 초기 원시불교 시절에는 무소유의 원칙을 지켜 옷 세 벌과 목탁 1개(三衣一鉢)만의 소유가 허용됐다. 생산·경작·매매 등 모든 경제행위가 금지되었다.[33] 출가 수행자에게는 가족도·자신도·사유재산도 허락되지 않았다. 물론 음식도 걸식해서 먹고 잠은 나무 아래와 바위에서 자야 했으며, 그 밖에도 지켜야 할 계율이 많았다.[34]

그러나 세월이 흘러 신자가 증가하고 교단이 커지면서 교단에 바쳐지는 기진물(寄進物)이 많아지자, 그 처리가 문제로 대두되었다. 처음에는 시납물 중 필요한 양 외에는 버리거나 땅에 묻어버렸지만, 교단의 살림 형편상 이를 버리지 못하고 축적된 재화를 대부하여 그 이식(利息)을 받아 교단 운영에 충당하는 교단이 생겨났다. 분화된 교단마다 경제적인 여유에 차이가 있었던 것이다.

출가 수행자의 무소유의 원칙과 교단에 의한 재화의 축적과 대부는 서로

---

30) 김재영, 『초기 불교의 사회적 실천』, 민족사, 2012, pp.229~303.

31) 동국역경원, 『한글대장경 잡아함경(雜阿含經)』2, 〈상인경(商人經)〉, pp.122~124.

32) 고순호, 『불교학 개관』, 국제신문 출판국, 1980, pp.418~419.
   비구, 비구니는 20세 이상의 출가 수행자를 말하며 20세 미만의 남자 출가 수행자는 사미(沙彌. Srâmanera), 18세 미만의 여자 출가 수행자를 사미니(沙彌尼. Sramanerika), 18세 이상 20세 미만의 출가한 여자 불자를 식차마나(Siksamâna)라고 한다. 따라서 불교 승단(僧團)의 구성은 재가 2중(衆), 출가 5중(衆)이라고도 한다. 비구와 비구니는 구족계(具足戒)를 받는데 비구는 250계, 비구니는 348계를 지켜야 한다.

33) 미야사까 유소, 앞의 책, pp.20~21.

34) 조수동, 앞의 논문, pp.338~340.

모순된다. 이 상충 문제를 해결하기 위하여 석가 입멸(入滅) 후 100년 뒤에 700여 비구들이 모여 논의를 했다. 이를 제2차 결집(結集)이라 한다. 당시 교단은 상좌부(上座部)와 대중부(大衆部)로 크게 나뉘었다. 소승불교(小乘佛教)로 발전한 상좌부는 전통적인 계율을 액면 그대로 지키는 보수적 태도를 견지했고, 대승불교(大乘佛教)로 발전한 대중부는 계율은 수도를 위한 방편이므로 생활의 편이상 액면 그대로 받아들이기 보다 어느 정도 융통성을 가지고 그 속에 담긴 뜻을 존중하는 진보적 태도를 나타내었다.[35] 대중부는 승려가 금·은·돈 따위의 재물을 보시 받는 것을 허용할 뿐 아니라, 나아가 이를 저축하고 이식 행위를 할 수 있어야 한다고 주장했다.[36]

불교 경전은 재가 신자는 출가 수행자와는 달리 각자의 직업에 전념하여 영리를 추구하고 재산을 늘려 나갈 것을 가르치고 있다.[37] 즉 상인이 자기 일에 열심히 노력하면 얻을 수 없는 재산을 얻을 수 있고 이미 얻어놓은 재산을 증식시킬 수 있다고 한다. 재가 신자들의 재화의 획득과 증식은 합당한 일이며 오직 정직하고 근면하게 생업에 종사함으로써 이룩해 나갈 것을 바란다.

"그는 이렇게 재물을 구하기를 마치 꿀벌이 꽃을 따듯이 한다. 오랫동안 재보를 구해 마땅히 스스로 쾌락을 향수한다."[38]

"재물을 쌓되 적은 데서 시작한다. 마치 여러 꽃을 모우는 벌처럼 재물은 날로 불어나 마침내 줄거나 소모되는 일이 없다."[39]

"먼저 당연히 기예를 익힌 후에 재산을 획득한다. 재산을 이미 갖추게 되면 마땅히 스스로 지켜야 한다."[40]

"보화를 쌓고자 하는 자는 당연히 인의(仁義)를 행해야 한다. 우선 배우는 것을 최승으로 한다. 다음에는 생산에 힘써야 한다."[41]

---

35) 고순호, 앞의 책, pp.207~208. 제1차 결집은 석가 입멸 후에 있었다. 상좌부는 소승불교로 대중부는 대승 불교로 발전하였다.
36) 미야사까 유소, 앞의 책, pp.28~31.
37) 조수동, 「대승불교의 경제사상」, 『철학논총』, 새한철학회, 2003, p.110.
38) 『중아함경(中阿含經)』 135경, 선생경(善生經). 대정1, p.642. 불경 번역문은 조수동, 앞의 논문, pp.331~332에서 재인용 하였음.
39) 『장아함경(長阿含經)』 11권, 선생경(善生經), 대정1, p.72.
40) 『장아함경(長阿含經)』 11권, 선생경(善生經), 대정1, p.72.
41) 『선생자경(善生子經)』 대정1, p.254.

석가는 신분에 따른 직업의 차별을 인정하지 않았다. 재산을 얻기 위해서
기술과 지식의 습득에 힘쓰고 직업에 정려할 것을 강조했다. 그리고 직업을 올
바른 직업과 올바르지 않은 직업으로 구분했다. 올바른 직업으로는 농업·장
사·행상·목축·전당포·임대업과 건축가·관리·무술가·계산·화가 등을 들
었고, 올바르지 않는 직업으로는 도살자·사냥꾼·어부·도둑·사형 집행인 등
을 예로 들었다. 장사는 올바른 직업이지만 노예 매매·무기 판매·인신 매매
와 술·고기·독약 판매 그리고 점쟁이와 매음 따위는 올바르지 않다고 했다.
그리고 화폐위조와 부정한 재물의 취득, 사기·속임수·폭력에 의한 재산 사취
따위는 어떠한 경우라도 용납되어서는 안 된다고 했다.[42] 이와 같이 석가는 상
업을 올바른 직업으로 인정했고 상인을 올바른 직업인으로 대우했다.

또 경전은 상인이 거대한 재화를 얻기 위해서는 상인 특유의 몇 가지 기질
적인 조건이 필요하다고 강조한다. 첫째는 상업에 있어서 상품의 품질·가격·
이익 등 상업 전반에 관한 지식을 쌓아 형안(炯眼)을 갖는 것이다. 둘째는 상품
을 사고파는 행위에 있어서 교묘하고 탁월한 활동력을 구비하는 것이다. 셋째
는 거래에 유능할 뿐 아니라 신용의 기초를 확실히 하는 것이다.[43] 이러한 조
건이 갖추어지면 상인은 거대한 재산을 모을 수 있다고 한다.

나. 상업은 대승불교의 바탕

대승불교의 상업관은 『유마경(維摩經)』에 잘 함축되어 있다. 『유마경』은 대
승불교의 기본 경전인 『반야경(般若經)』에 있어 공(空)의 실천으로서의 반야바라
밀 사상을 여러 각도에서 밝히고자 한 경전이다. 반야사상은 대승을 표방한 재
가 신자를 중심으로 성립했다. 『유마경』은 이 반야사상을 재가 신자라는 자각
에서 현실생활의 실제적인 면과 어떻게 조화시켜 나갈 것이냐를 밝혀주고, 생
활 속에 공(空) 실천의 본 뜻이 있다는 것을 나타내려 한다.[44]

『유마경』의 무대는 갠지스강 북쪽, 네팔과 가까운 곳에 위치한 '바이샤리
(vaisâli)'라는 도시국가이다. '바이샤리'는 이탈리아의 상업도시 베니스처럼 부유

42) 조수동, 앞의 논문, p.333.
43) 조수동, 앞의 논문, p.334.
44) 이시다 미즈마로 저, 이원섭 역, 『반야·유마경의 지혜』, 현암사, 2000, p.53.

석가모니와 유마힐 거사

한 상인과 기품 있는 귀족들로 구성된 공화국이었다. 그리고 유마경의 주인공은 유마(維摩) 또는 유마힐(維摩詰)이라고 불리는 백만장자로 불교에 귀의한 재가 신자였다.

유마는 장사를 하고 투전판과 창녀촌 등 좋지 않은 곳에도 출입하는 등 일반 서민과 다름없는 사람이었다. 다만 장사를 할 때나, 투전판에서 놀음을 할 때나, 화류계에서 창녀들과 놀고 있을 때나, 그렇게 하는 것이 제 욕망이나 번뇌를 채우기 위한 것이 아니라, 다른 사람들에게 진실한 도(道)를 가르치고 그릇된 길로부터 구해내기 위한 것이었다.[45]

『화엄경(華嚴經)』, 『반야경』과 더불어 대승불교의 최고 경전 중의 하나인 『유마경』이 풍요한 자유 도시 '바이샤리'를 배경으로 하고 있고, 대승(大乘)의 입장에서 가장 이상적인 인물로 설정된 주인공 유마가 상업에 종사하는 백만장자라는 것은 대승불교의 상업관을 여실히 드러내는 것이다.

우리나라의 전통불교는 대승불교이다. 따라서 금·은과 같은 재화의 축적을 깨끗한 것으로 이해하고 상업과 이식 행위도 정당한 것으로 받아들인다.[46]

사원의 이식 행위는 대승불교의 복전사상(福田思想)을 그 바탕으로 하고 있다. 복전이란 보시(布施)하는 이타적 행위를 한 대가로 복을 받는다는 뜻이다. 복을 생기게 하는 밭에 보시의 씨앗을 뿌려 미래에 복의 열매를 맺게 한다는 것이다.

복전사상은 불교의 소득재분배와 사회사업의 이념이 되어 왔다. 사원과 승려들은 복전사상을 실천하는 방편으로 빈곤자를 구제하고 사람들의 생활을 향

---

45) 이시다 미즈마로 저, 이원섭 역, 앞의 책, pp.56~58.
46) 이병희, 앞의 논문, p.84.

상시키고 안심시키기 위한 사회사업을 전개했다. 또 상공업의 발전을 가져오는
여러 가지 공공사업을 수행했다. 예를 들면 7복전 사업으로 ① 숙박시설 및 사
원 건축, ② 정원조성·연못조성·조림사업, ③ 의료 활동, ④ 조선(造船)사업,
⑤ 교량건설, ⑥ 공동우물 축조, ⑦ 공동변소 설치 등이 있었다. 7복전 사업
외에 매우 중요시된 사업은 도로개발사업이다. 도로개발사업은 이미 원시불교
에서도 설하여졌지만 대승불교에서 더욱 강조되었다.[47]

고려시대에 불교 교단에서 교통요지와 험지에 사찰을 건립하거나 원(院)을
세우고 숙박시설로 운영한 것은 대승불교의 복전사업을 구현한 것이다. 원(院)
은 상업과 밀접한 관련이 있다. 본래 원은 흔히 역참(驛站)과 역참사이, 나루터
와 험준한 고갯길 등 인적이 없는 곳에 관리·상인·나그네 여행자들의 휴식과
숙박에 도움을 줄 목적으로 세워졌다. 고려 말의 학자 권근(權近)은 그가 쓴
『양촌집(陽村集)』에서 국가에서 원을 설치하는 목적은, 상인들과 나그네들에게
혜택을 베풀기 위한 것임을 분명히 밝히고 있다.[48] 따라서 중요 교통로에 세워
진 원은 자연히 상인들의 활동거점으로 또는 상업 요충지로 발전해 가기 마련
이었다.

고려시대에 원이 몇 개소나 존재했는지는 아직 밝혀지지 않고 있다. 『동국
여지승람』에 의하면 조선시대에 전국적으로 1,280개소의 원이 있었으므로 그와
비슷하거나 다소 적었을 것으로 보인다. 하지만 조선시대는 원의 운영을 반관
반민 입장에서 대부분 민간인에게 맡겼던 것에 비해 고려시대는 원이 사원에
부속되어 있는 경우가 많아 사원과 동일시되기도 했으며, 승려가 운영을 맡았
던 것이 조선시대와 달랐다. 결과적으로 고려시대 복전사업의 구체적 실천으로
시작된 사원의 원(院) 경영은 상업발전에 크게 기여했다.

중국의 불교는 당대(唐代)에 들어와서 혜능(慧能, 638~713)이 새로운 선종(禪
宗)을 창립함으로써 큰 변화가 있었다.[49] 혜능의 가르침은 '본 마음을 곧 바로

---

47) 미야사까 유꼬, 앞의 책, pp.52~53. 낮은 이자율로 빈궁한 사람에게 대부하는 이식행
  위도 환영받는 보시였다.(조수동, 앞의 논문, p.338)

48) 『양촌집』 권12, 기류, 견탄원루기(犬灘院樓記)

49) 중국 선종의 개조(開祖)는 6세기 초에 중국에 온 인도인 달마(達磨)이다. 달마는 부처로
  부터 28대 조사(祖師)인데 불입문자(不立文字), 교외별전(敎外別傳, 문자·언어·경전에
  의해 전해지는 것이 아닌 마음에서 마음으로 직접 전해지는 것), 직지본심(直指本心),

가리킨다'는 '직지본심(直指本心)'과 '문자를 세우지 않는다'는 '불입문자(不立文字)'로 설명된다. 이는 좌선(座禪)에 의하지 않고도 그리고 매우 높은 지식을 구비하지 않아도 마음을 닦으면 해탈할 수 있음을 뜻한다. 혜능의 이 가르침은 경전 지식이 부족한 재가 신자들도 큰 깨달음을 얻을 수 있다는 희망을 주었다.

혜능의 어록을 수록한 『단경(壇經)』은 재가 신자가 집에서도 수행할 수 있음을 다음과 같이 밝혀주고 있다.

> "선지식이여! 수행을 하려 한다면 집에서도 할 수 있다. 절에 있다고 하여 자유롭지 않다. 절에서 수행하지 못하면 서방의 마음이 악한 사람과 같다. 집에서 수행이 된다면 동방인의 선을 닦는 것과 같다. 다만, 자기 집에서 깨끗함을 닦기를 원하면 이것은 곧 서방이다."[50]

혜능의 '수행을 하려한다면 집에서도 할 수 있다. 절에 있다고 하여 자유롭지 않다'라는 설법은 당시 불교계에 커다란 충격을 주었다. 이는 현세를 떠나 피안에 가 있는 불교정신을 현세로 되돌리는 방향 전환을 의미한다. 현세에서 어떤 일에 종사하던지 간에 자신에게 내재하는 불성(佛性) 또는 본심(本心)을 알면 곧 해탈할 수 있다는 뜻으로 중국 불교사에 있어서 하나의 혁명 운동이었다.[51]

중국 불교의 경제사상과 윤리는 혜능이 창립한 남종선(南宗禪)의 법맥을 이은 백장회해(百丈懷海, 749~814)에 의해 획기적으로 발전했다.[52] 백장회해는 사원이 먹고 사는 경제문제를 스스로의 힘으로 해결할 수 있도록 선승들의 수도원으로 총림제도(叢林制度)를 수립하고, 수도생활에서 지켜야 하는 절약과 검소

견성성불(見性成佛, 바로 자기의 마음을 파악함으로써 자신이 본래 부처였음을 깨닫는 것)의 4구절에 가르침의 뜻을 집약했다. 혜능은 달마 이래 5조인 홍인(弘忍)으로부터 선법(禪法)을 전수받고 남종선(南宗禪)을 열었다. 홍인의 또 다른 제자 신수(神秀)는 북종선(北宗禪)을 열었다.

50) 『단경』 31절. 서영시(徐英時) 저, 정인재 역, 『중국 근세 종교윤리와 상인정신』, 대한교과서(주), 1993, p.21에서 인용. 『단경』은 『육조단경(六祖壇経)』이라고도 한다. 인용문에서 서방은 극락정토를 가리키는 데 '동방인도 만약 마음이 깨끗하면 곧 죄가 없고 서방인이라 해도 마음이 깨끗하지 못하면 아직 허물이 있다'는 뜻이다.

51) 서영시 저, 정인재 역, 앞의 책, pp.23~24.

52) 남종선의 법맥은 혜능, 회양(懷讓), 마조(馬祖), 백장회해로 이어졌다.

그리고 노동을 강조하는 '백장청규(百丈淸規)'를 규정하고 실천했다. 이 '백장청규'는 안록산(安祿山)의 난(755~763) 이후 경제사정이 어렵고 권문세가들의 몰락으로 인해 시사(施舍)가 줄어듦에 따라 사원의 재정이 궁핍해지자 사원이 스스로 자급자족하려는 의도에서 나왔다. 이것은 또 승려들이 농사일·땔감 채취·청소 등 절 안의 업무를 고루 분담하고, 그 업무의 실천을 일상생활의 기본 수행으로 삼아 나가는 가운데 참된 자기를 계발해 나가려한 것이다.

'백장청규' 중 사회에 가장 큰 영향을 끼친 계율은 '하루 일하지 않으면 하루 먹지 않는다(一日不作, 一日不食)'였다. 백장은 자신 스스로 농사일 같은 힘든 노역을 일반 승려와 똑같이 분담 받고 직접 노동을 함으로써 이 계율을 철저히 지켰다. 백장이 창안한 선종의 새로운 불교윤리는 송대(宋代)에 온 중국 사회에 전파되었다. 특히 '하루 일하지 않으면 하루 먹지 않는다'는 이 구절은 송대 이후에 속담이 되었고 근대까지 유행처럼 전해 왔다.[53]

승려의 노동생활을 강조한 '백장청규'가 우리나라에 처음 들어온 것은 혜능의 새로운 선종이 신라에 전래된 9세기 중엽이다.[54] 선종이 처음 들어온 시기는 7세기 선덕여왕(善德女王, 632~647) 때이지만, 그 당시에는 별다른 호응을 얻지 못하다가 신라말에 새로운 선종이 도입되면서 선풍적인 인기를 얻었다. 신라말에 선종이 크게 유행한 것은 지방 호족들과 밀접한 관계를 가지고 호족들로부터의 지원에 힘입은 바 크다. 하지만 호족들의 선종 지원은 선종 승려들이 무소유의 원칙을 지키면서도 힘든 농사일을 직접하는 등 생업에 종사했고, 직지본심·불입문자 등의 교리가 글을 잘 모르는 재가 신자들의 수행에 희망을

---

53) 서영시 저, 정인재 역, 앞의 책, pp.32~33.

54) 백장청규가 언제 우리나라에 들어왔는지를 확인할 수 있는 자료는 없다. 그러나 나말여초에 선종 사원이 대집단화 되고 자급자족하는 독립적 경영을 추구하면서 승려들이 노동을 중시하고 경작에 참여하여 노동했던 것으로 보아 백장청규를 받아들인 것으로 이해할 수 있다. 이에 대해 백장청규는 고려 중기에 도입되었고 그 이전의 선종 성립기에는 볼 수 없다는 견해도 있다.(최창식,「고려시대의 선종 청규에 대한 연구」, 동국대 석사학위 논문, 1975, pp.6~14) 하지만 요오선사(了悟禪師) 순지(順之)가 859년(헌안왕3)에 당나라에 들어가서 백장의 대를 이은 사손(嗣孫) 앙산혜적(仰山慧寂)의 제자가 되어 법맥을 잇고 귀국한 점과(『조당집(祖堂集)』 권20) 가지산파의 개산조사(開山祖師)인 도의(道義)도 784년(선덕왕 5)에 당에 건너가 백장산(百丈山)의 회해화상(懷海和尙)에게서 법요(法要)를 받고 귀국한 점(『조당집』 권17) 등을 고려하면 백장청규는 신라 말에 유입되었다고 볼 수 있다.

줌으로써 민중들로부터 환영을 받았기 때문이었다.[55] 호족들은 민중의 호응이 높은 선종을 자기편으로 끌어들이면서 후원한 것이다.

우리나라는 불교가 전래된 이후 수많은 승려가 중국에 유학했다. 유학승들 중 상당수가 상인의 도움을 받아 중국에 건너갔다. 그들은 상인과 친숙한 관계를 유지했고 중국 대륙쪽의 갖가지 상업정보를 많이 가지고 있었다.[56] 특히 새로운 선종이 도입될 당시 이들 유학승들로 인해 중국 불교계의 왕성한 상업 활동에 관한 정보가 신라 사회에 분명히 전해졌을 것이다. 하지만 신라시대에는 불교가 일반 재가 신자들의 이익을 구하는 상행위는 인정하나 승려들의 상행위는 금지했던 것으로 보인다. 비록 신라시대에 사원 수공업이 매우 발달하고 수공업 기술을 가진 승장(僧匠)이 활발하게 활동했지만, 승려들이 수공업 제품의 판매까지는 하지 않았다.[57]

고려시대 상업발전은 불교로부터 힘입은 바 크다. 국교로 공인된 불교의 위상과 대승불교의 상업관에 입각한 사원의 폭넓은 상업활동은 일반 백성들의 상업에의 관념적 인식을 우호적이게끔 조장해 주었다. 특히 불교에 귀의한 고려상인들은 올바른 직업인으로서의 자긍심을 불교의 위력에 기대고 사원과의 일상화된 상거래를 통해 공고히 다져갈 수 있었다. 불교는 고려상인의 귀일처였고 고려상인들은 수행 증진하듯이 상업에 매진함으로써 상혼(商魂)을 키우고 상도(商道)를 닦아 나갔다.

3. 고려 사원의 경제 활동

가. 사원경제의 주체-승려 · 노비 · 예속민

사원 경제는 승려와 노비 그리고 사원에 예속된 농민들이 이끌어 갔다. 고려시대 사원의 관리조직은 고려초부터 삼강직제(三剛職制)로 이루어져 있었다.[58] 삼강직제는 대게 원주(院主) · 전좌(典座) · 유나(維那) · 직세(直歲)가 기본

---

55) 위은숙, 앞의 논문, pp.127~130.
56) 이병희, 앞의 논문, p.85.
57) 박남수, 『신라수공업사』, 신서원, 1996, pp.255~256.
58) 한기문, 앞의 글, pp.196~201. 삼강직제(三剛職制)는 북위(北魏) 때부터 지방의 승관제(僧官制)로 출발했고, 당대(唐代)에 와서 중앙 승관과 함께 지방 승관으로 정착되었다.

이었다. 원주는 사원을 책임지는 승려이다. 원주는 주지가 파견되지 않을 때는 주지를 대신하여 사원의 관리를 맡지만 대개는 주지가 이 일을 맡았다.[59] 전좌는 승려들의 음식과 숙박을 맡았으며, 유나는 승려들 간의 시비를 가리는 일과 동원 및 통솔을 담당했다. 직세는 사원에 예속된 농민들을 감독하며 전조(田租)를 수취했다. 삼강직제는 고려 후기에 오면 사원보(寺院寶)의 운영을 위해 보장(寶長)이란 직위가 새로 생겨났다. 그런데 흥왕사와 같이 왕실의 원당(願堂)에 해당하는 사원은 삼강직제와는 달리 정부에서 파견한 관리가 사원의 경영을 담당했다.[60]

사원에는 삼강직제에 소속된 승려 외에 교리를 연구하며 출판과 교육을 맡은 학승(學僧)이 있었다. 또 세속인의 관혼상제를 담당하는 승려와 환자의 질병 치료와 요양을 담당하는 의승(醫僧)이 있었다. 뿐만 아니라 풍수지리설에 의해 집터와 무덤 자리 등을 봐주는 지리업승(地理業僧)과 세속의 마을을 돌면서 시주를 유도하고 모금을 하는 동냥승(動梁, 혹은 鈴僧) 등이 있었다.[61] 그리고 고려 전기에 수원승도로 불리었던 수공업, 농업, 목축업, 건축공사 등에 종사하는 승려들도 많았다.

일반적으로 승려는 상·중·하로 구분하여 사회적 대우가 달랐다. 고려 말 학자이며 문인인 이곡(李穀)은 『금강도산사기(金剛都山寺記)』에서 승려를 세 부류로 구분했다. 즉 "배고프면 먹고 목마르면 마시면서 배우는 것도 끊어버리고 하는 일이 없는 자는 상(上)이고, 부지런히 강경(講經)하고 설법 교화하며 권유하는 자가 다음이며, 머리 깎고 집에 살면서 부역과 세금을 피하고 재산을 모으는 자는 하(下)"[62]이다. 승려 중에서 상(上)은 득도한 자, 중(中)은 불사와 교화 및 권선의 일을 맡은 자이며, 하(下)는 각종 생산현장에 종사하는 자로서 수원승도 또는 재가화상(在家和尙)을 포괄한다.[63]

---

59) 김현나, 「고려후기 악승의 존재와 경제활동」, 『역사와 경제』 44호, 부산경남사학회, 2002, pp.121~159.

60) 한기문, 앞의 글, pp.203~205.

61) 오늘날 '동냥 한 푼 줍쇼', '동냥 얻으러 간다' 말에서 '동냥'은 동냥승에서 유래한다.

62) 『동문선』 권70, 「창치금강도산사기(創置金剛都山寺記)」, 국역동문선 Ⅳ, 1982, p.234. 쌍성총관(雙城摠管) 조후(趙侯)가 금강산에 도산사를 창건할 때 이곡이 쓴 것이다.

63) 이병희, 앞의 논문, p.137. 재가화상은 머리를 삭발하되 승복을 입지 않았으며, 처자를 비롯한 가족을 거느리는 경우가 많았다. 이들은 물건운반·도로청소·교량보수·성곽수

사원 노비는 사원 경영에 꼭 필요한 노동력 그 자체였다. 승려는 노비가 있으므로 잡일을 하지 않고 수행에 정진할 수 있었다. 사원은 국가가 공노비(公奴婢)를 지급하는 경우, 신도들이 시납하는 경우, 승려가 자신의 부모로부터 받은 노비를 시납하는 경우 등에 의해서 노비를 소유했다. 따라서 조선초 사원 노비를 혁파할 때 노비의 소유 주체에 따라 사원 소유의 사사노비(寺社奴婢), 승려 개인 소유의 법손노비(法孫奴婢) 그리고 사환노비(使喚奴婢)로 구분하되, 이들은 공노비도 아니고 사노비도 아닌 존재로 분류되었다.[64]

사원 노비는 일반 노비에 비해 생활형편과 신분상의 처지가 다소 나은 편이었다. 이들은 농사짓는 일보다는 승려들의 심부름과 사원의 허드렛일이나 잡역에 주로 사역되었다. 또 수공업 기술을 배워 수공업품 제작에 종사하거나 상업에 종사하는 자들도 많았다. 하지만 고려 후기에 사원전이 확대되는 양상을 보이면서 경작 농민으로서의 역할이 커져갔다.[65]

사원 노비의 신분과 관련하여서 신라시대에 주지가 음식을 적게 준다고 관아에 소송을 제기한 종이 있었고,[66] 제석원(帝釋院)의 종으로서 금박(金箔)기술을 가져 충숙왕 때 벼슬이 삼사사(三司使)까지 오른 전영보(全英甫),[67] 어머니가 옥천사(玉川寺)의 종인데도 최고위 권력자가 된 신돈(辛旽)[68] 등의 예를 통해 사원 노비가 일반 노비들보다 사회적 지위나 처우가 비교적 나았던 것을 짐작할 수 있다.[69]

한편 사원의 농지경작은 농지의 소유 성격에 따라 달리 경작되었다. 농지경작은 하급 승려와 노비들도 가담했으나 주로 예속된 농민들이 담당했다. 이들은 전호농민(佃戶農民)이라고 하는데 수확물의 1/2을 사원에 바쳤다. 따라서 1/10의 수조가 면세되는 비보사원(裨補寺院)인 경우는 수확물의 1/2 이상을 사

축 등의 일에 종사했다.(『선화봉사고려도경』 권18, 석씨(釋氏) 재가화상)

64) 이병희 앞의 논문, p.75.

65) 배상현, 앞의 책, pp.174~179.

66) 『삼국유사』 권4, 의해(義解), 원효불기(元曉不羈).

67) 『고려사』 권124, 열전37, 폐행(嬖幸), 전영보전. 전영보는 원나라의 내시가 된 이숙의 처형인데 이숙의 권력과 비호에 의거하여 벼슬이 대사헌에까지 올랐다.

68) 『고려사』 권132, 열전45, 반역6, 신돈전.

69) 이병희, 앞의 논문, p.77. 사원에 소속된 사사노비(寺社奴婢)는 노비의 신공(身貢)이 가벼웠던 점을 들어 다른 노비보다 사회적 지위가 우월했다고 본다.

원이 차지했다.

소유 농지가 많고 자체 노동력이 부족한 사원은 그 경작을 위해 양인 농민을 불러모아 사역시켰다. 생활이 어려운 인근 농민들 중에는 아예 자신을 사원전 경작에 투탁(投託)하여 전호농민이 되는 자들도 많았다. 투탁한 전호농민은 사원에 소속된 사민(私民)으로 취급되어 사원에서 부과하는 여러 가지 잡일도 처리해야 했으므로 그 처지가 일반 양인 전호농민보다 열악했다.[70] 하지만 투탁 전호는 국가에 대한 부역과 토산물 납부의 용조(庸調)의무를 사원의 위세를 업고 회피할 수 있었다. 결과적으로 투탁 전호의 발생은 국가의 입장에서는 세금을 받을 수 있는 양인 농민의 감소를 가져왔다.

사원은 자체 소유농지 외에 수확의 1/10을 받을 수 있는 수조권(收租權)을 가진 농지를 많이 보유하고 있었다. 1/10의 수조를 부담한 농민을 전객농민(佃客農民)이라 한다. 이들은 당해 토지의 소유자로서 수확물의 1/10을 사원에 바치면 그만이었으나, 실제로는 사원의 영향권을 벗어나지 못하고 사원의 고리대 운용과 상거래에 참여해야 했다. 사원 경제에 예속되어 있는 전호농민과 전객농민들은 사원 인근에 집단 마을을 이루고 살았다. 이 마을을 사하촌(寺下村)이라고 불렀다.

그 밖에 사원 농지의 경작인으로서 처간(處干)이 따로 있었다. 처간은 궁원(宮院) 등 특수 기관에 소속된 농지가 사원에 시납되어 사원전(寺院田)으로 편입된 경우, 궁원에 소속된 처간이 전객농민으로서 사원전을 경작하는 것이다. 따라서 이들은 시납된 사원전을 경작하는 전객농민이면서 한편 소속 기관으로부터 용조(庸調)를 수탈당하는 처지였다. 처간 농민은 고려 후기에 장처(莊處)가 해제됨으로써 점차 감소했다.[71]

이와 같이 사원은 삼강직제의 행정조직을 갖추고 승려와 노비를 주축으로 하여 전호농민, 전객농민, 처간 등을 사역하여 농목축업과 상공업을 경영하고

---

70) 이병희, 앞의 논문, pp.67~69.
71) 처간의 구체적인 예는 통도사의 직간(直干)에서 찾을 수 있다고 한다. 통도사의 12개 장생표(長生標) 내에는 1개 장생표 내에 10명씩 120명의 직간이 120호를 이루고 살았다. 이들 직간들은 통도사의 농지를 경작하고 1/2 지대를 납부하며, 다촌(茶村)에서 차를 제조하여 바치는 등 노동력 제공과 물적 부담을 지고 있었다.(이병희, 앞의 논문, pp.69~70)

부를 축적해 나갔다.

나. 불교 교리와 사원수공업

고려시대 사원은 각종 수공업품의 생산과 상품화에 관심을 크게 기울이고 힘을 쏟았다.[72] 사원은 수공업 기술을 가진 승려와 노비를 사역하여 각종 물품을 생산하고 자체 수요에 충당한 뒤 잉여분을 판매했다. 또는 처음부터 판매를 목적으로 하여 생산하는 경우도 많았다.

수공업 기술을 가진 승려의 대표적인 예로 강화도에 가서 중국의 유리기와보다 우수한 유리기와를 만든 승려 육연(六然)을 들 수 있고,[73] 사원 노비의 예로는 제국대장공주(齊國大長公主)가 사들인 가늘기가 매미날개 같고 꽃무늬를 수놓은 모시를 만들 줄 아는 여자 종(婢)과[74] 금박기술을 가져 출세한 제석원의 노비 전영보(全英甫)를 들 수 있다.[75]

원 간섭기에 모시는 고려 수출품 중 최고의 경쟁력을 가진 상품이었다. 기와는 몽고전란 후 대대적인 복구 사업으로 국내 수요가 높았다. 따라서 사원의 모시 생산과 기와 제조는 자급자족뿐 아니라 시장을 향한 상품 생산이었음을 쉽게 짐작할 수 있다. 또 고려의 주요 수출품인 종이와 먹도 사원의 자체 수요가 매우 컸고 생산기술도 뛰어나, 수출과 국내 판매를 겨냥하여 대량생산하는 사원이 많았다.

사원 수공업과 관련하여 불교 교리에서 수공업 기술을 어떻게 규정하고 있느냐를 이해하는 것이 중요하다. 원래 불교가 전래될 때에 사찰의 건립과 불상의 조영, 탑과 범종의 조성, 불경과 불화의 제작 등을 위한 기술집단을 대동했다. 그러므로 우리나라는 불교가 본격 도입되면서 기술집단이 대거 유입되었고, 불교의 토착화와 함께 기술을 중시하는 사상적 토대가 뿌리를 내렸다고 할 수 있다. 삼국시대는 종이·먹·채색 기술과 연자방아 만드는 기술을 일본에 전했던 고구려 승려 담징(曇徵),[76] 뛰어난 조각기술을 가졌던 신라 승려 양지

---

72) 이상선, 앞의 논문, p.23.
73) 『고려사』 권28, 세가, 충렬왕 3년 5월 임진.
74) 『고려사』 권89, 열전2, 후비2, 제국대장공주전.
75) 『고려사』 권124, 열전37, 행신2, 전영보전.
76) 『일본서기』 권22, 추고천왕, 18년 3월.

(良志)와[77] 같이 전문기술을 보유한 승려들이 많이 있었다.

승려들의 수공업 기술 습득은 자비·보시·복전·일여평등(一如平等) 등 대승불교의 근본 사상에 기인한다고 할 수 있다. 그러나 우리나라 승려의 기술 습득에 대해서는 직접적인 요인으로 『보살지지경(菩薩地持經)』과 『유가사지론(瑜伽師地論)』의 유포를 들 수 있다.[78] 이들 경전에는 승려가 보살이 되기 위해서는 공교명(工巧明 또는 공업명(工業明))과 인명(因明)·성명(聲名)·내명(內明)·의명(醫明) 등 5명(明)의 체득이 필요한데,[79] 여기서 '온갖 세간의 공교한 일의 것'을 뜻하는 공교명은 바로 수공업 기술을 의미한다.

특히 『유가사지론』의 기술 중시 사상은 중국에서 수공업자와 수공업 기술을 천시하던 관습과 제도를 비판하는 이론적 근거로 작용했고, 중국의 화이관(華夷觀)과 노예제를 붕괴시키는 사상적 바탕이 되었다고 한다.

『유가사지론』이 우리나라에 들어온 것은 신라 진덕왕 시절이다. 특히 원효(元曉)의 저술에 많이 인용되었다. 따라서 당시 승려들은 '보살의 보시'를 수행하기 위한 방편으로서 수공업 기술을 익혔고 승장이 되어 불교의 사회사업에 참여했다. 그리고 9세기 중엽에 들어 와서 새로운 선풍(禪風)을 일으킨 승려의 노동을 강조하는 '백장청규(百丈淸規)' 역시 승려들이 수공업 기술을 익히는 사상 기반이 되었다.[80]

고려시대에 수공업 기술을 가진 승려는 상당한 수준의 사회적 지위를 유지하고 있었다. 하지만 신라시대 때보다는 높지 않았다. 이는 장인이 6~5두품의 높은 사회적 지위를 누렸던 신라시대와 달리 고려시대는 사농공상의 사민(四民) 관념이 점차 뿌리를 내려 장인들의 사회적 지위가 신라시대보다 떨어졌기 때문이다.

본래 사원은 불상이나 불구를 제작하였기 때문에 목공, 금속, 석공기술을 소지한 승장이 다수 존재했다.[81] 하지만 고려시대는 일반 장인이 국가의 요역

77) 『삼국유사』 권4, 의해5, 양지사석(良志使錫).
78) 박남수, 앞의 책, pp.249~250.
79) 『고려대장경』 권15, 유가사지론, 권38.
80) 박남수, 앞의 책, pp.255~256.
81) 홍대한, 「고려시대 공장운영과 성격 고찰: 조탑공장운영사례를 중심으로」, 『인문사회과학연구』 13, 2012, pp.230~232.

(徭役)을 피하고 또 사회적으로 대접받기 위해 사원에 투탁하여 승장이 된 경우가 많았다.[82] 사원 수공업이 상업화되면서 사원이 기술자를 보호하며 우대하자, 수많은 일반 장인들이 사원에 투탁하여 승장이 된 것이다. 어떻든 일반 장인들이 승려로 변신함으로써 사원의 수공업 기술은 더욱 다양해졌고 발전을 거듭했다. 그리고 승장을 중심으로 하여 사원 내에서 기술교육과 훈련, 기술개발 등이 지속적으로 이루어지고 전승되어 갔다.[83]

다. 고려 사원의 금융업 보(寶)

사원은 보(寶)를 운용했다. 보라는 명칭은 순수 우리나라 말로 시납(施納)한 돈이나 곡물을 기본재산으로 하여 이것을 꾸어주고 이자를 받는 것을 뜻한다.[84]

보는 불교가 전래된 삼국시대부터 조선시대 중기까지 존속했고 고려시대에 가장 성행했다.[85] 고려시대의 보는 사원에 설치된 경우가 대부분이지만 왕실이나 국가기관에 설치하기도 했다.

사원의 보는 복전사상(福田思想)에 기초하고 있다. 그리고 원시불교시절에 부처님께 바쳐진 재물을 세간에 대부하여 생성되는 이윤으로 삼보(三寶, 佛·法·僧)의 공양에 사용할 수 있다는 대중부(大衆部)의 무진사상(無盡思想)과 보살 수행의 궁극적 목표인 육바라밀다(六波羅蜜多)에서 '보시의 완성'을 뜻하는 보시바라밀다(布施波羅蜜多)의 보시사상을 기반으로 하고 있다.[86] 이 경우 보시는 보

---

82) 임영정, 「고려시대의 사역·공장승에 대하여」, 『가산(伽山) 이지관 스님 회갑기념 논총, 한국불교문화사상사 (상)』, 1992, pp.765~772.

83) 조선시대에 사원의 몰락은 결과적으로 사원 수공업을 붕괴시켰고 수공업 기술의 쇠락을 초래했다고 할 수 있다. 오늘날 한국 불교는 다시금 융성해지고 있으며 사원경제의 영역도 넓어지고 있다. 따라서 수공업을 중시하고 고급전문기술자 승려를 육성했던 삼국시대와 고려시대의 사원경제에 대한 성찰이 필요하다.

84) 『고려사』 권80, 지34, 식화3, 진휼, 예종 원년 3월조.

85) 『역주 고려사 식화지』, 한국정신문화연구원, 1996, p.363.

86) 조명림, 「고려시대 사원보에 대한 고찰」, 『보조사상/구산논집/보조전집』 2호, 보조사상연구원, 1998, pp.371~373. 조명림은 복전사상·무진사상·보시사상 외에 자모사상(子母思想)을 들고 있다. 즉, 모(母,자본)와 자(子, 이자·이윤)가 순환하는 과정에서 나타나는 이식의 증식은 자연운동 과정이므로 윤리적인 종교 행위로 용납될 수 있다는 것이다.(김삼수, 「고려시대의 경제사상」, 『숙명여자대학교 논문집』 13집, 숙명여대 연구위원회, 1973, p.63)

살의 이타행(利他行)을 실천하는 것으로 승려들이 법을 베푸는 법보시(法布施)에 대해 재가 신자들이 사원에 시납하는 재보시(財布施)를 의미한다.

사원 보는 원금을 손상시키지 않고 대부이식으로 필요한 경비를 얻는 자모법(子母法)이라는 형태로 운영되었다. 보에 기탁되는 시납물은 수조권·농지·곡물·포(布)와 화폐·금·은·노비 등 다양했고, 그 중 곡물·포·화폐·금·은 따위는 곧바로 대부자금으로 전환될 수 있었다. 하지만 수조권·농지·노비 등은 항구적인 수입으로서 그 자체가 보의 기능을 한 셈이다. 14세기 중엽에 이르면 주로 곡물과 포의 대여가 보편화되고 사원의 재정운영이 보에 많이 의존할 정도로 보의 규모가 확대되었다.[87]

문헌상 우리나라 최초의 보는 신라 진평왕 때 원광(圓光)이 가서사(嘉栖寺)에 설치한 점찰보(占察寶)이다.[88] 점찰보는 보의 수익금으로 죽은 자의 명복을 비는 점찰 법회를 운영하는 것이다. 고려시대의 보는 신라시대의 보가 대부분 점찰보와 같이 개인의 기복과 신앙 활동에 한정되었던 것에 비해 그 목적이 빈민 구제와 사회사업을 위한 것으로까지 발전했다. 신자로부터 받은 시납물의 대여가 사회 분배와 경제 구제의 역할을 하기 때문에 보의 규모가 커지면 커질수록 사원이 보를 매개로 하여 세속과 사회경제적으로 결합되고, 그 사회적 기능과 역할이 확대되었던 것이다.[89]

고려시대 불교 보의 사례로는 정종(定宗)이 불학(佛學)을 장려하기 위해 무려 7만석의 곡식을 내어 설치한 불학경보(佛學經寶)와 광학보(廣學寶),[90] 1201년 현종(顯宗)이 현화사(玄化寺)에 금종을 만들고 그 유지비를 마련하기 위해 설치한 금종보(金鐘寶),[91] 반야경을 인쇄하여 사방에 나눠주기 위해 설치한 반야경보(般若經寶) 등을 꼽을 수 있다. 기타 자신과 친족의 복을 빌며 무병장수를 기원하는 장년보(長年寶), 죽은 자의 기일에 명복을 빌며 제(祭) 올리는 경비를 마련하기 위해 설치한 기일보(忌日寶) 또는 기제보(忌祭寶) 등도 있었다. 기일보는

---

87) 한기문, 「고려시대 사원 보의 설치와 운영」, 『역사교육논집』 13·14호, 1990, pp.385~390.
88) 『삼국유사』 권4, 의해, 원광서학. 『삼국유사』에는 779년 혜공왕(惠恭王)이 김유신의 공을 기리고 명복을 빌기 위해 취선사(鷲仙寺)에 설치한 공덕보(功德寶)의 예가 있다.(『삼국유사』 권1, 기이, 미추왕 죽엽군)
89) 한기문, 앞의 논문, p.391.
90) 『고려사』 권2, 세가, 정종 원년 정월조.
91) 『조선금석총람 (상)』, 「고려국 영취산 대자은(大慈恩)현화사비」, p.249.

고려시대에 설치된 가장 보편적인 보였다.[92]

그렇다면 사원이 보의 자금을 빌려줄 때 이자를 얼마쯤 받았을까? 고려시대 보의 법정 금리는 1/3, 연 33%였다.[93] 법정 금리는 비교적 잘 지켜졌으나 대부기간이 장기간일 경우 대부자는 이자 부담에 시달릴 수밖에 없었다. 또 사원에서 자금을 대부할 때 우월한 지위를 이용하여 법정 이자율을 무시하고 임의로 고리의 이율을 적용하여 물의를 일으키는 경우도 없지 않았다.[94]

성종(成宗)은 이자가 원금과 같게 되면 이자를 더 이상 받지 못하게 했고,[95] 문종(文宗)은 자모정식법(子母停息法)을 제정하여 대부기간이 장기간일 경우 중간에 이자 징수를 중지하도록 함으로써 이자 부담을 완화시켜 주었다.[96]

고리대 운용의 폐단에 대해서 고려 초 '불보는 원래 사원의 기금으로서 사원의 유지를 위해 왕실로부터 지급된 것이었으나 사실상 고리대 자본으로 작용하게 되었다'[97]라는 최승로의 상소가 있었다. 또 1196년(명종 26) 최충헌(崔忠獻) 형제가 이의민(李義旼)을 축출하고 정권을 잡은 후 명종에게 올린 건의문에서 '승려들의 곡식을 이용한 이식 행위의 폐단'을 꼬집고 이의 척결을 주장한 바 있다.[98] 그리고 최충헌으로부터 정권을 물려받은 최우(崔瑀, 최이 崔怡)의 아들 만종(萬宗)과 만전(萬全)이 승려 생활을 할 때, 경상도의 관곡(官穀) 50만석을 내어 농민들을 대상으로 조세를 납부하지 못할 정도에 이를 만큼 식리 사업을 가혹하게 하여 농민들이 집단 반발하고 소요를 일으킨 적도 있었다.[99]

공민왕은 즉위 원년에 사원의 고리 행위를 엄히 다스리라는 교서를 내렸다.[100] 이성계는 1383년(우왕 9) 8월에 북계(北界)지역에서 반동(反同)이라는 승

---

92) 『고려사절요』 권5, 문종 14년, 3월조. 고려시대에 제례(祭禮)는 대부분 불교식으로 행해졌다.(조명림, 앞의 논문, p.379.)

93) 『고려사』 권79, 식화2, 차대(借貸)조. 법정이자율 33%는 오늘날과 비교하면 대단히 높은 이율이다. 금융시장을 거치지 않은 대부자본은 화폐경제가 발달하지 않는 상황에서 대부의 비법칙성으로 인해 이자율이 높아지는 속성이 있다.

94) 이상선, 앞의 글, pp.15~22.

95) 『고려사』 권79, 지33, 식화2, 차대, 성종 원년 10월조.

96) 『고려사』 권79, 지33, 식화2, 차대, 문종 원년.

97) 『고려사』 권93, 열전6, 최승로전.

98) 『고려사』 권129, 열전42, 최충헌전.

99) 『고려사』 권129, 열전42, 최충헌부 최우전. 최우는 만전, 만종으로 인해 물의가 일어나자 두 아들을 개경으로 불러들이는 한편 관련자를 문책함으로써 민심을 수습했다.

100) 『고려사』 권79, 지33, 식화2, 차대, 공민왕 원년 2월조.

려들의 강제성을 띤 고리대에 대해 다음과 같이 지적했다.

"옛적에 (북계) 방면의 군사에게 경상도·강릉도·교주도의 곡식을 운반하여 공급했는데 요사이는 그 도내의 지세(地稅)로서 대신하고 있습니다. 그런데 근래의 수해와 한재로 인하여 공사(公私)간에 저장이 고갈되었으며, 더욱 놀고먹는 중들과 무뢰배들이 불사를 칭탁하여 권세 있는 자의 편지를 받아 가지고, 각 고을의 수령들에게 찾아다니면서 백성들에게 소량의 쌀 말이나 포 척을 빌려주고, 나중에는 섬과 필로 긁어 갑니다. 그것을 반동(反同)이라 하는데 빚을 반드시 수탈하여 감으로 백성들은 굶주리고 헐벗게 됩니다."[101]

양민들의 생활고를 덜어 주어야 할 사원에서 고리대로 양민들을 괴롭힌 것은 계율의 근본정신을 위배하고 재산의 증식만을 목적으로 한 탈법 행위였다. 그러나 법정 이자율을 어기는 탈법적 행위가 일반적으로 자행된 것은 아니고 대다수 사원 보는 건전하게 운용되었다. 사원 보가 복전사상 및 보시사상에 근거하고 불교가 국교였던 점과 수백년 동안 백성들이 편리하게 이용하였던 점 등은 사원 보가 매우 건전하게 운용되었던 것을 반영한다고 하겠다.

우리나라의 보와 유사한 성격의 사원 금융업은 인도·중국·일본에도 있었다.[102] 보는 대부자본을 기본으로 하여 이른바 존본취식(存本取息), 즉 본전은 그대로 두고 이자만으로 운영하는 것이기 때문에 이자를 잘 받을 수 있다면 금융업의 속성상 누구에게든지 대부해 줄 수 있다. 당시 농업경제에서 현실적으로 사원 보의 주 고객은 농민이었다.[103] 하지만 개경 및 서경 같은 도시에서는 상인들에 대한 대부가 활발하게 이루어졌다.

상인에 대한 대부는 대부자본이 상업자본화 하는 것을 의미한다. 따라서 고려는 사원의 보가 상업과 대외무역 발전에 크게 기여한 것이다. 또 사원은 보의 운용을 통해 상업금융 및 무역금융의 기능과 역할을 수행해 나갔다고 할 수 있다.

라. 사원의 술 판매와 말 수출

고려시대 사원의 상품생산과 판매에 관해 그 실상을 밝혀주는 사원 측의

---

101) 『고려사』 권135, 열전48, 우왕 9년 8월조.
102) 조명림, 앞의 논문, p.367.
103) 이병희, 앞의 논문, p.113.

직접적인 기록은 아직 발견되지 않고 있다.[104] 그러나 『고려사』에는 사원과 승려가 술을 만들어 팔고 마늘·파·기름·꿀 따위를 판매한 사실을 증명해 주는 기록들이 다수 있다. 다음은 『고려사』에 실려 있는 승려들의 술 양조와 상행위에 관한 기록이다.

"1027년(현종 18) 6월 계미일, 양주(楊州)에서 아뢰기를 '장의(庄儀)·삼천(三川)·청연(淸淵) 등의 사찰 승려들이 금령을 위반하고 쌀을 3백 60여 석이나 소비하여 술을 빚었으니 법률에 의하여 처단하시기 바랍니다'라고 하니 왕이 이 제의를 따랐다."[105]

"1056년(문종 10) 9월 병신일, 다음과 같은 조서를 내렸다. '석가모니가 불교를 창시한 것은 청정(淸淨)으로 근본을 삼아 온갖 더러운 것을 멀리하고 탐욕스러운 생각을 없애자는 것이었는데, 지금은 나라의 노역을 기피하는 무리들이 불교에 이름을 걸어놓고는 재부를 축적하여 사생활을 즐기고 있다. 이리 하여 농업과 축산으로 직업을 삼고 상업이 예사로 되었다. …… 장사치들과 결탁하여 물건을 매매하고 잡인들과 어울려서 술주정을 하며 우란분(盂欄盆, 불가의 행사)을 모독하고 있다. …… 내가 그들 중에서 선악을 구분하고 규율을 엄격하게 하려 하노니, 서울과 지방의 사원들을 깨끗이 정리하여 계율에 충실한 자는 전부 안착시키고, 계율을 위반한 자에게는 법률로써 논죄하게 하라!"[106]

"1155년(인종 9년) 6월, 음양회의소(陰陽會議所)에서 건의하기를 '근래에 중·속인·잡류들이 떼를 지어 가지고 만불향도(萬佛香徒)라는 명목으로 염불도 하고 불경도 읽어 허황한 짓을 하며, 혹은 서울과 지방의 사원들에서 중들이 술과 안주(파, 마늘)를 팔며, 혹은 무기를 가지고 날뛰면서 유희를 하는 등으로 윤리와 풍속을 문란케 하고 있으니, 청컨대 어사대(御史臺)와 금오위(金吾衛)에 지시하여 이를 순찰하여 금지하게 하십시오!'라고 하니 왕이 조서로써 승인했다."[107]

현종(顯宗)은 사원에서 술을 빚고 승려들이 술 마시며 노는 것을 매우 못마땅하게 여겼던 것 같다. 1009년 8월 왕위에 즉위하자 승려가 술을 빚는 것을 개탄하고 이를 금지시켰다.[108] 또 1021년 6월 사헌부에서 승려들이 술 마시고

---

104) 이봉춘, 「고려후기 불교계와 배불 논의의 전말」, 『불교학보』 27집, 동국대 불교문화연구원, 1990, p.214.
105) 『고려사』 권5, 세가, 현종 18년 6월 계미.
106) 『고려사』 권7, 세가, 문종 10년 9월 병신.
107) 『고려사』 권85, 지39, 형법2, 금령, 인종 9년 6월조.
108) 『고려사』 권85, 지39, 형법2, 금령, 현종 원년조.

노는 것을 금지하자고 건의하자, 모든 사원에 대해 술 양조를 재차 금지시키는 령을 내렸다.[109] 이와 같이 계속된 금지령은 사실상 현종의 금지령이 잘 지켜지지 않았다는 것을 반영한다. 더군다나 현종 18년 6월에는 장의·삼천·청연 등 3개 사찰의 승려들이 무려 360섬의 쌀로 술을 빚어 물의를 일으켰다.

쌀로 막걸리를 빚으면 대략 쌀 한되에 막걸리 한말 정도의 비율로 양조되므로 쌀 360석으로 빚은 막걸리는 36,000말이 된다. 이것은 1,000명이 매일 막걸리 한 되씩을 1년 동안 마실 수 있는 엄청난 양이다. 따라서 장의·삼천·청연 등 3개 사찰은 자체 소비를 위해서가 아니라 분명히 상품화하여 판매할 목적으로 양조했던 것이다.

사원의 양조와 술 판매는 현종 이후에도 근절되지 않았다. 문종 대에도 사회 문제를 일으켰으며 100여 년 뒤 인종 대에도 여전했다. 비록 국가의 금지령이 있었지만 잘 지켜지지 않았다. 다만 승려들이 술을 마시고 유흥하거나 또는 양조하여 판매함으로써 물의가 야기될 경우 이를 징계하고 다스리는 조치만 취해졌을 뿐이었다. 사원에서 자체 소비용으로 술을 빚는 것과 소비하고 남는 일부를 판매하는 정도는 물의가 일어나지 않는 한 용인되거나 묵과되었다.

1309년(충선왕 원년) 2월 충선왕은 '궁원과 사사(寺社) 및 권세가에서 사사로이 염분(鹽盆, 소금가마)을 설치하여 이익을 독차지 한다'[110]라며 사원의 소금가마를 몰수하고 소금 판매를 금지했다. 또 1316년(충숙왕 3) 3월 승려들의 장사 행위를 금하도록 했고,[111] 1361년(공민왕 10)에는 어사대(御史臺)에서 승려들이 시가(市街)에 출입하는 자체를 금지했다.[112] 이러한 국가의 통제와 규제는 고려 말에 이르러 사원과 승려들의 불법적이고 탈법적인 상행위에 따른 폐단이 심했기 때문이었다.[113]

그런데 승려의 상행위 금지는 따지고 보면 사원의 상업 활동 자체를 제한하는 것은 아니다. 개별 승려들의 범법과 탈법적인 상행위가 문제여서 이를 규제하는 것이지, 사원의 상업 활동을 문제 삼아 시비를 가리고자 한 것은 아니

---

109) 『고려사』 권85, 지39, 형법2, 금령, 현종 12년 6월조.
110) 『고려사』 권79, 지33, 식화2, 염법, 충선왕 원년 2월조.
111) 『고려사』 권85, 지39, 형법2, 금령, 충숙왕 3년 6월조.
112) 『고려사』 권85, 지39, 형법2, 금령, 공민왕 10년 6월조.
113) 김현나, 앞의 논문, pp.149~151.

다. 사원의 상업 활동은 주로 사원 노비를 통해 이루어졌다. 이들 사원 노비는 술 뿐만 아니라 파·마늘·기름·꿀 등도 얼마든지 팔 수 있었다. 사원이 예속된 노비를 상업에 종사시켜 시전 점포에서 장사를 하게 하거나 외국에 나가 국제 무역까지 하게 한다 해도 전혀 문제될 일이 아니었다.

사원은 식량의 자급자족을 위해 쌀·조·콩 따위의 곡물 생산에 주력했고 생산 잉여물은 판매했다. 대도시 개경 인근에 소재한 사원은 생산 잉여물의 처분이라기보다 아예 높은 수익을 얻기 위해 곡물보다는 도시민의 식탁에 빠지지 않는 파·마늘 등 양념류와 채소를 전문으로 생산하여 판매하기도 했다.

사원은 목축업에도 열심이었다. 사원은 주로 소와 말을 사육했다. 소는 경작용 농우(農牛)로, 말은 승려들의 승마용 또는 수송용으로 부리기 위해서였다.[114]

『고려사』에는 공민왕과 우왕대에 정부에서 군용으로 쓸 전마(戰馬)를 사원으로부터 대량 구입한 기록이 있다. 1354년(공민왕 3) 6월 원나라의 요청에 의해 고우성(高郵城) 전투에 군사 2,000명을 파병할 때 출정 군사에게 말을 사서 주었다. 이때 말 구입을 절에서 하기로 하고, 절의 등급에 따라 차등을 두어 말을 거두었다.[115] 그리고 공민왕 8년 12월과 10년 10월에도 전마(戰馬)를 절에서 구입하여 군용에 보충했다. 또 1375년(우왕 원년) 9월에는 전국의 모든 절의 주지들이 전마를 각각 1필씩 내도록 했다.[116]

고려 후기 사원의 말 사육은 보편화되어 일시에 전마 2,000필을 공급할 수 있을 정도였다. 전국의 모든 주지들이 비싼 전마 1필을 낼 수 있을 만큼 거의 모든 사원이 말을 사육하고 있었다. 공민왕대 승려 보우(普愚)는 광대한 목야지를 갖고 들에 가득 차게 말을 길렀다.[117]

하지만 공민왕 3년 이후 4차례에 걸친 말 징발로 인해 사원의 말 소유는 크게 감축되었다. 또 우왕 12년 8월에 승려의 말 타고 다니는 것을 금지하자, 사원의 말 사육은 급격히 위축되어 갔다.[118]

---

114) 이병희, 「고려시기 승려와 말(馬)」, 『한국사료』 41·42호, 서울대학교 국사학과, 1999, pp.331~333.
115) 『고려사』 권82, 병지2, 마정(馬政), 공민왕 3년, 8년, 10년조.
116) 『고려사』 권82, 병지2, 마정(馬政), 신우 원년 9월조.
117) 『고려사』 권38, 세가, 공민왕 원년 5월 기축.
118) 『고려사절요』 권32, 신우 12년 8월조.

우리나라는 삼국시대부터 이미 국방용과 운송용 말의 조달을 위해 국가에서 국력을 쏟아 목장 경영과 양축 사업을 전개했다.[119] 이는 671년(문무왕 9)에 목마장 174개소를 삼국통일의 공로자인 김유신과 김인문 등에 나누어 준 사실을 통해 확인할 수 있다.[120] 하지만 우리나라는 자연 환경이 목축에 불리했기 때문에 말을 수출할 정도로 목축이 발달하지는 않았다. 고려 전기까지만 해도 여진으로부터 말을 대량 수입했다.[121]

고려는 원 간섭기에 말 수출국으로 발전해 나갔다. 이는 원나라가 제주도에 목장을 개설함으로써 사육기술이 고려에 전수되었고, 또 원의 말 수입 수요가 크게 증대되어 수출이 가능했기 때문이었다.[122] 원 간섭기에 말이 주요 수출품이 되자 말 사육이 전국적으로 크게 확산되었다. 1296년(충렬왕 22) 11월 충선왕이 백마 243필을 원 황제와 태후 등에게 받칠 정도였고,[123] 충혜왕은 민가 100여 채를 헐어내 말 사육장을 만들고 자신이 직접 말을 목욕시키는 등 말 사육에 정성을 쏟았다.[124] 또 충숙왕은 강화도에 말을 목축시켰고,[125] 우왕도 여러 섬과 충주 등지에서 말을 목축하도록 독려했다.[126] 국왕까지도 말 사육에 직접 나섰던 것이다.

고려상인은 자유로이 압록강을 건너고 국경을 넘어가서 중국에 말을 내다 팔았다. 『노걸대(老乞大)』에 등장하는 상인은 4~5명이 10여 필 정도의 말에 인삼 100근, 모시 130필을 싣고 북경에 가서 팔았다. 이 때 끌고 간 말도 모두 팔았다. 돌아올 때는 산동반도 등주로 걸어가서 잡화를 구입한 다음 배편을 이용해 귀국했다.[127] 한편 수출용 말 사육이 유행하자 더불어 국내의 상업용 말 수요도 상당히 증가했다. 이에 따라 사원과 일반 민가는 말 사육이 수지 맞는

119) 남도영, 『한국마정사연구』, 아세아문화사, 1976, pp 19~21.
120) 『삼국사기』 권6, 신라본기 6, 문무왕조.
121) 김위현, 「여진의 마무역고 10세기~11세기를 중심으로-」, 『명지대논문집』 13호, 1982.
122) 위은숙, 「원 간섭기 대원무역 노걸대를 중심으로-」, 『지역과 역사』 4호, 부산경남역사연구소, 1997, pp. 63~65.
123) 『고려사』 권33, 세가, 충선왕 즉위년조.
124) 『고려사』 권36, 세가, 충혜왕 후 4년 3월 을해.
125) 『고려사』 권124, 행신 2, 최안도전.
126) 『고려사』 권135, 열전, 신우 11년 6월 무술, 13년 11월조.
127) 위은숙, 앞의 논문, p.87.

주업 또는 부업이 되어 더욱 힘을 쏟았다.

　　우리나라의 말 사육 기반은 조선 초에 완전히 붕괴되고 말았다. 이의 가장 큰 원인은 여말선초(麗末鮮初)에 정부가 명나라의 말 교역 요구를 받자, 말의 재생산 토대를 전혀 고려하지 않고 한꺼번에 너무 많이 수출했기 때문이라고 할 수 있다. 공민왕 21년부터 명에 말을 수출하기 시작하여 공양왕 4년 5월까지 기록상 확인되는 것이 총 35회에 걸쳐 25,605필이 수출되었다. 1년에 평균 약 1,280필이 수출된 것이다.[128] 또 이성계 세력이 정권을 잡은 뒤로부터 추산해 보면 1391년부터 1393년간에 1만여 필, 조선 개국 후 1427년까지 46,538필, 합계 56,538필을 집중 수출한 것이 된다.[129] 과도한 말 수출은 사육기반을 심각하게 훼손시켰고,[130] 고려 말부터 명의 교역통제와 조선 정부의 억상정책으로 인해 대외교역과 국내 상업이 쇠락함으로써 상인의 말 수요도 격감하여 말 사육환경은 완전히 붕괴될 수밖에 없었다. 이로 말미암아 결국 사원과 민가는 주업 또는 부업 수입원을 잃어버렸다.

4. 사원의 몰락

　　불교가 고려의 국교인 이상 불교는 국가 통치체의 또 하나의 근간이므로 그 위상에 걸맞도록 교세의 신장은 불가피하고 당연한 일이라고 하겠다. 불교의 권위와 위상이 어느 정도 되어야 적정한지는 일률적으로 규정할 수는 없다. 다만 국교인 이상 불교의 감화력과 영향력이 백성 전체에 미치는 수준일 것을 상정할 수 있겠다. 물론 정부와 불교가 정치적으로 경합할 수 있으므로 불교의 신장이 정부 권력과의 갈등을 조장시킬 수 있지 않느냐는 우려가 제기될 수도 있다. 하지만 국왕이 사원의 주지 임명권(住持 任命權)을 행사하며 불교 세력을 적절히 조정하고 통제할 수 있다면 사원의 확충은 왕권을 강화하는 유력한 수

---

128) 남도영, 『한국마정사연구』, 아세아 문화사, 1976, p.108.

129) 김규진, 「조선 전기 한·중 관계사의 시론 - 조선과 명의 사행과 그 성격에 대하여 -」, 『홍익사학』 4호, 홍익대학교 사학회, 1990, pp.10~11.

130) 조선은 왜 말 사육기반을 붕괴시키면서까지 말을 수출했을까? 단순히 명나라의 요구를 거절할 수 없었기 때문은 아닐 것이다. 정권 창출과 유지에 따른 자금 조달을 위해서였고 이에 덧붙여 사대주의적인 견지에서 군사용 말의 씨를 말리어서 명을 침입할 의도가 없음을 내비치려 했던 것일 수도 있다.

단이 될 것이다.[131]

사원 경제의 문제는 단순히 사원의 경제규모가 크다 또는 적다고 형량하기보다는 사원이 국가의 통제 아래 있고 국가의 통제력이 어느 정도 작용하느냐의 여부를 판단하는 일이 더 중요하다. 주지의 임명 등 국가의 사원 통제력이 유효하게 행사된다면 사원의 수와 경제력 규모는 별로 문제될 일이 아니다. 달리 말하자면 국가의 통제력이 제대로 행사될 경우 국가경영에 지장을 줄 정도로 사원의 수가 증가할 수 없거니와 개별 사원의 경제력이 사회문제화가 우려될 정도로 비대해질 수도 없는 것이다.

고려시대 사원이 유럽의 장원 영주(領主)처럼 광대한 토지와 노비를 차지하고 대지주로 군림하게 된 것은 왕실을 비롯한 귀족과 일반 신도들에 의한 시납(施納)이 누적되어 갔고, 일반 농민들의 투탁 및 사원의 과도한 욕구로 인한 매입과 점탈에 따른 토지겸병 때문이었다.[132] 하지만 사원의 대토지 소유 경향이 과열된 시기는 국가의 사원 통제력이 실질적으로 크게 약화된 원 간섭기 이후부터인 것에 유의해야 한다. 예를 들면 1308년 충선왕은 즉위한 뒤 천태종의 고승인 정오(丁午)를 선교각종산문도반총섭조제(禪敎各宗山門道伴摠攝調提)라는 칭호를 주고 국통(國統)으로 삼아 선교 양종의 모든 불교 종파의 주지 임명권을 위임한 적이 있었다.[133] 충선왕은 재위기간 동안 거의 원의 수도인 대도(大都, 북경)에서 체류했으므로 주지 임명권을 위임할 수밖에 없었을 것이나, 이 조치는 결국 종파 간 또는 승려 상호 간에 분쟁을 낳게 했으며 국가의 사원 통제력을 급속도로 현저히 약화시켰다.

한편 정중부의 쿠데타 이후 무신정권 시기에 약탈적인 토지겸병(土地兼併)이 성행함으로써 국가재정이 파탄날 정도로 권문세가(權門勢家)의 농장이 비대하기 시작했는데, 원 간섭기에 들어서서는 친원 세력 등 새로운 권력층에 의해

---

131) 고려시대 사원의 주지 임명은 예부(禮部)에서 관장했다. 예부는 먼저 왕사(王師)와 국사(國師) 또는 해당 종종으로부터 추천을 받아 형부(刑部)의 협조 아래 추천된 인물의 승적을 심사한 다음, 이를 중서문하성에 보고했다. 그리고 대간(大諫)의 서경(署經)을 거친 후 국왕의 최종 승인을 받아 주지를 임명했다.(장동익, 「혜심(慧諶)의 대선사 고신에 관한 검토-고려 승정체계의 이해를 중심으로-」, 『한국사연구』 34호, 1981)

132) 배상현, 『고려후기 사원전 연구』, 국학자료원, 1998, pp.16~74.

133) 허흥식, 「고려시대의 국사·왕사제도와 그 기능」, 『역사학보』 67호, 1975.

서 농장은 더욱 대규모로 확대되었다.[134] 권문세가와 사원은 왕권이 쇠락한 특수한 상황 아래 정부재정의 핍박 등은 아랑곳하지 않고 오로지 자신들의 경제력을 확충하기 위해 경쟁적으로 농민의 투탁을 유도하는 등 토지겸병을 자행한 것이다.

원 간섭기에 고려의 왕은 절대권력자가 아닌 일종의 큰 귀족일 수밖에 없었다. 국가의 권력이 사실상 원에 귀속됨으로써 고려의 왕과 정부는 사원과 권문세가의 토지겸병을 실질적으로 제어할 수 있는 권력을 가지지 못했다. 원은 그들의 복속지(服屬地) 지배정책에 입각하여 사원과 권문세족이 경쟁적으로 대지주화 하려는 욕구를 막지 않았다. 따라서 고려 말에 사원 경제의 무절제한 팽창을 사원과 승려들이 썩었고 민중을 돌보기보다 자신들의 이익 챙기기에 혈안이 되었기 때문에 야기된 일로 단순히 치부해서는 역사의 교훈을 얻기에 미흡하다. 사원과 승려들의 무절제한 행태를 탓하기에 앞서 사원의 토지겸병 등의 폐혜가 사원에 대한 국가권력의 통제력 상실과 내정간섭을 자행한 원의 방조(幫助)로 인해 일어날 수밖에 없었다는 자각과 이해가 매우 중요하다.

다시 말하면 고려시대 지배체제의 주축이었던 사원과 권문세가는 원 간섭기에 이르러 지배계층 상호간의 동반자적 관계를 깊이 있게 인식하지 못한 가운데, 국왕과 정부를 중심으로 하는 나라의 경쟁력 강화와 나라 전체의 이익 신장에 유념하지 않았다. 오로지 서로간의 대립과 경쟁을 조장하면서 자신들의 개별 이익에 집착한 결과, 총체적으로 몰락해 갔던 것이다. 그리고 사원의 몰락은 사원의 상업을 와해시키고 고려경제의 침체를 초래했다.

고려시대 사원은 그 자체가 하나의 경제주체로서 생산 잉여품은 팔고 부족한 물품은 시중에서 구입했다. 사원은 판매자이면서 동시에 구매자였다.[135] 그러나 승려들을 먹여 살리며 학습에 필요한 경제적 뒷받침은 쉬운 일이 아니었고, 국가의 지원과 신도들의 시납만으로는 충족하기에 부족했다. 따라서 사원이 보유한 자금과 인적 자원을 바탕으로 하여 상업에 나섬은 자연스러운 일이었다.

사원은 본사와 말사(末寺), 그리고 요소요소에 위치한 원(院)을 통해 어느 누구보다도 신속하고 정확한 상업정보망을 갖추고 있었다. 말사와 원은 숙박시

---

134) 한우근, 『한국통사』, 을유문화사, 2001, pp.185~186.
135) 이이화, 앞의 책, p.154.

설로 이용되었고 교역품의 매집·보관·수송 등의 역할을 담당했다. 또 사원에
서 개최하는 각종 행사는 신도들 간의 정보교류와 함께 각종 거래가 이루어지
게 하는 기회로 작용하여 상업을 조장시키는 계기가 되었다.

사원의 활발한 상업 활동은 대각국사 의천(義天)의 주전론(鑄錢論)을 통해서
확인할 수 있다. 의천의 주전론은 단순히 의천 자신이 상업이 발달한 송나라를
다녀온 뒤, 송 문물의 도입 차원에서 제기한 것으로만 여겨서는 안된다.[136] 의
천의 주전론은 고려 사원의 상업 환경에서 탄생된 것이다. 사원의 상행위가 용
인되지 않거나 활성화되어 있지 않았다면 주전론을 강력히 주창하기는 어려웠
을 것이기 때문이다.

사원의 상업과 관련하여 단순히 역사기록 나열식의 접근과 이해는 지양되
어야 한다. 또 사원과 승려가 불교의 교리를 위반하면서까지 장사를 하고 이식
행위를 하여 말단 민중을 극심하게 착취했다는 식의 부정적인 시각에서의 지적
과 주장은 사원 경제를 종합적으로 바라보는 관점에서 보완되어야 한다. 고려
시대 사원은 생산·판매·유통 등 모든 경제 활동이 총망라된 경영시스템을 갖
춘 곳으로서[137] 상업을 이끌어가는 중요한 경제주체였고, 농업과 수공업 분야
에서 규모의 경제와 분업의 이익을 실현시키면서 고려 경제를 지탱하고 이끌어
갔다.[138] 따라서 조선왕조 개창 이후 억불책에 따른 무자비한 사원의 혁파는 규
모의 경제와 분업체제의 바탕위에 있는 중요한 경제주체를 아무런 대체 수단을
강구하지 않고 송두리째 해체시킨 것과 다름이 아니라고 할 수 있다.

그러나 고려 말 사원은 막강한 경제력을 보유하고서도 원·명 교체기와 조
선왕조 개창의 시대 변화에 능동적으로 적응해 나가지 못했다. 사원과 승려들
의 부패를 불식하고 혁신하기 위한 결사나 교단을 정화시키려는 운동조차 효과
적으로 제시되거나 추진되지 않았다. 결국 사원은 부패와 비능률에 휩싸여 망
해가는 거대 기업처럼 자기 혁신에 실패하고, 사회 변혁을 주도하지 못했을 뿐
아니라, 배불 세력에 적절히 대처하지 못하고 몰락해 갔다.

---

136) 이병희, 앞의 논문, p.86.
137) 김현나, 앞의 논문, p.149.
138) 경제주체로서의 고려시대 사원을 재벌기업 같은 존재로 비유하기도 한다.(한영우, 『다
    시 찾는 우리역사』, 경세원, 2005, p.222)

5

중국 대륙을 향한 고려 상혼

I. 원 간섭기의 고려상인

가. 개경의 재건-영업 자유화

세계를 정복한 쿠빌라이(Khubilai) 칭기즈칸은 왜 충렬왕(忠烈王)을 사위로 삼았을까? 그것은 자주성과 독립심이 강하고 용맹한 고려를 회유하고 복속시키려는 의도였다고 생각할 수 있다. 그러나 그 해답을 옳게 찾으려면 몽고제국의 정복지 통치방식을 이해할 필요가 있다.

칭기즈칸과 그의 계승자들이 일단 세계를 정복하자 이제 피정복지를 어떻게 지배하고 통치해 나갈 것이냐의 문제에 봉착하게 되었다. 처음 칭기즈칸은 몽고인이 유목생활을 버리고 일정한 곳에 정주하여 생활하는 것과 도시에 거주하는 것을 금지했다. 그러나 광대한 정복지를 연결시키고 효율적으로 다스리기 위해서는 중심에 도시를 만들 수밖에 없었다.[1] 이리하여 몽고 중북부 카라코룸(Kharakhorum)에 인공도시(人工都市)를 만들고 새로운 수도로 삼았다.

몽고는 카라코룸을 건설하면서 전쟁 포로와 피정복지에서 징발해온 수많은

---

1) 하자노프 저, 김호동 역, 『유목사회의 구조』, 지식산업사, 2002, p.325.

사람들을 강제로 노역시켰다. 중부 아시
아, 이란, 중국 심지어 프랑스의 수공업
자들도 끌려와서 노역을 착취당했다. 하
지만 제국의 중심에 인공도시를 만든다고
해서 광대한 정복지의 통치문제가 순조롭
게 해결되는 것은 아니었다.

칭기즈칸

몽고의 지배 엘리트들은 정복지의 효
과적인 통치를 위해 적대적인 정복자로서
군사력에 의존하여 피정복민으로부터 일
방적으로 공물을 징발하는 가혹한 착취를
지속해 나갈 것인가? 아니면 피정복 지역
의 지배계급과 우호적인 밀접한 관계를 맺으면서 보다 정비된 형태로 지배하고
공물을 수취해 나갈 것이냐의 지배방식을 두고 갈등을 빚었다.[2] 몽고제국(蒙古
帝國) 중에서 유럽 쪽으로 나가 러시아를 정복하고 킵챠크 칸국(汗國)을 세운 세
력은 전자의 형태를 유지하려 했고, 중국 쪽으로 진출한 쿠빌라이 세력은 후자
의 형태를 선호했다.

쿠빌라이가 몽고제국의 후계자로 선출되어 대칸(大汗)에 오르자, 그는 만리
장성을 중심으로 한 자신이 직접 통치하는 몽고 스텝지역과 중국 농경지역을
통할하여 아우르는 새로운 국가를 건설하려 했다. 이에 북경을 대도(大都)라 칭
하고 수도를 카라코룸에서 대도로 옮겼다. 그리고 만리장성과 가까운 내몽고에
인공도시 상도(上都)를 건설하여 여름철 수도로 삼았다.[3] 쿠빌라이는 몽고제국
의 대칸(大汗)이 되기보다 제국의 와해를 감수하고서라도 중국의 황제가 되고자
했던 것이다.[4]

쿠빌라이는 1271년 수도를 대도로 옮기면서 국호를 중국식 원(元)으로 바꾸
고, 칭기즈칸을 태조(太祖)로 하고 자신이 세조(世祖)로 등극했다. 중국식의 황제
가 된 것이다. 그러자 몽고제국의 킵챠크 칸국, 일 칸국, 차카타이 칸국, 오고

---

2) 하자노프 저, 김호동 역, 앞의 책, pp.324~326.

3) 이춘식, 『중국사서설』, 교보문고, 2000, p.313.

4) 하자노프 저, 김호동 역, 앞의 책, p.329.

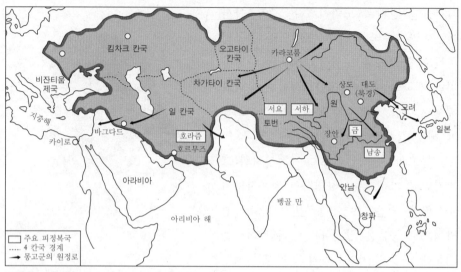

몽고제국 영역

타이 칸국 등 4개의 칸국은 반발하여 대칸으로서의 쿠빌라이의 종주권을 인정하지 않고 완전히 독립해 나갔다. 몽고제국은 이 때에 사실상 분열되었다.

쿠빌라이가 사랑하는 딸을 충렬왕에게 시집보낸 진정한 의도는 정복지의 지배계급과 밀접한 관계를 맺음으로써 가급적 피를 흘리지 않고 지배해 보려는 그의 통치방식에 따른 정치전략이었다. 다만 고려는 워낙 완강하게 오랫동안 저항했을 뿐 아니라, 마지막에 스스로 항복했기 때문에 고려 왕실을 인정해 주고 고려를 부마국(駙馬國)으로 가까이 한 것이다. 그렇지만 쿠빌라이가 다른 황족의 자녀가 아닌 자신의 친딸 제국대장공주(齊國大長公主)를 시집보낸 것은 충렬왕이 상당히 호감이 가는 미남자였고, 아울러 27세의 젊은 충렬왕을 공주도 내심 좋아하고 따랐을 것으로 보인다.[5]

고려 수도 개경은 1270년(원종11) 5월 강화도에서 환도할 당시 39여년 동안이나 내버려져 있어서 거의 폐허와 다름없었다. 환도한 이후에도 왕과 백관들

---

5) 충렬왕은 1271년 세자 신분으로 북경에 가서 3년 후 1274년 5월에 공주와 결혼했다. 『고려사』는 이보다 앞서 1270년 2월에 북경에 간 원종이 쿠빌라이를 예방하고 나서 도당에 세자와 공주의 혼인을 청했고, 쿠빌라이는 형제들과 의논해 보겠다고 말한 것으로 기록하고 있다.(『고려사』 권26, 세가, 원종 11년 2월 갑술). 이 청혼은 사전에 물밑 대화가 있었을 것으로 보이고, 이후 혼인을 전제로 해서 원 황실과 공주는 충렬왕을 세심히 관찰하고 혼인을 결정했을 것이다.

이 입을 옷 준비가 안 되어 상당 기간 동안 전투복을 입고 지냈고, 불타버린 청사를 새로 짓지 못해 천막을 치고 업무를 보았다.[6)]

몽고전란 중에 철저히 망가진 개경은 환도 이후, 꼭 39년이 지난 1309년 충선왕(忠宣王)이 선의문 안의 숲이 우거진 도로변을 따라 빈터에 큰 기와집을 짓도록 하고, 개경 5부의 민가를 전부 기와지붕으로 바꾸라고 지시할 정도로 발전했다. 1309년 8월 신해일, 충선왕이 다음의 매우 이례적이고 색다른 특별 명령을 내렸다.

> "첫째, 부인(富人, 부자)들은 선의문(宣義門) 내의 공한지에 있는 숲이 우거진 도로 변을 따라 기와집을 건축하라.
> 둘째, (서울) 5부(部) 민가를 모두 기와 지붕으로 개조하라.
> 셋째, 개인들이 기와 굽는 것을 금지하지 말라."[7)]

충선왕은 제국대장공주가 낳은 충렬왕의 맏아들이다. 원 세조(世祖) 쿠빌라이의 외손자이며 칭기즈칸의 외고손자이다. 충선왕은 생전에 두 번 왕위에 올랐다.[8)] 처음 왕위에 오른 때는 나이 23세인 1298년 정월이었다. 아버지 충렬왕이 선위(禪位)한 것이다.[9)] 하지만 충선왕이 의욕적으로 펼친 개혁조치에 불만을 가진 권문세족과 권신들의 불신과 저항으로 인해, 즉위 8개월 만에 아버지 충렬왕에게 왕위를 돌려주고 원에 소환당해 갔다. 그로부터 10여 년이 지난 1308년 7월 충렬왕이 서거하자 귀국하여 다시 즉위했다.

충선왕은 원 최고 행정기관인 중서성(中書省)에서 비록 2개월여의 짧은 기간이지만 정사를 맡아 보았다. 고려인으로서 중서성에서 최고위직으로 봉직하

---

6) 『고려사』 권26, 세가, 원종 11년 6월 을해.

7) 『고려사』 권33, 세가, 충선왕 원년 8월 신해.

8) 원 간섭기에 고려 왕은 원 황제가 임명했다. 원은 고려를 효과적으로 통치하기 위하여 왕을 교체함으로써 고려 왕실의 내분을 조장하기도 했다. 때문에 충렬왕, 충선왕, 충숙왕, 충혜왕은 두 번 왕위에 올랐다. 원 간섭기 왕위 계승의 순서를 연대순으로 배열하면 충렬왕(1275~1297년말) → 충선왕(1298년 정월~동년 8월) → 충렬왕(1298년 8월~1308년) → 충선왕(1309~1313년) → 충숙왕(1314~1330년 2월) → 충혜왕(1330년 2월~1332년 2월) → 충숙왕(1332년 2월~1339년 3월) → 충혜왕(1339년 3월~1344년) → 충목왕 → 충정왕 → 공민왕으로 이어졌다.

9) 『고려사』 권31, 세가, 충렬왕 24년 정월 병오.

며 실제로 업무를 처리해 본 사람은 충선왕이 유일하다. 당시 원의 황위계승에서 충선왕이 정책(定策, 황제 후계자를 합의 결정하는 것)한 회령왕(懷寧王)이 무종(武宗) 황제로 즉위함으로써 기회가 주어졌다. 무종은 자신을 적극 지지한 충선왕의 공로를 인정하여 심양왕(瀋陽王)으로 봉하고 중서성에 참의(參議)케 했던 것이다.[10]

충선왕은 왕위에 오른 지 불과 4년 8개월 만에 아들인 충숙왕에게 왕위를 물려주었다. 재위 시에도 거의 대부분을 대도(大都, 북경)에 체류했고 퇴위 후에는 북경의 저택에 만권당(萬卷堂)을 건립하고 학문에 열중했다.[11] 중요 정사는 서신으로 처리했다. 그래도 국정이 안정되어 '오랜 폐습이 일신하게 되어 백성들의 신음소리는 노랫소리로 변하고 저마다 삶의 희망을 가지게 되었습니다'[12]고 할 정도로 나라의 형편이 좋아져 갔다.

충선왕은 일생의 대부분을 원 황실 주변에서 보냈다. 따라서 이전의 역대 고려왕과는 태어난 혈통과 배경이 다르고 자라난 환경과 교육받은 내용도 달랐다. 충선왕은 쿠빌라이의 외손자로서 쿠빌라이가 이름을 지어주었고, 교육도 쿠빌라이가 직접 챙겨 주었다. 그리하여 그는 몽고 황족으로서의 자긍심을 가졌고, 또 고려 국왕으로서의 자존심을 함께 가지고 살았다.[13] 물론 뒤를 이은 충숙왕, 충혜왕의 경우도 이와 유사하다.

충선왕이 23세의 젊은 나이로 처음 왕위에 올라 내린 즉위교서(卽位敎書)와 10년 후 34세 때 다시 복위(復位)되어 내린 즉위교서에서 상업과 상인에 관한 것을 뽑아 비교해 보면 충선왕의 면모를 보다 잘 파악할 수 있다. 처음에 내린 즉위교서는 다음과 같이 상인과 수공업자에게 벼슬길을 대폭 열어 주는 내용을 포함하고 있다.

"삼한 벽상공신(三韓 壁上功臣), 삼한 이후의 대대 벽상공신, 배향공신(配享功臣), 전쟁에서 희생된 공신의 자손들로서 천한 기능을 가진 탓으로 수공업자·장사꾼·장인

10) 『고려사』 권33, 세가, 충선왕 즉위년 5월조.
11) 『고려사』 권34, 세가, 충선왕 5년 3월 갑인.
12) 『고려사』 권33, 세가, 충선왕 원년 4월조.
13) 안외순, 「원 간섭기 고려 충선왕의 정체성에 대한 일연구」, 『퇴계학논총』 20집, 2012, pp.191~196.

(匠)·악공 등으로 전락된 사람들, 대체로 공로나 은택으로서 이미 양반에 속한 자로서 그 부모가 무슨 결점이나 죄과가 없는 사람들을 모두 조사하고 해명하여 관직의 제한을 허통(許通)하여 줄 것이다."[14]

충선왕의 교서는 상인 출신의 관직 제한을 매우 한정된 범위 내에서 풀어주려는 듯 보이지만, 실질적으로는 상인 출신의 관직 진출을 폭넓게 허용하고 있다. 상인이 마음만 먹는다면 조상의 내력을 꾸며서라도 얼마든지 관직으로 나아갈 수 있는 길을 열어 준 것이다.

또 충선왕은 행정개혁을 강력히 촉구하며 '내가 어려서부터 원에 들어가 있으면서 몸소 전 황제의 교훈을 받았고 대도(大都)의 모든 제도를 자세히 보았다. 대신들의 수가 많고 의견이 구구하여 매사가 지체되니 그 수를 감축시켜야 하겠다. 중요하지 않는 관청은 폐지하여 하나로 합쳐라'[15]는 지시를 내렸다. 이러한 상인 출신의 관직 진출을 폭넓게 허용하고 고위직의 자리 수를 감축시키는 개혁조치는 기득권층인 귀족과 고위관리의 불만과 저항을 불러일으켜, 결국 왕위를 내놓고 원에 소환당하는 빌미가 되었다.

다음 1309년 11월, 왕위에 다시 복위한 뒤 내린 교서는 국가재정을 비축하고 유명무실한 관직을 통·폐합하며 논공행상을 하라는 등 모두 16개의 정책 과업을 제시했다. 그 중 몇 가지 과업이 함축하는 의미가 매우 깊다.

"…… 백성들은 먹을 것이 없고 국고는 고갈되었으며 권력을 잡은 자들만이 부유하여 창고가 넘쳐나니 내가 이것을 심히 가슴 아파한다. …… 다음에 열거하는 사항을 위해 토지를 조사하고, 조세와 부역을 이전의 법대로 공평하게 결정하겠다. ① 국가재정을 비축한다. ② 관리들의 녹봉을 충분히 줄 수 있게 한다. ③ 백성들의 생활을 풍족하게 한다. ⑪ 유명무실한 관직을 통·폐합하고 축소하라."[16]

충선왕은 이 교서를 내리기에 앞서 처음으로 개경 5부(部)의 호구조사를 실시했다.[17] 또 백성들을 구제하는데 쓸 양곡 비축량을 늘리고 수매·방매하는

---

14)『고려사』권33, 세가, 충선왕 즉위년 정월조. 즉위교서 총 7개 항목 중 두 번째 항목이다.
15)『고려사』권33, 세가, 충선왕 즉위년 5월 신묘.
16)『고려사』권33, 세가, 충선왕 즉위년 11월 신미.
17)『고려사』권33, 세가, 충선왕 즉위년 10월 무자.

물가조절 기능을 혁신하라는 특별교서를 전농사(典農司)에 내렸다.[18] 1309년 2월에는 각염법(榷鹽法)을 제정하여 소금을 국가에서 전매하도록 했다.[19] 동년 8월에는 부자들에게 선의문 도로변에 기와집을 건축하도록 촉구하고 민가의 지붕을 모두 기와로 바꾸도록 명령했다. 기와 제조업도 자유화 했다.

　이러한 개혁 조치들은 아마도 충선왕이 수도 개경을 대도(大都)처럼 번영시켜 보려는 정책 의지의 발로였을 것으로 추측된다. 충선왕은 호구조사 실시, 전농사 개혁, 각염법 제정 등 행·재정 제도를 혁신하는 한편, 도시개발 사업을 과감히 추진함과 아울러 기와 제조업의 진입규제를 풀고 자유화했다. 이는 치밀한 검토 아래 종합발전계획을 수립하고 강력히 추진하려 한 것으로 이해된다. 또 이를 위해 부호 상인들이 개경 재건사업에 적극 참여하도록 장려하며 투자 분위기를 조성해 나갔다.

　선의문 공한지 도로변에 큰 기와집이 얼마나 건축되고 개경의 집들이 모두 기와 지붕으로 정비되었는지는 기록이 없어 알 수가 없다. 하지만 충선왕의 교서는 당시 개경이 날로 번창하고 있었고, 기와 제조업을 자유업으로 허용할 정도로 상공업이 발전해 나가고 있었던 실상을 반영하고 있다고 하겠다.

　개경의 상공업 발전은 이보다 앞서 충렬왕이 1297년(충렬왕23) 6월, ‘누구나 얼음을 저장할 수 있다’[20]라며 얼음 저장업을 자유화 한 조치에서도 그 양상을 짐작할 수 있다. 기와제조와 얼음저장은 개인이 사사로운 필요를 충족하기 위한 일이라기보다, 최소한 생산비를 건질 수 있을 만큼의 소비수요가 뒷받침되어야 하는 사업이다. 그러므로 얼음저장업과 기와제조업의 자유화 조치는 곧 개경의 상공업이 당시 완전히 복구되었거나, 어느 정도 궤도에 올라 크게 도약하고 있었던 증거로 볼 수 있다.

　원 간섭기 개경의 상업발전은 전후 복구사업으로 인한 내부경제의 회복과 원 제국의 세계 경제권을 무대로 하여 대외교역을 확장해 나간 상인들의 활약에 힘입은 바 크다. 하지만 고려상인의 구체적인 모습과 그 활동을 규명할 수 있는 유효한 기록은 부족하고 그들은 아직 베일에 쌓여있다. 다음은 몽고와 전

18) 『고려사』 권33, 세가, 충선왕 즉위년 11월 경자.
19) 『고려사』 권33, 세가, 충선왕 원년 2월 을묘.
20) 『고려사』 권31, 세가, 충렬왕 23년 6월 계미.

쟁 중임에도 불구하고 몽고 관청에서 돈을 빌려 쓴 고려상인에 관한 『고려사』
의 기록이다.

> "1295년(충렬왕21) 윤4월 기미일, 원나라에서 소운실불화(小云失不花)를 파견하여 조
> 서를 보냈다. 그 조서에서 '와활태(窩闊台) 황제 때부터 지금에 이르기까지 상인 등이
> 관청의 돈을 빌려갔다가, 그 이자를 갚지 아니하고 피차간에 감추어 주는 자가 많다.
> 국내 국외의 관원들은 이러한 상인들을 찾아내어 붙잡아다가 이자를 규정대로 받아서
> 천부사(泉府司)에 납부하여야 한다. 만일 숨어 있는 상인을 발견하고 고발한 자에게는
> 상을 줄 것이다'라고 했다."[21]

와활태(오고타이, Ogodei) 황제는 원나라 태종(太宗, 1229~1241)으로 칭기즈
칸의 셋째 아들이다. 그러므로 와활태 황제 때부터는 1229년 이후부터가 된다.
고려는 몽고가 1231년 살례탑을 보내 침공하자, 1232년 강화도로 천도하고 항
전을 계속했다. 따라서 와활태 황제 시기는 몽고가 원(元)으로 국명을 바꾸기
전으로서, 고려를 침략하기 직전이거나 고려가 강화도로 천도한 뒤 몽고와 격
전을 치루고 있을 때이다. 도대체 당시 전쟁 중인 적국의 몽고 관청에서 돈을
빌려 쓴 고려상인은 누구일까? 물론 원나라의 조서가 지칭하는 상인에 몽고·
회회·중국 상인 등이 포함되었을 것으로 추측할 수도 있겠으나, 고려에 특별
히 조서를 보낸 점으로 보아 고려상인을 지목한 것으로 여겨야 할 것이다.

고발한 자에게 상을 주겠다고 하였으니 아마도 조서의 부속 문서에 문제
상인들의 명단이 첨부되어 있었던 것 같다. 원이 특별히 조서를 따로 보낸 것
은 돈을 빌리고 이자를 규정대로 갚지 않는 고려상인이 상당히 많았기 때문일
것이다. 이자를 못 갚은 상인들 중에는 사업이 망했거나 사정이 어려운 자뿐
아니라 고의로 연체시키는 자들도 있었을 것이지만, 상식적으로 이자를 기일에
맞춰 납부한 상인들이 더 많았을 것이므로, 원 관청에서 돈을 대부받은 고려상
인들의 수는 생각보다 훨씬 다수였을 것으로 추정 가능하다. 즉 상당수의 고려
상인들이 1229년부터 1297년에 이르기까지 70여 년 동안 지속적으로 원나라 관
청의 돈을 융통해 쓰고 있었다. 물론 이들 중에는 원나라에 회유되거나 또는
스스로 투탁하여 이용당하고 물의를 일으킨 자들도 허다했을 것이다.

---

21) 『고려사』 권31, 세가, 충렬왕 21년 윤 4월 기미.

고려상인 중에는 전쟁 상황의 어려운 역경을 뚫고 대륙으로 진출하여 적국 몽고의 관청과 거래를 트고 자금을 대부받기까지 한 사실은 당시 오로지 장사에 전념한 상인들이 있었던 것이다. 이들은 세계를 무대로 하여 당당히 활약한 국제 상인으로서 고려상인의 존재감과 불굴의 상혼을 확실히 각인시켜 주고 있다. 오늘날 그 상혼을 일깨우고 널리 조명하는 것은 매우 소중하고 가치 있는 일이라 하겠다.[22]

나. 재원 고려인과 고려장(高麗莊)

1297년 2월 충렬왕은 원 임금 성종(成宗)과 함께 사냥을 관람하고 있었다. 성종은 세조 쿠빌라이의 손자로 충렬왕의 처조카뻘이 된다. 1294년 쿠빌라이가 죽자 뒤를 이어 황제로 즉위했다. 성종은 충렬왕이 궁전에 출입할 때 걷지 않고 작은 수레를 타고 궁전 앞문까지 드나들게 할 정도로 특별히 우대했다. 충렬왕도 이제 황실 내의 서열이 매우 높아져 황족과 부마들이 모두 참석한 연회에서 7번째의 자리에 앉을 정도가 되었다.[23]

충렬왕은 사냥을 관람하면서 옆에 앉은 성종에게 '기미년(1259년, 고종46) 이래로 포로가 되었거나 떠돌다가 요동과 심양에 들어간 고려 백성들을 모두 고려로 보내주기 바란다'라는 청을 넣었다.[24] 성종은 충렬왕의 청을 들어 주었

---

22) 진정한 상인은 거래를 통해 돈을 버는 데서 성취감을 맛보고 삶의 의미를 체득한다. 그들은 상거래의 성패에 자신을 함몰시키기를 더 좋아하고, 이를 막는 사회적 제약은 귀찮게 여길 뿐이다. 오직 멋진 거래의 성공만이 진정 그를 묶어 둘 수 있고 역경과 고난을 마다 하지 않게 할 수 있다. 출신지, 국적, 국경 따위에 그들은 관심을 갖지만 결코 구속되지는 않는다. 상인은 그의 재능을 마음껏 펼칠 수 있는 곳을 그의 고향으로 삼는 데 주저하지 않는다. 거래의 모험을 위해서는 세계 어디로든 가고, 그는 이 모험을 기꺼이 즐길 줄 안다. 상인은 상업의 자유가 보장되고 그의 재능을 발휘할 수 있는 곳이라면 그 어디든지 달려갈 상혼을 가진 자들이다. 국제적인 상인은 태어난 핏줄에 연연하기 보다는 마음껏 자신의 재능을 일깨울 수 있는 환경에 더욱 이끌리는 법이다. 좋은 상업환경은 그들뿐만 아니라 국적이 다른 친구들까지 불러올 수도 있고, 나쁜 상업환경은 그들마저 떠나보낼 수 있다. 이것은 개방된 사회의 보편적인 현상이다. 결국 국제적 감각과 재능을 가진 상인을 키우고 붙들어 두는 일은 상인의 자발적인 귀소 의식에 호소할 일이 아니다. 상인을 필요로 하는 국가와 국민들이 보다 좋은 상업환경을 만들어 냄으로서 가능한 일이다.

23) 『고려사』 권31, 세가, 충렬왕 20년 4월 갑오.

24) 『고려사』 권31, 세가, 충렬왕 23년 2월 갑오. 기미년(1259년) 이후부터이므로 고려인이

다. 이 일은 신속히 이루어져서 2개월 후 요양 지방을 조사하여 찾아낸 고려인 350호가 고려로 송환되었다.[25]

그런데 이 350호가 요양에 있는 고려 유망민을 전부 찾아 낸 것은 아니다. 원의 관리들은 성의를 다해 조사에 임하지 않았다. 충렬왕 이후에도 고려는 요양 지방의 유망민을 돌려달라고 거듭 요청했고 이에 대해 원 중앙정부의 원칙적인 협조 방침과는 달리 실제 현지 지방관청은 눈치를 보며 협조하는 척 시늉만 보였다. 이러한 상황은 1331년(충혜왕 원년) 4월에 고려가 원에 보낸 다음의 공문에 의해 확인할 수 있다.

> "일찍이 발표된 세조 황제의 명령에 의하면 기미년 2월 이후부터 우리나라 백성들로써 포로가 되었거나 도망하여 간 자들은 귀국의 해당 관리가 현존 인구를 조사하여 모두 본국으로 돌려 보내 주게 되었다. …… 우리나라에서는 여러 차례 관리를 파견하여 요양·심양 등 지방에 가서 그 소재를 조사하려고 했지만, 그 지방관청에서 혹은 군호(軍戶)이니 혹은 농민이니 하는 구실을 붙여 방해하여 조사하지 못한 지 오래되었다. 그런데 또 근년에 우리나라 주·현들에서 부역에 해당한 백성들과 관청이나 절의 사노비(私奴婢)들이 도망하여 요양·심양·쌍성·여진 등의 지방으로 가서 종적을 감추고 부역을 회피하여 여기저기 숨어 살고 있다. 우리 측에서 사람을 보내 조사하여 찾아내려고 하면 해당 지방관청이나 그 책임자들이 임의로 도피한 자들을 옹호하여 주며 조사를 방해하고 인도하는 것을 거부하므로 불편이 막심하다. …… 그 곳 사람들은 오래 동안 그들을 감추어 두고 또는 조사를 방해했다. …… 당신은 우리가 지난날 때때로 귀국을 도운 공적을 생각하는 동시에 그 지방 관원들이 사심을 품고 있는 실정을 살펴서 속히 사신을 보내어 우리 백성들을 돌려보내도록 조치하여 주기 바란다."[26]

원 간섭기에 고려 백성들이 요동과 만주로 흘러 들어가는 상황은 막을 수 없는 시대의 추세였다. 전란에 시달린 유망민뿐 아니라 노비들이 관청의 추심이 미치지 않는 요양으로 이주했고, 아울러 몽고도 유망민을 받아들여 노동력을 확보하려 했다.[27] 또한 고려와 원 사이는 국경은 있되 출입자에 대한 통제

가장 많이 포로로 잡혀간 갑인년(1254년)의 206,800명은 제외되는 것이다. 쿠빌라이가 고려 백성들로서 기미년(1259년) 2월 이후부터 포로가 되었거나 유랑하여 간 자는 돌려 보내라는 명령을 이미 내린 바 있었다.(『고려사』 권36, 세가, 충혜왕 원년 2월 경인). 충렬왕이 성종에게 이를 상기시키면서 청을 넣었을 것이다.

25) 『고려사』 권31, 세가, 충렬왕 23년 4월 경자.
26) 『고려사』 권36, 세가, 충혜왕 원년 4월 경인.
27) 김현라, 「고려후기 노비제의 변화 양상」, 『부대 사학』 17집, 부산대 사학회, 1993,

는 매우 허술했다. 일반 백성들도 국경을 넘는 것을 쉬운 일로 여겼다. 1332년
9월 의주와 정주의 주민들 중에서 나라가 소란하다는 소문을 듣고 강을 건너
요동으로 넘어가는 자가 매우 많았다.[28] 하지만 중국쪽의 정세가 불안해지면
그들은 고려로 돌아왔다. 1359년(공민왕8) 11월 요동과 심양 지역에서 유랑 생
활하던 2,300호가 한꺼번에 귀화해 왔고, 홍건적의 난이 발생하자 중국쪽에 건
너간 고려 백성들 대부분이 스스로 고려로 돌아왔다.[29]

　　원 간섭기 동안 원나라에 가서 생활기반을 잡고 살아간 고려인들이 매우 많
았다. 이들 재원 고려인(在元 高麗人)의 대략적인 규모는 1354년(공민왕 3)에 있은
고우성(高郵城) 전투를 통해 추정할 수 있다. 1354년 7월, 유탁(柳濯)·염제신(廉
悌臣) 등이 고려의 정예군사 2,000명을 거느리고 원나라로 출병했다.[30] 당시 중
국 남방에서 장사성(張士誠)이 반란을 일으켜 고우성을 점령하자, 원이 장사성
을 토벌하기 위해 군사파병을 요청했고 고려가 이에 응한 것이다. 이들 파병
군인은 원이 직접 이름을 지목해서 뽑은 정예여서 이들이 떠난 뒤 공민왕은 왕
궁의 수비에 불안을 느끼고 서해도에서 궁수(弓手)를 모집해야 할 정도였다.

　　그런데 고우성 전투현장에서 실제 고려인들로 편성된 병력은 23,000명으로
대폭 불어나 있었다. 북경 지역에 거주하고 있던 재원 고려인들이 합세한 것이
다. 공민왕은 파병 군사들이 용감하게 싸운 소식을 동년 11월에 귀국한 인안(印
安)으로부터 들었다.

　　　"1354년(공민왕3) 11월 정해일, 인안(印安)이 원으로부터 돌아와서 말하기를 '태사
　　　탈탈(脫脫)이 고우성(高郵城)을 공격했다. 우리의 고려 군사들과 북경에 있던 우리나라
　　　사람들 합계 2만 3천 명이 선봉이 되었다. 성이 곧 함락되려 할 때에 달단(韃靼)지원
　　　로장(知院老長)이 우리나라 사람들이 공훈을 독차지하는 것을 꺼리어 '오늘은 날이 저
　　　물었으니 내일 이를 빼앗자'라고 말하고 군사를 퇴각시켰다. 그 날 밤에 적이 성벽을
　　　수축하고 단단히 준비함으로서 이튿날 공격하여 함락시키지 못했다. 때마침 어떤 사람
　　　이 황제에게 탈탈을 참소하여 그는 회안(淮安)으로 귀양갔다'라고 했다."[31]

　　pp.244~245.
28) 『고려사』 권36, 세가, 충혜왕 후 즉위년 9월조.
29) 『고려사』 권39, 세가, 공민왕 8년 11월 갑진.
30) 『고려사』 권38, 세가, 공민왕 3년 7월 계해.
31) 『고려사』 권38, 세가, 공민왕 3년 11월 정해.

고우성을 공격한 고려인 병력 23,000명 중 본국에서 파병한 2,000명을 빼면 북경 지역에서 충원된 군사는 21,000명이 된다. 이들 21,000명의 병사를 모병할 때 1호당 1명을 징발하고 호당 가족을 5명으로 가정하면 재원 고려인은 10만 5천명으로 추정된다. 2호당 1명은 21만명, 3호당 1명은 31만명을 넘어선다. 그러므로 당시 북경 지역에 최소 10만여 명 이상의 고려인이 고려인으로서의 특성을 간직한 채 집단을 이루고 생활하고 있었던 것이다.

재원 고려인의 대다수는 1254년에 몽고군에 잡혀갔던 포로 206,600명의 후예일 확률이 높다.[32] 이들 21만여 명의 포로들은 다른 정복지에서 잡혀온 포로들과 마찬가지로 관청 노비가 되거나 공로자의 사노비가 되었고, 일부는 노예시장에서 매매되어 서역 등지로 끌려갔다.[33]

북경 지역의 재원 고려인들은 상당수가 상업과 수공업 그리고 서비스업에 종사했을 것으로 추측된다. 포로로 끌려간 고려인 2~3세 후예들 중 상당수가 100여 년의 세월이 지나는 동안 노비 신분을 벗고 양인이 되어 상업과 서비스업에 종사하며 생계를 꾸려 나갔을 것이다. 이들은 100여 년의 세월이 지났음에도 불구하고 이국땅에서 엄연히 고려인으로서 집단 공동체를 이루고 고려의 정체성을 유지하고 살아갔던 것이다.

재원 고려인들의 집단촌을 고려촌(高廬村) 또는 고려장(高麗莊)이라고 불렸다. 이는 신라말 장보고 시절의 신라방과 유사했다. 대표적인 고려장은 북경의 조운 집결지인 통주(痛州)와 완평현(宛平縣) 지수촌(池水村)에 있었다. 재원 고려인들은 고려장을 근거지로 하여 자부심을 가지고 결집했다.[34] 고려장이 상업이 발달한 조운 집결지에 위치한 것은 원나라가 고려인 포로를 운하관리와 하역 등의 인부로 사역하기 위해 이곳에 안치했고, 이후 정착하면서 재원 고려인으로서 고려장 촌락을 구축한 때문이다. 그리고 이것은 당시 재원 고려인들이 상업과 해운업에 많이 종사하고 있었던 것을 반영한다고 하겠다.

한편 몽고가 침입할 당시 한번 싸워보지도 않고 그냥 투항해 버린 홍복원(洪福源)을 따른 무리와 국경을 몰래 넘어간 사람들은 요양과 심양 지역에서 대

32) 『고려사』 권24, 세가, 고종 41년 12월조.
33) 국사편찬위원회, 『한국사(20)-고려후기 사회와 대외관계-』, 1994, p.298.
34) 장동익, 「여·원 관계의 전개」, 『한국사』 20, 국사편찬위원회, 1994, p.299.

부분 농경에 종사했다. 이들은 총 30,000~35,000명 이상으로 추정된다.[35] 원은 북경 지역의 재원 고려인들과 요양과 심양 일대에 살고 있는 고려인들을 통치하기 위하여 심양왕(瀋陽王)을 두어 관리토록 했다.[36]

북경의 재원 고려인 사회의 번창은 고려왕의 북경 체류와 인질로 숙위하는 세자 그리고 원 황실에 종사하는 환관(宦官)과 공녀(貢女) 등이 큰 바탕이 되었다. 충렬왕은 1274년 7월에 왕으로 즉위한 이래 1308년 7월까지 35년간 왕위에 있으면서 원나라에 9번 갔으니 평균 4년에 한 번씩 간 셈이다. 신년 인사를 겸해 겨울철에 갈 때는 여행 기간이 2재월 여 정도로 짧았으나 여름철 행차는 5개월 이상이나 걸렸다. 그 이유는 원 황제 쿠빌라이가 겨울철에는 대도(大都) 북경에 머물고 여름철에는 내몽고 초원에 건설된 인공도시 상도(上都)에 머물렀기 때문이다.

충렬왕의 여름철 여행은 꼭 4월 초에 출발했다. 쿠빌라이가 5월 1일에 상도에 도착하므로 그 시기에 맞추기 위해서였다.[37] 따지고 보면 충렬왕은 여름철을 내몽고 초원의 시원한 상도에 가서 처가 식구들과 함께 휴양하며 지냈던 것이다. 충렬왕이 원나라에 가서 체류한 일수를 모두 합하면 4년 7개월이다. 1회 평균 약 6개월이 걸린 셈이다.[38] 가장 길게 체류한 기간은 약 1년 7개월이

35) 장동익, 「원에 진출한 고려인」, 『민족문화논총』 11집, 영남대 민족문화연구소, 1990, pp. 45~47.

36) 심양왕은 충선왕이 무종 황제 옹립에 공을 세운 대가로 주어졌다. 뒤에 심왕으로 개칭되었다. 충선왕은 왕위에서 물러나면서 고려 왕위는 아들 충숙왕에게, 심왕 자리는 조카인 고(暠)에게 물려주었는데, 이 때문에 고려 왕위를 둘러싸고 이 양 세력이 대립하여 충돌하는 등 분쟁을 유발했다.(김혜원, 「충숙왕 8년 심왕 옹립 운동과 그 성격」, 『이대사원』 31호, 1998, pp.27~28)

37) 원 황제 쿠빌라이는 5월 1일부터 8월 27일까지 상도에 머물다가 8월 28일 흰 암말의 젖을 뿌리는 의식을 마친 뒤 대도를 향해 출발하고, 대도에 돌아와서 생일 축하연을 벌였다. 그리고 대도에서 10월에서 다음해 2월까지 머물고, 3월 1일부터 바다 근처 야영지에서 사냥을 즐기다가 다시 상도로 갔다.(마르코 폴로, 김호동 역주, 『동방견문록』, 사계절, 2002, pp.267~268). 상도는 원의 여름 수도(首都)이며 내몽고 초원에 건설된 대리석의 거대한 궁전을 갖춘 인공도시이다. 지금은 성벽의 흔적만 남아 있다. 쿠빌라이는 그곳에 200마리 이상의 해동청과 1만마리 이상의 흰 말을 키웠다.(마르코 폴로 저, 김호동 역주, 앞의 책, pp.211~212)

38) 충렬왕의 원나라 체류기간은 『고려사』의 기록을 토대로 산정했다. 편의상 왕이 고려를 떠난 달로부터 압록강을 건너오거나 고려에 도착한 달을 기준으로 계산했다.
1회는 1278년(충렬왕4) 4월 1일 출발, 동년 9월 무자일 압록강을 건너옴(5개월)

고 가장 짧았던 기간은 약 2개월간이었다.

고려는 1279년 충렬왕의 행차와 양국 사신들의 빈번한 왕래에 도움을 주기 위해 심양과 요양 사이에 이리간(伊里干)을 설치하고 각도에서 부유한 200호를 이주시켜 살도록 했다.[39] 압록강 이남에는 각각 100호씩의 이리간 2개소를 설치했다. 초기에 이리간의 책임자는 밀무역을 단속하고 통제하는 역할도 수행했는데, 민간의 대외교역이 확대되고 국경통제가 해이해짐에 따라 도리어 밀무역을 조장하기도 했다.[40]

충렬왕의 뒤를 이은 충선왕은 재위 기간의 거의 대부분을 원의 대도에서 지냈다. 충선왕은 1308년 7월에 복위한 뒤 1313년 3월에 충숙왕에게 왕위를 물려줄 때까지 재위 약 5년 동안 처음 4개월간만 고려에 거주했다. 대신들이 고려로 돌아와 주기를 간청했으나 돌아오지 않았다. 충선왕은 왕위를 물려준 뒤 북경에 소재한 자신의 저택에 만권당(萬卷堂)을 꾸며 놓고 학자들과 교유하며 지냈다. 북경 생활이 도리어 마음 편했던 모양이다.[41] 이에 대해 북경에 거주하여 활동하는 것이 고려의 독자성을 유지하고 심양 지역을 효과적으로 통제할 수 있다는 계산이 깔려있는 것으로 보기도 한다.[42]

북경에 사는 고려인들의 입장에서는 자주 북경에 들러 상당기간 체류하는 왕과 인질로 상주해 살고 있는 세자가 구심점이었고, 생업을 영위함에 있어 대단한 정치적 배경이었다.[43] 또 다수의 수행원과 관리들의 빈번한 내왕은 자연

2회는 1278년(충렬왕4) 12월 정미일 압록강을 건너감, 다음 해 2월 정해일 압록강을 건너옴(2개월)

3회는 1284년(충렬왕10) 4월 경인일 출발, 동년 9월 갑신일 도착(5개월)

4회는 1287년(충렬왕14) 10월 무인일 출발, 동년 12월 병인일 도착(2개월)

5회는 1294년(충렬왕20) 4월 신묘일 출발, 동년 8월 을유일 도착(4개월)

6회는 1296년(충렬왕22) 9월 정해일 출발, 다음해 5월 정묘일 도착(8개월)

7회는 1300년(충렬왕26) 4월 무오일 출발, 윤8월 경진일 도착(5개월)

8회는 1302년(충렬왕28) 12월 초하루 출발, 다음해 5월 정미일 도착(5개월)

9회는 1305년(충렬왕31) 11월 무오일 출발, 1307년 5월 정축일 도착(1년 7개월)

39) 『고려사』 권29, 세가, 충렬왕 5년 6월 계묘.

40) 홍희유, 『조선상업사』, 백산자료원, 1989, p.918.

41) 충선왕은 처음 즉위했을 때 매우 의욕적으로 개혁을 추진했는데, 8개월만에 물러난 다음 10년간 북경에 머무르면서 권력에 대한 심경의 변화가 있었던 것으로 여겨진다.

42) 김광철, 「14세기 초 원의 정국동향과 충선왕의 토번 유배」, 『한국중세사연구』 3호, 1996, pp.336~337.

43) 1294년(충렬왕20) 정월 계유일에 원나라 세조가 사망했을 때, 원나라의 상제(喪制)는 몽

히 본국과의 교류와 교역의 기회를 증대시켜 주었다.

다. 기황후(奇皇后)와 재원 고려상인

칭기즈칸의 몽고제국은 유목민이 세운 정복국가이다. 소수의 정복민이 다수의 피정복민을 지배하고 수탈하는 정치체제이다. 중국의 경우 당시 5천 7백만여 중국인이 중국에 진출한 불과 1백만 몽고인의 지배를 받았다.[44] 특히 5천 3백만여의 남중국인은 최하층인 4계급으로 취급되어 가장 천대받고 멸시당했다.

원나라는 인공도시와 운하 등 정복지 통치에 필요한 대규모 기반시설을 건설하고 궁궐과 관청 등의 잡일을 처리하기 위해 피정복지로부터 수많은 사람들을 징발해서 부렸다. 사람들을 일종의 공물(貢物)로 받아 그 노동력을 수탈한 것이다. 고려는 주로 궁궐에서 일할 환관과 여자를 공물로 바쳤는데, 글 쓰는 승려들을 징발해서 바치기도 했다.

공물로 바친 여자를 공녀(貢女)라고 불렀다. 고려의 첫 공녀 징발은 1274년(원종15) 3월에 있었다. 항복한 남송(南宋) 군인들에게 처를 구해주기 위해서였다. 남편 없는 부녀 140명을 바치라는 원의 독촉이 심해 결혼도감(結婚都監)을 설치하고 그해 가을까지 홀어미, 중의 딸, 역적의 처 등을 뽑아 보내주었다.[45] 남송 군인과의 강제 결혼은 1276년 윤 삼월에도 있었다. 그 때는 바쳐야 할 공녀가 무려 500명이나 되어 과부처녀추고별감(寡婦處女推考別監)이란 특별 관청을 설치하고 전국적으로 여자들을 징발해야 했다.[46] 그녀들이 떠나는 날에 온 나

고인이 아니면 감히 황제의 빈전에 가까이 가지 못하는 법인데, 충렬왕만이 참여하는 권한을 얻었다. 사위였기 때문이다. 그러므로 왕을 수행하는 가마꾼까지도 출입이 허용되었다.(『고려사』 권31, 세가, 충렬왕 20년 정월 계유) 이것은 당시 재원 고려인 사회에 큰 화제거리가 되었고, 다른 나라 사람들과 비교해서 긍지를 가지게끔 했을 것으로 보인다.

44) 원나라 시대 중국 인구는 대략 전체 58,834천명이다. 몽고인 1,000만명, 색목인 1,000만명, 북중국인 4,042천명, 남중국인 52,792천명으로 구성되었다. 그런데 관리 구성은 고급 관리 총 1,759명 중 몽고인 397명(23%), 색목인 564명(32%), 북중국인 712명(40%), 남중국인 83명(5%)이었다.(주채혁, 「원제국하의 색목 관인과 남인 관인」, 『학림』 7호, 연세대학교 사학연구회, 1985, pp.126~132)

45) 『고려사』 권27, 세가, 원종15년 3월 임인. 고려는 원에 항복한 이후 80여 년 간 50여 차례 공녀를 바쳤다.

46) 『고려사』 권28, 세가, 충렬왕 2년 윤3월 갑자.

라는 울음바다가 되었다.

더욱 슬프고 안타까운 일은 숫처녀의 헌납이었다. 숫처녀는 나이 13~16세의 어린 동녀(童女)로 벼슬한 고관집 처녀도 예외일 수 없었다. 때문에 당시 고려사회는 숫처녀 공녀로 뽑히지 않으려고 어린 자녀를 혼인시키거나 데릴사위를 들이는 조혼(早婚)이 유행하기 시작했다. 심지어 1287년(충렬왕 13) 고려 정부는 조혼을 막기 위해 '양가집 처녀들을 출가시키려면 관청에 먼저 보고한 이후에 하라, 위반자는 처벌 한다'라는 포고문을 내렸다.[47] 이들 '숫처녀 공녀들이 양가집 처녀일 경우 황제의 후궁이 되거나 귀족 및 고관의 처 또는 첩이되기도 했다. 일반 백성들의 처녀는 궁궐의 궁녀 또는 노비로 생활했고, 군인의 처가 되었다.[48] 때로는 공녀들이 상품화되어 대륙의 인육시장(人肉市場)으로 팔려나 가거나[49] 죄를 지어 성안에 살지 못하고 성 밖으로 쫓겨나 몸을 팔아 살아가는 신세로 전락하는 경우도 있었다.[50]

재원 고려인 사회의 실질적인 밑바닥 주축은 상인들이었다. 그들은 고려인들의 친목을 도모하고 여러 곳의 고려장들 간에 정보의 연결고리를 이어 주었다. 재원 고려상인들은 세계 각국에서 몰려온 상인들과 치열한 경쟁을 해야 했다. 따라서 정부로부터 자금을 대부받거나 이권을 따고 큰 거래를 성사시켜 대상인으로 성공하기 위해서는 강력한 정치권력의 배경이 필요하므로, 그들은 재원 고려인들을 결속시키는 한편 나아가 고려인 출신들이 권력을 쟁취하고 출세하기를 희망했다.

재원 고려인 중에서 가장 출세한 사람을 들라면 기황후(奇皇后)를 꼽을 수 있다. 기황후는 행주(幸州) 출신 기자오(奇子敖)의 막내딸이다. 1333년(충숙왕 후 4년, 원순제 즉위년)에 공녀로 뽑혀 원에 갔다. 당시 원 황궁에는 이미 고려 출신 공녀가 150여 명이 있었고 환관들도 많았다. 그녀는 고려인 환관 고용보(高龍普)가 주선하여 그해 12월에 황궁에서 황제 순제에게 차를 받들어 올리는 궁녀가 되었다.[51]

47) 『고려사』 권30, 세가, 충렬왕 13년 12월 기사.
48) 유홍열, 「고려의 원에 대한 공여」, 『진단학보』 18호, 진단학회, 1957, pp.38~41.
49) 유홍열, 앞의 논문, p.41.
50) 당시 북경에는 돈을 벌기 위해 남자에게 매음하는 여자들이 2만명이 넘었다. 이들은 성벽 주변에서 살았고 감시 감독을 받았으며, 이들의 손님은 대개 외국 상인들과 사신 일행들이었다.(마르코폴로 저, 김호동 역주, 앞의 책, pp.268~269)
51) 황원갑, 『한국사를 바꾼 여인들』, 책이 있는 마을, 2002, pp.373~377.

기황후의 몽고식 이름은 완자홀도(完者忽都)이다. 그녀는 빼어난 미모에다
가 총명하고 경전과 역사에도 능통할 뿐 아니라 세련된 교양까지 갖추어서 순
제(順帝)의 총애를 받았고, 1339년에 아들 애유식리달랍(愛猷識理達臘)을 낳았
다.[52] 순제는 열두살되던 1329년에 부황인 명종(明宗)이 암살당하는 권력투쟁에
휘말려 고려의 대청도(大靑島)로 유배된 적이 있다.[53] 그래서인지 고려인에 대
한 친밀감을 가졌던 모양이다. 기황후는 황후 다나시리(答納失里)가 1336년 7월
사망하자, 궁중의 권력 투쟁을 거쳐 1340년 4월 제 2황후로 책봉되었다. 이것
은 몽골인 외는 황후로 삼지 말라는 몽고 황실의 전통을 깨뜨린 대사건이었
다.[54] 보잘 것 없는 고려 공녀 출신에 불과한 기황후는 각고의 노력을 기울여
아들을 황태자로 만들었고 드디어 1365년에 정후(正后)가 되었다. 그녀는 아들
을 황태자로 책봉되게 하여 원제국의 최고 통치자인 황제로 등극할 수 있는 기
회를 잡았던 것이다.

기황후 때에는 궁궐에서 일하는 여자들의 태반이 고려 여인이었고 고려 음
식, 의복, 신발과 모자 등 고려풍이 유행했다. 기황후가 제 2황후로 봉해진 그
해에 자정원(資政院)이라는 황후의 부속 관청이 설치되었다.[55] 자정원의 초대
책임자는 고용보가 맡았고 점차 고려인들의 총 결집처로 변해갔다. 또 몽고출
신 관리들도 이에 가담하여 자정원당이라는 당파까지 결성되었다.[56] 자정원당
은 세력이 점차 강해져서 순제로 하여금 황제 자리를 황태자에게 물려주라고
압박하기도 했다.

순제는 1368년 주원장이 세운 명(明)에 쫓겨 내몽고로 달아났고 1370년에
사망했다. 기황후의 아들인 황태자가 뒤를 이어 즉위했는데 그가 곧 북원(北元)
의 소종(昭宗)이다. 기황후가 언제까지 생존했는지는 확인되지 않으나, 그녀는
아들이 황제로 즉위한 것을 지켜보았을 것이다. 그녀는 비록 원제국이 아닌 내
몽고의 북원이지만 아들을 황제로 등극시키는 꿈을 마침내 실현했다.[57]

---

52) 정구선, 「고려말 기황후 일족의 득세와 몰락」, 『동국사학』 40집, 2004, pp.172~173.

53) 황원갑 앞의 책, p.377.

54) 유흥열, 앞의 논문, p.43.

55) 薛磊, 『元代宮廷史』, 天津:百花文藝出版社, 2008, pp.267~268.

56) 한국역사연구회, 『고려시대 사람들은 어떻게 살았을까』(2), 청년사, 2003, p.148.

57) 황원갑, 앞의 책, p.391.

원나라 정치를 좌지우지한 기황후를 만들어낸 배후 실체는 누구였을까? 고용보·박불화(朴不花) 등 몇몇 고려 출신 환관들이 몽고 귀족 등 쟁쟁한 반대 세력을 물리치고 권력을 쟁취했다고는 믿어지지 않는다. 기황후는 원제국의 절대권력을 한번 장악해 보려는 재원 고려인들의 치밀한 계획과 결속 그리고 치열한 투혼의 산물이었다. 그냥 어떻게 하다 보니 얻어진 횡재가 아니다.

기황후의 가장 큰 배후는 재원 고려상인이었을 것으로 보인다. 기황후는 권력 있는 대신들을 자기편으로 끌어들이기 위해 고려 미인을 보내 그의 사랑을 빼앗고 마음을 사로잡도록 했다.[58] 기황후가 영향력 있는 인사들에게 미인계를 쓰든지 뇌물을 주든지 간에 막대한 비용이 소용될 터인데, 그 비용의 상당분을 성공한 재원 고려상인이 지원했을 것이다. 결론적으로 기황후는 원 제국의 권력 핵심부를 한번 차지해 보겠다는 재원 고려상인의 야심에 찬 투혼과 상혼이 어우러져 빚어낸 걸작품이라고 할 수 있다.

오늘날 우리나라의 거의 대부분의 역사서는 친원(親元) 세력을 단순히 부원배(附元輩)라는 한마디로 통칭해서 부르고 있다. 부원배라는 말에는 침략한 나쁜 원나라에 빌붙어서 사리사욕을 채우기 위해 고려를 핍박한 못된 무리라는 뜻이 담겨 있다. 또 이 말에는 중국에 대해 사대(事大)하는 것과는 달리 몽고에 사대하는 것을 못마땅해 하는 미묘한 사대주의의 잔영이 서려 있기도 하다. 이것은 우리나라 역사상 부명배(附明輩), 부청배(附淸輩) 등의 용어를 사용하지 않는 것과 비교하면 이를 짐작할 수 있다.[59] 따라서 '부원배의 도움을 받아서 기씨 여인이 원나라의 황후가 될 수 있었다'[60]라는 식의 해설은 적절하지 않다.

기황후는 고려를 핍박하려고 또는 고려로부터 그 어떤 보상을 받거나 고려에 영향력을 행사할 목적으로 황후 자리를 차지하고 아들을 황태자로 세운 것은 아니다. 그녀를 키우고 협력한 사람들도 고려를 안중에 두고 원 황실의 여

---

58) 한국역사연구회, 앞의 책, pp.148~149.

59) 기철, 김용 등 부원배를 친원파라고 할 수 없다. 친원파 또는 친명파라고 하면 어디까지나 상대적 의미를 갖고 있어서 단독으로 존재할 수 없기 때문이라는 견해가 있다.(김성준, 「친원파와 친명파의 대립과 요동정벌」, 『한국사』 20, 국사편찬위원회, 1994, pp.361~362). 필자는 이 견해도 명확하지 않다고 생각한다. 오늘날 미국에 대해 반미파, 친미파라는 용어를 사용할 수 있듯이 꼭 두 나라를 상대적으로 비교할 때만 쓸 수 있고, 단독으로 쓰면 안 된다고 단정할 수 없기 때문이다.

60) 한국역사연구회, 앞의 책, p.147.

러 세력과 싸우며 권력을 쟁취해 나간 것은 아니다. 그러므로 원제국을 손아귀에 넣어 장악하고 지배해 보겠다는 원대한 포부와 목표를 가지고 투지를 불사른 기황후 등을 한마디로 부원배 운운하여 깎아 내릴 수는 없다. 물론 기황후의 오빠 기철(奇轍)과 그 일족 등이 기황후 덕에 벼락출세를 해서 공민왕과 대립하고 토지를 탈점하는[61] 등 권력의 횡포를 부렸지만, 이로써 기황후를 싸잡아 비난할 일은 아니다. 더구나 고려 내 기황후 일족의 횡포와 딸을 몽고 황실에 바치고 그 대가로 벼슬을 얻고 권세를 누린 자들의 폐단을 핑계 삼아 기황후를 비롯한 재원 고려인들의 투혼과 상혼을 모른 채하고 그들이 이룬 성과를 대수롭지 않게 여겨서는 안 된다.[62]

2. 상인의 죽음과 고려 멸망

가. 원 간섭기 고려의 수출경제

원 간섭기 동안 예성항을 중심으로 한 해상무역은 송대(宋代)에 비하여 그리 활발하지 않았다. 압록강을 건너다니는 육상무역이 성행했기 때문이었다. 육로를 통한 중국 대륙과의 교역은 해상 교역보다 안전성이 높았고 적기에 물품을 수급할 수 있는 이점이 있었다. 특히, 육로를 이용한 교역은 행상 등 소상인들의 활동 영역을 크게 넓혀주어 이들이 중국 대륙 깊숙이까지 뻗어나갈 수 있게 했다.

---

61) 기철은 누이동생이 황후로 책봉되자 원나라의 고위 벼슬을 받았다. 고려에서도 덕성부원군(德城府院君)에 봉해졌다. 또 딸을 순제에게 바친 권겸(權謙)과 결탁하여 세력을 키우고 공민왕과 대립했다가 역모죄로 권겸과 함께 처형되었다.(『고려사』 권31, 열전44, 기철전)

62) 원나라를 통해 고려의 신분 차별과 노비제도를 고치려고 줄기차게 시도한 자들 역시 부원배라고 치부해야 할지 따져보는 일이 필요하다. 고려를 원의 한 성(省)으로 바꾸어 원에 편입해 버리자는 주장을 한 자는 분명히 문제가 있지만, 이와 달리 고려의 세습노비 제도를 개선하자고 주장한 자까지 그냥 부원배라고 몰아 세움으로써 세습노비 제도의 개혁을 반대하고 스스로 개혁하지 못한 고려의 지배계층에 면죄부를 줄 수는 없다는 게 필자의 생각이다. 비록 원의 힘을 빌려서라도 개혁해 보려 했던 그들의 주장이 비인간적인 세습노비제를 혁파하고 고려의 차별적 질서체제를 개혁해 보려는 순수한 의도에서 나왔다고 볼 수 있는 측면도 있다고 생각되기 때문이다. 따라서 부원배라는 통칭은 이제 개별적인 경우에 따라 가르마를 타고, 각각에 꼭 알맞은 명칭을 부여하는 일이 중요하다. 그렇게 해야만 고려인들이 원에서 이룬 대륙을 향한 투지와 투혼 그리고 상혼을 옳게 되새길 수 있을 것이다.

고려는 건국 초부터 상업을 장려한 나라였다. 고려사회는 귀족, 관리, 승려 그리고 백성들 모두가 장사를 하여 이익을 얻는 것을 당연한 일로 여겼다. 『송사』에는 '귀족이나 백성이나 모두 장사를 하여 이익을 얻으려고 시장에 나가 쌀이나 포(布)로써 교역을 한다'라고 기록되어 있다.[63] 충렬왕 때 부자 관리로 유명한 송분(宋玢)은 여진과 불법 교역을 하다가 발각되어 탄핵을 받았다. 심지어 왕과 왕비도 상업 이익에 눈을 돌리고 교역에 직접 참여하자, 원 정부에서 고려왕이 장사로 이익을 얻기 위해 너무 열중한다며 비난하기도 했다.[64]

상인들은 왕실 및 권문세족과 결합하여 어용상인으로 또는 독자적으로 교역에 나섰다. 원제국의 광대한 경제권 내에서의 수십년 간의 평화적인 교역은 상업의 발전을 가져왔고 고려의 경제력을 신장시켜 주었다. 이 시기에 활약한 익재(益齋) 이제현(李齊賢)은 그가 저술한 『익제난고(益齊亂藁)』에서 부잣집은 금과 옥으로 그릇을 만들고 장사꾼의 아내도 비단옷을 입고 다닌다며 평화기의 부유함을 토로했다.[65] 또 재상들이 국사를 논하는 공적인 엄숙한 자리에서 조차 시장의 소금 값과 쌀 값을 들먹이며 사사로운 재산 증식을 이야기하고 있다고 술회하기도 했다.[66]

원 간섭기에 국왕 측근으로 일컬어지는 신흥 정치권력층이 상업을 통해 부를 축적해 나갔다. 이들은 환관 · 통역관 · 시종 무관과 어용상인 그리고 매를 사육하는 응방(鷹坊)관계자 등으로 출신 성분이 매우 다양했다. 하지만 대개가 문벌귀족(文閥貴族)과는 달리 유교적 소양이 부족하여 과거보다는 음서(蔭敍) 등 비정상적인 방법을 통해 관리로 진출했다.[67] 또 보잘것 없는 집안에서 스스로의 힘으로 출세했기 때문에 자신의 권력기반을 강화하고 지속시켜 나가기 위해 경제력 확충에 정열을 쏟았다.[68] 원과의 밀접한 관계 또는 왕의 총애를 이용하여 자신들의 권력과 경제력을 키워갔다. 불법적으로 토지를 탈점하는가 하면

63) 『송사』 권487, 열전246, 외국3, 고려.
64) 『원사(元史)』 권174, 열전61, 요수(姚燧).
65) 『익재난고(益齋亂藁)』 9권, 책문(策問).
66) 『역옹패설(櫟翁稗說)』 전집1, 합좌(合坐).
67) 김영수, 「고려 공민왕 대 초반기(공민왕 1~5년)의 개혁정치와 반개혁정치의 대립」, 『한국정치연구』 6호, 서울대학교 한국정치연구소, 1997, pp.145~146.
68) 김광철, 「충렬왕대 측근세력의 분화와 그 정치적 귀결」, 『고고역사학지』 9호, 1993, pp.292~296)

양민을 노비로 투탁시켜 대규모 농장을 조성하는 경우가 허다했다. 그리고 이곳에서 산출된 생산물을 국내 시장에 내다 팔거나 수출하여 막대한 이익을 올렸다.

고려말 상업의 활성화는 권문세족의 상업활동 참여, 왕실 어용상인의 활약 등으로 과열되는 경향이 있었다. 이로 인해 상행위에 부당한 권력 개입이 자행되었다. 예를 들면 서북면의 상인들은 돈을 주고 무관직인 천호(千戶) 벼슬을 산 다음, 이를 기반으로 하여 백성들을 상대로 강매 행위를 도모했다.[69] 일반 상인들이 돈으로 권력을 사서 이를 상행위에 이용하려 획책한 것이다.

조선 건국의 이론가로 정도전과 쌍벽을 이룬 조준(趙浚, 1346~1405)이 우왕을 폐위시키고, 1388년 8월 새로 옹립한 창왕(昌王)에게 올린 다음의 상소문을 통해 고려말 권세가들의 왕성한 상업 활동을 짐작할 수 있다.

"상인들이 다투어 권세 있는 집안에 청탁하여 천호(千戶)의 벼슬을 얻어 별의별 방법으로 가렴주구를 하고 있습니다. 앞으로는 (서북면)도의 원수에게 명령하여 위신이 있고 백성의 신망을 받는 자들을 천호로 임명하고 자주 바꾸지 마십시오. 권세 있는 집에서는 앞을 다투어 외국과 무역을 일삼으면서 초피(貂皮)·잣·인삼·꿀·황랍(黃蠟)·쌀·콩 등 거두어들이지 않는 것이 없습니다. 백성들이 매우 고통스럽게 여기며 늙은이를 부축하고 어린 것을 데리고 강을 건너 서쪽으로 가고 있으니 참으로 통곡할 일입니다. 앞으로는 강제로 사는 것을 일체 금지하고 그 위반자는 법에 의하여 엄중히 처벌할 것이며, 전에 처단된 악당들이 강제로 사간 물품들로서 아직 채 거두어 가지 못해 민간에 남아 있는 것은 모두 몰수하기 바랍니다."[70]

조준의 상소(上訴)는 권세 있는 집에서 무역을 일삼고 상인들이 탈법을 자행한다며 싸잡아 비난하고, 이에 대해 규제대책을 강력히 추진할 것을 역설했다. 조준은 이성계의 신흥 세력을 대표하여 앞으로 타도해야 할 대상으로 상업 세력을 지목하고, 상거래 규제를 강화할 것과 위법시 물품을 몰수하고 처벌할 것을 촉구한 것이다. 따라서 이는 상업 세력을 본격적으로 탄압하기에 앞서 빌

---

69) 천호는 원 간섭기에 원으로부터 도입된 무관 직위이다. 다스리는 민호(民戶)의 수에 따라 만호(萬戶) 또는 천호의 직책을 주었다. 공민왕 후기부터 고려의 독자적인 무관직으로 정착되었고 조선시대에는 5~6품직으로 정해졌다.

70) 『고려사』 권118, 열전31, 조준전. 『고려사절요』 권26, 신우 14년 8월조.

미를 여는 시도로 볼 수 있다.

또 조준은 권문세족 등 권세 있는 집에서 강제 매매를 함으로써 백성들이 괴롭힘을 당하고 있다고 강조했다. 당시 강제 매매는 반동(反同)과 억매(抑買) 등이 있었다. 반동은 말 그대로는 반대로 되돌려서 동등하게 거래한다는 뜻이지만 실제로는 반동을 당하는 백성들은 큰 피해를 입었다. 지주들이 소작료 등을 받았을 때 자신이 필요한 양만 가져가고 나머지는 소작료 등을 낸 백성들에게 억지로 되팔아 이득을 챙김으로써 백성들은 필요 없는 물품을 강제로 비싸게 사야만 했다.[71]

억매(抑買)는 초피·인삼·잣·꿀 등을 권력의 힘을 빙자(憑藉)하여 강제로 사들이는 것을 말한다. 값을 제대로 쳐주지 않거나 생산량이 적은 곳에 많은 물량을 할당하고 기일을 정해 독촉하기 때문에 책정된 물량을 대지 못한 사람들이 다른 지역에서 사가지고 와서 물량을 채우기도 했다.

그러나 조준이 지적한 억매의 폐단은 권세가의 상행위를 비난하기 위해 지나치게 과장한 측면이 없지 않다. 억매는 상품교환시장이 발달하지 않은 상황에서 무역 특수가 발생했을 때 단기적으로 항상 일어날 수 있는 경제현상이라는 점을 염두에 두어야 한다. 당시 원나라의 무역 특수는 대단한 규모였고 품종에 따라 수출품을 국내 시장을 통해 구입할 수 있을 만큼 시장 구조가 발달하지 않았기 때문에 억매는 일정 부분 불가피한 상황이었다.[72]

무역 특수가 초과생산을 장려하는 면을 과소 평가해서는 안 된다. 농산물 또는 수공업품의 수출은 그것이 초과생산물이거나 잉여생산물일 경우 추가 소득을 얻게 하는 매우 바람직한 효과를 가진다. 고려의 모시·인삼·잣 등은 당시 경쟁력 세계 1위의 상품이었다. 따라서 모시 수출을 증대하기 위해서는 타 작물 재배면적을 줄이고 모시의 재배면적을 늘리는 방향으로 농장의 경영 형태를 바꾸어야 할 필요성이 제기된다. 그리고 수출용 인삼과 잣의 채취는 농민과 노비 등의 노동력을 최대한 동원해야 가능한 일이다.

---

71) 반동은 승려와 무리배들이 불공을 청탁하고 권세 있는 자의 편지를 받아 가지고 고을의 수령들에게 찾아다니면서 백성들에게 쌀, 베 등을 빌려주고 나중에 고리의 이자까지 붙여서 받아 가는 것을 의미하기도 한다.(『고려사』 권135, 열전48, 신우 9년 8월조)

72) 위은숙, 「원 간섭기 대원무역-노걸대를 중심으로-」, 『지역과 역사』 4호, 부산경남역사연구소, 1997, pp.66~67.

수출경제에 있어서 수출을 지속적으로 성장시켜 나가기 위해서는 생산기반
을 파괴하는 자원의 남획이 자행되어서는 안될 뿐 아니라 가혹한 노동착취(搾
取)로 인해 노동의 재생산구조가 훼손되지 않아야 한다. 전쟁 포로, 노비 등 노
동력의 추가 투입이 없는 한 자체의 노동 재생산구조는 보호되어야만 하는 것
이다.

고려의 수출이 비록 권세가와 상인들이 주도한 것이지만, 상품교환시장이
발달하지 않는 시대에 다반사로 일어날 수 있는 억매의 폐단을 부각시키고, 수
출 그 자체가 고려 경제와 민중 생활에 나쁜 영향을 끼쳤다고 일방적으로 폄하
해서는 곤란하다. 수출은 그 담당자가 누구이든지간에 수출이 초과생산물 또는
잉여생산물을 대상으로 한다면 매우 바람직한 일이다. 억매가 유휴 노동력을
흡수하고 노동의 강도와 질을 높여 초과생산체제(超過生産體制)로 전환하기 위한
일시적인 조치라면 나쁘게만 볼 수 없다. 만약 대가 있는 일시적인 억매가 지
속적인 초과생산체제를 구축한다면 장기적으로 바람직한 일인 것이다. 물론 억
매로 인해 노동의 재생산 시스템이 손상을 입는다면 달리 평가를 받아야 함은
마땅하다. 따라서 억매로 인한 폐해를 따지기보다 무역 특수를 맞아 국내 시장
이 상품경제체제(商品經濟體制)로 발전되어갔느냐, 아니면 왜 발전하지 못했는지
등을 찾아보는 일이 더욱 중요하다고 하겠다.

원 간섭기 상품경제체제가 발달하지 않은 상황에서 무역 특수를 대기 위한
수출품 억매가 무역 주도층인 권문세족이나 대상인에게 이익을 몰아주는 반면
에 농민들은 광범위하게 수탈을 당하게 되었다고 단정해서는 안 된다. 원 간섭
기 수출경제에 편입된 농민들의 생활 형편이 다른 시기의 수출 관련 농민 또는
타 작물재배 농민들보다 특별히 나쁘고 어려웠다고 쉽게 예단하거나 규정지을
수 없기 때문이다.

나. 공민왕의 3차례 요동정벌

공민왕은 1355년 5월 고우성 전투를 치루고 귀국한 만호(萬戶) 권겸(權謙)
과 인당(印瑞)으로부터 남중국의 반란 상황과 이를 효과적으로 제압하지 못하
는 원나라 군대의 허실을 상세히 보고 받았다.[73] 당시 남중국은 1348년(충목왕4)

---

73) 『고려사』 권38, 세가, 공민왕 4년 5월조.

절강성에서 방국진(方國珍)이
반란을 일으켰고, 1351년(공민
왕 즉위년) 하북성에서 한산동
(韓山童), 한교아(韓咬兒), 유복
통(劉福通) 등이 주동한 홍건적
이 일어났다. 1353년에는 장
사성(張士誠)이 반란을 일으켜
고우성을 점령했다. 이 때에
고려 원정군 2,000명이 고우성
의 장사성 토벌전에 참가한
것이다.

공민왕릉

공민왕은 원나라가 혼란에 빠져 있다는 소식에 고무되어 원으로부터 자주
독립을 쟁취하기 위해 의욕적으로 추진하다가 좌절된 바 있는 반원정책과 개혁
정치를 다시 추진하기로 했다.

공민왕은 즉위하자 곧 몽고풍의 변발(辮髮)을 중지하고[74] 특별 행정관서로
인사권을 전횡했던 정방(政房)을 혁파했다.[75] 전민변정도감(田民辨正都監)을 설치
하여 귀족, 사원, 궁실 등이 탈점한 토지와 노비 등을 조사해서 본 주인에게
돌려주도록 조치했다.[76] 하지만 이러한 개혁조치는 기철(奇轍) 등 친원파 권신
들의 방해를 받아 효과적으로 추진되지 않았고 흐지부지해지고 말았다. 공민왕
은 어쩔수 없이 반원 정책의 추진을 접을 수밖에 없었다.

공민왕은 권겸과 인당으로부터 중국의 혼란과 무기력하게 쇠퇴해 가는 원
의 정황을 듣고 개혁을 반대하는 기철 일당을 제거하고자 결심했다. 비밀리에
치밀하게 계획을 세우고 준비를 하여 꼭 1년 뒤 1356년 5월, 기황후의 비호를
받던 기철·권겸·노책(盧頙) 등을 궁정 연회에 초청한 다음 연회장에서 살해했
다. 그리고 즉시 개경에 비상계엄을 선포하고 잔당들도 색출하여 처형했다.[77]

---

74) 『고려사절요』 권26, 공민왕 원년 정월조.
75) 『고려사』 권38, 세가, 공민왕 원년 2월 을해.
76) 『고려사』 권78, 지32, 식화1, 전제, 경리, 공민왕 2년 11월.
77) 『고려사』 권131, 열전44, 기철전. 노책은 연회에 미처 참석하지 못했는데 집으로 가서
    잡아 죽였다. 남중국 정세를 보고한 권겸도 친원파로 숙청 대상이었다. 권겸의 예를 보

쌍성총관부, 동녕부

그러나 친원파 세력의 본거지인 쌍성총관부(雙城摠管府)와 동녕부(東寧府)가 건재하는 한 언제든지 말썽이 일어날 소지가 있어 공민왕은 이 두 곳을 공격해서 그 뿌리를 뽑으려 했다. 잔존한 기철 일당들이 동녕부로 도망하므로 먼저 동녕부쪽을 공격했다. 인당(印璫)이 이끈 고려군은 1356년 6월 압록강을 건너 파사부(婆娑府) 등 세 개의 병참 기지를 공격하여 격파했다.[78] 기철과 권겸을 숙청한 지 15일 만에 압록강을 건너 세 곳의 병참기지를 쳐부술 정도로 작전은 신속히 전개되었다.

쌍성총관부의 공격은 순탄하지 못했다. 쌍성총관부는 1258년(고종 45) 토착 세력인 조휘(趙暉)와 탁청(卓靑)이 고려를 배반하고 원에 항복하자, 원은 이 곳에 총관부를 두고 조휘를 총관, 탁청을 천호로 하여 다스리게 했다. 고려군은 조씨와 탁씨 세력들이 완강하게 저항하므로 1년여의 전투를 치루고 1356년 7월에 비로소 함락시킬 수 있었다.[79] 이로서 원에 빼앗겼던 국토를 98년만에 완전히 수복(收復)했다. 쌍성총관부의 수복에 이성계의 아버지 이자춘(李子春)이 고려군이 공격할 때 안에서 내응하여 공을 세웠다.[80] 이자춘은 당시 천호의 지위에 있었다. 조씨 집안과 혼인관계를 맺고 잘 지냈지만, 원의 세력이 약화되자, 고려 편으로 돌아섰던 것이다.

공민왕의 국토 수복과 반원 정책의 추진은 결코 쉬운 일이 아니었다. 비록

아 숙청 계획이 극히 비밀리에 추진되었음을 알 수 있다.

78) 『고려사』 권39, 세가, 공민왕 5년 6월 계축. 동녕부 공격은 압록강을 건너 8개의 병참을 공격할 계획이었다. 나머지 5개 병참의 공략 여부는 기록상 명확하지 않지만 모두 공략했을 것이다.

79) 『고려사』 권39, 세가, 공민왕 5년 7월 정해.

80) 이자춘은 공민왕 4년에 고려에 입조하여 공민왕을 면담하고 친고려적 입장을 직접 말할 기회를 가졌었다.(민현구,「고려 공민왕의 반원적 개혁 정치에 대한 일고찰」,『진단학보』68호, 진단학회, 1989, pp.70~71)

원나라가 쇄락해지고 있었지만 아직은 무시할 수 없는 강국이었다. 원은 80만 대군으로 고려를 침공하겠다고 협박하면서 한편으로 회유책을 쓰자 고려는 고민하지 않을 수 없었다.[81] 정면으로 대결할 것인가 아니면 화해를 청할 것인가? 만일을 염려하여 남경으로 천도할 것도 검토했지만 일단 화해하는 쪽으로 방향을 잡았다. 화해를 하기 위해서는 기철 일당의 처형과 쌍성총관부와 동녕부를 공격한데 대한 해명이 필요했다. 결국 요동정벌군을 이끌고 압록강을 건너 동녕부 병참기지를 공략한 서북면 병마사 인당(印璫)이 희생양이 되었다.

공민왕은 1356년 7월 무신일에 인당을 처형했다. 그리고 '변방 요소에 군사를 두어 수비케 하였으나 관리와 군인들이 강을 건너 군사행동을 한 것은 사실 나의 본의가 아니었다'[82]라는 내용의 표문을 원에 보냈다. 인당은 압록강을 건너 요동을 공략한 지 55일 만에 요동을 공략한 죄를 뒤집어쓰고 죽었다. 나라를 위해 자신을 희생한 것이다.

인당의 처형은 원나라와 맞서 싸울 수 있을 만큼 국력이 강력하지 못한 고려의 한계였지만, 압록강 유역과 영흥 이북의 함경도 땅을 거의 100년만에 되찾게 된 것은 큰 수확이었다. 그것은 국토수복을 위해 스스로를 희생한 서북면 병마사 인당의 값진 승리이기도 했다.

공민왕은 이 이후에도 요동을 두 차례 더 정벌했다. 모두 합쳐 세 번에 걸쳐 요동정벌을 감행한 것이다. 두 번째 정벌은 이성계가 앞장 섰다. 이성계가 동북면 원수, 지용수(池龍壽)가 서북면 원수였고 양백연(楊伯淵)이 부원수였다. 이성계는 1370년(공민왕 19) 정월에 기병 5천명과 보병 1만명을 거느리고 압록강을 건너 동녕부를 공격했다. 동녕부의 고안위(高安慰)가 우라산성(亏羅山城)에서 저항했지만 이를 함락시켰다. 그리하여 동쪽은 황성(皇城), 북쪽은 동녕부, 서쪽은 바닷가, 남쪽은 압록강까지의 요동 지역에서 원나라 세력은 종적을 감추게 되었다.[83] 고려군이 승리하자 항복해 온 민호가 1만을 넘었고 귀순하여 오는 자가 시장에 가는 사람처럼 많았다고 한다.

세 번째 요동정벌은 1370년 11월 2일에 있었다. 제2차 정벌 때와 마찬가

---

81) 김순자, 『여말선초 대원명관계 연구』, 연세대학교 박사학위논문, 2000, pp.30~38.

82) 『고려사』 권39, 세가, 공민왕 5월 7월 정유.

83) 『고려사』 권42, 세가, 공민왕 19년 정월 갑오.

지로 이성계와 지용수가 군사를 인솔했다. 압록강은 의주 인근에 부교를 가설하여 건넜다. 고려군의 진격은 매우 신속하여 압록강을 건넌지 불과 이틀만에 요동성(遼東城)까지 쳐들어가 함락시켰다. 이는 요동 벌을 지나는 동안 그야말로 무인지경으로 아무런 저항을 받지 않았다는 사실을 말해준다. 그런데 고려 군사들은 다시 압록강을 건너 돌아오고 말았다.

이성계와 고려 군사들은 왜 요동성을 점령한 후 이를 차지하지 않고 돌아왔을까? 더군다나 도평의사사(都評議使司)에서 동녕부에 '요·심 지방은 본래 고려의 옛 강토이다'라는 내용의 자문(咨文)을[84] 보내고, 또 강계 만호부로 하여금 요양과 심양 사람들에게 다음과 같이 귀순 권유 포고문을 내걸며 요양 지역이 우리 땅임을 거듭 밝히면서도, 왜 이를 차지하려는 의지를 가지고 이를 관철하지 않았을까?

> "요양은 본시 우리나라 지경이다. 대군이 또 나가면 선량한 백성들에게 피해를 끼칠 우려가 있다. 백성 중에 압록강을 건너 와서 우리 백성이 되려는 자에게는 양식과 종자 곡식을 주어 그 생업을 안착케 하겠다."[85]

공민왕의 제2차, 제3차 요동정벌 때에 요동은 비어 있었다. 당시는 원나라가 명나라의 힘에 밀려 북원(北元)으로 밀려나고 명은 아직 요양 지역까지 진출하지 않았다. 그럼에도 이성계와 고려 군사들은 서둘러 돌아왔다.

이후 요양 지역은 1371년(공민왕 20) 4월에 요양성 평장(平章) 유익(劉益)이 명에 귀순함으로써 명이 차지해 버렸다.[86] 그런데 유익은 명에 귀순하기 한 달 전에 만약 명에 귀순하면 명에서 요양 지역의 주민을 변방으로 이주시키지 않을까 근심하고 본래 요양이 고려 땅이므로 고려에 요청하면 이주를 모면할 수 있을까 하여 고려에 사신을 파견한 적이 있다.

따라서 요양 지역은 당시 고구려를 계승한 고려의 역사적 연고권이 일반적으로 인정되고 있었고, 실제적으로도 재원 고려인을 중심으로 한 연고 기반이

---

84) 『고려사』 권42, 세가, 공민왕 19년 12월 정사. 고려는 자문에서 동녕부를 공격한 것은 기철 일당인 기세인첩목아(奇賽因帖木兒)를 체포하기 위해서였다고 둘러댔다.

85) 『고려사』 권42, 세가, 공민왕 19년 12월 정사.

86) 『고려사』 권43, 세가, 공민왕 20년 4월 무술.

단단했다.[87] 따라서 이성계가 동녕부를 공략하고 요동성을 점령했을 때에 서둘러 돌아오지 않고 장기 주둔하며 전력을 다해 사수했다면, 이를 영구히 차지할 수 있었을 지도 모른다. 아니면 명(明)과의 영토 획정에 있어서 유리한 입장을 확보하는 큰 성과를 얻을 수 있었을 것이다.

공민왕은 원을 몰아내고 자주 독립을 쟁취하려 전력을 기울였다. 정부 조직도 원나라식의 직제를 폐지하고 전통을 찾아 문종(文宗) 대의 고려직제로 되돌렸다.[88] 풍속도 고치려고 1357년(공민왕6) 9월에 관리와 여자들의 옷 색깔을 검은색으로 바꾸었다. 원의 잔재를 지우고 토풍(土風)을 진작시키려 한 것이다.[89]

하지만 공민왕은 홍건적의 침입 때문에 반원 정책을 포기하고 다시금 친원 정책으로 돌아서야 했다.[90] 정부 직제를 원나라식으로 되돌려 바꾸는 등 원의 비위를 맞춰 주고, 원에 압록강을 넘나드는 홍건적 퇴치를 요청했다.

홍건적(紅巾賊)은 머리에 붉은 두건을 매어서 붙여진 이름이다. 1351년 황하강(黃河江) 수리 공사의 노역부 징발문제로 민심이 동요한 틈을 타서 한산동과 유복통 등이 반기를 들었다. 홍건적은 삽시간에 중국을 휩쓸었다.

고려에 침입해 온 홍건적은 요동 지방으로 진출한 홍건적을 원나라가 공격하자 힘에 밀려서 압록강을 넘어 온 잔당이었다. 홍건적의 침입은 두 번 있었다. 1359년(공민왕 8) 12월에 홍건적 4만 명이 서경(西京, 평양)을 점령했다. 하지만 고려는 2개월만에 압록강 밖으로 몰아내었다.[91] 1361년 10월, 홍건적 10만여 명이 재차 침입해 개경을 공격하자 공민왕은 안동(安東)으로 피난을 갔고,

---

87) 황운룡, 「고려 공민왕대의 대원명 관계 ─관제개혁을 중심으로─」, 『동국사학』 14호, 동국사학회, 1980, pp.11~12.

88) 공민왕은 집권하는 동안 총 7차에 걸쳐 관제 개혁을 시도했다. 이는 대륙의 정세변동을 효과적이며 능동적으로 고려의 국권회복에 밀착시키기 위한 적극적인 조치라고 볼 수 있다.(황운룡, 앞의 논문, p.14)

89) 『고려사』 권39, 세가, 공민왕 6년 9월 무신. 우리 민족을 일컬어 백의민족이라고 하며 항상 흰옷을 즐겨 입었던 것으로 대개들 믿는다. 그러나 검은 옷이 토풍에 맞는다고 여겼던 시대가 있었음을 유의해야 한다. 몽고복의 완전 폐지는 공민왕 13년 6월에 있었다.(『고려사』 권72, 지26, 관복 통제, 공민왕 6년 9월). 복색 제도는 1372년(공민왕19) 8월에 명나라식으로 바뀌었다.

90) 김경록, 「공민왕대 국제정세와 대외관계의 전개양상」, 『역사와 현실』 64집, 한국역사연구회, 2007, p.228.

91) 『고려사』 권39, 세가, 공민왕 9년 2월 계유.

이 때의 피해가 매우 극심했다. 개경을 점령한 홍건적이 물러나지 않고 저항하므로 고려가 군사 20만을 동원하여 개경을 포위하고 전투를 벌였기 때문이다.[92] 홍건적이 개경을 사수하고 고려군이 이를 쳐부수는 꼴이 된 것이다. 이로 인해 개경은 엄청난 피해를 입었다. 궁궐은 불타고 민가는 폐허로 변했으며 상업기반도 많이 파괴되었다.

다. 원·명 교체와 조공무역

고려는 홍건적으로 인해 어쩔 수 없이 원과 우호관계를 유지하고 있던 상황에서 새로운 왕조 명(明)의 등장을 맞았다. 1368년 정월 초 주원장(朱元璋, 1328~1398)이 국호를 명(明), 연호를 홍무(洪武)라 하고 남경(南京)을 수도로 하여 나라를 세웠다.[93]

명이 건국된 사실은 18일 후 원 요양성 평장(平章) 홍보보(洪寶寶)가 '명나라의 병세(兵勢)가 굉장하니 방비에 전력을 청한다'라는 내용을 통보함으로서 고려에 알려졌다.[94] 고려가 두 번째로 접한 명나라 소식은 동년 8월에 '명의 군사가 원의 수도 북경을 포위하여 대단히 위급하다'라는 내용이었다.[95] 이 역시 요동의 홍보보 쪽에서 전해주었을 것으로 추측된다. 세 번째로 접한 소식은 '명 수군 1만여 척이 통주(通州)에 정박하고 북경으로 쳐들어가니 원 황제와 황후는 상도로 달아나고, 황태자도 전쟁에 패해 또 상도로 달아났다'라는 내용으로 김지수(金之秀)가 원에서 귀국하여 전해주었다.[96] 김지수로부터 원의 패망소식을 전해들은 공민왕은 즉시 신하들에게 명나라와 통교할 것을 토의하라고 지시했다.[97]

---

92) 『고려사』 권40, 세가, 공민왕 11년 정월 갑자.
93) 주원장은 안휘성(安徽省) 봉양현(鳳陽縣)에서 가난한 농부의 넷째 아들로 태어났다. 17세 때 기근과 역병으로 부모 형제를 모두 잃고 황각사(皇覺寺)의 중이 되었다. 홍건군(紅巾軍)이 봉기하자 주원장은 곽자흥(郭子興)의 홍건군에 입대하여 두각을 나타냈다. 이에 곽자흥은 주원장을 사위로 삼았다. 곽자흥이 전사하자 그를 대신하여 부대를 이끌었다. 양자강 주변을 점령하고 강동 일대를 석권한 후 명을 건국했다.(이춘식, 『중국사 서설』, 교보문고, 2000, pp.334~335)
94) 『고려사』 권41, 세가, 공민왕 17년 정월 무자.
95) 『고려사』 권41, 세가, 공민왕 17년 8월 을묘.
96) 『고려사』 권41, 세가, 공민왕 17년 9월 을묘.
97) 『고려사』 권41, 세가, 공민왕 17년 9월 정사.

주원장

김지수는 누구일까? 관명이 없으니 벼슬아치
는 분명히 아니나 이름이 있고 고려 정부와 직접
연결이 되니 비중 있는 인물임은 틀림없어 보인
다. 특히 김지수의 전황 소식을 들은 공민왕이 즉
시 조치를 취한 것은 김지수가 예사 인물이 아닌
것을 증명한다. 따라서 김지수는 원에 진출한 고
려상인의 우두머리일 것이 확실하다. 그는 무역차
북경에 가서 체류하는 중에 북경이 함락 당하자,
고려에 소식을 전하고 개경 상인들에게도 이를 알
리기 위해서 시급히 돌아왔을 것이다. 또는 통주
의 고려촌에 유숙하면서 명나라 군대의 진격과 북경이 함락된 전황을 목격하고
그가 거느린 고려상인들과 함께 귀국했을 수도 있다. [98]

고려와 명의 외교 접촉은 명에서 먼저 사신 설사(偰斯)를 파견함으로써 시
작되었다. 1368(공민왕 17)년 11월 금릉(金陵)을 출발한 설사는 풍랑을 만나 6개
월이 지난 이듬해 4월에야 개경에 도착하여 주원장의 친서와 비단 40필을 공민
왕에게 바쳤다. 주원장의 친서는 자신이 원을 쫓아내고 중국의 새 황제로 등극
했음을 알리고, '옛날에 중국의 임금은 고려와 땅을 맞대고 있었으며 고려왕은
혹은 신하로 혹은 손님(賓)으로 되어 있었다'라며 은근히 귀부해 올 것을 희망
하는 내용이었다. 설사는 개경에서 1개월을 체류한 뒤 동년 5월 정유일에 돌아
갔다. 공민왕이 주는 말과 의복, 대신들이 주는 인삼과 약재 따위 선물을 모두
거절하고 다만 시(詩) 몇 편만 받아 가지고 갔다. [99]

공민왕은 설사가 떠난 지 불과 7일 뒤 홍상재(洪尙載)와 이하생(李夏生)을
사신으로 파견하여 주원장의 즉위를 축하해 주었다. [100] 이렇듯 고려와 명의 첫
만남은 서로가 탐색하듯이 조심스럽게 그리고 상대방을 존중하면서 이루어졌다.

명은 1369년 8월에 설사를 또다시 파견하여 금인(金印)·고명(誥命)·대통력

---

98) 김지수를 재원 고려인으로 보는 견해도 있을 수 있다.(김성준, 「고려말의 정국과 원·
명 관계」, 『한국사』 20, 국사편찬위원회, 1994, p.355). 필자는 공민왕의 대응으로 보
아 고려상인으로 봄이 타당하다고 생각한다.
99) 『고려사』 권41, 세가, 공민왕 18년 5월 정유.
100) 『고려사』 권41, 세가, 공민왕 18년 5월 갑진.

(大統曆)을 보내고 공민왕을 고려왕으로 책봉했다. 명이 고려를 외교적으로 공인한 것이다. 그러나 설사는 풍랑을 만나 떠난 지 무려 8개월이 지난 이듬 해 5월에야 도착했다.[101] 따라서 고려와 명은 명이 건국된 지 1년 3개월만에 정식으로 국교를 수립한 셈이 된다.

양국의 외교 교섭은 사신 설사가 항해 중에 곤란을 겪은 것외는 별다른 문제없이 평화적이고 순조롭게 진행되었다. 이는 아직 원나라가 요서와 요동 지역에 상당한 영향력을 가지고 있어, 고려와 명은 원에 대적하는 처지에서 서로를 필요로 했기 때문이었다.[102]

하지만 명나라는 1371년 4월, 요동의 유익(劉益) 등이 귀순함으로써 요동 지역을 손에 넣자 차츰 경화되어 고려를 외교적으로 굴복시키려고 고려에 위압적인 태도를 취하기 시작했다.[103] 명나라가 고려를 강압적으로 몰아세우고 압박한 정도는 1373년(공민왕22) 7월 중순 명에서 귀국한 강인유(姜仁裕), 임완(林完), 정몽주(鄭夢周) 등이 갖고 온 주원장의 선유문(宣諭文)[104]에 잘 나타나 있다. 다음은 선유문의 요지이다.

① 내가 원 조정에서 데리고 온 손(孫)씨 성을 가진 내시가 고려인이어서 고향에 다녀오라고 (고려에) 보냈더니 왜 독살했는가?
② 나를 의심하여 정탐치 말고 왜적이 너희를 침범하니 배를 사오백 척 준비하여 왜구를 잡아라.
③ 금년의 신년 축하사절은 4개월 전에 도착하여 본격적으로 정탐을 했다. 이(李)씨 성을 가진 자는 2~3차 와서 달달(達達)과 회회(回回) 등 여러 곳의 사람들과 함께 와서 장사를 하는 척 하면서 정탐을 했다. 달달 사람을 보면 달달 말을 하고 회회 사람을 보면 회회 말을 하며 중국 사람을 보면 중국 말을 했다.
④ 너희가 장사를 하면서 정탐하려 하니 보다 차라리 청렴하고 글 아는 사람을 2~3 명 보내면, 그들에게 관직을 줄 터이니 그들로부터 소식을 들어라.
⑤ 앞으로 3년 동안은 종전과 같이 한해에 몇 번씩 오고 그 다음부터 3년에 한번씩 와서 공물을 바쳐라.

---

101) 『고려사』 권42, 세가, 공민왕 19년 5월 갑인.
102) 전순동, 「14세기 후반 명의 대고려, 조선정책」, 『명청사연구』 5호, 명청사학회, 1994, pp.4~6.
103) 김성준, 앞의 논문, p.363.
104) 『고려사』 권44, 세가, 공민왕 22년 7월조.

⑥ 오고 안 오는 것은 너희의 자유지만, 만약 내가 정벌하러 간다면 3 개월 내에 7 ∼ 8천 척의 배로 갈 것이다.

⑦ 너희는 요동의 오왕(吳王)과 사귀고 말 1천 필을 팔아먹었다. 납합출(納哈出)에게 정보를 주어 우리의 우가장(牛家莊)을 침범케 하여 우리는 군마 3천을 잃었다.

⑧ 제주의 말은 가지고 온다고 1년이나 시끄럽게 떠들더니 말 4마리만 가지고 왔다. 장사하러 온 사람도 필요하지 않는 베와 돗자리는 가지고 와도 말은 한 마리도 가져다 팔지 않는다.

⑨ 이후로는 내가 지금 정해(靜海)를 하고 있으니 해로로 오지 말라. 청렴하고 재주 좋은 수재(秀才)나 이원(吏員)이라면 작은 배에 실어 보내고 그 외 사람은 바다로 오지 말라.

⑩ 지금은 몽고 때문에 5년 내에는 너희를 정벌 못할 것이다. 그러나 10년 후는 너희를 정벌할 수 있다. 올 뜻이 있으면 오고 올 뜻이 없으면 그만 두라.

주원장은 내시 손씨 사망 문제를 거론하며 트집을 잡았다. '장사 핑계를 대며 정탐하지 말라', '해로로 오지 말라', '10년 후에 정벌하겠다', '올 뜻이 있으면 오고 올 뜻이 없으면 그만 두라'라는 등 노골적으로 압력을 가하며 고압적인 자세로 위협했다. 하지만 주원장의 선유문은 당시 고려상인의 중국 진출 상황을 자세히 말해 주고 있다. 고려상인은 원·명 교체기의 전환기 중에도 위험을 무릅쓰고 요동에 말을 내다 팔았을 뿐 아니라, 모시·삼베·돗자리 따위 상품을 가지고 중국 내륙 깊숙이까지 들어가 장사를 한 것이다.

고려상인들은 몽고어·달단어·회회어·중국어 따위 여러 외국어를 자유자재로 구사했고, 중국 대륙의 여러 지방을 마음대로 돌아다니며 장사를 했다. 특히 달달인·회회인과의 긴밀한 연계와 장삿길 동행은 아마도 원나라가 중국을 지배할 때부터 이루어진 상인의 관행이었을 것이다.

고려가 주원장의 선유문에 대해 가장 촉각을 세우고 민감하게 반응한 것은 조공 횟수였다. 강인유(姜仁裕) 등이 선유문과 함께 가져온

고려 말 중국진출 고려상인

명의 중서성 자문은주원장의 선유문과는 달리 이제부터 당장 3년에 한 번씩 정조사(正朝使)만 보내라고 했기 때문이다. 고려는 신속하게 대응할 필요를 느끼고 강인유 등이 돌아온 지 불과 10여 일 뒤에 밀직부사 정비(鄭庇)를 정조사, 주영찬(周英贊)을 헌마사(獻馬使)로 삼아 명에 파견했다. 해로로 오지 말라한 점을 유념하여 요동을 거쳐 육로로 가려고 했다. 그러나 명은 요동의 국경을 폐쇄하고 입국을 막았다.[105] 고려는 부득이 1346년 10월에 주영찬을 밀직부사로 승진시켜 해로로 가게 했으나 영광의 자은도(慈恩島)에서 풍랑을 만나 주영찬과 일행 38명이 모두 익사하고 말았다.[106] 두 차례의 조공 사행은 모두 실패했다.

고려와 명과의 사행 길은 그야말로 고난의 길이었다. 남경에 가는 길은 해로와 육로 두 가지가 있었다. 해로는 지리적으로 가까워 시일을 많이 단축할 수 있기는 하나 위험부담이 매우 높았다. 명의 사신 설사는 두 번이나 풍량을 만나 고역을 치루었고, 고려 사신 주영찬은 자은도 앞바다에서 익사했다. 1372년(공민왕21) 3월, 명에 간 밀직부사 홍사범(洪師範) 일행 39명도 돌아오는 해상에서 폭풍을 만나 모두 익사했다.[107]

육로도 두 가지 길이 있었다. 첫째는 개경을 출발하여 선천(宣川) 선사포(宣沙浦)까지 육로로 약 1,000리 정도 간 다음, 선사포(안주 노강진(老江鎭)에서 출항하기도 했다)에서 배를 타고 떠나 산동반도의 등주(登州)에 상륙한 뒤 그 곳에서부터 육로로 남경에 가는 코스이다. 이 코스는 육로 약 2,900리(개경 - 선사포 간 약 1,000리, 등주 - 남경 약 1,900리), 해로 약 3,760리로서 총 약 6,660리 길이다. 둘째는 개경을 출발하여 북경까지 육로 3,100여리를 약 40여일 걸려 간 뒤, 북경 통주에서 운하를 따라 배를 타고 남경으로 가는 길이다.[108] 통주에서 남경까지의 운하거리는 약 3,400리이며 대략 15일이 걸려 총 55일이 소요되었다. 왕복 110일이 걸리는 노정이다. 그렇지만 날씨가 나빠 움직이지 못하거나 중간

---

105)『고려사』권44, 세가, 공민왕 23년 2월 갑자.

106)『고려사』권44, 세가, 공민왕 22년 11월 임인, 23년 2월 갑자.

107)『고려사』권43, 세가, 공민왕 21년 3월 갑인.『고려사』권44, 공민왕 22년 8월조. 해난 사고가 잦고 뱃길의 위험도가 높은 까닭은 원 간섭기 동안 해상무역이 송나라 시대보다 활발하지 않아 항해 능력이 현저하게 떨어졌기 때문이라고 할 수 있을 것이다.

108) 김규진,「조선전기 한·중 관계사의 시론-조선과 명의 사행과 그 성격에 대하여-」,『홍익사학』4호, 홍익대학교사학회, 1990, pp.23~24.

에 병마와 과로 등으로 인한 휴식이 필요하므로 실제로는 5～6개월이 걸렸다. 이 멀고 먼 사행길은 1403년 명이 수도를 북경으로 옮기기 전까지는 해로와 육로가 함께 이용되었다.[109]

양국은 조공 횟수를 두고 오랫동안 의견 차이를 좁히지 못했다. 명은 3년 1회를 제시했고, 고려는 1년 3회 이상 조공할 것을 희망했다. 명이 계속 3년 1공을 천명하는데도 불구하고 고려는 정조사(正朝使), 하정사(賀正使), 성절사(聖節使) 등 각종 명목을 붙여 1년에 여러 차례 사신을 파견했다.

조공 횟수에 대한 명의 입장은 조선 건국 초에도 마찬가지로 3년 1공의 방침을 고수했다. 조선이 요청한 1년 3공은 주원장이 재위할 동안에는 받아들여지지 않았다. 그가 죽은 뒤 1400년(정종 2)부터 비로소 허용되었다. 1년 수회의 조공은 명과 조공관계를 맺은 80여 국가 중에서 유일한 경우였다.[110]

고려가 사행 길이 험난해 사신들의 생명을 담보로 해야 하는 조공사절(朝貢使節)을 왜 1년에 여러 번 파견하려 했고, 비굴할 정도로 간청하면서까지 이를 꼭 관철시키려고 애를 쓴 이유는 무엇 때문일까? 이에 대해 조공은 중국의 선진문물을 많이 받아들일 수 있는 기회였고,[111] 또 고려와 조선이 약체 정권이어서 명과의 조공관계가 대내외적인 권위를 유지하는데 정치적으로 도움이 되었기 때문이라고 한다.[112] 하지만 1년 수회의 조공에 대해 중국의 문물수입 또는 정치적 목적으로 보는 지금까지의 통설의 견해는 보완될 필요가 있다. 물론 이러한 의도와 목적이 상당했다는 점을 부인할 수 없겠지만, 또 다른 더 중요한 요인이 내재해 있는 것이다.

삼국시대와 통일신라시대에는 조공이 그때그때 필요에 따라 이루어졌다. 고려시대에도 요·금·송과의 조공에 꼭 정해진 규례가 없었다.[113] 송과는 상인의 왕래를 통한 문물의 유입이 더 많았다. 그리고 정치적인 혼란은 조공과

---

109) 김용기, 「조선초기의 대명 조공관계고」, 『논문집』 14, 부산대 문리과대, 1972, pp.139~140.
110) 『대명회전』 권105, 예부63, 조공1, 조선국조. 명의 『대명회전(大明會典)』에는 일본은 10년 1공, 유구(琉球)는 2년 1공, 안남(安南)과 섬라(暹羅)는 3년 1공으로 규정되어 있다. 조선은 1531년(중종26)부터 1년 4공으로 규례화됐다. 정조사(正朝使), 동지사(冬至使), 성절사(聖節使), 천추사(千秋使) 등이다.(김규진, 앞의 논문, p.7)
111) 김규진, 앞의 논문, p.6.
112) 김용기, 앞의 논문, p.160.
113) 전해종, 「한중 조공 관계의 개관」, 『한중관계사연구』, 일조각, 1970, pp.35~53.

관계없이 되풀이 되었다. 또 조선은 1년 3회 이상의 조공을 수백 년 동안 했음에도 불구하고 중국에 비해 문물은 뒤떨어졌다. 그리고 혁명과 쿠데타 따위 정치적 변란은 조공 횟수와 상관없이 발생했다. 따라서 1년 수회의 조공에는 이를 관철시켜야만 하는 더 중요한 요인이 내재해 있는 것이다.[114]

조공은 조공을 받는 쪽보다 조공을 하는 쪽이 막대한 경제적 손해를 감수해야 한다. 조공으로 갖다 바치는 선물보다는 답례품이 거의 항상 적었다. 또 조공 사신단은 지나치는 길목마다 중국 관원들에게 선물을 주어야 했고, 이로 인한 재정적 부담이 매우 커서 그 자체로는 하면 할수록 손해 보는 장사였다.[115] 그렇다면 막대한 경제적 손실을 감수하면서까지 왜 조공을 여러 번 하려 들었을까?

고려가 명에 대해 1년 수회 조공을 요청한 것은 우선 친명파가 원 간섭기에 원나라에 1년에 여러 번 사신을 보낸 관행을 명나라에 적용하면서 정치적으로 명과의 연결 고리를 강화하려는 의도가 있었을 것으로 보인다. 그러나 조공 사신을 여러 번 파견하려 했던 보다 중요한 이유는 이를 계기로 하여 조공무역 이득을 얻기 위해서였다. 특히 고려에 비해 조선의 경우는 조공무역의 필요성이 더욱 절실했다. 조선은 상업을 억제하고 조공에 수반된 공무역 외에 사무역을 일체 허용하지 않아 조공무역의 숨통이 더욱 요청되었기 때문이다.

조공무역의 이익은 사신단의 구성을 결정하는 지배층에 돌아갔다. 그러므로 지배층이 무역 이익을 독점하기 위해 일반 민간 사무역을 금지하는 반면, 조공을 이용한 관영무역과 사무역을 더 늘리려 한 것이다. 조공무역으로 얻는 이익의 대부분은 상인보다 이를 주선하고 통제하는 측에 더 많이 귀속되었기 때문이다. 따라서 명에 대해 1년 3공을 끈질기게 요구한 근본 이유는 원나라와의 사신 왕래가 끊어지고 명나라와의 사신 왕래만이 유일한 교역 기회가 되자,

---

114) 18세기에 박제가의 『북학의(北學議)』와 박지원의 『열하일기』에서 보듯이 조선은 중국보다 많이 뒤떨어져 있었고 근세에 와서 10년에 한 번 조공한 일본보다도 부강하지 못했다. 따라서 문물수입을 위해서 1년에 수회 조공을 바쳐야 했다는 주장은 근거가 취약하다. 또 조선의 정치적 변란은 조공 횟수와 상관없이 발생했다. 따라서 앞선 문물수입, 정치적 입지 강화는 조공 사행에 의해 얻어지는 부수적인 것일 뿐이고, 1년 수회의 조공을 한사코 관철시키려했던 이유로는 미흡하고 적절하지 않다.

115) 김용기, 앞의 논문, pp.147~160.

3년 1공으로는 그 동안 교역 이익을 향유해 온 지배층의 교역 욕구를 해결할
수 없어 이를 타개해 나가기 위해서였던 것이다.

　고려와 명, 양국 간의 외교관계는 공민왕의 뒤를 이어 우왕(禑王, 1364~
1389)이 즉위하면서 또 우여곡절을 겪게 된다. 당시 고려는 명과 북원(北元)에
양다리를 걸치는 이중 외교정책을 쓸 수밖에 없는 처지였다. 북원은 우왕 3년
2월에 사절을 보내 우왕을 책봉해 주었으나[116] 명은 책봉을 요청하러간 최원
(崔源)을 구금하고 왕위 계승의 공인을 거부했다.[117]

　이러한 차제에 우왕이 즉위한 1374년 11월, 명 사신 임밀(林密)과 채빈(蔡
斌)이 압록강을 건너 명으로 돌아가는 귀국 길에 살해된 불행한 사건이 발생했
다. 고려의 호송관 김의(金義)가 채빈과 그 아들을 죽이고 임밀을 인질로 삼아
북원으로 도망쳐 버린 것이다.[118] 이 사건을 빌미로 명이 고려를 압박했다. 고
려는 외교 마찰을 불식시키는 한편 우왕의 왕위 계승을 공인 받으려고 사신이
감금되는 굴욕을 참아가며 끈질기게 노력해 나갔다.

　우왕은 명과의 계속된 대립을 해소하고 실리 외교를 취하기 위해 우왕 4년
(1378) 9월 명나라로부터 공인을 못 받았음에도 불구하고, 명의 홍무(洪武) 연호
를 사용하는 성의를 보였다.[119]

　그러나 명나라는 우왕 5년 3월, 국교를 재개하려면 매년 금 100근, 은 1
만량, 양마 100필, 세포(細布) 1만필을 바칠 것을 요구하고, 또 고려에서 억류
하고 있는 요동사람들을 모두 돌려보내라는 무리한 조건을 내걸었다. 그리고
만약 이를 받아들이지 않으면 수천 척의 함대와 수십만의 군대를 동원해 고려
를 치겠다고 위협했다. 다음은 매년 공물을 바치지 않으면 정벌하겠다는 주원

---

116) 『고려사』 권133, 열전46, 신우 3년 2월조.
117) 『고려사』 권133, 열전46, 신우 4년 6월조. 최원은 1378년(우왕4) 6월에 귀국한 뒤 9월
　　에 탄핵 당하고 옥에 갇혀 죽었다. 탄핵 이유는 명에 사신 갔을 때 공민왕 시해 사건,
　　명사신 채빈 살해사건을 본국 지침과 달리 명에 고자질 했다는 것이다. 최원은 이에 불
　　복 했으나 마침내 죽임을 당했다.
118) 『고려사』 권133, 열전46, 신우 즉위년 11월조. 김의는 본래 몽고인으로서 고려에 귀화
　　해서 고위 관직에 오른 사람이다. 임밀과 채빈은 공민왕이 살아 있을 때인 동년 9월에
　　개경을 출발했다. 압록강변에 도달하여 2개월 동안 체류하다가 11월에야 강을 건넜는
　　데, 이 사이에 김의가 공민왕의 시해 소식을 듣고 사건을 일으켰는지도 모른다.
119) 『고려사』 권133, 열전46, 신우 4년 9월조.

장이 친필로 쓴 조서의 주요 내용이다.

"… 죄 없는 우리 사신을 죽였으니 집정(執政) 대신(大臣)이 와서 조회하고 매년 바치는 공물을 약조대로 하지 않는다면 뒷날에 정벌을 면치 못하리라. … 내말을 믿지 않을 때에는 수천 척의 함대와 수십만 명의 정병을 이끌고 가서 우리 사신이 어디 있느냐고 물어볼 것이다. 금년에는 말 천 필을 공납하되 집정 대신이 같이 와야 한다. 명년부터는 금 100근과 은 1만량, 양마(良馬) 100필, 세포(細布) 1만필 씩을 매년 바쳐야 한다. 그리고 요동(遼東) 백성들은 몇 만 명이든 간에 있는 대로 모두 돌려 보내라. … 한나라, 당나라의 장수들은 말 타고 활 쏘는 것은 능숙했으나 배질 하는 것이 서툴러 바다를 건너기 어려웠다. 그러나 나는 전 중국을 평정하고 오랑캐들을 물리칠 때로부터 수전·육전(陸戰)을 다 거쳤으니 부하들이 어찌 한·당의 장수들에게 비하랴? …"[120]

고려는 채빈 살해사건에 대해 해명하고 외교적인 성의를 표시하기 위해 사신을 보내려 했으나 요동에서 번번이 입국을 거절당했다.[121] 우왕 5년 10월부터 국교 교섭이 타결된 우왕 11년 7월까지 5년 9개월 동안 무려 18회에 걸쳐 사신을 일방적으로 파견했다. 하지만 요동에서 저지된 것이 8회, 구금 및 유배된 것이 4회 등 그야말로 참기 어려운 굴욕이 계속되었다.

고려는 명과의 외교를 재개하기 위해 어쩔 수 없이 명이 요구한 공물의 5년치에 해당하는 금 5백 근, 은 5만 냥, 포 5만 필, 말 5천 필을 보냈다. 명은 5년 어치의 공물을 바치라는 요구 조건을 고려가 다 들어주자, 우왕 11년(1385) 7월에 조서사(詔書使) 장부(張簿)와 시책사(諡册使) 주탁(周倬) 등을 보내 우왕을 고려 국왕으로 책봉해 주었다.[122]

명의 주원장은 사신 살해사건과 우왕의 책봉승인을 미끼로 하여 굴복을 강요하는 외교 술책을 구사했고, 결국 5년 치의 막대한 공물을 강제 수탈하여 실속을 챙겼다.

---

120) 『고려사』 권134, 열전47, 신우 5년 3월조.
121) 『고려사』 권134, 열전47, 신우 5년 3월조. 전전공판서(前典工判書) 이연(李演)과 호군(護軍) 임언충(任彦忠)을 요동으로 보내어 총병(惣兵) 반경(潘敬)과 섭왕(葉旺)을 친선 방문키로 했는데 입국을 거절당하고 돌아왔다.
122) 『고려사』 권135, 열전48, 신우 11년 9월조.

라. 명의 요동 폐쇄와 무역 규제

공민왕의 시해와 나이 어린 우왕의 즉위는 고려 정국에 큰 혼란을 불러일
으켰다. 공민왕은 시해될 당시 45세의 장년이었다. 만약 시해되지 않았더라면
상당기간 더 재위하여 원·명 교체기의 난국을 효과적으로 대처해 나갈 수 있
었으리라. 『고려사』는 행신(幸臣) 홍륜(洪倫)과 환관 최만생(崔萬生) 등이 공모하
여 왕을 시해했다고 기록하고 있다.[123] 그러나 왕을 시해하는 엄청난 일을 이
두 사람이 주동해서 저질렀을 것 같지는 않다.[124]

공민왕이 죽자 후사 문제로 정국은 혼란에 휩싸였다. 뒤를 이을 왕을 누구
로 옹립할 것인가를 두고 강녕대군(江寧大君) 우(禑)를 세우자는 이인임(李仁任)
파, 다른 종실에서 맞이하려는 경복흥(慶復興)파, 북원의 독타불화(篤朶不花)를
영입하려는 반공민왕(친원)파가 서로 대립했다. 결국 이인임파가 승리하여 우왕
이 즉위했다.

공민왕이 시해되기 3일 전 북방의 이름 모를 떠돌이 몽고 중과 강순룡(姜
舜龍), 우제(禹磾) 등이 구속된 사건이 일어났다. 당시 몽고 중이 강순룡에게
'북원이 심왕(瀋王)의 손자를 고려왕으로 세운다'라고 말했다는 소문이 시중에
떠돌았다. 공민왕이 이 소문을 듣고 이들을 옥에 가두고 심문했다. 몽고 중은
어떤 다른 사람을 지목하고 그에게서 들었다하므로 또 그 사람을 잡아다 심문
하니, '전에 찬성사 우제의 집종(家奴)이 북원에 가서 행상을 다녔을 때 들은
것이다'라고 말했다. 이에 우제의 종을 잡으려 했으나 잡지 못해 우제를 투옥한
것이다.[125]

이 사건은 우제의 종이 도망가고 공민왕이 시해되자, 사건 조사가 흐지부
지해져서 그 실상이 명료하게 드러나지 않았지만, 독타불화가 심왕의 손자이므
로 독타불화를 옹립하려고 획책한 것은 사실인 듯하다. 따라서 이들 독타불화
의 세력이 홍륜, 최만생 등과 공모하여 공민왕을 시해한 것으로 볼 수도 있
다.[126]

---

123) 『고려사』권133, 열전46, 신우 즉위년 10월 정미.
124) 김성준, 앞의 논문, pp.368~370.
125) 『고려사』권44, 세가, 공민왕 23년 9월 신사.
126) 『고려사』권131, 열전44, 홍륜전.

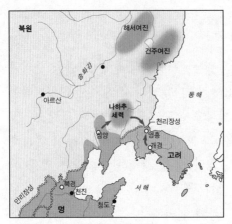

1368년 고려-명-북원 형세도

우제의 구속으로 그의 집종이 북
원에 가서 행상한 사실이 드러났다.
우제의 사건을 통해 원나라가 명에 쫓
겨 상도로 달아나 북원을 수립하자,
고려상인들이 머나먼 몽고 내륙까지
장사하러 다녔던 것을 알 수 있다. 또
당시 고위관리들이 노비를 앞세워 대
외교역을 하고 있었고, 그러한 일들이
사회적으로 비난받거나 허물이 되지
않았던 사실을 확인할 수 있다.

공민왕은 왕권을 강화하고 반원
정책을 효율적으로 추진하기 위해 원나라의 때가 묻지 않는 새로운 세력을 양
성하려 했다. 과거를 통해 정도전, 조준, 정몽주 등 신진 유학자들을 발굴하
여 관리로 육성해 나갔다.[127] 이들 사대부들은 친명파로 결집하여 개혁을 주창
하며 문벌귀족 및 권문세족으로 형성된 친원파와 대립각을 세웠다. 한편 쌍성
총관부의 수복, 홍건적 격퇴, 요동정벌 등에 공을 세운 무신들이 세력을 얻어
등장했다. 이러한 와중에서 공민왕은 왕권을 강화하고 안정적으로 정국을 이
끌어나가기 위해 우선 문벌귀족과 무신 세력의 힘을 축소시킬 필요가 있었다.
이를 위해 신돈(辛旽, ?~1371)을 등용하여 무신 세력을 제어하고 7여 년간 토
지개혁을 추진해 나갔다. 그러나 기대한 만큼 성공하지 못한 가운데 시해되고
말았다.

공민왕이 죽은 뒤 불과 나이 10세 밖에 안 된 어린 우왕의 등극은 첨예한
국제정세를 헤쳐 나가야만 하는 고려의 앞날을 어둡게 했다. 또 공민왕 재위시
부터 갈등을 빚어 왔던 친원파와 친명파 간의 대립은 더욱 심화되어 갔다.

우왕을 옹립하여 정권을 잡은 이인임, 임견미(林堅味) 등 무신 세력도 문벌
귀족과 권문세족 그리고 신흥 사대부(新興 士大夫) 세력을 의식하지 않을 수 없는
처지였다. 외교도 그들의 성향은 친원이었지만 친명파의 눈치를 살펴야 했다.

---

127) 민현구, 「고려 공민왕의 반원적 개혁정치에 대한 일고찰」, 『진단학보』, 68호, 진단학회,
1989, pp.65~68.

따라서 명과 북원에 양다리를 걸치는 이중 외교를 추구할 수밖에 없었다.[128]

우왕이 명나라로부터 공인을 받지 못해 흔들린 정통성과 정치적 취약성은 1385년(우왕 11) 9월, 명이 우왕을 고려 국왕으로 책봉해 줌으로써 일단 극복되었다.[129] 하지만 이것은 11년이란 긴 세월 동안의 굴욕을 감수한 결과였고 금 5백 근, 은 5만 냥, 세포 5만 필, 말 5천 필 등 5년 치의 막대한 공물을 한꺼번에 갖다 바친 대가였다.

우왕은 10세에 즉위하여 명의 외교적 공인을 받으려 했으나 10여 년이 넘게 시달림을 당하고 성인이 되었을 때 비로소 책봉을 받았다. 명과의 외교적 분쟁이 우왕의 인격형성과 정치적 성향에 영향을 주지 않았다고 말할 수 있을까? 우왕이 요동정벌계획을 세우고 추진한 것은 끊임없이 자신을 괴롭히는 명에 대한 한 맺힌 원한을 풀려는 당연한 선택일 수 있다. 또 요동 지역을 통해 중국 대륙과 교역하던 상인들과 그 지지 세력들이 우왕에게 지속적으로 요동정벌을 부추겼을 것으로 짐작된다. 명은 국교가 재개된 지 불과 1년 남짓 지난 우왕 12년 11월에 무리한 요구를 또 해 왔다. 말 5천 필을 비단과 면포를 주고 사겠다고 했다.[130] 비록 공짜로 갖다 바치라는 것은 아니지만, 고려로서는 지난번에 이미 세공으로 바친 말이 5,233필이나 되었기 때문에 말 사육 상황으로 보아 한꺼번에 5천 필을 추가로 더 뽑아내는 것은 어려운 일이었다.

고려는 어쩔 수 없이 말 5천 필을 1천 마리씩 다섯 번에 걸쳐 요동에 보냈다. 다섯 번째는 전자에 품질이 좋지 않다고 퇴짜를 맞은 말 대신에 교환해 줄 말을 함께 보내는 등 최대한 성의를 다했다. 그러나 명은 말의 품질이 나쁘다며 사신으로 간 장자온(張子溫)을 감옥에 투옥해 버렸다.[131] 또 말 5천 필을 요동에 보내는 도중임에도 불구하고 일방적으로 요동을 폐쇄하여 사신으로 떠난 장자평, 이구(李玖), 정몽주, 조림(趙琳) 등이 차례차례 요동에서 입국을 거절당하고 되돌아왔다.[132] 고려는 강압적인 무리한 공물 요구를 들어 주고도 사신이

---

128) 김성준, 「친원파와 친명파의 대립과 요동정벌」, 『한국사』 20, 국사편찬위원회, 1994 p.273.

129) 『고려사』 권135, 열전48, 신우 11년 9월조.

130) 『고려사』 권136, 열전49, 신우 12년 11월조. 말 값으로는 단자 2,670필, 포 30,186필을 받았다.

131) 『고려사』 권136, 열전49, 신우 13년 6월 조.

132) 『고려사』 권137, 열전50, 신우 14년 정월조. 당시 명은 요동 지역에서 명을 괴롭혔던

입국조차 거절당하고 심지어 감금되는 수모까지 겪었다.

요동이 폐쇄되었다고 해서 상인들의 밀무역까지 중단된 것은 아니었다. 명은 고려의 공식사절들의 입국을 막았을 뿐, 고려상인의 장사길 통행을 차단하지는 않았다. 명은 고려와 국교가 재개된 뒤인 1386년(우왕 12)에 들어서서야 고려상인의 무역 행위를 규제하겠다고 나섰다. 1386년 7월, 명에 사신으로 갔다가 귀국한 정몽주는 민간 무역을 규제하겠다는 주원장의 교서(敎書)를 받아왔다. 다음은 『고려사』에 실려있는 주원장의 교서이다.

> "고려 사람들이 전에 한(漢) · 당(唐) 시대에도 중국에 와서 교역(交易)을 핑계로 정탐을 하였으며 또 무수한 공장(工匠)들도 사갔다. 근래에 와서 몰래 교역하고 있는 것도 선의(善意)가 아니다. 또 다시 이전과 마찬가지로 몰래 교역을 하면 용서하지 않겠다. 현재 우리 이 곳에서도 포목 · 비단 · 주단 등 물건을 가지고 탐라(耽羅) 지방으로 가서 말을 구매하고 있지만, 지금 그 지방으로 가지 못하게 하고 있다. 그러므로 고려도 공적인 여권(旅券)을 가지고 와서 교역을 한다면 수로나 육로를 막론하고 교역을 하도록 방임할 것이다. 요양(遼陽) · 산동(山東) · 금성(金城) · 태창(太倉)은 물론이고 섬서(陝西) · 사천(四川)까지 가서 교역하여도 괜찮다."[133]

주원장의 교서는 당시 고려상인이 요양 · 산동 · 금성 · 태창 등지의 연안 지역뿐 아니라 내륙의 섬서 · 사천 지방까지 장사하러 다닌 것을 확인시켜 준다. 고려상인이 중국 내륙까지 자유롭게 교역하러 다닌 것은 원대(元代)부터 내려온 오랜 관행으로 명 건국 이후에도 왕래가 지속된 것이다. 이것은 고려상인은 원 간섭기 동안 마음놓고 중국 대륙으로 진출했고 곳곳에 교역기반을 단단히 닦아 놓은 것을 반영하고 있다 하겠다. 또 명나라 상인도 탐라에 말을 사려 왕래했는데, 주원장의 해금정책(海禁政策)으로 인해 발이 묶였던 것을 알 수 있다.

명은 해금정책을 취하여 민간의 해상무역을 금지시킨데 이어 육상무역도 규제하기 시작했다. 1384년(우왕10) 10월에 요동 정료위(定遼衛)에서 명 황제의 명령이라며 압록강을 건너와서 교역할 것을 요구했다. 반면에 고려는 명나라

북원의 나하추(納哈出, Naghachu)를 정벌하고 항복을 받아 나하추와 고려의 연계 가능성이 완전히 사라졌는데도 불구하고, 고려 사신들의 요동 출입을 허용하지 않고 요동 폐쇄를 지속했다.

133) 『고려사』 권136, 열전49, 신우 12년 7월 조.

사람들이 의주(義州)에 유숙하면서 교역하는 것을 허락했다. 그러나 금·은과 소·말의 교역은 금지했다.[134] 당시 명나라는 명 상인의 해외 출국을 철저히 규제하면서도, 고려상인의 중국 입국은 규제하지 않고 묵인해 주었다.

마. 최영의 한, 잃어버린 요동

고려 말에 요동을 비롯한 만주 일대는 사실상 고려의 영향권 내에 있었다. 이는 원 간섭기의 100여 년 동안 고려상인이 자유롭게 왕래하며 통상의 터전을 닦은 결과이기도 했다. 원 간섭기 고려상인이 활약한 시장의 범위는 한반도와 만주 그리고 중국 대륙을 아우르는 광활한 영역이었다. 그러므로 명의 요동 폐쇄는 고려상인의 입장에서 볼 때 그야말로 생업의 기반인 무역 시장을 송두리째 잃는 충격적인 일이었다. 하지만 당시 고려는 명의 요청대로 중국과 통상할 상인을 선발하고 증빙서를 교부해 줄 수 있을 정도의 안정적인 정치 상황이 아니었고, 다만 상인들의 요동 출입을 묵인할 뿐이었다.

고려상인은 명과 국교를 재개한 이후에도 요동 폐쇄가 되풀이되는 상황을 예의주시하며 대단히 우려했다. 특히 명에서 요동에 군인을 대규모로 주둔시킬 채비로 1387년 9월에 둔전우(屯田牛)를 5,700마리나 구입하고,[135] 고려를 정탐하기 위해 밀정을 보내는 것[136] 등을 지켜보면서 요동 상권을 영원히 잃어버릴 수 있다는 위기의식을 가지게 되었다.

한편 우왕 즉위 후 끝없이 굴종을 강요하는 명의 강압적인 태도에 대한 반감과 과연 이럴 수 있는 일인가 하는 회의와 자각이 고려사회에 광범위하게 일어나기 시작했다. 명의 입맛대로 통행이 폐쇄되는 요동, 사신들의 투옥과 귀양 그리고 과다한 공물 강요로 점철된 굴욕뿐인 친명파의 외교노선에 불만을 가진 자들이 늘어났다.[137] 이들은 친원파, 친명파의 구분을 떠나서 오직 고려의 존립과 자주성 그리고 미래를 염려하는 사람들로서 대표적인 사람이 최영(崔瑩, 1316~1388)이었다.

요동을 생업의 터전으로 여기던 상인들이 최영의 요동정벌계획을 지지하고

---

134) 『고려사』 권135, 열전48, 신우 10년 10월 조.
135) 『고려사』 권136, 열전46, 신우 13년 9월 조.
136) 『고려사』 권136, 열전46, 신우 13년 11월 조.
137) 김성준, 「고려말의 정국과 원·명 관계」, 앞의 책, p.379.

최영

후원하는 일은 자연스런 추세였다. 아니 그에 앞서 상인들이 요동 상권을 지켜달라고 최영에게 청원을 넣고 끊임없이 간청했을 것으로 짐작된다. 그리하여 이제 최영은 요동 상권을 지켜줄 유일한 희망이 되었다.

고려는 1388년(우왕 14) 정월에 정권교체가 있었다. 정몽주가 요동까지 갔다가 입국을 거절당하고 귀국한 직후였다. 최영이 문하시중이 되어 정권을 잡았고 이성계도 수문하시중이 되었다. 정권교체에 이성계 일파가 큰 몫을 담당했던 것이다.

최영 정권이 이제 막 1개월 남짓 지났을 무렵인 1388년 2월, 설장수(偰長壽)가 명에서 돌아와 다음과 같은 주원장의 교시(敎示)를 구두로 전했다.

"… 말 5천 필을 샀는데 모두 약하고 작아서 우리가 준 비단 1필 값이면 그 곳에서 2~3필의 말을 살 수 있었다. … 이것은 필시 그 사신이 서경(西京)에 와서 팔아 바꾸어 가지고 온 것이다. 그래서 장자온을 금의위(錦衣衛)에 가두어서 몇 해 죄를 주게 했다. … 내가 이미 통상을 허가했다. 그런데 당신네들은 도리어 공공연하게 증명서를 가진 자가 와서 무역하려 하지 않고 몰래 사람을 태창(太倉)으로 보내어 우리가 군사를 동원하는가 병선을 만드는가를 정탐하고 있다. 또한 상금을 크게 걸어놓고 우리 사람들이 가서 소식을 누설할 경우 상을 주고 있으니, 이는 거리에서 놀고 있는 어린아이의 식견이다. 금후는 근신하고 그런 짓을 말며 사신을 보내지 말라. 또 철령 이북은 원래 원나라에 속하고 있었으니 모두 요동에 귀속시키게 하라!"[138]

주원장은 고려가 보낸 말이 작고 약하다며 트집을 잡았다. 또 철령 이북의 땅이 본래 원나라에 속했던 땅이라며 내놓으라고 억지를 부렸다.

한편 1388년 3월 서북면 도안무사(都安撫使) 최원지(崔元沚)가 명이 요동에서부터 철령위까지 70개의 병참을 설치하려 한다는 긴급 보고를 했다. 이 보고

138) 『고려사』 권137, 열전50, 신우 14년 2월조.

에 뒤이어 명의 후군도독부(後軍都督府)에서 왕득명(王得明)을 고려에 파견하여 철령위(鐵嶺衛) 설치를 공식 통고해 왔다.[139]

우왕과 최영의 요동정벌에 대해 천명파와 이성계를 궁지로 내몰아 제거하려고 비밀리에 추진된 것이라는 견해가 있다.[140] 그러나 이는 당시의 상황을 종합적으로 정확히 이해하지 않아 생기는 왜곡일 수 있다. 우왕은 최원지로부터 명의 철령위 병참설치 보고를 받고, '여러 신하들이 나의 요동진공계획을 듣지 않더니 이렇게 만들고 말았구나' 하고 눈물을 흘리며 울었다. 그리고 신하들이 자신의 요동진공계획을 지지하지 않았다고 한탄했다. 또 철령위 설치를 통보하기 위해 왕득명이 왔을 때에는 병을 핑계하며 영접하러 나가지 않았다. 우왕은 그 시점은 언제인지 알 수 없으나 요동으로 진출할 계획을 신하들에게 공개적으로 거론한 것이 확실하다. 요동정벌은 친명파와 이성계가 모르게 그들을 궁지로 내몰아 제거하려고 비밀리에 추진된 것이 아니고, 우왕이 직접 나서서 신하들에게 설명까지 한 국가 중대사였던 것이다.

한편 최영이 백관들을 모아놓고 철령 이북을 명나라에 떼어 줄 것인가의 여부를 논의하자, 백관들은 모두 떼어 줄 수 없다고 반대했다.[141] 이에 앞서 백관회의에서 요동의 정료위(定遼衛)를 공격할 것인가 또는 화의를 청할 것인가를 의논한 결과 화의 쪽으로 결정된 바 있다. 이에 따라 박의중(朴宜中)을 명에 파견하여 철령 이북의 땅은 고려 영토이므로 철령위 설치를 철회해 줄 것을 요청하였다. 그러나 명은 고려의 요청을 받아들이지 않았다.[142]

최영은 국정의 최고책임자로 있으면서 철령 이북을 명에 넘겨주느냐 아니면 철령위 설치를 노리고 있는 요동의 정료위를 공격하여 고려의 의지를 확고히 내보이느냐의 갈림길에서 최후의 결단을 내려야 했다. 그의 나이 73세였다.

최영은 이성계 일파가 이른바 '4불가론(四不可論)'을 들어 반대했지만, 요동정벌을 강행해 나갔다.[143] 요동정벌에 나선 고려의 총 군세는 좌우군 38,830명,

---

139) 『고려사』 권137, 열전50, 신우 14년 3월조.

140) 강지언, 「위화도회군과 그 추진세력에 대한 검토」, 『이화사학연구』, 20.21호, 1993, p.62

141) 『고려사』 권113, 열전26, 최영전.

142) 『고려사』 권137, 열전50, 신우 14년 2월조.

143) 『고려사』 권137, 열전50, 신우 14년 4월조. '작은 나라가 큰 나라를 칠 수 없다, 여름

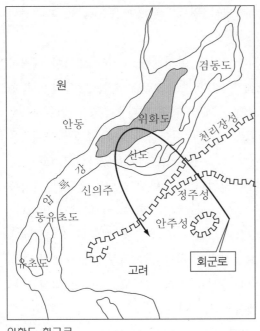

위화도 회군로

보급군 11,634명, 말 21,682필이었다.[144] 조민수(曹敏修)를 좌군도통사(左軍都統使), 이성계를 우군도통사로 삼고 최영은 우왕과 함께 서경에 머물면서 지휘를 총괄했다. 그러나 이성계는 압록강 하류에 있는 섬 위화도에 들어가서는 눈앞에 있는 요동으로 건너가지 않고 차일피일 시일을 끌다가 조민수를 포섭한 뒤 회군하여 쿠데타를 일으켰다.[145]

최영은 비록 여름철의 군사 행동이 어렵고 부담스럽기는 하지만 그것은 상대방도 마찬가지일 것이므로, 우선 5월 달에 요동을 선공해서 점령한 뒤 겨울이 오기까지 그 곳에서 시간을 벌면서, 요동의 재원 고려인들과 여진인·거란인 등을 규합하여 군세를 더 강화하려고 의도했다. 최영은 명과의 전쟁은 겨울철에 요동에서 전개하되 상황에 따라 그 곳에서 협상을 하면 된다고 보았다. 이것은 993년(성종 12) 거란의 소손녕(蕭遜寧)이 80만 대군으로 쳐들어 왔을 때, '한 번 싸워보고 협상해도 늦지 않다'고 강력히 주장한 서희(徐熙)와 유사하게 생각한 것으로 추측된다.

『고려사』열전의 최영 전에는 원이 망하고 잔존 세력들이 사막으로 도망하여 북원(北元)이란 유명무실한 칭호만을 가지고 있었는데, 최영이 배후(裴厚)를

에 군사를 동원하면 안 된다, 요동 원정을 틈타 왜구가 침입할 우려가 있다, 여름 장마철이라 활에 먹인 아교가 풀리고 군대 내에 질병이 염려된다'라는 4가지 불가론이다.

144) 『고려사』권137, 열전50, 우왕 14년 4월조.

145) 『고려사』권137, 열전50, 우왕 14년 5월조. 공민왕이 동녕부를 정벌할 당시 이성계는 압록강에 가교를 놓고 순식간에 압록강을 건너갔다. 하지만 최영의 요동정벌시는 위화도에 이르러 시일을 끌면서 끝내 압록강을 건너가지 않았다. 다급해진 최영이 압록강을 건너갈 것을 독촉했다. 그러나 이성계는 듣지 않고 군사를 되돌려 쿠데타를 일으켰다.

보내어 서로 원조할 것을 약속했다 하며 최영의 생각이 치밀하지 못했다고 평하고 있다.[146] 하지만 북원과의 군사협력의 성공 여부는 장담할 수 없다고 치더라도, 당시 요동에는 고려인, 친고려 성향의 중국인, 여진인과 말갈인 등이 주류를 이루고 있었다. 무역을 위해 고려를 왕래하는 사람들도 많았다. 따라서 요동을 일단 점령하면 그 곳에서 겨울철이 오기까지 군수품을 장만하고 군사를 모병하거나 징발하여 명의 공격에 충분히 대비할 수 있는 상황이었다.

『요동지(遼東志)』에 의하면 14세기 중엽에 동녕위에 소속된 고려인이 3만여 명이나 되었고, 조선시대에 들어와서도 15세기 중엽까지 요동군사 중에 고려인이 많았다. 1560년대까지도 요동 인구의 10분의 3은 고려인들이어서 서쪽 요양으로부터 동쪽 개주(개원), 남쪽의 해주(해성)와 개주(개평) 등지에 고려인의 부락이 서로 잇닿아 있는 형편이었다.[147] 물론 15세기 중엽까지 요양·심양·개원·해성·개평 등지에 고려인이 많이 거주하게 된 것은, 원 간섭기인 13~14세기에 고려인이 진출함으로써 새로이 생겨난 현상은 아니다. 그것은 고구려와 발해의 유민들이 역사적으로 오랫동안 터를 잡고 세력을 유지해 온 것과 밀접히 연관된 것이었다.[148] 어떻든 당시 요동은 친 고려의 상황이었고 고려가 군사행동을 하기에 매우 유리한 조건을 갖추고 있었다.

최영의 요동정벌계획은 치밀하고 원대했다. 하지만 결국 이성계의 위화도 회군으로 좌절되고 고려의 북진정책과 요동진출은 막을 내렸다. 최영에게 희망을 걸었던 고려상인의 꿈은 여지없이 꺾이고 무너졌다. 오랜 기간 동안 고려상인의 무역의 터전이었고 시장이었던 요동상권은 그렇게 멀어져 갔다.

1388년 12월 최영이 처형당하던 날 개경 상인들은 시장의 가게 문을 모두 닫았다. 개경과 시골 방방곡곡, 남녀노소를 불문하고 최영의 처형 소식을 듣고 눈물을 흘리고 울었다. 특히 최영을 열렬히 지지했던 개경 상인들의 슬픔은 더 컸다. 그들은 그 동안 닦아온 요동 상권을 영구히 차지하려는 꿈을 최영을 통해 키워왔지만, 위화도 쿠데타로 좌절을 맛보아야 했다. 뿐만 아니라 이성계 일파는 개혁이라는 미명 아래 국경을 차단하고 무역상을 처형함으로써 고려와

---

146) 『고려사』 권113, 열전26, 최영 전. 『고려사』를 편찬한 조선 사대부들은 위화도 회군의 당위성을 강조하기 위해 최영을 폄하(貶下)했다.
147) 『세조실록』 권34, 세조 10년 8월 임오.
148) 홍희유, 앞의 책, p.115.

요동을 이어주던 교역의 연줄마저 끊어버렸다.

훗날 조선 개국 후 억압과 차별 그리고 천대 속에서 다시금 부흥한 고려상인의 후예 개성상인(開城商人)들은 최영을 재신(財神)으로 모셨다. 해마다 그를 추모하며 제사를 지냈다. 이는 한양의 육의전(六矣廛) 상인들이 중국의 관운장(關雲長)을 재신으로 모신 것에 비해 개성상인들의 주체의식을 느낄 수 있게 한다. 개성상인들이 최영을 재신으로 추앙하고 재를 올린 것은 최영의 요동정벌을 고려상인들이 열렬히 지지한 역사적 사실로부터 연유하는 것이다.

최영 사당은 일반적으로 매년 8도 무당들이 모여 한풀이 굿이나 내림굿을 하는 곳으로 알려져 있다. 물론 최영의 한맺힌 영혼을 달래는 한풀이 굿이지만, 이제 최영의 영혼에는 요동 상권을 잃고 피눈물을 흘린 고려상인의 한도 묻혀 있다는 쪽으로 이해의 폭을 넓혀야 한다.

바. 고려상인의 죽음과 고려 멸망

고려와 조선의 왕조 교체에 대해서 여러 가지 견해들이 제시되고 있다. 우선 고려 후기 성리학(性理學)의 소양으로 다듬어진 중소지주 계층의 신흥사대부 세력이 막대한 농장과 노비를 소유하고 정치적으로 고위직을 점유하고 있는 친원의 권문세족을 제거했다는 것이다.[149] 그러나 이 견해는 조선의 개국공신 중에 중소지주나 향리 출신이 실제로 얼마 되지 않는다는 점에서 근거가 약하다는 평가를 받고 있다.[150]

또 조선왕조는 권문세가와 갈등을 빚은 사대부에 의해 성립된 것이 아니고 문신과 무신의 정쟁으로 인해 파생된 결과로 보기도 한다.[151] 공민왕대 이후 과거를 통해 관계에 진출한 정몽주, 정도전, 조준 등 문신들은 무신들의 정권 장악에 강한 불만을 표출하고 중국의 새로운 패자로 등장한 명(明)을 배후로 하여 정

---

149) 한영우, 「조선건국의 정치·사회기반」, 『조선전기 사회경제연구』, 을유문화사, 1983, pp. 178~189. 정재훈, 「조선개국 공신의 졸기(卒記) 분석」, 『고고역사학지』 5집, 동아대, 1990, pp.268~282.

150) 정재훈, 「조선개국 공신의 졸기(卒記) 분석」, 『고고역사학지』 5집, 동아대, 1990, pp.268~282.

151) 김당택, 「고려 양반사회와 한국사의 시대구분」, 『역사학보』 166호, 역사학회, 2000, pp.82~88.

치 주도권을 잡으려 애를 썼다. 하지만 집권 무신들과의 정면 대결은 역부족이었기 때문에, 강력한 군사력을 가진 이성계(李成桂)와 결탁하여 무신들과 대항하려 했다. 그리고 이성계 역시 동북면의 지방 출신으로 실력은 있지만 정치적으로 따돌림을 당하는 처지여서 정몽주, 정도전 등과의 결탁을 환영했다고 한다.

한편 이성계와 문신들의 결합으로 그들의 권력기반이 강화되자, 이에 불안을 느낀 우왕과 최영이 그들을 효과적으로 제거하기 위해 요동정벌을 계획했다는 것이다.[152] 그러므로 위화도 회군은 이성계측으로서는 권력을 잡기 위한 목숨을 건 거사였고, 그들이 우왕과 최영을 제거했을 때 사실상 고려왕조는 막을 내렸다고 본다. 결국 정치 주도권을 쥔 무신들에게 불만을 품은 문신들이 무신 이성계와 결탁하여 고려왕조를 멸망으로 이끌었다고 보는 것이다.

이러한 견해들은 모두 개연성을 가진 추론이라 하겠다. 하지만 우왕과 최영의 요동정벌이 이성계를 제거하고 그와 연합한 문신들에게 타격을 주기 위한 정치적 방안으로 추진된 것으로 단정할 수는 없다. 고려가 국가의 존망을 걸고 국력을 기울여 정예군 5만명을 출병시킨 요동정벌이 이성계라는 일개 무장의 제거가 주목적이었다고 볼 수 없기 때문이다. 따라서 우왕과 최영은 요동을 점령하고 이를 영구히 차지해 보려는 의도를 실제 가졌던 것으로 인정할 필요가 있다.

이성계의 조선 개국에 대한 지금까지의 통설은 상업과 상인의 면에서 보면 한계에 봉착한다. 권문세족과 신흥사대부의 권력 투쟁 또는 문신과 무신들 간의 정치적 대립이라는 구도로는 요동정벌의 포기와 극단적인 상인의 처형과 탄압을 설명할 수 없다. 그러므로 새로운 상황 이해와 발상의 전환이 필요하다.

필자는 요동정벌을 둘러싼 최영과 이성계의 대립, 고려의 멸망과 조선의 개국을 상업우호세력과 상업억압세력 간의 갈등과 대립이라는 구도로 상정하여 이해할 수 있다고 생각한다. 여기서 상업우호세력은 실제 상행위에 종사하는 상인뿐 아니라 상업 이익의 획득에 가담하고 무역과 통상을 조장한 권문세족 등을 포함한 넓은 의미의 상업옹호세력을 의미한다. 그리고 상업억압세력은 상

---

152) 강지언, 「위화도 회군과 그 추진세력에 대한 검토」, 『이화사학연구』 20·21호, 1993, p.62. 요동정벌은 친명파인 문신들에게 정치적 타격을 가할 수 있고, 동시에 이성계의 군사력을 해체시킬 수 있는 유일한 방안이었다고 본다.

업을 사농공상의 사회적 분업으로 이해하지 않고 단순히 농업을 보완하는 말업(末業)으로 보아 상업을 억제하려는 상업천시세력을 통칭하는 의미로 본다. 이렇게 고려 말의 정국과 요동정벌을 둘러싼 정쟁을 상업우호세력과 상업억압세력 간의 대립과 갈등으로 풀면 지금까지와는 다른 신선하고 새로운 유효한 해석을 얻을 수 있다.[153]

조선 개국을 주도한 신흥사대부들이 주창한 성리학적 사회질서의 구축, 중농주의(重農主義)에 입각한 토지제도의 개혁 등에만 주목해서는 안된다. 이 관점으로는 조선왕조가 국경을 폐쇄하고 무역상을 처형하는 등 상업을 끝내 몰락시키고 상인을 극단적으로 멸시하고 천시한 그 연유를 분명하게 드러내는데 한계가 있다. 또 『고려사』에는 고려 말, 특히 위화도 회군 이후 이성계 세력이 상인과 상업우호세력을 가혹하게 탄압한 명확한 증거 기록이 다수 실려 있다.

이성계 일파는 위화도에서 회군하고 쿠데타에 성공하자, 우왕을 폐위시키고 1388년 6월 8일 불과 9살짜리 우왕의 아들을 창왕(昌王)으로 옹립했다.[154] 이것은 위화도에서 동년 5월 20일 회군하기 시작한 뒤 불과 18일 밖에 걸리지 않았다. 그야말로 전광석화처럼 벌어진 쿠데타 조치였다.

창왕의 새 정부가 가장 먼저 착수한 일 중의 하나가 의주 출신 만호(萬戶) 장사길(張思吉)을 특별히 발탁하여 밀직부사로 임명한 일이다. 이는 위화도 회군에 대한 의주 지역의 반발과 불만이 팽배했고 의주를 중심으로 한 압록강 주변지역의 백성들이 요동정벌이 무산됨에 따라 동요하자, 그 지역에 영향력을 가진 장사길을 통해 민심을 추스르려 한 것으로 보인다.[155] 요동정벌의 성공을 빌며 요동상권을 되찾을 꿈과 희망을 불태웠던 의주 상인들의 실망과 반발이 매우 커 이를 선무할 필요가 있었던 것이다.

이성계 일파는 창왕의 즉위를 주도했던 조민수가 전제개혁(田制改革)을 반대

---

153) 필자의 견해는 처음 시도하는 시론(試論)이므로 논리의 비약과 사료 부족 등의 지적은 당연하다. 앞으로 보완해야 할 점이 많다는 것을 미리 밝혀 둔다.
154) 『고려사』 권137, 열전50, 신창 즉위년 6월 신해. 창왕의 즉위를 이성계는 탐탁치 않게 여겼으나 조민수가 주장함으로써 이루어진 것이다. 이성계 일파는 우왕과 창왕을 왕씨가 아니고 신돈의 아들이며 성이 왕씨가 아니고 신씨라고 주장했다. 그리하여 『고려사』 편찬자들은 우왕과 창왕을 역대 왕들의 계보인 세가 편에 넣지 않고 열전에 우왕을 신우, 창왕을 신창으로 하여 수록했다.
155) 『고려사』 권137, 열전50, 신창 즉위년 6월조.

하자 그를 제거했다. 그리고 창왕을 신돈의 핏줄이라는 누명을 씌워 폐위시키고 공양왕을 옹립함으로써 권력을 오로지 장악했다. 또 전제개혁을 반대하는 자들의 관직을 박탈하고 1390년(공양왕 2) 9월에 시가(市街)에서 공사(公私)의 토지 문서인 전적(田籍)을 불살라 버렸다.[156] 이것은 문벌귀족과 권문세족의 세력기반을 그 뿌리부터 붕괴시키는 결정적인 조치로서, 정치세력의 완전한 교체를 의미한다.[157] 그리고 다음해 1391년 5월 과전법(科田法) 실시를 공표했다.[158] 과전법은 토지 국유화에 입각하여 사전(私田)의 재분배, 수조율의 인하, 국고와 경작자 사이에 개재하는 중간 착취자의 제거를 목표로 내세웠다. 이 조치로 인해 권문세가는 그들의 세력기반인 대규모 농장을 국가에 몰수당하고 몰락해 갔다.

이성계 일파는 토지제도의 개혁을 빌미로 하여 권문세족 등 반대파를 꺾는 한편 상인 세력을 억누르고 제거하려 했다. 그들은 상인들이 최영의 요동정벌을 열렬히 지지하고 위화도 회군을 반대하며 비판하므로, 최영 일파 및 권문세가와 함께 처단해야 할 대상으로 여겼다. 또 상업을 말업으로 천시하는 그들의 사상 기조에 따라 새 왕조 개창 전에 상인 세력의 제거와 통제는 또 하나의 불가피한 과업이었다.

상인에 대한 본격적인 탄압과 통제는 1390년 4월 개경에 거주하는 상인과 장인을 모두 관청에 등록하도록 조치하는 것에서부터 시작되었다. 시전 상인과 그에 붙어사는 사람들을 모두 등록하게 하고 만약 숨기고 등록하지 않으면 주인과 함께 처벌하도록 한 것이다.[159] 시전의 상인과 종업원 등의 등록을 통해 시전 상인들을 원천적으로 감시 감독하고 통제함으로써 완전히 장악해 나갔다.

고려가 멸망하기 1년 2개월 전 1391년(공양왕 3) 5월, 압록강을 넘어가서 중국과 통상하던 상인 우두머리 10여 명이 전격적으로 무참하게 처형당했다.[160]

---

156) 『고려사』 권78, 지32, 식화1, 전제(田制), 공양왕 2년 9월조.

157) 한우근, 『한국통사』, 을유문화사, 2001, p193.

158) 『고려사』 권78, 지32, 식화1, 전제(田制), 공양왕 3년 5월조.

159) 『고려사』 권85, 지39, 형법2, 공양왕 2년 4월조. 이에 대해 시전 상인들의 불량품 유통, 도량형 조작, 물가 조작 등을 단속하여 불법행위를 바로 잡으려는 고려 정부의 정상적인 상업정책으로 이해하기도 한다.(박평식, 『조선전기상업사연구』, 지식산업사, 1999, pp.36~37). 하지만 이는 쿠데타 정권의 비상조치로 상공업 세력을 장악하고 통제하려는 의도일 것이다.

160) 『고려사』에는 압록강 국경 지역에서 상인이 처형당한 1년 뒤쯤 1392년(공양왕4) 4월에

따지고 보면 이들은 고려 480여 년 역사상 정부 권력에 의해 최후로 공개 처형된 자들이었다. 다음은 『고려사』에 실려 있는 고려 무역상의 처형 기록이다.

"1391년(공양왕 3) 5월 기유일, 군자소윤(軍資少尹) 안로생(安魯生)을 서북면 찰방별감(察訪別監)으로 임명하여 중국과의 통상을 금지했다. 그 전에 상인들이 말·소와 금·은 그리고 모시·삼베 등을 가지고 요동과 심양에 가서 파는 자가 대단히 많았다. 나라에서 그것을 금하기는 했지만 분명한 조치가 없었고 국경지방 관리들도 엄하게 금지하지 않아 왕래하면서 장사하는 자가 도로에 연이어 끊이질 않았다. 안로생이 가서 그 우두머리 10여 명의 목을 베고 나머지는 모두 형장을 쳐서 수군(水軍)에 복역시켰다. 또 물품을 몰수하고 주·군의 관리들에게 금지하지 못한 죄를 물어 형장(杖)을 쳤다. 이에 규율이 강화되고 국경지대가 삼엄하여 다시는 금지령을 위반하는 자가 없게 되었다."161)

안로생(安魯生)은 불법 무역을 감시하고 단속하는 일에 노하우를 가진 전문가였던 모양이다. 그는 상인 우두머리를 전격적으로 처형한 지 불과 4개월 뒤 1391년 9월에 세자 석(奭)이 신년 축하사절로 명에 갈 때 서장관(書狀官)이 되어 세자를 수행했다. 서장관은 사신 일행의 상행위를 감찰하는 직위이다.162) 그러면 안로생은 어찌하여 서장관이 되었고 세자는 껄끄러운 안로생을 대동할 수밖에 없었을까?

당시 권력을 장악한 이성계 일파는 세자의 사신단에 상인들이 따라가지 못하도록 막으려 했다. 그것은 세자가 사행무역으로 얻은 이득이 정치자금화 하는 것을 저지하려는 목적, 즉 세자의 돈줄을 끊으려 한 것이었다. 이를 위해 먼저 간관(諫官) 허응(許鷹)이 상소를 올렸다.163) 그 내용은 '세자의 수행단에 장사꾼들이 뒤따르면 중국 측이 세자가 장사 길을 트러 온다고 인정할까 두려

<hr />

정몽주가 살해되고, 다음 이성계 일당이 공양왕을 폐위시키는 쿠데타를 일으킬 때 우성범(禹成範), 강회계(姜淮系)를 죽였다는 기록이 있는데 이는 고려 정부가 한 짓이 아니다.(『고려사』 권46, 세가, 공양왕 4년 4월조, 7월조)

161) 『고려사』 권46, 세가, 공양왕 3년 5월 기유. 중국과 통상하던 상인을 잡아 죽이고 처벌하자 당시 중국에 넘어가 있던 수많은 고려상인들은 돌아오지 않고 그 곳에 눌러 앉아 살아갔을 것으로 추측된다.

162) 『고려사』 권46, 세가, 공양왕 3년 9월 병술. 세자는 1391년 9월 병오일에 명나라로 출발했고 다음해 3월 을사일에 돌아왔다. 왕복 7개월 여정이었다.

163) 『고려사』 권46, 세가, 공양왕 3년 9월 갑진.

우니 이번에는 꼭 김인용 등을 딸려 보내지 말기 바랍니다'라는 것이었다. 이성계 일파는 왕실에 딸린 어용상인의 사행무역까지도 완전히 차단하려 했다. 하지만 상인의 동행을 완전히 막지 못하자, 안로생에게 서장관의 임무를 주어 이들을 철저히 감시하도록 조치한 것이다.

이성계 일파는 상인세력을 결정적으로 와해시키는 방안을 줄기차게 획책했다. 그것은 개경 상인의 경제력에 결정적인 타격을 가하고 상업기반을 와해시키려는 짓이었다. 우선 개경상인들이 부리는 장사 말을 징발하여 빼앗으려는 계책을 꾸몄다. 개경 상인으로부터의 말 징발은 1391년(공양왕 3) 4월에 말 1만 필을 사겠다는 명의 요청이 빌미가 되었다.

명나라 사신 한룡(韓龍)이 가져온 예부의 자문(咨文) 내용은 '관직에 있는 사람들과 부잣집에서 말 1만필을 구입하겠다. 각 관원과 부잣집 자식들을 시켜 말을 가져다가 요동에 납입하고, 서울에 와서 값을 받게 하라'는 일방적인 강요였다.[164)

명의 말 구매 요청이 있은 1개월 뒤 낭사(郎舍) 허응(許應)이 공양왕에게 이와 관련하여 상소를 올렸다. 개경 상인과 지방 상인이 소유하고 있는 말을 모조리 징발하여 명에 팔아 버리자는 주장이었다.

"지금 무뢰배들이 모두 외국의 상품을 사다가 돈벌이를 하느라고 본업에 종사하지 않습니다. 조정에서는 이를 방지하기 위하여 큰 노력을 하고 있으나 몰래 가고 몰래 돌아오는 자들을 어찌 다 알 수 있겠습니까? 심지어는 저쪽 땅 사람을 시장에 데리고 와서 우리나라를 정탐케 하고 있습니다. … 지금부터는 일반 관리들에게 사(紗)·라(羅)·단자(段子)를 입지 못하게 하고 검소한 기풍을 숭상하며 그들과의 상업 왕래를 하지 못하게 하여야 합니다. 만일 몰래 내왕하는 상인이 있을 때에는 그 재물을 몰수하여 고발자에게 상으로 주게 할 것입니다. 또 말을 가진 상인들로서 일찍이 개성부에 적을 둔 수자가 근 5백에 달합니다. 마침 중국 조정에서 말을 사겠다는 요구가 있으니, 이 말들을 모조리 징발하여 하나도 빠짐없이 팔게 하며 그 외의 상인들에게 대하여서도 각각 말을 내라 하여, 그 수에 충당케 하면 공(公) 사(私) 간에 모두 편리할 것입니다."[165)

허응은 무역으로 돈벌이하는 사람들이 너무 많아서 문제라고 지적하고 무

---

164) 『고려사』 권46, 세가, 공양왕 3년 4월 임오. 내시 200명을 바치라는 요구도 있었다.
165) 『고려사』 권46, 세가, 공양왕 3년 5월 무술.

역을 목적으로 하는 중국 왕래를 법으로 금지하자고 주장했다. 몰래 무역하는 상인을 고발하는 자에게 포상금을 주자고도 했다. 또 말을 소유한 상인들로부터 말을 모조리 징발하여 마침 중국에서 말 1만마리를 요구하니 중국에 팔아버리자고 했다.

허응의 상소는 상업과 상인을 탄압하는 정도가 아니라 상업기반을 아예 말살해 버리자는 의도를 노골적으로 드러냈다. 명나라는 분명히 관리들과 부잣집의 말 1만마리를 요구했다. 하지만 허응은 이는 아예 거론하지도 않고, 대신 상인들의 말을 모조리 징발하자고 주장한 것이다.

허응의 상소문에서 개성부에 적을 둔 말을 소유한 상인을 지칭하는 뜻으로 '상판지마상적어개성부자근오백(商販之馬嘗籍於開城府者近五百)'이란 문구가 나온다. 이 문구는 해석에 따라 서로 다른 견해를 도출하게 된다. 기존 통설은 개성부에 적을 둔 말이 500여 마리로, 즉 상인들이 말을 500여 마리나 소유하고 있다는 뜻으로 본다.[166] 하지만 이는 너무나 자구에 억매인 융통성 없는 해석이다. 오늘날에도 종마 같은 혈통 있는 값비싼 말 외에는 말 소유자를 등록하지 개개의 말을 등록하지 않는다. 따라서 마적(馬籍)은 말의 등록이 아니고 말을 가진 자의 등록으로 보는 것이 이치에 부합한다.[167]

또 근오백(近五百)이란 문구도 말 500여 마리가 아니라 말 소유자로 등록된 자가 500여 명 또는 말 소유자들의 모임이나 단체인 상회(商會)나 상단(商團)이 500여 개인 것으로 보는 것이 적합하다.[168] 등록된 말 소유자 또는 상단은 개개의 처지에 따라 말을 1마리 가질 수도 있고, 수십 마리를 가질 수도 있는 것이다.

---

166) 강만길, 『한국상업의 역사』, 세종대왕기념사업회, 2000, p.171. 『북역고려사』, 4책, 신서원, 1998, p.536.

167) 공창석, 『대상인의 시대』, 박영사, 2010, pp.291~293.

168) 만약 개성부에 적을 둔 말이 실제로 500여 마리 정도라면 명나라의 말 1만마리 구매 요청에 대한 해결책으로 불과 500마리를 징발해서 충당하자는 상소는 적절하지 않는 대책이 된다. 따라서 '개성부에 적을 둔 말 500여 마리'는 마적을 가진 상인 500여 명 또는 마적을 가진 상인들의 상단(商團) 또는 상회(商會) 500여 개가 적합한 것이다. 당시 한 사람이 여러 마리의 말을 소유한 경우도 많았을 것이고, 상회는 당연히 다수의 말을 소유하고 있었을 것이다. 그런데 상인인지 상회나 상단인지에 대해서는 정확히 알 수 없지만, 상회나 상단으로 보는 것이 적합하다고 생각한다.

고려 말 개경의 인구는 약 10만으로 추정된다. 따라서 도시 규모에 비해 개경 상인들이 말을 500여 필 밖에 소유하지 않았다는 것은 현실감이 떨어지는 무리한 추론이다. 1603년(선조 36)에 개성인구는 3만 내외였다. 1603년(선조 36)에 비변사에서 개성에서라면 창졸간에도 상인 중에서 말을 가진 젊은 장정 500~600명을 모집할 수 있다고 하면서 이들을 속오군(束伍軍)에 편입시키자고 주장한 바 있다.[169] 이 당시 개성 인구는 3만 내외였는데도 불구하고, 말을 가진 상인 장정 500~600명을 언제든지 긴급히 소집할 수 있었다. 그런데 하물며 인구 10만의 개경에서 말이 500여 필뿐이라니?

개경 상인의 말에 대해서는 방사랑(房士良)의 상소[170]와 『노걸대(老乞大)』라는 책의 내용이 중요한 참고가 된다. 먼저 방사랑의 상소로 방사랑은 상인들이 5~10명씩 무리를 지어 날마다 요동을 통해 중국으로 나가고 있다고 밝히며 이들 상인을 처단하고자 했다. 그리고 개성부의 상인으로부터 말을 모조리 징발하고 그 외의 상인에게도 말을 내라고 하면 명나라가 요구하는 말 1만마리를 충당할 수 있다고 밝혔다.

다음 고려 말에 유행한 『노걸대』라는 중국어 회화책이다. 이 책은 독자를 4~5인씩 상단을 꾸려 중국에 장사하러 가는 상인을 대상으로 한 포켓용 회화 교재였다. 따라서 방사랑의 상소와 『노걸대』 책은 당시 고려상인의 실상을 반영하고 있다고 하겠고, 이에 의해 개경에 상인의 상단 또는 상회가 500여개나 존재했다는 추정이 가능하다.

개경 상단 또는 상회의 평균 상인 수를 5~10인으로 가정하면, 이들 소속으로 말을 소유한 상인은 2,500명 내지 5,000명 내외로 추산된다. 그리고 이 상인 수는 개경 상인의 말을 모조리 징발할 경우 명나라가 요구하는 말 1만 마리를 충당할 수 있다고 상소한 방사랑의 주장과 딱 들어맞는다. 또 당시 전국의 상인들로부터 말 1만 마리 징발은 그리 어렵지 않는 수월한 일이었던 것을 알 수 있다.

개성부에 적을 둔 말이 500여 마리라고 단순 해석할 수 없음은 허응의 상소가 있은 1개월 뒤 명에 1,500마리의 잡색 말을 바치는 것에 의해서 명백히

드러난다. 『고려사』에서 이 잡색 말 1,500마리를 어떻게 설명하고 있는지 먼저
살펴보자.

"1391년(공양왕3) 6월 기미일, 판선공시사(判繕工寺事) 양천식(楊天植)과 예조 총랑
(禮曹摠郎) 공부(孔俯)를 명나라에 보내어 말 1천 5백 필을 바쳤다. 도평의사사에서
명 예부에 보내는 공문에 '… 우리나라에서 나는 말이 몸뚱이가 작고 큼직한 놈이 드
물다. 그러나 왜적과의 전쟁과 먼 곳에 짐을 실은 경험으로 보면 짐을 많이 실을 수 있
으며 곤란한 조건들을 견디어 낼 수 있었기 때문에 우리나라 사람들은 실제 그 힘을 많
이 입고 있다. 그런데 근년에 요동(遼東)에서 이미 많이 구매하여 갔고 유행병에 의한
손실도 적지 않아 일시에 다 마련하기는 곤란하다. 그러므로 황제의 명을 받고 중앙 각
기관들과 지방의 주·군·현에 공문을 보내어 노력하고 있으니 마련되는 대로 보낼 것
이다. … 우리나라의 진상(進上)은 신자(臣子)의 도리인데 바치는 말에 대하여 어찌 감
히 대가를 받겠는가? 예부에 공문을 다시 보내 황제에게 말하여 대가의 지불을 정지하
도록 하라! … 우선 구득한 잡색 말 1천 5백필을 가지고 가서 요동 도사에게 납부한
다'라고 했다."[171]

고려는 명에 보내는 공문에서 잡색 말에 대해 짐 싣는 말이어서 힘이 좋다
는 등 구구한 변명을 나열하고 있다. 심지어 말 값을 받지 않겠다고까지 했다.
이것은 말의 품질이 썩 좋지 않는 상인들에게서 징발한 장사용 말임을 더욱 뚜
렷이 드러낸다 하겠다. 지방에서도 말을 마련하는 중이라는 점을 봐서 지방 상
인들의 말은 아직 징발당하지 않았음을 알 수 있다. 따라서 이 잡색 말 1,500마
리는 개경 상인들에게서 긴급히 징발한 것으로 보아야 할 것이다.

허응을 비롯한 억상세력은 명의 말 1만필 구입 요청을 계기로 삼아 개경
상인으로부터 말 1,500여 마리를 징발하는 한편 이 말을 명에 보내며 말 값을
받지 않겠다는 성의를 보였다. 그들은 명의 요구에 부응하면서 개경 상인을 치
는 이중의 효과를 노렸고 성공한 것이다. 이후 상인으로부터 말을 추가로 징발
했는지는 기록이 없어 알 수 없다. 하지만 여러 정황으로 보아 1만 마리를 채
우기 위해 추가 징발했을 개연성이 높아 보인다.

이제 안로생이 압록강 유역에서 중국과 교역하던 무역상 우두머리 10여 명
을 전격 처형하고 나머지는 수군에 편입시킨 이유가 명백해진다. 국경지역에서

---

171) 『고려사』 권46, 세가, 공양왕 3년 6월 기미.

무역상의 전격적인 처형 역시 이중 효과를 노린 고도의 정치적인 처사였다.

압록강 무역상 처형은 1391년 5월 기유일에 있었다. 이날은 공교롭게도 허응이 동년 5월 무술일에 올린 개경 상인으로부터 말을 징발하자는 상소와 말 1,500마리를 징발한 동년 6월의 중간이다. 허응의 상소가 있은 지 11일 후에 무역상이 처형당했고, 그 뒤 10일 후에 말 1,500필이 징발 되었다.

과연 허응의 상소, 무역상의 처형, 말 징발이 일정한 시차를 두고 일어난 사건을 대수롭지 않게 우연한 일로 치부해 버릴 수 있을까? 이 일련의 사건들을 통해 상업 세력의 제거를 위한 상인 탄압이 치밀한 계획 아래 주도면밀하게 추진된 사실을 분명히 확인할 수 있지 않는가?

이성계 일파의 상업 세력에 대한 탄압과 제재는 원 간섭기 이래 성행해 온 왕실의 사행무역에도 가해졌다. 사행무역은 고려의 오래된 관행이었다. 사행 길은 무역으로 한 몫 잡는 기회로 활용되었고, 그렇지 않는 경우를 이상하게 여길 정도였다.

사행무역으로 한몫 잡는 예를 보자. 1183년(명종 13) 8월, 금나라에 가는 사신들이 사사로이 휴대해 가는 물품의 한도를 정하자는 논의가 장군들의 반대로 무산된 적이 있다.[172] 당시 사신 수행원과 수행 군인으로 선발되기 위해서는 은 1근 이상의 뇌물을 바쳐야만 했으니, 장군들이 휴대물품의 한도를 정하는 것에 반대함은 당연한 듯 싶다.[173] 이것은 고려시대에 사신단의 인원수는 정부에서 그때그때 정하는 것이었지만, 수행원을 누구로 하느냐는 사신들이 임의로 결정했고, 이때 수행 군인의 선발에 장군들이 관여했기 때문이었다. 따라서 상인들은 사신을 매수하거나 이들과 결탁하여 사행무역에 쉽게 끼어들 수 있었다.[174] 뿐만 아니라 사신들 스스로가 금·은 등을 가지고 가서 외국 물품을 대량 구입해 오는 것이 문제가 되기도 했다. 또 사신들이 권세가의 청탁을 받고 무역을 대행하기도 했다.[175] 또 당시는 사행 갔다가 아무것도 가져오지 않고 빈손으로 오는 것을 이상하게 여길 정도였다. 그래서 몽고에 사행 갔다가

---

172) 『고려사』 권20, 세가, 명종 13년 8월조.

173) 『고려사』 권99, 열전12, 이공승전. 『고려사』 권128, 열전41, 정중부부 송유인전.

174) 홍희유, 『조선상업사』, 백산자료원, 1989, p.123.

175) 『고려사』 권112, 열전25, 박의중전.

한 가지 물품도 가져오지 않아 행낭(行囊)이 텅빈 이순효(李純孝)는 사람들로부터 '진짜 청백리 관원'이라는 칭송을 받았다.[176]

원 간섭기에는 사행무역이 그리 활발한 편은 아니었다. 당시 고려와 원은 긴밀하게 연계되어 있어 국경 통과가 쉽고 무역에 따른 제한이 거의 없었으므로 상인들이 사행무역에 동행할 필요성이 크지 않았다. 다만 원 정부에서 조공품에 대해서는 관세를 면제했기 때문에 관세 혜택을 얻기 위하여 사신에 동행하거나 조공품으로 속일 정도였다.[177]

사행무역은 명나라의 등장으로 인해 다시 그 중요성이 부각되었다. 명나라가 중국의 전통적인 조공무역체제를 표방하고 사무역을 금지했기 때문이었다. 고려상인들에게 원 간섭기의 자유무역과 같은 교역 방식은 허용되지 않았다. 그나마 몰래하는 밀무역도 명이 국경을 자주 폐쇄함으로써 교역 환경은 점차 어려워져 갔다. 따라서 사행무역이 중요시되고 성행하게 될 수밖에 없었다. 사행무역은 금·은·모시·인삼·약재 등 토산물을 가지고 가서 비단과 일상 생활용품을 구입해 왔는데, 안전하고 이익이 많이 남는 장사였다. 사절단은 권세가의 청탁에 못 이겨 교역 심부름을 맡는 경우가 허다했고, 심지어 개인의 사적 물품이 공적 조공물의 10분의 9를 차지하기도 했다.[178]

사행무역의 폐단은 1386년(우왕 12)에 명에 사신으로 다녀온 안익(安翊)의 탄식을 통해서 그 실상을 짐작할 수 있다. 안익은 '나는 평소에 명에 사신 보내는 것은 국가를 위한 것인 줄 알았더니, 오늘 알고 보니 권세 있는 집의 돈벌이를 하여 주는 것이구나'[179] 하며 눈물을 흘리며 한탄했다. 당시 사절단의 수행원들뿐 아니라 사신으로 간 관리들도 장사를 해야만 했다. 귀국해서 대신들에게 뇌물을 바쳐야 했기 때문이다. 뇌물 액수에 따라 관직의 이동이 뒤따르기도 했으니, 사신들은 부득불 돈을 벌기 위해 장사를 하지 않을 수 없었다.

사행무역의 본격적인 규제는 앞에서 살펴본 바와 같이 공양왕 3년 9월, 세자 석(奭)이 명나라를 방문하려할 때 구체적으로 가해졌다. 허응(許應)이 왕실의

176) 『고려사』 권102, 열전15, 이순효전.
177) 위은숙, 「원 간섭기 대원무역-노걸대를 중심으로-」, 『지역과 역사』 4호, 부산경남역사연구소, 1997, p.81
178) 『고려사』 권112, 열전25, 박의중전.
179) 『고려사』 권136, 열전49, 신우 12년 6월조.

어용상인 김인용(金仁用)을 중국 사신단에 포함시키지 말아야 한다는 상소를 올렸고, 무역상을 처형한 안로생을 세자의 사신단 일행에 포함시켜 무역행위를 감시하고 감독하도록 조치했다. 이성계 일파가 왕실 무역에까지 직접 시비를 걸고 통제하려 한 것이다. 허응의 상소 요지는 다음과 같다.

> "지금 김인용(金仁用) 등 장사꾼들을 북평(北平)에 보내어 양(羊)을 사 들이게 하니 절약과 검소를 숭상하는 전하의 아름다운 본의가 아닙니다. 더군다나 세자가 중국에 입조(入朝)하는 이 때에 있어서 장사꾼들이 뒤따라가니 이것은 또 만민(萬民)을 위하여 세자를 입조시키는 전하의 본위와도 위반됩니다. 저희들은 중국 사람들이 세자의 오늘 걸음을 장사 길을 터놓으려는 것으로 인정하지 않을까 두려워합니다. 또 양을 사 온다는 것은 오늘날의 긴급한 일이 아니니 김인용 등을 이번에 보내지 말기를 바랍니다."[180]

허응의 상소는 왕실이 사행무역을 통해 수익을 얻지 못하도록 방해할 목적이었다. 이것은 신왕조의 개창을 준비하던 신흥사대부들이 왕실의 자금원을 차단하려는 치밀한 정치적 계산을 한 뒤 허응으로 하여금 상소를 올리도록 한 것으로 보인다. 왜냐하면 세자가 출국한 지 3개월이 지난 1391년(공양왕 3) 12월, 한양 부윤 유원정(柳爰廷)을 헌부(憲府)에서 탄핵하여 남원부(南原府)로 귀양을 보냈는데, 탄핵 사유가 명나라에 사신갔을 때 장사를 했다는 것이다.[181] 이 탄핵은 다분히 계획적이고 의도적인 조치가 분명하다. 세자를 명나라에 보내 놓은 상황에서 유원정을 탄핵하여 처벌한 것은 세자 일행 역시 사행무역에 관여한다면 탄핵할 수 있다는 것을 공공연히 과시한 처사였다.

이성계 일파는 농본주의(農本主義)의 기치를 내걸고 상업을 말업으로라며 비하하며 상인을 멸시했다. 상인을 정치적 적대 세력으로 간주하고 상업 세력을 뿌리부터 와해시켜 나갔다. 대외 무역상을 처형하고 개경 상인으로부터 말을 징발했다.

이성계 일파가 신왕조 개창을 준비하면서 농본주의를 주창하고 상업을 억

---

180) 『고려사』 권46, 열전46, 공양왕 3년 9월 갑진.
181) 『고려사』 권46, 세가, 공양왕 3년 12월 계축. 세자는 1392년 3월 을사일에 돌아왔다. 이 때 이성계는 말에서 떨어져 다쳤다며 세자의 마중 장소에 나가지 않았다. 세자가 돌아온 다음 달 4월에 이성계 일파는 정몽주를 암살한다. 그리고 3개월 뒤 7월에 공양왕을 폐위하고 고려를 멸망시킨다.

압한 것은 뒤집어 보면, 고려가 상공업을 존중한 나라였음을 확실히 입증해 준다. 그리고 고려는 상인이 국가사회의 주역인 사실을 또렷이 조명해준다.

신흥사대부들의 억상 논리가 확고해지고 상업우호세력들을 다각도로 탄압하자 상인은 힘을 잃을 수밖에 없었다. 이로 인해 고려상인들은 건국에 기여할 계기를 갖지 못했고, 오히려 건국 과정에서 철저히 따돌림 당하고 도외시되었다. 결국 고려는 상인의 죽음과 함께 멸망했고 조선은 상인을 배제한 가운데서 건국되었다.

CHAPTER

6

조선 건국과 개성상인

I. 이성계의 개혁과 상인

이성계는 1392년 7월 16일 개경의 수창궁(壽昌宮)에서 왕위에 올랐다. 조선 왕조의 성립에 대한 역사적 평가는 보는 관점에 따라서 견해를 달리하고 있다.[1] 하지만 조선 건국을 주도한 신흥사대부들이 고려를 멸망시키고 어떠한 나

---

1) 도현철, 「조선왕조의 성립에 대한 평가」, 『한국 전근대사의 주요 쟁점』, 역사비평사, 2002, pp.263~272. 조선 건국에 대한 평가는 크게 두 가지로 나뉜다. 먼저 조선 건국은 왕씨의 고려왕조가 이씨의 조선왕조로 바뀐 것에 불가하다는 견해이다. 주로 한국사를 부정적 시각으로 보는 일본인 연구가들이 주장한다. 한국의 정체성(停滯性)을 강조하려는 의도를 깔고 있다.(이태진, 『조선유교사회사론』, 지식산업사, 1998, pp.116~119)

다음은 조선 건국은 단순히 왕조 교체에 그치는 것이 아니고 고려사회에 쌓인 내재적 모순을 극복하고 새로운 발전을 이룩하려는, 개혁과 변화를 추구한 결과라는 평가이다. 대부분 한국인 연구가들에 의해서 제기된 것으로서 고려 말에 등장하는 성리학적 소양을 갖춘 신흥사대부들이 고려와 질적으로 다른 새로운 이상 사회를 만들기 위해 조선을 건국했다는 것이다. 하지만 고려의 지배 세력과 조선의 지배 세력 간에 차이점이 별로 없다는 점에 유의해야 한다. 하층민이 지배계층이 된다거나 하는 지배계층의 뿌리를 바꾼 왕조 교체가 아니라는 것이다.(김당택, 「고려 양반사회와 한국사의 시대구분」, 『역사학보』 166호, 역사학회, 2000, pp.86~87)

이성계

라로 개혁하려 했느냐? 특히 상업과 상인의 역할과 기능을 어떻게 인식하였는지, 또 그들이 조선을 건국하는 과정에서 추진한 개혁이 상업과 상인에 어떠한 영향을 미쳤는가를 규명하는 것은 매우 중요하다.

이성계 일파가 새 왕조를 준비하면서 가장 심혈을 기울인 것은 전제개혁과 노비제도 개혁이었다. 당시 고려사회는 왕실, 권문세족, 사찰 등에 토지소유권과 수조권(收租權)이 과도하게 집중되어 있어 정부는 만성적인 재정적자에 시달렸다. 정부가 보유한 토지가 부족하여 과거에 급제하고 새로 관리가 된 사대부들에게 수조 토지를 주지 못할 정도였다.

이런 상황에서 정도전과 조준 등 신흥사대부들은 수조권은 1대에 한하고, 세습하여 물려주거나 사사로이 사고파는 행위를 근절하자고 하면서 수조권의 재분배를 주장했다.[2] 이것은 토지 소유와 수조권의 개혁으로 사전(私田)을 혁파하고 과전법(科田法)을 실시하자는 것이었다. 하지만 이들이 내건 전제개혁의 명분은 국가재정을 튼튼히 하고 농민을 보호하며 민생을 안정시킨다는 것이었지만, 실은 대지주로부터 토지와 수조권을 무상으로 빼앗아 이성계 일파인 신흥사대부들의 몫으로 하여 새로이 분배하자는 것에 지나지 않았다.[3] 대지주로부터 몰수한 토지를 농민들에게 나누어 주거나 백성들의 징세 부담을 근원적으로 줄여주는 것은 아니었다. 따라서 농민의 경우 수조권을 가진 권세가의 눈치를 살펴야 하는 처지는 변함이 없고 마찬가지였다.

노비제도의 개혁은 양인이면서 사실상 권세가의 노비로 전락한 양인노비(良人奴婢)를 가려내는 것과 세습노비인 조업노비(祖業奴婢)의 정리에 집중되었다.[4]

---

2) 『고려사』권78, 지32, 식화1, 전제, 신창 원년 8월조.
3) 도현철,「고려말기의 교화론과 상업안정론」,『한국사상사학』9호, 한국사상사학회, 1997, pp.77~115.
4) 노비는 노비 소유주의 개인 재산이었고 세습노비, 즉 부모로부터 물려받는 조업노비(祖業奴婢)는 자손이 조상의 유서에 따르지 않고 함부로 타인에게 주는 것이 금지되었다.

양인노비는 일반 농민이 자신이 소유하는 농지를 가지고 권세가에 빌붙어 마치 사실상의 세습노비처럼 예속되는 것을 말한다. 농민의 입장에서는 국가의 부역을 면죄 받는 대신 권세가에게 노역을 제공하는 것으로 국가의 부역이 과중할 때는 이를 피하는 유효한 수단이 되었다. 하지만 양인노비의 증가는 국가는 영세해지고 권세가는 부유해지는 결과를 초래한다. 그러므로 국가의 재정확충을 위해서는 양인노비를 가려내서 국가에 세금을 내도록 조치해야 할 필요가 있는 것이다.

그러나 고려말 이성계 세력은 양인노비를 가려내는 노비변정(奴婢辨正)이 병행되지 않는 상황에서 사전의 혁파를 단행했다. 때문에 세습화된 양인노비를 심사하여 가려내는 일에 차질이 생겼다. 토지를 몰수당한 기득권 세력이 극열하게 반발한 것이었다. 뿐만 아니라 이성계 일파인 신흥사대부들 중에도 상당수가 양인노비를 소유하고 있어, 지배층 내부에 심각한 갈등이 노정되고 정치적 불안이 나타났다. 기존 대지주인 전주(田主)들의 양인노비에 대한 지배와 예속 관계를 완전히 차단할 수가 없었다. 이러한 노비변정 사업의 추진은 기득권 세력의 극심한 반발에 부딪혔고, 결국 정국 안정을 위해 1392년(공양왕 4) 4월 유보되고 말았다. 따라서 조업노비화 된 양인노비를 가려내어 국역 부담자를 증대시키려는 노비제도의 개혁은 결말을 보지 못한 채 조선이 건국된 것이다.[5]

이성계 일파의 이러한 전제개혁과 노비제 개혁은 상업발전에 아무런 긍정적인 영향을 미치지 못했다. 토지 소유를 대지주체제에서 소농 및 중소지주체제로 전환한 것은 토지의 분배 측면에서는 바람직하다 하겠으나, 시장경제가 발달하지 않은 중세사회에서 수출특화상품의 생산기반을 약화시키는 결과를 낳을 수 있었다. 이를 구체적으로 밝혀줄 수 있는 자료가 없어 실제로 수출특화상품의 생산기반을 어느 정도 약화시켰는지는 알 수 없다. 하지만 모시 같은 수출용 특화 작물재배는 대규모 농장이 유리한데, 중소지주체제는 규모의 경제에 있어 한계가 있는 것은 자명하다.

오직 주인만이 노비를 부릴 수 있으며 노비는 국가의 공역이 부과되지 않는 존재였다.(『고려사』 권85, 지39, 형법2, 노비, 충렬왕 24년 1월조). 국왕도 임의대로 남의 노비를 뺏거나 부릴 수 없었다.(『고려사절요』 권25, 충혜왕 후 4년 6월조)

5) 박진훈, 「고려말 개혁사대부의 노비 변정책-조준, 정도전계의 방안을 중심으로-」, 『학림』 19호, 연세대학교 사학연구회, 1998, pp.31~49.

노비제도의 개혁도 마찬가지로 세습하는 양인노비를 줄인 만큼의 일반 양인을 증대하므로 상품시장과 화폐경제에는 다소의 도움이 되나, 세습노비를 혁파하고 일 삯을 주는 고공제도(雇工制度)를 도입하지 않아서 역사적 의미를 부여할 수 없다. 오히려 조선 건국 이후 노비제도는 후퇴하고 말았다. 그것도 조선초 세조 때에 부모 중 한 쪽이 노비이면 자식이 모두 노비가 되는 일천즉천(一賤則賤)으로 바꾸어 세습노비가 노비 신분을 벗어나는 길을 아예 봉쇄해 버렸다.

고려와 조선의 노비제도는 거의 유사했다. 다만 조선의 노비제도 개혁은 노비를 소유한 지배계층이 대지주 권문세족에서 중·소지주 사대부 계층으로 넓게 확장된 차이가 있을 뿐이었다. 소수 대지주의 다수 노비 소유에 비해 다수 중·소 지주의 소수 노비소유가 상업발전에 보다 효과적이라고 말할 수 없다. 조선은 나라 전체의 노비를 대폭 줄이거나 품삯을 받고 일하는 고공체제(雇工體制)를 도입하는 등 노비제도를 근원적으로 개혁하지 못했다. 세습하는 양인노비를 일부 일반 양인으로 전환하는 정도였고, 그나마 세조 때에 일천즉천으로 후퇴했다. 따라서 조선 건국세력이 추진한 전제 개혁과 노비제 개혁은 상업과 거리가 먼 상업 활성화를 기대할 수 없는 것이었다.

2. 조선 사대부의 상업관

위화도 회군 이후 이른바 개혁파 신흥사대부들은 주자학(朱子學)을 바탕으로 한 성리학적 정치질서를 세우려 했다. 그것은 곧 송나라의 정치체제를 원용하고[6] 주자학의 경제 논리를 수용하는 것이었다.[7]

주자학은 남송 시대에 성립한 새로운 유학 즉 신유학(新儒學)이다.[8] 신유학에는 주자학과 양명학(陽明學)의 두 흐름이 있었다. 고려말 사대부들이 받아들인 주자학은 농업을 위주로 하여 농경사회의 틀을 지탱해온 지배와 피지배, 그

---

6) 도현철, 「고려말기의 예인식과 정치체제론」, 『동방학지』 97호, 연세대학교 국학연구원, 1997, pp.120~128.

7) 도현철, 「고려말기의 교화론과 상업안정론」, 앞의 책, p.103.

8) 서영시 저, 정인재 역, 『중국 근세 종교윤리와 상인정신』, 대한교과서(주), 1993, pp.123~130.

리고 사농공상의 사회적 분업체계를 고수하려는 사상이다. 농업 위에 선 선비
(士)와 농경 사회를 지배하는 사대부의 지위 확보를 내재적 목표로 하기 때문에
상공업은 부수적일 수밖에 없다. 사대부는 지배자이고 농공상은 피지배자일 뿐
인 지배질서를 공고히 하려는 것이다.

　이에 비해 육상산(陸象山)에서 왕양명(王陽明)으로 이어진 양명학은 농경사
회의 변화를 모색했다. 농경사회를 부인하는 것이 아니라 상공업을 농업에 병
존시킴으로써 사회적 생산성을 높이려는 것이다. 당시 남송(南宋)의 사회는 상
공업이 농업과 병존하여 크게 성장하고 있었다. 그러므로 양명학은 유학사상의
상부구조를 남송 시대에 맞게 짜 맞춘 것이라고 할 수 있다.

　양명학은 선비(士)가 오직 지배자여서는 안되고 지도자이기도 하고 실천적
참여자여야 함을 강조했다. 또 선비(士)가 상인이 될 수 있고 상인도 선비로 진
출할 수 있는 사상의 토대를 제공해 주었다.[9]

　조선 건국을 주도한 신흥사대부들은 오로지 주자학만 받아들이고 이에 경
사(傾斜)되어 이 땅에 중·소 지주들이 지배하는 농업국가를 세우려 했다. 무역
상을 처형하고 개경 상인의 말을 빼앗는 상인 세력에 대한 탄압은 반대 세력을
축출하기 위한 정치적 방편일 뿐 아니라 상업 자체에 대한 이념적인 거부감의
표출이었다. 그들은 의도적으로 상업문화를 몰아내고 농경문화의 세상을 만들
려 했고, 상업은 농경사회를 지탱하고 유지하는 데 필요한 최소한의 수준만을
허용하려 했다.

　고려말 신흥사대부들이 궁극적으로 희망하고 지향한 나라의 모습은 윤소종
(尹紹宗)과 방사량(房士良)의 상소를 통해서 분명하게 파악할 수 있다.

　윤소종은 이색(李穡)의 문인으로 1365년(공민왕 14)에 문과에 장원급제했다.
위화도 회군에 협력했고 사전혁파에도 앞장섰다. 조선 개국 후 병조전서(兵曹典
書)에 임명되고 회군 공신 3등에 올랐다. 다음은 윤소종이 정언(正言)으로 있을
때 공민왕에게 올린 건의 내용이다.

---

　9) 양명학은 명나라 시대에 왕양명(王陽明)이 출현함으로써 육상산(陸象山)으로부터 이어지
　　는 신유학이 한 종파로 완성된다. 신유학을 창도한 육상산은 주자와 동시대의 사람으로
　　주자가 사대부의 집안에서 태어난 데 비해 상인 출신이다. 신유학에 양명학이 있는 것은
　　바로 불교에 신선종이 있는 것과 마찬가지로 신유학의 윤리는 양명학의 출현으로 인하여
　　비로소 사회화의 길을 완전히 했다.(서영시 저, 정인재 역, 앞의 책, pp.140~151)

"옛날부터 임금들은 천하의 백성을 네 개 등급으로 나누어 사 · 농 · 공 · 상(士農工商)으로 구분했습니다. 농 · 공 · 상은 대대로 그 직업을 계승하면서 윗사람을 공봉(供奉)하는데, 다만 선비만은 아무 일에도 종사하지 않고 공부만 합니다. 자신을 수양하며 집안을 바로잡고 임금을 섬기고 백성을 다스리는 길을 모두 배운 다음에 벼슬을 줍니다."[10]

이것이 당시 문과에 장원급제한 성리학을 신봉하는 선비의 생각이다. 농 · 공 · 상은 대대로 농 · 공 · 상만을 직업으로 해야 하고 선비(士)만이 지배자로 군림해야 하며 선비는 땀흘리는 일은 하지 않고 책만 읽고 공부만 한다는 것이다.

1391년(공양왕 3) 3월, 중랑장(中郎將) 방사량은 공양왕에게 사치를 금하고 무역을 근절시켜야 한다는 다음의 상소를 올렸다.

"첫째, …… 우리나라는 국내에서 나는 세모시(細苧)와 삼베만 사용했어도 다년간 내려 오면서 상하가 다 유족하게 살았는데, 오늘에 와서는 귀천을 불문하고 저마다 외국 물 건을 사들여 길가에는 제왕의 옷차림을 한 남자종이 흔하고 항간에는 왕후의 옷차림을 한 여종이 허다 합니다. 이제부터는 양반 · 평민 · 장인바치 · 장사꾼 천민들이 비단 옷 이나 금 · 은 · 주옥으로 꾸미는 것을 일체 금지함으로써 사치한 풍습을 늦추고 귀천을 엄격히 가리십시오.

둘째, 민가의 자손들이 살림이 가난하고 돈이 없어서 비단 이부자리를 만들지 못하고 혼수(婚需)와 의복을 갖추지 못하여 시일을 미루게 되고 혼기를 놓칩니다. …… 이제부 터는 혼인하는 집들에서 오로지 무명만 사용하고 외국 물건은 일체 금하되 만일 종전 의 폐습을 그대로 따르는 자가 있으면 법령을 위반한 죄로 논하십시오!

셋째, 놋쇠와 구리는 우리나라 산물이 아니니 구리나 쇠로 만든 그릇의 사용을 금지하 고, 오로지 자기와 목기만 사용하게 함으로써 습속을 개혁 하십시오!

넷째, …… 지금 장사치들이 열 명 내지 다섯 명씩 패거리를 지어 마소와 금 · 은을 가 지고 날마다 외국으로 나감으로써 국내에는 나귀와 노새 따위의 느리고 둔한 것만 가 득합니다. 이제부터는 몰래 강을 건너가서 마소를 팔거나, 관인(官印)이 찍힌 말을 가 져다 팔고 돌아오지 않은 자는 제령(왕명) 위반죄로 형을 더 주십시오."[11]

그야말로 철저히 토속(土俗)에 입각하여 폐쇄 경제를 지향하자는 내용이다.

---

10) 『고려사』 권120, 열전33, 윤소종전.
11) 『고려사』 권85, 지39, 형법2, 금령(禁令), 공양왕 3년 3월조.

백성 모두가 한 차원 높게 잘 살아 보자는 것이 아니라, 좀 못살더라도 신분상의 위계질서는 꼭 지키자는 주장이다. 신분이 비천한 자가 좋은 옷을 입고 사치하여서는 안 되며 외국과의 통상은 상인들이 돈을 벌 수 있고 사치를 조장하므로 사회 풍속을 바로 잡기 위해 이를 허용해서는 안 된다고 한다.

한편 고려 말에 부의 편중 정도는 잘 알 수 없지만, 당시 종들의 의복 차림이 훌륭하고 좋았다는 사실을 통해 사회 전체의 사치수요가 상당히 두터웠고 사회적 부의 축적도 상당 수준이었을 것으로 짐작된다. 이것은 고려시대 상공업의 발전이 가져온 성과라고 할 수 있을 것이다.

사치를 배격하자는 방사량의 주장은 당시 백성들의 사치 풍조가 극심해 이를 시정시키려는 의도로만 여겨서는 안 된다. 이것은 신흥사대부들의 기본적인 가치관이었다. 사대부들이 신봉하는 주자학, 즉 공자(孔子)의 유교는 한마디로 수기치인(修己治人)의 학문이라고 할 수 있다. 수기치인은 윤리를 갖춘 다음 학문을 닦고 정치를 한다는 의미로 도덕적 수양을 쌓은 후에 사람을 다스리라는 뜻이다.[12) 따라서 윤리를 가다듬는 수양의 바탕에 극단적인 검소를 둔다면 궁극적으로 사치가 배격됨으로써 사회의 사치수요는 기대할 수 없게 된다. 그 결과 보다 세련된 수출경쟁력을 갖춘 사치성 상품의 생산과 사회적 초과생산은 이루어질 수 없고 상업은 설자리를 잃게 되는 법이다.

조선 건국을 주도한 사대부들은 도덕 국가를 이상으로 삼고 사치는 사회 도덕을 훼손하는 암적 요소이므로 추방해야 한다고 믿었다. 그들의 검소를 숭상하는 기풍은 너무나 강렬했기 때문에 조선왕조 수백년 동안 줄곧 남보다 더 검소해야 한다는 선명성 경쟁으로 치닫게 마련이었다.

사대부의 극단적인 검소 기풍은 조선 중·후기까지 변함이 없었다. 예를 들면 고산(孤山) 윤선도(尹善道, 1587~1671)는 나이 오십이 넘어서야 비로소 명주 바지와 모시 적삼을 입기 시작했었다며 명주 내복을 입은 아들의 사치를 꾸짖었다. 이에 비해 실학자 박제가(朴齊家, 1750~1805)는 『북학의(北學議)』에서 지나친 검소 때문에 나라가 망하고 있다며 한탄했다.[13) 이렇게 사대부 지배계층의

---

12) 황준연, 『한국사상의 새 길라잡이』, 박영사, 2003, pp.71~74. 수기치인은 흔히들 자신과 가정을 먼저 바로 세운 다음 나라를 다스린다는 수신제가치국평천하(修身齊家治國平天下)라고 한다.

13) 윤선도는 당쟁에 휩싸여 20여 년간 유배 생활을 하였으나 보길도(甫吉島)에 정착하여 세

이상주의적이며 극단적인 검약과 검소는 억상 논리와 연계되어 결국 상공업의 쇠락을 초래할 수밖에 없었다.

3. 개성상인의 태동과 성장

조선 건국에 있어서 상업은 최소한의 기능 외는 그 필요성이 인정되지 않았다. 조선 정부는 일부 상인을 별도로 지정하여 이들에게 상업을 전담하도록 맡기고, 그들의 활동을 국가에서 통제한다는 방침을 세웠다. 장사하는 상인들의 수조차 한정되었고 농민이 장사 길에 나서는 것은 원천적으로 허용되지 않았다. 농업이 다치지 않는 범위 내에서 상업을 허용하고 유지해 나가려 한 것이다.[14]

조선 건국의 최고 이론가인 정도전은 상공업이 성장하면 본업인 농업이 훼손되므로 이를 막아야 할 일로 보았다. 상공업을 통제하고 상공업 분야로의 농민 이탈을 막는 것을 국가재정을 충실히 하기 위한 올바른 정책 방향으로 인식하고, 이를 위해 상공업자들이 부를 축적할 수 없도록 세금을 많이 물려야 한다고 주장했다.[15] 무역과 장사로 돈을 번 상인들을 사대부 중심의 신분제 체제

연정(洗然亭)을 짓고 풍류를 즐기는 등 매우 유족한 삶을 누렸다. 그가 큰 아들 윤인미(尹仁美, 1607~1674)에게 검소하게 살아가기를 편지로 당부했다. 그 요지는 '식사는 배고픔을 채우면 족하고, 옷은 몸을 가리면 족하며, 그릇은 적절히 쓸 수 있으면 된다. 나는 나이가 오십이 된 후에 명주 바지와 모시 적삼을 처음으로 입어보았는데 일찍이 네가 명주 내복을 입은 것을 보고 마음이 심히 기쁘지 않았다'라는 것이었다.(정구복, 「가훈」, 『조선시대 생활사』, 역사비평사, 2001, pp.40~42에서 인용)

윤선도보다 약 160여 년 늦게 태어난 실학자 박제가(朴齊家, 1750~1805)는 지나친 검소 때문에 나라가 망하고 있다며 '우리나라 사람들이 중국 시장이 번창한 것을 보고 오로지 이익만 숭상한다고 한다. 그리고 중국의 궁실이나 거마(車馬)의 화려함과 사람들이 잘 꾸미고 잘 입은 것을 보고는 사치가 심하다고 한다. 어떻든 중국은 사치가 심해 망한다고 한다면, 우리나라는 검소로써 망해가고 있는 것은 무슨 까닭인가? … 물건을 사용할 줄 모르면 생산할 줄 모르고, 생산할 줄 모르니 백성은 날로 궁핍해진다. 비단 옷을 입지 않으면 비단 짜는 사람이 없어지고, 여공(女紅)도 쇠퇴해질 것이다. 비뚤어진 그릇을 탓하고 싫어하지 않으니 일에 기교가 없고, 나라의 공장(工匠)과 도야(陶冶)의 일에 기술과 재주가 없어지는 것이다'라고 주장했다.(박제가, 『북학의』, 시정 편)

14) 박평식, 『조선전기 상업사 연구』, 지식산업사, 1999, p.53.
15) 『조선경국전 (상)』, 부전(賦典), 공상세(工商稅), p.218. 조선 개국의 대표적 이론가인 정도전과 조준은 상업에 대해 견해 차이를 보이고 있다. 조준은 상업을 빙자하여 불법

를 위협하는 세력으로 간주하여 그 싹을 도려내려 의도했다.[16] 그는 상인들은 새 시대를 여는 개혁에 장애가 되며 상인 세력을 사대부의 영구한 지배체제에 도전 가능한 세력으로 간주하고 그 기반을 허물고 싹을 도려내도록 강력히 탄압해야 한다고 믿었다.

이성계는 왕위에 오르자 고려의 혼이 배어 있는 개경을 떠나고 싶었다. 고려의 냄새를 하루빨리 지우고, 새 술은 새 부대에 담자는 생각이었다. 친히 공주 계룡산과 모악(母岳, 현 서울시 신촌동, 연희동 일대) 등을 둘러 본 뒤 한양을 도읍으로 결정하고, 드디어 1394년(태조 3) 10월에 천도했다. 이성계는 천도한 후 가장 먼저 종묘·사직·궁궐을 만들었다. 수도의 명칭을 한양(漢陽)에서 한성(漢城)으로 바꾸고 개경(開京)도 개성(開城)으로 이름을 변경했다.

하지만 이성계는 재위하는 동안 수도 한성에 시전을 건립하지 않았다. 이성계의 뒤를 이어 왕위에 오른 정종(定宗, 1399~1400)은 1398년 9월 즉위하자마자 시전 건설에 착수하여 혜정교(惠政橋, 현 종로1가 부근)에서부터 창덕궁(昌德宮, 현 종로3가 부근)까지의 길 양쪽에 800여 간의 시전 행랑을 건립했다.[17] 그러나 정종은 왕자의 난으로 인해 1399년 3월 개성으로 돌아가 버렸다. 때문에 시전 건물은 그야말로 무용지물이 되어 버렸다.[18]

그 후 다시 수도를 한성으로 도읍을 옮긴 때는 6년 후 1405년(태종 5) 10월이었다. 이성계가 한성으로 천도한 지 5년 뒤에 개성으로 돌아왔고, 그 후 6년쯤 지난 뒤에 다시 한성으로 재천도한 것이다.

정종의 뒤를 이은 태종(太宗)이 5년여 동안 여러 가지 필요한 준비를 갖추고 한성으로 다시 천도했다. 그런데도 불구하고 시전은 곧 건립되지 않았다.

적으로 재물을 모으는 것을 정치적인 측면에서 부정적으로 보았고 상업 자체를 억누르려는 입장은 아니었다. 반면에 정도전은 상업 자체를 억제하기 위해 억상정책을 일관되게 추구했다.(유창규, 「고려 말 조준과 정도전의 개혁방안」, 『국사관논총』 46집, 1993, pp.144~145)

16) 김삼현, 「고려 후기의 상업의 변화」, 『명지사론』 8호, 1997, 명지사학회, pp.154~155.

17) 『증보문헌비고(增補文獻備考)』 권159, 시적.

18) 정종의 시전 건설은 착공은 했지만 완공은 보지 못했을 확률이 크다. 800여 간의 시전 건물을 6개월만에 계획에서부터 착공·완공한다는 것은 거의 불가능하고, 비록 태조 때부터 계획되고 준비되었던 사업으로 볼지라도 정종은 왕자의 난을 겪고 어수선한 정국 상황에서 즉위했고, 또 개경으로 돌아가려는 입장이었던 정종이 불과 6개월만에 800여 간의 대규모 시전 건물을 완공했을 것으로는 여겨지지 않기 때문이다.

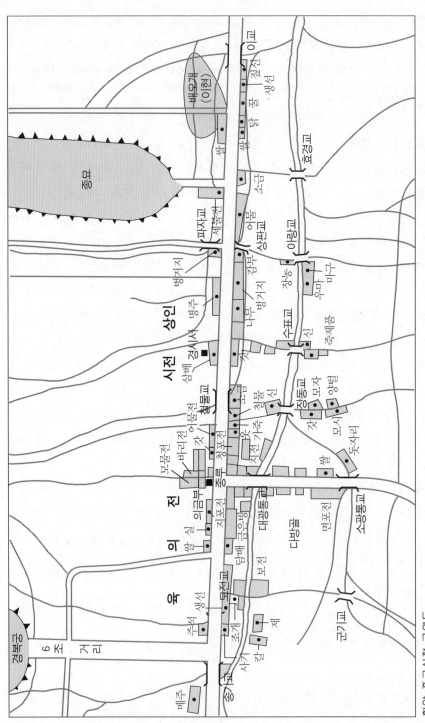

한양 종로시전 구역도

시전 행랑(市廛行廊)은 1412년(태종 12)에서야 시작되어 1414년말에 종루(鐘樓)를 중심으로 총 2,027간이 건립되었다. 시전은 1405년 재천도 이후에도 9년이 지나서야 겨우 완성된 것이다. 따라서 이성계가 1394년에 한양으로 천도한 이래 1414년 시전 행랑이 만들어지기까지 20여 년 동안은 매일 종루거리의 노천 땅바닥에 멍석을 깐 난전이 개설되어 생필품을 매매하는 형편이었다.[19] 고려의 태조 왕건이 무엇보다도 먼저 개경 십자거리에 시전을 건립한 것과는 판이하게 차이가 있음을 알 수 있다. 조선의 경우 상업은 우선순위가 그만큼 뒤쳐져 있었던 것이다.

개성 시전은 처음 한성에 천도했다가 다시 돌아올 때까지의 5년 동안은 큰 타격을 입지 않았다.[20] 당시 조선왕조는 약체 정부였고 왕조의 기반이 아직 단단하지 않아 개성 주민과 시전 상인들을 한성으로 강제 이주시키지 못했기 때문이다.[21] 따라서 한성 재천도까지의 6년 간, 개성 시전은 그런대로 활기에 차 있었다.

개성 시전의 형편은 태종의 한성 재천도 이후 급박하게 나빠졌다. 태종은 새 왕도 한성을 확실히 키우는 반면 개성을 철저하게 황폐화시키려 했다. 개성 주민과 시전 상인들에게 한성으로 이주하기를 종용했고 부상대고(富商大賈)들을 강제로 이주시켰다. 이주 지시를 따르지 않고 개성에 잔류한 자들은 조선에 충성하지 않는 자로 간주하여 철저히 탄압했다.[22] 개성에 잔류한 자에게는 농사지을 토지조차 나누어주지 않았고 벼슬길에 나갈 수 없도록 과거시험에 응시할

---

19) 박평식, 「조선 전기의 개성상업과 개성상인」, 『한국사연구』 102호, 한국사연구회, 1998, pp.182~183.

20) 박평식, 앞이 논문, p.182.

21) 김용기, 「조선 초기의 대명조공관계고」, 『논문집』 14, 부산대 문리과대, 1972, pp.137~138. 조선왕조는 약체 정부였다. 이성계는 1392년 7월 17일 무혈 쿠데타로 왕위에 올랐는데도 자신이 건국한 나라의 국호를 스스로 정하지 못했다.(최승희, 「개국초 왕권의 강화와 국정운영체제」, 『한국사』 22, 국사편찬위원회, 1995, p.25). '조선(朝鮮)'과 '화령(和寧)'의 두 가지 이름을 명에 보내고 결정해 주기를 요청했다. 화령은 이성계의 고향인 영흥의 옛 이름이다. 명 태조는 조선이란 이름이 아름답고 유래가 오래되었으니 조선이 좋겠다며 국호를 조선으로 결정지어 주었다.(『태조실록』 권3, 태조 2년 2월 경인). 이에 따라 1393년 2월 15일 국호를 조선으로 선포했다. 이성계 등극 이후 약 7개월 동안은 고려의 국호를 사용한 것이다.

22) 고동환, 「조선시대 개성과 개성상인」, 『역사비평』 2001년 봄호, 역사문제연구소, p.210.

자격조차 주지 않았다. 물론 시전도 폐쇄시키고 열지 못하게 하여 상인들의 생업을 막았다.

개성 상인들은 한성으로 이주하든지 생업을 버리고 다른 곳으로 떠나가든지 선택해야 했다. 이로 인해 개성은 순식간에 활력을 잃고 위축되어 10만이 넘던 인구가 3만 이하로 급속히 줄어들었다. 하지만 시전의 폐쇄로 인해 암거래가 성행하여 인구가 격감하는 데도 불구하고 미곡을 비롯한 생필품 가격이 급등했다. 개성 도시민들의 생활은 극도로 궁핍해져 갔고 시가지는 퇴락해질 수밖에 없었다.

개성 시전의 폐쇄는 금지된 지 4년이 지난 1409년(태종 9) 3월에 풀렸다. 개성 유후(留後)가 시전이 폐쇄됨에 따라 일부 상인들의 가격 조작과 암거래가 성행하여 물가가 등귀하며 도시가 황폐해져서 중국 사신이 개성을 왕래할 때 퇴락한 도시 모습이 문제가 된다며, 시전을 열게 해주자고 건의한 결과 이루어졌다. 조선정부는 시전 상인들에게 개성에 유숙하는 사신 접대비를 부담하는 조건으로 시전을 다시 열게 했다.[23]

비록 시전의 영업금지가 4년만에 해제되었지만, 이것은 개성 시전 상인들의 생업과 복지를 위해서라기보다 명 사신의 접대비용 조달과 사신들에게 구도(舊都)를 잘 보존하고 있음을 보여주려는 국가의 체면유지가 우선 목표였다. 시전 개시가 개성을 도시다운 도시로 성장시켜 보려는 정책의지의 산물이 아니었다. 조선의 사대부들이 개성의 시전은 중국 사신을 접대할 수 있는 수준 정도이면 그만이라고 여긴 것이다. 그들은 결코 한양의 시전과 한양 상인을 위협할 정도로 개성 시전이 성장하고 활성화되기를 바라지 않았다.

개성 시전의 복구와 번영은 조선 정부의 지원과 육성정책에 의한 것이 아니고 시전 상인들의 끈질긴 노력에 의해 이루어졌다. 조선 정부가 한 일은 결과적으로 개성 상업의 전통과 상공업 도시로서의 효용과 기능을 인정해 주고, 그 대신 막대한 사신 접대비를 부담 지운 것에 불과했다고 할 수 있다.

조선에서 명에 가는 사신과 명에서 조선에 오는 사신들은 모두 개성을 주요 경유지로 했고 그곳에서 숙박을 했다. 조선 사신은 일년에 4차례의 정규 사신과 수시로 파견하는 임시 사신단이 있었다. 사신단 구성은 대개 40여명에 이

---

23) 『태종실록』 권17, 태종 9년 3월 병오.

르렀고 이들을 접대하는 비용은 대단히 컸다.[24] 뿐만 아니라 개성의 시전상인
들은 명 사신이 가지고 온 물품을 매입해 주어야 했고,[25] 그들이 요구하는 모
시와 삼베 따위를 조달 구매해 주어야 했다.[26]

조선 정부는 개성의 시전 개시를 허용하기 전에 한성으로 이주되었다가 고
향이 못내 그리워서 몰래 개성으로 돌아온 상인들을 일일이 찾아내어 한성으로
강제이주시켰다.[27] 고향 개성이 좋아 스스로 돌아온 상인들을 한성으로 강제이
주시킨 후에 시전을 다시 열도록 허용한 것이다. 그러므로 당시 개성에 남아
있던 상인들 거의 대다수가 영세한 중소상인이었고, 조선 정부에 끝내 협조하
지 않는 반조선 성향이 강한 상인들이었다.

시전이 다시 열리자 상인들은 단합하고 힘을 모아 개성 상업을 다시 일으
켜 세웠다. 이들이 개성상인의 원조가 된다. 따라서 개성상인의 태동은 시전
개시를 허용한 1409년 3월이 그 시점이 되며, 개성상인의 주체는 당시 개성 시
전을 중심으로 활약한 상인들이다.[28] 다시 말하면 개성상인의 원조 뿌리는 친
고려 · 반조선 성향을 가진 개성 시전의 영세 상인인 것이다.

개성상인이란 명칭이 생겨난 것은 조선 건국 후 개경이 개성으로 이름이
바뀌었기 때문이고, 형편없이 몰락한 개성 상업을 다시 일으켜 세우는 과정에
서 개성상인이 생겨났다. 그들은 조선의 건국과 한성 건설에 참여하지도 않았
고 동원되지도 않았다. 그들에게는 조선이 고마운 존재일 수 없다. 개성 유후
(留後)가 시전 개시를 건의하고 조선 정부가 이를 허용한 조치에 대해 개성상인
의 입장에서는, 그들의 끈질긴 저항을 중국 사신의 접대를 핑계로 하여 어쩔수
없이 수용해 주었을 뿐이라고 여길 수 있는 것이다.

---

24) 박평식, 앞의 책, pp.206~207.
25) 『세종실록』 권85, 세종 24년 정월 정묘.
26) 『문종실록』 권2, 문종즉위년 6월 기축.
27) 『태종실록』 권17, 태종 9년 3월 병오.
28) 개성상인은 고유의 명칭으로 보아 띄어쓰지 않고 붙여썼다. 이 책에서는 편의상 우리나
  라 상인 표기를 신라상인, 고려상인 등으로 썼다. 송나라 상인을 송상인, 송상(宋商)으
  로 부르듯이 신라상인을 신라상 내지 나상(羅商), 고려상인을 고려상 내지 여상(麗商)으
  로 부르고 싶다. 물론 고구려상인, 백제상인, 조선상인들도 고구려상 내지 구려상(句麗
  商), 백제상 내지 제상(濟商), 조선상 내지 선상(鮮商) 등으로 축약하여 부를 수 있을 것
  이다. 앞으로 우리나라 상인 명칭에 대한 학계의 논의와 명칭 통일을 기대한다.

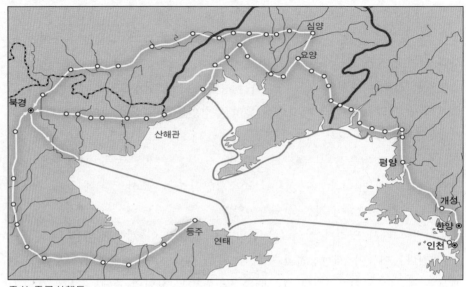

조선 조공사행도

　　그리고 현실적으로 조선 정부는 개성사람들에게 경작할 토지와 땔나무를 구할 산을 나누어 주지 않았다. 또 과거시험을 응시하여 관리가 되는 길도 막았다. 때문에 살아가기 위해서는 수공업에 종사하거나 먼 곳으로 행상을 다니며 장사를 해야만 했다. 그렇지 않으면 고향을 떠나 타지로 이사해서 소작인이 되거나 날품을 파는 하층민으로 괄시받고 냉대받으며 생활해야 했다. 결국 그들은 고향 개성을 떠나기보다 상인의 길을 택했고 스스로의 힘으로 그 길을 곳곳이 개척해 나갔다. 이것은 고대 중국에서 상(商)나라가 주(周)나라에 멸망당했을 때, 주나라가 상나라 사람들에게 경작할 토지를 주지 않자 상나라 사람들이 살기 위해 장삿길에 나섰던 것과 매우 유사하다.

　　개성 상인들은 조선왕조를 원망하며 증오했다. 심지어 행상 다니는 개성상인들은 새 서울 한성을 혐오한 나머지 한성에 인접한 길 조차 한성 냄새가 난다며 싫어하여 먼 길을 돌아 다녔다. 한성이 보기 싫다며 지름길을 마다하고 우회해서 다니는 개성상인을 두고, 권근(權近)은 그가 쓴 『양촌집(陽村集)』에서 다음과 같이 읊었다.

　"옛 나라 동산에 꽃 피니
　벌들이 꿀을 빚고

주인 없는 옛 궁궐터는
토끼가 고향을 삼네.

행상들은 새 서울이 싫어
길을 돌아서 굽어들고
장사치들 터 바꾸니
옛 마을이 그립나봐."[29]

한편 개성에 시전이 다시 허용되었다고 해서 상업의 발전이 기약되는 것은 아니었다. 당시 개성은 이미 쇠락했고 급격한 인구 감소로 생산과 소비의 기본 바탕이 붕괴되어 버렸다. 자본가인 부상들은 한양으로 이주를 강제당했으며 해외 무역은 철저하게 통제되고 폐쇄되었다. 물론 명과의 밀무역이 압록강을 몰래 도강한다든가 또는 명에 가는 사신단을 이용한 밀매 행위가 암암리에 행해지고 있었고 일본과의 밀무역도 끊어지지 않았지만,[30] 이는 일부 개성상인들이 정경유착을 도모하여 탈법 행위를 자행하거나, 위험을 무릅쓰고 관의 눈을 피해가며 은밀히 행하는 불법 무역일 뿐이었다.

개성 사람들은 자존심이 매우 강했다. 고려가 망하고 이미 조선의 나라가 되었지만 고려를 잊지 않았다. 근세에 이르기까지도 고려풍습을 유지하며 개성 송도(松都)를 마음의 서울로 간직하고 살았다.[31] 새 서울 한양의 권위를 인정하지 않았다. 따라서 개성을 위로 두고 한양을 아래로 두어 한양으로 가는 길을 '내려간다'라고 했고, 한양에서 개성으로 오는 것을 '올라온다'고 했다.

뿐만 아니라 비록 행상을 하면서도 고려 유민의 자존심 때문인지 반말도 아니고 존댓말도 아닌 말을 사용했다. 예를 들면 '떡 사세요'를 '떡 사리'로, '안녕하십니까'를 '안녕하시니까요'로, '어찌하나'를 '어드럭하나'로, '너왔냐'를 '너왔는'으로 말했다.[32]

---

29) 『양촌집1』 권1, 대명태조고황제어제시, 고려의 고경(古京). 『국역양촌집1』, 민족문화추진회, 1984, p.36

30) 오성, 「조선 초기 상인의 활동에 대한 일고찰」, 『국사관논총』 12집, 국사편찬위원회, 1990, pp.5~11.

31) 개성상인은 개성을 송도(松都)라고도 일컬었으므로 송도상인이라고도 했고 이를 줄여서 송상(松商)이라고도 했다.

32) 이훈섭, 「개성상인의 상업기반과 기질에 관한 연구」, 『한국전통상학연구』 20호, 한국전통상학회, 2002, pp.8~10.

개성상인이 내리 지켜온 고려풍습은 조선 후기 실학자 이익(李瀷, 1681~1763)
에 의해서 확인할 수 있다. 그는 성호사설(星湖僿說)에서 다음과 같이 기술했다.

> "개성(開城)은 고려의 옛 수도로서 서울과 가깝고 서쪽으로 중국의 물화를 무역하여 화
> 려한 것을 숭상하는 풍속이 있으니, 아직도 고려의 끼친 풍습이 있다 하겠다. 조선이
> 세워진 뒤 고려의 완민(頑民)들이 복종하지 않자, 나라에서도 그들은 버려 금고(禁錮)했
> 으므로 사대부의 후예들이 학업을 내버리고 상업에 종사하여 몸을 숨겼다. 그러므로
> 기술 있는 백성들이 많아 그 곳 물건의 편리함이 나라 안에서 으뜸이다."[33]

이익이 성호사설을 쓴 시기는 조선이 건국된 이래 무려 300여 년이 지난
18세기이다. 이 때까지도 개성에 고려풍습이 완연히 남아 있다는 것은 반조선
의 정서와 성향이 뚜렷이 존재한다는 것과 다름이 아니다. 고려풍의 개성상인
이지 조선풍의 개성상인이 아닌 것이다.

4. 개성상인의 상혼과 정신

조선 세종대에 개성 인구는 4,819호였고, 개성에 소속된 전지(田地)는 5,357
결뿐이었다. 따라서 1호당 평균 전지 면적(面積)은 0.95결밖에 안 되었다. 당시
호당 평균 간전면적(墾田面積)이 경기도 9.6결, 충청도 9.8결, 경상도 7.1결, 전
라도 11.5결, 황해도 4.5결이었다. 그러므로 개성은 전지 면적이 다른 지역과
비교할 수 없을 정도로 적었던 것이다.[34] 이에 개성은 농사지을 땅이 부족해서
사람들이 장사로 살아갈 수밖에 없었다는 견해가 있을 수 있다.[35] 하지만 이는
조선이 개성 사람들에게 과전(科田), 즉 농지를 아예 나누어 주지 않았던 사실
을 호도할 수 있다.

개성은 고려왕조 480여 년 동안 수도였고 상업 도시였다. 도시민의 대다수
는 농사가 아닌 상업과 수공업에 생계를 걸고 있었다. 그들이 잘 할 수 있는
일이란 상공업뿐이었던 사실을 간과해서는 안 된다. 그리고 조선 수도 한성도

---

33) 이익, 정해겸 편역, 『성호사설 (중)』, 현대실학사, 1998, p.265.
34) 『세종실록지리지』, 구도(舊都) 개성유후사, 5책, p.614.
35) 이훈섭, 앞의 논문, p.16.
  고동환, 앞의 논문, 『역사비평』 2001년 봄호, 역사문제연구소, 2001, pp.210~211.

170여 리 밖에 안 되는 거리에 위치했고, 중국과의 교역루트도 개성을 거쳐야 하는 교통상의 이점은 그대로였다. 개성상인이 생성되고 발전할 수 있었던 내재적 요인이 분명 존재하는 것이지, 개성에 소속된 농지가 부족해서 어쩔 수 없이 상업을 영위한 것만은 아니다.

개성인은 심장과 피에 고려상인의 혼과 기질이 도도히 흐르고 있어 상업을 고수하고 이어나갔다. 그들은 상업도시 개성에 대대로 살아온 고려상인의 성향과 기질을 이어받은 상업에 특별한 재능을 가진 자들이었다. 따라서 대부분의 개성인은 상업을 전업으로 하여 살아가려 했다.[36] 전답을 소유한 개성상인의 경우 대부분 고용인을 두어 토지를 경작시키고 자신은 상업에 전념했다.[37]

조선은 개성의 반조선 사대부들에게 벼슬을 주어 회유하는 한편 과거권(科擧權)을 박탈하는 억압책을 동시에 구사했다. 과거권의 박탈은 이성계가 금지한 이래 1470년(성종원년)에 해제되기까지 70년 동안 지속되었다. 이것은 조선의 사대부로 살든지 사대부의 길을 포기하고 농사짓는 일반 백성으로 또는 상공인으로 살아가라는 선택의 강요였다.[38]

개성 지식인들의 반조선 저항은 두문동(杜門洞) 72현(賢) 사건에서 보듯이 강렬했고 탄압 역시 극심했다. 조선이 건국되자 고려 유신(遺臣)인 신규(申珪)·조의생(曹義生)·임선미(林先味) 등 72명이 충절을 지키고 조선의 녹을 먹지 않겠다며, 개성 동남방 부조현(不朝峴) 고갯길에 고려 때 입던 조복(朝服)을 벗어 놓고 광덕산(光德山) 서쪽 기슭으로 들어가 숨어 살았다. 이성계는 이들을 회유하여 밖으로 끌어내는데 실패하자 불을 질러 모두 죽였다.[39]

---

36) 『예종실록』 권6, 예종 원년 6월 신유.

37) 『성종실록』 권95, 성종 9년 8월 임진.

38) 양정필, 「조선전기 개성상인의 기원과 발전」, 『학림』 33집, 연세대사학연구회, 2012, pp.12~18.

39) 두문동 72현은 1783년(정조 7)에 개성 성균관에 표절사(表節祠)를 세워 추모하게 했고, 개성상인들은 두문동 서원을 건립하여 매년 합동 제사를 지냈다.(이훈섭, 앞의 책, pp.277~278) 두문동 72현과 관련된 유명한 사람이 청백리 황희(黃喜) 정승이다. 원래 두문동에 들어간 고려 유신은 73명이었다. 1394년(태조3)에 누군가 한 사람은 개성 유민들을 돌보도록 해야 한다며 서로 의논한 다음 젊은 황희를 뽑아내려 보냈다.(황영선, 『황희의 생애와 사상』, 국학자료원, 1998, pp.154~155) 황희는 정승이면서도 비가 새는 집에서 끼니를 거르는 일이 허다할 정도로 검소하게 살았다. 이러한 검약한 생활과 빈틈없는 자기 관리는 자신에게 개성 유민을 돌보라는 사명을 준 두문동 72현을 생각하

개성의 지식인 사대부들이 한성으로 이사하지 않고 개성에서 살아가려면 생업을 위해서 농사를 짓거나 상공업에 종사하지 않을 수 없었다. 개성인에 대한 과거 금지는 1470년에 해제되었지만,[40] 과거시험에 합격한다 해도 청직(淸職)이나 현직(顯職) 진출은 여전히 봉쇄되었고 낮은 직위만 주어졌다.[41] 중종대의 화담(花潭) 서경덕(徐敬德)의 개성인 제자들이 재능이 뛰어남에도 출세가 부진한 이유도 이러한 연유 때문이었다.[42]

개성의 지식인 유자(儒者)로서 상업에 투신한 대표적인 인물로 대개 선조대의 한순계(韓舜繼)를 든다. 그는 부친과 조부가 각기 과의교위(果毅校尉)와 효력부위(效力副尉)를 지낸 무반 출신 양반이었지만, 어머니를 봉양하기 어려울 정도로 가난하여 유기(鍮器) 제조기술을 배웠다. 낮에는 유기를 만들어 팔고 밤에는 책을 읽었다. 그가 만든 유기는 품질도 좋은데다가 값도 싸서 매우 인기가 있었다. 그는 유기 제조와 판매로 돈을 많이 번 후에도 양반의 길을 포기하고 끝까지 유기 제조업에 종사했다.[43]

개성 지식인들의 상업에의 투신은 상업의 발전에 기여했다. 또 개성의 사회 환경을 상업에 우호적이게끔 유지하도록 하는데 큰 영향을 끼쳤다. 지식인들이 하층계층과 어울려 말업으로 냉대 받는 상업에 종사한다는 사실은 개성에 상업 우호적인 사회환경을 조성해 주었다.[44] 이것은 상업을 극도로 천시한 조선시대의 척박한 상업환경에서 개성에서나마 숨통을 터주는 것이었다. 그리고 이로 인해 개성에서는 적어도 사농공상의 차별은 사회의식화 되지 않았다. 오히려 돈이 제일이라는 관념이 지배적이었고, 개성인의 출세는 누가 뭐라 해도

고 수도자와 같이 자신을 극기하며 절제한 때문일 것이다.

40) 『송도지』권1, 국조기사(國朝紀事), pp.43~44.

41) 『선조실록』권203, 선조 39년 9월 병자.

42) 유봉학, 「조선 후기 개성지식인의 동향과 북학사상 수용」, 『규장각』16호, 서울대학교 규장각, 1993, pp.86~87.

43) 『시은집(市隱集)』권2, 행장(行狀), 묘비명(墓碑銘). 『시은집(市隱集)』은 한순계의 후손이 영조대에 간행한 문집이다. 그 내용 중 공상을 생업으로 삼으면서 이(利)를 다투지 않고 재산을 친족들에게 나누어 줌으로써 선행을 쌓아 율곡 이이(李珥)로부터 '시은'이란 칭호를 받았다고 적고 있다. 이에는 다분히 유학의 견지에서 한순계를 높여주려는 의도가 엿보인다고 하겠다. 필자는 한순계가 끝까지 유기제조업에 종사한 점이 높은 평가를 받아야 한다고 본다.

44) 박평식, 앞의 책, p.205.

장사를 해서 돈을 많이 버는 것이었다.[45] 글과 셈에 박식한 지식인의 상업 종
사는 개성을 진정한 상업도시로 발전시키는 밑거름이 되었고, 개성만의 독특한
상업문화를 창출하는 촉매가 되었다.[46]

조선의 상업억제와 통제책은 시전 상인보다 행상에게 더 가혹했다고 할 수
있다. 조선 초기에 행상은 삼남 지역으로 제한되었다. 1440년까지 황해도, 강
원도, 평안도, 함경도 지역은 행상의 왕래가 전면적으로 봉쇄당했다. 충청도,
전라도, 경상도 등 삼남 지방에만 행상이 허용되었다. 그것도 노인(路引)이란
면허증을 발급받고 세금을 납부해야 했고, 지방관들의 엄격한 통제 하에서만
가능했다.[47] 조선 초기에 행상을 금지한 조치는 조선 건국에 반대하는 고려 유
민의 준동을 미연에 막고 상업 세력을 통제하려는 것이었지만, 결과적으로 상
업을 급속도로 쇠락시키고 말았다.

행상은 세금도 차별을 받아 많이 내어야 했다. 『경국대전(經國大典)』에는 시
전의 좌상(坐商)은 매달 저화(楮貨) 4장을 상세로 납부하는 반면 행상은 매달 저
화 8장을 상세로 내도록 규정되어 있다.[48] 행상에게 상세를 가혹하게 징수한
것은 '상인들의 부유화를 억제하며 상업 이윤에 자극되어 농민들이 상인으로 전
화되는 것을 방지'[49]하여 행상의 수를 일정한 범위 내로 억제하려고 의도했기
때문이었다.

행상을 하기 위해서는 세금 외에 넘어야 할 장애물이 또 있었다. 먼저 행
상 면허증인 노인(路引)을 발급받아야 했다. 노인은 노인세(路引稅)를 납부해야
받을 수 있었다. 그러므로 행상은 매달 상세를 납부하고, 또 노인세도 납부해
야 했던 것이다. 만약 행상이 노인증이 없이 장사를 할 경우에는 그 상품을 몰
수당했다.[50]

개성상인은 여러 가지 실로 어려운 역경을 뚫고 전국의 행상 유통망을 장

---

45) 이훈섭, 앞의 논문, p.9.
46) 김성수, 「개성상인정신 발달사 연구」, 『경영사학』 17집, 한국경영사학회, 2002,
   pp.34~36.
47) 『세종실록』 권15, 세종 4년 2월 무신.
48) 『경국대전』 호전, 잡세조.
49) 홍희유, 앞의 책, p.152.
50) 『태종실록』 권21, 태종 11년 2월 임진.

악해 나갔다. 개성의 대다수 영세한 상인이 살아갈 수 있는 유일한 방법은 행상(行商)에 나서는 길뿐이었다. 그들은 물건 보따리를 짊어지고 전국을 떠돌아다니며 장사를 했다. 따라서 개성에서는 남자가 10세가 넘으면 행상을 직업으로 삼았고 여자는 집안에서 초립(草笠, 어린 남자가 쓰는 갓)을 만들거나 길쌈을 했다.[51] 농사도 상업 작물인 상(桑)·마(麻)·목면(木棉) 따위를 경작했다.[52]

　개성은 비록 도시 인구는 한성보다 매우 적었지만 상업의 질에 있어서 한성에 결코 뒤떨어지지 않았다. 1493년(성종 24)에 병조(兵曹)는 개성부의 성내 거주자가 모두 수공업자나 상인이어서 한성과 비교하여 차이가 없다고 했다.[53] 행상인이 무려 1만명에 달했고 어느 때든지 창졸간에라도 말을 가진 행상을 군인으로 징집하면 500~600명 이상을 집합시킬 수 있을 정도였다.[54]

　개성상인은 도시가 쪼그려들고 시전이 탄압받는 어려운 상황에서 돌파구를 행상을 통한 국내 상업망 구축에 치중했고 성공시켰다. 그리하여 개성상인은 육운(陸運)을 이용한 상품 유통을 전국적으로 장악하고 조선의 대표 상인이 되었다.[55]

　오늘날 개성상인의 특징으로 대단히 영민(英敏)하게 상업 기회를 포착하고 신용거래를 중시하며, 화폐이식(貨幣利殖)에 철두철미하고 근면검약한 것 등을 든다.[56] 또한 '개성상인이 밟고 지나간 발자국에는 풀도 나지 않는다'라는 속담도 회자(膾炙)되고 있다.[57] 그런데 이 속담은 개성상인이 이해타산에 너무 밝고 인색하다는 평가를 받았기 때문에 생겨난 것으로 여기기도 한다.[58] 그러나 이는 개성상인의 철저한 상인의식과 합리적인 사고와 행동으로 인해 얻어진 사회적 평가일 것이다. 너무나 인색한 메마른 인간관계라며 폄하할 것은 아니다. 오히려 농경문화의 유유자적한 농경사회에 상인의 깃발을 더 높이 세우는 상징

51) 『송도지』 토속.
52) 유봉학, 앞의 논문, p.87.
53) 『성종실록』 권277, 성종 24년 5월 신사.
54) 『선조실록』 권167, 선조 36년 10월 을사.
55) 고동환, 앞의 논문, p.214. 조선의 대표상인으로 개성상인과 경강상인(京江商人)을 든다. 경강상인은 선운(船運)을 이용해 상품 유통을 장악했다.
56) 이훈섭, 앞의 논문, p.20.
57) 『한국의 시장상업사』, 신세계백화점 출판부, 1992, p.102.
58) 조선총독부, 『조선인의 상업』, 1925, p.13. 이훈섭, 앞의 논문, p.20.

같은 귀중한 상혼의 의미가 담겨져 있다.

개성상인이 조선시대의 척박한 상업 토양을 이겨내고 이룩한 성과는 실로 대단하다. 개성상인은 상업을 자손 대대로 물려 줄 과업으로 여겼고 차인제도(差人制度)를 통해 후계 상인들을 훌륭히 길러냈다. 또 상인 간의 채권채무 금융분쟁을 자율적으로 해결하고, 무담보 신용대출을 하는 시변(時邊)이라는 독자적인 금융제도를 구축했다.[59] 이것은 정부의 도움 없이 상인들 간에 빌려간 돈을 갚지 않을 경우에 생기는 사금융의 사채변제 문제를 자체적으로 해결하는 방안이었다. 개성상인 스스로 개성을 신용사회로 만든 것이다.[60] 그리고 세계에 자랑할 수 있는 송도사개치부법(松都四介治簿法)과 같은 독특한 상업술을 발전시켜 나갔다.

상인들 스스로의 힘으로 개성을 신용금융도시로 만든 것은 정말 대단하다. 역사적으로 어느 때 어느 나라에서나 쉽게 이룰 수 있는 일이 아니다. 이는 조선시대 개성상인이 대외교역을 주도했고 전국의 상권을 장악하며 틀어지었다는 가시적 성과보다 더욱 더 중요한 의미를 함축한다고 할 수 있다. 왜냐하면 상인 스스로 구축한 신용도시는 역사상 개성 외에는 찾아보기 어렵기 때문이다.

개성상인이 이룩한 성과에 있어서 빼놓을 수 없는 것 중의 하나가 송방(松房)이다. 우리나라 역사상 전국의 상업망을 연결하면서 각 지역에 상업 기구를 설치한 예는 개성상인이 처음이다. 한성상인, 의주상인, 동래상인 등은 송방 같은 지방의 상업 기구를 갖지 못했다. 개성상인이 전국의 행상망을 장악하고 조선 후기에 전국의 주요 지역에 영업 지점으로 송방(松房)을 건설한 것은 조선정부의 가혹한 억상정책을 이겨내고 이룩한 빛나는 성과라고 할 수 있다.

---

59) 양정필, 앞의 논문, 2012, p.36.

60) 개성의 금융시장은 개성부(開城府)에서 상인들에게 자금을 대부해주는 공금융과 상인들 간의 자금대부인 사금융으로 형성되어 있었다. 1794년(정조18) 개성부의 대부 총액은 30만냥에 달했고 대부금의 상환에 따른 문제는 관청 주도로 해결되었다. 하지만 사금융은 부상(富商)인 전주(錢主)가 다른 상인에게 돈을 빌려주는 사채(私債)로 채무자가 돈을 갚지 않을 경우 문제가 야기된다. 1502년(연산군8) 9월에 개성부가 그 동안 관행으로 해오던 사채 관련 소송의 판결에 대해 의정부(議政府)에서 격론을 벌린 결과 억상(抑商)이념을 전제로하여 개성부에서 개입하지 못하도록 결정하므로써(『연산군일기』 권46, 연산군 8년 9월 기축) 그 이후부터 사금융의 채무변제에서 생기는 소송 문제는 개성상인들 자체의 힘으로 해결하는 수밖에 없었다.(박평식, 앞의 책, p.211) 개성부에서 해오던 채무변제 소송 판결은 개성상인 동업조합인 도중(都中)에서 맡았을 것으로 보인다.

개성의 부상들은 그들의 차인(差人)을 지방에 파견하여 송방을 설치하고 당해 지방의 생산물을 매집하거나, 수입물과 다른 지방에서 가져온 물품을 판매했다. 송방이 당시 지역 상업을 주도했던 객주(客主)의 기능을 담당한 것이다.

송방의 기능과 역할이 꼭 물품 매집 및 판매를 위한 것만은 아니었다. 조선 후기 송방은 약 1만 명을 헤아리는 개성상인의 지방 거점이었다.[61] 행상하는 보부상들이 전국을 돌아다니며 타향에서 장사를 할 경우 지방 관아의 간섭과 무리한 요구, 배타적인 지역 차별을 당하기 마련이다. 따라서 상업을 보호하는 법제도가 제대로 구비되어 있지 않는 시대에 국가의 도움 없이 지방 관아의 간섭과 지역 차별 등을 극복하고 상업 활동을 유지하기 위해서는 상인들이 집단화하여 스스로 자구책을 구할 수밖에 없었다.

중국에서도 상인들이 타향에서 서로를 보호하고 향수를 달래며 내적인 단결력을 바탕으로 사업을 보전하고 확장하기 위해서 휘주상인(徽州商人), 산서상인(山西商人), 광동상인(廣東商人), 복건상인(福建商人) 등이 집단화했고 각 지역에 회관을 설립했다.[62] 즉 송방은 중국에서의 상인 회관과 유사한 개성상인의 거점이며 지방 회관(會館)이었다.

어떻든 극심한 지역 차별을 극복하면서 지방의 상업 요충지에 영업 지점인 송방을 열고 운영한 것은 대단한 성과였다. 개성상인이란 명칭이 전국민에게 인지된 것은 송방의 영향이 컸다.[63] 또 송방을 통해 쌓인 개성상인에 대한 호의적인 국민의식은 고려의 멸망과 조선의 억압으로 인해 묻혀버린 민족의 상흔을 일깨우는 계기로 작용했다. 그것은 당시 상업천시관념과 농경문화에 찌든 조선 사회에 상업문화의 씨를 골고루 뿌려주는 것과 같았다. 송방은 개성상인의 부의 축적과 성공담을 일반 백성들에게 전파해주는 통로였다. 그리고 송방의 성공은 상업에 대한 새로운 인식을 심어 주었고, 이 땅에 상인의 길을 더 넓게 열어 주는 힘이 되었다.

개성에서 상업이 급격히 부흥된 것은 상업억제가 다소 완화되기 시작한 17

---

61) 정주신, 「조선후기 개성상인의 성장과정과 쇠퇴요인 일고찰」, 『아태연구』 14권2호, 경희대 아태지역연구원, 2007, pp.36~37.

62) 이화승, 「명청시대 중국전통상인의 구역화 현상 연구」, 『중국사 연구』 8호, 중국사학회, 2000, p.172.

63) 이훈섭, 앞의 논문, p.15.

세기부터이다. 이 때부터 중국과 일본을 잇는 중계무역이 급속히 확장되고 국내 상품화폐경제가 성숙되어 갔다.[64] 하지만 개성상인에게 막대한 이득을 가져다 준 중국과 일본을 연계하는 중개무역은 19세기부터 일본이 중국과의 직거래 교역을 확대함으로써 쇠퇴하기 시작했다.[65] 조선의 왜관무역(倭館貿易)은 교역량이 감소해졌고 활력이 현저히 줄어들어 갔다. 그러나 인삼 무역을 중심으로 하는 개성 상업은 조선말 개항(開港) 때까지 건재했다.

개성 상업에 결정적인 변화를 가져온 것은 1876년의 개항과 갑오개혁(甲午改革)이다. 갑오개혁으로 종로 시전의 금난전권(禁亂廛權)이 폐지되고 영업의 자유가 실현되었지만, 개항에 따른 외국 자본과 외국 상인의 침투는 국내의 상권을 순식간에 잠식했다. 이것은 조선 정부가 통상에 관한 예비지식이 매우 부족하여 국내 상업과 상인을 보호하기 위한 장치를 제대로 강구하지 못한 채 불평등 통상조약(不平等 通商條約)을 맺는 등 엄청난 실수를 저지른 탓이었다. 특히 외국 상인에 대해 내륙지역에까지 행상을 허용함으로써 취약한 유통구조에 있던 송방과 보부상 등에 심대한 타격을 주었다. 뿐만 아니라 당시 이 땅에 상업자본의 축적을 지체시키게 한 결과를 낳았다.

근세에 와서 개성은 개항과 철도 개설로 인해 서울에 비해 상대적인 위축을 맛본다. 1882년 조선과 청나라가 조청수륙무역장정(朝淸水陸貿易章程)이란 통상조약을 맺음으로써 서울 시장이 개방되고, 또 인천이 1883년에 개항장으로 개방되면서 조선은 자본주의 세계시장에 편입되었다. 이후 1905년 일본이 러일전쟁에 승리하고 사실상 조선이 일본의 식민지로 전락되자, 일본은 식민지 경략을 위해 서울을 중심축으로 하는 철도망을 건설해 나갔다. 이 철도망은 내륙 교통체계의 근본적인 변혁을 낳았고 상업 중심지로서의 서울의 지위를 강화시켜 주었다.[66] 반면에 개성은 다소 위축되면서 서울 경제에 예속되는 비중이 커져 갔다.

송방이란 전국 조직망을 갖춘 도고상업(都賈商業)과 외국 무역을 통해 축적된 개성상인의 자본은 개항 이전에 국내 최대의 토착 민간자본으로 성장해 있

---

64) 홍희유, 앞의 책, p.305.
65) 『증보문헌비고』 권164, 시적고(市糴考).
66) 이헌창, 「1882-1910년 간 서울시장의 변동」, 『서울상업사』, 태학사, 2000, p.366.

었다. 따라서 당시 개성상인의 자본은 개항 이후 물밀듯이 밀려오는 외국 자본
에 대항할 수 있는 우리나라의 가장 양호한 민간자본이었다. 하지만 개성상인
들은 인삼수출상권을 일본 상인에게 잠식당하고 빼앗김으로써 큰 타격을 입었
다. [67]

　　일본은 식민지 경영을 위해 조선의 상권을 모두 장악하려 했다. 민족 자본
과 상인을 말살시키려고 조선회사령의 공포, 개성 인삼의 자유판매 금지 따위
각종 규제법령을 선포했다. [68] 이로 인해 개성상인의 조직과 자본은 붕괴의 위
기를 맞게 된다. 하지만 개성상인은 일제식민지의 위기 상황에서 더욱 빛을 발
휘했다. '일제시대에는 개성에 일본인 상인이 발을 붙일 수 없을 정도로 개성
상인들의 자존심이 대단하였다'[69]라고 한다. 일본 상인이 서울을 비롯하여 전
국의 상권을 휘어잡았으나 개성에는 발을 붙일 수 없었다. 개성상인의 자존심
이 이를 용납하지 않았던 것이다. 일제식민지 상황에서 비록 나라는 망하였지
만 개성 상업의 전통은 꿋꿋이 이어져 갔다. 이러한 가운데 개성상인의 상혼과
상인정신은 민족자존의 상혼과 상인정신으로 승화되어 갔다.

　　자본주의 시장경제체제에서 한나라의 경제발전은 그 나라 국민들의 의식과
문화 수준에 의해 좌우된다고 해도 과언이 아니다. 경제는 국민의 문화수준,
가치관, 윤리관의 수준만큼 발전한다고 할 수 있다. 국민 의식이나 문화수준과
관계없이 경제만을 발전시킬 수 있다는 말은 진실이 아니다.

　　현대는 상업문화의 시대이다. 오늘날 사회의식은 상업문화를 바탕으로 하
여 성숙해질 것을 요구받고 있다. 상업문화는 실리를 숭상하는 기풍과 합리적
인 소비생활 그리고 건전한 경제윤리를 일깨운다. 또 사회적 낭비를 줄이고 효
율을 높이는 최선의 방법을 강구하게 한다. 인류 역사에서 상업문화의 쇠락이
경제의 피폐를 초래한 사례는 허다하다. 그러므로 상업문화가 시장경제를 꽃피
우는 가장 근본적인 원천임을 잊어서는 안 된다.

　　개성상인은 고대로부터 이어온 우리 상업문화의 상징적 존재이다. 고조
선, 삼한, 삼국시대 그리고 신라, 고려, 조선시대를 면면히 이어오며 찬란히

---

67) 이훈섭, 앞의 논문, p.18.
68) 김성수, 앞의 논문, p.38.
69) 김성수, 앞의 논문, p.45.

꽃핀 이 땅의 상혼과 상인정신의 결정체이다. 지금은 비록 남북 분단으로 인해 개성 상업과 상인들이 구심점을 상실하고 있지만 개성상인의 상혼과 정신은 개성출신 기업가 등을 통해 계승되고 발전하고 있음을 주목해야 한다.[70] 그리고 개성상인의 상혼과 상인정신은 소중한 우리 전통 상업문화의 유산이며, 한국의 미래를 위해 다듬고 가꾸어 나가야 할 상업문화의 뿌리임을 깊이 되새겨야 한다.[71]

---

70) 김성수는 남북 분단 이후 개성상인 출신 기업가로서 서성환(태평양화학), 이정림(대한유화), 이회림(동양화학), 우상기(신도리코), 단사천(한국제지) 등을 들고 이를 5개 기업의 기업가 정신과 경영이념을 조사했다. 조사결과 이들 개성 출신 창업자들의 기업가 정신은 ① 근면절약주의 ② 인화단결과 협동심 ③ 도전과 신념주의 ④ 창의와 개척주의 ⑤ 신용과 성실주의 ⑥ 남의 돈 안쓰기 ⑦ 품질향상과 생산성 향상 ⑧ 노사공영주의 등으로 나타난다고 했다.(김성수, 앞의 논문, p.47)

71) 오늘날 우리나라는 남북이 협력하여 개성공단을 건설하고 있다. 필자는 역사적인 이 사업을 계기로 하여 개성 상업이 다시 부흥하고 개성상인이 참모습을 드러내며 활약하기를 기대한다.

부 록

부 록

I. 한국과 동이족, 그리고 오랑캐

한국인은 동이족(東夷族)이다. 동이족은 북방 몽골리안계 종족을 말한다. 동이족은 본래 몽고부터 한반도·만주·요동 그리고 중원과 산동반도를 거쳐 장강에 이르는 광활한 영역을 차지하고 살았다. 동이족의 활동 범위는 춘추전국시대를 거친 뒤 진시황의 중원통일 이후 크게 위축된다. 황하(黃河)와 회하(淮河) 그리고 산동과 장강 지방의 동이족이 점차 정체성을 잃고 한족으로 흡수·동화되어 갔기 때문이다.

『후한서』와 『삼국지』에는 '동이 나라'로 부여·고구려·백제·신라·마한·진한·변한 따위가 등장한다. 이들 나라는 우리 선조가 세운 나라들이다. 따라서 이들 고대국가와 오늘날을 연결지어 보면 결과적으로 동이족의 정체성과 맥은 한국인이 잇고 있고, 한국이 '동이 나라'의 정통성을 오로지 간직하고 있다 하겠다.

오늘날 동이족은 한국·몽고·일본·베트남·터키 등에 분포하고 있는데, 한국이 그 중심이고 정통이라고 할 수 있다. 말하자면 우리 한국이 동이족의 종가(宗家)라 해도 과언이 아니다.

하지만 상당수 한국인은 동이족임을 자랑스럽게 여기기는커녕 달갑지 않아 한다. 심지어 동이(東夷)라는 말을 입에 담는 것조차 어색해 하고 꺼려한다. 왜 그럴까? 아마도 '이(夷)'의 뜻을 '오랑캐 이(夷)'로 알고 여태껏 들어온 '동쪽의 오랑캐'라는 말을 곧이곧대로 믿어서일 게다.

이(夷)의 본래 뜻은 미개하다고 멸시하는 의미의 오랑캐가 아니다. 이(夷)는 마음이 너그럽고 착하며 덕행이 높은 '어진 사람[夷者仁也]'이라는 뜻이었다. 공자(孔子)는 동이는 어진 군자(君子)가 계속 배출되는 곳이라 평하고, '동이의 나라'에 가서 살고 싶다고 말했다. 또 『설문해자(說文解字)』에는 '동이는 큰 것을 따르니 대인이다. 이(夷)의 풍속이 인자하니, 인자한 사람은 오래 살므로 군자가 죽지 않는 나라다. 그곳은 하늘도 크고 땅도 크며 사람 또한 크다. 크다는 大(대)자도 사람의 형상을 본뜬 것이다' 라고 기술되어 있다.[1]

또 이(夷)에는 큰 활(大弓)이란 뜻이 있다. 이(夷)는 동이 사람이 큰 활을 최초로 만들었고 잘 쏜다 하여 大(큰대)자와 弓(활궁)자를 모아 '夻' 자로 적다가, 다시 '夷'로 적었다는 것이다.[2] 그러므로 동이는 '동쪽의 어진 사람' 또는 '동녘의 활 잘 쏘는 어진 사람'이라는 말이다. 생각하면 한국이 올림픽에서 양궁을 석권하는 이유가 이에 뿌리를 두고 있는 것 같다. 한국인에게 동이의 활 잘 쏘는 DNA가 유전되고 있는 것이다.

'동이＝오랑캐' 등식에는 숱한 의문이 따른다. 오랑캐는 진실로 나쁜 말인가? 동이는 언제부터 오랑캐 취급을 받았는가? 우리는 동이족인데, 왜 같은 동이족인 여진족을 오랑캐로 멸시하는가? 여진족이 청나라를 건국하고 중국을 270여 년이나 통치했는데도 말이다.

먼저 오랑캐의 뜻을 살펴보자. 일반적으로 사람들은 '오랑캐는 북방의 야만 종족이라는 뜻으로 주변의 미개한 종족들을 오랑캐라고 한다'라고 알고 있다. 좀 더 깊이 들어가면, 『조선왕조실록』에 여진족의 한 부족을 올량합(兀良合), 알랑개(斡郎改) 따위로 기록하고 있는데, 이는 오랑캐를 음으로 전사하여 표기한 것이라고 설명한다.[3] 하지만 하필이면 왜 오랑캐라 하는지, 실제 오랑캐라는 말은 어떻게 생겨났는지, 언제부터 사용되었는지 따위에는 의문을 품지 않는다. 또 오랑캐꽃, 오랑캐장구채 따위의 풀꽃 이름에 대해서도 아무런 의아함을 가지지 않는다. 앙증맞고 깜찍한 여린 풀꽃에 하필이면 오랑캐 수식이 붙다니? 이 꽃 이름의 사연은 오리무중이다. 해답은 어디에 있는가?

우리는 이제 '동이족＝오랑캐', '오랑캐＝미개·야만'이란 등식에 의문을

---

1) 『설문해자(說文解字)』, 후한(後漢)의 허신(許慎)이 편찬한 자전(字典)이다. '東夷從大大人也 夷俗仁仁者壽故有君子不死之國按天大地大人亦大大象人形'
2) 안호상, 앞의 논문, p.3.
3) 최기호, 『어원을 찾아 떠나는 세계문화여행(아시아편)』, 박문사, 2009. pp.30~32.

오랑캐꽃(제비꽃)   오랑캐장구채

가져야 한다. 특히 이 등식이 사대주의나 중화우월주의의 찌꺼기가 아닌지를 엄밀히 성찰하는 것이 필요하다. 그리고 '동이족=오랑캐'는 중화우월주의를 깨는 입장에서 새로운 발상과 접근으로 새롭게 해석되어야 한다.

오늘날 홍산문화와 요하문명의 출현은 오랑캐의 새로운 해석을 재촉하고 있다. 『설문해자』라는 책을 생각해 보자. 『설문해자』는 한자의 바이블로 약 2000년간이나 독보적인 지위를 유지한 책이다. 하지만 갑골문자의 출현으로 그 취약점이 드러나고 상징성을 잃지 않았는가? 『설문해자』를 저술한 허신(許愼)이 갑골문자의 존재를 전혀 몰랐듯이, 오랑캐가 빛나던 요하문명과 홍산문화의 존재는 무려 7000년 이상을 지나는 동안 아무도 몰랐다. 그래서 요하문명의 뿌리와 괘를 같이하는 오랑캐에 대한 발상의 전환과 새로운 해석이 필요한 것이다.

다음은 요하문명의 출현이란 입장에서 오랑캐에 대한 필자의 조심스런 가설로서의 추정과 해석이다.

먼저 오랑캐라는 말의 의미부터 캐보자. 이에 대해 내몽고의 흥안령산맥 아래에 펼쳐진 '오랑캐 고원'이 주목된다. 이곳 '오랑캐 고원' 주변에는 오랑캐 수식어가 붙는 지명

갑골문자

이 처처에 수없이 깔려 있다. 오늘날 토착 현지인들은 이들 지명을 오랑캐로 발음하면서 한자로는 오란개(烏蘭蓋)로 적는다. 즉 '오랑캐 고원'을 '오란개고원 (烏蘭蓋高原)'으로 적는 것이다.

그렇다면 오란개(烏蘭蓋)는 무슨 뜻인가? 이에는 까마귀 오(烏), 난초 난 (蘭), 덮을 개(蓋) 따위의 통상적인 한자 뜻풀이로는 너무나 막연하다. 그보다는 현지 자연풍광을 연상하는 뜻풀이여야 진실에 근접하는 느낌이 든다. 이에 따라 오란개(烏蘭蓋)의 뜻을 풀면 오(烏)는 태양, 난(蘭)은 초원, 개(蓋)는 하늘 또는 상천(上天)의 의미가 있다. 이렇게 풀 때 오란개(오랑캐)는 '태양의 하늘 초원', '해밝은 천상의 초원'을 뜻한다. 그러므로 오랑캐꽃과 오랑캐장구채는 오랑캐 초원에 무리지어 아름답게 피었던 꽃일 수 있다.

오랑캐 고원

오랑캐는 이러한 뜻 풀이에다가 요하문명과 홍산문화의 시대상을 덧씌워 유추하면 그 의미가 긍정적인 쪽으로 또렷이 드러난다. 오랑캐고원 일대가 기원전 5000년 이전의 선사시대에 세계 최고의 선진문명을 구가한 곳이기 때문이다. 따라서 오랑캐는 오랑캐고원 일대가 번영할 때 '하늘의 초원', '천상의 초원'의 뜻을 담아 자랑스럽게 부르던 명칭으로 추정할 수 있다.

한편 당시 오랑캐고원 일대에 그곳에 살던 동이족은 자신을 하늘의 초원 (오랑캐)에 사는 천상의 자손이라 지칭하고, 지대가 낮은 평원의 구릉지에 사는 사람들을 하늘아래(천하)에 사는 뒤떨어진 족속으로 낮추어 봤다. 이에 대해 지대가 낮은 지역에 사는 사람들은 천상의 오랑캐를 두려워하며 하늘아래 족속으로 자처하며 살아간 것으로도 볼 수 있다. 이 같은 천상천하 관념은 오늘날 만리장성과 산해관의 출입문에 걸린 '천하제일관(天下第一關)'이란 명칭에서도 연상할 수 있다.[4] 여하튼 수천 년의 오랜 세월이 지나며 동이족 외의 사람들에게 오랑캐라는 말은 선망의 대상이 아닌 경외심과 적개심이 담긴 비속어로 굳어져 갔다.

산해관의 천하제일관

하지만 홍산문화가 쇠퇴하고 그 잔재조차 흔적 없이 사라지자 오랑캐라는 말도 '오랑캐 고원' 등의 토착어로 겨우 명맥을 이어갔고, 후대에 와서 이를 한자로 전사하면서 오란개(烏蘭蓋)로 적게 되었다. 그러나 오랑캐에 대한 경외심과 적개심은 완전히 사라지지 않고 한 귀퉁이에 남아서 동이족에 대한 적개심으로 전화되어 지속되어 갔고, 그것이 고대 중국인에게 동이의 '이(夷)'가 부정적인 이미지로 투영되었다고 할 수 있다.

이러한 현상은 고대 중국인의 각종 저술에 반영되어 수천 년이 지난 지금까지도 부적절한 영향을 끼치고 있는 것이다. 예컨대 『역경(易經)』과 『맹자(孟子)』에서 '이(夷)'자를 '상하다, 죽이다'라는 의미로 기술했고, 사마천도 『사기(史記)』에서 이(夷) 자를 같은 의미로 썼다. 이처럼 동이에 대한 중국인의 부정적인 인식은 그 뿌리가 심대하다.

그렇다면 우리 민족은 왜 '오랑캐'라는 말을 오늘날까지 고유어로 사용하고 있을까? 우선 오랑캐가 조선시대 문헌에서 부정적인 의미로 등장하는 데 주목할 필요가 있다. 『조선왕조실록』의 올량합(兀良合), 알랑개(斡郎改) 따위 여진족 명칭이 '오랑캐'를 한자로 전사하여 표기한 것이라고 본다면, '오랑캐'라는 말이 그 이전부터 존재했음을 인정해야 한다. 우리 민족이 언제부터 이 말을

---

4) 동이족(조선족)의 천상천하의 관념과 화하족의 천상천하의 관념은 다르다고 보아야 한다. 조선족은 천손이라는 믿음에서 조상이 사는 천상과 후손이 사는 천하의 관념이지만, 화하족의 천상천하는 오랑캐가 사는 천상과 자신들이 사는 천하라는 관념을 내포하고 있는 것이다. 따라서 산해관과 만리장성 등의 출입문에 걸린 '천하제일관(天下第一關)'은 천하 세계로 들어가는 첫 관문의 의미로 이에 부합하는 명칭이 된다. 물론 관문의 밖은 천상 세계를 의미한다.

사용했는지는 모르지만, 토착 고유어로 연면히 내려오다 조선시대 들어서 표면에 드러난 것으로 인식할 필요가 있다는 말이다. 누가 이 말을 한자로 전사했을까? 우리인가? 여진족인가? 만약 여진족이라면 여진족은 '오랑캐'라는 말을 고유어로 구사하고 있었고, 그것을 좋은 뜻으로 사용했을 것이다. 물론 중국인과 같이 나쁜 의미로 인식하고 있었을 수도 있다.

한편 이렇게 볼 때 '올랑합, 알랑개' 명칭이 오랑캐를 전사한 말이 아닐 수 있다. 당시 조선왕조에서 오랑캐 고원의 존재를 몰랐으니 오랑캐를 여진족의 '올랑합, 알랑개' 말에서 갖다 붙이고 여진족을 비하했을 수 있는 것이다.

'오랑캐'가 북방의 야만족을 가리킨다는 설명은 따져 보면 흠이 많다. 우리에게서 북방의 야만이라는 표현은 이른바 '소중화(小中華)'의 관념에서 도출된 것이다. 그리고 '오랑캐'에 대한 부정적인 해석 역시 '소중화' 의식에서 나왔다. 토착고유어인 오랑캐는 본래 부정적인 말이 아니었는데, '소중화' 관념에 의해 야만을 일컫는 부정적인 의미로 전화되고 굳어진 것이라고 추정할 수 있다는 말이다. 그리하여 급기야 근세에 와서는 6.25전쟁 때 중공군을 향해 '무찌르자 오랑캐'라 부르짖고, '서양 오랑캐'라는 말까지 회자되기에 이른 것이다.

이와 같이 오랜 옛적부터 '오랑캐'는 본래의 의미를 완전히 잃어 버렸다. 앞으로 우리 민족은 동이족의 정통 맥을 이어가는 위치에서, 우리가 동이족의 으뜸이라는 자부심을 가지고 요하문명의 '오랑캐 고원' 시대로 거슬러 올라가는 새로운 발상으로 오랑캐의 진실을 밝혀낼 필요가 있다.

2. 서안평(西安平)의 낙랑태수 처자 미스터리

때는 146년 8월, 서안평에서 동북아시아를 경악시키는 사건이 발생했다. 고구려 군이 서안평을 침공하여 대방령(帶方令)을 죽이고, 낙랑태수(樂浪太守)의 처자를 사로잡아 간 것이다. 아마도 대방령은 태수의 처자를 호위하다가 창칼에 찔려 죽었을 것이다. 이 사건은 너무나 유명하여 『삼국사기』뿐 아니라, 중국의 『후한서』와 『삼국지』에도 실려 있다. 다음은 『삼국사기』의 기록이다.

"(태조)왕이 장수를 보내 한의 요동 서안평현을 습격하여 대방령을 죽이고, 낙랑 태수의 처자를 사로잡았다.(王遣將 襲漢遼東西安平縣 殺帶方令 掠得樂浪太守妻子)"[1]

이 사건에는 두 가지 미스터리가 제기된다. 첫째는 서안평이 지금의 어디인가이다. 둘째는 낙랑태수가 자기 부인과 자식이 잡혀가고 부하 장군이 살해되었는데도 전혀 보복을 하지 않았다는 점이다. 왜 그랬을까?

서안평의 위치 비정이 중요한 것은 서안평에서 낙랑태수의 처자가 붙잡혔으므로 서안평의 위치를 밝히면 자연히 낙랑의 위치를 알 수 있기 때문이다. 우리나라 주류학계는 '낙랑군-평양설'의 입장에서 서안평을 압록강 하류 지역으로 본다. 그리고 서안평성은 지금의 요령성 단동에 소재한 첨고성(尖古城)으로 추정한다. 이곳은 한반도와 만주를 잇는 길목 요충지로서 현재 압록강 철도가 놓여 있다.

따라서 주류학계는 고구려가 서안평을 공격한 것은 낙랑군에서 중국으로 가는 통로를 차단하기 위해서라고 한다. 그리고 대방령과 낙랑태수 처자는 이들이 낙랑에서 중국으로 가는 여정인지 아니면 그 반대인지는 불명확하지만, 서안평을 지날 때 재수 사납게 마침 서안평을 공격하던 고구려 군에게 발견되어 해를 입었다고 본다. 엄청난 사건을 우연히 일어난 해프닝으로 치부해버리는 것이다. 하지만 이는 역사적인 대사건을 너무나 작위적으로 또 축소 해석한다고 지적 받을 수 있다.[2]

과연 서안평성을 지금의 단동 첨고성으로 보아도 좋은가? 아니다. 그리 단정할 만한 근거가 없다. 『삼국사기』, 『후한서』, 『삼국지』 중의 어느 책에도 서안평의 위치를 기술해 놓지 않았다. 다만 『후한서』〈고구려〉조의 주석에 서안평이 요동군에 속한다는 기사가 있어 참고가 될 뿐이다. 왜 이들 고대 역사서는 서안평의 위치를 밝혀 놓지 않았을까? 그것은 달리 의문의 여지가 없는 곳, 너무나 자명한 곳이기 때문이 아닐까?

그런데 서안평의 위치를 명확히 밝힌 역사책이 있어 주목된다. 그 책은 『요사(遼史)』이다. 『요사』〈지리지〉에는 요나라 수도 상경임황부(上京臨潢府)가

1) 『삼국사기』 고구려본기, 태조왕 94년 8월 조.
2) 기수연, 「"후한서" '동이열전'에 나타난 한국고대사의 인식」, 『단국학 연구』 7호, 단군학회, 2002, pp.46~48.

서안평에 위치한다고 명확히 기술되어 있다.

> "상경임황부는 본래 한나라 요동군 서안평 지역이다. 신나라 왕망은 북안평이라고
> 불렸다.(上京臨潢府 本漢遼東郡西安平之地 新莽曰北安平)"[3]

상경임황부는 지금의 내몽고 파림좌기(巴林左旗)이다. 현재 심양에서 홍산
문화로 유명한 적봉시를 거쳐 올라가면 나온다.

상경임황부를 수도로 정한 사람은 요나라를 건국한 야율아보기(耶律阿保機)
였다. 그러므로 『요사』의 편찬자들이 수도 위치를 허술하게 다루지 않았을 것
은 명약관화하다. 또 수도의 옛 지명 내력을 기술하면서 그에 관한 문헌들, 예
컨대 『후한서』와 『삼국지』 따위를 면밀히 고증했을 것이다. 뿐만 아니라 『요
사』는 동이족인 원나라의 탈탈이 편찬한 사서로 중화주의에 물들지 않고 중화
관념으로 왜곡되지 않았다는 평가를 받을 수 있다.[4] 따라서 『요사』의 서안평에
관한 기술은 무시할 수 없다고 하겠다.

한편 '낙랑군-평양설'을 따르는 경우, 또 이렇게도 설명한다. 고구려 태조
대왕이 146년에 서안평을 공격하여 대방령을 죽이고 낙랑태수의 처자를 사로잡
았지만, 그곳을 완전히 장악하지는 못했다. 그래서 242년에 동천왕(東川王)이
또 다시 서안평을 공격했는데, 이에 대한 보복으로 244년 위(魏)나라의 유주자
사(幽州刺使) 관구검(毌丘儉)이 1만 명의 군사를 거느리고 고구려를 침략하여 수
도 환도성(丸都城)이 함락되는 시련을 겪었다고 한다. 그리고 다음 311년에 미
천왕(美川王)이 드디어 서안평을 점령하고 중국본토와 낙랑군의 통로를 끊어버렸
고, 이후 고구려는 서안평을 발판으로 요동진출을 활발하게 추진했다고 한다.

과연 그러하였을까? 이에 대한 해답은 고구려가 서안평과 관련된 지역을
공략한 것을 분석하면 알 수 있다. 〈표 1〉은 『삼국사기』에서 고구려가 서안평
관련 지역을 공략한 기록을 뽑은 것이다. 표를 보기에 앞서 먼저 중국 본토의
통치자가 바뀐 사실을 감안해야 한다. 낙랑태수 처자가 붙잡힌 146년은 후한(後
漢)이고, 동천왕이 서안평을 공격한 242년은 조조가 세운 위(魏)나라다. 그리고

---

3) 『요사(遼史)』 〈지리지〉 상경도.
4) 이덕일, 『한국사 그들이 숨긴 진실』, 역사의 아침, 2009, pp.74~75.

표 1 │ 고구려의 서안평 관련 『삼국사기』 내용

년도	요지	내용
서기 146년 (태조왕 94년)	낙랑태수 처자를 사로잡음	8월에 장수를 보내 요동을 쳐서, 대방령을 죽이고 낙랑태수 처자를 사로잡음.[5]
서기 242년 (동천왕 16년)	서안평 공격하다가 타격 입음	서안평을 공격하다가 위나라의 반격으로 심대한 타격을 입음.[6]
서기 244년 (동천왕 18년)	유주자사(幽州刺史) 관구 검(冊丘儉) 고구려 침략 (서안평 공격 보복?)	위(魏)나라 유주자사(幽州刺史) 관구검(冊 丘儉)이 1만 명의 군사로 고구려 침략, 수 도 환도성(丸都城) 함락.[7]
서기 302년 (미천왕 3년)	현도군 포로 8000명 평양성으로 옮김	9월에 군사 3만으로 현도군(지금의 무순) 을 침입하여 포로 8,000명을 잡아 평양성 으로 옮김.[8]
311년 (미천왕 12)	요동 서안평을 공격하여 차지	가을 8월에 장수를 보내 요동 서안평을 공 격하여 차지함.[9]
서기 313년 (미천왕 14년)	낙랑군 공격, 병합함	10월에 낙랑군을 공격해 포로 남녀 2000명 사로잡음.[10]
서기 314년 (미천왕 15)	대방군 병합	9월에 남쪽 대방군을 침략함.[11]
서기 315년 (미천왕 16)	현도성을 공략함	2월에 현도성을 쳐부수어 죽이고 사로잡은 사람이 매우 많음.[12]

미천왕이 서안평을 점령한 311년은 위나라의 뒤를 이은 진(晉)나라다.

그러니까 낙랑군은 한나라가 기원전 108년에 설치하였으니 존속한 약 400

---

5) 『삼국사기』 고구려본기, 태조왕 94년 조.
6) 『삼국사기』 고구려본기, 동천왕 16년 조.
7) 『삼국사기』 고구려본기, 동천왕 18년 조.
8) 『삼국사기』 권17 〈고구려본기〉 미천왕 3년 조.
9) 『삼국사기』 고구려본기, 미천왕 12년 조.
10) 『삼국사기』 고구려본기, 미천왕 14년 조.
11) 『삼국사기』 고구려본기, 미천왕 15년 조.
12) 『삼국사기』 고구려본기, 미천왕 16년 조.

64000

682 부 록

서안평과 동천왕 시대의 교역도

백년간 통치국이 4번이나 바뀌었다. 더욱 석연치 않는 것은 146년 낙랑태수의 처자가 잡혀가도 낙랑은 전혀 반발하지 않은 것이다. 이후 96년 뒤 관구검이 고구려를 침공할 때에도 낙랑은 수동적이다. 낙랑은 고구려의 배후에 있으면서 왜 고구려를 한 번도 공격하지 않았을까? 고구려 보복전이라면 낙랑군이 팔을 걷어붙이고 앞장서는 존재감이 있어야 하지 않는가?

한편 고구려가 서안평을 빼앗아 통로를 차단하려 했다는 주장은 당시 지리 여건과 교역로의 상황에 대한 이해가 부족한 것으로 보인다. 당시 한반도와 중국 간은 육로보다 해로가 비중이 높았고, 설사 육로를 차단한다 할지라도 해로를 봉쇄하지 못하면 효과가 거의 없는 시기였다. 그러므로 낙랑을 멸망시키려는 목적이라면 낙랑을 바로 공략하는 것이 올바른 방책이지, 육로 차단으로 멸망을 기도했다는 추론은 무리가 있는 것이다.

또 다른 의문은 만약 서안평성이 첨고성이라면 이곳은 일찍 고구려에 병합된 안평국이 있던 곳이라는 점이다. 이미 고구려 땅이 된 곳에 서안평이 존재한다는 것은 사리에 어긋난다. 따라서 서안평은 글자 그대로 안평의 서쪽 어딘가에 위치해야 하는 것이다.

고구려는 중국이 위·촉·오 삼국으로 분열되었을 때, 조조의 위(魏)와 손권의 오(吳)에 각각 사신을 보내고 교역을 했다.[13] 이것은 압록강을 이용한 대외교역이 자유로웠음을 뜻한다. 이와 관련하여 미천왕의 일화가 의미 있다. 미

---

13) 윤명철, 「고구려 전기의 해양활동과 고대국가의 성장」, 『한국고대사학보』 18호, 한국고대사학회, 1995, pp.259~264.

천왕은 어린 시절 압록강을 오르내리며 소금 장사를 했다. 그때 이미 압록강은 고구려의 상업세력이 자유롭게 장사하도록 열려 있었던 것이다.

　따라서 서안평은 지금의 파림좌기 일원으로 비정된다. 이곳은 교역 요충지이자 고구려가 요동을 치는 교두보가 된다. 때문에 고구려가 요동을 정벌하기 위해서는 전략상 먼저 서안평을 꼭 차지해야 하는 것이다. 따라서 미천왕이 서안평을 완전히 장악하자, 뒤이어 낙랑과 대방을 병합할 수 있었다. 다시 정리하자면, 서안평은 압록강 하류의 단동지역이 아니다. 압록강 하류는 일찍 고구려가 안평국을 병합함으로서 고구려의 강역이 된 지역이다.

참고문헌 ────────────────────────────

1. 자   료

① 사   료

『거란국지(契丹國志)』

『경국대전(經國大典)』

『고려사(高麗史)』

『고려사절요(高麗史節要)』

『고사기(古史記)』

『관자(管子)』

『구당서(舊唐書)』

『규원사화(揆園史話)』

『남사(南史)』

『당서(唐書)』

『당회요(唐會要)』

『대당육전(大唐六典)』

『대전회통(大典會通)』

『독사방여기요(讀史方輿紀要)』

『동국여지승람(東國輿地勝覽)』

『동사강목(東史綱目)』

『동사보유(東史補遺)』

『무경절요(武經節要)』

『부상략기(扶桑略記)』

『북사(北史)』

『사기(史記)』

『사기정의(史記正義)』

『산해경(山海経)』

『삼국사기(三國史記)』

『삼국유사(三國遺事)』

『삼국지(三國志)』

『선화봉사고려도경(宣和奉使高麗圖經)』

『설문해자(說文解字)』

『성경통지(盛京通志)』

『속일본기(續日本記)』

『속일본후기(續日本後記)』

『송도지(松都誌)』

『송사(宋史)』

『송서(宋書)』

『쇼유기(小右記)』

『수경주(水經注)』

『수서(隋書)』

『시경(詩經)』

『신당서(新唐書)』

『신오대사(新五代史)』

『신증동국여지승람(新增東國輿地勝覽)』

『양서(梁書)』

『오대회요(五代會要)』

『요사(遼史)』

『위서(魏書)』

『일본삼대실록(日本三代實錄)』

『일본서기(日本書紀)』　　　　　　『천지(泉志)』

『자치통감(資治通鑑)』　　　　　　『통전(通典)』

『잠부론(潛夫論)』　　　　　　　　『한서(漢書)』

『장안지(長安誌)』　　　　　　　　『환단고기(桓檀古記)』

『제왕운기(帝王韻紀)』　　　　　　『회남자(淮南子)』

『조선금석총람(朝鮮金石總覽)』　　『후한서(後漢書)』

『주례(周禮)』　　　　　　　　　　『태조실록』, 『태종실록』, 『세종실록』,

『증보문헌비고(增補文獻備考)』　　『문종실록』, 『세조실록』, 『예종실록』,

『진서(晉書)』　　　　　　　　　　『성종실록』, 『선조실록』, 『연산군 일기』

『책부원구(册府元龜)』

② 문 집 류

권근(權近, 1352~1409), 『양촌집(陽村集)』

김육(金堉, 1648), 『송도지(松都志)』

박제가(朴齊家, 1750~?), 『북학의(北學議)』

서거정(徐居正, 1422~92), 『동문선(東文選)』

성현(成俔, 1439~1504), 『용제총화(慵齋叢話)』

손목(孫穆), 『계림유사(鷄林類事)』

양성지(梁誠之, 1415~1482), 『눌재집(訥齋集)』

엔닌(円仁), 『입당구법순례행기(入唐求法巡禮行記)』

유수원(柳壽垣, 1694~1755), 『우서(迂書)』

유형원(柳馨遠, 1622~1673), 『반계수록(磻溪隨錄)』

의천(義天, 1055~1101), 『대각국사문집(大覺國師文集)』

이곡(李穀, 1298~1351), 『가정집(稼亭集)』, 『고려명현집(高麗名賢集)』

이규보(李奎報, 1168~1241), 『동국이상국집(東國李相國集)』

이상은(李商隱, 813~853), 『번남문집(樊南文集)』

이익(李瀷, 1681~1763), 『성호사설(星湖僿說)』

이제현(李齊賢, 1287~1367), 『익재난고(益齋亂藁)』

이제현(李齊賢, 1287~1367), 『역옹-패설(櫟翁稗說)』

정도전(鄭道傳, 1337~1398), 『삼봉집(三峯集)』

한순계(韓舜繼), 『시은집(市隱集)』

한치윤(韓致奫, 1765~1814), 『해동역사(海東繹史)』

③ 기   타

국립경주박물관, 『경주와 실크로드』, 1991.

국립경주문화재연구소, 『경주 인왕동 555–566번지 유적발굴조사보고서』, 2003.

국립부여문화재연구소, 『미륵사유적발굴조사보고서』 Ⅱ, 1996.

국립해양유물전시관 학예연구실, 『물, 바다, 사람, 배, 꿈, 삶, 그 자국』, 국립해양유
물전시관도록, 1998.

문화공보부 문화재관리국, 『천마총발굴조사보고서』, 1974.

문화공보부, 『무령왕릉발굴조사보고서』, 1973.

문화재연구소, 『황룡사발굴조사보고서』 Ⅰ, 文化財管理局 文化財研究所, 1984.

백제문화개발연구원 편, 「관세음응험기」, 『백제사료집』, 1985.

조선총독부, 『조선금석총람(朝鮮金石總覽)』, 京城: 日韓印刷所, 1919.

『한국고중세사 사전』, 가람기획, 2007.

『한글정보』, 1993년 6월호, 월간 한글정보사

『고려대장경(高麗大藏經)』, 『선생자경(善生子經)』, 『육조단경(六祖壇経)』

『장아함경(長阿含經)』, 『중아함경(中阿含經)』

2. 참고논저

① 단 행 본

〈국   내〉

강만길 역, 『한국실학사상』, 삼성출판사, 1991.

＿＿＿, 『한국상업의 역사』, 세종대왕 기념사업회, 2000.

고순호, 『불교학 개관』, 국제신문출판국, 1980.

고유섭, 『송도의 고적』, 열화당, 1977.

고준환, 『하나되는 한국사』, 범우사, 1992.

공창석, 『대상인의 시대』, 박영사, 2010.

곽유석, 『고려선의 구조와 조선기술』, 민속원, 2012.

국사편찬위원회, 『한국사(20) — 고려후기 사회와 대외관계 —』, 1994.

권덕영, 『고대 한중외교사: 견당사연구』, 일조각, 1997.

＿＿＿, 『재당 신라인사회 연구』, 일조각, 2005.

권오영, 『고대 동아시아 문명 교류사의 빛, 무령왕릉』, 돌베개, 2005.

권오중 외, 『낙랑군 호구부 연구』, 동북아역사재단, 2010.

김기섭 외, 『역주 고려사 식화지』, 한국정신문화연구원, 1996.

김문경 · 김성훈 · 김호경 편, 『장보고』, 이진출판사, 1996.

_____, 『청해진의 장보고와 동아세아』, 향토문화진흥원, 1998.

김산호, 『대조선제국사』, 동아출판사, 1993.

김성수, 『한국의 시장 상업사』, (주)신세계백화점 출판부, 1992.

김성호, 『중국진출 백제인의 해상활동 천오백년』 1 · 2, 맑은소리, 1996, 2003.

김안국 외, 『동아시아년표』, 청년사, 1992.

김영국, 『한국의 붕괴』, 산업교육센터, 1988.

김옥근, 『한국경제사의 이해』, 신지서원, 1998.

김정배, 『한국고대사와 고고학』, 신서원, 2000.

_____, 『고조선에 대한 새로운 해석』, 고려대학교민족문화연구원, 2010.

김재근, 『우리 배의 역사』, 서울대학교 출판부, 1989.

_____, 『한국의 배』, 서울대학교 출판부, 1994.

김재영, 『초기불교의 사회적 실천』, 민족사, 2012.

김재진, 『한국의 호구와 경제발전』, 박영사, 1967.

김창석, 『삼국과 통일신라의 유통체계연구』, 일조각, 2004.

김태식, 『가야연맹사』, 일조각, 1993.

_____, 『미완의 문명 7백년 가야사』, 푸른역사, 2002.

김한규, 『한중 관계사 Ⅰ』, 대우학술논저 422, 아르케, 1999.

_____, 『천하국가 — 전통시대 동아시아 세계질서 —』, 소나무, 2005.

남도영, 『한국마정사연구』, 아세아문화사, 1976.

동양사학회편, 『역사와 도시』, 서울대학교 출판부, 2000.

문창노, 『삼한시대의 읍락과 사회』, 신서원, 2000.

박규상, 『인구문제와 인구정책』, 한얼문고, 1997.

박남수, 『신라수공업사』, 신서원, 1996.

_____, 『한국 고대의 동아시아 교역사』, 주류성, 2011.

박병석, 『중국상인문화』, 교문사, 2001.

박선미, 『고조선과 동북아의 고대 화폐』, 학연문화사, 2009.

박선식, 『위풍당당 한국사』, 베이직북스, 2008.

박영초, 『조선인민경제사(원시-고대편)』, 사회과학출판사, 1988.

박용운, 『고려시대사』 하, 일지사, 1987.

_____, 『고려시대 개경 연구』, 일지사, 1996.

박종진, 『고려시기 재정운용과 조세제도』, 서울대학교 출판부, 2000.

박평식, 『조선전기 상업사 연구』, 지식산업사, 1999.

배상현, 『고려후기 사원전 연구』, 국학자료원, 1998.

백남운 저, 윤한택 역, 『조선사회경제사』, 이성과 현실, 1989.

_____, 하일식 역, 『조선봉건사회경제사』, 이론과 실천, 1993.

변인석, 『한국전통경영사연구』, 보경문화사, 1992.

변태섭, 『고려사의 연구』, 삼영사, 1982.

손영종, 『고구려사의 제문제』, 사회과학원(신서원), 2000.

송강호, 『고조선의 화폐와 명도전의 비밀』, 지식과 교양, 2012.

신규호, 『한국역사인물사진』, 석필, 1998.

신세계백화점 출판부, 『한국의 시장 상업사』, 1992.

신채호, 박기봉 옮김, 『조선 상고사』, 비봉출판사, 2006.

신형식 외, 『신라인의 실크로드』, 백산자료원, 2002.

안계현, 『한국불교사상사연구』, 동국대학교 출판부, 1983.

안병직, 이영훈 편저, 『맛질의 농민들-한국근세촌락생활사』, 일조각, 2001.

영남대학교 민족문화연구소 편, 『고려시대 율령의 복원과 정리』, 경인문화사, 2010.

우실하, 『동북공정 너머 요하 문명론』, 소나무, 2007.

_____, 『요하 문명론』, 소나무, 2007.

유동식, 『한국 무교의 역사와 구조』, 연세대학교 출판부, 1978.

윤내현, 『한국열국사연구』, 지식산업사, 1998.

윤명철, 『바닷길은 문화의 고속도로였다』, 사계절, 2000.

_____, 『한민족의 해양활동과 동아지중해』, 학연문화사, 2002.

_____, 『고구려 해양사 연구』, 사계절, 2003.

윤재운, 『한국 고대무역사 연구』, 경인문화사, 2006.

이기동, 『신라골품제사회와 화랑도』, 일조각, 1990.

_____, 『신라사회사연구』, 일조각, 1997.

이기백, 『한국사신론』, 일조각, 1999.

이기봉, 『고대도시 경주의 탄생』, 푸른역사, 1997.

이덕일, 『한국사 그들이 숨긴 진실』, 역사의 아침, 2009.

이삼성, 『동아시아의 전쟁과 평화』, 한길사, 2009.

이선복, 『이선복 교수의 고고학 이야기』, 가서원, 1997.

이수광, 『중국을 뒤흔든 우리 선조 이야기』, 일송북, 2004.

이용범, 『한만교류사연구』, 동화출판사, 1989.

이원식, 『한국의 배』, 대원사, 2003.

이이화, 『역사 속의 한국불교』, 역사비평사, 2002.

이인철, 『신라 정치경제사 연구』, 일지사, 2003.

이종욱, 『신라골품제연구』, 일조각, 1999.

＿＿＿, 『한국초기국가발전론』, 새문사, 1999.

이춘식, 『중국사서설』, 교보문고, 2000.

이태진, 『조선유교사회사론』, 지식산업사, 1998.

＿＿＿ 외, 『서울상업사』, 태학사, 2000.

이현혜, 『한국고대의 생산과 교역』, 일조각, 1998.

이훈섭, 『한국전통경영사 연구』, 보경문화사, 1992.

이희수, 『한·이슬람 교류사』, 문덕사, 1991.

임용한, 『한국 고대 전쟁사 1 — 전쟁의 파도—』, 혜안, 2011.

장도무(張道斌), 「朝鮮歷史講義」, 『朝鮮歷史講壇』 제1권, 조선역사강단사, 1929.

전덕재, 『신라육부체제연구』, 일조각, 1996.

＿＿＿, 『신라왕경의 역사』, 새문사, 2009.

전해종, 『한중 관계사 연구』, 일조각, 1981.

정순응, 『한국 인구문제의 대책』, 문왕출판사, 1976.

정승모, 『시장으로 보는 우리 문화 이야기』, 웅진닷컴, 2000.

정진술, 『한국해양사』, 경인문화사, 2009.

조기준, 『한국기업가사연구』, 민중서관, 1971.

조병찬, 『한국시장 경제사』, 동국대학교 출판부, 1993.

조선총독부, 『조선인의 상업』, 한국전통상학회, 2002.

조영록 외, 『중국과 동아시아 세계』, 국학자료원, 1997.

주보돈, 『신라 지방통치체제의 정비과정과 촌락』, 신서원, 1998.

최광식·박경철·이진한·이철성·송규진·윤재운, 『한국무역의 역사』, 청아출판사, 2010.

최기호, 『어원을 찾아 떠나는 세계문화여행(아시아편)』, 박문사, 2009.

최근영, 『통일신라시대의 지방세력연구』, 신서원, 1999.

최인호, 『해신장보고』, 도서출판 열림원, 2003.

최준식, 『한국인에게 문화는 있는가』, 사계절, 1999.

하일식, 「신라 왕경인의 지방이주와 편적지」, 『신라문화』 38집, 동국대학교 신라문화연구소, 2011.

한국역사연구회, 『한국역사 속의 전쟁』, 청년사, 1997.

＿＿＿, 『고려의 황도 개경』, 창작과 비평사, 2002.

＿＿＿, 『고려시대 사람들은 어떻게 살았을까』, 청년사, 2003.

한규철, 『발해의 대외관계사』, 신서원, 1994.

한기문, 『고려사원의 구조와 기능』, 민족사, 1998.

한영달, 『한국의 고전』, 선, 2002.

한영우, 『다시 찾는 우리역사』, 경세원, 2005.

한우근, 『한국통사』, 을유문화사, 2001.

한우조, 『기인제 연구』, 일지사, 1992.

홍희유, 『조선상업사』, 백산자료원, 1989.

황수영 · 문명대, 『반구대』, 동국대학교 출판부, 1984.

황영선, 『황희의 생애와 사상』, 국학자료원, 1998.

황원갑, 『한국사를 바꾼 여인들』, 책이 있는 마을, 2002.

황준원, 『한국사상의 새 길라잡이』, 박영사, 2003.

14세기 고려사회 성격 연구반, 『14세기 고려의 정치와 사회』, 민음사, 1994.

〈국　　외〉

B.홀(Hall) 저, 신복룡, 정성자 역, 『조선서해탐사기』, 집문당, 1999.

E.O. 라이샤워 저, 조성을 역, 『중국 중세사회로의 여행』, 한울, 1991.

Edwin O. Reischauer, Ennin's Travels in Tang China, (New York) The Ronald Press
　　Co, 1955.

葛劍雄, 『中國人口史』, 夏旦大學出版社, 2002.

고무로 나오키 저, 김영국 역, 『한국의 붕괴』, 삼성교육센터, 1990.

마르코 폴로 저, 김호동 역주, 『동방견문록』, 사계절, 2002.

마리우스 B. 잰슨 저, 지명관 역, 『일본과 동아시아의 이웃 나라들』, 소화, 2002.

무하마드 깐수, 『신라 · 서역 교류사』, 단국대 출판부, 1994.

미야사까 유소(宮坂有膳) 저, 편집부 역, 『불교에서 본 경제사상』, 도서출판 여래, 1991.

미야자와 히로시 저, 노영구 역, 『양반』, 강, 2001.

미야케 히데토시 저, 하우봉 역, 『역사적으로 본 일본인의 한국관』, 풀빛, 1994.

柏楊, 『中國歷史年表』 下, 臺北: 星光出版社, 1981.

　　　, 김영수 역, 『맨 얼굴의 중국사』, 창해, 2005.

베르너 좀바르트(Werner Sombart) 저, 이상률 역, 『사치와 자본주의』, 문예출판사, 1997.

森克己, 「日 · 宋との 高麗 私獻貿易」, 『朝鮮學報』 14집, 1959.

서영시 저, 정인재 역, 『중국 근세 종교윤리와 상인정신』, 대한교과서(주), 1993.

薛磊, 『元代宮廷史』, 天津: 百花文藝出版社, 2008.

孫光圻, 『中國古代航海史』, 北京: 海洋出版社, 1989.

시바 료타로 · 도널드 퀸 저, 이태옥 · 이영경 역, 『일본인과 일본문화』, 을유문화사,

1993.

심백강, 『황하에서 한라까지』, 참좋은세상, 2007.

아사오 나오히로 저, 이계황·서각수 등 역, 『새로 쓰는 일본사』, 창작과 비평사, 2000.

에드윈 라이샤워, 「당나라 시대의 한국인(하)」, 『해양한국(월간해양한국)』 206호, 한국해양문제연구소, 1990.

王孝通, 『中國商業史』, 北京 團結出版社, 2006.

이나다 나쯔코(稻田奈津子), 『목간과 문자』 5호, 한국목간학회, 2010.

이노우에 키요시 저, 차광수역, 『일본의 역사』 (상), 대광서림, 1999.

이사벨라 버드 비숍 저, 이인화 역, 『한국과 그 이웃 나라들』, 살림, 1994.

이성시 저, 김창석 역, 『동아시아의 왕권과 교역』, 청년사, 2001.

이시다 미즈마로 저, 이원섭 역, 『반야·유마경의 지혜』, 현암사, 2000.

전중건부(田中健夫), 「왜구와 동아시아 통상권」, 『일본의 사회사』 1, 암파서점, 1987.

페르낭 브로델(Fernand Braudel) 저, 주경철 역, 『물질문명과 자본주의』 Ⅰ-1, 까치, 2002.

필립D.커틴, 김병순 옮김, 『세계 무역의 역사』, 도서출판 모티브북, 2007.

하자노프 저, 김호동 역, 『유목사회의 구조』, 지식산업사, 2002.

한스외르크 바우어·베른트 할리어(Hans-Jörg Bauer·Bernd Hallier) 저, 이영희 역, 『상거래의 역사』, 삼진기획, 2003.

허진웅 저, 홍희 역, 『중국고대사회』, 동문선, 2003.

② 논   문

강길중, 「송대 관세의 징수체계와 그 재정적 비중」, 『역사문화연구』 제22집, 한국외국어대학교 역사문화연구소, 2005.

강봉룡, 「해남 화원·산이면 일대 청자요군의 계통과 조성 주체세력」, 『전남사학』 제19집, 전남사학회, 2002.

_____, 「장보고 암살과 서남해지역 해양세력의 동향」, 『장보고연구논총』 3, 해군사관학교 해군해양연구소, 2004.

_____, 「고대 동아시아 연안항로와 영산강·낙동강 유역의 동향」, 『도서문화』 제36집, 목포대학교 도서문화연구소, 2010.

강봉원, 「신라 왕경의 인구수에 관한 역사 및 고고학적 고찰」, 『대구사학』 제90집, 대구사학회, 2008.

강영경, 「한국 고대의 시(市)와 정(井)에 대한 연구: 시장의 기원과 관련하여」, 『원우논

총』 2호, 숙명여자대학교 총학생회, 1984.

강옥엽, 「8-9세기 신라사회의 일반민의 동향」, 『이화사학연구』 제30집, 이화사학연구소, 2003.

강은경, 「고려시대 본관에서의 정주와 타향으로의 이동」, 『사학연구』 제81호, 한국사학회, 2006.

_____, 「8세기 중후반 일본의 내정(內政)과 대신라관계(對新羅關係)의 추이—752년 김태렴(金泰廉) 사행단(使行團)의 내일(來日) 성격검토를 중심으로—」, 『日本歷史硏究』 제31집, 일본사학회, 2010.

강지언, 「위화도 회군과 그 추진 세력에 대한 검토」, 『이화사학연구소』 20 · 21호, 1993.

강진철, 「한국학 연구 반세기: 중세사(中世史)」, 『진단학보』 57호, 1984.

고경석, 「삼국 및 통일신라기의 노비에 대한 고찰」, 『한국사론』 28, 서울대학교 국사학과, 1992.

_____, 「장보고 대사에 대한 인식의 변화」, 『장보고와 미래 대화』, 해군사관학교 해군해양연구소, 2003.

고광의, 「낙랑군 초원 4년 호구부 재검토」, 『목간과 문자』 7호, 한국목간학회, 2011.

고동환, 「조선후기 서울의 인구추세와 도시문제 발생」, 『역사와 현실』 28, 역사와비평사, 1998.

_____, 「조선시대 개성과 개성상인」, 『역사비평』 54, 역사비평사, 2001.

고원규, 「전통축제에 대한 이론적 연구」, 『관광 · 레저연구』 7호, 관광레저학회, 1995.

구난희, 「8세기 중엽 발해 · 신라 · 일본의 관계」, 『한일관계사연구』 제10집, 한일관계사학회, 1999.

구산우, 「고려 성종대의 향촌지배체제 강화와 그 정치 · 사회적 갈등」, 『한국문화연구』 6, 부산대학교 한국문화연구소, 1993.

_____, 「신라말 향촌사회의 변동과 새로운 계층구조의 형성」, 『한국중세사회의 제문제』, 2001.

_____, 「고려 성종대 정치세력의 성격과 동향」, 『한국중세사연구』 제14호, 한국중세사학회, 2003.

국성하, 「일제강점기 일본인의 낙랑군 인식과 평양부립박물관 설립」, 『고문화』 제63집, 한국대학박물관협회, 2004.

권덕영, 「비운의 신라 견당사들」, 『신라문화제학술발표회논문집』 제15집, 동국대학교 신라문화연구소, 1994.

_____, 「신라 하대 서남해 해적과 장보고의 해상 활동」, 『대외문물교류연구』 창간호, (재)장보고기념사업회, 2002.

_____, 「9세기 일본을 왕래한 이중국적 신라인」, 『한국사 연구』 120, 한국사연구회, 2003.

_____, 「신라하대 서·남해의 해적과 호족」, 『한국고대사 연구』 41집, 한국고대사학회, 2006.

_____, 「고대 동아시아의 황해와 황해무역-8, 9세기 신라를 중심으로」, 『사학연구』 제89호, 2008.

권병탁, 「고대 철산업의 일 연구」, 『국사관논총』 42호, 국사편찬위원회, 1993.

권상수, 「한국 고유의 송도사개치부법에 관한 연구」, 『한국전통상학연구』 9권 6호, 한국전통상학회, 1992.

권순형, 「고려시대 여성의 여가 생활과 명절 풍속」, 『이화사학연구』 제34집, 이화사학연구소, 2007.

권영숙, 조현혹 등, 「신라시대 천마총 출토 직물의 유행과 특성」, 『복식』 50권 17호, 한국복식학회, 2000.

권오중, 「낙랑 왕조정권 성립의 국제적 환경」, 『역사학보』 제196집, 역사학회, 2007.

권재선, 「가림토에 대한 고찰」, 『한글』 224호, 한글학회, 1994.

권주현, 「금관가야의 성립과 발전」, 『계명사학』 4, 1993.

권진철, 「후삼국 성립의 요인과 조건」, 『강원사학』 4호, 강원대학교 사학회, 1995.

권태진·신용하, 「조선왕조시대 인구추정에 관한 일시론」, 『동아문화』 14, 서울대학교 동아문화연구소, 1977.

기수연, 「『후한서』 「동이열전」에 나타난 한국고대사의 인식」, 『단국학연구』 제7호, 단군학회, 2002.

김갑동, 「고려의 건국 및 후삼국통일의 민족사적 의미」, 『한국사연구』 143, 한국사연구회, 2008.

김갑종, 「한국적 송도사개치부법 생성에 관한 연구」, 『한국전통상학연구』 20, 한국전통상학회, 2006.

김경록, 「공민왕대 국제정세와 대외관계의 전개양상」, 『역사와 현실』 64호, 한국역사연구회, 2007.

김광수, 「고려 건국기의 패서 호족과 대여진관계」, 『사총』 21호, 고려대학교 사학회, 1977.

김광철, 「충렬왕대 측근세력의 분화와 그 정치적 귀결」, 『고고역사학지』 9, 동아대학교 박물관, 1993.

_____, 「14세기초 원의 정국 동향과 충선왕의 토번 유배」, 『한국중세사연구』 3, 한국중세사연구회, 1996.

김구진, 「윤관 9성의 범위와 조선 6진의 개척여진 세력관계를 중심으로―」, 『사총』

21호, 고려대학교 사학회, 1977.

김권일, 「제철로의 유형분석 시론 ― 신라 제철문화의 특징과 관련하여 ―」, 『경주사학』 제31집, 경주사학회, 2010.

김규진, 「조선 전기 한·중 관계사의 시론 ― 조선과 명의 사행과 그 성격에 대하여 ―」, 『홍익사학』 제4집, 홍익대학교 사학회, 1990.

김기섭, 「백제 전기의 한성에 대한 재검토」, 『향토서울』 55, 서울시사편찬위원회, 1995.

김기홍, 「한국 순장제의 역사적 성격」, 『건대사학』 8, 건국대학교사학회, 1993.

김난옥, 「고려시대 상인의 신분」, 『한국중세사연구』 5호, 한국중세사학회, 1998.

_____, 「고려시대 공장(工匠)의 신분」, 『사학연구』 제58·59호, 한국사학회, 1999.

김남중, 「고조선의 도성: 왕검성의 위치에 대하여」, 『국사관논총(國史館論叢)』 제108집, 국사편찬위원회, 2006.

김당택, 「고려 양반사회와 한국사의 시대구분」, 『역사학보』 166, 역사학회, 2000.

_____, 「고려 현종대 과거 출신 관리의 정치적 주도권 장악」, 『역사학보』 제200집, 역사학회, 2008.

김덕수, 「장보고 해상무역에 관한 일고찰」, 『한국해운학회지』 7, 한국해운학회, 1988.

김덕원, 「신라 진덕왕대 김춘추의 대당외교와 관제정비」, 『신라문화』 제29집, 동국대 신라문화연구소, 2007.

김도연, 「고려시대 은화유통에 관한 일연구」, 『한국사학보』 제10호, 고려사학회, 2001.

_____, 「원 간섭기 화폐유통과 보초」, 『한국사학보』 제18호, 고려사학회, 2004.

김동철, 「고려말의 유통구조와 상인」, 『부대사학』 9, 부산대학교 사학회, 1985.

김두진, 「고려 광종대의 전제왕권과 호족」, 『한국학보』 15호, 일지사, 1979.

김병미, 「백제옷의 직물과 문양」, 『백제문화』 제38집, 공주대 백제문화연구소, 2008.

김병숙, 「고려시대 노동시장 특성과 직업윤리」, 『직업교육연구』 제21권 제2호, 한국직업교육학회, 2002.

김병인, 「고려시대 사원의 교통기능」, 『전남사학』 13, 전남사학회, 1999.

김병인·김도영, 「고려 전기 금속화폐와 점포」, 『한국사학보』 제39호, 고려사학회, 2010.

김병화, 「이조전기의 대일무역 성격」, 『아세아연구』 11권 4호, 고려대학교 아세아연구소, 1968.

김삼수, 「고려시대의 경제사상 ― 화폐·신용·자본 및 이자 이윤사상 ―」, 『논문집』 13, 숙명여자대학교, 1973.

김삼현, 「고려후기 상업의 변화」, 『명지사론』 8, 명지대학교사학회, 1997.

_____, 「고려후기 장시에 관한 연구」, 『명지사론』 4, 명지대학교사학회, 1992.

김상기, 「고대의 무역형태와 나말의 해상발전에 취(就)하야(1) — 청해진대사 장보고를
    주로하야 —」, 『진단학보』 1, 진단학회, 1935.

_____, 「려·송 무역소고」, 『진단학보』 7호, 진단학회, 1937.

_____, 「송대에 있어서 고려본의 유통에 대하여」, 『아세아연구』 8권 2호, 고려대학교
    아세아연구소, 1965.

김상돈, 「신라말 구가야권의 김해 호족세력」, 『진단학보』 82, 진단학회, 1996.

김성수, 「개성상인정신 발달사 연구」, 『경영사학』 제17집제2호, 한국경영사학회, 2002.

김성준, 「고려말의 정국과 원·명 관계」, 『한국사』 20, 국사편찬위원회, 1994.

_____, 「친원파와 친명파의 대립과 요동정벌」, 『한국사』 20, 국사편찬위원회, 1994.

김세기, 「신라왕경의 생산유적과 생산체계의 변화」, 『신라문화제학술논문집』 제27집,
    경주시, 2006.

김순자, 「고려시대의 전쟁, 전염병과 인구」, 『이화사학연구』 제34집, 이화사학연구소,
    2007.

김신, 「한국고대무역형태에 관한 연구」, 『사회과학논총』 7, 경희대학교 사회과학대,
    1989.

_____, 「한국무역체계의 시대적 고찰」, 『사회과학논총』 9, 경희대학교 사회과학대,
    1991.

_____, 「고대무역구조의 특성에 관한 연구」, 『경영사학』 13, 한국경영사학회, 1996.

김신웅, 「韓國市場에 관한 研究: 古代를 中心으로」, 『경제학논고』 5, 청주대학교경제학
    회, 1980.

김영관, 「백제 유민들의 당 이주와 활동」, 『한국사연구』 158, 한국사연구회, 2012.

김영미, 「11세기 후반~12세기 초 고려·요 외교관계와 불경 교류」, 『역사와현실』 43
    호, 한국역사연구회, 2002.

김영수, 「고려 공민왕 대 초반기(공민왕 1~5년)의 개혁정치와 반개혁정치의 대립」,
    『한국정치연구』 6호, 서울대학교 한국정치연구소, 1997.

_____, 「한국 자본주의 가치관의 역사적 전통 — 조선시대 개성상인의 상업활동을 중
    심으로 한 고찰 —」, 『동아연구』 제43집, 서강대학교동아연구소, 2002.

김영제, 「려송교역의 항로와 선박」, 『역사학보』 204, 역사학회, 2009.

_____, 「고려사에 보이는 송상과 송도강-특히 송도강의 성격 해명을 중심으로」, 『전
    북사학』, 전북사학회, 2011.

김완진, 「정읍사의 해석에 대하여」, 『국어학』 31호, 국어학회, 1998.

김용기, 「조선초기의 대명 조공관계고」, 『논문집』 제14집, 부산대학교 문리과대, 1972.

김용선, 「통일신라와 고려의 민족통합 정책비교」, 『민족통합연구소 1주년 기념 세미
    나』, 단행권, 한림대학교 민족통합연구소, 1999.

김용태, 「조선전기 억불정책의 전개와 사원경제의 변화상」, 『조선시대사학보』 58, 조선
　　시대사학회, 2011.

김용택, 「고려 현종대 과거 출신 관리의 정치적 주도권 장악」, 『역사학보』 제200집, 역
　　사학회, 2008.

김원동, 「신안 인양 유물을 중심으로 한 원대 해외무역에 관한 소고」, 『대구사학』 34
　　호, 대구사학회, 1988.

김위현, 「여진의 마무역고-10세기~11세기를 중심으로-」, 『명지대논문집』 13, 명지대
　　학교, 1982.

＿＿＿, 「려·원간의 물자교류고」, 『인문과학연구논총』 7, 명지대학교 인문과학연구소,
　　1990.

김의만, 「신라 장인층의 형성과 그 신분」, 『신라문화제학술발표회논문집』 제13집, 동국
　　대학교 신라문화연구소, 1992.

김재근, 「장보고시대의 무역선과 그 항로」, 『해운항만』 제13권 3호, 해운항만청, 1988.

＿＿＿, 「한국·중국·일본 고대의 선박과 항해술」, 『진단학보』 68호, 진단학회, 1989.

김재만, 「오대와 후삼국, 고려초기의 관계사」, 『대동문화연구』 17호, 성균관대학교 대
　　동문화연구원, 1983.

김재홍, 「신라 왕경의 개발 과정과 발전 단계」, 『한국사학보』 52호, 고려사학회, 2013.

김정희, 「당대 전기의 시제(市制)와 상인의 법적 지위」, 『위진수당사연구』 3호, 위진수
　　당사학회, 1997.

김종명, 「고려 연등회와 그 유산」, 『불교연구』 16호, 한국불교연구원, 1999.

김종복, 「발해 초기의 대외관계」, 『한국고대사연구』 제9집, 신서원, 1996.

김지근, 「경덕왕대의 대일외교: 752년 교역의 성격을 중심으로」, 『신라문화』 제30집,
　　동국대학교 신라문화연구소, 2007.

김창겸, 「후삼국 통일기 태조 왕건의 패서호족과 발해유민에 대한 정책연구」, 『성대사
　　림』 4, 성균관대학교사학회, 1987.

김창석, 「삼국 및 통일신라의 현물화폐 유통과 재정」, 『역사와현실』 42호, 한국역사연
　　구회, 2001.

＿＿＿, 「8~10세기 이슬람 제종족의 신라 來往과 그 배경」, 『한국고대사연구』 제44집,
　　서경문화사, 2006.

김창현, 「고려 개경의 나성문과 황성문」, 『역사학보』 제173집, 역사학회, 2002.

＿＿＿, 「고려시대 개경 궁성 안 건물의 배치와 의미」, 『한국사연구』 117호, 한국사학
　　회, 2002.

김철웅, 「고려와 大食의 교역과 교류」, 『문화사학』 제25호, 한국문화사학회, 2006.

김태식, 「韓國 古代諸國의 對外交易」, 『진단학보』 제101호, 진단학회, 2006.

698 참고문헌

김현라, 「고려후기 노비제의 변화양상」, 『부대사학』 17, 부산대학교사학회, 1993.

_____, 「고려후기 악승의 존재와 경제활동」, 『역사와 경계』 제44집, 부산경남사학회, 2002.

김현영, 「고려시기의 소에 관한 재검토」, 『한국사론』 15, 서울대학교 국사학과, 1986.

_____, 「양반에 대한 새로운 접근: 『양반-역사적 실체를 찾아서』」, 『역사비평』 계간35호통권 37호, 역사문제연구소, 1996.

김혜숙, 「고려팔관회의 내용과 기능」, 『역사민속학』 제9호, 민속원, 1999.

김혜원, 「원 간섭기 입성론과 그 성격」, 『14세기 고려의 정치와 사회』, 민음사, 1994.

_____, 「충숙왕 8년(1321)의 심왕옹립운동과 그 성격」, 『이대사원』 31, 이화여자대학교 인문대학이대사학회, 1998.

김호범, 「신라 흥덕왕대의 청해진 설치 배경」, 『역사학연구』 제29집, 호남사학회, 2007.

나말여초연구반, 「나말여초 호족의 연구동향」, 『역사와현실』 5, 역사비평사, 1991.

나민수, 「고려의 대외교역에 대하여」, 『연세경제연구』 제8권 제1호, 연세대학교 경제연구소, 2001.

나종우, 「고려전기의 려일무역」, 『원광사학』 1, 원광대학교 사학과, 1981.

남재우, 「나말여초 호족의 경제적 기반」, 『경남사학』 4호, 경남사학회, 1987.

_____, 「포상팔국 전쟁과 그 성격」, 『가야문화』 10, 가야문화연구원, 1997.

노명호, 「나말여초 호족세력의 경제적 기반과 田柴科체제의 성립」, 『진단학보』 74, 진단학회, 1992.

노용필, 「통일신라의 논농사」, 『진단학보』 제107호, 진단학회, 2009.

도광순, 「팔관회와 풍류도」, 『도교학연구』 13, 한국도교학회, 1994.

도현철, 「고려말기의 교화론과 상업안정론」, 『한국사상사학』 9호, 한국사상사학회, 1997.

_____, 「고려말기의 예인식과 정치체제론」, 『동방학지』 97호, 연세대학교 국학연구원, 1997.

_____, 「조선왕조의 성립에 대한 평가」, 『한국 전근대사의 주요 쟁점』, 역사비평사, 2002.

류채영, 「고려 선종대의 대외정책 연구」, 『한국문화연구』 제9호, 이화여자대학교한국문화연구원, 2005.

馬一虹, 「九世紀渤海與日本關係-東亞貿易圈中的渤海對日貿易」, 『日本研究論文』, 天津人民出版社, 2001.

문경호, 「고려시대의 조운제도와 조창」, 『지방사와지방문화』 제14권1호, 역사문화학회, 2011.

민덕식, 「신라왕경의 도시 설계와 운영에 대한 고찰」, 『백산학보』 33호, 1986.

민현구, 「고려 공민왕의 반원적 개혁정치에 대한 일고찰」, 『진단학보』 68, 진단학회, 1989.

박남수, 「통일신라의 대일교역과 애장왕대 '교빙결호'」, 『사학연구』 제88호, 한국사학회, 2007.

_____, 「9세기 신라의 대외 교역물품과 그 성격」, 『사학연구』 제94호, 한국사학회, 2009.

_____, 「752년 金泰廉의 對日交易과 「買新羅物解」의 香藥」, 『韓國古代史硏究』 제55집, 한국고대사학회, 2009.

_____, 「신라의 의생활과 직물 생산」, 『한국고대사연구』 제64집, 한국고대사학회, 2011.

박문열, 「고려시대 대외국 서적교류교섭상에 관한 연구」, 『국제문화연구』 12, 청주대학교 국제개발연구원, 1995.

박방룡, 「신라왕경과 유통」, 『신라문화제학술논문집』 제27집, 경주시, 2006.

박상대, 「중국의 인구─역사적 변천과 추계」, 『동아연구』 1, 서강대학교동아연구소, 1982.

박선미, 「웅기 송평동 출토 패각 및 패각형 옥 검토 ─ 한반도 동북지역의 화폐사용과 관련하여 ─」, 『한국고고학보』 56집, 한국고고학회, 2005.

_____, 「고조선의 교역과 화폐사용에 관한 시론적 검토」, 『동북아역사논총』 제20호, 동북아역사재단, 2008.

_____, 「고구려유적 출토 화폐 검토」, 『고구려발해연구』 제47집, 고구려발해학회, 2013.

박승범, 「9-10세기 동아시아 지역의 교역: 신라말·고려초 한반도를 중심으로」, 『중국사 연구』 제29집, 중국사학회, 2004.

박옥걸, 「고려내항 송상인과 여·송의 무역정책」, 『대동문화연구』 32, 성균관대학교 대동문화연구소, 1997.

박용운, 「고려·송 교빙의 목적과 사절에 대한 고찰」(상), 『한국학보』 81호, 일지사, 1995.

_____, 「『고려사』 선거지의 구성과 내용 및 성격」, 『한국사학보』 제43호, 고려사학회, 2011.

박윤선, 「백제와 송·제·양 교섭기사에 대한 고찰」, 『역사문화연구』 제31집, 한국외국어대학교역사문화연구소, 2008.

박윤진, 「고려시대 개경 일대 사원의 군사적·정치적 성격」, 『한국사학보』 3·4, 고려사학회, 1998.

박은경, 「고려전기 移住 연구」, 『역사학보』 128, 역사학회, 1990.

박종기, 「고려시대의 민의 존재양태와 사회의식의 성장」, 『역사비평』 1992년 가을호, 역사문제연구소, 1992.

_____, 「14세기 고려의 정치와 사회」, 『14세기 고려사회 성격 연구반 저』, 민음사, 1994.

박종진, 「고려전기 중앙관청의 재정구조와 그 운영」, 『한국사론』 23, 서울대학교인문대학 국사학과, 1990.

_____, 「고려시기 개경 절의 위치와 기능」, 『역사와현실』 38, 한국역사연구회, 2000.

_____, 「고려시기 개경사 연구동향2, 2000~2009」, 『역사와현실』 75호, 한국역사연구회, 2010.

박진석, 「宋과 高麗의 무역에 관한 몇 개 문제」, 『백산학보』 제68호, 백산학회, 2004.

박진숙, 「발해 선왕대의 대일본외교」, 『한국고대사연구』 제14집, 서경문화사, 1998.

박진태, 「팔관회·가상회·도이장가의 관련양상」, 『국어국문학』 128호, 국어국문학회, 2001.

_____, 「정읍사의 확산과 지역 축제로의 회귀」, 『고전문학과 교육』 제10집, 한국고전문학교육학회, 2005.

박진훈, 「고려말 개혁사대부의 노비 변정책-조준, 정도전계의 방안을 중심으로-」, 『학림』 19호, 연세대 사학연구회, 1998.

_____, 「고려사람들의 사치·허영과 검약 인식」, 『한국사학보』 제22호, 고려사학회, 2006.

박평식, 「조선전기의 개성상업과 개성상인」, 『한국사연구』 102호, 한국사연구회, 1998.

_____, 「高麗末期의 商業問題와 구폐논의」, 『역사교육』 68, 역사교육연구회, 1998.

박한남, 「12세기 여금무역에 대한 검토」, 『대동문화연구』 31, 성균관대학교대동문화연구원, 1996.

박한설, 「왕건 세계의 무역활동에 대하여-그들의 출신 규명을 중심으로」, 『사총』 10호, 고려대 사학회, 1965.

박한제, 「당대 장안의 공간구조와 번인생활」, 『동아시아 역사의 환류』, 지식산업사, 2000.

박현규, 「중국 福建 남부 新羅 명칭 고찰」, 『신라문화』 제28집, 동국대학교신라문화연구소, 2006.

박홍국·정상수·김지훈, 「사로 6촌의 위치에 대한 시론」, 『신라문화』 제21집, 동국대학교 신라문화연구소, 2003.

배상현, 「고려시대 운문사의 사원전 경영」, 『한국중세사연구』 4, 한국중세사학회, 1997.

백남욱, 「『三國志』 韓傳의 「國」에 관한 問題」, 『백산학보』 26, 백산학회, 1981.

백승충, 「변한의 성립과 발전」, 『한국고대사연구』 제10집, 신서원, 1997.

백영미, 「신라통일기 호구와 호등에 대하여」, 『한국고대사연구』 제40집, 서경문화사, 2005.

변인석, 「당에서 바라 본 신라의 삼국통일」, 『사학연구』 50, 한국사학회, 1995.

山崎覺士, 「未完の海上國家-吳越國の試み」, 『古代文化』 54-2, 2002.

서명희, 「고려시대 철소에 관한 연구」, 『한국사연구』 69호, 한국사연구회, 1990.

서성호, 「고려 무신집권기 상공업의 전개」, 『국사관논총』 제37집, 국사편찬위원회, 1992.

_____, 「한국중세의 도시와 사회」, 『동양 도시사속의 서울』, 서울시정개발연구원, 1994.

_____, 「고려 태조대 대(對)거란 정책의 추이와 성격」, 『역사와현실』 34, 한국역사연구회, 1999.

_____, 「고려 수공업所의 몇 가지 문제에 대한 검토」, 『한국사론』 42, 서울대학교인문대학국사학과, 1999.

_____, 「고려시기 개경의 시장과 주거」, 『역사와현실』 38, 한국역사연구회, 2000.

서영수, 「『史記』 古朝鮮 史料의 構成 분석과 新 解釋(1)」, 『단군학연구』 제18호, 단군학회, 2008.

성삼재, 「고조선 사라진 역사: 명도전은 고조선 청동 화폐」, 『교육마당21(8월호)』, 교육인적자원부, 2006.

손영종, 「락랑군 남부지역(후의 대방군지역)의 위치 — '락랑군 초원4년 현별 호구다소' 통계자료를 중심으로 —」, 『력사과학』 198, 조선과학원 력사연구소, 2006.

송기호, 「발해 멸망기의 대외 관계 — 거란·후삼국과의 관계를 중심으로 —」, 『한국사론』 17, 서울대학교 국사학과, 1987.

송방송, 「고려 당악의 음악 사학적 조명」, 『한국논총』 (상), 일조각, 1997.

송진, 「한대 통행증 제도와 상인의 이동」, 『동양사학연구』 제92집, 동양사학회, 2005.

송화섭, 「삼한 사회의 종교의례」, 『삼한의 사회와 문화』, 신서원, 한국고대사연구회편, 1997.

신성재, 「9세기 전반 신라의 정치사회와 장보고세력」, 『장보고와 미래 대화』, 해군사관학교 해군해양연구소, 2002.

신안식, 「고려시기 개경 도성의 범위와 이용」, 『한국중세사연구』 제28호, 한국중세사학회, 2010.

_____, 「고려전기의 麗宋 교통로와 교역」, 『한국중세사연구』 제33호, 한국중세사학회, 2012.

신창수, 「중고기 왕경의 사찰과 도시계획」, 『신라문화제학술발표회논문집』 16호, 동국 대 신라문화연구소, 1995.

신채식, 「소식(동파)의 고려관」, 『중국학보』 27호, 한국중국학회, 1987.

＿＿＿, 「10~13세기 동아시아의 문화교류 — 해로를 통한 려·송의 문물교역을 중심으 로 —」, 『중국과 동아시아 세계』, 국학자료원, 1997.

신형식, 「신라의 대외관계」, 『신라사』, 이화여자대학교 출판부, 1985.

＿＿＿, 「7세기 동아시아 정세와 신라통일의 의미」, 『신라문화』 제24집, 동국대학교신 라문화연구소, 2004.

신호철, 「후삼국시대 호족과 국왕」, 『진단학보』 89, 진단학회, 2000.

＿＿＿, 「고려 건국기 서남해 지방세력의 동향: 신라호족의 활동을 중심으로」, 『역사와 담론』 제58집, 호서사학회, 2011.

심의섭·김중관, 「몽고 간섭기의 고려사회에 나타난 이슬람 경제사상」, 『경제학의 역사 와 사상』 1, 나남, 1998.

안외순, 「원 간섭기 고려 충선왕의 정체성에 대한 일연구」, 『퇴계학논총』 20, 퇴계학부 산연구원, 2012.

안지원, 「고려 연등회의 기원과 성립」, 『진단학보』 88, 진단학회, 1999.

안호상, 「동이족인 동아종족의 본고장과 고·백·신 3국의 중국통치지역」, 『건국대학교 논문집』 8, 건국대학교대학원, 1978.

양기석, 「백제 박사제도의 운용과 변천」, 『백제문화』 제49집, 공주대학교백제문화연구 소, 2013.

양정필, 「조선전기 개성상인의 기원과 발전」, 『학림』 제33집, 연세대사학연구회, 2012.

양종국, 「송대 독서인층의 팽창과 사대부의 개념변화에 대하여」, 『동양사학연구』 33호, 동양사학회, 1990.

여호규, 「고구려 초기 대중전쟁의 전개과정과 그 성격」, 『동북아역사논총』 제15호, 동 북아역사재단, 2007.

오성, 「고려 광종대의 과거합격자」, 『고려광종연구』, 일조각, 1981.

＿＿＿, 「조선초기 상인의 활동에 대한 일고찰」, 『국사관논총』 제12집, 국사편찬위원 회, 1990.

오영훈, 「신라 왕경에 관한 고찰」, 『경주사학』 11호, 경주사학회, 1992.

우성훈, 「고려시대 개경 시장의 도시사적 위치에 관한 연구」, 『대한건축학회논문집』 제 26권 제5호, 대한건축학회, 2010.

우재병, 「4~5세기 왜에서 가야·백제로의 교역루트와 고대항로」, 『호서고고학』 제6·7 집, 호서고고학회, 2002.

원유한, 「고려시대의 화폐사: 화폐유통시도기의 전반」, 『실학사상연구』 제30집, 무악실학회, 2006.

위은숙, 「나말여초 농업생산력 발전과 그 주도세력」, 『부대사학』 9, 부산대학교사학회, 1985.

_____, 「원 간섭기 대원무역 — 노걸대를 중심으로 —」, 『지역과 역사』 4호, 부산경남역사연구소, 1997.

_____, 「고려시대 關市슈과 市고」, 『민족문화논총』 제46집, 영남대학교민족문화연구소, 2010.

유봉학, 「조선후기 개성지식인의 동향과 북학사상 수용」, 『규장각』 16, 서울대학교 규장각, 1993.

유부현, 「2012년까지 소개된 고려금속활자의 실물과 위작에 대하여」, 『서지학회』, 2013.

유상종, 「한민족의 뿌리 동이족 연구」, 『논문집』 12, 대구보건전문대학, 1991.

유원동, 「고대–고려시대의 시장형성사」, 『도시문제』 2권 8호, 대한지방행정협회, 1967.

유은식, 「두만강유역 초기철기문화의 변천과 연대」, 『한국상고사학보』 제64호, 한국상고사학회, 2009.

유재택, 「전통적 조공관계와 한·중 관계의 이해」, 『동서사학』 12호, 한국동서사학회, 1995.

유창규, 「고려말 조준과 정도전의 개혁 방안」, 『국사관논총』 46집, 국사편찬위원회, 1993.

유홍열, 「고려의 원에 대한 공녀(貢女)」, 『진단학보』 18호, 진단학회, 1957.

유현재, 「조선 초기 화폐 유통의 과정과 그 성격: 저화 유통을 중심으로」, 『조선시대사학보』 49, 조선시대사학회, 2009.

윤근호, 『한국회계사연구』, 한국연구원, 1984.

윤내현, 「고조선과 삼한의 관계」, 『한국학보』 14호, 일지사, 1988.

_____, 「『삼국유사』와 『잠부론』의 고조선 인식」, 『단군학연구』 제22호, 단군학회, 2010.

윤명철, 「고구려 전기의 해양활동과 고대국가의 성장」, 『한국고대사학보』 제18호, 한국고대사학회, 1995.

_____, 「황해의 지중해적 성격연구 1」, 『한중문화교류와 남방항로』, 국학자료원, 1997.

_____, 「황해문화권의 형성과 해양활동에 관한 연구」, 『고대』 11집, 한국고대학회, 1998.

_____, 「국내성의 압록강 방어체제 연구」, 『고구려연구』 제15집, 고구려연구회, 2003.

윤무병·김정기, 「역사 도시 경주의 보존에 대한 조사」, 『문화재의 과학적 보존에 대한 연구』 I, 과학기술회, 1972.

윤선태, 「752년 신라의 대일교역과 '바이시라기모쯔게(買新羅物解)'」, 『역사와현실』 24, 역사비평사, 1997.

윤완, 「통일신라시대 견당유학생 연구」, 『교육학연구』 제42권제4호, 한국교육학회, 2004.

윤용구, 「낙랑중기 군현 지배 세력의 재편과 교역활동」, 『한국고대사연구회보』 31호, 한국고대사연구회, 1992.

_____, 「삼한의 조공무역에 대한 일고찰 ― 한대 낙랑군의 교역형태와 관련하여 ―」, 『역사학보』 162, 역사학회, 1996.

_____, 「새로 발견된 낙랑목간 ― 낙랑군 초원4년 현별호구부 ―」, 『한국고대사연구』 제46집, 서경문화사, 2007.

_____, 「전한후기 낙랑군의 호구파악」, 『한국목간학회 정기발표회』 Vol. 5, 한국목간학회, 2009.

_____, 「낙랑 · 대방지역 신발견 문자자료와 연구동향」, 『한국고대사 연구』 제57집, 한국고대사학회, 2010.

윤용혁, 「고려의 대몽항쟁과 아산-1236년과 1256년 아산지역 전투를 중심으로」, 『순천향 인문과학논총』 제28집, 순천향대학교 인문과학연구소, 2011.

윤재운, 「9세기전반 신라의 私貿易에 관한 일고찰」, 『사총』 45, 고려대사학회, 1996.

_____, 「장보고시대 동북아시아 해양네트워크」, 『장보고 연구논총』, 해군사관학교 해양연구소, 2003.

이건무, 「다호리 유적 출토 '붓'에 대하여」, 『고고학지』 4, 한국고고미술연구소, 1992.

이근수, 「고구려어와 신라어는 다른 언어인가?」, 『한글』 177호, 한글학회, 1982.

이기동, 「장보고와 그의 해상왕국」, 『장보고의 신연구』, 완도문화원, 1985.

이기백, 「신라 경덕왕대 화엄경 사경 관여자에 대한 고찰」, 『역사학보』 83호, 역사학회, 1979.

이기석, 「한국고대도시의 방리제(조방제)와 도시구조에 관한 소고」, 『한국도시지리학회지』 제2권제2호, 한국도시지리학회, 1999.

이남규, 「한반도 초기철기문화의 유입 양상: 낙랑 설치 이전을 중심으로」, 『한국상고사학보』 제36호, 한국상고사학회, 2002.

이도학, 「백제의 교역망과 그 체계의 변천」, 『한국학보』 63, 일지사, 1991.

_____, 「삼국의 문화와 문물 교류 과정」, 『신라문화』 제24집, 동국대신라문화연구소, 2004.

이동윤, 「송대의 무역정책」, 『사학지』 16, 단국대학교 사학회, 1982.

이미숙, 「高麗時代 技術官의 사회적 지위」, 『한국사상과문화』 제51집, 한국사상문화연구원, 2010.

이미지, 「고려 선종대 각場 문제와 對遼 관계」, 『한국사학보』 제14호, 고려사학회, 2003.

이병로, 「일본 지배층의 對신라관 정책 변화의 고찰-주로 9세기를 중심으로」, 『대구사학』 51호, 대구사학회, 1996.

_____, 「8세기 일본의 외교와 교역-라일관계를 중심으로-」, 『일본역사연구』 4, 일본역사연구회, 1996.

_____, 「일본측 사료로 본 10세기의 한일관계」, 『대구사학』 57, 대구사학회, 1999.

_____, 「9세기 재당신라상인과 당상인에 관한 연구」, 『일본어문학』 제45집, 일본어문학회, 2009.

이병로·김용일, 「752년 신라사 김태렴의 방일 목적에 관한 연구」, 『일본어문학』 제34집, 일본어문학회, 2006.

이병희, 「고려시기 승려와 말(馬)」, 『한국사론』 42, 서울대학교국사학과, 1999.

_____, 「고려후기 사원의 중수·중건과 경제 문제」, 『문화사학』 제27호, 한국문화사학회, 2007.

_____, 「고려시기 주지제 운영과 사원경제」, 『역사연구』 제90호, 한국사학회, 2008.

이봉춘, 「고려후기 불교계와 배불 논의의 전말」, 『불교학보』 27집, 동국대 불교문화연구원, 1990.

이상선, 「고려 사원의 상행위 고(考)」, 『성신사학』 9호, 성신여자대학교사학회, 1991.

이상옥, 「5대 10국 시대와 후삼국과의 관계」, 『중국학보』 2호, 한국중국학회, 1964.

이상일, 「축제문화의 정립과 그 복권」, 『전통문화와 서양문화(Ⅱ)-그 충격과 수용의 측면에서』, 성균관대학교 출판부, 1987.

이상훈, 「나당전쟁의 군사적 원인과 신라의 전쟁준비」, 『역사와 경계』 제79집, 부산경남사학회, 2011.

이석현, 「송대 고용노비의 등장과 노비관의 변화」, 『동양사학연구』 63, 동양사학회, 1998.

_____, 「송대 예속민의 노동형태」, 『동양사학연구』 제80집, 동양사학회, 2002.

이선복, 「신라의 삼국통일 뒤에는 앞선 군수산업이 있었다」, 『월간 사회평론 길』 96호, (주)사회평론, 1996.

이성규, 「전국시대 화폐정책의 이론과 실제」, 『진단학보』 55호, 진단학회, 1983.

이송란, 「낙랑 정백동 3호분과 37호분의 남방계 사자상 수식과 상인의 활동」, 『미술사학연구』 제245호, 한국미술사학회, 2005.

이숙경, 「고려 충숙왕·충혜왕과 상인의 官界 진출」, 『한국인물사연구』 제4호, 한국인물사연구소, 2005.

이시찬, 「송원시기 고려의 서적 수입과 그 역사적 의미」, 『동방한문학』 제39집, 동방한
　　문학회, 2009.

이영, 「고려말기 왜구 구성원에 관한 고찰 ― '고려·일본인연합' 론 또는 '고려·조선인
　　주체' 론의 비판적 검토 ―」, 『한일관계사연구』 제5집, 한일관계사연구회, 1996.

_____, 「고려말 왜구와 남조―경신년(1380)의 왜구를 중심으로」, 『한일관계사연구』 31,
　　한일관계사학회, 2008.

이영구·이호철, 「조선시대의 인구규모추계(1)」, 『경영사학』 2, 경영사학회, 1987.

이영관, 「백제 유민들의 당 이주와 활동」, 『한국사연구』 158집, 한국사연구회, 2012.

이영훈, 「'화랑세기' 에서 노와 비」, 『역사학보』 제176집, 역사학회, 2002.

이용범, 「고구려의 성장과 철」, 『백산학보』 1, 백산학회, 1966.

_____, 「고려와 거란과의 관계」, 『동양학』 7호, 1977.

이우성, 「삼국유사소재 처용설화의 일분석」, 『김재원박사회갑논총』, 을유문화사, 1969.

이원근, 「중국 송대 해상무역관리기구로서의 시박사에 관한 연구」, 『해운물류연구』 제
　　44호, 대한해운물류학회, 2005.

이원식·허일, 「4세기-7세기 백제사신선의 선형 연구」, 『대한조선학회지』 제41권제2
　　호, 대한조선학회, 2004.

이유진, 「9세기 재당 신라인의 활동에 대하여」, 『중국사연구』 13호, 중국사학회, 2001.

_____, 「엔닌의 입당구법과 재당신라인사회의 정보력」, 『동국사학』 제46집, 동국사학
　　회, 2009.

이은봉, 「고려시대 불교와 토착신앙의 접촉관계 ― 연등회·팔관회의 종교의 의례기능
　　을 중심으로 ―」, 『종교연구』 6호, 한국종교학회, 1990.

이은철, 「우리 배를 쫓아 나선 고독한 항로의 길」, 『지방행정』 47권531호, 대한지방행
　　정공제회, 1998.

이이화, 「고려시대의 개경」, 『역사비평』 54, 역사비평사, 2001.

이인철, 「6~7세기 무기·무장과 군사조직의 편제」, 『한국고대사논총』 7호, 駕洛國史蹟
　　開發研究院, 1995.

_____, 「신라통일기 사적토지 소유관계의 전개」, 『역사학보』 165, 역사학회, 2000.

_____, 「한국 고대사회에서 노비와 노비노동의 역할」, 『한국고대사연구』 제29집, 한국
　　고대사학회, 2003.

이정수, 「중세 일본에서의 고려동전 유통―일본의 출토비축전을 중심으로」, 『한국중세
　　사연구』 제12호, 한국중세사학회, 2002.

이정신, 「고려시대의 상업 ― 상인의 존재형태를 중심으로 ―」, 『국사관논총』 제59집,
　　국사편찬위원회, 1994.

이정택, 「진정한 '우리축제' 를 되살리자」, 『인물과사상』 53호, 인물과사상사, 2002.

이정희, 「고려전기 대요무역」, 『지역과 역사』 4, 부산경남역사연구소, 1997.

이재범, 「고려 태조대의 대외정책」, 『백산학보』 제67호, 백산학회, 2003.

이종봉, 「고려시대 대일교류와 부산」, 『지역과 역사』 제15호, 선인, 2004.

이종묵, 「중국황실로 간 여인을 노래한 궁사」, 『고전문학연구』 제40집, 월인, 2011.

이종욱, 「남산신성비를 통하여 본 신라의 지방통치체제」, 『역사학보』 제64집, 역사학회, 1974.

이종항, 「구당서의 왜국전과 일본전에 대하여」, 『한국학논총』 3, 국민대학교한국학연구소, 1981.

이진한, 「고려시대 송상무역의 재조명」, 『역사교육』 제104집, 역사교육연구회, 2007.

이창섭, 「고려 전기 수군의 운영」, 『사총』 제60집, 역사학연구회, 2005.

이춘식, 「한대의 기미정책과 사대 조공」, 『사학지』 4호, 단국대학교 사학회, 1970.

이태진, 「고려후기의 인구증가 요인 생성과 향약의술 발달」, 『한국사론』 19, 서울대학교국사학과, 1988.

이헌창, 「1882-1910년간 서울시장의 변동」, 『서울상업사』, 태학사, 2000.

_____, 「한국 전근대 무역의 유형과 그 변동에 관한 연구」, 『경제사학』 제36호, 경제사학회, 2004.

이현모, 「나말여초 진주지역의 호족과 그 동향」, 『역사교육논집』 제30집, 역사교육학회, 2003.

이현우, 「한국 고대의 밭농사」, 『진단학보』 84, 진단학회, 1997.

_____, 『한국 고대의 생산과 교역』, 일조각, 1998.

이현혜, 「한국 고대사회의 국가와 농민」, 『한국사시민강좌』 6, 일조각, 1990.

이혜옥, 「고려시대 삼세제에 대한 일고찰」, 『이대사원』 18-19, 이화여자대학교 사학회, 1982.

_____, 「고려시대 용(역)제 연구」, 『이화사학연구』 15호, 이화사학연구소, 1984.

이홍두, 「고려전기 화폐 주조와 유통정책」, 『실학사상연구』 제28집, 무악실학회, 2005.

이화승, 「명청시대 중국전통상인의 구역화 현상 연구」, 『중국사 연구』 8호, 중국사학회, 2000.

_____, 「중국 전통상인의 정체성 연구 — 타인의 시각에서 주인공으로 —」, 『중국학보』 62집, 한국중국학회, 2010.

이훈섭, 「개성상인의 상업기반 및 기질에 관한 연구」, 『한국전통상학연구』 제16집1호, 한국전통상학회, 2002.

이희관, 「고려청자 출현의 수수께끼」, 『동국사학』 제55집, 동국사학회, 2013.

이희수, 「고대 페르시아 서사시 쿠쉬나메(Kush-nameh)의 발굴과 신라 관련 내용」, 『한국이슬람학회논총』 20집 3호, 한국이슬람학회, 2010.

임기환, 「고구려·백제·신라의 동류의식과 문화 차이」, 『역사비평』 46호, 역사문제연
　　구소, 1999.

임영정, 「고려시대의 사역·공장승에 대하여」, 『가산(伽山) 이지관 스님 회갑기념 논
　　총, 한국불교문화사상사』 상, 1992.

장건, 「송대 문헌 중의 고려사회: ≪선화봉사고려도경≫을 예로」, 『이화사학연구소』,
　　2001.

장남원, 「10~12세기 고려와 요·금도자의 교류」, 『한국미술사교육학회』, 2009.

장동익, 「혜심(慧諶)의 대선사 고신에 관한 검토 ─ 고려 승정체계의 이해를 중심으
　　로 ─」, 『한국사연구』 34호, 1981.

＿＿＿, 「원에 진출한 고려인」, 『민족문화논총』 11집, 영남대 민족문화연구소, 1990.

＿＿＿, 「원의 정치적 간섭과 고려정부의 대응」, 『역사교육논집』 17호, 역사교육학회,
　　1992.

＿＿＿, 「여·원 관계의 전개」, 『한국사』 20, 국사편찬위원회, 1994.

＿＿＿, 「송대의 명주 지방지에 수록된 고려 관계 기사 연구」, 『역사교육논집』 22호,
　　역사교육학회, 1997.

장박천(張博泉), 「明刀幣研究續說」, 『北方文物(第4期)』 80집, 2004.

장은영, 「고려 팔관회의 관광축제 특성」, 『관광학연구』 28-2, 한국관광학회, 2004.

장정룡, 「고려시대의 연회 고찰」, 『역사민속학』 9호, 한국역사민속학회, 1999.

장지연, 「개경과 한양의 도성구성 비교」, 『서울학연구』 15호, 서울시립대학교 서울학연
　　구소, 2000.

＿＿＿, 「고려시기 개경의 구조와 기능」, 『역사와현실』 38호, 한국역사연구회, 2000.

전덕재, 「이사금시기 신라의 성장과 6부」, 『신라문화』 제21집, 동국대 신라문화연구소,
　　2003.

＿＿＿, 「신라왕경의 공간구성과 그 변천에 관한 연구」, 『역사와 현실』 57호, 한국역사
　　연구회, 2005.

＿＿＿, 「신라 리방제의 시행과 그 성격」, 『신라문화제학술논문집』 26집, 동국대학교
　　신라문화연구소, 2005.

전미희, 「신라 하대 골품제의 운영과 변화」, 『신라문화』 26집, 동국대학교 신라문화연
　　구소, 2005.

전수병, 「고려조의 상업발전요인에 관한 연구」, 『논문집』 Vol 4, No.1, 대전대학교,
　　1985.

전순동, 「14세기 후반 명의 대고려, 조선정책」, 『명청사연구』 5호, 명청사학회, 1994.

전영래, 「마한시대의 고고학과 문헌사학」, 『마한백제문화』 12호, 원광대학교 백제문화
　　연구소, 1990.

전영준, 「고려시대 팔관회의 설행과 국제문화교류」, 『다문화콘텐츠연구』 Vol. 2010 No.4, 중앙대학교 문화콘텐츠 기술연구원, 2010.

전완길, 「고려시대의 다문화론」, 『민족문화연구』 20호, 고려대학교 민족문화연구소, 1987.

전우식, 「백제 근초고왕대 '이도한산' 기사의 해석과 그 의미」, 『한국고대사연구』 제40집, 한국고대사학회, 2005.

전종철, 「고려의 수도 개성성에 대한 연구(1)(2)」, 『력사과학』 2 · 3호, 1980.

전해종, 「한중 조공 관계의 개관」, 『한중관계사연구』, 일조각, 1970.

정구복, 「가훈」, 『조선시대 생활사』, 역사비평사, 2001.

정구선, 「고려말 기황후 일족의 득세와 몰락」, 『동국사학』, 제40집, 동국사학회, 2004.

정동락, 「고려시대 대민통치의 측면에서 본 사원의 역할」, 『민족문화논총』 18 · 19호, 영남대학교민족문화연구소, 1998.

정병준, 「이정기 일가의 교역활동과 장보고」, 『동국사학』 제40집, 동국사학회, 2004.

_____, 「이정기 일가의 번진과 발해국」, 『중국사연구』 제50집, 중국사학회, 2007.

정선용, 「조충의 대몽교섭과 그 정치적 의미 ― 최충헌 정권과 국왕의 관계에 주목하여 ―」, 『진단학보』 제93호, 진단학회, 2002.

정수일, 「해상 실크로드를 통한 한,중 해상 교류;동북아 해로고(東北亞 海路考) ― 나당해로와 여송해로를 중심으로 ―」, 『문명교류연구』 2집, 2011.

정신옥, 「11세기말-12세기 전반 고려청자에 보이는 중국도자의 영향」, 『한국미술사교육학회』, 2009.

정용범, 「고려시대 중국전 유통과 주전책 ― 성종 · 숙종 연간을 중심으로 ―」, 『지역과 역사』 4호, 부경역사연구소, 1997.

_____, 「고려시대 사원의 상업활동」, 『부대사학』 제30집, 부산대학교사학회, 2006.

정은정, 「고려전기 개경의 도시기능과 그 변화」, 『한국중세사연구』 11호, 한국중세사학회, 2001.

정재훈, 「조선개국 공신의 졸기(卒記) 분석」, 『고고역사학지』 5집, 동아대, 1990.

정주신, 「조선후기 개성상인의 성장과정과 그 쇠퇴요인 일고찰」, 『아태연구』 14권2호, 경희대 아태지역연구원, 2007.

정진술, 「고대의 한 · 중 해상교통로」, 『한국의 고대 해상교통로』, 한국해양전략연구소, 2009.

정청주, 「장보고 관련 사료 검토」, 『장보고 해양 경영사 연구』, 이진, 1993.

_____, 「신라말 · 고려초 지배세력의 사회적 성격」, 『전남사학』 9호, 전남사학회, 1995.

정학수, 「고려시기 개경 행정구획과 里의 양상」, 『한국중세사연구』 28, 한국중세사연구회, 2010.

조범환, 「신라 하대 견당국학유학생의 파견과 그 역사적 의미」, 『서강인문논총』 25집, 서강대학교 인문과학연구소, 2009.

조법종, 「위만조선의 對漢 전쟁과 降漢제후국의 성격」, 『선사와 고대』 14집, 한국고대학회, 2000.

_____, 「낙랑군의 성격문제 — 낙랑군의 낙랑국 계승 문제를 중심으로 —」, 『한국고대사 연구』 제32집, 한국고대사학회, 2003.

_____, 「고조선, 고구려 초기의 대외 관계사 — 요동지역 관계사를 중심으로 —」, 『대외관계사 연구』 1집, 한민족대와 관계연구소, 2007.

조명림, 「고려시대 사원보에 대한 고찰」, 『보조사상/구산논집/보조전집』 2호, 보조사상연구원, 1998.

조상현, 「고구려의 인구에 대한 시론」, 『역사학연구』 제28집, 호남사학회, 2006.

_____, 「『삼국유사』의 삼국 '전성시기 호구' 기사 검토」, 『한국고대사연구』 제56집, 한국고대사학회, 2009.

조수동, 「원시불교의 경제윤리」, 『철학연구』 54호, 대한철학회, 1995.

_____, 「대승불교의 경제사상」, 『철학논총』 제32집, 새한철학회, 2003.

조영광, 「초기 고구려 종족계통 고찰」, 『동북아역사논총』 27호, 동북아역사재단, 2010.

조이옥, 「통일신라 경덕왕대 전제왕권과 녹읍에 대한 재해석」, 『동양고전연구』 1호, 동양고전학회, 1993.

_____, 「8세기 전반 신라와 발해의 대립관계와 그 요인」, 『신라문화제학술발표회 논문집』 15호, 동국대 신라문화연구소, 1994.

조현걸, 「고려 초기에 있어서 불교의 정치적 기능」, 『대한정치학회보』 Vol 15, No.3, 대한정치학회, 2008.

주채혁, 「원제국하의 색목 관인과 남인 관인」, 『학림』 7, 연세대학교 사학연구회, 1985.

지배선, 「고구려인 이정기의 발자취」, 『동방학지』 109호, 연세대학교국학연구원, 2000.

진고화, 「원조와 고려의 해상교통」, 『진단학보』 71권, 진단학회, 1991.

채수환, 「신라말 고려초 선종과 호족의 결합」, 『역사와 사회』 1권8호, 국제문화학회, 1992.

_____, 「왕건의 고려건국 과정에 있어서 호족세력」, 『백산학보』 제82호, 백산학회, 2008.

채웅석, 「고려전기 화폐 유통의 기반」, 『한국문화』 9호, 서울대학교 한국문화연구소, 1988.

최건, 「고려 청자의 발생 문제-고려청자 언제 어떻게 만들어졌나」, 『미술사논단』 1, 한국미술연구소, 1995.

_____, 「고려 요지의 계보와 전개」, 『미술사연구』 12호, 미술사연구회, 1998.

_____, 「한국 청자 연구의 새로운 동향」, 『미술사연구』 제16호, 미술사연구회, 2002.

최광남, 「신안 해저 유물선과 인양자료」, 『도서문화』 5호, 목포대학교 도서문화연구소, 1987.

최규성, 「고려 속요를 통해 본 고려후기의 사회상-쌍화점에 대한 분석을 중심으로-」, 『사학연구』 61, 한국사학회, 2000.

최근식, 「9세기 장보고 무역선의 '指南器' 사용 가능성에 대하여」, 『국제고려학회 서울 지회 논문집』 제2호, 국제고려학회 서울지회, 2000.

_____, 「9세기 '신라선'과 그 구조」, 『한국사학보』 제11호, 고려사학회, 2001.

_____, 「신라해양사연구」, 고려대학교 출판부, 2005.

_____, 「백제의 조선·항해 기술」, 『백제논총』 제9집, 백제문화개발연구원, 2010.

_____, 「장보고시대의 항로와 선박」, 『전남대학교 세계한상문화연구단 국내학술회의 자료』, 전남대학교세계한상문화연구단, 2012.

최낙필, 「고려시대의 상품·화폐경제구성과 그 성격」, 『논문집』 16, 전북대학교부설 산업경제연구소, 1986.

최몽룡, 「철기시대와 고대 국가의 발생」, 『한국사연구입문』, 1987.

최병헌, 「나말여초 선종의 사회적 성격」, 『사학연구』 25, 한국사학회, 1975.

_____, 「신라하대 선종 9산파의 성립 — 최치원의 4산 비명을 중심으로 —」, 『한국 선 문의 형성사적 연구』, 불교학회, 1986.

최승희, 「개국초 왕권의 강화와 국정운영체제」, 『한국사』 22, 국사편찬위원회, 1995.

최연주, 「고려후기 경상도 지방의 서적 간행 체계와 운영 형태」, 『석당논총』 제45집, 석당전통문화연구원, 2009.

최영호, 「고려시대 송나라 해상 무역 상인의 활동 시기와 양상」, 『인간과 문화연구』 제 16집, 동의대학교 인문사회연구소, 2010.

최재석, 「일본 동대사 『헌물장』을 통해 본 정창원 물품의 제작국」, 『한국학보』 20호, 일지사, 1994.

_____, 「일본 정창현 동경과 그 제작국에 대하여」, 『민족문화연구』 27호, 1994.

_____, 「통일신라의 일본정치 지도」, 『한국학보』 71, 일지사, 1993.

_____, 「7세기 중국 파견 일본 사신·학문승과 신라」, 『한국학보』 84, 일지사, 1996.

_____, 「신라 문무왕대의 대당·대일 정책」, 『한국학보』 2호, 일지사, 1999.

최재인, 「현행 국사교과서의 한사군 문제 재검토」, 『단군학연구』 제5호, 고조선단군학, 2001.

최종규, 「삼한의 장신구」, 『素軒南都永博士古稀紀念歷史學論叢』, 민족문화사, 2006.

최주 외, 「한국 고대 유리의 국내제조에 대하여-특히 미륵사지 출토 유리를 중심으로」, 『선사와 고대』 제1호, 한국고대학회, 1991.

추명엽, 「11세기후반~12세기초 여진정벌 문제와 정국동향」, 『한국사론』 제45집, 서울대학교 국사학과, 2001.

하현강, 「고려 왕조의 성립과 호족연합 정권」, 『한국사』 4권, 국사편찬위원회, 1974.

한규철, 「고려 내투·내왕 여진인」, 『부산사학』 25·26호, 부산경남사학회, 1994.

_____, 「신라와 발해의 교섭과 대립」, 『신라문화제학술발표회논문집』 제15집, 신라문화선양회, 1994.

한기문, 「고려시대 사원내의 관리조직과 소속승의 구성」, 『한국중세사연구』 2, 한국중세사학회, 1995.

_____, 「고려시대 사원 보의 설치와 운영」, 『역사교육논집』 13·14, 역사교육학회, 1990.

한성욱, 「강진 청자의 생산과 유통」, 『문화사학』 제34호, 한국문화사학회, 2010.

한영우, 「조선건국의 정치·사회기반」, 『조선전기 사회경제연구』, 을유문화사, 1983.

한준수, 「신라 진덕왕대 당제의 수용과 체제정비」, 『한국학논총』 제34집, 국민대학교 한국학연구소, 2010.

허흥식, 「고려시대의 국사·왕사제도와 그 기능」, 『역사학보』 67, 역사학회, 1975.

홍대한, 「고려시대 공장(工匠)운영과 성격 고찰: 조탑 공장 운영사례를 중심으로」, 『인문사회과학연구』 제13권 제1호, 부경대학교 인문사회과학연구소, 2012.

홍승기, 「고려시대의 공장(工匠)」, 『진단학보』 40, 진단학회, 1975.

_____, 「고려 초기 경군의 이원적 구성론에 대하여」, 『한국사학논총』(상), 이기백 선생 고희기념, 일조각, 1997.

홍영의, 「고려전기 개경의 오부방리(五部坊里) 구획과 영역」, 『역사와현실』 38, 한국역사연구회, 2000.

_____, 「고려시기 개경의 궁궐 조영과 운영」, 『한국중세사연구』 제28호, 한국중세사학회, 2010.

황운룡, 「고려 공민왕대의 대원명 관계 ― 관제개혁을 중심으로 ―」, 『동국사학』 제14집, 동국사학회, 1980.

③ 학위논문

공봉진, 『고대 동아시아의 동이족연구를 통한 지역연구의 새로운 틀 모색』, 부산외국어대학교 대학원, 석사학위논문, 1997.

김순자, 『여말선초 대원·명 관계 연구』, 연세대 대학원, 박사학위논문, 2000.

김용은, 『한 전기 국가재정과 재정론 연구: 상홍양(BC.152-BC.80)의 재정정책을 중심으로』, 경희대학교 대학원, 박사학위논문, 2000.

김정희, 『당대 후기 상인의 성장에 관한 연구』, 고려대 대학원, 박사학위논문, 1994.

김현라, 「고려후기 노비제의 변화양상」, 부산대학교 대학원, 박사학위논문, 1990.

박선미, 『기원전 3~2세기 고조선 문화와 명도전 유적』, 서울시립대 석사논문, 2000.

박한남, 『고려의 대금외교정책 연구』, 성균관대 박사학위논문, 1994.

서성호, 『고려전기 수공업 연구』, 서울대 박사학위논문, 1997.

소문빈, 『중국의 전통적 상업경영술에 관한 연구』, 경기대 박사학위논문, 1995.

윤재윤, 『9세기 전반 신라의 사무역에 관한 일고찰』, 고려대 석사학위논문, 1996.

이병희, 『고려후기 사원경제의 연구』, 서울대 박사학위논문, 1992.

정경현, 「고려 전기 이군육위제(二軍六衛制)연구」, 서울대 박사학위논문, 1992.

정세영, 「고구려 미천왕대의 평양공략과 그 의미」, 국민대학교 대학원, 석사학위논문, 2006.

정은정, 「고려시대 개경의 도시변화와 경기제의 추이」, 부산대학교 박사학위, 2009.

최창식, 『고려시대의 선종 청규에 대한 연구』, 동국대 석사학위논문, 1975.

태경희, 「3세기 가야교역체계의 변화와 포상팔국전쟁」, 한국교원대 석사학위눈문, 2007.

찾아보기

ㄹ

ㅁ

ㅂ

위대한 한국상인 –7000년 한상(韓商)의 뿌리를 찾아서

초판인쇄	2015년 1월 2일
초판발행	2015년 1월 7일
지은이	공창석
펴낸이	안종만
편 집	김선민 · 배근하
기획/마케팅	조성호
표지디자인	홍실비아
제 작	우인도 · 고철민
펴낸곳	(주) **박영사**
	서울특별시 종로구 새문안로3길 36, 1601
	등록 1959. 3. 11. 제300-1959-1호(倫)
전 화	02)733-6771
f a x	02)736-4818
e-mail	pys@pybook.co.kr
homepage	www.pybook.co.kr
ISBN	979-11-303-0175-4 03320

copyrightⒸ공창석, 2015, Printed in Korea

* 잘못된 책은 바꿔드립니다. 본서의 무단복제행위를 금합니다.
* 저자와 협의하여 인지첩부를 생략합니다.

정 가   33,000원